Hans Jung
Controlling

Hans Jung

Controlling

—

4., aktualisierte Auflage

DE GRUYTER
OLDENBOURG

ISBN 978-3-11-035268-9
eISBN (PDF) 978-3-11-035305-1
eISBN (ePub) 978-3-11-037681-4

Library of Congress Cataloging-in-Publication Data
A CIP catalog record for this book has been applied for at the Library of Congress.

Bibliografische Information der Deutschen Nationalbibliothek
Die Deutsche Nationalbibliothek verzeichnet diese Publikation in der Deutschen Nationalbibliografie; detaillierte bibliografische Daten sind im Internet über http://dnb.dnb.de abrufbar.

© 2014 Oldenbourg Wissenschaftsverlag GmbH, München
Ein Unternehmen von Walter de Gruyter GmbH, Berlin/Boston

Lektorat: Dr. Stefan Giesen
Herstellung: Tina Bonertz
Titelgrafik: thinkstockphotos.com
Druck und Bindung: CPI books GmbH, Leck
♾ Gedruckt auf säurefreiem Papier
Printed in Germany

www.degruyter.com

Inhaltsverzeichnis

Vorwort XXV

Teil A: Grundlagen des Controllings

1 Einführung in das Controlling 3
    1.1 Die Entwicklung des Controllings 3
    1.2 Bedeutung des Controllings 6
    1.3 Grundbegriffe 6
    1.4 Ziele und Funktionen des Controllings 9

2 Aufgabenbereiche des Controllings 12
    2.1 Abgrenzung des Controllings zu verwandten Bereichen 12
    2.2 Aufgaben des Controllings 14
    2.3 Aufgaben- und Verantwortungsverteilung des Controllings 15
    2.4 Strategisches und operatives Controlling 16
        2.4.1 Aufgaben des strategischen Controllings 17
        2.4.2 Aufgaben des operativen Controllings 17
    2.5 Controlling in den Funktionsbereichen 19

3 Entwicklung und Rückblick des Controllerberufes 20
    3.1 Aufgabenbereiche eines Controllers 21
    3.2 Anforderungen an einen Controller 22
        3.2.1 Fachliche Anforderungen 22
        3.2.2 Persönliche Anforderungen 23
        3.2.3 Beispiel einer Stellenbeschreibung 25

4 Die Organisation des Controllings 28
    4.1 Controlling-Organisationskonzepte 29
        4.1.1 Das amerikanische Kern-Controlling-Konzept 29
        4.1.2 Das deutsche Kern-Controlling-Konzept 30
        4.1.3 Organisationsstrukturen des Controllerbereichs 32
        4.1.4 Zentrales und dezentrales Controlling 33
        4.1.5 Entwicklung und Realisierung von Controlling-Konzeptionen 34
    4.2 Organisatorische Einordnung des Controllings im Unternehmen 35
        4.2.1 Controlling ohne eigene Controllerstelle 35
        4.2.2 Controlling mit eigenen Controllerstellen 36
            4.2.2.1 Controlling in einer Linienorganisation 36
            4.2.2.2 Controlling in einem Stabliniensystem 38
            4.2.2.3 Controlling in einer Matrixorganisation 39
            4.2.2.4 Controlling in der Spartenorganisation 40
            4.2.2.5 Controlling in der Projektorganisation 41
        4.2.3 Die Auswirkung des Controllings auf die Aufbauorganisation 42
    4.3 Controlling in Klein- und mittelständischen Unternehmen 46
    4.4 Konzern-Controlling 47

5 Trends und Entwicklungen im Controlling 50

Fragen zur Kontrolle und Vertiefung 53

Teil B: Basisinstrumente des Controllings

- **1 Übersicht** 57
- **2 Die Kosten- und Leistungsrechnung** 57
  - 2.1 Die Grundlagen der Kostenrechnung 58
    - 2.1.1 Aufgaben der Kostenrechnung 59
    - 2.1.2 Rechnungsprinzipien in der Kostenrechnung 59
  - 2.2 Die Kostenrechnung als Vollkostenrechnung 60
    - 2.2.1 Die Kostenartenrechnung 60
    - 2.2.2 Die Kostenstellenrechnung 61
    - 2.2.3 Die Kostenträgerrechnung 64
      - 2.2.3.1 Die Kostenträgerstückrechnung 65
      - 2.2.3.2 Die Kostenträgerzeitrechnung 67
      - 2.2.3.3 Break-Even-Analyse 72
  - 2.3 Systeme der Teilkostenrechnung 73
    - 2.3.1 Einstufige Deckungsbeitragsrechnung, ... 74
    - 2.3.2 Mehrstufige Deckungsbeitragsrechnung 76
    - 2.3.3 Deckungsbeitragsrechnung mit relativen Einzelkosten 78
  - 2.4 Kostenrechnungssysteme 80
    - 2.4.1 Die Istkostenrechnung 82
    - 2.4.2 Die Normalkostenrechnung 82
    - 2.4.3 Die Plankostenrechnung 82
- **3 Strategisches Kostenmanagement** 87
  - 3.1 Zielkostenmanagement (Target Costing) 87
    - 3.1.1 Methodik 88
    - 3.1.2 Ablauf des Market into Company 92
  - 3.2 Prozesskostenrechnung 95
    - 3.2.1 Problemfelder der traditionellen Kostenrechnung 95
    - 3.2.2 Ziele der Prozesskostenrechnung 97
    - 3.2.3 Einführung und Ablauf der Prozesskostenrechnung 99
    - 3.2.4 Kritik an der Prozesskostenrechnung 105
- **4 Investitions- und Wirtschaftlichkeitsrechnung** 107
  - 4.1 Die Investitionsarten 107
  - 4.2 Der Investitionsentscheidungsprozess 109
  - 4.3 Investitionsplanung 110
  - 4.4 Die Investitionskontrolle 112
  - 4.5 Die Investitionsrechnungen 113
    - 4.5.1 Die statischen Verfahren der Investitionsrechnung 114
      - 4.5.1.1 Die Kostenvergleichsrechnung 114
      - 4.5.1.2 Die Gewinnvergleichsrechnung 120
      - 4.5.1.3 Die Rentabilitätsrechnung (Return on Investment) 122
      - 4.5.1.4 Die statische Amortisationsrechnung 123
    - 4.5.2 Die dynamischen Verfahren 125
      - 4.5.2.1 Die Kapitalwertmethode 126
      - 4.5.2.2 Interne Zinsfuß-Methode 131
      - 4.5.2.3 Annuitätenmethode 133
      - 4.5.2.4 Wirtschaftliche Nutzungsdauer und optimaler Ersetzungszeitpunkt .. 134
    - 4.5.3 Kosten-Nutzen-Analyse 135
    - 4.5.4 Die Nutzwertanalyse 136
  - 4.6 Instrumente zur Berücksichtigung der Unsicherheit 138
    - 4.6.1 Sensitivitätsanalyse 138
    - 4.6.2 Risikoanalyse 138
    - 4.6.3 Entscheidungsbaumanalyse 139
  - 4.7 Verfahren der Gesamtunternehmensbewertung 140
    - 4.7.1 Der Zukunftserfolgswert (subjektiver Bewertungsansatz) 140
    - 4.7.2 Die traditionellen Verfahren (objektive Bewertungsansätze) 141

5 Berichtswesen und Reporting 143

5.1 Berichtswesen im Unternehmenscontrolling 143
5.1.1 Berichtsarten 144
5.1.1.1 Standardberichte 145
5.1.1.2 Abweichungsberichte 146
5.1.1.3 Bedarfsberichte 147
5.1.2 Gestaltungsmerkmale von Berichten 148
5.1.3 Berichtszwecke 150
5.1.4 Berichtssysteme 152
5.1.5 Der EDV-Einsatz im Berichtswesen 154
5.1.6 Anforderungen an ein effizientes Berichtswesen 155
5.2 Die Bedeutung von Kennzahlen im Berichtswesen 157
5.2.1 Arten von Kennzahlen 157
5.2.2 Aufgaben von Kennzahlen 160
5.2.3 Ausgewählte Kennzahlen 162
5.3 Kennzahlensysteme 164
5.3.1 Das ROI-Kennzahlensystem 166
5.3.2 ZVEI-Kennzahlensystem 167
5.3.3 Das RL-Kennzahlensystem 169
5.3.4 Das Tableau de Bord 171
5.3.5 Performance Measurement 172
5.3.6 Die Balanced Scorecard (BSC) 176
5.4 Präsentation im Unternehmenscontrolling 180
5.4.1 Das Vier-Seiten-Modell der Präsentation 181
5.4.2 Visualisierung 182
5.4.3 Der Medieneinsatz während der Präsentation 195
5.4.4 Die Phasen der Präsentation 201
5.4.4.1 Die Vorbereitungsphase der Präsentation 202
5.4.4.2 Durchführungsphase der Präsentation 205
5.4.4.3 Nachbereitungsphase der Präsentation 207
5.5 Der Controller als Moderator 208
5.6 Optimierung des Berichtswesens 209

Anhang 1: Zinstabellen 212
Anhang 2: Information über Motive und Charakterzüge 214
Anhang 3: Diagrammbeispiele nach Microsoft PowerPoint 2013 215

Fragen zur Kontrolle und Vertiefung 217

Teil C: Strategisches und operatives Controlling

1 Die Entwicklung und Bedeutung einer Strategie 223

1.1 Der Strategieprozess 225
1.2 Vision und Strategie 227
1.3 Unternehmenskultur und Führung 229
1.4 Die Realisierung des strategischen Denkens 230
1.4.1 Strategische Analyse 230
1.4.2 Vernetztes Denken 234
1.4.3 Puzzle-Methodik 235
1.4.4 Komplexität und deren Bewältigung 237
1.5 Arten der Strategie 238
1.5.1 Direkte und indirekte Strategie 238
1.5.2 Strategie und Taktik 240
1.5.3 Strategie-Kombinationen 243
1.6 Strategie und Ethik 245
1.7 Leitsätze beim Erstellen der Strategie 246

2 Strategische Erfolgsfaktoren ... 247
2.1 Erfolgsfaktorenforschung ... 247
2.2 Die Lern- und Erfahrungskurve ... 249
2.2.1 Aussage und Ursachen ... 250
2.2.2 Ableitungen und Hypothesen der Erfahrungskurve ... 254
2.2.3 Unternehmensstrategien in verschiedenen Marktpositionen ... 261
2.2.4 Halbwertzeiten ... 262
2.2.5 Anwendungsbeispiele, Grenzen und Probleme ... 263
2.3 Der Wertschöpfungsprozess im Unternehmen ... 264
2.3.1 Entstehung der Wertschöpfung ... 264
2.3.2 Verteilung der Wertschöpfung ... 265
2.3.3 Wertschöpfungskette ... 266
2.4 Verbundeffekte als Erfolgsfaktoren ... 267
2.4.1 Marktbasierte Verbundeffekte ... 267
2.4.2 Ressourcenbasierte Verbundeffekte ... 267
2.5 Strategische Allianzen ... 268
2.5.1 Arten strategischer Allianzen ... 269
2.5.2 Motive strategischer Allianzen ... 270
2.6 Unternehmensakquisition ... 271

3 Strategisches Controlling im Unternehmen ... 273
3.1 Strategische Analyse ... 277
3.1.1 Positionierungsanalyse ... 277
3.1.2 Ermittlung von Chancen und Risiken ... 278
3.1.2.1 Bewertung von Chancen und Risiken ... 280
3.1.2.2 Umweltanalyse ... 283
3.1.2.3 Konkurrenzanalyse ... 288
3.1.2.4 Analyse der Kundenbedürfnisse ... 291
3.1.2.5 Potenzialanalyse ... 293
3.1.3 Ermittlung von Stärken und Schwächen ... 294
3.2 Qualitative und quantitative Zielformulierung ... 298
3.2.1 Qualitative Ziele (strategische Ziele) ... 300
3.2.2 Quantitative Ziele (operative Ziele) ... 300
3.2.3 Zielarten ... 301
3.2.4 Zielanforderungen und -eigenschaften ... 302
3.3 Die Strategieentwicklung ... 303
3.3.1 Strategische Plangrößen ... 303
3.3.1.1 Strategische Bilanz ... 304
3.3.1.2 Strategisches Polardiagramm ... 306
3.3.2 Strategien ... 307
3.3.2.1 Produkt-Markt-Strategien ... 307
3.3.2.2 Benchmarking ... 313
3.3.2.3 Portfolioanalyse ... 315
3.3.2.4 Prognosemethoden im strategischen Controlling ... 327
3.4 Strategiebeurteilung und Entscheidung ... 333
3.4.1 Der Entscheidungsprozess ... 333
3.4.1.1 Zielbezogenheit ... 333
3.4.1.2 Alternative Handlungsmöglichkeiten ... 334
3.4.1.3 Berücksichtigung nicht voraussagbarer Umweltbedingungen ... 334
3.4.1.4 Ermittlung der Konsequenzen einer Entscheidung ... 334

3.4.2 Sicherheit, Unsicherheit und Risiko bei der Entscheidungsfindung 335
    3.4.2.1 Entscheidung bei Sicherheit 336
    3.4.2.2 Entscheidung unter Risiko..336
    3.4.2.3 Entscheidung bei Unsicherheit 337
    3.4.2.4 Kritische Betrachtung der Entscheidungsregeln..................................339
    3.4.2.5 Spieltheorie 340
3.4.3 Alternativensuche...341
    3.4.3.1 Intuitiv betonte Methoden 342
    3.4.3.2 Diskursiv betonte Methoden...343
3.5 Strategische Kontrolle 343
3.6 Strategische Früherkennungssysteme 346
  3.6.1 Früherkennung 346
    3.6.1.1 Aufbau eines Früherkennungssystems 346
    3.6.1.2 Charakterisierung von Früherkennungssystemen 347
    3.6.1.3 Unterscheidung von Früherkennungssystemen...................................348
    3.6.1.4 Früherkennung mittels Planhochrechnung 350
    3.6.1.5 Indikatorgestützte Früherkennung..351
    3.6.1.6 Strategische Früherkennung 355
    3.6.1.7 Die Umsetzung von Früherkennung in der Praxis..............................360
  3.6.2 Mustererkennungssysteme 363
    3.6.2.1 Neuronale Netze 363
    3.6.2.2 Fuzzy Logic 364
    3.6.2.3 Chaosmanagement..365
3.7 Risikomanagement 365
  3.7.1 Zielsetzung 366
  3.7.2 Risikofaktoren 367
  3.7.3 Prozessphasen des Risikomanagementsystems..369

4 Operatives Controlling 370

4.1 Funktionen des operativen Controllings 372
4.2 Ziele des operativen Controllings 374
4.3 Planung 375
  4.3.1 Ermittlung der Einzelpläne..375
  4.3.2 Information..378
  4.3.3 Finanzierungspläne..378
  4.3.4 Grenz- oder Schwellenwertüberschreitung 379
4.4 Durchführung und Kontrolle 380
  4.4.1 Erfolgsrechnung 382
  4.4.2 Erfolgsanalysen 382
4.5 Planung und Budgetierung 384
  4.5.1 Der Soll-Ist-Vergleich 387
  4.5.2 Abweichungsanalyse...388
  4.5.3 Forecast als zukunftsgerichtete Abweichungsanalyse.....................................389
  4.5.4 Spezielle Budgetierungsinstrumente 390
    4.5.4.1 Die Gemeinkosten-Wertanalyse 391
    4.5.4.2 Das Zero-Base-Budgeting 397
    4.5.4.3 Der Vergleich von GWA und ZBB 402
    4.5.4.4 Das Activity-Based Budgeting - eine prozessorientierte Budgetierung.404
  4.5.5 Das Budget-Handbuch 409
  4.5.6 Die Durchführung von Schwachstellenanalysen...411
    4.5.6.1 Was sind Kostensenkungsmöglichkeiten?..413
    4.5.6.2 Phasen der Kostensenkung 413
    4.5.6.3 Die Grundlagenanalyse...415
4.6 Schnittstellen zwischen operativem und strategischem Controlling 415

5 Strategisches und operatives Controlling in speziellen Branchen 418

    5.1 Handelsunternehmen 418
        5.1.1 Strategisches Controlling 418
        5.1.2 Operatives Controlling 419
    5.2 Bankbetriebe 419
        5.2.1 Strategisches Controlling 420
        5.2.2 Operatives Controlling 420
    5.3 Versicherungen 421
        5.3.1 Strategisches Controlling 421
        5.3.2 Operatives Controlling 421
    5.4 Non-Profit-Organisationen (NPO) 422
        5.4.1 Strategisches Controlling 423
        5.4.2 Operatives Controlling 423
    5. 5 Öffentliche Unternehmen 424
        5.5.1 Strategisches Controlling 425
        5.5.2 Operatives Controlling 426

Fragen zur Kontrolle und Vertiefung 428

Teil D: Funktionsbezogenes Controlling

1 Marketing-Controlling 435

    1.1 Aufgaben und Ziele 435
    1.2 Strategisches Marketing-Controlling 436
        1.2.1 Stärken-Schwächen-Analyse 436
        1.2.2 Strategisches Controlling des Marketing-Mix 437
            1.2.2.1 Unterstützung der strategischen Preispolitik 438
            1.2.2.2 Unterstützung der Produktpolitik 439
            1.2.2.3 Unterstützung der Kommunikationspolitik 442
            1.2.2.4 Unterstützung der Distributionspolitik 442
    1.3 Operatives Marketing-Controlling 443
        1.3.1 Die Umsatzplanung 443
            1.3.1.1 Umsatzstrukturanalyse 444
            1.3.1.2 Deckungsbeitragsstrukturanalyse 445
            1.3.1.3 Deckungsbeitragsflussrechnung 446
            1.3.1.4 Erlösabweichungsanalyse 446
        1.3.2 Die Kundenplanung 447
            1.3.2.1 Kundenstrukturanalyse 447
            1.3.2.2 Die ABC-Analyse auf der Basis von Umsatz und Nettoerfolg 448
            1.3.2.3 Kundendeckungsbeitragsrechnung 449
            1.3.2.4 Kundenorientierte Prozesskostenrechnung 450
            1.3.2.5 Berechnung des Kundenkapitalwertes 451
    1.4 Marketing-Kennzahlen 453

2 Controlling in Forschung und Entwicklung 455

    2.1 Aufgaben und Ziele 455
    2.2 Strategisches FuE-Controlling 457
        2.2.1 Simultaneous Engineering 457
        2.2.2 Technologieorientiertes Portfolio 458
    2.3 Operatives FuE-Controlling 460
        2.3.1 Wertanalyse 460
        2.3.2 Wertanalyseprojekte mit den Lieferanten 464
        2.3.3 Ideenfindungsinstrumente 466
    2.4 FuE-Kennzahlen 468

3 Beschaffungs-Controlling 469

3.1 Aufgaben und Ziele 469
3.2 Strategisches Beschaffungs-Controlling 471
  3.2.1 Versorgungslücke 471
  3.2.2 Lieferanten-Einkäufer-Marktmacht-Portfolio 472
  3.2.3 Versorgungsrisiko-Portfolio 474
  3.2.4 Beschaffungsmarktattraktivitäts-/Wettbewerbsvorteils-Portfolio 475
3.3 Operatives Beschaffungs-Controlling 476
  3.3.1 Materialbedarfsanalyse 476
  3.3.2 Materialstrukturanalyse 477
  3.3.3 Make-or-Buy Entscheidungsanalyse 481
  3.3.4 Lieferantenanalyse 487
3.4 Beschaffungs-Kennzahlen 490

4 Logistik-Controlling 492

4.1 Aufgaben und Ziele 492
4.2 Strategisches Logistik-Controlling 493
  4.2.1 Aufstellung von Logistikbudgets 494
  4.2.2 Logistik-Portfolio 495
4.3 Operatives Logistik-Controlling 496
  4.3.1 Unterstützung der Logistik-Planung 496
  4.3.2 Logistische Kosten- und Leistungsrechnung 497
  4.3.3 Lieferbereitschaftsgrad 499
4.4 Logistik-Kennzahlen 501

5 Produktions-Controlling 502

5.1 Aufgaben und Ziele 502
5.2 Strategisches Produktions-Controlling 503
  5.2.1 Fertigungstechnologien 503
  5.2.2 Produktionskapazität 505
  5.2.3 Investitionsintensität 506
5.3 Operatives Produktions-Controlling 506
  5.3.1 Soll-Ist-Abweichungsanalyse 506
  5.3.2 Nutz- und Leerkostenanalyse 509
  5.3.3 Qualitätssicherung (QS) 509
5.4 Produktions-Kennzahlen 513

6 Finanz-Controlling 514

6.1 Aufgaben und Ziele 514
6.2 Strategisches Finanz-Controlling 515
  6.2.1 Langfristige Finanzplanung 515
  6.2.2 Bilanzstrukturplanung 515
    6.2.2.1 Kennzahlennormen 515
    6.2.2.2 Vereinfachte Verfahren der Bilanzanalyse 516
    6.2.2.3 Planbilanzen und Plan-Bewegungsbilanzen 519
  6.2.3 Shareholder-Value-Konzept als Instrument des Controllings 523
  6.2.4 Stakeholder Value-Ansatz 525
  6.2.5 Investor Relations 526
6.3 Operatives Finanz-Controlling 529
  6.3.1 Kurz- und mittelfristige Finanzplanung 529
  6.3.2 Cash Flow-Finanzierung 529
6.4 Finanz-Kennzahlen 533

7 Personal-Controlling 534

7.1 Aufgaben und Ziele 534
7.2 Strategisches Personal-Controlling 536
    7.2.1 Ziel- und Personalplanung 536
    7.2.2 Früherkennungssysteme 536
    7.2.3 Human Resource Accounting 537
    7.2.4 Human-Resource-Portfolio 539
7.3 Operatives Personal-Controlling 541
    7.3.1 Personalbeurteilung bzw. Leistungsbeurteilung 541
    7.3.2 Assessment-Center 543
    7.3.3 Mitarbeiterbefragung 543
    7.3.4 Weitere operative Instrumente des Personal-Controllings 543
7.4 Kennzahlen des Personal-Controllings 544

8 Controlling in der Informationsverarbeitung (IV) 548

8.1 Aufgaben und Ziele des IV-Controllings 550
    8.1.1 Aufgaben des IV-Controllings 552
    8.1.2 Präzisierung der Ziele des IV-Bereichs 553
    8.1.3 Festlegen operationaler Größen zur Messung der Ziele 554
8.2 Strategisches IV-Controlling 555
    8.2.1 Erweiterung des operativen Controllings zum strategischen Controlling .. 555
    8.2.2 Das strategische IV-Controlling 556
8.3 Operatives IV-Controlling 557
8.4 IV-Kennzahlen 560

Fragen zur Kontrolle und Vertiefung 562

Teil E: Projektcontrolling

1 Begriff und Wesen von Projekten 567

1.1 Projektmerkmale 567
1.2 Begründung für Projektmanagement 569
1.3 Projekte aus organisatorischer Sicht 570
1.4 Projekte und ihre Funktionen 572
1.5 Unterscheidung nach der Projektgröße und Komplexität 573

2 Organisation des Projektbereichs 574

2.1 Organisatorische Einordnung des Projektbereichs 574
    2.1.1 Projektkoordination 575
    2.1.2 Matrix-Projektorganisation 577
    2.1.3 Reine Projektorganisation 578
    2.1.4 Auswahl der geeigneten Organisationsform 579
2.2 Integration und Unterstützung von Projekten 581
    2.2.1 Die Unternehmensleitung 582
    2.2.2 Der Lenkungsausschuss 582
    2.2.3 Die Fachausschüsse 583
    2.2.4 Die Betroffenen 583
2.3 Projektmanagement und Projektcontrolling 584
    2.3.1 Entwicklung des Projektcontrollings 584
    2.3.2 Aufgaben des Projektcontrollings 585
    2.3.3 Voraussetzungen für das Projektcontrolling 586
2.4 Die Projektleitung 588
    2.4.1 Der Projektleiter als Projektcontroller 588
    2.4.2 Anforderungen an einen Projektleiter 589

2.5 Projektteams 591
    2.5.1 Kommunikationsbeziehungen 594
    2.5.2 Probleme bei der Gruppenarbeit 596
2.6 Outsourcing von Projekten 603
2.7 Projektablauf...603

3 Die Projektplanung 605

3.1 Ziele und Aufgaben der Projektplanung..605
3.2 Gestaltung des Planungsprozesses..606
3.3 Projektinitialisierung...608
3.4 Der Investitionsantrag...610
3.5 Die Durchführung der Planung...611
    3.5.1 Der Projektstrukturplan 612
        3.5.1.1 Bedeutung des Projektstrukturplanes 615
        3.5.1.2 Phasen und Meilensteine 615
    3.5.2 Terminplanung 617
        3.5.2.1 Terminlisten..618
        3.5.2.2 Balkendiagramm...619
        3.5.2.3 Netzplantechnik..621
    3.5.3 Kapazitätsplanung 628
        3.5.3.1 Vorgehen bei der Kapazitätsplanung...628
        3.5.3.2 Kapazitätsplanung beim Einsatz von Netzplänen.....................629
    3.5.4 Projektkostenplanung 630
        3.5.4.1 Kostenplanung durch Schätzung 630
        3.5.4.2 Kostenschätzung im Netzplan und/oder auf Meilensteine 631
        3.5.4.3 Budgetierung der Projektkosten 631
    3.5.5 Personalplanung 632
3.6 Zeit-Controlling..632
3.7 Planungsoptimierung..633
3.8 Die Bewertung der Planungsunsicherheit..633
    3.8.1 Analytische Methode..634
    3.8.2 Monte-Carlo-Methode..634

4 Überwachung und Steuerung 636

4.1 Terminüberwachung...638
    4.1.1 Meilensteinüberwachung 638
    4.1.2 Netzplanüberwachung..638
    4.1.3 Leistungsüberwachung...638
4.2 Kostenüberwachung 639
    4.2.1 Absoluter Plan-Ist-Vergleich..639
    4.2.2 Aufwandskorrelierter Soll-Ist-Vergleich...640
    4.2.3 Plankorrigierter Soll-Ist-Vergleich 641
    4.2.4 Kosten-Trenddiagramm 642
4.3 Qualitätsüberwachung 642
4.4 Projektsteuerung 644
    4.4.1 Meilensteintrendanalyse...645
    4.4.2 Kostentrendanalyse 646
4.5 Integrierte Betrachtung...647
    4.5.1 Meilensteinorientierte Projektverfolgung 647
        4.5.1.1 Meilenstein-Kosten-Diagramm..647
        4.5.1.2 Kombinierte Kosten-Meilenstein-Trendanalyse 648
    4.5.2 Integriertes Arbeitsfortschrittsdiagramm 649
4.6 Projektsicherung 649
4.7 Freisetzen von Kreativitätspotenzialen..650
4.8 Projektabschluss 652

5 Projektcontrolling und Berichtswesen **654**
    5.1 Projektdokumentation 654
        5.1.1 Organisation der Dokumentation... 655
        5.1.2 Identifikation der Dokumentenart 655
        5.1.3 Dokumentationsanforderungen 656
        5.1.4 Dokumentations-Nummernsystem 656
        5.1.5 Dokumentationsfreigabe und -verteilung 658
        5.1.6 Überwachung des Dokumentationsstatus.............................. 658
        5.1.7 Das Projekt-Handbuch... 658
    5.2 Berichtswesen 660
        5.2.1 Arbeitspaketbericht.. 661
        5.2.2 Projektbericht 662
        5.2.3 Projckt-Status-Gespräch 663
        5.2.4 Kundenbericht 663
    5.3 Gestaltung der Berichte und Dokumente 663

6 Projektcontrolling und EDV **664**
    6.1 Individuelle EDV Lösung 665
    6.2 Nutzung von Standardsoftware 665
    6.3 Einsatz unabhängiger Arbeitsplatzrechner.. 668
    6.4 Projektmanagementsysteme (PMS) 669
        6.4.1 Einsatzgebiete.. 670
        6.4.2 Basissysteme von PMS.. 670
        6.4.3 Bewertungskriterien für den Einsatz von PMS 671
    6.5 Entwicklungstrends von Softwareeinsatz 672

Anhang: Formeln zur Berechnung von Netzplänen 674

Fragen zur Kontrolle und Vertiefung **675**

Abkürzungsverzeichnis **677**

Literaturverzeichnis **679**

Sachwortregister **693**

Vorwort

Ziel des Buches ist, in die Probleme des Controllings einzuführen. Dies ist eine Thematik, die sich durch vielfältige und einschneidende Veränderungen immer komplexer gestaltet. Jüngste Strukturveränderungen in den Unternehmen werden die Inhalte des Controllings und ihre praktische Umsetzung nachhaltig beeinflussen. Daneben wird auch die Integration von strategischen Fragen in das Unternehmenskonzept immer wichtiger. Controlling ist damit zu einem in Praxis und Wissenschaft bedeutsamen Teilgebiet der Betriebswirtschaftslehre geworden. Das Buch versucht einen kompletten Überblick über den Stand, die Teilgebiete und den Anwendungsbereich des Controllings zu geben. Hierbei werden in einem angemessenen breiten Raum sowohl die fachlichen Grundlagen, als auch die für die Umsetzung wichtigen strategischen und operativen Instrumente ausführlich behandelt.

Das Buch ist wie folgt aufgebaut:

- Im ersten Teil werden zunächst die allgemeinen Aufgabenbereiche und Ziele des Controllings sowie die Organisation des Controllings dargestellt.

- Im zweiten Teil werden die Basisinstrumente des Controllings wie die Kosten- und Leistungsrechnung, das strategische Kostenmanagement, die Investitions- und Wirtschaftlichkeitsrechnung sowie das Berichtswesen und Reporting behandelt. Sie stellen das elementare Rüstzeug eines jeden Controllers dar.

- Im dritten Teil erfolgt eine Aufteilung des Controllings insbesondere nach strategischen und operativen Aufgaben bzw. Instrumenten.

- Im vierten Teil werden die Instrumente des Controllings für wichtige Funktionsbereiche des Unternehmens vorgestellt.

- Abschließend erfolgt im fünften Teil die Darstellung des Controllings im Rahmen des Projektmanagements.

Das Buch ist insbesondere für Studenten an Universitäten und Fachhochschulen gedacht, aber auch für die vielen Praktiker, die sich intensiv mit Fragen des Controllings auseinandersetzen müssen.

Bei der Erstellung dieses Buches wurde ich von zahlreichen Fachkollegen und Instituten mit wertvollen Informationen und Materialien unterstützt. Mein Dank gilt insbesondere Herrn Dipl.-Wirt.Ing. Dieter Reimann und Dipl.-Kauffrau Anett Dietze für die aktive Mitarbeit sowie für viele kritische Anregungen bei der Gestaltung des Buches und für die kritische Durchsicht des Manuskriptes. Weiter danke ich Herrn Dipl.-Wirt.Ing. Christian Schulze für seine intensive Mitarbeit an der redaktionellen Gestaltung und für die Abwicklung der EDV. Dem Lektor des Verlages, Herrn Dipl.-Volksw. Weigert, bin ich für die verständnisvolle Zusammenarbeit sehr verbunden.

Hans Jung

Vorwort zur 2. Auflage

In der 2. Auflage wurden die neueren Entwicklungen und Trends im Controlling berücksichtigt. Zusätzlich aufgenommen wurde das Kapitel Controlling in Öffentlichen Unternehmen. Außerdem wurden das Literaturverzeichnis und das Sachwortregister gründlich überarbeitet.

Bei der Erstellung der Neuauflage haben mich meine Mitarbeiterinnen Frau Carolin Kücholl und Frau Christine Wußmann-Nergiz unterstützt. Für das Lesen der Korrekturen gilt mein Dank Herrn Dr. Ulrich Müller. Außerdem möchte ich allen Kollegen, Studenten und Praktikern danken, die mit zahlreichen Ideen und Vorschlägen zur Weiterentwicklung des Buches beigetragen haben. Dem Lektor des Verlages, Herrn Dr. Schechler, bin ich für die angenehme und vertrauensvolle Zusammenarbeit sehr verbunden.

Hans Jung

Vorwort zur 3. Auflage

Die 3. Auflage unterscheidet sich von der 2. Auflage durch geringfügige Korrekturen und eine Aktualisierung der Literaturangaben. Außerdem wurden wichtige Textteile überarbeitet und auf den neuesten Stand gebracht.

Die einzelnen Kapitel wurden so gestaltet, dass durch den modularen Aufbau ein selektives Lesen der einzelnen Funktionsbereiche des Controllings möglich ist. Gleichzeitig wurde mit der 3. Auflage auch das dazugehörige Arbeitsbuch zum Controlling aktualisiert.

Bei der Vorbereitung der Neuauflage unterstützten mich meine Mitarbeiter Herr Dipl. Kfm. Normen Franzke und Herr Robert Müller (M.A.), denen an dieser Stelle mein besonderer Dank gilt. Außerdem möchte ich allen Kollegen, Studenten und Praktikern danken, die wiederum mit zahlreichen Ideen zur Weiterentwicklung des Buches beigetragen haben. Dem Lektor des Verlages, Herrn Dr. Schechler, danke ich für die vertrauensvolle Zusammenarbeit.

Hans Jung

Vorwort zur 4. Auflage

Da die dritte Auflage sehr rasch vergriffen war, konnte ich mich darauf beschränken, das Buch kritisch durchzusehen. Außerdem habe ich einige kleinere inhaltliche Änderungen vorgenommen sowie das Literaturverzeichnis überarbeitet und aktualisiert. Die enge Verzahnung mit dem ebenfalls in neuer Auflage erschienenen Arbeits- und Übungsbuch wurde beibehalten.

Hans Jung

Teil A

Grundlagen des Controllings

1 Einführung in das Controlling

In der Umwelt aller Organisationen, besonders in „modernen Industriegesellschaften", steigt die Unsicherheit, da immer mehr und komplexere Umweltfaktoren immer dynamischer auf diese Organisationen einwirken. Die Dynamik und Komplexität der Unternehmensumwelt und die wachsende Differenzierung von Unternehmen bezüglich der angebotenen Produkte und Dienstleistungen und der nachfragenden Märkte verlangen neue Planungs- und Steuerungsinstrumente. Die moderne Managementtheorie hat für eine informationsorientierte Steuerung von Betrieben, die nicht nur vergangenheits-, sondern auch zukunftsgerichtet handeln, den Gedanken des Controllings entwickelt: Informationen sind für jede Organisation ein entscheidender Leistungsfaktor geworden.[1]

Dieses Kapitel zeigt einen Einblick in das Controlling, indem es auf die Bedeutung, Aufgaben und Definition des Controllings, auf die Anforderungen an einen Controller und die Einordnung des Controllings im Unternehmen hinweist.

1.1 Die Entwicklung des Controllings

Erste Controlling-Aufgaben gab es im 15. Jahrhundert in den staatlichen Verwaltungen Englands. Diese Stellen wurden als Controlleur bezeichnet und überprüften die Aufzeichnungen über den Geld- und Güterverkehr. Der amerikanische Kongress verfasste 1778 die gesetzliche Grundlage für den Einsatz eines Controllers im Staatsdienst. Dessen Aufgabe bestand in der Verwaltung des staatlichen Haushalts und der Überwachung der Mittelverwendung. Die erste Controller-Stelle in einem amerikanischen Wirtschaftsunternehmen wurde 1880 bei der „Atchison, Topeka & Santa Fé Railway System" dokumentiert. Die Aufgaben dieses Controllers umfassten vor allem die Verwaltung der Finanzanlagen, des Grundkapitals und der Sicherheiten der Gesellschaft. Die Verbreitung des Controller-Amtes ließ vorerst auf sich warten, da die Aufgaben fester Bestandteil bestehender Stellen waren. Eine Neuorientierung begann erst in den 20er und 30er Jahren des 20. Jahrhunderts. Die Stelle des Controllers wurde gemeinsam mit der Planung zu einem Instrument mit stark zukunftsorientierter Aufgabenstellung und höherer Position aufgebaut. Weitere Gründe für die Entwicklung des Controllings in den USA waren:

- Es bildeten sich immer mehr Großunternehmen, die zunehmend mit **Kommunikations-** und **Koordinationsproblemen** zu kämpfen hatten.
- Die unternehmerische Flexibilität wurde durch die automatisierungsbedingte zunehmende **Fixkostenintensität** beschränkt.
- Neue, in der Praxis wenig bekannte **Führungsinstrumente** standen zur Verfügung.
- Der Bedarf nach effizienten Instrumenten verstärkte sich durch **volkswirtschaftliche Turbulenzen** und **Unsicherheiten**.[2]

Im Rahmen von Abweichungsanalysen übernahmen Controller auch Bewertungs- und Beratungsaufgaben. Sie waren weiterhin auch dafür verantwortlich, dass die notwendigen Informationen zur Planung und Kontrolle bereit standen. Dazu war ihnen zumeist das ganze Rechnungswesen untergeordnet, dass in den USA bis heute nur in Ausnahmefällen

---

[1] Vgl. Beck, G.: Controlling, Alling 1998, S. 13.
[2] Vgl. Peemöller, V. H.: Controlling, 5. Aufl., Herne/Berlin 2005, S. 29.

eine Trennung in einen internen und externen Teil vornimmt. Durch diese Aufgaben leitete sich auch die Zuständigkeit für Steuerangelegenheiten und die Berichterstattung an staatliche Stellen. Später verlagerten sich die Aufgabenschwerpunkte des Controllers etwas. Sie übernahmen bestimmte Funktionen innerhalb der Planung. So achteten Controller auf das Vorhandensein von Zielen in allen betrieblichen Bereichen, auf die systematische Abstimmung von Planvorschlägen, und verschiedene Bereiche im Unternehmen halfen dabei, Bereichsegoismen einzudämmen. Unverändert blieben die Aufgaben der Plankontrolle und der Gestaltung sowie des Betriebs- und Rechnungswesens.[3]

In dieser Ausprägung kam der Controllerberuf in den 60er Jahren auch nach Deutschland. Durch das Vorhandensein systematischer Planung für deutsche Unternehmungen musste sich der Controller jedoch nur selten mit den Aufgaben befassen, mit denen sich die Controller in den USA zu beschäftigen hatten.

Das Berufsbild des Controllers entwickelte sich sowohl hinsichtlich des Selbstverständnisses als auch des zeitlichen Bezugs unterschiedlich von dem im angelsächsischen Raum.

In Deutschland befasste man sich mit dem Controlling-Konzept und mit der Einführung von **Controllerstellen** erst Mitte der 60er Jahre. Erst Ende der 60er Jahre beginnt die Verbreitung des Controllings in Deutschland und auch zehn Jahre später sind Controller vornehmlich nur in den Töchtern amerikanischer Unternehmen anzutreffen.[4]

Die Gründe für die späte Entwicklung der Controlling-Funktion sind unter anderen die internationale Isolierung Deutschlands, zentrale Linienorganisationen und der fehlende Konkurrenzkampf.

– Die **internationale Isolierung** Deutschlands vor und während des 2. Weltkrieges und der mit der herrschenden Wirtschaftsordnung einhergehenden Ausrichtung des betrieblichen Rechnungswesens auf Nachrechnungs- und Preisbildungsziele, benötigte kein kostenorientiertes Controlling.

– Die **Aufbauorganisation** vieler Unternehmen zeigte zentrale verrichtungsorientierte Linienstrukturen mit einer klaren Bereichstrennung auf. Sämtliche Planungs- und Entscheidungsprozesse wollten die Bereichsverantwortlichen selbst durchführen. Eine zentrale Controlling-Stelle hätte als querlaufende Koordinationseinheit die verrichtungsbezogen hierarchische Organisationsbeziehungen gekreuzt und die Kompetenzen der Entscheidungsträger betroffen.

– Zwischen 1950 bis in die 70er Jahre war die deutsche Wirtschaft durch **hohe Wachstumsraten** und **Gewinne** gekennzeichnet. Den Unternehmen fehlte die Erfahrung der Existenzbedrohung, um die Bereitschaft zu erlangen, vorhandene Strukturen zu verändern.

Die heutigen Änderungen der Unternehmensumwelt und die Neuorientierung im unternehmerischen Denken und Handeln führten zur Entwicklung und Einführung des Controllings in Deutschland.

Aufgrund von Konjunkturzyklen und den daraus resultierenden wechselnden Marktverhältnissen besteht die Notwendigkeit **betrieblicher Anpassung**. Die Anpassung im

---

[3] Vgl. Küpper, H. U./Weber, J: Grundbegriffe des Controllings, Stuttgart 1995, S. 52 f.
[4] Vgl. ebd., S. 55 f.

Falle sinkender Nachfrage kann über diverse Maßnahmen erfolgen. Absatzpreise können durch die Reduzierung der Angebotspreise oder Rabattgewährung gesenkt werden. Alternativ kann das Unternehmen sich aber auch auf geringere Absatzmengen einstellen. Letzteres führt automatisch zu einer Reduzierung des Produktionsvolumens, sofern die geschwächte Absatzsituation nicht nur vorübergehend ist und eine entsprechende Lagerbildung nicht sinnvoll erscheint.

Ein Lageraufbau ist nur dann sinnvoll, wenn die Lagermengen zu einem späteren Zeitpunkt zusätzlich abgesetzt werden können. Zusätzlich können Anpassungen über systematische Programmbereinigung, zeitlich optimal abgestimmte Produktpolitik und systematisches Fixkostenmanagement erfolgen.

Hinsichtlich der Anpassung des Unternehmens an wirtschaftliche Veränderungen und der damit notwendigen unternehmerischen Entscheidungen steigt die **Bedeutung** eines **Controllingsystems**, das Planung, Informationsversorgung, Steuerung und Kontrolle koordiniert. Im Bereich des umsatzorientierten Controllings müssen kosten- und finanzwirtschaftliche Anpassungsmöglichkeiten berücksichtigt werden. Auch die Umsatz- und Kostenentwicklungen bezüglich Artikel (-gruppen), Kunden, Absatzgebiete, Unternehmensteile und gesamte Unternehmung sind zu betrachten.

Eine laufende **Erfolgs-** und **Wirtschaftlichkeitskontrolle** der Kostenträger und Kostenstellen ist durchzuführen. Hier setzt das **Bereichscontrolling** an, welches u. a. im Produktions-, Beschaffungs- und Logistikbereich mögliche Kostenabweichungen wie Preis-, Beschäftigungs- oder Verfahrensabweichungen feststellt, analysiert und zu Gesamtabweichungen verdichtet.[5]

Controlling	Ausrichtung	Verfahren	Funktion
1. Phase Anfang der 50er bis Anfang der 60er Jahre	Art der Produktion	Standardkosten zur Ermittlung von Verbrauchs- und Preisabweichungen	Registratur
2. Phase Anfang der 60er bis Anfang der 70er Jahre	Auf die Probleme und das Marketing	Produkterfolgsrechnung/ Profit-Center	Navigation des Unternehmens
3. Phase Anfang der 70er Jahre bis Anfang der 80er Jahre	Auf Kunden, Anwendergruppen und Marktsegmente	Kundendeckungsbeitragsrechnung, Gemeinkostenwertanalyse, Material-Wirtschafts-Controlling	Rentabilitätsüberwachung (return on investment)
4. Phase Anfang der 80er Jahre bis heute	Operativ und strategisch im Hinblick auf eine langfristige Existenzsicherung	Verschiedene Controllingverfahren	Kontrolle, Planung und Steuerung des gesamten Unternehmens sowie zwischenbetrieblicher Prozesse

Abb. 1: Die Entwicklungsschritte des Controllings

---

[5] Vgl. Reichmann, T.: Controlling mit Kennzahlen und Management-Tools, 7. Aufl., München 2006, S. 112 ff.

1.2 Bedeutung des Controllings

Für viele Unternehmungen gestaltet es sich zunehmend schwieriger, sich auf die veränderten Umweltbedingungen einzustellen. Die Unternehmensumwelt zeigt eine erhöhte Dynamik und Komplexität auf und ist durch Diskontinuitäten gekennzeichnet.

Ursachen für diese **Veränderungen** sind:
- die stagnierende oder schrumpfende Nachfrage aufgrund von Marktsättigung,
- der verschärfte Wettbewerb,
- die Internationalisierung und die Globalisierung des Wettbewerbs,
- die Verknappung und Verteuerung von Energie und Rohstoffen,
- die Entwicklungen durch politische Rahmenbedingungen, z. B. durch die deutsche Wiedervereinigung,
- die Zunahme staatlicher Eingriffe und Reglementierungen, z. B. durch das Umweltschutzgesetz,
- die veränderten Wertvorstellungen und Lebensstile,
- das gesteigerte Umweltbewusstsein
- und die Beschleunigung des technischen Fortschritts und der damit verbundenen Verkürzung der Innovations- und Produktlebenszyklen.

Diese Veränderungen zeigen sich auch in der Höhe der Insolvenzen in Deutschland.[6] Insolvenzursachen sind vor allem Fehler in der Unternehmensführung, die fehlende Versorgung mit Führungsinformation, sowie fehlende Planung und Kontrolle und Mängel im Rechnungswesen.

Ein effizientes Planungs-, Kontroll-, Steuerungs- und Informationssystem und deren Koordination bilden deshalb eine wichtige Grundlage, um ein Unternehmen entsprechend seiner Zielsetzung erfolgreich zu führen. Im Zuge der Globalisierung der Märkte sehen sich die Unternehmen mit tiefgreifenden Herausforderungen konfrontiert. Um sich diesen Strukturveränderungen zu stellen, ist eine Neuorientierung des Controllings erforderlich.

Heute ist eine zunehmende Wert-, Ergebnis-, Kunden- und Prozessorientierung des Controllings festzustellen, die weit über den rechnungswesenorientierten Ansatz hinausgeht.

1.3 Grundbegriffe

Der Begriff **Controlling** wird vom Englischen **to control** abgeleitet; und heißt übersetzt: regeln, beherrschen und steuern.[7] Controlling ist demnach weder Revision noch Kontrolle. Das Aufgabengebiet ist wesentlich weiter gefasst und beinhaltet die Information, Analyse, Planung und Steuerung.

Für den Begriff „Controlling" existiert in der Literatur keine einheitliche Definition. Deshalb gibt es unterschiedliche Auffassungen zu den Controllingzielen, den Controllingaufgaben und der Verbreitung des Controllings. Horváth gelangt zu der Aussage, dass sich „Controlling" in den letzten Jahren zu einem Modethema mit negativen Auswirkungen entwickelt hat. Er stellt dafür folgende Ursachen dar:

---

[6] Die Unternehmensinsolvenzen in Deutschland betrugen im Jahr 2013 ca. 26.300. Vgl. Statistisches Bundesamt, Meldung der Insolvenzhäufigkeit, Wiesbaden 2014.
[7] Vgl. Schröder, E.: Modernes Unternehmens-Controlling, 8. Aufl., Ludwigshafen 2003, S. 23.

„Da sich viele Autoren ohne methodologisches Rüstzeug mit Controlling begrifflich und konzeptionell auseinandersetzen, gibt es zahlreiche methodologisch unbefriedigende, widersprüchliche und den Leser verwirrende Controlling-Begriffe und Controlling-Konzeptionen. Der Modetrend hat dazu geführt, dass fast alle betrieblichen Funktionen, Methoden und Organisationsstrukturen mit dem Wort „Controlling" verbunden werden und so eine Verwässerung der Problemstellung eingetreten ist."[8] Nachfolgend werden einige Controllingdefinitionen aufgeführt:

Horváth beschreibt Controlling „als Subsystem der Führung, das Planung und Kontrolle sowie Informationsversorgung systembildend und systemkoppelnd ergebniszielorientiert koordiniert und so die Adaptation und Koordination des Gesamtsystems unterstützt." Es stellt somit eine „Unterstützung der Führung dar."[9]

Controlling ist für **Reichmann** „die zielbezogene Unterstützung von Führungsaufgaben, die der systemgestützten Informationsbeschaffung und Informationsverarbeitung zur Planerstellung, Koordination und Kontrolle dient; es ist eine rechnungswesen- und vorsystemgestützte Systematik zur Verbesserung der Entscheidungsqualität auf allen Führungsstufen der Unternehmung."[10]

Controlling wird von **Weber** beschrieben als „eine bestimmte Funktion innerhalb des Führungssystems von solchen Unternehmen, deren Ausführungssystem primär durch Pläne koordiniert wird. Die Koordination, als die vom Controlling wahrgenommene Funktion, umfasst die Strukturgestaltung aller Führungsteilsysteme, die zwischen diesen bestehenden Abstimmungen durchgeführt wird, sowie die führungsteilsysteminterne Koordination. Ziel des Controllings ist es, die Effizienz und Effektivität der Führung zu erhöhen und die Anpassungsfähigkeit zur Veränderung in der Um- und Innenwelt des Unternehmens zu steigern."[11]

Eine weitere Definition gibt **Deyhle**: „Der Controller sorgt dafür, dass ein Apparat existiert, der darauf hinwirkt, das die Unternehmung Gewinne erzielt." Daraus leitet sich folgende Konsequenz ab: Zum Controlling gehört das Zahlenhandwerk des internen Rechnungswesens. Der Controller kontrolliert nicht, sondern sorgt dafür, dass jeder sich selbst kontrollieren kann im Rahmen der durch die Planung festgelegten Maßstäbe und im Hinblick auf die Einhaltung der von der Geschäftsleitung gesetzten Ziele. Controlling geht nicht ohne Planung.

Eindeutige treffsichere und sich durchgesetzte deutschsprachige Ausdrücke für die Begriffe Controlling/Controller gibt es bisher nicht. Controlling wird deshalb häufig als **Arbeitsbegriff** aufgefasst, dessen Inhalt in der Praxis vielfältig und unterschiedlich ausgelegt wird.

Trotz aller Unterschiede im Detail lassen sich inzwischen auch viele Grundübereinstimmungen finden. Hauptaufgabe des Controllings ist im Wesentlichen die Sicherstellung der Erreichung der Unternehmensziele, insbesondere durch das zielgerichtete Koordinieren aller Maßnahmen auch über die betrieblichen Bereichsgrenzen hinaus. Dies umfasst die innovative Entwicklung und Einführung einer **zukunftsorientierten Steuerungsphilosophie** und die zu ihrer Umsetzung unabdingbaren Steuerungsinstrumente.

---

[8] Horváth, P.: Controlling, 11. Aufl., München 2009, S. 56 ff.
[9] Ebd., S. 134.
[10] Reichmann, T.: Controlling mit Kennzahlen und Management-Tools, a.a.O., S. 13 f.
[11] Weber, J./Schäffer, U.: Einführung in das Controlling, 12. Aufl., Stuttgart 2008, S. 23 f.

Einzelne **Aufgaben** sind:
- Die Einführung und regelmäßige Kontrolle einer Unternehmensstrategie
- Steigerung der betrieblichen Operationalisierung und die Durchsetzung der daraus resultierenden Unternehmensziele
- Abstimmung von Planungs- und Steuerungsprozessen für alle Bereiche des Unternehmens
- Gewinnung einer hohen Reaktionsgeschwindigkeit gegenüber Veränderungen und die Entwicklung von Gegensteuerungsmaßnahmen
- Weiterleiten von bedarfsgerechten Informationen
- Entscheidungsfindung mittels betriebswirtschaftlicher Methoden und Verfahren

Wir verstehen im Folgenden unter Controlling als Arbeitsbegriff „das Planen und Steuern der unternehmerischen Tätigkeit mit Hilfe betriebswirtschaftlicher Daten und Analysen." Es soll dafür sorgen, dass das Unternehmen entsprechend seiner wirtschaftlichen Zielsetzung geführt wird.[12]

> Controlling ist somit ein funktionsübergreifendes Steuerungsinstrument, das den unternehmerischen Entscheidungs- und Steuerungsprozess durch zielgerichtete Informationserarbeitung und -verarbeitung unterstützt. Der Controller sorgt dafür, dass ein wirtschaftliches Instrumentarium zur Verfügung steht, das vor allem durch systematische Planung und der damit notwendigen Kontrolle hilft, die aufgestellten Unternehmensziele zu erreichen. Inhalt der Zielvorhaben können alle quantifizierbaren Werte des Zielsystems sein.[13]

Kernelemente sind:
- **Funktionsübergreifendes Steuerungsinstrument** zur Unterstützung der Unternehmensführung beim unternehmerischen Entscheidungsprozess und Früherkennungssystem.
- Ein **ständiger Lernprozess** für viele Bereiche der Unternehmung durch institutionalisierte, permanente Soll-Ist-Vergleiche und den daraus resultierenden Abweichungsanalysen und initiierten Rückkoppelungsprozessen.
- Ein auf **Informationserarbeitung** und **-verarbeitung** aufbauendes System, das Schwachstellen im Unternehmen durch rechtzeitiges Erkennen der Ursachen verhindern soll.
- Ein auf Dauer vorgesehenes **Führungsinstrument**, das fest in der Unternehmenshierarchie verankert ist und nicht als vorübergehende Zeiterscheinung anzusehen ist.
- Ein **System**, das über Ziele führt und über Selbstkontrolle **Zielerreichung** realisieren will.

Controlling bezeichnet primär keine Stelle oder gar eine Person, sondern ein Aufgabenfeld, das gegebenenfalls von verschiedenen Personen oder auch der Geschäftsleitung selbst wahrgenommen wird, ohne dass eine bestimmte Person die Funktionsbezeichnung Controller trägt. Vor allem in kleinen Mittelbetrieben wird die Controllingfunktion von der Unternehmensleitung selbst oder von der Leitung des Rechnungswesens wahrgenommen. Ab 200 Beschäftigten ist zunehmend ein eigenständiger Controller für die Controllingaufgaben verantwortlich. Je nach Zielsetzung der Unternehmung ist der Controller mit unterschiedlichen Aufgabenschwerpunkten betraut.

---

[12] Vgl. Jung, H.: Allgemeine Betriebswirtschaftslehre, 13. Aufl., München/Wien 2014, S. 1166 f.
[13] Vgl. Preißler, P.: Controlling: Lehrbuch und Intensivkurs, 13. Aufl., München/Wien 2007, S. 14 ff.

Der **Controller** muss in Zusammenarbeit mit der Unternehmensführung erreichen, dass die eigene Unternehmung in der Lage ist, die Probleme der Käufergruppen besser als die Wettbewerber zu lösen. Nur so ist das Unternehmen in der Lage, eine langfristige Existenzsicherung zu gewährleisten.

Um das zu erzielen, arbeitet der Controller als Steuermann, der im Unternehmen die Notwendigkeit des Steuerns weckt und deren Möglichkeiten aufzeigen. Er erläutert dem Entscheidungsträger den Nutzen einer Ergebnisverantwortung.

Die Effektivität des Controllings hängt deshalb ganz besonders von der verhaltensbezogenen Verankerung bestimmter Denkhaltungen, Wertvorstellungen und Gewohnheiten in der Unternehmensstruktur ab. Dies zeigt sich durch bestimmte Denkhaltungen (wie Zukunfts-, Team- und Handlungsorientierung) und bestimmte Wertvorstellungen (wie Fairness und Transparenz), die in einem Unternehmen ständig gefördert und gepflegt werden müssen.

1.4 Ziele und Funktionen des Controllings

Innerhalb einer Unternehmung kann man zwischen einem Führungs- und einem Ausführungssystem unterscheiden. Die Controllingfunktion ist innerhalb des Führungssystems, dem System, das die Steuerung und Gestaltung des Handelns anderer Personen zum Gegenstand hat, etabliert. Dieser Sachverhalt ist in der Abbildung 2 dargestellt.[14]

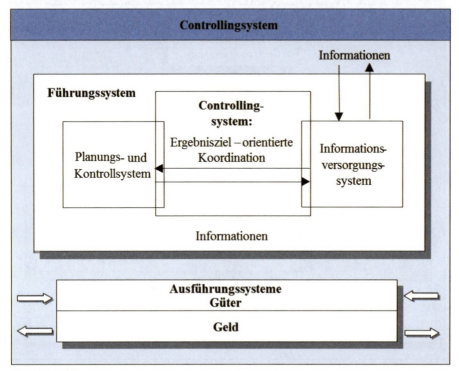

Abb. 2: Controllingsystem

---

[14] Vgl. Horváth & Partner: Das Controllingkonzept, 7. Aufl., München 2009, S. 10 f.

Der Abbildung können weitere **Zusammenhänge** entnommen werden:
- Zentrale Führungsaufgaben sind Planung und Kontrolle, die wegen ihrer Komplexität einer besonderen „Betreuung" bedürfen.
- Aus dem besonderen Informationsbedarf der Führung ist in vielen Unternehmen die Controllingfunktion entstanden.
- Informationsversorgung, Kontrolle und Planung sind aufeinander abzustimmen.
- Zur Erreichung dieser Abstimmung wirkt das Controllingsystem als Koordinationssystem.[15]

Die Arbeit des Controllers kann nur sinnvoll sein, wenn klare Ziele definiert sind. Ziele beschreiben allgemein einen erwünschten Zustand, den das Unternehmen zu erreichen versucht. Es werden strategische Ziele aufgestellt, die in Teilziele zerlegt werden und im operativen Controlling zu realisieren sind.

Controllingziele dienen dabei der Verbesserung der Gesamtzielerreichung, die sich in Gewinn-, Umsatz- oder Rentabilitätssteigerungen ausdrückt und die den dauerhaften Fortbestand der Unternehmung gewährleistet. Diese Gesamtziele sind voneinander abhängig (siehe Abbildung 3).

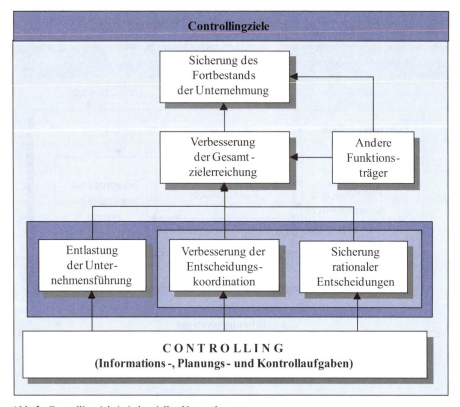

Abb. 3: Controllingziele in industriellen Unternehmungen

---

[15] Vgl. Horváth & Partner: Das Controllingkonzept, a.a.O., S. 8 ff.

Die **zentralen Funktionen** des Controllings, unabhängig von der Betriebsgröße und der unterschiedlichen Auffassung der Controllerbereiche, können definiert werden als:[16]

(1) Ermittlungs- und Dokumentationsfunktion

- Beobachtung der Leistungsfähigkeit des Rechnungswesens
- Aufbau verantwortungsbezogener Kontrolleinheiten
- Umgestaltung des Rechnungswesen entsprechend der Zielsetzung des Controllings (z. B. Profit-Center, Deckungsbeitragsrechnung)
- Aufbau einer aussagefähigen Kosten- und Leistungsrechnung
- Sonderermittlung, (Wirtschaftlichkeitsuntersuchungen, Investitionsberechnungen, Berichterstattung, Betriebsvergleiche)

(2) Planungs-, Prognose- und Beratungsfunktion

- Aufstellen des erfolgswirtschaftlich orientierten Gesamtplanes
- Gestaltung und Fortentwicklung der Gesamtarchitektur des Planungssystems
- Beratung bei der Zielfestlegung (Entwicklung von Zielen, die realisierbar, erreichbar und anspornend sind)
- Koordination der verschiedenen Teilpläne
- Beobachtung außerbetrieblicher Einflüsse und Trends
- Engpassorientierung, Zukunftsausrichtung und Feed-forward-Denken

(3) Vorgabe- und Steuerungsfunktion

- Laufende Beobachtung der Planungsziele
- Erkennen von Abweichungen und Einleiten von Gegensteuerungsmaßnahmen
- Innovationsmotor
- Laufende Berichterstattung, Koordination des Informationsaustausches
- Zahlenmäßige Analyse für die Entscheidungsfindung und Entscheidungsunterstützung

(4) Kontrollfunktion

- Planungskontrolle (Erstellen von Teilplänen und Überprüfen auf Übereinstimmung, Realisierbarkeit, formale Richtigkeit)
- Erfolgskontrolle
- Feststellen von Abweichungen, Ursachen und Abweichungskontrolle
- Resultatskontrolle (Feststellen von Resultaten, Überprüfen der Ergebnisse)
- Allgemeine Kontrollaufgaben (z. B. Bildung von Richtwerten)

Diese Controllingfunktionen stellen ein großes Informationsinstrumentarium dar. Die Datenerfassung und -verarbeitung stellt durch laufende Steuerungs- und Kontroll-informationen die Erfüllung der Unternehmensziele sicher.

---

[16] Vgl. Preißler, P.: Controlling, a.a.O., S. 31.

2 Aufgabenbereiche des Controllings

2.1 Abgrenzung des Controllings zu verwandten Bereichen

Um die Aufgaben eines Controllers (Controllership)[17] zu beschreiben, ist es zunächst sinnvoll, das Controlling von seinen verwandten Bereichen abzugrenzen. Die folgende Abbildung verdeutlicht diesen Zusammenhang.[18]

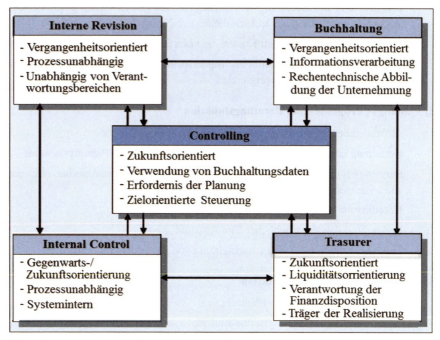

Abb. 4: Abgrenzung des Controllings zu verwandten Bereichen

Der Controller erfüllt im Unternehmen eine Querschnittsaufgabe. Daher gibt es Gemeinsamkeiten, aber auch Unterschiede zu verwandten Betriebsaufgaben. Die folgenden Gegenüberstellungen sollen dies verdeutlichen:

− Controlling und Kontrolle

− Controlling und externes Rechnungswesen

− Controlling und interne/externe Revision

(1) Controlling und Kontrolle

Obwohl das Controlling auch eine Kontrollfunktion beinhaltet, ist es falsch, Controlling nur mit dem deutschen Wort Kontrolle zu übersetzen. Besonders der Aspekt der Planung und Steuerung von unternehmerischen Prozessen ist neben der Kontrolle von großer Bedeutung und wird dementsprechend häufig in der Literatur angeführt.

---

[17] Controllership bedeutet im amerikanischen Sprachgebrauch die Bezeichnung der Gesamtheit der Controllingaufgaben.
[18] Vgl. Peemöller, V. H.: Controlling, a.a.O., S. 76.

Controlling ist **gegenwarts-** und **zukunftsorientiert**, während die Kontrolle **vergangenheitsorientiert** ist. Die Kontrolle gehört zwar zum Aufgabenfeld des Controllers, sie ist aber lediglich Mittel zum Zweck, z. B. bei Soll-Ist-Vergleichen.

Von Kontrolle spricht man immer dann, wenn die Überwachung im Gegensatz zur Prüfung (Revision) durch die mit der Ausführung der Aufgabe befassten Personen vorgenommen wird. Der Tätigkeitsbereich der Kontrolle umfasst im Wesentlichen die vorschriftsmäßige Ausführung der jeweiligen Arbeitsvorgänge, insbesondere durch organisatorische Vorkehrungen, aber auch technische Kontrollvorrichtungen.

Hingegen reicht die Arbeit des Controllers weit über reine Überwachungsfunktionen hinaus. Das Controlling soll in Abstimmung mit den einzelnen Funktionsbereichen ein praxisgerechtes effizientes Instrumentarium bereitstellen, das vor allem durch systematische Planung und die damit notwendige Kontrolle hilft, die angestrebten Unternehmensziele zu erreichen.

(2) Controlling und externes Rechnungswesen

Das **externe Rechnungswesen** (Geschäftsbuchhaltung) beschäftigt sich bei der Erfüllung ihrer Aufgaben mit Zahlen der Vergangenheit. Das Controlling baut in vielen Bereichen auf den Informationen des Rechnungswesens auf.

Kommt das Controlling im Unternehmen zur Einführung, wird es zunächst im externen Rechnungswesen des Unternehmens verankert. Dies ist jedoch nur eine Zwischenlösung, denn mittelfristig ist das Controlling als selbständige Einheit zu institutionalisieren.

Die nachfolgende Tabelle zeigt die Unterschiede in den Aufgaben und der Funktion zwischen dem Leiter des Rechnungswesens und dem Controller:

Leiter des Rechnungswesens	Leiter des Controllings
Zahlenbezogenes Arbeiten	**Empfängerorientiertes Arbeiten**
1. Ziel: Zahlen müssen richtig erfasst und abgestimmt sein	1. Ziel: Zahlen müssen in Aktivitäten umgesetzt werden
2. Rechenschaftsleger	2. Informationsbeschaffer und -verkäufer
3. Arbeit ist vergangenheitsorientiert	3. Arbeit ist zukunftsbezogen
4. Zahlen werden abgeliefert	4. Zahlen müssen verkauft werden (Überzeugungsarbeit)
5. Geheime Arbeit	5. Laufende Kommunikation über alle Fragen des Gewinns
6. Starre Richtlinien	6. Ständiges Anpassen an Bedürfnisse des Betriebes
7. Fachspezifische Sprache	7. Übersetzen in eine dem Empfänger zugängliche Sprache
8. Zahlenaufstellungen	8. Berichte mit Vorschau, Zusammenfassungen, Resümees, Informationen und Maßnahmen
9. Buchführung dominierend	9. Zielsetzung, Planung, Steuerung dominierend

Abb. 5: Unterschiede zwischen dem Leiter des Rechnungswesens und dem Controller

(3) Controlling und interne/externe Revision

Von **Revision (Prüfung)** spricht man, wenn eine Überwachungsmaßnahme von Personen durchgeführt wird, die vom zu überwachenden Bereich weder direkt noch indirekt abhängig sind. Dies bedeutet eine organisatorische Verselbständigung der Revision, indem die Maßnahmen entweder von betriebsexternen Prüfern (externe Revision) oder von direkt der Unternehmensleitung unterstellten Angehörigen einer speziellen Abteilung (interne Revision) vorgenommen werden.

Die Revision zählt nach überwiegender Meinung nicht zum Controller-Bereich, daher ist eine Abgrenzung schwierig. Vergleicht man die Aufgaben der internen Revision mit den Funktionen des Controllings, lassen sich deutliche Unterschiede erkennen.

Der Schwerpunkt des Controllerbereiches ist der Soll-Ist-Vergleich, gestützt auf Informationen, die ihm über das Berichtswesen zukommen. Die interne Revision prüft diese Informationen auf **Ordnungsmäßigkeit** und **Richtigkeit**. Dabei untersucht sie vor allem realisierte Handlungen, Ergebnisse und Verfahren und führt somit eine Ex-post-Betrachtung durch. Für den Controller liegt hingegen der Schwerpunkt auf der Ex-ante-Betrachtung.

Folgende Tabelle macht Unterschiede und Gemeinsamkeiten zwischen Interner Revision und Controlling deutlich:

Vergleich	Interne Revision	Controlling
Unterschiede	– Ex-post Betrachtung – Unabhängigkeit von der Linie – Überprüfungs- und Kontrollaufgaben – Sporadische Kontrolle – Fehlersuche	– Stärkerer Ex-ante Charakter – Zusammenarbeit mit der Linie – Mitwirkung bei der Planung und Kontrolle – Laufende Kontrolle – Steuerung
Gemeinsamkeiten	Operational Auditing Ex-ante-Prüfung Beratungsfunktion	

Abb. 6: Gemeinsamkeiten und Unterschiede Interne Revision und Controlling

2.2 Aufgaben des Controllings

Die Aufgaben des Controllings bestehen in der Unterstützung der Unternehmensführung bei der Durchführung von Planung, Kontrolle und Steuerung. Die Grundlage bildet ein koordinierendes Informationssystem entsprechend der Zielsetzung des Unternehmens. Der Unternehmensführung wird ermöglicht, sich den Umweltveränderungen durch gezielte Gegensteuerungsmaßnahmen anzupassen und eine erfolgreiche Führung des Unternehmens zu gewährleisten. Wichtig dabei ist, dass Controlling nicht nur kurzfristig bei Problemfällen genutzt wird, sondern dass es als Führungsinstrument dauerhaft im Unternehmen integriert wird.

Aufgaben des **Controllings** sind:

- Aufstellen, Koordinieren und Durchführen von Unternehmensplänen, um dem Management entsprechende Hilfen bei der Kontrolle des Unternehmens zu geben
- Beratung des Managements.
- Berichterstattung, Interpretation und Bewertung der erzielten Ergebnisse im Vergleich zu den aufgestellten Plänen und Zielvorgaben.
- Sicherung des Vermögens durch innerbetriebliche Kontrollen und Revisionsmaßnahmen.
- Durchführung volkswirtschaftlicher Untersuchungen, um Einflüsse von außen rechtzeitig zu erkennen und Abhilfe schaffen zu können.
- Mitarbeit in Steuerangelegenheiten.
- Abfassen von Berichten an staatliche Stellen.

Die Aufgaben des Controllers umfassen das Sammeln und Auswerten von Daten, die für die Entwicklung des Unternehmens von entscheidender Bedeutung sind. Durch das Festlegen von Plangrößen, deren fortlaufende Kontrolle und das Einleiten von Korrekturmaßnahmen, nehmen sie Einfluss auf die Unternehmensziele.

2.3 Aufgaben- und Verantwortungsverteilung des Controllings

Durch das Vorhandensein des Controllers und des Managers kommt es unweigerlich zu Konflikten bei der Arbeitsteilung. Daher ist eine optimale Abgrenzung und Aufteilung der Aufgaben- und Verantwortungsbereiche nötig. Folgende Abbildung veranschaulicht die ideale Arbeitsteilung zwischen einem Manager und einem Controller:

Manager	Controller
– plant Budgetwerte, Leistungsziele und Maßnahmen zur Zielerreichung und trifft Entscheidungen	– koordiniert Planungs- und Entscheidungsgrundlagen; er „managet" den Budgetierungsprozess
– setzt Steuerungsmaßnahmen bei Zielabweichungen	– informiert periodisch über die Höhe und Ursache von Zielabweichungen (Berichtswesen und Reporting)
– agiert und reagiert, um Ziele und Maßnahmen an die sich ändernden Umfeldbedingungen anzupassen	– bietet betriebswirtschaftliche Beratung an (Sonderuntersuchungen, Verfahrensfragen, Eigen- oder Fremdbezug)
– holt betriebswirtschaftliche Unterstützung ein	– leistet betriebswirtschaftlichen Methoden- und Instrumentenaufbau sowie Entscheidungsabstimmung
– führt zielorientiert, planungs- und kontrollbasiert	– gestaltet die Unternehmensentwicklung mit
– versteht den Controller als notwendigen und wichtigen Partner im Führungsprozess	– ist Navigator und Berater des Managers

Abb. 7: Aufgaben- und Verantwortungsverteilung zwischen Controller und Manager[19]

---

[19] Vgl. Eschenbach, R.: Controlling, 2. Aufl., Stuttgart 1996, S. 91.

Aktuelle Entwicklungen zeigen, dass die Abgrenzungen zwischen beiden Funktionen immer durchlässiger werden und sich in beide Richtungen verschieben. Der Manager übernimmt Controllingaufgaben, der Controller beschäftigt sich verstärkt mit Managementaufgaben.

2.4 Strategisches und operatives Controlling

Durch wirtschaftliche, technologische, soziokulturelle und politische Einflüsse ist das Umfeld der Unternehmen einem rasanten Wandel unterworfen. Strategisches und operatives Controlling unterscheiden sich durch eine lang- bzw. kurzfristige Betrachtungsweise und stellen eine sich gegenseitig ergänzende Konzeption dar. Beide haben formal identische Bausteine mit den Controlling-Funktionen Information, Planung, Steuerung und Kontrolle, beide stellen je einen funktionalen Regelkreis dar, der jedoch mit dem anderen verbunden ist und sich an den übergeordneten Zielsetzungen des Unternehmens orientiert.

Die organisatorische Trennung des operativen vom strategischen Controlling ist nicht sinnvoll, da die notwendigen Zusammenhänge der unterschiedlichen Planungsstufen nur in einem integrierten System möglich sind.[20]

Abgrenzungsmerkmale / Ausprägung des Controlling	Strategisches Controlling	Operatives Controlling
Planungsstufe	Strategische Planung	Taktische und operative Planung
Orientierung am Führungsziel der Unternehmung	Langfristige Existenzsicherung der Unternehmung	Erfolgserzielung, Rentabilitätsstreben, Liquiditätssicherung, Produktivität
Controllingzielsetzung	Sicherstellen einer systematischen zielorientierten Schaffung und Erhaltung zukünftiger Erfolgspotenziale	Sicherstellung der Wirtschaftlichkeit der betrieblichen Prozesse
Zentrale Führungsgrößen	Erfolgspotenzial (z. B. Marktanteil)	Erfolg, Liquidität
Ausrichtung auf	Unternehmung und Umwelt (Aufbau neuer Umweltbeziehungen)	Unternehmung (unter Berücksichtigung bestehender Umweltbeziehungen)
Dimensionen	Stärken/Schwächen bzw. Chancen/Risiken (eher qualitativ)	Kosten/Leistungen bzw. Aufwand/Ertrag (eher quantitativ)
Informationsquellen	Primäre Daten aus der Umwelt	Primäre Daten aus dem internen Rechnungswesen

Abb. 8: Vergleichende Betrachtung zwischen dem strategischen und dem operativen Controlling[21]

Strategisches Controlling erfolgt langfristig und zukunftsorientiert. Es werden Entwicklungen sowohl aus der Innenwelt als auch der Umwelt des Unternehmens herangezogen, lange bevor sie sich in Kosten und Leistungen niederschlagen. Operatives Controlling beschäftigt sich mit gegenwarts- oder vergangenheitsorientierten Daten.

---

[20] Vgl. Peemöller, V. H.: Controlling, a.a.O., S. 111 ff.
[21] Vgl. Reichmann, T.: Controlling mit Kennzahlen und Management-Tools, a.a.O., S. 560.

2.4.1 Aufgaben des strategischen Controllings

Das strategische Controlling hat eine unterstützende Funktion bei der strategischen Planung und Kontrolle der Unternehmensführung. Ziele sind die langfristige Existenzsicherung des Unternehmens und die Aufdeckung von Erfolgspotenzialen für die Zukunft. Im Rahmen des strategischen Planungsprozesses erfüllt es von der Zielfindung bis zur Realisierung und Kontrolle, Planungs-, Koordinations-, Informationsversorgungs- und Kontrollaufgaben.[22] Sie umfassen folgende Bereiche:

(1) Unterstützung der strategischen Planung

- Auswahl und Entwicklung unternehmensbezogener strategischer Planungsinstrumente und -methoden
- Organisation der Prozesse der strategischen Planung (z. B. Einberufen und Vorbereiten von Planungsrunden)
- Unterstützung und Koordination der Ermittlung und Aufbereitung der erforderlichen Informationen (z. B. Beobachten der Umweltentwicklungen)
- Hilfestellung bei der Umsetzung der strategischen Planung in Strategien und Maßnahmenpakete

(2) Umsetzung der strategischen Planung in die operative Planung

- Überprüfung der Realisierungsphase von strategischen Projekten (z. B. Prüfung, ob das Projekt ausreichend spezifiziert wurde)
- Hilfestellung bei der Formulierung von Etappenzielen zur Realisierung der strategischen Pläne
- Ableitung umrisshafter periodenbezogener Pläne der monetären Konsequenzen der strategischen Pläne

(3) Aufbau und Durchführung der strategischen Kontrolle

- Mitwirkung bei der Bestimmung von Kontrollgrößen (z. B. Marktanteil, durchschnittliches Alter der Produkte)
- Aufbau eines Früherkennungssystems zur Gewinnung von Kontrollinformationen
- Ermittlung der Soll-Ist-Abweichungen
- Erarbeitung von Vorschlägen zur Gegensteuerung oder Berücksichtigung von Abweichungen für eine Revision

Dem Controller stehen eine Reihe von Instrumenten und Werkzeugen zur Verfügung, die Grundlagen für die Erfüllung seiner strategisch orientierten Arbeit sind. Dazu gehören z. B. die Portfolio-Analyse, die Erfahrungskurve, die Stärken- und Schwächen-Analyse und die Konkurrenzanalyse.

2.4.2 Aufgaben des operativen Controllings

Das operative Controlling befasst sich mit der internen Unternehmenssituation. Dabei orientiert es sich an Zahlen, Daten und quantifizierten Größen aus der Vergangenheit und Gegenwart, die sich als Aufwand und Ertrag bzw. Kosten und Leistung darstellen lassen.

---

[22] Vgl. Reichmann, T.: Controlling mit Kennzahlen und Management-Tools, a.a.O., S. 560 f.

Das **operative Controlling** befasst sich mit folgenden **Aufgaben**:[23]

(1) Unterstützung der operativen Planung
- Analyse, Auswahl und Aufbau operativer Planungsinstrumente und -methoden
- Ermittlung, Aufbereitung und Bereitstellung der für die operative Planung erforderlichen erfolgszielbezogenen Informationen
- Betriebswirtschaftliche Unterstützung der Führungsinstanzen bei der Aufstellung periodenbezogener Teilpläne
- Abstimmung der bereichsbezogenen Einzelpläne zu einem konsistenten Unternehmensgesamtplan im Rahmen der gesetzten Leitlinien und Sammlung von Informationen, die zur Überprüfung der gesetzten Ziele führen können.

(2) Unterstützung der Budgetierung
- Unterstützung der einzelnen betrieblichen Verantwortungsbereiche bei der Aufstellung bereichsbezogener Budgetansätze (Bottom-up-approach)
- Top-down-gerichtete Ableitung von bereichsbezogenen Budgets aus dem von der Unternehmensführung vorgegebenen Unternehmensbudget
- Gegenüberstellung der Bottom-up und Top-down ermittelten Budgetansätze
- Unterbreiten von Vorschlägen zur Behebung von Abweichungen zwischen den jeweils ermittelten Budgetwerten

(3) Budgetkontrolle
- Aufzeichnung der anfallenden Kosten und erzielten Erträge für einzelne betriebliche Verantwortungsbereiche
- Aufzeichnung und Ausweis sonstiger erfolgszielrelevanter Informationen (z. B. Ausfallzeiten von Anlagen, Ausschussquoten)
- Ermittlung von Abweichungen zwischen Plan- und Ist-Werten
- Analyse der Ursachen von Plan-Ist-Abweichungen (z. B. Verbrauchsabweichungen, Leistungsabweichungen)
- Erarbeitung von Vorschlägen zur Gegensteuerung

(4) Informationsversorgung
- Feststellung der Informationsbedarfe und Bereitstellung von Informationen für die unterschiedlichen Empfänger
- Informationskopplung unterschiedlicher Unternehmensbereiche

Der Schwerpunkt der Controllertätigkeit hat sich aufgrund der einwirkenden Umwelteinflüsse, der erhöhten Dynamik und Komplexität der Unternehmensumwelt zugunsten des strategischen Controllings verschoben.

Operatives und strategisches Controlling sind dennoch nicht getrennt voneinander zu betrachten, da sie sich ergänzen, einander bedingen und ineinander übergehen.

---

[23] Vgl. Peemöller, V. H.: Controlling, a.a.O., S. 215 f.

2.5 Controlling in den Funktionsbereichen

Die Notwendigkeit zunehmender funktioneller Spezialisierung führte in den letzten Jahren zum Entstehen des sogenannten Funktionsbereichs-Controlling.[24] Grundsätze dezentraler Unternehmensführung und der Wunsch nach marktorientierter Controllerleistung führen zu sogenannten „Bindestrich-Controllern", wie z. B. Marketing-Controllern, Beschaffungs-Controllern, Produktions-Controllern. Es handelt sich hierbei um Controller, die sich auf die controllerische Begleitung von betrieblichen Funktionen spezialisiert haben.

Koordinationsmaßnahmen als Ausgangspunkt für die Ableitung der Aufgaben des jeweiligen Funktionsbereichs sind:

– die Koordination der Führungssysteme in den jeweiligen Bereichen und Abteilungen
– die Koordination mit dem Unternehmens-Controlling
– die Koordination mit dem dezentralen Controlling anderer Bereiche.

Das dezentrale Controlling muss für die Anpassung und Innovation des Bereichs, dessen Ausrichtung auf das Gesamtzielsystem der Unternehmung und seine ausreichende Unterstützung mit Informationen und Methoden zielt, Sorge tragen. Einzelne Leistungsbereiche müssen organisiert, geplant und kontrolliert werden.

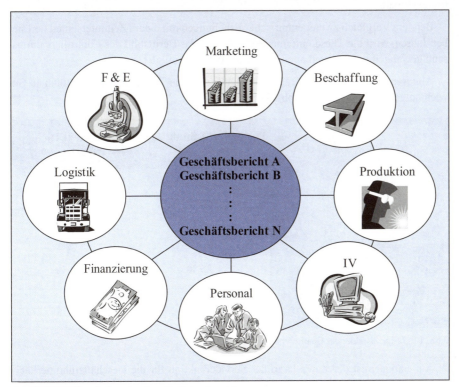

Abb. 9: Controlling in den einzelnen Funktionsbereichen

---

[24] Vgl. Jung, H.: Allgemeine Betriebswirtschaftslehre, a.a.O., S. 1170.

Gemäß dieser Abbildung lassen sich die verschiedenen Controllingfelder und -inhalte in ihrer gegenseitigen Zuordnung –ohne Berücksichtigung des Zeithorizonts– strukturieren. Dabei treten zwischen den einzelnen Controlling-Subsystemen teilweise Überschneidungen auf.

Bei der Festlegung des Controllingsystems ist besonders auf die Bewältigung und Beseitigung dieser Schnittstellen zu achten.

3 Entwicklung und Rückblick des Controllerberufes

Im Zeitalter der Globalisierung gilt auch für das Berufsbild und das Anforderungsprofil des Controllers der Grundsatz, dass nichts beständiger ist als der Wandel.

Vielfach haben sich die Controller zu sehr an reinen Kosten- und Finanzdaten orientiert – und dies auch noch aus der Vergangenheit – anstatt auf Signale aus dem Markt und Wettbewerb zu achten.

Entscheidend ist nicht die immer genauere Analyse der Kosten- und Leistungsdaten und auch nicht die buchhalterisch genaue Abstimmung der Kosten- mit der Gewinn- und Verlustrechnung. Vielmehr gilt der alte unternehmerische Grundsatz „Lieber (schnell) ungefähr richtig als haargenau falsch" als Prinzip für eine dynamische, erfolgreiche Controller-Arbeit.

Bei dem Vergleich zweier empirischer Erhebungen mit einem Zeitunterschied von sieben Jahren, wird die These untermauert, dass sich das Berufsbild des Controllers umfassend gewandelt hat und sich noch immer im Wandel befindet.

Abgesehen von Kontrollaufgaben haben alle anderen Tätigkeitsfelder deutlich an Gewicht zugenommen, was aus Abb.10 ersichtlich ist.[25]

	Peemöller/ Schmid/Meister (1989)	**Steinle/Bruch/ Michels (1996)**
– Servicefunktion für die Geschäftsführung/Fachabteilung	40 %	54 %
– Beratung/Betreuung	29 %	51 %
– Planungsaufgaben und Budgetierung	25 %	30 %
– Kontrollaufgaben/ Soll-Ist-Vergleiche	17 %	12 %

Abb. 10: Tätigkeitsfelder des Controllers

Am stärksten ist der Zuwachs in der Servicefunktion für die Geschäftsführung/Fachabteilungen und in der Beratung und Betreuung.

---

[25] Vgl. Steinle, C./Bruch, H./Michels, T.: Zukunftsgerichtetes Controlling, 2. Aufl., Wiesbaden 1996, S. 387.

3.1 Aufgabenbereiche eines Controllers

Vor dem Hintergrund des turbulenten Umfeldes, den damit gestiegenen Herausforderungen sowie dem neuen Rollenverständnis des Controllers, steht er vor folgenden neuen Aufgaben:

- die Bewältigung von Verständnisproblemen im Rahmen der Internationalität
- die Einbindung externer Informationen
- das Entwickeln von Risikoverständnis und die Bereitstellung verschiedener Instrumente
- die Marktorientierung des Controllings zu verstärken
- die Sicherstellung der Zukunftsorientierung
- das Schritthalten mit den Veränderungen des Unternehmens
- die Entwicklung des Controllings für neue Organisationsformen

Aus dieser Rollenvielfalt ergibt sich eine **Rollendivergenz**, die den Controller neu fordert.[26]

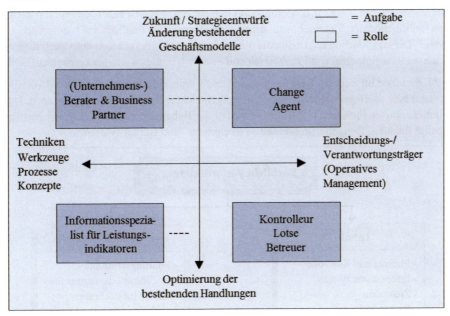

Abb. 11: Rollen des Controllers

Der **Controller** ist damit zugleich:

- (Unternehmens-)Berater und Business Partner: Beratung und Mitentscheidung an der Strategiebildung
- Kontrolleur, Lotse und Betreuer des Management: Soll-Ziele
- Change Agent-Überprüfung von verabschiedeten Handlungsentwürfen auf deren Zielerreichungsgrad
- Informationsspezialist für Leistungsindikatoren: Sicherung der Informationsversorgung

---

[26] Vgl. Guldin, A.: Everybody's Darling or Nobody's Friend, S. 77. In Horvath, P.: Innovative Controlling-Tools, 1998, S. 69 ff.

3.2 Anforderungen an einen Controller

Ein Controller soll die komplexe Realität beobachten und daraus entsprechende Informationen gewinnen, die die Unternehmensführung bei weiteren Handlungen unterstützen. Die verschiedenen Bereiche des Unternehmens werden mit Hilfe der Informationen koordiniert und integriert. In Deutschland gibt es kein offiziell anerkanntes Anforderungsprofil für einen Controller. Die Rolle eines Controllers muss immer unternehmensintern gesehen werden. Die Ausübung der Controllingfunktion stellt an den Stelleninhaber hohe fachliche und persönliche Anforderungen.

3.2.1 Fachliche Anforderungen

Das notwendige Fachwissen kann durch ein betriebswirtschaftliches Studium und/oder durch die Teilnahme an speziellen Fortbildungsveranstaltungen erworben werden. Eine akademische Ausbildung (insbesondere bei Neueinstellungen) wird gewünscht.

Fremdsprachenkenntnisse, insbesondere Englisch, sind unentbehrlich, um fremdsprachliche Texte lesen zu können und auf den Einsatz in deutschen Tochtergesellschaften multinationaler Unternehmen, deren Verkehrssprache Englisch ist, vorbereitet zu sein.[27] Die zunehmende internationale Verflechtung von Unternehmen lässt auch Kenntnisse anderer Sprachen wie Französisch und Spanisch immer wichtiger erscheinen.

Kenntnisse im internen Rechnungswesen und Controlling werden weitgehend vorausgesetzt bzw. werden bei Stellenausschreibungen nicht mehr gesondert ausgewiesen. Die Stellenanbieter für einen Controller erwarten die Beherrschung der Controllinginstrumente Planung, Budgetierung, Finanz-, Rechnungs- und Berichtswesen.

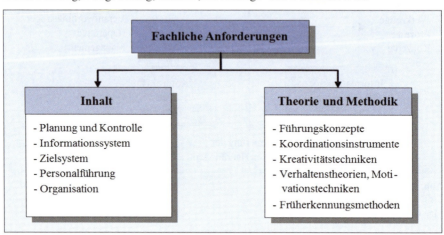

Abb. 12: Fachliche Anforderungen an einen Controller[28]

Ein Bewerber sollte bereits Analyse- und Kontrolltätigkeiten ausgeführt, Erfahrungen in der Pflege und Entwicklung von Informationssystemen gesammelt haben, Kenntnisse im Projektmanagement, in der Investitionsrechnung und Internen Revision/Wirtschaftsprüfung aufweisen. Umfangreiche Kenntnisse im Umgang mit einem PC und entsprechender Software sind ebenfalls notwendig.

---

[27] Vgl. Ziegenbein, K.: Controlling, 9. Aufl., Ludwigshafen (Rhein) 2007, S. 104.
[28] Vgl. Küpper, H.-U.: Controller-Anforderungsprofil. In: Handbuch Controlling, Stuttgart 1999, S. 337.

3.2.2 Persönliche Anforderungen

Begründet wird die Stärkung der persönlichen Anforderungen mit der Wandlung des statischen Controlling zu einer Abteilung mit einer Service- und Dienstleistungsfunktion.

„Beim Controller soll es sich um einen zur selbständigen Arbeit fähigen, engagiert auftretenden, kooperationsbereiten Mitarbeiter handeln, der sowohl analytische Fähigkeiten als auch Durchsetzungsstärke aufweist. Er soll eine überzeugende, kontaktstarke Persönlichkeit besitzen, die sich durch einen qualifizierten Arbeitsstil auszeichnet."[29]

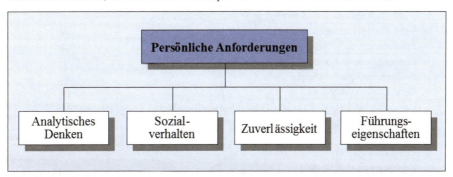

Abb. 13: Persönliche Anforderungen an einen Controller[30]

Weitere **persönliche Anforderungen** sind:

- Komplexes Denken
- Kommunikationsfähigkeit
- Kontaktstärke
- Engagement
- Überzeugungsfähigkeit
- Durchsetzungsvermögen

Wie neuere Untersuchungen zeigen, treten neben die traditionellen Fähigkeiten des Controllers wie analytisches Denkvermögen und die Begabung, komplexe Probleme anschaulich darzustellen, folgende Anforderungen zukünftig verstärkt in den Vordergrund:

- Moderations- und Teamfähigkeit
- Strategisches Denken
- Trainerqualifikation
- Ausgeprägtes Kunden- und Lieferantendenken
- Veränderungsbereitschaft
- Lernfähigkeit
- Konflikt- und Konsensfähigkeit

---

[29] Vgl. Peemöller, V. H.: Controlling, a.a.O., S. 78 ff.
[30] Vgl. Küpper, H.-U.: Controller-Anforderungsprofil, in Handbuch Controlling, a.a.O., S. 337.

Eine Auswertung von 500 ausgewählten Stellenanzeigen in der „Frankfurter Allgemeinen Zeitung" während des ersten Halbjahres 2007 bestätigt diesen Trend. Folgende Eigenschaften und Fähigkeiten (fachlich und persönlich) wurden von einem Controller erwartet:

Persönliche Eigenschaften (arbeitsbezogen)	In Prozent
– Betriebswirtschaftliches Denken (Studium)	96
– Berufserfahrung	83
– Analytisches Denkvermögen	38
– Fundierte Kenntnisse / Fachkompetenz	34
– Selbstständiges Arbeiten / Eigeninitiative	30
– Einsatzbereitschaft / Belastbarkeit	20
– Problemlösungskompetenz / Lösungsorientiert	16
– Erfahrung in Personalführung	16
– Durchsetzungsvermögen	13
– Hohes Engagement / Zielstrebigkeit / Leistungsbereitschaft	13
– Systematisches Arbeiten / Organisationsfähigkeit	13
– Flexibilität	12
– Präsentationsfähigkeiten / Reporting	11
– Unternehmerisches Denken	11
– Überzeugungskraft	8
– Technisches Verständnis	5
– Zuverlässigkeit	4
– Vertrauenswürdigkeit, Verschwiegenheit	4
– Ausgeprägte Zahlenaffinität	3
– Kundenorientiertheit	1
Menschliche Eigenschaften (Persönlichkeit)	
– Kommunikative Fähigkeiten	39
– Teamfähigkeit	28
– Verantwortungsbewusstsein	19
– Sozialkompetenz	10
– Führungsqualitäten	9
– Sicheres Auftreten	8
– „Hands on" Mentalität	7
– Eigenmotivation	6
– Humorvoll	1
EDV-Kenntnisse	
– Gute Kenntnisse in MS-Office (Excel, Word, PowerPoint, Access)	49
– Erfahrungen im Umgang mit SAP/ R3	31
– Erfahrung im Umgang mit (moderner) EDV-Infrastruktur	26
Sprachkenntnisse	
– Englisch	71
– gute englische Sprachkenntnisse (präsentationssicher)	30
– fließende Englischkenntnisse	29
– verhandlungssicheres Englisch	12
– Französisch	9
– Spanisch	4
– Andere Sprachkenntnisse (Chinesisch, Kroatisch, Japanisch …)	2

Abb. 14: Erwartete persönliche Eigenschaften und Fähigkeiten von Controllern

Für das **Arbeitsfeld** des **Controllers** bedeutet dies:

- Er muss von der ihm gestellten Zielsetzung ausgehen und sich an diesen Zielen orientieren.
- Er sollte objektiv und fair in seinen Analysen, Aussagen und Vorschlägen sein und sich nicht von persönlichen Gefühlen und Präferenzen leiten lassen.
- Er muss sich Unabhängigkeit bewahren und bereit sein sowie den Mut haben, auch unpopuläre Maßnahmen mitzutragen.
- Er muss zuverlässig und fachlich kompetent sein.
- Er muss ein Mindestmaß an technischem Verständnis besitzen.
- Er muss die Fähigkeit haben, seinen Informationsgrad verständlich und selbstsicher zu artikulieren und an Dritte weiterzuvermitteln.
- Er sollte die Fähigkeit besitzen, sich auf die wesentlichen Informationen durch entsprechende Selektion zu beschränken.
- Er muss Einfühlungsvermögen haben.
- Er muss Kenntnisse der Berichtstechnik und des Reporting besitzen und mit dem Einsatz graphischer Hilfsmittel usw. umgehen können.
- Er muss kooperativ und kompromissbereit sein, allerdings innerhalb der Grenzen, die ihm durch die Zielsetzung gesteckt sind.
- Die Zielrealisation sollte möglichst mit den Betroffenen gemeinsam erarbeitet werden, d. h. es muss ein Mindestmaß an Kooperationsbereitschaft und Kontaktfähigkeit vorhanden sein.
- Er muss, ähnlich einer Führungskraft, die Fähigkeit besitzen, qualifizierte Mitarbeiter führen und motivieren zu können.

Eigenschaften, die ein Controller **nicht haben** sollte:

– Destruktive Grundeinstellung	– Kein Durchhaltevermögen
– Pessimismus	– Willensschwäche
– Überheblichkeit und Arroganz	– Ungeduld und Intoleranz
– Kontakt- und Überzeugungsschwäche	– Ziellosigkeit
– Einzelgängerverhalten	– Unbeständigkeit

3.2.3 Beispiel einer Stellenbeschreibung

Eine Stellenbeschreibung gibt Informationen über den Rang und das Unterstellungsverhältnis des Controllers, weiterhin über dessen genaue Aufgabenbereiche und Befugnisse. Sie zeigt die Stellung des Controllers im Unternehmen und dessen Tätigkeiten. Die folgende Abbildung zeigt die Stellenbeschreibung eines Controllers im Haus Lamy, eines mittelständischen Unternehmens der Schreibwarenbranche.[31]

---

[31] Vgl. Horváth & Partner: Das Controllingkonzept, a.a.O., S. 16 f.

Josef Lamy GmbH	Stellenbeschreibung	
1.0 Stellenbezeichnung	**2.0 Rangstufe**	**3.0 Ersatz für**
Leiter Controlling	Bereichsleiter	

4.0 Zielsetzung

- Entwickeln und Anwenden von Verfahren, die Unternehmensgewinn erzielen
- Die Führungskräfte des Unternehmens als Analysator, Ratgeber und ökonomischer Begleiter so unterstützen, so dass jeder sich selber kontrollieren kann.

5.0 Stellenbezeichnung des unmittelbar Vorgesetzten

Geschäftsführer

5.1 Stelleninhaber nimmt außerdem fachliche Weisungen entgegen von

---

6.0 Stellenbezeichnung der direkt unterstellten Mitarbeiter

Abteilungsleiter EDV

6.1 Stelleninhaber gibt fachliche Weisungen an

Leiter Finanzbuchhaltung

Leiter Betriebsbuchhaltung

Leiter Personalbüro

Leiter Textverarbeitungssystem

Externe Mitarbeiter im Bereich Controlling und EDV

7.0 Der Stelleninhaber wird vertreten von

Geschäftsführer in Finanz-, Verwaltungs-, und betriebswirtschaftlichen Fragen

Bereichsleiter Verwaltung

8.0 Der Stelleninhaber vertritt

Bereichsleiter Verwaltung

9.0 Spezielle Befugnisse

(Hier sind spezielle Vollmachten und Berechtigungen aufzuführen, die nicht an die Rangstufe gebunden sind und damit über die allgemeine Regelung der Vollmacht hinausgehen.)

- Gesamtprokura
- Bankvollmacht
- Beauftragter BVW (kaufmännischer Bereich)

10.0 Beschreibung der fachlichen Tätigkeiten/Aufgaben des Stelleninhabers
Planung
– Mitwirkung bei der Festlegung der Unternehmensziele
– Federführung und Koordinierung der Planungs- und Budgetarbeiten
– Abstimmung der Teilpläne und Teilziele zu einem Gesamtplan
Steuerung
– Einrichten eines aussagefähigen Informationssystems, in welchem sich die inhaltlichen Daten in Plan-, Ist- sowie Erwartungsrechnung entsprechen.
– Rechtzeitige Lieferung periodischer Soll-Ist-Vergleiche für Umsatz, Kosten, Gewinn, etc. mit Erläuterungen zur Vermeidung/Behebung von ungünstigen Abweichungen
– Signalisierung von erheblichen Zielabweichungen an die Geschäftsleitung
– Analyse der Abweichungen und Diskussion der Ergebnisse mit den verantwortlichen Stellen sowie Erarbeitung von Alternativen zur Gegensteuerung
– Durchführung von Wirtschaftlichkeitsrechnungen
Organisation/Datenverarbeitung
– Durchführung von Gemeinkosten-Wertanalysen in allen Bereichen
– Projektleitung bei beschlossenen Rationalisierungsprojekten
– Auswahl externer Fachleute
– Führung von EDV-Projekten
– Auswahl benötigter Standard-Software
– Vorschlag an Geschäftsleitung bezüglich benötigter Hardware
Sonstiges
– Mit Marketingleiter Vorbereitung und Moderation der Strategischen Planungsrunden
– Mitarbeit im betriebswirtschaftlichen Ausschuss der IHK
– Übernahme von Sonderaufträgen der Geschäftsleitung
Hinweis für den Stelleninhaber:
Durch diese Stellenbeschreibung sind ihre Aufgaben und Kompetenzen verbindlich festgelegt. Sie sind verpflichtet, danach zu handeln und zu entscheiden. Sie müssen Ihren Vorgesetzten umgehend informieren, wenn sich wesentliche Abweichungen davon ergeben.

Datum:	Unterschrift des unmittelbaren Vorgesetzten:
Datum:	Unterschrift des Bereichsleiters:
Datum:	Unterschrift der Personalabteilung:
Die Stellenbeschreibung wurde mir ausgehändigt.	
Datum:	Unterschrift des Stelleninhabers:

Abb. 15: Stellenbeschreibung eines Controllers bei Lamy

4 Die Organisation des Controllings

Der Begriff **Organisation** bezeichnet:

- den Prozess des planvollen Erstellens langfristiger Strukturen
- das Ergebnis dieses Prozesses, die Strukturen selbst
- und ein soziales Gebilde

Die Organisation ist ein Instrument der Unternehmensführung zur Erreichung seiner Ziele. Veränderungen der Umwelt, Technologien und Menschen führen zu ständigen organisatorischen Anpassungen der Prozesse, damit das Unternehmen nicht unflexibel und ineffizient wird. Die Organisation schafft die Rahmenbedingungen für die Umsetzung der Planungsstrategien durch das Festlegen genereller Regeln über Weisungs-rechte, Kompetenzen und Informationswege. Sie wird personenunabhängig aufgebaut, um Neuorganisationen aufgrund des Ausscheidens einzelner Mitarbeiter zu vermeiden.

Die **Organisation** gliedert sich in die **Aufbau-** und in die **Ablauforganisation**.

- Die **Aufbauorganisation** zerlegt die Gesamtaufgabe in Teilaufgaben (Aufgabenanalyse) und fasst diese dann zu organisatorischen Einheiten zusammen (Aufgabensynthese).
- Die **Ablauforganisation** untersucht die Arbeits- und Bewegungsabläufe der Aufgabenerfüllung in Zeit und Raum. Die Abläufe werden in ihre elementaren Arbeitsteile zerlegt (Arbeitsanalyse) und danach unter zeitlichen, räumlichen oder personellen Aspekten zusammengefasst (Arbeitssynthese).

Um die Unternehmensziele bestmöglich zu erfüllen und einen innerbetrieblich störungsfreien Ablauf zu gewährleisten, ist eine Controlling-Abteilung an der richtigen Stelle innerhalb des Unternehmens unabdingbar. Ihr kommt die Aufgabe zu, die einzelnen Prozesse untereinander abzustimmen.

Die **Funktion** des Controllings wird durch folgende **Faktoren** bestimmt:

- **Unternehmensgröße**

Die organisatorische Differenzierung steigt mit zunehmender Größe, ein Maß dafür ist die Anzahl der Beschäftigten und/oder der Umsatz. Stellen mit spezifischen Aufgaben werden geschaffen. Die erhöhte organisatorische und buchhalterische Komplexität und der gestiegene Koordinierungsaufwand rechtfertigen den Aufbau einer Controlling-Abteilung.[32]

- **Organisationsstruktur**

Die Rahmenstruktur und der Aufbau der Organisationsstruktur stehen im engen Zusammenhang mit dem Controlling. Unternehmen mit einer Spartenorganisation haben einen größeren Bedarf nach Controlling als funktional organisierte Unternehmen.

Ein weiterer Zusammenhang lässt sich zur Unternehmensgröße herstellen, da größere Unternehmen häufiger divisionalisiert sind als kleinere. In Spartenorganisationen dominiert der Stabscharakter, während in funktionalen Strukturen der Liniencharakter vorherrscht.

---

[32] Vgl. Peemöller, V. H.: Controlling, a.a.O., S. 83.

- **Umwelt**

Die Umwelt stellt einen externen Faktor dar. Die Unsicherheit der Umwelt führt im Unternehmen zu Planungsschwierigkeiten, die verringert werden sollen. Mechanismen zur Reduktion sind beispielsweise Prognoseinstrumente und Früherkennungssysteme. Die Organisation des Unternehmens muss differenziert werden; das Controllingsystem wirkt dabei integrierend.

- **Unternehmenszielsetzung (Profit / Nonprofit)**

In Non-Profit-Organisationen (NPOs), bei denen in erster Linie die Erfüllung gesellschaftlicher, politischer und sozialer Aufgaben im Mittelpunkt des Handelns steht, hat sich seit einigen Jahren ein Wandel vollzogen. Vor dem Hintergrund knapper werdender finanzieller Zuwendungen und dem Anwachsen der betrieblichen Aufgaben wird ein funktionierendes Controlling immer notwendiger, nicht zuletzt zur Verbesserung der Argumentationsfunktion gegenüber externen Interessengruppen. Man erkennt langsam: Nur Controlling ist ein sicherer Garant für den planvollen, zielkonformen und effizienten Einsatz der Ressourcen.

Controlleraufgaben werden in einem Unternehmen von einer Vielzahl von Controllern wahrgenommen. Man kann in Deutschland, bezogen auf die Gesamtbeschäftigtenzahl, von einem Wert in Höhe von rund 0,5 % ausgehen. In Großunternehmen kann damit der Controllerbereich mehrere Hundert Controller umfassen, so dass sich hieraus ein eigenständiges Führungsproblem ergibt. Die daraus resultierende Führungsproblematik zeigt sich in der Gestaltung grundlegender Werte und Normen sowie einer unternehmensspezifischen **Controller-Philosophie**.[33]

Die Organisation des Controllerbereichs wird sehr intensiv diskutiert. Gestaltungsspielräume betreffen insbesondere die Festlegung der fachlichen und disziplinarischen Zuordnung dezentraler Controller (dezentrales Controlling) und die Einordnung des Controllings in der Organisationshierarchie.

4.1 Controlling-Organisationskonzepte

Controlling-Organisationskonzepte sind spezifische Ausprägungen der Aufbauorganisation. Man unterscheidet zwischen einem amerikanischen und einem deutschen Kern-Controlling-Konzept.[34]

4.1.1 Das amerikanische Kern-Controlling-Konzept

Zum amerikanischen Controlling-Konzept gehören neben der ergebnisorientierten Planungs- und Kontrollrechnung für die Gesamtunternehmungen, Unternehmensbereiche, Produkte und Projekte, das interne Rechnungswesen, bestehend aus der Kosten- und Leistungsrechnung und das externe Rechnungswesen, bestehend aus Buchhaltung, Gewinn- und Verlustrechnung und Bilanz. Eigene organisatorische Bereiche bilden in großen Unternehmen Steuern, Zölle und Versicherungen.

---

[33] Vgl. Küpper, H.-U./Weber, J.: Grundbegriffe des Controllings, Stuttgart 1995, S. 54.
[34] Vgl. Horváth, P./Reichmann, T. (Hrsg.): Vahlens großes Controllinglexikon, München 2003, S. 139.

Zum Controlling zählen aber nicht das Treasuring und die Finanzwirtschaft. Das amerikanische Kern-Controllingkonzept erhält man durch das Ausgliedern der Funktionen Steuern, Zölle, Versicherungen aus dem Aufgabenbereich des Controllings.

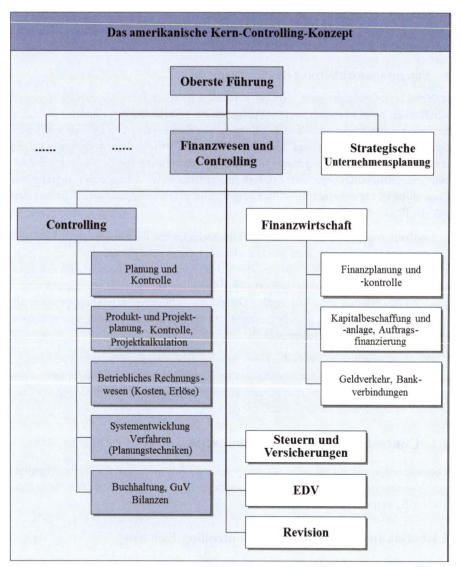

Abb. 16: Das amerikanische Kern-Controlling-Konzept[35]

4.1.2 Das deutsche Kern-Controlling-Konzept

Zum deutschen Controlling-Konzept gehören neben der Planungs- und Kontrollrechnung für die Gesamtunternehmung, Unternehmensbereiche, Produkte und Projekte ebenfalls das interne Rechnungswesen, das aus der Kosten- und Leistungsrechnung besteht.

---

[35] Vgl. Horváth, P./Reichmann, T. (Hrsg.): Vahlens großes Controllinglexikon, a.a.O., S. 139.

Die Finanzwirtschaft mit den Bereichen der Buchhaltung, Gewinn- und Verlustrechnung und Bilanz zählen ebenso wenig zum Controlling wie die oft in großen Unternehmen gebildeten Bereiche für Steuern, Zölle und Versicherungen.[36]

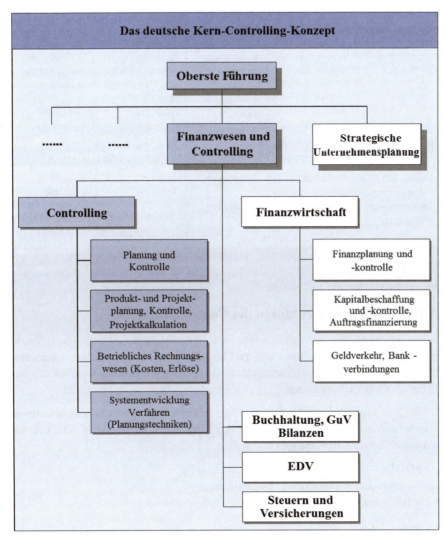

Abb. 17: Das deutsche Kern-Controlling-Konzept

Während die Zuordnung des gesamten Rechnungswesens im amerikanischen Controlling zu einer starken Fokussierung auf Erfolgs- und Finanzzahlen geführt hat, nimmt der Controller in Deutschland stärker Einfluss auf die inhaltliche Gestaltung und Abstimmung der Planung. Hierbei kommt den materiellen Koordinationsaufgaben eine zentrale Bedeutung zu.[37]

---

[36] Vgl. Horváth, P./Reichmann, T. (Hrsg.): Vahlens großes Controllinglexikon, a.a.O., S. 140.
[37] Vgl. Stoffel, K.: Controllership im internationalen Vergleich, Dissertation, Vallendar, 1995.

Controlling-Aufgabengebiete				
Eindeutig beim Controller angesiedelt				
Vorbereitung und Koordination der Planung	Kostenrechnung (Kosteninformationen, Kalkulation, Betriebsabrechnung)	Investitions- und Wirtschaftlichkeitsrechnungen; allgemeine Beratungsaufgaben	Betriebswirtschaftliche Analysen (Sonderuntersuchungen, Verfahrensauswahl, Make-or-buy, usw.)	Berichtswesen (Erstellung von Berichten und Interpretation) Reporting
Je nach Betriebsgröße und Notwendigkeit ein selbständiger Teilbereich, jedoch nach amerikanischer Auffassung dem Controlling zugeordnet.				
Buchhaltung, Finanzbereich, Sicherung des Vermögens*	Organisation (Aufbau- und Ablauforganisation, Prozessorientierung)	Elektrische Datenverarbeitung (EDV)	Interne Revision	Steuern und Versicherungen (Zölle)

* Zählt zum Kernbereich des US-Controllings.

Abb. 18: Aufgabenbereiche des Controllers[38]

4.1.3 Organisationsstrukturen des Controllerbereichs

Häufig wird eine Controller-Stellenstruktur realisiert, welche der Ablauforganisation des Unternehmens folgt. Dabei richtet sich die Controllerorganisation an der Managementorganisation aus und ändert sich demnach mit den Schwerpunkten der Geschäftstätigkeit und der Größe der Unternehmen.

Spezialisierungen innerhalb des Controllings finden sowohl in bestehenden Abteilungen als auch bei Neuinstallationen statt. Unter den sogenannten Bindestrich-Controllern sind vor allem folgende **Ausprägungen** anzutreffen:

- **Spezialisierung** nach **Verrichtungen**
    - Unternehmensplanung und Budgetierung
    - Berichtswesen
    - Investitionsanalysen

- **Spezialisierung** nach **Funktionen**
    - Marketing-Controller
    - Produktions-Controller, aber auch Logistik-Controller und Projekt-Controller

- **Spezialisierung** nach **Adressaten**
    - Divisions-Controller und
    - der Regional-Controller (in international tätigen Unternehmen)[39]

---

[38] Vgl. Preißler, P. R.: Lehrbuch und Intensivkurs, 13. Aufl., München/Wien 2007, S. 42.
[39] Vgl. Eschenbach, R.: Controlling, a.a.O., S. 112 f.

4.1.4 Zentrales und dezentrales Controlling

Oft gibt es ein Nebeneinander vom Controllerzentralbereich und den dezentralen Controllerstellen.

(1) Zentrales Controlling

Die Herausforderung für das zentrale Controlling besteht darin, bereichsintern eine Koordination zu gewährleisten. Eine der wichtigsten Koordinationsvoraussetzungen dafür ist die Schaffung eines einheitlichen Leitbildes, um ein einheitliches Verständnis der Controller untereinander zu gewährleisten.

Damit das Controlling sein Ziel der Erhöhung von Effizienz und Effektivität der Führung des Unternehmens erreichen kann, muss das Controlling die Koordinationsfunktionen bei der Planung, Kontrolle und Informationsversorgung immer wieder in Frage stellen.

Zu den **Aufgaben** der **Zentral-Controller** zählen:

- Die Funktion einer zentralen Anlaufstelle für dezentrale Controllingstellen,
- Die Bearbeitung fallweise bereichsübergreifend auftretender Problemstellungen,
- Die Aufstellung und Weiterentwicklung von Controlling-Methoden, d. h. die in unterschiedlichen Anwendungsfällen gesammelten Methodenerfahrungen zu bündeln und diese den Ansprechpartnern zur Verfügung stellen.

(2) Dezentrales Controlling

Die dezentralen Controller sind als eine Art Anwendungsberater in den dezentralen Unternehmensbereichen zu sehen. Sie halten engen Kontakt zu den entsprechenden Bereichsmanagern sowie mit anderen Controllerstellen, um ihren Managern bereichsübergreifende Informationen zu vermitteln.

In der Unternehmenspraxis werden verschiedene **dezentrale Controller-Typen** unterschieden:

- **Divisionscontroller**, zuständig für eine bestimmte Sparte des Unternehmens,
- **Projektcontroller**, verantwortlich für gesonderte Projekte,
- **Bindestrich-Controller**, zuständig für bestimmte Funktionen in einem verrichtungsorientierten Unternehmen,
- **Regionalcontroller**, die geographisch abgesteckte Bereiche betreuen.

Es besteht grundsätzlich die Möglichkeit, die zentralen und dezentralen Controller organisatorisch zu verknüpfen. Dabei werden **drei Varianten** unterschieden:

1. Dezentrale Controllerstellen unterstehen der Controllingzentrale: Diese Möglichkeit bietet den Vorteil, dass alle Controller untereinander eng verbunden sind. Sie hat aber den Nachteil, dass die Controller in den Bereichen isoliert werden.

2. Dezentrale Controller werden fachlich und disziplinarisch dem Bereichsmanager unterstellt: Hierbei wird zwar eine enge Zusammenarbeit mit den Bereichsmanagern gewährleistet, es besteht aber die Gefahr der Entfernung vom Zentralbereich, wobei die gesamte Koordination und der gesamte Informationsfluss behindert werden.

3. Dotted-Line-Prinzip: Diese Variante findet am häufigsten in der Praxis Anwendung. Es wird eine Trennung zwischen dem fachlichen und dem disziplinarischen Weisungsrecht vorgenommen, wobei keine der beiden Möglichkeiten favorisiert wird.

4.1.5 Entwicklung und Realisierung von Controlling-Konzeptionen

Für die Schaffung eines Controlling-Bereiches im Unternehmen bietet sich ein mehrphasiger Ablauf an, der sich am allgemeinen Phasenschema der Entscheidungslehre orientiert. Ein solches Konzept stellt die folgende Abbildung dar, die die Phasen Soll-Ist-Vergleich, Diagnose, Zielsetzung, Strategieentwicklung und Realisierung unterscheidet.[40]

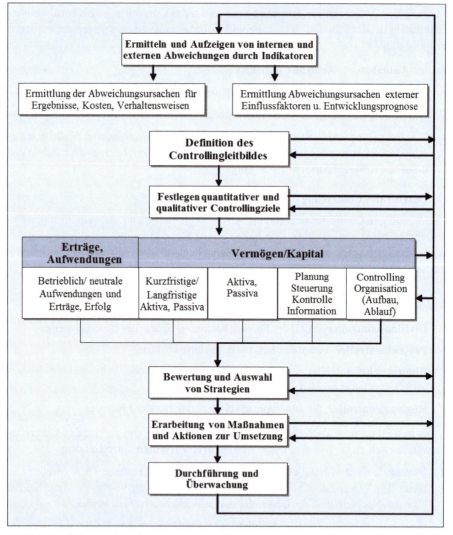

Abb. 19: Entwicklung und Realisierung von Controlling-Konzeptionen

---

[40] Vgl. Küpper, H.-U.: Controlling, 4. Aufl., Stuttgart 2005, S. 451 ff.

4.2 Organisatorische Einordnung des Controllings im Unternehmen

Ein Controllingbereich kann noch so gut strukturiert und organisiert sein, wenn er nicht an der richtigen Stelle im Unternehmen integriert ist, so dass er unter Umständen seine Wirkung nicht voll entfalten kann. Der organisatorische Aufbau der Controlling-Abteilung muss demnach den Controller bei der Ausübung seiner Aufgaben unterstützen.

Um das Controlling in die Aufbauorganisation des Unternehmens eingliedern zu können, ist zu unterscheiden, ob:

- alle Controllingfunktionen bestehenden Instanzen zugeordnet werden können oder
- eigenständige Controlling-Abteilungen zu schaffen sind.[41]

4.2.1 Controlling ohne eigene Controllerstelle

Besonders in kleinen und mittelgroßen Unternehmen besteht die einfache Möglichkeit, das Controlling dem Finanz- und Rechnungswesen zu übertragen oder diese Aufgaben direkt auf die Führungsebene zu verteilen. So kann das Rechnungswesen wie auch die Führungskräfte Controllingaufgaben wahrnehmen.

- **Durchführung der Controllingaufgaben durch das Rechnungswesen**

Die Controllingfunktion wird auf die Rechnungswesen-Abteilung, die einen großen Anteil an der Informationsversorgung im Unternehmen hat, weitergegeben. Der Rechnungswesen-Leiter kann nur unzureichend die Aufgaben eines Controllers wahrnehmen, da das Rechnungswesen vergangenheitsorientiert ist, während das Controlling sich einer zukunftsgerichteten, engpass- und zielorientierten Sichtweise bedient.

Abb. 20: Controlling in einem Kleinbetrieb

- **Durchführung der Controllingaufgaben durch die Führungsstellen**

Findet zwischen den verschiedenen Führungsbereichen kein gezielter und organisierter Informationsaustausch statt, kann der Controllinggedanke einer „zielorientierten Führungsunterstützung durch Koordination der Teilbereiche" nicht realisiert werden. Dadurch werden schnell die Nachteile einer fehlenden Controllingstelle sichtbar:

- Es fehlt ein zentraler Ansprechpartner, der fachlich kompetent und gleichzeitig unabhängig ist, um Entscheidungsalternativen neutral zu beurteilen.
- Aufgrund der erhöhten Aufgabenbelastung der bestehenden Stellen kann es zu einer fehlenden Akzeptanz dieser Controllingaufgaben kommen.

---

[41] Vgl. Horváth & Partner: Das Controllingkonzept, a.a.O., S. 276.

- Controlling setzt ein spezielles Methodenwissen und eine Methodenkoordination voraus, das Führungskräfte nur durch erhebliche Anstrengungen erwerben können. (Motivations- und Qualifikationsprobleme)

- Das Umsetzen des Controllings verlangt ein ganzheitliches, zielorientiertes Denken unter Beachtung der komplexen Wirkungszusammenhänge.

Durch das Übertragen der Controllingaufgaben auf Führungskräfte wird das Controlling zu einer immer kleineren Teilaufgabe, derer sich nur halbherzig angenommen wird. Somit ist diese Wahl der Integration des Controllings nicht optimal.

4.2.2 Controlling mit eigenen Controllerstellen

Einen selbstständigen Controller gibt es erst ab einer bestimmten Betriebsgröße. Nach einer Praxis-Studie bei 30 deutschen Großunternehmen hatte der Controller in rund 30 % der Fälle den Rang eines Vorstandsmitgliedes, in 60 % der Fälle war er ein Manager der zweiten Führungsebene und in 10 % der Fälle war er auf einer untergeordneten Ebene angesiedelt.

In den großen Kapitalgesellschaften und auch in sehr großen Personengesellschaften reicht es einfach nicht aus, das Controlling als eine Subfunktion zu betrachten. Gerade durch die Größe und Komplexität des Unternehmens kann das Controlling als Führungsinstrument wirksam eingesetzt werden.

Daran wird schnell erkenntlich, dass jetzt das Controlling als eigenständige Einheit gegliedert werden muss und nicht als Nebentätigkeit ausgeführt wird.

4.2.2.1 Controlling in einer Linienorganisation

Darunter versteht man eine klare Regelung der Weisungsbefugnisse, d. h. die untergeordneten Linieninstanzen sind den übergeordneten Stellen disziplinarisch unterstellt.

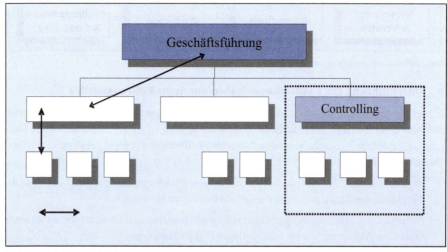

Abb. 21: Linienorganisation

Es können beispielsweise folgende Aufgaben in eine Controlling-Abteilung des Liniensystems eingegliedert werden:

- Entscheidung über ein zweckentsprechendes Mitteilungs- und Formularsystem zur Erfassung der Urdaten der Planung in den operativen Bereichen.
- Korrektur von Plansätzen nach Rücksprache mit den betroffenen Instanzen, wenn aus anderen Plansätzen Informationen entdeckt werden, die die Korrektur erforderlich machen.
- Information dieser Instanzen über Kontrollergebnisse und Sammlung von Erklärungen für ausgewiesene Abweichungen.[42]

Der Controller benötigt zur Erfüllung der übertragenen Informations- und Beratungspflichten gegenüber den Führungskräften in den verschiedenen Funktionen Daten aus dem internen Rechnungswesen. Deshalb wird die Controlling-Abteilung auch der zweiten Leitungsebene zugeordnet.

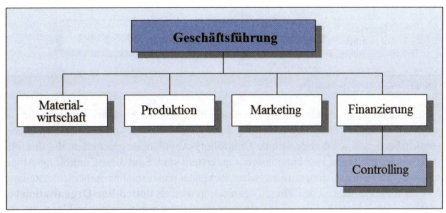

Abb. 22: Einordnung des Controllings in die zweite Ebene

Der Nachteil dieser Organisation besteht darin, dass nicht nur der Vorgesetzte des Controllers über einen Informationsvorsprung verfügt, sondern dass allgemein der Finanzbereich zu sehr in den Vordergrund tritt.

Um diesen Nachteil zu korrigieren, besteht die Möglichkeit, das Controlling in die Ebene der Geschäftsleitung einzuordnen. Es muss unternehmensintern festgelegt werden, ob das interne Rechnungswesen und/oder die zentrale Datenverarbeitung dem Controlling und das externe Rechnungswesen dem Treasuring zuzuweisen ist.

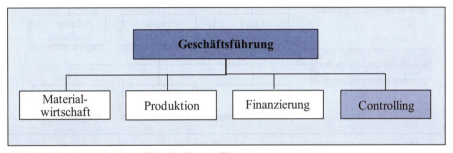

Abb. 23: Einordnung des Controllings in die erste Ebene

---

[42] Vgl. Peemöller, V. H.: Controlling, a.a.O., S. 90.

Der Nachteil dieser Variante ist, dass der Controller neben den Serviceleistungen für die anderen Entscheidungsträger ebenfalls als Mitglied der Geschäftsleitung Entscheidungen zu treffen hat. Diese Doppelfunktion kann zu Konflikten führen, die durch generelle Regelungen eingeschränkt werden können, aber auf die Dauer nicht stabil sind.[43]

4.2.2.2 Controlling in einem Stabliniensystem

Stabsstellen besitzen keine Entscheidungs- oder Weisungsbefugnisse gegenüber den Linienstellen und werden der Geschäftsleitung direkt unterstellt. Sie übernehmen alle Beratungs-, Entscheidungsvorbereitungs- und sonstige Servicetätigkeiten.[44]

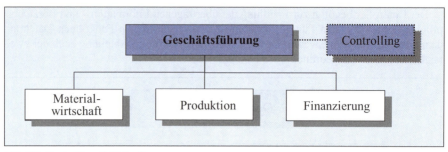

Abb. 24: Controlling als Stabstelle

Bei zunehmender Unternehmensgröße kann die Controlling-Funktion nicht mehr nur von einer zentralen Controlling-Abteilung durchgeführt werden. In verschiedenen Unternehmensbereichen werden dezentrale Controlling-Abteilungen geschaffen, die disziplinarisch dem jeweiligen Fachbereichsleiter unterstellt sind. Sind diese Controlling-Abteilungen als Stäbe organisiert, wird zwischen fachlicher und disziplinarischer Unterstellung des Controllers unterschieden. Diese Organisation wird als **dotted-line-Organisation** bezeichnet. Der dezentrale Controller unterliegt häufig einem Interessenkonflikt, wenn die Vorgaben des Bereichsleiters sich nicht in Einklang mit den Vorgaben des Zentralcontrollers bringen lassen. In der Praxis wird deshalb eine aufgabenspezifische Kompetenzregelung getroffen.

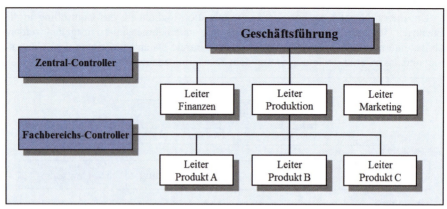

Abb. 25: Das Dotted-line-Prinzip in der Stab-/Linien-Organisation

---

[43] Vgl. Ziegenbein, K.: Controlling, a.a.O., S. 100.
[44] Vgl. Jung, H.: Allgemeine Betriebswirtschaftslehre, a.a.O., S. 283 f.

Auf die Stabsstelle Controlling lässt sich das Promotoren-Modell anwenden.

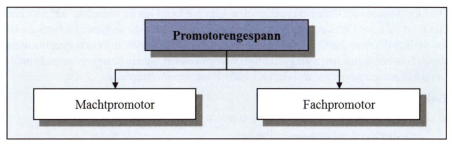

Abb. 26: Promotoren-Modell

Die Geschäftsführung regt als **Machtpromotor** Planungsprozesse an, entscheidet über Lösungsalternativen, stellt die notwendigen Ressourcen bereit und hat die notwendige Sanktionsgewalt, um getroffene Entscheidungen durchsetzen zu können.

Der Controller als **Fachpromotor** bearbeitet die Planungs- und Kontrollprozesse, setzt sein spezifisches Wissen ein, um es gegenüber dem Management als Argumentationskraft einzusetzen. Der Controller erhält ein Entscheidungs- und Anordnungsrecht in Fragen der Planung, Kontrolle und des internen Rechnungswesens. Für andere Sachfragen kann dem Controller ein Vetorecht eingeräumt werden.

4.2.2.3 Controlling in einer Matrixorganisation

In einer Matrixorganisation werden fachliche und objektbezogene Aufgaben kombiniert. Das Controlling stellt eine Querschnittsfunktion dar.

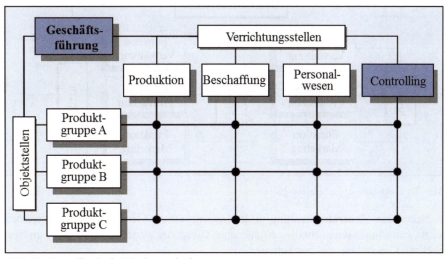

Abb. 27: Controlling in der Matrixorganisation

Vorteile der Matrixorganisation sind die relativ kurzen Reaktionszeiten auf sich verändernde externe Bedingungen des Unternehmens und ein hohes Maß an Kontrolle. Die zweidimensionale Ausgestaltung des Planungs- und Kontrollsystems erschwert das Erhalten aller relevanten Informationen und ihre Beurteilung.

4.2.2.4 Controlling in der Spartenorganisation

Die Organisation des Unternehmens wird in verschiedene Geschäftsbereiche aufgespaltet. Das führt zu einer Dezentralisation und Spezialisierung. Jeder dieser Geschäftsbereiche ist fast vollständig wirtschaftlich unabhängig und nur rechtlich abhängig. Funktionen, die nicht in den Geschäftsbereichen wahrgenommen werden können, sind in übergeordneten Zentralbereichen zusammengefasst und der Geschäftsleitung direkt unterstellt.

Ziele des **zentralen Controllings** sind:
– Richtlinien für die Ergebnisplanung erstellen
– Formulierung von Leistungsmaßstäben
– Laufende Kontrolle der Ertrags- und Liquiditätslage der Sparte
– Vergleich der Sparten mit der Muttergesellschaft
– Schaffung der Basis für einen aussagefähigen Konzernabschluss

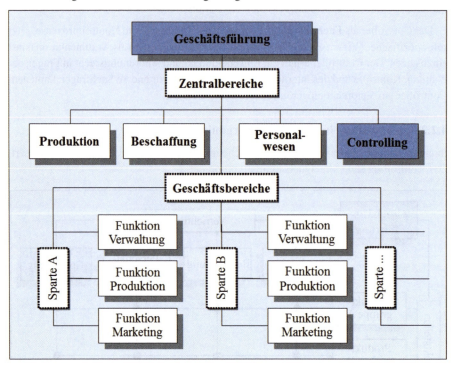

Abb. 28: Controlling in der Spartenorganisation

Neben dem **Zentralcontrolling** in der Unternehmens- oder Konzernleitung werden auch Controllingbereiche für die verschiedenen Divisionen eingerichtet, die diese im Hinblick auf Controllingaufgaben betreuen.

Die Organisationsstruktur vieler Unternehmen hat sich, z. B. durch gewachsene Sparten, Geschäftsbereiche, durch Firmenübernahmen und rechtliche Verselbständigung bestehender Sparten, in den letzten Jahren verändert. Es entstanden Konzerne mit zahlreichen Tochtergesellschaften unter wirtschaftlich einheitlicher Leitung. Dem Controlling, auch **Beteiligungscontrolling** genannt, wird die Steuerung der Beteiligungsunternehmen und die Einbindung dieser in den Konzernverbund übertragen.

Unter Beteiligungscontrolling versteht man „die Koordination sowie die Unterstützung zur Überwachung des Managements der Tochtergesellschaften im Hinblick auf die bestmögliche Erreichung der Konzernziele."[45]

Die Aufbauorganisation des Beteiligungscontrolling hängt von den Faktoren Konzerngröße, Organisations- und Standortstruktur, Führungsphilosophie und Produkt- bzw. Leistungsprogramm, ab. Folgende Lösungen sind für die Eingliederung des Beteiligungscontrolling in die Konzernzentrale möglich:

− Disziplinarische und fachliche Zuordnung unterhalb der Geschäftsleitung als Stabsfunktion.
− Disziplinarische und fachliche Zuordnung unter den Bereich Finanzwirtschaft/Beteiligungen, wobei auch fachliche Befugnisse des Bereiches dem Controlling übertragen werden.
− Disziplinarische und fachliche Zuordnung unter den Bereich Betriebswirtschaft/Controlling, wobei das Beteiligungscontrolling auch fachliche Befugnisse des Bereiches Finanzwirtschaft/Beteiligungen erhält.

4.2.2.5 Controlling in der Projektorganisation

Die **Projektorganisation** kann nach funktionalen und institutionellen Aspekten unterteilt werden. Der funktionale Aspekt bezieht sich auf die zu verrichtenden Aufgaben. Sie richten sich nach den Projektphasen, d. h. den Zeitabschnitten, in die das gesamte Projekt aufgeteilt ist. Im institutionellen Aspekt wird entschieden, ob das Vorhaben in der bestehenden Organisation durchgeführt oder ob eine spezielle Organisation für diesen Zweck eingerichtet werden muss. In der Regel wird eine spezielle Organisation geschaffen, um eine schnelle und planmäßige Durchführung zu ermöglichen, so dass die bestehende Organisation wenige organisatorische Freiräume bietet.

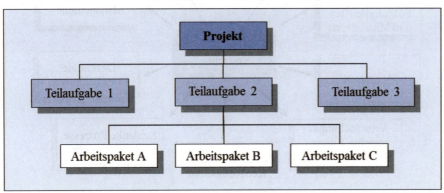

Abb. 29: Aufbaustruktur eines Projektes

Der **Controller** übernimmt in dieser **Projektgruppe** z. B. folgende Aufgaben: [46]
− Kontrolle der wirtschaftlichen Abwicklung des Projektes
− Permanente Kostenkontrolle
− Prüfung und Neuberechnung einzelner Kerngrößen, wie z. B. Stundenbedarf für wiederkehrende Arbeiten
− Ursachenanalyse bei Kostenabweichungen

---

[45] Peemöller, V. H.: Controlling, a.a.O., S. 100 ff.
[46] Vgl. hierzu ausführlich Kapitel E: Projektcontrolling, S. 563 ff.

4.2.3 Die Auswirkung des Controllings auf die Aufbauorganisation

Durch die Integration des Controllings in ein Unternehmen wird unweigerlich die alte Struktur aufgeweicht. Neue Arten des Denkens, Planens und Handelns werden eingeführt.

Ein Controller bzw. eine Controllingabteilung sind in einem Unternehmen der Grundstein für eine Implementierung des Controllingsgedankens. Doch das Controlling ist erst richtig effizient, wenn es jede Einheit durchdrungen hat.

Die Tatsache, dass das Controlling nicht von einer bestimmten Instanz ausgehen soll, sondern ein Teil einer jeden Stelle ist, muss somit einen Einfluss auf die Organisation des Unternehmens und seiner Abteilungen haben.

Die Aussage, dass „die Ganzheitlichkeit von Aufgabe, Kompetenz und Verantwortung ... Freiraum für marktorientiertes und unternehmerisches Handeln innerhalb des Unternehmens [eröffnet]."[47], bildet den zentralen Ausgangspunkt für eine neue Form der Organisation, der Center-Konzepte. Die Ziele dieser Center-Konzepte veranschaulicht folgende Abbildung.[48]

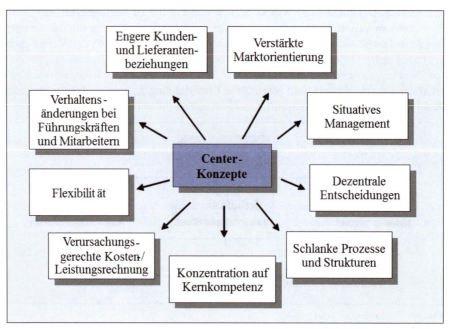

Abb. 30: Zielsetzung der Bildung dezentraler Einheiten

Center sind nach bestimmten Kriterien abgegrenzte Organisationseinheiten, die im Zusammenhang mit den zusätzlichen Verantwortungsaspekten wie Kosten-, Ergebnis- und Investitionsverantwortung als Cost-Center, Profit-Center und Investment-Center bezeichnet werden.

---

[47] Vgl. Roth, A.: Controlling dezentraler Einheiten mit Hilfe eines ganzheitlichen Steuerungskonzeptes. In: Roth. A./Behme, W. (Hrsg.): Organisation und Steuerung dezentraler Unternehmenseinheiten, Wiesbaden 1997, S. 240.
[48] Vgl. ebd., S. 241.

(1) Cost-Center

Eine Vorstufe des Profit-Centers ist die Konzeption des **Cost-Centers**. Diese bilden gewissermaßen große Kostenstellen, deren Inhaber betriebswirtschaftlich nach der Höhe der verursachten Kosten beurteilt werden. Der Unterschied zwischen einem Cost-Center und einem Profit-Center besteht darin, dass beim Cost-Center die Leistungsmenge nicht vom Verantwortlichen beeinflussbar ist.

Cost-Center sind **Organisationseinheiten**, die primär oder vollständig für ihre Kosten verantwortlich sind. Indirekte Kosten werden erfasst und verrechnet.

Bei einer Controllingabteilung handelt es sich um eine Verwaltungseinheit. Ihre verursachten Kosten sind Bestandteil der Verwaltungsgemeinkosten, die anhand von innerbetrieblichen Verrechnungspreisen auf die Kostenträger umgelegt werden. Oft handelt es sich bei der **Cost-Center-Organisation** um eine Gliederung nach Funktionen. Die Produkte sind den betrieblichen Sachfunktionen zugeordnet und die Funktionsbereiche arbeiten kostenorientiert. Damit lässt sich genau ermitteln, welchen Beitrag jedes Cost-Center mit seiner Arbeit am Gesamterfolg des Unternehmens leistet. Die Schaffung dieser Organisationseinheiten dient zur Kostensteuerung sowohl nach Ist-Größen als auch über Plan-Ist-Abweichungen mit möglichst monatlicher Auswertung.

Bei der Cost-Center-Organisation sind die Sparten nur für ihre Kosten verantwortlich. Daraus können durch Anwendung des **ökonomischen Prinzips** Zielvorgaben resultieren wie die Einhaltung eines vorgegebenen Kostenbudgets unter Maximierung des Umsatzes oder die Erreichung eines vorgegebenen Umsatzes unter Minimierung der Kosten. Eine häufige Anwendung findet die Cost-Center-Organisation bei Projekten.

(2) Profit-Center

Bei einem **Profit-Center** trifft der Bereichsleiter in der Regel keine großen Investitionsentscheidungen eigenverantwortlich, es sei denn, ihm ist ein bestimmtes Budget von der Unternehmensleitung zur Verfügung gestellt worden. Profit-Center sind dagegen für den Erfolg ihrer wirtschaftlichen Aktivitäten verantwortlich. Dieser wird als Differenz von Leistungen und Kosten ermittelt.

Die Profit-Center-Organisation ist nach dem **Objektprinzip** gegliedert und ergebnisorientiert. Sie lässt sich nach

- **Produktlinien,**
- **Gebieten,**
- **Kundengruppen und**
- **Vertriebswegen**

bilden. Die entstehenden Teilbereiche sind weitgehend autonom. Unter den einzelnen Bereichen findet ein innerbetrieblicher Güter- und Leistungsaustausch statt, der mit Verrechnungspreisen bewertet wird. Daraus wird der Erfolg ermittelt und somit werden alle Bereiche vergleichbar. Es entstehen „Unternehmen im Unternehmen".

Weitere Merkmale sind die Wahrnehmung eigenständiger Marktaufgaben, das Erkennen von Wettbewerbern, Ressourcenhoheit und das Vorhandensein von Potenzialen zur Verwirklichung von Wettbewerbsvorteilen.

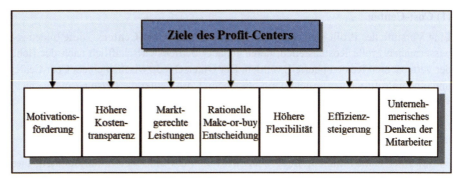

Abb. 31: Ziele des Profit-Centers

Das Profit-Center trägt die **unternehmerische Verantwortung**. Damit diese Funktion wahrgenommen werden kann, muss ein zumindest teilweise freier Zugang zu den Beschaffungs- und Absatzmärkten gewährleistet sein. Vom Profit-Center werden ebenfalls Entscheidungen zum Einkauf, zur Lagerhaltung und zum Personal getroffen. Finanzierungs- und Investitionsentscheidungen, Entscheidungen bezüglich der Rechtsform, Organisationsstruktur, Besetzung von Schlüsselpositionen und Stilllegungen ganzer Bereiche werden von der Unternehmensleitung wahrgenommen.

Charakteristisch für ein Profit-Center ist die **Saldoverantwortung**. Um einen aussagefähigen Erfolgsausweis zu erhalten, müssen positive und negative Erfolgselemente verursachungsgerecht ermittelt und zugeordnet werden können. Mögliche absolute Gewinngrößen sind der handelsrechtliche Jahresüberschuss, das Betriebsergebnis und das Residual Income.

Die Informationen des Profit-Center stammen aus den periodenbezogenen Kategorien des Rechnungs- und Berichtswesens. Im Folgenden werden die **Vor- und Nachteile** einer **Profit-Center-Organisation** tabellarisch gegenübergestellt.

Profit-Center (PC)	
Vorteile	Nachteile
– Schnellerer und praxisorientierter Entscheidungsprozess – Motivierend, da unmittelbare Beteiligung am Entscheidungsprozess – Entlastung der Unternehmensleitung durch Übertrag vieler Entscheidungen auf das PC – PC-Leiter sind potentielle Führungskräfte für das Unternehmen – Förderung der Entscheidungsbereitschaft und Flexibilität – „Aufpolieren" von Bereichen durch Umwandlung in ein PC	– Exakte Erfolgsermittlung und Zuordnung auf einzelne PC sehr schwierig durch teilweise starke Abhängigkeiten und Leistungsverflechtungen der Abteilungen untereinander – Beurteilung des PC nach Umsatz kann dazu führen, innerbetriebliche Leistungen für andere Abteilungen zu vernachlässigen – Vermeidung von Kosten (z. B. Ausbildung), die mittel- und langfristig sinnvoll sind, aber die Erfolgsrechnung des PC nachteilig beeinflussen – Negative Auswirkungen für das gesamte Unternehmen bei Vorgaben des PC, die nicht mit dem Gesamtunternehmensziel abgestimmt wurden

Abb. 32: Vor- und Nachteile der Profit-Center-Organisation

Das **Organisationskonzept** eines Profit-Centers entspricht in besonderem Maße dem Grundgedanken des Controllings. Der Leiter des Profit-Centers bestimmt bereits bei der Ziel-, Maßnahmen- und Budgetplanung seines Bereiches mit:

- er enthält sämtliche Standard- und Sonderberichte, die seinen Bereich betreffen
- er hat alle Möglichkeiten, die notwendigen Gegensteuerungsmaßnahmen im Rahmen der ihm gewährten Entscheidungsbandbreite zu treffen
- er bekommt alle von seinem Bereich verursachten Umsatzerlöse und die variablen Kosten, welche den Grundsätzen der Deckungsbeitragsrechnung entsprechen

(3) Investment-Center

Im Gegensatz zu einem Profit-Center trifft der Bereichsleiter eines **Investment-Centers** die strategischen Investitionsentscheidungen in Eigenverantwortung. Die Zentralstelle hält sich nur in Ausnahmefällen Finanzierungsentscheidungen vor. Der wesentliche Kritikpunkt am Profit-Center ist die kurzfristige Gewinnmaximierung, da der Periodengewinn kein ausreichender Indikator für die langfristige Erfolgssicherung ist. Deshalb liegt die Ausweitung der Verantwortung des Profit-Center auf Investitionen nahe. Die Erfolgsrechnung ist demzufolge anzupassen. Die kurzfristige Gewinnermittlung dient dazu, die langfristige zukunftsbezogene Investitionsrechnung zu ergänzen. Dabei ist es durch den Einsatz verschiedener Investitionsrechnungsverfahren - wie der Kapitalwertmethode - möglich, die geplanten Investitionsprojekte zu beurteilen.

Merkmale	Profit-Center	Investment-Center
Dezentrale Entscheidungskompetenz	(Einkauf), Produktion, Absatz	Einkauf, Produktion, Absatz und Investition
Zentrale Entscheidungskompetenz	Investitionen, Finanzierung	Finanzierung
Verantwortungshorizont	Kurzfristige Gewinnverantwortung	Langfristige Gewinnverantwortung
Steuerungskonzept	Pretiale Lenkung des innerbetrieblichen Leistungsaustauschs	Pretiale Lenkung des Kapitaleinsatzes
Charakteristische Steuerungsgrößen	Verrechnungspreise für die Realgüter	Kalkulationszinssatz für Kapital
Erfolgsgrößen	Jahresüberschuss, Betriebsergebnis, Return on Investment	Kapitalwert, ökonomischer Gewinn

Abb. 33: Mögliche Abgrenzung zwischen Profit- und Investment-Center[49]

Ein Investment-Center stellt eine organisatorische Einheit dar, die im Vergleich zu dem Profit-Center zusätzlich Teilumfänge der Investitionstätigkeit verantwortet.[50] Die Investment-Center-Organisation stellt eine Weiterentwicklung des Profit-Centers dar. Im Gegensatz zur Profit-Center-Organisation hat jede Sparte die eigene Verfügungsgewalt

---

[49] Vgl. Küpper, H.-U.: Controlling: Konzeption, Aufgaben, Instrumente, 4. Aufl., Stuttgart 2005, S. 329.
[50] Vgl. Botta, V.: Vom Cost-Center zum Profit-Center. In: Roth, A./Behme, W. (Hrsg.): Organisation und Steuerung dezentraler Unternehmenseinheiten, Wiesbaden 1997, S. 241.

und Verantwortung für ihre Investitionen. Die Geschäftsleitung übernimmt die Aufgabe der Kapitalbeschaffung. Je nach Bedeutung und Höhe der Investition sollte die Geschäftsleitung an den Entscheidungen in Form eines kooperativen Führungsstils teilnehmen.

4.3 Controlling in Klein- und mittelständischen Unternehmen

Klein- und mittelständische Unternehmen sind infolge eingeschränkter personeller und finanzieller Zwänge oft nicht in der Lage, die vorgestellten Organisationslösungen zu übernehmen. Die folgende Abbildung zeigt eine mögliche **Aufbaustruktur**:[51]

Controllingrelevante Besonderheiten von Klein- und Mittelbetrieben	
Merkmale von Klein und Mittelbetrieben	Auswirkungen auf das Controlling
Organisation und Management	
– Eigentümer-Unternehmer – Überlastung des Managements – Wenig Delegation – Kaum Koordinationsprobleme – Kaum Abteilungsbildung – Funktionsanhäufungen – Geringer Formalisierungsgrad – Persönlichkeitsorientierte Organisation – Patriarchalische Führung – Geringe Bedeutung des Gewinnziels – Starke Abhängigkeit von Kapitalgebern	• Kein hauptamtlicher Controller vorhanden. Controllingfunktionen nehmen jene Mitarbeiter war, die sich am besten für die jeweiligen Aufgaben eignen. Controlling wird oft zur Chefsache. • Die Koordinationsfunktion des Controllings tritt in den Hintergrund, dagegen gewinnt die Unterstützungsfunktion mehr an Bedeutung. Der Controller wird zum Sparringspartner des Managements.
Planung, Steuerung ,Kontrolle	
– Mangelnde Unternehmensführungskenntnisse – Unzureichendes Informationswesen – Mangelndes Wissen über das Unternehmensumfeld – Unterentwickelte Planung – Keine Strategische Planung – Improvisation im Vordergrund – Steuerung und Kontrolle im formellen persönlichen Kontakt – Geringe Verbreitung von Kostenrechnung und Budgetierung	• Informationsaufgabe des Controllers steht im Vordergrund. Formale Planung und Kontrolle gewinnen werden durch Controlling immer wichtiger, sollen aber Flexibilität und Improvisationsbereitschaft nicht hemmen, sondern fördern. • Die Controllinginstrumente müssen leicht handhabbar sein und dürfen keine umfassenden betriebswirtschaftlichen Kenntnisse voraussetzen.

Abb. 34: Controllingrelevante Besonderheiten von Klein- und Mittelbetrieben.

Es wird die „neue" Stelle „Controlling/Betriebswirtschaft" aufgebaut, die direkt der Geschäftsleitung unterstellt ist. Die Aufgaben dieser Stelle setzen sich vor allem aus der Entwicklung und Einrichtung von Systemen der Abrechnung, Planung und Kontrolle in Zusammenarbeit mit den anderen Bereichen zusammen. Ein Entscheidungsausschuss für das Controlling, der aus den Mitgliedern der Geschäftsleitung, den Funktionsbereichsleitern und dem Controller besteht, entscheidet über die zu treffenden Maßnahmen und überwacht deren Durchführung, für die er den Controller beauftragt.

---

[51] Vgl. Eschenbach, R.: Controlling, a.a.O., S. 631.

Diese Organisationsform verhindert das „Auseinanderfallen der planenden und koordinierenden Aufgaben des Controllers und der erfassenden und kontrollierenden Aufgaben des Finanz- und Rechnungswesens".[52]

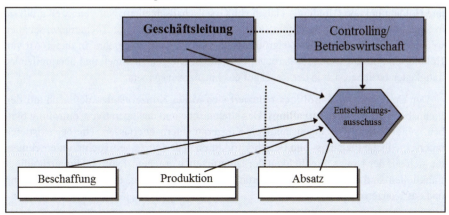

Abb. 35: Controllingorganisation des „Übergangs" für Klein- und Mittelbetriebe

Zusammenfassend beweist diese Organisationsform, dass mit einem geringen personellen Einsatz die einzelnen Funktionsbereiche des Unternehmens mit den Aufgaben des Controllings vertraut gemacht werden können und der Grad der Veränderung den betrieblichen Gegebenheiten angepasst wird.

Eine weitere Möglichkeit für kleine und mittelständische Unternehmen ist die Vergabe der Controllingaufgaben an einen externen Dienstleister, der sich auf dieses Gebiet spezialisiert hat. Damit umgehen diese Unternehmen den hohen finanziellen Aufwand für das Einrichten einer entsprechenden Controllerstelle.

4.4 Konzern-Controlling

Der bedeutungsmäßig größte Teil der Unternehmen ist national und international in Konzerne eingebunden. Die Gestaltung des Controllings in einem Konzern hängt davon ab, welchem Führungstyp der Konzern angehört. Es lassen sich drei Typen unterscheiden:

(1) Operative Holding (Stammhausholding)

Von einer **Stammhausholding** ist die Rede, wenn der Diversifizierungsgrad relativ gering ist, d. h. die Beteiligungsaktivitäten eines Konzerns beschränken sich weitgehend auf das Stammgeschäft des Mutterunternehmens. Dabei sind die Tochterunternehmen fest in den strategischen und operativen Planungsablauf eingebunden.

In einem Stammhauskonzern unterscheidet sich das Controlling des gesamten Konzerns wenig von dem eines großen Unternehmens, welches nicht in rechtlich selbstständige Einheiten aufgeteilt ist. Das Controlling an der Konzernspitze übernimmt dabei die Rolle des Zentralcontrollings. Die Controllingabteilungen in den Tochterunternehmen entsprechen den dezentralen Controllerstellen in einzelnen Unternehmensbereichen. In diesem Konzern kommt nicht nur der Vereinheitlichung des Planungsvorgehens große Bedeutung zu, sondern auch dem reibungslosen Informationsfluss.

---

[52] Vgl. Bramsemann, R.: Handbuch Controlling, 3. Aufl., München/Wien 1993, S. 100.

(2) Finanzholding

Die **Finanzholding** belässt die Führungskompetenz und -verantwortung im Wesentlichen bei den dazugehörigen Tochterunternehmen. Die Konzernspitze beschränkt sich auf ihre Holdingfunktion (Holding = Halten von Gesellschaftsanteilen). Nur vereinzelt greift sie in strategische Entscheidungen ein (z. B. Akquisitionspolitik). Ihre Tochtergesellschaften werden durch rein finanzielle Zielgrößen ROI, Cash Flow, u. a. geführt. In dieser Art von Holding sind oft nur wenige Mitarbeiter beschäftigt. Die gemeinsamen und übergreifenden Tätigkeiten beziehen sich in der Regel auf das Finanzmanagement.

Der Umfang des Controllings reduziert sich in der Konzernspitze demnach auf den Finanzbereich (**Finanzcontrolling**). Das strategische und das operative Controlling bleiben weitestgehend den eigenständigen Konzerntöchtern überlassen. Hierbei existieren unterschiedliche Planungs- und Berichtsstrukturen in den einzelnen Tochterunternehmen, die sich aus der Unterschiedlichkeit der Unternehmen ergeben. Typische Finanzholding-Funktionen sind die Konzernfinanzierung, das Finanzclearing, das Konzerncontrolling und das Konzernrechnungswesen.

(3) Managementholding

Die **Managementholding** steht gewissermaßen zwischen den beiden erstgenannten Konzerntypen. Ähnlich wie die Stammhausholding greift auch sie in die strategische Ausrichtung der Konzerntöchter ein. Begründet wird dies durch die diversifizierungsbedingt große Heterogenität des Geschäfts. Dabei ist der Grad der zentralen Führung aber wesentlich geringer. Die Aufgaben und der Umfang des Controllings fokussieren sich bei der Managementholding auf die Gestaltung und Sicherstellung der strategischen Planung und Kontrolle. Im operativen Aufgabenbereich besteht für die Konzerntöchter Gestaltungsfreiheit.

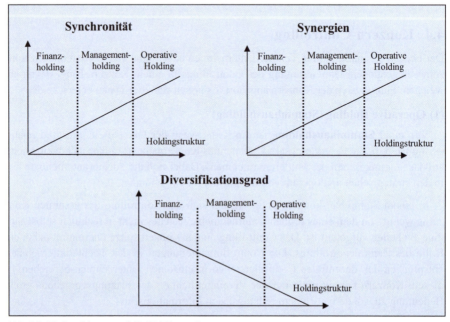

Abb. 36: Einflussfaktoren auf die Holdingstruktur

Einflussfaktoren für die **Gestaltung** bzw. der **Auswahl** der **Holdingstruktur** sind:
- Synchronität der Märkte (Kundenwünsche, Normen- und Marktstrukturen)
- Synergien innerhalb der Wertschöpfungsketten zwischen den einzelnen strategischen Geschäftsfeldern

In der nachstehenden Abbildung ist ein Organigramm eines international tätigen Konzerns dargestellt. Die Organisation gliedert sich in vier Hierarchieebenen, in den Vorstand, in die Sparten und in die Geschäfts- und Funktionsbereiche.

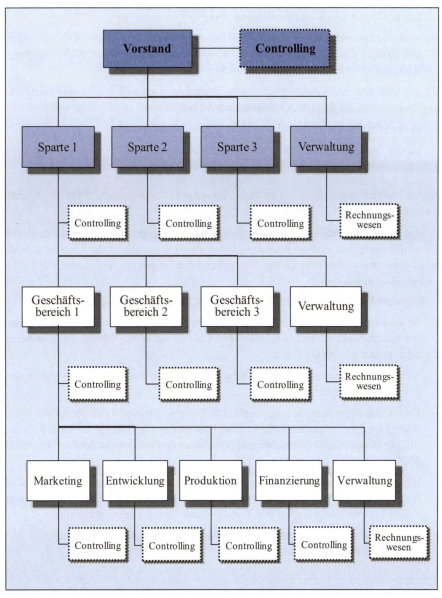

Abb. 37: Organisatorische Eingliederung des Controlling in einen Konzern

5 Trends und Entwicklungen im Controlling

Die Anforderungen an das Controlling werden sich aufgrund der verstärkten Absatz-, Beschaffungsmarkt-, Kapitalmarkt-, Arbeitsmarkt- sowie der Kunden-Markt-Orientierung verändern. Zusätzliche Aufgaben ergeben sich aus der Globalisierung, Technologisierung, Ökologisierung und dem soziokulturellen Bereich.

Zunehmend ergibt sich eine **Integration** von **Controlling** und **Controller**[53]

- in die dezentralisierte und prozessorientierte Organisation (Center-, Team- und Lean-Controlling, Prozess- und Projektcontrolling),
- in die wettbewerbs- sowie kunden- und lieferantenorientierte, globale Geschäftstätigkeit (Target Costing, Benchmarking, Total Quality Management, KVP, Sourcing-Konzepte mit Make or Buy-Entscheidungen),
- in technische und finanzwirtschaftliche Aufgaben (technisch-betriebswirtschaftliche Datenbank, CIM, BOT/BOO, Shareholder Value),
- in die Sachziel- und Personalbeurteilung (Planzielvereinbarungen im Anreizsystem),
- in die Gesamtverantwortung der Unternehmungsführung (Ergebnistransparenz gegenüber Kapitalgebern, Sozialpartnern und der allgemeinen Öffentlichkeit)

Als Beispiel eines Trends soll an dieser Stelle das Lean-Controlling näher beschrieben werden:

Das **Lean Controlling** ist ein ganzheitlicher Ansatz, der die Neuausrichtung von Controllingaufgaben und -organisation sowie die Neugestaltung des Controllings-instrumentariums verbindet mit einer Verstärkung der Fragen des Verhaltens, der Kultur und der Kommunikation.[54]

Folgende **Merkmale** kennzeichnen nach Biel das **Lean Controlling**:

- Besonders bedeutend für den Erfolg sind die mentale Einstellung, das Verhalten und die Kultur. So kann erreicht werden, dass Controlling in den Köpfen der Mitarbeiter beginnt und erfolgreich abläuft.
- Neben der Bezugnahme auf Funktionen, Bereiche, Projekte und Produkte erfolgt eine ausgeprägte Orientierung an Prozessen.
- Lean Controlling ist mehrdimensional. Die Steuerung erfolgt nicht nur auf der Wertebene, sondern zunehmend auf bzw. in Kombination mit der Sachebene, d. h. die direkte Steuerung der Zeiten, Mengen, Qualitäten und anderer Größen ist ein weiteres Merkmal.
- Reengineering ist ebenfalls im Rechnungswesen und Controlling zu vollziehen, d. h. die Prozesse sind auf das Wesentliche und Unverzichtbare zu reduzieren. Schlanke Abläufe bilden eine grundlegende Voraussetzung für das Lean Controlling.
- Einer der wichtigsten Wettbewerbsfaktoren ist die Fähigkeit und Bereitschaft zum Lernen und zur Veränderung.

---

[53] Vgl. Hahn, D.: Unternehmensziele im Wandel, in: Controlling: Zeitschrift für erfolgsorientierte Unternehmenssteuerung, Heft 6, 1995, S. 336 f.
[54] Vgl. Biel, A.: Aufbau und Gestaltung eines Lean Controlling. In: Controlling, Heft 1, 1996, S. 51.

- Eine aktive und zukunftsgerichtete Steuerung der Unternehmenspolitik und Unternehmensstrategie sind weitere Merkmale des Lean-Controllings. Der Controller unterstützt aktiv das Management im Bereich des operativen und strategischen Erfolgscontrollings.

- Dezentralisierung und Eigensteuerung so viel wie möglich, Zentralisierung und Fremdsteuerung so wenig wie nötig.[55]

Fragt man nach dem Zukunftsbild des Controllers, nach der Vision des Controllings, so kann eine Entwicklung vom operativen über das strategische zu einem systemintegrierten Controlling festgestellt werden. Zukunftscontrolling bedeutet ganzheitliches, sich weitestgehend selbststeuerndes integriertes Controlling im Rahmen von Vertrauensmanagment.

Die Einsicht, dass der Wert eines Unternehmens sich nicht nur aus seinen materiellen Wertgegenständen bemisst, sondern vielmehr durch seine immateriellen, führte zu einem neuen Aufgabengebiet des Controllings- dem Controlling von **Intangibles**.[56] In Zukunft wird eine wichtige Aufgabe darin bestehen, ein Instrumentarium bereitzustellen, das es erlaubt, den Wert von Intangibles zu messen und damit steuerbar zu machen.

Von hoher Aktualität sind auch die Entwicklungen auf dem Gebiet der **Corporate Governance**.[57] Unter dem Stichwort Corporate Governance werden Fragen der Unternehmensführung und -kontrolle diskutiert. Die Gestaltung der Corporate Governance deutscher Unternehmen wird vom deutschen Aktien-, Mitbestimmungs- und Kapitalmarktrecht sowie von internationalen Kapitalmarktgesetzen und Börsenzulassungsregeln bestimmt.

Mit den zunehmenden Bemühungen in Deutschland einheitliche Standards zu entwickeln, nimmt daher auch die Notwendigkeit zu, das Controlling in das System der Corporate Governance zu integrieren.

Im Rahmen der Informationsversorgung unternehmensexterner Empfänger durch das Rechnungswesen verpflichtet die EU-Verordnung 1606/2002 seit dem 01.01.2005 europäische Unternehmen, die an der Börse notiert sind, ihre Konzernabschlüsse konform zu den International Financial Reporting Standards (IFRS) zu erstellen. Das International Accounting Standards Board (IASB) mit Sitz in London erarbeitet und aktualisiert diese Bilanzierungsrichtlinien regelmäßig.

IFRS–International Financial Reporting Standards sind ein Regelwerk von Standards und Interpretationen zur externen Rechnungslegung und Berichterstattung von Unternehmen, die von einem unabhängigen privaten Gremium, dem International Accounting Standards Board (IASB), entwickelt werden.

Neben den IFRS sind auf internationaler Ebene die United States Generally Accepted Accounting Principles (US-GAAP) für Unternehmen, die an amerikanischen Börsen notiert sind, von Bedeutung.

---

[55] Vgl. Biel, A.: Aufbau und Gestaltung eines Lean Controlling. In: Controlling, Heft 1, 1996, S. 51.
[56] Bei Intangibles handelt es sich um immaterielle Werte. Sie werden auch als immaterielle Vermögensgegenstände bezeichnet.
[57] Vgl. Horváth, P.: Controlling, a.a.O., S. 62 und S. 795 ff.

Für das Berichtswesen sind insbesondere im Rahmen der Segmentberichterstattung (IAS 14) Informationen zur Reportingstruktur auf Unternehmensleitungsebene für die IFRS-Bilanzierung maßgeblich. Der Controller übernimmt damit die zusätzliche Funktion eines Informationsdienstleisters für Bilanzierungszwecke.

Im Aktionsfeld der Organisation des Controllingsbereichs muss insbesondere das Vorhandensein hinreichender IFRS-Kenntnisse gewährleistet werden. Controller, welche mit der Beschaffung der im Rahmen der IFRS-Rechnungslegung angeforderten Informationen betraut sind, müssen über entsprechendes IFRS-Know-how verfügen.[58]

Auch in den **staatlichen Verwaltungen** wird effizientes und wirtschaftliches Handeln immer wichtiger. Unter der Bezeichnung Verwaltungsreform gelangen zunehmend betriebswirtschaftliche Instrumente und Methoden in den Verwaltungen und öffentlichen Unternehmen zur Anwendung. Controlling hat sich als Steuerungs- und Führungsunterstützungsinstrument in der Verwaltung bereits seit längerem bewährt. Nicht zuletzt die Anpassung des öffentlichen Rechnungswesens in den Kommunalverwaltungen, weg von der Kameralistik hin zur doppelten kaufmännischen Buchführung, ermöglicht dem Controlling viele Einsatzmöglichkeiten.

Die öffentliche Betriebswirtschaftslehre greift unter dem Begriff „**Public Management**" diesen Trend auf. Besondere Belange und Ausprägungen der Verwaltungen stellen hohe Anforderungen an ein Controlling. Das Öffentliche Recht und die Grundsätze des Berufsbeamtentums, sowie der Auftrag der Gemeinwohloptimierung schränken betriebswirtschaftliche Methoden zunächst ein. Der Controller hat daher die genauen Umstände des Verwaltungstyps und dessen Aufgabe zu analysieren, bevor Controlling zur Anwendung gelangt.[59]

Folgende **Anwendungsbereiche** sind zu unterscheiden:

- Die **hoheitlich hierarchische Verwaltung**

  Controlling wird als Steuerungs- und Kontrollinstrument der Verwaltungsführung betrachtet.

- Die **Non-Profit-Organisation**

  Controlling wird hier im Zusammenhang des Fundraisings (Mittelbeschaffung) eingesetzt. Aufgrund der immer stärker werdenden Finanznot kommt der Aktivierung von Fremdkapital immer mehr Bedeutung zu.

- Die **öffentlichen Unternehmen**

  werden inzwischen zunehmend nach betriebswirtschaftlichen Grundsätzen geführt. Auch die Einführung der doppelten kaufmännischen Buchführung bietet dem Controlling weitere Möglichkeiten betriebswirtschaftlicher Führung.

---

[58] Vgl. Weißenberger ‚B.E.: Alles, was Controller über IFRS wissen müssen, 2. Auflage, Freiburg 2011.
[59] Vgl. Müller, U.: Verwaltungscontrolling, in: Voigt, R./Walkenhaus, R.: Handwörterbuch zur Verwaltungsreform, Wiesbaden, 2006, S. 62 ff.

Fragen zur Kontrolle und Vertiefung

(1) Versuchen Sie eine Definition des Begriffs Controlling! Ist das Controlling eher dem Führungs- oder dem Ausführungssystem einer Unternehmung angegliedert und warum?

(2) Nennen Sie Gründe für das Entstehen des Controllings in Amerika! Weshalb wurde das Controlling erst relativ spät in Europa eingeführt?

(3) Die heutige Unternehmenswelt zeigt eine erhöhte Dynamik und Komplexität und ist durch Diskontinuitäten gekennzeichnet. Was ist darunter zu verstehen?

(4) Diskutieren Sie die Notwendigkeit und Anforderungen an eine Konzeption des Controllings im Unternehmen!

(5) Der Controller wird oftmals als Steuermann des Unternehmens bezeichnet. Nehmen Sie hierzu kritisch Stellung!

(6) Nennen und erläutern Sie vier wichtige Funktionen des Controllings! Warum sind Informationen ein wichtiger Leistungsfaktor für ein Unternehmen?

(7) Wodurch unterscheidet sich das Controlling von der Kontrolle?

(8) Welche Gründe sprechen dafür, ein neu im Unternehmen eingeführtes Controlling organisatorisch zunächst im externen Rechnungswesen zu verankern?

(9) Grenzen Sie das Controlling von der klassischen Buchhaltung ab!

(10) Welche zeitliche Orientierung hat die Finanzbuchhaltung und welche das Controlling?

(11) Grenzen Sie das Controlling von der internen und externen Revision ab! Worin bestehen die Unterschiede und Gemeinsamkeiten?

(12) Beschreiben Sie die Aufgaben- und Verantwortungsverteilung zwischen einem Controller und einem Manager!

(13) Weshalb ist eine Einteilung in ein strategisches und ein operatives Controlling sinnvoll?

(14) Nennen Sie die Aufgaben des strategischen und des operativen Controlling!

(15) Nennen Sie drei fachliche und drei persönliche Anforderungen an einen Controller! Wovon hängen diese Anforderungen ab?

(16) Erstellen Sie eine Stellenbeschreibung für einen Controller!

(17) Welche Faktoren beeinflussen die Organisation des Controllings?

(18) Welche Unterschiede bestehen zwischen dem amerikanischen und deutschen Kern-Controlling-Konzept?

(19) Erläutern Sie zwei typische Möglichkeiten, wie das Controlling in die Unternehmensorganisation eingebunden werden kann!

(20) Überlegen Sie sich Gründe, die für eine Einordnung des Controllings in die erste bzw. zweite Leitungsebene sprechen!

(21) Was ist bei der Implementierung eines Controlling-Konzeptes im Unternehmen zu beachten?

(22) Warum existieren ein Controllerzentralbereich und dezentrale Controllerstellen oft nebeneinander? Welche Vor- und Nachteile sind damit verbunden?

(23) Was versteht man unter funktionell spezialisierten Controllern und in welchen Bereichen sind sie anzutreffen?

(24) Welche Ziele werden mit der Einrichtung von Profit-Centern verfolgt? Grenzen Sie dieses Konzept von einem Cost-Center und einem Investment-Center ab!

(25) Nennen und erläutern Sie Einflussfaktoren für die Wahl einer Holdingstruktur in einem Konzern! Welche Konsequenzen ergeben sich daraus für das Controlling?

(26) Welche Möglichkeiten hat ein Klein- oder mittelständisches Unternehmen, Controlling bei sich einzuführen?

(27) Beschreiben Sie den Begriff des Lean Controlling! Durch welche Merkmale ist es gekennzeichnet?

(28) Controlling soll nicht von einer bestimmten Instanz ausgehen, sondern Teil einer jeden Stelle des Unternehmens sein. Ist die Behauptung richtig?

(29) Skizzieren Sie ein Leitbild für einen zukünftigen Controller!

(30) Welche Bedeutung hat der öffentliche Sektor für die Betriebswirtschaftslehre? Warum ist es notwendig sich mit dem Begriff des Verwaltungscontrollings zu befassen?

Teil B

Basisinstrumente des Controllings

1 Übersicht

Das Instrumentarium des Controllers hat zur Aufgabe, die Probleme und Systemkomplexe besser zu strukturieren, überschaubarer und vergleichbarer zu gestalten.[1] Es sollen mit den Instrumentarien betriebliche Modelle geschaffen werden, welche die wesentlichen Zusammenhänge schnell erfassen und den entsprechenden Entscheidungsträgern den Einblick transparenter gestalten.

Viele Controllinginstrumente sind speziell für einzelne Funktionsbereiche von Bedeutung. Während die meisten innerhalb des strategischen und operativen Bereichs-Controlling (Kapitel 3) behandelt werden, sollen im Folgenden zunächst wichtige bereichsübergreifende Instrumente des Controllers beschrieben werden. Sie stellen das elementare Rüstzeug des Controllers dar.

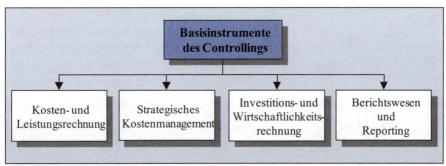

Abb. 1: Instrumente für Controller

2 Die Kosten- und Leistungsrechnung

Das Kosten- und Erfolgscontrolling stützt sich sowohl auf das innerbetriebliche Rechnungswesen als auch auf das betriebliche Plansystem. Um den Controllingaufgaben nachkommen zu können, muss das Rechnungswesen zielbezogen aufgebaut sein und über entsprechend ausgestaltete **Finanz-**, **Kosten-** und **Erfolgsgrößen** verfügen.

Die Kosten im Rahmen der Kostenplanung werden in Abhängigkeit der geplanten Produktionsmengen ermittelt. Sie setzen sich aus kurzfristig planbaren Kosten wie bezugsgrößenvariablen Kosten in Abhängigkeit der Ausbringungsmenge, Kosten für die Arbeitsleistung in Abhängigkeit des Personalbestandes einzelner Kostenstellen und Kosten der Vertrags- und Eigentumspotenziale und langfristig planbare Kosten wie Abschreibungen, Rückstellungen, Miet-, Pacht- und Lizenzverträgen zusammen.

Die im Rahmen der Langfristplanung geplanten Kosten sind für die kurzfristige Erfolgsplanung zwecks Steuerung von Anpassungsmaßnahmen an veränderte Umsatzentwicklungen nicht von Bedeutung.

Sie dienen innerhalb der kurzfristigen Erfolgsrechnung nur zur Ermittlung eines kalkulatorischen Gewinns, der als Bindeglied zwischen kurz- und langfristiger Planung fungiert. Durch ihn kann kontrolliert werden, inwieweit die Rahmenbedingungen der Langfristplanung einzelner Zeitabschnitte erfüllt worden sind.[2]

---

[1] Vgl. Baier, P.: Führen mit Controlling, 2. Aufl., Berlin 2002, S. 61.
[2] Vgl. Reichmann, T.: Controlling mit Kennzahlen und Management-Tools, 7. Aufl., München 2006, S. 112 ff.

2.1 Die Grundlagen der Kostenrechnung

Dem Controlling muss ein entscheidungsorientiertes Kostenrechnungssystem zu Grunde liegen, das für Controllingzwecke geeignet ist. Es muss relevante Informationen für Entscheidungen bereitstellen. Die Aufgaben der Kostenrechnung innerhalb einzelner Phasen des Entscheidungsprozesses sind folgender Abbildung zu entnehmen.[3]

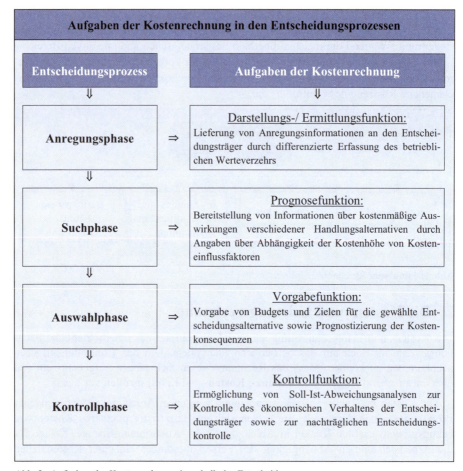

Abb. 2: Aufgaben der Kostenrechnung innerhalb des Entscheidungsprozesses

Die wesentlichen Bausteine der Kostenrechnung sind die Kostenarten-, Kostenstellen- und Kostenträgerrechnung. Sie müssen für die Bereitstellung und den Einsatz von Controllinginstrumenten einen gewissen Aufbau beinhalten.

Die Kostenrechnung ist ein Teilgebiet des Rechnungswesens. Entgegen der Investitionsrechnung ist sie eine fortlaufend durchgeführte Rechnung, die kurzfristigen Charakter hat. Während sich die Investitionsrechnung mit der Entscheidung über die Anschaffung von Gütern befasst, beschäftigt sich die Kostenrechnung mit der Vorbereitung von Entscheidungen über den Einsatz bereits angeschaffter Güter.

---

[3] Vgl. Reichmann, T.: Controlling mit Kennzahlen und Management-Tools, a.a.O., S. 127.

2.1.1 Aufgaben der Kostenrechnung

Die Aufgaben der Kostenrechnung sind vielfältig. So muss die Kostenrechnung in der Lage sein, die Kosten zu erfassen und gegenüberzustellen. Sie muss ebenso Preise und Erlöse berechnen sowie Vergleiche aufstellen. Schwerpunkte sind:

- Preiskalkulation und -beurteilung (liefern von Informationen für die unternehmerische Preispolitik)
    - Unterstützung bei der Festlegung von Verkaufspreisen
    - Bestimmung von Preisuntergrenzen für den Absatzbereich
    - Errechnung von Preisobergrenzen für den Beschaffungsbereich
    - Festlegung von Verrechnungspreisen für interne Leistungen
- Kontrolle der Wirtschaftlichkeit
    - Kontrolle von Kostenarten und Kostenstrukturen
    - Soll-Ist-Vergleiche zur Aufdeckung von Schwachstellen
    - Ermittlung von Kosten-Senkungspotenzialen
- Bereitstellung von Unterlagen für die Entscheidungsrechnung (Vergleich von Handlungsalternativen für Entscheidungsrechnungen)
    - Kostenvergleichsrechnungen für die Auswahl der Fertigungsverfahren, für die Wahl zwischen Eigenfertigung und Fremdbezug oder Kauf und Miete
    - Kosten-, Erlös- und Ergebnisrechnung zur Planung und Analyse des Produktions- und Absatzprogramms
- Erfolgsermittlung und Betriebsbewertung
    - Kurzfristige, differenzierte Erfolgsrechnung (z.B. Artikelerfolgsrechnung)
    - Bewertung von auf Lager produzierten, fertigen und unfertigen Erzeugnissen sowie von selbsterstellten Anlagen

2.1.2 Rechnungsprinzipien in der Kostenrechnung

Die **Erfassung der Kosten** erfolgt zum Zeitpunkt des Güterverbrauchs. Sie dient der Unterstützung der Kontrolle und der Unterstützung von Lenkungsvorgängen. Die Rechnungsprinzipen in der Kostenrechnung sind:

- Unterstützung der Kontrolle
    - Spiegelung der realen Gegebenheiten in den Zahlen
    - Zahlen müssen objektiv sein, d.h. prinzipiell überprüfbar sein
    - angesetzte Preise müssen durch Belege nachgewiesen werden
    - Kosten müssen vollständig, genau und aktuell erfasst werden
    - die Wirtschaftlichkeit der Kostenerfassung muss gewährleistet sein
- Unterstützung von Lenkungsvorgängen
    - zweckbezogen zugreifbar
    - differenzierte Codierung und Speicherung

Eine exakte Erfassung der Kosten kann strenggenommen nur bei Kostengütern erfolgen, die in den gleichen Quanten beschafft und verbraucht werden. Ansonsten ist eine Zurechnung erforderlich, d.h. eine Aufteilung des Kostenquantums auf mehrere Bezugsobjekte.

Bei den **Prinzipien der Kostenzurechnung** kann man das Verursachungs-, das Kostenüberwälzungs- und das Anlastungsprinzip unterscheiden.

- **Verursachungsprinzip**
- Die Kosten können nur dann auf ein Bezugsobjekt zugerechnet werden, wenn diese tatsächlich nur von diesem Bezugsobjekt allein verursacht werden.
- **Kostenüberwälzungsprinzip (Vollkostenrechnung)**
- Alle Kosten der Periode sind vollständig auf alle Leistungsmengeneinheiten zu verteilen; möglichst nach dem Verursachungsprinzip (für Gemeinkosten hilfsweise nach den Anlastungsprinzipien).
- **Anlastungsprinzipien**
- Beanspruchungsprinzip: Die Kosten von Potenzialfaktoren werden gemäß der Inanspruchnahme auf die Bezugsobjekte verteilt.
- Durchschnittsprinzip: Die Kosten werden zu gleichen Anteilen auf die Bezugsobjekte verteilt.
- Tragfähigkeitsprinzip: Die Kosten werden nach der Möglichkeit der Tragfähigkeit auf die Bezugsobjekte verteilt.

2.2 Die Kostenrechnung als Vollkostenrechnung

Die wesentlichen Bausteine der Kostenrechnung sind nachfolgend dargestellt. Sie müssen für die Bereitstellung und den Einsatz von Controllinginstrumenten einen gewissen Aufbau beinhalten.

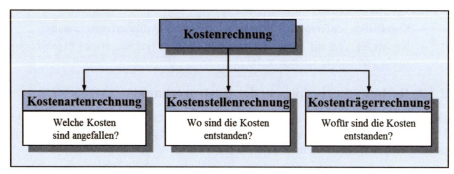

Abb. 3: Aufbau der Kostenrechnung

2.2.1 Die Kostenartenrechnung

Die **Kostenartenrechnung** ist der Ausgangspunkt für die gesamte Kostenrechnung. Sie dient der geordneten Erfassung und Gliederung aller anfallenden Kostenarten einer Abrechnungsperiode. Kosten sind der in Geld bewertete Güterverzehr von Produktionsfaktoren und Dienstleistungen, der zur Leistungserstellung, -absetzung und Aufrechterhaltung der Betriebsbereitschaft notwendig ist. Kostenarten lassen sich differenziert systematisieren wie in der Abbildung 4 als Grobgliederung dargestellt.

Üblicherweise werden alle anfallenden Kostenarten eines Unternehmens in einem Kostenartenplan gegliedert und dokumentiert. Die Gliederung erfolgt hauptsächlich nach sachlichen Kriterien und ist von der Art und Größe des Betriebes und dessen Branchenzugehörigkeit abhängig. Sie entspricht meist weitgehend der Kontenklasse 4 des Gemeinschafts-Kontenrahmens der Industrie (GKR) oder den Kontenklassen 6 und 9 des Industrie-Kontenrahmens (IKR). Für die Kostenerfassung ist es erforderlich, eine Kostenbewertung durchzuführen. Im Hinblick auf die spätere Kalkulation erlangen die Material- und Personalkostenblöcke große Bedeutung.

Kriterium	Einteilung der Kostenarten
Art der verbrauchten Produktionsfaktoren	– Personalkosten (Lohn, Gehalt, soziale Abgaben, ...) – Materialkosten (Roh-, Hilfs-, Betriebsstoffe) – Kalkulatorische Kosten – Kosten für Dienstleistungen Dritter (Energie, Versicherung, ...) – Öffentliche Abgaben (Steuern, Gebühren, Beiträge)
Art der betrieblichen Funktion	– Beschaffungs- und Lagerkosten – Fertigungskosten – Verwaltungskosten – Vertriebskosten
Art der Verrechnung	– Einzelkosten (sind dem Kostenträger direkt zuzuordnen wie Fertigungsmaterial und Fertigungslöhne) – Sondereinzelkosten der Fertigung (für Modelle, Spezialwerkzeuge,...) oder des Vertriebes (Spezialverpackung, Sonderfrachten, ...) – Gemeinkosten (sind indirekt dem Kostenträger zuzuordnen über die Kostenstellenrechnung und Schlüsselgrößen, z. B. Abschreibungen, Gehälter leitender Angestellter, Wasser- und Energiekosten). Von unechten Gemeinkosten spricht man, wenn die Kosten zwar einzeln ermittelt werden könnten, aus wirtschaftlichen Gründen darauf aber verzichtet wird.

Art der Erfassung	– Aufwandsgleiche Kosten (sind der Finanzbuchhaltung zu entnehmen)
	– Kalkulatorische Kosten:
	  • Zusatzkosten, denen kein Aufwand gegenübersteht, z. B. kalkulatorische Miete, kalkulatorischer Unternehmerlohn, kalkulatorische Eigenkapitalzinsen
	  • Anderskosten, denen aufwandsungleiche Kosten aus der Finanzbuchhaltung gegenüberstehen, z. B. kalkulatorische Abschreibungen, kalkulatorische Wagnisse

Verhalten der Kosten bei Beschäftigungsänderungen	– Fixe Kosten (konstantes Kostenverhalten) – Variable Kosten (proportionales, degressives oder progressives Kostenverhalten)

Abb. 4: Gliederungsmöglichkeiten der Kostenarten

2.2.2 Die Kostenstellenrechnung

Die **Kostenstellenrechnung** übernimmt die Kosten der Kostenartenrechnung, die den Kostenträgern nicht direkt zugerechnet werden können. Die auf jede Kostenstelle entfallenden Gemeinkosten werden mit Hilfe eines prozentualen Zuschlagsatzes auf die dort angefallenen Einzelkosten ermittelt. Den anfallenden Gemeinkosten darf keine Proportionalität unterstellt werden, da dies unrealistisch wäre.

Die Kostenstellenrechnung verteilt die Gemeinkosten aus der Kostenartenrechnung, führt die innerbetriebliche Leistungsverrechnung durch, bereitet die Kalkulation vor und dient der Wirtschaftlichkeitskontrolle. Letztere wird meist in Form eines Soll-Ist-Vergleiches vorgenommen. Die Kostenstellenrechnung erfolgt in der betrieblichen Praxis durch das Hilfsmittel des monatlich aufgestellten **Betriebsabrechnungsbogens (BAB)**. Der BAB erfasst rechnerisch grundsätzlich nur die Gemeinkosten. Die Einzelkosten können zusätzlich zu Informationszwecken in den BAB aufgenommen werden (vgl. Abbildung 5), da sie für die Zuschlagsatz-Berechnung die Bezugsgrößen darstellen.

Kostenstellen sind selbständige Teilbereiche im Unternehmen, in denen zur Leistungserstellung benötigte Güter und Dienstleistungen verbraucht werden und deren Kostenanfall erfasst und kontrolliert werden soll. Grundsätzlich unterscheidet man Haupt- und Hilfskostenstellen. Die Kosten der Hilfskostenstellen werden auf die Hauptkostenstellen verrechnet.

Von dort erfolgt die **Verrechnung** der **Kosten** in der Kostenträgerrechnung anhand von **Zuschlagsätzen**. Auch im Rahmen der Kostenstellenrechnung ist es erforderlich, einen Plan – den sogenannten Kostenstellenplan – aufzustellen, in der jede Kostenstelle eindeutig dokumentiert wird. Dabei sind drei Grundsätze zu beachten:

- Festlegung genauer Maßstäbe der Kostenverursachung in Form von geeigneten Bezugsgrößen für jede Kostenstelle.
- Jede Kostenstelle muss zwecks Kontrollmöglichkeiten ein selbständiger Verantwortungsbereich sein.
- Jede Kostenstelle ist gemäß Wirtschaftlichkeitsprinzip so zu bilden, dass sich alle Kostenbelege relativ problemlos zuordnen lassen.

Hinsichtlich der **Kostenstellenarten** unterscheidet man funktions-, raum-, organisations- und rechnungsorientierte Kostenstellen. Die meisten, der in der Literatur dargestellten BAB sind funktionsorientiert aufgebaut nach allgemeinen Kostenstellen, welche Leistungen für andere Kostenstellen erbringen (z.B. Energie, Kantine, Fuhrpark), sowie in Material-, Fertigungs-, Verwaltungs- und Vertriebskostenstellen. Von entscheidender Bedeutung für das operative Controlling ist die Ermittlung der Soll- und der Ist-Daten innerhalb des BAB.

Aufgrund von **Über-** oder **Unterdeckungen** werden Abweichungen festgestellt, deren Ursachen es zu klären gilt, um entsprechende Gegensteuerungsmaßnahmen einleiten zu können. Der normale BAB unterstellt eine Proportionalität von Einzelkosten und Gemeinkosten, die es real nicht gibt. Die Gemeinkosten-Zuschläge werden auch in der Vorkalkulation verwendet und lassen diese dadurch ebenfalls sehr ungenau werden.

Die Ungenauigkeiten können durch die Berücksichtigung mehrerer in Betracht kommender Beschäftigungsgrade verringert werden, sofern die jeweils dazugehörenden Gemeinkosten-Zuschläge ermittelt und benutzt werden. Eine andere Möglichkeit wäre die Auflösung der Gemeinkosten in ihre fixen und variablen Bestandteile. Diese Kostenauflösung wäre allerdings sehr problematisch und weist dennoch keine exakten Werte aus.

Betriebsabrechnungsbogen (BAB)

Kostenarten \ Kostenstellen	Buch-haltung	Allgemeine Kostenstellen		Materialstellen			Produktionshilfstellen		Produktionsstellen			Summen I-L	Verwalt.-stellen	Vertriebs-stellen
		Wasser-versorgung	Energie-versorgung	Einkauf	Material-lager	Summen E-F	Planung/Steuerung	H	Fräserei	Dreherei	Montage			
A	B	C	D	E	F	G	H		I	K	L	M	N	O
1. Fertigungsmat.-Einzelkosten	12300					12300								
2. Fertigungslohn-Einzelkosten	3500								1000	1100	1400	3500		
3. Summe Einzelkosten	15800													
4. Gehälter	2299	7	6	13	58	71	170		238	245	223	706	630	709
5. Gesetzl. Sozialleistungen	1490	58	41	26	145	171	20		239	321	288	848	175	177
6. Hilfslöhne	4059	125	93	44	425	469	67		595	620	1230	2445	400	460
7. Instandhaltungskosten	337	13	19	10	15	25	7		72	68	99	239	16	18
8. Werkzeugverbrauch	140	3	8	-	11	11	-		34	46	38	118	-	-
9. Hilfsmaterialverbrauch	718	8	95	8	11	19	6		114	186	279	579	5	6
10. Versicherungskosten	163	7	8	4	20	24	6		22	29	26	77	19	22
11. Reisekosten	49	2	3	7	7	14	12		2	4	2	8	4	6
12. Kalkulat. Abschreibungen	561	12	10	4	48	52	10		123	154	152	429	24	24
13. Kalkulat. Zinsen	109	3	2	1	14	15	3		19	20	21	60	13	13
14. Kalkulat. Wagnisse	95	2	8	6	9	15	2		13	22	24	59	3	6
15. Kalkulat. Unternehmerlohn	91	6	9	1	7	8	7		17	17	14	48	7	6
16. Sonstige Gemeinkosten	89	4	8	6	10	16	10		12	18	14	44	4	3
17. Summe primäre Gemeinkosten	10200	250	310	130	780	910	320		1500	1750	2410	5660	1300	1450
18. Umlage Wasserversorgung		↓	25	25	30	55	25		30	35	30	95	25	25
19. Umlage Energieversorgung			↓	15	20	35	35		80	75	70	225	20	20
20. Summe						1000	380		1610	1860	2510	5980	1345	1495
21. Umlage Arbeitsvorbereitung							↓		155	100	125	380	-	-
22. Mat.- Einzelkosten						12300								
23. Mat.- Gemeinkosten						1000								
24. Ges. Materialkosten						13300								
25. Fertigungslohn-Einzelkosten									1000	1100	1400	3500		
26. Ges. Fertigungs-Gemeinkosten									1765	1960	2635	6360		
27. Ges. Fertigungskosten									2765	3060	4035	9860		
28. Summe Herstellkosten (24+27)														23160
29. Verwalt. Vertriebsgem.-kosten													1345	1495
30. Gemeinkostenzuschlagsatz in %						8,13%			176,5%	178,2%	188,2%		5,81%	6,45%
31. Selbstkosten (28+29)														26000

Verwalt.-/Vertriebs-Zuschlag bezogen auf die Herstellkosten

Abb. 5: Betriebsabrechnungsbogen

2.2.3 Die Kostenträgerrechnung

Die Kostenträgerrechnung ist das letzte Element der Kostenrechnung. Sie übernimmt die Einzelkosten der Kostenartenrechnung und die Gemeinkosten der Kostenstellenrechnung. Bei Kostenträgern handelt es sich um Leistungen des Unternehmens, deren Erstellung die Kosten verursachen. Sie können wie folgt gegliedert werden:

Gliederung der Kostenträger	
Kriterium	**Kostenträger**
Bestimmung der Güter	– Absatzgüter (aufgrund von Außenaufträgen) – Kundenaufträge – Lageraufträge (Fertigung für den anonymen Markt) – innerbetriebliche Leistungen aufgrund interner Aufträge – zu aktivierende Leistungen bei Nutzung über mehrere Rechnungsperioden – nicht zu aktivierende Leistungen bei Verbrauch der Leistung in der Rechnungsperiode, in der sie erstellt wurden
Art der Güter	– materielle Güter (bei Handel und Industrie, z. B. Maschinen, Rohstoffe, Hilfsstoffe, Betriebsstoffe) – immaterielle Güter (bei Dienstleistungsunternehmen)
Fertigungsstufe der Güter	– Zwischenerzeugnisse (besitzen einen bestimmten Fertigungsstand, aber noch keine Absatzreife) – Fertigerzeugnisse (besitzen Absatzreife)
Verbundenheit der Güter	– unverbundene Erzeugnisse (weisen fertigungstechnisch keinen zwangsweisen Zusammenhang auf) – Kuppelerzeugnisse (ergeben sich aus dem Fertigungsprozess zwangsweise als Haupt-, Neben- oder Abfallprodukt)

Abb. 6: Gliederungsmöglichkeiten der Kostenträger

Die Aufgabe der Kostenträgerrechnung ist die Kosten- und Erfolgsermittlung der Kostenträger sowohl zeit- als auch stückbezogen. Weiterhin stellt sie Informationen für die Preis-, Programm- und Beschaffungspolitik und die Bestandsbewertung bereit.

Um die Kosten auf die einzelnen Kostenträger zu verrechnen, kann nach den Prinzipien der Kostenverursachung, des Durchschnitts oder der Kostentragfähigkeit vorgegangen werden. Das Kostenverursachungsprinzip kann nur in der Teilkostenrechnung angewendet werden, da fixe Kosten nicht verursachungsgerecht aufgeteilt werden können. Das Prinzip ist in der Vollkostenrechnung nicht zulässig. Dort sollte das Durchschnittsprinzip Anwendung finden, da die Verrechnung der Kosten möglichst genau vorgenommen werden soll. Das Kostentragfähigkeitsprinzip dagegen richtet sich nach der Belastbarkeit des einzelnen Kostenträgers, also nach seinem Gewinnbeitrag. Die Kostenverteilung erfolgt willkürlich.

2.2.3.1 Die Kostenträgerstückrechnung

Die Kostenträgerstückrechnung lässt sich nach dem zeitlichen Bezug als Vor-, Zwischen- und Nachkalkulation durchführen. Zur Anwendung kommen verschiedene Kalkulationsverfahren.[4]

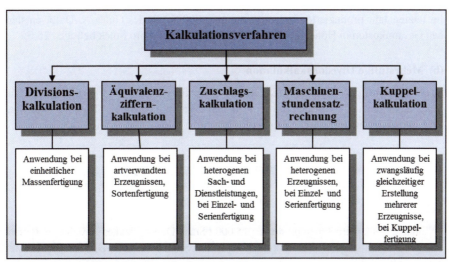

Abb. 7: Kalkulationsverfahren der Kostenträgerstückrechnung

(1) Divisionskalkulation

Die Divisionskalkulation lässt sich in eine einstufige und mehrstufige Rechnung einteilen.

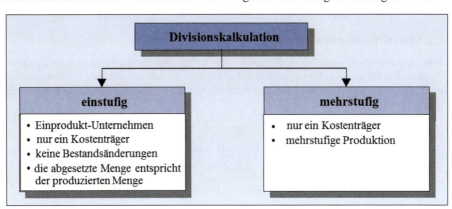

Abb. 8: Divisionskalkulation

(a) Einstufige Divisionskalkulation

Die Stückselbstkosten bei der einstufigen Divisionskalkulation werden aus dem Quotienten der Gesamtkosten des Abrechnungszeitraumes durch die entsprechende Produktionsmenge ermittelt.

---

[4] Vgl. Olfert, K.: Kostenrechnung, 15. Aufl., Ludwigshafen (Rhein) 2008, S. 134 f.

$$\text{Stückselbstkosten} = \frac{\text{Gesamtkosten}}{\text{Produktionsmenge}}$$

Beispiel:

Im letzten Jahr produzierte ein Unternehmen 5.000 Stück des Gutes A. Dafür entstanden Gesamtkosten in Höhe von 50.000 €. Die Selbstkosten pro Stück betragen 25 €.

(b) Mehrstufige Divisionskalkulation

In der mehrstufigen Divisionskalkulation werden für jede einzelne Fertigungsstufe die Stückherstellkosten ermittelt. Dabei wird berücksichtigt, dass ein Teil der unfertigen Erzeugnisse in einem Zwischenlager verbleibt.

$$\text{Stückselbstkosten} = \frac{\text{Herstellungskosten}}{\text{Produktionsmenge}} + \frac{\text{Vertriebskosten}}{\text{Absatzmenge}}$$

Beispiel:

Ein anderes Unternehmen produziert 15.000 t Stahl. Davon kann es 12.000 t pro Periode absetzen. Es entstanden Gesamtkosten in Höhe von 900.000 €. Die Vertriebskosten betrugen 90.000 €.

$$\text{Stückselbstkosten} = \frac{810.000\ €}{15.000\ t} + \frac{90.000\ €}{12.000\ t}$$
$$= 61{,}50\ €/t$$

(2) Äquivalenzziffernkalkulation

Das Äquivalenzziffernverfahren wird häufig bei der Sortenfertigung angewandt. Zunächst wird das Kostenverhältnis der einzelnen Sorten zueinander festgestellt. Die ermittelten Verhältniszahlen sind die Äquivalenzziffern, welche die Kostenträger vergleichbar machen

$$\text{Stückselbstkosten der Sorte}_i = \frac{\text{Gesamtkosten} \cdot \text{Äquivalenzziffer der Sorte}_i}{\sum \text{Produktionsmenge}_i \cdot \text{Äquivalenzziffer}_i}$$

Beispiel:

Die Firma PSW GmbH fertigt Aufkleber in drei verschiedenen Größen. Dafür fielen in einer Abrechnungsperiode Gesamtkosten in Höhe von 500.000 € an.

Sorte	Durchmesser	Produktionsmenge
Mini	5,0 cm	100.000
Standard	20,0 cm	450.000
Extra	40,0 cm	215.000

Die Durchmesser der Sorten bilden die Basis für die Äquivalenzziffern.

Sorte	Produktions-menge	Äquivalenz-ziffer	Stückselbst-kosten	Gesamt-kosten
Mini	100.000	0,25	€ 0,14	€ 14.000
Standard	450.000	1,0	€ 0,55	€ 247.500
Extra	215.000	2,0	€ 1,11	€ 238.650
Σ	765.000			€ 500.000

Sorte Standard: $Ä_1 = 1,0$ **(Einheitssorte)**

Sorte Mini: $Ä_2 = \dfrac{5 \text{ cm}}{20 \text{ cm}} = 0,25$ \qquad Sorte Extra: $Ä_3 = \dfrac{40 \text{ cm}}{20 \text{ cm}} = 2,0$

$$\text{Selbstkosten}_{\text{Standard}} = \frac{500.000 \text{ €} \cdot 1,0}{100.000 \cdot 0,25 + 450.000 \cdot 1,0 + 215.000 \cdot 2,0}$$

$$= 0,55 \text{ €} / \text{Stck.}$$

(3) Zuschlagskalkulation

Die Zuschlagskalkulation ist ein Kalkulationsverfahren, bei dem die Einzelkosten direkt dem Erzeugnis zugerechnet werden können und die Gemeinkosten durch die im Betriebsabrechnungsbogen ermittelten Zuschlagssätze auf die jeweiligen Zuschlagsgrundlagen aufgeschlagen werden.

$$\text{Gemeinkostenzuschlagssatz} = \frac{\text{Gemeinkosten}}{\text{Zuschlagsbasis}}$$

Die folgende Abbildung zeigt die Zuschlagskalkulation eines Sportgeräteherstellers. Die Einzel- und Gemeinkosten setzen sich folgendermaßen zusammen:

Selbstkostenkalkulation auf Vollkostenbasis		Zuschlagsbasis
(1) Materialeinzelkosten (MEK)		
(2) Materialgemeinkosten (MGK)		MEK
(3) Materialkosten (MK)	(1+2)	
(4) Fertigungseinzelkosten (FEK)		
(5) Fertigungsgemeinkosten (FGK)		FEK
(6) Sondereinzelkosten der Fertigung (SEF)		
(7) Fertigungskosten (FK)	(4+5+6)	
(8) Herstellkosten (HK)	(3+7)	
(9) Verwaltungsgemeinkosten (VwGK)		HK
(10) Vertriebsgemeinkosten (VtGK)		HK
(11) Sondereinzelkosten des Vertriebes (SEVt)		
(12) Plan-Selbstkosten (SK)	(8+9+10+11)	

Beispiel:

Ermittlung der Selbstkosten für:

	Inline-Skates	Schlittschuhe
MEK	€ 200	€ 150
FL	€ 150	€ 130

Einzelkosten:	
Materialeinzelkosten	€ 200.000
Fertigungslohneinzelkosten	€ 150.000
Gemeinkosten:	
Materialgemeinkosten	€ 20.000
Fertigungsgemeinkosten	€ 250.000
Verwaltungs- u. Vertriebsgemeinkosten	€ 180.000
Gesamtkosten	**€ 800.000**

Gerätetyp	Inline-Skates	Schlittschuhe
Materialeinzelkosten	€ 200	€ 150
Materialgemeinkosten (10%)	€ 20	€ 15
Materialkosten	**€ 220**	**€ 165**
Fertigungslohneinzelkosten	€ 150	€ 130
Fertigungsgemeinkosten (167%)	€ 250,50	€ 217,10
Fertigungskosten	**€ 400,50**	**€ 347,10**
Herstellkosten	**€ 620,50**	**€ 512,10**
Verwaltungs- und Vertriebsgemeinkosten (29%)	€ 180	€ 148,5
Selbstkosten	**€ 800,50**	**€ 660,60**

(4) Maschinenstundensatzkalkulation

Die Gemeinkostenverrechnung erfolgt bei der Maschinenstundensatzkalkulation auf der Grundlage der durch den kalkulierenden Kostenträger in Anspruch genommenen Maschinenzeit.

	Fertigungsgemeinkosten
Kostenart	**Berechnungsformel**
Kalkulatorische Abschreibungen	$\dfrac{\text{Beschaffungspreis in €}}{\text{Lebensdauer in Jahren}} \cdot \dfrac{1}{\text{Einsatzzeit in h/Jahr}}$
Kalkulatorische Zinsen	$\dfrac{\text{Beschaffungspreis in €}}{2} \cdot \dfrac{\text{Zinssatz in \%/Jahr}}{100} \cdot \dfrac{1}{\text{Einsatzzeit in h/Jahr}}$
Raumkosten	$\dfrac{\text{Flächenbedarf}(m^2) \cdot \text{kalkulatorischer Mietpreis}(€/m^2 \cdot \text{Jahr})}{\text{Einsatzzeit}\left(\frac{h}{\text{Jahr}}\right)}$
Energiekosten	Motorleistung in kW · Strompreis €/kWh
Instandhaltungskosten	$\text{Beschaffungspreis in €} \cdot \dfrac{\text{Instandhaltungskostensatz in \%/Jahr}}{100 \cdot \text{Einsatzzeit in h/Jahr}}$
Maschinenstundensatz	Summe der Kosten

Abb. 9: Ermittlung der Fertigungsgemeinkosten

Beispiel:

Der Sportgerätehersteller ist nun dazu übergegangen, die maschinenabhängigen Gemeinkosten und Restgemeinkosten für die Kostenstelle getrennt auszuweisen. Die Gesamtmaschinenlaufzeit in einem Abrechnungszeitraum beträgt 1.500 Stunden und insgesamt sind Fertigungslöhne in Höhe von 50.000 € angefallen.

Kostenart	Maschinenabhängige Gemeinkosten	Restgemeinkosten
– Werkzeugkosten	€ 40.000	
– Reparaturkosten	€ 10.000	
– Kalk. Abschreibungen	€ 45.000	
– Kalk. Zinsen auf AV	€ 15.000	
– Sekundäre Stromkosten	€ 20.000	
– Sekundäre Raumkosten	€ 8.000	
– Gemeinkostenlöhne		€ 30.000
– Personalnebenkosten		€ 20.000
– Hilfsstoffkosten		€ 500
Summe	**€ 138.000**	**€ 50.500**

$$\text{Maschinenstundensatz} = \frac{\text{Maschinenabhängige Gemeinkosten}}{\text{Geleistete Maschinenstunden}} = \frac{138.000\ €}{1.500\ \text{Maschinenstunden}}$$

$$= 92\ €/\text{Maschinenstunde}$$

$$\text{Restfertigungsgemeinkostenzuschlag} = \frac{\text{Restfertigungsgemeinkosten}}{\text{Fertigungslöhne}} = \frac{50.500\ €}{55.000\ €} = 92\ \%$$

Die Fertigungskostenstelle benötigt für die Herstellung eines Paar Inline-Skates 0,5 Maschinenstunden und für die Schlittschuhe 0,45 Maschinenstunden. Die Stückfertigungslöhne betragen für die Inline-Skates 45 € und für die Schlittschuhe 50 €.

Gerätetyp	Inline-Skates	Schlittschuhe
Fertigungslöhne	€ 45,00	€ 50,00
Maschinenabhängige Gemeinkosten	€ 46,00	€ 41,40
Restfertigungsgemeinkosten	€ 41,40	€ 46,00
Fertigungskosten	**€ 132,40**	**€ 137,40**

(5) Kalkulation von Kuppelprodukten

Bei der Kuppelproduktion, z. B. in der Chemieindustrie bei der Herstellung von Gas durch Kohle, entstehen mehrere verschiedenartige, nicht erwünschte Nebenprodukte. Es lassen sich oft die Herstellungskosten nicht verursachungsgerecht auf die Kuppelprodukte verrechnen. Deshalb wurden speziellere Kalkulationsverfahren entwickelt.

Beispiel:

Ein Chemieunternehmen stellt in einem Kuppelproduktionsprozess die drei Produkte A, B und C her, die insgesamt 100.000 € an Kosten verursachen.

Kuppel-produkt	Produktionsmenge in kg	Marktpreis in €/kg
A	5.000	10
B	2.000	15
C	1.000	5

Kuppel-Produkt	Produktions-menge in kg	ÄZ	Rechen-einheiten	Gesamtkosten in €	Kosten in €/kg
A	5.000	1,0	5.000	58.853,53	11,76
B	2.000	1,5	3.000	35.294,12	17,65
C	1.000	0,5	500	5.882,35	5,88
Summe			8.500	€ 100.000	

2.2.3.2 Die Kostenträgerzeitrechnung

Die **Kostenträgerzeitrechnung** erfasst sowohl die angefallenen Kosten als auch die Erlöse eines bestimmten Zeitabschnitts. Zu ihren Aufgaben gehören die Selbstkostenermittlung einer Abrechnungsperiode, die Ermittlung des Anteils der verschiedenen Erzeugnisgruppen an den Gesamtkosten und am Gesamtergebnis eines Zeitabschnitts, die Abstimmung mit der Buchhaltung, die Wirtschaftlichkeitskontrolle der Erzeugnisgruppen und die Einleitung kostensenkender Maßnahmen sowie die kurzfristige Erfolgsrechnung. Die kurzfristige Erfolgsrechnung erfolgt meist monatlich und ermöglicht die Zurechnung der produktionsfaktorbezogenen Kosten auf einzelne Erzeugnisse oder Erzeugnisgruppen.

Weiterhin ermöglicht sie die Auswertung des Erfolges nach verschiedenen Kriterien wie z.B. nach Fertigungsbereichen, Absatzwegen, Kundengruppen, Absatzgebieten. Durch den zeitnahen, differenzierten Einblick in die Entwicklung der Kosten und Erlöse stellt sie eine wichtige Entscheidungsgrundlage im Unternehmen dar. Bedingt durch ihre Kurzfristigkeit treten allerdings Probleme der Abgrenzung auf, da z. B. Erzeugnisse nicht in der Abrechnungsperiode abgesetzt werden, in der sie gefertigt wurden oder Erzeugnisse in der Abrechnungsperiode abgesetzt werden, die in einer früheren Periode hergestellt wurden. Die Abgrenzung erfordert daher eine einheitliche Bezugsbasis.

Man unterscheidet zwei **Arten** der **Kostenträgerzeitrechnung**:

- das Gesamt- und
- das Umsatzkostenverfahren.

Hinsichtlich der Ergebnisse sind beide Verfahren gleich.

(1) Gesamtkostenverfahren

Beim **Gesamtkostenverfahren** werden alle Kosten einer Rechnungsperiode allen betrieblichen Erträgen gegenübergestellt. Auch die Lagerzu- und Lagerabgänge werden hier berücksichtigt. Es wird angewendet, um den jährlichen Periodenerfolg des Unternehmens unter Berücksichtigung der Bestandsveränderungen an fertigen und unfertigen

Erzeugnissen sowie anderer aktivierter Eigenleistungen zu ermitteln und bedarf keiner Kostenstellen- oder Kostenträgerrechnung. Die Ermittlung des Betriebserfolges kann mathematisch, buchhalterisch oder über ein Kostenträgerzeitblatt erfolgen. Letzteres basiert auf dem Schema der differenzierenden Zuschlagskalkulation und kann in Weiterführung des BAB tabellarisch das Ergebnis ermitteln.

Gesamtkostenverfahren
Vereinfachte Darstellung in Anlehnung an § 275 HGB
Umsatzerlöse bereinigt um Erlösschmälerung   +/− Bestandsveränderungen an un- und fertigen Erzeugnissen   + Andere aktivierte Eigenleistungen
= Gesamtleistungen   − Betriebliche Aufwendungen
= **Betriebsergebnis**

Abb. 10: Vereinfachte Darstellung des Gesamtkostenverfahrens

Das Gesamtkostenverfahren ist einfach aufgebaut und problemlos in das System der doppelten Buchführung zu integrieren. Bei Mehrprodukt-Unternehmen kann es jedoch nicht angewendet werden und setzt bei Unternehmen mit mehreren Fertigungsstufen eine aufwendige Inventur der fertigen und unfertigen Erzeugnisse voraus.

(2) Umsatzkostenverfahren

Beim **Umsatzkostenverfahren** werden sämtliche in einer Periode erwirtschafteten Erträge den in dieser Periode angefallenen Aufwendungen gegenübergestellt. Lagerzu- und Lagerabgänge werden nicht berücksichtigt. Beim Umsatzkostenverfahren werden nur die tatsächlichen Umsatzerlöse den dafür notwendigen Aufwendungen gegenübergestellt.

Das Umsatzkostenverfahren sollte als Artikelerfolgsrechnung erfolgen. Es setzt die Existenz einer qualifizierten Kostenrechnung voraus und berücksichtigt keine Bestandsveränderungen. Auch hier kann das Ergebnis mathematisch, buchhalterisch oder über ein Kostenträgerblatt ermittelt werden.

Umsatzkostenverfahren
Vereinfachte Darstellung in Anlehnung an § 275 HGB
Umsatzerlöse (bereinigt um Erlösschmälerungen)   − Herstellungskosten der abgesetzten Leistungen
= Bruttoergebnis vom Umsatz   − Vertriebskosten   − Allgemeine Verwaltungskosten   − Sonstige betriebliche Aufwendungen
= **Betriebsergebnis**

Abb. 11: Vereinfachte Darstellung des Umsatzkostenverfahrens

Das Umsatzkostenverfahren bedarf einer recht aufwendigen Kostenstellen- und Kostenträgerstückrechnung, ist bei Anwendung des IKR allerdings problemlos einzusetzen, bei Anwendung des GKR dagegen nicht empfehlenswert.

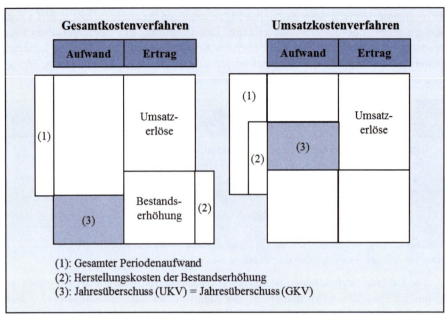

Abb. 12: Gegenüberstellung Gesamtkostenverfahren – Umsatzkostenverfahren

2.2.3.3 Break-Even-Analyse

Die Gewinnschwellenanalyse wird auch als Break-Even-Analyse bezeichnet. Die folgende Abbildung zeigt die Beziehungen zwischen den Kosten bzw. dem Gewinn und der Absatzmenge:

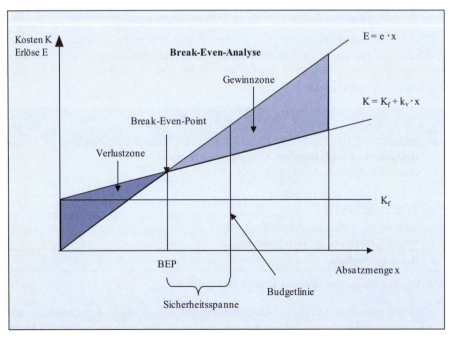

Abb. 13: Beziehungen zwischen Kosten, Gewinn und Absatzmenge; Break-Even-Point

Die Gewinnschwelle, auch **Break-Even-Point** genannt, ist der Punkt, in dem die Kosten gleich den Erlösen sind. Die gesamten Kosten werden hier durch die gesamten Erlöse gerade noch abgedeckt. Gleichzeitig ist die Gewinnschwellenanalyse auch bei der Planung des Gewinns hilfreich. Abb. 13 zeigt hierzu auch die Gewinn- und Verlustzone.

Die **Break-Even-Analyse** bietet einen Überblick zu folgenden wichtigen Fragestellungen:

- Bei welcher Kapazitätsauslastung geraten die einzelnen Produkte des Unternehmens in die „roten Zahlen"?
- Welche Gewinnchancen sind bei einer erstrebenswerten Vollauslastung der Produktionskapazitäten zu erwarten?
- Welche Auswirkungen haben Absatzschwankungen auf den Gewinn der Produkte?
- Wo beginnt die Gefahr von Kassenverlusten, das heißt bei welchem Beschäftigungsgrad werden z. B. die Abschreibungen nicht mehr verdient?
- Wo liegen bei den einzelnen Produkten die wichtigsten Ansatzpunkte für rentabilitätssteigernde Maßnahmen?

2.3 Systeme der Teilkostenrechnung

Die Deckungsbeitragsrechnung (DB-Rechnung) ist ein Kostenrechnungssystem auf Teilkostenbasis und trennt die Kosten in ihre fixen und variablen Bestandteile. Sie tritt als einstufige DB-Rechnung, auch Direct Costing genannt, als mehrstufige DB-Rechnung und als DB-Rechnung mit relativen Einzelkosten auf.

Inzwischen sind eine Vielzahl von Kostenrechnungssystemen auf Teilkostenbasis entwickelt worden. Die bekanntesten sind:

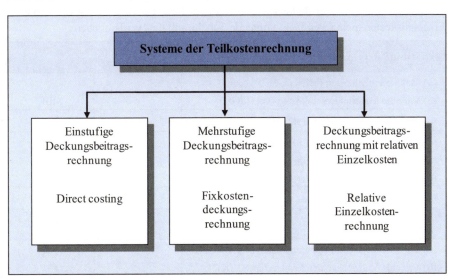

Abb. 14: Kostenrechnungssysteme auf Teilkostenbasis

Voraussetzung für die Darstellung der Kostenrechnungssysteme auf Teilkostenbasis ist die Einteilung in variable und fixe Kosten:

- Die **variablen Kosten** sind in ihrer Höhe abhängig von den Veränderungen der betrachteten Kosteneinflussgröße. Es sind Leistungskosten wie die Einzelmaterialkosten und die Fertigungslöhne.

- **Fixe Kosten** fallen unabhängig davon an. Bereitschafts- oder Periodenkosten wie Zinsen und Mieten sind typische fixe Kosten.

2.3.1 Einstufige Deckungsbeitragsrechnung

Die einstufige Deckungsbeitragsrechnung, die in den USA entwickelt wurde, wird auch als **Direct Costing** bezeichnet. Bei diesem Kostenrechnungssystem wird zwischen variablen und fixen Kosten unterschieden. Auf die Verrechnung fixer Kosten auf die Kostenträger wird hierbei verzichtet.

	Erfolgsermittlung				
	Produkte	**A**	**B**	**C**	**D**
	Nettoumsatzerlöse	13	12	10	11
–	Variable Erzeugniskosten	7	7	6	4
=	**Deckungsbeitrag**	+6	+5	+4	+7
–	Fixe Kosten	(5)	(4)	(4)	(8)
=	**Netto-Erfolg**	+1	+1	0	–1

Abb. 15: Retrograde Erfolgsermittlung der einstufigen Deckungsbeitragsrechnung:

Die Berechnung des Nettoerfolges ist, wie die Abbildung 15 zeigt, einfach und ohne großen Aufwand möglich. Jedoch ist die Herkunft bzw. die Berechnung der variablen Erzeugniskosten nicht so einfach. Folgende Tabelle soll dies verdeutlichen.

Ermittlung der variablen Erzeugniskosten		
(1) Materialeinzelkosten (MEK)		MEK
(2) Variable Materialgemeinkosten (var. MGK)		
(3) Variable Materialkosten (var. MK)	(1+2)	
(4) Fertigungseinzelkosten (FEK)		FEK
(5) Variable Fertigungsgemeinkosten (var. FGK)		
(6) Sondereinzelkosten der Fertigung (SEF)		
(7) Variable Fertigungskosten (var. FK)	(4+5+6)	
(8) Variable Herstellkosten (variable HK)	(3+7)	
(9) Variable Verwaltungsgemeinkosten (var.VwGK)		HK
(10) Variable Vertriebsgemeinkosten (var.VtGK)		HK
(11) Sondereinzelkosten des Vertriebs (SEVt)		
(12) Variable Plan-Selbstkosten (variable SK)	(8+9+10+11)	

Abb. 16: Ermittlung der variablen Erzeugniskosten

Die Deckungsbeitragsrechnung ist ein wichtiges Steuerungsinstrument für kurzfristige Entscheidungen, welche im Rahmen von nicht veränderbaren Kapazitäten zu treffen sind.

(a) Optimierung des kurzfristigen Produktionsprogramms

Bei den meisten Unternehmen handelt es sich um Mehrprodukt-Unternehmen mit einem bestimmten Produktionsprogramm. Ein optimales Produktionsprogramm zeichnet sich dadurch aus, dass es einen möglichst hohen Deckungsbeitrag/Gewinn erzielt, wobei auch andere Ziele von kostenrechnerischer Bedeutung sein können. Das Produkt D in der Abbildung 15 ist das förderungswürdigste Produkt im Rahmen konstanter Kapazitäten, da es den höchsten Deckungsbeitrag ergibt.

(b) Ermittlung der kurzfristigen Preisuntergrenze

Die Ermittlung von Preisuntergrenzen ist für ein Unternehmen immer dann wichtig, wenn es den Angebotspreis ermitteln will, den das Unternehmen als Nettoverkaufspreis mindestens fordern muss, um überleben zu können.

> Kurzfristige (absolute) Preisuntergrenze: Preis (p) $\geq$ variablen Stückkosten (k_v)

Für das Produkt D in der Abbildung 15 sind die variablen Erzeugniskosten in Höhe von 4 GE die kurzfristige Preisuntergrenze. Erst wenn diese Preisuntergrenze unterschritten wird, sind die zusätzlichen Erlöse geringer als die zusätzlich entstandenen Kosten.

Langfristig ist es jedoch unabdingbar, dass alle anfallenden Kosten durch die am Markt erzielbaren Erlöse mindestens gedeckt werden.

> Langfristige Preisuntergrenze: Preis (p) $\geq$ gesamte Stückkosten (k) + K_{fix}

(c) Entscheidung über Zusatzaufträge

Unter Zusatzaufträgen werden diejenigen Aufträge verstanden, die ein Unternehmen annimmt, wenn es kapazitätsmäßig nicht ausgelastet ist. Zusatzaufträge können zu Preisen angenommen werden, die unterhalb der Selbstkosten liegen, da die fixen Kosten bereits durch die Erlöse der laufenden Produktion gedeckt sind, der Zusatzauftrag somit nur noch variable Kosten verursacht.

(d) Bestimmung des optimalen Produktionsverfahrens

Jedes Unternehmen ist stets auf der Suche nach den optimalen Produktionsverfahren, da hierdurch erst die Möglichkeit besteht, so kostengünstig wie möglich zu produzieren. Das Auswahlproblem ist hier die Fragestellung. Es werden die Kosten von alternativen Produktionsverfahren (Produktionsanlagen) verglichen. Die Produktionsanlage mit den geringsten variablen Kosten ist somit die günstigere Alternative, da die fixen Kosten nicht zu berücksichtigen sind. Die Betrachtung gilt jedoch nur, wenn beide Verfahren bereits im Unternehmen vorhanden sind. Handelt es sich um eine Neuanschaffung, sind die Selbstkosten der beiden Anlagen die Ausgangsbasis für einen Vergleich.

(e) Entscheidungen über Eigenfertigung / Fremdbezug (make-or-buy)

Hier geht es um die Feststellung, ob es günstiger ist ein Produkt selbst herzustellen oder es von einem Zulieferer zu beziehen. Auch hier sind neben den kostenrechnerischen Zielen qualitative Entscheidungskriterien, wie z.B. die Abhängigkeit von Lieferanten oder die Schaffung eines hohen Personalbedarfs von Wichtigkeit.

2.3.2 Mehrstufige Deckungsbeitragsrechnung

Ein wesentlicher Nachteil der einstufigen Deckungsbeitragsrechnung ist, dass den Fixkosten als den kurzfristig nicht beeinflussbaren Kosten relativ wenig Beachtung geschenkt wird und diese nur als Gesamtblock in das Betriebsergebnis übernommen werden. Für eine aktive Steuerung ist es deshalb erforderlich, auch diesen Bereich aufzuspalten. Der Grundgedanke der Fixkostenrechnung besteht darin, die anfallenden Fixkosten möglichst exakt den einzelnen Erzeugnissen zuzurechnen, ohne aber mit Verteilungsschlüsseln zu operieren.

Die **mehrstufige Deckungsbeitragsrechnung** wird auch als **Fixkostendeckungsrechnung** bezeichnet. Dabei werden nur die direkten Erzeugniskosten, d.h. die variablen Fertigungskosten, auf die Leistungseinheiten verrechnet. Weiterhin wird versucht, den sonst vorhandenen Fixkostenblock zu differenzieren. Die Fixkosten werden hierbei den Erzeugnissen, Erzeugnisgruppen, Kostenstellen und Kostenbereichen zugeordnet, soweit dies ohne Schlüsselung möglich ist. Der Teil der Fixkosten, der nicht weiter aufgeteilt werden kann, wird als unternehmensbezogener Fixkostenanteil bezeichnet.

Das **Netto-Ergebnis** ermittelt sich aus der **mehrstufigen Deckungsbeitragsrechnung**:

	Bruttoerlös
–	Erlösschmälerungen
=	Nettoerlös
–	Variable Erzeugniskosten
=	**Bruttoergebnis**
=	**Deckungsbeitrag I**
–	Erzeugnisfixkosten
=	**Deckungsbeitrag II**
–	Kostenstellenfixkosten
=	**Deckungsbeitrag III**
–	Bereichsfixkosten
=	**Deckungsbeitrag IV**
–	Unternehmensfixkosten
=	**Netto-Ergebnis**

Abb. 17: Mehrstufige Deckungsbeitragsrechnung

Die **Erzeugnisfixkosten** (Produktfixkosten) werden zugerechnet, wenn sie nur durch ein ganz bestimmtes Erzeugnis (Produkt) verursacht werden. Beispiele sind:
- Forschungs- und Entwicklungskosten
- **Erzeugnisbezogene** Werbungskosten, Forschungs- und Entwicklungskosten oder spezielle Werkzeugkosten, die nur für ein bestimmtes Produkt aufgewendet werden.

In die **Stellenfixkosten** beziehungsweise Bereichsfixkosten (Zusammenfassung mehrere Kostenstellen) fließt der Teil der Fixkosten ein, der eindeutig den Einzelergebnissen des Unternehmens zugeordnet werden kann. Hierzu zählt beispielsweise die Kostenabschreibung einer Kostenstelle. Das gleiche gilt für die Bereichsfixkosten als Zusammenfassung mehrerer Kostenstellen.

Die restlichen Gemeinkosten sind die **Unternehmensfixkosten**, die keinem Bereich eindeutig zugeordnet werden können. Hierzu zählen zum Beispiel die Steuern oder die Verwaltungskosten des Gesamtunternehmens.

Die Fixkosten können entsprechend der Betriebsgröße, der Organisationsstruktur und der gewünschten Genauigkeit unternehmensabhängig untergliedert werden. Die Deckungsbeiträge zwei, drei und vier sind für die Produktionsplanung von großer Bedeutung, da sie einen Einblick in die abbaubaren Fixkosten geben.

Zweckmäßig ist eine **mehrstufige Deckungsbeitragsrechnung** dann, wenn für die einzelnen Erzeugnisse, Kostenstellen und Bereiche, Verantwortlichkeiten organisatorisch festgelegt werden. Die betreffenden Führungskräfte beziehungsweise Mitarbeiter sind dann dafür verantwortlich, dass der geplante Deckungsbeitrag ihres Unternehmensteils erreicht wird.

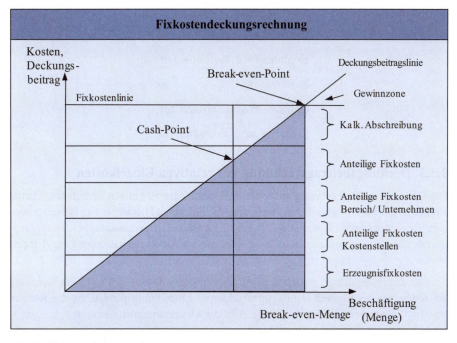

Abb. 18: Fixkostendeckungsrechnung

Die Abbildung 18 zeigt die Auswirkungen der Fixkostendifferenzierung. Durch die getrennte Darstellung der fixen kalkulatorischen Abschreibung wird eine zusätzliche aussagekräftige Größe, der **Cash Point** ermittelt, um zwischen ausgabenwirksamen und nichtausgabenwirksamen Kosten unterscheiden zu können.

Die Verbesserung der Deckungsbeiträge pro Stück führt zu einer steileren **Deckungsbeitragslinie**. Dies ist zum Beispiel möglich durch eine Anhebung der Verkaufspreise oder eine Senkung der variablen Stückkosten durch Rationalisierungsmaßnahmen.

Eine Senkung der Fixkosten bedeutet häufig Eingriffe bei den Personalkosten, da diese einen hohen Anteil der Fixkosten beinhalten. Typische Ansatzpunkte gegen ein steigendes Fixkostenniveau sind auch Maßnahmen zur Verbesserung der Fertigungstiefe (Outsourcing). Eine Absatzsteigerung führt ebenfalls zu einer Erhöhung der Deckungsbeiträge und damit letztlich auch zu einer Gewinnsteigerung.

Zu beachten ist allerdings die **Kapazitätsgrenze**, bei deren Überschreiten eine sprunghafte Fixkostenerhöhung (Stufenfixkosten) zu erwarten ist. Neben diesen Strategien müssen auch Defensivstrategien überlegt werden. Dabei sollte man beachten:

- Eine rasche und kurzfristige Stilllegung führt zu einer Verringerung der Deckungsbeiträge und damit einer Vergrößerung der Verluste.
- Ein Rückzug sollte möglichst mit einem konsequenten Fixkostenabbau beginnen, um eine übermäßige Ergebnisbelastung zu vermeiden.

Die mehrstufige Deckungsbeitragsrechnung ist wie die einstufige Deckungsbeitragsrechnung für folgende Anwendungsgebiete geeignet:

- Break-Even-Analyse,
- Ermittlung von Preisuntergrenzen,
- Zusatzaufträge,
- Optimale Produktionsverfahren,
- Eigenfertigung/ Fremdbezug.

2.3.3 Deckungsbeitragsrechnung mit relativen Einzelkosten

Die Deckungsbeitragsrechnung mit relativen Einzelkosten ist ein von Riebel entwickeltes Verfahren der kurzfristigen Erfolgsrechnung. Es bildet eine Hierarchie von Bezugsgrößen oder Bezugsobjekten (Kostenstelle, Bereich, Erzeugnis, Erzeugnisgruppe). Je umfangreicher das Bezugsobjekt wird, umso größer ist der Anteil der zurechenbaren Einzelkosten.

„Die Zusammenhänge zwischen den Bezugsobjekten lassen sich in einem Netzwerk darstellen, das aus Klassen von Bezugsobjekten und Beziehungen zwischen den Klassen besteht."[5] Ganz oben in der Hierarchie steht die Gesamtunternehmung; den Ausgangspunkt bilden die Produktions- und Absatzmengenquanten.

---

[5] Küpper, H. U./Weber, J.: Grundbegriffe des Controllings, Stuttgart 1995, S. 99.

2. Die Kosten- und Leistungsrechnung

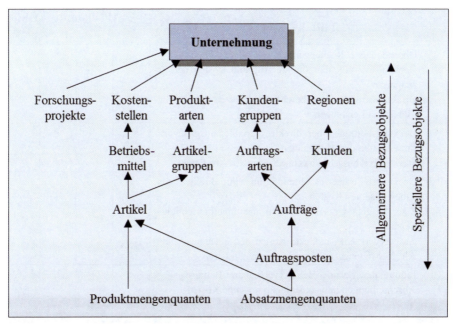

Abb. 19: Beispiel für ein Bezugsobjektnetzwerk, das die wichtigsten Bezugsobjekte enthält

Der Rechengang für die Deckungsbeitragsrechnung mit Einzelkosten ist in der folgenden Abbildung dargestellt.[6]

1. Rechengang	Erzeugnisse			Σ
	A	B	usw.	
Umsatz zu Listenpreisen − Rabatte				

= Netto-Umsatz
− Preisabhängige direkte Kosten z. B.
    Verkaufsprovision
    Umsatzsteuer
    Lizenzen
    Skonti				

= Reduzierter Netto-Erlös I − Fracht und Verpackung				
= Reduzierter Netto-Erlös II − Direkte, variable Stoffkosten				
= Veredlungsbeitrag − Variable Arbeitskosten				
= Deckungsbeitrag über direkte, variable Kosten der Erzeugnisse				

---

[6] Vgl. Däumler, K.-D./Grabe, J.: Kostenrechnung 2: Deckungsbeitragsrechnung, 8. Aufl., Herne/Berlin 2006, S. 46.

2. Rechengang	Abteilung			Σ
	A	B	usw.	
∑ Übertrag aus 1. Rechengang Deckungsbeitrag über direkte, variable Kosten der Erzeugnisse − Direkte, variable, ausgabewirksame Kosten der innerbetrieblichen Leistungen				
= Deckungsbeiträge über direkte, variable, ausgabewirksame Kosten der Abteilungen − Direkte, fixe, ausgabewirksame Kosten der Abteilung				
= Deckungsbeiträge der Abteilung über ihre direkten, ausgabewirksamen Kosten − Fixe, ausgabewirksame Kosten der innerbetrieblichen Leistung − Ausgabewirksame, indirekte Kosten der Abteilungen (einschl. Verwaltungs- und Vertriebsgemeinkosten)				
= Liquiditätswirksamer Betrag (verfügbarer Betrag) − Abschreibungen und sonst. nichtwirksame Kosten				
= **Netto-Erfolg**				

Abb. 20: Periodendeckungsbeitrag 1. und 2. Rechengang nach Riebel

Der praktische Einsatz dieses Verfahrens ist schwierig, da Riebel von „der üblichen Terminologie"[7] abweicht, wie z.B. den Begriffen fix und variabel oder den Einzel- und Gemeinkosten einen anderen Inhalt zuweist. Weiterhin werden der Kostenrechnung finanzplanerische und investitionsrechnerische Fragen übertragen. Die von P. Riebel vorgeschlagene 'Einzelkosten- und Deckungsbeitragsrechnung' hat die wissenschaftliche Diskussion über die Grenzkosten- und Deckungsbeitragsrechnung zwar bereichert, sie kommt aber für die praktische Anwendung kaum in Frage.

2.4 Kostenrechnungssysteme

Kostenrechnungssysteme lassen sich entsprechend den bisherigen Ausführungen differenzieren in Kostenrechnungssysteme auf Voll- und Teilkostenbasis. Die Grundidee dieser Differenzierung ist es, einem Kostenträger nicht alle fixen Gemeinkosten-Anteile zuzuordnen, da diese nicht unmittelbar durch einzelne Leistungen verursacht werden. Den Kostenträgern sollen nur leistungsverursachte Kosten, also variable Kosten, zugerechnet werden, während es sich bei den übrigen Kosten um fixe Kosten handelt, die dem Kostenträger nicht entsprechend der Verursachung zugeordnet werden können. Diese Kosten fließen im Rahmen der Teilkostenrechnung als Fixkostenblock in das Ergebnis ein.

Nach der Art, wie das Mengen- und Preisgerüst ermittelt wird, können die Verfahren der Voll- und Teilkostenrechnung auf der Basis von:

- Istkosten − Normalkosten − Plankosten

durchgeführt werden.

---

[7] Däumler, K.-D./Grabe, J.: Kostenrechnung 2: Deckungsbeitragsrechnung, a.a.O., S. 48.

- **Istkosten** lassen sich erst dann erfassen, wenn der leistungsbezogene Güterverbrauch bereits stattgefunden hat. Sie sind die tatsächlich angefallenen Kosten.
- **Normalkosten** stellen in ihren Mengen- und/oder Wertkomponenten auf den Kostenanfall ab, mit dem normalerweise zu rechnen ist. Sie sind Durchschnittsgrößen, die sich aus den Aufzeichnungen der Vergangenheit ergeben.
- **Plankosten** sind dagegen erwartete, angestrebte und vorgegebene Kosten, die zu schätzen und festzulegen sind, bevor Kostengüter verbraucht werden.

Dadurch ergeben sich folgende Merkmalskombinationen als Grundschema der Kostenrechnungssysteme:

Ausmaß der Kostenverrechnung	Zeitbezug der Kostengrößen		
	Vergangenheitsorientiert		Zukunftsorientiert
	Istkosten	**Normalkosten**	**Plankosten**
Verrechnung der „vollen" Kosten auf die Kalkulationsobjekte, insbesondere Kostenträger	Vollkostenrechnung auf Istkostenbasis	Vollkostenrechnung auf Normalkostenbasis	Vollkostenrechnung auf Plankostenbasis
Verrechnung nur bestimmter Kategorien von Kosten auf die Kalkulationsobjekte, insbesondere Kostenträger	Teilkostenrechnung auf Istkostenbasis	Teilkostenrechnung auf Normalkostenbasis	Teilkostenrechnung auf Plankostenbasis

Abb. 21: Grundschema der Kostenrechnungssysteme

Von den vergangenheitsorientierten Systemen der **Ist- und Normalkostenrechnung** werden nur bereits angefallene Kosten und entstandene Leistungen erfasst und ausgewiesen. **Plankostenrechnungssysteme** hingegen zeigen für die Zukunft angestrebte oder erwartete Größen und stellen diese nach Ablauf der Periode den realisierten Größen in einem Soll-Ist-Vergleich gegenüber. Jede Plankostenrechnung schließt zugleich zwingend eine Istkostenrechnung mit ein.

Welches Kombinationssystem sich für bestimmte Aufgaben am besten eignet, zeigt die folgende Abbildung:

Aufgabe	Kombinationssystem
Kurzfristige Erfolgsrechnung	Istkostenrechnung auf Vollkosten-Basis oder Istkostenrechnung auf Teilkosten-Basis
Wirtschaftlichkeitskontrolle	Istkostenrechnung auf Voll-/Teilkosten-Basis oder Plankostenrechnung auf Voll-/Teilkosten-Basis
Unternehmensentscheidungen	Plankostenrechnung auf Teilkosten-Basis
Bereitstellung von Zahlenmaterial für die Bilanzierung	Plankostenrechnung auf Vollkosten-Basis

Abb. 22: Eignung der Kombinationssysteme für bestimmte Aufgaben

2.4.1 Die Istkostenrechnung

Bei der Istkostenrechnung handelt es sich um den Urtyp der Kostenrechnungssysteme. Sie erfasst die tatsächlich angefallenen Kosten der vergangenen Periode und verrechnet sie auf die erstellten und verkauften Produkteinheiten der entsprechenden Periode ohne Korrekturen vorzunehmen. Die Istkostenrechnung hat das Bestreben, mit Ist-Werten zu arbeiten und ist für die Nachkalkulation anwendbar. Als Kontrollinstrument ist sie unbrauchbar, da keine Soll-Werte für Vergleichszwecke zur Verfügung stehen, lediglich der Zeit- und der Branchenvergleich ist möglich. Auch als Steuerungsinstrument ist sie nicht einsatzfähig, da kurzfristige Preisuntergrenzen und Deckungsbeiträge einzelner Kostenträger nicht ermittelt werden können.

2.4.2 Die Normalkostenrechnung

Die **Normalkostenrechnung** arbeitet mit Normalkosten, die in Form von Durchschnittswerten errechnet werden. Dabei kann es sich um statistische Mittelwerte handeln, die aus Istwerten der Vergangenheit gebildet werden und günstige und ungünstige Werte berücksichtigen. Die Durchschnittswerte können aber auch aus aktualisierten oder normalisierten Mittelwerten bestehen. Dabei werden inzwischen eingetretene Veränderungen der Kosteneinflussfaktoren berücksichtigt, während Zufallsschwankungen außen vor bleiben.

> Die Normalkostenrechnung kann mit festen Verrechnungspreisen, normalisierten Kostensätzen und/oder Kalkulationssätzen sowie als starre oder flexible Normalkostenrechnung durchgeführt werden.

Bei Anwendung der flexiblen Normalkostenrechnung werden die Kosten in fixe und variable Bestandteile aufgelöst und Einzelkostenplanungen intensiviert und verbessert. Ein weiterer Vorteil ist die Berücksichtigung von Beschäftigungsabweichungen. Gegenüber der Istkostenrechnung hat sie allgemein den Vorteil der beschleunigten Abrechnung und der teilweisen Ausschaltung von Zufallsschwankungen aufgrund von Durchschnittsbildungen. Dennoch ist sie für die wirksame Kostenkontrolle nicht einsatzfähig, da ein Vergleich mit Vergangenheitswerten stattfindet.

2.4.3 Die Plankostenrechnung

Bei der **Plankostenrechnung** handelt es sich um die gezielte Weiterentwicklung der Normalkostenrechnung. Sie sollte in die Gesamtplanung des Unternehmens integriert werden. Bei ihr besteht sowohl das Mengen- oder Zeitgerüst als auch die Wertansätze aus geplanten Größen. Ein wesentliches Merkmal der Plankostenrechnung ist die Festlegung geplanter Kostenbeträge für Einzelkosten und für die über die Kostenstellen verrechneten Kosten bezüglich eines Planungszeitraumes, unabhängig von den Istkosten vorheriger Perioden. Hauptzweck der Plankostenrechnung ist der Soll-Ist-Vergleich als Gegenüberstellung der geplanten und tatsächlichen Kosten.

Durch die Kontrolle und Analyse der auftretenden Abweichungen, die in Preis-, Verbrauchs- und Beschäftigungsabweichungen unterschieden werden, kann die Kostenentwicklung überwacht und gesteuert werden. Die Plankostenrechnung tritt als starre oder flexible Plankostenrechnung auf. Letztere kann auf Vollkosten basieren oder als Grenzplankostenrechnung auftreten.

(1) Die starre Plankostenrechnung

Im Rahmen der Plankostenrechnung erfolgt die Planung der Kostenstellenkosten über die nachfolgend beschriebenen Stufen, wobei die Vorgehensweise bei all ihren Ausprägungen ähnlich ist:

- Festlegung einer Bezugsgröße der Kostenverursachung, z. B. Maschinenstunden
- Festlegung der voraussichtlichen, durchschnittlichen Planbeschäftigung und Quantifizierung durch eine Planbezugsgrößenmenge
- Ermittlung des mengenmäßigen Verbrauchs an Produktionsfaktoren über Verbrauchsanalysen, Berechnungen und Schätzungen zur Realisierung der Planbezugsgrößenmenge
- Bewertung der geplanten Verbrauchsmengen und Arbeitszeiten mit geplanten Festpreisen und Lohnsätzen für die Ermittlung des Plankostenbetrages jeder Kostenart einer Kostenstelle. Die Summe aller Plankostenbeträge einer Kostenstelle ins Verhältnis zur Planbezugsgröße gesetzt, ergibt den Plankostenverrechnungssatz je Kostenstelle, welcher Grundlage für die Plankalkulation ist
- Erstellung von Plankalkulationen für alle Erzeugnisse eines Unternehmens

Die Plankostenrechnung durchbricht das Prinzip der Kostenüberwälzung der Istkostenrechnung und weist neben Preis-, Tarif- und Einzelmaterialabweichungen auch Kostenstellenabweichungen aus.

Bei der **starren Plankostenrechnung** ist eine wirksame Kostenkontrolle dennoch nicht möglich, da die Abhängigkeit der Kosten vom Beschäftigungsgrad nicht berücksichtigt wird. Anpassungen können nur über Schätzwerte vorgenommen werden. Trotzdem schafft sie die Voraussetzungen für die Durchführung von laufenden Kostenkontrollen.

Die Handhabung der laufenden Abrechnung im System der starren Plankostenrechnung ist relativ einfach. Eine Kostenauflösung wird nicht vorgenommen.

(2) Die flexible Plankostenrechnung

Mit Hilfe der Kostenauflösung, wobei eine Aufteilung der Kosten in fixe und variable Bestandteile erfolgt, wurde ein Übergang zur flexiblen Plankostenrechnung geschaffen.[8] Anstatt der festen Beträge werden Kostenfunktionen vorgegeben, die das Verhalten der Kosten in Abhängigkeit von der Beschäftigung widerspiegeln sollen. Die daraus resultierenden Beträge sind sogenannte Sollkosten.

Die flexible Plankostenrechnung tritt auf als:

- **Flexible Plankostenrechnung auf Vollkostenbasis** und als
- **Grenzplankostenrechnung**

---

[8] Zur Auflösung von Mischkosten, also Kosten, die sich aus fixen und variablen Bestandteilen zusammensetzen und nicht eindeutig fix oder variabel sind, gibt es diverse Methoden der Kostenauflösung wie buchtechnisch-statistische Methode, Differenzen-Quotienten-Methode, Streubild-Methode, Methode der Reihenhälften, Methode der kleinsten Quadrate und Methode der Regressionsrechnung.

(a) Die flexible Plankostenrechnung auf Vollkostenbasis

Die **flexible Plankostenrechnung** auf Vollkostenbasis unterstellt eine Proportionalität der variablen Kosten zur Bezugsgröße und bei den fixen Kosten keine Kostensprünge. Auch hier werden, diesmal unter Berücksichtigung des jeweiligen Beschäftigungsgrades, Plankostenverrechnungssätze gebildet. Durch Anwendung dieser Verrechnungssätze in der Plankalkulation fließen die verrechneten Plankosten in die Kostenträgerrechnung ein.[9]

Durch den Vergleich der Istkosten mit den Sollkosten der Istbeschäftigung erhält man **Verbrauchsabweichungen**. Abweichungen aus Sollkosten und verrechneten Plankosten stellen **Beschäftigungsabweichungen** dar, mit deren Hilfe sich Aussagen über die Höhe der kalkulierten fixen Kosten treffen lassen.

Beschäftigungsänderungen müssen berücksichtigt werden, da der Beschäftigungsgrad Einfluss auf die Kostenstruktur nimmt. Die fixen Kosten bleiben bei allen Beschäftigungsgraden konstant, die proportionalen hingegen verändern sich.

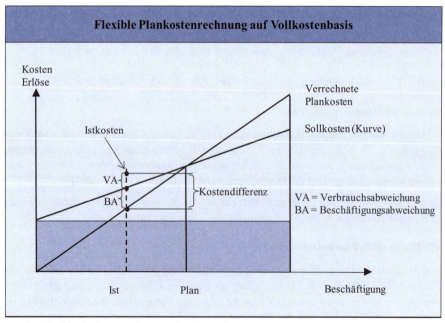

Abb. 23: Flexible Plankostenrechnung auf Vollkostenbasis

Durch die Ermittlung eines **Variators** kann die rechnerische Erfassung der Einflüsse von Beschäftigungsabweichungen auf die Plankostenvorgabe vereinfacht werden. Der Variator spiegelt – unter Annahme einer linearen Kostenfunktion – das Verhältnis fixer und variabler Kosten innerhalb der jeweiligen Kostenart wider. Er sagt aus, um wie viel Prozent sich die vorzugebenden Kosten ändern, wenn sich der Beschäftigungsgrad um beispielsweise 5 % verändert[10].

---

[9] Vgl. Kilger, W. Pampel, J./ Vikas, K.: Flexible Plankostenrechnung und Deckungsbeitragsrechnung, 12. Aufl., Wiesbaden 2007, S. 39 ff.

[10] Zu Beispielen vgl. auch Jung, H.: Arbeitsbuch Controlling, 2. Aufl., München 2014, S. 44f.

Haupteinwand gegen dieses Kostenrechnungssystem ist die Proportionalisierung der Fixkosten. Entscheidungen der kurzfristigen Planung werden durch kurzfristig variierbare Aktionsparameter wie die Produktions- und Absatzmenge beeinflusst. Langfristige Kosten, wie die fixen Kosten vorhandener Kapazitäten, sind für kurzfristige Planungen und Entscheidungen nicht relevant. Die Weiterverrechnung der fixen Kosten auf die Erzeugnisse erfolgt mit Hilfe der gleichen Bezugsgrößen, wie die der proportionalen Kosten. Somit werden die fixen Kosten proportional, nicht verursachungsgerecht, verrechnet, wodurch es bei Verwendung der Daten als Entscheidungsgrundlage zu falschen Informationen und damit zu Fehlentscheidungen kommen kann.

Dies betrifft insbesondere Entscheidungen im Absatzbereich bezüglich der Eliminierung von Verlustartikeln, Steuerung des Verkaufsprogramms, Bestimmung von Preisuntergrenzen und Verfahrenswahlentscheidungen im Produktionsbereich. Das gilt auch für den Aufbau der Erfolgsplanung und Periodenerfolgskontrolle innerhalb der kurzfristigen Erfolgsrechnung.[11]

Dennoch wird durch dieses System eine wirksame Kostenkontrolle ermöglicht. Damit verbunden ist auch eine Verbesserung der Kalkulationsgenauigkeit, da ein System stark differenzierter Bezugsgrößen verwendet wird. Die flexible Plankostenrechnung wird oft als das geeignetste Kostenrechnungssystem auf Vollkostenbasis betrachtet, nicht zuletzt, weil es die Kostenarten-, Kostenstellen- und Kostenträgerrechnung sowie Soll-Ist-Vergleiche beinhaltet.[12]

(b) Die Grenzplankostenrechnung

Die **Grenzplankostenrechnung** entspricht hinsichtlich ihres Aufbaus dem der flexiblen Plankostenrechnung auf Vollkostenbasis. Entscheidend ist die unterschiedliche Behandlung der fixen Plankosten. Die Kosten werden mit Hilfe von Kostenauflösungsverfahren in fixe und variable Bestandteile getrennt. Dadurch ist es möglich, die Fixkosten schon bei der Kostenerfassung aus der laufenden Abrechnung zu eliminieren.

> Zielsetzungen der Grenzplankostenrechnung sind die Überwachung und Steuerung der Wirtschaftlichkeit einzelner Kostenstellen und das Bereitstellen entscheidungsrelevanter Kosteninformationen zur Optimierung von Produktions- und Absatzprogrammen sowie die Auswahl der Verfahren und Make-Or-Buy-Entscheidungen.

Die **Grenzplankosten** können für alle Kostenarten einer Kostenstelle ermittelt werden. Demnach werden grundsätzlich mehrere Planbezugsgrößen unterschieden. Auf die Kostenträger, wie z.B. innerbetriebliche Leistungen und absatzbestimmte Erzeugnisse, werden nur die variablen Kosten weiterverrechnet.

Die **Fixkosten**, die ihrem Wesen nach beschäftigungsunabhängig sind, werden als Block dem Betriebsergebnis zugerechnet. Dadurch sind bei diesem Kostenrechnungssystem die variablen Sollkosten identisch mit den verrechneten Plankosten. Die Beschäftigungsabweichung entfällt hier ganz, nur eine Verbrauchsabweichung als Differenz der variablen Ist- und variablen Sollkosten kann bestimmt werden.

---

[11] Vgl. Kilger, W./Pampel, J./Vikas, K.: Flexible Plankostenrechnung und Deckungsbeitragsrechnung, a.a.O., S. 48 ff.
[12] Vgl. Olfert, K.: Kostenrechnung, a.a.O., S. 247.

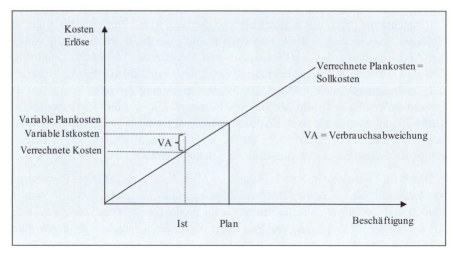

Abb. 24: Flexible Plankostenrechnung auf Teilkostenbasis

Der meist jährlich erstellte Prämissenkatalog für die **Grenzplankostenrechnung** umfasst die planmäßig während der Rechnungsperiode erwarteten Löhne, Gehälter, Durchschnittspreise für Werkstoffe sowie ein vorgegebenes Entscheidungsfeld hinsichtlich der planmäßigen Anpassung des Personalbestandes an Beschäftigungsschwankungen. Er beinhaltet weiterhin Vorabentscheidungen über den Einsatz des fertigungswirtschaftlichen Instrumentariums der Produktionsvollzugsplanung, also Bereitstellungs- und Ablaufplanung bezogen auf die Rechnungsperiode.

Prinzipiell erfüllt die **Grenzplankostenrechnung** alle Anforderungen, die an Kostenrechnungssysteme gestellt werden. Sie liefert die zu Beginn des Abschnitts erwähnten Entscheidungsgrundlagen und ermöglicht eine wirksame Kostenkontrolle.

Dennoch werden Einwände gegenüber der Anwendung von Teilkostenrechnungen in der Kostenträgerrechnung erhoben. Beispielsweise führe die Grenzplankostenrechnung nicht zu anerkannten Wertansätzen in der Handels- und Steuerbilanz hinsichtlich der Bestandsbewertung.

Da die **Handelsbilanz** die Bilanzierung zu variablen Kosten zulässt, könnte dieses Argument lediglich bezüglich der **Steuerbilanz**, die eine Vollkostenbewertung erfordert, wirksam werden. In einer Zusatzrechnung kann aber die Verteilung der Fixkosten auf die Kostenträger erfolgen. Zudem tendieren viele Unternehmen dazu, Parallelkalkulationen durchzuführen, also sowohl die Teilkosten- als auch die Vollkostenkalkulation. Für die Kalkulation öffentlicher Aufträge ist es ebenso erforderlich, eine Vollkostenkalkulation durchzuführen, zumindest wenn keine Marktpreise existieren.

Auch hierfür bietet sich die Parallelkalkulation an. Auch der Einwand, dass die Grenzkostenkalkulation eine Preissenkungsgefahr auslöst und somit Kosten langfristig ungedeckt sind, ist unberechtigt. Die Preisbildung für ein Erzeugnis geschieht am Markt aufgrund von Angebot und Nachfrage. Die Kalkulation der Kosten bestimmt nicht den Angebotspreis, sie informiert lediglich über die Preisuntergrenze für das Erzeugnis, also den gerade noch zu akzeptierenden Marktpreis.

3 Strategisches Kostenmanagement

Die **Probleme traditioneller Kostenrechnungssysteme** (Kostenarten-, Kostenstellen- und Kostenträgerrechnung) lassen sich an den folgenden zwei Punkten erklären:[13]

> 1. Zu geringe Ausrichtung auf den Markt und die Kundenbedürfnisse, die für den Markterfolg der Produkte entscheidend sind.
> 2. Mangelnde Informationsunterstützung in den frühen Phasen der Produktentwicklung, die für die Festlegung der gesamten Produktkosten entscheidend sind.

Es sind daher Instrumente erforderlich, die eine rechnerische Verbindung von den Kundenbedürfnissen bis in das Unternehmen hinein, zu den frühen Phasen der Produktentwicklung herstellen können. Die Verfahren der Zielkostenrechnung (Target Costing) und der Prozesskostenrechnung sind hierzu geeignete Instrumente.

3.1 Zielkostenmanagement (Target Costing)

In vielen Unternehmen dominiert eine unternehmensorientierte Ausrichtung des Informationssystems der Kostenrechnung. Auf absatzmarktspezifische Datenveränderungen kann nur reagiert und deren ökonomische Auswirkungen dokumentiert werden. Fehlende organisatorische Verknüpfungen mit den markt- und strategieorientierten Funktionsbereichen im Unternehmen (z.B. Strategische Planung, Marketing und Vertrieb) führen immer häufiger zu einem Zielkostenmanagement, das marktorientierte Kostenplanungs- und -gestaltungstechniken stärker in den Vordergrund stellt.

Die grundlegende Neuerung durch **Target Costing** (japanisch: **genka-kikaku**) war zunächst darin zu sehen, dass nicht mehr die Frage:

> Wie teuer ist unser Produkt?

sondern vielmehr die Problemstellung:

> Wie teuer darf unser Produkt höchstens sein, damit es wettbewerbsfähig ist?

im Vordergrund stand.

Die Lösung dieser Problemstellung verlangt, dass marktakzeptable Kostenausprägungen, d.h. die Angebotskosten der führenden Konkurrenten, in den eigenen Kostenplanungsprozess einfließen müssen. Im Sinne von Kostenfrühwarnindikatoren müssen die Zielkosten bei einer Produktinnovation bereits den Entwicklern und Konstrukteuren zur Verfügung gestellt werden.[14]

---

[13] Vgl. Binder, M.: Mit Target Costing und Prozesskostenrechnung zu kundengerechten Produkten und wettbewerbsfähigen Kosten, Eschborn 1995, S. 8.
[14] Vgl. Reichmann, T.: Controlling mit Kennzahlen und Management-Tools, a.a.O., S. 194 ff.

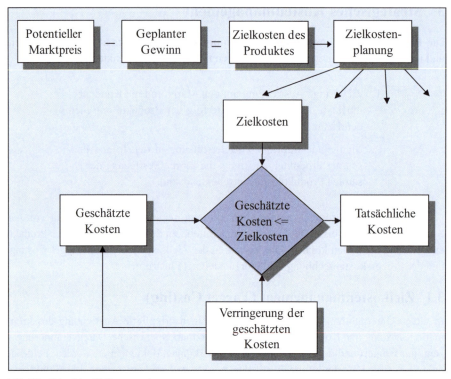

Abb. 25: Ablauf der Zielkostenrechnung

3.1.1 Methodik

Die Methodik des Target Costing besteht aus folgenden Schritten:

1. Analyse der relevanten Zielkostenvergleichsobjekte
2. Ermittlung produktbezogener Zielkosten
3. Zielkostenspaltung
4. Zielkostenmanagement
5. Kontinuierliche Ziel-/Ist-Abweichungsanalyse

Zu 1: Analyse der relevanten Zielkostenvergleichsobjekte

Soll Target Costing als durchgehendes Kostensteuerungsinstrument genutzt werden, muss man sich mit der Problematik der Auswahl und Festlegung vergleichsrelevanter Zielobjekte beschäftigen. Zielobjekte (Target Object) sind Produkte oder Dienstleistungen, die durch seine Kosten- und Leistungsmerkmale für die Zielkostenermittlung untersucht werden müssen. Zur Bestimmung von Zielobjekten hat **Fröhling** ein sog. Angebotspreis-Gegenwerts-Diagramm erarbeitet, das in folgender Abbildung leicht abgewandelt dargestellt ist.[15]

---

[15] Vgl. Fröhling, O.: Strategische Produktkostenermittlung am Beispiel der Automobilindustrie, in: KRP, 1994, S. 127 ff.

Hierbei sind fünf Produkte (A, B, C, D und E) jeweils unterschiedlicher Anbieter eingetragen, die sich im Hinblick auf den Angebotspreis unterscheiden. Durch die sogenannte Gleichgewichtslinie, die von unten links nach oben rechts verläuft, werden **faire Produkte** gekennzeichnet, die ein ausgeglichenes Preis-/Leistungsverhältnis aufweisen. Produkt E hat beispielsweise bei einem hohen Angebotspreis einen nur durchschnittlichen Gegenwert.

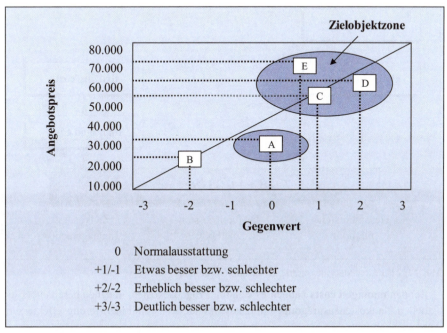

Abb. 26: Angebotspreis-Gegenwerts-Diagramm zur Bestimmung von Zielobjekten

Die Eingrenzung der Untersuchungskreise wird mit Zielobjektzonen (Target Zone) festgelegt. Im Niederpreissegment fällt das Produkt B durch die hohe, negative Leistungsabweichung nicht in die entsprechende Zielobjektzone.

Zu 2: Ermittlung produktbezogener Zielkosten

Die Ermittlung von Zielkosten erfordert ein retrogrades Kalkulationsvorgehen. Ausgehend von einem eigen- bzw. konkurrenzseitig ermittelten Angebotspreis für ein bestimmtes Produkt, wird ein eigener bzw. branchenüblicher Gewinnzuschlag subtrahiert.

Das Ergebnis stellen die sog. allowable costs dar, d.h. die vom Markt **erlaubten Kosten**. Diese **allowable costs** werden den sog. **drifting costs** gegenübergestellt, bei denen es sich um jene Produktkosten handelt, die bei der Anwendung der im Unternehmen aktuell eingesetzten Techniken erzielt werden können. Aus der Gegenüberstellung von allowable costs und drifting costs resultiert eine sog. **Target Cost GAP** (Zielkostenlücke).[16]

---

[16] Vgl. Reichmann, T.: Controlling mit Kennzahlen und Management-Tools, a.a.O., S. 198.

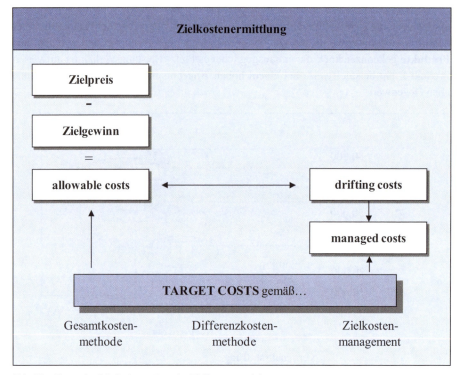

Abb. 27: Alternative Methodenansätze der Zielkostenermittlung

Bei den **managed costs** handelt es sich um Prognosekosten, in denen bereits über die aktuellen Plankostenausprägungen hinaus wirkende Kostenrationalisierungseffekte zum Ausdruck kommen.

Zu 3: Zielkostenspaltung

Aufgabe der Zielkostenspaltung ist es, die Produktzielkosten auf die Baugruppen-, Komponenten- und ggf. Teileebene zu verteilen. Grundlegende Methoden sind:

(1) Die Komponentenmethode:

Aufspaltung der Zielkosten auf einzelne Baugruppen nach Maßgabe der baugruppenbezogenen Kostenrelationen (Gewichtungsfaktoren) eines Referenzmodells (z.B. Vorgängermodell des betrachteten Modells).

(2) Die Funktionsmethode:

Sie entspricht der Komponentenmethode, wobei die Komponentengewichtungen aus einer vorgelagerten marktorientierten Funktionsanalyse ermittelt werden.

Zur Kontrolle der Angemessenheit der Baugruppenkosten im Verhältnis zur funktionalen Gewichtung findet der sog. Zielkostenindex (ZKI) Verwendung. Es handelt sich um eine Kennzahl, die das funktionsbezogene Teilgewicht einer einzelnen Produktfunktion oder einer Baugruppe (in %) und deren Kostenanteil (ebenfalls in %) gegenüberstellt. Wenn der Kostenanteil größer ist als das relative Funktionsgewicht, spiegelt sich das in den Ausprägungen < 1 wider.

Die Ergebnisse dieser Kostenspaltung können mit Hilfe des Zielkostendiagramms visualisiert werden (siehe Abb. 28). Das Diagramm unterstützt die Identifikation derjenigen Komponenten, bei denen korrigierende Maßnahmen am dringendsten erforderlich sind.[17]

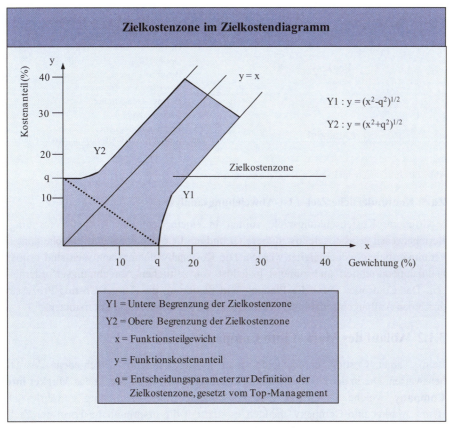

Abb. 28: Bestimmung der Zielkostenzone im Zielkostendiagramm[18]

Bei der Festlegung des Entscheidungsparameters q ist grundsätzlich danach zu entscheiden, welche Bedeutung das Target Costing im Unternehmen hat, wie weit die momentanen Kosten vom Markt entfernt sind und wie wichtig die (Herstell-) Kosten im Wettbewerb sind. Die Festlegung des Entscheidungsparameters wird immer stark von Erfahrungswerten beeinflusst.

Zu 4: Zielkostenmanagement

Die aktive Steuerung und Gestaltung der eigenen Produktkosten unter Kenntnis der marktakzeptablen Kosten ist das Ziel des Target Cost Managements. Organisatorisch-technische Maßnahmen und Methoden zur Schließung der Kostenlücke zeigt die folgende Abbildung:

---

[17] Vgl. Horvath, P.: Target Costing, Stuttgart 1993, S. 13.
[18] Vgl. Horvath, P./Seidenschwarz, W.: Zielkostenmanagement, in Zf C 1992, S. 147.

Bezugsobjekt	Instrument
Produkt	– Total Quality Management – Design to Cost – Produkt Value Engineering – Just-in-Time-/Kanban-Fertigung
Prozess	– Simultaneous Engineering – Design to Manufacturability – Optimierung der Durchlaufzeit – Business Process Management – Process Value Engineering – Prozess–Outsourcing
Potenzial	– Gruppendynamik – Prämienlohnsystem – Betriebliches Vorschlagswesen – Flexible Fertigungssysteme/CIM

Abb. 29: Instrumente im Rahmen des Zielkostenmanagements

Zu 5: Kontinuierliche Ziel- / Ist-Abweichungsanalysen

Modifizierte Kostensenkungsziele sollten in einem zentralen Kosten-Controlling-Berichtswesen erfasst, selektiv aufbereitet und an die entsprechenden Entscheidungsverantwortlichen weitergeleitet werden. Die Kostenabweichungsanalysen sind primär maßnahmenorientiert und zumeist losgelöst von zeitlichen Abrechnungserfordernissen. Der Controller muss die Planung und Steuerung des Target-Costing-Prozesses durch den Aufbau entscheidungsorientierter Informationssysteme unterstützen.

3.1.2 Ablauf des Market into Company

Beim Target Costing unterscheidet man in der Literatur verschiedene Vorgehensweisen. Die in der Praxis am häufigsten angewandte Methode ist das **Market into Company**, welche als einzige eine konsequente Marktorientierung gewährleistet. Beim „Market into Company" handelt es sich um die ursprüngliche Form der Zielkostenrechnung, bei der die Zielkosten, d.h. die zulässigen Kosten des Produktes aus dem am Markt erzielbaren Preis, ermittelt werden. Aus diesem Grund soll der Ablauf dieser Methode in vereinfachter Form dargestellt werden. Er lässt sich in folgende Schritte unterteilen:

Ablauf des Market into Company
1. Festlegen der Gesamtzielkosten

2. Aufspalten der Zielkosten
    2.1 Bestimmen der Funktionsstruktur des neuen Produktes
    2.2 Gewichten der Produktfunktionen
    2.3 Entwickeln eines Grobentwurfes des neuen Produktes
    2.4 Vornehmen einer Kostenschätzung der Produktkomponenten
    2.5 Gewichten der Produktkomponenten
    2.6 Ermittlung der Zielkosten der Produktkomponenten

3. Vornehmen weiterer Kostensenkungen

(1) Festlegung der Gesamtzielkosten

Mittels der Marktforschung lässt sich durch eine Teil- oder Vollerhebung, je nach der Größe des zukünftigen Marktes, der potenzielle Marktpreis sowie die Bedeutung der Produktmerkmale für den Kunden ermitteln. Aus der Differenz zwischen dem für den Markt akzeptablen Preis und dem geplanten Gewinn werden die Zielkosten des Produktes festgelegt.

Beispiel: Bei einem ermittelten Zielverkaufspreis von € 120.000,– und einem angestrebten Gewinn von € 20.000,– betragen die zulässigen Zielkosten € 100.000,–.

(2) Zielkostenspaltung

Im **ersten Schritt** wird die Funktionsstruktur des neuen Produktes bestimmt und die einzelnen Funktionen wie bei der Wertanalyse durch ein Substantiv und ein Verb definiert.

Die Produktfunktionen werden in **Schritt zwei** entsprechend ihrer Bedeutung für die potenziellen Kunden gewichtet, wie in der Abbildung 30 dargestellt ist.

	Funktionen						
	F1	F2	F3	F4	F5	F6	Σ
Funktionsgewicht	0,20	0,31	0,17	0,03	0,11	0,18	1,00

Abb. 30: Gewichtung der Produktfunktionen

Im **dritten Schritt** wird ein Grobentwurf des Endproduktes erstellt, häufig in Zusammenarbeit mit Lieferanten, um **Schritt vier**, d.h. eine Kostenschätzung der Produktkomponenten, vornehmen zu können.

Im **fünften Schritt** wird die Bedeutung, d.h. Gewichtung jeder einzelnen Produktkomponente für die Funktionserfüllung des Produktes ermittelt. Dazu werden zunächst die Funktionen und die sie realisierenden Produktkomponenten in einer Matrix gegenübergestellt (siehe Abb. 31).

Die Ermittlung der Bedeutung der Komponenten für die Realisierung der einzelnen Funktionen erfolgt durch eine Schätzung. Um realistische Schätzwerte zu erhalten, ist es wichtig, die Gewichtung der Komponenten nur in interdisziplinären Teams durchzuführen.

Komponenten	Funktionen						
	F1	F2	F3	F4	F5	F6	Σ
	0,2	0,31	0,17	0,03	0,11	0,18	1,00
K1	4	51	9	15	17	–	
K2	72	–	26	22	21	72	
K3	10	24	15	10	47	–	
K4	11	10	22	–	10	24	
K5	3	15	28	53	5	4	
Σ	100	100	100	100	100	100	

Abb. 31: Gewichtung der Produktkomponenten

Der Gewichtungsfaktor, mit dem eine Produktkomponente zur Realisierung einer Funktion beiträgt, multipliziert mit dem Gewichtungsfaktor der jeweiligen Funktion ergibt ein Teilgewicht, mit dem die Baugruppe zur Erfüllung der Gesamtfunktion des Produkts beiträgt. Die kumulierten Teilgewichte einer Baugruppe, d.h. die Summe der Zeilen in Abbildung 32, ergibt die Gesamtgewichtung der Produktkomponenten zur Realisierung der Gesamtfunktion des Produktes.

Komponenten	Funktionen						Komponentengewichtung
	F1	F2	F3	F4	F5	F6	
K1	0,80	15,81	1,53	0,45	1,87	–	20,46
K2	14,40	–	4,42	0,66	2,31	12,96	34,75
K3	2,00	7,44	2,55	0,30	5,17	–	17,46
K4	2,20	3,10	3,74	–	1,10	4,32	14,46
K5	0,60	4,65	4,76	1,59	0,55	0,72	12,87
Σ							**100,00**

Abb. 32: Ermittlung der Gesamtgewichtung der Produktkomponenten

In **Schritt 6** lassen sich aus dem Gesamtgewicht der einzelnen Komponenten die Zielkosten errechnen. Dabei gilt der Grundsatz, dass die Gesamtzielkosten des Endproduktes sich entsprechend der Gesamtgewichtung auf die Komponenten verteilen.

Bei den im Beispiel angestrebten Gesamtzielkosten von € 100.000.– würde sich folgende Verteilung der Zielkosten ergeben:

	Komponentengewicht [%]	Zielkosten [€]
Komponente 1	20,46	20.460,–
Komponente 2	34,75	34.750,–
Komponente 3	17,47	17.460,–
Komponente 4	14,46	14.460,–
Komponente 5	12,87	12.870,–
Endprodukt	100,00	100.000,–

Abb. 33: Ermittlung der Zielkosten

(3) Vornehmen von Kostensenkungen

Durch den Einsatz von Instrumenten, wie beispielsweise die Wertanalyse, d.h. Wertgestaltung und Wertverbesserung, müssen solange Kostensenkungen vorgenommen werden, bis die geschätzten Kosten kleiner als die Zielkosten sind. Dabei können die Zielkosten der Baugruppen, falls dies erforderlich sein sollte, durch wiederholte Anwendung der Zielkostenrechnung bis auf die einzelnen Teile heruntergebrochen werden.

Ehe man den Lieferanten ein Kostenziel setzt, ist es sinnvoll, die ermittelten Zielkosten nochmals daraufhin zu überprüfen, ob sie auch plausibel, d.h. erreichbar sind. Da der Abnehmer des Endproduktes bestimmten Produkteigenschaften und Funktionen, wie u.a. die Einhaltung technischer und gesetzlicher Vorschriften, sowie als selbstverständlich und unverzichtbar angesehenen Funktionen kein großes Gewicht beimisst, können diese ein Erreichen der Zielkosten erschweren oder sogar unmöglich machen.

3.2 Prozesskostenrechnung

Das **Target Cost Management**, das auch als **Prozesskostenrechnung** bezeichnet wird, ist primär ein Ansatz zur Prognose und Gestaltung der Kosten und Leistungen der Produkte des Unternehmens und ihrer zumeist materiellen Bestandteile, das heißt der integrierten Baugruppen, Komponenten und Teile. Eine aktive, konkurrenzorientierte Kostensteuerung muss jedoch bei den leistungsbringenden und -begleitenden Aktivitäten des Unternehmens, das heißt den Prozessen an sich, ansetzen. Dies verlangt ein Instrumentarium zur Strukturierung und Dokumentation der Prozessstruktur und deren kostenwirtschaftlicher Analyse.[19]

Moderne Fertigungs-, Logistik- und Informationstechnologien verändern in hohem Maße die Prozess- und Kostenstrukturen. Anstelle der direkten, wertschöpfenden Fertigungsaktivitäten dominieren in einem hoch technologisierten Unternehmen immer stärker planende, steuernde, überwachende und kontrollierende Tätigkeiten in den sog. indirekten Leistungsbereichen. Die Folge ist ein erhöhter Anteil an fixen Kosten und ein Anstieg der Gemeinkostenintensität.

Eine strategische Kalkulation muss daher grundsätzlich in der Lage sein, den Entscheidungsträgern zur Wahl von Wettbewerbsstrategien exakte Informationen über die zu erwartenden bzw. tatsächlichen Erzeugniskosten zu liefern. Als Instrument bietet sich die als Prozesskostenrechnung ausgebaute Voll-Plankostenrechnung an, da dieses System durch seinen Marktbezug in der Lage ist, die betriebswirtschaftlichen Auswirkungen von Entscheidungen über die gesamte Wertschöpfungskette hinweg, quasi als Ergänzung zu den traditionellen Kalkulationsmethoden darzulegen, und Wege zur Quantifizierung dieser administrativen Prozesse aufzuzeigen.

3.2.1 Problemfelder der traditionellen Kostenrechnung

Die Entwicklung der Prozesskostenrechnung lässt sich auf verschiedene Ursachen zurückführen.

Verschiebung der Kostenstruktur:

- Zunehmende Automatisierung und Rationalisierung (Personalabbau bei hohen Anlageinvestitionen)
- Arbeitskräfte übernehmen überwiegend vorbereitende, überwachende und steuernde Funktionen
- Kürzere Produktlebenszyklen bedingen eine erhöhte Bedeutung der Vorlaufkosten
- Komplexitätszuwachs und Variantenvielfalt
- Überproportionaler Anstieg der Gemeinkosten

Problemfeld „indirekte Kosten"

Die Kosten in den fertigungsunterstützenden Bereichen (indirekt produktive Bereiche) werden als Gemeinkosten behandelt, eine verursachungsgerechte Belastung eines Produkts oder Auftrags erfolgt nicht. Besonders problematisch wird dies durch den stetigen Anstieg dieser „indirekten Kosten".

---

[19] Vgl. Reichmann, T.: Controlling mit Kennzahlen und Management-Tools, a.a.O., S. 160 f.

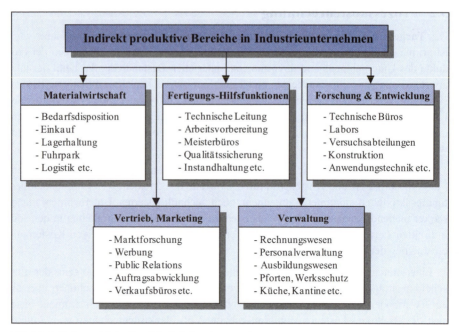

Abb. 34: Indirekt produktive Bereiche in Industrieunternehmen

Fehlentscheidungen durch unzureichende Kalkulationsverfahren

Bei den traditionellen Kostenrechnungsverfahren erfolgt die Berechnung der Gemeinkostenzuschläge pauschal und undifferenziert auf der Basis von Material-, Fertigungs- oder Herstellkosten. Diese Vorgehensweise ist unzureichend, weil dabei z.B. folgende Fragen vernachlässigt werden:

– Handelt es sich um eine einfache oder komplexe Materialbeschaffung?
– Wird ein Massenprodukt oder eine ungewöhnliche Variante hergestellt?
– Handelt es sich um einen Großauftrag oder um eine Einzelfertigung?
– Erfolgt eine 100 %-Kontrolle oder lediglich eine Stichprobenprüfung?
– Ist der Warentransport einfach oder kompliziert?

Kalkulationsbeispiel für die Materialkosten:

	Schraube Typ A	Schraube Typ B
Einkaufspreis	2,– €	10,– €
Menge	100 Stück	100 Stück
Materialeinzelkosten	200,– €	1000,– €
Gemeinkosten	360,– €	
Gemeinkostenzuschlag (30 %)	0,60 €	3,– €
Materialkosten	2,60 €	13,– €

Wenn man davon ausgeht, dass jede Schraube gleich hohe Gemeinkosten (für Bestellung, Lagerung etc.) verursacht, wäre ein einheitlicher Verrechnungssatz von 1,80 € zutreffend (360,– € / 200 Stück = 1,80 € / Stück).

	Schraube Typ A	Schraube Typ B
Einkaufspreis	2,– €	10,– €
Kosten pro Prozess	1,80 €	
Materialkosten	3,80 €	11,80 €

3.2.2 Ziele der Prozesskostenrechnung

Die Prozesskostenrechnung stellt ein elementares Analyse- und Steuerungsinstrument dar, mit dessen Hilfe

- in Abhängigkeit von unterschiedlichen Produktausgestaltungen und Vertriebswegen Kalkulationen über zu erwartende Prozesskosten geliefert und
- gemeinkostenträchtige Rationalisierungspotenziale transparent gemacht werden können.

Es wird eine verursachungsgerechte Zurechnung der Gemeinkosten der indirekten Leistungsbereiche auf die einzelnen Kostenträger angestrebt. Dazu wird der Betriebsablauf, der zur Erstellung einer Leistung (eines Produktes) erforderlich ist, in Aktivitäten (Teilprozesse) aufgespalten, deren anschließende kostenstellenübergreifende Zusammenfassung sog. Hauptprozesse ergibt.[20] Als kostenverursachende Größen (Maßgrößen bzw. Bezugsgrößen) werden nun diese Aktivitäten angesehen, die daher auch als „cost-drivers" bezeichnet werden. Die Auflösung und Verdichtung der Unternehmensaktivitäten zeigt die folgende Abbildung:[21]

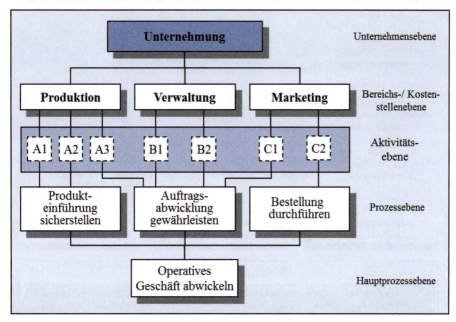

Abb. 35: Auflösung und Verdichtung der Unternehmensaktivitäten

---

[20] Vgl. Jung, H.: Allgemeine Betriebswirtschaftslehre, 13. Aufl., München/Wien 2014, S. 1157f.
[21] Vgl. Reichmann, T.: Controlling mit Kennzahlen und Management-Tools, a.a.O., S. 163 f.

Zusammenfassend lassen sich folgende **Ziele** für die **Prozesskostenrechnung** ableiten:

- Gemeinkostenbereiche sollen transparenter, kontrollier- und steuerbar werden
- Ermittlung der für die Auftragsbearbeitung notwendigen Einzelprozesse in den indirekten Bereichen
- Verbesserte Kalkulation durch verursachungsgerechte Zurechnung von Gemeinkosten auf Kalkulationsobjekte (Kostenträger)
- Strategische Kalkulation bereits in der Frühphase der Produktentwicklung (z.B. Auswirkungen der Fertigungstiefe aufzeigen)
- Informationsgrundlage für „make-or-buy"–Entscheidungen und evtl. für organisatorische Maßnahmen (Umstrukturierung)
- Sicherstellung der Wirtschaftlichkeit von Prozessen; Optimierung von Prozessen
- Identifikation von Kostenverursachern (Tätigkeiten, Prozesse) und Hauptkosteneinflussgrößen
- Permanente Verfolgung und Gestaltung von Kosten (Gemeinkostenmanagement)
- Informationsgrundlage für eine prozessorientierte Gemeinkostenbudgetierung

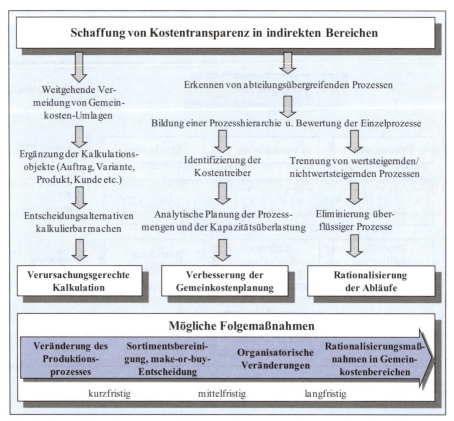

Abb. 36: Hauptziele der Prozesskostenrechnung

3.2.3 Einführung und Ablauf der Prozesskostenrechnung

Solche Prozesskosten, die sich nicht mit Hilfe von Kostentreibern ausdrücken lassen, werden als leistungsmengenneutrale Kosten bezeichnet. Maßgrößenvariable Kosten bezeichnet man hingegen als leistungsmengeninduzierte Kosten. Für die Einführung und Durchführung der Prozesskostenrechnung hat sich die folgende Vorgehensweise bewährt:

Abb. 37: Durchführung der Prozesskostenrechnung

(1) Bildung des Projektteams und Auswahl des Untersuchungsbereichs

Bei der Einführung der Prozesskostenrechnung sollte ein Unternehmensbereich als **Pilotbereich** dienen. Dieser **Pilotbereich** ist z.B. nach einem der folgenden Kriterien auszuwählen:

- Der Untersuchungsbereich sollte **eng** am **Produktionsprozess** orientiert sein (z. B. Arbeitsvorbereitung, interner Transport, Qualitätssicherung), da sich so leichter ein Produktbezug herstellen lässt.
- Unternehmensbereiche mit einem **hohen Anteil** an **repetitiven Arbeitsvorgängen** (Beschaffung, Logistik, etc.) bieten häufig hohe Rationalisierungspotentiale.
- In Unternehmensbereichen mit **hohem Gemeinkostenvolumen** (Forschung und Entwicklung, Vertrieb, etc.) kann mit Hilfe der Prozesskostenrechnung eine verursachungsgerechte Verrechnung der Kosten auf Kostenträger (Produkte, Produktgruppen) erreicht werden.

Vorbereitung und Bildung eines Projektteams	
Zusammensetzung Projektorganisation mit Führungskräften aus der Fachabteilung und aus dem Rechnungswesen bzw. Controlling, evtl. ergänzt durch externe Berater	**Weitere Aspekte** • Motivation der betroffenen Mitarbeiter • Exakte Formulierung der Zielsetzung • Ausräumen der Widerstände durch Aufklärungsarbeit

Abb. 38: Bildung eines Projektteams

(2) Tätigkeitsanalyse, Bestimmung von Prozessen und Prozesshierarchie

Tätigkeitsanalyse	
Fragestellung	**Möglichkeiten zur Durchführung**
– Welche Tätigkeiten (Teilprozesse) werden im Untersuchungsbereich durchgeführt? – Wie hoch ist der jeweils benötigte Zeitbedarf (in Relation zur Gesamtkapazität)?	– Befragung des Kostenstellenleiters bzw. der Mitarbeiter – Zeitaufnahmen mittels Multimomentverfahren – Heranziehen von Ergebnissen bereits durchgeführter Projekte (z. B. Gemeinkostenwertanalyse)

Das **Ergebnis** der **Tätigkeitsanalyse** ist eine Liste von Teilprozessen, die nach folgenden Kriterien ausgewertet werden muss:

– Jeder Teilprozess muss einem (evtl. abteilungsübergreifenden) Hauptprozess zugeordnet werden. Auf diese Weise erhält man eine **Prozesshierarchie**. Daneben ist anhand des Zeitbedarfs zu ermitteln, welche Tätigkeiten kostenintensiv sind und welche die jeweils kostentreibenden Faktoren (cost drivers) sind.

– Im zweiten Schritt ist zu ermitteln, welche Teilprozesse sich mengenvariabel (**leistungsmengeninduziert lmi**) und welche sich mengenfix (**leistungsmengenneutral lmn**) verhalten. In der Kostenstelle Einkauf hängt z.B. die Häufigkeit des Prozesses **Wareneingangskontrolle** direkt von der zu bearbeitenden Warenmenge ab, während die Tätigkeit **Abteilung leiten** unabhängig von der zu erbringenden Mengenleistung anfällt, also leistungsmengenneutral ist.

(3) Festlegung von Maßgrößen und Planprozessmengen

Die Maßgröße (Bezugsgröße, Prozessgröße, cost driver) muss dem Faktor entsprechen, von dem die Prozessinanspruchnahme bestimmt wird. Sie ist für jeden leistungsmengeninduzierten Teilprozess festzustellen und soll den folgenden Anforderungen genügen:

– Hohe Proportionalität zur Prozessinanspruchnahme (verursachungsgerechte Maßgröße)
– Ableitbarkeit aus verfügbaren Informationen bzw. leichte Berechenbarkeit
– Transparenz und leichte Verständlichkeit

3. Strategisches Kostenmanagement

Kostenstelle 622: Lager und Transport		
Prozess		**Maßgröße**
Wareneingangskontrolle durchführen	lmi	Stückzahl der eingehenden Lieferung
Einlagern der Ware	lmi	Masse, Volumen oder Stückzahl
Auslagern einer Kommission	lmi	Masse, Volumen oder Stückzahl
Material bereitstellen (palettieren, verpacken etc.)	lmi	Stückzahl, Anzahl Paletten bzw. Verpackungseinheiten
Materialtransport durchführen	lmi	Masse, Volumen, Entfernung, Anzahl der Transportvorgänge
Kostenstelle leiten	lmn	----------------------------

Festsetzung der **Planprozessmengen**:

- Die Planprozessmenge stellt die (erwartete) Auslastung der jeweiligen Kostenstelle mit dem betreffenden Prozess dar.
- Bei der Einführung der Prozesskostenrechnung kann dabei von vergangenheitsorientierten Werten ausgegangen werden (Ist-Werte).
- Als Betrachtungszeitraum sollte eine längere Periode (mind. 1 Jahr) gewählt werden.
- Die Planprozessmengen sind Schlüsselgrößen für den in Kosten bewerteten Verbrauch von Ressourcen (Personalkapazität etc.).
- Die Bestimmung der Planprozessmengen kann auf der Basis einer bestehenden Plankostenrechnung erfolgen.

Kostenstelle 655: Materialeinkauf			
Prozess		**Maßgröße**	**Planprozessmenge**
Angebote einholen	lmi	Anzahl der Angebote	1.200
Bestellungen aufgeben	lmi	Anzahl der Bestellungen	3.500
Reklamationen bearbeiten	lmi	Anzahl der Reklamationen	100
Kostenstelle leiten	lmn	--------------------------	--------------------

(4) Ermittlung der Planprozesskosten, Bildung von Prozesskostensätzen

Es gibt zwei Möglichkeiten zur Ermittlung der Planprozesskosten (analog zur Plankostenrechnung):

- **Analytische Kostenplanung:** Jedem Prozess werden die jeweils beanspruchten Kostenarten aufgrund technisch-kostenwirtschaftlicher Analysen zugeordnet. Zur Vereinfachung kann man sich dabei evtl. auf eine dominierende Kostenart (z.B. Personalkosten) beschränken und eine proportionale Verteilung der verbleibenden Kosten vornehmen.

- **Statistische Kostenplanung:** Die normalisierten Kostenstellenkosten werden mit Hilfe eines Schlüssels (i.d.R. Mitarbeiterzahl) auf die Prozesse umgelegt. Da diese Methode nicht präzise genug ist, sollte sie nur in Sonderfällen eingesetzt werden.

Im nächsten Schritt erfolgt die Bildung von Prozesskostensätzen, die die Inanspruchnahme der Leistungen in den indirekten Bereichen durch die verschiedenen Kostenträger verursachungsgerecht berücksichtigen sollen und die zur Bildung von Kennzahlen dienen, mit denen eine Kostenkontrolle auf Prozessebene ermöglicht wird:

- Durch die Division von Plankosten und Planprozessmenge erhält man den Prozesskostensatz für einen leistungsmengeninduzierten Prozess.
- Für leistungsmengenneutrale Prozesse wird ein Umlagesatz gebildet, der meist proportional zu den lmi-Prozesskosten ist.
- Somit erhält man für jeden lmi-Prozess einen Prozesskostensatz, einen Umlagesatz und einen Gesamtprozesskostensatz.

- **Beispiel für die Kostenstelle: Materialeinkauf**

Prozess	Maßgröße	Plan-prozess-menge	Plan-prozess-kosten (in €)	Prozess-kosten-satz (lmi) (in €)	Um-lagesatz (lmn) (in €)	Gesamt-prozess-kostensatz (in €)
Angebote einholen	Anzahl Angebote	1.200	300.000,–	250,–	21,28	271,28
Bestellungen aufgeben	Anzahl Bestellungen	3.500	70.000,–	20,–	1,70	21,70
Reklamationen bearbeiten	Anzahl Reklamationen	100	100.000,–	1.000,–	85,10	1.085,10
Zwischensumme			470.000,–			
Kostenstelle leiten	------	------	40.000,–	------	------	------

$$\text{Prozesskostensatz} = \frac{\text{Prozesskosten}}{\text{Planprozessmenge}} = \frac{300.000,-}{1.200} = 250,- \text{ € je Angebot}$$

$$\text{Umlagesatz} = \frac{\text{lmn-Planprozesskosten}}{\text{lmi-Planprozesskosten}} \cdot \text{Prozesskostensatz} = \frac{40.000,-}{470.000} \cdot 250,-$$

$$= 1,28 \text{ € je Angebt}$$

$$\text{Gesamtprozesskostensatz} = \text{Prozesskostensatz} + \text{Umlagesatz}$$

$$= 250,- \quad + 21,28$$

$$= 271,28 \text{ € je Angebot}$$

(5) Strategische Gemeinkostenplanung und prozessorientierte Kalkulation

Es existieren zwei Möglichkeiten zur Durchführung einer laufenden Gemeinkostenplanung und -kontrolle:

– Die Einzelprozesskosten können entsprechend der Prozesshierarchie zu kostenstellenübergreifenden Hauptprozesskosten verdichtet werden.

– Es kann ein kostenstellenbezogener Soll-Ist-Vergleich vorgenommen werden (zu beachten ist jedoch der Vollkostencharakter der Prozesskostenrechnung).

Die Ausschöpfung von Rationalisierungspotenzialen gelingt am besten, wenn für alle Hauptprozesse ein Prozessverantwortlicher (process owner) benannt wird. Durch die Übertragung einer funktions- und kostenstellenübergreifenden Prozessverantwortung an einen Mitarbeiter lassen sich die Qualität und die Effizienz einzelner Prozesse bzw. Prozessketten wirksam verbessern.

Die prozessorientierte Kalkulation versucht, dem Kostenträger die durch ihn verursachten (Prozess-)Kosten direkt zuzurechnen, ohne den Umweg über die innerbetriebliche Leistungsverrechnung bzw. die konventionelle Zuschlagskalkulation gehen zu müssen.

Dabei sollen insbesondere die Gemeinkosten in einem hohen Umfang direkt den Kostenträgern zugeordnet werden, um die systemimmanenten Schwächen der Zuschlagskalkulation zu vermeiden. (Die Zuschlagskalkulation verteilt die Gemeinkosten anhand pauschaler Zuschlagssätze, deren Höhe meist proportional zu den Material- und Lohneinzelkosten festgelegt wird.

Daraus folgt, dass ein Produkt mit z. B. hohen Materialeinzelkosten auch hohe Materialgemeinkosten tragen muss, unabhängig von dem dazugehörigen Aufwand der Materialbeschaffung, -lagerung und -bereitstellung).

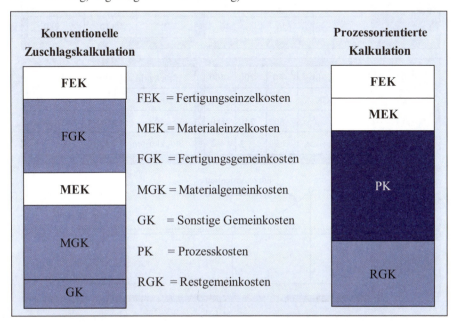

Abb. 39: Vergleich zwischen konventioneller Zuschlagskalkulation und prozessorientierter Kalkulation

Die **prozessorientierte Kalkulation** versucht zusätzlich folgende Fragen zu beantworten:

- Wie teuer sind ausgefallene Varianten, wenn die Komplexitätskosten berücksichtigt werden?
- Wie hoch sind die Vorlauf- und Steuerungskosten bei einer Fertigung von 10 Stück im Vergleich zu einer Fertigung von 100 oder 1000 Stück?
- Wie unterscheiden sich die Kosten verschiedener Prozessabläufe in verschiedenen Regionen, Stützpunkten, Filialen oder im internationalen Vergleich?

Die wesentlichen Verbesserungen durch die prozessorientierte Kalkulation sind in der folgenden Abbildung dargestellt:

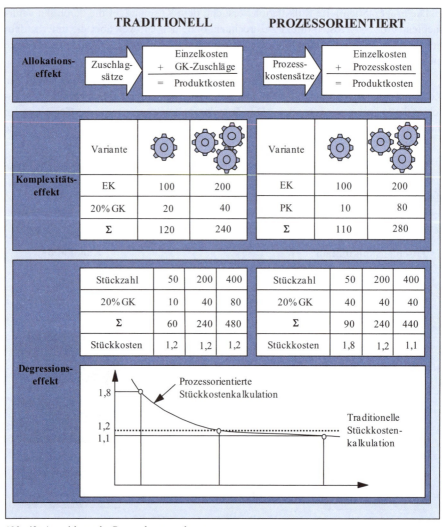

Abb. 40: Auswirkung der Prozesskostenrechnung

Wenn einzelne Prozesse sehr unterschiedlich sind, dann kann es sinnvoll sein, sie weiter zu differenzieren. Da der Aufwand in einer Abteilung für Qualitätssicherung für die Planung eines Prüfmittels sehr unterschiedlich ist, ist es sinnvoll eine weitere Einteilung in

- Prüfmittel planen, einfach und
- Prüfmittel planen komplex

vorzunehmen.

Bei der Erstellung eines Prüfplans kann es sinnvoll sein, auch hier eine weitere Unterscheidung in

- Prüfplan erstellen, einfach,
- Prüfplan erstellen, mittel und
- Prüfplan erstellen komplex

vorzunehmen.

Beispiel für die Kostenstelle „Qualitätssicherung"

Prozesskostenstellenrechnung				
Kostenstelle 400 Qualitätssicherung	**Kostenstellenkapazität (Mannjahre):** 7,5 **Kostenstellenkosten (€):** 580.000			
Teilprozess	Prozessmenge	Kapazitätsbe-anspruchung	Teilprozesskostensatz in €	
			lmi	Gesamt
Prüfmittel planen, einfach	60	1,10	1.418	1.649
Prüfmittel planen, komplex	12	0,70	4.511	5.245
Prüfplan erstellen, einfach	20	1,05	4.060	4.720
Prüfplan erstellen, mittel	14	1,00	5.524	6.423
Prüfplan erstellen, komplex	5	0,60	9.280	1.079
Prüfplan ändern	300	1,20	309	359
Prüfauftrag erstellen	1.000	0,80	62	72
Summe lmi-Prozesse		**6,45**		
Schulungen durchführen		0,25		
Abteilung leiten		0,80		
Summe lmn-Prozesse		**1,05**		
Gesamtsumme		**7,5**		

Abb. 41: Prozesskostenrechnung anhand der Qualitätssicherung

3.2.4 Kritik an der Prozesskostenrechnung

Die Prozesskostenrechnung erlaubt es, die durch Produkte verschiedener Komplexität anfallenden Kosten verursachungsgerecht zu verrechnen.[22] So werden komplexen Produkten, die aus einer Vielzahl von Teilen bestehen, entsprechend höhere Kosten zuge-

---

[22] Vgl. Jung, H.: Allgemeine Betriebswirtschaftslehre, a.a.O., S. 1162.

rechnet als einfachen Produkten. Zudem steigen die Kosten von Produkten mit selten beschafften Komponenten zu solchen mit Norm- und Standardteilen (Degressionseffekt). Zum Zweck der Zielkostenerreichung dient die Prozesskostenrechnung als ein Analyse- und Steuerungsinstrument, mit dessen Hilfe eine langfristige, kostenstellenübergreifende Optimierung der Prozessstrukturen beabsichtigt wird.

Trotz dieser Vorteile muss man kritisch anmerken, dass aufgrund des **Vollkostenrechnungssystems** die Prozesskostenrechnung für kurzfristige Dispositionen ungeeignet ist. Zudem erfolgt auch hier eine Schlüsselung von Gemeinkosten und eine Proportionalisierung der fixen Kosten.

- Die Prozesskostenrechnung muss als Vollkostenrechnung durch ein Verfahren der Teilkostenrechnung ergänzt werden (als Instrument zur kurzfristigen Entscheidungsvorbereitung).
- Sinnvoll lässt sich die Prozesskostenrechnung aufgrund des hohen Datenanfalls nur in Verbindung mit einem qualitativ hochwertigem EDV-System nutzen.
- Auch bei der Prozesskostenrechnung werden Fixkosten proportionalisiert (systemimmanenter Kritikpunkt der Vollkostenrechnung).

Die Abbildung macht deutlich, dass die fixen und variablen Kostenanteile verschiedener Prozesse sehr unterschiedlich sein können. Der Prozess 1 könnte z.B. der Prozess „Bestellungen durchführen" sein, da hier aufgrund der hohen Personal- und Anlagekosten der fixe Kostenanteil eindeutig dominiert. Die variablen Kosten beziehen sich hier lediglich auf die vergleichsweise geringen Telefon- und Portokosten. Bei dem Prozess 2 könnte es sich um einen durch eine Fremdfirma durchgeführten Transport handeln. Für diese Leistung muss nur im Bedarfsfall bezahlt werden, die fixen Bereitschaftskosten sind relativ gering.

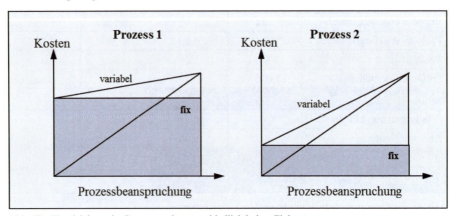

Abb. 42: Vergleich zweier Prozesse mit unterschiedlich hohen Fixkosten

Zusammenfassend gilt, dass die marktorientierte Kostenplanung und entscheidungsorientierte Kostenrechnung für das Unternehmen nur durch eine marktorientierte Verhaltensweise des gesamten Unternehmens und durch ständige Überprüfung, Weiterentwicklung und Erneuerung betrieblicher Prozesse erfolgreich sein kann. Die Interdisziplinarität und der hohe Koordinationsaufwand macht den Controller zu einem wichtigen Bindeglied zwischen den betrieblichen Fachbereichen.

4 Investitions- und Wirtschaftlichkeitsrechnung

In der **Kapitalwirtschaft** spielen Investitionsentscheidungen eine zentrale Rolle. Denn zur Durchführung von Investitionen sind Finanzierungen notwendig, die entscheidenden Einfluss auf die Liquidität und Rentabilität sowie auf die Sicherheit und Unabhängigkeit eines Unternehmens haben. Von den Investitionen hängen damit die Existenz und die gesamte Unternehmensentwicklung ab.

Investitionen bieten Gewinnchancen, haben aber auch Risiken. Der Verzicht auf Investitionen (minimales Risiko) gefährdet die Existenz einer Unternehmung, weil sich die Wettbewerbsfähigkeit und das Leistungsvermögen verschlechtern. Ebenso können hohe Risiken zu Kapitalverlusten und Liquiditätsschwierigkeiten führen.

Investitionsentscheidungen werden auf der Grundlage von **Investitionsrechnungen** getroffen. Dabei ist bedeutsam, wie die zur Verfügung stehenden Daten (Markt- und Betriebsdaten) ausgewählt und beurteilt werden. Wichtig ist die Berücksichtigung von Unsicherheiten, mit denen Annahmen über zukünftige Daten behaftet sind. Das gilt besonders für längerfristige Investitionen.

Die verschiedenen Verfahren der Investitionsrechnung erlauben entweder mehrere Investitionsalternativen zu vergleichen oder einzelne Investitionsobjekte zu beurteilen. Eine Investition kann allgemein dann vorteilhaft durchgeführt werden, wenn das eingesetzte Kapital mit dem Objekt wiederbeschafft und ausreichend verzinst werden kann. Anders gesagt muss die Summe der Einzahlungen die Summe der laufenden Auszahlungen so weit übersteigen, dass die Amortisation des Objektes und die ausreichende Verzinsung des ursprünglich eingesetzten Kapitals möglich sind.

4.1 Die Investitionsarten

In der Praxis lassen sich je nach Investitionsobjekt Sach-, Finanz- und immaterielle Investitionen unterscheiden. Immaterielle Investitionen (Forschungs- und Entwicklungssowie Ausbildungsprogramme etc.) und Sachinvestitionen (Grundstücke, Gebäude, maschinelle Anlagen etc.) sind direkt oder indirekt am Leistungsprozess beteiligt. Aus organisatorischer Sicht berühren sie daher auch vorrangig die Bereiche, die mit der Leistungserstellung zusammenhängen. Finanzinvestitionen hingegen (Forderungsrechte aus Guthaben und Wertpapieren, Beteiligungen etc.) berühren den Finanzbereich des Unternehmens.

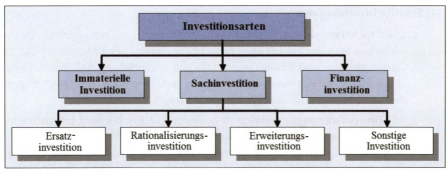

Abb. 43: Investitionsarten

In den einzelnen Investitionsarten gibt es wesentliche Unterschiede für wichtige Kriterien, die mit der Investitionsrechnung bzw. -entscheidung in Zusammenhang stehen. Die wichtigsten sind:
- Umfang und Unsicherheit der Daten als Berechnungsgrundlage für die Investitionsrechnung
- Zurechenbarkeit der Zahlungsströme zu den Investitionsobjekten
- Flexibilität der Investitionsentscheidungen

Die wichtigsten Formen der Sachinvestition sollen im Folgenden unterschieden und erläutert werden.

(1) Die Ersatzinvestition

Unter Ersatzinvestition versteht man i.e.S. den identischen Ersatz von gebrauchten und verbrauchten Investitionsobjekten. Die Leistungsfähigkeit bleibt dabei erhalten. Zum Ersatz kann es kommen, weil entweder
- ein neues Objekt (Neuinvestition) kostengünstiger ist als die Erhaltung des alten billigen Objektes oder
- ein technologisch veraltetes Objekt aus wirtschaftlichen Gründen nicht mehr tragbar ist.

(2) Die Rationalisierungsinvestition

Eine Rationalisierungsinvestition wird durchgeführt, um die Leistungsfähigkeit des Unternehmens zu erhöhen. Durch den permanenten technologischen Fortschritt ist der Ersatz von veralteten Objekten meist auch mit einem Rationalisierungseffekt verbunden. Ersatzinvestitionen sind daher oft auch Rationalisierungsinvestitionen.

(3) Die Erweiterungsinvestition

Die Bedeutung liegt in der Erweiterung der vorhandenen Kapazitäten eines Unternehmens, um beispielsweise Produktionsengpässe zu beheben, die durch eine Vergrößerung der Absatzmärkte entstehen. Dabei kann die Erweiterung der Kapazität durch Anschaffung zusätzlicher Investitionsobjekte erreicht werden aber auch durch Ersatzinvestitionen, die neben der Steigerung der Leistungsfähigkeit auch einen kapazitätserweiternden Effekt haben. In Bezug auf die Investitionsrechnung bei einer Erweiterungsinvestition entstehen besonders bei der Ermittlung von zuverlässigen Daten Probleme. Die Entwicklung der Märkte und die damit verbundenen Marktdaten (Marktanteile, Absatzmengen und Preise etc.) sind besonders für längere Zeiträume oft nur unter großen Unsicherheiten abschätzbar.

(4) Sonstige Investitionsarten

- Unter **Sicherungsinvestitionen** sind alle Investitionen zusammengefasst, die die Sicherung bzw. das Fortbestehen eines Unternehmens gewährleisten. In diesem Zusammenhang sind besonders Investitionen in Forschung und Entwicklung, Werbung und PR-Maßnahmen, Beteiligung an Unternehmen des Beschaffungsmarktes und Umweltschutzmaßnahmen zu nennen.
- Mit **Diversifizierungsinvestition** ist besonders die Erschließung branchenfremder Märkte durch die Beteiligung an Unternehmen gemeint. Im weitesten Sinne werden damit Investitionen zusammengefasst, die eine Diversifikation, d.h. Auffächerung des Produktions- bzw. Absatzprogramms bewirken. Die Bedeutung liegt vorrangig in der Verringerung des unternehmerischen Risikos.

4.2 Der Investitionsentscheidungsprozess

Investitionsentscheidungen müssen in einem Entscheidungsprozess stattfinden, der ein planmäßiges Vorgehen ermöglicht. Diese Notwendigkeit resultiert vor allem aus folgenden Gründen:

1. Investitionen haben **strategischen Charakter**, d.h. sie beeinflussen die Existenz und die Entwicklung des Unternehmens langfristig. Sind diese Investitionen durchgeführt, so können sie meistens nur unter hohem finanziellen Aufwand korrigiert werden.

2. Eine Investitionsmöglichkeit muss immer im Zusammenhang mit anderen gesehen und beurteilt werden, denn die Entscheidung für eine bestimmte Investition ist gleichzeitig der Verzicht auf andere Alternativen und den damit zu erzielenden Erfolgen.

3. Investitionen erhöhen den von der Auslastung unabhängigen Anteil der Kosten (Fixkosten). Bei verringerter Nachfrage kann es dadurch zu Verlusten kommen.

4. Eine getätigte Investition führt durch ihren langfristigen Charakter zur Verminderung der Flexibilität eines Unternehmens.

5. Eine Investition muss auch vom Gesichtspunkt der Verantwortlichkeit gegenüber den Kapitalgebern und deren Interessen planmäßig beurteilt werden.

Die Grundlage für den Entscheidungsprozess bildet eine geeignete Organisationsstruktur, in der die Regeln für Kommunikation, Aufgaben- und Kompetenzverteilung festgelegt sind. Während die Aufbauorganisation die inhaltliche Planung festlegt („Was soll geplant werden?"), ist in der Ablauforganisation die gesamte Steuerung des Prozesses geregelt. Die Organisationsstruktur muss mit den übergeordneten Unternehmenszielen abgestimmt sein.

Weiterhin sind Verfahren nötig, mit denen einzelne oder mehrere Investitionsmöglichkeiten unter wirtschaftlichen Gesichtspunkten bewertet werden können (Investitionsrechnung).

Der Entscheidungsprozess, bei dem je nach Organisationsgrad und Größe des Unternehmens unterschiedlich viele Organisationsebenen mit einbezogen sind, lässt sich in vier Phasen darstellen.

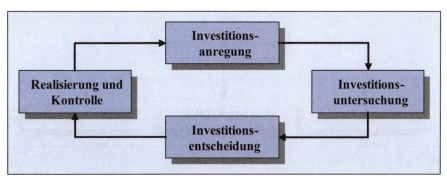

Abb. 44: Investitionsentscheidungsprozess

4.3 Investitionsplanung

Investitionsplanung bedeutet allgemein die gedankliche Vorwegnahme dispositiver Maßnahmen für die Beschaffung von Investitionsgütern. In der Literatur ist der Planungsbegriff unterschiedlich weit gefasst, soll hier aber als Grundlage für die Investitionsentscheidung und Realisation/Kontrolle verstanden werden. Die Investitionsplanung gliedert sich dann ihrerseits in Investitionsanregung und -untersuchung.

(1) Investitionsanregung

Ziel der Investitionspolitik ist es, durch frühzeitiges und systematisches Handeln mögliche Störungen im Geschäftsablauf zu vermeiden. Dazu ist die gezielte Anregung von Investitionen notwendig. Dabei findet die Anregung je nach Unternehmensgröße auf verschiedenen Unternehmensebenen statt. Während bei kleineren Unternehmen hauptsächlich höhere Stellen für die Anregung zuständig sind (Geschäftsleitung, Inhaber etc.), reichen die Anregungsstellen bei größeren Unternehmen oft systematisch bis in die untersten Ebenen. Hier sei das Anregungsrecht der Belegschaftsmitglieder durch ein betriebliches Vorschlagswesen (Ideenmanagement) genannt. Personen, die durch ihre Tätigkeit bzw. Position entscheidende Anregungen liefern können, unterliegen möglicherweise darüber hinaus einer Anregungspflicht.[23]

Um eine sinnvolle Koordination der Anregungen zu gewährleisten, kann eine dafür zuständige Stabstelle im Unternehmen eingerichtet sein, die je nach Unternehmensgröße auch schon den einzelnen Organisationsbereichen (Forschung und Entwicklung, Produktions- und Absatzwirtschaft etc.) zugeordnet ist. Zudem sollte die Stabstelle selbst Anregungen zu Investitionen geben. Neben den genannten Anregungsstellen im Unternehmen, bestehen auch Quellen der Anregung von außerhalb des Unternehmens. Dabei können z.B. der Handel oder Endverbraucher, der Gesetzgeber sowie beratende Unternehmen wichtige Informationen und Impulse liefern.

(2) Investitionsuntersuchung

Aus den vorgeschlagenen Investitionen müssen **Entscheidungsprobleme** entwickelt und analysiert werden. Dazu zählt vor allem der Alternativenvergleich mehrerer Möglichkeiten für ein bestimmtes Investitionsvorhaben. Die dafür notwendigen Daten müssen geprüft, aufbereitet und gegebenenfalls ergänzt werden. Im Hinblick auf die Ziele, die mit Investitionen zusammenhängen, lassen sich spezifische Bewertungskriterien ableiten:

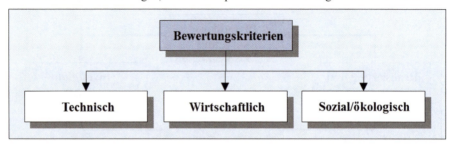

Abb. 45: Bewertungskriterien von Investitionen

---

[23] Vgl. Olfert, K.: Investition, 9. Aufl., Ludwigshafen (Rhein) 2009, S.85.

(a) Technische Prüfung

Zunächst wird ein technischer Anforderungskatalog für die Investitionsobjekte aufgestellt. Die **Verträglichkeit** mit dem **vorhandenen Produktionsapparat** muss geprüft werden und zudem werden Daten für die nachfolgende wirtschaftliche Prüfung ermittelt.

Zusammenfassend sind folgende Informationen über die **Investitionsobjekte** nötig:

- Leistungsfähigkeit (Qualität, Auslastung, Kapazität etc.)
- Standortanforderungen (Platzbedarf etc.)
- Anforderungen an die Arbeitskräfte (Zahl, Ausbildung, Verantwortung etc.)
- technische Nutzungsdauer
- Lieferfristen
- Kapitaleinsatz etc.

(b) Wirtschaftliche Prüfung

Die technische Prüfung ist kein ausreichendes Kriterium für die Vorteilhaftigkeit einer bestimmten Investition, da sie nicht ihre Wirtschaftlichkeit sicherstellt. Es müssen also die wirtschaftlichen Aspekte und Auswirkungen der Investitionsvorhaben hinsichtlich Kapitalbedarf, Kosten und Erlösen sowie wirtschaftlicher Nutzungsdauer ermittelt werden. Hier kommen die verschiedenen Verfahren der Investitionsrechnung zum Einsatz.

(c) Soziale und ökologische Prüfung

Die soziale und ökologische Prüfung ist eine Untersuchung der Auswirkungen einer Investition auf die unmittelbar betroffenen Mitarbeiter und die Umwelt, anhand gesetzlicher Vorschriften und unternehmerischer Zielsetzungen. Die technische und wirtschaftliche Prüfung der Investitionsvorschläge führen vorrangig die entsprechenden Stabstellen der mittleren Organisationsebene durch. Bei größeren Unternehmen werden hingegen oft Investitionsausschüsse gebildet, die für einen bestimmten Planungszeitraum ein Gesamtinvestitionsprogramm aus einzelnen Investitionsprüfungen erarbeiten. Dabei können Investitionsausschüsse ständige Einrichtungen sein oder im Bedarfsfall aus Vertretern unterschiedlicher Unternehmenszweige zweckmäßig zusammengestellt werden.

(3) Investitionsentscheidung

Eine Investitionsentscheidung steht für den Abschluss der Investitionsplanung und leitet die Realisation des Vorhabens ein. Der Entscheidungsträger ist dabei in der Regel die Unternehmensleitung, weil auch durch eine sehr weitgehende Investitionsprüfung nicht alle relevanten Faktoren und Unsicherheiten erfasst werden können und somit kein absolut richtiges Ergebnis für die Investitionsentscheidung ermittelt werden kann. Die Unternehmensleitung wird deshalb unternehmenspolitische Ziele mit berücksichtigen und dabei auch wertmäßig nicht quantifizierbare Faktoren mit einbeziehen.

Wegen der Vielzahl an Investitionsvorhaben in großen Unternehmen werden die schon angesprochenen Investitionsausschüsse gebildet. Durch die qualifizierte Zusammensetzung des Ausschusses können die bestehenden Unsicherheiten und wechselseitigen Abhängigkeiten der einzelnen Investitionsvorhaben geklärt werden und in einer Stellungnahme der Unternehmensleitung zugeführt werden. Es besteht damit ein enger Kontakt des Investitionsausschusses mit dem Entscheidungsträger.

Darüber hinaus können Entscheidungen über kleinere Investitionen und laufende Ersatzinvestitionen in untere Organisationsebenen delegiert werden. Diese Investitionen sind in der Regel budgetiert und ermöglichen der Unternehmensleitung sich auf die großen Investitionsvorhaben zu konzentrieren.

(4) Investitionsrealisierung

Die Realisierung von Investitionen ist vor allem durch die wirtschaftliche Abstimmung der geplanten Schritte gekennzeichnet. Es müssen Anordnungen getroffen und entsprechende Mitteilungen an alle betroffenen Stellen geleitet werden. Außerdem ist auf eine sinnvolle zeitliche Abstimmung der Schritte zu achten. Eine schnelle Durchführung kann Preiserhöhungen für Beschaffungsobjekte vorbeugen, birgt aber auch die Gefahr von Preisaufschlägen und Qualitätsverlusten.

4.4 Die Investitionskontrolle

Aufgabe der **Investitionskontrolle** ist es, eingetretene Ereignisse bzw. Werte mit den geplanten zu vergleichen (Soll-Ist-Vergleich). Aufgrund der hohen Kosten und dem umfangreichem Personalaufwand ist es wenig sinnvoll, alle Investitionen zu kontrollieren. Vielmehr sollte die Kontrolle auf Objekte mit großem Kapitalaufwand und großer unternehmenspolitischer Bedeutung beschränkt werden. Dabei müssen Dauer, Zeitpunkt und Umfang der Kontrolle den einzelnen Investitionen sinnvoll angepasst werden. Folgende Ziele werden mit der Investitionskontrolle verfolgt:

- **Verbesserung zukünftiger Schätzungen**

    Die Informationen aus der Kontrolle werden ausgewertet und sollen durch den Lernprozess der beteiligten Stellen die Genauigkeit zukünftiger Schätzungen von Planwerten erhöhen.

- **Verminderung von Manipulation**

    Investitionsrechnungen und -planungen beruhen auf subjektiven Schätzungen, die von den Beteiligten, aus verschiedenen Motiven, oft zu günstig ausfallen. Die Investitionskontrolle soll diese Manipulation aufdecken und damit die Verlässlichkeit von zukünftigen Schätzungen erhöhen.

- **Einleitung notwendiger Korrekturmaßnahmen**

    Möglichst frühzeitig sollen ungünstige Abweichungen von Soll- und Istwerten festgestellt werden. Nach der Ermittlung von Ursachen für diese Abweichungen können konkrete Korrekturmaßnahmen ergriffen werden.

Die Investitionskontrolle erstreckt sich auf die Kontrolle der Ausführung und der Ergebnisse, die mit einer Investition zusammenhängen. Die folgende Darstellung zeigt die Zusammenhänge auf:

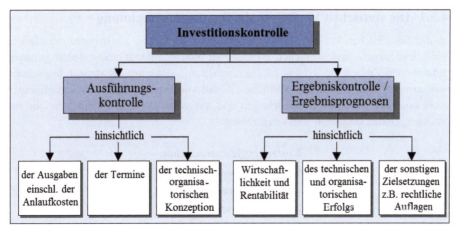

Abb. 46: Investitionskontrolle

4.5 Die Investitionsrechnungen

Zu den Investitionsrechnungen zählen einerseits Verfahren der Wirtschaftlichkeitrechnung und andererseits die Verfahren der Unternehmensbewertung. Sie können nach ihrem Untersuchungsgegenstand und ihrer Fragestellung unterschieden werden.

Die **Wirtschaftlichkeitsrechnungen** untersuchen einzelne oder mehrere Investitionsobjekte und stellen hier die Frage nach der Vorteilhaftigkeit von Investitionen bei bestimmten Voraussetzungen. Die folgende Übersicht stellt die Verfahren der Investitionsrechnung kategorisch dar. Die in der Praxis wichtigsten Verfahren, die statischen und dynamischen Partialmodelle der Wirtschaftlichkeitsrechnung sowie die wichtigsten Verfahren der Unternehmensbewertung sollen im Folgenden behandelt werden.

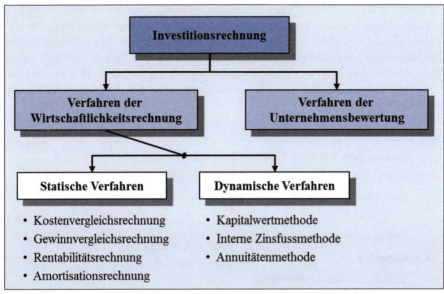

Abb. 47: Die Verfahren der Investitionsrechnung

4.5.1 Die statischen Verfahren der Investitionsrechnung

In der betrieblichen Praxis werden die statischen Verfahren der Investitionsrechnung vor allem wegen ihrer einfachen Handhabung und des damit verbundenen geringen Kosten- und Zeitaufwandes sehr häufig eingesetzt. Sie werden als statisch bezeichnet, weil sie den unterschiedlichen zeitlichen Anfall von Einzahlungen und Auszahlungen nicht oder nur teilweise berücksichtigen und außerdem nur eine Planungsperiode betrachten. Zu den statischen Verfahren zählen:

- **Kostenvergleichsrechnung**
- **Gewinnvergleichsrechnung**
- **Rentabilitätsrechnung**
- **Amortisationsrechnung**

4.5.1.1 Die Kostenvergleichsrechnung

Die Kostenvergleichsrechnung ist das einfachste Verfahren der Investitionsrechnung. Es wird ein Vergleich der in einer Planungs- bzw. Nutzungsperiode anfallenden Kosten zweier oder mehrerer alternativer Investitionsobjekte durchgeführt. Es kann sich dabei um einen Vergleich neuer Objekte (Erweiterungsinvestition) oder um einen Vergleich zwischen alten und neuen Objekten (Ersatzinvestition) handeln. Bei der Erweiterungsinvestition heißt demnach die Fragestellung: „Welche der zu beurteilenden Alternativen verursacht die geringsten Kosten in einer Nutzungsperiode?" Das Problem der Ersatzinvestition heißt dagegen: „Wann soll das alte Investitionsobjekt durch ein neues ersetzt werden?"

Sind die Kapazitäten (quantitative Leistung) der zu vergleichenden Investitionsobjekte nicht gleich, so muss anstelle des Kostenvergleichs einer Periode, ein Stückkostenvergleich durchgeführt werden. Der Kostenvergleich arbeitet also mit der Prämisse gleicher Kapazitäten der Investitionsobjekte. In einen Kostenvergleich sind alle relevanten Kosten einzubeziehen. Sofern es sich um Investitionen mit mehrperiodischer Nutzungsdauer handelt, werden die Durchschnittskosten pro Periode zugrunde gelegt. Die Erlöse bleiben in diesem Verfahren unberücksichtigt, da unterstellt wird, dass jede Alternative wegen gleicher Kapazitäten auch gleiche Erlöse erwirtschaftet. Die relevanten Kosten sind:

Betriebskosten

- Personalkosten (Löhne, Gehälter, Sozialleistungen)
- Materialkosten (Fertigungs-, Hilfs- und Betriebsstoffe)
- Instandhaltungs- und Reparaturkosten
- Raumkosten
- Energiekosten etc.

Kapitalkosten

- Kalkulatorische Abschreibungen
- Kalkulatorische Zinsen für das durchschnittlich gebundene Kapital

- **Kalkulatorische Abschreibungen:** Man geht hier von linearen Abschreibungen aus, die sich wie folgt berechnen:

1) $$\text{Abschreibungen pro Periode} = \frac{AW - RW_n}{n}$$

AW	= Anschaffungskosten
RW_n	= Restwert am Ende der Nutzungsdauer
RW_{n-1}	= Restwert am Ende der vorletzten Periode
n	= Anzahl der Perioden
i	= kalkulatorischer Zinssatz

- Bei einem Restwert (Liquiditätserlös) von Null vereinfacht sich die Rechnung wie folgt:

$$\text{Abschreibung pro Periode} = \frac{AW}{n}$$

- **Kalkulatorische Zinsen:** Die kalkulatorischen Zinsen beziehen sich auf das durchschnittlich gebundene Kapital. Geht man davon aus, dass die Amortisation des eingesetzten Kapitals nicht kontinuierlich, sondern jeweils in Jahresraten am Ende des Jahres vorgenommen wird, so berechnen sich die Zinsen wie folgt:

$$\text{Zinsen pro Periode} = \frac{AW + RW_{n-1}}{2} \cdot i$$

- In der Praxis wird oft von der kontinuierlichen Amortisation bei einem Restwert von Null ausgegangen. Damit berechnen sich die Zinsen vereinfacht nach folgender Formel:

$$\text{Zinsen pro Periode} = \frac{AW}{2} \cdot i$$

- Damit erhält man bei Amortisation am Periodenende die Kapitalkosten pro Periode als Summe der kalkulatorischen Abschreibungen und Zinsen:

$$\text{Kapitalkosten pro Periode} = \frac{AW - RW_n}{n} + \frac{AW + RW_{n-1}}{2} \cdot i$$

(a) Der Vergleich von Investitionsalternativen

Beispiel: Es soll eine zusätzliche Anlage angeschafft werden. Zwei Anlagen stehen zur Auswahl, deren Auslastung gleich ist. Die Kostenvergleichsrechnung wird durchgeführt:

Kostenvergleichsrechnung			Anlage A	Anlage B
AW	Anschaffungswert	[GE]	200.000	100.000
n	Nutzungsdauer	[Jahre]	10	10
RW_n	Liquidationserlös	[GE]	0	0
i	Zinssatz	[%]	10	10
	Auslastung	[ME/Jahr]	20.000	20.000
$\frac{AW - RW_n}{n}$	Abschreibungen	[GE]	20.000	10.000
$\frac{AW}{2} \cdot i$	Zinsen (vereinfacht)	[GE]	10.000	5.000
	Sonstige Fixkosten	[GE]	8.000	8.200
(1)	Gesamte Fixkosten	[GE]	38.000	23.200
	Löhne und Nebenkosten	[GE]	5.700	16.810
	Materialkosten	[GE]	1.690	1.690
	Sonstige variable Kosten	[GE]	1.210	1.500
(2)	Gesamte variable Kosten	[GE]	8.600	22.000
(1) + (2)	Gesamtkosten pro Jahr		**46.600**	**45.200**

Der Kostenvergleich zeigt, dass bei gleicher Auslastung die Anlage B der Anlage A überlegen ist, da sie geringere Kosten verursacht. Die Bedingung von gleicher Auslastung ist aber nicht immer realistisch. Im folgenden Beispiel soll daher bei unterschiedlichen Auslastungen ein Stückkostenvergleich der Anlagen durchgeführt werden:

Kostenvergleichsrechnung		Anlage A	Anlage B
Anschaffungswert	[GE]	200.000	100.000
Nutzungsdauer	[Jahre]	10	10
Liquidationserlös	[GE]	0	0
Auslastung (Kapazitätsgrenze)	[ME]	30.000	25.000
Zinssatz	[%]	10	10
Abschreibungen	[GE]	20.000	10.000
Zinsen (vereinfacht)	[GE]	10.000	5.000
Sonstige Fixkosten	[GE]	8.000	8.200
Gesamte Fixkosten	[GE]	38.000	23.200
Fixe Kosten je Mengeneinheit	[GE/ME]	1,27	0,93
Löhne- u. Nebenkosten	[GE/ME]	0,22	0,84
Materialkosten	[GE/ME]	0,07	0,09
Sonstige variable Kosten	[GE/ME]	0,05	0,18
Gesamte variable Kosten	[GE/ME]	0,34	1,11
Stückkosten gesamt	[GE/ME]	**1,61**	**2,04**

Unter diesen Bedingungen ist jetzt die Anlage A kostengünstiger als B und daher vorzuziehen. Die sehr unterschiedliche Struktur von variablen und fixen Kosten der Anlage hat zu diesem Ergebnis geführt. Da sich zukünftige Auslastungen oft nur schwer voraussagen lassen, ist es sinnvoll die Alternativen darauf zu prüfen, ob sich die Vorteilhaftigkeit bei verschiedenen Auslastungen umkehrt. Das geschieht in der Ermittlung der sogenannten **kritischen Auslastung**, die die Auslastung angibt, bei der die Periodenkosten (und damit auch die Stückkosten) der Alternativen gleich sind.

Für das Beispiel 2 ergibt sich folgende Vorgehensweise, wobei davon ausgegangen wird, dass die maximale Auslastung beider Anlagen 30.000 ME beträgt.

Für die Bestimmung der kritischen Menge sind die Kostenfunktionen der zu vergleichenden Anlagen zu ermitteln:

$$
\begin{aligned}
\text{Kostenfunktionen:} \quad K &= K_{fix} + K_{var} \\
K_A = K_B \quad K_A &= 38.000 + 0{,}34 \cdot x \\
K_B &= 23.200 + 1{,}11 \cdot x \\
\Rightarrow \quad 38.000 + 0{,}34 \cdot x &= 23.200 + 1{,}11 \cdot x \\
\Rightarrow \quad x_{kritisch} &= 19.220 \text{ ME/Jahr}
\end{aligned}
$$

Bis zu einer Kapazität von 19.220 Mengeneinheiten pro Jahr wäre somit unter Kostengesichtspunkten die Anlage B der Anlage A vorzuziehen. Werden jedoch mehr als 19.220 ME pro Jahr produziert, ist die Anlage A vorteilhafter.

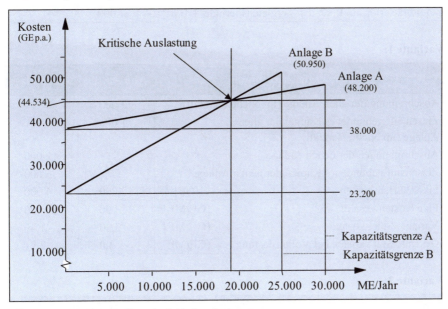

Abb. 48: Graphische Darstellung der kritischen Auslastung

(b) Das Ersatzproblem

Die Kostenvergleichsrechnung kann auch zur Lösung folgender Frage herangezogen werden: "Soll eine vorhandene Anlage, die noch technisch nutzbar ist, zum Prüfzeitpunkt oder erst später ersetzt werden?" Dabei werden den periodenbezogenen Durchschnittskosten der neuen Anlage die Grenzkosten der alten Anlage gegenübergestellt. Es können zwei Varianten der Vergleichsrechnung unterschieden werden, die in der Berücksichtigung von Zinsen und Abschreibungen unterschiedlich verfahren:

Variante 1:	Kostenvergleichsrechnung
Variante 2:	Die in der Praxis noch weit verbreitete Methode, die auch als **Ingenieurformel** bekannt ist.

Beispiel:

Folgende Daten der alten und der neuen Anlage seien gegeben:

Daten		Alte Anlage	Neue Anlage
Anschaffungskosten	[GE]	80.000	120.000
Durchschnittlich gebundenes Kapital	[GE]	44.000	66.000
Zinssatz	[%]	10	10
Nutzungsdauer (geplant)	[a]	10	10
Voraussichtliche Auslastung	[ME]	15.000	15.000
Restlebensdauer (alte Anlage)	[a]	3	–
Restbuchwert (alte Anlage)	[GE]	24.000	–
Liquiditätserlös am Beginn der Vergleichsperiode	[GE]	10.000	–
Liquiditätserlös am Ende der Vergleichsperiode	[GE]	7.000	–

Variante 1:

Kostenvergleichsrechnung		Alte Anlage	Neue Anlage
Abschreibung der alten Anlage (im Nichtersatzfall)		3.000	–
Zinsen auf gebundenes Kapital der alten Anlage (im Nichtersatzfall)		1.000	–
Abschreibungen der neuen Anlage		–	12.000
Zinsen auf gebundenes Kapital der neuen Anlage		–	6.600
Fixe Betriebskosten	[GE]	8.000	4.000
Fixe Kosten gesamt	[GE/ME]	12.000	22.600
Variable Stückkosten	[GE/ME]	2,20	1,40
Gesamte Stückkosten bei Vollauslastung	[GE/ME]	**3,0**	**2,91**

Variante 2:

Kostenvergleichsrechnung		Alte Anlage	Neue Anlage
Abschreibung der alten Anlage (im Nichtersatzfall)		8.000	–
Zinsen auf gebundenes Kapital der alten Anlage (im Nichtersatzfall)		4.400	–
Abschreibung der neuen Anlage		–	12.000
Zinsen auf gebundenes Kapital der neuen Anlage		–	6.600
Anteilige Abschreibung des Restbuchwertes		–	1.400
Anteilige Zinsen darauf		–	770
Fixe Betriebskosten		8.000	4.000
Fixe Kosten gesamt	[GE/ME]	20.400	24.770
Variable Stückkosten		2,20	1,40
Gesamte Stückkosten bei Vollauslastung	[GE/ME]	**3,56**	**3,05**

Zu Variante 1:

Die kalkulatorischen Abschreibungen und Zinsen der **neuen** Anlage errechnen sich nach Formel 1) und 2), wie unter **Kapitalkosten** erläutert. Bei der **alten** Anlage dient der Liquidationserlös zu Beginn der Vergleichsperiode, der im Ersatzfall erzielt würde, als Berechnungsgrundlage für Abschreibungen und Zinsen.

Damit muss als Abschreibung die tatsächliche Minderung des Verkaufserlöses eingesetzt werden, die durch den Nichtersatz der Anlage in einem Jahr entsteht (im Beispiel 10.000 – 7.000 = 3.000). Die Zinsen sind auf den Liquidationserlös der Anlage bei Beginn der Vergleichsperiode anzusetzen, da dieses Kapital im Nichtersatzfall weiter gebunden bleibt (hier 10.000 × 0,1 = 1.000).

Zu Variante 2:

Bei der **Ingenieurformel** hingegen werden Abschreibungen und Zinsen der **alten** Anlage auf Grundlage der Anschaffungskosten bzw. des durchschnittlich gebundenen Kapitals berechnet. Zudem wird der Restbuchwert der alten Anlage (24.000) abzüglich des am Beginn der Vergleichsperiode erzielbaren Liquidationserlöses (10.000) zu Lasten der **neuen** Anlage angesetzt und verzinst. Das wird damit begründet, dass der Ersatz der alten Anlage bei höherem Restbuchwert als erzielbarem Liquidationserlös einen Verlust hervorruft, der dann auch vom Kostenvorteil der neuen Anlage getragen werden muss.

Es erscheint jedoch fraglich, ob Buchwertverluste, die aus „falscher" Bemessung der Abschreibung entstanden sind, für die gegenwärtige Beurteilung einer Ersatzinvestition von Bedeutung sein können. Im Beispiel kommen zwar beide Varianten zu der gleichen Aussage (Vorteilhaftigkeit der Ersatzinvestition), aber die unterschiedlich hohen Differenzen der Gesamtkosten von neuer und alter Anlage zeigen, dass die Varianten im Zweifelsfall zu unterschiedlichen Ergebnissen kommen können. Dann würde durch Anwendung der Variante 2 eine notwendige Ersatzinvestition verhindert werden.

(c) Beurteilung des Verfahrens

Neben der einfachen Anwendbarkeit des Verfahrens weist die Kostenvergleichsrechnung erhebliche Schwächen auf, von denen hier die wichtigsten genannt werden sollen:

- Die Aufstellung von Kostenfunktionen der zu vergleichenden Anlage ist in der Praxis oft mit Schwierigkeiten verbunden.
- Das Verfahren kann nur für kurzfristige Investitionsvorhaben herangezogen werden, da es statisch ist (Vergleich zweier Zustände) und daher zukünftige Entwicklungen nicht berücksichtigen kann.
- Erlöse werden nicht berücksichtigt, so dass über die Rentabilität des Kapitals keine Aussage gemacht werden kann.
- Unterschiedliche qualitative Leistungen von Investitionsobjekten können nicht in das Verfahren einfließen.
- Eventuelle Auswirkungen auf die Absatzpreise von Produkten durch höhere Produktions- bzw. Absatzmengen müssen gleichfalls unberücksichtigt bleiben.

4.5.1.2 Die Gewinnvergleichsrechnung

Der Kostenvergleich ist bei vielen Investitionsvorhaben nicht ausreichend, da die Erträge auch aufgrund verschiedener **qualitativer Leistungen** (besonders bei Erweiterungsinvestitionen) unterschiedlich sein können. Zur Beurteilung der Investitionsalternativen müssen daher neben den Kosten auch die Erträge berücksichtigt werden.

Die Gewinnvergleichsrechnung kann zur Beurteilung einzelner Investitionen oder zum Alternativenvergleich mehrerer herangezogen werden. Dabei ist bei einzelnen Investitionen jede vorteilhaft, die einen Gewinn größer Null aufweist. Beim Alternativenvergleich wird diejenige Investitionsmöglichkeit gewählt, die den größten durchschnittlichen Jahresgewinn erwarten lässt.

Beispiel: Vergleich zweier Alternativen bei einem Zinssatz von 10% nach der Gewinnvergleichsrechnung.

Gewinnvergleichsrechnung		Anlage A	Anlage B
Anschaffungskosten	[GE]	500.000	300.000
Durchschnittlich gebundenes Kapital	[GE]	275.000	165.000
Nutzungsdauer	[Jahre]	10	10
Auslastung bzw. Absatzmenge	[ME]	25.000	20.000
Fixe Betriebskosten	[GE]	100.000	80.000
Variable Kosten pro ME	[GE]	5,80	6,20
Erlöse pro ME	[GE]	17,60	19,40
A. Jährliche Kosten			
- Abschreibungen	[GE]	50.000	30.000
- Zinsen auf durchschn. geb. Kapital	[GE]	27.500	16.500
- Sonstige fixe Kosten	[GE]	100.000	80.000
- Variable Kosten gesamt	[GE]	145.000	124.000
Gesamtkosten pro Periode	[GE]	322.500	250.500
B. Jährliche Erlöse			
Gesamterlös pro Periode	[GE]	440.000	388.000
C. Jährlicher Gewinn (B – A)	[GE]	**117.500**	**137.500**

Anlage B ist um den Jahresgewinn von 20.000 GE vorteilhafter als Anlage A. Hier tritt der günstige Fall ein, dass mit geringerem Kapitalaufwand und geringerer Absatzmenge höhere Gewinne erwirtschaftet werden können. Da Kapital nicht unbegrenzt verfügbar ist und die Nachfragesituation auf die gesamte Nutzungsdauer nicht übersehen werden kann, begünstigt das die Anlage B zusätzlich.

Bei der Kostenvergleichsrechnung kann die unterschiedliche Kostenstruktur von Anlagen dazu führen, dass sich bei geänderter Auslastung die Vorteilhaftigkeit der Alternativen verschieben kann (kritische Auslastung). Analog dazu kann bei der Gewinnvergleichsrechnung die Gewinnstruktur untersucht werden. Schierenbeck schlägt folgende Vorgehensweise vor:

Es wird eine **Gewinnschwelle (Break-Even-Point)** definiert, die die Auslastung anzeigt, ab der eine Anlage Gewinne erwirtschaftet.

$$\text{Gewinnschwelle} = \frac{\text{Fixkosten gesamt}}{\text{Deckungsspanne}}$$

Die Deckungsspanne errechnet sich aus Erlösen pro ME abzüglich der variablen Stückkosten. Für das Beispiel ergibt sich folgendes Bild:

Gewinnschwellenanalyse	Anlage A	Anlage B
Gewinnschwelle [ME]	15.042	9.583
Gewinnschwelle in % der Auslastung	60,2	47,9
Sicherheitskoeffizient [%]	39,8	52,1
Deckungsspannenquote	0,67	0,68

Drückt man die Gewinnschwelle in % der voraussichtlichen Auslastung (oder Absatzmenge) aus, so kann man auch einen Sicherheitskoeffizienten angeben, der aussagt, um wie viel % die voraussichtliche Auslastung sinken kann, bevor Verluste auftreten.

$$\text{Sicherheitskoeffizient } (\%) = \frac{\text{Gewinn pro Periode}}{\text{Deckungsbeitrag pro Periode}} \cdot 100$$

(Deckungsbeitrag = Gesamterlös - variable Kosten gesamt)

Zusätzlich kann eine Deckungsspannenquote angegeben werden, die den Anteil der Deckungsspanne an den Erlösen pro ME angibt. Oder anders gesagt, ist die Deckungsspannenquote ein Maß für den Erfolgszuwachs pro Einheit zusätzlichen Umsatzes.

$$\text{Deckungsspannenquote} = \frac{\text{Deckungsspanne}}{\text{Erlöse pro ME}}$$

Allgemein gilt: Je niedriger die Gewinnschwelle und je höher die Deckungsspannenquote und der Sicherheitskoeffizient, desto günstiger ist das beurteilte Investitionsobjekt.

Im Beispiel ist die Anlage B nach allen Kriterien der Gewinnschwellenanalyse vorteilhafter als Anlage A.

Beurteilung des Verfahrens

Die **Gewinnvergleichsrechnung** unterliegt grundsätzlich den Schwächen die durch die kurzfristige, statische Betrachtung entstehen. Auch hier wird keine Aussage über die Rentabilität des eingesetzten Kapitals gemacht. Die Gewinnvergleichsrechnung bietet jedoch den Vorteil, dass jene Investitionsvorhaben besser beurteilt werden können, die starke Auswirkungen auf die Erlösseite haben.

An dieser Stelle soll auf das Problem der unterschiedlichen Nutzungsdauer von Investitionsalternativen im Vergleich hingewiesen werden, was in der Praxis häufig der Fall ist. Hat eine Alternative eine kürzere Nutzungsdauer, so fließt folglich das eingesetzte Kapital schneller zurück und kann während der restlichen Zeit anderweitig investiert werden. Wird dann mit dieser Differenzinvestition ein anderer Periodengewinn erwirtschaftet, ist die Gewinnvergleichsrechnung auf Basis der Periodengewinne nicht mehr aussagefähig.

In den Beispielen ist daher unterstellt, dass die Investitionen beliebig oft wiederholbar sind und somit gleichbleibende Periodengewinne erwirtschaften. Kann hingegen angenommen werden, dass eine Folgeinvestition nach Ablauf der höheren Nutzungsdauer nicht vorgenommen werden kann, so kann ein Gesamtgewinnvergleich der Investitionsobjekte durchgeführt werden. Dazu werden die Periodengewinne mit der jeweiligen Nutzungsdauer multipliziert und verglichen.

4.5.1.3 Die Rentabilitätsrechnung (Return on Investment)

In der **statischen Rentabilitätsrechnung** wird der Bezug vom Gewinn zum eingesetzten Kapital hergestellt, da der Investitionsgewinn oft mit unterschiedlichem Kapitaleinsatz erwirtschaftet wird und Kapital in der Regel nicht unbegrenzt zur Verfügung steht.

Diese in der amerikanischen Wirtschaftspraxis gebräuchliche Investitionsrechnung wird auch als **Return on Investment** oder **Return on capital Employed** bezeichnet. Es wird die Periodenrentabilität berechnet, wobei beim Alternativenvergleich die Alternative mit der maximalen Rentabilität gewählt wird.

$$\text{Rentabilität} = \frac{\text{Durchschnittlicher Gewinn}}{\text{Durchschnittlicher Kapitaleinsatz}}$$

Bei abnutzbaren Wirtschaftsgütern (wie hier angenommen) muss der durchschnittliche Kapitaleinsatz angesetzt werden, lediglich bei nicht abnutzbaren Gütern (Grundstücke, Umlaufvermögen etc.) wird der ursprüngliche Kapitaleinsatz angesetzt, da keine Abschreibungen erfolgen.

Die Rentabilität kann weiterhin auch als Funktion von Umsatzrentabilität und Kapitalumschlag dargestellt werden.

$$\text{Rentabilität} = \text{Umsatzrentabilität} \cdot \text{Kapitalrentabilität}$$

oder

$$\text{Rentabilität} = \frac{\text{Durchschnittlicher Gewinn}}{\text{Durchschnittliche Erlöse}} \cdot \frac{\text{Durchschnittliche Erlöse}}{\text{Durchschnittlicher Kapitaleinsatz}}$$

Am folgenden Beispiel wird deutlich, dass der Vergleich der Rentabilität zweier Investitionsalternativen zu anderen Ergebnissen führen kann, als der Vergleich des Periodengewinns:

Beispiel:

Rentabilitätsrechnung		Anlage A	Anlage B
Durchschnittlicher Kapitaleinsatz		100.000	200.000
Periodenkosten		20.000	30.000
Erlöse pro Periode		45.000	60.000
Periodengewinn		25.000	**30.000**
Rentabilität	[%]	**25**	15

Beim reinen Periodengewinnvergleich wäre hier Anlage B vorzuziehen. Die Rentabilität des durchschnittlich gebundenen Kapitals ist jedoch bei Anlage A deutlich besser. Demnach muss der Anlage A der Vorzug gegeben werden.

Aus den Angaben des Beispiels kann analog die Umsatzrentabilität und der Kapitalumschlag ermittelt werden.

Rentabilitätsrechnung		Anlage A	Anlage B
Umsatzrentabilität	[%]	**55,50**	50,00
Kapitalumschlag		**0,45**	0,30

Beurteilung des Verfahrens

Auch bei der Rentabilitätsrechnung liegen die Mängel des Verfahrens in der kurzfristigen Betrachtungsweise, die zukünftige Änderungen auf Kosten und Erlösen unberücksichtigt lässt. Außerdem besteht auch hier die Schwierigkeit, Umsätze und Erlöse den einzelnen Investitionsalternativen zuzurechnen. Zudem muss auch bei diesem Verfahren unterstellt werden, dass Differenzen in der Nutzungsdauer einzelner Objekte nicht von Belang sind, d.h. das Kapital der kurzlebigeren Investition muss in der Nutzungsdauerdifferenz die gleiche Rendite erwirtschaften.

4.5.1.4 Die statische Amortisationsrechnung

Auch die **Amortisationsrechnung** (oder **pay-off-Methode**) stellt eine Erweiterung der Kosten- und Gewinnvergleichsrechnung dar. Es wird hierbei der Zeitraum ermittelt, in dem das ursprünglich eingesetzte Kapital durch Erlöse vollständig zurückgeflossen ist. Es wird dadurch eine überschlägige Risikoeinschätzung verschiedener Investitionsobjekte möglich. Ein einzelnes Objekt kann dann als vorteilhaft gelten, wenn dessen Amortisationszeit kürzer ist, als die vom Investor als maximal zulässig anzusehende. Beim Alternativenvergleich wird diejenige Alternative gewählt, die die kürzeste Amortisationszeit hat. Die Amortisationsrechnung kann auf verschiedene Weise durchgeführt werden:

- **Durchschnittsrechnung**

Hier wird das ursprünglich **eingesetzte Kapital** durch die durchschnittlichen Rückflüsse (durchschnittl. Gewinn + Abschreibungen) dividiert. Es ergibt sich die Amortisationsdauer:

$$\text{Amortisationsdauer} = \frac{\text{Kapitaleinsatz}}{\text{durchschnittliche Rückflüsse}}$$

Hier werden konstante Überschüsse für die gesamte Nutzungsdauer des Investitionsobjektes angenommen.

Beispiel:

Amortisationsrechnung		Anlage A	Anlage B
Anschaffungskosten	[GE]	120.000	120.000
Nutzungsdauer	[Jahre]	6	5
Abschreibung	[GE/ Jahr]	20.000	24.000
Durchschnittlicher Jahresgewinn	[GE]	6.000	8.700
Durchschnittliche Rückflüsse	[GE/ Jahr]	26.000	32.700
Amortisationsdauer	[Jahre]	4,6	3,7

Anlage B ist wegen der kürzeren Amortisationsdauer als vorteilhaftere Alternative zu bewerten.

- **Totalrechnung (oder Kumulationsrechnung)**

Es werden die erwarteten Rückflüsse pro Periode geschätzt und kumuliert, bis sie der Höhe des Kapitaleinsatzes entsprechen. Diese Variante ist dann vorzuziehen, wenn der Gewinnverlauf unregelmäßig ist und/oder nicht-lineare Abschreibungen angesetzt werden.

Die dem Investitionsobjekt zurechenbaren Rückflüsse werden in der Praxis durch Gewinn plus Abschreibungen angenähert. Man geht also davon aus, dass alle Einzahlungen, soweit sie nicht für laufende Auszahlungen der Investition benötigt, zur Amortisation des eingesetzten Kapitals verwendet werden. Erst wenn das gesamte Kapital zurückgezahlt ist, entstehen Überschüsse.

Beispiel:

Amortisationsrechnung		Anlage A	Anlage B
Anschaffungskosten	[€]	120.000	120.000
Lebensdauer	[Jahre]	6	5
Rückflüsse [€/ Jahr]	1. Jahr	20.000	35.000
	2. Jahr	25.000	45.000
	3. Jahr	30.000	35.000
	4. Jahr	35.000	10.000
	5. Jahr	30.000	5.000
	6. Jahr	10.000	–
	7. Jahr	10.000	–

Die Deckung der Ausgaben erfolgt bei der Anlage A in der 5. Periode und bei der Anlage B in der 4. Periode. Unter dem Gesichtspunkt einer möglichst rasch verdienten Investition wäre die Anlage B vorzuziehen.

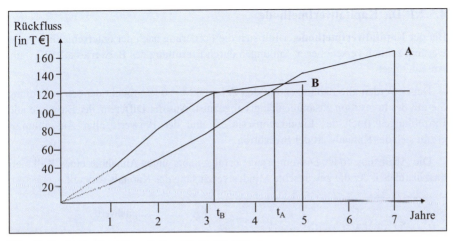

Abb. 49: Graphische Darstellung der kumulierten Rückflüsse

Aus der Graphik wird der Zusammenhang deutlich. Die Amortisationsdauer der Anlage B (t_B) ist wesentlich kürzer als von Anlage A (t_A) und daher vorzuziehen.

Beurteilung des Verfahrens

Das Verfahren liefert als **Ergänzung** zur Rentabilitätsrechnung wertvolle Hinweise bezüglich der Risikoabschätzung von Investitionsvorhaben. Je länger die Kapitalbindung (bzw. Amortisationsdauer) desto unsicherer ist die Rückgewinnung des Kapitals zu beurteilen. Bei unterschiedlicher Nutzungsdauer von Investitionsalternativen ist es allerdings wenig sinnvoll, die Investitionsentscheidung ausschließlich auf Grundlage der Amortisationsrechnung zu treffen.

Die jährlichen Abschreibungen hängen von der Nutzungsdauer ab und beeinflussen so die Amortisationsdauer wesentlich. Auch diesem Verfahren haftet die Schwäche der Nichtberücksichtigung des zeitlichen Anfalls von Zahlungen an.

4.5.2 Die dynamischen Verfahren

Mit Hilfe der dynamischen Investitionsrechnungen kann die Vorteilhaftigkeit von Investitionen wesentlich besser beurteilt werden als mit statischen Verfahren. Sie sind allerdings komplexer und schwerer in der Handhabung. Daher haben sie in der betrieblichen Praxis nicht so große Verbreitung gefunden, wie die statischen Verfahren.

Durch Anwendung der dynamischen (oder finanztheoretischen) Verfahren lassen sich die für statische Verfahren bekannten Schwächen beseitigen:

- Die einperiodische Betrachtungsweise, die auf Durchschnittswerte angewiesen ist, wird durch die genaue Erfassung von Ein- und Auszahlungen während der ganzen Nutzungsdauer abgelöst (mehrperiodische Betrachtungsweise).

- Die Ein- und Auszahlungen werden entsprechend ihrem zeitlichen Anfall bewertet.

4.5.2.1 Die Kapitalwertmethode

Bei der **Kapitalwertmethode** erfüllt sich die Forderung nach der unterschiedlichen Bewertung zeitlich verschobener Zahlungen durch Ermittlung des Barwertes aller Ein- und Auszahlungen.

Dabei werden alle Zahlungen auf den Zeitpunkt t = 0 (Zeitpunkt der ersten Zahlung, die mit der Investition zusammenhängt) abgezinst. Aus der Differenz der Barwerte aller Einzahlungen (incl. des Liquidationserlöses) und der Barwerte aller Auszahlungen ergibt sich der Kapitalwert der Investition.

Die Abzinsung (oder Diskontierung) erfolgt dabei unter Annahme eines Kalkulationszinsfußes i, der die gewünschte Mindestverzinsung des Kapitals darstellt.

$$K_0 = \sum_{t=0}^{n} (E_t - A_t) \cdot (1+i)^{-t} + \frac{L_n}{(1+i)^n}$$

oder auch

$$K_0 = -I_0 + \sum_{t=1}^{n} (E_t - A_t) \cdot (1+i)^{-t} + \frac{L_n}{(1+i)^n}$$

K_0 = Kapitalwert
E_t = Einzahlungen in der Periode t
A_t = Auszahlungen in der Periode t
I_0 = Investitionsausgabe bei t = 0
i = Kalkulationszinsfuß
t = Periode (0, 1, 2...n)
L_n = Liquidationserlös
$(E_t - A_t) = R_t$ Rückflüsse in der Periode t

- Eine Vorteilhaftigkeit ergibt sich bei Kapitalwerten ≥ 0, da die gewünschte Mindestverzinsung erreicht bzw. überschritten wird.
- Bei Kapitalwerten < 0 kann die gewünschte Mindestverzinsung nicht erzielt werden. Die Investition ist damit nicht vorteilhaft.

Beispiel:

Ermittlung des Kapitalwertes einer einzelnen Investition. Die Diskontierung der Rückflüsse ($E_t - A_t$) geschieht mit Abzinsungs- (oder Barwert-) faktoren $(1+i)^{-t}$, die aus einer Tabelle für den entsprechenden Kalkulationszinsfuß entnommen werden können.

Anschaffungswert der Investition : I_0 = 100.000,–
(Kapitaleinsatz)
Ein- und Auszahlungen wie angegeben
Liquidationserlös : L_n = 0,–
Planungszeitraum : 5 Jahre

Der Kalkulationszinsfuß beträgt i = 0,1.

Jahre (jeweils Jahresende)	Auszahlungen A_t bzw. I_0 (Zeitwert)	Einzahlungen E_t (Zeitwert)	Rückflüsse (E_t-A_t) (Zeitwert)	Abzinsungsfaktoren $(1+i)^{-t}$ für $(i = 0{,}10)$	Barwerte der Zahlungen
0	–100.000,–	–	– 100.000,–	1,0000	–100.000,–
1	–15.000,–	+ 55.000,–	+ 40.000,–	0,9091	+ 36.364,–
2	–15.000,–	+ 50.000,–	+ 35.000,–	0,8264	+ 28.924,–
3	–20.000,–	+ 50.000,–	+ 30.000,–	0,7513	+ 22.539,–
4	–20.000,–	+ 50.000,–	+ 30.000,–	0,6830	+ 20.490,–
5	–25.000,–	+ 50.000,–	+ 25.000,–	0,6209	+ 15.523,–
				Kapitalwert K_0 =	**+ 23.840,–**

Diese Investition ist vorteilhaft. Neben der geplanten Mindestverzinsung von 10% erwirtschaftet die Investition noch einen positiven Kapitaleinsatz in Höhe von 23.840,–.

Oft wird aber statt der Betrachtung einer einzelnen Investition der Vergleich mehrerer Alternativen nötig, die sich gegenseitig ausschließen, d.h. es kann nur eine der Alternativen verwirklicht werden (Substitionalität). Diejenige Alternative mit dem höchsten positiven Kapitalwert ist dann die vorteilhafteste.

An die einfache Gegenüberstellung der Kapitalwerte von verschiedenen Investitionsalternativen sind jedoch einige Bedingungen zu stellen: Die untersuchten Objekte müssen sogenannte **vollständige Alternativen** sein, d.h. sie dürfen sich hinsichtlich Lebensdauer, Kapitaleinsatz und Struktur der Rückflüsse nicht unterscheiden. Da das in der Regel nicht der Fall sein dürfte, wird zur Behebung dieses Mangels die Betrachtung von Differenzinvestitionen notwendig.

Die Differenzinvestition macht die Alternativen hinsichtlich dieser Bedingungen vergleichbar. Dazu wird die Differenz aus den Zahlungsreihen beider Alternativen als fiktive Investition zum Kalkulationszinsfuß auf dem Kapitalmarkt angelegt und auf den Berechnungszeitpunkt abgezinst. Der Kapitalwert der Differenzinvestition ist damit gleich der Differenz der Kapitalwerte der Alternativen.

Beispiel:

	Anlage I	Anlage II
Anschaffungsausgabe (A_0)	1.000.000,–	1.250.000,–
Nutzungsdauer n	5 Jahre	6 Jahre
Zu erwartender Liquidationswert am Ende der Nutzungsdauer	175.000,–	215.000,–
Kalkulationszinsfuß	0,1	

Der Vergleich auf der Basis der Kapitalwerte zeigt, dass die Anlage II vorteilhafter ist als Anlage I, obwohl beide Alternativen realisierbar sind.

Periode	Barwert-faktoren	Anlage I		Anlage II	
		Zeitwert	Barwert	Zeitwert	Barwert
1	0,909	110.000,–	99.990,–	170.000,–	154.530,–
2	0,826	290.000,–	239.540,–	225.000,–	185.850,–
3	0,751	450.000,–	337.950,–	640.000,–	480.640,–
4	0,683	190.000,–	129.770,–	290.000,–	198.070,–
5	0,621	160.000,–	99.360,–	165.000,–	102.465,–
6	0,564	–	–	120.000,–	67.680,–
Liquidationswert I	0,621	175.000,–	108.675,–	–	
Liquidationswert II	0,564		–	215.000,–	121.260,–
Gegenwartswerte der Überschüsse und des Liquidationswertes			1.015.285,–		1.310.495,–
Anschaffungskosten (A_0)			1.000.000,–		1.250.000,–
Kapitalwert (K_0)			**+ 15.285,–**		**+ 60.495,–**

Der Vergleich auf der Basis der Differenzinvestition führt, wie oben begründet, zu demselben Ergebnis. Anlage II ist bei dem angenommenen Kalkulationszinsfuß von 10% p.a. die vorteilhaftere Alternative, da der Kapitalwert der Differenzinvestition +45.210,– beträgt. Bei dieser Berechnung werden die Liquidationserlöse der beiden Anlagen in die Periodenüberschüsse der 5. bzw. 6. Periode mit einbezogen.

Periode	Zeitwerte der Überschüsse		Differenz-Investition AII - AI	Barwert-faktoren für r = 0,1	Gegenwarts-werte der Differenz-investition
	Anlage I	Anlage II			
0	–1.000.000,–	–1.250.000,–	–250.000,–	1,000	–250.000,–
1	110.000,–	170.000,–	+60.000,–	0,909	+54.540,–
2	290.000,–	225.000,–	-65.000,–	0,826	–53.690,–
3	450.000,–	640.000,–	+190.000,–	0,751	+142.690,–
4	190.000,–	290.000,–	+100.000,–	0,683	+68.300,–
5	335.000,–	165.000,–	-170.000,–	0,621	–105.570,–
6		335.000,–	+335.000,–	0,564	+188.940,–
Kapitalwert der Differenzinvestition (K_{0D})					**+ 45.210,–**

Eine besondere Problematik liegt häufig auch in der Festlegung des Kalkulationszinssatzes. Die Bestimmung des Kalkulationszinssatzes ist zunächst unproblematisch, wenn ein vollkommener Kapitalmarkt und sichere Erwartungen unterstellt werden (wie im Beispiel). In diesem Fall ist der Kalkulationszinssatz der Marktzins, zu dem finanzielle Mittel in unbegrenzter Höhe beschafft bzw. angelegt werden können.

Da in der Praxis weder der vollkommene Kapitalmarkt noch sichere Erwartungen existieren, gibt es viele Determinanten, die eine Rolle bei der Bestimmung des Kalkulationszinssatzes spielen.

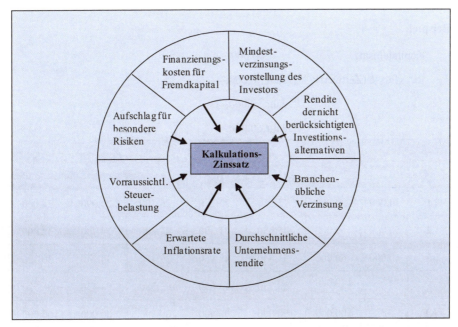

Abb. 50: Determinanten des Kalkulationszinssatzes

Der **Kalkulationszinssatz** ist dabei nicht nur Maßstab für die Vorteilhaftigkeit einer Investition, sondern auch Ausdruck einer Mindestverzinsungsvorstellung des Investors. Diese verschiedenen Anforderungen an den Kalkulationszinssatz haben zu unterschiedlichen Ansätzen für dessen Bestimmung geführt, die sich im Wesentlichen entweder an Finanzierungs- oder an Opportunitätskosten orientieren.

Bei den Finanzierungskosten spielt die **Art des Kapitals** eine Rolle, mit dem die Investition finanziert wird. Bei Eigenkapitalfinanzierung liegt die Eigenkapital-Mindestverzinsung, bei Fremdkapitalfinanzierung der Fremdkapitalzins für die Kalkulationszinssatz-Bestimmung zugrunde. Bei einer Finanzierung aus Eigen- und Fremdkapital wird ein arithmetisches Mittel entsprechend den Anteilen errechnet. Orientiert sich die Kalkulationszinssatzbestimmung an den Opportunitätskosten, so liegt der Zins zugrunde, der mit einer alternativen Anlagemöglichkeit für das verwendete Kapital erwirtschaftet werden könnte. Dabei können sowohl alternative Finanz- als auch Realinvestitionen betrachtet werden.

Die verschiedenen Ansätze zeigen aber noch keine einheitliche und sichere Methode, mit denen die unterschiedlichen Anforderungen an den Kalkulationszinssatz befriedigend berücksichtigt werden können. Lediglich das in neuerer Zeit entwickelte **Marktzinsmodell** der Investitionsrechnung geht nicht mehr von einem einheitlichen Kalkulationszinssatz aus, sondern orientiert sich an dem an Geld- und Kapitalmarkt vorliegenden, aktuellen Marktzinsgefüge.

Die Beziehung zwischen dem **Kapitalwert** und dem **Kalkulationszinssatz** wird deutlich, wenn der Kapitalwert einer Investition bei verschiedenen Zinssätzen dargestellt wird. Die folgende Abbildung verdeutlicht den funktionalen Zusammenhang anhand eines einfachen Zahlenbeispiels:

Beispiel:

Kapitaleinsatz: 100.000,–

Rückflüsse (Zeitwert): 1. Jahr 30.000,–

2. Jahr 50.000,–

3. Jahr 60.000,–

Jahr	Rück-flüsse	Kalkulationszinssatz					
		0%	5%	10%	15%	20%	25%
1	30.000	30.000	25.560	27.270	26.100	24.990	24.000
2	50.000	50.000	45.350	41.300	37.800	34.700	32.000
3	60.000	60.000	51.840	45.060	39.480	34.740	30.720
Σ		140.000	122.750	113.630	103.380	94.430	86.720
– KE		100.000	100.000	100.000	100.000	100.000	100.000
= KW		40.000	22.750	13.630	3.380	–5.570	–13.280

Abb. 51: Der Kapitalwert bei unterschiedlichen Kalkulationszinssätzen in €

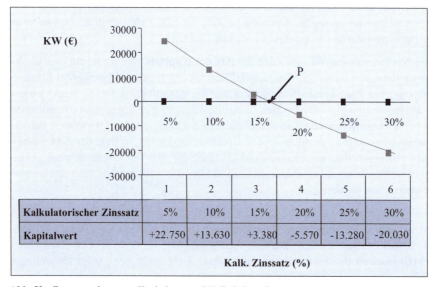

Abb. 52: Zusammenhang von Kapitalwert und Kalkulationszinssatz

4.5.2.2 Interne Zinsfuß-Methode

Als interner Zinsfuß wird die Effektivverzinsung einer Investition bezeichnet. Die Interne Zinsfuß-Methode berechnet nicht wie die Kapitalwertmethode den Kapitalwert bei gegebenen Kalkulationszinsfuß, sondern sie berechnet den internen Zinsfuß, der sich bei einem Kapitalwert von null ergibt (s. Abb. 52, Punkt P).

Für die Berechnung benutzt man daher den gleichen Ansatz wie bei der Kapitalwertmethode und setzt den Kapitalwert (K_0) = 0. Der Kalkulationszinsfuß (i) wird dabei zum internen Zinsfuß (r):

$$K_0 = \sum_{t=0}^{n} (E_t - A_t) \cdot (1+r)^{-t} + \frac{L_n}{(1+r)^n} = 0$$

K_0 = Kapitalwert
$(E_t - A_t)$ = Rückflüsse in Periode t
r = Interner Zinsfuß
L_n = Liquidationserlös in Periode n

Die Auflösung der Gleichung nach r ist für eine mehr als zweiperiodische Betrachtung mit erheblichen Schwierigkeiten verbunden. Daher wird ein Näherungsverfahren herangezogen, das ausreichend genaue Ergebnisse liefert.

Vorgehensweise:
- Man wählt einen Kalkulationszinsfuß, bei dem sich ein Kapitalwert größer null errechnet.
- Dann wird ein Kalkulationszinsfuß gewählt, bei dem sich ein Kapitalwert kleiner null ergibt.
- Durch lineare Interpolation wird der Zinsfuß ermittelt, bei dem der Kapitalwert gerade null ist.

Es wird von den Zahlenwerten aus dem Beispiel ausgegangen. Ein Kalkulationszinssatz von 10% liefert einen Kapitalwert von + 10.730,–, ein Zinssatz von 20% einen Kapitalwert von –10.031,–:

für $r_1 = 15\%$ $K_{01} = + 3.380,-$
$r_2 = 20\%$ $K_{02} = - 5.570,-$

Die lineare Interpolation ergibt:

$$r = r_1 - K_{01} \frac{r_2 - r_1}{K_{02} - K_{01}} [\%]$$

$$r = 15 - 3.380 \cdot \frac{20 - 15}{-5.570 - 3.380} [\%] \quad = \quad \underline{16{,}89\%}$$

Nun kann ein kleineres Interpolationsintervall gewählt werden, das einen genaueren Wert ergibt:

z.B.: für $r_3 = 16\%$ $K_{03} = + 1.470,-$
$r_4 = 18\%$ $K_{04} = - 2.150,-$

$$r = 16 - 1.470 \cdot \frac{18 - 16}{-2.150 - 1.470} \quad = \quad \underline{16{,}81\%}$$

Das gleiche Ergebnis erhält man auch bei grafischer Interpolation wie die folgende Abbildung zeigt:

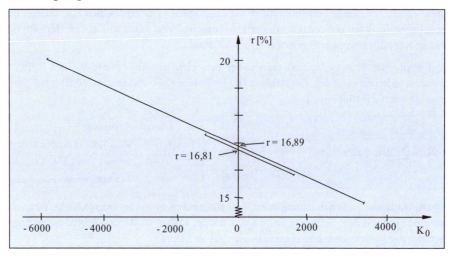

Abb. 53: Graphische Interpolation

Der Interne Zinsfuß liegt bei ca. 16,8%. Er gibt die Verzinsung des zu jedem Zeitpunkt jeweils gebundenen Kapitals an. Das heißt, die Rückflüsse werden nicht reinvestiert, sondern werden durch Zinsen und Tilgung verzehrt, bis am Ende des Planungszeitraums das gebundene Kapital (Vermögenswert) Null wird:

Zeitpunkt t	Rückflüsse/ Kapitaleinsatz	Zinsen bei 16,8%	Tilgung	gebundenes Kapital (Vermögenswert)
0	–100.000,–	–	–	–100.000,–
1	+30.000,–	16.800,–	13.200,–	–86.800,–
2	+50.000,–	14.582,–	35.418,–	–51.382,–
3	+60.000,–	8.632,–	51.368,–	**–14,–**

Abb. 54: Entwicklung des Vermögenswertes bei Internem Zinsfuß[24]

Die Vorteilhaftigkeit einer Investition ergibt sich bei zusätzlicher Kenntnis des Kalkulationszinsfußes, wenn der Interne Zinsfuß größer oder gleich dem Kalkulationszinsfuß ist. Es wird ersichtlich, dass der Kalkulationszinsfuß als Vergleichsmaßstab gegeben sein muss. Im Beispiel ist die Investition bei dem Kalkulationszinsfuß von 10% vorteilhaft.

Wird ein Alternativenvergleich angestrebt, so ist unter der Annahme **vollständiger Alternativen** diejenige zu wählen, die den höchsten Internen Zinsfuß aufweist. Dabei muss diese jedoch auch größer als der Kalkulationszinsfuß sein. Ist die Annahme vollständiger Alternativen nicht haltbar, so muss eine Untersuchung mit Hilfe von Differenzinvestitionen geführt werden.

---

[24] Die Ungenauigkeit des Interpolationsverfahrens bei der Internen-Zinssatzbestimmung führt zu einer Abweichung des Vermögenswertes von 14,–.

4.5.2.3 Annuitätenmethode

Während die Kapitalwert- und die Interne Zinsfuß-Methode mit den effektiven (je Periode unregelmäßig hoch anfallenden) Einnahmen und Ausgaben rechnen, werden bei der **Annuitätenmethode** die durchschnittlichen jährlichen Ausgaben gegenübergestellt.

Zuerst muss deshalb der Kapitalwert der Investition ermittelt werden, der dann mit dem Kapitalwiedergewinnungsfaktor (KWGF) multipliziert wird. Aus dieser Rechnung ergibt sich dann die **Annuität**:

$$A = K_0 \cdot \frac{i(1+i)^n}{i(1+i)^{n-1}}$$

A = Annuität
K_0 = Kapitalwert
$\frac{i(1+i)^n}{i(1+i)^{n-1}}$ = Kapitalwiedergewinnungsfaktor (**KWGF**)

Der **KWGF** ist einer entsprechenden finanzmathematischen Tabelle zu entnehmen.

Die Umrechnung des Kapitalwertes in gleichbleibende jährliche Beträge entspricht dem in der Praxis weit verbreiteten Denken in jährlichen Gewinnen.

Das Vorteilhaftigkeitskriterium für eine Investition lautet analog zur Kapitalwertmethode: Die Investition ist vorteilhaft für den Investor, wenn ihre Annuität positiv ist oder Null beträgt. Von mehreren alternativen Investitionen ist diejenige am vorteilhaftesten, welche die größte positive Differenz aufweist zwischen ihren Einnahmen- und Ausgabenannuitäten. Das bedeutet, es wird das Investitionsobjekt gewählt, das die höchste Annuität hat.

Ersatzinvestitionen können hinsichtlich ihrer Vorteilhaftigkeit mit Hilfe der Annuitätenmethode beurteilt werden und auch das Problem der **Differenzinvestition** stellt sich hier nicht. Die Annuitätenmethode weist jedoch ebenfalls die beiden **Nachteile** auf, die den typischen Problemen der dynamischen Investitionsrechnung entsprechen:

– Die Zahlungen lassen sich in ihrer Höhe und
– die Zahlungsströme in ihrer zeitlichen Verteilung nicht ohne weiteres zurechnen.

Beispiel:
Im Beispiel der Abbildung 54 würde sich folgende Annuität ergeben:

$$A = K_0 \cdot KWGF = 13.620 \cdot 0,40211 = 5.480,80$$

Die Bedeutung einer Annuität von 5.480,80 und die Verwendung der sich daraus ergebenen Rückflüsse werden anhand der folgenden Tabelle veranschaulicht.

t	(a) Gebundenes Kapital	(b) Zins	(c) Tilgung	(d) Annuität	Rückflüsse = R_t = (b+c+d)
1	100.000,00	10.000,00	14.519,20	5.480,80	30.000,00
2	85.480,80	8.548,08	35.971,12	5.480,80	50.000,00
3	49.509,68	4.950,97	49.568,23	5.480,80	60.000,00

Abb. 55: Verwendung der Rückflüsse für Zins- und Tilgungszählungen als Annuität

4.5.2.4 Wirtschaftliche Nutzungsdauer und optimaler Ersetzungszeitpunkt

Bisher wurde die Kenntnis des Zahlungsstromes vorausgesetzt, der mit einer Investition verbunden ist. Tatsächlich ist aber die Festlegung der betrieblichen Nutzungsdauer bereits ein Entscheidungsproblem.

So können geplante Einzahlungsüberschüsse durch sinkende Absatzmengen und Absatzpreise, Zunahme der Marketingausgaben, Anstieg von Reparatur- und Instandhaltungskosten, Produktinnovationen im Zeitlauf zurückgehen. Die Konsequenz ist, dass das Investitionsobjekt technisch noch einsatzfähig wäre, wirtschaftlich aber nicht mehr optimal genutzt würde. Die wirtschaftliche Nutzungsdauer wäre somit kürzer als die technische Nutzungsdauer. Damit stellt sich dem Investor aber bereits vor der Anschaffung die Frage nach der optimalen Nutzungsdauer des Investitionsobjektes. Die Entscheidung über die optimale Nutzungsdauer erfolgt vor der Durchführung einer Investition und ist damit eine Ex-ante-Entscheidung.

Aber auch nach der Durchführung einer Investition ist eine Überprüfung der Nutzungsdauer erforderlich, wenn gravierende Veränderungen bei den Rahmendaten der ursprünglichen Investitionsentscheidung eintreten, wie technischer Fortschritt, Auftreten von Konkurrenzprodukten und rechtliche Vorschriften, die die ursprüngliche Zahlungsreihe beeinflussen. Im Rahmen einer Kontrollrechnung werden die neuen Informationen berücksichtigt. Für ein vorhandenes Investitionsobjekt muss daher der optimale Ersatzzeitpunkt erneut bestimmt werden, da die ursprünglich unterstellte Nutzungsdauer nicht mehr optimal ist. Die Bestimmung des optimalen Ersatzzeitpunktes erfolgt nach getätigter Investition und ist daher eine Ex-post-Entscheidung.

Ist geplant, ein Investitionsobjekt nicht wieder durch ein neues Investitionsobjekt – identisch oder technisch verändert – zu ersetzen, so gilt, dass die optimale Nutzungsdauer dann erreicht ist, wenn der Kapitalwert ein Maximum erreicht hat. Dafür muss für jedes Jahr der technischen Nutzungsdauer der Kapitalwert der Investition für den Fall berechnet werden, dass der Investitionsprozess zu diesem Zeitpunkt abgebrochen wird:

$$\text{Es gilt: } K_0 = -I_0 + \sum_{t=1}^{n}(E_t - A_t)\cdot(1+i)^{-t} \Rightarrow \max.(n = 1, 2, \ldots, n\max.)$$

Die Methode des Grenzwertkalküls ist eine Grenzwertbetrachtung und aus der Kapitalwertmethode abgeleitet. Der Weiterbetrieb eines Investitionsobjektes um eine weitere Periode lohnt sich so lange, wie die Grenzeinzahlungsüberschüsse positiv sind.

Der Grenzeinzahlungsüberschuss wird wie folgt definiert:

$$C_t^{'} = (E_t - A_t) + (R_t - R_{t-1}) - (R_{t-1}\cdot i)$$

mit: $(E_t - A_t)$ = Einzahlungsüberschüsse in der Periode t
  R_t = Restverkaufserlös in der Periode t
  R_{t-1} = Restverkaufserlös in Vorperiode

Die Nutzungsdauer wird solange verlängert, solange $C_t^{'} \geq 0$. Somit lohnt sich ein Weiterbetrieb in Anlehnung an die Kapitalwertmethode immer dann,

wenn gilt: $K_0(t) \geq K_0(t-1)$

Das Maximum des Kapitalwertes ist dann erreicht, wenn der Zahlungsüberschuss in t gerade noch die Zinsen auf den Restverkaufserlös am Anfang der Periode und die Abnahme des Restverkaufserlöses in der betrachteten Periode deckt.

4.5.3 Kosten-Nutzen-Analyse

Kosten-Nutzen-Analysen dienen der Entscheidungsvorbereitung sowie der nachträglichen Überprüfung von getroffenen und schon realisierten Entscheidungen. Sie ist besonders geeignet für Projekte der öffentlichen Hand. Es handelt sich dabei um eine Technik, welche die Kosten eines alternativen Aktienkurses zur Erreichung eines Zieles mit dem aus diesem Aktienkurs resultierenden Nutzen vergleicht. Einfach ausgedrückt bedeutet dies, dass die Kosten den voraussichtlichen Einnahmen gegenübergestellt werden. Die Kosten sind in der Regel gut erfassbar, weil sie hauptsächlich innerhalb des Projektes anfallen. Der Nutzen hingegen ist schwer erfassbar und quantifizierbar, da er außerhalb des direkten Zielbereiches entsteht.

Die **Kosten-Nutzen-Analyse** bietet sich an, wenn wichtige Faktoren bei einem Problem nicht genau finanziell gemessen werden können und die Bewertung sehr schwer und unsicher ist oder die finanziellen Werte nur einen Teil der Gesamtwerte darstellen.

Als erstes wird das Problem definiert und das Hauptziel festgelegt. Danach wird ein Zielsystem entwickelt und die einzelnen Teilziele nach der ihnen beigelegten relativen Bedeutung gewichtet. Mögliche Alternativen werden entwickelt. Die Alternativen, die gegen bestimmte Bedingungen verstoßen, werden ausgesondert.

Das gleiche gilt auch für Alternativen, die eine oder mehrere Mindestzielerreichungsvorgaben nicht erfüllen. Diese Vorgaben lassen sich schnell durch ein Pflichtenheft ermitteln. Dann muss der Grad der wahrscheinlichen Erreichung der einzelnen Teilziele abgeschätzt werden.

Die prognostizierten Zielerreichungsgrade werden mit den Gewichtungsfaktoren der relativen Bedeutung des jeweiligen Teilzieles multipliziert, um den Nutzenbeitrag zu berechnen. Diese werden dann in weiteren Berechnungen u.a. zusammen addiert.

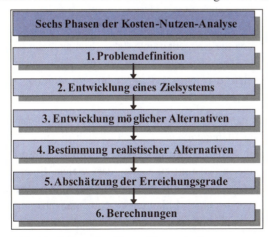

Abb. 56: Struktur einer Kosten-Nutzen-Analyse

In der klassischen Form der Kosten-Nutzen-Analyse werden die in monetären Einheiten quantifizierbaren Vorteile (Nutzen) und Nachteile (Kosten) ermittelt und durch verbale Darlegungen (quantitative Beschreibungen) oder durch eine Punktebewertung ergänzt.

4.5.4 Die Nutzwertanalyse

Die **Nutzwertanalyse** ist ein analytisches Bewertungsverfahren, mit dem Lösungsalternativen nach mehreren, verschiedenartigen Zielfaktoren (auch nicht quantifizierbare Ziele) beurteilt und verglichen werden können. Die Nutzwertanalyse soll vor allem die subjektiven Werte beurteilen und ebenso wie die Kosten-Nutzen-Analyse zur Entscheidungsfindung herangezogen werden. Aus systemtechnischer Sicht beruht die Nutzwertanalyse, die auch als **Punktverfahren** oder **Multifaktorentechnik** bezeichnet wird, auf dem Vergleich verschiedener Alternativen.

Die Vorteilhaftigkeit der Lösungsalternativen wird im Hinblick auf verschiedene Beurteilungskriterien bewertet und die entstehenden Teilergebnisse werden unter Berücksichtigung der unterschiedlichen Bedeutung der Maßstäbe zu einer Gesamtbeurteilung in Punktwerten zusammengeführt. Die Gesamtpunktzahlen der untersuchten Alternativen ergeben eine Rangfolge der Vorteilhaftigkeit.

Die **Nutzwertanalyse** sollte vorwiegend im **Team** durchgeführt werden, da Diskussionen über die verschiedenen Bewertungen die Objektivität der Meinungsbildung wirksam fördern.

Die Durchführung der Nutzwertanalyse ist auf ein systematisch, weitgehend formalisiertes Vorgehen angewiesen. Es ist möglichst genau einzuhalten, um Objektivität, Ausgewogenheit und Stichhaltigkeit des Verfahrens wesentlich zu steigern.

Die **Vorgehensweise** bei der Nutzwertanalyse lässt sich in fünf **Verfahrensabschnitte** gliedern.[25]

1. Schritt: Zielkriterienbestimmung

Hier werden in einem Katalog die relevanten Ziele, Anforderungen, Funktionen oder Eigenschaften (Zielkriterien) hierarchisch gegliedert. Durch schrittweise Abstraktionen (Frage: Warum?) können die Elementarziele (letzte Elemente der Zielgliederung) hierarchisch zusammengefasst werden. Zusammengehörige Ziele sind in einen Oberbegriff zu fassen, der wieder zu einem Oberbegriff höherer Ordnung führt, bis alle Ziele einen gemeinsamen Begriff ergeben.

Der oberste Begriff nennt dann das Gesamtziel. Weiterhin folgen Gruppenziele. Die Ziele der letzten Stufe, die Elementarziele sind schließlich diejenigen, die der Entscheidende nach messbaren Kriterien beurteilen und quantitativ bewerten muss. Bei der Kriterienauswahl ist einerseits darauf zu achten, dass gleiche Eigenschaften nicht durch mehrere Kriterien erfasst werden und andererseits auf eine Nutzenunabhängigkeit der Zielkriterien. Dabei ist eine vollkommene Nutzenunabhängigkeit nicht zu erreichen. Es genügt aber eine „bedingte" Nutzenunabhängigkeit.

---

[25] Vgl. hierzu ausführlich: Rinza, P.: Nutzwert-Kosten-Analyse, 2. Aufl., Düsseldorf 1992, S. 145.

2. Schritt: Zielkriteriengewichtung

Nicht alle gesammelten Kriterien sind für die Beurteilung in jedem Fall gleich wichtig. Deshalb werden die einzelnen Kriterien mit einem Gewichtungsfaktor versehen, der ihre Bedeutsamkeit angibt. Um aussagefähige Ergebnisse zu erhalten, empfiehlt es sich, eine breite Skalierung zu wählen. Geeignete Skalierungsmethoden sind die **Intervallskala** oder die **Verhältnisskala (Kardinalsskala)**.

Bei der Intervallskala sind die Abstände zwischen zwei benachbarten Skalenwerten konstant. Die Skalenwerte können von 1 bis 10 reichen. Dabei bedeuten die Werte von 1 bis 3 weniger wichtig, die Werte von 4 bis 7 wichtig und die Werte von 8 bis 10 sehr wichtig. Werden Daten paarweise miteinander verglichen, handelt es sich um eine Verhältnisskala.

3. Schritt: Teilnutzenbestimmung

Das Ausmaß der Erreichung eines Zielkriteriums aus dem Kriterienkatalog durch die jeweils zu beurteilende Alternative wird als Zielerreichungsgrad bezeichnet. Zunächst ist festzulegen, mit welcher Nutzenskala der Zielerreichungsgrad jedes Kriteriums erfasst werden soll. Folgende Messmöglichkeiten bieten sich an:

- **Nominalskalen** (man entscheidet z.B. ob etwas vorhanden ist oder nicht)
- **Ordinalskalen** (drücken aus, ob etwas gut, befriedigend oder unbefriedigend ist)
- **Kardinalskalen** (Punkteskala 1 bis 10 usw.)

Für alle Zielkriterien ist die gleiche Nutzenskala zu verwenden. Danach werden die Messergebnisse in Teilnutzen transformiert.

- Diskrete Transformationsfunktionen ordnen der Zielerreichungsklasse genaue Teilnutzenwerte zu.
- Stückweise konstante Transformationsfunktionen ordnen festgelegten Intervallen von Zielerreichungsgraden konstante Teilnutzenwerte zu.

4. Schritt: Nutzwertermittlung

Hier werden die Teilnutzen zu einem Gesamtnutzen verdichtet und zwar für jede in den Vergleich einbezogene bedeutsame Alternative. Dabei kann eine Matrix helfen, welche die Zielereichungsgrade (Teilnutzen) sowie die Gewichtung des Gesamtnutzens zum aggregierten Teilnutzen darstellen.

5. Schritt: Vorteilhaftigkeitsbewertung

Aus der Nutzwertermittlung ergibt sich die Vorteilhaftigkeitsbewertung. Die Alternative mit dem höchsten Nutzwert wird gewählt. Dabei sind subjektive Betrachtungen von Entscheidungsträgern durchaus möglich.

Problematisch bei der Durchführung einer Nutzwertanalyse ist, dass sowohl die Gewichtung und Auswahl als auch die Bewertung des jeweiligen Zielerreichungsgrades stark subjektiv geprägt sein können. Hierdurch kann es zum Bevorzugen bestimmter Alternativen kommen.

Standortanforderungen (Zielkriterien)	Gewich-tung	Standortalternativen					
		Standort 1		Standort 2		Standort 3	
	(G)	B	G·B	B	G·B	B	G·B
–Räumliche Expansionsmöglichkeiten	0,05	9	0,45	6	0,30	10	0,5
–Verfügbarkeit von Arbeitskräften	0,30	3	0,90	9	2,70	6	1,8
–Materialversorgung	0,10	4	0,40	6	0,60	2	0,2
–Verkehrsanbindung	0,10	9	0,90	5	0,50	3	0,3
–Entsorgung	0,15	5	0,75	6	0,90	8	1,2
–Absatzmarktnähe	0,20	10	2,00	4	0,80	5	1,0
–Steuerbelastung	0,05	3	0,15	5	0,25	6	0,3
Gesamtwert			Σ 5,55		Σ 6,05		Σ 5,3
Bewertungsskala (B): 10 sehr gut ..... 6 gut ..... 3 befriedigend ..... 0 ungünstig								

Abb. 57: Nutzwertanalyse

4.6 Instrumente zur Berücksichtigung der Unsicherheit

In diesem Bereich werden die Sensitivitätsanalyse, die Risikoanalyse und die Entscheidungsbaumanalyse behandelt.[26]

Diese Verfahren berücksichtigen die Ungewissheit über die zukünftigen Entwicklungen explizit. Alle Verfahren sind überwiegend für die Stützung der Investitionsentscheidungen eingesetzt worden.

4.6.1 Sensitivitätsanalyse

Sensitivitätsanalysen beziehen Unsicherheiten dadurch ein, dass sie vorher alle sicher unterstellten Einflussgrößen variieren und die Auswirkungen dieser Änderung auf die Ergebnisgröße prüfen.

Die Bedeutung dieser Analyse liegt insbesondere in der Ermittlung derjenigen strategischen Variablen, deren Auswirkungen auf die Entscheidung als besonders gravierend anzusehen sind. Werden mehr als zwei Größen einbezogen, so wird das Verfahren unübersichtlich, was man durch die Risikoanalyse zu überwinden versucht.

4.6.2 Risikoanalyse

Diese Analyse wurde von David B. Hertz in den 60-er Jahren als quantitatives Verfahren der Marketingplanung entwickelt.

Sie stellt ein weiteres Verfahren für Investitionsentscheidungen bei Unsicherheit dar. Jedoch müssen sich die Wahrscheinlichkeiten objektiv oder subjektiv angeben lassen. Ziel ist es, die Verteilung einer Zielgröße unter Berücksichtigung verschiedener Umweltfaktoren mit spezifischen Zustandsverteilungen zu ermitteln und graphisch darzustellen. Der Zweck der Risikoanalyse besteht darin, das Risiko in Verbindung mit einem Produkt aufzuzeigen.

---

[26] Vgl. Jung, H.: Allgemeine Betriebswirtschaftslehre, a.a.O., S. 862 ff.

Das Risiko stellt dabei eine Abweichung der tatsächlichen Ergebnisrealisation von der angestrebten Ergebnisrealisation dar.

Eine **Risikoanalyse** besteht aus **drei Arbeitsschritten**:

(1) die Entwicklung eines Entscheidungsmodells mit Festlegung der Komponenten der jeweiligen Zielgröße und die Verbindungen mit den Zielkomponenten,

(2) die Ermittlung oder Schätzung einer Wahrscheinlichkeitsverteilung für jeden einzelnen Umweltfaktor,

(3) die Ermittlung, die Reihenfolge und die Darstellung der Wahrscheinlichkeiten für alle Kombinationen von Umweltzuständen sowie der dazugehörigen Zielerreichungsgrade.

Die Risikoanalyse erleichtert in dem Sinne die Aufgaben (z.B. eines Marketingplaners), weil man keine separate Ergebnisschätzung für jede mögliche Umweltsituation abzugeben braucht, sondern nur dazu ein Entscheidungsmodell zu formulieren und für jeden Umweltfaktor Wahrscheinlichkeitsverteilungen zu entwickeln hat. Dies bietet vor allem die Möglichkeit, eine größere Anzahl von Umweltfaktoren und/oder Zielkomponenten in die Analyse mit einzubeziehen.

Für eine **Risikoanalyse** stehen grundsätzlich drei Verfahren zur Verfügung:

1. **das Analytische Verfahren:** ausgegangen wird hier von einem Erklärungsmodell; mit Hilfe wahrscheinlichkeitstheoretischer Zusammenhänge wird die Verteilung der zu erklärenden Größe auf analytischem Weg hergeleitet,

2. **die Vollenumeration:** Ausgangspunkt ist die Annahme, dass man für jede denkbare Inputgröße Kombinationen berechnet sowie die zu erklärende Größe und die zugehörige Wahrscheinlichkeitsverteilung konstruiert,

3. **die Monte-Carlo-Simulation:** hier werden Zufallsprozesse nachgeahmt, indem Stichprobenbeziehungen auf der Basis gegebener Verteilungen der Inputgrößen erfolgen. Eine Verarbeitung der Stichprobenwerte führt zur Häufigkeitsverteilung der Zielgröße.

Hier sei noch gesagt, wenn alternative Entscheidungen der Konkurrenten oder der Käufer zu berücksichtigen sind, so schlagen diese sich in der Risikoanalyse nur in den Wahrscheinlichkeitsverteilungen nieder. Bei den Entscheidungsbaumverfahren werden sie dagegen explizit berücksichtigt.

4.6.3 Entscheidungsbaumanalyse

Mittelpunkt dieser Analyse ist der aus Knoten und Kanten bestehende **Entscheidungsbaum**. Knoten beschreiben einerseits die Situation, in denen z.B. Konkurrenten und Käufer Entscheidungen fällen, und andererseits diejenigen Situationen, in denen das Unternehmen Entscheidungen trifft. Die Knoten sind durch Kanten verbunden. Dabei werden die Verbindungen zwischen Ereignisknoten und nachfolgenden Entscheidungsknoten mit der Eintrittswahrscheinlichkeit dieser Umweltzustände versehen.

Diese Analyse dient dazu, optimale Strategien im Sinne der flexiblen Planung zu ermitteln. Aus diesem Zweck wird das gesamte Entscheidungsproblem in Teilprobleme gefächert, die nacheinander gelöst werden. Nach dem Entscheidungsbaumverfahren wird diejenige Alternative gewählt, die den höchsten Erwartungswert des Zielkriteriums aufweist.

4.7 Verfahren der Gesamtunternehmensbewertung

Die folgenden Verfahren der **Gesamtunternehmensbewertung** zielen nicht auf Insolvenzprognosen ab, sie sollen den „Gesamtwert" einer Unternehmung feststellen und sind für den Käufer gerade dann von Interesse, wenn es um langfristige Kooperationen, insbesondere in Kombination mit gemeinsamen Entwicklungsvorhaben geht.

Diese Verfahren lassen sich grundsätzlich in „objektive" und „subjektive" Ansätze einteilen.[27] Die **objektiven Ansätze** zielen darauf ab, dass jedes Unternehmen einen real existierenden **objektiven Unternehmenswert** hat. Individuelle bzw. subjektive Wertbeimessungen, etwa von Käufer und Verkäufer, bleiben unberücksichtigt. Bei der objektiven Wertermittlung liegt die Betonung auf der vorhandenen Vermögenssubstanz und nicht auf zukünftig erzielbaren Erträgen.

Der **subjektive** Ansatz ist dagegen auf die Interessenlage und die Entscheidungssituation der Beteiligten zugeschnitten. Der subjektive Wert der Unternehmung wird ausschließlich aus den Erträgen abgeleitet, die aus dem Besitz der Unternehmung erwartet werden. Aufgrund unterschiedlich eingeschätzter Erfolgsaussichten, verschiedener angesetzter Kalkulationszinsfüße etc. weichen die von verschiedenen Beteiligten ermittelten Unternehmenswerte in der Regel voneinander ab.[28]

4.7.1 Der Zukunftserfolgswert (subjektiver Bewertungsansatz)

Wie der Name schon sagt, liegt hier der Gedanke zugrunde, dass für Interessenten an einer Unternehmung ausschließlich der zukünftige Erfolg, also die **Gewinne** von Bedeutung sind, die sich mit der Unternehmung künftig erwirtschaften lassen. Zur Bewertung wird daher die Kapitalwertmethode herangezogen, d. h. der Barwert der zu erwartenden Gewinne wird ermittelt:

$$ZEW = \sum_{t=1}^{n}(E_t - A_t) \cdot (1+i)^{-1}$$

ZEW = Zukunftserfolgswert
$(E_t - A_t)$ = Gewinne
i = Kapitalisierungszinsfuß

Es bleibt zu beachten, dass nicht entnommene Gewinne (Kapitalaufstockung) den Zukunftserfolgswert verringern, jedoch den Kurswert der Unternehmung erhöhen.

Die **Wahl des Kapitalisierungszinsfußes** zur Diskontierung der zu erwartenden Gewinnentnahmen muss sich an folgenden Grundsätzen orientieren:[29]

1. Wird das zu bewertende Unternehmen gekauft, so können alternative Investitionen nicht verwirklicht werden. Der interne Zinsfuß der besten Alternativanlage muss damit Grundlage für die Unternehmensbewertung sein.

2. Der Preis der zu bewertenden Unternehmung muss sich am Preis von anderen Investitionsobjekten mit gleichen Entnahmeerwartungen orientieren.

---

[27] Vgl. Jung, H.: Allgemeine Betriebswirtschaftslehre, a.a.O., S. 868 f.
[28] Vgl. ebd., S. 841.
[29] Vgl. Schierenbeck, H.: Grundzüge der Betriebswirtschaftslehre, 17. Aufl., München/Wien 2008, S. 474 f.

4.7.2 Die traditionellen Verfahren (objektive Bewertungsansätze)

Bisher konnte trotz einer Vielzahl verschiedener Verfahren noch kein gesichertes und allgemein anerkanntes Verfahren entwickelt werden, dass dem Anspruch eines objektiven Unternehmenswertes gerecht wird.[30]

In der Praxis werden daher Verfahren verwendet, die im Allgemeinen nur **Näherungswerte** liefern. Sie sind mit der Unsicherheit behaftet, die allen Vorhersagen gemein ist. Häufig verwendete Verfahren sind:

- das Ertragswertverfahren,
- das Substanzwertverfahren und
- das Mittelwertverfahren.

(1) Das Ertragswertverfahren

Bei diesem Verfahren werden die auf den Bewertungszeitpunkt abgezinsten, nachhaltig erzielbaren Gewinne des Unternehmens, die bei normaler Unternehmensleistung zu erwarten sind, dem Gesamtwert des Unternehmens gleich gesetzt. Hier kommt im Unterschied zum Zukunftserfolgswert der landesübliche Kalkulationszinsfuß für risikofreie Anlagen zur Anwendung. Dieser gibt, abhängig von der Rechtsform, Unternehmensgröße und Branche, die durchschnittliche Rendite des jeweiligen Geschäftszweiges wieder.[31] Die Berechnung des Ertragswertes erfolgt für verschiedene Situationen unterschiedlich:

Die Gewinne des Unternehmens sind zeitlich begrenzt, es fällt kein Liquidationserlös an.

$$EW = \sum_{n=1}^{n} G_t \cdot (1+i)^t$$

EW = Ertragswert
G_t = Gewinne der Periode t
i = Kalkulationszinsfuß

Es werden gleichbleibende Gewinne erwartet und man setzt einen Liquidationserlös voraus.

$$EW = G \cdot RBF_n^i + L_n (1+i)^{-n} \qquad RBF_n^i = \frac{\left[(1+i)^n\right]}{(1+i)^n \cdot i}$$

G = konstanter Gewinn

= Rentenbarwertfaktor
L_n = Liquidationserlös

Bei unbegrenzter Lebensdauer rechnet man mit konstanten Gewinnen pro Jahr

$$EW = \frac{G}{i}$$

G = konstanter Gewinn
i = Kalkulationszinsfuß

---

[30] Vgl. Jung, H.: Allgemeine Betriebswirtschaftslehre, a.a.O., S. 870.
[31] Vgl. Wöhe, G.: Einführung in die Allgemeine Betriebswirtschaftslehre, 23. Aufl., München 2008, S. 688 f.

(2) Das Substanzwertverfahren

Im Rahmen des **Substanzwertverfahrens** werden die Kosten ermittelt, die entstehen würden, wenn man ein Unternehmen mit gleicher technischer Leistungsfähigkeit wie das bewertete aufbauen wollte. Daher spricht man auch vom **Reproduktionswert**. Dabei ist der Teilreproduktionswert vom Gesamtreproduktionswert zu unterscheiden. Der **Teilreproduktionswert** umfasst den Wert aller vorhandenen Wirtschaftsgüter des Anlage- und Umlaufvermögens entsprechend der Handelsbilanz.

Der **Gesamtreproduktionswert** umfasst zusätzlich die geschätzten Wiederbeschaffungskosten nicht bilanzierungsfähiger Wirtschaftsgüter wie z. B. die Marktposition, den Kundenstamm, das Know-how und die Ausbildung der Mitarbeiter. Diese Wiederbeschaffungskosten lassen sich jedoch nicht auf dem Wege der Einzelbewertung (d.h. additiv) bestimmen. Der sogenannte Kapitalisierungsmehr- oder -minderwert bildet den originären Firmen- oder Geschäftswert und stellt die Differenz aus einer preisabhängigen (= buchmäßigen) und einer ertragsabhängigen Bewertung der Wirtschaftgüter dar. Die Differenz aus Ertragswert und Teilreproduktionswert gibt somit den **originären Geschäftswert** wieder.[32]

$$GR = TR + WBK_{nbW}$$

GR = Gesamtreproduktionswert
TR = Teilreproduktionswert
WBK_{nbW} = Wiederbeschaffungskosten nicht bilanzierungsfähiger Wirtschaftsgüter

Es wurde deutlich, dass der Teilreproduktionswert nicht den tatsächlichen Unternehmenswert widerspiegelt. Er stellt aber traditionell eine objektiv messbare Größe dar und wird daher auch bei anderen Verfahren der Unternehmensbewertung verwendet.[33] Andererseits ist auch der Substanzwert wenig geeignet, den Unternehmenswert festzustellen, da es praktisch nicht möglich ist, den originären Firmenwert zu bestimmen.

(3) Das Mittelwertverfahren

Das Mittelwertverfahren begründet sich darauf, dass der Ertragswert einer Unternehmung nicht langfristig über deren Gesamtreproduktionswert liegen kann. Würde dies zutreffen, dann würde die Branche verstärkt Konkurrenten anlocken und die Gewinne relativierten sich im Konkurrenzkampf. Da andererseits der Substanzwert zwar maßgeblich ist, aber nicht exakt bestimmt werden kann, wird hilfsweise das **arithmetische Mittel** aus Substanzwert und Ertragswert berechnet.

$$\text{Gesamtwert} = \frac{\text{Substanzwert} + \text{Ertragswert}}{2}$$

Das Mittelwertverfahren stellt damit eine praktische, aber grob schematisierte Methode zur Einschätzung des Gesamtreproduktionswertes dar.

---

[32] Vgl. Wöhe, G.: Einführung in die Allgemeine Betriebswirtschaftslehre, a.a.O., S. 689 f.
[33] Vgl. Jung, H.: Allgemeine Betriebswirtschaftslehre, a.a.O., S. 871.

5 Berichtswesen und Reporting

Ein wichtiges Instrument zur Erfüllung der Informationsaufgabe ist das Berichtswesen. Die Orte der Informationsentstehung und Informationsverwendung fallen im Unternehmen auseinander. Das Berichtswesen, als Bindeglied zwischen Entstehungs- und Verwendungsort von Informationen, hat dafür zu sorgen, dass die Führungsebenen einer Unternehmung mit den für betriebswirtschaftliche Entscheidungen notwendigen Informationen und Daten versorgt werden.

Der Präsentation kommt dabei die Aufgabe zu, diese Informationen und Daten in einer geeigneten Form darzustellen. Davon hängt in hohem Maß der Erfolg der Controllingmaßnahmen ab.

5.1 Berichtswesen im Unternehmenscontrolling

In der Literatur findet man einige Definitionen, die sich im Wesentlichen nur durch den Umfang und die Tiefe der Darstellung unterscheiden. Diese Definitionen beschreiben jedoch alle die gleichen Grundgedanken.

Küppler nennt eine sehr allgemeine Definition. „Man kann unter ihm alle Personen, Einrichtungen, Regelungen, Daten und Prozesse verstehen, mit denen Berichte erstellt und weitergegeben werden. Dabei stellen Berichte unter einer übergeordneten Zielsetzung, einem Unterrichtungszweck, zusammengefasste Informationen dar."[34]

Das Berichtwesen bei **Ziegenbein** ist „die Erstellung und Weiterleitung von funktionsübergreifenden Berichten im Sinne geordneter Zusammenstellungen von Nachrichten ausschließlich für das Management."[35]

Horváth grenzt den Begriff etwas mehr ein, nämlich als Informationsübermittlungsvorgänge an Betriebsangehörige – und zwar das Management –, die die Arbeit des Managements bei der ergebniszielorientierten Planung und Kontrolle unterstützen. Berichtswesen ist vereinfacht gesagt: „die Erstellung und Weiterleitung von ‚**internal managerial reports**'."[36]

Folgende **Grundgedanken** sind in allen Definitionen enthalten:

- Erstellung von Informationen,
- innerbetriebliche Weitergabe an das Management,
- Ziel: Unterstützung bei der ergebniszielorientierten Planung und Kontrolle.

Im Bereich des Berichtswesens werden die Berichte zur Entscheidungsvorbereitung nur intern weitergegeben. Die Weitergabe der Berichte kann auch an externe Berichtsempfänger erfolgen, z.B. bei der Herausgabe des jährlichen Geschäftsberichtes.

Die Notwendigkeit des Berichtswesens ergibt sich aus der Tatsache, dass der Ort der Informationsentstehung und der Ort der Informationsverwendung im Unternehmen je nach Grad der Zentralisation und Dezentralisation organisatorisch auseinanderfallen.

---

[34] Küpper, H.-U.: Controlling: Konzeption, Aufgaben, Instrumente, 4. Aufl., Stuttgart 2005, S. 170.
[35] Ziegenbein, K.: Controlling, 9. Aufl., Ludwigshafen (Rhein) 2007, S. 430.
[36] Horváth, P.: Controlling, 11. Aufl., München 2009, S. 540 ff.

Informationsentstehungsorte sind die einzelnen Teilbereiche des Unternehmens, z.B. die Produktion, das Rechnungswesen, die Beschaffung, die Lagerung und der Vertrieb. Den Informationsverwendungsort stellt die Unternehmensführung dar. Dem Berichtswesen obliegt deshalb die Aufgabe, die Verbindung zwischen den Funktionsbereichen und dem Management herzustellen, d.h. empfängerorientierte, zur Problemlösung geeignete Informationen zur richtigen Zeit, mit der notwendigen Verdichtung zu erbringen und in einer geeigneten Form darzustellen.[37]

5.1.1 Berichtsarten

Es gibt verschiedene Arten von Berichten. Diese lassen sich nach den folgenden Gesichtspunkten einteilen:

- nach **Sachgebieten**, z.B. Beschaffung, Produktion, Vertrieb, Personal
- nach dem **Zeitbezug**, z.B. Ist-Daten, Plan- bzw. Soll-Daten,
- nach der **Art des Mediums**, z.B. mittels Bildschirm, Tonband, Video, Internet
- nach der **Frequenz**, z.B. unregelmäßig und regelmäßig,
- nach dem **Verdichtungsgrad**, z.B. als Einzelpositionen oder als Kennziffern,
- nach der **Funktion**, z.B. für Dokumentationszwecke oder zur Ursachenanalyse.

Betrachtet man Berichte nach der Verwendung der Information im Planungs- und Kontrollprozess, so unterteilt man sie in drei Arten:

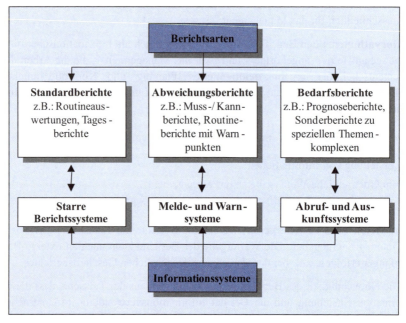

Abb. 58: Berichtsarten

---

[37] Vgl. Horváth & Partner: Das Controllingkonzept: Der Weg zu einem wirkungsvollen Controllingkonzept, 4. Aufl., München 2000, S. 245.

Ausgangspunkt für die Erstellung der Berichte bildet der Informationsbedarf, der die Menge an Informationen bezeichnet, die der Berichtsempfänger für die Entscheidungsfindung benötigt.

Dieser Bedarf kann mittels Informationsbedarfsanalyse z.B. durch die direkte Befragung der entsprechenden Berichtsempfänger, ermittelt werden. Die Informationsbedarfsanalyse ist ein wichtiger Aspekt zur empfängerorientierten Berichterstellung.

5.1.1.1 Standardberichte

Diese Berichte werden für bestimmte Zielgruppen in zeitlich festgelegten Abständen erstellt, z.B. als Monats- oder als Quartalsbericht. Die Erstellung dieser Berichte erfolgt also regelmäßig. Sie enthalten einen standardisierten Datenstamm, der zuvor einmalig bei einer Informationsbedarfsanalyse ermittelt wurde.

Der Berichtsempfänger hat somit keinen Einfluss mehr auf die Berichtsinhalte. Dem Empfänger dieser Berichte steht eine Vielzahl von Daten zur Verfügung, aus denen er sich seine ihn interessierenden Informationen selbst entnehmen muss.

Es existiert somit ein Bericht, bei dem sich eine Vielzahl von Berichtsempfängern mit den erforderlichen Informationen versorgen kann. Deshalb ist die Erstellung dieser Art von Berichten nicht sehr kostenaufwendig. Im Standardbericht sind die Daten nur als Einzelpositionen, d.h. nicht in verdichteter Form als Kennziffern enthalten.[38]

Die folgende Abbildung zeigt beispielhaft den Aufbau und Inhalt eines Standardberichtes:

Data Research AG
Controllingabteilung

Absatzzahlen der Produkte: Januar 2015

Produkt	Absatzmenge in Stück	Preis pro Stück in €	Umsatz in T€	Umsatz kumulativ in T€
Produkt A	3.050	40,00	122	122
Produkt B	4.600	20,00	92	214
Produkt C	3.000	17,00	51	265
Produkt D	2.800	25,00	70	335
Produkt E	1.900	30,00	57	392

Abb. 59: Darstellung eines Standardberichtes

Die Vor- und Nachteile von Standardberichten sind in der folgenden Tabelle zusammengefasst:

---

[38] Vgl. Horváth, P.: Controlling, a.a.O., S. 541 ff.

Standardbericht	
Vorteile	Nachteile
– Geringe Kosten – Umfassende Versorgung des Managements mit Daten über das Betriebsgeschehen	– Verzicht auf spezielle, aktuelle und detaillierte Daten und Informationen – Negative Auswirkungen auf das Top-Management, weil durch die Fülle der Daten ein Überangebot an Informationen entstehen kann – Gefahr von Datenmissbrauch in der Ebene des mittleren und unteren Managements

Abb. 60: Vor- und Nachteile von Standardberichten[39]

5.1.1.2 Abweichungsberichte

Abweichungsberichte unterscheiden sich zunächst von den Standardberichten dadurch, dass sie nicht in regelmäßigen zeitlichen Abständen erstellt werden. Die Erstellung dieser Berichte ist an die **Über-** bzw. **Unterschreitung** bestimmter **Toleranzwerte** gebunden, d.h. sie werden nur in Fällen von Abweichungen von vorgegebenen Toleranzwerten erstellt. Somit wird eine zu häufige Berichterstellung vermieden.

Die in den Berichten enthaltenen Abweichungen (absolute oder prozentuale Werte) können z.B. Kosten-, Erlös- oder Budgetabweichungen darstellen. Abweichungsberichte weisen nur auf wichtige Problemstellen in der Unternehmung hin und zielen darauf ab, dass Maßnahmen zur Beseitigung dieser Probleme (Abweichungen) getroffen werden. Diese Berichterstattung knüpft an das Unternehmensführungskonzept nach dem Prinzip **Management by exception** an, weil Abweichungsberichte nur in Ausnahmefällen erstellt werden.[40]

Die folgende Abbildung zeigt ein Beispiel für einen Abweichungsbericht:

Data Research
Controllingabteilung

Soll-Ist-Analyse des Umsatzes der Produkte A und D: Januar ..15

Produkt	Umsatz		Ist-Abweichung		Maximale Abweichung in %
	Soll in T€	Ist in T€	Absolut in T€	in %	
Produkt A	130	122	8	6,15	5
Produkt D	110	70	40	36,36	10

Abb. 61: Darstellung eines Abweichungsberichtes

---

[39] Vgl. Ziegenbein, K.: Controlling, a.a.O., S. 513 ff.
[40] Vgl. Horváth, P.: Controlling, a.a.O., S. 541.

Die folgende Tabelle fasst die wesentlichsten Vor- und Nachteile der Abweichungsberichte zusammen:

Abweichungsbericht	
Vorteile	Nachteile
– Geringe Kosten – Werden nur in wichtigen Problemfällen erstellt	– Problem der Festlegung des Toleranzbereiches (absolut und %) – Gefahr der Überselektion von Daten – Berichte eignen sich nur für gezielte Anpassungsmaßnahmen

Abb. 62: Vor- und Nachteile von Abweichungsberichten

5.1.1.3 Bedarfsberichte

Bei Bedarfsberichten handelt es sich um einen speziell für einen bestimmten Berichtsempfänger erstellten Bericht. Sie sind in Form und Inhalt nicht standardisiert. Diese Berichte können individuell angefordert werden, z.B. wenn der Abweichungsbericht noch nicht die erforderliche Detailliertheit, die zur Problemlösung benötigt wird, besitzt oder beim Standardbericht die nötige Aktualität fehlt. Sie werden somit speziell auf die Anforderungen des Berichtsempfängers zugeschnitten. Daraus resultiert, dass die Erstellung dieser Berichte sehr kostenintensiv ist.

Von der Unternehmensführung wurde eine Erfolgsermittlung für den Monat Februar angefordert. Dieser Bedarfsbericht kann beispielsweise so aussehen:

Data Research
Controllingabteilung

Daten zur Erfolgsermittlung: Februar 2015

Produkt	Absatzmenge in Stück	Preis pro Stück in €	Variable Stückkosten in €/Stück	Stück-DB in €/Stück	Gesamt-DB in T€	Gesamt-DB kumulativ in T€
A	3.050	40,00	25,00	15,00	45,75	45,75
B	4.600	20,00	12,00	8,00	36,80	82,55
C	3.000	17,00	10,00	7,00	21,00	103,55
D	2.800	25,00	17,00	8,00	22,40	125,95
./. Fixkosten in T€						80,00
= Gewinn in T€						45,95

Abb. 63: Darstellung eines Bedarfsberichtes

Die Vor- und Nachteile von Bedarfsberichten sind in folgender Tabelle zusammengefasst:

Bedarfsbericht	
Vorteile	**Nachteile**
– Spezielles Informationsbedürfnis des Empfängers wird befriedigt – Liefert spezielle, aktuelle und detaillierte Informationen	– Nutzen ergibt sich nur für den Anforderer des Berichts – kostenintensiv

Abb. 64: Vor- und Nachteile von Bedarfsberichten

Diese Arten von Berichten beziehen sich auf die operative Berichterstattung. Ein Problem ergibt sich bei der strategischen Berichterstattung. Die strategischen Daten sind kaum standardisierbar.[41]

5.1.2 Gestaltungsmerkmale von Berichten

Bei der Erstellung von Berichten sind **folgende Fragen** zu beachten:

– **Wozu** soll berichtet werden?
– **Was** soll berichtet werden?
– **Wann** soll berichtet werden?
– **Wer** soll berichten und wer soll unterrichtet werden?
– **Wie** soll berichtet werden?

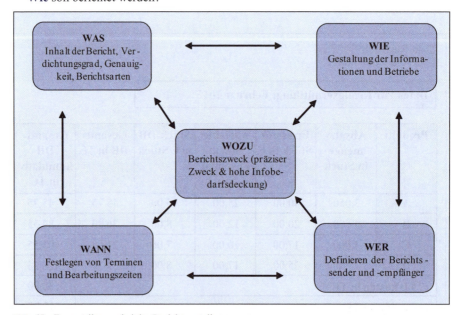

Abb. 65: Fragestellungen bei der Berichtserstellung

---

[41] Vgl. Horváth, P.: Controlling, a.a.O., S. 542 f.

Bei der Frage **Wozu soll berichtet werden?** handelt es sich um die Bestimmung des Berichtszwecks. Vom Berichtszweck hängt wesentlich die Gestaltung des Berichts ab, d.h. Berichtsinhalt und -gestaltung werden am Berichtszweck ausgerichtet.

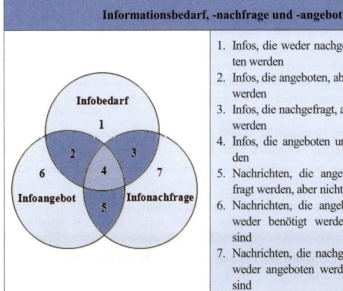

Abb. 66: Informationsbedarf, -nachfrage und -angebot

Die Frage **Was soll berichtet werden?** gibt Aufschluss über den Berichtsinhalt. Dabei sind in den Berichten Genauigkeit, Anzahl und Verdichtungsgrad der Informationen von Bedeutung, die auf den Empfänger ausgerichtet werden.

Durch eine große Fülle von Daten wird der Bericht oft unüberschaubar, deshalb müssen bestimmte Informationen empfängerorientiert in verdichteter Form dargestellt werden. Durch Vergleiche von Informationen innerhalb des Unternehmens aus vergangenen Perioden und außerhalb mit Mitbewerbern kann man die Aussagekraft von Informationen wesentlich erhöhen.

Die Frage **Wann soll berichtet werden?** bezieht sich auf den zeitlichen Aspekt der Berichterstellung und die Berichtszeiträume. So können z.B. Monats-, Quartals- oder Jahresberichte und regelmäßige oder unregelmäßige Berichte erstellt werden. Berichtstermine und Berichtszeiträume sind genau festzulegen.

Die Standardberichte sind in diesem Zusammenhang durch feste Termine und Regelmäßigkeit gekennzeichnet. Abweichungsberichte dagegen werden nur erstellt, wenn die festgelegten Toleranzwerte über- bzw. unterschritten werden. Die Häufigkeit der Berichterstellung ist also an die Vorgabe der Toleranzwerte gebunden.

Bei Bedarfsberichten lässt sich keine konkrete Aussage über die Erstellungshäufigkeit treffen. Sie erscheinen nur auf Anforderung durch den Berichtsempfänger.

Bei der Frage **Wer soll berichten und wer soll unterrichtet werden?** werden Berichtsempfänger und Berichtersteller konkretisiert. Sowohl der Berichtsempfänger als auch der Berichtersteller können mehrere Personen (eine bestimmte Gruppe) sein.

Die Frage **Wie soll berichtet werden?** knüpft an die Berichtsgestaltung an. **Kriterien** dafür sind:

- **Erstellungsart:** Berichte können maschinell oder manuell erstellt werden, wobei durch die Nutzung moderner EDV-Systeme die maschinelle Erstellung den Vorrang erhält.
- **Übermittlungsart:** Da Berichte überwiegend mit moderner EDV erstellt werden, liegt der Schwerpunkt hier auf der schriftlichen Übermittlung und der Übermittlung durch den Bildschirm. Berichte können auch in mündlicher Form zum Empfänger übermittelt werden.
- **Übersichtlichkeit:** Hier spielt die Anordnung der Daten eine wesentliche Rolle. Der Berichtsempfänger soll sich innerhalb des Berichts schnell orientieren können.
- **Darstellungsform:** man unterscheidet hierbei zwischen der verbalen, tabellarischen und graphischen Darstellung.
  - Bei der **verbalen Darstellung** werden Sachverhalte durch Texte ausgedrückt. Zur Erhöhung der Aussagefähigkeit von Kennziffern ist es z.B. erforderlich, dass diese umfassend kommentiert und ausgewertet werden.
  - Bei der **tabellarischen Darstellung** werden die Daten und Informationen in Tabellen angeordnet.
  - Die **graphische Darstellung** beinhaltet die Aufbereitung der Informationen in Diagrammen und Schaubildern. Durch diese Darstellung wird erreicht, dass bestimmte komplizierte Sachverhalte verständlicher dargestellt werden können.

5.1.3 Berichtszwecke

Berichtszwecke können unterschieden werden in:

- **Dokumentation**, z.B. Sitzungsprotokolle,
- **Auslösen betrieblicher Vorgänge**, z.B. Kürzung der Ausgaben bei Überschreitung eines bestimmten Budgets,
- **Kontrolle,** z.B. beim Vergleich von Soll-Ist-Werten
- und **Entscheidungsvorbereitung**, z.B. Liquiditätsberichte.

Ist der Berichtszweck festgelegt, so können die Berichte speziell auf den Informationsbedarf des Empfängers ausgerichtet werden. Damit wird erreicht, dass sie dem Empfänger den größtmöglichen Nutzen bringen.

Berichte werden nicht nur für die Unternehmensführung erstellt, sondern sind auch auf den niedrigeren Führungsebenen des Unternehmens von Bedeutung. Dem Berichtswesen kommt dabei die Aufgabe zu, den Informationsbedarf auf der jeweiligen Führungsebene zu befriedigen. Jede Führungsebene ist an den Daten und Informationen interessiert, die für diese Ebene relevant sind, d.h. die von dieser Ebene beeinflussbar sind. Ein Mitarbeiter der Betriebsabteilung `Produktion´ ist z.B. an Informationen interessiert, die er durch seine Arbeitsaufgabe im Produktionsprozess direkt beeinflussen kann.

Auf den unteren Führungsebenen entsprechen die Daten mehr Ursprungsdaten und werden nicht so stark aggregiert. Die Unternehmensführung ist vor allem an stark verdichteten Daten interessiert, die sich aus den Teilbereichen des Unternehmens ergeben und einen schnellen Überblick über die Gesamtsituation des Unternehmens geben, z.B. Kennzahlen des Gesamtunternehmens.

Mit steigender Führungsebene nimmt also der Verdichtungsgrad der Informationen zu. Die folgende Abbildung verdeutlicht, dass für die verschiedenen Führungsebenen eines Unternehmens Berichte mit speziell für diese Ebene benötigten Informationen, erforderlich sind.

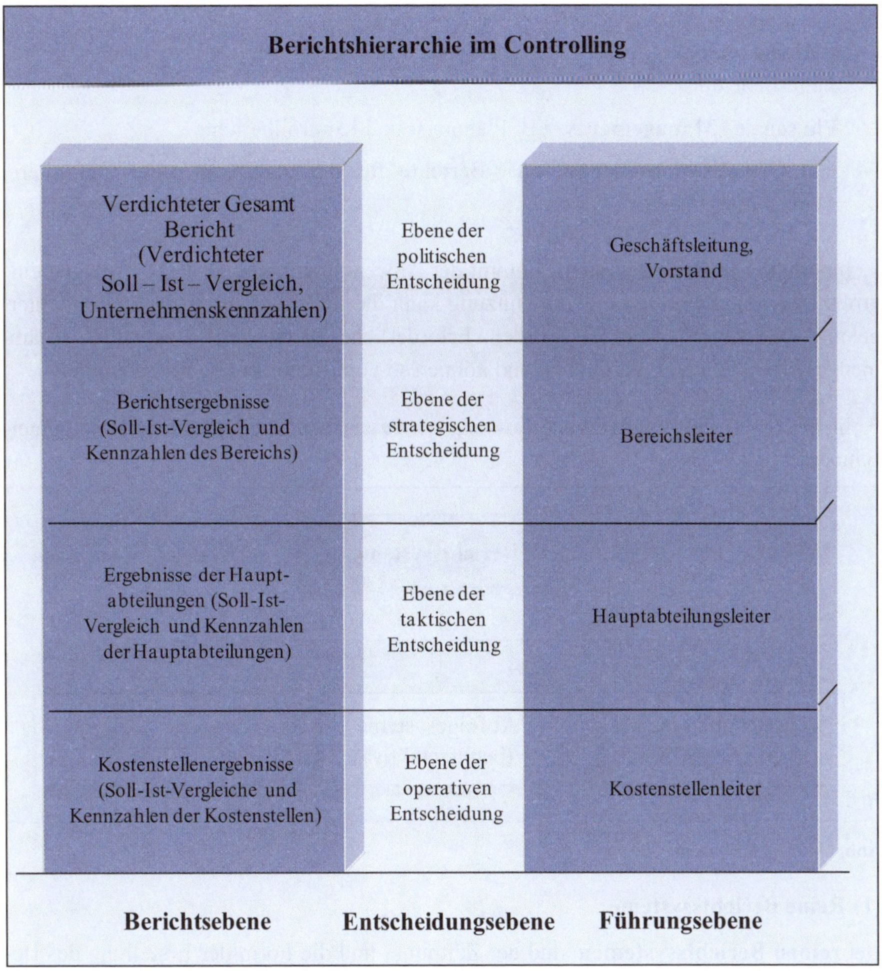

Berichtshierarchie im Controlling

Berichtsebene	Entscheidungsebene	Führungsebene
Verdichteter Gesamt Bericht (Verdichteter Soll – Ist – Vergleich, Unternehmenskennzahlen)	Ebene der politischen Entscheidung	Geschäftsleitung, Vorstand
Berichtsergebnisse (Soll-Ist-Vergleich und Kennzahlen des Bereichs)	Ebene der strategischen Entscheidung	Bereichsleiter
Ergebnisse der Hauptabteilungen (Soll-Ist-Vergleich und Kennzahlen der Hauptabteilungen)	Ebene der taktischen Entscheidung	Hauptabteilungsleiter
Kostenstellenergebnisse (Soll-Ist-Vergleiche und Kennzahlen der Kostenstellen)	Ebene der operativen Entscheidung	Kostenstellenleiter

Abb. 67: Berichtshierarchie im Controlling

Berichtssysteme bauen prinzipiell auf **Informationssystemen** auf und werden durch weitere Analysen, Prognosen und Alternativen ergänzt. In kurzer, knapper Form wird dem Empfänger das Wissen zur Verfügung gestellt, welches er zur Unterstützung seiner Entscheidung benötigt.

5.1.4 Berichtssysteme

Als **Berichtssystem** bezeichnet **Horváth** „eine dem betrieblichen Informationsbedarf angepasste, geordnete Struktur aller Berichte."[42]

Der Informationsbedarf ist dabei von der hierarchischen Stellung des Berichtsempfängers abhängig. Eine Voraussetzung für den Aufbau eines Berichtssystems besteht darin, dass das Berichts-, das Planungs- und das Kontrollsystem aufeinander abgestimmt sein müssen.

Beim Aufbau des Berichtssystems sind gleichzeitig **drei Kriterien** zu berücksichtigen:

- **zeitliche Aspekte**, z.B. Tagesberichte, monatliche Berichte, Quartalsberichte, Jahresberichte
- **Phasen** des **Managements**, z.B. Planungs- und Kontrollberichte
- und **Organisationsebenen**, z.B. Berichte für die untere, mittlere und obere Managementebene.

Innerhalb des Berichtssystems kommt der Anwendung moderner EDV-Anlagen eine große Bedeutung zu. Durch deren Nutzung kann die Informationsversorgung im Unternehmen wesentlich erleichtert werden. Erforderliche Daten werden schneller zusammengestellt, verdichtet, verglichen und können so vom Benutzer abgerufen werden.

In Bezug auf die Benutzerbeeinflussung wird zwischen drei Berichtssystemen unterschieden:

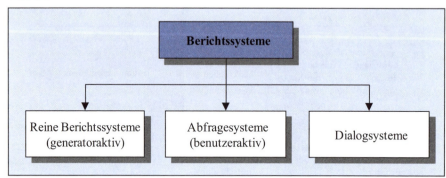

Abb. 68: Berichtssysteme

(1) Reine Berichtssysteme

Bei **reinen Berichtssystemen** sind der Zeitpunkt und die Form der Erstellung des Berichts festgelegt. Es handelt sich um vordefinierte Berichte, die periodisch erstellt werden. Küpper unterscheidet dabei zwischen dem starren und dem flexiblen Berichtssystem.[43]

---

[42] Horváth, P.: Controlling, a.a.O., S. 542 f.
[43] Vgl. Küpper, H.-U.: Controlling, a.a.O., S. 172 f.

Beim starren Berichtssystem besteht keine Möglichkeit den Berichtsinhalt zu ändern, während beim flexiblen Berichtssystem Form und Inhalt abgewandelt werden können. Dadurch kann man beim flexiblen Berichtssystem dem Informationsbedarf des Empfängers besser entsprechen als beim starren Berichtssystem. Für dieses Berichtssystem eignen sich Standard- und Abweichungsberichte.

(2) Abfragesysteme

Beim **Abfrageberichtssystem** erstellt sich der Benutzer den Bericht durch das Abrufen der von ihm gewünschten Informationen selbst.

Küpper unterscheidet auch hier zwischen dem starren, bei dem nur vordefinierte Abfragen möglich sind, und dem flexiblen Abfragesystem, welches durch eine freie Abfrage gekennzeichnet ist.[44] Grundlage für das starre Abfragesystem ist, dass die wesentlichen Informationen vorher ermittelt wurden. Dieses Berichtssystem ist vor allem bei Bedarfsberichten anwendbar.

(3) Dialogsysteme

Beim **Dialogsystem** werden Berichte durch die direkte Kommunikation zwischen Benutzer und EDV-Anlage schrittweise erstellt. Bei dieser Art sind z.B. Datenbanken sehr hilfreich. Der Nutzer erhält spezielle Informationen über Betriebsbereiche oder das Gesamtunternehmen. Hier lassen sich vor allem für die Unternehmensführung schnell entscheidungsrelevante Informationen finden.

Das Dialogsystem beinhaltet auch Prognose- und Entscheidungsmodelle. Mit ihrer Hilfe ist es möglich, bestimmte Werte berechnen zu lassen, d.h. Simulationen durchzuführen.

Der Dialog zwischen Benutzer und Computer kann in **aktiver**, **interaktiver** und **paralleler** Weise erfolgen. Während beim aktiven Dialog bestimmte Kriterien zwischen Nutzer und EDV-System vorgegeben sind, können sich die Dialogpartner beim interaktiven Dialog wechselseitig unterbrechen. Beim parallelen Dialog können mehrere Informationen nebeneinander vom Nutzer abgerufen werden.

Der Dialog kann entweder vom Programm oder vom Nutzer gesteuert werden. Steuert das Programm den Dialog, so ergibt sich von Seiten des Nutzers eine Zwangssteuerung, d.h. er hält sich an die vorgegebenen Kriterien oder kann bei einer Alternativsteuerung innerhalb der vorgegebenen Kriterien zwischen verschiedenen Abläufen wählen.

Als Nachteil der **Berichtssysteme** betrachtet Horváth die noch mangelnde Anwendung der **Empfängerorientierung** bei Berichten in der Betriebspraxis. Vielfach werden Berichte mit Informationen erstellt, die der Berichtersteller als besonders interessante Informationen für den Berichtsempfänger ansieht. Deshalb bildet die Informationsbedarfsanalyse, abgestimmt auf die Managementebenen im Unternehmen, eine entscheidende Grundlage für ein effizient funktionierendes Berichtswesen.

---

[44] Vgl. Küpper, H.-U.: Controlling, a.a.O., S. 173.

5.1.5 Der EDV-Einsatz im Berichtswesen

Aufgrund der ständig steigenden Datenflut ist der Einsatz moderner EDV im Berichtswesen unerlässlich geworden. Ziel des EDV-Einsatzes ist es, die für betriebswirtschaftliche Entscheidungen relevanten Informationen aktuell und schnell zur Verfügung zu stellen. Zudem werden die Mitarbeiter des Unternehmens von Routinearbeiten entlastet. Bei multinationalen Unternehmungen kann durch die computerunterstützte Vernetzung zwischen dem Mutterunternehmen und den Tochtergesellschaften eine wesentliche Zeitersparnis erreicht werden.[45]

Im Rahmen des Berichtswesens werden an die EDV folgende betriebswirtschaftliche Anforderungen gestellt:[46]

Betriebswirtschaftliche Anforderungen an die EDV
– Verfügbarkeit eines integrierten Datenbestandes auf der Basis heterogener Datenquellen,
– Unterstützung verschiedener, multidimensionaler Sichten auf den Datenbestand,
– Verfügbarkeit von aktuellen Daten zu jedem beliebigen Zeitpunkt,
– individuelle Gestaltung von Berichten, aber auch Vorgabe von Standardberichten,
– Bereitstellung und Verdichtung von Daten auf beliebiger Verdichtungsstufe,
– Ermöglichung von Zeitreihenanalysen,
– Eingabe von Grenzwerten,
– Warnfunktion bei einer Über- oder Unterschreitung eines Grenzwertes,
– schnelle und flexible Simulation auf der Basis der Standardberichte,
– ausgereifte Präsentationsmöglichkeiten
– und die benutzerfreundliche Gestaltung und Funktionalität.

Als Beispiele für betriebswirtschaftliche Software werden hier das Data-Warehouse-Konzept von Oracle, das System R/3 der SAP AG und das Führungsinformationssystem FIS von der CIC GmbH genannt.

Das **Data-Warehouse-Konzept** setzt sich aus mehreren betriebswirtschaftlichen Datenbankkomponenten zusammen. Es enthält unter anderem ein Finanzen-Analyse-Modul für die Bereiche Rechnungswesen und Controlling. Im Rahmen des Berichtswesens ermöglicht es die Datenaufbereitung und -verwaltung, Simulationen, die Erstellung von Berichten und die graphische Präsentation der Ergebnisse.[47]

Das **System R/3** ist eine Standardsoftware zur Planung, Steuerung und Kontrolle betriebswirtschaftlicher Vorgänge im Unternehmen. Es besteht aus Programmmodulen

---

[45] Vgl. Horváth, P.: Controlling, a.a.O., S. 547 ff.
[46] Vgl. Reichmann, T.: Controlling mit Kennzahlen und Management-Tools, a.a.O., S. 668.
[47] Vgl. ebd., S. 673.

(ein Modul steht für einen Bereich des Unternehmens), die jeweils einzeln oder integriert im Gesamtsystem genutzt werden können. Für das Berichtswesen beinhaltet das System das Modul „Controlling" zur Erstellung, Verwaltung und Aufbereitung der Daten und zur Gestaltung von Berichtsstrukturen und Analysepfaden.[48]

Das **Führungsinformationssystem (FIS)** ist ein effizientes Auswertungsinstrument für betriebliche Daten. Es ermöglicht z.B. die Auswahl der relevanten Daten, das Erstellen von Berichten und die Verdichtung der Daten zu Kennzahlen.

5.1.6 Anforderungen an ein effizientes Berichtswesen

Das Berichtswesen soll durch eine gezielte Informationsversorgung die Planungs- und Kontrollprozesse im Unternehmen unterstützen. Dabei soll dem Berichtsempfänger ein höchstmöglichster Informationsnutzen entstehen, wobei die Erstellung der Berichte mit den geringsten Kosten verbunden sein sollte.

Um diesem Informationsbedürfnis zu entsprechen, müssen eine Reihe von Kriterien bei der Berichterstellung beachtet werden:[49]

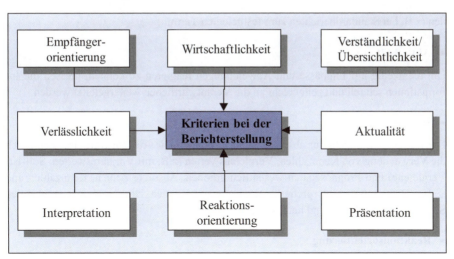

Abb. 69: Kriterien bei der Berichtserstellung

- **Empfängerorientierung**

Die Berichte sollten auf die Bedürfnisse des Empfängers abgestimmt werden. So kann ein unnötiger Kostenaufwand und eine Datenüberflutung des Empfängers, mit zum Teil für ihn irrelevanten Daten, vermieden werden. Die Daten sind mit der erforderlichen Verdichtung darzustellen (z.B. stark verdichtete Daten für Unternehmensführung). In bestimmten Zeitabständen ist zu überprüfen, ob der Informationsbedarf des Empfängers mit den im Bericht enthaltenen Informationen noch befriedigt wird, oder ob noch andere wichtige Informationen in den Bericht aufgenommen werden müssen.

---

[48] Vgl. Reichmann, T.: Controlling mit Kennzahlen und Management-Tools, a.a.O., S. 676 f.
[49] Vgl. ebd., S. 593. und Preißler, P. R.: Controlling-Lexikon, München/Wien 1995, S. 24 f.

- **Wirtschaftlichkeit**

Dadurch wird dem Prinzip der Wirtschaftlichkeit gefolgt, bei dem so wenig wie möglich und so viel wie nötig dargestellt werden soll. Es sollen damit **Zahlenfriedhöfe** vermieden werden.

- **Verständlichkeit und Übersichtlichkeit**

Der Berichtsaufbau muss übersichtlich und der Berichtsinhalt muss klar gegliedert sein. Dazu ist es erforderlich, wesentliche Daten kurz und knapp darzustellen. Informationen, die das Gesamtunternehmen betreffen sind deutlich getrennt von Detailinformationen einzelner Funktionsbereiche zu erfassen.

Der Empfänger muss den Inhalt des Berichts verstehen. Verwendete Begriffe müssen klar und deutlich definiert sein, um Missverständnisse zwischen Berichtersteller und Berichtsempfänger zu verhindern.

- **Verlässlichkeit**

Alle Daten und Informationen müssen der Wahrheit entsprechen, d.h. sie dürfen nicht manipuliert werden. Zudem müssen die Berichte termingerecht und schnell erstellt werden (z.B. bei Standardberichten zum festgelegten Termin).

- **Aktualität**

Um rechtzeitig auf Engpässe und Abweichungen reagieren zu können, müssen die Informationen schnell und zeitgerecht an die Verantwortlichen weitergeleitet werden.

- **Interpretation**

Der Bericht sollte nicht nur absolute Daten enthalten. Die Aussagekraft lässt sich durch die Verwendung von Kennzahlen, Vergleichswerten (z.B. mit Vorjahreswerten, Soll-Ist-Vergleiche) und Prognosedaten wesentlich erhöhen. Absolute Zahlen, Kennzahlen und andere Daten müssen interpretiert und ausgewertet werden. Die sich daraus ergebenden Steuerungsmaßnahmen sind herauszuarbeiten.

- **Reaktionsorientierung**

Die Informationen sind als Basis für Analysen und die sich daraus ergebenden Änderungen anzusehen. Aus den Berichten sollen Gegensteuerungsmaßnahmen eingeleitet werden, z.B. müssen bei Plan-Ist-Abweichungen entsprechende Anpassungsmaßnahmen an die Plan-Werte erfolgen.

- **Präsentation**

Zur Präsentation gehört die mündliche und schriftliche Darstellung der Berichtsinhalte. Durch die graphische Darstellung (z.B. Diagramme) und die Darstellung in Tabellenform können Zusammenhänge besser sichtbar gemacht und übersichtlicher gestaltet werden.

Dabei sind die besten Varianten auszuwählen. Außergewöhnliche Sachverhalte und Schwachstellen sind besonders hervorzuheben wie z.B. durch farbliche Gestaltung.

In den **Berichten** sollten folgende **Bestandteile** mindestens enthalten sein:

- **Erfolgsrechnung** (z.B. Umsatz, Betriebsergebnis),
- **Umsatzbereich** (z.B. Gesamtumsätze, Umsätze nach Produktgruppen, Entwicklung der Deckungsbeiträge),
- **Personalbereich** (z.B. Personalkennziffern, Lohn- und Gehaltskosten),
- **Produktionsbereich** (z.B. Betriebsauslastung, Produktivitätskennzahlen),
- **Finanzbereich** (z.B. Liquiditäts- und Investitionsentwicklung),
- **Materialbereich** (z.B. Preise, Preisschwankungen) und
- **Kostenübersichten** (z.B. Kostenarten, variable und fixe Kosten)

5.2 Die Bedeutung von Kennzahlen im Berichtswesen

Ein wichtiges Instrument im Berichtswesen innerhalb des operativen Controlling stellen Kennzahlen dar. Weber beschreibt Kennzahlen als „quantitative Daten, die als bewusste Verdichtung der komplexen Realität über zahlenmäßig erfassbare betriebswirtschaftliche Sachverhalte informieren sollen."[50]

Als **Kriterien** für den Kennzahlenbegriff gelten:

- Kennzahlen bilden betriebliche Sachverhalte zahlenmäßig ab. Voraussetzung dafür ist, dass diese Sachverhalte messbar und quantifizierbar sind.
- Kennzahlen informieren in konzentrierter, zusammengefasster Form über betriebliche Sachverhalte. Dadurch kann es jedoch auch zu Informationsdefiziten kommen.

Durch die Verwendung von Kennzahlen soll die Unternehmensführung einen Überblick über bestimmte betriebliche Sachverhalte erhalten. Durch sie kann die Position des Unternehmens im Vergleich zu anderen Mitbewerbern ermittelt werden.

Im Rahmen der Zielsetzungen des Unternehmens kann überprüft werden, inwieweit diese Ziele schon erfüllt wurden und bereits eingeleitete Maßnahmen zum Erfolg geführt haben.

5.2.1 Arten von Kennzahlen

Kennzahlen lassen sich nach den verschiedensten Systematisierungsmerkmalen unterteilen. Die nachfolgende Abbildung zeigt die Einteilung von Kennzahlen nach statistisch-methodischen Gesichtspunkten:[51]

---

[50] Müller, A.: Grundzüge eines ganzheitlichen Controlling, München/Wien 1996, S. 142 f.
[51] Vgl. Horváth, P.: Controlling, a.a.O., S. 543 f.

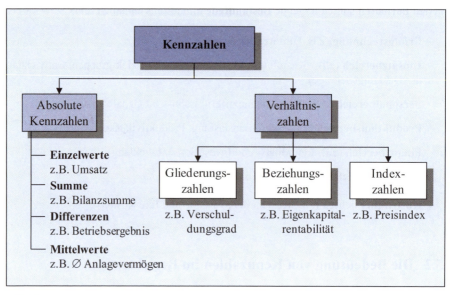

Abb. 70: Arten von Kennzahlen

Kennzahlen lassen sich in absolute Kennzahlen und Verhältniszahlen unterteilen.

Absolute Kennzahlen stellen Einzelwerte (z.B. Forderungsbestand), Summen (z.B. Bilanzsumme), Differenzen (z.B. Betriebsergebnis) und Mittelwerte (z.B. durchschnittlicher Lagerbestand) dar. Ihre Anwendung ist durch ihre begrenzte Vergleichbarkeit eingeschränkt und ihre Aussagekraft ist gering.

Als absolute Zahlen werden folgende Zahlen, die jeweils auf den Wert- oder Mengengrößen basieren können, verstanden:

- **Absolute Zahlen** sind Zahlen die mit keiner Rechenoperation verbunden sind, sondern aus unterschiedlichen betrieblichen Dateien entnommen werden, welche wiederum z.B. aus Inventurdaten bestehen (z.B. Ist-Bestand einer Materialart)
- **Summen** ergeben sich aus der Rechenoperation Addition (z.B. Gesamtkosten der Materialwirtschaft oder Jahreseinkaufsvolumen gesamt)
- **Differenzen** werden durch Subtraktion gebildet (Inventurdifferenz/ Schwund, Gewinn)

Für tiefgehende Analysen bieten absolute Zahlen meist zu wenig Informationen. Sie sind vor allem für Vorgabezwecke geeignet, indem sie beispielsweise bestimmte Kostengrößen oder Bestandszahlen als Richtwerte vorgeben. Ihre Aussagekraft ist zwangsläufig begrenzt, da sie sich jeweils isoliert auf einen Sachverhalt beziehen. Hierfür müssen Verhältniszahlen herangezogen werden, wobei sich bei deren Verwendung (z.B. im Rahmen der Ursachenanalyse bei der Veränderung von Verhältniszahlen im Zeitvergleich) eine Einbeziehung von absoluten Zahlen oftmals als unumgänglich erweist.

Bei **Verhältniszahlen** werden zwei absolute Kennzahlen zueinander in Beziehung gesetzt. Sie zeigen bestimmte Zusammenhänge zwischen betriebswirtschaftlichen Sachverhalten auf. Dadurch sind Verhältniszahlen aussagefähiger als absolute Kennzahlen.

Bei den **Verhältniszahlen** unterscheidet man **drei Formen**:[52]

- Gliederungszahlen,
- Beziehungszahlen und
- Indexzahlen.

Gliederungszahlen stellen den Anteil einer bestimmten Teilgröße zur Gesamtgröße dar, z.B. der Erlösanteil einer Produktgruppe am Gesamterlös des Unternehmens. Sie ermitteln das Teilgewicht im Verhältnis zum Ganzen einer Größe und zeigen damit Zusammensetzungen von Größen auf. Beide Größen werden in derselben Dimension gemessen.

$$\text{Auftragseingangsquote} = \frac{\text{Auftragseingang}\left(\frac{\text{Anzahl}}{\text{Jahr}}\right)}{\text{Geplanter Auftragseingang}\left(\frac{\text{Anzahl}}{\text{Jahr}}\right)} \cdot 100$$

Durch **Beziehungszahlen** wird das Verhältnis zweier Größen, die in einem bestimmten sachlichen Zusammenhang zueinander stehen, ausgedrückt. Bei der Ermittlung der Eigenkapitalrentabilität werden z.B. Gewinn und Eigenkapital ins Verhältnis gesetzt. Beide Größen können sowohl die gleiche Dimension (z.B. EUR/EUR) als auch unterschiedliche Dimensionen (z.B. EUR/h) besitzen. Wichtig ist aber, dass zwischen den Größen eine sinnvolle sachliche Beziehung besteht. Durch Verhältniszahlen erhält man Einblicke in Zusammenhänge und kann Einflussgrößen somit besser erkennen.

$$\text{Fertigungsstundensatz} = \frac{\text{Fertigungskosten pro Jahr}}{\text{Anzahl der Fertigungsstunden}}$$

Indexzahlen zeigen zeitliche Veränderungen bzw. Entwicklungen einer bestimmten Größe auf, z.B. die Entwicklung der Personalausgaben in den vergangenen 5 Jahren. Dabei wird der Wert des Berichtsjahres gleich 100 gesetzt und alle anderen Werte der betreffenden Jahre darauf bezogen. Als Ergebnis erhält man die Aussage, wie sich z.B. die Personalausgaben im Vergleich zum Berichtsjahr verändert haben.

Es wird also eine Größe zu verschiedenen Zeitpunkten betrachtet. Bei der Festlegung des Basisjahres ist darauf zu achten, dass der Wert des Basisjahres nicht durch außergewöhnliche Ereignisse verfälscht ist und somit ein unrealistisches Gesamtbild entsteht.

$$\frac{\text{Durchschnittlicher Materialpreis x im Jahr 2015}}{\text{Durchschnittlicher Materialpreis 2014}} \cdot 100 = \frac{1{,}8\ \text{EUR/h}}{1{,}6\ \text{EUR/h}} = 1{,}125$$

---

[52] Vgl. Küpper, H.-U.: Controlling, a.a.O., S. 359.

Kennzahlen lassen sich nach weiteren Systematisierungsmerkmalen unterteilen nach:

- **Funktionsbereichen** in z.B. Beschaffungs-, Produktions- und Personalkennzahlen,
- **Planungsgesichtspunkten** in Soll- und Ist-Kennzahlen,
- **qualitativer Struktur** in Gesamt- und Teilgrößen und
- **zeitlicher Struktur** in Zeitpunkt- und Zeitraumgrößen

Die Bedeutung von Kennzahlen wird deutlich, wenn man die unterschiedlichen Funktionen dieser verdichteten Messgrößen betrachtet. Für den Controller dienen sie als wichtiges Instrument, beginnend bei der Zieloperationalisierung bis zum Aufzeigen von Soll-Ist-Abweichungen für einzelne Funktionsbereiche.

Der **Controller** kann durch das Aufstellen von Kennzahlen eine schnelle und übersichtliche Information über das ökonomische Aufgabenfeld bereitstellen. Diese Informationen signalisieren Schwachstellen und Abweichungen und erfüllen die Funktion eines Beurteilungs- und Entscheidungsbarometers.

5.2.2 Aufgaben von Kennzahlen

Kennzahlen können Schwächen und Stärken des Unternehmens aufzeigen. Sie sind Kontroll- und Planungsinstrument und bilden eine wichtige Entscheidungsgrundlage.

Um die Aussagekraft zu erhöhen, müssen sie mit anderen Kennzahlen verglichen werden. Zunächst unterscheidet man zwischen inner- und außerbetrieblichen Vergleichen. Außerdem kann der Kennzahlenvergleich auf folgende Arten erfolgen:

- **Soll-Ist-Vergleich**   - **Betriebsvergleich**
- **Zeitvergleich**   - **Branchenvergleich**

- Beim **Soll-Ist-Vergleich** werden Soll-Kennzahlen, die einen gewünschten Tatbestand beschreiben, mit Ist-Kennzahlen, die den tatsächlich erreichten Tatbestand beschreiben, verglichen.

- Beim **Zeitvergleich** werden Kennzahlen aus vergangenen Perioden mit denen der jetzigen Periode verglichen. Dadurch kann die Entwicklung bzw. Veränderung dieser Kennzahlen deutlich gemacht werden.

- Die **Betriebsanalyse** bzw. der **Betriebsvergleich** versucht aus der historischen Entwicklung quantitativer Daten der Unternehmung bzw. unter Heranziehung vergleichbarer Unternehmen, Urteile über die ökonomische Situation der zu analysierenden Unternehmung zu gewinnen.

Durch die unternehmensexterne Stellung des Analytikers unterscheidet sich die Bilanzanalyse von der Betriebs- und Unternehmensanalyse, bei der dem Betrachter auch unternehmensinterne Daten zur Verfügung gestellt werden. Hierbei sind Kennzahlen im großen Umfang als Maßgrößen beteiligt. Die in der Unternehmung gebildeten Kennzahlen dienen internen Entscheidungszwecken und können sich sowohl auf gesamtunternehmerische Daten, als auch auf unternehmerische Teilfunktionen beziehen.

Die Zielsetzungen von Betriebsvergleichen können prinzipiell in allgemeine und konkrete Ziele unterteilt werden:

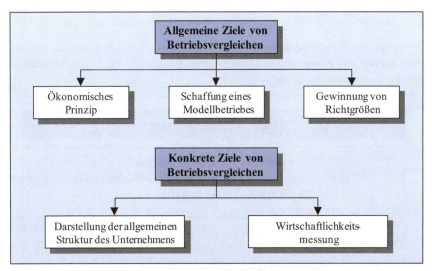

Abb. 71: Allgemeine und konkrete Ziele von Betriebsvergleichen

Die **Vergleichbarkeit** der Betriebe wird durch folgende **Probleme** erschwert:

– verschiedene Produktionstiefen

– verschiedene Betriebsgrößen

– verschiedene Fertigungsweisen

– verschiedener Beschäftigungsgrad

Die Grenzen des Betriebsvergleiches liegen in seiner Überforderung. Er liefert keine fertigen Rezepte. Der Betriebsvergleich gliedert sich in drei Arbeitsstufen:

(1) Quantitative Abweichung eines isolierten Tatbestandes

(2) Qualitative Abweichungen durch Kausalanalyse

(3) Grundlagen der Korrekturmaßnahmen

Der **Branchenvergleich** ist ein außerbetrieblicher Vergleich. Hier werden die Kennzahlen des Unternehmens mit Kennzahlen von Mitbewerbern der gleichen Branche verglichen. Beim Vergleich von absoluten Kennzahlen sind die speziellen Betriebsgegebenheiten (z.B. Betriebsgröße) zu berücksichtigen. Aus diesem Grund eignen sich in diesem Fall Verhältniszahlen besser.

Beim Zeit- und Branchenvergleich besteht jedoch auch die Gefahr, dass man schlechte Leistungen mit noch schlechteren Leistungen vergleicht und dadurch die Leistungen des Unternehmens besser darstellt als das tatsächlich der Fall ist.

Alle Kennzahlen bedürfen einer umfassenden Analyse und Interpretation. Die Interpretationsmöglichkeiten von Kennziffern sind in der Regel verschiedenartig und teilweise auch widersprüchlich. Daraus ergeben sich mitunter Schwierigkeiten bei der Interpretation von Kennzahlen.

Zusammengefasst kann man sagen, dass Kennzahlen dazu dienen, schnell und prägnant über ein ökonomisches Aufgabenfeld zu informieren, für das prinzipiell eine Vielzahl relevanter Einzelinformationen vorliegt, deren Auswertung jedoch für bestimmte Informationsbedarfe zu zeitintensiv und aufwendig ist.

Kennzahlen sollen Informationen verdichten, Schwachstellen aufzeigen (Schwachstellenanalyse) und Abweichungen signalisieren. Somit erfüllen sie die Funktion eines Beurteilungs- und Entscheidungsbarometers.

Funktionen von Kennzahlen

Operationalisierungsfunktion
Bildung von Kennzahlen zur Operationalisierung von
Zielen und Zielerreichung (Leistungen)

Anregungsfunktion
Laufende Erfassung von Kennzahlen zur Erkennung von
Auffälligkeiten und Veränderungen

Vorgabefunktion
Ermittlung kritischer Kennzahlenwerte als Zielgrößen für
unternehmerische Teilbereiche

Steuerungsfunktion
Verwendung von Kennzahlen zur Vereinfachung von
Steuerungsprozessen

Kontrollfunktion
Laufende Erfassung von Kennzahlen zur Erkennung von
Soll-Ist-Abweichungen

Abb. 72: Funktionen von Kennzahlen im Überblick nach Männel/Weber

5.2.3 Ausgewählte Kennzahlen

Die Auswahl der im Unternehmen angewandten Kennzahlen ist abhängig von der Branche und von den speziellen betrieblichen Gegebenheiten.[53] Hinsichtlich der Berechnung der Kennzahlen ist festzulegen, ob diese monatlich, quartalsweise oder jährlich erstellt werden sollen.

Nachfolgend werden einige ausgewählte wichtige Kennzahlen unterschiedlicher Bereiche genannt.[54]

---

[53] Vgl. Peemöller, V. H.: Controlling: Grundlagen und Einsatzgebiete, 5. Aufl., Herne/Berlin 2005, S. 364.
[54] Vgl. hierzu auch die Kennzahlenkataloge im Teil 4: Funktionsbezogenes Controlling., S. 292 f.

Kennzahlen des Kosten- und Erfolgsbereichs:

- Betriebsergebnis
- Umsatzrendite
- Eigenkapitalrentabilität
- Gesamtkapitalrentabilität
- Gesamtkostenentwicklung
- Aufteilung fixe und variable Kosten
- Vertriebs- und Verwaltungskosten
- Deckungsbeiträge

Kennzahlen für den Finanz- und Liquiditätsbereich:

- Cash Flow
- Verschuldungsgrad
- Anlagendeckung
- Liquidität 1. und 2. Grades
- Working Capital
- Verschuldungsgrad

Kennzahlen für den Investitionsbereich:

- Investitionsvolumen
- Abgerechnete Investitionen
- Investitionen zum Anlagevermögen
- Investitionen zu Abschreibungen

Kennzahlen für den Beschaffungsbereich:

- Einkaufsvolumen
- Lieferservice
- Lagerbestandsveränderungen
- Fehllieferungsquote
- Lieferantenanteil pro Artikelgruppe
- Anteil der Beschaffungskosten

Kennzahlen für den Materialbereich:

- Materialintensität
- Umschlagziffer des Materiallagers
- Materialgemeinkostensatz
- Pro-Kopf-Materialverbrauch

Kennzahlen für den Personalbereich:

- Netto-Personalbedarf
- Arbeitsproduktivität
- Überstundenquote
- Fluktuationsrate

Kennzahlen für den Produktionsbereich:

- Produktionsvolumen
- Kapazitätsausnutzungsgrad
- Ausschussquote
- Stillstandzeiten

Kennzahlen für den Vertriebsbereich:

- Umsatz
- Umsätze nach Artikelgruppen
- Kosten des Kundendienstes
- Werbeaufwand
- Kundenumsätze
- Versand- und Lieferkosten

Abb. 73: Beispiele für Kennzahlen des Unternehmenscontrolling

5.3 Kennzahlensysteme

Unter einem **Kennzahlensystem** versteht Reichmann „eine Zusammenstellung von quantitativen Variablen, wobei die einzelnen Kennzahlen in einer sachlich sinnvollen Beziehung zueinander stehen, einander ergänzen oder erklären und insgesamt auf ein gemeinsames übergeordnetes Ziel ausgerichtet sind."[55] **Kennzahlensysteme** sind hierarchisch aufgebaut und werden durch zwei Erscheinungsformen charakterisiert:

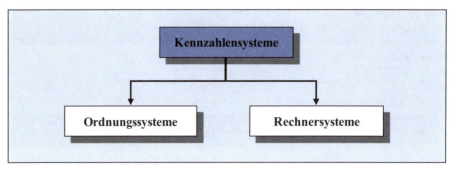

Abb. 74: Kennzahlensysteme

Bei **Ordnungssystemen** werden Kennzahlen einem bestimmten Sachverhalt zugeordnet, dem sich über mehrere Ebenen weitere Kennzahlen zuordnen lassen. Die Kennzahlen sind nicht mathematisch miteinander verbunden.

Bei **Rechensystemen** sind die Kennzahlen mathematisch miteinander verknüpft, so dass sich die Veränderung einer Kennzahl auf vor- und nachstehende Kennzahlen auswirken kann. Jede Kennzahl stellt ein Ergebnis vorstehender Kennzahlen dar und hat einen rechnerischen Einfluss auf nachstehende Kennzahlen.

Kennzahlensysteme zeigen auch **Grenzen** auf:[56]

– Sie beschränken sich nur auf quantifizierbare Größen. Nichtquantifizierbare Kennzahlen bleiben unberücksichtigt.

– Die einzelnen Kennzahlen dürfen einander nicht widersprechen.

– Das verwendete Zahlenmaterial muss über mehrere Perioden zur Verfügung stehen, um einen aussagefähigen Vergleich durchführen zu können, was häufig nicht der Fall ist.

– Die Unternehmensführung wird nur mit dem im Kennzahlensystem enthaltenen Informationen versorgt, was eine einseitige Führungsausrichtung zur Folge hat.

– Vielfach wird bei Kennzahlensystemen nur ein Zielaspekt berücksichtigt, wobei in der Realität eine Vielzahl von Zielen bestehen.

Bei der Auswahl von Kennzahlen und beim Aufbau von Kennzahlensystemen sind folgende Kriterien zu berücksichtigen (Abb. 75):[57]

---

[55] Reichmann, T.: Controlling mit Kennzahlen und Management-Tools, a.a.O., S. 22.
[56] Vgl. Piontek, J.: Controlling, 4. Aufl., München/Wien 2004, S. 351 ff.
[57] Vgl. Horváth & Partner: Das Controllingkonzept, a.a.O., S. 188.

Anforderung	Konkretisierung
Quantifizierbarkeit	– Kennzahlen müssen quantifizierbare Informationen sein, d.h. sie müssen sich in Geld- oder Mengeneinheiten messen lassen
Begrenzter Zahlenumfang	– wenige wichtige, auf das Unternehmen zugeschnittene Kennzahlen verwenden – es müssen sowohl Kennzahlen für das Gesamtunternehmen als auch für Unternehmensbereiche gebildet werden – in ein Kennzahlensystem müssen alle Unternehmensbereiche integriert werden
Zukunftsbezug	– Kennzahlen beziehen sich meist auf Vergangenheitsdaten; sie sollten auch Zukunftsdaten berücksichtigen – bei Vergleichen Zeitbezug der Kennzahlen beachten
Vergleichbarkeit	– bei der Erstellung von Kennzahlen ist zu beachten, dass Vergleiche (z.B. Branchenvergleiche) möglich sind – willkürliche Änderungen im Aufbau des Kennzahlensystems sind zu vermeiden, damit längerfristige Vergleiche möglich sind
Widerspruchslosigkeit	– die Kennzahlen eines Kennzahlensystems müssen in einer sachlich sinnvollen Beziehung zueinander stehen, d.h. zwischen ihnen dürfen keine Widersprüche bestehen
Vollständigkeit	– Kennzahlen und Kennzahlensysteme enthalten die wesentlichen Informationen in verdichteter Form; dennoch müssen sie vollständig sein
Wirtschaftlichkeit	– der Informationsnutzen muss höher sein als die Kosten für Informationsbeschaffung und -aufbereitung – Kennzahlensysteme sollten im Kern nur Informationen enthalten, die regelmäßig vom Empfänger benötigt werden – Weiterführende Informationen des Kennzahlensystems werden nur bei Bedarf erstellt

Abb. 75: Anforderungen an Kennzahlen und Kennzahlensysteme

Die bedeutendsten Kennzahlensysteme sind das ROI-, das ZVEI-, das RL-Kennzahlensystem, das Tableau de Bord und die Balanced Scorecard innerhalb des Performance Measurement.

5.3.1 Das ROI-Kennzahlensystem

Das **ROI-Kennzahlensystem**, auch **DuPont-System** genannt, wurde 1919 vom amerikanischen Chemiekonzern DuPont entwickelt und seitdem mehrfach verbessert.[58] Die Abkürzung ROI steht für „Return on Investment" und bedeutet „Rückfluss des im Unternehmen eingesetzten Kapitals", d.h. es dient der Ermittlung der Verzinsung des im Unternehmen eingesetzten Kapitals.

Dieses System stellt nicht die Gewinnmaximierung als absolute Größe in den Vordergrund, sondern die Gesamtkapitalrentabilität als relative Größe.[59]

An der Spitze des Systems steht die **Rentabilitätskennzahl** des **ROI**. Der ROI ergibt sich aus dem Produkt der Kennzahlen Kapitalumschlag und Umsatzrentabilität. Die Umsatzrentabilität ergibt sich wiederum aus dem Quotient von Betriebsergebnis und Umsatz. Dieser Teil des Schemas berücksichtigt damit die Aufwendungen und Erträge, während im Kapitalumschlag, welcher sich aus dem Produkt von Umsatz und dem durchschnittlich investierten Gesamtkapital ergibt, Faktoren des Anlage- und Umlaufvermögens ihren Niederschlag finden. Durch diese Aufspaltung der Kennzahlen können Einflussfaktoren auf das Unternehmensergebnis deutlich gemacht werden.

Eine Erhöhung des ROI kann erreicht werden, wenn mit dem vorhandenen Kapital ein höherer Umsatz erzielt wird oder sich der Gewinn je Umsatzeinheit erhöht.

Innerhalb dieses Schemas finden sowohl absolute Zahlen als auch Verhältniszahlen Anwendung.

Als **Vorteile** dieses Kennzahlensystems werden in der Literatur folgende Punkte herausgestellt:

- Unterstützung des Rentabilitätsziels der Unternehmung
- Anwendung auch in dezentralisierten Unternehmungen möglich
- Einräumung von Handlungsfreiheit für Bereichsleiter entsprechend dem Prinzip „Management by objectives"
- Analyse von Teilergebnissen ist möglich
- langfristiger Vergleich von Teilbereichsleistungen

Nachteilig wirken sich folgende **Kritikpunkte** aus:

- die Relativzahl ROI lässt nicht erkennen, ob der Zähler oder der Nenner dieser Größe sich verändert hat,
- die Ausrichtung auf nur ein Unternehmensziel
- Bereichs-ROI-Zahlen können dazu führen, dass nur in diesem Bereich Optima erreicht werden
- keine Berücksichtigung von aktivierten Innovationen
- durch seine starre mathematische Netzverknüpfung stellt es sich als inflexibles Kennzahlensystem dar

---

[58] Vgl. Horváth & Partner: Das Controllingkonzept: Der Weg zu einem wirkungsvollen Controllingkonzept, 4. Aufl., München 2000, S. 230.
[59] Vgl. Horváth, P.: Controlling, a.a.O., S. 511.

Dieses System eignet sich besonders für Analyse- und Kontrollzwecke. Innerhalb der Budgetierung wird dieses System für Planungszwecke genutzt.[60]

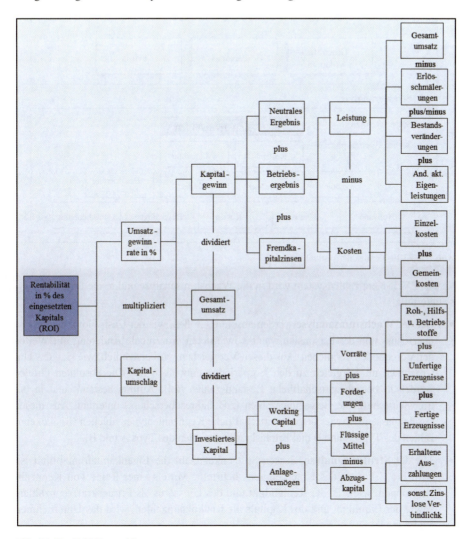

Abb. 76: Das ROI-Kennzahlensystem

5.3.2 ZVEI-Kennzahlensystem

Das **ZVEI-Kennzahlensystem** wurde 1969 vom Zentralverband der Elektrotechnischen Industrie (ZVEI) entwickelt und 1989 an die neuen Rechnungslegungsvorschriften angepasst.

Mit diesem System werden zwei Hauptziele verfolgt: es dient als Planungsinstrument und kann mit Hilfe von Zeit- und Betriebsvergleichen als Analyseinstrument genutzt werden. Die folgende Abbildung zeigt den Aufbau:

---

[60] Vgl. Horváth, P.: Controlling, 10. Aufl., München 2002, S. 547.

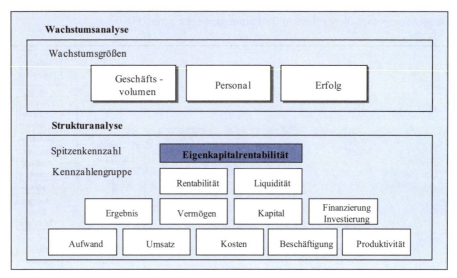

Abb. 77: ZVEI-Kennzahlensystem[61]

Das ZVEI-Kennzahlensystem wird in die Wachstumsanalyse und in die Strukturanalyse unterteilt:

- Bei der **Wachstumsanalyse** werden absolute Größen, wie der Cash Flow, der Jahresüberschuss und der Personalaufwand, sowie deren prozentuale Änderung mit Werten der Vorperioden verglichen. Aus diesen Vergleichen wird ersichtlich, wie sich das Unternehmen im Vergleich zu den Vorperioden entwickelt hat. Die absoluten Größen werden in betriebswirtschaftliche Bestandszahlen (z.B. Auftragsbestand) und in betriebswirtschaftliche Bewegungszahlen (z.B. Jahresüberschuss) unterteilt. Aus diesen Größen lassen sich vier betriebswirtschaftliche Kennzahlentypen ableiten (Risikokennzahlen des Typs A und B und Ertragskraftkennzahlen des Typs A und B).

- Mit der **Strukturanalyse**, dessen Spitzenkennzahl die Eigenkapitalrentabilität ist, wird die Effizienz des Unternehmens beurteilt. Mittels einer Reihe von Kennzahlengruppen, wie z.B. der Rentabilität und des Umsatzes als Ertragskraftkennzahlen, sowie der Liquidität und des Kapitals als Risikokennzahlen, wird das Unternehmen analysiert.

Das ZVEI-Kennzahlensystem ist sehr komplex aufgebaut. Es besteht aus ungefähr 200 Kennzahlen, wobei der größte Teil der Kennzahlen nur für die Herstellung der mathematischen Verknüpfung notwendig ist.[62]

Im Vergleich zum DuPont-Kennzahlensystem lässt dieses System eine viel differenziertere und vollständigere Analyse zu. Nachteilig wirkt sich aus, dass die Erstellung und die Handhabung dieses Systems relativ zeitaufwendig, dass das System nur auf ein Unternehmensziel ausgerichtet und nicht immer eine eindeutige Abgrenzung von Ertragskraft- und Risikokennzahlen möglich ist.

---

[61] Vgl. Horváth, P.: Controlling, a.a.O., S. 512.
[62] Vgl. Reichmann, T.: Controlling mit Kennzahlen und Management-Tools, a.a.O., S. 30 f.

5.3.3 Das RL-Kennzahlensystem

Das Rentabilitäts-Liquiditäts-Kennzahlensystem wurde von Reichmann und Lachnit entwickelt. Es wird für interne Steuerungsaufgaben der Unternehmensleitung unter Verwendung von Planungs- und Kontrolldaten sowie für Analysezwecke genutzt.[63]

Das RL-Kennzahlensystem umfasst einen allgemeinen Teil und einen Sonderteil. Diese Teile setzen sich jeweils aus einem Rentabilitäts- und in einem Liquiditätsteil zusammen.

Im **allgemeinen Teil** des Rentabilitätsteils ist die zentrale Kennzahl das ordentliche Ergebnis, welches sich aus dem ordentlichen betrieblichen und dem betriebsfremden Ergebnis zusammensetzt. Daraus lässt sich dann die Rentabilität ableiten. Der allgemeine Liquiditätsteil betrachtet insbesondere die Größen Cash Flow und Working Capital.

Der **Sonderteil** berücksichtigt unternehmensspezifische Gesichtspunkte zur vertiefenden Analyse. Im Rentabilitätsteil werden dabei besonders Anteile variabler und fixer Kosten, Umsatzanteile und Deckungsbeiträge betrachtet. Der Liquiditäts-Sonderteil dient als detailliertes Planungsinstrument auf Kennzahlenbasis.

Im RL-Kennzahlensystem wird auf eine rechnerische Verknüpfung der Kennzahlen weitgehend verzichtet und ist deshalb einfach zu handhaben. Es werden überwiegend Informationen aus dem betrieblichen Rechnungswesen genutzt. Das Kennzahlensystem ist auf relativ wenige Kennzahlen beschränkt und ist durch den Sonderteil flexibel gestaltet. Somit ist es bei der Lösung unternehmensspezifischer Probleme hilfreich.

Das RL-Kennzahlensystem bildet bei Reichmann das Kernstück einer Controlling-Konzeption.

Die folgenden Abbildungen zeigen den Aufbau des RL-Kennzahlensystems unterteilt in den Liquiditätsteil und den Rentabilitätsteil:

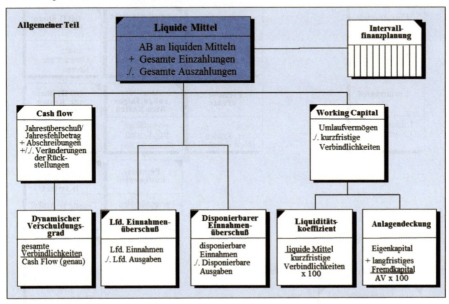

Abb. 78: RL-Kennzahlensystem-Liquiditätsteil

---

[63] Vgl. Reichmann, T.: Controlling mit Kennzahlen und Management-Tools, a.a.O., S. 32 f.

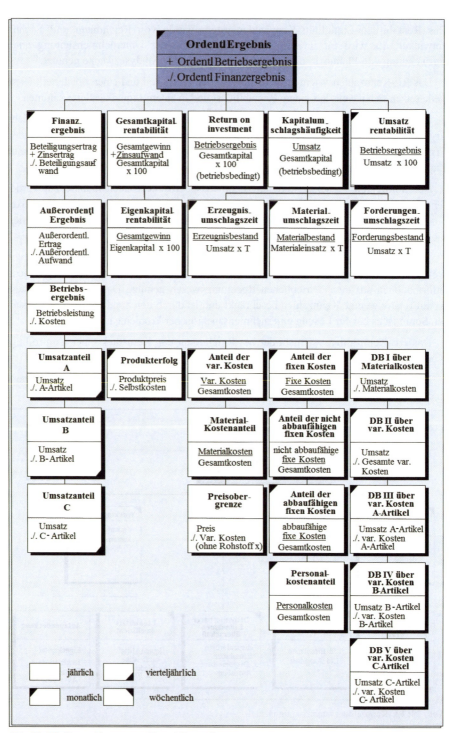

Abb. 79: RL-Kennzahlensystem - Rentabilitätsteil

5.3.4 Das Tableau de Bord

Seit den 50er Jahren wird in Frankreich das **Tableau de Bord** als Kennzahlensystem erfolgreich in Unternehmen eingesetzt. Es ist eines der ersten Kennzahlensysteme, das auch nichtfinanzielle Aspekte einer Unternehmung als Erfolgsfaktor berücksichtigt. Das Tableau de Bord befasst sich mit **vier Sachverhalten** der **Unternehmung**. Diese sind:

- **Aktivitäten**   - **Kosten**   - **Vorräte**   - **Finanzen**

Das **Tableau de Bord** sollte als eine Art Instrumententafel oder Armaturenbrett, ähnlich dem des Automobils, verstanden werden, das alle Organisationseinheiten der Unternehmung umfasst. Es ist daher in der Lage, die verschiedensten Unternehmensebenen abzubilden. Durch diese Übersicht soll es jedem Manager ermöglicht werden, jede einzelne Aktivität einer Unternehmenseinheit zu beurteilen, welchen Beitrag sie zur Strategie des Unternehmens leistet.[64]

Folgende Vorgehensweise sollte bei der Anwendung des Tableau de Bord eingeschlagen werden:

1. Erstellen eines Organisationsplanes und Bestimmung der Kerngeschäfte
2. Auswahl charakteristischer Indikatoren
3. Suchen und Finden von Informationsquellen
4. Bestimmung der Vorschriften für die Anwendung der Regeln

Das Tableau de Bord hat eine Vielzahl von Tableaus. Diese sind hinsichtlich ihrer Aufgabe in der Organisationseinheit und ihrer Einstufung im Unternehmen aufgebaut. Solche Tableaus können z.B. sein:

- Tableau des Anlagevermögens
- Tableau der Produktentwicklung
- Tableau der Produktqualität
- Tableau der Geschäftsführung

Aus diesen Tableaus wird schnell erkenntlich, dass es sich um Zahlentafeln handelt, die nicht nur einzelne Dinge quantitativ erfassen, sondern die verschiedensten Aktivitäten in Beziehung zu den Unternehmensstrategien und deren Zielen setzen. Das Tableau der Geschäftsführung ist dafür ein typisches Beispiel aus dem Tableau de Bord, da es ein Instrument für kurzfristige Vorgänge ist, das direkt mit den wichtigsten Entscheidungsfeldern der Unternehmung verbunden ist.

Die Indikatoren, die auch als Kennzahlen bezeichnet werden können, stehen dabei in direkter Verbindung mit den Unternehmenszielen. Sie gliedern sich in Prozessindikatoren und Ergebnisindikatoren. Die einzelnen Indikatoren müssen dabei so konzipiert sein, dass sie die Entwicklung der Prozesse messen und notwendige Informationen für eine eventuelle Verbesserung geben können. Wichtig ist dabei nur, dass der Indikator auch die richtige realitätsnahe Information anzeigt.

---

[64] Vgl. Weber, M.: Kennzahlen, Planegg 1999, S. 45.

Ein guter Indikator zeigt das zu erreichende Ziel, das gegenwärtig erreichte Niveau und die bisherige Entwicklung an. Da sich der Indikator hervorragend als Kommunikationsinstrument benutzen lässt, sollte er möglichst visuell, z.B. als Stab-, Linien- oder Flächendiagramm, dargestellt werden.

5.3.5 Performance Measurement

Schon seit längerer Zeit ist das Ziel einer Unternehmung nicht nur die Maximierung des Gewinns. Moderne Unternehmen haben vielmehr ein ganzes Sortiment von Zielen, die es zu erfüllen gilt. Die Begriffe **Shareholder Value** und **Stakeholder Value** zeigen, dass es heute nicht nur um hohe Stückzahlen, sinkende Durchschnittskosten oder steigende Gewinne geht.

Das oberste Ziel eines Unternehmens ist und bleibt, seinen Gewinn und somit seinen Wert zu steigern bzw. zu maximieren. Dieses Ziel steht aber nicht allein an der Spitze, sondern ist ein Resultat des Zusammenwirkens mehrerer Kriterien. Typische Kriterien sind z.B. Kundenwünsche, Liquidität und Lieferantenbeziehungen. Um diese quantitativ wenig messbaren Kriterien zu erfassen, bedient man sich der sogenannten weichen Kennzahlen.

Eine grundsätzliche Trennung von **finanziellen** und **nichtfinanziellen Kennzahlen** ist keine Erkenntnis der Neuzeit.[65] Obwohl die Wichtigkeit der nichtfinanziellen, den weichen Kennzahlen schon bekannt ist, wird das Controlling immer noch von den finanziellen, den sogenannten harten Kennzahlen, die nur die Finanzperspektive eines Unternehmens untersucht und abbildet, beherrscht.

Durch diese Tatsache sind die Kennzahlensysteme wie das ROI-, ZVEI- oder das RL-System in letzter Zeit häufig Kritik ausgesetzt.

Ein Argument ist, dass als Voraussetzung für eine erfolgreiche Unternehmensführung neben technologischer, vertrieblicher, finanzieller und organisatorischer Anpassung, auch eine Weiterentwicklung der betriebswirtschaftlichen Steuerungssysteme betrieben werden muss.[66] Mit dem aufkommenden Performance Measurement entstand ein Managementansatz, der dabei helfen soll, die Defizite und Probleme der bisherigen Systeme zu überwinden.

Unter **Performance Measurement** versteht man die Messung der Leistung, die zur Beurteilung und Fortentwicklung der Leistungsfähigkeit von Systemen eingesetzt wird. Damit soll die Zielerreichung der gesamten Unternehmung verbessert sowie die bereichsübergreifende Kommunikation und Zusammenarbeit gefördert werden. Ein weiterer positiver Aspekt ist die Steigerung der Motivation jedes Mitarbeiters durch den Einsatz einer Leistungsmessung.

Daher wird auch der kontinuierliche Lernprozess im Unternehmen beträchtlich gefördert. Außerdem wird durch die Performance Measurement-Instrumente die jährliche Planung und Kontrolle im Unternehmen stark vereinfacht. Daher ist das Performance Measurement ein wichtiges Instrument im Controlling.

---

[65] Vgl. Georg, S.: Balanced Scorecard als Controlling Instrument, Aachen 1999, S. 14.
[66] Vgl. Mayer, E./ Liessmann, K./ Freidank, C. (Hrsg.): Controlling Konzepte, Wiesbaden 1999, S. 8.

Das Performance Measurement ist nicht mit einem herkömmlichen Kennzahlensystem zu verwechseln. Es besitzt eine Reihe von Unterschieden und Vorteilen gegenüber traditionellen Kennzahlensystemen. Folgende Abbildung will dies verdeutlichen.

Traditionelle Kennzahlensysteme	Performance Measurement
– Vergangenheitsorientiert und rein monetär	– Kundenausrichtung
– Eingeschränkt flexibel	– Hohe Flexibilität
– Primärer Einsatz zur Kontrolle finanzieller Ziele	– Überprüfung des Strategieumsetzungsgrades
– Zur Kostenreduzierung	– Leistungsverbesserung
– Vertikale Berichtsstruktur	– Horizontale Berichtsstruktur
– Fragmentiert	– Integriert
– Isolierte Betrachtung von Kosten, Ergebnissen und Qualität	– Simultane Bewertung von Qualität, Zeit und Kosten
– Ungenügende Abweichungsanalyse	– Direkt zugeordnete Abweichungen
– Individuelle Leistungsanreize	– Leistungsanreize sind teamspezifisch
– Individuelles Lernen	– Lernen der gesamten Organisation

Abb. 80: Gegenüberstellung traditioneller Kennzahlensysteme und Performance Measurement[67]

- **Leistungsebenen im Performance Measurement**

Im Performance Measurement wird zwischen drei Leistungsebenen unterschieden. Diese sind:

– Organisation   – Prozesse   – Mitarbeiter

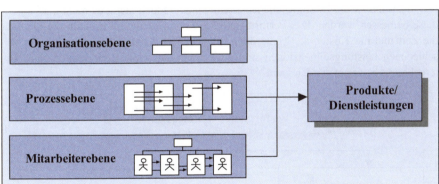

Die Leistungsfähigkeit auf der Ebene der Unternehmensorganisation wird bestimmt durch die Marktfähigkeit und dem erfolgsbestimmenden Funktionsgerüst des Unternehmens. Außerdem ist die Leistungsfähigkeit der Organisation durch die Leistungsfähigkeit auf der Prozessebene (alle Tätigkeiten, die für interne und externe Kunden durchgeführt werden) und Mitarbeiterebene (die Personen am oder im Prozess) determiniertDie 3 Ebenen der Leistung eines Unternehmens

---

[67] Vgl. Horvath & Partner: Das Controllingkonzept, a.a.O., S.238.

Alle drei Ebenen sind unmittelbar verknüpft und müssen auch als solches beherrscht und behandelt werden, nur dann können die richtigen Maßnahmen zur Steuerung der gesamten Unternehmung und seiner Leistung erfolgen.

Der **Kern** des **Performance Measurement** Konzeptes beinhaltet vier Grundfragen:[68]

- Welche Größen determinieren die Performance des Unternehmens?
- Welche unterschiedlichen Performanceanforderungen existieren?
- Welche unterschiedlichen Maßgrößen können zur Performance-Messung eingesetzt werden?
- Wie kann das Performance Measurement in den Planungsbedarf integriert werden?

Dabei sollte die Performance durch bereichsbezogene Produkte und Prozesse bestimmt werden. Die Analyse und Definition dieser Produkte und Prozesse, und deren speziellen Anforderungen an diese Leistungen, ist daher unumgänglich. Um es so verständlich wie möglich zu machen, sollten die Maßgrößen einfach zu erfassen, zu analysieren und zu quantifizieren sein.

Die Integration des Performance Measurement in den Planungsablauf des Unternehmens sollte vollständig sein. Hilfreich ist es, wenn die Verantwortlichkeiten in den Teilschritten klar abgegrenzt sind und die Messzyklen und die einzusetzenden Hilfsmittel feststehen. Wenn dieses Grundwissen angewandt wird, ist man auf dem richtigen Weg, ein effektives Performance Measurement-Konzept zu erstellen.

- **Performance Dimensionen**

Das Wissen über die Leistungsebenen allein genügt jedoch nicht, da nicht klar ist, wie diese bemessen werden. Das Performance Measurement nimmt deshalb die Qualität, die Zeit und die Kosten als Maßgrößen hinzu. Diese Kenntnisse bezüglich der verschiedenen Leistungsdimensionen sind notwendig, damit die Performance eines Unternehmens bewertet werden kann.[69]

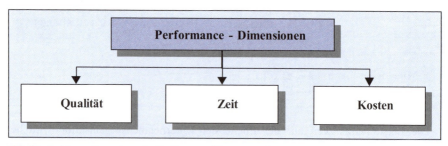

Abb. 81: Leistungsdimensionen im Performance Measurement

Dabei ermittelt die Qualität die Wertschätzung eines Produktes aus der Sicht der Kunden, die Zeit bewertet die Güte der vom Management verantworteten Prozesse und die Kosten bemessen die Wirtschaftlichkeit der Güte, verantwortet von allen Bereichen.

---

[68] Gleich, R./Seidenschwarz, W.: Die Kunst des Controllings, München 1997, S. 350 f.
[69] Vgl. Horvath, P./Gleich, R./Voggenreiter, D.: Controlling umsetzen, a.a.O., S.219.

Durch die Verknüpfung der drei Leistungsebenen und der drei Leistungsdimensionen wird die Möglichkeit gegeben, eine 9-Felder-Matrix, als Ansatzpunkt für ein Performance Measurement-Konzept, zu erstellen. Damit ist ein erster Rahmen für die Entwicklung, Implementierung und Anwendung eines Leistungsbemessungssystems gegeben.[70]

Die Zusammenhänge zwischen den verschiedenen Dimensionen ergeben Aussagen über die Wertschätzung und das Service-Niveau eines Unternehmens und seiner Produkte. Daher kann ein hoher Wert aus Sicht des Kunden durch ein qualitativ hochwertiges und sehr kostengünstiges Produkt erzielt werden. Ein hohes Service-Niveau andererseits kann durch schnelle Durchlauf- und Vertriebszeiten bei qualitativ hochwertigen Produkten oder Leistungen erlangt werden. Durch die Verknüpfungen zwischen den einzelnen Dimensionen wird aufgezeigt, dass es notwendig ist, alle Dimensionen positiv zu beeinflussen, um die Leistungsfähigkeit zum Nutzen des Unternehmens und der Anteilseigner zu erhöhen.[71]

Abb. 82: Leistungsmessungs-Matrix/Performance Measurement-Matrix

Durch das Vorhandensein der unterschiedlichsten Konzepte für das Performance-Measurement ist die Frage nach dem optimalen Performance Measurement-Konzept nicht so ohne weiteres zu beantworten.

Es kann auch nicht ein beliebiges Performance Measurement-Konzept für ein Unternehmen, gleich auf die zu bewertende Abteilung übernommen werden. Einen Ausweg aus dieser Lage bietet das bekannte Performance-Measurement Konzept der Balanced Scorecard. Dies zeichnet sich besonders wegen ihrer unterschiedlichen Sichtweisen (Kunden, interne Sicht, Innovation und Lernen, Finanzen) bei der Leistungsbeurteilung aus.[72]

---

[70] Vgl. Horvath, P./Gleich, R./Voggenreiter, D.: Controlling umsetzen, a.a.O., S. 249.
[71] Vgl. ebd., S. 221.
[72] Vgl. Gleich, R./Seidenschwarz, W.: Die Kunst des Controllings, a.a.O., S. 351 f.

5.3.6 Die Balanced Scorecard (BSC)

Eines der bekanntesten Konzepte des Performance Measurement ist die **Balanced Scorecard (BSC)**.[73] Im Gegensatz zum ROI- und ZVEI-Kennzahlensystem besteht die Balanced Scorecard nicht nur aus finanziellen Kennzahlen mit vergangenheitsorientierter Sicht.

Ihr größter Unterschied liegt in ihrer 4-Perspektiven Sicht, den Ursachen-Wirkungs-Zusammenhängen, der Strategieorientierung und dem Einsatz von nichtfinanziellen Kennzahlen und Leistungstreibern, wie folgende Abbildung veranschaulicht.

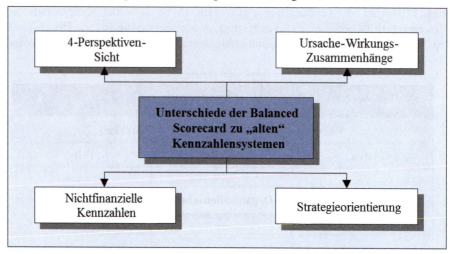

Abb. 83: Wichtigste Unterschiede der BSC zu herkömmlichen Kennzahlensystemen

Auch ist die Balanced Scorecard in ihrer Anwendung von den herkömmlichen Kennzahlensystemen völlig verschieden. Sie ist mehr als ein Kennzahlen-Tableau. Vielmehr ist es eine Methode zur Erarbeitung und zur unternehmensweiten Kommunikation von Vision, Mission und den daraus abgeleiteten Strategien des Unternehmens. Daraus wird schnell erkenntlich, dass die BSC ein richtiges Management-System zur strategischen Führung eines Unternehmens mit Kennzahlen ist, und nicht nur ein weiteres Zahlenblatt eines Controllers.

Balanced Scorecards sind **keine Standardformulare**, die es auszufüllen gilt. Sie werden vielmehr für das Unternehmen entwickelt und nicht als reines Managementkonzept einfach übernommen.[74] Die Kernidee des Konzeptes ist die Berücksichtigung unterschiedlicher Perspektiven bei der Leistungsbeurteilung eines Unternehmens oder eines Geschäftsbereiches.

Sie soll als die Grundlage von Planung und Steuerung gelten. Die Perspektiven der Balanced Scorecard für ein Unternehmen sind die Finanz-, die Kunden-, die interne Prozess- und die Lern- und Entwicklungsperspektive, wie die folgende Abbildung verdeutlicht.

---

[73] Vgl. Horvath, P.: Controlling, a.a.O., S. 563.
[74] Vgl. Friedad, H./Schmidt, W.: Balanced Scorecard. Mehr als ein Kennzahlensystem, Freiburg 1999, S. 13.

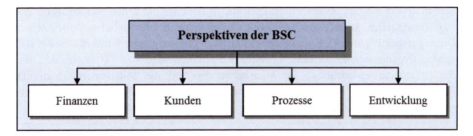

Abb. 84: Die unterschiedlichen Perspektiven der Balanced Scorecard

- **Finanzperspektive**

Die Finanzperspektive nimmt in der Balanced Scorecard eine Sonderstellung ein. Auch wenn alle Perspektiven miteinander auf einer Stufe rangieren, ist das Oberziel einer Unternehmung immer rein monetärer Art. Die finanzwirtschaftlichen Ziele und Kennzahlen haben in der BSC eine Doppelrolle. Zum einen definieren sie die finanzielle Leistung, die von der Strategie erwartet wird und andererseits dienen sie als Endziele für die Ziele und Kennzahlen der anderen drei Perspektiven. Die Finanzperspektive betrachtet typische Kennzahlen des Unternehmens, wie z.B. die Rentabilität.[75]

- **Kundenperspektive**

Die Kundenperspektive dient dazu, die Kunden- und Marktsegmente zu identifizieren, in denen das Unternehmen wettbewerbsfähig sein soll. Diese soll es der Führung erleichtern, die spezifischen Ziele in Bezug auf die Kunden- und Marktsegmente zu formulieren und im Unternehmen zu kommunizieren. Die Kundenperspektive bedient sich dazu verschiedener Daten, wie z.B. Marktanteil, Kundenakquisition und Kundentreue. Durch die Auswahl von Zielen und Kennzahlen aus dieser Perspektive soll es dem Unternehmen erleichtert werden, seine Aktivitäten auf ein genaueres Leistungsangebot für die Zielkundensegmente zu richten.

- **Prozessperspektive**

Die interne Prozessperspektive betrachtet die Aktivitäten der Leistungserstellung. Diese Aktivitäten sind es, die es dem Unternehmen ermöglichen mit seinen Produkten oder Dienstleistungen auf dem Markt präsent zu werden. Damit diese Produkte bzw. Dienstleistungen die Kunden befriedigen, müssen die internen Prozesse auf die Kundenwünsche abgestimmt werden. Ein typischer Kundenwunsch ist die Qualität. Um diese Qualität zu erreichen, müssen Kennzahlen wie der Ausschussprozentsatz bei der Produktion oder der Anteil der Reparaturen an der Ausbringungsmenge, entwickelt werden. Das bedeutet, dass die für den Kunden und somit für das Unternehmen wichtigsten Prozesse betrachtet und mit Kennzahlen messbar und somit leicht veränderbar gemacht werden.

- **Lern- und Entwicklungsperspektive**

Die vierte Perspektive ist die **Lern- und Entwicklungsperspektive**. Sie verdeutlicht den ständigen Wandel der Umwelt eines Unternehmens und die daraus resultierende hohe Wichtigkeit des ständigen Lernens. Damit der Kern eines Unternehmens, d.h. der Mitarbeiter im operativen Geschäft, ständig Anregungen und Ideen zur Verbesserung von Leistungen und Prozessen einbringt, muss dieser permanent geschult und zielorien-

---

[75] Vgl. Kaplan, S./Norton, D.: Balanced Scorecard, Stuttgart 1997, S. 46.

tiert motiviert werden. Außerdem müssen die Mitarbeiter die Unternehmensvision und ihre strategischen Ansätze kennen, damit sie den Sinn in ihrer täglichen Arbeit sehen. Diese Perspektive soll Ziele und Kennzahlen zur Förderung einer lernenden und wachsenden Organisation entwickeln. Typische Kennzahlen dazu sind Personalzahlen, wie die Mitarbeiterzufriedenheit, die Mitarbeitertreue und die Mitarbeiterproduktivität. Folgende Abbildung verdeutlicht, dass auch aus diesen Kennzahlen auf das Unternehmensergebnis geschlossen werden kann.

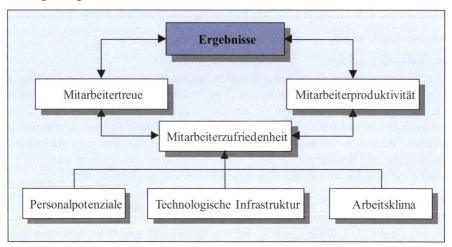

Abb. 85: Rahmen für Kennzahlen der Lern- und Entwicklungsperspektive

Perspektive	Zweck	Typische Kennzahlen
Finanzwirtschaftliche Perspektive	Hinweis darauf, ob die Strategie eines Unternehmens zur Verbesserung des Ergebnisses führt.	Zeit, Qualität, Produktleistung, Service, Preis
Kundenperspektive	Darstellung, wie das Unternehmen aus Sicht der Kunden eingeschätzt wird.	Rentabilität, Wachstum, Unternehmenswert
Betriebsablaufinterne Perspektive	Informationen über betriebsinterne Prozesse, die wesentlichen Einfluss auf die Kundenzufriedenheit haben.	Zykluszeiten, Qualität, Fertigungszeit des Personals, Produktivität
Innovations- und Wissensperspektive	Informationen über die Fähigkeit des Unternehmens, sich zu verbessern und Innovationen einzuführen.	Durchschnittsalter der Produkte, Umsatzanteil der Neuprodukte, Verringerung der Lieferzeiten

Abb. 86: Die Balanced Scorecard und ihre Dimensionen

Diese vier Perspektiven spiegeln den unterschiedlichen Blickwinkel wider, aus denen das Unternehmen betrachtet werden kann und muss. Um eine Konzentration auf die wichtigsten Schlüsselgrößen des Unternehmenserfolges zu sichern und nicht in einer Datenflut unterzugehen, wird eine Begrenzung auf etwa 25 Kennzahlen für vier Perspektiven vorgeschlagen.

Weder die Beschränkung auf die vier Perspektiven noch auf 25 Kennzahlen soll als Einschränkung verstanden werden. Es soll eher als Schablone aufgefasst werden, die Unternehmen je nach ihren Bedürfnissen anpassen können.

Das Neue an der BSC ist die Zusammensetzung der einzelnen Kennzahlen in einer Ursache-Wirkungs-Beziehung. Eine Balanced Scorecard ist ein integriertes System von vier Kennzahlenkategorien, das monetäre Kennzahlen über Ursache-Wirkungs-Ketten mit den für die Geschäftsstrategie wesentlichen Aspekten der Kundenorientierung, den internen Prozessen sowie von Innovation und Lernen, verbindet. Die folgende Abbildung möchte am Beispiel einer Ursache-Wirkungskette deren Ablauf erklären.

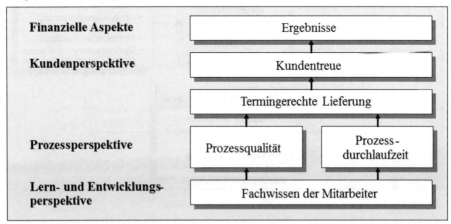

Abb. 87: Die Ursache-Wirkungskette in der Balanced Scorecard

Durch diese Ursache-Wirkungskette wird die Balanced Scorecard nicht nur ein neues Kennzahlensystem. Sie hat vielmehr die Aufgabe, den gesamten Planungs-, Steuerungs- und Kontrollprozess des Unternehmens zu gestalten und hilft somit, geeignete Strategien zu entwickeln und im Unternehmen umzusetzen. Doch gerade die Strategie bereitet vielen Unternehmen noch Probleme.

Die **Hauptgründe** für diese **Probleme** sind:
- Die erarbeiteten Visionen und Strategien sind nicht umsetzbar
- Zielvorgaben werden nicht mit den Strategien verknüpft
- Keine Verknüpfung der Strategie mit der Ressourcenallokation
- Es gibt nur ein taktisches Feedback, kein strategisches

Mit der Hilfe der Balanced Scorecard werden die vier wesentlichen Schritte im Prozess der **Strategiefindung** und **-bewertung** durchlaufen:

(1) Klären und Messbarmachung von Vision und Strategie

(2) Verbreitung der Strategie im Unternehmen

(3) Planung und Vorgaben

(4) Überprüfen der Umsetzungserfolge

Die Balanced Scorecard hat somit die Aufgabe, den strategischen Führungsprozess im Unternehmen zu unterstützen bzw. den Handlungsrahmen vorzugeben. Dieses zeigt die folgende Abbildung.

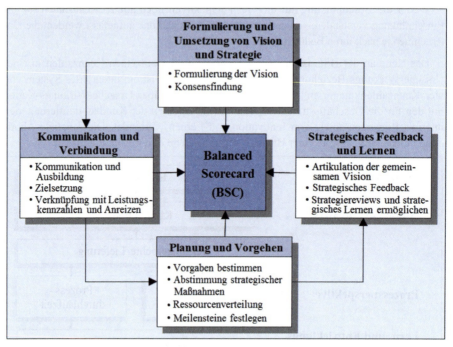

Abb. 88: Die Balanced Scorecard als strategischer Handlungsrahmen[76]

Eine Voraussetzungen für ein erfolgreiches Arbeiten mit der Balanced Scorecard (wie mit jedem anderen Kennzahlensystem auch) ist, dass das Management und die Mitarbeiter mit den entscheidenden Steuerungsgrößen vertraut gemacht werden. Weiterhin sollten klare Vorstellungen über die Ziele und Konzepte bestehen. Wer sich für ein komplexes System wie die Balanced Scorecard entscheidet, muss sich bewusst sein, dass die Einführung und Umsetzung aufwendige Prozesse sind. Dabei sollten ausreichende finanzielle Mittel und viel Zeit vorhanden sein. Unter solchen Voraussetzungen ist es leicht, eine Verbindung zwischen der Balanced Scorecard, dem Shareholder-Value-Ansatz und der Kosten- und Leistungsrechnung herzustellen.

5.4 Präsentation im Unternehmenscontrolling

Präsentation bedeutet, dass eine oder mehrere Personen für eine bestimmte Zielgruppe bestimmte Inhalte, wie z.B. Sachaussagen oder Produkte, darstellen. Bestreben ist es, diese Zielgruppe zu informieren oder zu überzeugen. Die Darstellung wird unterstützt durch bildhafte Mittel. Anschließend kann eine Fragerunde oder Diskussion folgen.

Bezogen auf das Berichtswesen im Unternehmenscontrolling ergeben sich aus dieser Definition folgende Grundgedanken:

- **Präsentierender:** Mitarbeiter der Controllingabteilung
- **Zielgruppe:** Managementebenen der Unternehmung, z.B. Unternehmensleitung oder Abteilungsleiter

---

[76] Vgl. Horvath & Partner: Das Controllingkonzept, a.a.O., S. 242.

- **Präsentationsinhalte:** Darstellung der Controllerberichte sowie Analyse der sich aus den Berichten ergebenden Abweichungen und von ergebnisverbessernden Gegensteuerungsmaßnahmen
- **Visualisierungen:** Unterstützung der Präsentation durch Visualisierung und deren Darbietung durch Visualisierungsmedien, z.B. Flipchart, Overheadfolie
- **Diskussion** der Präsentationsinhalte.

5.4.1 Das Vier-Seiten-Modell der Präsentation

Das Vier-Seiten-Modell der Präsentation ist abgeleitet vom Modell „Die vier Seiten einer Nachricht", welches von **Schulz von Thun** entwickelt wurde.[77] Dieses Modell beinhaltet die Aussage, dass im Rahmen von Kommunikationsprozessen immer vier Kernpunkte berührt werden.

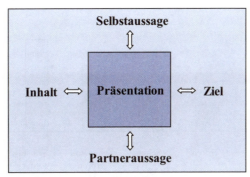

Abb. 89: Vier Seiten der Präsentation

Zunächst ist es wichtig, das **Ziel** der Präsentation zu formulieren. Das Ziel bestimmt, in welcher Weise der Präsentierende Einfluss auf die Teilnehmer ausüben will, d.h. zu welchen Aktionen oder Maßnahmen sollen die Teilnehmer nach der Präsentation bewegt werden.

Die **Inhaltsseite** bezieht sich auf die Sachaussage der Präsentation. Diese Seite umfasst alle Informationen, Fakten und Argumente, die in der Präsentation vermittelt werden sollen.

Die **Selbstaussage** einer Präsentation besteht darin, dass der Präsentierende während der Präsentation bewusst oder unbewusst Aussagen über sich selbst macht. Durch seine Sprache, den Einsatz von Gestik und Mimik sowie seine Körperhaltung stellt er seine Persönlichkeit und damit sich selbst dar.

Die Beziehung zwischen Präsentierenden und Teilnehmern wird in der **Partneraussage** ausgedrückt. Sie kennzeichnet, inwieweit der Präsentierende auf die Teilnehmer eingeht, d.h. die Bedürfnisse der Teilnehmer berücksichtigt, z.B. durch seine Sprache, seine Gestik und Mimik. Dadurch bringt der Präsentierende den Teilnehmern gegenüber seine Wertschätzung zum Ausdruck.[78]

---

[77] Vgl. Schulz von Thun, F.: Miteinander reden, Bd. 1: Störungen und Klärungen, Reinbek 1994, S. 14.
[78] Vgl. Jung, H.: Personalwirtschaft, 9. Aufl., München/Wien 2011, S. 471.

Um die Präsentation erfolgreich durchführen zu können, müssen alle vier Seiten dieses Modells Beachtung finden. Es bildet somit einen wichtigen Ausgangspunkt für die Gestaltung der Präsentation.

5.4.2 Visualisierung

„Ein Bild sagt mehr als tausend Worte", heißt es in einem alten Sprichwort. Die Aussage dieses Sprichwortes wird durch die Visualisierung umgesetzt.

Die folgende Abbildung zeigt, inwieweit der Mensch durch die Nutzung unterschiedlicher Wahrnehmungskanäle in der Lage ist, Informationen aufzunehmen und im Gedächtnis zu behalten:

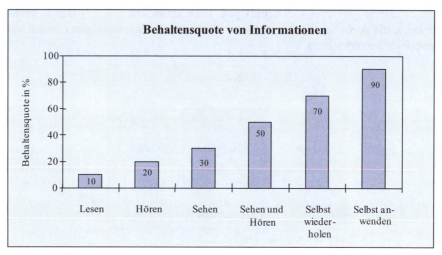

Abb. 90: Behaltensquote von Informationen

Von Informationen, die der Mensch nur liest, merkt er sich nur 10 %, dagegen erhöht sich die Behaltensquote um weitere 10 % bei gehörten Informationen. Von Informationen, die der Mensch mit dem Auge aufnimmt, prägt er sich 30 % ein. Nimmt der Mensch Informationen über Auge und Ohr auf, so bleiben sie zu 50 % in seinem Gedächtnis. Diese Tatsache spricht eindeutig für den kombinierten Einsatz von Sprache und Visualisierungen.

Der **Einsatz** der **Visualisierung** während einer Präsentation trägt dazu bei, dass

– Zusammenhänge und Sachverhalte verständlich gemacht werden können,
– wesentliche Informationen hervorgehoben werden können,
– die Präsentationsinhalte besser behalten werden,
– die Aufmerksamkeit und das Interesse der Teilnehmer erhöht werden
– und durch Visualisierungen entfällt umfangreiches Erklären und Beschreiben, was zu Zeiteinsparungen führen kann.

Controllerberichte enthalten zum großen Teil Zahlenmaterial in Form von Kennzahlen (absolute Zahlen und Verhältniszahlen) und Text. Um das Berichtsmaterial in verständlicher Form und übersichtlich darzustellen, gibt es verschiedene Möglichkeiten:

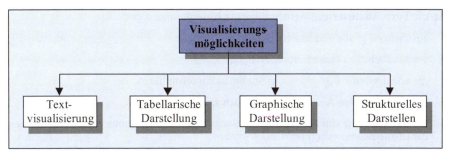

Abb. 91: Visualisierungsmöglichkeiten

(a) Textvisualisierung

Die Textvisualisierung eignet sich besonders zur Erläuterung von Sachverhalten, Zusammenhängen und zur Darstellung der Zusammenfassungen. Innerhalb des Berichtswesens im Unternehmenscontrolling kann die Textdarstellung zur Erläuterung von Kennzahlen, für Analysezwecke und zur Darstellung der einzuleitenden Maßnahmen verwendet werden.

Innerhalb des Textteils bietet es sich zur Auflockerung des Textes an, Textpassagen durch Hilfsmittel zu beleben. In folgender Abbildung sollen einige Beispiele gezeigt werden:

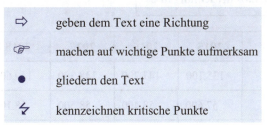

Abb. 92: Beispielsymbole zur Textgestaltung

Außerdem kann man Textteile in verschiedenen geometrischen Formen darstellen. Hierfür können Rechtecke, Kreise, Ellipsen und Rhomben verwendet werden.

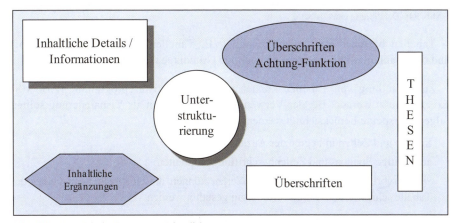

Abb. 93: Geometrische Formen zur Visualisierung

An die **Textvisualisierung** werden folgende Anforderungen gestellt:

- ausreichend große und lesbare Schrift,
- verständliche, einfache Formulierungen,
- die wichtigsten Aussagen nur in Stichpunkten formulieren,
- auf ausreichenden Abstand zwischen den Zeilen achten,
- bei Verwendung von geometrischen Darstellungsformen immer darauf achten, dass die Elemente sinngleich verwendet werden
- und maximal 7 Kriterien pro Visualisierung.

(b) Tabellarische Darstellung

Durch Tabellen können Informationen in übersichtlicher Form dargestellt werden. Sie stellen die einfachste Form zur Darstellung von Zahlen dar.

Data Research AG
Controllingabteilung

Geplante Umsatzentwicklung in €

	2015	2016	2017	2018	2019
Produkt A	135.100	147.200	148.300	149.600	150.200
Produkt B	57.600	58.400	58.500	58.100	59.900
Produkt C	34.500	35.300	36.000	37.000	37.500
Produkt D	22.000	24.000	27.500	32.300	34.500

Abb. 94: Darstellung einer Tabelle

Tabellen bestehen aus einem Textteil (z.B. Tabellenüberschrift, Tabellenkopf) und dem Zahlenteil. Sie bilden eine wichtige Grundlage zur Diagrammerstellung.

Zur Erstellung von Tabellen können zahlreiche Softwareprogramme (z.B. MS-Excel) genutzt werden. Bei der Verwendung von Tabellen als Visualisierung sollten folgende Aspekte berücksichtigt werden:

- Spalten und Zeilen in begrenzter Anzahl verwenden,
- auf richtige Spalten- und Zeilenbeschriftung (Einheiten) achten,
- zur Hervorhebung von bestimmten Werten können die entsprechenden Felder der Tabelle schraffiert oder die Werte farbig gestaltet werden
- und die Zahlen sollten sinnvoll gerundet werden.

(c) Grafische Gestaltung

Durch die grafische Gestaltung können Größen- und Mengenverhältnisse und Beziehungen zwischen Größen übersichtlich dargestellt werden. Die in einer Tabelle enthaltenen Werte lassen sich wesentlich besser vom Betrachter erfassen und bleiben länger im Gedächtnis, wenn sie in Form von Diagrammen dargestellt werden.

Im Berichtswesen können somit z.B. Umsatz-, Gewinn-, und Kostenentwicklungen, Budgetabweichungen oder die Planerfüllung dargestellt werden.

Es gibt eine Reihe von Diagrammtypen, mit denen das Zahlenmaterial optisch aufbereitet werden kann. Folgende **Diagrammtypen** können zur Darstellung verwendet werden:

- Säulendiagramm
- Balkendiagramm
- Punktdiagramm
- Liniendiagramm
- Kreisdiagramm
- Ringdiagramm
- Flächendiagramm
- Kombinationsdiagramm
- Netzdiagramm

Die Entscheidung für einen Diagrammtyp hängt vom darzustellenden Zahlenmaterial und von der Aussage, die durch die Darstellung erreicht werden soll, ab.

Als grundlegende **Gestaltungsregeln** für Diagramme lassen sich herausarbeiten:

- die Diagramme sollten maximal 5 Segmente darstellen,
- viele kleinere Segmente sind besser zu einem größeren Segment zusammenzufassen,
- Diagramme sind mit einer Überschrift zu versehen, die z.B. durch Fettschrift hervorgehoben werden sollte,
- die Achsenbeschriftung sollte leserlich und nicht zu umfangreich sein,
- gerundete Werte verwenden
- und verwendete Farben, Zeichen etc. sind in einer Legende zu erläutern.

Nachfolgend werden die bekanntesten Diagrammtypen, die im Unternehmenscontrolling eingesetzt werden können, vorgestellt:

- **Säulendiagramm**

Mittels dieser Diagramme können Werte zu bestimmten Zeitpunkten und auch zeitunabhängige Werte abgebildet werden. Durch diese Darstellung lassen sich die Werte sehr gut vergleichen.

Bei mehreren Datenreihen eignet sich dieses Diagramm ebenfalls. Die Anzahl der Säulen sollte auf fünf bis sechs begrenzt werden, weil bei zu vielen Säulen die Übersichtlichkeit verloren geht.

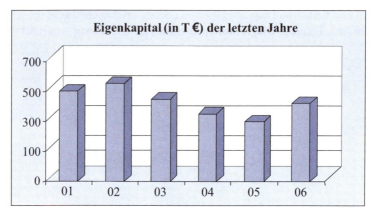

Abb. 95: Darstellung eines Säulendiagramms

- **Balkendiagramm**

Der Unterschied zwischen Säulen- und Balkendiagrammen besteht darin, dass Balken waagerecht und Säulen senkrecht dargestellt werden. Die Anwendungsmöglichkeiten entsprechen denen des Säulendiagramms.

Zur direkten Gegenüberstellung von absoluten Zahlen und Werten eignen sich Balkendiagramme besonders gut.

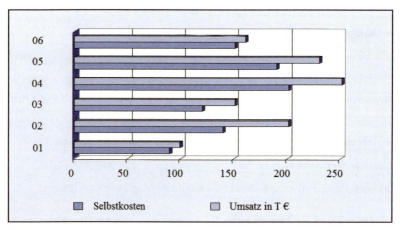

Abb. 96: Darstellung eines Balkendiagramms

- **Punktdiagramm**

Mittels eines Punktdiagramms wird die Beziehung oder der Grad der Beziehung zwischen verschiedenen Datengruppen sichtbar gemacht.[79] Punktdiagramme eignen sich auch für statistische Berechnungen, bei denen Streuungen von bestimmten Größen ermittelt werden können. Verbindet man die Punkte eines Punktdiagramms, so entsteht ein Liniendiagramm. Durch das Einfügen einer Trendlinie kann die voraussichtliche Entwicklung einer Größe deutlich gemacht werden.

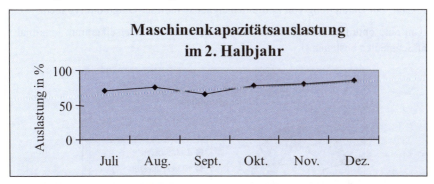

Abb. 97: Darstellung eines Punktdiagramms

- **Liniendiagramm**

Sie werden zur Darstellung von zeitabhängigen Daten verwendet und zeigen Trends und Entwicklungen auf. Dabei können für Vergleichszwecke auch zwei oder mehrere Datenreihen dargestellt werden. In diesem Fall müssen sich die Linien der Zeitreihen deutlich voneinander unterscheiden. Das kann z.B. durch unterschiedliche Farbgebung oder mittels Symbolen erfolgen.

In einem Diagramm sollten maximal fünf Kurven mit fünf Daten-Punkten dargestellt werden.[80] Je weniger Kurven dargestellt werden, desto mehr Daten-Punkte können verwendet werden.

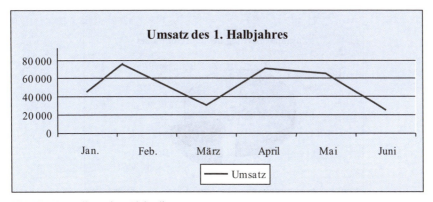

Abb. 98: Darstellung eines Liniendiagramms

---

[79] Vgl. Ziegenbein, K.: Controlling, a.a.O., S. 512.
[80] Vgl. Jung, H.: Personalwirtschaft, a.a.O., S. 678.

- **Kreisdiagramm**

Das Kreisdiagramm (Tortendiagramm) eignet sich zur Darstellung von Verhältnissen von Teilgrößen zur Gesamtgröße. Die Anteile können dabei absolut oder prozentual angegeben werden. Die einzelnen Anteile können zur Unterscheidung entweder unterschiedlich schraffiert oder farbig gestaltet werden.

Zur Hervorhebung einzelner Teile können diese aus dem Segment gelöst werden. Der Nachteil dieses Diagrammtyps liegt darin, dass nur eine Datenreihe abgebildet werden kann. Zur Darstellung von Zeitreihen eignet sich dieser Diagrammtyp nicht.

Um eine optimale Illustration zu erreichen, sollte ein Kreisdiagramm maximal aus fünf Segmenten bestehen.[81]

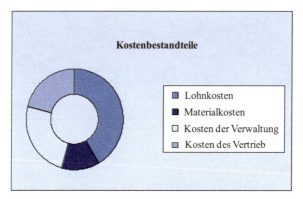

Abb. 99: Darstellung eines Kreisdiagramms

- **Ringdiagramm**

Ringdiagramme zeigen wie Kreisdiagramme das Verhältnis von Teilmengen zur Gesamtmenge. Im Unterschied zu Kreisdiagrammen können bei Ringdiagrammen mehrere Datenreihen gezeigt werden. Aus Übersichtlichkeitsgründen sollten jedoch nicht zu viele Datenreihen in einem Diagramm dargestellt werden.

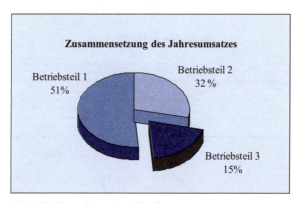

Abb. 100: Darstellung eines Ringdiagramms

---

[81] Vgl. Schilling, G.: Angewandte Rhetorik und Präsentationstechnik: Der Praxisleitfaden für Vortrag und Präsentation, Kassel 2003, S. 112.

- **Flächendiagramm**

Flächendiagramme zeigen Veränderungen von Datenreihen über einen bestimmten Zeitraum im Verhältnis zum Gesamtwert und deren Struktur auf. Im Flächendiagramm sind die Flächen zwischen den Achsen und der Wertelinie ausgefüllt.

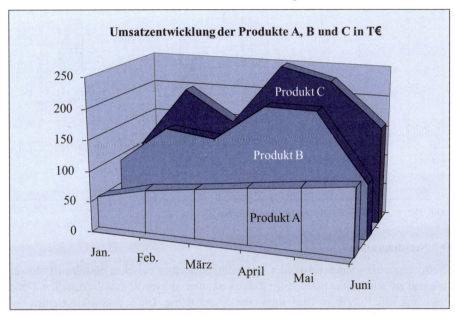

Abb. 101: Darstellung eines Flächendiagramms

Bei der Erstellung von Diagrammen kann die Nutzung eines Computers sehr hilfreich sein. Für alle Diagrammtypen bietet der Computer zahlreiche Gestaltungsvarianten und für die meisten Diagrammtypen neben der zweidimensionalen auch die dreidimensionale Darstellung an. Diese Darstellung ist nicht in jedem Fall von Vorteil, weil gelegentlich die Gefahr besteht, dass Übersichtlichkeit und Vergleichbarkeit verloren gehen.

- **Kombinationsdiagramm**

Kombinationsdiagramme stellen in einem Diagramm zwei oder mehrere Datenreihen dar und verwenden verschiedene Diagrammtypen für die Datenreihen. So kann z. B. eine Datenreihe als Säulendiagramm und eine zweite Datenreihe als Liniendiagramm dargestellt werden, um den Vergleich beider Datensätze zu erleichtern oder um nach möglichen Überlagerungen zu suchen.

Ein **Kombinationsdiagramm** kann auch verwendet werden, wenn eine andere Achse mit anderer Skalierung zur Darstellung einer oder mehrerer Datenreihen in einem Diagramm benötigt werden. Das kann der Fall sein, wenn eine der Datenreihen einen Wertebereich hat, der sich grundlegend von der anderen Datenreihe unterscheidet. Trotz der Komplexität lässt sich ein Kombinationsdiagramm relativ einfach lesen und deuten, wie es folgende Abbildung veranschaulicht.

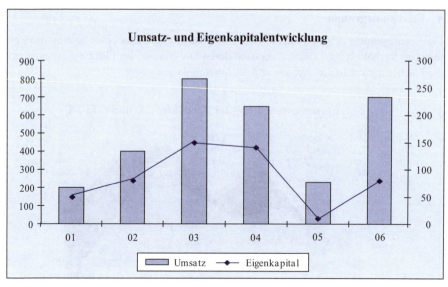

Abb. 102: Darstellung eines Kombinationsdiagramms

- **Netzdiagramm**

Netzdiagramme werden verwendet, um mehrere Bezüge zwischen einzelnen Datenreihen und zwischen einer bestimmten Reihe und allen anderen Reihen darzustellen. Dabei bekommt jede Rubrik im Diagramm eine eigene Achse. Die Datenpunkte werden entlang der Speiche angezeigt.

Linien, welche die Datenpunkte miteinander verbinden, bestimmen die Diagrammfläche. Dieser Diagrammtyp sollte nur verwandt werden, wenn die Betrachter mit Netzdiagrammen vertraut sind, da Netzdiagramme schwer zu lesen und zu verstehen sind.

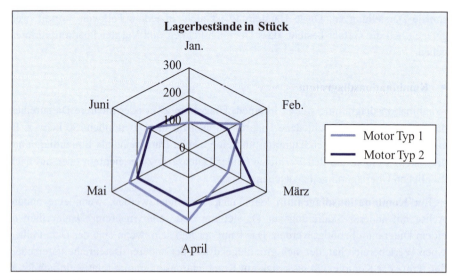

Abb. 103: Darstellung eines Netzdiagramms

(d) Cockpit Information

Die Darstellung von verschiedenen Informationen lässt sich sehr effizient in einem **Cockpit-System** umsetzen. Je nach Informationsbedarf wird es in einem Cockpit ermöglicht, eine Kombination von Kennzahlen in einer Übersicht aufzuzeigen. Diese Form der Darstellung erlaubt eine schnellere und effizientere Auswertung der nachgefragten Informationen.

In der nachfolgenden Abbildung ist beispielhaft ein Cockpit dargestellt. In diesem System sind Informationen über Umsätze, Eigenkapital, Lagerbestände sowie Umsatzzusammensetzung enthalten.

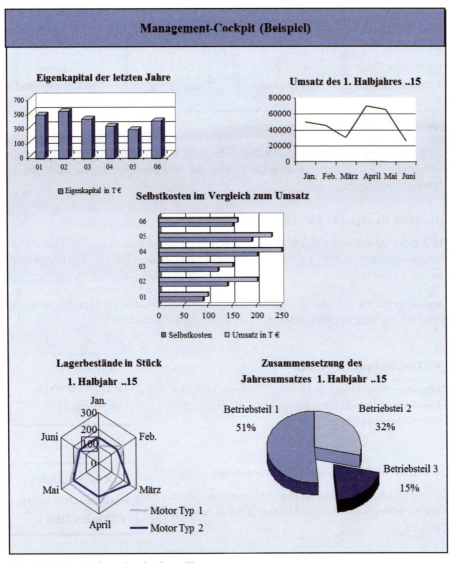

Abb. 104: Cockpit-Information des Controllings

(e) Darstellung von Strukturen

Zur Darstellung von Strukturen in einem Unternehmen eignen sich besonders Organigramme und Ablaufdiagramme. Mit diesen Darstellungsformen werden komplizierte Zusammenhänge im Unternehmen und Produktionsabläufe übersichtlich und schnell erfassbar abgebildet. Gleichzeitig lassen Ablaufdiagramme auch Simulationen von Ereignissen zu.

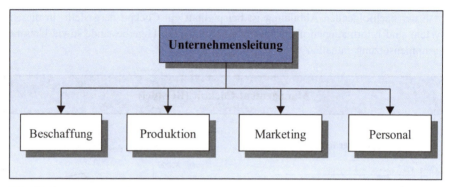

Abb. 105: Darstellung einer Unternehmensstruktur

Weiterhin ist zu empfehlen, dass die wichtigsten Visualisierungen zusätzlich als Unterlagen für die Teilnehmer aufbereitet werden, die der Präsentierende vor oder nach der Präsentation ausgibt.

(f) Anforderungen an die Schrift

In der Schrift spiegelt sich die Persönlichkeit eines Menschen wider. Im Rahmen von Visualisierungen kommt es jedoch als oberste Zielsetzung für die Schriftgestaltung auf die Lesbarkeit an.

Nachfolgend wurden einige Gestaltungsregeln für die Schrift zusammengestellt, die bei der Erstellung der Visualisierung berücksichtigt werden sollten:[82]

- **Druckschrift verwenden**

  Druckschrift ist besser zu lesen als Schreibschrift. Das Lesen wird besonders erschwert, wenn die Handschrift sehr schnörkelreich ist.

- **Groß- und Kleinbuchstaben verwenden**

  Groß- und Kleinbuchstaben lassen sich leichter lesen. Die Wörter können so in ihrem Gesamteindruck besser erfaßt werden.

---

[82] Vgl. Schilling, G.: Angewandte Rhetorik und Präsentationstechnik, a.a.O., S. 101 ff.

- **Auf ein gerades Schriftbild achten**

  Das Auge orientiert sich beim Lesen von links nach rechts. Das schräge Schriftbild wirkt zu unruhig.

- **Eng und blockartig schreiben**

  Werden die einzelnen Buchstaben zu weit auseinandergeschrieben, so verliert der Text an Übersichtlichkeit und Lesbarkeit.

- **Eine ausreichende Schriftgröße verwenden**

  Zu kleine Schriften können aus größerer Entfernung nur sehr schwer oder gar nicht gelesen werden. Zu große Schriften nehmen viel Platz ein.

  Für Overheadfolien wird eine Schriftgröße von mindestens 9 mm (für Computer 16 Punkt), für Tafel, Pinnwand und Flipchart wird eine Schriftgröße je nach Teilnehmerzahl von mindestens 2,5–5 cm empfohlen.

- **Kurze Ober- und Unterlängen**

  Sind Ober- und Unterlängen zu groß, leidet das Schriftbild und es wird zuviel Platz benötigt. Es gilt die Regel, daß Ober- und Unterlängen etwa jeweils die Hälfte der Mittellänge betragen sollten.

- **Wenige Schriftarten verwenden**

  Zu viele Schriftarten machen einen verwirrenden Eindruck auf den Betrachter. Überschriften und andere hervorzuhebende Textteile sollten besser etwas größer und fetter geschrieben werden als unterschiedliche Schriftarten zu verwenden.

- **Die richtige Strichstärke verwenden**

  Große Schriften mit dünner Strichstärke wirken sehr epsig und sind schwerer zu erfassen. Deshalb muß bei großen Schriften die Strichstärke ausreichend dick sein. Besser fetter schreiben als zu dünn.

(g) **Die Verwendung von Farben**

Durch den Einsatz von Farben können bestimmte Sachverhalte hervorgehoben werden. Die Konzentration und das Interesse der Betrachter kann erhöht und auf bestimmte Punkte gelenkt werden.

Farben haben eine bestimmte Wirkung auf den Betrachter. Diese Wirkung kann jedoch von jedem Betrachter unterschiedlich wahrgenommen werden. In unserem Kulturkreis eignet sich die Farbe Rot aufgrund ihrer Signalwirkung besonders zur Hervorhebung von wichtigen Informationen. Im Unternehmenscontrolling können somit Informationen, die einen dringenden Handlungsbedarf erfordern, auf einen Blick deutlich gemacht werden, z.B. bei einer Überschreitung des Budgets.

Farben sollten zielgerecht und sparsam eingesetzt werden. Zu viele Farben verwirren den Betrachter.

Folgende **Regeln** sollten bei der **farblichen Gestaltung** berücksichtigt werden:

- Farben sparsam und gezielt einsetzen
- Verwendung kontrastreicher Farben
- Farben, die sich gut eignen, sind: rot, schwarz, blau und grün
- Gleiche Farben sollten den gleichen Sinn haben, z.B. Überschriften werden immer in der gleichen Farbe geschrieben
- Helle Farben für die Schrift sind zu vermeiden, weil sie aus größerer Entfernung schlecht oder nicht lesbar sind. Sie eignen sich gut zur Gestaltung der Hintergründe.

Einsatz von Farben bei der Präsentation		
Farbe	**Wirkung**	**Präsentationseinsatz**
Weiß	neutral, kalt, lichtvoll	zur Gestaltung von Hintergründen
Gelb	leicht, heiter, wach	zur Gestaltung von Hintergründen
Rot	temperamentvoll, warm	als Betonung, Hinweis
Blau	kalt, ordnend, seriös	als Schrift
Grün	beruhigend, entspannend	um positive Aspekte zu betonen
Braun	verhalten, gemütlich	für Präsentation nicht geeignet
Schwarz	schwer, hart	als Schrift, für Konturen
Orange	beschwingt, lebendig	als Füllfarbe für Grafiken

Abb. 106: Wirkung und Präsentationseinsatz von Farben[83]

---

[83] Vgl. Schilling, G.: Angewandte Rhetorik und Präsentationstechnik, a.a.O., S. 100.

5.4.3 Der Medieneinsatz während der Präsentation

In diesem Abschnitt wird dargestellt, welche Hilfsmittel der Controller zur Darstellung für die Visualisierungen nutzen kann. Die folgende Übersicht zeigt die Einteilung der Medien, die während einer Präsentation zum Einsatz kommen können.

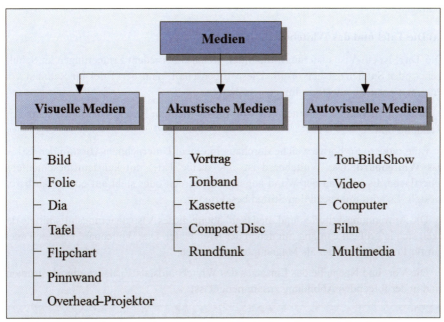

Abb. 107: Arten von Medien

Für die Präsentation im Rahmen des Unternehmenscontrolling soll auf ausgewählte, häufig angewandte visuelle Medien näher eingegangen werden.

Die **Entscheidung** für eine dieser **Medien** ist abhängig von:[84]

- den vorhandenen Medien,
- den technischen Gegebenheiten,
- den im Unternehmen in der Regel angewandten Medien,
- der zur Verfügung stehenden Zeit für die Erstellung der Visualisierungen,
- den zur Verfügung stehenden finanziellen Mitteln
- und der individuellen Bevorzugung des Benutzers.

Bei der Entscheidung für ein Medium sollten auch wirtschaftliche Gesichtspunkte Berücksichtigung finden, d.h. es ist nicht sinnvoll eine umfangreiche Videopräsentation zu erstellen, wenn das gleiche Ergebnis mit einer Tageslicht-Projektorfolie mit wesentlich geringerem Aufwand und geringeren Kosten erreicht werden kann.

---

[84] Vgl. Jung, H.: Personalwirtschaft, a.a.O., S. 279.

Der Medieneinsatz sollte gezielt erfolgen. Mehr als zwei bis drei Medien sollten in einer Präsentation nicht zum Einsatz kommen.

Alle Visualisierungsmedien sollen die Präsentation unterstützen, d.h. sie sollen den Vortrag ergänzen und auflockern und zum besseren Verständnis der Präsentationsinhalte beitragen.

(a) Die Tafel und das Whiteboard

Die Tafel ist ein Visualisierungshilfsmittel, welches bei jedem Erinnerungen an Schul-, Lehr- oder Studienzeit hervorruft. Diese Eigenschaft kann der Tafel im Rahmen von Präsentationen ein negatives Image verschaffen.

In einem modernen Unternehmen wird dieses Medium für Präsentationen kaum Anwendung finden.

Eine modernere Form, welche durchaus in einem Unternehmen vorzufinden ist, ist das **Whiteboard**. Das Whiteboard ist eine weiße Tafel mit kunststoffbeschichteter Oberfläche. Es kann an der Wand angebracht werden oder steht auf einem fahrbaren Gestell. Es wird mit speziellen Stiften beschrieben.

Die Anwendungskriterien und die Handhabung dieses Visualisierungshilfsmittels decken sich in großem Umfang mit denen der Kreidetafel. Das Whiteboard lässt sich auch gut für Projektionen oder als Magnettafel verwenden.

Die Vor- und Nachteile des Einsatzes des Whiteboards als Visualisierungsinstrument sind in der folgenden Abbildung zusammengefasst:

Whiteboard	
Vorteile	**Nachteile**
– Einfache Handhabung, – Energieunabhängig, – Ergänzungen können jederzeit vorgenommen werden (Fehler sind schnell korrigierbar), – Gedankengänge können Schritt für Schritt entwickelt werden, – Große Fläche zum Beschreiben.	– Beim Schreiben kehrt man Teilnehmern den Rücken zu, – Verlangt leserliche Schrift (Druckschrift), – Nicht transportabel, wenn fest an der Wand verankert, – Tafelbilder können nicht gespeichert werden und stehen damit im späteren Verlauf nicht mehr zur Verfügung.

Abb. 108: Vor- und Nachteile des Whiteboard

Entscheidet sich der Controller für das Whiteboard als Visualisierungsinstrument, sollte Folgendes beachtet werden:

– das Whiteboard muss sauber sein,
– groß genug, deutlich und gerade schreiben,
– beim Schreiben Sprechpausen einlegen, d.h. nicht zur Tafel sprechen
– und zur Hervorhebung bestimmter Aspekte farbige Stifte verwenden.

(b) Das Flipchart

Das Flipchart ist heute ein häufig verwendetes Visualisierungshilfsmittel bei Besprechungen, Vorträgen und Präsentationen. Ein Flipchart ist ein großer Papierblock (ca. 70 cm × 100 cm), der auf einem dreibeinigen Gestell oder auf Rollen steht.

Das Flipchart wird mittels Faserstiften beschrieben. Die Strichstärke sollte etwa 5 mm betragen, damit die Schrift nicht zu klein und unleserlich wird. Zur besseren Übersicht sollten auch farbliche Gestaltungsmöglichkeiten genutzt werden.

Während der Präsentation können die vorbereiteten Blätter abgearbeitet werden und diese durch spontane Ergänzungen der Teilnehmer bereichert werden. Im Gegensatz zur Tafel können einzelne Flipchartblätter wieder zurückgeholt oder besonders wichtige Blätter im Raum optisch platziert werden.

Die Vor- und Nachteile des Flipcharts sind in der folgenden Abbildung zusammengefasst:

Flipchart	
Vorteile	**Nachteile**
– Geringer Platzbedarf, – Vorbereitung der Blätter ist möglich, – Ergänzungen können jederzeit vorgenommen werden, – Transportierbar, – Einfache Handhabung, – Energieunabhängig, – Zurückblättern ist möglich, – Blätter können aufbewahrt werden.	– Beim Schreiben kehrt man Teilnehmern den Rücken zu, – Verlangt leserliche Schrift (Druckschrift), – Geringe Blattgröße (Schrift muss entsprechend groß sein), – Nur für kleine Teilnehmergruppen geeignet. – Relativ teures Papier

Abb. 109: Vor- und Nachteile des Flipchart

Beim Einsatz des **Flipcharts** während einer Präsentation muss der Controller folgende **Regeln** berücksichtigen:

- groß genug und in Druckbuchstaben schreiben,
- nicht zu viele Informationen auf einem Blatt unterbringen (Stichworte, Schlagwörter verwenden),
- wichtige Kriterien hervorheben, z. B. durch Unterstreichungen, farbliche Gestaltung oder durch Symbole,
- Zeichnungen auf das Wesentliche beschränken, auf eine exakte Darstellung kann hier verzichtet werden
- und beim Schreiben Sprechpausen einlegen, d.h. nicht zum Flipchart sprechen.

(c) Die Pinnwand

Eine **Pinnwand** ist eine Fläche aus Weichfaserplatten (z.B. Kork). Sie gleicht einem Flipchart. Die Pinnwand ist entweder an der Wand fest verankert oder transportabel.

Mittels Pinnwandnadeln werden Karten auf der Pinnwand befestigt. Die Karten können in den unterschiedlichsten Formen (z.B. Kreise, Rechtecke, Dreiecke) verwendet werden. Ein wesentlicher Vorteil für die Anwendung der Pinnwand besteht darin, dass Entwicklungen von Gesprächsverläufen und Entscheidungsprozesse schrittweise optisch dargestellt werden können. Die Präsentationsteilnehmer können in die Durchführung der Präsentation und die Gestaltung der Pinnwand aktiv einbezogen werden.

Als wesentliche Vor- und Nachteile der Pinnwandanwendung sind zu nennen:

Pinnwand	
Vorteile	**Nachteile**
– Große Fläche, – Energieunabhängig, – Fördert die Kreativität, – Schrittweises Zusammenstellen und Nachvollziehen von Gedankengängen, – Zusammenhänge können übersichtlich dargestellt werden, – Einfache Handhabung.	– Beim Anpinnen der Karten kehrt man Teilnehmern den Rücken zu, – Genaue Vorbereitung der Karten ist erforderlich, – Verlangt leserliche Schrift.

Abb. 110: Vor- und Nachteile der Pinnwand

Bei der **Nutzung** der **Pinnwand** sollte der Controller folgendes beachten:

– während des Anpinnens von Karten Sprechpause einlegen,

– Karten gleicher Farben und Formate sollten gleiche Bedeutung haben, z.B. Fragen werden immer mit ovalen Kreiskarten dargestellt,

– es ist dafür zu sorgen, dass genügend leere Karten für spontane Gedanken und Pinnwandnadeln während der Präsentation vorhanden sind,

– die Karten müssen ausreichend groß sein und die Beschriftung der Karten muss in angemessener Schriftgröße und in Druckschrift erfolgen,

– auf einer Pinnwand sollten aus Übersichtsgründen nicht zu viele Karten angebracht werden

– die umfangreiche, zeitaufwendige Pinnwanddarstellung sollte vorbereitet werden.

(d) Der Tageslicht-Projektor (Overheadprojektor)

Ein sehr häufig verwendetes Visualisierungsmedium ist der Tageslicht-Projektor (Overhead-Projektor). Mit dem Tageslicht-Projektor werden Transparentfolien vergrößert auf eine Leinwand projiziert. Projektoren gibt es als Standgeräte und als tragbare

Geräte. Die Folienerstellung kann per Hand, mit dem Drucker oder mit dem Kopierer erfolgen. Werden die Folien per Hand angefertigt, werden dazu spezielle Stifte benötigt.

Um die Konzentration der Teilnehmer auf wesentliche Aspekte zu lenken, kann der Controller die **Abdecktechnik** oder die **Overlaytechnik** gezielt einsetzen. Bei der Abdecktechnik wird die Folie erst nach und nach vollständig gezeigt. Hier kann bei den Teilnehmern jedoch ein Vorenthaltungsaspekt und ein schlechter Gesamteindruck entstehen. Bei der Overlaytechnik werden zwei oder mehr Folien übereinandergelegt. Diese Technik eignet sich besonders für die Darstellung komplexer Zusammenhänge.

Der Einsatz eines Tageslicht-Projektors erfordert, dass der Controller sich vorher mit der Arbeitsweise des Gerätes vertraut macht und vor Beginn der Präsentation die Funktionstüchtigkeit des Gerätes überprüft.

Tageslicht-Projektor	
Vorteile	**Nachteile**
– Blickkontakt zu den Teilnehmern bleibt erhalten,	– Energieabhängig (Steckdose muss vorhanden sein),
– Folien können einfach und schnell vorbereitet werden,	– Technische Geräte können durch Defekte ausfallen,
– Ist für größere Teilnehmergruppen geeignet,	– Geräusch des Gerätes (Gebläse) kann störend wirken,
– Folien sind gut aufzubewahren und kopierbar,	– Es kann nur eine Folie aufgelegt werden,
– Raum muss nicht verdunkelt werden,	– Bei falschen Einstellungen können Bilder verzerrt oder unscharf abgebildet werden (Leinwand muss nach vorn geneigt sein),
– Folien können farbig gestaltet werden,	
– Folien können während der Präsentation ergänzt werden.	
– Gute Übersicht in großen Räumen	– Nachträgliche Ergänzungen erfordern eine leserliche Schrift.

Abb. 111: Vor- und Nachteile des Tageslicht-Projektors

Folgende **Regeln** sind bei der Verwendung eines **Projektors** zu berücksichtigen:

- die Informationen auf einer Folie sollten in ihrer Anzahl beschränkt sein (nur Kernaussagen festhalten), besser mehrere Folien mit übersichtlichem Inhalt anfertigen,
- farbliche Darstellungen nutzen,
- die Folien lange genug auf die Betrachter einwirken lassen,
- während der Präsentation kann auf besonders interessante Sachverhalte auf der Folie mittels Zeigestock hingewiesen werden,
- innerhalb der Folien muss eine Ordnung vorhanden sein, das heißt die Folien sollten in der Reihenfolge ihres Auflegens gekennzeichnet sein (z.B. durch Nummerierung)
- und vor der Präsentation ist es unbedingt erforderlich, die Einsatzbereitschaft des Gerätes zu kontrollieren.

(e) Der Computereinsatz

Der Computer ist eines der modernsten Arbeitsmittel im Unternehmen. Daher sollte es auch bei Präsentationen als Gestaltungs- und Vorführmittel Anwendung finden.

Durch die hohe Datenfülle wird der Computer schon seit geraumer Zeit zur Aufbereitung, Sammlung und Verarbeitung von Informationen verwandt, um schnell und effektiv zu arbeiten.

Die moderne Informationssammlung und -speicherung erfolgt auf elektronischen Medien. Papier und ähnliche Speichermedien werden immer weniger in der Praxis angewandt. Nur zu oft werden die benötigten Informationen direkt aus:

- den eigenen Computer-Dateien
- E-Mails
- dem Intranet bzw. dem Internet
- von CDs und USB-Sticks

verwendet, um diese auf dem Computer weiterzuverarbeiten. Dabei ist der Computer durch die unterschiedlichsten Programme zur Aufbereitung, Darstellung und Verdichtung hilfreich, da er Tabellen, Grafiken, Texte usw. in eine Präsentation einbinden bzw. Elemente verknüpfen kann.

Deshalb sollte der Computer zur Visualisierung und Präsentation eingesetzt werden. Allerdings hat der Computer auch Nachteile.

Computereinsatz	
Vorteile	**Nachteile**
- Kein Medienbruch bei Herstellung, Bearbeitung und Vorführung der Präsentation - Multimediale Funktionen (Ton, Bild, bewegtes Bild, Film,...) - Schneller Datenzugriff und Fehlerkorrektur auch während der Präsentation - Einfache Weiterverarbeitung, beliebige Wiederverwendung und leichte Aktualisierung der Präsentation ohne weiteres möglich - Leichte Archivierung und Organisation auf dem Computer - Versand über E-Mail möglich - Verwendung von Mustervorlagen zur Standardisierung - Präsentation über Internet möglich	- teure und schwere Computer sowie Projektoren - oft festinstalliertes Equipment in Tagungsräumen - Relativ hoher Lern- und Übungsaufwand des Benutzers notwendig - Energieabhängig - Genaue Vorbereitung der Präsentation notwendig

Abb. 112: Vor- und Nachteile des Computers

Die Vorteile des Computers überwiegen dennoch. Um präsentieren zu können, bedarf es neben dem Computer bzw. Laptop eines Ausgabegerätes. Diese sind:

- **Datenprojektor:** Diese Projektoren, auch Beamer genannt, werden eingesetzt, wenn vor einem großen Personenkreis gesprochen wird. Sie benötigen keine Verdunkelung, sind aber schwer und teuer.
- **LCD-Tablet:** Diese Flüssigkeitskristallanzeige ist die Alternative zum Datenprojektor. Sie wird in Verbindung mit einem möglichst lichtstarken Overhead-Projektor verwand. Sie sind relativ preiswert und haben eine geringe Größe.
- **PC-to-TV Weichen:** Durch solche Weichen kann die Computerausgabe auf große Fernseher, die oft in Tagungsräumen schon vorinstalliert sind, erfolgen. Dadurch können auch die Lautsprecher genutzt werden, um maximale audiovisuelle Effekte zu erzielen.
- **3D-Displays:** Diese recht neuen Geräte sind besonders nützlich, wenn komplexe dreidimensionale Gegenstände (z.B. ein Hochhaus oder ein Motor) besonders realistisch dargestellt werden sollen. Die Preise für diese Ausstattung sind natürlich sehr hoch.
- **Smart-Board:** Die „intelligente Leinwand" ist ein visuelles Eingabe- und Ausgabemedium. Sie ist ähnlich einer Wandtafel oder einem Whiteboard mit dem Unterschied, dass alle Aufzeichnungen auf dem Computer abgespeichert werden können. Somit können alle Daten weiterverarbeitet bzw. wieder aufgerufen werden.

Entscheidet sich der Controller für den Computer als Präsentations- und Visualisierungsinstrument, sollte er Folgendes beachten:

- Der Computer ist nur ein Werkzeug der Kommunikation und kein Ersatz der Kommunikation!
- Der Computer und das Programm müssen beherrscht werden, um auf unvorhergesehene Unterbrechungen und Störungen vorbereitet zu sein!
- Übermäßiger Gestaltungsaufwand ist zu unterlassen, damit Form und Inhalt eine Einheit bilden!

5.4.4 Die Phasen der Präsentation

Um eine Präsentation erfolgreich durchzuführen, ist eine gewissenhafte Vorbereitung erforderlich. Eine gute Vorbereitung trägt in hohem Maße zum Gelingen der Präsentation und zur Erreichung des Präsentationsziels bei. Die Vorbereitung nimmt dabei im Vergleich zur eigentlichen Durchführung einen erheblich größeren Zeitaufwand in Anspruch.

- In der **Vorbereitungsphase** erfolgt u.a. die Festlegung des Präsentationsziels, die Erstellung eines Präsentationsmanuskripts, die Art und Anfertigung der Visualisierung und die Entscheidung für die Visualisierungsmedien. Dazu gehört auch die Organisation von geeigneten Räumen.
- Die **Durchführungsphase** umfasst die eigentliche Durchführung der Präsentation. An die Präsentation schließt sich eine Diskussion bzw. Fragerunde an, in der Ergebnisse diskutiert, Meinungen geäußert und eventuell noch auftretende Fragen geklärt werden können.

- In der **Nachbereitungsphase**, die im Anschluss an die Präsentation durchgeführt werden sollte, erfolgt die Auswertung der Präsentation. Dabei sollte u.a. geprüft werden, inwieweit das Präsentationsziel erreicht wurde und die Visualisierungsmedien optimal eingesetzt wurden. Diese kritische Auswertung hilft dem Präsentierenden, noch vorhandene Schwächen zu erkennen und diese in der nächsten Präsentation abzustellen.

Abb. 113: Phasen der Präsentation

5.4.4.1 Die Vorbereitungsphase der Präsentation

In der Vorbereitungsphase der Präsentation gilt es, folgende Überlegungen zu beachten:

(1) Festlegung des Präsentationsziels

Eine grundlegende Aufgabe in der Vorbereitungsphase der Präsentation ist die Bestimmung des Präsentationsziels. Bei der Festlegung des Präsentationsziels stellt sich die Frage: Was soll bei den Präsentationsteilnehmern erreicht werden?

Offizielle Präsentationsziele	Inoffizielle Präsentationsziele
– Problembewusstsein wecken, – informieren und erklären, – Akzeptanz schaffen, – motivieren, – überzeugen, – Entscheidungen herbeiführen.	– der imagebildende Effekt für die eigene Person, – der imagebildende Effekt für das Unternehmen (bei externen Anlässen).

Im Rahmen des Unternehmenscontrolling ist das Ziel der Präsentation von Berichtsdaten, ein auf die Unternehmensziele ausgerichtetes Handeln der Berichtempfänger zu erreichen. Das bedeutet, dass die in den Berichten enthaltenen ergebnisverbessernden Maßnahmen so präsentiert werden müssen, dass die Präsentationsteilnehmer motiviert werden, diese in ihrer Tätigkeit umzusetzen.

(2) Argumentationstechnik

Die **Argumentation** in der Präsentation ist besonders wichtig im Hinblick auf die Erreichung des Präsentationsziels und in der Diskussion. Der Controller möchte durch die gezielte Argumentation erreichen, dass die Präsentationsteilnehmer von den in den Berichten enthaltenen Steuerungsmaßnahmen überzeugt werden. Argumentationsgrundlage hierfür bilden die in den Controllerberichten enthaltenen und aufbereiteten Informationen.

Ein wichtiger Aspekt bei der Präsentation stellt die **Glaubwürdigkeit** des Präsentierenden dar. Er selbst muss von den Präsentationsinhalten überzeugt sein.

Bei einer Überzeugungspräsentation müssen Vorteile und Nutzen von Maßnahmen für die Teilnehmer herausgearbeitet werden, z. B. die Entscheidung für eine Investitionsalternative führt zu einer Kostensenkung um 15 % und die Arbeitsausführung für die Mitarbeiter wird erleichtert etc. Es sollten jedoch auch Bedenken und Einwände vorgebracht werden, um eine einseitige Argumentation zu vermeiden.

Der zielgerichtete Einsatz von Rhetorik und nonverbaler Kommunikation kann die Überzeugungskraft des Präsentierenden positiv beeinflussen.

(3) Der Einsatz von Rhetorik

Unter **Rhetorik** wird die Kunst des Redens verstanden. Vom richtigen Einsatz der Rhetorik in der Präsentation ist abhängig, ob die Teilnehmer dem Präsentationsgeschehen interessiert folgen oder aufgrund von z.B. undeutlicher, leiser Stimme die Aufmerksamkeit nachlässt. Setzt der Präsentierende seine rhetorischen Fähigkeiten richtig ein, so tragen sie auch einen Teil zur erfolgreichen Durchführung der Präsentation bei.

Deshalb sollten folgende **Regeln** des **Rhetorikeinsatzes** berücksichtigt werden:[85]

- laut und deutlich sprechen (Teilnehmer sollen die Inhalte verstehen und sich nicht darauf konzentrieren müssen, das Gesagte akustisch zu verstehen),
- Stimmlage variieren,
- Redegeschwindigkeit verändern (besonders langsam bei wesentlichen Aspekten),
- verständliche kurze Sätze formulieren (Schachtelsätze vermeiden),
- Vermeidung von unnötigen Fremdwörtern (lassen sie sich nicht vermeiden, sollte die Bedeutung kurz erklärt werden),
- Pausenfüller, wie „äh" etc. unterlassen,
- und Sprechpausen einlegen (geben den Teilnehmern Zeit, Gesagtes zu überdenken und dem Präsentierenden Zeit, folgende Sätze zu formulieren).

(4) Effekte nonverbaler Kommunikation

Zur nonverbalen Kommunikation gehören der Einsatz von **Gestik, Mimik** und die **Körperhaltung** des Präsentierenden. Ebenso wie der Einsatz der Visualisierung können diese Kommunikationsarten die Präsentation unterstützen und beleben.

Während der Präsentation sollte der Präsentierende stehen. Dabei ist es nicht vorteilhaft, wenn er sich auf dem Tisch oder am Rednerpult abstützt oder mit verschränkten Armen vor den Teilnehmern steht. Hier ist eine lockere Körperhaltung mit Blick zu den Teilnehmern bei gelegentlichem Standortwechsel sinnvoll.

Im **Anhang 2** werden beispielhaft bestimmte **Körperhaltungen** und ihre mögliche Interpretation durch den Präsentationsteilnehmer dargestellt. Die Abbildungen lassen erkennen, dass aus der Körperhaltung nicht eindeutig Rückschlüsse auf Denken und Fühlen des Präsentierenden gezogen werden können.

---

[85] Vgl. Schilling, G.: Angewandte Rhetorik und Präsentationstechnik, a.a.O., S. 84 ff.

Der Präsentierende kann außerdem durch Zeigen mit der Hand oder dem Zeigestock auf besonders wichtige Aussagen am Flipchart oder der Pinnwand aufmerksam machen. Generell muss die Gestik oberhalb des Hüftbereichs erfolgen, damit sie von den Teilnehmern wahrgenommen werden kann.[86] In Anhang 2 werden wichtige Grundpositionen der Gestik dargestellt.

Ein wichtiges Kriterium für die Mimik ist der **Blickkontakt** zu den Teilnehmern. Dadurch wird erreicht, dass sich die Teilnehmer direkt angesprochen fühlen und der Präsentierende zugleich Reaktionen der Teilnehmer auf das Gesagte erkennen kann. Ein stures Blicken auf das Manuskript, den Fußboden oder an die Decke erweckt bei den Teilnehmern ein Gefühl von Unsicherheit des Präsentierenden und wirkt sich nicht positiv auf die Aufmerksamkeit der Teilnehmer aus. Nicht zuletzt ist es ebenfalls wichtig, dass man den Teilnehmern nicht mit einem verbissenen Gesichtsausdruck gegenübersteht, sondern ihnen freundlich begegnet.

Beim Einsatz von Gestik und Mimik sowie bei der Körperhaltung sollte auf das Einstudieren eines bestimmten Verhaltens jedoch verzichtet werden. Dieses kann bei den Teilnehmern einen unglaubwürdigen und gekünstelten Eindruck hinterlassen und lenkt den Präsentierenden zudem von seiner Präsentation ab.

(5) Das Präsentationsmanuskript

Zur Vorbereitung der Präsentation gehört auch die Anfertigung eines Präsentationsmanuskripts. Es dient dem Präsentierenden als roter Faden für den Präsentationsablauf, gibt ihm Sicherheit und hilft ihm, Informationen wieder in Erinnerung zu bringen. Es werden zwei Manuskriptarten unterschieden:

- das **ausformulierte Manuskript** und
- das **Stichwortmanuskript.**

Das **ausformulierte Redemanuskript** besteht aus vollständig ausformuliertem Text, wobei die Informationen in kurze und knappe Sätze gefasst werden sollten.

Diese Manuskriptart eignet sich weniger für die Präsentation, weil der Präsentierende durch das Ablesen des Textes den Blickkontakt zu den Teilnehmern nicht aufrechterhalten kann.

Das **Stichwortmanuskript** enthält nur die wesentlichsten Informationen in Form von Stichworten. Dadurch kann der Präsentierende frei sprechen und den Blickkontakt zu den Teilnehmern beibehalten. Auf dem Manuskript kann sich der Präsentierende außerdem auch Hinweise für den Ablauf der Präsentation notieren, z.B. über das Einlegen von Sprechpausen und den Einsatz der Visualisierungsmedien. Um den Präsentationsbeginn und das Präsentationsende zu erleichtern, ist es vorteilhaft, die Einleitungssätze und die Schlussworte in vollständigen Sätzen auszuformulieren.

---

[86] Vgl. Schilling, G.: Angewandte Rhetorik und Präsentationstechnik, a.a.O., S. 140.

Bei der **Anfertigung** des **Stichwortmanuskripts** sollten folgende **Regeln** beachtet werden:
- die Größe des Stichwortmanuskripts sollte nicht größer als DIN A5 sein (Karteikarten eignen sich besonders),
- durchnummerierte Blätter,
- durch farbliche Gestaltung sind Überschriften oder besonders wesentliche Informationen hervorzuheben, dabei sollte auf gleiche Farbsymbolik geachtet werden,
- Karteikarten oder Papier nur einseitig beschreiben, nicht zusammenheften,
- genügend Abstand zwischen den Zeilen
- und auf lesbare Schrift achten.

5.4.4.2 Durchführungsphase der Präsentation

Nachdem die Vorbereitungsphase der Präsentation abgeschlossen ist, kommt nun die eigentliche Durchführung der Präsentation. Nun muss der Präsentierende die in der Vorbereitungsphase aufgeführten Hinweise und Richtlinien in die Praxis umsetzen.

(1) Präsentationsaufbau und Präsentationsdurchführung

Der Präsentationsablauf lässt sich in drei Teilkomplexe gliedern:
- in den Einleitungsteil,
- in den Hauptteil
- und in den Schlussteil.

Der **Einleitungsteil**, der etwa 15 % der Präsentationszeit einnehmen sollte, umfasst die Begrüßung der Teilnehmer und die Darstellung der Inhalte und des Ablaufes der Präsentation. Wichtige Kriterien sind:
- Gehen Sie mit einer positiven Einstellung in die Präsentation!
- Beginnen Sie pünktlich!
- Bevor Sie zu sprechen beginnen, nehmen Sie Blickkontakt zu Ihren Zuhörern auf! Dadurch fühlen sich die Teilnehmer bereits angesprochen.
- Wählen Sie sich für den Blickkontakt eine(n) „Plus-Frau/Mann", das heißt jemanden, der Ihnen vertraut ist – das gibt zusätzlich Sicherheit.
- Beginnen Sie laut und deutlich zu sprechen (Begrüßung, Vorstellung, Thema, Anlass und Ziel, Gliederung, Einstieg in den Hauptteil)!
- Es gilt, bei der Eröffnung eine Atmosphäre des Vertrauens herzustellen und Neugierde für das Folgende zu schaffen!

Im **Hauptteil**, der etwa 75 % der Präsentationszeit beanspruchen sollte, erfolgt die Darstellung der Präsentationsinhalte:
- Sprechen Sie frei, ggf. mit Spickzetteln!
- Setzen Sie Ihre Stimme gezielt ein! Variieren Sie in Lautstärke, Sprechtempo und Stimmlage, um z. B. wesentliche Punkte hervorzuheben, Sinnzusammenhänge zu verdeutlichen oder die Aufmerksamkeit zu konzentrieren!
- Bilden Sie kurze, verständliche Sätze mit gezielten Pausen!
- Intensivieren Sie Ihre Gestik, wenn Sie Aufmerksamkeit gewinnen wollen!
- Gliedern Sie Ihren Vortrag durch Fragen, um Aufmerksamkeit zu aktivieren!

Der **Schlussteil** umfasst etwa 10 % der Präsentationszeit und enthält eine Zusammenfassung der wesentlichsten Gedanken der Präsentation:

- Fassen Sie zum Schluss die wesentlichen Punkte Ihrer Ausführungen zusammen!
- Bringen Sie jetzt einen Appell, wenn Sie die Teilnehmer zu konkretem Tun veranlassen wollen; bieten Sie aktive Unterstützung an, wenn die Teilnehmer etwas Neues umsetzen sollen!
- Vermeiden Sie nichtssagende Schlussformeln, wie „kommen wir zum Schluss"!
- Formulieren Sie als Abschluss einen persönlichen Dank für die Teilnahme!
- Bei der abschließenden Diskussion legen Sie nun Zielsetzung und Zeitrahmen fest und übergeben das Wort ggf. dem Diskussionsleiter.

Für die Präsentation im Unternehmen sollte etwa ein Zeitaufwand von maximal 60 Minuten eingeplant werden. Wird nach der Präsentation noch eine Diskussions- bzw. Fragerunde durchgeführt, sollten zusätzlich etwa 30 Minuten dafür zur Verfügung stehen. Da die Aufmerksamkeit der Teilnehmer im Verlauf der Präsentation stark nachlässt, kann vor der Diskussion eine Pause eingelegt werden.

(2) Diskussion

Im Anschluss an die Präsentation kann eine Diskussion bzw. Fragerunde durchgeführt werden. Ziel der Diskussion ist es, noch offene Fragen der Teilnehmer zu klären, in der Präsentation zu kurz gekommene Informationen näher zu erläutern und den Austausch von Meinungen der Teilnehmer zu den Präsentationsinhalten zu ermöglichen.

Aus der Diskussion erhält der Präsentierende zugleich wichtige Anhaltspunkte für die Präsentationsnachbereitung. In die Diskussion werden im Unterschied zur Präsentation, die nur durch den Präsentierenden gestaltet wurde, die Teilnehmer mit einbezogen. Dabei hat der Präsentierende die Möglichkeit, die Teilnehmer zu befragen. Die Teilnehmer können mit dem Präsentierenden diskutieren oder die Teilnehmer untereinander können sich unter Einbezug des Präsentierenden äußern.

Nachfolgend werden einige wichtige **Diskussionsregeln** dargestellt, die zu Beginn der Diskussion vorgetragen werden sollten:

- Probleme, Fragen und Meinungen sollten kurz und knapp vorgetragen werden,
- jeder erhält die Möglichkeit auszureden und sollte von den anderen nicht unterbrochen werden, solange er sich an die vorgegebene Zeit hält
- und ein wichtiger Aspekt stellt die Sachlichkeit dar.

Zur **Eröffnung** der **Diskussion** eignen sich folgende **Fragen**:

- Welche Fragen sind noch offen geblieben?
- Zu welchem Präsentationsinhaltspunkt möchten Sie noch nähere Informationen?
- Welche Probleme ergeben sich für Sie aus dieser Situation?

Der Präsentierende kann weiterhin die Möglichkeit der direkten Befragung eines Teilnehmers nutzen. So kann er z.B. den Produktionsleiter zu vorgeschlagenen Maßnahmen der Kapazitätsauslastung der Maschinen direkt ansprechen, um seine Meinung, Vorschläge oder Anmerkungen in Erfahrung zu bringen. Dabei ist es auch wichtig, andere Meinungen zu akzeptieren, auch wenn sie nicht der eigenen Meinung entsprechen.

Während der Diskussion erweist es sich als vorteilhaft, wenn der Präsentierende sich **Stichpunkte** zu wichtigen **Diskussionsinhalten** erstellt, um am Ende der Diskussion eine Zusammenfassung zu geben. Das kann auch unter Einbeziehung der Visualisierungshilfsmittel erfolgen (z.B. Mitschrift auf Flipchart oder Overhead-Projektor-Folie). Während der Diskussion sollte auch darauf geachtet werden, dass die vorgesehene Diskussionszeit nicht überschritten wird.

5.4.4.3 Nachbereitungsphase der Präsentation

Nach der Durchführung der Präsentation empfiehlt es sich, die Präsentation kritisch zu bewerten. Deshalb bietet es sich an, Teilnehmer direkt nach ihrer Meinung zu befragen. Einige Anhaltspunkte erhält der Controller dafür bereits in der Diskussion.

Beispiel: Konzentrierte sich die Diskussion auf Verständnisfragen, so kann er darauf schließen, dass die Präsentationsinhalte nicht verständlich genug übermittelt wurden.

\	**Fragenkatalog für die Nachbereitung**
Erreichung des Präsentationsziels	– Konnte auf Probleme aufmerksam gemacht werden? – Wurde das Präsentationsziel erreicht? – Konnten die Gegensteuerungsmaßnahmen deutlich gemacht werden?
Aufmerksamkeit wecken	– Wurden Teilnehmer in die Präsentation mit einbezogen?
Gestaltung der Visualisierungen	– War die Darstellung übersichtlich? – War die Schrift lesbar und groß genug? – Wurden nur die wesentlichsten Sachverhalte visualisiert? – Wurden komplexe Sachverhalte verständlich dargestellt? – Wurde zu viel/zu wenig Visualisierung eingesetzt?
Einsatz der Medien	– War der Medieneinsatz optimal gewählt? – Wurden zu wenig/zu viele Medien eingesetzt? – War das Zusammenwirken von Vortrag und Medieneinsatz optimal gestaltet? – Bereitete der Umgang mit den Medien Probleme?
Rhetorik	– Wurde klar und deutlich gesprochen? – Wurden Sprechpausen eingelegt?
Körpersprache	– Wurden Gestik und Mimik unterstützend eingesetzt?

Abb. 114: Nachbereitung der Präsentation

Die Nachbereitung hilft dem Controller, noch vorhandene Schwächen zu erkennen, und gibt ihm die Möglichkeit, diese bei der nächsten Präsentation zu beseitigen.

5.5 Der Controller als Moderator

Die **Moderation** ist ein **integraler Bestandteil** der **Controllerarbeit**. Wenn ein Controller prüft, ob Gruppen auf dem richtigen Weg sind, oder er in einer Budgetkonferenz die Teilpläne der einzelnen Bereiche koordiniert, dann nimmt er automatisch bewusst oder unbewusst die Tätigkeiten eines Moderators wahr. Zur selbstverständlichen Aufgabe des Controllers gehören heute das Controllergespräch und die moderierte Strategiekonferenz genauso wie das Voranbringen von innovativen Vorstellungen zur betrieblichen Verbesserung der Unternehmung. Ziel ist es, die Zusammenarbeit der Bereiche im Unternehmen so zu moderieren, dass alle Beteiligten ein Ziel vor Augen haben und dadurch am gleichen Strang ziehen.

Neben einem hohen Maß an Einfühlungsvermögen muss der Controller in der Lage sein, die **Meinungsvielfalt** und die **Potenziale** von Gruppen zu nutzen. Oft bestehen im Unternehmen Konfliktsituationen, die es zu bereinigen gilt. Hier heißt es aus Unstimmigkeiten Kreativität zu schöpfen und Auseinandersetzungen beizulegen, damit die einzelnen Bereiche im Unternehmen zukunftsorientiert das Unternehmensziel weiter verfolgen. Um dieser Aufgabe in der Praxis gerecht zu werden, müssen Kenntnisse über die Moderation vorhanden sein. Wird die Moderationsaufgabe nicht optimal durch den Controller wahrgenommen, läuft er jederzeit Gefahr, zum Kontrolleur zu werden. Neben seinen übrigen fachlichen Qualitäten benötigt der Controller daher Kenntnisse über Gruppen und die Gruppendynamik, da die Moderation in der Regel in Gruppen wahrgenommen wird.

Oft entscheidet bereits die **Persönlichkeit** des Controllers über den Moderationserfolg. Grundsätzlich gilt daher, seine eigenen Stärken und Schwächen zu kennen, und bewusst gegenüber anderen dazu zu stehen. Zu verhindern gilt es für den Moderator, dass Einzelpersonen innerhalb einer Gruppe außen vor stehen. Auch die ausgefallensten Ideen der Beteiligten können zum Erfolg führen. Die Moderation innerhalb einer Gruppe ist allein die Aufgabe des Moderators. Er tritt dabei bestimmt und autoritär auf.

Es gilt, drei **Grundregeln** zu beachten:

- Man muss sich zu jeder Zeit im Klaren darüber sein, ob man als Controller oder als Moderator auftritt
- Der Gruppe gegenüber muss man unmissverständlich darlegen, welche Rolle man im Moment einnimmt.
- Wenn man merkt, dass man mehrheitlich als Betroffener agiert, sollte man die Rolle des Moderators abgeben

Durch das Einhalten der Regeln stellt man gegenüber allen Beteiligten Transparenz her, so dass die Gefahr der Parteinahme und der Unglaubwürdigkeit gegenüber der Gruppe nicht besteht.

Da in größeren Betrieben meist größere Gruppen vorhanden sind, findet hier eine Moderation im Team statt. Dabei werden mehrere Controller mit der Moderation im Unternehmen beauftragt, damit umfangreiche Aufgaben geteilt werden können.

Eine mögliche **Aufgabenteilung** wäre:

- Ein Moderator konzentriert sich auf die Gruppe, moderiert und achtet auf das Gleichgewicht
- Ein anderer Moderator protokolliert, fasst Ergebnisse zusammen, beobachtet die Gruppe und überwacht den vereinbarten Zeitplan.

Zur **Umsetzung** seiner **Aufgabe** setzt der **Moderator** folgende **Techniken** ein:

- Visualisierungstechniken (s. Abschnitt 4.3.3)
- Präsentationstechniken (s. Abschnitt 4.3)
- Fragetechniken zur Anregung von Diskussion
- Strukturierungstechniken, um Zusammenhänge aufzuzeigen
- Entscheidungstechniken,
- Simultane Protokollierung, zum Festhalten von Meinung und Ergebnissen

5.6 Optimierung des Berichtswesens

Um das Berichtswesen effizient gestalten zu können, ist es unerlässlich zu wissen, wie und welche Störungen im Berichtsprozess entstehen können.[87] Bei der Informationsermittlung können Probleme auftreten, „die zu Informationsverlusten führen bzw. [...] die Wirksamkeit der Kommunikation beeinträchtigen oder gar völlig verhindern können." Koch hat dazu ein Modell erarbeitet, welches die Störungen im Berichtswesen aufzeigt.

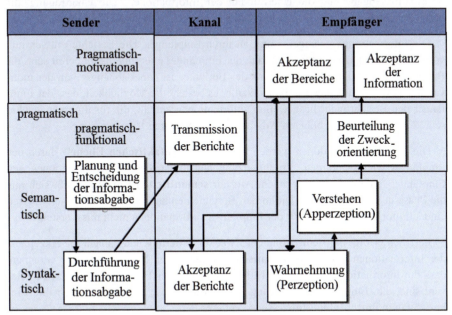

Abb. 115: Entstehungsmöglichkeiten von Störungen im Berichtswesen[88]

---

[87] Vgl. Horváth, P. (Hrsg.): Controllingprozesse optimieren, Stuttgart 1995, S. 45.
[88] Vgl. Koch, R.: Betriebliches Berichtswesen als Informations- und Steuerungsinstrument, Frankfurt 1994, S. 99.

Im Modell werden die in das Berichtswesen involvierten **Komponenten** betrachtet:

> – der Sender der Informationen – der Übertragungskanal – der Empfänger der Informationen.

Innerhalb dieser Komponenten können Störungen auf syntaktischer, semantischer und pragmatischer Ebene auftreten.

Im Bereich des Senders, der die Informationen auswählt und erstellt, können **pragmatische Probleme** dadurch auftreten, dass die Informationen die erforderliche Empfängerorientierung nicht besitzen, die Übermittlung der Informationen zu spät oder nicht erfolgt und die Empfängerorientierung der Informationen durch den Empfänger nicht richtig bewertet wurde. Dazu gehört z.B., dass bestimmte Berichtsinhalte vom Empfänger nicht mehr benötigt, vom Sender aber trotzdem noch zur Verfügung gestellt werden.

Auf der **semantischen Ebene** können Fehler durch fehlerhafte oder missverstandene Informationen entstehen, z.B. meint der Berichtersteller den **Bruttoumsatz**, während der Berichtempfänger vom **Nettoumsatz** ausgeht.

Nachdem die Informationen erstellt worden sind, beginnt die Übertragung der Berichte und der in ihnen enthaltenen Zeichen. Auf der pragmatischen Ebene erfolgt die Informationsabgabe und die Übertragung der Informationen. Die Übertragung, die durch den Sender gesteuert wird, muss dabei korrekt und unverzerrt erfolgen.

Die Informationen gelangen somit an ihren Empfänger. Die Berichte müssen nun vom Empfänger akzeptiert werden, d.h. der Empfänger muss überhaupt bereit sein, die Berichte anzunehmen. Die Akzeptanz des Berichtes ist dabei abhängig von der motivationalen Einstellung des Empfängers, d.h. es besteht die Möglichkeit, dass der Empfänger den Bericht nicht liest, weil er Informationen enthält, die für ihn unangenehm sein könnten oder einen höheren Arbeitsaufwand bedeuten.[89]

Die Berichtsinformationen werden nun auf der **syntaktischen Ebene**[90] durch den Empfänger wahrgenommen. Voraussetzung hierfür ist, dass die Informationen den Empfänger fehlerfrei erreicht haben. Auf der **semantischen Ebene** schließt sich nun die Phase des Verstehens an. Die in den Berichten enthaltenen Informationen müssen eindeutig formuliert sein, damit der Empfänger Informationen nicht missversteht.[91]

Letztlich erfolgt die Beurteilung der Zweckorientierung und danach die Akzeptanz der Informationen auf der **pragmatischen Ebene**. Der Empfänger muss erkennen, dass die Informationen für seinen Tätigkeitsbereich, für Entscheidungsprozesse relevant sind, d.h. Empfängerorientierung besitzen und diese schließlich durch ihre Einbeziehung in Entscheidungsprozesse akzeptieren.

---

[89] Vgl. Küpper, H.-U.: Controlling, a.a.O., S. 170.
[90] Abgeleitet von Syntax: der Lehre vom Satzbau, Satzlehre.
[91] Vgl. Küpper, H.-U.: Controlling, a.a.O., S. 171.

Die Nichtakzeptanz der Berichtsinformationen kann entstehen, wenn der Empfänger nicht bereit ist, die Informationen in seiner Tätigkeit zu nutzen. Das kann z.B. dann der Fall sein, wenn seine Ziele mit den sich aus den Berichten abzuleitenden Maßnahmen nicht übereinstimmen.

Optimierung des Berichtswesens	
Häufig anzutreffende Probleme:	**Optimierungsvorschläge:**
Zu lange Bearbeitungszeiten durch: – Vollständigkeitsparadigmen – Genauigkeit der Finanzbuchhaltung im Berichtswesen – Aufwendige Abweichungsanalysen – Lange Bearbeitungszeiten – Zeitaufwendiges Arbeiten mit Grafiken	Lean Reporting durch: – Mehr Abgrenzungen (z.B. Lohn) – Weniger Korrekturbuchungen – Verwendung von mehr Text anstatt ausschließlich Zahlen – Standardisierte Berichterstellung – Erziehungsprozess für das Management einleiten
Überflüssige Berichtsvielfalt durch: – Doppelbearbeitung und Mehrfachabfragen des gleichen Sachverhalts – Layoutverbohrtheit der Führungskräfte; Variantenvielfalt bei jedoch gleichem Inhalt	Lean Reporting durch: – Das Bestimmen eines Prozessverantwortlichen vermeidet Doppelarbeiten – Standards schaffen und beibehalten sowie keine benutzerspezifischen Designs zulassen
– Langsame Zunahme des Berichtsumfangs durch Zuatzbefragungen (von Bereichsleitern, externen Stellen usw.) – Vermehrte Schnellschüsse (speziell in Krisenzeiten)	– Berichtsinhalte „zero base" neu planen – Berichte abstellen und auf Rückmeldungen warten – Killerphrasen schlachten („Das war schon immer so!") – Erziehungsprozess einleiten sowie auf tatsächliche Kosten hinweisen
– Fehlende EDV-Unterstützung bzw. Instrumente – Fehlendes Mitarbeiter Knowhow (speziell bei PC-Anwendungen)	– MIS-Tools (Standard) einführen – Professionelle Schulungen für PC-Anwender
– Unkenntnis der tatsächlichen Kosten für die Berichterstellung	– Prozesskosten „Berichtswesen" überwachen und analysieren – Berichtswesen als Dienstleistung verrechnen und kalkulieren

Abb. 116: Vorschläge zur Optimierung des Berichtswesens[92]

---

[92] Vgl. Renner, A.: Prozessoptimierung in: Rechnungswesen und Controlling. Projekterfahrung und Gestaltungsvorschläge in: Horvath, P (Hrsg.) Controllingprozesse optimieren, Stuttgart 1995, S. 45.

Anhang 1: Zinstabellen

Abzinsungsfaktor $(1+i)^{-n} = \dfrac{1}{(1+i)^n}$

Jahr n	1 %	2 %	3 %	4 %	5 %	6 %	7 %	8 %	9 %	10 %
1	0,990	0,980	0,971	0,962	0,952	0,943	0,935	0,926	0,917	0,909
2	0,980	0,961	0,943	0,925	0,907	0,890	0,873	0,857	0,842	0,826
3	0,971	0,942	0,915	0,889	0,864	0,840	0,816	0,794	0,772	0,751
4	0,961	0,924	0,888	0,855	0,823	0,792	0,763	0,735	0,708	0,683
5	0,951	0,906	0,863	0,822	0,784	0,747	0,713	0,681	0,650	0,621
6	0,942	0,888	0,837	0,790	0,746	0,705	0,666	0,630	0,596	0,564
7	0,933	0,871	0,813	0,760	0,711	0,665	0,623	0,583	0,547	0,513
8	0,923	0,853	0,789	0,731	0,677	0,627	0,582	0,540	0,502	0,467
9	0,914	0,837	0,766	0,703	0,645	0,592	0,544	0,500	0,460	0,424
10	0,905	0,820	0,744	0,676	0,614	0,558	0,508	0,463	0,422	0,386
11	0,896	0,804	0,722	0,650	0,585	0,527	0,475	0,429	0,388	0,350
12	0,887	0,788	0,701	0,625	0,557	0,497	0,444	0,397	0,356	0,319
13	0,879	0,773	0,681	0,601	0,530	0,469	0,415	0,368	0,326	0,290
14	0,870	0,758	0,661	0,577	0,505	0,442	0,388	0,340	0,299	0,263
15	0,861	0,743	0,642	0,555	0,481	0,417	0,362	0,315	0,275	0,239
16	0,853	0,728	0,623	0,534	0,458	0,394	0,339	0,292	0,252	0,218
17	0,844	0,714	0,605	0,513	0,436	0,371	0,317	0,270	0,231	0,198
18	0,836	0,700	0,587	0,494	0,416	0,350	0,296	0,250	0,212	0,180
19	0,828	0,686	0,570	0,475	0,396	0,331	0,277	0,232	0,194	0,164
20	0,820	0,673	0,554	0,456	0,377	0,312	0,258	0,215	0,178	0,149

Jahr n	11 %	12 %	13 %	14 %	15 %	16 %	17 %	18 %	19 %	20 %
1	0,901	0,893	0,885	0,877	0,870	0,862	0,855	0,847	0,840	0,833
2	0,812	0,797	0,783	0,769	0,756	0,743	0,731	0,718	0,706	0,694
3	0,731	0,712	0,693	0,675	0,658	0,641	0,624	0,609	0,593	0,579
4	0,659	0,636	0,613	0,592	0,572	0,552	0,534	0,516	0,499	0,482
5	0,593	0,567	0,543	0,519	0,497	0,476	0,456	0,437	0,419	0,402
6	0,535	0,507	0,480	0,456	0,432	0,410	0,390	0,370	0,352	0,335
7	0,482	0,452	0,425	0,400	0,376	0,354	0,333	0,314	0,296	0,279
8	0,434	0,404	0,376	0,351	0,327	0,305	0,285	0,266	0,249	0,233
9	0,391	0,361	0,333	0,308	0,284	0,263	0,243	0,225	0,209	0,194
10	0,352	0,322	0,295	0,270	0,247	0,227	0,208	0,191	0,176	0,162
11	0,317	0,287	0,261	0,237	0,215	0,195	0,178	0,162	0,148	0,135
12	0,286	0,257	0,231	0,208	0,187	0,168	0,152	0,137	0,124	0,112
13	0,258	0,229	0,204	0,182	0,163	0,145	0,130	0,116	0,104	0,093
14	0,232	0,205	0,181	0,160	0,141	0,125	0,111	0,099	0,088	0,078
15	0,209	0,183	0,160	0,140	0,123	0,108	0,095	0,084	0,074	0,065
16	0,188	0,163	0,141	0,123	0,107	0,093	0,081	0,070	0,062	0,054
17	0,170	0,146	0,125	0,108	0,093	0,080	0,069	0,060	0,052	0,045
18	0,153	0,130	0,111	0,095	0,081	0,069	0,059	0,051	0,044	0,038
19	0,138	0,116	0,098	0,083	0,070	0,060	0,051	0,043	0,037	0,031
20	0,124	0,104	0,087	0,073	0,061	0,051	0,043	0,037	0,031	0,026

Wiedergewinnungsfaktor: $\dfrac{i(1+i)^n}{(1+i)^n - 1}$

Jahr n	1 %	2 %	3 %	4 %	5 %	6 %	7 %	8 %	9 %	10 %
1	1,101	1,020	1,030	1,040	1,050	1,060	1,070	1,080	1,090	1,100
2	0,508	0,515	0,522	0,530	0,538	0,545	0,553	0,561	0,568	0,576
3	0,340	0,347	0,354	0,360	0,367	0,374	0,381	0,388	0,395	0,402
4	0,256	0,263	0,269	0,275	0,282	0,289	0,295	0,302	0,309	0,315
5	0,206	0,212	0,218	0,225	0,231	0,237	0,244	0,250	0,257	0,264
6	0,173	0,179	0,185	0,191	0,197	0,203	0,210	0,216	0,223	0,230
7	0,149	0,155	0,161	0,167	0,173	0,179	0,186	0,192	0,199	0,205
8	0,131	0,137	0,142	0,149	0,155	0,161	0,167	0,174	0,181	0,187
9	0,117	0,123	0,128	0,134	0,141	0,147	0,153	0,160	0,167	0,174
10	0,106	0,111	0,117	0,123	0,130	0,136	0,142	0,149	0,156	0,163
11	0,096	0,102	0,108	0,114	0,120	0,127	0,133	0,140	0,147	0,154
12	0,089	0,095	0,100	0,107	0,113	0,119	0,126	0,133	0,140	0,147
13	0,082	0,088	0,094	0,100	0,106	0,113	0,120	0,127	0,134	0,141
14	0,077	0,083	0,089	0,095	0,101	0,108	0,114	0,121	0,128	0,136
15	0,072	0,078	0,084	0,090	0,096	0,103	0,110	0,117	0,124	0,131
16	0,068	0,074	0,080	0,086	0,092	0,099	0,106	0,113	0,120	0,128
17	0,064	0,070	0,076	0,082	0,980	0,095	0,102	0,110	0,117	0,125
18	0,061	0,067	0,073	0,079	0,086	0,092	0,099	0,107	0,114	0,122
19	0,058	0,064	0,070	0,076	0,083	0,090	0,097	0,104	0,112	0,120
20	0,055	0,061	0,067	0,074	0,080	0,087	0,094	0,102	0,110	0,117

Jahr n	11 %	12 %	13 %	14 %	15 %	16 %	17 %	18 %	19 %	20 %
1	1,110	1,120	1,130	1,140	1,150	1,160	1,171	1,180	1,190	1,200
2	0,584	0,592	0,599	0,607	0,615	0,623	0,631	0,639	0,647	0,655
3	0,409	0,416	0,424	0,431	0,438	0,445	0,453	0,460	0,467	0,475
4	0,322	0,329	0,336	0,343	0,350	0,357	0,365	0,372	0,379	0,386
5	0,271	0,277	0,284	0,291	0,298	0,305	0,313	0,320	0,327	0,334
6	0,236	0,243	0,250	0,257	0,264	0,271	0,279	0,286	0,293	0,301
7	0,212	0,219	0,226	0,233	0,240	0,248	0,255	0,262	0,270	0,277
8	0,194	0,201	0,208	0,216	0,223	0,230	0,238	0,245	0,253	0,261
9	0,181	0,188	0,195	0,202	0,210	0,217	0,225	0,232	0,240	0,248
10	0,170	0,177	0,184	0,192	0,199	0,207	0,215	0,223	0,230	0,239
11	0,161	0,168	0,176	0,183	0,191	0,199	0,207	0,215	0,223	0,231
12	0,154	0,161	0,169	0,177	0,184	0,192	0,200	0,209	0,217	0,225
13	0,148	0,156	0,163	0,171	0,179	0,187	0,195	0,204	0,212	0,221
14	0,143	0,151	0,159	0,167	0,175	0,183	0,191	0,200	0,208	0,217
15	0,139	0,147	0,155	0,163	0,171	0,179	0,188	0,196	0,205	0,214
16	0,136	0,143	0,151	0,160	0,168	0,176	0,185	0,194	0,203	0,211
17	0,132	0,140	0,149	0,157	0,165	0,174	0,183	0,191	0,200	0,209
18	0,130	0,138	0,146	0,155	0,163	0,172	0,181	0,190	0,199	0,208
19	0,128	0,136	0,144	0,153	0,161	0,170	0,179	0,188	0,197	0,206
20	0,126	0,134	0,142	0,151	0,160	0,169	0,178	0,187	0,196	0,205

Anhang 2: Information über Motive und Charakterzüge

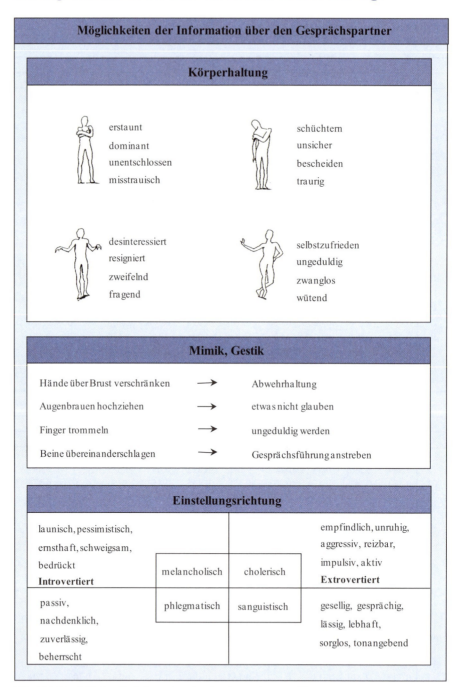

Abb. 117: Möglichkeiten der Information über den Gesprächspartner[93]

---

[93] Jung, H.: Allgemeine Betriebswirtschaftslehre, a.a.O., S. 402.

Anhang 3: Diagrammbeispiele nach Microsoft PowerPoint 2013

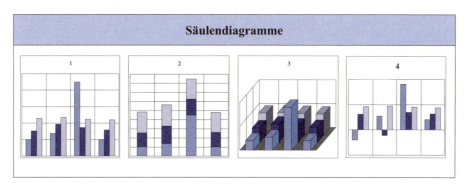

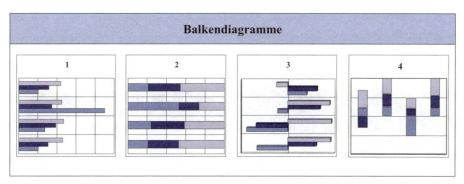

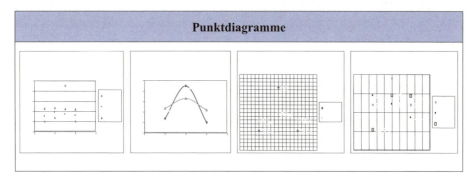

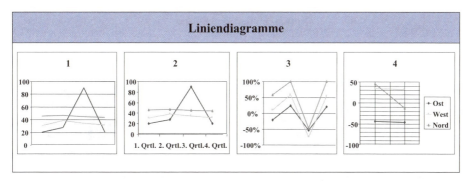

Kreis- Ringdiagramme

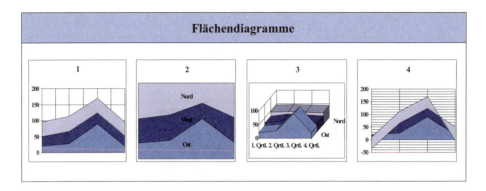

Flächendiagramme

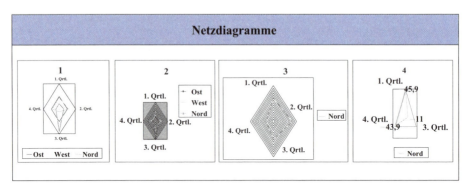

Netzdiagramme

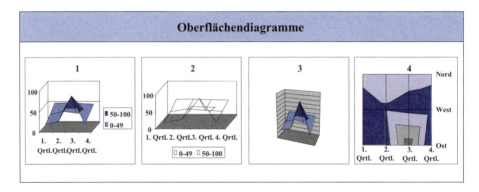

Oberflächendiagramme

Fragen zur Kontrolle und Vertiefung

(1) Beschreiben Sie wichtige Basisinstrumente eines Controllers!

(2) Welche Aufgaben hat die Kostenrechnung innerhalb der einzelnen Phasen eines Entscheidungsprozesses?

(3) Worin besteht der Unterschied zwischen der Kosten- und der Investitionsrechnung?

(4) Nennen Sie die 3 Prinzipien der Kostenzurechnung und erklären Sie diese!

(5) In welche Teilbereiche kann die Kostenrechnung gegliedert werden?

(6) Nach welchen Kriterien lassen sich Kosten einteilen? Erstellen Sie dazu eine Übersicht!

(7) Erläutern Sie die Kostenarten-, die Kostenstellen- und die Kostenträgerrechnung!

(8) Welche Grundsätze sind bei einer Kostenstellenrechnung zu beachten?

(9) Was versteht man unter einer Kostenstelle? Nach welchen Kriterien können Kostenstellen gebildet werden?

(10) Nennen Sie 4 Gliederungsmöglichkeiten der Kostenträger!

(11) Welches ist der Unterschied zwischen einer Kostenträgerstück- und einer Kostenträgerzeitrechnung?

(12) Nennen und erläutern Sie die 2 Arten der Kostenträgerzeitrechnung!

(13) Überlegen Sie, weshalb die Gemeinkosten im Vergleich zu den Lohn- und Materialkosten ständig zunehmen!

(14) Die pauschale Verrechnung von Gemeinkostenzuschlägen ist äußerst unzureichend. Welche Fragen bleiben dabei unberücksichtigt?

(15) Stellen Sie grafisch die Break-Even-Analyse dar! Welche Beziehungen sind zwischen den Größen -Gewinn, Kosten, Umsatz und Absatzmenge- erkennbar?

(16) Worin bestehen die Unterschiede bzw. Möglichkeiten der Voll- und Teilkostenrechnung als Steuerungsinstrument? Welche Idee liegt dieser Differenzierung zu Grunde?

(17) Erläutern Sie den Grundgedanken der Deckungsbeitragsrechnung und stellen Sie das Grundschema der einstufigen Deckungsbeitragsrechnung dar! Beschreiben Sie an einem selbstgewählten betrieblichen Beispiel einen Anwendungsbereich der Deckungsbeitragsrechnung!

(18) Definieren Sie die Begriffe kurz- und langfristige Preisuntergrenze und erklären Sie deren Bedeutung für ein Unternehmen!

(19) Welchen Beitrag liefert die Deckungsbeitragsrechnung zur kurzfristigen Optimierung des Produktionsprogramms?

(20) Wie wird das Nettoergebnis bei einer mehrstufigen Deckungsbeitragsrechnung ermittelt?

(21) Welcher Unterschied besteht zwischen der Ist-, der Normal- und der Plankostenrechnung?

(22) Welche Aufgaben und Ziele verfolgt die Grenzplankostenrechnung?

(23) Erläutern Sie den Ablauf einer Zielkostenrechnung! Wie werden die Zielkosten ermittelt?

(24) Die Prozesskostenrechnung gewinnt zunehmend an Bedeutung, da sich die Kostenstrukturen verschieben. Was versteht man unter der Prozesskostenrechnung und was sind ihre Vorteile?

(25) Nennen Sie jeweils zwei Beispiele für leistungsmengenindizierte bzw. leistungsmengenneutrale Teilprozesse!

(26) Welche Möglichkeiten zur Ermittlung der Planprozesskosten gibt es?

(27) Skizzieren Sie die fünf Stufen bei der Einführung einer Prozesskostenrechnung im Unternehmen!

(28) Welche Merkmale sollte ein gewählter Pilotbereich bei der Einführung der Prozesskostenrechnung aufweisen?

(29) Was versteht man unter den sogenannten cost drivers und welche Anforderungen sind an sie zu stellen?

(30) Welche Aspekte müssen bei der Vorbereitung und Bildung eines Projektteams beachtet werden?

(31) Stellen Sie Kritikpunkte für die Prozesskostenrechnung dar!

(32) Nennen Sie die 3 wichtigsten Investitionsarten! Welche sonstigen Investitionsarten kennen Sie noch?

(33) Beschreiben Sie den Ablauf eines Investitionsentscheidungsprozesses!

(34) Nach welchen Kriterien kann man Investitionen bewerten?

(35) Welche Ziele werden mit der Investitionskontrolle verfolgt?

(36) Worin besteht der wesentliche Unterschied zwischen den statischen und den dynamischen Investitionsrechenverfahren?

(37) Nennen Sie wichtige Kosten eines Investitionsobjektes!

(38) Wie ermittelt man a) die kalkulatorische Abschreibung und b) die kalkulatorischen Zinsen bei Anwendung der Kostenvergleichsrechnung?

(39) Erläutern Sie die Kostenvergleichs-, Gewinnvergleichs-, Rentabilitäts- und die Amortisationsrechnung!

(40) Welche Prämissen, die den statischen Verfahren zu Grunde liegen, schränken deren praktische Anwendbarkeit ein?

(41) Welche Erweiterung schlagen Sie für die statischen Verfahren vor, um deren praktische Anwendbarkeit zu erhöhen?

(42) Bei den dynamischen Investitionsrechenverfahren wird zwischen dem Kalkulationszinssatz und dem internen Zinssatz unterschieden. Worin bestehen die Unterschiede?

(43) Erläutern Sie die Kapitalwert-, die interne Zinsfuß- und die Annuitätenmethode!

(44) Was versteht man im Rahmen der Kapitalwertmethode unter einer Differenzinvestition?

(45) Überlegen Sie sich Gemeinsamkeiten zwischen den Investitionsrechenverfahren und der Unternehmensbewertung! Wo bestehen die Unterschiede?

(46) Nach welchen Gesichtspunkten lassen sich Berichte einteilen? Welche Bestandteile sollte ein Bericht aufweisen?

(47) Nennen Sie die Vor- und Nachteile von Standardberichten!

(48) Wodurch unterscheiden sich Abweichungsberichte von Standardberichten?

(49) Auf welches Unternehmensführungskonzept weisen Abweichungsberichte hin?

(50) Was sind Bedarfsberichte? Worin bestehen die Vor- und Nachteile?

(51) Nach welchen Merkmalen sollte ein Bericht aufgebaut werden und welche Bestandteile sollte er enthalten?

(52) Stellen Sie die einzelnen Ebenen einer Berichtshierarchie dar! Welche Probleme entstehen bei der Verdichtung von Informationen?

(53) Nennen Sie verschiedene Berichtssysteme und erläutern Sie diese!

(54) Welche Kriterien sind beim Aufbau eines Berichtssystems zu berücksichtigen?

(55) Überlegen Sie sich betriebswirtschaftliche Anforderungen, die an die EDV im Rahmen des Berichtswesens gestellt werden sollten!

(56) Was sind Kennzahlen? In welche Arten kann man Kennzahlen unterteilen?

(57) Nennen Sie verschiedene Funktionen von Kennzahlen!

(58) Nach welchen Kriterien sollten Kennzahlen ausgewählt werden?

(59) Auf welche Art kann ein Kennzahlenvergleich erfolgen?

(60) Nennen Sie 3 allgemeine und 2 konkrete Ziele des Betriebsvergleiches!

(61) In welche Arbeitsstufen gliedert sich der Betriebsvergleich?

(62) Überlegen Sie sich typische Unternehmenskennzahlen für den Kosten-/Erfolgsbereich und den Finanz-/Liquiditätsbereich!

(63) Nennen Sie 2 Erscheinungsformen bei Kennzahlensystemen und erläutern Sie diese!

(64) Erklären Sie das ROI-Kennzahlensystem! Welche Vorteile sind damit verbunden?

(65) Welche 2 Hauptziele verfolgt das ZVEI-Kennzahlensystem und in welche Teile wird es zerlegt?

(66) Welche Nachteile hat das ZVEI-Kennzahlensystem?

(67) Aus welchen Teilen besteht das RL-Kennzahlensystem? Erläutern Sie diese!

(68) Was versteht man unter einer Balanced Scorecard?

(69) Erläutern Sie das 4 Seiten Modell der Kommunikation!

(70) Auf welchen Ebenen der Kommunikation können Störungen auftreten?

(71) Welche Möglichkeiten der Visualisierung gibt es? Nennen Sie mindestens vier Vorteile der Visualisierung!

(72) Erstellen Sie einen Anforderungskatalog, der an eine Textvisualisierung gestellt werden kann!

(73) Welche Aspekte müssen bei der Verwendung von Tabellen als Visualisierungsinstrumente berücksichtigt werden?

(74) Nennen Sie grundlegende Gestaltungsregeln für Diagramme!

(75) Welche Regeln sollten bei der farblichen Gestaltung einer Präsentation berücksichtigt werden?

(76) Nennen Sie verschiedene Arten von audiovisuellen Medien und deren Einsatzgebiete!

(77) Worin bestehen die Vor- und Nachteile beim Einsatz eines Whiteboards bzw. eines Flipcharts?

(78) Welchen Stellenwert messen Sie der Rhetorik bei einem Fachvortrag zu?

(79) Ist die Nachbereitung einer Präsentation als kritische Reflexionsphase sinnvoll? Nehmen Sie hierzu Stellung!

(80) Was sind besonders häufig anzutreffende Probleme im Berichtswesen? Welche Abhilfemaßnahmen sind möglich?

Teil C

Strategisches und operatives Controlling

1 Die Entwicklung und Bedeutung einer Strategie

In den letzten Jahren gewann die strategische Betrachtungsweise der Unternehmensführung für die Betriebswirtschaft immer stärker an Bedeutung. Die strategische Unternehmensplanung hat sich in den vergangenen 20 Jahren der Wirtschaftsgeschichte zunehmend zu einem der wichtigsten Instrumente des Managements eines Unternehmens entwickelt.

Die stetige Akzeptanz **strategischer Planungsmethoden** begründet sich vor allem durch die betriebliche Notwendigkeit, vorausschauend und damit langfristig strategisch zu entscheiden. Andererseits kann das Top-Management auf ein weitgehend komplett entwickeltes und ausgereiftes Instrumentarium zurückgreifen, das sich aus der theoretischen Beschäftigung mit der strategischen Planung entwickelt hat.[1]

Es zeigt sich, dass Unternehmen mit einer **klar ausgerichteten Strategie** besser am Markt bestehen als andere. Diese Strategie wird aufgrund vorhandener Marktgegebenheiten, den Unternehmenszielen, der Unternehmenskultur sowie den zur Verfügung stehenden Ressourcen durch das Management festgesetzt.

Die derzeitige Praxis in vielen Unternehmen sieht jedoch so aus, dass Entscheidungen über zukünftige betriebliche Perioden und Umweltbedingungen nicht ausreichend berücksichtigt werden. Man geht stattdessen davon aus, dass der Verlauf der Vergangenheit sich in der Zukunft fortsetzen wird. Das **fundamentale Dilemma** der strategischen Planung besteht somit darin, heute Entscheidungen treffen zu müssen, die weit in die Zukunft hineinwirken. Angesichts eines verschärften nationalen und internationalen Wettbewerbsdrucks sind aber die künftigen Datenkonstellationen, die für den Erfolg dieser Entscheidungen von großer Bedeutung sind, nur sehr vage vorherzusagen.

Aber gerade dieses Dilemma ist Anlass dafür, nach Wegen, Methoden und Analysen zu suchen, die es weitgehend ermöglichen sollen, die notwendigen Entscheidungen zieladäquat treffen zu können. Dabei sollen aus einer Vielzahl von möglichen Maßnahmen diejenigen ermittelt werden, welche die Zielsetzung des Unternehmens am besten unterstützen.

Die folgende Tabelle zeigt die heutige und die künftige Handhabung von strategisch betriebswirtschaftlichem Handeln.

Strategische Anwendungsweisen		
Betriebswirtschaft	Heute:	Projektion der Vergangenheit in die Zukunft
Strategische Planung	Heute:	Projektion der Gegenwart in die Zukunft
Strategisches Management	Morgen:	Projektion der Zukunft in die Gegenwart

Abb. 1: Strategische Anwendungsweisen[2]

---

[1] Vgl. Jung, H.: Allgemeine Betriebswirtschaftslehre, 13. Aufl., München/Wien 2014, S. 171.
[2] Vgl. Turnheim, G.: Entwicklungstendenzen des Strategischen Managements – Ein Gedankenspiel, in: Hammer, R. Hinterhuber, H./Kapferer, R./Turnheim G. (Hrsg.): Strategisches Management in den 90er Jahren, Wien 1990, S. 179.

Als Grundlage für das strategische Management dient die **Finanzplanung**, die in mehreren Stufen so auszubauen ist, dass das Unternehmen einen gestalterischen Einfluss auf die Zukunft und die Umwelt besitzt.

Ist das Unternehmen in der Lage, strategisches Management richtig zu beherrschen, so kann es bis an gewisse Grenzen die Marktströmungen selbst initiieren und dann bezüglich neuer Entwicklungen, Marktvorteile für sich geltend machen. Der **Weg** zum **strategischen Management** soll in der folgenden Grafik veranschaulicht werden.

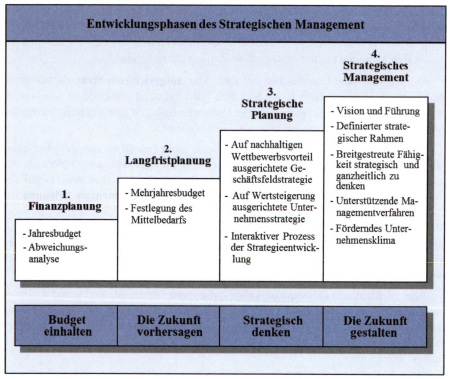

Abb. 2: Strategisches Management[3]

Neben der vielfach fehlenden strategischen **Managementstruktur** in den Unternehmen entstehen auch Fehler bei der Festlegung von Zielen. Es kommt bei der Zielerreichung durch eine gewählte Strategie nicht darauf an, die geplanten Kennziffern exakt einzuhalten, sondern vielmehr ist die Strategie als ein richtungsweisender Weg zu sehen, der sich innerhalb einer gewissen Bandbreite bewegt. Aufgrund von äußeren Einflüssen, die vorher nicht zu erwarten waren, sollten Toleranzen und Alternativpläne vorhanden sein.

Ein Beispiel dafür ist der Markt, der ein sehr inhomogenes und komplexes Gebilde darstellt und ständigen Schwankungen unterworfen ist. Dieses schnelllebige Marktgefüge verlangt nach einer flexibel gestalteten Strategie.

---

[3] Vgl. Meyer, J./Greif, H. H.: PIMS. Das Instrument zur strategischen Kursbestimmung im Zeitalter der Diskontinuitäten, in: Hammer, R./Hinterhuber, H./Kapferer, R./Turnheim, G. (Hrsg.): Strategisches Management in den 90er Jahren, a.a.O., S. 198.

1.1 Der Strategieprozess

Eine Definition der Strategie kann auf dem Begriff der Planung aufgebaut werden. **Planung** kann definiert werden als die geistige Vorwegnahme künftigen Handelns.

Die **Strategie** geht einen Schritt weiter und versucht alle **Eventualentwicklungen** der Umwelt und der eigenen Unternehmung als mögliche Realitäten in den Plan mit einzubeziehen. Die Strategie soll so gut abgesichert sein, dass das gesetzte Ziel auch erreicht wird. Mögliche Ziele könnten die **Potenzialsicherung** des Unternehmens oder die Erhöhung des **Handlungsfreiraums** in der Zukunft sein.

Beim **strategischen Controlling** werden das Ziel, die Strategie und der Plan, die auf dem operativen Controlling und dem Rechnungswesen aufbauen, zusätzlich durch betriebswirtschaftliche, politische und volkswirtschaftliche Aspekte aktiv beeinflusst.

Der Ausgangspunkt zur Erarbeitung einer Strategie ist eine **Vision**. Aus dieser Vision wird eine Idee entwickelt, aus der eine strategische Situationsanalyse vorgenommen werden kann, in der die Ausgangsvoraussetzungen ermittelt werden. Die Ausgangsvoraussetzungen enthalten meist schlecht strukturierte Probleme, die vom strategischen Controller möglichst gut analysiert und aufbereitet werden sollen.

Die Suche nach einem vollkommenen Informationsstand gleicht oft einem Puzzlespiel, bei dem man erst nach dem Finden eines Stückes weiß, wonach man weitersuchen soll.[4]

Zu beachten ist, dass die **Situationsanalyse** fast nur auf theoretischer Ebene abläuft. Es wird Datenmaterial gesammelt und aufbereitet. Sind bereits bei der Beschaffung des Datenmaterials Fehler unterlaufen, dann können diese meist nicht mehr behoben werden. Diese werden dann in die Anschlussüberlegungen übernommen.

Um möglichst exakte Aussagen über die Reaktionen des Marktes zu erhalten, ist es sinnvoll, kleinere **Pilotprojekte** zu starten, in die die Mitarbeiter einbezogen werden sollen. Gleichzeitig erhöht sich dadurch das Erfahrungswissen der Mitarbeiter, die das Pilotprojekt bearbeiten.[5]

Weiterhin sind die Mitarbeiter wesentlich stärker in die neue Planung eingebunden und gehen so mit größerer Motivation an die Arbeit, da sie eigene Denkanstöße einbringen und sich mit der Aufgabe identifizieren können. Dadurch wird erreicht, dass nach dem Abschluss der Planung ein realistisches Projekt vorliegt.

Durch die Beteiligung der Mitarbeiter wird außerdem die Komplexität der **Strategiefindung** wesentlich besser dargelegt und aufgeteilt. Das **strategische Management** kann Einzelaufgaben vergeben und besser am Gesamtzusammenhang arbeiten.

Anschließend folgt die Lösung von Sachproblemen und eine vorläufige Strategiesynthese. Die Phase der Strategieverfeinerung befasst sich mit der Ausarbeitung von Strategien und der Prüfung von Alternativen. Die endgültige Entscheidung über die durchzuführende Strategie wird aber von der Unternehmensleitung getroffen.

---

[4] Vgl. Küpper, H./Mellwig, W./Moxter, A. /Ordelheide, D. (Hrsg.): Unternehmensführung und Controlling, Wiesbaden 1990, S. 10 ff.
[5] Vgl. Doppler, K./Lauterburg, C.: Change Management: Den Unternehmenswandel gestalten, 11. Aufl., Frankfurt am Main 2005.

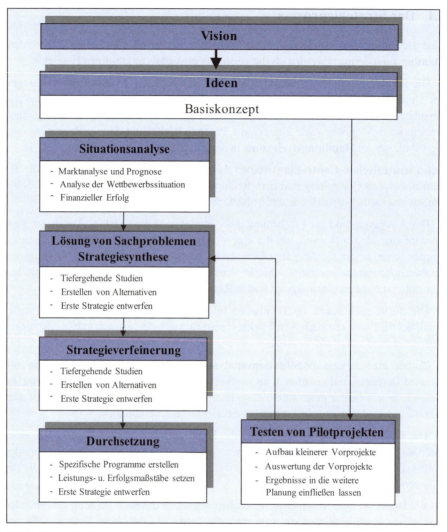

Abb. 3: Prozess der Strategieentwicklung

(1) Definition der strategischen Ziele:

Bei der Entscheidung für eine Strategie werden Ziele definiert. Die Einhaltung der Strategie wird durch folgende Maßnahmen erreicht:[6]

– Festlegung genereller Absichten (Zielinhalte sind z.B. Wachstum und Rentabilität)
– Auswahl von Leistungsbereichen (Produkte oder Marktsegmente)
– Festlegung der Vorgehensweise in den Leistungsbereichen (Abstimmung Produkt/ Markt)
– Grundsätzliche Vorgehensweise gegenüber den Wettbewerbern (Kostenführerschaft oder Differenzierung)

---

[6] Vgl. Holzwarth, J.: Strategische Kostenrechnung, Stuttgart 1993, S. 29 ff.

- Gestaltung der Potenzialstruktur (Organisations- und Kapitalstruktur; Planungs-, Steuerungs- und Kontrollsysteme)
- Festlegung von Art, Zeitpunkt, Umfang und Ort der Prozesse (Herstellung des Produktes, Fertigungstiefe)
- Gestaltung des grundsätzlichen Vorgehens in den einzelnen Funktionsbereichen (Forschung und Entwicklung, Ressourcenbeschaffung, Finanzierung, Produktqualität)
- Festlegung wichtiger Maßnahmen (Produktentwicklung, Werbung, Preis, Installation von Früherkennungssystemen)
- Zuteilung der verfügbaren Ressourcen auf die strategischen Maßnahmen (Personal-, Maschinen- und Kapitaleinsatz)

(2) Die Laufzeit der Strategie:

Bei der Festsetzung der Ziele und der Auswahl der optimalen Strategie zur Zielerreichung muss bedacht werden, dass es sich um eine langfristige Ausgestaltung der Beziehungen zwischen dem Unternehmen und der Umwelt handelt. Die Ressourcen des Unternehmens sind somit ebenfalls langfristig gebunden und können nur mit entsprechenden Verlusten wieder liquidiert werden.

Das Unternehmen sollte deshalb weitreichende Gedanken über die Festlegung der Strategie vornehmen und sich bewusst sein, dass die Strategie nach dem Startzeitpunkt nur noch variiert, nicht aber vollständig geändert werden kann.

Ursache ist nicht nur das Verlustrisiko im Ressourcenbereich. Auch der Markt wird sich nicht kurzfristig auf das Unternehmen einstellen. Besonders bei Image-Produkten muss eine Kontinuität in der Strategie erkenntlich sein, um von den Kunden akzeptiert zu werden. Unternehmungen (bzw. deren Produkte), die keine eindeutige Identität besitzen, können Absatzprobleme bekommen.

(3) Kombination von Plan und Intuition:

Beim strategischen Controlling ist darauf zu achten, dass weder die formale strategische Analyse und Planung, noch die dafür entwickelten Verfahren die Kreativität und Intuition ersetzen können.[7]

Die **Vision** ist in diesem Zusammenhang unabdingbar. Es ist daher in gleicher Gewichtung zu versuchen, die rein formal strategische Planung mit der Intuition zu kombinieren, um so eine sich ergänzende Lösung zu schaffen.

1.2 Vision und Strategie

Besonders zu Beginn jeder unternehmerischen Tätigkeit oder vor jeder strategischen Neuorientierung steht eine **Vision**. Neuorientierungen werden durch **Diskontinuitäten** hervorgerufen, wie z.B. ein neuer Vorstand, neue Wettbewerbsverhältnisse, moderne Technologien, veränderte Umweltbedingungen oder externe Moderatoren. Da es bei einer Visionsfindung oder -ausarbeitung kein grundsätzliches Vorgehensschema gibt, sollen einige Leitsätze helfen:

---

[7] Vergleiche hierzu auch Wahren, H. K.: Erfolgsfaktor Innovation: Ideen systematisch generieren, bewerten und umsetzen, 2. Aufl., Berlin 2004

Positive **Leitsätze** sind:

- Es gilt, alle Alternativen zu bedenken und alles in Frage zu stellen.
- Erfahrungen sammeln.
- Objektiv beobachten, auch wenn keine Neigung dazu verspürt wird.
- Wunschträume von realisierbaren Visionen trennen.
- Positiv denken, besonders nach Rückschlägen.
- Aufmerksam sein und so den Weg zur Vision finden.
- Die Vision muss eine Herausforderung darstellen.
- Den Sinn für Humor erhalten. Die Arbeit macht so mehr Spaß und wird effektiver.
- Keine Gedanken und Energie an Selbstmitleid, Angst vor wahrscheinlich nicht eintretenden Dingen, Eitelkeit, sowie an überflüssige Prestigevorstellungen zu verschwenden.

Das Ziel einer Vision ist nicht so einfach einzugrenzen. Sie ist weder auf ein Punkt fixiert, noch ist sie klar definiert. Das Wesen der unternehmerischen Vision liegt mehr in den Richtungen, die sie weist und weniger in den Grenzen, die sie setzt. Sie liegt mehr in den Fragen, die sie aufwirft, und weniger in den Antworten, die sie für diese findet.

Einige bekannte **Visionen** sind: [8]

- Ein Zulieferer der Automobilindustrie möchte, dass bei allen in den USA hergestellten PKW, seine Einbaukomponenten im Wert von 1000 $ verwendet werden.
- Der Universitätsrektor möchte an seinem Lehrstuhl Bedingungen schaffen, dass ein Mitglied des Lehrkörpers den Nobelpreis gewinnen kann.
- Thomas Alva Edison hatte eine elektrische Lampe als Vision. Erst nach mehr als 10.000 fehlgeschlagenen Experimenten hatte er Erfolg.
- Wir garantieren, weltweit innerhalb von 24 Stunden alle Ersatzteile für unsere Produkte zu liefern. (Grundsatz des amerikanischen Unternehmens Caterpillar)

- **Realisierung der Vision**

In der betrieblichen Praxis lässt sich eine Vision meist nicht in der Ursprungsform realisieren. Zur langfristigen Potenzialsicherung der Unternehmung müssen dennoch Visionen ausgearbeitet werden. Das Management entscheidet, ob die Vision in der Zukunft von Bedeutung sein wird.

Das Management muss prüfen, inwieweit die Vision auf dem zukünftigen Markt eine Bedeutung besitzt **und** ob das Unternehmen die Position einnehmen möchte, die mit dem Anstreben der Vision verbunden ist; also eine **Retropolation** durchführen. Weiterhin ist zu untersuchen, inwiefern die Vision über eine entsprechende Marktrelevanz verfügen wird **und** ob die Unternehmung über genügend Ressourcen verfügt, um eine Realisierung, also eine **Extrapolation** durchführen zu können. In der folgenden Grafik wird die gegenläufige Betrachtung gezeigt.

---

[8] Vgl. Hinterhuber, H.(Hrsg.): Strategische Unternehmensführung, Bd. I, a.a.O., S. 26.

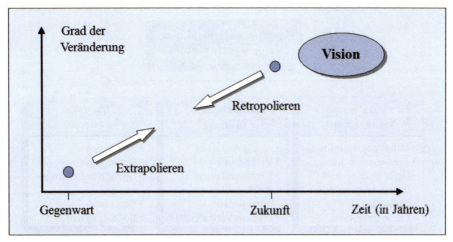

Abb. 4: Zielsetzung bei realistischer Visionsanalyse

Zur Realisation der Visionen müssen diese ständig mit herausfordernden Zielen angereichert werden. Diese **Ziele** sollten über folgende **Ausprägungen** verfügen:

- den innersten persönlichen Werten und Überzeugungen der Unternehmensleitung entsprechen
- die Zielerreichung muss das persönliche Anliegen des Managements sein; dies ist mit entsprechendem Einsatz zu unterstreichen
- durch Kommunikation muss eine Zielverstärkung bewirkt werden; Anreizsysteme können hier eine Verstärkung der Motivation erreichen

1.3 Unternehmenskultur und Führung

Die Unternehmenskultur stellt eine der wichtigsten Grundlagen der strategischen Unternehmensführung dar. Sie ist Bestandteil des normativen Managements. Hier wird die **Gesamtheit der Denkweisen (Werte, Normen, Überzeugungen)** von den Mitarbeitern und der Unternehmensführung widergespiegelt. Es sollen keine oberflächlichen Leitsätze oder Slogans geprägt werden, sondern es kommt darauf an, was in der Unternehmung tatsächlich gelebt wird.[9]

Ein Zusammenhang zwischen Unternehmensstrategie und Unternehmenskultur lässt sich an einem Beispiel aus der Natur darstellen. Ein fallender Wassertropfen bewegt sich stromlinienförmig und somit optimal durch die Luft. Die äußere Form entspricht hierbei der Strategie des Unternehmens, wobei versucht wird, sich möglichst gut an die Umweltbedingungen anzupassen. Dies gelingt dem Wassertropfen aber nur durch die innere Konsistenz. Im Vergleich dazu muss die Unternehmenskultur dem Unternehmen die Möglichkeit geben, sich optimal an die äußeren Gegebenheiten der Umwelt anzupassen.

Unternehmenskultur und Unternehmensstrategie stehen somit in einem ständigen Wechselspiel zueinander. Nur langfristig hat das Management die Möglichkeit, durch gezielte Maßnahmen und mit viel Feingefühl auf innere Vorgänge der Unternehmenskultur einzugehen und diese im Sinne der Unternehmensstrategie zu verändern.

---

[9] Vgl. Hinterhuber, H.: Wettbewerbsstrategie, 2. Aufl., Berlin 1990, S. 223.

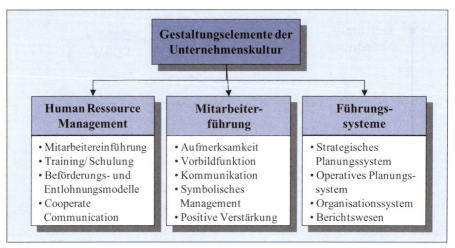

Abb. 5: Wichtige Gestaltungselemente der Unternehmenskultur und deren Komponenten[10]

1.4 Die Realisierung des strategischen Denkens

Ob und in welchem Maße das strategische Denken in einem Unternehmen angewandt wird, zeigt sich an der Schnelligkeit und Effizienz, mit der sich eine Unternehmung in den strategischen Geschäftsfeldern bzw. Geschäftseinheiten (SGE)[11] bewegt und inwieweit sie mit ihrem Handeln der Konkurrenz voraus ist.

1.4.1 Strategische Analyse

Strategisches Denken ist das Betrachten und Analysieren der Einflussgrößen, die den Erfolg einer strategischen Geschäftseinheit bestimmen. Ausgangspunkt ist die strategische Analyse. Sie besteht aus drei Phasen:

(1) Analyse der Marktattraktivität

– Wer kauft welches Produkt?
– In welcher Menge?
– Zu welchem Preis?
– Warum?
– Kommen neue oder bessere Produkte aus anderen Ländern (z. B. EU)?

Hier wird geprüft, welche Alternativen oder Bandbreiten vorhanden sind. Außerdem werden Gewinnaussichten sowie Wachstumsmöglichkeiten des Marktes analysiert.

(2) Konkurrenzanalyse

– Wer sind die Hauptkonkurrenten?
– Wie groß ist deren Kapitalstärke?
– Wie variantenreich ist deren Produktbreite?
– Wie ist deren geographische Abdeckung?

---

[10] Vgl. Hinterhuber, H.: Wettbewerbsstrategie, a.a.O., S. 229.
[11] Vgl. hierzu ausführlich S. 314.

- Welchen Stand hat deren Technologie?
- Wie verhalten sich deren Preise und Leistungen zueinander?
- Wo liegen die Unterschiede zur eigenen Unternehmung?
- Was plant die Konkurrenz?
- Wie sehen die Entscheidungsprozesse aus?
- Welche Zielgruppen werden betrachtet?
- Welche Stärken/Schwächen hat der Wettbewerber?
- Auf welchen Märkten ist der Wettbewerber aktiv?
- Mit welchen Entwicklungen befasst sich der Wettbewerb?
- Welche Aktivitäten zeigt der Wettbewerber im Internet?

Hierbei ist es besonders wichtig, die eigene Unternehmung aus der Perspektive des Konkurrenten zu betrachten (Rollentausch) und gleichzeitig zu versuchen, dessen mögliche Vorgehensweise zu erahnen.

Welche strategischen Schritte wird der Mitbewerber voraussichtlich aufgrund seiner vorhandenen Stärken/Schwächen einleiten? Welche Auswirkungen haben seine Aktionen auf die Pläne, oder die bereits ausgeführten Strategien der eigenen Unternehmung?

Es gilt zu berücksichtigen, dass der Mitbewerber die Maßnahmen ergreift, die aus seiner Sicht für ihn besonders nützlich sind. Es ist natürlich nicht einfach, sich in die Situation des Mitbewerbers hinein zu versetzen. Zum anderen fehlen dem Strategen Insiderinformationen der Mitbewerber. Hilfsfaktoren sind die eigene Ausbildung, Erfahrung und Professionalität bei der Beurteilung seiner Position. Die eigene Strategie muss dahingehend geprüft werden, welche Strategie der Mitbewerber plant und welche Konsequenzen diese Strategie zur Folge haben wird. Die Umstände müssen nicht eintreten. Der Mitbewerber kann seine Strategie auch darauf ausrichten, dass sie der eigenen Unternehmung schadet.

(3) Analyse der Institutionen und der Öffentlichkeit

Bei strategischen Überlegungen muss das Verhalten von Institutionen und der repräsentativen Öffentlichkeit berücksichtigt werden. Die zunehmende Liberalisierung des Kapitalverkehrs und die weltweite Berücksichtigung der Umweltlage stellen die Unternehmen vor weitere neue Einflussgrößen:

- Soll eine strategische Geschäftseinheit ihre Produkte europaweit vermarkten und produzieren?
- Wie beeinflusst die EU durch Investitionen oder Subventionen die Situation des Unternehmens?
- Wie sieht die Bildungspolitik an den ausländischen Produktionsstandorten im Hinblick auf die Weiterbildung und Höherqualifizierung der Mitarbeiter aus?
- Welchen Einfluss haben die Regierungen auf den ausländischen Absatzmärkten? Können Handelsbeschränkungen auftreten?
- Welche Umgangsformen und Gepflogenheiten sind bei nationalen Bürokratien angebracht?

Zusammenfassend kann gesagt werden, dass beim strategischen Denken eine umfassende Situationsanalyse vorgenommen werden muss. Hierbei sind möglichst alle komplexen und schwer quantifizierbaren Einflussfaktoren zu erfassen. Erst im Anschluss werden alle Faktoren und Alternativen abgewogen und Lösungen entwickelt. Bei dem Verfahren des strategischen Denkens wird die Subjektivität zwar nicht ausgeschaltet, jedoch wird der gesamte Vorgang nachvollziehbarer und ist besser durchdacht. Nach abgeschlossener Situationsanalyse kann der strategische Denkprozess und die Vorgehensweise in grafischer Form visualisiert werden:

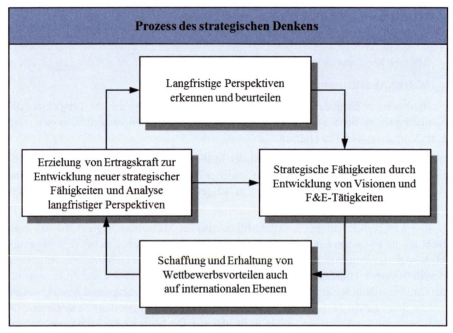

Abb. 6: Der evolutionäre Prozess des strategischen Denkens

Die wichtigste Voraussetzung für das strategische Handeln einer Unternehmung sind strategisch denkende Mitarbeiter. Bei der Auswahl der Mitarbeiter sind deshalb folgende Kriterien zu beachten:[12]

Kriterien zur Auswahl der Mitarbeiter		
– Realitätssinn	– Initiative	– Identifikation mit der Unternehmung
– Einsatzbereitschaft	– Professionalität	– die Fähigkeit, seine Tätigkeit aus einem neuen Blickwinkel zu betrachten und nicht der Routine zu verfallen
– Kreativität	– Disziplin	
– Liebe zum Beruf		

Die Unternehmensleitung muss ihren Mitarbeitern eine entsprechende Atmosphäre schaffen, in der sie ermutigt werden, neue Möglichkeiten zu suchen und es auch wagen, diese umzusetzen. Mit motivierten Mitarbeitern ist es möglich, das strategische Denken in der Unternehmung zu optimieren und die besten, kreativsten Lösungen zur Weiterentwicklung und Sicherung des Unternehmens auszuarbeiten.

---

[12] Vgl. Hinterhuber, H.: Wettbewerbsstrategie, a.a.O., S. 75 f.

1. Die Entwicklung und Bedeutung einer Strategie

Die Problematik des strategischen Denkens liegt darin, dass es nicht ausschließlich durch theoretisches Wissen oder Erfahrungsinhalte erworben werden kann. Es kommt vielmehr auf die Formung des Denkens, Fühlens und Handelns an, so dass Verstand und Gefühl gleichermaßen bei der Erstellung der Strategie beteiligt sind.[13] Weitere notwendige Fähigkeiten sind:

- Wendigkeit
- Professionalität
- Offenheit weltweit
- Rascher Überblick
- Deutlichkeit in den Vorstellungen
- Gleichmut
- Innere Stärke, fester Wille

Wissen und Können zeichnen in besonderem Maße den guten Strategen aus:

- **Wissen** ist die Fähigkeit, sich über die Bedeutung und Tragweite der Dinge in weitgehend objektiver Weise im Klaren zu sein, ohne sich von Stimmungen in der Umgebung oder von eigenen Vorurteilen beeinflussen zu lassen.

- **Können** ist die Fähigkeit, rechtzeitige und tatkräftige Entscheidungen zu treffen, das Erkannte folgerichtig durchzuführen, ohne sich von vorhandenen Gefahren einschüchtern zu lassen.

Die Strategie ist die Übertragung des Wissens auf das praktische Leben. Der ursprüngliche Gedanke der gewählten Strategie muss stets fortgebildet werden, um sich durch eine variierte Taktik den permanent ändernden Verhältnissen der Umwelt anzupassen. Die Kunst ist, trotz größten Drucks und unter schwierigsten Bedingungen noch handlungsfähig zu bleiben.

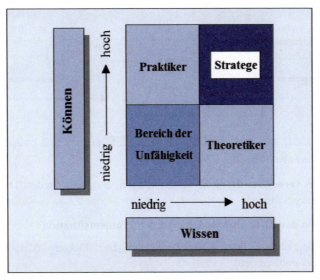

Abb. 7: Strategie durch Kombination von Können und Wissen

---

[13] Vgl. Hinterhuber, H.: Wettbewerbsstrategie, a.a.O., S. 3.

1.4.2 Vernetztes Denken

Seit einigen Jahren versucht man, sich von der isolierten Vorgehensweise im Unternehmen zu trennen und neue Wege einzuschlagen. Ein umfassender Blick auf das Unternehmen als Ganzes soll dabei helfen, die entstandene Globalisierung, die zunehmende Komplexität und Dynamik, der aus der Umwelt resultierenden Probleme zu bewältigen.

Im Mittelpunkt steht dabei das Unternehmen, welches als **soziales System** verstanden wird und das Denken in Prozessen und Wechselwirkungen. Diese Art des Managements soll der Gestaltung, Lenkung und Entwicklung der Unternehmung dienen. Jedoch bestehen in der Praxis Umsetzungsschwierigkeiten, da die steigende Umweltdynamik und -komplexität ein anpassungsfähiges Managementsystem benötigt.

Die Methodik des **Vernetzten Denkens** stellt hier eine Ausnahme dar. Sie wurde als Gestaltungs- und Lenkungsmöglichkeit sozialer/komplexer Problemsituationen entwickelt. Die ganzheitliche Denkweise beruht auf der Berücksichtigung vieler Einflussfaktoren von größeren Zusammenhängen.[14]

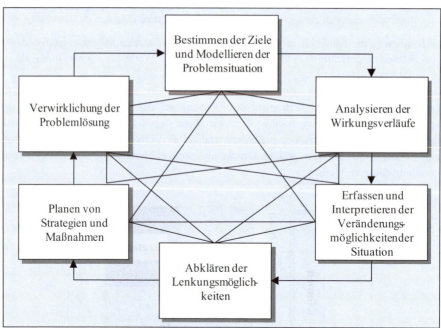

Abb. 8: Phasen der Methodik des vernetzten Denkens

Der Ablauf des **vernetzten Denkens** kann in Phasen eingeteilt werden. Die **Phasen** des vernetzten Denkens sind:[15]

(a) Bestimmen der Ziele und Modellieren der Problemsituation

– Die Situation muss in ihren Zusammenhängen, Beziehungen und Interaktionen erfasst und erkannt werden.

---

[14] Vgl. Probst, G.J.B./Gomez, P.: Die Methodik des vernetzten Denkens zur Lösung komplexer Probleme in: Probst, G.J.B./Gomez, P. (Hrsg.): Unternehmen ganzheitlich führen, Wiesbaden 1989, S. 6.

[15] Vgl. Eggers, B./Eickhoff, M.: Instrumente des Strategischen Controlling, 1996, S. 51 ff.

- Die Erfassung sollte von Anfang an in Netzwerkform erfolgen.
- Zu Beginn sollte die Situation aus der Sicht verschiedener Interessengruppen erfasst werden, um zu einer ganzheitlichen Abgrenzung zu gelangen.

(b) Analysieren der Wirkungsverläufe

- Mit Hilfe der Netzwerktechnik erfolgt die Darstellung, Analyse und Abbildung der Interaktionen von verschiedenen Einflussgrößen.
- Die Zusammenhänge sollten dabei in ihrer Wirkungsrichtung, der zeitlichen Dimension und Intensität erfasst werden.

(c) Erfassen und Interpretieren der Veränderungsmöglichkeiten der Situation

- Herauslösen und durchspielen einzelner Kreisläufe aus dem Netzwerk
- Anwendung der Szenario-Technik

(d) Abklären der Lenkungsmöglichkeiten

- Identifikation der eigenen Lenkungsmöglichkeiten
- Rückgriff auf die Erkenntnisse aus dem Netzwerk
- Identifikation kritischer Größen für Früherkennungssysteme

(e) Planen von Strategien und Maßnahmen

- Entscheidung über langfristige Maßnahmen zur Gestaltung, Lenkung und Entwicklung
- Basis sind die ermittelten Lenkungsmöglichkeiten unter Einbeziehung der Betroffenen.
- Zur Anregung kreativer Prozesse kann in dieser Phase z.B. Brainstorming eingesetzt werden.

(f) Verwirklichung der Problemlösung

- Erstellung von Realisierungsplänen, Projekten und Motivationen der Mitarbeiter
- Zur Unterstützung des gesamten Prozesses dient die Metaplan-Technik.

Es gibt jedoch auch **Kritikpunkte** an diesem Ansatz:
- Der Schwerpunkt liegt hauptsächlich bei der Problemerkennung, während die Problemlösung vernachlässigt wird.
- Die Netzwerktechnik ist mit einem hohen Aufwand verbunden.
- Es gibt kaum Hinweise zur praktischen Durchführung in Problemlösungsgruppen.
- Der Umfang der Chancen, neben den Problemen, bleibt offen.

1.4.3 Puzzle-Methodik

Die Puzzle-Methodik wurde aus Gründen der bestehenden Defizite (zur Überbrückung) von Verfahren zur ganzheitlichen Vorbereitung strategischer Entscheidungen entwickelt.[16]

---

[16] Vgl. Eggers, B.: Ganzheitlich-vernetzendes Management: Konzepte, Workshop-Instrumente und Puzzle-Methodik, Wiesbaden 1998, S. 253 ff.

Diese **Methodik** liegt im **teamorientiert-workshopbezogenen Ansatz**, durch den ein unstrukturierter Zustand in einen wohlstrukturierten Zustand überführt werden soll.

Mit diesem **Ansatz** werden folgende **Ziele** verfolgt:

> **Ziele der Puzzle-Methodik**
>
> – Identifikation, Analyse und Synthese von komplexen Problemen und Früherkennung daraus resultierender Chancen und Risiken
> – Ermittlung von Teilproblemen
> – Definition realistischer und klar definierter Unternehmensziele mit langfristigem Zeitbezug
> – Steigerung der Lernfähigkeit der Organisation auf der Basis kollektiver Entscheidungsvorbereitungen

Dabei werden folgende **Phasen** durchschritten (Vor- und Rücksprünge sind zugelassen):

> – **Phänomene**
> – **Untersuchungen**
> – **Zielplanung**
> – **Zentralprojekte**
> – **Lösungsideen**
> – **Entscheidungen**

Beispiele für die Einsetzbarkeit der Puzzle-Methodik zeigen folgende praktische Themenstellungen in den Unternehmen:[17]

– **Geschäftsfeldplanung**

Die Eigentumsverhältnisse eines Unternehmens und die Nachfolge waren zu klären. Dabei sind zahlreiche strategische Entscheidungen in allen betrieblichen Funktionsbereichen zu treffen.

– **Strategie für das Management von EDV-Projekten**

Diese Methodik wurde eingesetzt, um die Strategie der Projektarbeit einer Großunternehmung, mit dem Ziel der Identifikation von Verbesserungsmöglichkeiten, in Frage zu stellen.

– **Strategieorientierte Optimierung einer Personal-Konzeption**

Den Ausgangspunkt bildeten Vorstellungen über die Marktentwicklung. Die Hauptfrage, inwieweit die bestehende Personalkonzeption den veränderten Rahmenbedingungen und den daraus resultierenden Strategiemodifikationen gerecht werden muss, wurde geklärt.

– **Produkt-/Markt-Strategie für das Büro der Zukunft**

Bei einem umfassenden Informationsgewinnungsprozess und der Durchführung zweier Puzzle-Workshops standen Überlegungen zu langfristigen Entwicklungen im Bürobereich im Vordergrund, die aus Sicht der Unternehmungen Chancen und Risiken implizieren.

---

[17] Vgl. hierzu ausführlich Eggers, B.: Ganzheitlich-vernetzendes Management, a.a.O., S. 358 f.

1.4.4 Komplexität und deren Bewältigung

Jede Unternehmung steht einer komplexen Umwelt gegenüber. Diese Komplexität der Umwelt ist sehr viel größer als die Komplexität der eigenen Unternehmung. An der Schnittstelle der Systeme Umwelt/Unternehmen entsteht ein Komplexitätsgefälle, das eine Abgrenzung bewirkt. Dieses Komplexitätsgefälle muss durch das Unternehmen abgebaut werden.

Hierzu gibt es zwei Möglichkeiten:
- die Reduktion der Komplexität der Umwelt
- die Erhöhung der Komplexität in der Unternehmung

Bei der **Reduktion der Komplexität des Systems Umwelt** werden gezielt unternehmensrelevante Prozesse beobachtet und analysiert. Hierbei besteht jedoch das Risiko, wichtige Zusammenhänge auszublenden. Im Anschluss an die Analyse wird ein Modell des Systems Umwelt erstellt, welches nach Möglichkeit reproduzierbar ist und die benötigten Eigenschaften des realen Systems besitzt, die für die Betrachtung benötigt werden. Diese Vorgehensweise entspricht einer Steuerung.

Zur **Erhöhung der Komplexität in der eigenen Unternehmung** wird das System Umwelt dahingehend untersucht, welche eigenständigen Lenkungssysteme eingesetzt werden müssen, um bei Störungen entgegenwirken zu können. Diese Lenkungssysteme werden bei einer Dezentralisierung entsprechend differenziert verwendet, so dass die entsprechende Fachabteilung selbständig reagieren kann. Dies ist allerdings nur möglich, wenn die Anpassungsfähigkeit des lenkenden Systems mindestens genau so groß ist wie die Flexibilität des zu lenkenden Systems. Man spricht hier von einer **Ultrastabilität**.[18] Bei eingetretenen Störungen wird zwar nicht mehr die Rückkehr zum alten Gleichgewicht erreicht, jedoch ist ein neues stabiles Gleichgewicht geschaffen worden, womit das System Unternehmen überlebensfähig ist. Diese Vorgehensweise entspricht einer Regelung.

Soll das **strategische Controlling** möglichst effizient eingesetzt werden, ist es wichtig, die einzelnen Fachabteilungen mit entsprechenden Informationen und Freiheiten zur Eigenlenkung auszustatten, so dass sie in der Lage sind, einen Großteil der Störungen selbst abzufangen. Die Mitarbeiter verfügen durch die eigenständige Arbeit in ihrem Bereich des Systems Umwelt über genügend Erfahrung, um bei neuen strategischen Weichenstellungen ihr Wissen mitzuteilen und die bestmöglichsten Empfehlungen aussprechen zu können.

Weitere Vorteile der **Komplexitätsbewältigung** durch **erhöhte Dynamik** im Unternehmen sind:

- Erhöhte **Handlungsfähigkeit** durch **Flexibilität**
- Kürzere **Planungs-** und **Entscheidungszyklen**
- Beweglichere **Ressourcenzuteilung**
- Besseres **Krisenmanagement** im Falle des Störungseintritts
- Intensivierte **Eventualplanung** durch **interne Flexibilität**

---

[18] Vgl. Beike, T.: Marketing Controlling im Führungssystem der Unternehmung, Hamburg 1992, S. 24 ff.

Hierbei zeigt sich, dass die Organisation der Strategie bzw. den strategieprägenden Umweltbedingungen zu folgen hat und nicht umgekehrt[19] (s. Abbildung 9). Nur mit einer flexiblen Organisation, die sich veränderten Umweltbedingungen oder neuen strategischen Zielsetzungen anpassen oder komplett ändern kann, ist ein Unternehmenssystem ultrastabil.

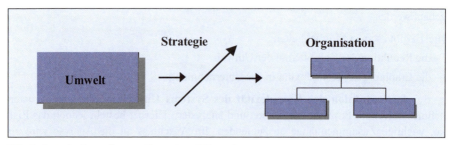

Abb. 9: Organisationsaufbau aus Strategie und Umwelt

1.5 Arten der Strategie

Zu unterscheiden sind **zwei Arten** der **Strategie**:

- direkte Strategie
- indirekte Strategie

1.5.1 Direkte und indirekte Strategie

Bei der **direkten Strategie** kommt es auf die Wirksamkeit der Ressourcen an. Bei der **indirekten Strategie** legt man den Wert hauptsächlich auf die eingesetzten psychologischen Faktoren und die Anwendungszeit dieser Faktoren. Hier wird versucht, die fehlenden Ressourcen durch zielgenauen und gut abgestimmten Einsatz der Psychologie und der Wirkungszeit zu kompensieren.

Die Wirksamkeit einer Strategie lässt sich in folgender Formel ausdrücken:

$$S = K \cdot R \cdot \psi \cdot t$$

K	spezifischer Faktor der gegebenen Situation
R	materielle, finanzielle und personelle Ressourcen
ψ	psychologischer Faktor
t	Zeit

Bei einer **direkten Strategie** ist der Konkurrent unmittelbar zum Handeln gezwungen, da ihm sonst kurzfristig wichtige Marktanteile verloren gehen würden. Es käme zu einer Machtprobe, wobei meistens der Stärkere gewinnt.

---

[19] Vgl. Dieser, R./Weigel, D.: Die Entwicklung neuer strategischer Geschäftsfelder aufgrund von Veränderungen im Branchensystem, in: Hinterhuber, H. (Hrsg.): Fallstudien zum strategischen Management, Wiesbaden 1993, S. 100.

1. Die Entwicklung und Bedeutung einer Strategie

Ein Preiskampf sollte daher nur in einer großen Notlage angewandt werden, da nach der Auseinandersetzung die überlebenden Konkurrenten in dem umkämpften Marktsegment oft einen Nachteil erfahren; der Preis wird auf einem niedrigeren Niveau bleiben als er vor der Auseinandersetzung war.

Bei der **indirekten Strategie** wird versucht, den Konkurrenten durch Marktsignale zu beunruhigen, wie z.B. durch geplante Kapazitätserweiterungen oder Produktinnovationen. Die Auseinandersetzung findet nicht direkt auf der Produktebene statt, sondern bewegt sich im psychologischen Bereich und auf der Dienstleistungsebene.

Bei der indirekten Strategie werden also psychologische Faktoren ausgespielt, weil das Produkt meist keine bessere Qualität oder andere objektive Kaufargumente als das Konkurrenzprodukt besitzt.

Weitere Marktsignale können überraschend präsentierte und verbesserte Systemlösungen oder reduzierte Lieferzeiten sein. Diese Strategie wird durch das Marketing, die Unternehmenskultur und die **Corporate-Identity** unterstützt. So wird beim Kunden die Überlegenheit des Produktes oder der Problemlösung suggeriert. Man spricht also weniger das eigentliche Produkt an, als die Faktoren um das Produkt herum. Dieses Vorgehen soll die Position der Einzigartigkeit im Marktsegment schaffen.

Weitere **indirekte Strategien** sind:[20]

- die Bedürfnisse der Kunden im Interesse der Unternehmensstärken zu beeinflussen
- sich in die Position der Kunden versetzen, um deren Probleme besser zu lösen als die Konkurrenten
- mit dem Kunden ein partnerschaftliches Verhältnis aufbauen
- ein ansprechendes Design entwickeln
- gezielte Informationen werden den Lieferanten, Kapitalgebern, Kunden und der Öffentlichkeit übermittelt, um eine psychologische Situation zu schaffen, die den Käufer das eigene Produkt vorziehen lässt.
- Garantieleistungen, Kundendienst, Einräumung eines längeren Zahlungszieles
- Gewährung von verdeckten Preisnachlässen
- Preisänderungen, die noch stillschweigend von der Konkurrenz akzeptiert werden

Die Anwendung der indirekten Strategie ist nicht nur für Unternehmen sinnvoll, die zu schwach sind, um gegen einen großen Konkurrenten antreten zu können. In vielen Fällen ist diese Strategie besser als eine direkte Strategie, wie z.B. ein Preiskampf oder eine Produktdifferenzierung.

Um den Begriff der Strategie enger zu fassen und die Objektivität der Entscheidung zu erhöhen sowie Kontrollmöglichkeiten zu schaffen, werden in zunehmendem Maße mathematische Modelle entwickelt. Die Führungskräfte erhalten so eine exaktere Darstellung, um eine fundierte Entscheidung treffen zu können.

---

[20] Vgl. Hinterhuber, H.: Wettbewerbsstrategie, a.a.O., S. 68 ff.

Prognosen belegen, dass wir uns erst im ersten Drittel des derzeitigen Technologieschubes befinden. Es wird somit weiterhin turbulent, neu und anders zugehen. Hierdurch bedingt werden zukünftige Prognosen eher schwieriger. Die Theorie strategischer Führung von Gälweiler[21] und das Modell lebensfähiger Systeme von Beer sind hier zu nennen, um bei vorhandener solider Datenbasis akzeptable Prognosen zu erstellen. Die neuen Ergebnisse der Strategiebildung zeigen nicht nur die Aktionen am Markt auf, sondern ermöglichen den Unternehmen, sich neu zu strukturieren, also neue Organisationsstrukturen hervorzubringen, um sich so dem dynamischen Markt weiter anzupassen.

1.5.2 Strategie und Taktik

Die Strategie bezieht sich auf das **Ziel**, also **Wo** man hin möchte, z.B. die langfristige Sicherung der Unternehmung durch das Erreichen einer besseren Marktposition. Die dazugehörige Taktik ist das **einzusetzende Mittel**, also **Wie** man das Ziel erreicht, z.B. Werbemaßnahmen, das Einführen eines neuen Produktes oder eine höhere Qualität. Die Taktik wird ständig angepasst, um den Aktionen und Reaktionen der Mitbewerber möglichst gut entgegenzuwirken. Ebenfalls erfolgt eine ständige Anpassung, um so den Konsumenten- und Produktnutzen zu vergrößern.

(1) Das Ziel als Leitfaden

Jede Handlung muss ein **klar definiertes** und **realisierbares Ziel** haben. Um das Ziel zu erreichen, ist ein entsprechender Zeitaufwand einzukalkulieren. Ist die Zeit oder der Aufwand zu groß, besteht die Gefahr, dass auch ein kleineres Ziel genügen würde. Diesem Ablauf darf der Stratege jedoch nicht verfallen. Ist das Ziel nach bestem Wissen und Gewissen gesetzt, so geht es nur noch darum zu fragen: „Was hindert mich daran, dieses Ziel zu erreichen?" Daraufhin werden die Taktiken systematisch ausgearbeitet und analysiert, um das Ziel auf dem sinnvollsten Weg zu erreichen.

Die Taktik anzuwenden und den gewählten Weg zu gehen, bilden das eigentliche Problem. Die entstehenden Reibungsverluste bis zu der Durchsetzung einer Taktik sind trotz sorgfältiger Vorüberlegungen, Eventualbetrachtungen und Alternativplänen meist unerwartet hoch. Es wird kaum gelingen, die Reibungsverluste wie in der Mechanik gegen Null laufen zu lassen. Meist liegt der Grund in menschlichen Schwächen oder im Fehlverhalten. Das strategische Management muss sich dieser Problematik bewusst sein, sie entsprechend berücksichtigen und den zwangsläufigen Verlust einplanen. Das Risiko einer Fehlentwicklung ist jedoch durch permanente Kontrollen und Korrekturmaßnahmen zu minimieren.

(2) Zielerreichung durch Delegation

Das Erreichen einer gesetzten Zielposition ist mit der Verteilung von Einzelaufgaben auf verschiedene Hierarchieebenen verbunden. Hier nimmt man nun eine weise Abwägung vor:

– Der Handlungsspielraum der Führungskräfte muss groß genug sein, um nach Verabschiedung der Strategie eingetretene Änderungen ausregeln zu können.
– Die Hierarchieebenen dürfen selbst jedoch keine Einzelentscheidungen treffen, die das Erreichen des Gesamtziels gefährden.

---

[21] Vgl. Gälweiler, A.: Was ist Strategie? Was heißt strategisches Denken, Handeln und Entscheiden?, In: Pümpin, C./Gälweiler, A./Neubauer, F./Bane, W. (Hrsg.): Produkt-Markt-Strategien, Bern 1981.

Es sind die Inhalte zukünftiger Entscheidungen zu beurteilen und infolgedessen den Führungskräften die entsprechenden Entscheidungsspielräume zu gewähren. Die Abbildung 10 zeigt die Gesamtstrategie, die sich aufteilt in die Strategien der verschiedenen Geschäftsbereiche. Das Tätigkeitsfeld der Strategie bewegt sich zwischen der Unternehmenspolitik und der anzuwendenden Taktik. Die einzelnen Unternehmen treten mit anderen Taktiken am Markt auf.[22]

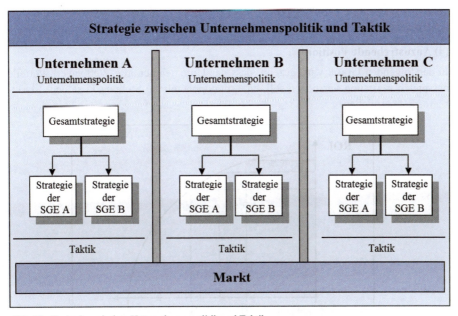

Abb. 10: Strategie zwischen Unternehmenspolitik und Taktik

Die Unternehmensleitung arbeitet die Gesamtstrategie und die Teilstrategien meist mit ihren Führungskräften und Mitarbeitern aus. Besonders im Hochtechnologiebereich und in der Gentechnologie ist ein Spezialwissen vorhanden, ohne das keine weitreichenden Entscheidungen getroffen werden können. Die strategischen Geschäftseinheiten legen die notwendige Taktik zur Verfolgung der Strategie fest. Da in den verschiedenen Geschäfts- und Funktionsbereichen unterschiedliche Teilstrategien synchron verfolgt werden, kann es hier zu **Synergieeffekten**, aber auch zu **Interessenskonflikten** kommen. Der Handlungsspielraum der Gesamt- und Teilstrategie ist begleitet von Kompromissen, Verzicht und Opfern.

(3) Störeinflüsse

Jeder strategische Plan sollte mit **außerplanmäßigen Ereignissen** rechnen. Es gilt, in Wenn/Dann-Konstellationen zu denken und mehrere Alternativen gleichzeitig zu verfolgen. Wie ein sich verzweigender Baum sind alle nur denkbaren Alternativen einzubeziehen.

Dabei ist zwischen Abweichungen, die beeinflussbar bzw. nicht beeinflussbar sind, zu unterscheiden. Bei Abweichungen, die man beeinflussen kann, muss die optimale Taktik angewandt werden. Ist die Abweichung nicht zu kompensieren, muss eine alternative Taktik zur Umgehung der Abweichung ausgearbeitet werden.

---

[22] Vgl. Hinterhuber, H.: Wettbewerbsstrategie, a.a.O., S. 55.

Weiterhin können äußere und innere Abweichungen auftreten. Hierbei ist es oft schwer zu sagen, welche Abweichungen einfacher zu korrigieren sind. Eine innere Abweichung ist, wenn sie durch höhere Gewalt hervorgerufen wird, oft noch schwerer zu beeinflussen als eine äußere Abweichung.

In der Praxis ist eine klare Gliederung oft nicht möglich. Hier muss in Spezialfällen und ungewissen Sachlagen das Gegebene richtig erkannt und das Unbekannte richtig erraten werden. Eine Mischung aus beidem ergibt die optimale Analyse, um eine Vorgehensweise auszuarbeiten.

(4) Anzustrebende Position

In der folgenden Grafik wird gezeigt, dass das Unternehmen alle Wettbewerbsvorteile ausspielen muss und versuchen soll, eine monopolähnliche Stellung in seinem Marktsegment zu erreichen.

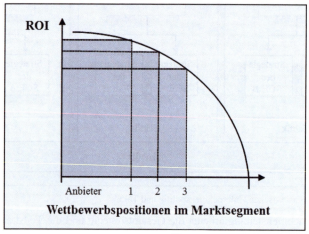

Abb. 11: ROI bei Wettbewerbsposition[23]

Die Nummer Eins unter den Marktführern zu werden, muss nicht immer das Hauptziel sein. Es ist für ein strategisches Management viel wichtiger, seine zukünftige Handlungsfähigkeit so einzurichten, dass es in einem gewissen Maß die Möglichkeit zur Kontrolle und Beeinflussung der Situation hat. Die einzunehmende Position soll eine Vielzahl von Optionen eröffnen; nach Möglichkeit mehr Optionen, als heute bestehen.

(5) Gefahr bei einer Neustrukturierung

Die Verfolgung von Strategien hat immer eine dynamische Neustrukturierung des Marktes zur Folge. Nicht nur die Position der eigenen Unternehmung verändert sich im Markt, sondern die gesamte Marktstruktur ebenfalls.[24] Das **strategische Management** muss dies in eine Szenariosimulation einfließen lassen. Dabei sollte darauf geachtet werden, nicht nur einen kurzfristigen Vorteil zu erzielen, der sich später unter Umstän-

---

[23] Vgl. Meyer, J./Greif, H.: PIMS-Das Instrument zur strategischen Kursbestimmung im Zeitalter der Diskontinuitäten, in: Hammer, R./Hinterhuber, H./Kapferer, R./Turnheim G. (Hrsg.): Strategisches Management in den 90er Jahren, Wien 1998, S. 198.

[24] Vgl. Hinterhuber, H.: Strategie und Strategische Führungskompetenz, in: Strategisches Management in den 90er Jahren, Hammer, R./Hinterhuber, H./Kapferer, R./Turnheim, G. (Hrsg.), Wien 1990 a.a.O., S. 31.

den vielleicht als negativ herausstellt, sondern eine langfristige und gut durchdachte positive Veränderung der eigenen Position zu erreichen.

1.5.3 Strategie-Kombinationen

Die drei grundsätzlichen **Arten** der Strategie – Rückzug, Defensive, Offensive – können mit den **Vorgehensweisen** – strategisch und taktisch – verknüpft werden. Es ergeben sich sechs verschiedene Möglichkeiten.[25]

		Art der Strategie		
		Offensive	Defensive	Rückzug
Vorgehensweise	strategisch	**Direkter Weg zum Ziel:** - Größte Handlungsfreiheit - Möglichkeit der Überraschung - Aufbau neuer Gewinnpotenziale durch Innovation u. Joint Ventures - Hohes Risiko - Psychologische Vorteile	**Der Umweg:** - Erhaltung bestehender Gewinnpotenziale - Aufbau neuer Gewinnpotenziale aus einer Position der Stärke - Mittleres Risiko - Psychologische Vorteile	**Der Umweg:** - Konzentration der Kräfte - Aufbau neuer Gewinnpotenziale - Mittleres Risiko - Psychologische Vorteile

	taktisch	**Die schwächste Form:**
		- Direkte Konfrontation mit den Mitbewerbern
		- Begrenzte Handlungsfreiheit
		- Aufbau neuer Gewinnpotenziale durch:
		  • Produkt- und Verfahrensverbesserung
		  • Standortanpassung
		  • Joint Ventures
		- Hohes Risiko
		- Geringe Motivation
			Die stärkste Form:
			- Nutzung der Stärken der Unternehmung
			- Genaue Kenntnis über den Markt und die Konkurrenz
			- Erhaltung bestehender Gewinnpotenziale durch:
			  • Produkt- und Verfahrensverbesserung
			  • Standortanpassung
			  • Joint Ventures
			- Niedriges Risiko
			- Psychologische Vorteile
				Direkter Weg:
				- Zeitgewinn: Wozu?
				- Keine Perspektiven
				- Niedriges Risiko
				- Demotivation

Abb. 12: Arten und Vorgehensweisen der Strategie

– Die **strategische Offensive** ist die sicherste Methode, um einen Erfolg zu erzielen. Auf lange Sicht wird das Marktsegment mit entsprechenden unternehmensinternen und -externen Mitteln bearbeitet, um die strategische Geschäftseinheit zu festigen und weiter auszubauen. Das Risiko ist jedoch groß, bei Hypothesen der Zukunft einen falschen Weg eingeschlagen zu haben. Bei der strategischen Offensive werden im Vergleich zu den anderen Strategien, Ressourcen des Unternehmens für einen langen Zeitraum gebunden. Eine Fehlplanung hätte große Verluste zu Folge.

---

[25] Vgl. Hinterhuber, H.: Wettbewerbsstrategie, a.a.O., S. 124 ff.

− Die **taktische Offensive** ist eine Möglichkeit einen Erfolg zu erzielen, da ein direkter Angriff geführt wird, z.B. ein Preiskampf. Es darf aber nicht vergessen werden, dass hierbei kurzfristig die meisten Ressourcen benötigt werden. Weiterhin wird der Mitbewerber zum direkten Handeln gezwungen. Ein kurzfristiger Erfolg kann also durch entsprechende Reaktionen des Mitbewerbers wieder zerschlagen werden. Die taktische Offensive bringt das Marktsegment in große Unruhe. Niemand kann genau sagen, wie die Aufteilung des Marktsegmentes nach der Beruhigung aussieht.

− Die **strategische Defensive** ist der Umweg bei der Zielerreichung. Hier wird mit psychologischen Mitteln versucht, die Unternehmensziele durch eine langfristig angelegte Strategie zu erreichen. Es wird mit den immateriellen und weniger mit den materiellen Ressourcen der Unternehmung gekämpft. Das Risiko, bei dieser Strategie nicht wieder gut zu machenden Schaden anzurichten, ist wesentlich geringer als bei der taktischen Offensive.

− Die **taktische Defensive** wird bei Märkten angewandt, die entsprechend homogen aufgeteilt sind. Alle beteiligten Mitbewerber sind zu der Übereinkunft gekommen, die Marktstruktur sei so ausgeglichen. Jeder Teilnehmer versucht einen möglichst großen Profit aus dem Marktsegment zu erzielen, ohne den Mitbewerber anzugreifen und ohne große Investitionen tätigen zu müssen. Es können Übereinkünfte getroffen und Beteiligungen vollzogen werden.

− Ein **strategischer Rückzug** ist z.B. eine Liquidierung von Betriebsbereichen. Für das strategische Management ist es eine schwere Entscheidung, einen einst erfolgreichen Geschäftsbereich oder einen Geschäftsbereich, der nicht den Break-Even-Point erreicht, zu liquidieren. Trotzdem müssen die unternehmerischen Kräfte auf gewinnbringendere Tätigkeiten gerichtet werden, so dass die Gewinnstruktur des Unternehmens verbessert werden kann.

− Der **taktische Rückzug** schafft keinen unternehmerischen Vorteil. Der Geschäftsbereich unternimmt praktisch nichts. Bei dem strategischen Rückzug kann wenigstens noch eine psychologische Komponente einfließen, die den Mitbewerber beschäftigt. Dieser Prozess sollte beim Auflösen einer Geschäftseinheit möglichst schnell durchlaufen werden, da die Mitarbeiter unnötig demotiviert werden und das Kapital verlustbringend eingesetzt ist.

Welche der sechs Formen letztlich angewandt wird, hängt von der Situation im Unternehmen (Ziele, Ressourcen), im Geschäftsfeld (Kunden, Beschaffung) und von den Mitbewerbern (zu erwartende Ziele, Aktionen und Ressourcen) ab.

Sind die Analysen abgeschlossen und bewertet, die Alternativen geprüft, die Ziele gesetzt und entsprechende Strategien ausgearbeitet, geht es um die genauere Quantifizierung der Strategie. Hierbei werden besonders die kritischen **Erfolgsfaktoren** in den Mittelpunkt gerückt. Durch die Quantifizierung werden die Unterschiede der einzelnen Strategien besser beurteilbar. Trotz Hypothesen über den Markt und die Mitbewerber, kann man nicht davon ausgehen, dass die Berechnungen vollständig erfüllt werden. Hier sind größere Schwankungen enthalten, die aufgrund der Input-Daten auftreten. Es lohnt deshalb nicht, bei der Amortisationszeit, dem ROI und Cash Flow um ein halbes Prozent oder ähnliche Größenordnungen zu streiten.

Vielmehr geht es darum, eine gute Komplettstrategie auszuarbeiten, die belastbar, flexibel und ausbaufähig, sozusagen allen möglichen Eventualitäten gegenüber gewappnet und anpassbar ist und alle Wege offen lässt.

1.6 Strategie und Ethik

Der Unternehmer, die Führungskräfte oder die Mitarbeiter geraten bei der Erstellung der Strategie und der Taktik bis hin zur Ausführung oft in Gewissenskonflikte. Das ist besonders in naturwissenschaftlichen Bereichen der Fall. Hier wurden technisch und strategisch realisierbare Möglichkeiten erarbeitet, die in vielen Fällen auch hohe Gewinne erzielen könnten. Gerade diese Geschäftsfelder stoßen oftmals an ethische Grenzen. Der Unternehmer hat die Wahl, die Spielregeln des Marktes zu akzeptieren und gegen sein Gewissen zu arbeiten, oder auf gewinnbringende Möglichkeiten zu verzichten und evtl. Arbeitsplätze abzubauen.

Vielfach wird hierbei auch unterschieden zwischen dem **Gewissensmenschen** und dem **Pflichtmenschen**. Mitarbeiter, ob als Führungskräfte oder ausführende Organe, werden im Laufe ihres Berufslebens irgendwann mit diesem Problem konfrontiert und damit vor eine für sie schwierige, und für das Unternehmen unter Umständen überlebenswichtige Entscheidung gestellt. Die Erfahrung zeigt, dass sich der Mitarbeiter grundsätzlich als Pflichtmensch verhalten sollte. In gewissen Situationen, die der Mitarbeiter nicht mehr akzeptieren kann, ist es besser, wenn er als Gewissensmensch handelt.

Für das Unternehmen ist dieses Verhalten der Mitarbeiter sehr wichtig. Die Führungsebene kann die letzte auszuführende Tätigkeit nie so gut planen, wie es der Ausführende aufgrund seiner Erfahrung kann. Das strategische Management sollte dies berücksichtigen und den ausführenden Ebenen entsprechende Freiräume ermöglichen, so dass sie bei gegebenen Situationen, ohne persönliche Konsequenzen befürchten zu müssen, als Gewissensmenschen handeln können. Wird diese Möglichkeit durch eine zu straffe Organisationsform unterbunden, wird das Unternehmen zu starr, unflexibel und kann den schnell schwankenden Marktströmungen nicht folgen.

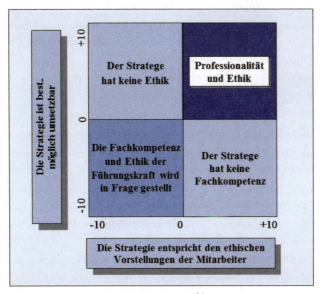

Abb. 13: Der ethische Einfluss der Strategie[26]

---

[26] Vgl. Hinterhuber, H.: Wettbewerbsstrategie, a.a.O., S. 85.

Da der Gewissensmensch in jedem Mitarbeiter vorhanden ist, muss er entsprechend durch gemeinsame Zielabsprachen und Freiräume gefördert werden. Die Abbildung 13 zeigt wie ein „guter" Stratege von seinen Mitarbeitern anerkannt und infolgedessen unterstützt wird.

Befinden sich die Eigenschaften des Strategen im oberen rechten Feld, so kann er sicher sein, dass seine Führungskräfte und Mitarbeiter die erarbeitete Strategie mit einer guten Taktik in die Realität umsetzen werden.

Je nachdem, in welchem Land sich der Produktionsstandort befindet, herrschen unterschiedliche ethische Grundsätze. Unter Umständen muss eine neue Strategie erarbeitet werden, die im Einklang mit den ethischen Grundsätzen des Landes liegt.

Was für die Motivation und Integration der Mitarbeiter im Führungsstil in Bezug auf die Ethik gilt, spielt sich ähnlich auf dem Absatzmarkt ab. Entsprechende **Corporate-Identity-Elemente** kann der Unternehmer als Werbekampagne nutzen und einen Wettbewerbsvorteil gegenüber seinen Konkurrenten erhalten. Ein aktuelles Beispiel ist der Fairtrade-Kaffee, der einen Großteil des Ertrags den Erzeugern zukommen lässt.

1.7 Leitsätze beim Erstellen der Strategie

Da es keine grundsätzliche Vorgehensweise bei der Strategiefindung oder -ausarbeitung gibt, sollen einige Leitsätze helfen. Wichtige strategische Grundsätze sind:

- Der Leitgedanke muss ständig über der gesamten Aufgabe liegen.
- Das Marktsegment muss klar abgegrenzt sein und im Einklang mit der Unternehmenspolitik stehen.
- Die Strategie soll einfach und für jeden verständlich sein.
- Die Mitarbeiter und Führungskräfte müssen die Ansichten und Ziele der Unternehmensleitung unterstützen und sollten in ihren Bereich bei der Entscheidungsfindung mit eingebunden werden.
- Die Organisation muss geeignet sein, die Strategie durchzusetzen.
- Die benötigten Ressourcen müssen vorhanden sein.
- Reibungsverluste müssen eingeplant werden.
- Der gewählten Strategie muss bei der ausführenden Taktik treu geblieben werden.
- Genügend Alternativpläne sollten im Planungszeitraum durchdacht werden, um später flexibel agieren zu können.
- Langfristige und dauerhafte Vorteile müssen den kurzfristigen und naheliegenden vorgezogen werden, so dass mehr Optionen offen stehen.
- Vorteile aus den gegebenen Marktstrukturen sind abzuleiten, die auch den Konkurrenten noch einen Handlungsspielraum erlauben.
- Extremreaktionen, die zu einer Koalition zweier Konkurrenten gegen das eigene Unternehmen führen könnten, sollten vermieden werden.
- Dem Zufall einen Spielraum lassen, da der Raum für das Eintreten von Zufällen durch Beschränkungen nur erweitert wird (Scharnhorst).
- Mit der Strategie nicht nur andere beherrschen, sondern auch sich selbst

2 Strategische Erfolgsfaktoren

Strategische Erfolgsfaktoren (SEF) identifizieren die Determinanten des Unternehmenserfolges, das heißt worauf das Unternehmen seinen Markterfolg zurückführen kann.

Es können zwei Arten von strategischen Erfolgsfaktoren unterschieden werden. Zum einen sind dies Begrenzungsfaktoren auf der internen Ebene, wie z.B. die Produktions- und Kostensituation, und zum anderen sind dies Ergänzungsfaktoren auf externer Ebene. Die externen Faktoren kennzeichnen die Umweltsituation und sollen das externe Chancenpotenzial aufdecken. Mit Hilfe dieser Faktoren wird die Markt- und Wettbewerbssituation beurteilt.

Als Quellen zur Ermittlung von strategischen Erfolgsfaktoren finden verschiedene Modelle Anwendung, die nachfolgend erklärt werden.

2.1 Erfolgsfaktorenforschung

Eines der wichtigsten Analyseinstrumente zur **Erfolgsfaktorenforschung** ist die PIMS-Datenbank.[27] In ihr werden unternehmensrelevante Kennzahlen gespeichert, die pro Geschäftsfeld bis zu 200 Einflussfaktoren enthalten. Jedes Unternehmen kann die eigenen Kennzahlen in die Datenbank einfließen lassen und sich so mit branchengleichen Unternehmen in den Kriterien Wettbewerbsposition, Produktionsprozess, F&E, Marketing, Finanzdaten usw. vergleichen. Hier erkennt das Unternehmen, wie weit es vom Branchendurchschnitt (positiv oder negativ) entfernt ist und kann in den relevanten Bereichen gegensteuern.

Die spezifische Zielsetzung dieses Programms ist die großzahlige empirische Erforschung der „laws of the market place".

Ausgangspunkte der Überlegungen, welche diesem Modell zugrunde liegen, sind folgende Fragen:

> – Welche Höhe des „return on investment" (ROI) ist für einen bestimmten Unternehmenstyp oder eine bestimmte strategische Unternehmenseinheit bei gegebenen Markt- und sonstigen Bedingungen normal?
>
> – Welche Faktoren sind für die unterschiedliche Höhe des ROI unterschiedlicher strategischer Unternehmenseinheiten verantwortlich?
>
> – Wie beeinflussen bestimmte strategische Maßnahmen den ROI einer bestimmten strategischen Unternehmenseinheit?

In der ersten Studienphase Anfang 1972 konzentrierte man sich auf Untersuchungen der Informationen, die von 36 Unternehmen mit insgesamt rund 350 strategischen Unternehmenseinheiten zur Verfügung gestellt wurden. In der zweiten Phase Ende 1972 begannen die Untersuchungen der Informationen von 57 Unternehmen mit rund 620 strategischen Unternehmenseinheiten.

---

[27] **PIMS** ist die Abkürzung für „**P**rofit **I**mpact of **M**arket **S**trategies" und bezeichnet ein US-amerikanisches Programm der Strategieforschung bzw. der Erfolgsfaktorenforschung.

Für jede strategische Unternehmenseinheit werden pro Jahr rund 200 Angaben erhoben, beispielsweise hinsichtlich folgender **Schwerpunkte**:

- ihre Wettbewerbsposition
- die spezifischen Charakteristika der Unternehmensumwelt
- die Art und Struktur des Produktionsprozesses
- Investitionen
- die Höhe und Art der Forschungs- und Entwicklungsanstrengungen
- die Marketingaufwendungen etc.

Als unabhängige Variable wurde der „return on investment" (**ROI**) und später zusätzlich auch der Cash Flow für diese Untersuchung gewählt.

In den späteren Phasen der Studien wurden den Rechnungen Vier-Jahresdurchschnitte der erhobenen Größen zugeordnet.

Auf der Basis des empirischen Materials ergeben sich grundlegende Fragen; sie lauten:

- Welche strategischen Variablen sind verantwortlich für Unterschiede in der Rentabilität (ROI) von ganzen Unternehmen bzw. einzelnen Geschäftsbereichen?
- Wie reagiert die Rentabilität (ROI) auf Strategieänderungen bzw. Änderungen in den Marktbedingungen?

Mit Hilfe der **multiplen Regressionsrechnung** wird versucht, die gesetzmäßigen Beziehungen zwischen 37 strategischen Einflussvariablen (z.B. Marktanteil, Produktqualität, Ausgaben für Marketing, Forschung und Entwicklung, Grad der Diversifizierung) als unabhängige Variablen und besonders die Rentabilität (ROI) und dem Cash Flow als abhängige Variablen statistisch zu untersuchen.

Einige **Determinanten**, denen besondere **Bedeutung** zukommt, sind:

- die Investitionsintensität,
- der Marktanteil und das Marktwachstum,
- die Produkt- und Dienstleistungsqualität,
- der Marketingaufwand,
- der Forschungs- und Entwicklungsaufwand,
- die Wertschöpfung je Beschäftigtem und
- die vertikale Integration.

ROI und **Cash Flow** lassen sich auf eine Reihe verschiedener Determinanten zurückführen und die jeweilige Einflussstärke dieser Determinanten lässt sich auf die Höhe der gesamten Größe feststellen, und umgekehrt kann aus den für eine strategische Unternehmenseinheit gegebenen unabhängigen Determinanten geschlossen werden, welchen ROI (Cash Flow) diese Unternehmenseinheit erbringen müsste.

Es bestehen Interdependenzen zwischen den Determinanten der abhängigen Variablen, welche dazu führen, dass sich einige der Faktoren gegenseitig in ihrer Wirkung hemmen, während andere Faktoren eine komplementäre Verknüpfung aufweisen. Es ist somit nicht ausreichend, die Determinanten isoliert zu betrachten.

Bei dem **PIMS-Projekt** handelt es sich um die bisher umfassendste systematische Untersuchung zwischen strategischen Variablen des Unternehmens und der Realisierung von Unternehmenszielen.

2.2 Die Lern- und Erfahrungskurve

Schon sehr früh wurde erkannt, dass mit steigender Ausbringungsmenge die Fertigungszeiten sinken. Diese Tatsache wurde zuerst vom Kommandeur der Wright Petterson Air Force Base entdeckt. Er stellte in seinen Untersuchungen 1936 fest, dass mit steigender Zahl der produzierten Flugzeuge die dafür aufgewendeten Arbeitsstunden sanken.[28] Dieser Zusammenhang zwischen Fertigungszeit und Fertigungsmenge wird als sogenannter Lerneffekt bezeichnet.

Der **Lerneffekt** wird mit der Tatsache begründet, dass ein Mensch mit zunehmender Ausführung einer Tätigkeit diese immer besser beherrscht, dabei lernt, weniger Fehler zu begehen und der Ablauf der Tätigkeit allgemein schneller durchgeführt werden kann. Dieser Effekt zieht eine Fertigungszeitverkürzung von 10-20 Prozent bei einer Verdoppelung der kumulierten Ausbringungsmenge nach sich. Das bedeutet, aufgrund des Lernens kann sich die Produktionszeit, insbesondere im technischen Bereich[29], verkürzen.

Im Jahre 1966 wurde ein weiteres Phänomen, welches mit dem Lerneffekt im engen Zusammenhang steht, entdeckt. Die Boston Consulting Group führte den Begriff der Erfahrungskurve ein. Die Erfahrungskurve ist ein Ansatz zur Erläuterung des Verhaltens der Selbstkosten zur kumulierten Produktionsmenge.[30]

Der **Lerneffekt** und der **Erfahrungskurveneffekt** sind keinesfalls miteinander identisch. Tatsache ist jedoch, dass der Lerneffekt in den Erfahrungskurveneffekt eingeht und mit zum Entstehen der Erfahrungskurve führt.

Der **Unterschied** zwischen der **Lern-** und **Erfahrungskurve** besteht darin, dass sich

– die Lernkurve auf das Verhältnis der kumulierten Ausbringungsmenge zur Fertigungszeit bezieht und

– die Erfahrungskurve auf das Verhältnis der kumulierten Ausbringungsmenge zu den Fertigungskosten.

Nachfolgend befasste sich Bruce D. Henderson mit dem Erfahrungskurveneffekt. Durch seine Untersuchungen wurden die Aussagen der Kurve bestätigt und verhalfen dem Konzept zum Durchbruch. Von den 70er Jahren bis zu den 80er Jahren gewann sie immer mehr an Bedeutung und wurde als strategische Planungshilfe zur Preissenkung, z. B. in der Elektrobranche eingesetzt.[31]

Die Aussagen, Ursachen und Anwendungsbeispiele der Erfahrungskurve sollen nachfolgend kurz geschildert werden. Die Verwendung in der strategischen Planung soll dabei eine besondere Rolle spielen und auch das Einwirken der Lernkurve, als ein Faktor des Erfahrungskurveneffektes, wird Beachtung finden.

---

[28] Vgl. Gälweiler, A.: Unternehmensplanung, Frankfurt/Main 2009, S. 320 ff.
[29] Vgl. Simon, H.: Preismanagement-Analyse-Strategie-Umsetzung, 2. Aufl., Wiesbaden 1992, S. 329.
[30] Vgl. Oetinger, B. v. (Hrsg.): Das Boston Consulting Group Strategie-Buch, 3. Aufl., Düsseldorf 1994, S. 405 ff.
[31] Vgl. Simon, H.: Preismanagement-Analyse-Strategie-Umsetzung, a.a.O., S. 280.

2.2.1 Aussage und Ursachen

Die Kosten der Wertschöpfung sinken mit jeder Verdoppelung der kumulierten Erfahrung um etwa 20 bis 30 Prozent. So lautet die einfachste Form der Aussage über die **Erfahrungskurve**.

Über die Gültigkeit dieses Phänomens sagt Bruce D. Henderson: „Der **Erfahrungskurveneffekt** ist eindeutig nachgewiesen und so allgemeingültig, dass man sein Fehlen fast als Zeichen schlechten Kostenmanagements oder falscher Analyse betrachten kann."[32]

Der Kostenverlauf der Erfahrungskurve wird in Diagrammen, die logarithmisch eingeteilte Koordinatenachsen haben, dargestellt. Die Erfahrungskurve verläuft dann wie in der Abbildung.

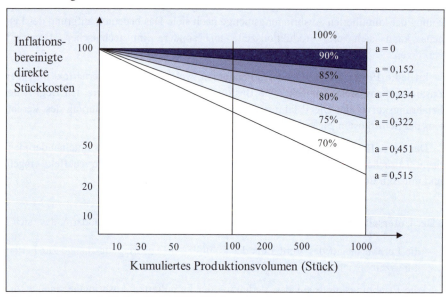

Abb. 14: Erfahrungskurven für verschiedene Beziehungen zwischen kumulierter Produktion und Stückkosten

(1) Mathematischer Zusammenhang zwischen realen inflationsbereinigten Stückkosten und der kumulierten Produktionsmenge

Für die Lern- und Erfahrungskurve gilt:

- k_t: reale (inflationsbereinigte) Stückkosten
- Q_t: kumulierte Produktionsmenge
- k'_0: Startkosten für $Q_t = Q_0$
- Q_0: Startmenge
- χ : Parameter, $\chi < 0$.

Dann lautet die Formel, die den Zusammenhang ausdrückt:

$$k_t = k'_0 \, (Q_t / Q_0)^\chi$$

---

[32] Oetinger, B. v. (Hg.): Das Boston Consulting Group Strategie-Buch, a.a.O., S. 405 ff.

Dabei ist χ ein Parameter, der die Elastizität der Stückkosten bezüglich der kumulierten Menge kennzeichnet. Er gibt also an, um wie viel Prozent die Stückkosten sinken, wenn die kumulierte Menge um 1 % steigt. Das Erfahrungskurvenkonzept ist ein Modell konstanter Elastizität, d. h. der relative Rückgang von k_t aufgrund einer Veränderung von Q_t ist immer gleich.

Die oben genannte Gleichung kann aufgrund der Tatsache, dass Q_0 eine Konstante ist, wie folgt vereinfacht werden:

$$k_t = k_0 \cdot Q_t^\chi$$

Wird nun logarithmiert, ergibt sich:

$$\text{Ln } k_t = \ln k_0 + \chi \cdot \ln Q_t$$

Die folgende Abbildung stellt die Erfahrungskurve in exponentieller und logarithmischer Form dar.

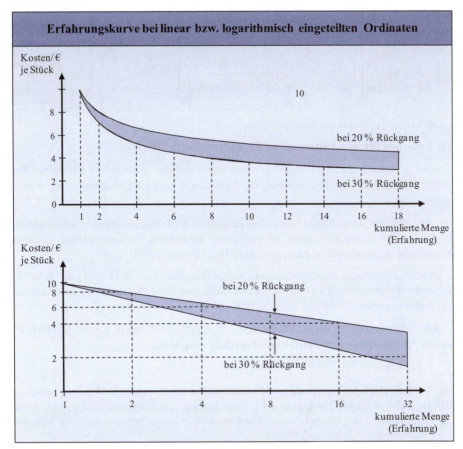

Abb. 15: Erfahrungskurve in exponentieller und logarithmischer Form

Die Erfahrungskurven haben sogenannte **Lernraten**. Die Lernrate ist der Prozentsatz, um den sich die Stückkosten bei jeder Verdoppelung der kumulierten Menge verringern.

Zwischen der Lernrate (als **α** bezeichnet) und der Kostenelastizität gibt es einen direkten Zusammenhang, der sich in den Formeln

$$\alpha = 1 - 2^{\chi} \quad \text{und}$$

$$\chi = \ln(1-\alpha)/\ln 2 \quad \text{darstellen lässt.}$$

Die Differenz (1-α) ist die Neigung der Erfahrungskurve.

Neben dem idealtypischen Verlauf der Erfahrungskurve gibt es eine Reihe weiterer praktischer Verlaufsformen.[33]

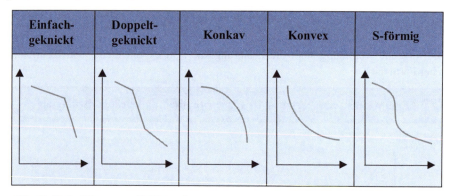

Abb. 16: Verlaufsformen von Erfahrungskurven

(2) Ursachen für das Auftreten von Erfahrungskurveneffekten

Die mathematischen Zusammenhänge bestätigen zwar die Aussage des Konzeptes, sagen aber nichts darüber aus, durch welche Faktoren es zu diesen Kostensenkungspotenzialen kommt.

Die Ursachen für sinkende Kosten bei steigender Ausbringungsmenge zu bestimmen, ist für die Unternehmensplanung von besonderer Bedeutung. Sind die Quellen für diese Kostensenkungen gefunden, kann auch gezielt auf sie eingewirkt werden.

Nach vielen Jahren der Untersuchung dieses Phänomens durch Henderson und nachfolgende Wissenschaftler ist man sich darin einig, dass dieser Effekt durch eine Vielzahl zusammenwirkender Faktoren hervorgerufen wird.

Die Erfahrungskurve setzt sich aus den 4 Haupteinflussfaktoren **Lern-, Spezialisierungs-, Investitions-** und **Betriebsgrößeneffekt** zusammen.

1. Lerneffekt

Der Lerneffekt ist der bereits oben erläuterte, mit der Lernkurve in Verbindung stehende Effekt. Dabei sinkt die Fertigungszeit mit wachsender Ausbringungsmenge, was durch die Lernfähigkeit der Menschen begründet wird. Der Lerneffekt gilt auch als Maß für die Erhöhung der Arbeitsproduktivität.

---

[33] Vgl. Ziegenbein, K.: Controlling, 9. Aufl., Ludwigshafen 2007, S. 247 f.

2. Spezialisierungseffekt

Wenn mit zunehmendem Arbeitsumfang mehr Mitarbeiter beschäftigt werden, ist eine Spezialisierung möglich.

Werden Arbeitsgänge in immer kleinere Einheiten aufgegliedert, dann können z.B. zwei Personen einen Arbeitsgang ausführen und jede Person übernimmt eine Hälfte. In diesem Fall führt jede Person seine Aufgabe doppelt so oft aus als ohne Spezialisierung (Arbeitsteilung). Mit der doppelten Ausführung eines Arbeitsganges kommt wieder der Lerneffekt zum Tragen, der besagt, dass bei doppelter Erfahrung die notwendige Arbeitszeit um 10 bis 15 Prozent zurückgehen wird.

Eine Spezialisierung ergibt demzufolge 10 bis 15 Prozent Zeiteinsparung oder 10 bis 15 Prozent mehr Ausstoß pro Zeiteinheit.

Die Spezialisierung wird durch eine steigende Betriebsgröße ermöglicht. Verdoppelt sich die Betriebsgröße mit der Erfahrung, treten Lern- und Spezialisierungseffekte gleichzeitig auf. Die Kosten sinken also um 10 bis 15 Prozent aufgrund des Lern- und um weitere 10 bis 15 Prozent aufgrund des Spezialisierungseffektes. Die sich daraus ergebende Kostensenkung von 20 bis 30 Prozent kommt bereits dem Gesamtwert des Erfahrungskurveneffektes nahe.

3. Investitionseffekte

Ohne Investitionen gäbe es keine Kapazitätserweiterungen, die für das Ausschöpfen des Lerneffektes wichtig sind. Die Investitionen sind für den Erfahrungskurveneffekt von Bedeutung, da Lerneffekte und Spezialisierungen nur erreicht werden können, indem Erweiterungen der Kapazität und somit Steigerungen der Produktion vorgenommen werden.

Ein bedeutender Teil der Kostensenkung bei Erfahrungskurven ergibt sich aus Investitionserträgen.

4. Betriebsgrößeneffekte

Der Erfahrungskurveneffekt ergibt sich teilweise aus Steigerungen der Betriebsgröße. Diese sind allerdings nur bei Wachstum gerechtfertigt.

Der Betriebsgrößeneffekt allein reicht aus, um den Erfahrungskurveneffekt näherungsweise zu erklären, sofern die Wachstumsrate konstant ist und die Betriebsgröße mit dem Produktionsvolumen zunimmt.

Es ist zwingend notwendig, dass auf wachsenden Märkten die produzierten Mengen der Unternehmen parallel wachsen und somit gezwungenermaßen die Betriebsgröße wächst. Durch die Vergrößerung der Betriebsgröße ist der Lerneffekt einmal mehr gegeben.

Alle oben genannten Faktoren wirken auf den Erfahrungskurveneffekt ein. Da sie aber nur Näherungswerte sind, ist die Erfahrungskurve selbst auch nur als solcher zu betrachten. Wie aus den Erläuterungen zu erkennen, müsste sich aus den zusammenwirkenden Faktoren eine steilere Kurve ergeben. Dies ist aber nicht der Fall, da noch zusätzliche Gemeinkosten entstehen.

Außerdem ist zu beachten, dass der Erfahrungskurveneffekt alle auf die Wertschöpfung bezogenen Kostensenkungspotenziale einbezieht und mit der Betrachtung der vier oben genannten Faktoren nicht alle erfasst werden.

2.2.2 Ableitungen und Hypothesen der Erfahrungskurve

Die Erfahrungskurve führt zu verschiedenen Ableitungen und Hypothesen: Die Kosten korrelieren umgekehrt proportional mit dem Verschuldungspotenzial. Das Ausnutzen gemeinsamer Erfahrung, Vorgaben für die Kostenkontrolle, Produktgestaltung, Make-or-Buy-Entscheidungen, Abschätzen des Marktpotenzials und die Gestaltung des Sortiments sind, um nur einige Punkte zu nennen, direkt vom Erfahrungseffekt betroffen.[34]

(1) Bestimmung der Obergrenzen der jährlich erreichbaren Kostensenkungspotenziale:

Durch die Erfahrungskurve werden periodenübergreifende Kosteneffekte erfasst.[35] Die Erfahrungskurve besagt, dass die gesamten Kosten der Wertschöpfung bei einer Verdopplung der kumulierten Ausbringungsmenge um 20-30 Prozent sinken. Das heißt, dass dementsprechend die Stückkosten exponentiell mit der kumulierten Menge sinken.

Bisher ist man davon ausgegangen, dass es für die Kostensenkungspotenziale der Unternehmen eine jährliche Obergrenze gibt. Durch die Erfahrungskurve ist es möglich geworden, diese Obergrenze zu bestimmen.

Betrachtet man die Erfahrungskurve, dann ist die Kostensenkung eine Funktion der Wachstumsrate der kumulierten Mengen. Je stärker das Wachstum ist, desto höher sind die kumulierten Erfahrungen und die eingesparten Kosten.

Als Beispiel für die Bestimmung der Obergrenze des Kostensenkungspotenzials auf der Basis der Erfahrungskurve nimmt man eine Wachstumsrate von 100 Prozent an. Unter dieser Bedingung verdoppelt sich die kumulierte Ausbringungsmenge innerhalb eines Jahres, so dass die Kostensenkung höchstens 30 Prozent, bei maximalen Erfahrungskurveneffekt, betragen kann. Da die Wachstumsraten für Produktgruppen meist als bekannt vorausgesetzt sind, können Kostensenkungspotenziale mit anderen Raten leicht bestimmt werden.

Wachstum in %	Verdopplungszeit in Jahren	Mögliche Kostensenkung % / Jahr
a	b	c
1	ca. 70	0,3 - 0,4
5	ca. 14	1,5 - 2,0
7	ca. 10	2,0 - 3,0
10	ca. 7	2,7 - 4,0
15	ca. 5	4,0 - 6,0

Abb. 17: Wachstumsabhängige Kosten-Senkungs-Potenziale[36]

---

[34] Vgl. Oetinger, B. v. (Hrsg.): Das Boston Consulting Group Strategie-Buch, a.a.O., S. 406. und Hieber, W. L.: Lern- und Erfahrungskurvenkonzepte und ihre Bestimmung in der flexibel automatisierten Produktion, München 1991, S. 7 ff.

[35] Vgl. Simon, H.: Preismanagement-Analyse-Strategie-Umsetzung, a.a.O., S. 37.

(2) Wirkungen der Erfahrungskurve auf die Stückkosten der Anbieter:

Das Konzept der Erfahrungskurve widerlegt, dass alle Konkurrenten gleiche Kosten erreichen können. Jedes Unternehmen bestimmt selbst, inwiefern es seine Kostensenkungspotenziale ausnutzt. Laut der Erfahrungskurve gelingt es den Unternehmen mit den größten Ausbringungsmengen, seine Kosten kontinuierlich unter denen der Konkurrenten zu halten.

Da die Erfahrungskurve für jeden Anbieter eines Industriezweiges gilt (sie nennt sich auch **Industrieerfahrungskurve**) und somit auch dem Einfluss der jeweiligen Stückkosten der Anbieter unterliegt, „folgt, dass die potentiellen Kostenunterschiede-und bei gleichen Managementfähigkeiten und Ressourcen-auch die tatsächlichen Kostenunterschiede zwischen den einzelnen Wettbewerbern sich näherungsweise verhalten, wie ihre im Zeitablauf kumulierten Produktionsmengen."[37]

Die Kapazitäten verschiedener Anbieter stehen dann in gleicher Relation zueinander, wenn sie zum gleichen Zeitpunkt in den Markt eingetreten sind und die kumulierten Mengen um den jeweils gleichen Prozentsatz erhöht wurden. Damit sind ihre Marktanteile immer konstant geblieben und ihre Kapazitäten stehen näherungsweise in gleicher Relation zueinander.

Ist die strategische Ausgangsposition der Anbieter verschieden, kann es passieren, dass die Kapazitäten und die Marktanteile nicht in gleichen Relationen zueinander stehen. Tritt z.B. ein Anbieter mit einer höheren Anfangskapazität später in den Markt ein, dann hat er die Kostensenkung des schon bestehenden, mit halb so großer Kapazität arbeitenden Anbieters erst erreicht, wenn sich ihre kumulierten Erfahrungsmengen genähert haben.

Er hatte zwar somit zum Eintrittszeitpunkt eine höhere Kapazität, aber nicht die gleichen niedrigen Kosten. Dies ist darin begründet, dass dem neuen Anbieter die nötige Erfahrung und somit Kostensenkungspotenziale fehlen.

Aus diesen Sachverhalten ergeben sich laut des Erfahrungskurveneffektes folgende Konsequenzen:[38]

1. Potenzielle Kosten verhalten sich umgekehrt zu den kumulierten Produktionsmengen
2. Bei Verdoppelung der kumulierten Menge entstehen 20 bis 30 Prozent weniger Kosten
3. Bei ausreichenden Informationen über die kumulierten Mengen der Konkurrenten lassen sich die einzelnen Kostenabstände schätzen
4. Ist die Relation der Mengen = der Relation der Marktanteile, dann lassen sich die Marktanteile annähernd berechnen
5. Bleiben die jeweiligen Marktanteile gleich, dann bleiben auch die relativen Kostenunterschiede gleich
6. Marktanteilsveränderungen = Kostenrelationsveränderungen
7. Steigerung der Marktanteile = zusätzliche Kostensenkungspotenziale Senkung der Marktanteile = Einbuße von Kostensenkungspotenzialen

---

[37] Gälweiler, A.: Unternehmensplanung, a.a.O., S. 268.
[38] Vgl. ebd., S. 269.

Anbieter	Marktanteil	Relative Stückkosten bei einem Rückgang von	
		20 %	30 %
A	6,25 %	100	100
B	12,50 %	80	70
C	25,00 %	64	49
D	50,00 %	51	34

Abb. 18: Rechenbeispiel

Aus diesem Zusammenhang ergibt sich die strategische Implikation, dass das Unternehmen mit dem dauerhaft größten Marktanteil, die günstigste Kostenposition und damit die höchste preisbezogene Wettbewerbsfähigkeit hat.[39]

(3) Ertragsspanne, Ertragspotenziale und die Bedeutung des Marktanteils

Bei einheitlichen Marktpreisen ergibt sich die Bedeutung der unterschiedlichen Kosten aus den unterschiedlichen Gewinnspannen und dem unterschiedlichen Ertragspotenzial.

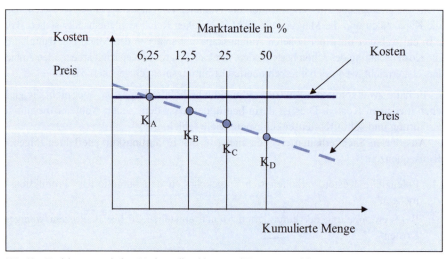

Abb. 19: Beziehungen zwischen Marktanteilpositionen und Ertragspotenzialen

Die Produktionsmengen der in der Abbildung gezeigten Konkurrenten verhalten sich wie ihre Marktanteile. Dies entspricht einem Verhältnis von 1:2:4:8.

Die Abbildung ist ein Augenblickzustand, weshalb auch die Gewinnspannen für den momentanen Marktpreis P(t) erfasst werden können. Die Abstände zwischen der Kostengerade und der Preisgerade verdeutlichen die jeweiligen potentiellen Ertragsspannen für die zugehörigen kumulierten Produktionsmengen jedes Anbieters.

Es wird deutlich, dass die **potenzielle Ertragsspanne** umso höher ist, je größer die kumulierten Mengen und somit das Marktpotenzial der Anbieter ist.

---

[39] Vgl. Simon, H.: Preismanagement-Analyse-Strategie-Umsetzung, a.a.O., S. 37.

Verhalten sich kumulierte Mengen und Marktanteile parallel, dann ist die potentielle Gewinnspanne eine Funktion des Marktanteils. Die absoluten Ertragspotenziale der vier Anbieter verhalten sich dann zueinander wie die jeweiligen arithmetischen Produkte aus Marktanteil und Ertragsspanne.

Unternehmen	Kosten bei 20%-Rückgang	Preis in €	Potenzielle Ertragsspanne	Marktanteil in %	Ertragspotenzial in %
A	100	101	1	6,25	6,25
B	80	101	21	12,50	262,50
C	64	101	37	25,00	925,00
D	51	101	50	50,00	2500,00

Abb. 20: Rechenbeispiel

In der Abbildung 20 wird deutlich, dass eine Marktanteilsveränderung entscheidende Veränderungen von Ertragspotenzialen nach sich zieht. Unter Berücksichtigung dieser Tatsache ist es möglich, den Gegenwartswert dessen zu berechnen, was man höchstens bei einem bestimmten Zinssatz aufwenden kann

– um zusätzliche Marktanteile zu erlangen oder
– um drohende Marktanteilseinbußen zu verhindern.

Diese höhere Ertragsspanne, aufgrund größerer Marktanteile und somit höheren kumulierten Produktionsmengen, setzt neue Kostensenkungspotenziale frei. Die Marktanteilserhöhung ist demnach mit dem zusätzlichen Erwerb von Kostensenkungspotenzialen verbunden.

Diese Potenziale werden nicht automatisch durch die Marktanteilserhöhung realisiert, sondern müssen durch gezielte Managementstrategien umgesetzt werden. Dafür ist häufig der Einsatz von Rationalisierungsexperten nötig.

Es ist abzusehen, dass bei weiteren Preissenkungen der Anbieter A dazu gezwungen wird, den Markt zu verlassen. Er wird verdrängt. Dies ist im Wettbewerb häufig der Fall und von Bruce D. Henderson wurde aufgrund dieses Geschehens (Marktanteilshypothese genannt) die **3 & 4 Regel** aufgestellt. Sie besagt, dass ein stabiler Wettbewerbsmarkt nie mehr als drei bedeutende Wettbewerber aufweist, deren größter nicht mehr als viermal so viel Marktanteile besitzt wie der kleinste Anbieter.[40]

Im Kampf um die Marktanteile kann es letztlich nur höchstens 3 Gewinner geben, alle anderen Konkurrenten werden eliminiert.

(4) Preispolitik und Preisstabilität

Aufgrund der Erfahrungskurve lassen sich Aussagen über die Preisentwicklung im Zeitablauf machen.

Unter Berücksichtigung der vorangegangenen Ausführungen müsste angenommen werden, dass die Preise parallel zu den Kosten, welche aufgrund der kumulierten Erfahrung sinken, fallen. Dies ist insofern anzunehmen, da die Unternehmen versuchen Markt-

---

[40] Vgl. Hax, A.-C./Majluf, N. S.: Strategisches Management, Frankfurt/Main S. 140.

anteile zu erwerben, um die Wirkungskette auszunutzen und somit ein hoher Marktanteil mit niedrigsten Preisen erzielt wird.[41]

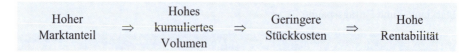

In der Praxis ist es aber häufig so, dass andere Preisverläufe stattfinden. So kann es sein, dass die Preisentwicklung am Markt über längere Zeit nicht der Kostenerfahrungskurve folgt.

In den Frühphasen der Produkteinführung wird der Preis damit zu einer strategischen Entscheidungsvariablen für das innovative Unternehmen. Hieraus wird schon deutlich, dass der Preis für die strategische Planung und den Erfolg eines Unternehmens besonders wichtig ist.

Auf den verschiedenen Märkten lassen sich immer wieder zwei charakteristische Formen der Preisentwicklung beobachten. Der erste Typ ist der bereits oben angekündigte Verlauf, dass die Preise parallel zu den Kosten sinken. Der typische Kurvenverlauf würde dann wie in der folgenden Abbildung aussehen.

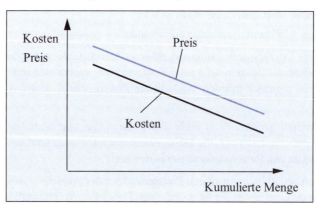

Abb. 21: Preise folgen dem Kostenrückgang

Diese **Preispolitik** führt bei konsequentem Einsatz zu folgenden Wirkungen:

- Die Preise und Marktanteile sind stabil, wenn die Preise niedrig genug sind, um Marktanteilsgewinne von Wettbewerbern mit höheren Kosten zu verhindern.[42]
- Für den Marktführer ist diese Preispolitik eine Absicherung der beherrschenden Marktstellung, seines damit verbundenen langfristigen Ertragspotenzials und des höchsten Ertrages.
- Den Anwendern und Verbrauchern wird der jeweils niedrigste Preis für das Produkt gesichert.
- Für den jeweiligen Markt und die teilnehmenden Anbieter wird eine dynamisch-stabile Entwicklung gewährleistet.

---

[41] Vgl. Hax, A.-C./Majluf, N. S.: Strategisches Management a.a.O., S. 139.
[42] Vgl. Michel, R. M.: Know-how der Unternehmensplanung, 2. Aufl., Heidelberg 1991 S. 421.

Auf Märkten, in denen die Marktführer nach dieser Preispolitik vorgehen, ist es möglich, bei bekannten Wachstumsraten des Marktvolumens, die Preise bei konstanten Geldwerten zu prognostizieren.

Beim zweiten Typ der Preisentwicklung sieht der Verlauf folgendermaßen aus:

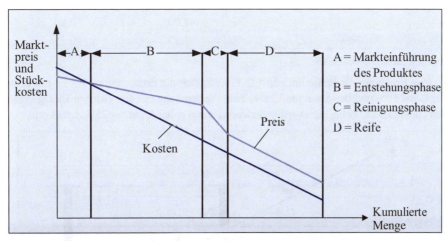

Abb. 22: Preis-Kosten-Verhältnis in verschiedenen Phasen des Lebenszyklus

Zu diesem Verlauf der Preiskurve kommt es laut Gälweiler „offensichtlich unter anderem auch aus der Unkenntnis über das Phänomen der Erfahrungskurve."

Allgemein verläuft die Kurve anfangs mit niedrigeren Preisen (sogar unter der Kostengrenze), bleibt dann nahezu konstant und nimmt nur sehr langsam ab. Dies wird in der Literatur manchmal als Phase A bezeichnet und begrenzt sich auf die Einführungsphase eines Produktes. Die Preise liegen meist unter den Kosten, um die ersten Produkte überhaupt verkaufen zu können. Die Phase A endet dort, wo die Kosten das erste Mal mit den Preisen übereinstimmen. Ab diesem Zeitpunkt sinken sie sehr stark und zwar mit einer größeren Neigung als beim ersten Typ des Kurvenverlaufes.

Bei Eintritt in die Phase B kommt es erstmals zu Gewinnen für das Unternehmen. Die Anbieter werden in dieser Phase die Preise weiter hochhalten, weil sie zukünftig auf noch bessere Gewinne hoffen.

Aufbauend auf den Erkenntnissen des Erfahrungskurvenkonzeptes ist dies ein Trugschluss, denn „ein konstanter Preis bietet ein strategisches Angriffsziel."[43] Wird der Preis nicht gesenkt, ist der Markt auch für Anbieter mit höheren Kosten, als der Marktführer sie hat, rentabel. Diese Anbieter können unter dem Preisschirm wachsen und auch viele neue Anbieter werden ermutigt in den Markt einzutreten. Jeder neue Konkurrent bedeutet für die bereits auf dem Markt befindlichen Akteure Marktanteilsverluste.

Von diesen Marktanteilsverlusten ist der Marktführer am stärksten betroffen, da er die meisten Anteile zu verlieren hat. Seine kumulierte Erfahrung nimmt demnach langsamer zu. Obwohl die Neulinge auf dem Markt höhere Kosten haben, können sie diese durch ihre großen Wachstumsraten schnell senken.

---

[43] Oetinger, B. v. (Hrsg.): Das Boston Consulting Group Strategie- Buch, a.a.O., S. 424.

Beispiel:

Bei einem Preis von 7,50 €/ME betragen bei Unternehmen	die potenziellen	
	Stückkosten	Stückgewinne
A	6,50	1,00
B	7,00	0,50
C	7,25	0,25

Abb. 23: Rechnerisches Beispiel

Eine Erhöhung der Preise um nur 0,25 € verdoppelt die Ertragsspanne bei C, erhöht sie bei B um 50% und bei A um rund 25%. Eine Preissenkung um den gleichen Betrag bringt den Gewinn bei C völlig zum verschwinden, während er bei A um nur 25% zurückgeht.

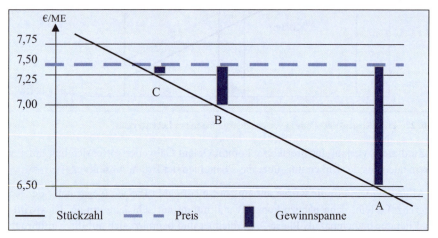

Abb. 24: Beziehungen Marktanteil und Preisänderungsempfindlichkeit[44]

Aus diesen Folgen lässt sich ableiten, dass durch das Hochhalten der Preise, zugunsten des Gegenwartsergebnisses, auf künftige Marktanteile und Ertragspotenziale verzichtet wird. Als Reaktion auf Marktanteilsverluste kommt es in der Folgephase C zu drastischen Preissenkungen und somit wiederum zu Marktanteilsveränderungen. Henderson sagte zu diesem Vorgang: „Die Wettbewerber jagen sich entlang der Kostenkurve, indem sie Erfahrungen kumulieren."[45] Dabei kann es auf dem Markt leicht zu Krisenerscheinungen kommen, wenn einer der Anbieter die Preise schneller als die Kosten senkt.

Da in dieser Phase die Preise nicht unbegrenzt fallen können, tritt in irgendeinem Punkt wieder ein Kosten/Preis-Gleichgewicht ein. Dieses wird umso schneller erreicht, je höher das Wachstum ist und je früher somit Kostensenkungspotenziale erreicht werden.

Die entstehenden höheren Gewinnspannen aus dieser Strategie können von den Unternehmen auch dazu genutzt werden, zusätzliche Leistungen wieder zu verbessern, Kundenservices oder Beratungen anzubieten. Diese Maßnahmen führen zur Schmälerung der Ertragsspanne bis in den Normalbereich hinein und haben die gleiche Wirkung wie eine Preissenkung.

---

[44] Je kleiner der Marktanteil, umso höher ist die Preisänderungsempfindlichkeit, Vgl. Gälweiler, A.: Unternehmensplanung, a.a.O., S. 280.

[45] Oetinger, B. v. (Hrsg.): Das Boston Consulting Group Strategie-Buch, a.a.O., S. 424.

Die aggressive Preispolitik in der Phase C hat eine Instabilität der Preise und Marktverhältnisse zur Folge. Da diese Situation für den Marktführer am nachteiligsten ist, wird dieser bestrebt sein, die Verhältnisse auf dem Markt möglichst stabil zu halten. Zur Erreichung dieses Zieles wirkt er mit seiner Preispolitik auf die Marktsituation ein.

Um Instabilität zu verhindern, sollte der Marktführer die Preise ständig mindestens mit den durchschnittlichen Kosten aller Anbieter zurückgehen lassen. Die höchste Stabilität wird dann erreicht, wenn er die Preise an den Kosten des Grenzanbieters orientiert, und zwar so, dass der Grenzanbieter gerade so viel wachsen kann wie der Gesamtmarkt.

2.2.3 Unternehmensstrategien in verschiedenen Marktpositionen

Die aus der Erfahrungskurve gewonnenen Schlussfolgerungen für die Preispolitik sind die Grundlage für die verschiedenen Überlebens- und Ertragssicherungsstrategien der Unternehmen in verschiedenen Ausgangspositionen.

(1) Der Marktführer

Möchte ein Marktführer auch zukünftig seine Stellung behalten, ist die für ihn geeignete Strategie die der Kostenführerschaft.[46] Diese Strategie wird von den Unternehmen angewandt, um kostengünstigster Anbieter in einer Branche zu werden oder wenn sie bereits Kostenführer sind, es zu bleiben.

Wie aus den bisherigen Ausführungen ersichtlich, ist der Wettbewerber mit dem größten kumulierten Ausbringungsvolumen derjenige, der aufgrund der Erfahrungskurve die meisten Kostensenkungspotenziale freisetzt und somit die geringsten Kosten erreichen kann.

Kostenführerschaft = Mengenführerschaft

Ein Unternehmen ist dann Kostenführer, wenn formal gilt:

$$k_{Ij}(x_{Ij}) < k_{IIj}(x_{IIj})$$

mit k = Stückkosten
I, II = Unternehmen
j = Produkt
x = Menge

Bei dieser Betrachtung ist es wichtig zu erläutern, dass es sich bei den Kosten um die Kosten der abgesetzten Produkte handeln muss, da sonst Zusatzkosten in Form von Lagerhaltung entstehen, die die Kostenersparnisse wieder übersteigen würden.

Für das Erreichen einer Kostenführerschaft gilt: Kostenführerschaft erfordert den aggressiven Aufbau von Produktionsanlagen effizienter Größe, energisches Ausnutzen erfahrungsbedingter Kostensenkungen, strenge Kontrolle von variablen Kosten und Gemeinkosten, Vermeidung von marginalen Kunden und Kostenminimierung in Bereichen wie Forschung und Entwicklung, Service, Vertreterstab, Werbung usw.

Die Strategie der Kostenführerschaft sagt zwar aus, dass vom Unternehmen die geringsten Kosten erzielt werden sollen, es wird jedoch nichts darüber ausgesagt, inwiefern die Preise den Kosten folgen sollten.

---

[46] Vgl. Fröhling, O. (Hrsg.): Dynamisches Kostenmanagement, München 1994, S. 109 ff.

Gälweiler sagt dazu, dass ein Marktführer die Preise den Kosten stets so folgen lassen soll, dass der Grenzanbieter gerade so viel Gewinn hat, dass er über genügend Mittel zur Erhaltung seines Marktanteils und zur Finanzierung der dafür notwendigen Investitionen verfügt. Wie bereits erläutert, bleiben bei Anwendung dieser Preisstrategie die Marktanteile der Wettbewerber erhalten.

(2) Nachrangige Anbieter

Handelt es sich um einen Markt, in dem der Marktführer es versteht, seine Rolle souverän zu nutzen, müssen die nachrangigen Anbieter einsehen, dass es keinen Sinn hat, den Marktführer um jeden Preis anzugreifen. Für diese Anbieter bleiben in diesem Fall nur zwei Alternativen.

Bei der ersten Alternative gibt man sich mit seiner Marktstellung zufrieden und wächst im Schatten des Marktführers mit der Gewissheit zukünftig stabiler Preise und Erträge. Mit dieser Strategie wird dem Marktführer die Handlungs- und Innovationsinitiative überlassen und zieht mit dessen Entscheidungen immer gleich, ohne eine Veränderung der Marktanteilsrelationen oder Preise zu bewirken. Durch das Überlassen der Marktführungsrolle hat der Marktführer das größere Risiko und die höheren Kosten auf seiner Seite. Die Schattenunternehmen können meist aus den Erfahrungen der Marktführer lernen und diese erfolgreich imitieren.

Die zweite Alternative ist der Rückzug auf kleinere Marktsegmente, in denen man selbst Marktführer ist. Auf diesen Märkten werden spezifische Produkte abgesetzt. Diese Strategie wird auch als **Nischenstrategie**[47] bezeichnet. Die Produkte beziehen sich dabei auf bestimmte Nachfragesegmente oder Absatzregionen.

Nischenstrategien werden häufig von kleineren und mittleren Unternehmen gewählt. Sie können aufgrund ihrer Größen- und Ressourcennachteile nicht die gesamte Branche bearbeiten. Da auch in diesen Marktsegmenten die Marktführung meist durch die Kostenführerstrategie durchgesetzt wird, wird diese Alternative vereinfacht als **Minikostenführerschaft** bezeichnet.

(3) Der Grenzanbieter

Der Grenzanbieter ist durch seine ungünstige Lage, nahe am Nullertrag, zum Handeln gezwungen. Nur geringe Preisabweichungen nach unten können das Aus für ihn bedeuten. Ist das Marktwachstum sehr hoch, dann ist der Grenzanbieter besonders gefährdet.

Es bleibt ihm nur die Möglichkeit, ein anderes, für ihn sicheres Marktsegment zu finden.

2.2.4 Halbwertzeiten

Das Mengengesetz der Erfahrungskurve und das Konzept der Halbwertzeiten sind eng miteinander verbunden. Halbwertzeiten dienen als eine Art Vorsteuerung bei der Ermittlung von Kostensenkungspotenzialen, die sich aus den Erfahrungskurven ergeben.

Die **Halbwertzeit** wird in Jahren gemessen. Sie bezeichnet einen Zeitraum, in dem ein Parameter auf die Hälfte seines ursprünglichen Wertes verringert wird bzw. werden

---

[47] Vgl. Fröhling, O.(Hrsg.): Dynamisches Kostenmanagement, a.a.O., S. 116.

kann. Durch diese Tatsache wird ersichtlich, dass mit einer Vergrößerung der Lerngeschwindigkeit die Halbwertzeit eines Verbesserungspotenzials abnimmt.

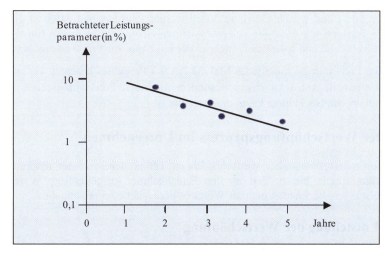

Abb. 25: Zusammenhang zwischen Steigung und Halbwertszeit[48]

Im Unterschied zur Erfahrungskurve ist hier nicht die Ausbringungsmenge, sondern die Zeit die abhängige Variable. Während die Erfahrungskurve die Lernprozesse mit der wachsenden Ausbringungsmenge erklärt, zeigt die Methode der Halbwertzeit, dass Lernfortschritte in Abhängigkeit zurzeit stehen. Die Abbildung 25 zeigt, dass bei langsamen Lernprozessen bzw. einer schwächeren Steigung die Halbwertzeit sich vergrößert.

2.2.5 Anwendungsbeispiele, Grenzen und Probleme

Trotz ihrer strategischen Bedeutung für die Unternehmen, gibt es Probleme und Anwendungsgrenzen der Erfahrungskurve. Das liegt daran, dass sich das gesamte Konzept auf Hypothesen und Nährungswerte stützt und somit eine Theorie ist. Die Umsetzung der Theorie in die Praxis ist immer mit großen Schwierigkeiten verbunden und führt häufig zu anderen, nicht geplanten Erscheinungen und Problemen.

Für das **Erfahrungskurvenkonzept** gibt es sowohl Beispiele für erfolgreiche, als auch für fehlgeschlagene Anwendungen und Interpretationen.

Am konsequentesten wird der Preis zur Beschleunigung des Diffusionsprozesses und zum schnellen ‚Herunterfahren' auf der Erfahrungskurve in der Elektroindustrie eingesetzt.[49]

Als Beispiel der radikalen Preispolitik startete die Firma Intel im Oktober 1980 eine Anzeigenkampagne, die das Fallen der Stückpreise für ihre Produkte garantierte. Diese Stückpreissenkungen waren an die wesentlich höheren Ausbringungsmengen in der Zukunft geknüpft und die Anzeige diente somit zusätzlich der Diffusionsstimulanz.

---

[48] Vgl. Ziegenbein, K.: Controlling, a.a.O., S. 250 f.
[49] Vgl. Simon, H.: Preismanagement-Analyse-Strategie-Umsetzung, a.a.O., S. 329.

Das Risiko der niedrigen Preisstrategie kann leicht dazu führen, dass spätere Preiserhöhungen nicht mehr möglich sind. Bei einem zu niedrigem Ansatz der Anfangspreise kann es Jahre dauern, bis durch die steigenden Absatzmengen Kosteneinsparungspotenziale freigesetzt und wieder Gewinne erzielt werden. Ein Beispiel dafür ist die Firma Northern Telekom, die 1990 ihr Telefonsystem zu einem sehr niedrigen Einstiegspreis an BASF verkaufte und später nicht mehr in der Lage war, die Preise zu erhöhen.

Bei der Preisstrategie muss jedes Mal die Art des Produktes beachtet werden. So ist es nicht sinnvoll, Autos zu einem besonders niedrigen Preis einzuführen, da eine Preiserhöhung im Nachhinein kaum durchsetzbar ist.

2.3 Der Wertschöpfungsprozess im Unternehmen

Die Aneinanderreihung aller wertschöpfenden Tätigkeiten, von der ursprünglichen Beschaffungsquelle bis zu den an den Endabnehmer ausgelieferten Waren bzw. Dienstleistungen, bezeichnet man als Wertschöpfungskette einer Branche.

2.3.1 Entstehung der Wertschöpfung

Die erbrachten Eigenleistungen einer Unternehmung entsprechen der gütermäßigen oder realen Wertschöpfung. Der folgenden Abbildung kann entnommen werden, dass die Wertschöpfung der Differenz zwischen dem Wert für Fremdbezüge an Gütern und Dienstleistungen und dem Verkaufswert des Outputs entspricht.

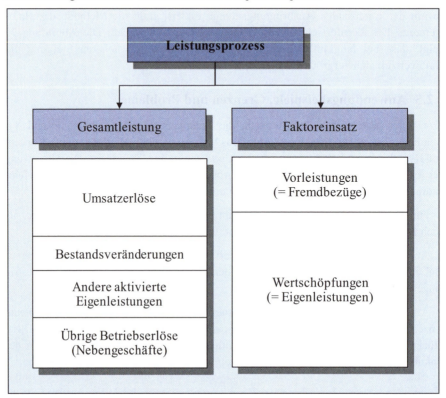

Abb. 26: Die Leistungsprozesse im Unternehmen

Aktivitäten oder **Teilprozesse** eines Unternehmens aus der Sicht des Marktes sind:

- **unmittelbar oder direkt wertschöpfend (consumer based value-added activities)**, wenn am Zwischen- oder Endprodukt bzw. an einer Dienstleistung gearbeitet wird.

- **mittelbar oder indirekt wertschöpfend (business value-added activities)**, wenn sie Ausgangspunkt für die Realisierung der unmittelbar wertschöpfenden Tätigkeiten sind, z. B. Transport, Aus- und Weiterbildung der Mitarbeiter, Controlling. Vom Prozessmanagement sind diese Teilprozesse auf das notwendige Maß zu reduzieren.

- **nicht wertschöpfend (non value-added activities)**, wenn sie keinen Kundennutzen erzielen, wie z. B. Abfall als unerwünschter Output, Doppel- oder Nacharbeiten, Verzögerungen. Diese Teilprozesse sind zu entfernen.

Outsourcing, d. h. Auslagern von Leistungen auf Fremdunternehmen, führt zu einer Abnahme der Wertschöpfung. Im Unternehmen bleiben nur die Wertschöpfungsprozesse, die für das Unternehmen besonders wichtig sind.[50]

2.3.2 Verteilung der Wertschöpfung

Das Einkommen der am Leistungsprozess Beteiligten entspricht der geldmäßigen oder personellen Wertschöpfung:

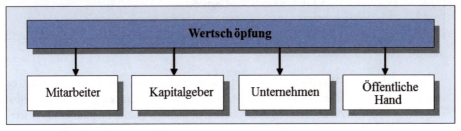

Abb. 27: Die geldmäßige Wertschöpfung

Die Einzelgrößen aus der Entstehungs- und Verteilungsrechnung ermöglichen einen Zeitvergleich (Entwicklung des Einkommens) und einen Betriebsvergleich (Beitrag einzelner Unternehmen zur Gesamtleistung im jeweiligen Marktsegment).
Anhand folgender **Kennzahlen** lässt sich der **Grad der Wertschöpfung** ermitteln:

Wertschöpfungs-Kennzahlen
$\text{Wertschöpfungsquote} = \dfrac{\text{Wertschöpfung} \cdot 100}{\text{Umsatz}}$
$\text{Fertigungstiefe} = \dfrac{\text{Wertschöpfung} \cdot 100}{\text{Gesamtleistung}}$
$\text{Arbeitsproduktivität} = \dfrac{\text{Wertschöpfung} \cdot 100}{\oslash \text{Personalbestand}}$

---

[50] Vgl. Hodel, M./Berger, A./Risi, P.: Outsourcing realisieren, 2. Aufl., Wiesbaden 2006

2.3.3 Wertschöpfungskette

Innerhalb der Wertkette werden primäre Aktivitäten, welche die kundenabhängigen Prozesse der Leistungserstellung und -verwertung darstellen, und unterstützende Aktivitäten, welche die querschnittsbezogenen Steuerungs- und Versorgungsaufgaben für die primären Prozesse erfüllen und den Zusammenhalt des Unternehmens sichern, unterschieden.[51]

Abb. 28: Die Wertkette eines Unternehmens

Die **Analyse** der **Wertkette** eines Unternehmens ist kein einmaliger Vorgang, da ständig überprüft werden muss, ob die bezogenen Fremdleistungen nicht besser selbst ausgeführt werden können oder eigene Aktivitäten zukünftig an Dritte ausgelagert werden sollten (Outsourcing). Ebenfalls bedeutend ist die Tatsache, dass eine lange Wertkette die Durchlaufzeiten von Aufträgen und damit die Koordinationskosten erhöht.

Controlling, als Teil der Infrastruktur im Unternehmen, muss seinen Nutzen für das Unternehmen durch eine erfolgversprechende Darstellung der Leistungen für den internen Kunden und für das Management zeigen. Dem Controlling gelingt dies durch eine Art Röntgenschirm, in welchem die harten und die weichen Faktoren, wie Kundenzufriedenheit, Termintreue und Qualitätsgrad, direkt in die Prozessabläufe eingebunden werden. Der Bereich des Controllings erreicht unter größtmöglicher Zukunftsbezogenheit, Flexibilität, Anpassungsfähigkeit, einem geringen Planungs- und Kontrollaufwand und einem Berichtswesen, das sich auf die wichtigsten Sachverhalte beschränkt, eine effiziente Arbeitsweise.[52]

Innerhalb des Unternehmens können verschiedene Aktivitäten der Wertkette auf unterschiedliche Geschäftsbereiche übertragen werden. Ein koordinierendes Wertschöpfungsnetz entsteht durch Bündelung spezifischer Aktivitäten bei einem Geschäftsbereich oder durch Streuung aller Aktivitäten bei allen Geschäftsbereichen.

---

[51] Vgl. Eschenbach, R. (Hrsg.): Controlling, 2. Aufl., Stuttgart 1996, S. 258.
[52] Vgl. Ziegenbein, K.: Controlling, a.a.O., S. 216 f.

2.4 Verbundeffekte als Erfolgsfaktoren

Konzentriert ein Unternehmen seine Aktivitäten nur auf bestimmte Geschäfte, d.h. die Märkte und Segmente sind klein, unterliegt es der Gefahr, in eine Nische abgedrängt zu werden. Erweitert ein Unternehmen sein Sortiment an Gütern, Dienstleistungen oder gemischten Sach- und Dienstleistungen, so verringert dieses Unternehmen die Gefahr durch das Ausnutzen von **Verbund- und Synergieeffekten**. Die Ausdehnung der Leistungen im Sinne einer kundenorientierten Diversifikation kann aus eigener Kraft („start up"), durch Partner (Strategische Allianzen) oder durch die Beteiligung oder Übernahme von Unternehmen (Akquisition) vollzogen werden.

2.4.1 Marktbasierte Verbundeffekte

Für Verbundvorteile, die sich auf das gesamte Sortiment beziehen, sind folgende Sachverhalte bedeutsam:[53]

– **Erweiterung der Produktpalette:** Die Produkte ähneln sich immer mehr und sind deshalb austauschbar. Der Zwang zur Differenzierung wird größer. Um den Bedürfnissen, Gewohnheiten und Vorstellungen der Kunden gerecht zu werden, müssen zielgruppenorientierte Abgrenzungen nach Branchen, Märkten und Segmenten vorgenommen werden. Der Zusatznutzen, den ein Produkt seinem Käufer bietet, wird eher wahrgenommen als dessen Grundnutzen. Traditionelle Abgrenzungen der Geschäftsfelder sind aus diesen Gründen immer wieder in Frage zu stellen.

– **Ergänzung durch Dienstleistungen:** Dienstleistungen, wie z.B. Beratung, Schulung, Garantie und Wartung ergänzen die angebotenen Produkte. Eine unzureichend erbrachte Dienstleistung beeinträchtigt nicht nur die Zufriedenheit des Kunden, sondern wird vom Kunden auf das gesamte Sortiment bezogen.

– **Preisgestaltung:** Das gesamte Angebot kann dem Kunden zu einem Pauschalpreis angeboten werden, wenn dieser aus Zeitgründen nicht mit anderen Anbietern verhandeln oder Leistungen aus einer Hand beziehen will. Einzelpreise jeweiliger Leistungen gewähren dem Kunden die Möglichkeit, das Preis-Leistungsverhältnis mit anderen Anbietern zu vergleichen.

– **Kundennähe:** Kundenbeziehungen werden durch das Anbieten individueller Problemlösungen und Flexibilität gegenüber den Kundenforderungen gestärkt. Die Absatzchancen für neue Produkte steigen, weil sich positive Erfahrungen auf das gesamte Leistungsspektrum erstrecken. Diese **Cross-Selling-Effekte** erhöhen die Wiederkaufrate und schaffen ein Marken- oder Firmenimage, an dem sich Stammkunden orientieren und auf das zur Akquisition von Neukunden zurückgegriffen werden kann.

– **Umsatzsicherung:** Durch die Breite der angebotenen Leistungen wird das Risiko von Umsatzschwankungen gesenkt.

2.4.2 Ressourcenbasierte Verbundeffekte

Verbundvorteile, die sich auf die Ressourcen eines Unternehmens beziehen, können durch eine einzigartige Bündelung zu einem Wettbewerbsvorteil werden, wenn die Konkurrenten nichts Ähnliches haben.

---

[53] Vgl. Ziegenbein, K.: Controlling, a.a.O., S. 231 f.

Einzigartige Ressourcenbündel sind:

- **wertvoll**, da sie dort eingesetzt werden, wo sie die höchste Wirkung zeigen.
- **knapp**, weil nicht alle Unternehmen in gleicher Weise darüber verfügen.
- **schwer nachzuahmen**, wenn sie von geschichtlichen Hintergründen abhängen (Unternehmensgeschichte und -tradition) und von Außenstehenden kaum nachzuvollziehen oder zu komplex sind.
- **von anderen nicht nachahmbar**, wenn Patentschutz besteht oder auf den Faktormärkten nichts Ähnliches zu bekommen ist.[54]

Um eine für das Unternehmen vorteilhafte Ressourcenasymmetrie zu schaffen, sollten positive wie auch eingeschränkte oder sogar negative Verbund- und Synergieeffekte beachtet werden:

- **Know-how:** Wissensvorsprünge sind eine Bedingung, um Wettbewerbsvorteile zu erzielen und zu sichern. Kenntnisse lokaler Besonderheiten, die Nutzung von Netzwerken und eine gute Beziehung zu den Stakeholdern ermöglichen, die zunehmende Komplexität der Geschäfte zu bewältigen.

- **Spezifität:** Um durch eine vorteilhafte Kombination von mehr oder weniger spezifischen Ressourcen den Markteintritt von Wettbewerbern zu verhindern, sind sowohl die Leistungstiefe als auch die Art und Kombination der eingesetzten Verfahren für das Unternehmen situativ zu gestalten. Eine Voraussetzung dafür sind Spezialanlagen und -verfahren, die vom Unternehmen selbst entwickelt bzw. hergestellt werden. Standardisierte Sach- und Dienstleistungen ohne besonderes Know-how sollten ausgelagert werden.

- **Potenziale:** Ungenutzte technische und personelle Kapazitäten können für zusätzliche Varianten der angebotenen Leistungen genutzt werden. Legt man technische Kapazitäten gleichen Typs an Unternehmensstandorten zusammen, ergeben sich Verbundvorteile, die jedoch durch steigende Transportkosten der Endprodukte wieder aufgezehrt werden.

Mit zunehmender Sortimentsbreite und gemeinsamer Ressourcennutzung steigt die Rendite eines Unternehmens nur bis zu einem bestimmten Punkt. Danach, aufgrund steigender Kosten und Risiken, sinkt sie wieder.

Daraus folgt, dass Unternehmen bisweilen einen Spagat machen müssen, zwischen Angebotsvielfalt nach außen („customization"), um die verschiedenen Bedürfnisse der Kunden besser als die Wettbewerber erfüllen zu können, und Spezialisierung im Inneren („standardization for mass production"), um die Effizienz der Betriebsabläufe zu wahren.

2.5 Strategische Allianzen

Eine strategische Allianz bezeichnet eine Kooperation zwischen zwei oder mehreren Unternehmen zum Erreichen gemeinsamer strategischer Ziele. Dabei bleibt die rechtliche Selbständigkeit der beteiligten Unternehmen unberührt. Die kooperierenden Unternehmen gehören oft derselben Branche an. Es handelt sich somit bei den kooperierenden Unternehmen um direkte oder zumindest indirekte Wettbewerber.

---

[54] Vgl. Ziegenbein, K.: Controlling, a.a.O., S. 245 f.

Zwischen Unternehmen werden strategische Allianzen geschlossen, um flexibel und schnell auf die gegenwärtigen Marktanforderungen reagieren zu können. „Umfang und Erfolg strategischer Allianzen hängen in besonderem Maße von der Fähigkeit der Unternehmensleitungen ab, eine kontinuierliche und gleichberechtigte Zusammenarbeit zu beiderseitigem Nutzen zu gewährleisten."[55]

2.5.1 Arten strategischer Allianzen

Nach der Richtung der strategischen Allianzen wird zwischen **vertikaler**, **horizontaler** oder **diagonaler Gestaltung** unterschieden:

- **Horizontale strategische Allianzen** werden zwischen Partnerunternehmen, die auf derselben Produktionsstufe tätig sind, geschlossen. Ein Beispiel für diese Unternehmenszusammenarbeit sind die Autohersteller Ford und Mazda, die in den Bereichen Produktentwicklung, Produktion und Vertrieb zusammenarbeiten.
- Bei einer **vertikalen strategischen Allianz** arbeiten die Unternehmen auf unterschiedlicher Stufe innerhalb der Wertschöpfungskette zusammen. Für einen der Partner ist die Zusammenarbeit vor- und für den anderen nachgelagert.
- Unternehmen verschiedener Branchen arbeiten in einer **diagonalen strategischen Allianz** zusammen. Vorteile einer solchen Partnerschaft bieten die wachsende technologische Entwicklung und das zunehmende Systemgeschäft auf den Märkten. Ein Beispiel für eine diagonale strategische Allianz stellen die Preussag AG, Hannover und die ABB AG, Mannheim dar, die durch diese Zusammenarbeit ihre Produktionsabläufe verbessern wollen.

Der Umfang strategischer Allianzen kann durch die Anzahl der beteiligten Funktionsbereiche abgegrenzt werden. Kooperationen im Forschungs-, Entwicklungs-, Beschaffungs-, Produktions- und Vertriebsbereich sind von besonderer Bedeutung.

Nach der Art der beteiligten Unternehmen werden typische Mittelstandspartnerschaften und Allianzen großer Unternehmen unterschieden. Mittelständische Unternehmen konzentrieren sich häufig auf regional begrenzte Märkte. Durch die zunehmende Erschließung des Europäischen Binnenmarktes können jedoch Konkurrenten auf diese Märkte vordringen und die Existenz kleinerer und mittlerer Unternehmen gefährden. Diese Abhängigkeit wird durch das frühzeitige Öffnen zum weltweiten Markt verringert. Großunternehmen verlangen zunehmend von der mittelständischen Industrie, als ihre Zulieferanten, Angebote fertiger Systemlösungen. Bündnisse mit komplementären mittelständischen Unternehmen können die eigene Position dieser Unternehmen festigen.

Mit zwischenbetrieblichen Kooperationen der unterschiedlichsten Art reagieren Großunternehmen auf die geänderten Marktbedingungen.[56]

Eine spezielle Form der Zusammenarbeit stellt das Virtuelle Unternehmen dar. Ein virtuelles Unternehmen ist eine „**Netzwerkorganisation**, deren Mitglieder gemeinsam eine wirtschaftliche Leistung in Form eines Produktes oder einer Dienstleistung erbringen, und die gegenüber Dritten wie ein eigenständiges Unternehmen auftreten."[57]

---

[55] Bühner, R.: Strategie und Organisation, 2. Aufl., Wiesbaden 1993, S. 380.
[56] Vgl. Bühner, R.: Strategie und Organisation, a.a.O., S. 380 ff.
[57] Schulte-Zurhausen, M.: Organisation, 2. Aufl., München 1999, S. 269.

Allgemein werden **virtuelle Unternehmen** durch folgende Merkmale gekennzeichnet:
- Es besteht ein Netzwerk von rechtlich und wirtschaftlich unabhängigen Partnern mit der Ausrichtung auf eine längerfristige Kooperation.
- Die Kooperationspartner beteiligen sich an diesem Netzwerk mit ihren jeweiligen Kernkompetenzen.
- Der Leistungserstellungsprozess wird in Teilprozesse unterteilt und dezentral auf die Partner entsprechend ihren Kernkompetenzen verteilt.
- Für Kunden erscheinen die Leistungen aus einem virtuellen Unternehmen wie von einem einzigen Anbieter.
- Das Netzwerk der virtuellen Unternehmung verzichtet weitgehend auf Leitungsfunktionen und auf eine hierarchische Kontrolle.

Die fehlende Institutionalisierung wird im virtuellen Unternehmen von Eigenschaften ersetzt wie Vertrauen zwischen den Netzwerkpartnern und den umfassenden Einsatz von moderner Informations- und Kommunikationstechnologie.

2.5.2 Motive strategischer Allianzen

Die geänderten Rahmenbedingungen der Märkte, wie z.B. verkürzte Produktlebenszyklen, das Zusammenwachsen von Märkten, die Globalisierung des Wettbewerbs und die höhere technische Diskontinuität sind Ursachen für die Entwicklung strategischer Allianzen.

Folgende **Motive** können Unternehmen dazu veranlassen, strategische Allianzen einzugehen:
- **Staatliche Rahmenbedingungen** sind gegeben, wenn nur durch strategische Allianzen ein Zugang zum ausländischen Markt realisiert werden kann. Außerdem ist die Kooperation an die Vergabe staatlicher Forschungsgelder gebunden.[58]
- **Know-how-Transfer:** Ausnutzung von Synergien durch Nutzung von Fähigkeiten und Fachkenntnissen anderer Unternehmen.
- **Zeitvorteile** bedeuten eine Steigerung der Reaktionsgeschwindigkeit, verkürzen die Durchlaufzeiten von Produkten und beschleunigen die Entstehung und Einführung neuer Produkte auf dem Markt.
- **Größenvorteile:** Wahrnehmung von Verbund- und Erfahrungskurveneffekten.
- **Verringerung von Risiken**: Fehlentwicklungen werden durch kollektive Entscheidungen von Personen, die verschiedenen Unternehmenskulturen angehören, vermieden; die Versorgungs- und Absatzsicherheit wird erhöht und die Ressourcen werden zwischen den Unternehmen geteilt oder zusammengelegt.
- **Einfluss auf den Wettbewerb:** Markteintrittsbarrieren und der Gebietsschutz werden überwunden, die Marktmacht steigt durch eine Ausweitung der Marktkontrolle und der Wettbewerb in kooperierenden Bereichen wird ausgeschaltet.[59]

Nachteile strategischer Allianzen bedeuten:
- **Risiken** durch die Weitergabe von Wissen, Beschränkung des eigenen Handlungsspielraumes, auftretende kulturelle Barrieren, fehlende Möglichkeiten der Kontrolle,

---
[58] Vgl. Bühner, R.: Strategie und Organisation, a.a.O., S. 383.
[59] Vgl. Ziegenbein, K.: Controlling, a.a.O., S. 252 f.

z.B. bei Übertretung von Geheimhaltungsabsprachen und Verhaltensweisen des Partners, die das Unternehmen schädigen können.
- **Hohe Transaktionskosten** entstehen bei der Auswahl von Partnern, beim Verhandeln und Formulieren von Verträgen, bei der Kontrolle der vertraglichen Vereinbarungen, beim Angleichen des eigenen Unternehmens an die geänderten Umwelt- und Unternehmensbedingungen und beim Fehlschlagen der Kooperation, wenn diese Partnerschaft zu wenige oder nicht erreichbare Gemeinsamkeiten hat.

Aufgrund dieser Nachteile sind strategische Allianzen in der Mehrzahl der Fälle nur Koalitionen auf Zeit. Flexible Verträge, eine Strategie der Konfliktbewältigung und Kapitalbeteiligungen zwischen den zusammenarbeitenden Unternehmen verbessern die Kooperationen der Unternehmen.

2.6 Unternehmensakquisition

Von einer **Unternehmensakquisition** (buy in) wird dann gesprochen, wenn sich ein Unternehmen mittels Direktinvestitionen auf Dauer an einem anderen Unternehmen als Zielobjekt kapitalmäßig beteiligt. Die Möglichkeiten der Einflussnahme auf das Zielunternehmen nehmen mit steigender Beteiligungsquote zu.

Den Sonderfall stellt die Fusion dar. Die Fusion (Verschmelzung) ist der vollständige Zusammenschluss mehrerer Unternehmen mit dem **Verlust der wirtschaftlichen** und **rechtlichen Selbständigkeit** (bei mindestens einem der beteiligten Unternehmen). Nach einer Fusion bilden alle am Zusammenschluss beteiligten Unternehmen eine **rechtliche Einheit**. Aus diesem Grund ist die Fusion der Zusammenschluss mit der höchsten Bindungsintensität.

Eine Fusion mehrerer Unternehmen zu einer rechtlichen Einheit kann auf zweifache Weise erfolgen:

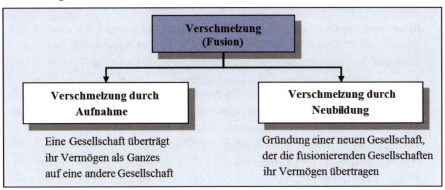

Abb. 29: Die beiden Tatbestände der Fusion

Das Ziel einer Fusion ist nicht nur das Erreichen einer machtpolitischen Marktstellung, sondern auch die größere Kreditwürdigkeit und die Rationalisierungsmöglichkeiten in Produktion und Fertigung, die größere Einheiten bieten.

Die Unternehmen können in freundlicher oder feindlicher Absicht übernommen werden.
- Ziele **freundlicher Übernahmen** eines Unternehmens sind, die eigene Wertkette horizontal auszubauen und in gesättigten Märkten steigende Umsätze zu erreichen.

Weiterhin können unterentwickelte oder kranke Konkurrenzunternehmen erworben werden, um sie durch Restrukturierung, Veränderungen im Management oder durch Bereitstellen von Ressourcen zu stärken. Die freundliche Übernahme von gesunden und attraktiven Unternehmen in den vor- oder nachgelagerten Wertschöpfungsstufen bietet „vertikale" Verbundvorteile durch die Sicherung der Versorgungs- oder Absatzbasis, die Verbesserung der Kostenstruktur und/oder den schnellen Zugang zu neuen Geschäftsfeldern.

- Eine **feindliche Übernahme** erfolgt durch den Erwerb des Zielunternehmens ohne die Zustimmung des Managements. Die Anteilseigner eines unterbewerteten Zielunternehmens erhalten ein feindliches Übernahmeangebot, um ihre Gewinne durch das Freisetzen stiller Reserven, durch Teilung des Gesamtunternehmens oder Verkauf einzelner Unternehmensteile zu erhöhen. In Deutschland sind feindliche Übernahmen noch die Ausnahme, obwohl das deutsche Recht kaum einen vorbeugenden Schutz gegen eine feindliche Übernahme bietet.[60]

Bestimmungen in der Satzung, z.B. die Einführung von Höchststimmrechten, die Vinkulierung von Namensaktien und Erhöhung des Mehrheitserfordernisses für Hauptversammlungsabschlüsse, gewähren einen gewissen Schutz vor feindlichen Übernahmen.

Der Wert eines Übernahme-Angebotes orientiert sich unter Beachtung der Synergieeffekte am Börsenkurs des zu erwerbenden Unternehmens. Die Übernahme überflüssiger Ressourcen, die Überschätzung von Verbundvorteilen oder das Fehlen von Wertsteigerungspotenzialen sind Risiken der Unternehmensakquisition.

Die Einrichtung eines **Beteiligungscontrolling** könnte folgende Aufgaben übernehmen, um die Risiken zu minimieren:

- **Analyse und Beurteilung** des akquirierenden Unternehmens anhand vorliegender Unterlagen wie z.B. Jahresabschlüsse, Geschäftspläne, Gutachten von Wirtschaftsprüfern, um die Zielvorstellungen der Geschäftsleitung nach Rendite, Kultur, Verbundeffekten, Image und Perspektiven zu sichern.
- **Bewertung des Objektes** aufgrund von Investitionsrechnungen, um eine Vorstellung vom Wert des Unternehmens bei Übernahmeverhandlungen zu haben.
- **Festlegen** der Finanzierungsmodalitäten unter der Beteiligung von Banken.
- **Anpassung** der Primärorganisation des übernommen Unternehmens an die eigene Organisation, Zusammenfassung gleicher Funktionsbereiche und Definition der Schnittstelle betroffener strategischer Geschäftseinheiten, Übernahme der bestehenden Planungs-, Kontroll- und Berichtssysteme durch das neue Unternehmen.
- **Veräußerung** nicht betriebsnotwendiger Vermögensteile.
- **Planung, Kontrolle und Information** der Geschäftsleitung, wie das neue Unternehmen dem Gesamtunternehmen in der Gegenwart und Zukunft dienen kann und die angestrebten Ziele erreicht.
- Bei einer **Änderung der Gesamtstrategie** des Unternehmens oder wenn der Erfolgsbeitrag des erworbenen Unternehmens langfristig zu gering ist, wird es verkauft oder liquidiert.

---

[60] Nach § 20 Abs. 1 AktG muss eine Beteiligung ab 25% (= Sperrminderheitsbeteiligung) dem Zielunternehmen nur mitgeteilt werden. Das Wertpapierhandelsgesetz sieht härtere Bestimmungen vor, „...wonach ein Erwerb der 5, 10, 25, 50 oder 75% der Stimmrechte an einer börsennotierten Gesellschaft erreicht oder überschreitet, der Gesellschaft und dem Bundesaufsichtsamt für den Wertpapierhandel zu melden ist (§ 21 Abs. 1 WpHG)."

3 Strategisches Controlling im Unternehmen

Der Einsatz des strategischen Controlling zur Unterstützung der Planung gewinnt laufend an Bedeutung, da sich der strukturelle Wandlungsprozess in der Wirtschaft immer schneller vollzieht. Durch neue Technologien (Elektronik, Bio-/Gentechnik, Werkstoffe), die eine große Dynamik bewirken, sowie einem ständigen Wertewandel in der Gesellschaft, wird es für die Unternehmen schwerer, das Kaufverhalten und die Wünsche der Konsumenten einzuschätzen. Außerdem werden Gesetze und das Umweltschutz-Bewusstsein zunehmend enger gefasst.[61]

Die **Internationalisierung** der Wirtschaft, Massenzuwanderungen und Klassengesellschaften aufgrund eines Ausbildungsgefälles, haben ebenfalls ein stark schwankendes und schwer einzuschätzendes Verhalten zur Folge. Der internationale Verteilungskampf zwischen den rohstoffbesitzenden Ländern und den Industriestaaten ist möglicherweise erst am Anfang.

Die notwendigen **Rationalisierungsmaßnahmen** stoßen zu oft auf den Widerstand von Belegschaften oder Gewerkschaften. Werden diese Rationalisierungen aber nicht durchgeführt, so sind langfristig viele Arbeitsplätze in Gefahr. Der hohe Spezialisierungs- und Automatisierungsgrad der Unternehmen bindet einen großen Teil des Firmenkapitals. Bei dieser Kostenstruktur können bereits kleine Absatzschwankungen in die Verlustzone führen. Das Beschaffungsmarktrisiko wächst ebenfalls ständig durch politische, technologische und wirtschaftliche Veränderungen.

Aufgrund der Rentabilitätsrechnungen (Ausnutzung des Leverage-Effektes zur Steigerung der Eigenkapitalverzinsung) sank das prozentuale Eigenkapital der Unternehmen von ca. 45 % (1957) auf etwa 27 % (2004) und stieg erst nach der Wirtschafts- und Finanzkrise wieder und liegt im Durchschnitt bei ca. 29% (Stand 2013).[62] Durch die Minimierung der Eigenkapitaldecke waren viele Unternehmen nicht in der Lage, Investitionen in Verlustgeschäften abzufangen oder für Schäden aufzukommen.

Um am Markt mit wettbewerbsfähigen Produkten erfolgreich auftreten zu können, muss das Management strategische Entscheidungen treffen. Wird das Unternehmen nur mit Hilfe operativer Controllingmethoden und nach dem Motto „es wird sich alles von selbst erledigen" geführt, so ist das der sicherste Weg in den Konkurs.

Die Informationen über die laufenden Veränderungen im derzeitigen Informationszeitalter stehen einer Unternehmung zur Verfügung. Aber nur die Unternehmen, die das entsprechende Informationsmanagement beherrschen und eine Analyse betreiben, um die richtige Prognose zu erstellen, werden langfristig eine Existenzsicherung erreichen. Somit ist das Ermitteln von Chancen und Risiken sowie die Analyse von Stärken und Schwächen eine der Hauptaufgaben des strategischen Controlling zur Unterstützung des strategischen Managements. Die Zusammenhänge und die Vernetzung der Aufgabengebiete sind im folgenden Diagramm veranschaulicht:

---

[61] Vgl. Schröder, E.: Modernes Unternehmens-Controlling, Handbuch für die Unternehmenspraxis, 8. Aufl., Ludwigshafen 2003, S. 235.
[62] Ergebnisse einer Studie der Deutschen Bank zusammen mit dem Bundesverband der Deutschen Industrie 2014. Vgl. hierzu auch Deutsche Bundesbank: Verhältniszahlen aus Jahresabschlüssen deutscher Unternehmen, div. Jahrgänge.

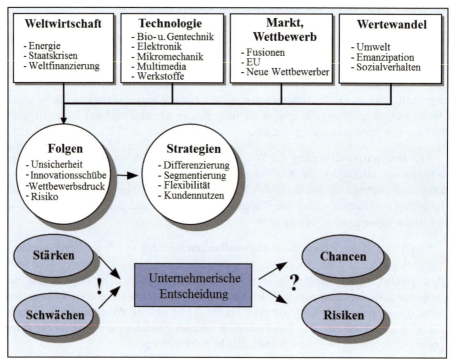

Abb. 30: Wandel in der Wirtschaft und der Gesellschaft

Die Bausteine Information, Analyse, Steuerung und Kontrolle müssen im strategischen Controlling genauso eingebunden werden wie im operativen Controlling. Geschieht das nicht, so wird sich die Controllingabteilung zu einer isolierten Stabsstelle entwickeln, die nicht in der Lage ist, die strategischen Aufgaben im Unternehmen zu realisieren.[63]

Die Qualität des strategischen Controllings wird weiterhin von folgenden Fragen beeinflusst:

- Wie konkret bestimmt die Unternehmensleitung die Art und Richtung, sowie Zeitpunkte und Erfolgsgrößen der Strategie?
- Wie genau fließen die Ergebnisse aus Wettbewerbs- und Kundenanalysen in die Strategiebildung mit ein?
- Inwieweit haben die Strategien einen Einfluss auf den nötigen Organisations-Strukturwandel?
- Wurden bei der strategischen Planung auch die operativen Möglichkeiten in ausreichendem Maße berücksichtigt?
- Inwieweit wird auf allen hierarchischen Ebenen ein geplanter Lernprozess realisiert, der die Verwirklichung des strategischen Ziels ermöglicht und rechtzeitig vor Überraschungen aus der Umwelt warnt?

---

[63] Vgl. Schröder, E.: Modernes Unternehmens-Controlling, a.a.O., S. 236.

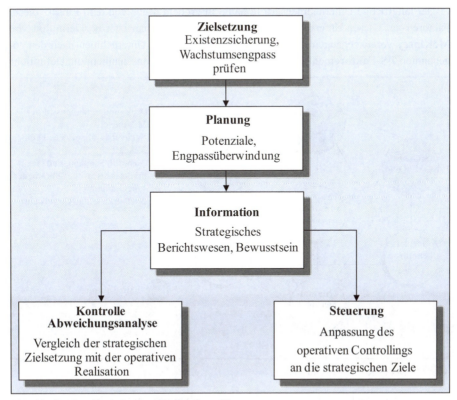

Abb. 31: Der Regelkreis des strategischen Controllings

Eine Studie von Peters und Waterman zeigt die Merkmale, die erfolgreiche von nicht erfolgreichen Unternehmen unterscheidet:[64]

- Aufgaben werden umgehend erledigt, und nicht zu Tode analysiert, auch auf die Gefahr hin, Fehler zu machen
- der Kunde steht im absoluten Mittelpunkt; das heißt gute Qualität und Service zu liefern
- Freiraum für unternehmerisches Denken auf den unteren Ebenen schaffen
- Vertrauen in die Fähigkeit der Mitarbeiter zur Stärkung des Einsatzwillens setzen
- die Unternehmenswerte wie Qualität, Zuverlässigkeit und Kundenpflege werden sichtbar gelebt und sind in allen Tätigkeiten enthalten
- geschäftliche Aktivitäten nur in den Bereichen, wo bereits eigenes Know-how vorhanden ist
- einfacher und flexibler Aufbau der Organisation, Stäbe mager ausstatten, eine betriebsweite Kommunikation durchführen
- eine straff-lockere Führung, um genügend Freiraum für Initiative und eigene Lösungswege zu schaffen

---

[64] Vgl. Peters, T./ Watermann, R.: Auf der Suche nach Spitzenleistungen, 6. Aufl., München 2003, S. 36 ff.

Der langfristige Unternehmenserfolg hängt in großem Maße von dem Einsatz dieser Faktoren ab. Dieser Untersuchung von Peters und Waterman ist eine Definition von **McKinsey** vorausgegangen. Hierbei wird ein erfolgreiches Unternehmen nach den sogenannten **7 S-Faktoren** eingestuft. Die folgende Grafik veranschaulicht die Definition:

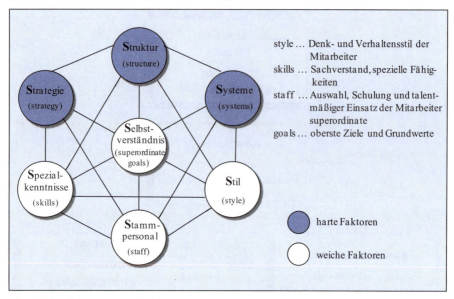

Abb. 32: Das 7S-Konzept von McKinsey

Die hier abgebildeten sieben Komponenten des Unternehmens sind miteinander verknüpft und beeinflussen sich gegenseitig.

– Die **Struktur** bezieht sich auf die Organisationsstruktur.

– Die **Systeme** beschreiben die Informationssysteme, das Rechnungswesen und die Budgetierung.

– Mit dem **Stil** wird der Führungsstil der Unternehmung angesprochen.

– Beim **Stammpersonal** wird nicht nur von der Qualifikation der Mitarbeiter gesprochen, sondern auch von Personalförderungsmaßnahmen, Entlohnungsmodellen und der Arbeitsplatzgestaltung.

– Die **Spezialkenntnisse** drücken das gesamte Know-how des Unternehmens und dessen Corporate Identity aus.

– Das **Selbstverständnis** spricht die Orientierungspunkte des Unternehmens an, sozusagen die Unternehmensphilosophie.

Bei der vorangegangenen Definition und Untersuchung zeigt sich deutlich, dass zur gezielten Anwendung von strategischem Management ein Umdenken in der gesamten Unternehmung erfolgen muss. Es ist nicht nur ein Prozess, der im Bereich des Managements stattfindet, sondern bis zu jedem Arbeitsplatz hin. Der Startpunkt sowie die konzeptionelle Ausstattung des strategischen Managements muss jedoch von der Unternehmensleitung aus erfolgen.

Untersuchungen haben gezeigt, dass die Unternehmen, die eine strategische Planung anwenden, pflegen und entsprechend kontrollieren, nach den **Erfolgskriterien**: Wachstumsrate vom Umsatz, Gewinn pro Aktie, Cash Flow und Börsenkurse, eine deutlich bessere Entwicklung vollzogen haben als vergleichbare Unternehmen, die keine konkrete strategische Planung einsetzen.

3.1 Strategische Analyse

Das strategisch planende Unternehmen muss vor einer Handlung eine Ist-Zustandsaufnahme vornehmen. Es wird unterschieden in:

> **externe** Unternehmensbereiche
>
> **interne** Unternehmensbereiche

Die externen Unternehmensbereiche werden als Chancen und Risiken gesehen, die von der allgemeinen Umwelt, den Konkurrenten und den Kunden ausgehen. Die internen Unternehmensbereiche werden als Stärken bzw. Schwächen beschrieben, die in der eigenen Unternehmung vorhanden sind. Als **SOFT-Analysen** bezeichnet man Verfahren zur Problemfeststellung im Rahmen der betrieblichen Planung. Sie dienen dazu, Stärken (**S**trenght) und Chancen (**O**pportunities) bzw. Schwächen (**F**ailures) und Gefahren (**T**hreats) aufzuzeigen.

3.1.1 Positionierungsanalyse

Positionierung im Sinne der strategischen Planung beinhaltet die Entwicklung von strategischen Zielen bezüglich der relevanten Imageposition eines Imageproduktes (Produkt, Firma, Institutionen, Werbung usw.) im Umfeld konkurrierender Objekte.

Positionierungsoptionen sind:

- **der Positionierungszustand**
  - die Dominanz gegenüber bestehenden Mitbewerbern,
  - die Kombination, d.h. die Unterscheidung von Ansiedlungen an der Schnittstelle von Märkten
- **die Positionsrichtung**
  - das Ausweichen, das heißt die Ansiedlung in Marktnischen,
  - die Partizipation des bestehenden Mitbewerbers
- **die Positionsart**
  - die Nachahmung des bestehenden Mitbewerbers,
  - die subjektive Neuerung am Markt
- **der Positionsumfang**
  - die Sammlung über gestreute Bedarfe hinweg,
  - die Fokussierung, d.h. die Prägnanz gegenüber wenig prägnantem Mitbewerber.

Der Positionierungsraum wird durch Achsen gebildet, die als Eigenschaften gedeutet werden können, so z.B. als Produkteigenschaften eines Marktes.

Es entstehen dabei objektive Produkteigenschaftsräume, wenn die Eigenschaften objektiv messbar sind. Sind sie allerdings subjektiv erlebte Wahrnehmungen, so entstehen Produktmarkträume bzw. Wahrnehmungsräume.

In der Praxis hat sich gezeigt, dass eine subjektiv gemessene Eigenschaft durch eine oder mehrere objektiv gemessene Eigenschaften bestimmt wird, so dass der Produktmarktraum eine geringere Dimensionalität als der Produkteigenschaftsraum aufweist.

Eine Übertragung eines Produktes aus dem Produkteigenschaftsraum in den Produktmarktraum ist möglich, allerdings ist die umgekehrte Transformation unmöglich. Darin liegt ein Problem bei der Operationalisierung der optimalen Produktpositionierung.

Im **Positionierungsraum** können sowohl real existierende, wie auch real existierend angenommene Objekte oder Werbeimages dargestellt werden, es handelt sich um Realpunkte. Zudem besteht die Möglichkeit, Idealvorstellungen von Konsumenten über eine Objektklasse darzustellen. Dabei handelt es sich um Idealpunkte.

Für dieses Vorgehen existieren besondere Methoden, mit dessen Hilfe z.B. die Bevorzugung utopischer Ausprägungen von Produkteigenschaften verhindert werden soll. Werden Realpunkte und Idealpunkte in einem Positionierungsraum dargestellt, spricht man vom **joint space**. Ein Präferenzraum existiert, wenn allein Idealpunkte dargestellt werden.

Wenn die optimale Positionierung eines Objektes im Positionierungsraum angestrebt wird, tritt eine normative Komponente hinzu. Auf der Grundlage bestimmter Annahmen über das Kaufverhalten und eines Positionierungszieles können optimale Positionen durch Positionierungsmodelle bestimmt werden, welche z.B. bei der optimalen Positionierung neuer Produkte, neuer Produktlinien oder bei der Repositionierung vorhandener Produkte Anwendung finden.

Die Maximierung erwarteter Absatzmengen kann als Positionierungsziel verfolgt werden. Allerdings können Erwartungswerte von Umsatz, Marktanteil oder Gewinn nur schwer behandelt werden. Im Falle einer Imagepositionierung sind Zielkriterien, wie die Maximierung der Zahl der Wählerstimmen bei der Positionierung politischer Parteien, denkbar.

3.1.2 Ermittlung von Chancen und Risiken

Die **Chancen** und **Risiken** beziehen sich auf die unternehmensexternen Bereiche. Hier findet eine Unterteilung in Umwelt, Konkurrenz und Kundenbedürfnisse statt. Um langfristig das Unternehmenswachstum und die Potenzialsicherung zu garantieren, ist es für ein Unternehmen wichtig, diese Einflussfaktoren genau zu untersuchen. Aufgrund der gesättigten Märkte müssen die Unternehmen, die Chancen und Risiken von Umwelt, Konkurrenz und Kundenbedürfnissen in bekannten und neuen Märkten untersuchen, um Absatzmöglichkeiten zu erkennen und neue Unternehmensstrategien zu erstellen.

Ähnlich wie bei der Diversifikation, ist die Erschließung internationaler Märkte mit der Tatsache verbunden, vom bekannten zum unbekannten Risiko zu wechseln.[65] Durch die zunehmende Internationalisierung wird die Informationsbeschaffung und Auswertung zusehends umfangreicher. Um eine dynamische Perspektive der Entwick-

---

[65] Vgl. Schröder, E.: Modernes Unternehmens-Controlling, a.a.O., S. 433.

lung von Chancen und Risiken auf den In- und Auslandsmärkten zu erhalten, ist es sinnvoll, die Entwicklung der letzten 5 Jahre und der zukünftigen 5 bis 10 Jahre explizit herauszuarbeiten.

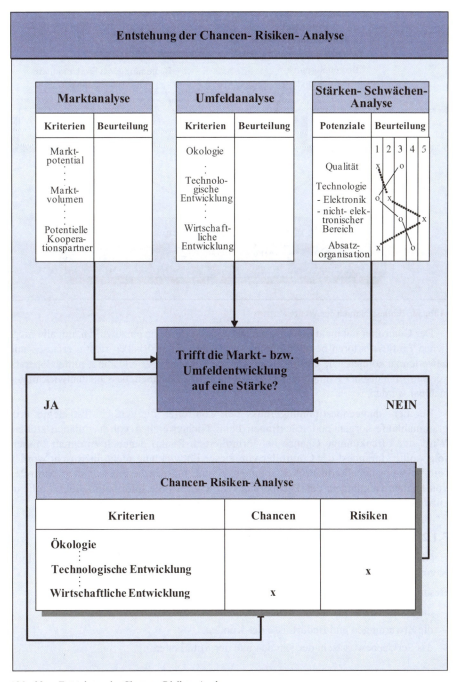

Abb. 33: Entstehung der Chancen-Risiken-Analyse

In der folgenden Grafik sind die wichtigsten **Determinanten des Wettbewerbs** beschrieben, die für alle Marktteilnehmer Chancen oder Risiken darstellen können.

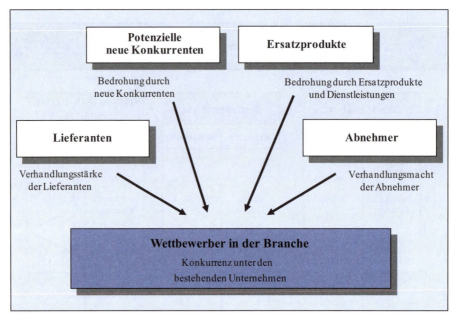

Abb. 34: Einflussfaktoren des Wettbewerbs

Der Controller hat nicht die Möglichkeit auf alle Bereiche einzuwirken, um alle möglichen Einflussfaktoren beim Ermitteln von Chancen und Risiken richtig erfassen und bewerten zu können. Die einfließenden Gebiete muss er aber unbedingt mittels operativer und strategischer Komponenten soweit im Blickfeld haben, dass Fehlentwicklungen sichtbar werden.

Bei der Chancenbestimmung muss der Controller für zeitlich festgelegte Programmabläufe sorgen und Rückfragen beim Nichterreichen von Teilplänen stellen. Wird eine offenkundige Chance bei formuliertem Risiko dennoch zu einem Misserfolg, sollte zumindest der Controller von dieser Entwicklung nicht überrascht worden sein.[66] Durch installierte Früherkennungssysteme müssen bereits vor dem Auftreten von Fehlentwicklungen, den Fachbereichsvorgesetzten die Information über die Fehlentwicklung und mögliche Gegenmaßnahmen mitgeteilt worden sein.

3.1.2.1 Bewertung von Chancen und Risiken

Bei der Bewertung von Chancen und Risiken sollten alle Fakten aus Wirtschaft, Politik, Konkurrenz, Kunden und Beschaffungsmärkten berücksichtigt werden.

Besonders wichtig sind dabei:
– die Globalisierung,
– die Erwartungen und Bedürfnisse der Kunden,
– das Servicebewusstsein der Kunden und der Mitarbeiter,

---

[66] Vgl. Küpper, H./Mellwig, W./Moxter, A./Ordelheide, D.: Unternehmensführung und Controlling, a.a.O., S. 103.

- die Kundenbindung an das Unternehmen,
- die Integration des Kunden in die Erbringung der Leistung
- gesetzliche Regelungen.

Da es schwer ist, die Chancen und Risiken in direkten Zusammenhang zu bringen, werden sie meist getrennt bewertet. Es gibt hier verschiedene Darstellungsformen. Wie in der folgenden Abbildung vereinfacht dargestellt, können die Chancen bzw. Risiken nach den Merkmalen in drei Stufen bewertet werden. Zum Schluss erfolgt eine Mittelwertbildung und die Gesamtbewertung.

Chancen-merkmal \ Chancen-bewertung	gering	mittel	groß
Reduzierte Kosten		●	
Bessere Planbarkeit			●
Verbesserte Qualität	●		
Gesamtbewertung		●	

Abb. 35: Chancenbewertung[67]

Zur Durchführung empfiehlt sich eine **dreistufige Vorgehensweise**:

1. Erstellung eines Ressourcenprofils
2. Ermittlung der Stärken und Schwächen
3. Identifikation spezifischer Kompetenzen

Im ersten Schritt sind die Leistungspotenziale, d.h. die vorhandenen finanziellen, organisatorischen, technischen und **Human- Ressourcen** zu erfassen und zu bewerten.

Im zweiten Schritt wird das ermittelte Ressourcenprofil den Schlüsselanforderungen des Marktes gegenübergestellt. Dadurch gelingt es die Stärken und Synergien zu identifizieren, auf denen eine erfolgreiche Strategie aufgebaut werden kann. Zudem werden die Hauptschwächen herausgearbeitet, die zur Vermeidung von Misserfolgen beseitigt werden müssen.

Im dritten Schritt sind die spezifischen Stärken und Schwächen des Unternehmens mit denen der Wettbewerber zu vergleichen. Eine Strukturierung der Stärken und Schwächen kann dabei nach Zielgruppen, Marketingmixbereichen oder auch den betrieblichen Funktionen erfolgen.

Eine andere Darstellungsform ist die sogenannte **Vulnerability-Analyse**, in der negative und positive Auswirkungen auf die Unternehmung, über ihre Eintrittswahrscheinlichkeit, abgetragen werden.

---

[67] Vgl. Weber, J.: Einführung in das Controlling, 5. Aufl., Stuttgart 1994, S. 99.

Eintrittswahrscheinlichkeit des Umweltfaktors Auswirkung auf die Unternehmung	0 - 25 %	26 - 50 %	51 - 75 %	76 - 100 %
Negativ				
Katastrophal				
Einschneidend				
Gemäßigt				
Kaum oder gar nicht				
Positiv				
Gewaltig				
Sehr hoch				
Niedrig				
Kaum oder nie				

Abb. 36: Vulnerability-Analyse der Chancen und Risiken

Ist in der gewählten Strategie, die grundsätzlich viele Chancen beinhaltet, dennoch ein hohes Risiko eingeschlossen, also eine hohe Wahrscheinlichkeit für eine negative Auswirkung auf das Unternehmen, so sind Alternativpläne zu erstellen, die im Gefahrenfall umgehend anlaufen können.

Die genannten Verfahren führen zwar nicht zu Generierung sicherer Umweltprognosen, jedoch helfen sie, die Komplexität zu minimieren, und eine Grundlage für eine bessere Informationsbeschaffung zu erstellen. Der Entscheidungsvorgang für gewählte Chancen oder eingegangene Risiken wird auch für dritte Personen besser nachvollziehbar.

Zur **Risikobewältigung** gibt es grundsätzlich **fünf Strategien**:[68]

- **Vermeiden**
- **Vermindern**
- **Übertragen**
- **Versichern**
- **Selber tragen**

Nach Möglichkeit sollte versucht werden, ein Risiko komplett zu vermeiden. Ist dies nicht möglich, so muss das Risiko klar eingegrenzt werden, damit Teilrisiken nicht das Gesamtvorhaben gefährden. Ist eine Risikoübertragung auf den Kunden möglich, sollte davon Gebrauch gemacht werden. Kann das Risiko zu akzeptablen Prämien versichert werden, ist dies einer kompletten Selbstübernahme des Risikos immer noch vorzuziehen.

Viele unbekannte Risiken wie Altlasten, Forschung und Entwicklung oder politische Stabilität sind fast nie zu versichern, da sie für die Versicherungsunternehmen nicht kalkulierbar sind. Der Unternehmer trägt das Risiko in dem Fall selbst. Man bezeichnet das als sogenanntes **unternehmerisches Risiko**.

---

[68] Vgl. Hering, E./Zeiner, H.: Controlling für alle Unternehmensbereiche, Stuttgart 1995, S. 232.

3.1.2.2 Umweltanalyse

Alle außerhalb der Unternehmung befindlichen Einflüsse auf das Unternehmen werden als Umwelt bezeichnet. Die Strategie sollte in einem harmonischen Einklang mit der Umwelt stehen. Fortlaufend wird geprüft, ob alle Chancen der Umwelt wahrgenommen und alle Risiken genügend beobachtet werden. Zunächst werden die Umwelteinflüsse allgemein analysiert. Darauf aufbauend erfolgt eine explizitere Beschreibung der Einflüsse von den Konkurrenten und den Kundenbedürfnissen. Eine Übersicht der Umwelteinflüsse gibt die folgende Grafik:

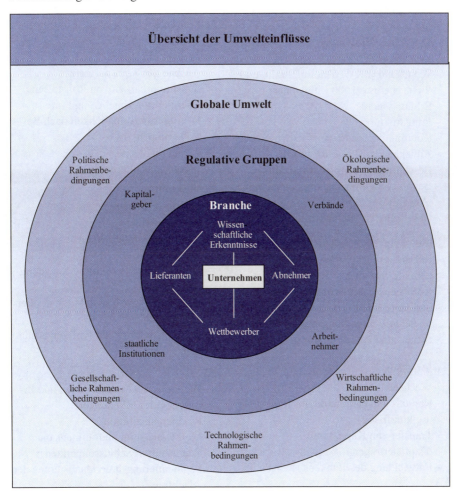

Abb. 37: Umwelteinflussfaktoren auf das Unternehmen

(a) Umweltfaktoren

Die Umweltfaktoren lassen sich in volkswirtschaftliche Faktoren (globale Umwelt und regulative Gruppen) und branchenspezifische Faktoren aufteilen:[69]

---

[69] Vgl. Liessmann, K.: Strategisches Controlling, a.a.O., S. 168, vgl. Horváth, P.: Controlling, 11. Aufl., München 2009, S. 394.

Volkswirtschaftliche Faktoren	Branchenspezifische Faktoren
Makroökonomische Faktoren:	**Beschaffung:**
– Wirtschaftswachstum – Konjunktur, neue Technologien – Produktivität (Arbeitsmoral, Lohnforderungen) – Bruttosozialprodukt (Anteile der Landwirtschaft, Industrie und Dienstleistungen) – Inflation – Verfügbare Einkommen der Haushalte – Staatsausgaben/Privatausgaben – Wohlstand (PKW, Telefon, Radio und Fernseher pro 1000 Einwohner) – Bildungsstand – Infrastruktur – Kommunikationswesen – Außenhandel (Import/Export) – Beschäftigung (Arbeitslosenzahl) – Bevölkerung (Wachstum, Altersstruktur, Anzahl) – Gesellschaftsstruktur/Kultur/Geographie	– Angebot und Beschaffung von Rohstoffen, Hilfsstoffen, Fertigungsmaterial und Halbfabrikaten – Versorgungszeit/ -sicherheit auch bei Klimaschwankungen oder Katastrophen – Preisentwicklung für Rohstoffe – Verhandlungsstärke der Lieferanten – Transportkosten – Ausbau des Transportnetzes – Substituierbarkeit von Rohstoffen – Energiebezugsquellen und -preise – Rekrutierungsmöglichkeit nach Berufsgruppen – Fremdarbeiter – Investitionsgütermarkt
Politik:	**Produktion:**
– Regierungsform (Parteiverhältnisse, Wahltermine, Stabilität, Krisengebiete) – Rechtssicherheit/Gesetzgebung – Stellung der Gewerkschaften (insbesondere deren Verhandlungsstärke) – Steuer- und Abschreibungsgesetze	– Personalkosten – Sozialaufwand – Ausbildungsmöglichkeit – Innovationsrate – Umweltschutzinvestition/ Recyclingkosten – Technologische Entwicklung der Fertigungsanlagen – Preisentwicklung der Fertigungsanlagen
Geldwesen:	**Absatz:**
– Wechselkurse – Kapital- und Geldmarktzins (langfristig/kurzfristig) – Transfer von Kapital und Kapitalerträgen – Entwicklung des Bankensystems	– Wettbewerb (Anzahl, Stärke und Erfahrung der Mitanbieter) – Produktsubstitution – Marktwachstum und -dimensionen – Wachstum in Schlüsselmärkten – Segmentierung/Individualisierung der Nachfrage – Anforderungen an Distribution und Service – Verhandlungsstärke der Abnehmer – Produkt-Markt-Lebenszyklus – Spielraum für die Preispolitik – Private, öffentliche Kunden (Anzahl der Kunden, Kundentypen)

Abb. 38: Volkswirtschaftliche und Branchenspezifische Umweltfaktoren

(b) Das Triade-Konzept:

Nach Kenichi Ohmae hat eine Untersuchung über internationale Märkte dazu geführt, ein Triade-Konzept zu definieren.[70] Die **Triade** sind die drei großen Märkte: Europa, USA und Japan. Dort werden Konsumleistungen von ca. 650 Mio. Bürgern erzielt. Damit werden insgesamt mehr als 80% des Konsums und der Produktion der Weltwirtschaft von den Triade-Bürgern erbracht. Die Produzenten sind gezwungen, den Triade-Markt komplett und nicht nur in Teilen zu bedienen:

— Strategische Vorteile im Triademarkt können nur gewährleistet werden, wenn eine Produkteinführung gleichzeitig auf allen Triadeteilmärkten stattfindet. Die Konkurrenten können durch das Überraschungsmoment den Wettbewerbsvorteil neuer Produkte und Technologien nicht aufholen.

  Die Triade-Bürger haben sich in ihrem Lebensstil, Einkommensniveau und ihrer Ausbildung immer weiter angeglichen. Durch ähnliche Konsumgewohnheiten kann die gesamte Triade als eine Zielgruppe für die gleichen Produkte angesehen werden und muss zur Wachstumserhöhung im eigenen Unternehmen auch entsprechend weiträumig beliefert werden.

Bei den Ländern **außerhalb** der Triade ist zu beachten:

— Die Unternehmen dürfen auf diesen Märkten nicht als Fremdanbieter auftreten, sondern müssen sich voll in den Markt integrieren, um ein quasi-einheimisches Unternehmen darzustellen. Bei politischen Schwankungen treten somit auch weniger Handelsstörungen auf.

— Die Auslandsproduktion in Niedriglohnländern darf nicht als Wettbewerbsvorteil angesehen werden, da dieser ohnehin nur von kurzer Dauer ist. Durch einen zunehmenden Automatisierungsgrad und eine hohe Kapitalintensität der Produktion werden die Lohnvorteile dann nicht mehr ins Gewicht fallen. Vorteile von Auslandproduktionen bieten zurzeit noch die günstigere Energieversorgung, geringeres ökologisches Bewusstsein und geringere Steuern.

Das Unternehmen muss die Märkte und Produktionen innerhalb und außerhalb der Triade mit der gleichen Sorgsamkeit beachten und bearbeiten.

(c) Export / Auslandsproduktion

Bei der Auswahl von neuen Märkten ist es oft sinnvoller, zunächst als Exporteur aufzutreten. Die Kosten durch Fehlprognosen sind wesentlich geringer als bei einer Auslandsproduktion. In erster Linie sind die Schwerpunkte auf die **Einfuhrbeschränkungen** zu legen. Weiterhin sind die **finanziellen Erfolge** zu berücksichtigen. Die Kulturverwandtschaft, gleiche Sprache, politische Stabilität, gesunde Wirtschaft, vorhandene Vertriebsinfrastruktur und die Produktoffenheit werden ebenfalls geprüft. Sind die Analysen vielversprechend ausgefallen, gibt es in der Regel folgende Phasen im Export:

(1) **Experimentelle Phase**
(2) **Expansive Phase**
(3) **Konsolidierte Phase**

---

[70] Vgl. Ohmae, K.: in: Schröder, E.: Modernes Unternehmens-Controlling, a.a.O., S. 401 f. Nach dem Aufstieg Chinas in der Weltwirtschaft haben einige Autoren auch als Triade die USA, EU, China definiert.

In der **experimentellen Phase** ist das Hauptmotiv die Anpassung an saisonale Schwankungen, um die Produktionskapazitäten besser ausnutzen zu können. Dies sollte nur in nahen Exportmärkten, mit dem Einsatz von Handelsvertretern geschehen. Bei der **expansiven Exportphase** besteht das Motiv in der Umsatzsteigerung.

Fest eingerichtete Verkaufsbüros sollten im Exportmarkt angesiedelt werden. Bei der **Konsolidierung** ist eine langfristige Umsatzsteigerung und Absatzsicherung die Zielsetzung. Die Niederlassungen im Exportmarkt gehen mit Marketinggesichtspunkten auf spezielle Produktwünsche des Exportmarktes ein. Langfristig sollte eine eigene Produktion im Exportmarkt in Erwägung gezogen werden, um von Handelshemmnissen weitgehend unabhängig zu sein.

(d) Neue Technologien finden und analysieren

Zunächst ist eine systematische Suche nach den Quellen für neue Technologien durchzuführen.

Erste Voraussetzung hierfür ist eine **Beschaffung von Übersichtswissen**, wie z.B. durch Fachtagungen, Literaturrecherchen, Universitäten, das Bundesministerium für Wissenschaft und Forschung und Technologietransfereinrichtungen.

Nach Erhalt der ersten Ergebnisse sind die Informationen zu sortieren, zu filtern und durch Fachliteratur und Publikationen zu bewerten. Dadurch werden Informationen über Institutionen, Unternehmen und Personen (Experten) gesammelt, die sich mit den entsprechenden Themen befassen.

Durch Szenarien und Projektgruppen lassen sich Modelle und Analysen über die wirtschaftliche Verwertung dieser neuen Technologien erstellen. Die Zusammenarbeit des Technologievorbereiters mit den späteren Anwendern/Produzenten läuft ab jetzt auf der Basis von Lizenzen, Beteiligungen oder Kooperationsverträgen. In Einzelfällen kommt auch eine Akquisition zustande.

Eine **zweite Voraussetzung** für die spätere Anwendung der neuen Technologie ist das explizite **Applikationswissen**. Das Fachwissen der Mitarbeiter der bisherigen Produktionstechnologie muss kombiniert werden mit dem Spezialwissen der Experten, die über die neuen Technologien verfügen.

Die **dritte** Voraussetzung ist ein **interdisziplinäres Wissen** der Mitarbeiter im anwendenden Unternehmen. Das Gesamtbild der neuen Technologie, die Chancen bzw. Risiken, müssen erkannt und umgesetzt werden. Mitarbeiter, die nur in ihrem Fachgebiet weitblickend sind, werden die endgültige erfolgreiche Umsetzung der neuen Technologie nicht zustande bringen.

Den **richtigen Zeitpunkt** für die Reife einer neuen Technologie zu finden, ist nicht einfach. Zu gesetzten Zeitpunkten weisen einige Technologien jedoch einen deutlich überragenden Einfluss auf die Wettbewerbsfähigkeit auf.

Diese Technologien werden als Schlüsseltechnologien bezeichnet. Vor den Schlüsseltechnologien liegen jedoch noch drei weitere Entwicklungsphasen.

Zu nennen sind in **zeitlicher Abfolge** folgende **Arten**:

- Grundlagenforschung
- Vorfeldforschung
- Applikationsmöglichkeiten
- Schlüsseltechnologie
- Schrittmachertechnologie
- Basistechnologie

- Die **Grundlagenforschung** wird häufig in Instituten, an Universitäten oder an privat finanzierten Laboren durchgeführt. Die Basis der Arbeiten sind Ergebnisse von vorangegangenen Untersuchungen, Visionen von Wissenschaftlern oder gezielte Produkte und Verfahren, nach denen der Markt verlangt.

- Die **Vorfeldforschung** betreibt eine Ausarbeitung von erfolgsversprechenden Grundlagenforschungen.

- Im Anschluss daran werden die **Applikationsmöglichkeiten** zum konkreten Einsatz der neuen Technologie durchgeführt. Bei erfolgreichem technischen Abschluss und bestätigter Marktrelevanz ist die Technologie zu einer Schlüsseltechnologie geworden.

- **Schlüsseltechnologien** sind Vorreiter und werden aller Wahrscheinlichkeit nach in absehbarer Zeit zu wichtigen Haupttechnologien mit einem entsprechenden Wettbewerbsvorteil. Unternehmen, die in der Branche tätig sind, in der eine neue Schlüsseltechnologie ihren Einzug hält, sind gezwungen, an diesem Technologieschub teilzunehmen. Die strategische Wirkung der Schlüsseltechnologien geht jedoch allmählich wieder verloren, wenn weitere Wettbewerber die Technologie beherrschen oder neue Schlüsseltechnologien auf den Markt streben. Die Schlüsseltechnologie geht so langsam zur Schrittmachertechnologie über.

- **Schrittmachertechnologien** sind schon in einem fortgeschrittenen Entwicklungsstadium, lassen aber noch erkennen, dass sie relevante Auswirkungen auf das Wettbewerbsgeschehen haben werden.

- Sind die Technologien soweit verbreitet, dass jeder Wettbewerber die Fähigkeiten und das Know-how der Technologie hat, so spricht man von **Basistechnologien**. Sie sind elementar für die Produktion der meisten Produkte und die Industrie würde in ihrer derzeitigen Form nicht ohne diese Technologien existieren. Die Basistechnologien sind jedoch nicht dazu geeignet, einen Wettbewerbsvorteil zu erzielen. Wer mit einer Basistechnologie neu auf den Markt vorstoßen will, ohne eine Verbesserung am Produkt eingearbeitet zu haben, wird große Probleme bekommen. Die Konkurrenten befinden sich aufgrund ihrer Lern- und Erfahrungskurve in der Produktion, besserer Marktkenntnisse und Stückkostendegression in einer strategisch günstigeren Ausgangssituation, gegen die der Markteinsteiger nicht ankommen wird.

Um mit einer neuen Technologie in den Markt einzutreten, sind die **relevanten Technologien** eines Marktes oder einer Branche zu analysieren und ihre **strategische Rolle** zu bestimmen. Es ist festzustellen, in welcher Phase sich die Technologie befindet; also ob eine Grund-, Vorfeld-, Applikations-, Schlüssel-, Schrittmacher- oder Basistechnologie vorliegt.

Für Unternehmen, für die eine eigene Grundlagenforschung zu teuer ist, wäre ein Einstieg in die Applikationstechnologie, spätestens jedoch bei der Schlüsseltechnologie sinnvoll.

Die **Unternehmensstrategie** muss auf den Einstieg in die richtige Technologie abgestimmt werden und die nötigen Schritte zur weiteren Unternehmenspotenzialsicherung sind einzuleiten. Um Träger einer Schlüsseltechnologie zu sein, sind die Investitionen in die Fertigung und die Mitarbeiterausbildung sehr hoch. Langfristig wird sich diese Entscheidung jedoch durch höhere Gewinnspannen positiv auswirken.

3.1.2.3 Konkurrenzanalyse

Zur Durchführung einer Wettbewerbsanalyse ist es von besonderer Bedeutung, genaue Kenntnis über die direkten und indirekten Konkurrenten zu besitzen. Die Konkurrenzanalyse besteht aus der Beschaffung und Auswertung aller Daten der Konkurrenzunternehmen, die für eigene Entscheidungen im Rahmen der strategischen Unternehmensplanung von Bedeutung sind.[71] Als **Konkurrenten** sind alle Unternehmen anzusehen, die gleiche oder ähnliche Produkte bzw. Dienstleistungen am Markt anbieten. Die Konkurrenzanalyse soll verhindern, dass in Marktsegmente investiert wird, die bereits von stärkeren Unternehmen besetzt sind oder angestrebt werden.

Die Durchführung der Konkurrenzanalyse erfolgt mit Hilfe von **Checklisten** und vorbereiteten **Analyseformularen**. Die Bewertung erfordert detaillierte Fachkenntnisse und sollte von Spezialisten der einzelnen Fachbereiche des eigenen Unternehmens in einem Team durchgeführt werden.

Wichtige **Hilfsmittel zur Datenanalyse** sind:
- die internationale Fach- und Wirtschaftspresse,
- die Newsletter-Quellen,
- die Patentdatenbanken,
- die Datenbanken mit Forschungs- und Entwicklungstrends,
- die öffentlich geförderten Projektnachweise,
- die Firmenverzeichnisse,
- die Handelsregister,
- die Wirtschaftsauskünfte der unternehmenseigenen Pressestellen und Publikationen
- die Geschäftskontaktbörse.

Ein **Kriterienkatalog** könnte folgendermaßen aussehen:
- Produktion (Kapazitäten, technologischer Stand der Fertigung, Wachstumsfähigkeit)
- F&E (Innovatives Potenzial, F&E-Management, Reaktionsfähigkeit)
- Absatz (Sortimentsstruktur, Absatzgebiete, Kundenkreise, Einsatz von Marketinginstrumenten, Anpassungsfähigkeit)
- Personal (Qualität der Mitarbeiter)
- Beschaffung (Sicherheit der Beschaffung, Lieferantenanzahl, Einbindung der Lieferanten in den Wertschöpfungsprozess)
- Finanzwesen (Eigenkapital, Ertragssituation, Cash Flow)

---

71 Vgl. Bramsemann, R.: Handbuch Controlling: Methoden und Techniken, 3. Aufl., München 1993, S. 229.

- Kostensituation (Rohstoffe, Produktion, Vertrieb)
- Organisation und Verwaltung (Rechtsform, Organisation)
- Führung (Führungsstil, Qualität des Managements, Motivation der Mitarbeiter, weitere Instrumente der Planung und Kontrolle)

Neben der **Konkurrenzanalyse** sind **weitere Faktoren** von Bedeutung, die Einfluss auf die jeweilige Branche haben:
- die gegenwärtige Branchengröße,
- das Branchenpotenzial,
- das Wachstum der Branche,
- die Branchenstruktur,
- die Kostenstruktur,
- das Distributionssystem,
- der Branchentrend und
- die Wettbewerbsfaktoren der Branche.

Aussagen über die Kostensituation der Konkurrenz sind mit Hilfe der Kostenkurve möglich. Hierbei werden die Stückkosten der Konkurrenzprodukte ermittelt. Ein Vergleich mit dem zu erzielenden Marktpreis lässt erkennen, ob und welche unternehmensbezogenen Maßnahmen der Konkurrent einleiten muss.

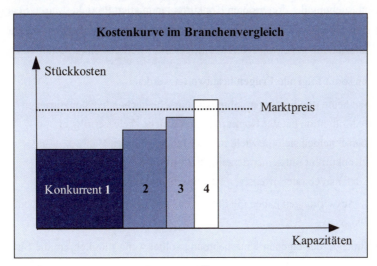

Abb. 39: Kostenkurve im Branchenvergleich[72]

Hat sich ein Wirtschaftsunternehmen für die Analyse der Konkurrenz entschlossen, wird begonnen, die wichtigsten Mitbewerber auszuwählen und sie in ihrer allgemeinen Marktposition zu beschreiben. Besonders wichtig bei der Auswahl ist es, sich nicht ausschließlich auf die Umsatzstärke zu konzentrieren, denn innovative Wachstumsunternehmen mit anfangs geringen Umsätzen oder eventuellen Verlusten sind für die strategische Analyse meist von größerer Bedeutung.

---

[72] Vgl. Hinterhuber, H.: Strategische Unternehmensführung, Bd. I: Strategisches Denken, 5. Aufl., Berlin 1992, S. 143.

Anschließend wird schrittweise ein **Ressourcenvergleich** vorgenommen, um mit dessen Hilfe die Vor- und Nachteile der Konkurrenzunternehmen bei den zentralen Wertaktivitäten und deren Einfluss auf ihre Marktstellung zu erkennen. Im Laufe der Untersuchungen darf allerdings nicht vergessen werden, dass vielfach die Gefahr besteht, unübersichtlich und unökonomisch zu werden.

Die **Wettbewerbsanalyse** hat daher **zwei Sichtweisen** zu berücksichtigen. Einerseits die Sicht des anbietenden Unternehmens und andererseits die Sicht des Kunden.

Die **Konkurrenzanalyse** aus der Sicht der Unternehmen ist dadurch gekennzeichnet, dass **konzentriert** die **Ursachen** für die Stellung der Wettbewerber zu analysieren sind. Aus Sicht der Kunden sind die Eigenschaften, der von den Konkurrenten angebotenen Leistungen, von Bedeutung. Bei der Beurteilung der im Wettbewerb stehenden Wirtschaftsunternehmen haben sowohl die Bedingung des Erfolges der konkurrierenden Unternehmen untereinander als auch die Kundenbedürfnisse eine herausragende Bedeutung.

Es ist an dieser Stelle zu bemerken, dass im Laufe einer Konkurrenzanalyse eine Vielzahl von Mitbewerbern nicht in die Kosten-Nutzen-Überlegungen einbezogen werden können, da eine Grenze zur Einschränkung nicht überschritten werden sollte, um diese Analyse nicht in ihrer Aussagekraft zu schwächen.

Aus diesem Grund bietet sich folgende **Vorgehensweise** an:

– die Einbeziehung der drei größten Konkurrenten in allen Produkt–Markt–Segmenten,
– die Einbeziehung von Wettbewerbern mit stark wachsenden/fallenden Marktanteilen,
– die Einbeziehung gegenwärtiger/zukünftiger Substitutionskonkurrenten.

Es können somit folgende **Fragen** beantwortet werden:

– Wer sind heute und in einigen Jahren die ausschlaggebenden Konkurrenten?
– Welche Motivation hat der Konkurrent und welche Ziele verfolgt er?
– Wie überschneiden sich die Ziele in den Marktsegmenten?
– Ist der Konkurrent mit seiner derzeitigen Position zufrieden?
– Ist mit defensiven oder offensiven strategischen Maßnahmen zu rechnen?
– Welche Auswirkungen haben die Strategien der Konkurrenten auf das eigene Unternehmen

Die Strategie der eigenen Unternehmung sollte, wenn möglich, an die Strategie der Konkurrenten angepasst werden, um unnötige Konflikte zu vermeiden. In den Fällen, wo es um besonders erfolgsversprechende Marktsegmente geht, wird eine aggressive Auseinandersetzung jedoch nicht zu vermeiden sein. Die Schwächen der Konkurrenten werden nach abgeschlossener Analyse ebenfalls offengelegt. Hier sind für das eigene Unternehmen Chancen vorhanden, die ausgearbeitet werden müssen.

Die **Analyse** der **Konkurrenz** hat neben seinen Anhängern auch Kritiker, welche mitunter Folgendes dagegenhalten:

– die Anzahl der Hauptbewerber kann in den verschiedenen Märkten stark schwanken,
– die Unternehmen mit einem geringeren Marktanteil, aber einer hohen Wachstumsdynamik können wesentlich gefährlicher für das analysierende Unternehmen

sein als die Hauptbewerber, mit denen zudem stillschweigende Vereinbarungen getroffen sein können,
- mit der Betrachtung des relativen Marktanteils hinsichtlich der drei Hauptbewerber wird anschließend die gesamte Marktentwicklung außer Acht gelassen,
- die Beschränkung auf den relativen Marktanteil führt dazu, dass andere Indikatoren der Bedrohung und Chancenentwicklung wie beispielsweise die Wachstumsdynamik, die relative Größe und die Innovationsdynamik, außer Acht gelassen werden.

3.1.2.4 Analyse der Kundenbedürfnisse

Die Kundenorientierung sollte beim strategischen Controlling und allen weiteren unternehmerischen Entscheidungen stets im Mittelpunkt stehen. Eine kurzsichtige Kundenorientierung muss jedoch vermieden werden, da die Kundenwünsche im Gesamtzusammenhang mit anderen Interaktionspartnern (z.B. Lieferanten, Konkurrenten) am Markt betrachtet werden müssen.

Zunächst sollte eine **Marktsegmentierung** vorgenommen werden. Nachdem entsprechende Segmente geschaffen sind, lassen sich Budgets besser aufteilen und die Kundenwünsche sowie deren Kaufverhalten genauer analysieren und verstehen. Das bessere Verständnis der Konsumenten ist der erste Schritt zur optimalen Befriedigung der Verbraucherbedürfnisse.[73]

Kriterien für eine Segmentierung sind:
• **Gemeinsame Käufermerkmale:**
Geographisch (Stadt/Land, Region, Klima)
Soziodemographisch (Geschlecht, Alter, Haushaltsgröße, Einkommen, Schulbildung, Beruf, soziale Schicht)
Psychographisch (Lebensstil, Persönlichkeitsstruktur)
• **Produktbezogene Einstellungen und Verhaltensmerkmale:**
Produktanforderungen der Käufer
Kaufbeeinflussende Personen
Einkaufsquellen, Kaufanlass, Produktnutzen
Verbrauchsintensität
Reaktionen auf Marketinginstrumente (z.B. Mediennutzung, Wahrnehmung)

Abb. 40: Kriterien für eine Segmentierung

In den verschiedenen Marktsegmenten können sich unterschiedliche Resultate ergeben, die differenzierte Marktstrategien erfordern. Weiterhin bedarf es einer Analyse der Konkurrenzprodukte in den Marktsegmenten, inwieweit diese den Kundennutzen erfüllen. Diese Untersuchung soll zeigen, in welchem Maß eine Substituierung der eigenen Produkte durch die Konkurrenzprodukte erfolgen kann.

---

[73] Vgl. Hinterhuber, H.: Strategische Unternehmensführung, a.a.O., S. 103.

Die **Substituierbarkeit** wird unterschieden in:

- **physikalisch-technische Äquivalenz**

  Diese beschreibt die Gleichheit der Produkte nach Stoff, Material, Herstellungsverfahren, Form, technischer Gestaltung und äußeren Eigenschaften.

- **funktionale Äquivalenz:**

  Diese gibt die Austauschbarkeit vom jeweiligen Verwendungszweck an.

Die folgende Grafik zeigt einige **Einflussfaktoren**, die letztlich zur Kaufentscheidung führen:

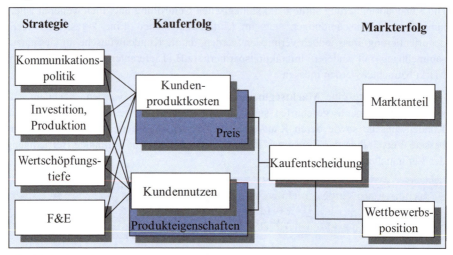

Abb. 41: Einflussfaktoren zur Kaufentscheidung

Der vom Unternehmen **zu erzielende Verkaufspreis** wird in Funktionskosten, Komponentenkosten und Teilkosten unterteilt. Es werden die genauen Kosten für jedes Einzelteil in einem Produkt ermittelt. Die Konstrukteure und der Einkauf erhalten Toleranzbereiche, in denen sie sich bewegen können.

Inwieweit die **Produkteigenschaften** einen Kundennutzen darstellen, ist letztlich natürlich auch eine Frage des Produktpreises. Wird dieser jedoch außen vorgehalten und nur die für den Kunden relevanten Produkteigenschaften untersucht, so ergeben sich mehrere Kriterien:

- Unterschiede zu Konkurrenzprodukten
- Produktlebenszyklus
- Imagekomponenten
- Umweltschutz
- Subjektive Einflüsse, die nicht zu begründen, sondern lediglich zu erfassen sind

Die Auswirkungen auf die Kaufentscheidung im Zusammenhang mit dem Preis-/Leistungsverhältnis wurde in einer Untersuchung verglichen. Dabei sind erfolgreiche Produkte den erfolglosen Produkten gegenüber gestellt worden.

In der folgenden Grafik sind die Ergebnisse der Untersuchung aufgezeigt. Sie geben Aufschluss über den am Markt zu erzielenden Preis bei vorhandener Leistung des Produktes und sind Basis für strategische Entscheidungen. Es wurden jeweils 50 erfolgreiche und 50 erfolglose Produkte analysiert.

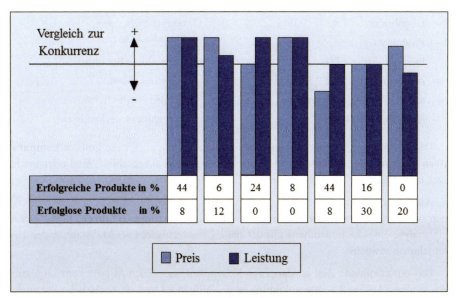

Abb. 42: Preis-Leistungs-Verhältnis und der Markterfolg

Zusammenfassend ergab die Untersuchung, dass der **wichtigste Erfolgsfaktor** der Kundenbedürfnisbefriedigung die Einzigartigkeit bzw. die Höherwertigkeit des Produktes in Relation zum Konkurrenzprodukt ist. Der Preis ist in entsprechender Gewichtung der **zweitwichtigste Erfolgsfaktor**. Diese beiden Erfolgsfaktoren sind durch die exakte Kunden- und Marktkenntnis und durch die technische Kompetenz der Fertigung der Produzenten zu erzielen.

3.1.2.5 Potenzialanalyse

Unter der **Potenzialanalyse** versteht man die Analyse der Ressourcen eines Unternehmens unter dem Gesichtspunkt ihrer Verfügbarkeit für strategische Entscheidungen. Der Begriff **Potenzial** bezieht sich auf die raum- und zeitabhängigen Möglichkeiten einer Unternehmung, die aktiviert werden müssen.

Neben den bereits vorhandenen Potenzialen müssen auch alle alternativen und/oder zusätzlich verfügbaren Potenziale in die Analyse einbezogen werden. Die Berücksichtigung dieser Potenziale führt zur Bestimmung der **Entwicklungsgrenze**.

Es handelt sich bei der Potenzialanalyse im Wesentlichen um eine **Bestandsaufnahme** der elementaren und dispositiven Faktoren eines Unternehmens.

Mit Hilfe dieser Analyse kann die Leistungsfähigkeit eines Wirtschaftsunternehmens geprüft werden, wobei vorliegende und/oder zu erwartende Unternehmenspotenziale unter dem Gesichtspunkt ihrer Eignung zur Bewältigung strategischer Herausforderungen analysiert und bewertet werden.

Die Potenzial-Analyse impliziert zudem die Gegenüberstellung genutzter und ungenutzter Reserven des eigenen Unternehmens in Relation zu den stärksten Konkurrenten anhand eines Kriterienkatalogs über:

- Marktstärke,
- Distribution,
- Programm,
- Innovationskraft,
- Außendienstqualität,
- relative Wettbewerbsposition,
- Kostenattraktivität,

- Werbepräsenz,
- Produktaufmachung,
- Lieferfähigkeit,
- Entscheidungsflexibilität,
- Marktattraktivität,
- Investitionsattraktivität,
- Unternehmensmerkmale etc.

Das endgültige Ergebnis gibt an, welche Marketingparameter die größten **komparativen Vorsprünge** aufweisen und ob diese weitgehend ausgeschöpft sind oder inwieweit noch Raum für Zuwachs besteht.

Als Grundlage zur Bewertung der Unternehmenspotenziale bzw. der Reserven eignen sich einfache **Profildarstellungen** und **Punktbewertungsverfahren**. In der Potenzialanalyse eines Unternehmens gilt der reale Umsatzzuwachs als Maßstab für den Unternehmenszuwachs.

Das entscheidende Ziel ist daher, zu klären, mit wie vielen Mitarbeitern insgesamt der geplante höhere Umsatz zukünftig zu bewältigen ist und ob zusätzliche Parameter von Bedeutung sind, wie z.B.:

- die Personalstruktur des Unternehmens (z.B. Altersaufbau, Fluktuation),
- die geplanten organisatorischen Veränderungen (z.B. Neustrukturierung der Unternehmensbereiche, Übergang zu Diversifikation, Profit-Center-Organisation),
- der Einfluss der Rationalisierung auf den Mitarbeiterbestand (z.B. Produktivitäts- und Substitutionseffekte),
- die zukünftige Marktsituation des Unternehmens (z.B. Übergang von einem Käufermarkt zu einem Verkäufermarkt).

Zusammenfassend ist zu bemerken, dass auch diese Analyse oft in der Praxis verwendet wird, trotz ihres Nachteils, dass das Verfahren keine Schlüsse auf die erwirtschafteten Deckungsbeiträge zulässt.[74]

3.1.3 Ermittlung von Stärken und Schwächen

Die **Stärken-Schwächen-Analyse** bezieht sich auf das eigene Unternehmen und findet primär unternehmensintern statt. Dennoch darf der Vorgang nicht missverstanden werden, da sich das zu analysierende Unternehmen nicht von der Umwelt entkoppeln kann. Zum einen muss eine Suche nach Vergleichsmaßstäben in anderen Unternehmen stattfinden; zum anderen eine Überprüfung inwieweit sich das eigene Unternehmen in der Struktur und

---

[74] Vgl. Koschnik, W. J.: Enzyklopädie des Marketing, Stuttgart 1997, S. 1385 f.

Dynamik der Märkte bewegen kann, welches Wachstumspotenzial vorhanden ist und welche Gewinnperspektiven ausgebaut werden können. Dabei sollte grundsätzlich die Einbeziehung aller Unternehmensbereiche in die Unternehmensanalyse erfolgen.

Eine gute Hilfestellung ist die Suche nach vergangenen Erfolgen und Misserfolgen. Das Hauptaugenmerk soll während der gesamten Analyse darauf ausgerichtet werden, ausbaufähige Stärken zu finden und Schwächen abzubauen, die das eigene Unternehmen in eine größtmögliche Differenzierung zu den Mitbewerbern bringen können. Dies kann im Bereich der **Kosten**, der **Produktionsverfahren** oder der **Produktleistungen** erfolgen.

Die Unternehmensanalyse ist somit nicht nur vergangenheitsorientiert, sondern durchaus in die Zukunft gerichtet. Bei der Stärken-Schwachen-Analyse ist in der Regel eine funktionsorientierte Betrachtung sinnvoll, da die Potenziale der einzelnen Unternehmensbereiche spezifisch erfasst werden können. Die eigentliche Ermittlung der Stärken und Schwächen kann grundsätzlich entweder nur auf subjektiver Basis oder nur anhand nachprüfbarer Daten vorgenommen werden.

In der Praxis hat sich aufgrund von Vor- und Nachteilen der einzelnen Ermittlungsmöglichkeiten herausgestellt, dass eine kombinierte Erfassung der Stärken und Schwächen sinnvoll ist, denn so können genauere Aussagen über die Marktposition, das Marketingkonzept und dessen Akzeptanz, die Finanzsituation, die Forschung und Entwicklung, die Produktion, die Mitarbeiter und das Management getätigt werden.

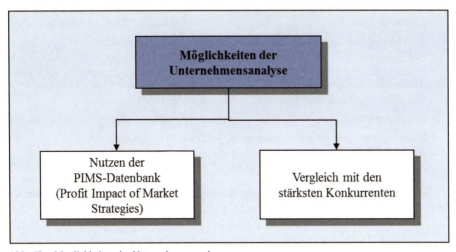

Abb. 43: Möglichkeiten der Unternehmensanalyse

Durch einen direkten Vergleich mit dem stärksten Konkurrenten werden Stärken und Schwächen aufgedeckt. Hier ist eine Bewertungsgrundlage nicht objektiv, da nicht immer mit Kennzahlen gearbeitet werden kann. Um dennoch eine möglichst objektive Bewertung in der Skalierung Stärken/Schwächen zu erhalten, führen z. B. zwei Untersuchungsteams die Analyse durch. Im anschließenden Vergleich der beiden Ergebnisse können Differenzen nochmals genauer analysiert werden.

Zur genauen und reproduzierbaren Analyse ist ein Katalog mit folgenden Untersuchungspunkten zu erstellen:

• Produkt:	• Beschaffung:
– Kundenproblemlösung durch das Produkt	– Lieferantenanzahl
– Produktqualität	– Lieferantenabhängigkeit (Zeit, Kosten, Qualität)
– Preis	– Lieferanteneinbindung (F&E, JIT)
– Altersaufbau der Produkte	– Logistik
– Produktdesign	– Kenntnis des Beschaffungsmarktes
• Produktion:	• Personal:
– Anlagenstruktur	– Altersstruktur der Belegschaft
– Auslastung	– Weiterbildungswille
– Modernisierungsgrad	– Fähigkeitspotenziale
– Elastizität der Produktionsanlagen	– Ausbildungsstand
– Qualität der Fertigungsplanung und Fertigungssteuerung	– Führungsphilosophie und Motivation
– Standortqualität	– Flexibilität
• Absatz:	• Finanzwesen:
– Marketing	– Eigenkapitalausstattung
– Werbekonzept	– Cash Flow
– Lieferbereitschaft	– Beteiligungs- oder Fremdfinanzierung
– Kundeneinbindung (Simultaneous Engineering)	– Gemeinkostenstruktur
• Forschung & Entwicklung:	• Service:
– Intensität u. Wirksamkeit von F&E	– Kundendienst
– Erfahrung und Wissen	– Ersatzteillieferung
– Kooperation und Kommunikationsfähigkeiten	– Garantieleistungen

Bei dem Vergleich mit dem stärksten Konkurrenten sind die untersuchten Kriterien in eine Tabelle einzutragen. Es sind vier Möglichkeiten zu unterscheiden:

1. Wie bewerten wir uns und unseren stärksten Konkurrenten?
2. Wo ist unser Standpunkt und welches Ziel haben wir?
3. Wie groß ist das eigene Potenzial?
4. Wie groß könnte das eigene Potenzial sein?

In der folgenden Grafik ist beispielhaft die Potenzialbewertung der eigenen Unternehmung eingetragen. Jedes Kriterium ist durch einen Gewichtungsfaktor bestimmt.

3. Strategisches Controlling im Unternehmen

Potentialbewertung der eigenen Unternehmung						
	Gewich-tungs-faktor	Bewertung zum stärksten Konkurrenten				Poten-zial-summe
		sehr gut 5	4	3	2	schlecht 1	
Produkt	10			●			30
Beschaffung	5		●				20
Produktion	10			●			30
F & E	5					●	5
Absatz	10		●				40
Service	15			●			45
Personal	10	●					50
Finanzwesen	15				●		30

Abb. 44: Potenzialbewertung

Die **Potenzialsumme** ist zunächst nur ein Zahlenwert, der erst aussagekräftig wird, wenn der Wert mit einer Potenzialsumme aus einer vergangenen Periode **oder** mit der Potenzialsumme des Konkurrenzunternehmens verglichen wird.

Weitere bekannte Techniken der Leistungspotenzialbewertung, die in der Stärken-Schwächen-Analyse eingesetzt werden, sind:

- **Punktbewertungsverfahren (Scoring-Modelle),**
- **Stärken-Schwächen-Profil** und
- **Portfolio-Analyse.**

Die folgende Grafik zeigt die Bewertung der eigenen Unternehmung, indem die noch nicht ausgeschöpften Potenziale aufgezeigt werden. Durch die günstigere Aufgabenverteilung oder bessere Strukturierung von Arbeitsabläufen sowie durch eine bessere Motivation der Mitarbeiter ist eine Ausschöpfung der vorhandenen Potenziale ohne größere Investitionen möglich.

Vorhandenes und genutztes Potenzial des Unternehmens						
	Gewich-tungs-faktor	Bewertung zum stärksten Konkurrenten				Poten-zial-summe
		sehr gut 5	4	3	2	schlecht 1	
Produkt	10		○	●			30 + 10
Beschaffung	5		●				20
Produktion	10			●			30
F & E	5					●	5 + 10
Absatz	10		●	○			40
Service	15			●			45
Personal	10	●					50
Finanzwesen	15			○	●		30 + 15
					Gesamtpotenzial		250 + 35

Abb. 45: Vorhandenes und genutztes Potenzial

Neben den Unternehmens(potenzial)-Analysen gilt es, differenzierte **Markt**- und **Umweltpotenziale** und -widerstände zu erfassen. Die Erforschung natürlicher Gegebenheiten bezieht sich dabei vordergründig auf die Ressourcenfrage, die Erforschung technologischer Tatbestände insbesondere auf sich abzeichnende technologische Umbrüche und die Erforschung gesellschaftlicher Sachverhalte der Bevölkerungsentwicklung bzw. Veränderungen ihrer Struktur sowie gesellschaftlicher Umwertungen.[75]

Bei der Entwicklung und Erstellung eines solchen Profils wird vor allem eine systematische Konkurrenzforschung vorausgesetzt, welche laufend und auf der Basis von sekundär- und primärstatistischen Erhebungen erfolgen muss. Das zentrale Problem eines Stärken-Schwächen-Profils ist es, **Beurteilungskriterien** zu finden, die als **strategisch relevant** anzusehen sind.

Die **Stärken-Schwächen-Analyse** ist außerdem ein Instrument zur Identifizierung von Unternehmenspotenzialen, denn neben Marktpotenzialen im weiteren Sinne müssen auch Unternehmenspotenziale adäquat berücksichtigt werden.

Nach der Durchführung der Stärken- und Schwächen-Analyse für die Bereiche Beschaffung, Produktion, Absatz, Finanzwirtschaft usw. und der Chancen- und Risiko-Analyse der Umwelt, liegen dem Unternehmen konkrete Entscheidungskriterien vor. Das Ergebnis ist die Grundlage zur Formulierung der Unternehmensziele. In schriftlicher Form werden leistungs- und finanzwirtschaftliche Grundsätze festgehalten, so dass die zur Zielerreichung notwendigen Unternehmensstrategien gebildet werden können.

Um die bereits erwähnten Gefahren und Probleme der Stärken-Schwächen-Analyse im Sinne des Unternehmens einzudämmen, bietet sich bei dieser Analyse eine mehrstufige Vorgehensweise an. Dabei wird zunächst eine Potenzialanalyse durchgeführt, wobei vorliegende und/oder zu erwartende Unternehmenspotenziale (z. B. Ressourcen, Verpflichtungen) unter dem Gesichtspunkt ihrer Eignung zur Bewältigung strategischer Herausforderungen (z. B. Realisierung einer geplanten Strategie, Handhabung von Umweltanforderungen) analysiert und bewertet werden.

3.2 Qualitative und quantitative Zielformulierung

Controlling kann nur funktionieren, wenn es sich an festgelegten Zielen orientiert. Dabei ist der Controller nicht für die Aufstellung der Unternehmenszielsetzungen verantwortlich, sondern für deren Realisation. Die Zielangaben selbst fließen als Bestandteil des Planungsprozesses in die Unternehmensplanung ein. Die Zielsetzungen sind oft an gewisse Nebenbedingungen, die zusätzlich eingehalten werden sollen, geknüpft und bilden meist ein Zielsystem. Man unterscheidet grundsätzlich monetäre von nicht-monetären Zielvorstellungen. Bei monetären Zielvorstellungen handelt es sich um Ziele, die sich in Geldeinheiten messen lassen, wie Gewinn und Umsatz, bei nicht-monetären Zielvorstellungen um ökonomische oder außerökonomische Ziele bezüglich Marktanteilen, Prestige, Macht, politischem Einfluss etc.

Weiterhin werden **qualitative** und **quantitative** Zielsetzungen differenziert, wobei die qualitativen Ziele sich an den ökonomischen und außerökonomischen Wertvorstellungen des Unternehmens orientieren und strategisch sind. Qualitative Leitbildformulierungen stehen im Zusammenhang mit Führungsgrundsätzen, Corporate Identity

---

[75] Vgl. Becker, J.: Was ist Controlling, was darf es nicht sein?, Neuwied 1993, S. 390 f.

und Unternehmenskultur. Sie sind als erreichbare Ziele im Ganzen zu verstehen, unter Beteiligung aller Mitarbeiter. Bei den quantitativen Zielen hingegen handelt es sich um Einzelziele, als Ableitungen der qualitativen Ziele, die kurz bis mittelfristig erreicht werden sollen und operativen Charakter haben. Dabei handelt es sich um betriebswirtschaftliche Kennzahlen wie Umsatz und ROI.[76]

Zwei Aspekte sind bei der Bildung quantitativer Ziele zu beachten. Zum einen das Ziel des Kapitalgebers, der eine gewisse Rendite seines eingesetzten Kapitals erwartet und zum anderen die Position des Unternehmens in der Branche. Die angestrebte Marktposition muss sich auch sinnvoll über Kennziffern ausdrücken lassen.[77]

Die Analysen der Chancen und Risiken sowie der Stärken und Schwächen haben gezeigt, welche Möglichkeiten das Unternehmen hat, um sich weiterzuentwickeln. Gleichzeitig wurde festgestellt, welche weiteren Schritte nötig sind, um die Existenzsicherung des Unternehmens langfristig zu garantieren.

Diese Ergebnisse werden nun nach ihrer Wichtigkeit und Dringlichkeit abgestuft. Es gibt stets mehrere Aufgaben, die parallel zu erledigen sind. Da dies kaum realisierbar ist, muss man die zur Verfügung stehende Zeit und das Kapital (Geld, Arbeitskräfte, Maschinen) gezielt einsetzen, um die Stärken des Unternehmens und Chancen des Marktes zu nutzen. Die Ziele dürfen nur so hoch angesetzt werden wie die vorhandenen Ressourcen zur Erfüllung ausreichen. Die Grafik zeigt eine Möglichkeit, die Dringlichkeit und die Auswirkungen der Ziele zu gewichten und einzuteilen.

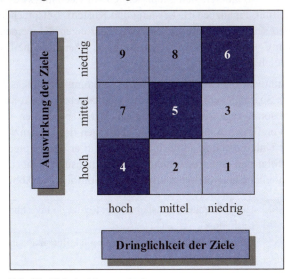

Abb. 46: Zielprioritäten ermitteln

Die Ziele, welche den Feldern 1, 2 und 3 zugeordnet sind, erhalten die niedrigste Priorität. Ihnen werden die geringsten Ressourcen zugeführt. Die Ziele in den Feldern 4, 5 und 6 sind zwar nicht von so großer Bedeutung, sie müssen jedoch kontinuierlich verfolgt werden. Bei Veränderungen der Umweltfaktoren erfolgt eine erneute Überprü-

---

[76] Vgl. Langguth, H.: Strategisches Controlling, Ludwigsburg 1994, S. 109 f.
[77] Vgl. Peemöller, V. H.: Controlling: Grundlagen und Einsatzgebiete, 5. Aufl., Herne/Berlin 2005, S. 121 f.

fung auf ihren Zielerreichungsgrad. Die Ziele, die sich in den Feldern 7, 8 und 9 befinden, sind im strategischen Controlling von besonderer Bedeutung. Ihre umgehende Bearbeitung ist wichtig, da ihnen die meisten Ressourcen zugeteilt werden.

3.2.1 Qualitative Ziele (strategische Ziele)

Den qualitativen Zielen sind der Unternehmenszweck, die Unternehmensphilosophie sowie die Corporate-Identity vorgelagert.[78] Bei den qualitativen Zielen handelt es sich um verbale Formulierungen, deren Einhaltung schlecht kontrolliert werden kann. Diese Ziele bewegen sich mehr im strategischen Bereich. Ihre Erreichung kann nur langfristig geprüft werden.

Qualitative Ziele sind z.B. die Erhöhung der Qualität, die Erhöhung der Kunden- oder Mitarbeiterzufriedenheit, Verbesserung des Umweltschutzes, Verbesserung der Serviceleistungen, die Steigerung der Anerkennung der Unternehmung in der Gesellschaft, die langfristige Existenzsicherung und eine ganzheitliche Unternehmensführung.

Teilweise lassen sich von den qualitativen Zielen einige quantitative Ziele ableiten. Das geschieht zwar nur auf indirektem Weg, es ist aber sehr sinnvoll, da die qualitativen Ziele langfristiger und konkreter überwacht werden können.

3.2.2 Quantitative Ziele (operative Ziele)

Die operativen Ziele orientieren sich hauptsächlich am Rechnungswesen (z.B. Umsatz, Ergebnis, Rentabilität, Finanzbedarf, Leistung und Kosten). Entsprechende Kennzahlen ermöglichen einen schnellen Überblick über Veränderungen. Es werden klar definierte Ziele wie z.B. ein Cash Flow von 16 %, ein ROI von 9 % oder eine Umsatzsteigerung von 5% im Vergleich zur Vorperiode vorgegeben.

Bei den quantitativen Zielen kann es durchaus vorkommen, dass es sich bei Firmenzielen, Zielen des Spartenleiters und Zielen des Kapitalgebers um konkurrierende Ziele handelt, die sich somit gegenseitig ausschließen. Der Kapitalgeber erwartet z.B. eine möglichst hohe Verzinsung seines Kapitals, wohingegen das Firmenziel eine langfristige Sicherung der Unternehmung durch Investitionen in erfolgversprechende Zukunftstechnologien verfolgt und somit eine hohe Kapitalverzinsung nicht möglich ist. Einen Überblick über mögliche quantitative Zielsetzungen gibt folgende Abbildung.

Ergebnisziele	Umsatzrendite, Kapitalumschlag, Return on Investment (ROI), Cash Flow
Bilanzkennzahlen	Anlagedeckungsgrad, Working Capital, Eigenkapitalanteil, Fremdkapitalanteil
Produktivitätskennzahlen	Umsatz je Beschäftigten oder je 1 € Investition
Marktbezogene Zielsetzung	Marktanteil, -wachstum, Distribution, Produktinnovationsrate
Umsatzbezogene Zielsetzung	Betriebsergebnis in % vom Umsatz, Deckungsbeitrag in % vom Umsatz, Personalkosten in % vom Umsatz

Abb. 47: Überblick über quantitative Zielsetzungen

---

[78] Vgl. Amshoff, B.: Controlling in deutschen Unternehmen, 3. Aufl., Wiesbaden 1999, S. 163.

3.2.3 Zielarten

Ziele lassen sich nach verschiedenen Kriterien ordnen, wovon einige im Folgenden dargestellt werden sollen. Ein mögliches Kriterium ist die Rangfolge. Das Globalziel der Gesamtunternehmung, in der Literatur auch Oberziel genannt, ist meist nicht unmittelbar zu erreichen und kann über mehrere Zwischenstufen auf Teilziele, in Form von Einzel- oder Unterzielen, projiziert werden.

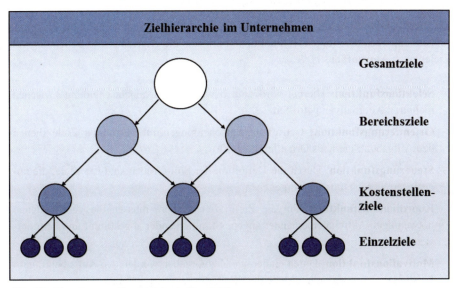

Abb. 48: Umsetzen von Gesamtzielen in Einzelziele

Das Gesamtziel ist häufig strategischer Art. Dem Controller kommt dann die Aufgabe der Umsetzung der strategischen Grundvorstellung in operative Ziele zu, sowie die Koordination der daraus resultierenden Teilziele.

Ein anderes Kriterium ist die Beziehung zwischen den Zielen. Sie kann komplementär, konkurrierend, antinom oder indifferent sein. Komplementäre Ziele ergänzen sich gegenseitig. Wird der Zielerreichungsgrad des einen Ziels erhöht, erhöht sich damit auch der Zielerreichungsgrad des anderen Ziels.

Bei konkurrierenden Zielen dagegen führt die Erhöhung des Zielerreichungsgrades eines Ziels, zur Abnahme beim anderen Ziel. Man spricht hier auch von Zielkonflikten, deren Konfliktpotenzial individuell, hierarchisch oder innerorganisatorisch bedingt sein kann. Die Zielantinomie stellt einen extremen Zielkonflikt dar. Dabei schließt die Erfüllung des einen Ziels die des anderen aus. Ist eine Zielbeziehung indifferent, so ist sie neutral, d. h. die Erfüllung einer Zielsetzung hat auf den Zielerreichungsgrad anderer Ziele keinen Einfluss. Ziele können auch nach ihrem **zeitlichen Bezug** unterschieden werden in:

- **kurz-, mittel-** und **langfristige Ziele**
- **zeitpunkt-** und **zeitraumbezogene Ziele**
- **dauernde** und **vorübergehende Ziele**.

Weiterhin können Ziele differenziert werden nach dem Zielbezug in **Sach-** und **Fachformalziele**. Demnach beziehen sich Sachziele auf reale Objekte und Aktivitäten seitens des Unternehmungsprozesses, wie der Neueinführung einer Fertigungstechnologie, während sich Formalziele auf nominale Aspekte des Unternehmungsprozesses beziehen, wie das Erzielen eines bestimmten Umsatzes.[79]

3.2.4 Zielanforderungen und -eigenschaften

Da Ziele den Ausgangspunkt einer jeden Tätigkeit bilden, sind sie auch im Planungsprozess enthalten. Die folgenden Funktionen drücken die grundsätzliche Bedeutung von Zielen nach **Amshoff** aus:[80]

- **Selektionsfunktion**: Hierbei wird eine bewusste Auswahlentscheidung zwischen mehreren Alternativen getroffen.
- **Orientierungsfunktion**: Getroffene Entscheidungen für bestimmte Ziele dienen den Aufgabenträgern als Orientierungshilfe.
- **Steuerungsfunktion**: Durch die Definition der Soll-Größen sind die Ziele, die angesteuert werden müssen, vorgegeben.
- **Koordinationsfunktion**: Um die Ziele zu erreichen, müssen die verschiedenen notwendigen Aktivitäten einander angepasst, miteinander abgestimmt und harmonisiert werden.
- **Motivationsfunktion**: Durch eindeutige Zielvorgaben werden den Aufgabenträgern Leistungsanreize geboten, welche die Motivation steigern können.
- **Beurteilungsfunktion**: Die Formulierung der Ziele erlaubt eine Bewertung der einzelnen Handlungsalternativen hinsichtlich ihres Beitrages zur Zielerreichung.
- **Kontrollfunktion**: Durch den Vergleich zwischen Soll- und Ist-Zustand besteht die Möglichkeit der Zielkontrolle.

Der Zielsetzung können folgende Funktionen zugeordnet werden:
- **Filterfunktion:** Diese Funktion „filtert heraus", welche Alternativen zum Ziel führen bzw. welche Alternativen zur Zielerreichung ungeeignet sind.
- **Magnetfunktion:** Sie bewirkt, dass, wenn das Ziel für den Einzelnen erkennbar und sinnvoll ist, jeder einzelne Mitarbeiter motiviert wird. Somit investieren die Mitarbeiter Energie in ihre Tätigkeit, die ansonsten ungenutzt verborgen bliebe.
- **Brennglasfunktion:** Alle vorhandenen Kräfte werden mobilisiert und sind auf einen Punkt gerichtet.

Von besonderer Bedeutung für das Controlling und den Controller ist die Formulierung der Zielsetzung selbst. Da der Controller die Realisation der Ziele zur Aufgabe hat, stellen die aufgestellten Ziele eine verbindliche Vorschrift dar. Entscheidend ist, dass Ziele klar, verbindlich, erreichbar und realistisch verfasst werden.

---

[79] Vgl. Horváth, P.: Controlling, a.a.O., S. 173 f.
[80] Vgl. Jung, H.: Allgemeine Betriebswirtschaftslehre, a.a.O., S. 175 ff.

In der Zielformulierung sollten Zielinhalte, Zielausmaß, Zielzeitpunkt und Zielbereich enthalten sein, wie in Abbildung 49 dargestellt.

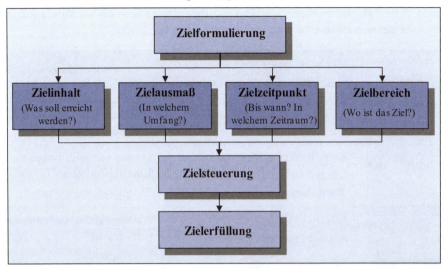

Abb. 49: Zielorientiertes Führungskonzept

Folgenden **Anforderungen** sollten **Ziele** gerecht werden:[81]

- eindeutige Zielformulierung
- klare, verbindliche, realistische Zielsetzung; es handelt sich um Zielvorstellungen der Unternehmensleitung
- müssen operational, messbar und überprüfbar sein
- sind in einer Zielhierarchie zu dokumentieren, damit ihre Zuordnung zu den Aufgabenträgern gewährleistet ist
- müssen erreichbar sein
- müssen beim Vorliegen von neuen Erkenntnissen revidierbar sein
- sollten gleichzeitig erreichbar sein
- sollten motivierend sein

3.3 Die Strategieentwicklung

3.3.1 Strategische Plangrößen

Die Stärken bzw. die Potenziale eines Unternehmens sind der Garant für dessen Überleben. Aber welche Stärken, welche Kompetenzen und vor allem welche Schwächen hat ein Unternehmen? Um Stärken zu entwickeln und später auszubauen und um Schwächen in Verbesserungspotenziale umzuwandeln, bedarf es zuerst ihrer Feststellung, ihrer Ordnung und ihrer Bewertung. Um dieses zu erreichen, bedient man sich der strategischen Bilanz und dem strategischen Polardiagramm. Beide sollen im Folgenden beschrieben werden.

---

[81] Vgl. Jung, H.: Allgemeine Betriebswirtschaftslehre, a.a.O., S. 175 ff.

3.3.1.1 Strategische Bilanz

Die Strategische Bilanz stellt Stärken und Schwächen gegenüber und bringt eine Ordnung in die Fähigkeiten eines Unternehmens. Diese Bilanz kann sowohl für ein gesamtes Unternehmen als auch für einzelne Bereiche eingesetzt werden.

Strategie-Bereich	Stärken	Schwächen
Absatz	– Kundentreue – Ausgebautes Distributions- und Kundendienstnetz	– Abgrenzung von Konkurrenzprodukten – Kleinaufträge
F&E	– Kurze Projektbearbeitungsdauer – Schutzfähigkeit des technischen Know-hows	– Lösung von spezifischen Kundenproblemen – Produktsicherheit/ -haftung
Produktion	– Moderne Verfahrenstechnologie – Flexible Produktionsstrukturen	– Auftragsabhängige Fertigung (Lieferzeiten) – Überkapazitäten
Beschaffung	– Standardisierung von Teilen und Baugruppen – Effiziente Logistik	– Abhängigkeit von Lieferanten – Importverbote/-beschränkungen
Personal	– Wettbewerbsfähige Entlohnungsstruktur – Ausbildungsstand der Mitarbeiter	– Fluktuation und Absentismus – Altersstruktur der Mitarbeiter
Finanzen	– Unausgeschöpfte Kreditlinien – Kunden zahlen termingerecht	– Externe Eigenkapitalbeschaffung – Selbstfinanzierungskraft

Abb. 50: Beispiel einer Stärken/ Schwächen-Bilanz eines Unternehmens

Um die einzelnen Größen in den Bereichen exakt zu bestimmen, wird meist eine Skalierung von Null bis Zehn gewählt. Diese entsprechen den Werten von 0 % bis 100 % und geben die Wirksamkeit einer Größe an.

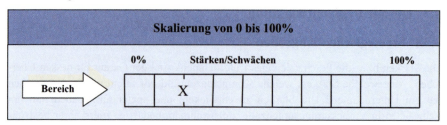

Abb. 51: Beispiel einer Skalierung von 0 bis 100 %

Durch die Skalierung werden die Bilanz und damit die Schwachstellen und Engpässe transparent. Die folgende Abbildung zeigt die Profildarstellung der strategischen Bilanz, welche durch die Verteilung der Skalen auf beiden Bilanzseiten entsteht.

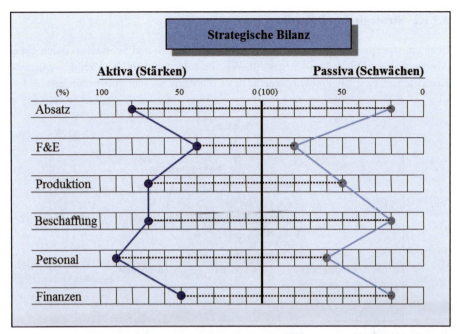

Abb. 52: Profildarstellung einer Strategischen Bilanz[82]

Die Abstände zwischen den Punkten eines Bereiches visualisieren die Stärken und Schwächen eines Unternehmens. Wenn der Abstand unter 100 beträgt, z.B. in der Abbildung bei F&E, liegt ein Engpass vor. Die umgekehrte Reihenfolge der Abstände bestimmt die Ränge der Engpässe. Der Engpass 1 und somit die größte Schwachstelle der Unternehmung wird als **kritischer Engpass** bezeichnet. Dieser kritische Engpass muss als erstes in der Unternehmung beseitigt werden.

Strategiebereich	Abstand	Rangfolge der Engpässe
Absatz	160	5
F&E	60	1 (kritisch)
Produktion	120	2
Beschaffung	150	4
Personal	130	3
Finanzierung	130	3
Summe	750	------

Abb. 53: Rechnerisches Beispiel

Die einzelnen Abstände zeigen den Zustand der einzelnen Bereiche an. Die Summe der Abstände wiederum gibt den Zustand des Unternehmens wieder. Ist diese Summe bei sechs Bereichen unter 600 Punkten, ist das Unternehmen als Ganzes nicht lebensfähig. Bei dieser Betrachtung ist aber die Zeit als Variable nicht mit einbezogen. Ein Zeitvergleich erlaubt jedoch erst genauere Aussagen über den Zustand der Bereiche bzw. des Unternehmens.

---

[82] Vgl. Ziegenbein, K.: Controlling, a.a.O., S. 315.

3.3.1.2 Strategisches Polardiagramm

In einem strategischen Polardiagramm werden die Stärken und Schwächen durch ein in Abschnitte unterteilten Kreis dargestellt. Wie die folgende Abbildung zeigt, werden die Kompetenzen bzw. die Problembereiche des Unternehmens sehr gut visualisiert.

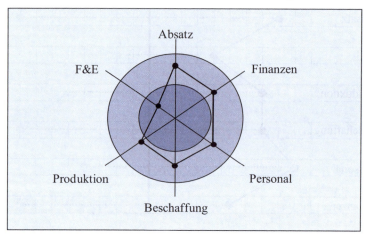

Abb. 54: Strategisches Polardiagramm

In diesem Diagramm gibt es so viele Abschnitte wie Bereiche. Die Kreise beschreiben den Abstand zweier Punkte eines Bereiches in der strategischen Bilanz. Der kleine Kreis deutet 100% und der große Kreis 200% an. **Strategische Engpässe** werden dadurch kenntlich, dass sie sich innerhalb des kleinen Kreises, also unter 100%, befinden.

Das Polardiagramm als strategisches Werkzeug lässt sich ebenso auf Prozesse und Leistungen anwenden. Durch eine Einfügung ist ein Vergleich des eigenen mit einem fremden Unternehmen möglich. Die nachfolgende Abbildung zeigt einen solchen Vergleich, der für **Benchmarkprozesse** sehr hilfreich sein kann.

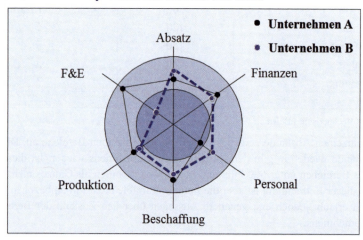

Abb. 55: Vergleich zweier Unternehmen mittels strategischem Polardiagramm

3.3.2 Strategien

Nachdem das strategisch planende Unternehmen eine Ist-Zustandsaufnahme von der Umwelt, der Konkurrenz und den Kunden, sowie eine interne Stärken- und Schwächen-Analyse vorgenommen hat, können die Unternehmensziele festgesetzt werden.

Diese grob formulierten Ziele werden durch Produkt-Markt-Strategien, die Portfolio-Analyse und Prognosemethoden soweit konkretisiert, dass sie anschließend durch das operative Controlling in die Realität umgesetzt werden können.

3.3.2.1 Produkt-Markt-Strategien

Bei der Anwendung von **Produkt-Markt-Strategien** ist zu unterscheiden, ob es sich um wachsende oder stagnierende Märkte handelt. Die anzuwendenden Strategien sind in beiden Fällen ähnlich. Bei wachsenden Märkten hat das Unternehmen eine größere Entscheidungsfreiheit bei den anzuwendenden Strategien, da eventuelle Fehler durch den hohen Gewinn kompensiert werden können. Bei stagnierenden Märkten hingegen muss das Unternehmen gezielt eine Strategie, den Ressourcen entsprechend, auswählen und mit allen Mitteln gegen Wettbewerber verteidigen.

(1) Wachsende Märkte

Bei den **Wachstumskonzepten** gibt es folgende Unterscheidung:

- Quantitatives und innovatives Wachstum
- Diversifikation und Konzentration

Beim **quantitativen Wachstum** wird die Produktion erhöht und der Absatz gesteigert. Dadurch kann eine konkurrenzfähigere Unternehmungsgröße erreicht werden. Die vorhandene Kapazität wird besser ausgenutzt und eine Kostendegression tritt ein.

Sind die Absatzmöglichkeiten für ein quantitatives Wachstum nicht gegeben, sollte der Schwerpunkt auf das **innovative Wachstum** gelegt werden. Hier wird eine Verbesserung der Absatzstruktur durch verbesserte Vertriebswege oder eine stärkere Differenzierung der Produkte gegenüber der Konkurrenz durch eine Marktnischenpolitik erreicht.

Bei der **Diversifikation** verfolgt das Unternehmen eine Risikostreuung und eine Ausweitung der Betätigungsfelder auf neue Bereiche. Eine Diversifikationsstrategie wird eingesetzt, wenn in den gegenwärtigen Märkten rückläufige Entwicklungen zu verzeichnen sind, die Gewinnpotenziale ausgeschöpft sind oder wenn hohe Gewinne der Unternehmung im vorhandenen Betätigungsfeld nicht mehr sinnvoll angelegt werden können. Die Diversifikationsstrategie ist jedoch mit Vorsicht zu betrachten. Wie die folgende Grafik zeigt, bewegt man sich mit einem neuen Produkt auf einem neuen Markt. Es sind somit in keinem Bereich eigene Erfahrungswerte vorhanden. Als Einstieg in den neuen Markt könnte das Unternehmen Kooperationen, Akquisitionen oder Lizenznahmen durchführen, um Erfahrungspotenzial in der Produktion und im Vertrieb zu erwerben.

Bei der **Konzentration** wird ein Wachstum durch die Konzentration der Unternehmensressourcen auf das Kerngeschäft durchgeführt. Man geht hier ein Risiko ein, da das Unternehmen jetzt nur noch ein „Standbein" hat. In diesem Fall muss das Unternehmen ein schnelleres Wachstum als der Wettbewerber realisieren.

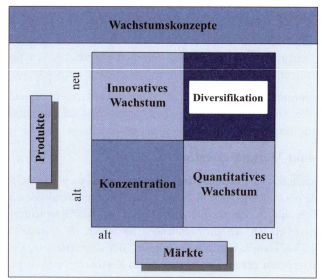

Abb. 56:   Wachstumskonzepte

Der Idealverlauf des **Marktlebenszyklus** wird im folgenden Diagramm dargestellt. Der strategische Controller muss vor einer Entscheidung der anzuwendenden Strategie jedoch eine genaue Analyse durchführen, in welcher Phase sich der Markt befindet.

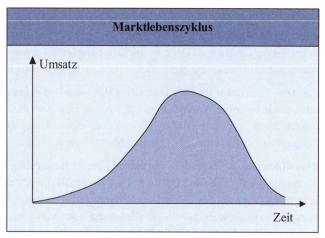

Abb. 57:   Der Marktlebenszyklus

Der Marktlebenszyklus zeigt den Entwicklungsstand des Marktes an, d.h. inwieweit er die Produkte annimmt.

Das Modell des **Produktlebenszyklus** versucht, den „Lebensweg" eines Produktes, gemessen an den oben genannten Determinanten, beginnend mit der Markteinführung darzustellen.

Das folgende Diagramm zeigt den Verlauf des Umsatzes, des Umsatzzuwachses und des Gewinns von der Produktlebenskurve.

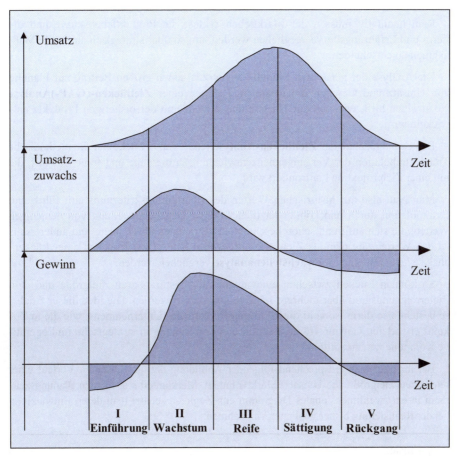

Abb. 58: Der Produktlebenszyklus

Lebenszyklen in der dargestellten Art lassen sich für alle Konsum-, Verbrauchs- und Investitionsgüter aufstellen. Mit diesem Konzept wird versucht, die Lebensdauer in verschiedene charakteristische Phasen einzuteilen. Die marktpolitischen Instrumente lassen sich effizienter einsetzen, wenn genau bekannt ist, in welcher Phase sich ein Produkt befindet.

Der **Lebenszyklus** wird in folgende **Phasen** eingeteilt:

- **Einführungsphase**
- **Wachstumsphase**
- **Reifephase**
- **Sättigungsphase**
- **Rückgangsphase**

Die **Lern- und Erfahrungskurve** beschreibt die Kostensenkung durch die Erfahrungssammlung in der Produktion, aber auch in den anderen Unternehmensbereichen. Diese gemeinsamen Entwicklungen muss der Unternehmer untersuchen und bei strategischen Produktentscheidungen berücksichtigen.

Rein qualitativ müssen der Marktlebenszyklus, die Produktlebenskurve und die Lern- und Erfahrungskurve verglichen werden, um so über strategisch sinnvolle Maßnahmen zu entscheiden.

Die Analyse der genannten Modelle leistet z.B. einen großen Beitrag zur Planung von Umsatz und Gewinn, indem sie im Rahmen einer **Ziellücken-(GAP-)Analyse** aufzuzeigen hilft, wie sich der Umsatz und der Gewinn der bisherigen Produkte entwickeln wird.

Der Grundgedanke der **Ziellücken-Analyse** (engl. gap = Lücke) ist die methodische Trendextrapolation der Vergangenheitsentwicklung in die nahe und ferne Zukunft, die mit einer Zielprojektion konfrontiert wird.

Man baut also auf historischen Werten des Beurteilungskriteriums auf, führt eine Extrapolation durch und kommt letztlich zu einer Gegenüberstellung von denjenigen Werten, die sich aufgrund schon beschlossener Strategien abzeichnen, und andererseits zu den Werten, die man als Zielwerte vorgegeben hat.[83] Das Vorgehen einer Lückenanalyse kann mit einer **Schwachstellenanalyse** verglichen werden.

So können Lücken zwischen einer quantitativ bestimmbaren Zielgröße und dem Zielerreichungsgrad über mehrere Jahre prognostiziert werden. Die Idee dieser Analyse besteht also darin, sowohl die künftigen Budgets des Unternehmens, wie die in Zukunft erwarteten Gewinnströme, nach ihrer Verursachung in strategische und operative Komponenten zu splitten.[84]

Bei ihr trägt man entsprechend folgender Abbildung den gewünschten Verlauf einer relevanten Zielgröße wie Umsatz, Marktvolumen, Marktanteil o.ä. für den Planungszeitraum in ein zweidimensionales Diagramm ein. Zugleich schätzt man deren Entwicklung bei der Realisierung bisher geplanter Maßnahmen.

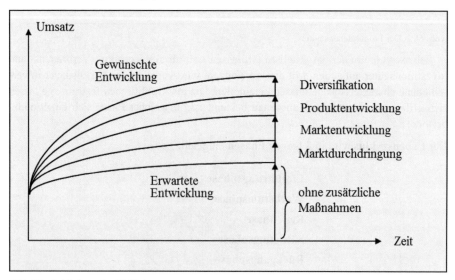

Abb. 59: Schließung der Ziellücke

---

[83] Vgl. Diller, H.: Vahlens Großes Marketing Lexikon, 2. Aufl., München 2003, S. 357.
[84] Vgl. Koschnik, W. J.: Enzyklopädie des Marketing I- Lexikon Marketing, a.a.O., S. 486.

Folgende Handlungsmöglichkeiten kommen bei den strategischen Stoßrichtungen Marktdurchdringung, Marktentwicklung, Produktentwicklung und Diversifikation in Frage:

Produkte \ Märkte	Gegenwärtig	Neu
Gegenwärtig	**Marktdurchdringung** – Marktbesetzung – Verdrängung	**Marktentwicklung** – Internationalisierung – Marktsegmentierung
Neu	**Produktentwicklung** – Produktinnovation – Produktdifferenzierung	**Diversifikation** – vertikal, horizontal – lateral

Abb. 60: Produkt-Marktmatrix nach Ansoff

Die einzelnen **Strategien** für die **strategischen Stoßrichtungen** sind:

- **Marktdurchdringung:**
  - Intensivere Bearbeitung bestehender Märkte
  - Produktdifferenzierung bzw. -imitation
  - Preisermäßigungen nach Kostensenkung gemäß Erfahrungskurve
  - Stärkerer Nachverkauf bei Verringerung der Reklamationsraten
    (etwa durch verständlichere Bedienungsanleitung)
  - Verbesserung des Kundendienstes sowie der Großkundenbetreuung
  - Verstärkter Einsatz des Kommunikations-Mix
  - Elektronisches Marketing (Internet, Intranet usw.)
- **Marktentwicklung:**
  - Erschließung neuer
    - Lokal- und/oder Exportmärkte
    - Abnehmerschichten/Kundenkreise
    - Absatzwege (Distributionskanäle)
  - Bestehende Produkte neuen Verwendungszwecken zuführen
  - Neue Dienstleistungen
  - Anpassung der Werbekonzeption an eine geänderte Marktsegmentierung
- **Produktentwicklung:**
  - Weiterentwicklung bestehender Produkte
  - Entwicklung von Nachfolgern für auslaufende Produkte
  - Individualisierung des Produktangebotes

- Erweiterung der Produktlinie einer schon vorhandenen Marke
- Verbesserung der Eigenschaften zur Umweltverträglichkeit der Produkte
- Ergänzung des bestehenden Produktprogramms durch neue Serviceleistungen
- Einrichtung von telefonischen Hilfsdiensten

- **Diversifikation:**
  - Neu zu entwickelnde Produkte stehen in enger Verbindung mit dem bisherigen Produktprogramm (horizontale Diversifikation), betreffen eine vor- bzw. nachgelagerte Fertigungsstufe (vertikale Diversifikation) oder haben nichts oder nur wenig mit dem bestehenden Programm zu tun (laterale Diversifikation)
  - Aufnahme neuer Produkte in das Programm nach Patenterwerb oder Lizenznahme; Übernahme von Handelswaren anderer Unternehmen (Kooperation)

(2) Stagnierende Märkte:

Um in stagnierenden Märkten weiterhin erfolgreich zu bleiben, gibt es verschiedene Möglichkeiten, die ein Unternehmen hat, um sich im Markt zu positionieren. Je nach Produkt, Produktionsprozess, Mitarbeiterpotenzial und Absatzmarkt sowie finanziellen Ressourcen und Unternehmensphilosophie sind entsprechende Strategien auszuwählen.

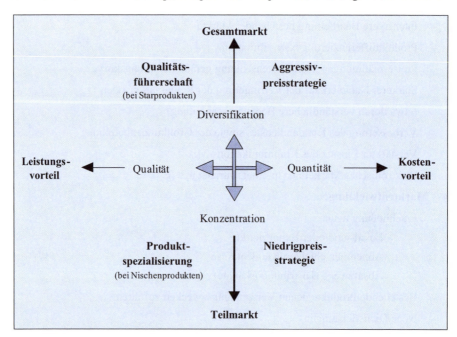

Abb. 61: Strategien im stagnierenden Markt

Die **Aggressivpreisstrategie** bezieht sich auf den Gesamtmarkt und beinhaltet eine breitflächige Werbung für Konsumgüterprodukte. Die **Niedrigpreisstrategie** bezieht sich auf Investitionsgüter und beinhaltet spezielle Absprachen mit Einzelkunden.

3.3.2.2 Benchmarking

Benchmarking bedeutet zukunftsbezogenes **Planen und Handeln**, wobei der Blick in andere Unternehmen zu einer Steigerung der eigenen Wettbewerbsposition führen soll. Im Rahmen des strategischen Controlling wird das eigene Unternehmen mit dem "Klassenprimus" verglichen. Dabei soll die Kosten- und Leistungslücke sowie deren Ursachen ermittelt und bereichsübergreifend mit den Fachressorts Maßnahmen zur Schließung dieser Lücke gefunden werden.

Das Konzept des Benchmarking hat in den USA seit Anfang der 80er Jahre als Bestandteil eines umfassenden Total Quality Managements weite Verbreitung gefunden und auch in deutschen Unternehmen wird es zunehmend genutzt.

- **Benchmarking-Arten**

Die häufigste Einteilung der Benchmarking-Arten orientiert sich an der Branchenzugehörigkeit des Benchmarking-Partners. Dabei unterscheidet man nach internen-, branchenexternen und konkurrenzbezogenen Benchmarking. Folgende Tabelle beschreibt **Vor-** und **Nachteile** der genannten Arten:[85]

Arten des Benchmarking	Vorteile	Nachteile
Intern: Vergleiche innerhalb eines Unternehmens oder einer Unternehmensgruppe	- Gute Übertragbarkeit der gefundenen Lösungen - Einfache Datensammlung - Schnelle Ergebnisse - Gute Ergebnisse für international ausgerichtete Unternehmen	- Keine großen Verbesserungen - Mögliche interne Rivalität
Extern: Vergleiche mit Konkurrenzunternehmen	- Möglichkeit der eigenen Positionierung im Wettbewerb - Hohe Vergleichbarkeit betrieblicher Funktionen, Prozesse und Leistungen	- Sensible Partnersuche - Möglicherweise keine revolutionären Neuheiten sondern nur branchenübliche Vorgehensweisen
Branchenextern: Vergleiche mit branchenfremden Unternehmen	- Möglichkeit der Übernahme von innovativen neuartigen Ideen - Konkurrenzfreie Partnersuche	- Schwierige Übertragbarkeit der Lösungen - Hoher Aufwand

Abb. 62: Benchmarking-Arten

---

[85] Vgl. Schmeisser, W., Clermont, A., Protz, A.: Personalinformationssysteme & Personalcontrolling, 1999, S. 257 ff.

- **Der Benchmarking-Prozess**

    Der Benchmarking-Prozess besteht aus fünf Kernphasen:

    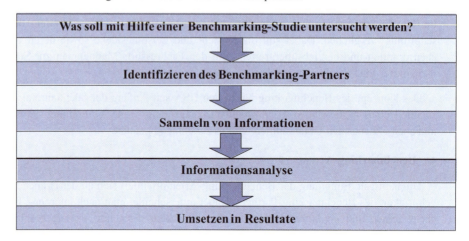

(1) Bestimmung eines geeigneten Bereiches

Das Ziel der ersten Phase ist das Auswählen der Unternehmensbereiche, die mit Hilfe des Benchmarking untersucht werden sollen. Benchmarking kann entweder aus der internen Sicht der Produktivität oder aus dem externen Blickwinkel der Kundenwahrnehmung durchgeführt werden. Sowohl Produkte, Fertigungslinien und Arbeitsroutinen, als auch der Kundendienst können Objekte des Benchmarking sein. Nach Auswahl der Objekte müssen die Faktoren, die für eine Erreichung von Spitzenleistungen in der untersuchten Funktion ausschlaggebend sind, bestimmt werden.

(2) Identifizieren von Benchmarking-Partnern

Aufgabe der zweiten Phase ist die Suche nach einem Unternehmen, das zu den „Klassenbesten" auf dem ausgewählten Gebiet gehört. Darüber hinaus muss der Kontakt mit dem Benchmarking-Partner hergestellt werden. Die Wahl des Begriffs Partner betont, dass die Beziehung durch einen offenen Informationsaustausch gekennzeichnet sein muss. Das Aufspüren geeigneter Benchmarking-Partner setzt eine systematische Suche in den unterschiedlichen Informationsquellen voraus.

(3) Sammeln von Informationen

Die dritte Phase besteht aus zwei Einzelschritten. Zunächst müssen mit Hilfe öffentlich zugänglicher Informationen (z.B. Wirtschaftsdienste oder Statistiken) die Situation und falls möglich, bereits einige Geschäftsabläufe erkundet werden. Es entsteht ein Bild des Benchmarking-Partners, ähnlich einer Karte mit weißen und grauen Teilstücken.

Die grauen Bereiche stellen das bereits vorhandene Wissen dar, die weißen das fehlende Wissen. Erst jetzt sollte man mit den persönlichen oder schriftlichen Befragungen des Benchmarking-Partners beginnen (zweiter Einzelschritt), um die „weißen Bereiche" auf der symbolischen Karte mit Wissen zu füllen. Aufgrund der geleisteten Vorarbeit können die Antworten in das bereits vorhandene Bild eingefügt werden.

(4) Informationsanalyse

Die in der dritten Phase gesammelten Informationen müssen jetzt systematisiert und geordnet werden, um Einblick darüber zu erhalten, wie das Unternehmen mit den besten Methoden seine Spitzenleistung erreichen konnte.

(5) Umsetzungsphase

Das erkannte Verbesserungspotenzial muss in der letzten Phase durch konkrete Maßnahmen in Resultate umgesetzt werden. An dieser Umsetzung müssen sämtliche Hierarchieebenen beteiligt werden. Nur der Einsatz aller Beteiligten führt zu der gewünschten Leistungssteigerung.

Unter dynamischen Wettbewerbsbedingungen darf es jedoch nicht bei der einmaligen Durchführung von Benchmarking bleiben. Ziel ist vielmehr ein lernendes Unternehmen, das aufgeschlossen für Veränderungen und flexibel ist.[86]

3.3.2.3 Portfolioanalyse

Ein wichtiges Instrument des strategischen Controlling ist die Portfolioanalyse. Hier erfolgt nach einem Analyseverfahren eine grafische Positionierung der Produkte des Unternehmens innerhalb einer Matrix. Aufgrund von Erfahrungswerten über den Produktlebenszyklus, den Marktlebenszyklus, die Lernkurve sowie Ergänzungen durch die PIMS- Studie[87], gelangte die Portfolioanalyse in den letzten beiden Jahrzehnten zu einem anerkannten strategischen Planungsinstrument. Die verantwortlichen Unternehmensstrategen erhalten einen Überblick über die Situation und den Ertrag der Produkte und können so die Portfoliomodelle als ein erstes Hilfsmittel bei unternehmerischen Entscheidungen nutzen.

Die **Portfolio-Technik** ist ein Instrument zur Formulierung von Strategien bzw. Handlungsanweisungen. Diese Technik ist ursprünglich im Hinblick auf die von einem Unternehmen gehaltenen Wertpapiere entwickelt und später auf Produkte, Rohstoffe, Maschinen, Lieferanten, Kunden usw. übertragen worden. Eine durch zwei Merkmale gekennzeichnete Situation eines Unternehmens, eines Produktes oder ähnliches wird als Feld einer Matrix dargestellt.

Ziel der **Portfolioanalyse** ist z.B. die Lenkung der zur Verfügung stehenden Ressourcen auf die Produkte oder Geschäftsfelder, in denen der größte Ertrag erwartet wird. Auf der anderen Seite müssen die ertragsarmen Produkte oder Geschäftsfelder hinsichtlich ihrer Aufrechterhaltung überprüft werden.

---

[86] Vgl. Karlöf, B./Östblom, S: Das Benchmarking Konzept, München, 1994, s. Küpper, H.-U./Weber, J.: Grundbegriffe des Controllings, Stuttgart 1995, S. 25.
[87] Die PIMS-Studie erarbeitet und aktualisiert eine Unternehmensdatenbank, die Branchenvergleiche ermöglicht; s. Kapitel 2.3.2.

(1) Definition der strategischen Geschäftsfelder

Im ersten Schritt der Portfolioanalyse ist eine **Abgrenzung** der strategischen Geschäftsfelder durchzuführen. Sie muss präzise erfolgen, da hier eine wichtige Grundlage für die Aussagekraft des Portfolios liegt. Nur durch eine klare Abgrenzung der Geschäftsfelder, die sowohl den realen Gegebenheiten des Marktes als auch denen der Unternehmung entspricht, wird die Analyse zu richtigen Ergebnissen führen und die Ausarbeitung durchführbarer und erfolgversprechender Strategien kann erfolgen.

Unter einer strategischen Geschäftseinheit versteht man die organisatorische Zusammenfassung einer homogenen Produktpalette für einen spezifischen Markt mit einer einheitlichen Wettbewerbssituation, d.h. die Bündelung eindeutig abgrenzbarer Produkte, die von einer relativ homogenen Kundengruppe nachgefragt werden.

Es ist grundsätzlich zwischen zwei gängigen **Formen** des **Portfolios** zu unterscheiden:

– die **Vier-Felder-Matrix** (Marktwachstums-Marktanteils-Portfolio der Boston Consulting Group)

– die **Neun-Felder-Matrix** (Branchenattraktivität-Wettbewerbsposition-Portfolio von McKinsey)

Der Hauptunterschied der beiden Matrix-Formen liegt in der Differenzierung der Strategieempfehlungen. Die Positionierung der Produkte oder der Geschäftsfelder ist in der Neun-Felder-Matrix genauer. Hier werden anstatt von Marktwachstum und Marktanteil mehrere Einzelkriterien bewertet, die anschließend in der Summe eine objektivere Positionierung zulassen.

Im Folgenden soll zunächst die Vier-Felder-Matrix beschrieben werden. Auf die Neun-Felder-Matrix wird anschließend genauer eingegangen.

(2) Die Vier-Felder-Matrix (Marktwachstums-Marktanteils-Portfolio)

Dieser klassische Portfolio-Ansatz wurde von der **Boston Consulting Group** entwickelt. Als Beurteilungskriterien werden das Marktwachstum und der relative Marktanteil verwendet. Beide Faktoren werden jeweils in „niedrig" und „hoch" eingeteilt, so dass letztlich eine Vier-Felder-Matrix entsteht.

Zentrale Zielgröße bzw. anhängige Variable des Portfolios ist der Cash Flow. Untersucht wird die Wirkung des Marktanteils und des Marktwachstums auf das Cash Flow-Gleichgewicht der Unternehmung.

Der erste Schritt ist die Bestimmung des **Marktwachstums**. Anhand der erarbeiteten Umweltinformationen in Form von Chancen und Risiken ist das zu erwartende Marktwachstum zu ermitteln.

Der **relative Marktanteil** wird berechnet, indem man das Marktvolumen der stärksten Konkurrenten ins Verhältnis zum eigenen Marktanteil setzt.

$$\text{Relativer Marktanteil} = \frac{\text{Marktanteil der Unternehmung}}{\text{Marktanteil des stärksten Konkurrenten}}$$

Der größte Mitbewerber ist entweder der Marktführer oder, falls es das eigene Unternehmen ist, der erste nachfolgende Mitbewerber.

Beispiel:

Absoluter Marktanteil / Anbieter	Situation I	Situation II
Eigenes Unternehmen A	25 %	35 %
Größter Mitbewerber B	60 %	30 %

Situation I:
Relativer Marktanteil A = $\frac{25}{60}$ = 0,4

Situation II:
Relativer Marktanteil A = $\frac{35}{30}$ = 1,2

In dieses Koordinatensystem werden die einzelnen Geschäftsfelder des eigenen Unternehmens und der Konkurrenzunternehmen als Kreise positioniert, wobei die Größe der Kreise der jeweiligen Umsatzstruktur entspricht.

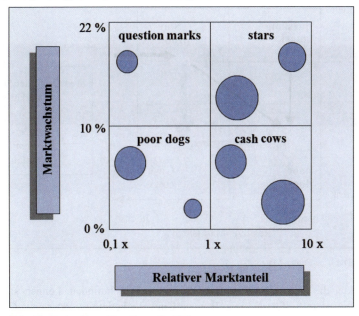

Abb. 63: Boston Consulting Group Portfolio

Die Bezeichnungen der vier Portfolio-Kategorien orientieren sich an dem jeweils zu erwartenden Cash Flow:

– „**Stars**" sind strategische Geschäftseinheiten mit einem hohen Marktanteil auf einem schnell wachsenden Markt. Zur Sicherung ihrer Position haben sie einen hohen Cash Flow-Bedarf, den sie aber größtenteils selbst decken.

– Als „**Cash-Cows**" gelten strategische Geschäftseinheiten mit einem hohen relativen Marktanteil in einem Markt mit einer niedrigen Wachstumsrate. Erwartet wird hierbei, dass die Marktführerschaft und darauf aufbauend die Niedrigkostenposition zu überdurchschnittlichen Stückgewinnen führt und aufgrund der geringen „Erhaltungsinvestitionen" einen Cash Flow-Überschuss bewirkt.

- **"Question marks"** sind Geschäftseinheiten auf stark wachsenden Märkten, die nur über einen geringen relativen Marktanteil verfügen. Der hierbei generierte Cash Flow reicht nicht aus, um den Finanzmittelbedarf für Erweiterungsinvestitionen zu decken.
- **"Poor dogs"** nennt man Geschäftseinheiten mit einem niedrigen Marktanteil und Marktwachstum. Wegen ihrer ungünstigen Kostenposition ist ihr Netto-Cash Flow oft negativ (der Finanzmittelbedarf zum Erhalt der Marktposition ist größer als der freigesetzte Cash Flow).

In der Abbildung 64 ist der ideale Produktverlauf eingetragen. Als mögliche Störungen können Konkurrenten mit Imitaten auftreten oder das Produkt zeigt gleich nach dem Eintritt Schwierigkeiten beim Absatz, d.h. es wird nicht vom Markt angenommen und wird somit zum Problemprodukt.

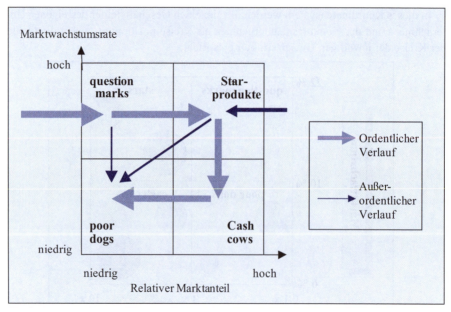

Abb. 64: Die Vier-Felder-Matrix

Produkte, die sich im erwartungsreichen Star-Feld befinden, können sehr schnell durch unerwartete Einflüsse wie z. B. neue Umwelterkenntnisse oder neue Gesetzesbeschlüsse in das Poor Dogs-Feld gelangen.

Im Anschluss an diese Positionierung der Geschäftseinheiten einer Unternehmung werden sogenannte „Normstrategien" entwickelt. Ausschlaggebend dafür sind die folgenden Überlegungen:

- Die Geschäftseinheiten befinden sich in unterschiedlichen strategischen Situationen und müssen deswegen auch unterschiedlich gesteuert werden.
- Das Gesamtportfolio soll daraufhin geprüft werden, ob ein finanzielles Gleichgewicht (zur Cash Flow-Erzeugung und zum Cash Flow-Bedarf) besteht.

Die nachfolgende Abbildung zeigt die Finanzmittelbetrachtung. In den verschiedenen Quadranten der Vier-Felder-Matrix sind qualitativ die Mittelherkunft und Mittelverwendung eingetragen.

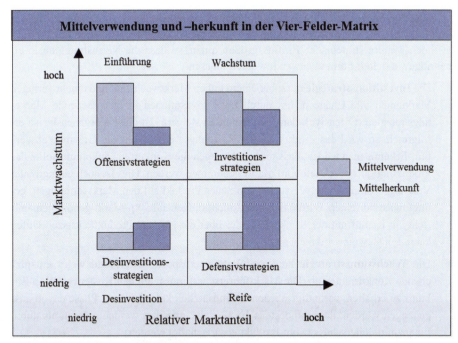

Abb. 65: Mittelverwendung und -herkunft in der Vier-Felder-Matrix

Die Grafik zeigt die hohen Mittelaufwendungen, die nötig sind, um ein Produkt in den Markt einzuführen. Die Einnahmen sind während der **Einführungsphase** sehr gering oder gleich Null. Während der **Wachstumsphase** sind weitere Investitionen zur Erweiterung der Produktionskapazität und des Vertriebsausbaus nötig. In der **Reifephase** sind lediglich so viele Mittel zu investieren, um die strategische Position zu halten. Die Mitteleinnahmen erreichen hier ihr Maximum. Mit einem Teil dieser Einnahmen müssen neue Produkte in den Markt eingeführt werden. In der **Desinvestitionsphase** sind die noch zu erzielenden Einnahmen zu tätigen. Investitionen sollten jedoch vermieden und ein Verkauf der unrentablen Produktionsanlagen sollte in Erwägung gezogen werden.

Dieses Verfahren kann zur Untersuchung sowohl eines einzelnen Produktes als auch eines ganzen Programms verwendet werden. Man ordnet alle Produkte des Programms in ein Portfolio ein, um sich einen Überblick zu verschaffen. Aufgrund der Eingliederung der strategischen Geschäftseinheiten ist es möglich, den einzelnen Portfolio-Kategorien sogenannte Normstrategien zuzuordnen.

Für die Geschäftseinheiten bieten sich folgende „Normstrategien" an

Normstrategien der Geschäftseinheiten	
– **Question marks**	– Investitionsstrategien und Desinvestitionsstrategien
– **Stars**	– Investitionsstrategien (Ziel: Marktführerschaft in einem stark wachsenden Markt)
– **Cash cows**	– Abschöpfungsstrategien
– **Poor dogs**	– Desinvestitionsstrategien

Diese Strategien sind als grobe Richtlinien für die jeweilige Position des Produktes im Markt zu sehen. Im Einzelfall kommen zu der jeweiligen Marktposition des Produktes noch weitere strategische Einflussgrößen hinzu, so dass die Normstrategien in einer abgewandelten Form angewandt werden müssen.

- Die **Investitionsstrategie** nutzt bei einem hohen Marktwachstum und einem geringen Marktanteil alle Chancen, um durch hohe Investitionen in entsprechende Marketingstrategien (Offensive), den Marktanteil zu steigern. Ist diese Vorgehensweise erfolgreich, so wird das Produkt in der Reifephase entsprechende Gewinne abwerfen. Erkennt man jedoch, dass man nicht gegen die Konkurrenz ankommt, sollte das Produkt möglichst schnell vom Markt genommen werden. Dies ist auch ein normaler Vorgang. Von mehreren Versuchen ein neues Produkt auf den Markt zu bringen, gelingt meist nur einer. Wird das Produkt nicht umgehend vom Markt genommen, entsteht ein Kampf mit der Konkurrenz, der über die gesamte Produktlebenszeit laufen kann. Ein Gewinn wird nicht zu erwarten sein.

- Die **Wachstumsstrategie** baut die Wettbewerbsposition aus und wehrt entsprechende Konkurrenten ab. Die Marktführerschaft muss, um den Kostenvorteil in Zukunft zu erhalten, verteidigt werden. Grundsätzlich kann in dieser Phase davon ausgegangen werden, dass mindestens 10 % mehr investiert werden müssen als durch Finanzmittelüberschüsse vom Produkt erwirtschaftet werden.

- Die **Abschöpfungsstrategie** verfolgt das Ziel, höchste Einnahmeüberschüsse zu erreichen. Die Reifephase, in der die Abschöpfungsstrategie eingesetzt wird, ist somit die Hauptquelle für Gewinne und Liquidität der Unternehmung. Die dominierende Marktposition muss möglichst lange gehalten werden. Es sollten nur noch Investitionen zur Erhaltung der Marktposition getätigt werden und nicht mehr zur Markterweiterung.

- Die **Desinvestitionsstrategie** sollte bei Produkten durchgeführt werden, die bei einer niedrigen Branchenattraktivität und Wettbewerbsposition eingestuft sind und somit für das Unternehmen keinen Gewinn erwirtschaften. Eine Alternative wäre die Suche nach Marktnischen oder die Ausschöpfung des Kostensenkungspotenzials. Wird keine Verbesserung der Situation erreicht, so ist mittelfristig ein Rückzug aus dem Markt zu empfehlen. Es muss jedoch beachtet werden, dass auch diese Geschäftsfelder Gemeinkosten von anderen Produkten mittragen. In diesem Fall muss die Desinvestitionsstrategie unter anderen Gesichtspunkten betrachtet werden.

In Zusammenarbeit mit der Marketing- und Rechnungswesenabteilung soll die Unternehmensleitung die zukünftige Entwicklung der Produkte ermitteln. Dabei kommt es nicht nur darauf an, die strategische Stoßrichtung und Maßnahmen für die Produkte festzulegen, sondern gleichzeitig muss die mittel- und langfristige Einnahmen- und Ausgabensituation analysiert werden. Die Produkte, die im **Abschöpfungsfeld** positioniert sind, müssen genügend Gewinne erwirtschaften, um die Nachwuchsprodukte mit Investitionen fördern zu können.

Wünschenswert ist ein ausgewogenes Programm. Es sollte aus möglichst wenigen poor dogs, mehreren question marks und stars, sowie aus möglichst vielen cash cows bestehen. Der Umsatz sollte vorrangig, zu 40 bis 60 %, von cash cows erzielt werden. Sie sorgen für Liquidität und den größten Teil des Gewinns. Da die cash cows nur geringer Investitionen bedürfen, sollten die Investitionsmittel den stars und question marks zukommen.

Strategieelemente der einzelnen Portfoliokategorien

Strategie-Elemente	question marks	stars	cash cows	poor dogs
	Relevante Marketingstrategien			
	Offensiv-strategien	Investitions-strategien	Abschöpfungs-strategien	Desinvestitions-strategien
1. Programm- und Produktpolitik	Produktspezialisierung	Sortiment ausbauen, diversifizieren	Imitation	Programmbegrenzung (keine neuen Produkte, Aufgeben ganzer Linien)
2. Abnehmermärkte und Marktanteile	Gezielt vergrößern	Gewinnen, Basis verbreitern (neue Regionen, neue Anwendungen)	Position verteidigen, Konkurrenzabwehr	Aufgeben zugunsten von Erträgen (Kundenselektion, regionaler Rückzug)
3. Preispolitik	Tendenzielle Niedrigpreise	Anstreben der Preisführerschaft	Preisstabilisierung	Tendenzielle Hochpreispolitik
4. Vertriebspolitik (Werbung und Absatzkanäle)	Stark forcieren	Aktiver Einsatz von Werbemitteln und / oder Zweitmarken	Gezielte Produktwerbung, Verbesserung des Kundendienstes	Zurückgehender Einsatz des vertriebspolitischen Instrumentariums
5. Risiko	Akzeptieren	Akzeptieren	Begrenzen	Vermeiden
6. Investitionen	Hoch (Erweiterungsinvestitionen)	Vertretbares Maximum, Reinvestition	Beschränkte Ersatzinvestitionen	Minimum

Abb. 66: Strategieelemente der einzelnen Portfolio - Kategorien

Es wurde durch Untersuchungen festgestellt, dass die 4-Felder-Portfolioanalyse das am häufigsten angewandte spezifische Instrument der strategischen Unternehmensplanung darstellt. Jedoch treten auch hier kritische Diskussionen auf. Insbesondere wurden die Prämissen kritisiert, welche die Basis für die Positionierung der strategischen Geschäftseinheiten und die Ableitung der „Normstrategien" bilden.

Die **fünf** wichtigsten **Prämissen** lauten:

1. Der Marktanteil hat einen direkten Einfluss auf die Profitabilität.
2. Wachstumsmärkte sind am attraktivsten, da hier eine Marktanteilsausweitung am leichtesten und billigsten möglich ist.
3. Es besteht ein systematischer Zusammenhang zwischen dem Netto-Cash Flow einer Geschäftseinheit und ihrer Entwicklungsrichtung in der Matrix.
4. Unternehmen lassen sich in voneinander unabhängige strategische Geschäftseinheiten zerlegen, und die einzigen Interdependenzen sind finanzieller Natur.
5. Ziel des Portfoliomanagements ist ein Finanzmittelausgleich zwischen den Geschäftseinheiten.

(3) Die Neun-Felder-Matrix (Branchenattraktivität-Wettbewerbsposition-Portfolio)

Aus der kritischen Auseinandersetzung mit dem Marktwachstum-Marktanteil-Portfolio (4-Felder-Matrix der Boston Consulting Group) haben sich eine Reihe von Varianten der Portfolio-Analyse gebildet, wie z.B. das Marktattraktivität-Wettbewerbsvorteil-Portfolio, welches von dem Beratungsunternehmen McKinsey & Company entwickelt wurde.

So entstand in Zusammenarbeit mit General Electric eine Portfolio-Matrix mit 9 Feldern, welche mit Normstrategien versehen wurden. Zu den Kriterien der Erstellung dieser Matrix zählt die Aufhebung der Eindimensionalität zur Erklärung der Marktattraktivität und der relativen Wettbewerbsposition. Eine Vielfalt quantitativer und qualitativer Faktoren wird als erfolgsbestimmend für diese Strategie angenommen.

In der **Neun-Felder-Matrix** wird im Vergleich zur **Vier-Felder-Matrix** das Marktwachstum durch die Branchenattraktivität und der Marktanteil durch die Wettbewerbsposition ersetzt.

Die Einordnungskriterien bei der **Branchenattraktivität** sind ähnlich einer Bewertung der Chancen und Risiken der Umwelt, z. B.:

- Marktwachstum und Marktgröße
- Marktqualität (Rentabilität der Branche, Spielraum für Preispolitik, Wettbewerbsintensität, Stabilität, Anzahl und Struktur der Abnehmer, Substitutionsmöglichkeiten)
- Umweltsituation (Inflation, Innovation, Konjunktur, Gesetzgebung, Risiko staatlicher Eingriffe)

Eine Positionierung der **Branchenattraktivität** könnte folgendermaßen aussehen:

Branchenattraktivität Produkt A	Bewertung			
	niedrig 0-33	mittel 34-66	hoch 67-100	
Marktwachstum		45		45
Marktqualität			73	73
Umweltsituation		65		65
dividiert durch die Anzahl (3)			Summe	183
			Positionierung	61

Abb. 67: Ermittlung der Branchenattraktivität

Die Einordnungskriterien bei der **Wettbewerbsposition** sind ähnlich einer Bewertung der Stärken und Schwächen der eigenen Unternehmung, z. B.:

- Relative Marktposition (Marktanteil, Finanzkraft, Rentabilität, Image)
- Relatives Produktionspotenzial (Prozesswirtschaftlichkeit, Standortvorteil, Lieferbedingungen)
- Energie und Rohstoffversorgung (Versorgungssicherheit, Kostensituation)

- Forschungs- und Entwicklungspotenzial (Stand der Grundlagenforschung, Innovationspotenzial, Lizenzen, eigene Patente)
- Qualifikation der Führungskräfte und Mitarbeiter (Mobilität, Ausbildung, Identifikation)

Ein Beispiel, um die Wettbewerbspositionierung durchzuführen, kann folgendermaßen aussehen:

Wettbewerbsposition Produkt A	Bewertung			
	niedrig 0-33	mittel 34-66	hoch 67-100	
Marktposition			85	85
Produktionspotential			69	69
F & E		56		56
dividiert durch die Anzahl (3)			Summe	210
			Positionierung	70

Abb. 68: Ermittlung der Wettbewerbsposition

Um den Umsatz bzw. den Cash Flow des Produktes oder des Geschäftszweiges zu veranschaulichen, fließt die Höhe grafisch mit ein. Die Größe des Kreises ist abhängig vom Umsatz. Die genaue Positionierung des Produktes A in die Neun-Felder-Matrix kann nun erfolgen:

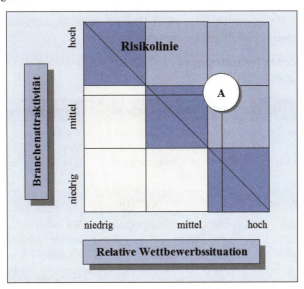

Abb. 69: Positionierung des Produktes in der Neun-Felder-Matrix

Die eingezeichnete Risikolinie zeigt die Grenze, unter der die Produkte zu einem Problem werden können. Solange die Produkte unterhalb der Risikolinie noch einen entsprechenden Gewinn abwerfen, ist es durchaus sinnvoll sie weiter im Produktionsprogramm zu behalten. Man kann jedoch davon ausgehen, dass sie langfristig nicht mehr rentabel sind.

Um nach erfolgter Produktpositionierung in der Neun-Felder-Matrix eine explizite Strategiedefinition vornehmen zu können, also einen zu erwartenden Verlauf für die Produkte zu prognostizieren und eine entsprechende strategische Vorgehensweise anzuwenden, sind in der folgenden Grafik für jedes der neun Felder entsprechende **Normstrategien** abzulesen.

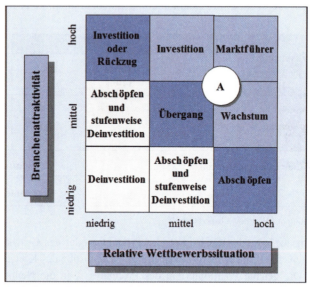

Abb. 70: Empfohlene Normstrategien in der Neun-Felder-Matrix

Das Produkt A liegt im Wachstumsfeld. Hier gilt es die Marktposition weiter aufzubauen und für einen nachhaltigen Gewinn zu sorgen.

Die **empfohlenen Normstrategien** für die Neun-Felder-Matrix sind in der folgenden Abbildung dargestellt.

Selektives Vorgehen	Selektives Wachstum	Investition und Wachstum
- Spezialisierung - Nischen suchen - Akquisition erwägen	- Potenzial für Marktführung durch Segmentierung abschätzen - Schwächen identifizieren - Stärken aufbauen	- Wachsen - Marktführerschaft anstreben - Investitionen maximieren
Ernten	**Selektives Vorgehen**	**Selektives Wachstum**
- Spezialisierung - Nischen suchen - Rückzug erwägen	- Wachstumsbereiche identifizieren - Spezialisierung - selektiv investieren	- Wachstumsbereiche identifizieren - stark investieren - ansonsten Position halten
Ernten	**Ernten**	**Selektives Vorgehen**
- Rückzug planen - desinvestieren	- Geschäftszweig ausnutzen - Investitionen minimieren - auf Desinvestitionen vorbereiten	- Gesamtposition halten - Cash Flow anstreben - Investitionen nur zur Instandhaltung

Abb. 71: Normstrategien der Neun-Felder-Matrix

Die folgende Grafik zeigt ein Beispiel, wie eine Planungsstrategie aussehen könnte, die eine mittelfristige Entwicklung der Produkte in den Marktphasen vorsieht. Die Größe der Kreise wird durch den Umsatz und nicht durch den Gewinn bestimmt.

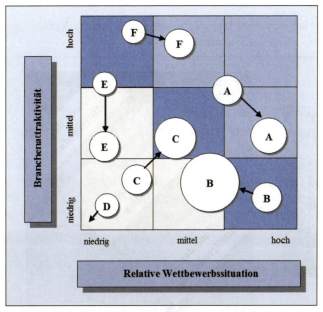

Abb. 72: Positionierungsplanung der Produkte

Die Stellung des **Produktes A** sollte durch gezielte Werbemaßnahmen und durch die Stabilisierung des Preisniveaus weiter gefestigt werden.

Das **Produkt B** kann durch die Verbesserung des Kundendienstes noch einige Wettbewerber abwehren. Ansonsten sind hier keine unnötigen Investitionen zu tätigen. Die Investitionen dürfen maximal so groß wie die Abschreibungen sein.

Beim **Produkt C** besteht durch die vorhandene Branchenattraktivität die Möglichkeit durch eine gezielte Preis- und Vertriebspolitik den Produktumsatz zu erhöhen. Diese Maßnahme ist aber mit Vorsicht zu betreiben, da höhere Investitionen notwendig sind und das Produkt vorläufig keinen Gewinn abwirft. Die Entscheidung wird meist davon abhängig gemacht, inwieweit andere SGE die nötige Liquidität zur Verfügung stellen.

Das **Produkt D** ist am Ende seines Lebenszyklus angelangt. Hier ist eine Desinvestition zu empfehlen.

Das **Produkt E** ist vom Markt nicht im erhofften Maße akzeptiert worden. Weiterhin sind Konkurrenten mit Imitaten des Produktes zusätzlich auf den Markt gelangt. Das Produkt sollte durch Preisnachlässe – um noch einen gewissen Umsatz zu erzielen – angeboten und mit anschließender Desinvestition vom Markt genommen werden.

Das **Produkt F** muss durch sehr hohe Investitionen in Vertrieb, Werbung und Vergrößern der Absatzmärkte offensiv zum Marktführer gemacht werden. Durch die hohe Branchenattraktivität ist dieses Produkt mit hoher Sicherheit erfolgsversprechend.

Zu beachten ist, dass eine **Ausbalancierung** des **Gesamtportfolios** erfolgt. Die jeweiligen Produktbereiche sollten bei den Strategieüberlegungen ebenso gehört werden, wie auch finanzielle Gesichtspunkte berücksichtigt werden müssen. Die vorhandenen Ressourcen sollten ausgewogen auf die Einzelstrategien verteilt werden.

Inzwischen hat sich beim McKinsey-Portfolio als weitere Variante auch eine weiträumigere Betrachtung durchgesetzt:

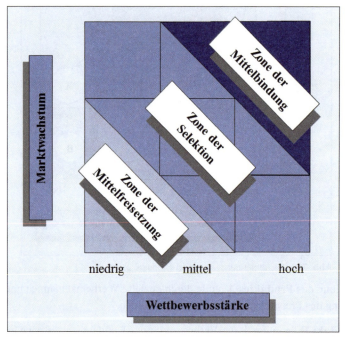

Abb. 73: McKinsey-Matrix

Zusammenfassend ist zu bemerken, dass die McKinsey-Matrix (9-Felder-Matrix) ein viel differenzierteres Vorgehen ermöglicht als vergleichsweise die 4-Felder-Matrix der Boston Consulting Group.

Kritikpunkte des Neun-Felder-Portfolios sind:

- Subjektivität bei der Auswahl der Kriterien,
- Hohe Manipulierbarkeit der Punktwerte ist durch die Gewichtung und Bewertung möglich,
- Relevanz und Aktualität des Datenmaterials,
- Große Bereitschaft, sich bei der Beurteilung auf Kompromisse zu einigen,
- Verfälschte Aussagekraft durch die Durchschnittswertberechnung,
- Starrheit der Normstrategien.

Abb. 74: Kritikpunkte des McKinsey-Portfolios

Die folgende Abbildung zeigt zusammenfassend einen Gesamtüberblick der Analysen und deren Bedeutung für die Portfolio-Analyse.

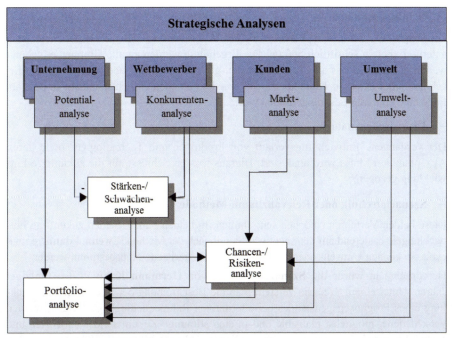

Abb. 75: Gesamtüberblick über die strategische Analysen

3.3.2.4 Prognosemethoden im strategischen Controlling

Bei den Prognosemethoden kann unterschieden werden in qualitative und quantitative Methoden. Die Methoden haben nur einen tendenziellen Charakter, da zum einen nicht alle relevanten Informationen über die Zukunftsentwicklung vorliegen und zum anderen das Verhalten der Marktteilnehmer nicht immer rational zu erklären und vorherzusagen ist. Als grobe Richtlinie sind diese Verfahren dennoch anwendbar.[88]

(1) Qualitative Prognosemethoden

Die qualitativen Prognosemethoden werden häufig bei weitreichenden strategischen Überlegungen eingesetzt. Sie können dem Verfahren nach unterschieden werden in:

– **Umfragen**

Umfragen werden besonders im Marketing eingesetzt, um das Verhalten von Kunden oder Händlern besser erfassen zu können. Die Struktur und Entwicklung des Marktes ist dadurch besser vorhersagbar.

– **Experimentelle Verfahren**

Auf Testmärkten werden kontrollierte Markttests gestartet. Die Produktakzeptanz der Kunden wird so geprüft und es werden zukünftige Absatzprognosen erstellt.

– **Brainstorming**

In einer Gruppensitzung von Experten werden gemeinsame Lösungsvorschläge erarbeitet. Die Experten kommen aus verschiedenen Fachbereichen und bringen so ihr Spezialwissen ein.

---

[88] Vgl. Horváth, P.: Controlling, a.a.O., S. 379 ff.

- **Delphi-Technik**

Die Delphi-Technik ist eine Erweiterung des Brainstormings. Hierzu werden meist auch externe Experten schriftlich befragt. Die Ergebnisse werden an alle Gruppenteilnehmer weitergegeben, so dass alle Teilnehmer den gleichen Wissensstand haben. Mit den Ergebnissen der externen Teilnehmer gelangt jeder zu neuen Gesichtspunkten, so dass am Ende eine optimale Lösung gefunden wird.

- **Historische Analogie**

Der vergangene Entwicklungsverlauf von Produkten und Technologien sowie deren Akzeptanz am Markt wird analysiert. Hieraus werden Schlüsse für die zukünftige Entwicklung gezogen.

- **Szenariotechnik oder Relevanzbaum-Methode**

Diese beiden Verfahren sind sich sehr ähnlich. In beiden Fällen werden zukünftige Entwicklungen–basierend auf dem heutigen Stand–nach der Methode „**wenn... dann**" entwickelt. So können Umwelt- oder Produktverläufe in Ansätzen vorausbestimmt werden.

Hervorgebracht wurde die **Szenario-Analyse** von **Hermann Kahn** in den fünfziger Jahren. Unter einem Szenario versteht man die Beschreibung der zukünftigen Entwicklung eines Prognosegegenstandes bei alternativen Rahmenbedingungen. Dabei werden verschiedene, möglichst plausible und in sich stimmige Zukunftsbilder entworfen und **Entwicklungspfade** aufgezeigt, die zu diesen **Zukunftsbildern** hinführen. Auch bewusst weniger wahrscheinlich anzunehmende Szenarien werden entworfen oder Störereignisse werden in den Erstellungsprozess einbezogen.

Bei der strategischen Unternehmensplanung kann die Szenario-Analyse zum Beispiel bei einer Umweltanalyse benutzt werden, um die Konsequenzen bestimmter Strategien zu ermitteln.

Der **Szenario-Trichter** verdeutlicht, dass man aus heutiger Sicht nicht von einer einzigen Zukunftsprognose ausgehen kann, sondern dass aufgrund der Bandbreite der Einflussfaktorenentwicklung viele unterschiedliche Zukunftsbilder denkbar sind.

Die Entwicklung der Szenarien erfolgt in verschiedenen Schritten:
(1) Feststellen der Aufgabenstellung mit Hilfe von Experten
(2) Umfeldanalyse
(3) Trendprojektionen unter Berücksichtigung alternativer Entwicklungen
(4) Annahmebündelung unter Berücksichtigung von Interdependenzen
(5) Szenarieninterpretation in verbaler Form
(6) Störfallanalyse
(7) Ableiten von Konsequenzen aus der Auswirkungsanalyse
(8) Konzipieren von Maßnahmen

Unsicherheiten bezüglich der zukünftigen Entwicklungen werden durch diese Analyse explizit noch einmal dem Entscheidungsträger klar gemacht, vor allem durch die Bestimmungen alternativ möglicher Perspektiven. Für das Erstellen einer solchen Analyse gibt es nur sehr allgemeine Prinzipien und somit sind die fachlichen Kompetenzen, die

Informationsbasis und die Vorstellungskraft der Teilnehmer für das Erkennen von Unsicherheiten und ihren Wechselwirkungen bedeutsam.

Die Aufgabe, relevante Einflüsse und deren Unsicherheiten zu erfassen und die Interdependenzen zu analysieren wird umso schwieriger, je komplexer und dynamischer sich die Umweltsituation darstellt.

(2) Quantitative Prognosemethoden

Die quantitativen Prognosemethoden werden aufgrund ihrer kurz- bis mittelfristig guten Vorhersageeigenschaften für mittelfristige strategische und teilweise operative Entscheidungen genutzt.

– **Einfache Trendextrapolation**

Die Vergangenheitswerte werden in die Zukunft linear hochgerechnet. Dabei werden entsprechende Aussagen z.B. über den Absatz formuliert. Nähern sich alle Werte im Absatz-Zeit Diagramm einer Linie an, so kann man entlang der entstehenden Geraden einen Trend für die Zukunft prognostizieren.

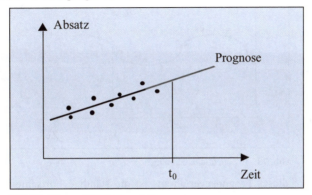

Abb. 76: Lineare Trendextrapolation

Nachteilig wirkt sich bei dieser Methode aus, dass die entstehende Prognose nur auf Vergangenheitswerten beruht und somit schnelle Trendschwankungen nicht berücksichtigt werden.

– **Gleitende Durchschnitte**

Ausgehend von der statistischen Mittelwertbildung wird eine periodische Mittelung der Vergangenheitswerte durchgeführt, so dass saisonale Schwankungen eliminiert werden.

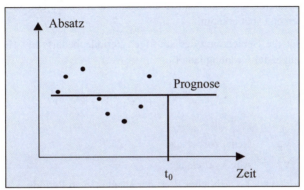

Abb. 77: Gleitende Durchschnittsmittelung

Zeichnet man die arithmetischen Mittelwerte in ein Zeit-Absatz-Diagramm ein, kann man wiederum entlang einer Näherungsgerade eine Prognose für die Zukunft erstellen. Nachteilig ist jedoch, dass alle Werte gleichgewichtet aufgenommen werden und somit Verzerrungen durchaus möglich sind. Um diese Störeinflüsse auszugleichen, bildet man gleitende Mittelwerte. Hierbei wird nur eine begrenzte Teilmenge der anfallenden Durchschnittswerte übernommen. Von Periode zu Periode wird dabei auf ältere Werte verzichtet.

- **Exponentielle Glättung**

Die exponentielle Glättung **erster Ordnung** wurde von **Brown (1952)** entwickelt und wird heute in der Praxis fast ausschließlich mit einschlägigen **Software-Paketen** durchgeführt. Dieses Verfahren findet, wie bei den Verfahren der gleitenden Mittelwerte, bei gleichen Zeitreihen Anwendung, weist aber gegenüber diesen erhebliche Vorteile auf.

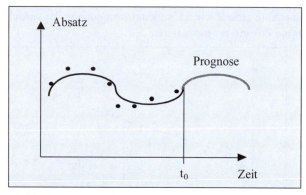

Abb. 78: Exponentielle Glättung

Grundgedanke dieses Prognoseverfahrens ist die ständige Fortschreibung des Mittelwertes im Zeitablauf, wobei durch die Wahl eines Gewichtungsfaktors, Alphafaktor (α) oder Glättungskonstante – der Einfluss der angefallenen „jüngsten" Verbrauchswerte vom Disponenten festgelegt wird. Der **Gewichtungsfaktor** α wird in der Regel zwischen 0,1 und 0,3 gewählt. Je größer α gewählt wird, desto stärker liegt das Gewicht auf der neuesten Tatsache. Der Prognosewert reagiert beispielsweise schneller bei auftretenden Strukturbrüchen oder Knicken in einer Zeitreihe, bringt aber auch rein zufällige Schwankungen weniger zum Ausgleich. Bei einem kleinen Alphafaktor ist das System eher träge oder stabil, d.h. Zufallsabweichungen werden stark geglättet und strukturelle Veränderungen erst spät erkannt.

Die Formel für die Berechnung des künftigen Periodenbedarfs mit Hilfe der exponentiellen Glättung erster Ordnung lautet:

$$V_n = V_a + \alpha \cdot (T_i - V_a)$$

V_n = Neue Vorhersage

V_a = Alte Vorhersage

T_i = Tatsächlicher Wert der abgelaufenen Periode

α = Glättungsfaktor

Beispiel:

Alter Vorhersagewert für die Woche 31 = 150   Glättungsfaktor α = 0,3
Tatsächlicher Wert der Woche 31 = 180

– Vorhersage für die Woche (32) = 150 + 0,3 (180-150) = 159

Beträgt der tatsächliche Wert der Woche 32 z.B. 139, dann lautet die nächste Vorhersage:

– Vorhersage für die Woche (33) = 159 + 0,3 (139-159) = 153 etc.

Der Klammerausdruck ist die Differenz zwischen tatsächlichem und geschätztem Wert einer Periode, aus der das System je nach Größe des α-Faktors mehr oder weniger lernt. Diese auftretenden Prognosefehler spielen eine wesentliche Rolle bei der Festlegung der Sicherheitsbestände. Neben der **Lernfähigkeit** dieses Systems sind als weitere Vorteile die Aktualität der Prognosen, der geringere Rechenaufwand und die Speicherung weniger Vergangenheitsdaten zu nennen.[89]

Die exponentielle Glättung **zweiter Ordnung** ermöglicht die Bereinigung von Zufallsschwankungen und die Berücksichtigung eines trendförmigen Wertes. Sie geht von einem linearen Trend aus und errechnet in jeder Periode zwei Punkte der Trendgeraden. Man setzt dabei voraus, dass sich der beobachtete Trendanstieg bis in die Vorhersageperiode fortsetzt. Für die Berechnung des Vorhersagewertes werden zwei Punkte auf der Trendgeraden benötigt, die sich wie folgt berechnen lassen:

Der erste Punkt wird aus der exponentiellen Glättung erster Ordnung errechnet:

$$V_n^{(1)} = V_a^{(1)} + \alpha \cdot (T_i^{(1)} - V_a^{(1)})$$

Der zweite Punkt liegt in der Vergangenheit und wird durch das Ergebnis der exponentiellen Glättung zweiter Ordnung bestimmt:

$$V_n^{(2)} = V_a^{(2)} + \alpha \cdot (T_i^{(2)} - V_a^{(2)})$$

Der Mittelwert der laufenden Periode errechnet sich dann wie folgt:

$$V_n = V_n^{(1)} + \alpha \cdot (V_n^{(1)} - V_n^{(2)})$$

Damit kann der Anstieg der Trendgeraden definiert werden:

$$b_n = \frac{\alpha}{1-\alpha} \cdot (V_n^{(1)} - V_n^{(2)})$$

b_n = Neuer Aufstiegsfaktor der Trendgeraden

---

[89] Dieses Verfahren ist jedoch nicht mehr anwendbar, wenn eine Zeitreihe eine deutliche Trendentwicklung aufweist. So würden nämlich die Vorhersagedaten ständig hinter der Wertentwicklung hinterherhinken und es wären so keine guten Prognosen mehr möglich.

Somit ergibt sich für die Berechnung der Vorhersage für die nächste Periode folgende Formel:

$$V_{n+1} = V_n + \frac{1-\alpha}{\alpha} \cdot b_n$$

− **Einfache Regression**

Durch das mathematische Verfahren der Regressionsanalyse werden die Vergangenheitswerte mit einer zu bestimmenden Funktion gemittelt. Mit dieser Funktion lässt sich durch das Einsetzen von Variablen die Prognose für die Zukunft bestimmen.

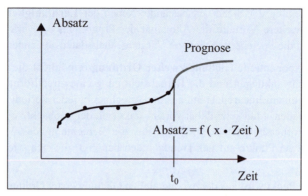

Abb. 79: Regressionsprognose

− **Multiple Regression**

Das Verfahren baut auf der einfachen Regression auf. Hinzu kommen hier weitere Variablen als Einflussfaktoren.

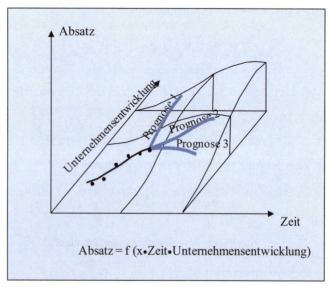

Abb. 80: Multiple Regressionsprognose

3.4 Strategiebeurteilung und Entscheidung

Während der Strategieplanung müssen immer wieder Alternativen bewertet und Entscheidungen getroffen werden. Die nun zu beschreibenden Werkzeuge des Controllers sollen dem Entscheidungsträger helfen, Handlungsalternativen zu finden und Entscheidungen zu treffen.

Entscheidungen bestimmen im Außenverhältnis, wie eine Unternehmung auf sich verändernde Umweltbedingungen agiert oder reagiert.[90] Im Innenverhältnis der Unternehmung sichern Entscheidungen die Koordination von Einzelleistungen zu einer Gesamtleistung aller Beteiligten.

Bei der Entscheidungstheorie wird zwischen den **normativen** und den **deskriptiven Entscheidungen** unterschieden. Normative Entscheidungstheorien befassen sich mit dem rationalem Handeln, während sich die deskriptiven Entscheidungstheorien mit dem tatsächlichem Zustandekommen von Entscheidungen beschäftigen.

3.4.1 Der Entscheidungsprozess

In einer Unternehmung müssen immer wieder Entscheidungen getroffen werden. Um richtig entscheiden zu können, ist es sinnvoll, sich mit dem Vorgang der Entscheidung zu befassen, zumal der Controller einen großen Anteil daran hat. Auch wenn der Controller die Entscheidungen nicht selbst trifft, so ist er für die Ermittlung der entscheidungsrelevanten Daten verantwortlich und regt unter Umständen geeignete Entscheidungsregeln an.

Voraussetzung für eine **Entscheidung** ist, dass es mindestens **zwei Alternativen** gibt, zwischen denen entschieden werden kann. Allein diese Tatsache sagt aber noch nichts über den eigentlichen Entscheidungsprozess aus. Lösungsalternativen tauchen immer dann auf, wenn sich dem Entscheider ein Problem stellt, d. h. es hat sich eine Situation eingestellt, die nicht normal ist.

Ein Problem lässt sich auch als **Soll-Ist-Abweichung** definieren. Es kann angenommen werden, dass diese Abweichung in der Zukunft auftreten wird und aus diesem Grund Entscheidungsbedarf entsteht. Die Abweichung kann aber auch bereits in der Vergangenheit aufgetreten sein. Es muss Klarheit darüber bestehen, welche Voraussetzungen vorhanden sein müssen, damit eine Entscheidung wertneutral und objektiv getroffen werden kann. Im Folgenden soll auf die Voraussetzungen für eine Entscheidung eingegangen werden.

3.4.1.1 Zielbezogenheit

Da die einzelnen Alternativen unterschiedlich beurteilt werden können ist es erforderlich, sie auf den Erfüllungsgrad der gesetzten Ziele zu untersuchen. Nach der Auswahl der optimalen Handlungsalternative, soll diese auch durchgeführt werden.

Aus dieser Formulierung ergeben sich bereits erste Anforderungen an die Ziele.

Ein **Ziel** sollte so formuliert sein, dass es bezüglich seines Erfüllungsgrades durch die alternativen Handlungsmöglichkeiten und/oder seiner Erreichbarkeit bei der Durchführung der optimalen Handlungsalternative überprüfbar ist. Sollen mehrere Ziele verfolgt

---

[90] Vgl. Jung, H.: Allgemeine Betriebswirtschaftslehre, a.a.O., S.180.

werden, so ist eine unterschiedliche Gewichtung durch die Vergabe von Gewichtungsfaktoren möglich. Damit wird eine Vergleichbarkeit der verschiedenen Handlungsalternativen bezüglich ihrer Zielerreichbarkeit realisiert.

3.4.1.2 Alternative Handlungsmöglichkeiten

Entscheidungen können nur getroffen werden, wenn der Entscheider die Möglichkeit hat, zwischen verschiedenen Alternativen auszuwählen. Die Voraussetzung für alternative Handlungsmöglichkeiten ist das Sammeln von Informationen, um diese zu Handlungsalternativen verdichten zu können.

Gibt es nur zwei Alternativen, ist die Entscheidung relativ einfach. Häufig gibt es aber eine größere Anzahl von Alternativen, die das Entscheidungsverfahren sehr aufwendig machen können.

Ein weiteres Kriterium bei der Festlegung der Handlungsalternativen sind die verschiedenen Möglichkeiten, die sich gegenseitig ausschließen müssen. Darauf wird im Abschnitt Wahlentscheidungen noch näher eingegangen.

Typische **Handlungsmöglichkeiten** könnten sein:

– Make-or-buy?	– Multiple- oder Mono-Anlage?	– Heute oder später investieren?
– Buy-or-lease?	– Kleckern oder Klotzen?	
– Sofort oder getimt?	– Konkurrenz, harmonisiert investieren? Aber wie?	– Was macht die Konkurrenz/der Marktführer mit diesem Problem?
– Reparieren statt investieren?		

3.4.1.3 Berücksichtigung nicht voraussagbarer Umweltbedingungen

Eine Entscheidung über zukünftige Handlungsalternativen kann nur getroffen werden, wenn der Entscheidungsträger dabei die künftige Konstellation des Umfeldes berücksichtigt. Diese Bedingungen beschränken den Entscheidungsspielraum und sind vom Entscheider nicht beeinflussbar.

Der Entscheidungsträger sollte alle möglichen entscheidungsrelevanten Zukunftsszenarien in Erwägung ziehen. Genauso wie sich die äußere Umwelt verändern kann (z.B. Veränderung der Konjunktur), kann auch die Situation innerhalb der Unternehmung variieren (z. B. Verlagerung der Produktion ins Ausland).

3.4.1.4 Ermittlung der Konsequenzen einer Entscheidung

Für die Beurteilung alternativer Handlungsmöglichkeiten dienen Ziele als Maßstab und führen zur Auswahl der optimalen Alternative.

Demnach muss der Beitrag einer Handlungsmöglichkeit zur Zielerreichung darstellbar sein. Gibt es mehrere Ziele, müssen diese gewichtet werden, um objektiv die Gesamtzielerreichung zu ermitteln (s.a. unter Wahlentscheidungen und Nutzwertanalyse).

Bei der Feststellung der Zielerreichung einer Handlungsalternative ist zu beachten, dass die Zielerreichung bei den verschiedenen Umweltbedingungen unterschiedlich sein kann. Man kann erst eine sichere Aussage über die Zielerreichung einer Handlungsalternative machen, wenn eine große Sicherheit über die angenommene Umweltbedingungen vorliegt.

3.4.2 Sicherheit, Unsicherheit und Risiko bei der Entscheidungsfindung

Wenn mehrere Ziele verfolgt werden und mehrere Handlungsmöglichkeiten existieren, deren Ergebnisse aufgrund bekannter Umweltbedingungen sicher sind, dann handelt es sich um eine **Entscheidung unter Sicherheit**. In diesem Fall liegen vollkommene Informationen über die Entscheidungssituation und eindeutige Erwartungen bezüglich des Eintreffens eines bestimmten Umweltzustandes vor. Da diese Voraussetzungen real nicht gegeben sein werden, kann in einer Unternehmung nicht unter Sicherheit entschieden werden.

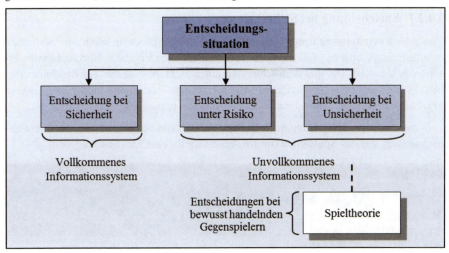

Abb. 81: Entscheidungsregeln

Im Gegensatz zu Entscheidungen unter Sicherheit gibt es Entscheidungssituationen, die **unter Unsicherheit** entschieden werden müssen. Es können dabei den einzelnen alternativen Handlungsmöglichkeiten keine sicheren Ereignisse mehr zugeordnet werden, da diese vom Eintreffen mehrerer, nicht vom Entscheidungsträger kontrollierbarer Umweltzustände, abhängig sind.

Der Begriff der Unsicherheit enthält nur die dem Entscheidungsträger bekannten, nicht kontrollierbaren Ereignisse. Dieser Begriff des **Risikos** umfasst alle kontrollierbaren und nicht kontrollierbaren Ereignisse, d.h. auch alle Ereignisse, die dem Entscheidungsträger nicht bekannt sind.

Im Allgemeinen wird zwischen Entscheidungen unter Risiko im engeren Sinne und Entscheidungen unter Risiko im weiteren Sinne unterschieden. Unter Entscheidungen im engeren Sinne versteht man, dass der Entscheidungsträger jedem der möglichen relevanten Umweltzustände (Ereignisse) eine Eintreffwahrscheinlichkeit zuordnen kann.

Objektive Wahrscheinlichkeiten werden mittels statistischer oder mathematischer Verfahren ermittelt. Subjektive Wahrscheinlichkeiten beruhen in der Regel auf dem persönlichem Erfahrungsschatz des Entscheidungsträgers.

Bei den Entscheidungen unter Risiko im weiteren Sinne wird der Einfluss aller Störgrößen, die das durch die Handlung angestrebte Ergebnis mindern können, berücksichtigt. Die Auswahl einer Handlungsmöglichkeit erfolgt mittels einer Entscheidungsregel oder eines Entscheidungsprinzips.

Entscheidungsprinzipien sind Richtlinien, die bei einer Entscheidungssituation solche alternativen Handlungsmöglichkeiten ausschließen, die für die weitere Entscheidungsfindung nicht mehr von Bedeutung sind. Es bleiben dann mindestens zwei Alternativen für eine Entscheidung übrig.

Entscheidungsregeln führen zur Auswahl einer einzigen Aktion. Im Grenzfall werden Entscheidungsprinzipien zur Entscheidungsregel, wenn das Ausscheiden von alternativen Handlungsmöglichkeiten dazu führt, dass nur eine Aktion übrig bleibt.

3.4.2.1 Entscheidung bei Sicherheit

Von einer **Entscheidung unter Sicherheit** wird dann gesprochen, wenn eine bestimmte unternehmenspolitische Maßnahme zu einem eindeutigen Ergebnis führt und dieses Ergebnis bekannt ist. Bei einer Entscheidung unter Sicherheit ist nur ein Ergebnis möglich. Es tritt mit der Wahrscheinlichkeit von 100% ein – es ist also sicher. Die anderen Ergebnisse haben die Wahrscheinlichkeit 0, sind also unmöglich.

Wenn nur eine Zielsetzung verfolgt wird, dann kann ausgehend von der Entscheidungsmatrix, nur das **Spaltenmaximum** Ausschlag für eine Entscheidung sein.

Handlungs-möglichkeiten \ Umweltbedingungen	Z_1	Z_2
A_1	120	180
A_2	80	75
A_3	100	20

Abb. 82: Beispiel für eine Entscheidung bei Sicherheit

Unterstellt man in dem in Abbildung 82 gegebenen Beispiel das Ziel der Gewinnmaximierung, so kann, wenn der Umweltzustand Z_1 eintritt, nur die Handlungsalternative A_1 gewählt werden, da der Wert 120 das Spaltenmaximum bedeutet.

Verfolgt der Entscheidungsträger **nur ein Ziel**, so kann nach dem oben beschriebenen Verfahren vorgegangen werden. Liegen dagegen mehrere Ziele vor, so muss versucht werden, den gemeinsamen Nutzen der Ziele zu ermitteln. Kann ein gemeinsamer Nutzen nicht ermittelt werden, so muss man versuchen, die Ziele in eine **Rangfolge** zu bringen, um dann nach der Wichtigkeit der Ziele zu entscheiden.

Die große Mehrzahl der vor allem im mittleren und unteren Bereich der Unternehmensführung getroffenen Entscheidungen gehört in die Kategorie der „Entscheidungen bei Sicherheit". Wenn das Ergebnis einer Entscheidung von technischen Prozessen abhängig ist, liegen meist Entscheidungen dieser Art vor.

3.4.2.2 Entscheidung unter Risiko

Entscheidungen unter Risiko (im engeren Sinne) sind dadurch gekennzeichnet, dass den möglichen Umweltzuständen bestimmte subjektive oder objektive Eintreffwahrscheinlichkeiten zugeordnet werden können.

Wie auch bei den Entscheidungsregeln unter Unsicherheit wird in der Regel vorausgesetzt, dass nur ein Ziel verfolgt wird und die Auswirkungen der Handlungsalternativen quantifizierbar sind. Eine wichtige Regel zur Bestimmung von Entscheidungen bei Risiko ist die **Bayes-Regel**.

Alternativen	Umweltzustände			
	U_1	U_2	U_3	Summe
A_1	$50 \cdot 0{,}6$	$20 \cdot 0{,}3$	$100 \cdot 0{,}1$	46
A_2	$80 \cdot 0{,}6$	$10 \cdot 0{,}3$	$90 \cdot 0{,}1$	**60**
A_3	$20 \cdot 0{,}6$	$(-10) \cdot 0{,}3$	$300 \cdot 0{,}1$	39

Abb. 83: Bayes-Regel

Dabei werden die Umweltzustände, multipliziert mit ihrer Eintreffwahrscheinlichkeit, bewertet. Das Maximum der gewichteten Alternativen wird als die optimale Lösung angesehen. Im Beispiel würde die Alternative 2 als optimale Lösung gewählt werden.

3.4.2.3 Entscheidung bei Unsicherheit

Die nun zu nennenden Beispiele der klassischen normativen Entscheidungstheorie gehen davon aus, dass der Entscheidungsträger nur ein Ziel verfolgt, und die Ergebnisse der einzelnen Alternativen quantifizierbar sind. Aus diesem Grund sind diese Entscheidungsregeln in der Praxis nur unter Vorbehalt einsetzbar. Die Entscheidungssituationen sind in der Praxis häufig viel komplexer (z.B. Zeit-, Personen- und Ortsbezug) und deshalb mit den Entscheidungsregeln bei Sicherheit nicht abzubilden.

(1) Die MAXIMIN-MINIMAX Regel von Wald

Die **Regel** lautet:

„Suche zu jeder Alternative das minimale Ergebnis aus den einzelnen Umweltzuständen. Wähle aus den Minima das maximale Ergebnis!" Diese Entscheidungsregel ist sehr pessimistisch, da die Alternative ausgewählt wird, die bei der jeweils schlechtesten Umweltsituation die erfolgreichste ist.

Alternativen	Umweltzustände			
	U_1	U_2	U_3	Zeilenminima
A_1	50	20	100	**20**
A_2	80	10	90	10
A_3	20	–10	300	–10

Abb. 84: Die Regel von Wald

(2) Die MAXIMAX-Regel

Im Gegensatz zur MAXIMIN-Regel ermittelt der Entscheidungsträger die maximalen Werte der einzelnen Alternativen, und daraus wieder das maximale Ergebnis. Beim obigen Beispiel würde der Entscheider die Alternative A_3 (mit 300 als Zeilenmaxima) wählen.

Alternativen	Umweltzustände			Zeilenmaxima
	U_1	U_2	U_3	
A_1	50	20	100	100
A_2	80	10	90	90
A_3	20	–10	300	**300**

Abb. 85: Die MAXIMAX-Regel

Optimisten oder Spielernaturen wenden diese Entscheidungsregel an.

(3) Die Optimismus-Pessimismus (Hurwitz) Regel

Es werden alle Zeilen mit den jeweiligen Maxima bzw. Minima berücksichtigt. Die Hurwitz-Regel gewichtet die jeweiligen Extremwerte der Alternativen und drückt somit die jeweilige Risikoneigung aus.

Ist der Optimismus-Parameter gleich 0,7 und der Pessimismus-Parameter gleich 0,3 (0,3 + 0,7 = 1) ergibt sich aus obigem Beispiel:

Alternative	Minima	Pessimismus Parameter	Gewichtetes Minima	Maxima	Optimismus Parameter	Gewichtetes Maxima	Gew. Min. + Gew. Max.
A_1	20	0,3	6	100	0,7	70	76
A_2	10	0,3	3	90	0,7	63	66
A_3	–10	0,3	–3	300	0,7	210	**207**

Abb. 86: Die Hurwitz-Regel

Die Optimismus- bzw. Pessimismus-Parameter können beliebig gewählt werden. Voraussetzung ist nur, dass die Summe der beiden Parameter = 1 ist. In diesem Beispiel sind die Parameter eher optimistisch gewählt, soweit eine Verbindung zwischen Optimismus und Risikofreudigkeit hergestellt werden kann.

(4) Die Savage-Niehans-Regel

Die Savage-Niehans-Regel orientiert sich nicht an den absoluten Nutzenwerten, sondern an der **Minimierung** des höchstmöglichen, durch eine Fehleinschätzung der Umweltsituation bedingten **Nachteils**. Dieser Nachteil wird ermittelt durch die Differenz zwischen dem zu erwartenden und dem maximalen Nutzen, den man hätte erreichen können, bei dem Eintreten des Umweltzustandes.

Der Ablauf ist folgender: Zunächst bildet man die Spaltenmaxima, d.h. den beim Eintreten eines bestimmten Umweltzustandes maximal erzielbaren Nutzen. Im nächsten Schritt wird für jeden Nutzenwert die Differenz zwischen ihm und dem Maximum des entsprechenden Umweltzustandes ermittelt.

Von diesen Werten wird für jede Handlungsmöglichkeit der maximale Betrag ermittelt. Dabei erhält man so für die jeweilige Handlungsmöglichkeit das Zeilenmaximum. Aus diesen Zeilenmaxima wird dann die Handlungsalternative ausgewählt, die den kleinsten Wert hat.

Spalten-maxima	80	20	300	
	Differenz Spaltenmaxima - Nutzen			**Maximales**
Alternativen	U_1	U_2	U_3	**Risiko**
A_1	30	0	200	200
A_2	0	10	210	210
A_3	60	30	0	**60**

Abb. 87: Entscheidungsmatrix nach Savage-Nichans Regel

Ausgehend von Abb. 87 kommt man hier zur Wahl der Handlungsmöglichkeit A_3.

Mit dieser Entscheidungsregel kann der höchstmögliche Nachteil im Falle einer Fehlentscheidung minimiert werden. Diese Regel ist deshalb auch, wie die Maximin-regel, für **Pessimisten** geeignet. Hier gilt die gleiche Kritik wie bei der Maximin-Regel.

(5) Die LAPLACE-Regel

Bei der Laplace-Regel wird man sich für die Alternative entscheiden, deren Gewinnsumme am höchsten ist. Im oben genannten Beispiel werden gemäß dieser Regel die einzelnen Ergebnisse der Alternativen bei den jeweiligen Umweltzuständen addiert. Das höchste Ergebnis führt zur Auswahl. In diesem Beispiel stellt die Alternative 3 mit der Gewinnsumme von 310 die beste Wahlmöglichkeit dar.

	Umweltzustände			
Alternativen	U_1	U_2	U_3	**Gewinnsumme**
A_1	50	20	100	170
A_2	80	10	90	180
A_3	20	–10	300	**310**

Abb. 88: Die Laplace-Regel

3.4.2.4 Kritische Betrachtung der Entscheidungsregeln

Es bleibt festzustellen, dass je nachdem, welche Entscheidungsregel zugrunde gelegt wird, ein anderes Ergebnis entsteht. Trotzdem ist es sinnvoll, sich im Zuge einer Entscheidung mit den Aspekten Risiko, Wahrscheinlichkeit, Optimismus und Pessimismus sowie Sicherheit und Unsicherheit zu beschäftigen.

Alternativen sollten zunächst soweit als möglich logisch-analytisch durchdacht werden, bevor der menschliche Faktor „Intuition" mit einbezogen wird, schon um das Zustandekommen einer Entscheidung dokumentieren zu können.

Sobald eine Geschäftsleitung gewisse Parameter, wie minimale Rendite oder maximale Amortisationszeit o.ä. vorgibt, scheiden eine Reihe von Handlungsalternativen und Entscheidungsregeln aus.

3.4.2.5 Spieltheorie

In der Spieltheorie werden rationale Verhaltensweisen in Konfliktsituationen sowie das Gleichgewicht des Verhaltens aller Spieler beschrieben. Dabei stehen den eigenen Handlungsmöglichkeiten auch mehrere Möglichkeiten des oder der Gegenspieler gegenüber.[91]

Spiele im Rahmen der Spieltheorie lassen sich nach verschiedenen Kriterien klassifizieren, z. B.:

- **Anzahl** der **Spieler** (2-Personen, Mehrpersonenspiele)
- **Auszahlungssumme** (variable Spielsumme, konstante Spielsumme)
- **Möglichkeit** bindender **Vereinbarungen** (kooperative und nichtkooperative Spiele)

Anhand eines Zwei-Personen-Spiels soll eine mögliche Lösung in einem spieltheoretischen Problem dargestellt werden. Die Spieler haben das Ziel der Nutzenmaximierung bei vollkommener Information über die eigenen und die gegnerischen Handlungsmöglichkeiten.

Die Spielsituation:

General Blotto kämpft mit seinen 4 Divisionen gegen General Kije, welcher 3 Divisionen zur Verfügung hat, um die Ortschaften A und B zu erobern. Setzt ein General mehr Divisionen zur Eroberung einer Ortschaft ein als sein Gegner, so vernichtet er die feindlichen Divisionen und erobert die Ortschaft.

Für jede vernichtete feindliche Division und für die Eroberung einer Ortschaft erhält er je einen Punkt und der Feind verliert je einen Punkt. Der Kampf zwischen gleich starken Gruppen bleibt unentschieden, wobei kein Gegner einen Punkt erhält.

Wie sollen die beiden Generäle ihre Divisionen auf die Ortschaften A und B aufteilen, damit jeder optimale Erfolgschancen hat?

Handlungs-möglichkeiten \ Umweltbedingungen	$S_1=(3,0)$	$S_2=(2,1)$	$S_3=(1,2)$	$S_4=(0,3)$
$A_1=(4,0)$	4	2	1	0
$A_2=(3,1)$	1	3	0	−1
$A_3=(2,2)$	−2	2	2	−2
$A_4=(1,3)$	−1	0	3	1
$A_5=(0,4)$	0	1	2	2

Abb. 89: Ergebnismatrix

Das Charakteristische der Spielsituation besteht darin, dass die „Zustände der Welt S_j", d.h. die Strategien des Generals Kije so gewählt werden, dass der Entscheidende, d.h. General Blotto, möglichst wenig gewinnt. Überraschenderweise besteht in diesem Beispiel die optimale Lösung nicht in der Auswahl je einer Strategie für beide Gegner, sondern in je einer Wahrscheinlichkeitsverteilung über die Strategien.

---

[91] Vgl. Sieg, G.: Spieltheorie, 2. Aufl., München/Wien 2005

3.4.3 Alternativensuche

Wenn von Entscheidungen gesprochen wird, stellt sich immer die Frage, ob wirklich alle relevanten Alternativen bedacht worden sind. Nur wenn wirklich alle Alternativen gefunden sind, kann man sicher sein, dass die richtige Alternative (bezüglich des Wissensstandes zum Entscheidungszeitpunkt) gefunden wurde.

Wie bereits erwähnt, wird eine Entscheidung und damit die Alternativensuche erforderlich sein, wenn ein Problem erkannt worden ist. Um die Alternativensuche strukturiert gestalten zu können, ist zuerst die Situation für jeden verständlich zu definieren. Lässt sich die Situation problemlos definieren, ergeben sich einige Alternativen von allein und können aufgrund von Erfahrung, Autorität oder mit den bereits vorgestellten Entscheidungsregeln gelöst werden.

Ist die Situation schwieriger und lässt sich das Problem nicht ohne weiteres definieren, ergeben sich nur wenige oder keine möglichen Lösungen. Für so einen Fall sind innovative Lösungen gefragt, die mit Hilfe von heuristischen Methoden (Kreativitätsmethoden) gefunden werden können.

Kreativitätstechniken machen von folgenden Grundlagen Gebrauch:

Gezieltes Fragen	Bewusstes Vorwärtsschreiten/Rückwärtsschreiten	Gliederung in Teilprobleme (Faktorisierung)
Negation		
Neukonzeption	Systematisierung	Problemumformulierung

Bei den Kreativitätstechniken wird unterstellt, dass jeder Mensch über ein kreatives, oder schöpferisches Potenzial verfügt. Mittels der Kreativitätstechniken soll dieses Potenzial genutzt und auch trainiert werden.

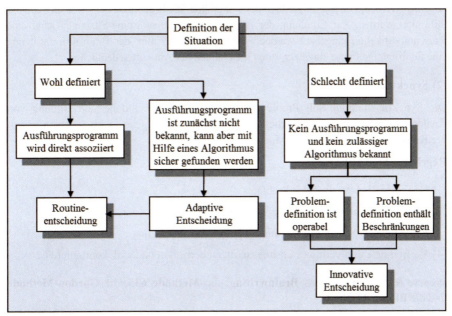

Abb. 90: Problemstrukturen

3.4.3.1 Intuitiv betonte Methoden

Diese Methoden stützen sich weitgehend auf **Ideenassoziation** als Folge unbefangener Äußerungen von Partnern, Analogievorstellungen und gruppendynamischer Effekte.

Intuitives Entscheiden ist sicher in vielen Fällen richtig, doch wenn es sich um Situationen von großer Bedeutung handelt, sollten Entscheidungen besser rational vorbereitet werden. Dies ändert jedoch nichts am Tatbestand, dass Entscheidungen aufgrund der menschlichen Komponente immer subjektiv sind.[92]

(1) Brainstorming

Für das Brainstorming trifft sich eine 10 bis 12 Mitarbeiter große Gruppe, die möglichst viele Ideen in relativ kurzer Zeit (30 bis 50 Minuten) finden sollen. Alle Beteiligten dürfen sich spontan und ohne Hemmungen äußern. Um eine große Ideenvielfalt zu erreichen, sollten die Beteiligten aus den verschiedensten Abteilungen rekrutiert werden.

Oft entstehen bei den Beteiligten Hemmungen und sie haben Angst, ihre Gedanken frei mitzuteilen. Aufgrund dieser Erkenntnis stellte **Osborn** vier **Grundregeln** auf, die das Hervorbringen vieler Ideen in einer Gruppe fördern sollen.

- Die Teilnehmer sollen mehr auf Quantität statt auf Qualität der Ideen achten.
- Jegliche Kritik an Ideen ist zurückzustellen.
- Der Phantasie der Teilnehmer sind keine Grenzen gesetzt.
- Individualleistungen werden nicht herausgestellt.

Zu einer Brainstorming Sitzung wird offiziell eingeladen, wobei das Thema möglichst nicht genannt werden soll. Etwa 2 Tage nach dieser Sitzung sollten Restideen telefonisch abgefragt werden. Die Sitzungsteilnehmer sollten über die Ergebnisse der Ideenverwendung informiert werden. Zur Erhöhung der Effizienz von Brainstorming-Sitzungen kann eine Pausenmodifikation eingebaut werden. Wird nach ca. 15 min. der Brainstormingsitzung eine fünfminütige Pause eingelegt, steigt die Qualität der Antworten deutlich.

(2) Synektik

Die Synektik-Methode soll Problemlösungen durch Verfremdung und Bildung von Analogien hervorbringen. Die Arbeitsgruppe soll ein heterogener, 4 bis 6 Personen großer Kreis, mit einem geschulten Moderator sein.

Regeln zur **Synektik** sind:

(1) Definition und Analyse des Problems.

(2) Erfassen der spontanen Lösungsvorschläge.

(3) Finden von Problemlösungen aus anderen Lebensbereichen.

(4) Verfremdete und vertraute Lösungsansätze überprüfen und evtl. kombinieren.

Weitere Methoden sind das **Brainwriting**, die **Methode 635**, die **Gordon-Methode** und die **Bionik-Methode**.

---

[92] Vgl. Laufer, H.: Entscheidungsfindung: Sicher entscheiden – erfolgreich handeln, Berlin 2007.

3.4.3.2 Diskursiv betonte Methoden

Diese Methoden streben ein bewusst schrittweises Vorgehen an, was aber die Intuition nicht ausschließt.

Aus der Konstruktionstechnik sind die Konstruktionsmethoden nach den VDI Richtlinien 2222 (Konzipieren technischer Produkte) und 2225 (Technisch-wirtschaftliches Konstruieren) bekannt. Nach der VDI Richtlinie 2222 unterteilt sich der Produktentwicklungsprozess in die Schritte Planen, Konzipieren, Entwerfen und Ausarbeiten.

Der allgemeine Lösungsprozess für die Bewältigung von Aufgaben aus den unterschiedlichsten Anwendungsgebieten kann nach folgendem Bild ausgeführt werden.

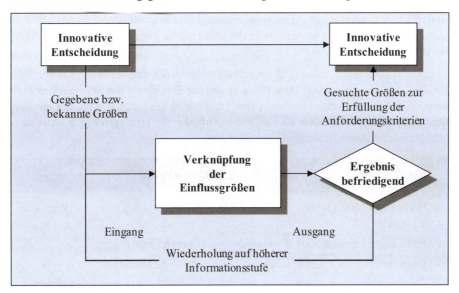

Abb. 91: Allgemeine Lösung von Aufgaben

3.5 Strategische Kontrolle

Die strategische Kontrolle wurde im Gegensatz zur strategischen Planung bisher wenig beachtet. Die ersten Ideen über eine strategische Kontrolle haben den Kontrollprozess an sich als Inhalt, sowie die Analyse eines möglichen strategischen Kontrollsystems in Form eines strategischen Rechnungswesens.

Die strategische Kontrolle ist wie die operative Kontrolle in ihren Grundwerten ein Vergleich von Soll und Ist. Sie muss jedoch qualitative Werte, d.h. Strategien, einbeziehen. Die Umwandlung der Qualität in quantitative Aussagen ist somit ein unumgängliches Problem.

Die strategische Kontrolle hat aufgrund ihres unbegrenzten Vergleichszeitraumes einen **ex-ante Charakter**. Die Soll-Größen sind dabei die zukünftigen Strategien um die derzeitigen Ist-Strategien beurteilbar zu machen. Neben Strategien können auch Portfolios, SGE, Problemlösungen, Produkte bzw. Erfolgspotenziale kontrolliert bzw. miteinander verglichen werden.

Der **Ablauf** der **strategischen Kontrolle** ist grundsätzlich immer gleich:

(1) Bestimmung der strategischen Kontrollgrößen

(2) Ermittlung, Analyse und Bewertung der Abweichungen

(3) Entscheidungen über relevante Abweichungen sowie die Aufstellung und Durchsetzung entsprechender Maßnahmen zur Gegensteuerung

Es gibt zwei wichtige Ansätze zur Strukturierung der strategischen Kontrolle. Der eine ist von A. Gälweiler und der andere Ansatz von Steinmann/Schreyögg. Bei Gälweiler ist die strategische Kontrolle relativ zur operativen Kontrolle vielseitiger strukturiert. Das folgt aus der höheren Komplexität der strategischen Planung. Das Ziel der strategischen Kontrolle besteht im rechtzeitigen Erkennen von Abweichungsursachen. Damit soll sichergestellt werden, dass der strategische Plan korrigiert werden kann, bevor operative Auswirkungen entstehen.

Um dies zu erfüllen, müssen alle unternehmensinternen und -externen Faktoren, die für die Erfüllung der strategischen Planung und zur Erreichung der strategischen Ziele wesentlich beitragen oder von denen eine Gefährdung ausgehen könnte, mit einbezogen werden. Nach Gälweiler lässt sich die **Aufgabe** der **strategischen Kontrolle** in acht unterschiedliche Themengebiete unterteilen.

Die strategische Kontrolle

- Prüfung der strategischen Pläne auf Vollständigkeit und Konsistenz (formal und materiell)
- Permanente Überwachung der internen und externen Bedingungen
- Überwachung der Termine strategisch relevanter Entscheidungen
- Überwachung der Termine wichtiger Meilensteine bei der Realisierung strategisch relevanter Voraussetzungen
- Permanente Überwachung operativer Verhaltensweisen, im Hinblick auf eventuell strategisch schädliche Auswirkungen
- Regelmäßige Überwachung der strategischen Gesamtsituation der Unternehmung durch eine eigenständige strategische Analyse
- Periodische Überprüfung der Abgrenzung der strategischen Geschäftseinheiten und der dafür geltenden Kriterien
- Periodische Überprüfung der für strategische Entscheidungen maßgebenden geschäftspolitischen Verhaltensgrundsätze

Steinmann/Schreyögg sehen, wie Gälweiler, die strategische Kontrolle als ein Instrument zum Ausgleich strategischer Risiken. Durch den komplexen strategischen Planungsprozess, der sich vom Festlegen der Geschäftsfelder bis zu den strategischen Einzelmaßnahmen erstreckt, sind diese Risiken ein natürlicher Bestandteil, die es zu kompensieren gilt. Steinmann/ Schreyögg leiten aus dem Selektionsprozess der strategischen Planung drei Arten der strategischen Kontrolle ab: die Prämissenkontrolle, die Durchführungskontrolle und die strategische Überwachung.

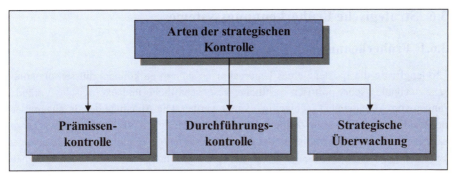

Abb. 92: Die drei Arten der strategischen Kontrolle nach Steinmann/Schreyögg

Die Prämissenkontrolle überwacht die in der strategischen Planung festgelegten Bedingungen. Diese Prämissen sind in der strategischen Planung unabkömmlich, da sie die unbegrenzte Umwelt und somit das Entscheidungsfeld auf ein weniger komplexes Maß verkleinern. Durch die Prämissen werden auch die Kontrollaktivitäten nach ihren Prioritäten gebündelt. Somit ist die Prämissenkontrolle eine gerichtete und selektive Kontrolle.

Die Wirkungen und beiläufigen Nebenwirkungen werden durch die Durchführungskontrolle an den festgelegten **Meilensteinen** überwacht. Somit werden Informationen gewonnen, die erst spät oder zu spät in der Realisationsphase sichtbar werden. Diese Art der Kontrolle ist ebenso gerichtet und selektiv, da sie die Kontrollaktivitäten an den Meilensteinen orientiert und strukturiert.

Die Selektionen der **Prämissenkontrolle** und der **Durchführungskontrolle** werden durch die strategische Überwachung ausgeglichen. Somit sind sie angerichtete Beobachtungsaktivitäten. Das Ziel der strategischen Kontrolle ist die frühzeitige Ermittlung von Krisenzeichen, die dann auf ihre Strategierelevanz geprüft werden, um so alternative Gegenwirkungen auf eventuelle Veränderungen vorbereiten zu können.

Das größte Problem der strategischen Kontrolle ist aber ihre Messbarkeit. Diese ist aufgrund fehlender Einheiten etwas mangelhaft. Im operativen Geschäft ist dies jedoch kein Problem, da es hier die Liquidität, Rentabilität und Wirtschaftlichkeit gibt. Eine bekannte Maßeinheit in der strategischen Kontrolle ist die Potenzialität. Damit wird versucht, vorhandene und wachsende Potenziale abzubilden. Voraussetzung zur Potenzialität sind geeignete strategische Rechengrößen. Hier wird sich der Stärken und Schwächen bedient. Dabei zeigen Stärken den Aufbau, die Erhaltung und die Mehrung von Erfolgspotenzialen. Die Schwächen stellen die Abnutzung bzw. den verfehlten Aufbau von Erfolgspotenzialen dar. Beide, Stärken und Schwächen, sind im Anschluss miteinander zu saldieren.

$$\text{Potenzial} = \frac{\text{Soll (Ist)} - \text{Stärken / Schwächen}}{\text{Soll} - \text{Stärken / Schwächen}}$$

Die Berechnung beider Größen kann jeweils ex-ante oder ex-post erfolgen. Dabei macht es keinen Unterschied, ob der Gegenstand der strategischen Rechnung eine einzelne Abteilung oder das gesamte Unternehmen ist. Die ersten Instrumente der strategischen Rechnung sind das Portfolio-Konzept und die strategische Bilanz.

3.6 Strategische Früherkennungssysteme

3.6.1 Früherkennung

Um langfristig die Existenz eines Unternehmens sichern zu können, müssen ökonomische, technologische, politisch-rechtliche, gesellschaftliche und ökologische Veränderungen vom Management rechtzeitig erkannt werden. Die Abnahme der für angemessene Reaktionen verfügbaren Zeiträume und die Schwierigkeit Veränderungen vorherzusagen, erschwert die Bewältigung der Anpassungsaufgaben erheblich. Deshalb erfolgen Erkennung, Analyse und Reaktion auf Umwelt- und Unternehmensveränderungen häufig zu spät.

Eine erfolgreiche Antwort bei auftretenden Gefahren sowie das Erkennen von Chancen ist jedoch meist nur im Vorfeld dieser Veränderungen möglich, in der sie noch keine direkte Wirkung auf Märkte, Produkte sowie die Mitarbeiter eines Unternehmens hervorgerufen hat. Zeitgewinn erhöht daher die Handlungsmöglichkeiten eines Unternehmens für eine Reaktion auf Veränderung der Unternehmensumwelt. Die Wahrscheinlichkeit, dass das Unternehmen in der Lage sein wird, sich auf veränderte Bedingungen einzustellen ist größer, wenn die Initiative für einen Problemlösungsprozess möglichst früh einsetzen kann.

Im Idealfall kann es durch **frühzeitige Maßnahmenanpassung** seine Zukunft gewinnsteigernd beeinflussen. Dazu ist eine rechtzeitige Wahrnehmung interner und externer Veränderungen notwendig. Ein erhöhtes Informationsangebot für das Unternehmen ist hierzu ebenfalls erforderlich. Für eine unter heutigen Bedingungen erfolgreiche Managementtätigkeit ist es deshalb nötig, rechtzeitig relevante Informationen zu beschaffen und diese verarbeiten zu können.

Eines der wesentlichen Ziele der Früherkennung ist es, systematisch und kontinuierlich die aktuelle und zukünftige Unternehmensin- und Unternehmensumwelt zu überwachen. Die Früherkennung bedient sich dabei unter anderem auch der **Prognosetechniken,** die den relevanten Wandel zu antizipieren versuchen. Voraussetzung der Modell-vorstellung ist dabei, dass sich möglicherweise eintretende Veränderungen ausfindig machen lassen. Von erheblicher Bedeutung ist ebenfalls das Aufspüren sogenannter Diskontinuitäten, deren Eintritt in der Regel einschneidende Maßnahmen in der Anpassung im Unternehmen erfordern.

3.6.1.1 Aufbau eines Früherkennungssystems

Sind nun Prognosen für die Zukunft erstellt und entsprechende Strategien ausgearbeitet worden, geht es um die Realisierung und die Durchsetzung der Strategien. Hierbei muss vorher jedoch beachtet werden, dass in manchen Fällen die Ermittlung von Chancen und Risiken zu langsam geschieht.[93] Nur mit einer explizit ausgerichteten Analyse gelangen Informationen zu den Entscheidungsebenen innerhalb des Unternehmens. Durch diese Reaktionszeit ist es meist zu spät, gezielt einzugreifen und unerwünschte Folgen rechtzeitig zu vermeiden oder die Gunst der Stunde zu nutzen. Aus diesem Grund werden unternehmensinterne bzw. -externe Früherkennungssysteme installiert.

---

[93] Vgl. Horváth, P.: Controlling, a.a.O., S. 341 ff.

Dabei müssen für jede Branche spezifische Früherkennungssysteme eingesetzt werden. Die strategische Unternehmensleitung sollte erkennen, welcher Bereich für die Unternehmung besonders empfindlich ist. Hier kann man auf die Chancen/Risiken- bzw. Stärken/Schwächen-Analyse zurückgreifen. Mit Hilfe von Kennzahlen können Grenzwerte gesetzt werden, bei deren Überschreitung ein Warnsignal generiert wird.

Dabei wird zwischen schwachen und starken Indikatoren unterschieden. Die starken Indikatoren können umgehend definiert und entsprechende Schritte zur Behebung eingeleitet werden. Bei den schwachen oder auch indirekten Indikatoren ist nach deren Auftreten eine tiefergehende Analyse notwendig, um die genaue Ursache zu ermitteln. In diesem Zusammenhang lässt sich auch die **GAP-Analyse** nennen. Der derzeitige Stand wird weiter prognostiziert und so gelangt man zu einem späteren Zeitpunkt an eine Position, die mit dem gesetzten Ziel zu vergleichen ist. Tritt hier eine Lücke auf (GAP), so muss analysiert werden, welche Maßnahmen zur Lückenbehebung eingeleitet werden können.

Eine weitere Möglichkeit frühzeitige Abweichungen zu erkennen, sind stichprobenartige Kontrollen der strategischen Zielerreichung. Man unterscheidet die **sachliche Kontrolle** und die **zeitliche Kontrolle**. In beiden Fällen geht es nicht um die eigentliche Kontrolle der ausführenden Personen, sondern darum, den Gesamtablauf im Unternehmen zu garantieren. Die Kontrolle lässt sich unterscheiden in eine Aufdeckung, Erfahrung und Verhaltensänderung.[94]

In der **Aufdeckungsphase** soll die Verbesserung der laufenden Aufgabenerfüllung erreicht werden. Die hieraus resultierenden **Erfahrungen** werden in der Zukunft eine neu strukturierte und verbesserte Aufgabenerfüllung zulassen. Durch das Bewusstwerden der Verbesserungen wird ein zielgerichtetes und vor allen Dingen ein **zielkonformes Verhalten** herbeigeführt.

Bei einer Kontrolle ist zu berücksichtigen, dass auftretende Abweichungen aus **Implementierungsfehlern** (falsch verstandene Anweisungen bzw. fehlende technische oder organisatorische Rahmenbedingungen) oder aus **Prognosefehlern** (falsche Informationsanalyse und daraus abgeleitete falsche Planerstellung) resultieren können.[95]

3.6.1.2 Charakterisierung von Früherkennungssystemen

Eine erfolgreiche Reaktion auf auftretende Gefahren, sowie das Erkennen von Chancen ist jedoch meist nur im Vorfeld dieser Veränderungen möglich, in der sie noch keine direkte Wirkung auf Märkte, Produkte sowie die Mitarbeiter eines Unternehmens hervorgerufen haben. Ein **Zeitgewinn** erhöht daher die Handlungsmöglichkeiten eines Unternehmens für eine Reaktion auf Änderungen der Unternehmensumwelt.

Die Wahrscheinlichkeit, dass das Unternehmen in der Lage sein wird, sich auf veränderte Bedingungen einzustellen ist größer, wenn die Initiative für einen Problemlösungsprozess möglichst früh einsetzen kann. Im Idealfall kann es durch frühzeitige Maßnahmenanpassung seine Zukunft gewinnsteigernd beeinflussen. Dazu ist eine rechtzeitige Wahrnehmung interner und externer Veränderungen notwendig.

---

[94] Vgl. Amshoff, B.: Controlling in deutschen Unternehmen, a.a.O., S. 187 ff.
[95] Vgl. Bramsemann, R.: Handbuch Controlling, Methoden und Techniken, a.a.O., S. 183.

Ein erhöhtes Informationsangebot für das Unternehmen ist hierzu ebenfalls erforderlich. Für eine unter heutigen Bedingungen erfolgreiche Managementtätigkeit ist es deshalb nötig, rechtzeitig relevante Informationen zu beschaffen und verarbeiten zu können.

Früherkennungssysteme bzw. Frühwarnsysteme sind „Informationssysteme, die den Benutzer für potentielle Chancen oder Bedrohungen sensibilisieren und mit dem, für ein rechtzeitiges Agieren erforderlichen zeitlichen Vorlauf, auf Entwicklungsmöglichkeiten oder konkrete kritische Entwicklungen hinweisen. Es handelt sich also um solche Konzeptionen, die ausschließlich auf potenzielle Gefährdungen des Unternehmens hinweisen."[96]

Die Generierung alternativer Reaktionsstrategien kann ebenfalls dem Aufgabenbereich der Früherkennung zugeordnet werden.

Der **Zweck** von Früherkennung ist es weniger, ein weiteres Managementinformationssystem im Rahmen des Planungs- und Kontrollsystems des Unternehmens aufzubauen, sondern vielmehr das **Management** für **Veränderungen** zu **sensibilisieren**. Die eigentliche Aufgabe der Früherkennung ist es, ein Problem oder eine Chance möglichst frühzeitig zu identifizieren, die unterschiedlichen Annahmen über die Zukunft unmissverständlich zu machen und eine möglichst breite und vielschichtige Vorstellung von ihr zu ermöglichen.

Es kommt bei der Früherkennung nicht auf die objektive Situation an, sondern auf die subjektive, richtige Wahrnehmung der Veränderung. Früherkennung lässt sich in dem Managementprozess als ein weiterer Bereich neben der Planung und Kontrolle oder als Erweiterung der informellen Basis der strategischen Unternehmensplanung einordnen. Eine Früherkennung im Unternehmen sollte sich außerdem alle Möglichkeiten der frühzeitigen Problemwahrnehmung erschließen.

3.6.1.3 Unterscheidung von Früherkennungssystemen

Das einzelwirtschaftlich ausgerichtete Früherkennungssystem kann nach überbetrieblichen, zwischenbetrieblichen und betrieblichen Früherkennungssystemen unterschieden werden. Letztere werden unternehmensindividuell betrieben, als überbetrieblich werden dagegen die Früherkennungssysteme bezeichnet, deren Träger mehrere Unternehmen der gleichen oder verschiedenen Branchen sind.

Unterstützung erfahren diese in der Regel durch außerbetriebliche Institutionen, wie zum Beispiel von Forschungsinstituten, die zum Teil die Aufgaben einer Früherkennungszentrale wahrnehmen. Arbeiten die Unternehmen ohne die Hilfe außerbetrieblicher Institutionen, so handelt es sich um rein zwischenbetriebliche Systeme.

Nach ihrem Anwendungszweck wird zwischen fremd- und eigenorientierten Früherkennungskonzeptionen differenziert. Bei den fremdorientierten Ansätzen steht das Aufspüren von Krisen in fremden Unternehmen der eigenen Branche im Mittelpunkt, während man sich bei den eigenorientierten Systemen auf das Erkennen von Chancen

---

[96] Fink, D./Deimel, K.: Krisenvorsorge, in: Blöse, J./Kihm, A. (Hrsg.): Unternehmenskrisen: Ursachen-Sanierungskonzepte, Berlin 2006, S. 237 ff.

und Bedrohungen für das Unternehmen konzentriert. Fremdorientierte Früherkennungssysteme werden ausschließlich als Früherkennungssysteme bezeichnet, da ihre Aufgabe darin besteht, den Nutzer, beispielsweise einen Kreditgeber, auf drohende Unternehmenskrisen (Insolvenzen) aufmerksam zu machen. Aber auch für Unternehmen außerhalb der Kreditbranche kann der Einsatz dieses Verfahrens zur Beobachtung der Marktpartner in Betracht gezogen werden.

Weiterhin kann man nach gesamtunternehmensbezogener und bereichsbezogener Früherkennung unterscheiden.[97]

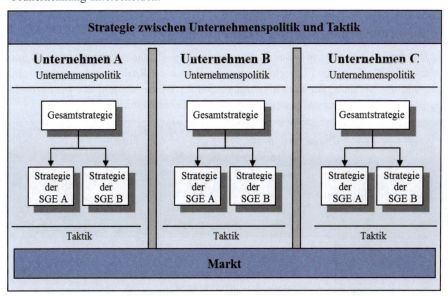

Abb. 93: Entwicklungsstufen der Früherkennung

Wichtige **Aufgaben** von **Früherkennungssystemen** sind:

- Früherkennungssysteme für die Konjunkturpolitik sollen die Änderungen der Konjunkturlage rechtzeitig anzeigen, so dass mit Erfolg wirtschaftspolitische Gegenmaßnahmen ergriffen werden können.
- Früherkennungssysteme sollen den Auslandsinvestor auf Änderungen im Investitionsklima aufmerksam machen, so dass er sich rechtzeitig absichern kann.
- Früherkennungssysteme sollen einer Unternehmung rechtzeitig technologische Neuerungstendenzen anzeigen, so dass sie ihre Forschungs- und Entwicklungstätigkeit entsprechend ausrichten kann.
- Früherkennungssysteme sollen die Überlebensfähigkeit einer Unternehmung sichern. Dabei wird diese Überlebensfähigkeit in Abhängigkeit von den wichtigsten Produkten einer Unternehmung gesehen.
- Früherkennungssysteme sollen frühzeitig Informationen über die Erfolgs- und Ertragslage eines Unternehmens liefern.

---

[97] Vgl. Koslowski, F.: Personalbezogene Frühaufklärung in Management und Controlling, Bergisch Gladbach/Köln 1994, S. 52.

- Früherkennungssysteme sollen auf mögliche Änderungen im Konsumverhalten aufmerksam machen.

- Früherkennungssysteme sollen nach Möglichkeit automatisch reagieren oder vorgefertigte Algorithmen in Gang setzen.

Im Bereich des Krisenmanagements haben Früherkennungssysteme das bedeutendste Anwendungsfeld. Latent vorhandene Krisen der Unternehmung, die ohne systematische Suche nach den Symptomen die Gefahr des Übersehens in sich bergen, sollen dabei vorrangig erkannt werden.

3.6.1.4 Früherkennung mittels Planhochrechnung

Im Zentrum der Überlegungen bei der Entwicklung von Planhochrechnungen steht, „im Rahmen der Planungs- und Ursachenanalysen nicht nur die Realisierung von Maßnahmen und die Meldung der daraus resultierenden Ist-Werte, sondern ein permanenter Vergleich zwischen Plan und hochgerechneten bzw. voraussichtlichem Ist."

Klassifikationsansätze der Früherkennung nach Entwicklungsstufen		
Entwicklungsstufen	**Früherkennungsinformationen in Form von:**	**Verwendungszweck im Rahmen von Planungsprozessen**
1. Generation	Kennzahlen Kennzahlensysteme (Planungs-) Hochrechnungen	Eher nichtstrategische Früherkennung
2. Generation	Indikatoren Indikatoren für langfristige, strategische Aspekte	↓
3. Generation	Schwache Signale	Strategische Früherkennung

Abb. 94: Klassifikationsansätze der Früherkennung nach dem Anwendungszweck

Mittels innerjährlicher Hochrechnungen sollen Über- bzw. Unterschreitungen bestehender Budgets ermittelt werden. Nicht mehr Datenabweichungen zwischen gestern und vorgestern sind wesentlich, sondern es erfolgt ein Vergleich zwischen den angestrebten Soll- und den hochgerechneten Ist-Daten. Ziel ist es, auf diese Weise **Vorkoppelungsinformationen** zu erhalten und auszuwerten, um vorbeugend potenzielle Unternehmenskrisen abzuwenden. Abweichungen können auf diese Weise schon in ihrem Entstehungsstadium erkannt werden. Beispielhaft kann das Prinzip der Planhochrechnung für die Früherkennung vor Kostenüberschreitungen bei Projekten (z. B. Großauftrag im Großanlagenbau) dargestellt werden.

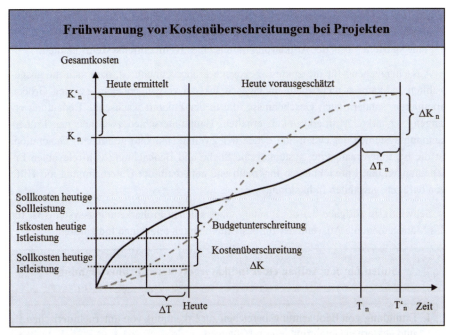

Abb. 95: Früherkennung vor Kostenüberschreitungen bei Projekten

Die Frühzeitigkeit der Problemerkennung besteht darin, dass aus den Kostenabweichungen zum Zeitpunkt ‚Heute' durch Vorausschätzungen der Kostenentwicklung auf Kostenabweichungen in der Zukunft, hier zum Zeitpunkt $T`_n$ geschlossen wird. Des Weiteren lässt sich erkennen, dass sich die Fertigstellung des Projektes um die zeitliche Differenz zwischen $T_n$ und $T`_n$ verlängern wird. Durch innerhalb der geplanten Periode durchgeführte Hochrechnungen, können Abweichungen in ihren Entstehungsstadien sichtbar gemacht werden und damit als einfachste Form der Früherkennung interpretiert werden.

3.6.1.5 Indikatorgestützte Früherkennung

Die **indikatorgestützte Früherkennung** ist die zweite Entwicklungsstufe der heute verwendeten Früherkennungssysteme. Sie entstanden in der Absicht, den Unternehmen infolge der zunehmenden Häufigkeit von ökonomischen Krisenerscheinungen, ein nützliches Instrument zu deren frühzeitigen Erkennung zur Verfügung zu stellen.

Früherkennungskonzepte der zweiten Entwicklungsstufe können wie die der ersten Generation der Planhochrechnungen und Kennzahlensysteme, als strukturkonstant bezeichnet werden, da sie unterstellen, dass die Unternehmensumwelt in ihren wesentlichen strukturellen Eigenschaften – zumindest innerhalb einer Zeitspanne – keinen grundsätzlichen Veränderungen unterliegt.

Außerdem machen sie zur Bedingung, dass verdeckt vorhandene Gefahren oder aber auch Chancen in der Veränderung anderer Größen erkennbar sind. Diese, zum Teil auf empirischen Beobachtungen beruhenden Überlegungen, führten zur Bildung von Indikatoren, die als 'vorauseilende' Anzeichen für die relevanten Entwicklungen in den internen und externen Beobachtungsbereichen des Unternehmens dienen. Meist wirken Kennzahlen als Indikatoren, so dass es sich bei der indikatorgestützten Früherkennung um eine spezielle Form der Aufklärung mittels eines **Kennzahlensystems** handelt.

Ausschlaggebend für die zukunftsbezogene Früherkennung ist, dass sich die ausgewählten Indikatoren nicht mehr uneingeschränkt an vergangenheitsrelevanten Größen orientieren, sondern auch Geschehnisse, die in der Zukunft wachsende Bedeutung erlangen, verstärkte Aufmerksamkeit erhalten. Hauptunterschied zwischen den Früherkennungssystemen der ersten und denen der zweiten (indikatorgestützten) Generation, ist die bei ihnen realisierte, systematische Suche und Beobachtung von relevanten Erscheinungen und Entwicklungen innerhalb und außerhalb der Unternehmung mit Hilfe von dafür ausgewählten Indikatoren.

Schwierigste Aufgabe bei der Planung eines solchen Früherkennungssystems ist für das Management die Auswahl der für das Unternehmen relevanten Indikatoren.

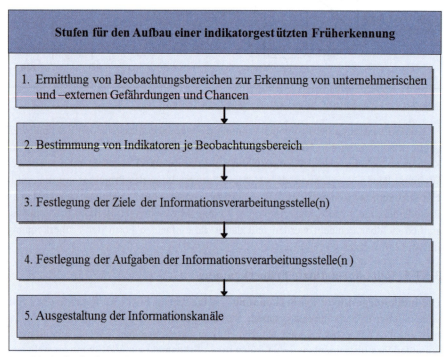

Abb. 96: Stufen für den Aufbau einer indikatorgestützten Früherkennung

Als Beispiele für unternehmensexterne Beobachtungsbereiche aus dem **wirtschaftlichen Bereich** sind zu nennen:

– Konjunkturelle Entwicklungen (politische Entwicklungen/Aufträge, Geschäftsklima)
– Strukturelle Entwicklungen (Investitionstendenzen, Bruttosozialprodukt pro Kopf)
– Absatzmarkt (eigene Auftragseingänge nach Produkten/Regionen, Nachfragevolumen wichtiger Kunden, Preis und Programmpolitik der Konkurrenz)
– Kapitalmarkt (Inflationsraten, Zinsen, Wechselkurse)

- Arbeitsmarkt (Gewerkschaftsforderungen, Zahl offener Stellen [nach Berufsgruppen/ Regionen])
- Beschaffungsmarkt (Volumen bekannter Vorkommen je Rohstoff, durchschnittlicher Jahresverbrauch je Rohstoff, Preis/Konditionen der Lieferanten)

Beispiele für den **technologischen Bereich** sind die Informationen über mögliche Änderungen der Verfahrens- und/oder der Produkttechnologie bei Wettbewerbern/ Forschungsinstituten.

Aus dem **soziopolitischen Bereich** sind erwähnenswert die:

- Bevölkerungszahlen sowie deren Struktur

Informationen aus Ausschüssen und/oder Ministerien und

- externe Beobachtungsbereiche der Früherkennung und Indikatoren.

Für die Bestimmung interner Beobachtungsbereiche bietet sich die Einteilung in gesamtunternehmensbezogene und funktionsorientierte Bereiche an.

Als gesamtunternehmensbezogene Beobachtungsbereiche können zum Beispiel das Produktprogramm, die Mitarbeiter, die vorhandene maschinelle Ausrüstung oder die Ertrags- und Finanzlage ausgewählt werden, während funktionsbezogen kaum generelle Aussagen möglich sind. Je nachdem welcher Bereich betroffen ist, müssen unterschiedliche Gesichtspunkte berücksichtigt werden.

Nach der Ermittlung, der für das Unternehmen geeigneten Beobachtungsbereiche, müssen aussagekräftige **Indikatoren** festgelegt werden, welche die relevanten Entwicklungen für das Unternehmen rechtzeitig anzeigen. Pro Beobachtungsbereich sollte mindestens ein Früherkennungsindikator festgelegt und überwacht werden. Die Schwierigkeit besteht darin, den wesentlichen Indikator für den einzelnen Betrieb ausfindig zu machen, da dieser für die einzelnen Branchen sowie die einzelnen Betriebe oft unterschiedlich ist.

Nach der Auswahl des geeigneten Indikators müssen, ausgehend von den speziellen und generellen Zielen der Unternehmung, Toleranzgrößen und Sollwerte fixiert werden. Außerdem ist die Festlegung von Warnbereichen und überlebenskritischen Bereichen notwendig. Dabei hat z.B. ein Absinken eines Indikatorwertes für Auftragseingänge unter einen bestimmten Toleranzbereich das Auslösen einer Warnung zur Folge. Bei einem weiteren Absinken dieses Wertes wird die nächste Stufe erreicht, die den Übergang zum überlebenskritischen Bereich kennzeichnet.[98]

Von besonderer Bedeutung ist hierbei eine genaue **Analyse der Grenzen**. Ist beispielsweise der Toleranzbereich zu eng gewählt, kommt es zu häufigen Fehlerreaktionen, die hohe Kosten nach sich ziehen können. Saisonbedingte Schwankungen sollten bei der Festlegung dieser Bereiche ebenfalls berücksichtigt werden. Bisher sind jedoch keine festen Regeln, die bei der Bestimmung der kritischen Werte genutzt werden könnten, existent. Daher müssen diese häufig unternehmensindividuell festgelegt werden, was von den an der Entscheidung Beteiligten außerordentliche Sensibilität erfordert.

---

[98] Vgl. Dolata, B.: Betriebliche Früherkennungssysteme und deren strategische Bedeutung, München 1994, S. 46.

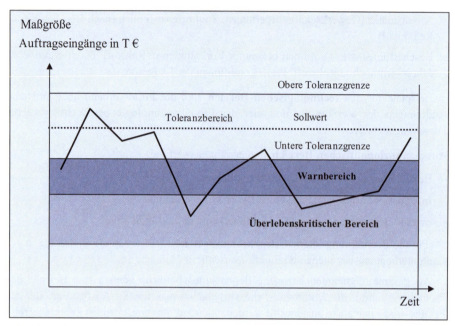

Abb. 97: Sollgrößen, Toleranzgrenzen, Warnbereiche und überlebenskritische Bereiche am Beispiel Auftragseingänge

Für eine effektive Verarbeitung, der durch die Indikatoren empfangenen Früherkennungssignale, ist die Einrichtung einer leistungsfähigen Informationsverarbeitungsstelle erforderlich. Die Aufgaben dieser Stelle bestehen generell in der Aufnahme und Überprüfung von Früherkennungssignalen und ihrer Verarbeitung zu spezifischen Früherkennungsinformationen. Sie muss zudem Außenwirkungsanalysen hinsichtlich erwarteter Veränderungen im Unternehmen durchführen und die Ergebnisse an das Management weiterleiten.

Inwieweit diese Aufgaben erfüllt werden können, hängt wesentlich von den hierfür angewendeten Instrumenten und Methoden, sowie dem Entwicklungsstand der Datenverarbeitungsunterstützung im Unternehmen ab. Eine unzulängliche Aufbereitung kann in einer verwirrenden Darstellung der Gefährdung/Chance münden und damit zu fehlerhaften Reaktionen des Managements führen.

Von vorrangiger Bedeutung bei der Anordnung der Informationsverarbeitungsstellen, ist der **reibungslose** und **vollständige Informationsfluss** zwischen den Elementen des indikatorgestützten Früherkennungssystems und seinen Benutzern. Diese sind in der Regel die Führungskräfte der einzelnen Bereiche und Ebenen der Unternehmung.

Es gilt insbesondere zu planen und zu kontrollieren, welche Informationen, von welchen Empfängern, welcher Hierarchiestufen und in welcher Reihenfolge zu durchlaufen haben, bevor sie von der Zentrale verarbeitet werden. Außerdem ist zu entscheiden, welche Informationen nach erfolgter Verarbeitung, auf welcher Hierarchiestufe und in welcher Reihenfolge den Benutzern zur Verfügung gestellt werden sollen.

Müssen zu viele Dienstwege und Vorschriften eingehalten werden, ist aufgrund der dann entstehenden Trägheit des Systems, der zu erreichende Nutzen in Frage zu stellen.

3.6.1.6 Strategische Früherkennung

Da der Zeithorizont, der strategischen Früherkennung viel größer ist als bei den vorangegangenen Betrachtungen, sind die zu identifizierenden Entwicklungen wesentlich schwerer zu erfassen, da die zu erkennenden Signale meistens sehr schwach sind. Im Folgenden soll das Konzept der schwachen Signale nach Ansoff und die Suche nach schwachen Signalen mittels Scanning und Monitoring erklärt werden.

- **Das Konzept der schwachen Signale nach Ansoff**

Nach **Ansoff** sind „schwache Signal" allgemein Informationen qualitativer Art, welche sich von den Indikatoren durch eine geringere Konkretisierbarkeit ihrer Aussagen abgrenzen. Zudem zeichnen sie sich häufig durch einen zeitlich geringen Abstand zwischen dem Zeitpunkt des Signalempfangs und dem Eintritt des Ereignisses aus.

Leider ist der Begriff des schwachen Signals bis heute nicht weiter konkretisiert worden. Weiterhin werden die sogenannten schwachen Signale häufig erst im Nachhinein als solche identifiziert. In der Literatur finden sich jedoch mittlerweile verschiedene Beispiele für solche Signale.

Sie können in verschiedener Form wahrgenommen werden und äußern sich z.B.:

- durch bloße Vermutungen,
- durch Prognosen, unabhängig davon, ob diese abgesichert sind oder nicht,
- in der Verbreitung neuartiger Ideen und Ansichten in den Medien,
- in der Verbreitung von (neuartigen) Meinungen, Stellungnahmen oder Ideen durch Schlüsselpersonen oder einflussreiche Institutionen,
- durch Erwartungen in Kürze eintretender Ereignisse
- in Angaben über Tendenzen in der Rechtsprechung und Initiativen der Änderung der Rechtsprechung im In- und Ausland,
- in einer Häufung gleichartiger Ereignisse, die für das Unternehmen von Bedeutung sind oder sein könnten,
- durch verstärkt zu beobachtende Trends oder Entwicklungen
- durch bereits eingetretene Geschehnisse.

Die genannten Beispiele können den Begriff des **schwachen Signals** zwar nicht präzisieren, doch durch den Ansatz wird die Wichtigkeit weicher strategischer Faktoren im Rahmen des Managements verdeutlicht. Entwicklungsprozesse sind weiterhin von dem Auftreten von Diskontinuitäten gekennzeichnet. **Diskontinuitäten** beinhalten so viel an Erstmaligkeit, dass sie den Empfänger in einem hohen Stadium der Ignoranz belassen, er also selten darauf angemessen reagiert. Die Informationen (schwachen Signale) liegen gewöhnlich dem Empfänger nicht als eindeutige Indikatoren vor, sondern lassen immer mehrere Interpretationsmöglichkeiten zu.

Werden die schwachen Signale zu lange durch das Management ignoriert, können sich schlagartig neue Zustände für das Unternehmen einstellen. Die einzelnen Signale kumulieren sich allmählich, bis alle zusammengenommen einen neuen, für das Unternehmen gefährlichen Zustand erzeugen.

Ein Beispiel: Die Qualität eines asiatischen Produkts steigt bei einem gleichzeitigen Preisrückgang. Dieser Preisrückgang lässt sinkende Qualität vermuten. Das Management reagiert jedoch nicht, da sein Produkt bessere Qualität bietet. In der Folge greifen die Kunden zum asiatischen Konkurrenzprodukt, da es gleiche Qualität zum niedrigeren Preis bietet. Die Folge ist ein drastischer Absatzrückgang für das Unternehmen.

Für adäquate Reaktionen des Managements entwickelte Ansoff die **Strategic Issue Analysis**. Sie besteht aus einer Vor- und einer Hauptstufe.

Zu Beginn wird eine Chancen-Anfälligkeitsanalyse durchgeführt. Dabei sollen Auswirkungen ungewöhnlicher Ereignisse oder Entwicklungen auf die davon berührten Unternehmensbereiche geschätzt und ihre Folgen ergründet werden. Mit Hilfe einer ebenfalls zur Vorstufe zählenden, simultan ablaufenden Bereitschaftsdiagnose wird erfasst, in welchem Maße die betroffenen Unternehmensbereiche in der Lage sind, auf eintretende Veränderungen angemessen zu reagieren. Mit Hilfe dieses Wissens kann im Anschluss ein detailliertes Anfälligkeitsprofil des Unternehmens erstellt werden, welches seine Schwachstellen dokumentiert.

Mit Hilfe dieser Vorstufe wird es dem Unternehmen in der folgenden Hauptstufe möglich, eine Kosten-Nutzen-Analyse aufzustellen, welche die Wirtschaftlichkeit des Eingreifens bei Eintritt bestimmter Ereignisse feststellt. Ebenso können Prioritäten schwacher Signale mit darauf abgestimmten Bereitschaftsstufen oder Maßnahmen festgelegt werden.

Die Notwendigkeit einer abgestuften strategischen Bereitschaft der Unternehmung ergibt sich als Reaktion auf den wachsenden Informationsstand im Verlaufe eines **Trendbruchs**. Auf diese Weise soll sichergestellt werden, dass das Management nicht erst über Reaktionsalternativen nachdenkt, wenn das Problem schon klar umrissen ist, sondern bereits bei Eintritt der ersten schwachen Signale, also im Frühstadium strategischer Diskontinuitäten handelt. Die Strategic Issue Analysis zeigt in anschaulicher Weise, dass schon vor der inhaltlichen Präzisierung einer Entwicklung und den damit verbundenen Folgen, Maßnahmen ergriffen werden sollten. Zur Verdeutlichung des bei einer Trendänderung laufend steigenden Informationsstandes setzt Ansoff ein Stufenmodell ein, das fünf verschiedene Informationsgrade bezeichnet:

Stufe 1: Das Management hat ein unbestimmtes Gefühl, dass sich irgendeine Bedrohung oder Chance entwickelt.

Stufe 2: Die Quelle der Bedrohung oder Chance ist bekannt.

Stufe 3: Die Bedrohung oder Chance ist in ihrer Erscheinung bekannt.

Stufe 4: Die Reaktionen auf die Bedrohung oder Chance sind bekannt.

Stufe 5: Die Folgen der Bedrohung oder Chance sind überschaubar.

Die Informationen, die im Unternehmen von der Art der Veränderung/Wandlung eintreffen, werden ausgehend von Stufe 1 immer präziser. Dabei nimmt der Grad der strategischen Bereitschaft im Unternehmen in der Regel zu.

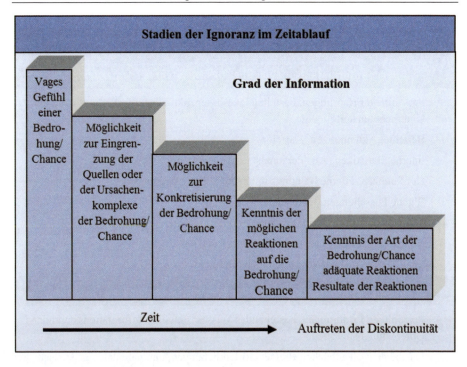

Abb. 98: Stadien der Ignoranz im Zeitablauf

Die Ausrichtung der Aktivitäten erfolgt damit nicht mehr nach Planungsphasen, sondern je nachdem, welcher Informationsstand gerade erreicht wurde.

Strategische Früherkennung nach **Ansoff** ist eine Verfahrensweise, die den Umgang mit strategischen Informationen verbessert, das strategische Bewusstsein durch eine erhöhte Sensibilisierung für schwache Signale, Optionen, Zusammenhänge, Gefahren und Gelegenheiten erweitert und daher fest in jedem Unternehmen verankert werden sollte. Grundlage dieser Früherkennung ist die Suche und Beobachtung von schwachen Signalen und Aktivitäten mittels dem Scanning und Monitoring.

- **Die Suche nach schwachen Signalen mittels Scanning und Monitoring**

Als **Scanning** kann das Rastern und Abtasten des Umfeldes der Unternehmung nach neuartigen Phänomenen bezeichnet werden. Es erfolgt unabhängig von den von der Unternehmung bestimmten Beobachtungsbereichen auch außerhalb dieser. Für seine Zwecke eignen sich prinzipiell alle Methoden der Informationsbeschaffung.[99]

Sind bestimmte Phänomene und Entwicklungen bekannt geworden, hat das **Monitoring** die Aufgabe, zusätzliche Informationen zu beschaffen. Eine aktive Informationssuche kann beispielsweise durch die Bildung von Projektteams im Unternehmen erfolgen, die über Spezialwissen hinsichtlich der zu beobachtenden Entwicklung verfügen und alternative Antwortstrategien entwickeln können. Die Abbildung 99 zeigt einen Überblick über mögliche **Informationsquellen**:

---

[99] Vgl. Krystek, U./Müller-Stevens, G.: Grundzüge einer strategische Frühaufklärung. In: Hahn, D./Taylor, B. (Hrsg.): Strategische Unternehmensplanung, 8. Aufl., Heidelberg 1999, S. 352.

Informationsquellen der Unternehmung
Interne Informationsquellen über das Insystem der Unternehmung
– Persönliche Erfahrungen, bestehendes Wissen, aktueller Informationsstand der Unternehmensmitglieder
– Berichte, Aktennotizen, Karteien
– Interne Statistiken (z.B. Personalstatistik, Auftragsstatistik)
– Konferenzen, interne Meetings unterschiedlicher Gremien
– Eigene Forschungen, Untersuchungen
– Management-Informationssysteme
– Controlling, internes Rechnungswesen, Revision
– Stäbe (z.B. Volkswirtschaftliche Abteilungen)
Externe Informationsquellen über das Umsystem der Unternehmung
– Persönliche Erfahrungen, bestehendes Wissen, aktueller Informationsstand der Unternehmensmitglieder
– Fachbücher, Handbücher, Presseveröffentlichungen, internationale Fachzeitschriften, laufende Medienüberwachung
– Kunden, Lieferanten, Gläubiger, Banken etc.
– Kundenreklamationen, Außendienstberichte, Wirtschaftsforschungsinstitute, Markt- und Meinungsforschungsinstitute
– Nationale und supranationale Institutionen (insbesondere Veröffentlichungen der Bundesbank, IWF, EU, OECD etc.)
– Amtliche Statistiken des Statistischen Bundesamtes
– Jahresberichte, Auslandsdienste von Banken, internationale Handelsstatistiken
– Geschäftsberichte, Firmenbroschüren aller Art
– Fachveröffentlichungen der IHK und branchenspezifischer Verbände
– Datenbanken (z.B. der Welthandelsbank, des International Trade Center, PIMS-Studien)
– Unternehmensberatungen, Informationsdienste
– Besuch von Tagungen, Kongressen und Messen

Abb. 99: Mögliche Informationsquellen der Unternehmung

Weiterhin kann zwischen gerichteten und ungerichteten Scanning und Monitoring Aktivitäten unterschieden werden, wobei sich der beobachtete Bereich im ersten Fall nur auf die Branche oder ein engeres Feld der Unternehmung beschränkt. Bei ungerichteter Aktivität bezieht sich die Informationssuche auch auf Bereiche, die außerhalb der eigentlichen Domäne der Unternehmung liegen. Des Weiteren ist eine Untergliederung in formale und informale Suche möglich. Bei der formalen Suche ist der Themenbereich bekannt, bei der informalen nicht.

ENVIROMENTAL ANALYSIS	
Suche außerhalb des eigentlichen Betätigungsfeldes des Unternehmens „UNGERICHTETE SUCHE"	Suche im Betätigungsfeld des Unternehmens „GERICHTETE SUCHE"
INFORMALES SCANNING	
Abtasten nach (schwachen) Signalen außerhalb der Domäne ohne festen Themenbezug	Abtasten nach (schwachen) Signalen innerhalb der Domäne ohne festen Themenbezug
FORMALES SCANNING	
Abtasten nach (schwachen) Signalen außerhalb der Domäne mit speziellem Themenbezug	Abtasten nach (schwachen) Signalen innerhalb der Domäne mit speziellem Themenbezug
MONITORING	
Beobachtung und vertiefende Suche nach Informationen außerhalb der Domäne mit speziellem Themenbezug bei identifiziertem Signal	Beobachtung und vertiefende Suche nach Informationen innerhalb der Domäne mit speziellem Themenbezug bei identifiziertem Signal

Abb. 100: Basisaktivitäten im Rahmen der Environmental Analysis[100]

Entsprechend der Situation und der Entwicklung des Umfeldes der Unternehmung sowie der finanziellen und personellen Ausstattung muss entschieden werden, welche Aktivitäten in welchen Intensitäten betrieben werden sollen. Bei der Beobachtung des Umfeldes und spezieller Phänomene muss immer eine Auswahl getroffen werden, um bei gegebenem Aufwand eine möglichst hohe Informationseffektivität und -effizienz zu erreichen.[101] Von besonderer Bedeutung für die strategische Früherkennung ist neben den zielgebundenen Analysen die **freie Feldforschung** durch eine möglichst große Anzahl von Mitarbeitern. Die Güte der Früherkennung ist aber auch von der zugrundeliegenden **Scanning-Frequenz** abhängig. Dabei wird in unregelmäßige, regelmäßige und kontinuierliche Scanning-Aktivitäten unterschieden.

Das **regelmäßige Scanning** wird den Erfordernissen der strategischen Früherkennung nur bedingt gerecht, weil die mit Hilfe aktualisierter Untersuchungen erkannten Trends nur in einer oft unrealistischen, nur bedingt dynamischen Umwelt auftreten. In der Regel wird auch nur ein kleineres Scanning Spektrum abgedeckt.

Vollständig erfüllt werden dagegen die Anforderungen der strategischen Früherkennung durch das **kontinuierliche Scanning**. Es muss aber als bedeutende Aktivität in die Unternehmenskultur eingebunden werden, da nur hierdurch die in der Regel notwendige finanzielle Unterstützung gewährleistet ist. Um diskontinuierliche Entwicklungen mög-

---

[100] Vgl. Koslowski, F.: Personalbezogene Frühaufklärung, a.a.O., S. 79.
[101] Vgl. Krystek, U., Müller-Stevens, G.: Grundzüge einer strategischen Frühaufklärung, a.a.O., S. 349 f.

lichst rechtzeitig zu erkennen, sollte eine möglichst breite Ausrichtung der Beobachtungsbereiche angestrebt werden. Nur so ist die Analysierung der Unternehmensfolgen, die Erarbeitung adäquater Reaktionsstrategien sowie die Einleitung der entsprechenden Maßnahmen möglich. **Unregelmäßiges Scanning** sollte nur als Ergänzung für den Fall von unerwarteten Diskontinuitäten, die Sofortmaßnahmen erfordern, betrieben werden.

3.6.1.7 Die Umsetzung von Früherkennung in der Praxis

Um ein funktionierendes Früherkennungssystem zu schaffen, müssen die Erkenntnisse aus den unterschiedlichsten Sparten der Betriebswirtschaft mit einbezogen werden, um eine Beobachtung der zu lösenden Problematik aus den verschiedensten Blickwinkeln zu ermöglichen. Weiterhin müssen die Mitarbeiter einer Unternehmung im Hinblick auf die Erfassung und Informationsweitergabe, insbesondere strategisch bedeutender Signale geschult werden. Dabei müssen organisatorische und strukturelle Anforderungen erfüllt werden. Wesentlich ist aber auch eine genaue Analyse der eingesetzten Hilfsmittel auf ihre unternehmensspezifische Umsetzbarkeit und eine Integration der unterschiedlichen Früherkennungsansätze in ein ganzheitliches Konzept.

Bedingungen für eine erfolgreiche Früherkennung sind also, dass:
- die wichtigsten Problemherde des Unternehmensgeschehens bestimmt und entsprechende Warnsignale in Form von Indikatoren festgelegt werden
- überraschende Entwicklungen und Trendbrüche über schwache Signale empfangen und in ihrer strategischen Relevanz wahrgenommen werden
- die Dynamik des Unternehmensgeschehens erkannt und entsprechende Warnsignale für die Beziehungen zwischen den einzelnen Problemaspekten festgelegt werden

- **Der Ansatz strategischer Früherkennung von KIRSCH/TRUX**

Der Ansatz strategischer Früherkennung von KIRSCH/TRUX[102] basiert auf der plastischen Idee eines ‚**Aufwirbel-Ansaug-Filter-Systems**', bei dem die strategisch wichtigen Signale durch eine ‚zweckfreie' Feldforschung an möglichst vielen Stellen aufgenommen bzw. ‚aufgewirbelt' und ‚angesaugt' werden sollen. Sie betonen, dass nicht nur ‚gebundene' Explorationen realisiert werden, dass also nicht auf Gebieten Erhebungen durchgeführt werden, die von den angewandten Analyseinstrumenten für relevant gehalten werden, sondern dass sich, ergänzend dazu, auch ein möglichst großer Teil der Mitarbeiter permanent den sogenannten ‚freien' Feldforschungen widmen soll.

Um eine Überhäufung der Entscheidungsinstanzen mit unpräzisem Datenmaterial zu vermeiden, müssen die wichtigsten Signale aus der Masse der Informationen herausgefiltert werden. Dabei ist eine Eliminierung von in der Zukunft an Bedeutung gewinnenden Informationen nicht immer ausgeschlossen. Um dieses Problem weitgehend auszuschließen, sollte nach KIRSCH/TRUX eine Art Recycling erfolgen, mit dem bereits früher ausgesonderte Signale bei später auftretender Relevanz wieder aufbereitet werden. Zur Realisierung des oben genannten Modells wird der Einsatz der Portfolioanalyse vorgeschlagen. Dabei sollen die Positionierungen der strategischen Geschäftsfelder in der Portfolio-Matrix bewusst unscharf bleiben. Damit kommt zum Ausdruck, dass die Positionierungen unter höchst unvollkommenen Informationen und unter Unsicherheit der Zukunftsaussichten erfolgen.

---

[102] Vgl. Kirsch, W./Trux, W./Müller, G.: Das Management strategischer Programme, 2. Aufl., München 1985, S. 47 ff.

- **Der strategische Trend Analyse Report von MÜLLER (STAR-System)**

Dieses System soll seine Benutzer mit wichtigen strategischen Informationen versorgen. Zur Erlangung dieser Informationen werden zwischenbetriebliche Medien-Scanning-Aktivitäten, umweltbezogene Scanning-Aktivitäten durch externe Experten und weitere unternehmensinterne Scanning-Aktivitäten verfolgt. Nach regelmäßiger Ausfilterung und schriftlicher Niederlegung der subjektiv bedeutendsten Trends, werden diese wiederum nach Priorität gegliedert in das STAR Monitoring, also die gerichtet laufende Beobachtung, übernommen. Dabei müssen die zu überwachenden Bereiche laufend, wie bei KIRSCH/TRUX, auf Aktualität und Bedeutung hin überprüft und angepasst werden.

- **Mögliche Signale und Indikatoren zur Früherkennung von Chancen und Risiken**

Die Erhebung von Indikatoren und schwachen Signalen sowie die Betreuung des Früherkennungssystems erfolgt in der Regel im Rahmen bereits bestehender zentraler oder dezentraler Berichtssysteme. Dabei ist der Bereich des Controllings in der Unternehmung für die Verarbeitung von Früherkennungsinformationen besonders geeignet. Aufgaben wären hierbei für den Controllingbereich der Unternehmung den organisatorischen Prozess der Früherkennung zu initiieren, Methoden und Verfahren der Früherkennung mittels eines partizipativen Ansatzes im Unternehmen einzuführen, sowie z.B. im Rahmen von Strategiesitzungen die Auswertung und Beurteilung von Früherkennungsinformationen zu moderieren.

Beobachtungsfelder	Schwache Signale und Indikatoren	Informationsquellen	Folgerungen für die strategische Unternehmensplanung
Gesamtwirtschaft	- Arbeitslosenzahlen - Strukturveränderungen im Beschaffungsmarkt - Öffnung neuer Märkte	- Offizielle Statistiken - Kooperationspartner der vorgelagerten Wertschöpfungsstufen - Handelskammern, Botschaften	- Veränderungen der Angebotsstruktur - Diversifikation in den Beschaffungsmärkten - Identifikation neuer Geschäftsfelder
Politik	- Mögliche Steuererhöhungen - Politische Turbulenzen	- Offizielle Verlautbarungen - Medien	- Forcierte Suche nach neuen Märkten
Gesellschaft	- Ökologisches Bewusstsein - Änderung der Größe der Haushalte - Wünsche der Verbraucher	- Medien, offizielle Verlautbarungen - Statistische Ämter - Verbraucherabteilung	- Strategische Neuorientierung unter Berücksichtigung ökologischer Aspekte - Marktpotenziale prüfen - Produktinnovationen
Technologie	- Forschungsschwerpunkte - Schwerpunkte von Erfindungen	- Forschungszentren - Patentämter	- Anpassung der Innovationsstrategie

Abb. 101: Katalog möglicher Signale und Indikatoren zur Früherkennung von Chancen und Risiken[103]

---

[103] Vgl. Koslowski, F.: Personalbezogene Frühaufklärung, a.a.O., S. 85.

Diese sollten einen Beobachtungsapparat bilden, welcher ständig an die geänderten Erfordernisse angepasst wird und eine kontinuierliche Beobachtungsarbeit verrichtet.

Die maximale Arbeitsbelastung sollte dabei 5% der gewöhnlichen Arbeitsaufgaben nicht überschreiten. Die Einführung einer strategischen Früherkennung sollte schrittweise, über einen Zeitraum von ca. 1–3 Jahren erfolgen. Sie sollte von Trainingsmaßnahmen und wiederholten Anpassungen begleitet sein. Die Computer sollten erst nach der Sammlung von genügend Erfahrungen in Anspruch genommen werden.

Neben der eingesetzten Methodik ist die Qualität der strategischen Früherkennung wesentlich von den Möglichkeiten der Prognose von Systementwicklung, der Operationalisierbarkeit schwacher Signale und der Qualität, der mit der Früherkennung betrauten Mitarbeiter, abhängig. Die Interpretation der eingehenden Informationen ist meistens nicht mit standardisierten Verfahren möglich. Deshalb sollten in Diskussionen mit den beteiligten Führungsebenen Schlussfolgerungen abgeleitet werden. Es bedarf besonderer Fähigkeiten um abzuschätzen, welche Auswirkungen auf die betroffenen Faktoren zu erwarten sind und mit welchen Reaktionsstrategien das Unternehmen angemessen auf die ermittelten Chancen und Risiken antworten kann.

Zu bewältigende Anforderungen, hinsichtlich einer Implementierung von Früherkennung im Unternehmen, ergeben sich in psychologischer Hinsicht. Zwar wird die allgemeine Beschäftigung mit möglichen Zukünften für die meisten in der Regel gewinnbringend sein, da so neue Wirklichkeiten skizzenhaft simuliert und bei ihrem Eintreffen, zumindest durch den Analogieschluss, trotz ihrer Erstmaligkeit, greifbarer sein können. Über längere Fristen ist der konkrete Nutzen der strategischen Früherkennung allerdings schwer nachweisbar. Die Begründung ihrer Notwendigkeit gegenüber der Unternehmensleitung wird somit gehemmt.

Weitere **problematische Aspekte**, welche die Nutzung und Implementierung der strategischen Früherkennung erschweren, sind eine eventuell nicht vorhandene Offenheit im Unternehmen gegenüber Neuerungen und Informationen. Eine mangelnde theoretische Fundierung der Früherkennung, z.B. der Indikatorsysteme, können ebenfalls Probleme mit sich bringen.[104] Die Handhabbarkeit der Früherkennung hängt darüber hinaus wesentlich von der Ausgestaltung des Informationssystems und der Frage ab, ob sie zentral, dezentral oder als Mischform betrieben wird.

Alle als relevant angesehenen Bereiche sollten zwar permanent beobachtet werden, jedoch sollten nicht ständig Analysen, Prognosen, Recherchen oder ähnliches über sämtliche Umweltsegmente durchgeführt werden. Es müssen vielmehr nur diejenigen außergewöhnlichen Bereiche herausgefiltert werden, welche nachhaltig Einfluss auf die Unternehmensentwicklung nehmen könnten. Letztlich besteht das Problem darin, aus der Vielzahl der täglich auf Führungskräfte und Mitarbeiter einströmenden Informationen die relevanten zu selektieren, zu systematisieren, sie richtig zu interpretieren und angemessene Handlungsweisen daraus abzuleiten. Gründe dafür, dass Informationen aus dem Umfeld nicht adäquat empfangen, verarbeitet und interpretiert werden, sind häufig Kommunikationsstörungen, psychologische und strukturelle Wahrnehmungsbarrieren sowie organisatorische Informationsbarrieren und -filter.

---

[104] Vgl. Koslowski, F.: Personalbezogene Frühaufklärung, a.a.O., S. 88.

Leider werden die an Führungskräfte gestellten hohen Anforderungen oftmals nicht erfüllt. Häufig fehlt die Offenheit gegenüber externen Geschehnissen und Informationen, das Denken in langfristigen Perspektiven, die Fähigkeit Gedankenfolgen aufzustellen und logische Zusammenhänge herzustellen, insbesondere zum eigenen Unternehmen und zum konkreten Verantwortungsbereich.

Die **Folge** ist, dass:

- Probleme und Chancen langfristiger Natur häufig zugunsten kurzfristiger Überlegungen vernachlässigt werden,

- bereits bekannte Probleme eher Beachtung finden als neuartige,

- Reaktionen häufig erst erfolgen, wenn greifbare Folgen sichtbar sind und das Handeln unumgänglich wird,

- befriedigende Lösungen für Entscheidungen als ausreichend empfunden werden.[105]

Daher ist die Bereitschaft Früherkennungsinformationen zu verwenden in den meisten Fällen umso geringer, je länger die angesprochene Perspektive und je genereller und ungewohnter der Inhalt der Aussagen ist. Der gewollte Nutzen des Früherkennungssystems wird dann in Frage gestellt. Eine weitere Ursache für den falschen Umgang mit Früherkennungsinformationen liegt in der beschränkten Kapazität des Menschen Informationen aufzunehmen, zu verarbeiten und sie in Erinnerung zu rufen.

Ignoranz gegenüber Früherkennungsinformationen kann auch durch mangelndes Wissen der Mitarbeiter über den Ablauf bestimmter Vorgänge oder unzureichende Erfahrung hervorgerufen werden.

3.6.2 Mustererkennungssysteme

In der Praxis gelangen zunehmend automatisierte Mustererkennungssysteme zur Früherkennung und Frühwarnung zum Einsatz. Gerade durch die Vernetzung der Unternehmen mit moderner EDV-Ausstattung kann die Mustererkennung in Form von problemlösungsorientierten Algorithmen im Unternehmen umgesetzt werden. Im Folgenden werden neuronale Netze, Fuzzy-Logic-Systeme und der Einsatz von Chaosmanagement unterschieden.

3.6.2.1 Neuronale Netze

Allgemein beschreibt man ein neuronales Netz als ein System, das aus miteinander verbundenen Elementen besteht, so genannten Neuronen, die Informationen eigenständig und automatisch verarbeiten können.[106]

Zu unterscheiden sind biologische und künstliche Netzsysteme. Neuronale Netze bauen das Nervensystem eines Organismus auf. Dementsprechend komplex ist die biologische oder künstliche Kybernetik dieser Netze.

---

[105] Vgl. Koslowski, F.: Personalbezogene Frühaufklärung, a.a.O., S. 89.
[106] Rigoll, G.: Neuronale Netze, Renningen-Mannheim 1994, S. 1.

Bei der Umsetzung im Unternehmen ist es von Bedeutung, ein EDV-administriertes Netzwerk aufzubauen, das Eingangsmuster erkennt, die im neuronalen Netz ausgewertet und zu Ausgangsmustern verarbeitet werden. Ein Ausgangsmuster kann verstanden werden als:

— Information,
— Handlungsanweisung,
— Problemlösungsstrategie.

Neuronale Netze sind aus betriebswirtschaftlicher Sichtweise als Früherkennungssysteme zu bezeichnen, die unternehmensrelevante Umwelteinflüsse aufnehmen, selbstständig analysieren und verarbeiten, so dass Informationen als Berichte erstellt, Handlungsanweisungen gefolgert und Problemlösungsstrategien entwickelt werden können.

Neuronale Netze werden an Beispielen trainiert. Besonders kommt es darauf an, dass neuronale Netze lernfähig sind. Man unterscheidet dabei das überwachte oder gesteuerte und das entdeckende Lernen.

Das gesteuerte Lernen zielt darauf, ein bereits im Netz vorrätiges Muster zu adaptieren oder zu verändern. Der Schwerpunkt liegt hier bei der Dateneingabe und der Kontrolle der veränderten Muster durch Testreihen.

Das entdeckende Lernen zeichnet neuronale Netze im Besonderen aus. Entdeckendes Lernen ist die Fähigkeit des Netzes, eigenständig Umwelteinflüsse aufzunehmen und in Muster umzusetzen. Das entdeckende Lernen ist durch die Programmierer ständig zu überwachen, damit Fehlentwicklungen im System ausgeschlossen werden können.

Neuronale Netze kommen im Unternehmen wie folgt zur Anwendung:

— Einschätzung der Bonität bzw. Insolvenzgefährdung von Unternehmen mittels ihrer Jahresabschlüsse,
— Analyse bzw. Vorhersage von Aktien und Wechselkursen,
— Filterung (Selektion) und Klassifizierung von E-Commerce-Angeboten im Internet,
— Produktionsplanung und -steuerung.

Weitere betriebswirtschaftliche Anwendungsmöglichkeiten sind zu prüfen.

3.6.2.2 Fuzzy Logic

Als Fuzzy Logic werden Steuerungssysteme zur Verarbeitung unscharfer (englisch: fuzzy) Informationen bezeichnet. Merkmale dieser Informationen sind linguistische Variablen, deren Werte nicht nur Aussagen über den Wahrheitsgehalt (z. B. wahr oder falsch/0 oder 1), sondern auch unscharfe Angaben wie ein wenig, bisschen, ziemlich oder stark tätigen. Den unscharfen Variablen wird in der Regel ein mathematischer Zahlenbereich zwischen 0 und 1 zugeordnet, um eine Verarbeitung der Daten mit moderner EDV sicherzustellen.

Ein so genanntes Fuzzy-Control-System benötigt bei seiner Anwendung nur wenige Regeln des **If-then-else-Typs**, weil sich die Prozesse auf die Steuerung beziehen. Prozessziele und -bedingungen können ebenfalls nur ungefähr festgelegt werden, wenn die

Prozessdaten unzureichend bekannt oder zu umfangreich sind, um schnell und umfassend verarbeitet zu werden. Fuzzy-Logic wird vor allem bei mechanischen Problemen, z. B. bei der Steuerung von Maschinen verwendet. Weitere Anwendungsgebiete sind Banken und Investmenthäuser, die so versuchen unscharfes Wissen über den Kapitalmarkt mathematisch zu modellieren.

3.6.2.3 Chaosmanagement

Als Ergebnis der Chaosforschung hat sich in Organisationen und Unternehmen als Früherkennungssystem das Chaosmanagement etabliert. Man unterstellt, dass selbst scheinbar chaotische Zustände bei genauerem Hinsehen einer Ordnung unterliegen. Das Chaosmanagement zielt darauf ab, einerseits chaotische Zustände zu identifizieren und einer gewissen Ordnung oder Erklärung zu unterwerfen. Es wird der Regel gefolgt, dass das Chaos die notwendige Dynamik für „Change-Prozesse" liefert. Stagnation und Verharrung in einem Ordnungsrahmen werden dagegen als Gefahr für die Organisation erkannt. Ziel des Chaosmanagements ist es, so genannte Fraktale (Bausteine) zur Chaosdeutung nach Benoit B. Mandelbrot zu identifizieren. Fraktale sind gekennzeichnet durch eine hohe Selbstähnlichkeit oder Skaleninvarianz. Das bedeutet, dass jede Sache aus gewissen identifizierbaren Bausteinen, einer Gesamtmenge besteht. Die Erkennung eines Bausteins gibt oft sehr rasch und sehr genau Aufschluss über das Objekt.

Das Chaosmanagement gilt als eine sehr innovative Managementtechnik. Das Chaos kann zum bedeutenden Wettbewerbsfaktor für moderne Unternehmen werden, wenn Führungs- und Fachkräfte im Unternehmen fähig und bereit sind, von starren Vorstellungen loszulassen und neuen, vielleicht auch chaotischen Zuständen Platz einzuräumen.

Das Chaosmanagement birgt jedoch einige Gefahren. Seine Strategien und Verfahren sind nicht immer sofort nachvollziehbar und der Erfolg bzw. Misserfolg des Managements lässt sich nicht immer eindeutig zuordnen und vor allem personifizieren. Hinzu kommt, dass das Chaosmanagement zur Führungskultur und Corporate Identity des Unternehmens passen muss.

3.7 Risikomanagement

Da wirtschaftliches Handeln nie ganz ohne Risiken auskommt, ist es durchaus nützlich, ein Risikomanagement im Unternehmen zu installieren.[107] Risikomanagement bedeutet einfach das Managen bzw. das Gestalten von Risiken und die Beschaffung von Informationen darüber. Dabei sind die Risiken nicht unbedingt als eine Herausforderung zu sehen, sondern eher als eine Gefahr von Verlusten.

Der Begriff **Risiko** wird daher als die aus einer Entscheidung resultierende Verlustgefahr beschrieben. Die Summe aller Risiken, denen das Unternehmen ausgesetzt ist, wird als **Bruttorisiko** angesehen und kann durch vom Management angestoßene Maßnahmen vermieden, vermindert oder durch Überwälzung reduziert werden. Der verbleibende Rest sind die **Nettorisiken** bzw. die Restrisiken, die vom Management nun getragen bzw. gemanagt werden müssen. Die ersten Unternehmen, die ein solches System installierten, waren die Versicherungen, aufgrund von Risiken bei der Kreditvergabe.[108]

---

[107] Vergleiche hierzu ausführlich: Wolke, T.: Risikomanagement, 2. Aufl., München 2008, S. 1 ff.
[108] Vgl. Horváth, P./Gleich, R./Voggenreiter, D.: Controlling umsetzen, 4. Aufl., Stuttgart 2007, S. 237.

3.7.1 Zielsetzung

Durch die Verabschiedung des KonTraG-Gesetzes, Gesetz zur Kontrolle und Transparenz im Unternehmensbereich, im Mai 1998, sind Kapitalgesellschaften verpflichtet worden, ein zertifiziertes Risikomanagement einzuführen.

Auch im Aktiengesetz § 91 II ist geregelt, dass amtlich notierte Aktiengesellschaften ein Überwachungssystem einrichten sollen. Ein solches Überwachungssystem ist mit einem Risikomanagementsystem gleichzusetzen, da bestandsgefährdende Risiken frühzeitig erkannt werden sollen. Bei der Einführung eines solchen Systems ist der Vorstand verantwortlich.

Im Rahmen der Abschlussprüfung wird das Überwachungssystem bzw. Risikomanagementsystem vom Wirtschaftsprüfer laut § 317 IV HGB auf seine Funktionsweise hin geprüft. Durch diese Entwicklung ist durchaus der Schluss zulässig, dass Personengesellschaften und andere dieses System einrichten und unterhalten. Dies wird durch die Inhalte des Kapitalgesellschaften- und Co.-Richtlinien-Gesetzes (KapCoRiLiG) gestützt.

Die **Zielsetzungen** für ein **Risikomanagement** sind laut **Horváth**:[109]

- Erfüllung des KonTraG,
- Erkennen und Vermeiden von Risiken
- Interne Transparenz erhöhen
- Risikobewusstsein der Mitarbeiter verbessern
- Eigenverantwortung dezentraler Bereiche unterstützen
- Support der Unternehmensleitung
- Erreichen der Unternehmensziele

Das Primärziel des Risikomanagements sollte die Unterstützung der Unternehmensleitung zur Erreichung der Unternehmensziele sein. Jedes kleine Risiko sollte nicht in den Mittelpunkt gestellt werden.

Dieses Vorgehen würde nur zu einer Angstkultur führen. Es soll auch nicht jedes Risiko gleich und auf der Stelle eliminiert werden, sondern dazu dienen, mit Risiken offener und verständnisvoller umgehen zu können, so dass jeder Bereich Risiken rechtzeitig erkennt und eigenverantwortlich mittragen bzw. abwägen kann.

Das Risikomanagement ist kein abgetrennter Bereich oder ein System zum Selbstzweck. Es steht vielmehr mit den unterschiedlichsten Bereichen und Aufgaben in der Unternehmung in Verbindung. Die folgende Abbildung soll dies verdeutlichen.[110]

---

[109] Vgl. Horváth, P.: Controlling & Finanzen, Stuttgart 1999, S. 2 f.
[110] Vgl. ebd., S. 4.

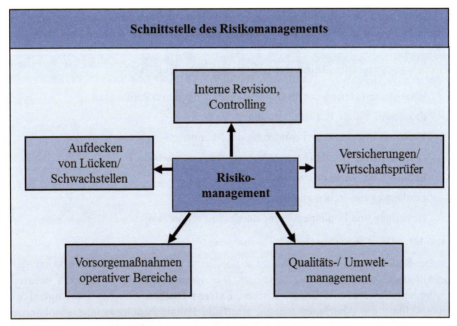

Abb. 102: Schnittstellen des Risikomanagements zu anderen Bereichen

Ein Risikomanagement ist nicht als ein bestimmtes System mit festgelegten Abfolgen zu verstehen. Es ist eher ein freies System, das an jedes Unternehmen angepasst werden kann.

3.7.2 Risikofaktoren

Damit dieses Risikomanagement optimal der Unternehmung dienen kann, sollte es auch optimal den Unternehmensbedingungen angepasst werden. Die folgenden Faktoren können als Gründe dieser unternehmensspezifischen Ausrichtung des Risikomanagements angesehen werden:

- Komplexe und dynamische Unternehmensumwelt bedingen höhere Anforderungen an ein Risikomanagementsystem.
- Stark diversifizierte Unternehmen weisen ein geringeres Risiko auf.
- Kleine Unternehmen haben eine hohe Risikoneigung und entsprechend hohe Anforderungen an ein Risikomanagementsystem.
- Je älter das Unternehmen bzw. die Lebenszyklusphase ist, desto höher sind die Anforderungen an das Risikomanagementsystem. Unternehmensgründer verfügen dagegen über sehr detaillierte Informationen hinsichtlich der Risiken der künftigen Entwicklungen.
- Das Risikomanagementsystem ist branchenabhängig. Banken und Versicherungen haben, historisch bedingt, im Vergleich zu Industrieunternehmen ein sehr ausgefeiltes Risikomanagementsystem.

Vor diesen Faktoren kann jedes Unternehmen ein für sich spezielles Risikomanagementsystem entwickeln. Als Gestaltungskriterien nennt Horváth folgende Kriterien:[111]

Gestaltungskriterien nach Horváth
– Erfassen und Bewerten von Informationen anhand von Risikoarten
– Prozessorientierte Berichterstattung
– Neubetrachtung und evtl. Änderung des Reporting
– Ganzheitlicher Ansatz (bereichsübergreifend, international)
– Erfüllung des KonTraG als Hilfestellung
– Festlegung von Informationsrichtlinien
– Gestaltung und Implementierung durch ein Projektteam

Abb. 103: Gestaltungsrisiken für das Risikomanagement

Ein **Risikosystem** läuft vereinfacht so ab. Zuerst werden die Risiken analysiert, d. h. identifiziert, quantifiziert und aggregiert. Die Systematisierung der Risiken unterteilt Schröder in externe und interne Risiken. **Externe Risiken** sind z.B. die Konkurrenzentwicklung, die Abnehmersituation, staatliche Rahmenbedingungen, sozioökonomische Trends, technologische Entwicklungen, die allgegenwärtige Marktentwicklung und die wichtige Rohstoffversorgung. **Interne Risiken** können die Sortimentsbereinigung, der Abschluss eines Kostensenkungsprogramms, die Umstellung von Steuerungssystemen und der Aufbau eines Beschaffungsmarketings sein.[112]

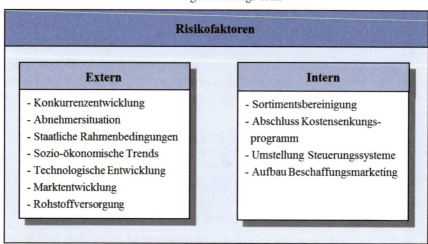

Abb. 104: Risikofaktoren

Horváth hingegen systematisiert die Risiken in vier unterschiedliche Arten: extern, operativ, finanziell und intern. Durch die weit speziellere Unterscheidung können potentielle Risiken besser erfasst, geplant und gesteuert werden.[113]

---

[111] Vgl. Horváth, P.: Controlling & Finance, a.a.O., S. 4 f.
[112] Vgl. Schröder, E.F.: Modernes Unternehmens-Controlling, a.a.O., S. 302.
[113] Vgl. Horváth, P.: Controlling & Finance, a.a.O., S. 5.

Abb. 105: Risikoarten

3.7.3 Prozessphasen des Risikomanagementsystems

Schon durch diese Systematisierung und Analyse wird ein gewisses Risikobewusstsein im Unternehmen erzeugt. Danach werden in der Risikoplanung und -steuerung die Risikoziele bzw. die Verantwortungslimits gesetzt und Gegenmaßnahmen zu den einzelnen Risiken geplant. Im Rahmen der Risikoüberwachung wird der Fortschritt der Maßnahmenpläne und der Risikoentwicklung verfolgt.

Das **Ziel** dieser Handlung ist die Einhaltung der festgelegten Sicherungsquote bzw. das angestrebte Risikolimit und die jederzeit verfügbare Auskunftsmöglichkeit über die zukünftigen Risiken. Dies ist auch Inhalt der folgenden Prozessphase der **Risikodokumentation**. In dieser erfolgt das Reporting der Risiken. In der Systemdokumentation wird die Nachvollziehbarkeit des Risikomanagementsystems für Dritte, z. B. Wirtschaftsprüfer, gesichert.[114]

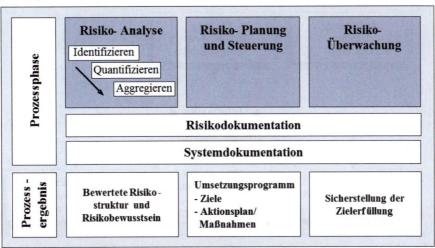

Abb. 106: Prozessphasen des Risikomanagementsystems

---

[114] Vgl. Horváth, P./Gleich, R./Voggenreiter, D.: Controlling umsetzen, a.a.O., S. 226 f.

Das Risikomanagement steht in enger Beziehung zum Controlling und hier besonders im Zusammenhang mit dem strategischen Controlling. Gerade in der Stärken-Schwächen- und Chancen-Risiken-Analyse sind seit jeher Risiken der Objekte die Planung und Steuerung. Ein sehr leistungsfähiges Controllinginstrument nimmt daher die Risikomanagementaufgabe, ohne den bislang expliziten Gesetzesauftrag bereits wahr, so dass man das Risikomanagement als einen Teilbereich des Controllings ansehen kann.

4 Operatives Controlling

Das operative Controlling bildet die Schnittstelle zwischen dem betrieblichen Rechnungswesen und dem strategischen Controlling. Das strategische Controlling befasst sich mit der unternehmerischen Potenzialsicherung zur langfristigen Unternehmenserhaltung, wogegen das operative Controlling die periodenorientierte Liquidität sichern, die Produktivität optimieren, Störeinflüsse ausregeln, Informationen aus dem gesamten Rechnungswesen beschaffen, auswerten und permanente Kostensenkungsprogramme nach neuen Erkenntnissen ausarbeiten und durchsetzen soll.

Mit entsprechendem Vorlauf gilt die Abgrenzung des **Planungs-** und **Steuerungshorizonts** meist für ein Geschäftsjahr. Da der operative Controller nicht wie der strategische die Möglichkeit hat, eine Unternehmenspotenzialerweiterung vorzunehmen, muss er gegebene Potenziale optimal ausnutzen. Die meisten Planrealisierungen und Anpassungen erfolgen durch die jeweils ausführenden Organe. Die Führungsstile Management by Objectives, by Results und by Exception werden angewandt.

Der operative Controller erarbeitet hauptsächlich Abweichungsanalysen, um im Anschluss an die Kontrollprozesse die Abweichungsursache zu ergründen und durch Anpassungsprozesse die zukünftigen Abweichungsmöglichkeiten zu reduzieren. Er arbeitet somit zukunfts-, engpass- und steuerungsorientiert und schafft damit die Gewinnsicherung, die Voraussetzung für die Vermögensmehrung des strategischen Controllers ist. Die folgende Zeichnung zeigt den Regelkreis, den der operative Controller zu erfüllen hat.[115]

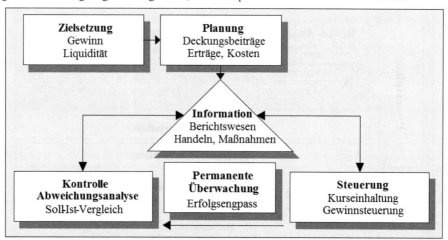

Abb. 107: Der Regelkreis des operativen Controllings

---

[115] Vgl. Liessmann, K.: Strategisches Controlling, a.a.O., S. 126.

Der operative Controller bewegt sich zwischen den Bereichen der Finanzebene und der Güterebene. Ist der operative Controller in der Unternehmensorganisation funktional eingesetzt, so ist er der Güterebene näher zugeordnet und führt z.B. das Produktionscontrolling mit Investitionsrechnungen, Materialpreisüberwachung oder Budgetkontrollen durch. Er soll den Produktionsablauf unter finanztechnischen Gesichtspunkten optimieren.

Ist der operative Controller in der Unternehmensorganisation institutional eingesetzt, so ist er der Finanzebene näher zugeordnet und stellt die Finanz- und Erfolgspläne auf, plant Budgetrahmen und beobachtet die Entwicklung der Planbilanz. Treten Unstimmigkeiten bei den Einzahlungen und Auszahlungen dahingehend auf, dass die Auszahlungen die Einzahlungen übersteigen, so ist der Controller gefordert diese Differenzen unmittelbar zu erkennen, zu analysieren und schnellstmöglich zu beheben, so dass die **Liquidität** wieder gewährleistet ist. Sollten die Einzahlungen die Ausgaben übersteigen, so hat der Controller darauf zu achten, dass der Überschuss in Tätigkeiten mit hoher Verzinsung investiert wird, sodass langfristig eine hohe **Rentabilität** gewährleistet ist. Die folgende Zeichnung zeigt die vernetzten Zusammenhänge der Aufgabengebiete des operativen Controllers.

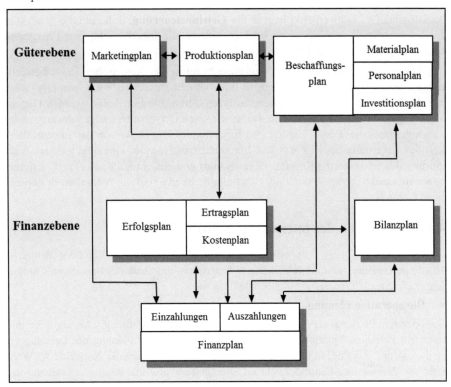

Abb. 108: Innerbetriebliche Verknüpfungen im operativen Controlling

Weitere Aufgaben sind das Erstellen von **rechnerischen Prognosen** und **Simulationen**, um die Zielerreichung zu kontrollieren und eventuelle Alternativen zu prüfen. Das Berichtswesen soll die zunehmende betriebswirtschaftliche Komplexität durch Kennzahlen in eine Soll-Ist-Darstellung bringen, kommentieren und die Abweichung begründen.

Alternativvorschläge zur Zielrevision sollen entwickelt und die Wechselwirkung zwischen Kosten, Erlösen, Kapazitätsauslastungen und Personaleinsatz der anderen Unternehmensbereiche soll aufgezeigt werden.[116]

Die folgende Grundeinteilung des operativen Controlling in **Planung**, **Durchführung** und **Kontrolle** nutzt grundsätzlich die gleichen Instrumente. In der Planung wird die gesamte Periode, von der Eröffnungsbilanz bis zur Schlussbilanz, betrachtet. Während der Laufzeit des geplanten Zeitraumes müssen die eintretenden Störungen erkannt und behoben werden. Am Ende der Periode erfolgt in der Kontrolle eine abschließende Analyse der vergangenen Periode, die wiederum Einfluss auf die nächste Planungsperiode hat.

Das operative Controlling befasst sich maßgeblich mit Problemen der kurz- und mittelfristig orientierten Planung und Kontrolle.[117] Die mittelfristige oder auch taktische Planung berücksichtigt einen Zeitraum von bis zu fünf Jahren, während die kurzfristige oder auch operative Planung sich auf einen Zeitraum von maximal einem Jahr erstreckt.[118] Dabei weist die operative Planung im Vergleich zur strategischen Planung eine Feinplanung auf, die größte Detaillierung und Differenzierung beinhaltet.

Beim operativen Controlling stehen monetäre Zielgrößen wie Erfolg und Liquidität im Vordergrund, die bereits in der Gegenwart durch Kosten- und Erlösgrößen quantifizierbar sind. Der Schwerpunkt liegt in der **Gewinnsteuerung**, d. h., um die gesteckten Unternehmensziele realisieren zu können, müssen die innerbetrieblichen Funktionen und Abläufe gesteuert werden.

Als Basis dient das interne Rechnungswesen mit seiner Kosten- und Leistungsrechnung. Das operative Controlling macht innerbetriebliche Abläufe transparenter, führt Soll-Ist-Vergleiche und Abweichungsanalysen durch und bei Bedarf werden Gegensteuerungsmaßnahmen eingeleitet. Demnach orientiert es sich an gegenwarts- oder vergangenheitsorientierten Zahlen und Ergebnissen. Die Sicherung der Lebensfähigkeit des Unternehmens in Form von Liquidität und Gewinn, eine angemessene Verzinsung des eingesetzten Kapitals (Rentabilität) und ein optimales Kosten-Leistungs- bzw. Aufwands-Ertrags-Verhältnis (Wirtschaftlichkeit), sind die **Aufgaben** des operativen Controlling.

4.1 Funktionen des operativen Controllings

Obwohl -wie bereits erwähnt- operatives und strategisches Controlling über identische Bausteine verfügen, kommt den einzelnen Bausteinen innerhalb des operativen Controlling doch eine differenzierte Aufgabenstellung zu.

- **Die operative Planung**

Die operative Planung, als eine von den drei Planungsstufen (strategische, taktische und operative Planung), beinhaltet in der Regel eine kurzfristige Planung der Leistungserstellungs- und Leistungsaustauschprozesse im Rahmen gegebener Kapazitäten. Während die Zielplanung hauptsächlich auf strategischer und die Ressourcenplanung auf taktischer Ebene stattfindet, gehört die Maßnahmenplanung schwerpunktmäßig zur operativen Ebene.

---

[116] Vgl. Preißler, P.: Controlling, a.a.O., S. 20.
[117] Vgl. Reichmann, T.: Controlling mit Kennzahlen und Management-Tools, 7. Aufl., München 2006, S. 559.
[118] Vgl. Jung, H.: Allgemeine Betriebswirtschaftslehre, a.a.O., S. 1170.

Die operative Planung ist durch folgende Merkmale gekennzeichnet:

- kurzfristiger Planungshorizont, kurzfristige Prognosereichweite
- stark differenzierte Aufgliederung in viele Teilpläne
- Einzelheiten werden sehr detailliert erfasst
- große Präzision (Exaktheit) bei Informationen über die zu erfassenden Größen
- gut (präzise) definierte Probleme
- dem Verhältnis von normativen zu empirischen Informationen kommt eine relativ geringe Bedeutung zu.

Da nicht alle Sachziele und Formalziele aus Kapazitätsgründen geplant werden können, muss eine Auswahl der kritischen Problembereiche für die Planung getroffen werden. Die dafür notwendige Grobanalyse ist Bestandteil einer strategischen Problemdiagnose, die aber notwendig ist, um detaillierte Auswertungen zu ermöglichen. Der Planungsprozess gliedert sich über mehrere Phasen wie Zielbildung, Problemanalyse, Alternativensuche, Prognose, Bewertung, Entscheidung, Durchsetzung, Kontrolle und Abweichungsanalyse in jeweils detaillierte Teilschritte.

Wichtig ist die Orientierung an bereits erstellten Planungsrichtlinien, die Festlegung von Prämissen -Nebenbedingungen für Einzelpläne- und die Festlegung der terminlichen Abfolge der Planungsstufen. Die aus allen Funktionsbereichen erstellten Teilpläne bilden die Unternehmensgesamtplanung, die von der operativen Planung zu realisieren versucht wird. Das Controlling integriert und koordiniert die Teilpläne. Im Vergleich zum vergangenheitsorientierten Rechnungswesen ist die operative Planung durch die Transformation vergangener Entwicklungen in die Gegenwart zukunftsorientiert. Das Ergebnis der Planung ist die Vorgehensweise für die kommende Periode.

- **Die operative Kontrolle**

Die Kontrolle als Soll-Ist-Vergleich umfasst Beachten, Messen, Differenzieren und neues Einwirken. Sie ist eine Rückkopplung. Grundvoraussetzungen, damit eine Kontrolle erfolgen kann, sind Vorgaben und Entscheidungsregeln für die Bewertung der Ausführung und für Korrekturmaßnahmen sowie geeignete Maßstäbe für die Beurteilung der Ausführung. Die Kontrollprozesse können in mehrere Phasen unterteilt werden, wie Festlegung des Kontrollproblems, Festlegung und Durchführung des Vergleichs, Beurteilung der festgestellten Abweichungen und Entwicklung von Anpassungsmaßnahmen, wobei der letzte Punkt in die Bereiche Steuerung und Planung einwirkt.

Mit Hilfe der Kontrolle sollen Planungs- oder Durchführungsfehler erkannt werden. Im Verlauf der Planrealisation sind ständige Planfortschrittskontrollen durchzuführen, bei denen einzelne Planbestandteile auf ihre Realisation hin überprüft werden. Dadurch steigt die Prognosefähigkeit der zu erwartenden Gesamtergebnisse. Die Endergebnisse werden dann in Realisationskontrollen geprüft. Mögliche kontrollierbare Größen können in Form von realisierten Werten (**Ist-Werte**), zukünftigen Werten (**Wird-Werte** = voraussichtliche Ist-Werte) oder angestrebten Werten (**Soll-Werte**) dargestellt werden.[119] Durch die Kombination der verschiedenen Formen erreicht man die unterschiedlichsten Aussagemöglichkeiten. Wesentliche Kontrollgrößen der Vergleiche sind beispielsweise

---

[119] Vgl. Küpper, H.-U./Weber, J.: Grundbegriffe des Controllingss, a.a.O., S. 180 ff.

Umsatz, Kosten und Personalbedarf. Da ein zwingender Zusammenhang zwischen Planung und Kontrolle besteht und die Sicherungskonzeption überwiegend vergangenheitsorientiert ist, bedarf es an Analyse- und Diagnoseinstrumenten des operativen Controlling.

- **Die operative Information**

Die operative Information hat die Aufgabe, Informationen an die operative Planung und Kontrolle mit dem notwendigen Genauigkeits- und Verdichtungsgrad am richtigen Ort und zum richtigen Zeitpunkt bereitzustellen. Wesentliche „**Informationsinstrumente**" für das operative Controlling sind dabei die Finanzbuchhaltung sowie die Kostenrechnung. Das Controlling muss auch hier koordinieren und die Informationsbeschaffung mit der Informationsverwendung abstimmen.

Der Anspruch an die rechtzeitige Bereitstellung von Informationen basiert auf den Aspekten Bestimmtheit, Vollständigkeit und Sicherheit. Die Bestimmtheit einer Information wird durch Informationsgehalt, Genauigkeit, Überprüfbarkeit, Aktualität, Quantifizierbarkeit, Objektivität und Operationalität beeinflusst, während die Vollständigkeit durch die Informationseigenschaft der Zweckorientierung bestimmt wird. Wahrheit, Bestätigungsgrad und Wahrscheinlichkeit dagegen nehmen Einfluss auf die Sicherheit einer Information. Für das operative Controlling ist eine Informationslogistik in Form von Just-in-Time-Informationen anzustreben, wobei Daten allein an der Quelle erfasst und möglichst automatisch geprüft werden sollten. Kurzfristige Soll-Ist-Abweichungen können so schneller ermittelt werden.

- **Die operative Steuerung**

Die Steuerung umfasst alle Tätigkeiten und Veranlassungen, die der Umsetzung der Planung dienen. Es werden Ziel-, Maßnahmen- und Ressourcenpläne unter Beachtung von Verhaltenswirkungen in Vorgaben für einzelne Organisationseinheiten durchgeführt. Im Rahmen der operativen Steuerung werden demnach Maßnahmen zur Planerfüllung ergriffen. Die operative Steuerung ist das Korrekturglied im Regelkreis, das Anpassungen bei auftretenden Abweichungen vornimmt.

4.2 Ziele des operativen Controllings

Aufgrund der vorhergehenden Ausführungen können die Ziele des operativen Controllings recht klar und eindeutig abgesteckt werden. Die Ziele und Daten des operativen Controllings betreffen den kurzfristigen Zeithorizont von etwa zwölf Monaten und müssen exakt formuliert sein bzw. exakte Werte enthalten. Es handelt sich überwiegend um monetäre und quantitative Ziele. Das operative Controlling hat im Rahmen der Zielsetzung die Aufgabe, „[...] Maßnahmen zur rechtzeitigen Abweichungsverhinderung und damit zur planmäßigen Zielerreichung"[120] zu definieren und durchzusetzen. Um rechtzeitig entsprechend reagieren zu können, muss es die eventuell auftretenden Abweichungen frühzeitig wahrnehmen.

Es richtet sich auf Gegensteuerungsmaßnahmen innerhalb einer gegebenen Strategie und ist somit mit dem strategischen Controlling verknüpft. Die zentralen Zielsetzungen des operativen Controllings können beispielsweise sein:

---

[120] Klenger, F.: Operatives Controlling, 5. Aufl., München/Wien 2000, S. 26.

Zentrale Zielsetzung des operativen Controllings	
– Die Sicherung des kurzfristigen Unternehmenserfolges – Die angemessene Verzinsung des eingesetzten Kapitals – Erhöhung des Umsatzes – Erschließung eines bestimmten neuen Teilmarktes – Erweiterung des Produktangebotes – Anpassung der Preise – Kapazitäts- und Beschäftigungsanpassungen	– Die Sicherung der Liquidität – Ein optimales Kosten- Leistungs- bzw. Aufwands-Ertrags-Verhältnis – Erhöhung des Marktanteils – Entwicklung und/oder Einführung bestimmter neuer Produkte – Anpassungen an veränderte Marktsituationen – Intensivierung der Werbung und Verkaufsförderung

Zielvorgaben im Rahmen des operativen Controllings lassen sich über Zahlenwerte klar definieren, z. B. eine Umsatzsteigerung von 12 %, einen ROI von 10 % oder einen Cash Flow von 11 %.

4.3 Planung

Die Planung des operativen Controllers muss sich nach den Zielen und Richtlinien des strategischen Controllers richten. Ist das strategische Controlling nicht so weit ausgebaut, so sind die nötigen Informationen in erster Linie dem Marketing bzw. dem Vertrieb zu entnehmen. Hier wird der erwartete Absatz in **Menge** und den zu erzielenden **Preisen** festgesetzt. Diese beiden Variablen stellen die wichtigsten Orientierungsgrößen im operativen Controlling dar und es lassen sich so die gesamten operativen Einzelpläne ableiten.

Der operative Controller ist verantwortlich für den Aufbau von **Planungsrichtlinien** innerhalb des Planungssystems, für die Fixierung jedes Einzelplanes, für die Festlegung eines Terminplanes sowie dessen Einhaltung. Die Terminpläne werden in Netzplantechnik aufgestellt. Die Abteilungen müssen sich an die Einhaltung der Pläne halten, da die organisatorisch nachgeordneten Abteilungen die vorliegenden Informationen benötigen, um ihrerseits planen zu können. Nur so kann zum gesetzten Zeitpunkt der gesamte Unternehmensplan erstellt werden. Zudem muss der Controller eine Hilfestellung für die Planerstellung geben und die Teilpläne zu einem harmonischen und realisierbaren Gesamtunternehmensplan abstimmen.

4.3.1 Ermittlung der Einzelpläne

Die Bestandteile der Jahresplanung sind Einzelpläne, die sich aus den einzelnen Unternehmensbereichen zusammensetzen:

- **Vorspann mit einem mittelfristigen Ausblick**

Der Plan der vergangenen Periode wird analysiert, um erste Erkenntnisse und Erfahrungen für die Aufstellung des neuen Plans zu erhalten. Die zur langfristigen, strategischen Zielerreichung nötigen Teilziele für die aktuelle Periode werden in Kennzahlen wie Gesamtergebnis, ROI, Eigenkapitalrendite und Produktivität definiert. Weitere Einflüsse aus der direkten Umwelt auf das Unternehmen werden untersucht und Alternativpläne vorbereitet.

– **Erstellen des Ergebnisplans**

Der Ergebnisplan wird aus den Budgets[121] der einzelnen Unternehmensbereiche zusammengestellt. Der Plan hat für die kommende Periode einen Zielcharakter und ist bis auf weiteres einzuhalten. Er sollte einen klaren Bezug zu den Vorjahres- und Folgeplänen besitzen und direkte Erklärungen von Besonderheiten oder Voraussetzungen enthalten. Ein Ergebnisplan könnte folgendermaßen aussehen:

	Ist 2014	Ist 2014	Plan 2015		Erläuterungen
	%	%	Mio. €	%	
Bruttoumsatz	+7	+5	20,5	+5	Produktneueinführung
Rohstoffe	+6	+7	6,5	+6	Lieferant ist in stärkerer Ausgangssituation
Personalkosten	+3	+4	10,3	+5	laut Tarifvertrag
Energiekosten	+5	+6	2,5	+7	Steuererhöhung

Ergebnisplan 2014/15

Abb. 109: Ergebnisplan für eine neue Periode

– **Absatzplan, Umsatzplan, Marketingplan**

Dieser Plan stellt die wichtigste Teilkomponente des Gesamtplans dar. Auf ihn bauen alle anderen Teilpläne auf. Dementsprechend genau muss der Absatz nach Art und Menge sowie nach Vertriebswegen, Leitlinien der Preispolitik, Kundenorientierung, Marketingstrategien und Werbebudgets definiert sein. Problematisch ist in diesem Bereich der Übergang von schlecht vorhersagbarem Markt-/Kundenverhalten zu konkretem unternehmenstechnischen Planungsmaterial.

– **Produktions- und Kapazitätsplan**

Ausgehend vom Absatzplan sowie von der Lagerbestandssituation zum Jahresanfang wird der Produktions- und Kapazitätsplan erstellt. Die Kapazitätsauslastung sollte nach Möglichkeit 100 % betragen. Ist dies durch die eigenen Produkte nicht zu realisieren, ist eine Fremdproduktion einzuplanen. Wäre eine Kapazitätsauslastung von über 100 % vorhanden, so sollte z. B. versucht werden, die Kapazitätsspitzen auf andere Teilperioden zu verlagern.

– **Investitionsplan**

Der Investitionsplan kann gegliedert werden nach Beschaffungs-, Produktions-, Verwaltungs- und Vertriebsbereichen. In einer Tabelle sollten die Investitionsartikel oder -projekte (Unterteilung in Ersatz-, Rationalisierungs- und Erweiterungsinvestition), der Betrag, die Wirtschaftlichkeit (Unterteilung in internen Zinsfuß und Amortisationszeit) sowie betriebswirtschaftliche und steuerliche Abschreibungen aufgeführt werden. Ab einer gewissen Summe aufwärts sollten alle Investitionen hier eingetragen werden. Der Investitionsplan liefert den gesamten Finanzmittelbedarf für die Investitionen des Unternehmens.

---

[121] Vgl. Baier, P.: Führen mit Controlling, Berlin 1994, S. 146 f.

- **Beschaffungsplan**

Der Beschaffungsplan sollte in erster Linie die Preisentwicklungen und die Beschaffungskosten bei geplanter Menge berücksichtigen. Die Substituierbarkeit der Rohstoffe, Fertigteile, Module sowie der komplette Fremdbezug von Gütern oder Dienstleistungen sollte ständig als Möglichkeit in Betracht gezogen und ihre Wirtschaftlichkeit berechnet werden.

Der **Beschaffungspreis** ist eine wichtige Größe in der Bestimmung der variablen Kosten und somit der Verkaufspreisermittlung. Unerwartete Schwankungen des Beschaffungspreises sind durch strategische Maßnahmen wie z. B. langfristige Lieferverträge zu vermeiden. Da die beiden betrieblichen Schnittstellen zur Außenwelt (Beschaffung und Absatz) kritische Einflussfaktoren darstellen, kann zumindest die Beschaffungsseite durch eine Einbindung des Lieferanten weitestgehend abgesichert werden.

- **Personalplan**

Hier kann eine Unterteilung nach den verschiedensten Kriterien erfolgen: z.B. gewerbliche und angestellte Arbeitnehmer, Teilzeit- und Vollzeitbeschäftigte, Aushilfskräfte, Tarifgruppen und Altersklassen. Dabei werden Fortbildungsmaßnahmen, materielle und immaterielle Anreizsysteme sowie die daraus entstehenden Kosten ermittelt.

- **Organisationsplan**

Der Organisationsplan muss sich genauso flexibel anpassen, wie das Unternehmen an den Markt. Er ist deshalb zu jedem Periodenbeginn neu zu überdenken und bei einer veränderten Gewichtung der unternehmerischen Schwerpunkte entsprechend neu zu organisieren. Es dürfen keine veralteten Strukturen bestehen bleiben, die eine Dynamik des Unternehmens verhindern oder die ordnungsgemäße Budgetermittlung erschweren. (viele Unternehmen besitzen jedoch eine zu starre Organisation)

- **Finanzplan und Plan-Bilanz**

Durch Gewinn- &Verlustrechnung, den Finanzplan mit der Einnahmen-/Ausgabenbetrachtung bis hin zur Planbilanz am Ende der Periode kann ermittelt werden, inwieweit das gesetzte unternehmerische Ziel, welches in Kennzahlen vorgegeben ist, erreicht wird.

- **Terminplan**

In einem Terminplan müssen, vom operativen Controller organisiert, die einzelnen Teilpläne zeitlich aufeinander abgestimmt werden, da einige Pläne auf Ergebnisse von vorausgegangenen Plänen aufbauen. Diese Terminpläne werden durch die **Netzplantechnik** erstellt. In der Regel geschieht das vier Monate vor Periodenbeginn.

Sind die Pläne erstellt und alle Budgetvorstellungen geäußert, geht es darum, gemeinsam das Budgetvolumen jeder einzelnen Kostenstelle soweit zu korrigieren, bis das zu erwartende Ergebnis erreicht wird. Der operative Controller hat hier die Aufgabe eine Mittlerfunktion zu übernehmen und zu erkennen, wo in der Budgetvergabe Akzente zu setzen sind.

Die Planung wird während des normalen Tagesgeschäftes erledigt. Dadurch können erhebliche Spannungen auftreten. Der Controller muss diese Spannungen abbauen und den Kostenstellen- oder Bereichsleitern entsprechende Unterstützung bei der Planung zukommen lassen. Weiterhin muss der Controller überwachen, dass keine Anhäufung von unnötigen Reserven praktiziert wird. Eine zu optimistische Planung ist ebenfalls zu unterdrücken. Der operative Controller wird in der laufenden Periode durch Kontrollrechnungen erkennen, dass das Einhalten der Zielpläne unmöglich ist und deshalb ein neuer Plan erstellt werden muss.

4.3.2 Information

Die Informationen zur exakten Planerstellung und der laufenden Kontrolle sind für einen operativen Controller von größter Wichtigkeit. Zu nennen sind die Instrumente der Kostenrechnung, die aus dem Finanz- und Rechnungswesen die nötigen Informationen bereitstellen. Eine Integration von Finanzbuchhaltung und operativem Controlling ist notwendig. Hierbei müssen die Informationen folgende **Grundsätze** beinhalten:

- sie müssen empfängerorientiert sein
- eine Konzentration auf das Wesentliche muss vorhanden sein
- es dürfen keine permanenten Änderungen vorgenommen werden
- die Informationen müssen stets aktuellen Datums sein

Die Informationssysteme sind mit den genannten Punkten entscheidungsorientiert aufzubauen. Der operative Controller kann so schneller an relevante Entscheidungskriterien gelangen, wenn z.B. kurzfristige Verkaufspreisvariationen durchgeführt werden müssen.

4.3.3 Finanzierungspläne

Der Finanzierungsplan stellt neben der Grenz- oder Schwellenwertüberschreitungsrechnung die wichtigste Komponente im operativen Plan dar. Durch den Finanzierungsplan wird der Liquiditätsverlauf der neuen Periode bestimmt und permanent überwacht. Der Finanzplan deckt frühzeitig Liquiditätsengpässe auf und der Unternehmer hat so die Möglichkeit, relativ günstiges Fremdkapital z.B. in Form von Bankkrediten zu erhalten.

Ein Finanzplan ist grundsätzlich nach folgendem Schema aufgebaut:

Zahlungsmittelanfangsbestand
+ Einzahlungen in der Planperiode
− Auszahlungen in der Planperiode
= **Zahlungsmittelendbestand**

In Zusammenarbeit mit den einzelnen Fachabteilungen sowie mit deren Budgetangaben lässt sich eine exakte Finanzplanung aufbauen.

4.3.4 Grenz- oder Schwellenwertüberschreitung

Mit der Grenz- oder Schwellenwertüberschreitung wird der Produkterfolg vor einer Neuprodukteinführung oder vor Beginn der neuen Periode mit neuen Rahmenbedingungen ermittelt. Dabei wird festgestellt, ob das Produkt bei dem zu erzielendem Verkaufspreis rentabel zu produzieren ist oder nicht. Eine ordnungsgemäße Analyse versucht die langfristige Potenzialsicherung der Unternehmung zu garantieren.

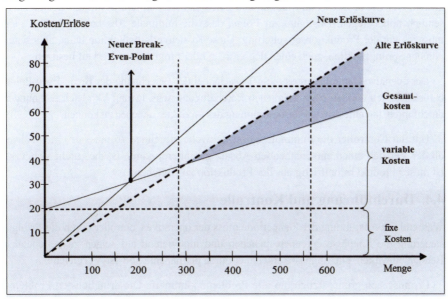

Abb. 110: Die Break-Even-Point Analyse bei einer Fixkostensteigerung

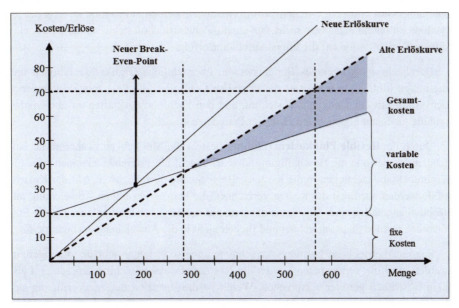

Abb. 111: Die Break-Even-Point Analyse bei einer Erlössteigerung

Entscheidend für die richtige Ermittlung des Break-Even-Points ist das Wissen über den Verlauf der Kostenkurve im Hinblick auf Beschäftigungsschwankungen. Wird durch eine Über- oder Unterbeschäftigung die Absatzschwelle verlassen, so kann es durchaus geschehen, dass sich die Kosten der Produktion oder anderer Betriebsbereiche nicht linear verhalten. Ein Beispiel dafür ist der Zukauf einer weiteren Produktionsanlage bei erhöhter Produktion. Die Fixkosten steigen sprunghaft an und dementsprechend auch die Gesamtkosten. Der Break-Even-Point müsste neu berechnet werden und in diesem Beispiel wesentlich höher liegen. Das hätte zur Folge, dass die minimale Absatzmenge höher sein muss als vor der Produktionserweiterung. Diese Kostenverlaufsfunktion kann, abgesehen von der Sprungfunktion, auch einen degressiven oder progressiven Verlauf besitzen.

Der operative Controller muss diese Tatsache bei der Berechnung des Break-Even-Points berücksichtigen und bei einer möglichen Beschäftigungsschwankung Vergleichsrechnungen durchführen, um eine exakte Preisbestimmung des Produktes angeben zu können.

Hat der Controller die minimale Absatzschwelle errechnet, so muss er untersuchen, ob der Vertrieb einen entsprechenden Absatz garantieren kann. Ist dies nicht sicher, so ist dieses Produkt mittelfristig aus der Produktion zu streichen.

4.4 Durchführung und Kontrolle

Während der Ausführung der Planperiode muss der operative Controller durch die Erfolgssteuerung die Engpässe erkennen, beheben und motivierend auf seinen zu betreuenden Bereich einwirken. Die Engpässe erkennt er durch permanente **Soll-Ist-Vergleiche**.

Er muss sich grundsätzlich um alle Probleme kümmern. Die dringlichsten Probleme müssen mit einer entsprechenden Priorität versehen werden, so dass die Zielerreichung nicht gefährdet wird. Sie werden vorbereitet, analysiert und der entscheidungsrelevante Zeitpunkt wird ermittelt. Die nötigen Informationen werden aufbereitet, so dass der jeweilige Entscheidungsträger nicht vor einem Zahlenfriedhof steht, sondern dass eine direkte Konzentration auf die Engpassprobleme erfolgt.

Durch ein ausgearbeitetes Berichtswesen, übersichtliche Grafikpräsentationen und die nötige Motivation schafft es der operative Controller, die Engpässe im Planperiodenverlauf mit der Unternehmensleitung und den Fachführungskräften zu überwinden und die gesetzten Planziele am Ende der Periode zu erreichen.

Durch die **flexible Plankostenrechnung** besteht die Möglichkeit, während der laufenden Planperiode die Beschäftigungsabweichungen, die Preisabweichungen oder die Verbrauchsabweichungen in die Kostenstellenrechnung einzubeziehen. Mit der Kostenstelle werden nur noch die Kosten verrechnet, die bei der jeweiligen Abweichung tatsächlich angefallen sind. Die Gemeinkosten, auf die der Kostenstellenleiter keinen Einfluss hat, werden nicht verrechnet und fließen nicht in die Abweichungsrechnung ein.

Die innerbetriebliche Leistungsverrechnung kann so ordnungsgemäßer durchgeführt werden, weil die verrechneten Kosten der Kostenstelle der tatsächlich erbrachten Leistung wesentlich genauer entsprechen. Weiter ist die Variation des zur Verfügung stehenden Budgets direkt an die Abweichungen anzupassen; die Gemeinkosten der Abteilung werden hiervon ebenfalls nicht berührt.

Ein weiteres Instrument zur genaueren Ermittlung von betrieblich erstellten Leistungen ist die **Prozesskostenrechnung**.[122] Hier werden die innerbetrieblichen Prozesse in den Gemeinkostenbereichen aufgegliedert und einzeln bewertet. So kann z.B. ein Bestellvorgang ganz gezielt in seinen Kosten ermittelt und direkt dem Produkt zugeordnet werden. Die Prozesskostenrechnung ist eine weitere Lösung, um den ständig wachsenden Gemeinkostenblock aufzulösen und zuzuordnen.

Das nachfolgende Beispiel soll zeigen, inwieweit der operative Controller in der laufenden Planperiode das Verkaufsergebnis verbessern kann. Der Deckungsbeitrag III wird als Kriterium gewählt, den es zu verbessern gilt.

Es werden drei **Maßnahmen** verwendet:

1. Der Stückkostendeckungsbeitrag wird durch eine Erhöhung des Verkaufspreises und durch eine Senkung der variablen Stückkosten erreicht.
2. Der Absatz wird durch verstärkte Werbemaßnahmen und quantitatives Wachstum (altes Produkt/neuer Markt) erhöht.
3. Fixkosten der Produktion werden durch Rationalisierungsmaßnahmen gesenkt.

Dieses Beispiel zeigt, dass der operative Controller abteilungsübergreifend wirken muss, um das Gesamtziel zu erreichen.

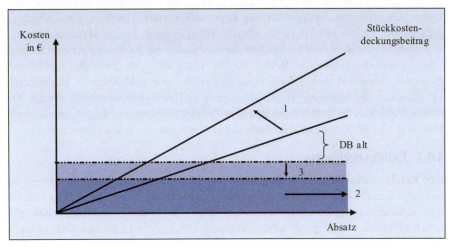

Abb. 112: Verbesserung des Verkaufsergebnisses

Die operative Kontrolle geht von der Rückkopplung aus, bei der die verursachten Abweichungen durch umwelt- bzw. unternehmungsbezogene Störungen analysiert und mittels geeigneter Gegenmaßnahmen kompensiert werden.[123] Die Kontrolle bezieht sich auf die gesamte operative Geschäftstätigkeit sowie die Strategien und deren Durchführung. Die operative Kontrolle unterteilt sich in die personen-/bereichsbezogene Kontrolle und in die maßnahmen-/objektbezogene Kontrolle. Die folgende Grafik zeigt die weitere Aufteilung.

---

[122] Vgl. Jung, H.: Allgemeine Betriebswirtschaftslehre, a.a.O., S. 1157 ff.
[123] Vgl. Beike, T.: Controlling im Führungssystem der Unternehmung, a.a.O., S. 135.

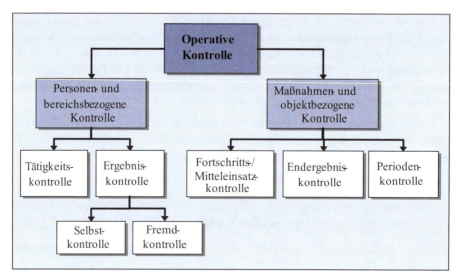

Abb. 113: Operative Kontrolle

Die im Diagramm dargestellte personen- und bereichsbezogene Verfahrens- und Verhaltenskontrolle sprechen eventuelle Störungen an, die durch persönliche Verhaltens- oder sachliche Verfahrensmängel entstehen können. Die Tätigkeitskontrolle wird im laufenden Arbeitsprozess durchgeführt. Die **Ergebniskontrolle** erfolgt erst nach Abschluss der Tätigkeit. Bei der Selbstkontrolle wird die Tätigkeit durch den ausführenden Mitarbeiter selbst überwacht, bei der Fremdkontrolle vom jeweiligen Fachvorgesetzten. Die maßnahmen- und objektbezogene Realisierungskontrolle soll zum einen die ausreichende Potenzialnutzung und zum anderen die strategieumsetzenden Maßnahmen kontrollieren. Es sollen hier die Mittel zur Potenzialsicherung und zum -ausbau geprüft werden. Die Endergebniskontrolle überprüft das erreichte Ziel der Strategie und die Periodenkontrolle kontrolliert den operativen Plan am Ende des Geschäftsjahres auf seine Erreichung.

4.4.1 Erfolgsrechnung

Eine **Erfolgsrechnung** wird zu Beginn (um die Schlussbilanz zu planen), während der laufenden Periode (um eine ordnungsgemäße Überwachung zu garantieren) und als Periodenabschluss (um die Schlussbilanz zu erstellen) aufgestellt. Die Erfolgsrechnung ist grundsätzlich eine Gewinn- & Verlustrechnung. Der einzige Unterschied zur Gewinn- & Verlustrechnung ist, dass bei der Erfolgsrechnung die Aufwendungen und Erträge auf den gleichen Zeitpunkt abgezinst werden, um sie so exakter vergleichen zu können. Dies ist aber nur nötig, wenn entsprechend große Beträge und Leistungen über einen längeren Zeitraum verschoben sind. Ansonsten genügt die übliche GuV- Rechnung.

4.4.2 Erfolgsanalysen

In der **Erfolgsanalyse** wird zum Periodenende das gesamte Zahlenmaterial vom operativen Controller aufgearbeitet. In einer zusammenhängenden und vernetzten Darstellung werden alle wichtigen Größen und Einflüsse, die zum Erfolg oder Misserfolg beigetragen haben, aufgeführt. In erster Linie werden diese Daten der Unternehmensleitung vorgestellt. Diese Gesamtübersicht muss eine Möglichkeit schaffen, sich in kurzer Zeit einen Überblick über das Unternehmen oder über Teilbereiche zu machen, um grobe Richtentscheidungen treffen zu können. Jede Sparte und jedes einzelne Produkt muss klar differenziert sein. Dabei muss ersichtlich sein, welchen Beitrag es zum Unternehmenserfolg hinzufügt. Eine solche Vernetzung von Rechnungswesen, Analyse und Darstellungsprogrammen nennt man Managementerfolgsrechnung. Die folgende Grafik zeigt eine Übersicht, welche Faktoren bei einer Managementerfolgsrechnung einfließen müssen, um ein entsprechendes Ergebnis zu erreichen.[124]

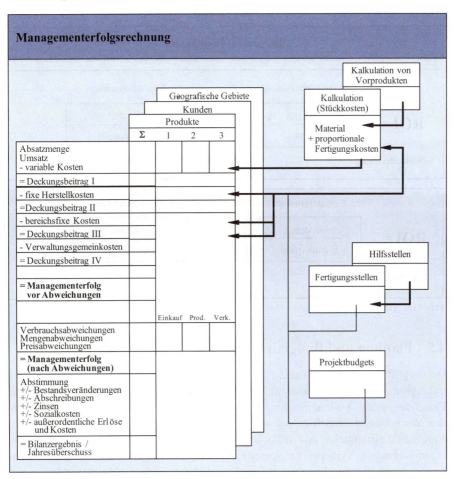

Abb. 114: Datensammlung zur Managementerfolgsrechnung

Diese Managementerfolgsrechnung kann nur einen Teil der in einem realen Unternehmen benötigten Komponenten schemenhaft darstellen. Wichtige Einflussgrößen sind die Branchenart, die Komplexität der Produkte und die Wertschöpfungstiefe. Demnach variiert auch die Gestaltung der Managementerfolgsrechnung und kann nicht für jedes Unternehmen gleich sein. Weiterhin muss die Managementerfolgsrechnung auch die Option besitzen mit dem Unternehmen wachsen zu können, ohne dass man kostenintensive Programmumstellungen vornehmen lassen muss.

---

[124] Vgl. Deyhle, A.: Controller und Controlling, Bern 1995, S. 44 f.

Der **ROI**, als Spitzenkennzahl, in dem die wichtigsten Einflussgrößen des Unternehmens zusammenlaufen, dient ebenfalls dazu, dem Controller und dem Unternehmer einen schnellen Überblick zu verschaffen. Der ROI ist, wie die folgende Grafik beschreibt, aus unternehmensrelevanten Kennzahlen zusammengefügt, kann somit als Hauptindikator bezeichnet werden. Sollte der als Ziel definierte ROI ein positives oder negatives Grenzband verlassen haben, so dient er erst einmal nur als Warnsignal. Welche Abweichungsursache zugrunde liegt, muss im nächsten Schritt explizit analysiert werden.

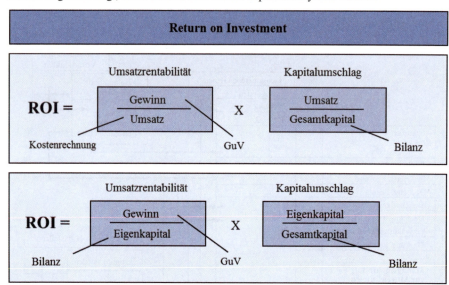

Abb. 115: Der ROI als Spitzenkennzahl im Unternehmen

4.5 Planung und Budgetierung

Der Begriff der **Budgetierung** ist in der Literatur weit gefasst. In der neueren Controllingliteratur werden darunter oft spezielle kurzfristige Pläne verstanden, die dann zur Umsetzung mittel- bis langfristiger Maßnahmenpläne und Zielsetzungen verwendet werden. Beim Budget handelt es sich um schriftliche und konkrete wertmäßig formulierte Vorgaben (Leistungsziele und dadurch bedingte Kosten) in Form eines Planes, der einem organisatorischen Verantwortungsbereich, für einen bestimmten Zeitraum, mit einem bestimmten Verbindlichkeitsgrad auferlegt wird. Im operativen Bereich handelt es sich überwiegend um Jahresbudgets. Das **Budget** beinhaltet den zahlenmäßigen Teil der operativen Planung. Es kann perioden-, projekt- oder prozessbezogen sein und ist ein Führungsinstrument zur Steuerung, Koordination und Kontrolle der Entscheidungsträger.

Durch die Budgetierung wird die Kosten- und Leistungsverantwortung auf einzelne Kostenstellen delegiert, so dass jeder Verantwortungsbereich des Unternehmens über ein eigenes Einzelbudget verfügt. Die Summe aller Einzelbudgets -in Anlehnung an die hierarchische Unternehmensgliederung- bildet das Gesamtbudget. Die Steuerungs- und Zielgrößen sollten nicht überschritten werden und Budgetanpassungen nur vorgenommen werden, wenn sich Planvorgaben verändert haben.

Man unterscheidet hinsichtlich der Flexibilität absolut starre, relativ starre und flexible Budgets. Absolut starre Budgets sind unbedingt einzuhalten. In der Regel werden die Budgetwerte dabei von der Unternehmensleitung zugeteilt. Bei relativ starren Budgets besteht fallweise die Möglichkeit, Nachtragsbudgets zu berücksichtigen, wenn sich die Bezugsgröße der Budgetplanung ändert. Flexible Budgets differenzieren die Vorgaben für unterschiedlich realisierte Einfluss- und Bezugsgrößen. Ausgangsbasis für die Erstellung flexibler Budgets im Fertigungsbereich ist oft die flexible Plankostenrechnung.

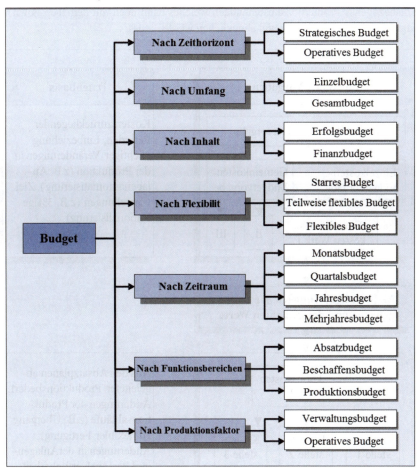

Abb. 116: Übersicht über Budget-Begriffe

Die Budgetierung kann mit Hilfe des **Bottom-up-Prinzips** durchgeführt werden, d.h. die unterste Unternehmensebene wird zuerst geplant oder mit Hilfe des **Top-down-Prinzips**, bei dem die Unternehmensleitung Budgetvorgaben macht. Da beide Verfahren oft Konflikte auslösen, besteht als dritte Möglichkeit die Anwendung des **Gegenstromverfahrens**, wobei die Unternehmensführung Eckdaten vorgibt, die mit den nachgelagerten Instanzen, entsprechend der Gegebenheiten und Möglichkeiten, abgestimmt werden. Es findet ein Dialog- oder Aushandlungsprozess zwischen den Beteiligten statt.

Der Controller sollte die Vorteile beider Verfahren Top-down und Bottom-up miteinander verbinden und sich vom **Down-up-Prinzip** leiten lassen.

Hierbei geht die Planung von oben aus, geht dann bis an die Basis, von wo aus die Informationen wieder nach oben zurückgeleitet werden.[125]

Das Vorgehen des Gegenstromverfahrens wird anhand folgender Abbildung näher erläutert.

Der Abgleich der durch Top-down und Bottom-up ermittelten Werte liefert ein werksbezogenes Produktionskostenbudget, welches dann noch mit dem Top-down vorbudgetierten Wert verglichen und abgeglichen werden muss.

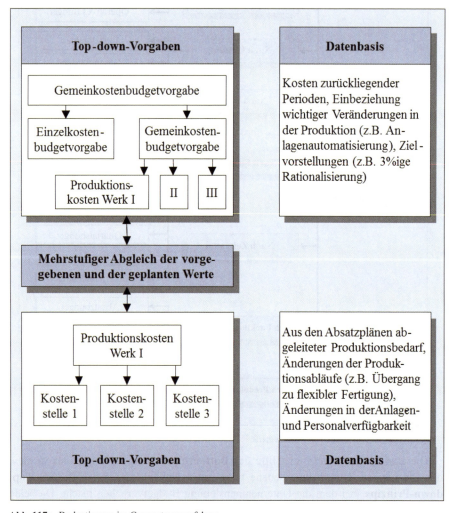

Abb. 117: Budgetierung im Gegenstromverfahren

---

[125] Das Gegenstromverfahren steht für eine spezielle, jedoch häufig anzutreffende Kompetenzregelung innerhalb des Koordinationsprozesses.

Der Budgetierungsprozess selbst verläuft ähnlich der Planung. Im Anschluss an den Planungsprozess werden einzelne Phasen wie Budgetentwurf, -koordination, -verabschiedung, -konsolidierung und -genehmigung durchlaufen bis zur Entstehung des einzelnen Budgets. Die Vorgaben einzelner Budgets können in erfolgs- und finanzorientierten Grundgrößen des Rechnungswesens dimensioniert werden. Budgets werden als budgetierte Erfolgsrechnung, Budget der Finanzmittel oder budgetierte Bilanz verdichtet.

Ein wesentliches Instrument zur Steuerung des Unternehmens und der Einzelbereiche ist die Feststellung und Darstellung von Budgetabweichungen. Dabei müssen sowohl die Ursachen, als auch die Auswirkungen der Abweichungen hinsichtlich Ergebnis und Liquidität analysiert werden.

Grundlage für die Planung und Budgetierung jedes Unternehmens, also zwischen den tatsächlichen Ergebnissen und dem hinter den Aktivitäten stehenden Plan, ist der Soll-Ist-Vergleich. Daran schließt sich eine Abweichungsanalyse und die Budgetierung an.

4.5.1 Der Soll-Ist-Vergleich

Das Controlling hat dafür zu sorgen, dass im Rahmen eines Feedbacks unmittelbar alle für die Planerreichung notwendigen Informationen bereitgestellt werden und durch einen Soll-Ist-Vergleich letztlich Steuerungsmaßnahmen hinsichtlich der Planerfüllung erfolgen können.

Ein vom Controller durchgeführter Soll-Ist-Vergleich wird im Allgemeinen nach folgendem Grundschema ablaufen:

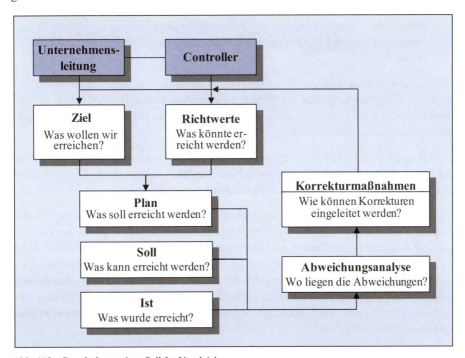

Abb. 118: Grundschema eines Soll-Ist-Vergleichs

Es ist die Aufgabe des Controllers, die von der Unternehmensleitung gesetzten Ziele mit den für die Periode geplanten Soll-Werten und den tatsächlich vorhandenen Ist-Werten zu vergleichen und mit Hilfe der Abweichungsanalyse Korrekturmaßnahmen einzuleiten. Hierbei ist besonders wichtig, dass die Planung und die Kontrolle aufeinander abgestimmt sind, damit nur Vergleichbares miteinander verglichen werden kann. Die vom Soll-Ist-Vergleich abgeleiteten Ergebnisse werden dann monatlich, quartalsweise, halbjährlich oder jährlich den zuständigen Verantwortungsbereichen zugänglich gemacht.

4.5.2 Abweichungsanalyse

An die Durchführung des Soll-Ist-Vergleichs schließt sich die Abweichungsanalyse an. Mit ihr sollen die Gründe für negative oder positive Abweichungen erklärt und somit die Basis für die Einleitung von Korrekturmaßnahmen geschaffen werden.

Die häufigsten **Abweichungsarten** sind:

- **Mengenabweichungen:**
  Mehr- oder Minderleistungen durch abweichende Beschäftigungsgrade und Preise, gemessen an den Planvorgaben.

- **Preisabweichungen:**
  Veränderungen der Wertkomponenten bei den Kosten oder Erlösen zwischen Plan- und Ist-Zustand, gemessen auf Basis der Ist-Menge.

- **Verbrauchsabweichungen:**
  Mehr- oder Minderverbrauch der Einsatzfaktoren, gemessen an der Differenz zwischen Plan- und Ist-Größen, nach Bereinigung der Plangrößen um die Preisabweichung.

Die **Abweichungsanalyse** ist vergangenheitsorientiert wie auch zukunftsorientiert. Eine der Hauptproblematiken der Abweichungsanalyse ist die Darstellbarkeit an Zahlenwerten. So muss stets versucht werden, die Abweichungen anhand von Plan- oder Messgrößen messbar zu machen.

Bei jedem Soll-Ist-Vergleich entscheidet erst die Abweichungsanalyse über die Korrekturentscheidungen und somit ist ein Soll-Ist-Vergleich nur dann sinnvoll, wenn durch die Abweichungsanalyse Reaktionen hervorgerufen werden.

Neben der Ursachenermittlung ist auch die Einschätzung ihrer Bedeutung von besonderer Wichtigkeit. Hierbei sollte den Abweichungen, die das Ergebnis oder die Liquidität nachhaltig beeinflussen, ein besonderer Stellenwert beigemessen werden. Möglich ist die Gewichtung nach ihrer Ergebniswertigkeit. Für die Budgetkontrolle kann auch der Einsatz verschiedener Methoden der Statistik sinnvoll sein und zur Beurteilung von Abweichungen eingesetzt werden. Außerdem lassen sich mit Hilfe statistischer Methoden Erkenntnisse über künftige Entwicklungen, z.B. durch **Trendanalysen** gewinnen.[126]

---

[126] Vgl. Horváth & Partner: Das Controllingkonzept, 4. Aufl., München 2009, S. 175.

4.5.3 Forecast als zukunftsgerichtete Abweichungsanalyse

Der Nachteil des Plan-Ist- und des Plan-Soll-Ist-Vergleiches ist, dass sie nur die Vergangenheit wiedergeben. Oft liegen diese Ergebnisse erst zwei bis drei Wochen nach dem zu betrachtenden Monat vor und es kann dadurch nur sehr schwer reagiert werden. Außerdem ist diese Form des Vergleichs nur noch eine Suche nach den Schuldigen. Deshalb ist eine Abweichungsanalyse nötig, die einen Ausblick in die Zukunft gibt. Dieses ist das Ziel des Forecast.[127]

Das Forecast sollte das zentrale Element der Berichterstattung des Controllers sein. Durch die Erfassung und Darstellung der Ist-Daten und der daraus erstellten Hochrechnung der Daten für die Folgemonate ist das Forecast die Informationsgrundlage des Managements zur Steuerung des Unternehmens.

Der Begriff Forecast bedeutet im Englischen so viel wie Vorhersage. Es ist ein Plan-Ist-Vergleich, der um eine Plan-Ist-Vorschau ergänzt wird. Somit wird der Plan-Ist-Vergleich als Einstieg für zukünftige Gegensteuerungsmaßnahmen verwendet. Vor allem sollte sich der Controller von folgender Fragestellung leiten lassen:

> **Was können wir tun, um unser Ziel zu erreichen?**

Die Basis für ein Forecast sind die auf das gewünschte Niveau verdichteten Plan-, Ist- und Abweichungsgrößen (1). Anhand dieser Größen muss deutlich aufgezeigt werden, wie sich diese entwickeln, wenn keine Maßnahmen getroffen werden (2). Danach ist festzustellen, inwieweit schon getroffene Maßnahmen auf das Ergebnis einwirken (3). Anschließend sind die zum Zeitpunkt des Forecast erkennbaren und definitiv zukünftigen Abweichungsgründe (4) als Anlass für weitere Gegenmaßnahmen zu nehmen (5).[128]

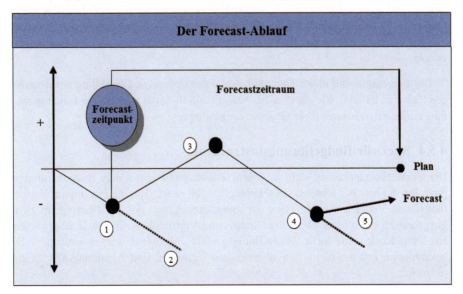

Abb. 119: Forecast-Ablauf

---

[127] Vgl. Schröder, E. F.: Modernes Unternehmens-Controlling, a.a.O., S. 174 f.
[128] Vgl. Steinle, C./Bruch, H. (Hrsg.): Controlling, Stuttgart 1998, S. 373.

Das folgende Formular zeigt ein Beispiel für ein **Forecast**.[129]

Zukunftsorientierter Plan-Ist-Vergleich									Blatt:	
	Monat				Jahres-plan	Jahresvorschau				Abweichung Jahresplan	
	Plan	Ist	Abweichung			Plan kum.	Ist kum.	Er-wartg.	Vor-schau		
			absolut	%						absolut	%
Bruttoumsatz Rohertrag Aufwendungen Betriebsergebnis											
Gesamtergebnis											
Rohertrag in % vom Umsatz											
Betriebsergebnis in % vom Umsatz											

Abb. 120: Beispiel eines zukunftsgerichteten Plan-Ist-Vergleichs

In der Praxis kann das Forecast jedoch Schwierigkeiten bereiten. Ein Problem entsteht, wenn die zukünftigen Daten unrealistisch hoch angesetzt werden, sodass sie unerreichbar werden. Das Forecast kann aber auch zur Ressourcensicherung missbraucht werden, sodass es nur zu einer höheren Produktion, nicht aber zu einer optimalen Steuerung führt. Ein zu vorsichtiger Forecast führt andererseits zu einer geringeren Produktion oder zu einem geringeren Dienstleistungsangebot und zu suboptimalen Ressourceneinsatz.

Das Forecast nimmt in der Kontrollfunktion des operativen Controlling einen wichtigen Platz ein. Es wird, wie die Plan-Ist- bzw. Plan-Soll-Ist-Vergleiche, zur Datenbeschaffung eingesetzt, um durch diese Gegensteuerungsimpulse zu initiieren.

4.5.4 Spezielle Budgetierungsinstrumente

Die Gemeinkostenplanung steht in engem Zusammenhang mit dem Budgetierungsbegriff. Bei der hier betrachteten GK-Planung handelt es sich um die Planung im Verwaltungs- und Vertriebsbereich. Diese ist grundsätzlich von der GK-Planung im Fertigungsbereich zu trennen. Der Verwaltungs- und Vertriebsbereich besteht überwiegend aus fixen Kosten, die nicht verursachungsgerecht zugeordnet werden können.[130] Die bekanntesten und am häufigsten angewandten Verfahren sind Abbildung 121 zu entnehmen.

---

[129] Vgl. Schröder, E. F.: Modernes Unternehmens-Controlling, a.a.O., S. 175.
[130] Vgl. Däumler, K.-D./Grabe, J.: Kostenrechnung 3: Plankostenrechnung, 6. Aufl., Herne/Berlin 1998, S. 200.

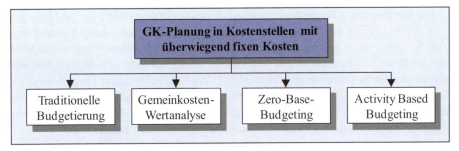

Abb. 121: Verfahren der Gemeinkostenplanung

Ziel ist es, die Gemeinkosten zu kontrollieren und zu senken, weshalb viele Unternehmensleitungen der Bedeutung der Gemeinkosten mehr Aufmerksamkeit schenken. Vor allem folgende **Methoden** werden in Theorie und Praxis diskutiert bzw. angewandt:

- **die Gemeinkosten-Wertanalyse,**
- **das Zero-Base-Budgeting und**
- **das Activity Based Budgeting**

Diese Verfahren sollen daher im Folgenden etwas genauer beschrieben werden.

4.5.4.1 Die Gemeinkosten-Wertanalyse

Gemeinkosten, also Kosten, welche nicht unmittelbar, sondern nur indirekt der Erzeugung oder dem Vertrieb von Verkaufserzeugnissen und -dienstleistungen zurechenbar sind (z. B. Verwaltungskosten), werden in der Regel keiner laufenden Produktivitätskontrolle unterzogen. Dabei bilden Personalkosten, insbesondere Gehälter und Gehaltsnebenkosten für Angestellte, einen Großteil der Gemeinkosten. Gesamtwirtschaftliche Veränderungen der Beschäftigungsstruktur vom sekundären zum tertiären Sektor haben in den Unternehmen zu einem relativ starken Zuwachs dieser Kostenart geführt.

(1) Zielsetzung und Bedeutung

In Deutschland findet vor allem in Großunternehmen seit Mitte der 70er Jahre ein Verfahren Anwendung, welches von der amerikanischen Unternehmensberatung McKinsey entwickelt und mit großem Erfolg angewendet wurde (Gemeinkosteneinsparungen bis zu 20 %).

Die sogenannte Gemeinkosten-Wertanalyse stellt ein Verfahren dar, welches die Übertragung des Grundgedankens der Wertanalyse auf den gesamten Gemeinkostenbereich handhabt. Dieser Grundgedanke besagt, dass durch Planung und Kontrolle des Produktprogramms hergestellte Güter verbessert bzw. bei gleichen Eigenschaften verbilligt sowie neue Produkte entwickelt werden müssen.[131]

---

[131] Vgl. Busse von Colbe, W.: Lexikon des Rechnungswesens, Handbuch der Bilanzierung und Prüfung, der Erlös-, Finanz-, Investitions- und Kostenrechnung, 3. Aufl., München 1994, S. 636.

Die Gemeinkosten-Wertanalyse ist ein praktischer Lösungsansatz, der die Mobilisierung des gesamten mittleren Managements eines Unternehmens für kurze Zeit und ohne Zuhilfenahme von Kostenrechnungsexperten ermöglicht. Mit dem Wissen und Ideen dieser Führungskräfte kann in den Gemeinkostenbereichen ein so niedriges Aufwandsniveau wie gerade vertretbar erzeugt werden. In der Regel werden zur Durchführung der Gemeinkosten-Wertanalyse Beratungsfirmen, die sich auf die Abwicklung solcher Prozesse spezialisiert haben, zur Unternehmensberatung sowie zur Mitarbeiterschulung und Überwachung des Gemeinkosten-Wertanalyse-Projektes herangezogen.

Die **Gemeinkosten-Wertanalyse** zielt durch ihre zeitlich begrenzte und systematische Kontrolle der Kosten-/Nutzenverhältnisse auf die Abschaffung unnötiger Leistungen sowie auf die kostengünstigere Erstellung erhaltenswerter Leistungen ab, um eine nachhaltige Senkung der Gemeinkosten zu erreichen. Dabei umfasst diese Kontrolle jede Leistung der Gemeinkostenbereiche von Statistiken über Berichte bis hin zu Reparaturleistungen. Es geht also ausdrücklich um eine Leistungsreduktion im Overhead-Bereich nach dem Grundsatz, nicht etwa etwas Unnötiges wirtschaftlicher herzustellen, sondern etwas nicht absolut Unentbehrliches auch nicht mehr durchzuführen. Damit sind die Schranken der herkömmlichen Rationalisierung gesprengt, deren Ziel lediglich eine einfachere Herstellung der gleichen Produkte oder Dienstleistungen ist.[132]

(2) Bedingungen für die Realisierung der GWA

Nur eine Verteilung auf alle Führungskräfte ermöglicht eine Gemeinkosten-Wertanalyse. Durch deren Liefern oder Nachfragen administrativer Leistungen und Besitz des notwendigen Detailwissens können wirkungsvolle Kürzungen dieser Leistungen, ohne Schaden für das Gesamtunternehmen durchgeführt werden.

Steht die Unternehmensleitung nicht voll hinter dem Projekt und stellt nur einige ihrer fähigsten Führungskräfte für ein Projektteam ab, kann eine Gemeinkosten-Wertanalyse nicht erfolgreich durchgeführt werden. Diese Abstellung sollte für die Dauer des Projektes full-time geschehen, d.h. sie sollten sich nur mit dem Projekt befassen müssen und aus ihren innerbetrieblichen Arbeits- und Entscheidungsprozessen herausgelöst werden.

Eine **offene Informationspolitik** über Ziele und Verfahrensweisen der Gemeinkosten-Wertanalyse ist entscheidend für die Motivation der Beteiligten, gerade zu Beginn des Projektes. Dazu gehört auch die Zusicherung, dass es keine Entlassungen in Folge des Prozesses geben wird. Da jedoch wie bereits erwähnt, die abbaubaren Gemeinkosten in der Regel zum größten Teil aus Personalkosten bestehen, führt die Gemeinkosten-Wertanalyse oftmals zum Personalabbau oder aber zu Personalumschichtungsmaßnahmen.

Diese Sachverhalte führen oftmals zu Widerständen, wodurch Verzögerungen entstehen können. Diese störenden Verzögerungen, die unbedingt beseitigt werden müssen, werden nicht selten durch die engagierten Beratungsfirmen unterstützt oder sogar künstlich verursacht, da ein schnell durchgeführtes Projekt weniger gewinnbringend ist.[133]

---

[132] Vgl. Peemöller, V. H.: Controlling: Grundlagen und Einsatzgebiete, 5. Aufl., Herne/Berlin 2005, S. 260 f.
[133] Vgl. ebd., S. 261.

(3) Der Ablauf der Gemeinkosten-Wertanalyse

Der Ablauf ist in seiner Struktur einfach. Die folgende Abbildung zeigt auf, wie eine Gemeinkostenwertanalyse unterteilt ist.

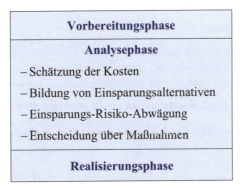

- **Vorbereitungsphase**

Die Vorbereitungsphase dient der Schaffung der organisatorischen Voraussetzungen für die Durchführung der GWA. Dazu ist die Bildung eines Lenkungsausschusses als Machtinhaber und Entscheidungsträger, welcher aus Mitgliedern der Unternehmensleitung besteht, notwendig.

Des Weiteren werden **Projektteams** gebildet. Ihnen gehören die Kostenstellenleiter sämtlicher Gemeinkostenbereiche als Erzeuger administrativer Leistungen und sämtliche Führungskräfte an, die als Empfänger dieser Leistungen in Frage kommen sowie unternehmensinterne Experten, die nach Möglichkeiten zur Preissenkung der unumgänglichen Leistungen suchen. Der Lenkungsausschuss und die Projektgruppen werden oft auch zum sogenannten Wertanalyse-Team zusammengefasst.

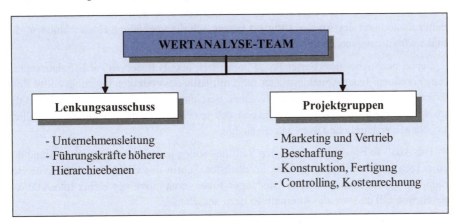

Abb. 122: Typische Gliederung eines Wert-Analyse-Teams

Die Bestimmung des optimalen Verhältnisses aus Einsparung und vertretbarem Risiko für jede einzelne Kostenstelle ist zu Beginn der Gemeinkosten-Wertanalyse unmöglich. Aus diesem Grund wird ein globales Kostensenkungsziel von der Geschäftsleitung vorgegeben.

Dabei haben sich 40 % des gegenwärtigen Aufwandes als zweckmäßig erwiesen. Dies ist eine Höhe, die noch keine Resignation bei den Beteiligten hervorruft, sondern eher zu einem intensiven Denkanstoß führt.[134]

- **Analysephase**

(1) Schätzung der Kosten

Erbringt eine organisatorische Einheit für andere Einheiten Leistungen, fallen dabei normalerweise Verwaltungskosten an. Deren Minderung wird sich also prinzipiell durch den Abbau der Nachfrage nach administrativen Leistungen verwirklichen lassen.

Dazu sind drei grundlegende **Forderungen** an die **Kostenstellenleiter** zu richten:

- Er soll eine Liste aller Gemeinkosten verursachenden Leistungen mit den jeweiligen Empfängern aufstellen, z.B. Berichte, Analysen, Statistiken, Vermerke, Entscheidungen usw.;
- Er soll alle von ihm bei anderen Kostenstellen nachgefragten Leistungen, die er zur Erfüllung seiner eigenen Aufgaben benötigt, zusammenstellen;
- Er soll eine Schätzung der Gesamtkosten, also einschließlich der von anderen Kostenstellen in Anspruch genommenen Leistungen, für alle in seiner Einheit verursachten Gemeinkosten für die erbrachte Leistung vornehmen.

Wie bei jeder Wertanalyse erfolgt dabei eine Zerlegung der in einer Kostenstelle vorkommenden Leistungen in Einzelleistungen, damit sie exakter bewertet werden können. In Großbetrieben bedient sich der Kostenstellenleiter jedoch einer Schätzung dieser Kosten, da eine genaue Kostenzurechnung auf die Einzelkosten hier zu zeitraubend und unwirtschaftlich wäre.

Durch das Verwenden von Übersichtsformularen lässt sich dennoch eine genaue Bewertung erreichen. In ihnen trägt jedes Mitglied der entsprechenden Einheit all seine Tätigkeiten über einen Zeitraum von 14 Tagen ein. Aus dem damit erkennbaren Arbeitsaufwand und der Art der Tätigkeit lassen sich die ungefähren Kosten ableiten, die in die administrativen Endleistungen eingehen.

Schon nach Abschluss dieser Phase lassen sich bereits Reserven zur Effizienzsteigerung erkennen. Jeder Abteilungsleiter führt mit Hilfe des erstellten Leistungs- oder Kostenkataloges, mit allen Kostenstellen seines Bereiches, eine Selbstkontrolle durch. Oftmals bringt ein Vergleich der Aufgaben des jeweiligen Bereiches mit den erstellten Leistungen erstaunliche Diskrepanzen zutage.

Die Analyse-Ergebnisse des ersten Schrittes sollen jedoch im eigentlichen Sinne dazu nutzen, aufzuzeichnen, wo man im nächsten Schritt des GWA-Projektes seine Bemühungen zum Abbau einzelner Leistungen fokussieren muss, in welcher Intensität das geschehen soll und wie die Alternativen dazu aussehen.

(2) Bildung von Einsparungsalternativen

Jetzt werden Arbeitsgruppen aus Lieferanten und Empfängern verwandter Dienstleistungen aufgrund der Vorlage der Kostensenkungsvorgabe und insbesondere der Kostenschätzungen von dem Projektteam gebildet.

---

[134] Vgl. Peemöller, V. H.: Controlling: Grundlagen und Einsatzgebiete, a.a.O., S. 261.

Dabei ist klar, dass bei Leistungen, wo nur ein Empfänger existiert, auch nur dieser eine an der Gruppenarbeit teilnimmt, wohingegen bei zu vielen Empfängern, z.B. bei Betriebszeitungen, eine Auswahl getroffen wird. Diese Arbeitsgruppen sollen jede administrative Endleistung auf alle denkbaren Einsparungsmöglichkeiten hin prüfen, von der Reduzierung des Umfanges, der Häufigkeit bis zur Qualität. Selbst die völlige Abschaffung ist in Erwägung zu ziehen.

Das Projektteam selbst beschäftigt sich mit den zur Verfügung stehenden Leistungen des Unternehmens. Neben der Beibehaltung und Abschaffung ist als dritte Möglichkeit auch die stufenweise Reduzierung zu berücksichtigen.

Das Entscheidende an diesem Schritt ist die Erfassung möglichst aller Alternativen, die zu einer Erreichung des Einsparungszieles führen, ohne Berücksichtigung des Risikos, das eventuell mit ihnen verbunden ist.

(3) Einsparungs-Risiko-Abwägung

Zu diesem Zeitpunkt sind sowohl die Kosten der administrativen Leistung als auch die dazugehörigen Alternativen bekannt. Der Aufwand zur Beurteilung dieser Alternativen muss sich jedoch in Grenzen halten, weil gewöhnlich die Einsparungen pro Alternative nicht sehr hoch sind. Eine schnelle und zuverlässige Methode ist folgende:

- Alle Arbeitsgruppen geben Auskunft über die Höhe der Verminderung des Arbeits- und Kostenaufwandes für alle Alternativen.
- Weiterhin werden die möglichen negativen Konsequenzen aufgezeigt. Gibt es dabei Meinungsdiskrepanzen zwischen Lieferanten und Empfänger, werden diese dokumentiert und zur Entscheidung an die nächst höhere Führungsebene weitergeleitet.
- Eine nach Rangfolge der Attraktivität geordnete Liste der vorläufigen Eingangsempfehlungen wird von der Projektgruppe erstellt.

Die so gewonnene Strukturierung der einzelnen Alternativen wird nun der nächst höheren Führungsebene vorgelegt, welche das erarbeitete Zwischenergebnis kritisch betrachtet. Sie kann ihre eigenen Vorstellungen einbringen und Änderungen sowohl an der Rangfolge als auch an den Alternativen selbst vornehmen. Dieser Prozess setzt sich bis zur Unternehmensleitung fort. Gegebenenfalls wird auch der Betriebsrat in die Entscheidungen miteinbezogen.

(4) Entscheidung über Maßnahmen

In diesem Schritt erfolgt der durch die Unternehmensleitung durchzuführende Vergleich zwischen den möglichen Einsparungen und den sich daraus ergebenden gegenwärtigen bzw. zukünftigen Konsequenzen für das Unternehmen.

Alternativen, die nur geringe Nebenwirkungen zu erwarten haben, werden sofort eingeführt, egal wie hoch oder niedrig die Einsparungen sind. In den Fällen, in denen sich negative Konsequenzen und Einsparungen die Waage halten, wird die Realisierung in Abhängigkeit der Dringlichkeit sowie des Führungsstils und anderen strategischen Punkten gebracht.

Dagegen werden Alternativen fallengelassen, bei denen die erwarteten Einsparungen die zu erwartenden negativen Konsequenzen nicht zu decken vermögen.[135]

---

[135] Vgl. Peemöller, V. H.: Controlling: Grundlagen und Einsatzgebiete, a.a.O., S. 264.

- **Realisationsphase**

Üblicherweise bilden die in großer Anzahl zu findenden Einsparungsalternativen, die mit geringem Risiko behaftet sind, den komplexeren Einsparungsblock. Es ist jedoch sehr stark von der jeweiligen Situation des Unternehmens abhängig, in welchem Tempo sich die getroffenen Maßnahmen realisieren lassen.

Da diese Maßnahmen, wie schon erwähnt, häufig mit dem Abbau von Personal einhergehen, ist darauf zu achten, dass man möglicherweise dadurch eintretende soziale Härten für die Betroffenen umgeht. In der Regel wird dies erreicht durch Vorruhestandsregelungen, Einstellungsstopps oder Personalumschichtungen.

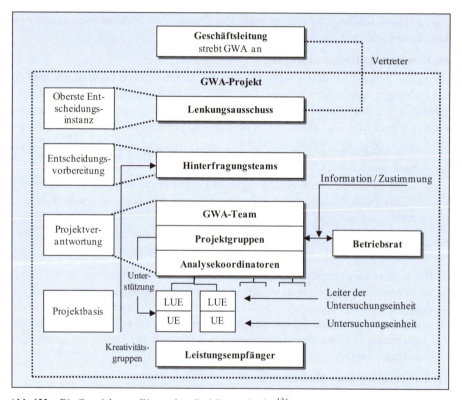

Abb. 123: Die Gemeinkosten-Wertanalyse-Projektorganisation[136]

Die in der Praxis erzielten Erfahrungen mit der GWA sind zwiespältig. Nach einer Studie von McKinsey wurden Einsparungen von durchschnittlich 17,8 % bei 50 betrachteten Gemeinkostenwertanalysen erzielt. Bei einer Einbeziehung von Fernwirkungen der GWA ist es möglich, die Einsparungen bis auf ca. 70 % zu steigern.

Aus Unternehmersicht werden jedoch oft nachteilige Aspekte genannt, wie z.B. sinkende Leistung in den betroffenen Bereichen oder die Verschlechterung des Betriebsklimas. Im Zeitablauf des intensiv betriebenen Projektmanagements entstehen verschiedene Ineffizienzen, welche die Wirkung der Gemeinkostenwertanalyse abschwächen.

---

[136] Vgl. auch Peemöller, V. H.: Controlling: Grundlagen und Einsatzgebiete, a.a.O., S. 260 ff.

4.5.4.2 Das Zero-Base-Budgeting

Das Zero-Base-Budgeting stellt ein Verfahren zur Kostensenkung dar, welches das Denken in Budgets aufzubrechen versucht und damit sämtliche Leistungen von Grund auf in Frage stellt. Im Gegensatz zur Gemeinkosten-Wertanalyse geht es hierbei nicht nur um Kostensenkung, sondern auch um eine Reallokation der begrenzten Ressourcen in den unternehmensinternen Gemeinkostenbereichen von weniger wichtigen auf wichtige Aktivitäten. Dadurch kann es auch (theoretisch) zu einem Zuwachs an erstellten Verwaltungsleistungen kommen.

Bevor alle Aktivitäten (Projekte, Tätigkeiten und Programme), bei denen die Kosten nicht mit dem Produktionsvolumen direkt variieren, in einem Budgetentwurf aufgenommen werden, müssen sie grundsätzlich analysiert und überprüft werden. Jede zukünftig getätigte Ausgabe ist von Grund auf (von Null an) neu zu rechtfertigen, wobei eine Begründung mit Hinweis auf die Vergangenheit nicht zulässig ist. Deshalb nennt man das Verfahren **Null-Basis-Budgetierung** (**Zero-Base-Budgeting**), welches dem Ausufern des Budgets entgegenwirkt und als destabilisierender Prozess angesehen werden kann.

(1) Einsatz des Zero-Base-Budgeting

Bei der Durchführung des Zero-Base-Budgeting wird analysiert, welches das kostengünstigste Verfahren zur Erbringung der benötigten Qualität der Leistungen, einer bestehenden Organisationseinheit des administrativen Bereiches ist.

Durch die Bildung von **Entscheidungseinheiten** und durch die Ergebnisse der Kosten-Nutzen-Analysen ist eine Entscheidung über Annahme oder Ablehnung der beschriebenen Leistungen möglich. Durch die Einbindung des gesamten Führungspersonals des Gemeinkostenbereiches, von der Unternehmensleitung bis hinunter zu den jeweiligen Leitern einer Zero-Base-Budgeting-Organisationseinheit, wird erreicht, dass der Budgetierungsprozess bis in den kleinsten Gemeinkostenbereich, d.h. der Basis reicht, ohne auf Rahmenbedingungen oder früher getroffene Entscheidungen Rücksicht zu nehmen. Damit verläuft das Zero-Base-Budgeting sicher deutlich detaillierter und produktiver als traditionelle Budgetierungsverfahren, was sich in einem höheren Arbeits- und Kostenaufwand widerspiegelt, aber unumgänglich für eine nachhaltige Veränderung des Unternehmens ist.

Dennoch muss auch hier das Verhältnis zwischen Nutzen und Aufwand stimmen, was in der Regel dazu führt, dass die Gemeinkostenbereiche nur in einem Mehrjahresrhythmus, z.B. alle drei bis fünf Jahre, in Hinsicht ihrer Abläufe, Strukturen, Prozesse, Aufgaben, Leistungsreserven und Ausgabenvolumina untersucht werden.

In den dazwischen liegenden Perioden wird meist mit traditionellen Budgetierungsverfahren gearbeitet. Durch die Entschlackung historisch gebildeter Organisationsmuster mit eingefahrenen Abläufen kann man den Widerständen der Betroffenen am besten begegnen, indem man aus seinen **Mitarbeitern Beteiligte** macht, denen man Einblicke darauf gewährt, was auf sie zukommt, wie z.B. die Enthüllung von Schwachstellen und wie sie mitarbeiten können, indem sie etwa Lösungen zu komplexen Aufgaben und Verfahren entwickeln, Zusammenhänge erkennen oder aber den Abbau von Bürokratie unterstützen. Es ist weiterhin auch sehr wichtig, sie über die Konsequenzen aufzuklären. Als Schlagworte wären personelle Umbesetzungen, Aufgabenumverteilung oder gesteigertes Kostenbewusstsein zu nennen. Zusätzlich kann man festhalten, dass für den ZBB-Erfolg die ständige Beteiligung und offene Information der Mitarbeitervertretungen von grundlegender Bedeutung ist.[137]

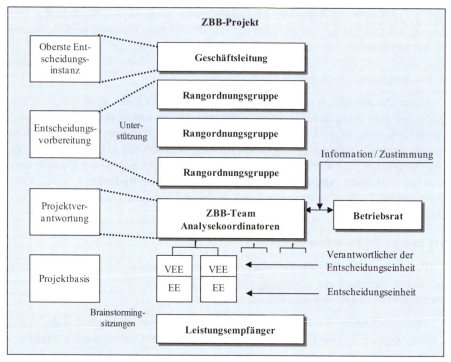

Abb. 124: Die Zero-Base-Budgeting-Projektinstitutionen[138]

(2) Ablauf des Zero-Base-Budgeting

In mehreren aufeinanderfolgenden Verfahrensschritten erfolgt, wie in der Abbildung 125 ersichtlich, die Durchführung des Zero-Base-Budgeting:

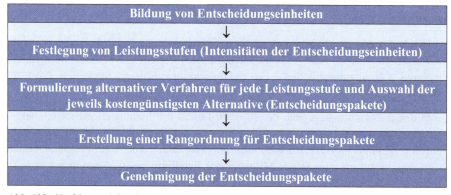

Abb. 125: Verfahrensschritte des Zero-Base-Budgeting

---

[137] Vgl. Ziegenbein, K.: Controlling, a.a.O., S. 433 f.
[138] Vgl. Peemöller, V. H.: Controlling: Grundlagen und Einsatzgebiete, a.a.O., S. 264 ff.

- **Die Schaffung der Entscheidungseinheiten**

Für die jeweiligen Abteilungen werden die partiellen Ziele festgelegt, die zur Erfüllung der erforderlichen Maßnahmen formuliert und in den Entscheidungseinheiten aufgeteilt werden.[139] Allgemein sind dabei folgende **Merkmale** zu beachten: Erstens muss untersucht werden, ob die Entscheidungseinheit überhaupt notwendig ist. Außerdem sollte das Jahres-Arbeits-Volumen zwischen 1 und 10 Personen liegen, die hinsichtlich ihrer Leistungen und Kosten abgrenzbar gegenüber benachbarten Einheiten sind. Als letztes Kriterium sollte die Aufgabenstellung für die Entscheidungseinheiten untereinander widerspruchsfrei sein.

Oftmals stimmen Abteilungen, Unterabteilungen bzw. Kostenstellen mit den Entscheidungseinheiten überein. Aber auch andere Gruppenbildungen sind möglich, wobei die Gesamtaktivitäten eines Bereiches aufgeteilt und nach Funktionalität oder Projektlabilität zusammengefasst werden.

- **Bestimmung der Leistungsniveaus**

Für die gewünschten Arbeitsergebnisse jeder Entscheidungseinheit sind Quantität und Qualität festzulegen. Bezogen auf das Leistungsniveau einer Einheit, das mit bisherigen Ressourcen erreicht wurde, sind Stufen denkbar, die sowohl eine geringere als auch eine höhere Intensität besitzen können.

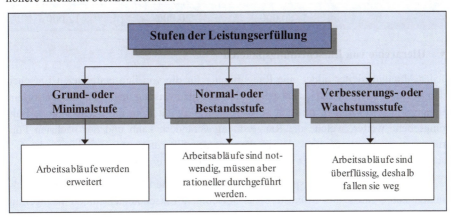

Abb. 126: Die Stufen der Leistungserfüllung

Man kann die Leistungsniveaus auch in Abhängigkeit voneinander bringen, indem man die Grundstufe beispielsweise als mit 80 Prozent der Vorjahresmittel erreichbares Niveau ansieht.

- **Aufzeichnung der Alternativen**

Für jedes Leistungsniveau werden von der Entscheidungseinheit sogenannte Aktivitätenbündel (mindestens zwei Alternativen) formuliert und es erfolgt eine Bewertung dieser hinsichtlich der Kosten sowie des Bedarfs an Personal und Kapital.

Angaben über deren Nutzen, den Sinn von Veränderungen, über die Höhe der geforderten Ressourcen, getrennt nach Personalkosten und -volumen, Fremdleistungen, Investitio-

---

[139] Vgl. Peemöller, V. H.: Controlling: Grundlagen und Einsatzgebiete, 5. Aufl., Herne/Berlin 2005, S. 266.

nen und kalkulatorischen Kosten sowie über die Gründe und Konsequenzen der Ablehnung bestimmter Aktivitäten, lassen die Alternativen besser aussehen. Aber auch die Art der bei anderen Stellen des Unternehmens in Anspruch genommenen Dienstleistungen und die Gründe, die es zweckmäßig erscheinen lassen, die Organisation aufgrund von Auswirkungen auf andere Entscheidungseinheiten zu ändern, dienen einem deutlicheren Vergleich.

Als Entscheidungspaket wird die kostengünstigste Alternative für jede Leistungsstufe einer Entscheidungseinheit bezeichnet. Das Entscheidungspaket des untersten Leistungsniveaus gibt eine Art „Mindestausstattung" jeder Entscheidungseinheit wieder. In den Paketen höherer Leistungsstufen sind dann lediglich die Mehrbeträge in Bezug auf die nächst niedrigere Stufe enthalten, wie folgendes Beispiel verdeutlichen soll:[140]

Entscheidungseinheit \ Leistungsstufe in €	Grundstufe	Normalstufe	Verbesserungsstufe
A	30.000	5.000	10.000
B	60.000	12.000	9.000
C	80.000	20.000	12.000

- **Hierarchie von Entscheidungspaketen**

Jeder Abteilungsleiter bildet eine Rangordnung für die von ihm erarbeiteten Entscheidungspakete nach dem Gesichtspunkt der Mittelzuweisung und gibt die getroffene Rangordnung zusammen mit den verworfenen Aktivitäten an die nächst höhere Führungsebene weiter, welche die Rangordnung verändern kann und der nächsten Führungsebene zukommen lässt. Dieser Prozess der Filterung setzt sich bis in die Geschäftsleitung durch, die dann abschließend eine Einstufung vornimmt.

Bei diesem Rangordnungsprozess gilt, bevor man eine höhere Leistungsstufe durchführen kann, muss die Grundstufe der jeweiligen Entscheidungseinheit nachgefragt werden. Das bedeutet, dass die Entscheidungspakete des untersten Leistungsniveaus auf den ersten Plätzen zu finden sind. Existieren viele Entscheidungspakete, aus denen ausgewählt werden kann, macht es Sinn, der unteren Konsolidierungsebene die Erlaubnis zu geben, über etwa 80 Prozent der bisherigen Ressourcen selbst zu entscheiden, so dass die absolut notwendigen Pakete nicht weiter berücksichtigt werden müssen und sich damit der Rangordnungsprozess vereinfachen lässt.[141]

- **Die Budgetschnittlinie**

Die Budgetschnittlinie stellt die Mittel dar, welche für Gemeinkosten bzw. Investitionen der Entscheidungseinheiten bestimmt sind und sich vor allem aus dem Leistungsbudget des Unternehmens ergeben. Verschoben oder gänzlich aufgegeben werden sollten Entscheidungspakete, die als nicht realisierbar gelten, weil sie jenseits der Budgetschnittlinie liegen.

---

[140] Vgl. Ziegenbein, K.: Controlling, a.a.O., S. 435 ff.
[141] Vgl. ebd., S. 439 f.

Beispiel:

Die Abteilung Personalentwicklung eines mittelständischen Unternehmens stellte im Rahmen eines Zero-Base-Budgeting-Verfahrens folgende Entscheidungspakete (Leistungen mit zugehöriger Kosten- und Nutzenangabe) zusammen:

Bereich Personalentwicklung: Entscheidungspakete
A Teilnahme unserer Führungskräfte am Seminar: „Aufbau und Pflege von Netzwerken"
Kosten: 70.000 €
Nutzen: Aufbau von Netzwerken mit Lieferanten und Kunden
B Weiterbildung der Mitarbeiter der Einkaufsabteilung durch einen externen Trainer
Kosten: 20.000 €
Nutzen: Berücksichtigung neuer Beschaffungswege und -methoden
C Mitarbeiterschulung im Umgang mit Internet und E-Mail
Kosten: 60.000 €
Nutzen: Effizientere Nutzung dieser Medien
D Rekrutierungs-Workshop für Hochschulabsolventen
Kosten: 40.000 €
Nutzen: Suche nach geeigneten Nachwuchskräften
E Schulung unserer Außendienstmitarbeiter im Umgang mit unseren Kunden
Kosten: 25.000 €
Nutzen: Stärkere Kundenorientierung unserer Mitarbeiter
F Fremdsprachenangebot an alle Mitarbeiter
Kosten: 10.000 €
Nutzen: Größere Sprachgewandtheit
G Zusätzliche Weiterbildungsangebote für unsere Lehrlinge
Kosten: 10.000 €
Nutzen: Erwerb von Zusatzqualifikationen
H Betreuung von Master-Studenten
Kosten: 15.000 €
Nutzen: Gewinnung von Hochschulabsolventen
I Anschaffung von Lehrbüchern für die Weiterbildung von Mitarbeitern
Kosten: 10.000 €
Nutzen: Weiterbildungsmöglichkeit für Mitarbeiter

	Grundstufe	Normalstufe	Verbesserungsstufe
Priorität 1	F 10.000 €	B 20.000 €	A 70.000 €
Priorität 2	G 10.000 €	D 40.000 €	C 60.000 €
Priorität 3	I 10.000 €	E 25.000 €	H 15.000 €

Das Budget beträgt € 230.000 (Budgetschnittlinie).

Entscheidungs-paket	Beträge (in €)		Realisierungsgrad
	selektiv	kumulativ	
A	70.000	70.000	Realisierbare Vorhaben
C	60.000	130.000	
H	15.000	145.000	
B	20.000	165.000	
D	40.000	205.000	
E	25.000	230.000	Budgetschnittlinie
F	10.000	240.000	Nicht realisierbare Vorhaben
G	10.000	250.000	
I	10.000	260.000	

In geringem Maße über der Budgetschnittlinie liegende Entscheidungspakete könnten noch einmal kritisch unter die Lupe genommen werden, so dass es im vorstehenden Fall durchaus denkbar wäre, das Budgetvolumen auf € 202.000 zu erweitern um bei B die Normalstufe zu realisieren. Es wäre sogar abzuwägen, ob nicht gleich auf € 207.000 gegangen wird, um auch bei A noch die Normalstufe durchzusetzen.

Kommt es nicht zu der Realisierung von A2, bedeutet dies eine Verkleinerung der Ressourcen dieser Entscheidungseinheit, was erklärende Angaben notwendig macht, um die Realisierungschancen nicht zu riskieren. Würde es zu höheren Mittelzuweisungen kommen, weil beispielsweise eine Verbesserungsstufe einer Entscheidungseinheit realisiert wird, werden diese im Gegensatz zur traditionellen Budgetierung nicht gleichmäßig, sondern schwerpunktmäßig auf die identifizierten Gemeinkostenbereiche verteilt.[142]

(3) Einschätzung

Meist lässt sich von den vorgesehenen Gemeinkosteneinsparungen nur ein Teil im ersten Jahr analysieren. Durch die Dezimierung der Gemeinkosten muss mit einer verringerten Leitungsspanne der Führungskräfte gerechnet werden, was es erforderlich machen würde, die Leitungsspannen dadurch zu erweitern, dass man die Zahl der Führungsebenen verringert. Das würde tendenziell zu einer Verflachung des hierarchischen Überbaus führen.

4.5.4.3 Der Vergleich von GWA und ZBB

Die folgenden Abbildungen zeigen noch einmal die wesentlichen Gemeinsamkeiten und Unterschiede zwischen der Gemeinkosten-Wertanalyse und dem Zero-Base-Budgeting in Bezug auf die Voraussetzungen, den Zeitaspekt und die Arbeitsmethoden auf.[143] Die erste Abbildung vergleicht beide in Hinblick auf die sachlichen, personellen und motivationsbezogenen Voraussetzungen.

---

[142] Vgl. Ziegenbein, K.: Controlling, a.a.O., S. 435 f.
[143] Vgl. Mensch, G,: Kosten-Controlling, Kostenplanung und –kontrolle als Instrument der Unternehmensführung, München/Wien 1998.

4. Operatives Controlling

Verfahren / Vergleichskriterien	Gemeinkosten-Wertanalyse	Zero-Base-Budgeting
Sachliche Voraussetzung		
Voruntersuchung	Überprüfung der Angemessenheit der GWA	Überprüfung bzw. Durchführung der strategischen und operativen Unternehmensplanung
Festlegung des Analyseumfanges	Partial- oder Totalanalyse	
Projektorganisation	Verantwortliche auswählen, Vollmachten erteilen, Planung vornehmen	
Unterstützung durch die Unternehmensführung	Vorbehaltlose Unterstützung, Wille zur Durchführung und Realisierung, höchste Priorität für die Projekte	
Personelle Voraussetzung		
Mitarbeiterqualifikation (Teammitglieder + Führungskräfte)	Kreativität, Teamfähigkeit, Fachwissen, Erfahrung, bereichsübergreifendes Denken, Systemkenntnis, Durchsetzungsvermögen, Urteilsvermögen	
Schulung	Schulung der Teammitglieder durch externe Berater	
Motivationsbezogene Voraussetzung		
Offene Informationspolitik	Notwendige Voraussetzung für konstruktive Mitarbeit aller Führungsebenen und des Betriebsrates	
Betriebsvereinbarungen	GWA-Standard	Abhängig vom Sparziel

Abb. 127: Voraussetzungen

Nachdem die Gemeinkosten-Wertanalyse und das ZBB von der sachlichen Seite betrachtet wurde, beleuchtet die nächste Abbildung den Zeitaspekt beider.

Verfahren / Vergleichskriterien	Gemeinkosten-Wertanalyse	Zero-Base-Budgeting
Zeitaspekt		
Vorbereitungszeit	6-8 Wochen	ca. 4 Wochen
Analysedauer + Dauer der Maßnahmenplanung	In der Regel mehrere 4-Wochen-Takte, deren Anzahl vom Untersuchungsumfang und den bereitgestellten Untersuchungskapazitäten abhängig ist.	ca. 21 Wochen -10 Wochen Analysedauer -11 Wochen Maßnahmenplanung
Realisierungsdauer der Lösungsvorschläge	< 1,5-2 Jahre (evtl. 3 Jahre) Realisierung von 60-70% der Einsparungen innerhalb des 1. Jahres nach der Entscheidung	< 1-2 Jahre Realisierungsprozentsätze ähnlich der GWA
Gesamtdauer der Projekte	< 2,5 Jahre (evtl. 3,5 Jahre)	< 2,5 Jahre

Abb. 128: Zeitspekte als Kriterium

Zum Abschluss wird die Gemeinkosten-Wertanalyse mit dem Zero-Base-Budgeting in Hinblick auf die Methoden der Arbeit vergleichen.

Verfahren / Vergleichskriterien	Gemeinkosten-Wertanalyse	Zero-Base-Budgeting
	Arbeitsmethoden	
Teamworkelemente	Team: Koordinations- und Steuerinstrument, Verschmelzung von externen Know-how und internen Fachkenntnissen	
Integration der Leistungsnutzer	Abstimmung zwischen Leistungserstellern und Leistungsnutzern	
Analyseblickwinkel	Outputorientierung, keine personenbezogenen Betrachtungsweise	
Grundlage der Kreativitätsverfahren	Heuristiken	
Nutzung des internen Fachwissens	Durch Einbeziehung des unteren und mittleren Management (LUEs, VEEs)	
Spezielle Vorschriften	Verfahrensvorschriften	Ausführungsbestimmungen

Abb. 129: Arbeitsmethoden

4.5.4.4 Das Activity-Based Budgeting–eine prozessorientierte Budgetierung

Trotz der Vorzüge weisen die Gemeinkosten-Wertanalyse und die Zero Base Budgetierung vier gewichtige Nachteile auf. Zum einen gehen beide von bestehenden Organisationsstrukturen aus. Sie betrachten meistens nur die einzelnen Kostenstellen und nicht die funktionsübergreifenden Aktivitäten und deren Outputs. Zum anderen wird die problematische Verknüpfung der budgetierten Gemeinkosten mit der Kostenträgerrechnung bzw. die Einbindung der operativen in die strategische Planung nicht gelöst. Und als wichtigster Nachteil der GWA und ZBB gilt, dass es keine systematische Analyse der kostenverursachenden Faktoren gibt. Damit ist eine permanente Planung, Steuerung und Kontrolle der Gemeinkosten nicht möglich.[144]

Diese Schwachpunkte lassen sich durch das Activity Based Budgeting überwinden. Richtig eingesetzt, wird das ABB zum zentralen Instrument für die Planung und Kontrolle der Budgets. Das Grundprinzip des ABBs beruht darauf, dass jedes Abteilungsbudget ausschließlich auf Basis der benötigten Prozesse festgelegt wird.

(1) Zielsetzung der ABB

Die Activity Based Budgeting ist eine Weiterentwicklung der Prozesskostenrechnung. Sie versucht die Kostenzurechnung transparenter zu gestalten, indem es die **Kostentreiber identifiziert**.

Während das Bestreben der Prozesskostenrechnung in der verursachungsgerechten Zuordnung der Kosten mit Hilfe von Aktivitäten auf die Produkte besteht, ist es das Ziel der Activity Based Budgeting, die Prozesskosten zu reduzieren. Dies geschieht durch die Vereinfachung von Aktivitäten, durch die Elimination der Verschwendung in diesen oder durch die verbindliche Budgetierung der reduzierten Kosten für die Planperiode.

---

[144] Vgl. Horváth, P.: Controlling, a.a.O., S. 525 f.

(2) Methodik der ABB

Das **Activity Based Budgeting** benutzt die Informationen der Prozesskostenrechnung, zur kostenoptimalen Strukturierung der Unternehmensprozesse. Im Blickpunkt stehen nicht die Produktkosten, sondern die Kosten der Aktivitäten (Prozesskosten) innerhalb der einzelnen Abteilungen bzw. Budgetbereiche. Der Zusammenhang und die Abgrenzung der ABB und der Prozesskostenrechnung sind in der folgenden Grafik veranschaulicht.[145]

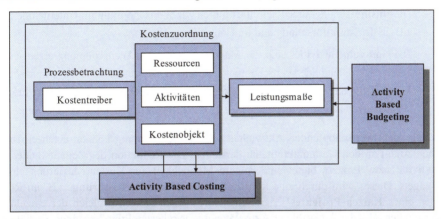

Abb. 130: Activity Based Budgeting und Activity Based Costing

Das ABB greift auf die Informationen der Prozesskostenrechnung zurück. Der Focus liegt aber im Kostenmanagement und in der Budgetierung bezüglich der Prozesse einer Abteilung bzw. Kostenstelle. Das ABB wird aber nicht hauptsächlich zur Verteilung der Ressourcen genutzt. Sie wird vor allem zur Kostenoptimierung im Sinne der kontinuierlichen Verbesserung im Rahmen der Budgetierung eingesetzt. Die typischen Ansätze von ABB zur Reduzierung der Prozesskosten sind die Eliminierung aller nicht wertschöpfenden Aktivitäten, die Reduktion des Zeitaufwandes je Aktivität/Prozess, die Auswahl von Low-cost Aktivitäten, die gemeinsame Nutzung von Aktivitäten so weit möglich und die Lenkung der Ressourcen zu wertschöpfenden Prozessen.[146]

Abb. 131: Die Ansätze des ABBs zur Reduzierung der Prozesskosten

---

[145] Vgl. Horváth, P.: Controlling, a.a.O., S. 526 f.
[146] Vgl. Dambrowski, J./Hieber, L.: Activity Based Budgeting (ABB). Effizienzsteigerung in der Budgetierung in: Gleich, R./Seidenschwarz, W. (Hrsg): Die Kunst des Controllings, München 1997, S. 304 f.

Bei der Eliminierung aller nicht wertschöpfenden Aktivitäten bzw. der Verschwendung ist vor allem wichtig zu wissen, welche Aktivitäten es gibt. Hierbei wird zwischen **Customer based value-added**, **Business value-added** und **Non-value activities** unterschieden.

- Die **Customer** based value-added activities sind die Aktivitäten, die zur Wertschöpfung beim Kunden führen, z.B. Produktfunktionen, Kundenservice und Qualität.
- Die **Business** value-added activities führen zur Wertschöpfung im Unternehmen, z.B. in der Marktforschung und im Controlling.
- Die **Non-value** activities sind die Aktivitäten, die keine Wertschöpfung erzeugen. Diese Aktivitäten ohne Wertschöpfung, also die Verschwendung, sind systematisch zu ermitteln und zu eliminieren, wobei hierzu häufig Prozesse bzw. ganze Prozessabläufe geändert werden müssen, z.B. durch Business Process Reengineering.

Die nicht-wertschöpfenden Aktivitäten oder Verschwendung können einen erheblichen Anteil an den Gesamtaktivitäten darstellen. Die Reduktion des Zeitaufwandes je Aktivität bzw. Prozess bietet eine weitere Möglichkeit zur Kostenreduzierung eines Budgets. Dieses wird durch eine **kontinuierliche Prozessverbesserung**, z.B. im Rahmen eines **Kaizen-Projektes**[147], erreicht. Durch einen Kostenvergleich der einzelnen Aktivitäten oder der Auswahl der Aktivitäten mit dem besten Preis/Leistungs-Verhältnis können Low-cost Aktivitäten ermittelt werden. Ein weiterer Ansatz zur Reduzierung der Prozesskosten innerhalb des ABBs ist die gemeinsame Nutzung von Aktivitäten zur Vermeidung von Redundanzen. Die Lenkung der Ressourcen zu wertschöpfenden Prozessen kann z.B. durch die Umsetzung von Mitarbeitern geschehen.

(3) Der Ablauf der ABB

Im Gegensatz zur traditionellen Budgetierung sowie der Gemeinkosten-Wertanalyse und der Zero-Base-Budgetierung verfolgt das ABB eine andere Vorgehensweise. Statt die Hierarchie, also der Kostenstelle oder der Abteilung zu betrachten, widmet es sich den Prozessen im Unternehmen. Es werden also Budgets über die Prozesse ermittelt. Diese setzen sich erneut aus Teilbudgets für die einzelnen Aufgaben in den verschiedenen Abteilungen zusammen.

Von der **Prozesskostenrechnung** werden die **Prozesskostensätze** für die einzelnen Teilprozesse übernommen und bilden die Grundlage für den Gesamtprozess bzw. die Teilprozesse. Darauf erfolgt ein Benchmarking. Dieses kann innerhalb des Unternehmens oder auch mit anderen Unternehmen erfolgen. Auf Basis dieses Benchmarkings beginnt der eigentliche Budgetierungsprozess.

Ausgehend von einer **Benchmark** als Basis für die Festlegung der Teilbudgets für die einzelnen Aufgaben in den Abteilungen, werden die so ermittelten Teilbudgets der Abteilungen zu Abteilungsbudgets verdichtet. Es wird ein Budget aufgestellt, das sich originär von den Abteilungsaufgaben ableitet und das durch das Benchmark eine sehr anspruchsvolle Zielvorgabe im Rahmen der Abteilungseffizienz beinhaltet. Damit diese Zielbudgets realisiert werden können, sind im Rahmen der Budgetierung Maßnahmen zur Erreichung dieser Zielbudgets zu verabschieden.

---

[147] Kaizen = kontinuierliche Verbesserung

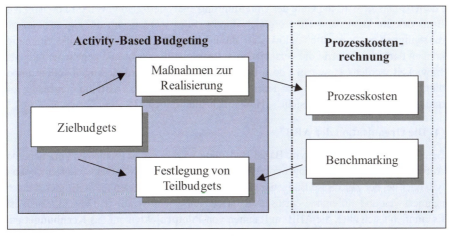

Abb. 132: Der Activity Based Budgeting-Prozess[148]

Durch die prozessorientierte Sicht des ABB werden die Budgets nicht mehr nach funktionalen Gesichtspunkten erstellt. Doch durch diese Denkweise entstehen viele neue Fragen. In der ABB sind die Funktionen im Unternehmen, wie z.B. Absatz oder Produktion, nicht mehr wichtig. Der Prozess im Vordergrund verlangt eine völlig neue Denkweise. Es wird nicht nur das Budget in Frage gestellt, sondern auch die Aktivitäten und deren Effektivität. Die folgenden Fragen sollen bei der Durchführung der ABB helfen. Sie stellen auch den eigentlichen Sinn sehr gut dar: Steigerung der Wertschöpfung der Unternehmensaktivitäten.

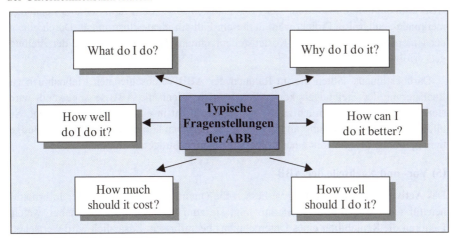

Abb. 133: Typische Fragen bei der Durchführung der ABB[149]

Diese Fragen, richtig angewandt, geben schnell einen genauen und exakten Überblick über die jeweilige Abteilung und deren tatsächlich notwendiges Budget. Am Anfang werden die Aktivitäten bzw. die Prozesse analysiert -„What do I do?". Danach wird der Sinn oder, anders ausgedrückt, der Wert jeder einzelnen Aktivität ermittelt -„Why do

---

[148] Vgl. Dambrowski, J./Hieber, L.: Activity Based Budgeting (ABB), a.a.O., S. 309.
[149] Vgl. ebd., S. 309.

I do it?". Darauf wird die Güte der Durchführung analysiert-„How well do I do it?". Auf Basis dessen, kann dann ein Vergleich durchgeführt werden, um die eigene Konkurrenzfähigkeit zu überprüfen-„How well should I do it?". Ist der Standpunkt eindeutig, können darauf aufbauend die verschiedenen Prozesse überdacht und gegebenenfalls neu entwickelt werden-„How can I do it better?". Doch diese Veränderungen sollten unbedingt auch im Einklang mit den Kosten stehen. Dies stellt die ABB im Gegensatz zur traditionellen Budgetierung sicher-„How much should it cost?"

(4) Die Organisation der ABB

Beim ersten Einsatz der Activity Based Budgeting wird es oft zu Problemen kommen. Der Aufwand im Rahmen der Budgetierung ist ähnlich groß wie bei der Gemeinkostenwertanalyse oder bei der Zero Base Budgetierung. Es ist nicht zu empfehlen die ABB gleich unternehmensweit und auf einmal einzusetzen, da sie sehr zeitaufwendig und kostenintensiv ist. Es empfiehlt sich aber, die ABB im Rahmen von **Pilotprojekten** auf das **Kernbudget** und die Kernprozesse anzuwenden.

Die Zielsetzung muss sein, dass die **Kernprozesse** alle 3 bis 4 Jahre auf Basis der ABB festgelegt werden. Bei dieser Vorgehensweise ist der erforderliche Aufwand in Relation zur erzielbaren Effizienzsteigerung in den Abteilungen vergleichsweise gering. Wenn die wesentlichen Prämissen und Leistungsmerkmale regelmäßig überprüft werden, kann auf eine Überprüfung der Teilbudgets für die Aktivitäten auf der Basis von Ist-Kosten im Sinne eines **Lean-Managements** verzichtet werden.

Der Einsatz und laufende Betrieb einer Prozesskostenrechnung als Informationssystem ist sehr nützlich, jedoch nicht unbedingt erforderlich, da zur Durchführung der ABB eine einmalige Ermittlung der Prozesskosten sowie der Prämissen und Leistungsmerkmale genügt. Ein Projekt wäre in diesem Fall ein ideales Instrument. Durch eine in der Unternehmung bestehende Kostenstellenrechnung kann die Kontrolle der Zielbudgets erfolgen.

Darüber hinaus sollten die im Rahmen der ABB verabschiedeten Maßnahmen zur Realisierung der Zielbudgets kontrolliert werden. Wenn die ABB so angewandt wird, stellt sie keinen Widerspruch zum Lean-Management in einem Unternehmen dar. Sie bildet somit eine Ergänzung und erweitert die bestehende **abteilungsbezogene** Budgetierung um die Möglichkeit einer **prozessbezogenen** Budgetierung.

(5) Vor- und Nachteile der ABB

Das **Activity Based Budgeting** verbessert die Qualität und Effektivität der Informationen für das Management. Weiterhin trägt sie zum besseren Verständnis bei, welche Faktoren die Rentabilität eines Unternehmens beeinflussen. Zusätzlich wird wertschöpfungsorientiertes Denken mit der Planung und der Budgetierung kombiniert. Die Kosten einzelner Prozesse werden transparent. Die unkontrollierte Bildung von Budgetreserven wird verhindert.

Das ABB unterstützt die Ressourcenverteilung in Richtung wertschöpfender Aktivitäten. Sie ist ein effizientes Instrument zur Kostenreduzierung und -vorgabe, ohne radikal vorgehen zu müssen.[150]

---

[150] Vgl. Dambrowski, J./Hieber, L.: Activity Based Budgeting (ABB), a.a.O., S. 310.

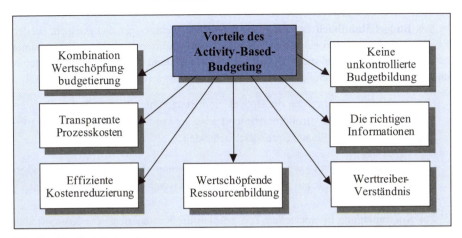

Abb. 134: Die Vorteile der ABB

Die **Nachteile** der **ABB** liegen in der anspruchsvollen Einführung. Das ABB ist nicht eine einfache Methode, die es zu kopieren gilt. Sie benötigt eine funktionsfähige Prozesskostenrechnung sowie ein Benchmarking-Konzept zur kontinuierlichen Verbesserung. Durch diese Prozessorientierung muss in der Unternehmung eine völlig neue Art des Denkens Einzug halten. Die alten Hierarchiestrukturen müssen funktionsübergreifenden Prozessen weichen. Darin liegt die größte Herausforderung.

4.5.5 Das Budget-Handbuch

Die Nutzung eines Handbuches für die Budgeterstellung ist vor allem für mittlere bis große, international tätige Unternehmen von Bedeutung. Durch das Budget-Handbuch wird die Vorgehensweise der Budgetierung in den verschiedenen Abteilungen, Bereichen und Werken vereinheitlicht. Die aufgestellten Werte, Ergebnisse und Abweichungen werden durch das Handbuch zwischen den verschiedensten Jahren und organisatorischen Einheiten miteinander vergleichbar.

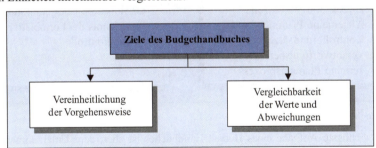

Abb. 135: Ziele des Budget-Handbuches

Durch die Aufstellung und Benutzung eines Budget-Handbuches sind positive Nebeneffekte nicht ausgeschlossen. Durch diese transparente, anwendungsorientierte Beschreibung von Verfahren und Techniken wird zwangsläufig der einzelne Controller mit seiner Arbeit intensiver konfrontiert, so dass er Verbesserungspotenziale im Budgetablauf entdecken kann und diese im Sinne der Firma ausnutzt. In einem kompletten Budget-Handbuch sollten auf keinem Fall die Termine für die Berichterstattung und die Planaufstellung fehlen.

Das **Budget-Handbuch** ist in den meisten Fällen weniger ein dickes Buch, sondern mehr eine Sammlung von einzelnen DIN A4 Blättern. In international tätigen Großunternehmen kann es zum Teil mehrere dicke Ordner einnehmen. Es wird in den allgemeinen und den speziellen Part geteilt.

- Im allgemeinen Teil werden die Budget- und Budgetkontrollzwecke, die allgemeinen Planungs- und Kontrollgrundsätze, die Verantwortungsbereiche und die zeitliche Einbindung des Planungsprozesses behandelt.

- Im speziellen Teil werden die Fragen der Kostenplanung, der Organisation der Budgetaufstellung, das Verzeichnis der Formblätter und die Kontrolle der Kosten behandelt.

Zur Kostenplanung im speziellen Teil gehören die Kostenarten-, die Kostenstellen- und die Kostenträgergliederung. Dazu müssen die Richtlinien der Kontierung und der Bewertungen vorhanden sein. Die Organisation der Budgetaufstellung weist die Aufgaben bei der Budgetierung den verschiedenen Stellen zu. Außerdem veranschaulicht es das Zusammenspiel zwischen Fachabteilung, Controlling und anderen. Das Formblattverzeichnis beschreibt die Erfassung, Verarbeitung, Ausgabe und Dokumentation der einzelnen Daten. Die Kostenkontrolle behandelt die Formen des Soll-Ist-Vergleichs und nennt deren Termine der Abweichungsmeldung.

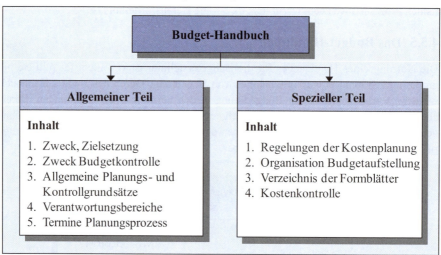

Abb. 136: Teile des Budget-Handbuches

Die wichtigste Aufgabe eines Budget-Handbuches ist aber, dem Unternehmen als Informationsinstrument Nutzen zu stiften. Das bedeutet, dass es für das spezielle Unternehmen ausgelegt ist und den Arbeitsablauf fördert und nicht hemmt. Dadurch wird schnell die Problematik des Budget-Handbuches sichtbar.

Durch die unterschiedlichen Arten, Formen und Ausprägungen von Unternehmen und der Vielzahl von Regelungen ist es nicht leicht und schon gar nicht pauschal zu sagen, welches Budget-Handbuch das optimale ist. Es kann nur ein grober Umriss des Inhaltes eines Handbuches gegeben werden. Die Feinheiten müssen im speziellen Unternehmen erprobt und gegebenenfalls verbessert werden.

Wenn dem Mitarbeiter viel Handlungs- und Entscheidungsspielraum gegeben wird, ist es notwendig, dass die Rahmenbedingungen, Zusammenhänge, Richtlinien und Vorgaben sehr detailliert beschrieben werden. Daher muss ein Grundsatz bei der Erstellung eines Budget-Handbuches bestehen, die dem Mitarbeiter das Planungs- und Kontrollsystem des Unternehmens so nahe bringen, dass er darin sicher und konsequent arbeiten kann. Die Nachteile eines solchen Zustandes sind die Vielzahl unübersichtlicher Regelungen, der hohe Formalisierungsgrad und die, aufgrund des Aufwandes und Komplexität, nicht zeitnahe Arbeitsweise. Diese Punkte gilt es zu kompensieren.

Eine völlige Abschaffung dieser Probleme wird kaum möglich sein. Damit wird das Budget-Handbuch eher ein Kompromiss bezüglich Inhalt und Umfang sein, welches trotzdem ein unterstützendes Instrument bei der Budgetierung ist und bleibt.

4.5.6 Die Durchführung von Schwachstellenanalysen

Wenn unterstellt wird, dass die meisten Betriebe nach dem ökonomischen Prinzip, also nach dem Rational- und dem Wirtschaftlichkeitsprinzip, ausgerichtet sind, so ließe sich hieraus die permanente Forderung nach Kostensenkungsprogrammen ableiten.

Das bedeutet, dass die Forderung nach dem größtmöglichen Nutzen bei gegebenem Aufwand (Maximalprinzip) oder nach dem geringstmöglichen Aufwand bei gegebenem Nutzen (Sparprinzip) anzustreben ist. Kostensenkung wird unter Berücksichtigung zweier verschiedener Aspekte erreicht:

- Degression des Werteverzehrs bei konstanter Leistung = absolute Kostensenkung, d.h. die Gesamtkosten werden verringert.
- Konstanter Werteverzehr bei Leistungsprogression = relative Kostensenkung; sie wird auch bei steigenden Gesamtkosten erreicht, da in diesem Fall die Gesamtleistung im Verhältnis zu den Gesamtkosten eine überproportionale Steigerung ergibt.

Es soll schließlich auch nicht der Fehler begangen werden, der bei vielen Firmen auftritt: sich ausschließlich von „absoluten" Kostensenkungszielen leiten zu lassen. Grundsätzlich sind auch immer Nutzenüberlegungen anzustellen, d.h. das einzelne Unternehmen muss sich auch von „relativen" Kostensenkungszielen führen lassen, wie die folgende Abbildung verdeutlicht:

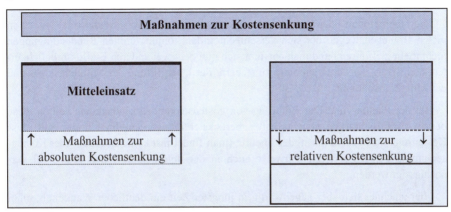

Abb. 137: Maßnahmen zur Kostensenkung

Oft ist es wesentlich zielführender, mit einer bestehenden Kostenstruktur einen höheren Nutzen zu erzielen (Zielsetzung: Optimierung der Kosten-Nutzenrelation = ertragswirtschaftliches Denken), als mit allen Mitteln zu versuchen, Kosten zu senken (Zielsetzung: absolute Kostensenkung = kostenwirtschaftliches Denken) und dabei vielleicht eine Reduzierung des bisher erzielten Nutzens zu verursachen.

Die alternative Optimierung der Kosten-Nutzenrelation beinhaltet gewissermaßen die Forderung, den größtmöglichen Nutzen bei gegebenem Aufwand (Maximalprinzip) zu erreichen. Dieses ertragswirtschaftliche Denken kann durch folgende Maßnahmen realisiert werden:

– Erhöhung der funktionellen Leistungsstruktur

– Kostenumstrukturierung

– Veränderung der Kostenstruktur durch zielorientierte Maßnahmen.

Sowohl das Maximalprinzip als auch das Sparprinzip sind Inhalt des Begriffs „Kostensenken" (man sollte keineswegs den Fehler begehen, nur den Sparaspekt zu sehen). Die Einflussmöglichkeiten des Unternehmens sind ohnehin meist auf interne Faktoren beschränkt, denn selten ist ein Unternehmen stark genug, den Beschaffungsmarkt oder den Absatzmarkt selbst zu beeinflussen. Generell gibt es innerhalb der Unternehmung drei große Möglichkeiten, den Unternehmenserfolg zu steuern:

1.	Über den Mitteleinsatz (Kostengefüge)	**Kostenseite**
2.	Über die Mittelverwendung (Produktion)	
3.	Über die Absatzleistung (Vertriebsleistung)	**Umsatzseite**

Erstaunlicherweise werden aber von diesen drei Möglichkeiten häufig die beiden ersten Alternativen vernachlässigt – wohl eine Folge des „Wachstumsfetischismus". Schlagworte wie „Wachsen oder Weichen", „jedes Jahr 15 % Umsatzzuwachs braucht ein Unternehmen, um überleben zu können" haben sicherlich dazu beigetragen, den Umsatzaspekt, d. h. die Vertriebsseite überzubetonen.

Die Überbetonung der Umsatzseite, das Denken in Umsatzzuwächsen ist jedoch in vielen Branchen wegen der sich verschlechternden konjunkturellen Randbedingungen nicht mehr zielführend und man entsinnt sich nun der zwei anderen Einflussmöglichkeiten, den Erfolg der Unternehmung zu steuern: der Überprüfung des Mitteleinsatzes und der Mittelverwendung.

Bei der Planung und Durchführung von kostensenkenden Maßnahmen sollten diese beiden Einflussfaktoren gleichermaßen berücksichtigt werden. Im Übrigen gilt, dass Kostensenkungen nicht nur in der Theorie (man findet fast keine Literatur über Kostensenkung), sondern erstaunlicherweise auch in der unternehmerischen Praxis oft vernachlässigt werden.

Hier zeichnet sich aber gegenwärtig in jüngster Zeit ein deutlicher Wandel ab, nicht nur renommierte Großunternehmen, sondern auch viele mittelständische Unternehmen haben in letzter Zeit intensive Kostensenkungsprogramme laufen.

Dass man die Möglichkeit der Kostensenkung in der Praxis nicht konsequent nutzte, ist umso erstaunlicher, wenn man auf die Eingangsprämisse zurückkommt, wonach das Bedürfnis, Kosten zu senken, in allen Unternehmen, unabhängig von konjunkturellen Schwankungen, eigentlich kontinuierlich vorhanden sein müsste.

Der Controller ist prädestiniert dazu, Kostensenkungsprogramme anzuregen, Kostensenkungsvorschläge zu machen und Kostensenkungsmöglichkeiten aufzuzeigen (vgl. hierzu: Funktionen des Controllers). Die vielfältigen Möglichkeiten zur Kostensenkung sollen kurz angesprochen werden:

4.5.6.1 Was sind Kostensenkungsmöglichkeiten?

Kostensenkung ist nur dann möglich, wenn entsprechend günstige Randbedingungen im Unternehmen gegeben sind. Konkrete **Kostensenkungsziele** können deshalb auch nur dann ermittelt werden, wenn man etwaige **Kostensenkungspotenziale** im Unternehmen erkannt und definiert hat. Dies bedeutet, dass man bereits vor dem Einleiten von Kostensenkungsmaßnahmen überprüfen und erkennen muss, ob es überhaupt möglich ist, Kostensenkungen durchzuführen. Tatsächliche Kostensenkungsmöglichkeiten sind nur solche, die mit den herkömmlichen Mitteln des Rechnungswesens ohne großen Arbeitsaufwand dem rechnerischen Kalkül zugänglich sind.

Da Kostensenkungsprogramme meist kurzfristig wirksam werden müssen und in der betrieblichen Praxis meist wenig Zeit zur Verfügung steht, sollte man den Begriff Kostensenkungsmöglichkeit dadurch eingrenzen, dass man kurzfristig realisierbare Kostensenkungsmöglichkeiten anstrebt.

Echte Kostensenkungsmöglichkeiten:

> Kostensenkungsmöglichkeiten = in einem überschaubaren, kurzen Zeitraum dem rechnerischen Kalkül zugängliche Kostensenkungschance.

oder:

> Kostensenkungsmöglichkeit = Istkosten zu Beginn der Kostensenkung abzüglich der „angemessenen Kosten".

Angemessene Kosten können sein:

- Die zwangsläufig anfallenden Kosten
- Bekannte Kostennormen
- Das optimale Kostenniveau einer Branche
- Normgrößen

4.5.6.2 Phasen der Kostensenkung

Eine systematische Kostensenkung besteht aus den Phasen der Anregung, des Suchens und Auswählens, des Realisierens, der Kontrolle und des Feedbacks. Die nachstehende Abbildung zeigt diese Phasen in ihrer Reihenfolge und beschreibt diese zum besseren Verständnis kurz.[151]

---

[151] Vgl. Preißler, P.: Controlling, a.a.O., S. 201.

Phase	Nr.	Beschreibung
Anregungsphase	1	**Anregung zur Kostensenkung**
Such- und Auswahlphase (Informationsphase)	2	Vorprüfung: Ist Kostensenkung überhaupt möglich bzw. auch gewünscht? Wie stehen nicht gesetzliche, soziale, tarifliche, politische, betriebsinterne und sonstige Gründe dem entgegen?
	3	Wille und Entscheidung für kostensenkende Maßnahmen.
	4	Vorbereitung: Schaffung der Voraussetzungen durch die Aufnahme des Ist-Zustandes, Beschaffung von Informationen; Bildung von Kennzahlen, Aufbau eines Soll-Ist-Vergleichs.
	5	Festlegung der jeweiligen Kostenverantwortlichen (evtl. Aufbau eines Kostensenkungsteams, Einsatz eines Kostensenkungsingenieurs in größeren Unternehmen).
	6	Erarbeitung und Prüfung von Kostensenkungsmöglichkeiten. Schwachstellenanalyse, Abstimmung von Lösungsansätzen und Erarbeitung von Alternativen, Sammeln von Anregungen und Verbesserungen, Motivation und Schulung, Schaffung von Anreizsystemen und Abbau von Widerständen.
	7	Durchführung einer Grobnutzkostenanalyse (vgl. Ersparnisse durch Kostensenkung mit den zusätzlichen Kosten für Durchführungen von Kostensenkungsprogrammen).
	8	Berechnung des Umfangs der Kostensenkungsziele, Gewichtung der Kostensenkungsziele und Vorgabe konkreter Kostensenkungsziele (Festlegung der Zielsetzung: Was soll erreicht werden und was soll verändert werden?)
Realisationsphase, Durchführungsphase	9	Festlegung der Vorgangsweise (Was soll wie erreicht werden?) Aufbau eines konkreten Terminplanes und Festlegung des jeweiligen Durchführungsverantwortlichens (Projektleitung).
	10	Umstellung des Unternehmens auf den Sollzustand.
Kontrollphase	11	Periodische Überwachung und Kontrolle, Messung und Festlegung der Kostensenkungserfolge.
	12	Durchführung von Abweichungsanalysen durch laufende Soll-Ist-Vergleiche (Vergleich der tatsächlichen Kostensenkung mit den ursprünglich aufgestellten Kostensenkungszielen je Verantwortungsbereich).
Rückkoppelungsphase	13	Ziehen der nötigen Schlussfolgerungen und eventuell Anpassung, Verbesserung, Verfeinerung des Kostensenkungskonzepts; eventuelle Erstellung neuer Kostensenkungsziele aufgrund der Ergebnisse der Abweichungsanalyse.

Abb. 138: Die Phasen der Kostensenkung

In der Praxis gibt es für den Controller verschiedene Instrumente und Methoden zur Erkennung und Beseitigung von Schwachstellen. Diese Instrumente dienen darüber hinaus als Grundlage der Kostenplanung und Kontrolle und als Ausgangspunkt für den Aufbau von Kostensenkungsprogrammen.

4.5.6.3 Die Grundlagenanalyse

Die Grundlagenanalyse geht von der Fragestellung aus: Ist diese Tätigkeit notwendig und trägt sie zum betrieblichen Wertschöpfungsprozess bei?

Das Infragestellen von Tätigkeiten beruht gänzlich auf der Überlegung, dass im Zeitablauf Veränderungen in der geforderten Leistung eingetreten sind, die in der Ablauforganisation nicht berücksichtigt wurden.

Nicht erforderliche, überflüssige Arbeiten, die keine Vorteile bieten, werden ersatzlos gestrichen! Außerdem können Tätigkeiten wegfallen, deren Kosten ansteigen, ohne dass deren Gewinn sich erhöht, oder wenn der Nutzen einer Tätigkeit nicht mehr da bzw. der Nutzen nicht mehr in dem Maße vorhanden ist, wie er es einmal war. Eine Tätigkeit kann auch eingestellt werden, wenn sie vom technischen Wandel eingeholt wird, oder die Tätigkeit bzw. der ursprüngliche Grund oder Zweck einfach entfallen ist.

Die Grundlagenanalyse muss sich daher am Ziel oder der Aufgabe der jeweiligen Stelle orientieren und die Fragestellung nach folgenden Kriterien formulieren:

- Muss die Tätigkeit durchgeführt werden?
- Welche Vorteile bringt die Tätigkeit?
- Kann die Tätigkeit entfallen?

4.6 Schnittstellen zwischen operativem und strategischem Controlling

Zwischen dem operativen und strategischen Controlling müssen Schnittstellen existieren. Der Controller muss stets beides parallel im Blick behalten und versuchen aufeinander abzustimmen. Operative Erfahrungen haben strategische Veränderungen der nächsten Planungsphasen zur Folge. Ebenso bewirken strategische Entscheidungen, aufgesplittet in Teilabschnitte operative Auswirkungen, bei denen man sich bereits in der Planung über die Realisierbarkeit Gedanken machen muss.

Durch die rollierende Planung, die im operativen wie im strategischen Controlling eingesetzt wird, sind beide Bereiche miteinander verzahnt.

Man muss stets beachten, dass die Fehler, die aus dem strategischen Bereich kommen, operativ korrigiert werden müssen. Diese sollten vermieden werden, da wichtige Ressourcen verschwendet werden. Auf der anderen Seite kann vorausschauendes strategisches Controlling ein guter Wegbereiter für das operative Controlling sein.

Von der strategischen Seite muss man sich die Frage stellen „Tun wir die richtigen Dinge?" und von der operativen Seite lautet die Frage „Tun wir die Dinge richtig?"[152] Können beide Seiten positiv beantwortet werden, so wird in der Mitte automatisch eine Verzahnung von strategischem und operativem Controlling vorhanden sein.

---

[152] Vgl. Deyhle, A.: Controller und Controlling, a.a.O., S. 34 ff.

Werden die schwachen Signale des Früherkennungssystems im strategischen Controlling nicht erkannt, so werden die harten Signale des Rechnungswesens dies mittelfristig bis langfristig widerspiegeln.[153]

In der Praxis ist es besonders wichtig, dass **beide Planungsstufen** als Einheit gesehen werden. Strategische Planung bedarf der Ergänzung durch einen operativen Plan, denn die Aufgabe der operativen Planung ist, die durch die strategische Planung vorgegebene Grobplanung, in Pläne für die einzelnen Teilbereiche umzusetzen. Dies betrifft insbesondere die Finanzierung, die Produktion, das Marketing, die Beschaffung und die Lagerhaltung.

Umgekehrt sollte jede operative Planung in einer strategischen Planung oder zumindest in strategischen Überlegungen eingebettet sein, damit die nachhaltige Sicherung des Unternehmens als oberstes Ziel gewährleistet bleibt.

In der Abbildung 139 sind die zeitliche Abfolge und die Aufgabengebiete des strategischen Controlling in einem Gesamtüberblick dargestellt.

Zu Beginn wird zur Standortbestimmung des Unternehmens die **Unternehmens-** und die **Umweltanalyse** durchgeführt. Man erhält daraus die Stärken/Schwächen und die Chancen/Risiken. Im Anschluss an die Analyse können die strategischen Geschäftseinheiten definiert werden. Sind diese klar abgegrenzt, kann das Ist-Portfolio erstellt werden. Zusammen mit dem Unternehmensleitbild werden die Normstrategien speziell auf die Ziele der einzelnen Geschäftsfelder zugeschnitten. Anschließend wird die strategische Stoßrichtung im Detail ausgearbeitet und das Soll-Portfolio erstellt. Dieses gilt für die jeweilige SGE als klar verbindliches Ziel, welche durch die taktisch-operative-Planung zur Realisierung gelangen muss. Eine ständige Rückkopplung in Form von Berichten und Früherkennungsmeldungen sorgt dafür, dass die Ziele der SGE erreicht werden.

Mit Absicherungsmaßnahmen in Form von **Risikoanalysen** und alternativen **Schubladenplänen** ist der strategische Controller ständig in der Lage, bei allen Entwicklungen innerhalb und außerhalb der Unternehmung lenkend eingreifen zu können.

Es sollten regelmäßig strategische **Plan-Ist-Vergleiche** für die gesamte Unternehmensstrategie durchgeführt werden. Die strategische Unternehmensleitung muss kontrollieren, inwieweit ihre Prognosen richtig waren, die Realisierung korrekt durchgeführt werden konnte und ob eine Potenzialerhöhung der Unternehmung stattgefunden hat. Diese Kontrolle läuft meist auf qualitativer Ebene ab und ist entsprechend schwierig durchzuführen. Dennoch muss auf diesem Wege die Qualität und die Fähigkeiten der Unternehmensleitung geprüft werden.

Die Strategie darf nie zu starr sein. Die **Führungskraft** muss immer noch ausreichenden Spielraum für **eigene Entscheidungen** besitzen. Nur so können kleinere Störungen direkt am Entstehungsort behoben werden. Die Führungskraft ist in der Lage, Unternehmer im Unternehmen zu sein.[154]

---

[153] Vgl. Deyhle, A.: Controller und Controlling, a.a.O., S. 76 f.
[154] Vgl. Huch, B./Behme, W./Ohlendorf T.: Rechnungswesenorientiertes Controlling, 4. Aufl., Heidelberg 2004, S. 365.

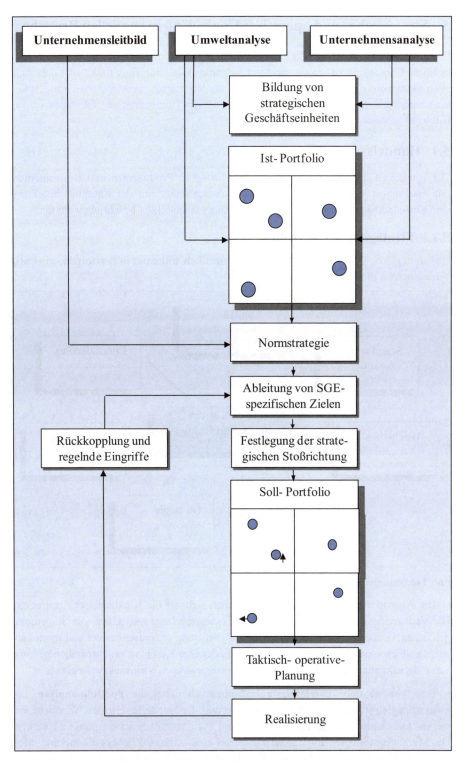

Abb. 139: Gesamtübersicht des strategischen Controllings

5 Strategisches und operatives Controlling in speziellen Branchen

Das Controlling hat sich in den Industrieunternehmen in den letzten Jahrzehnten bereits etabliert. Controlling ist jedoch nicht nur hier sinnvoll, Controlling findet sich nahezu in allen Betrieben, nicht nur in der Industrie, im Vormarsch. Aus diesem Grund sollen verschiedene Bereiche dargestellt werden, in die das Controlling zurzeit seinen Einzug hält bzw. gehalten hat.

5.1 Handelsunternehmen

Der Handel ist die klassische Schnittstelle zwischen Produzenten und Konsumenten. Die Funktionen von Handelsunternehmen können daher mit der Raumüberbrückung, dem Zeit- und Mengenausgleich und der Sortimentsbündelung beschrieben werden.

5.1.1 Strategisches Controlling

Das strategische Controlling in Handelsunternehmen sollte die in der folgenden Grafik verdeutlichten Strategien umfassen.

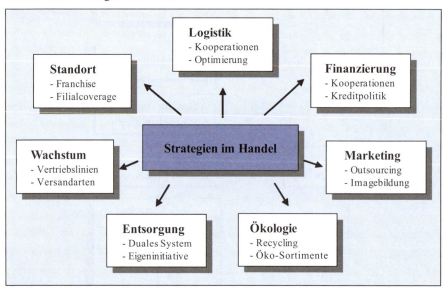

Abb. 140: Strategien im Handel

Die Auswirkungen der Standortstrategie kann sich auf die Kundenpräsenz erstrecken. Die Verlagerung des Vertriebes kann durch Franchisenehmer oder Catalogue-Showrooms geschehen. Große Einheiten können durch Zergliederung erlebnisintensiver und somit kundenfreundlicher werden. Neue Vertriebslinien oder eine Kombination von stationären und versandorientierten Handel können Ergebnisse ausgewählter Wachstumsstrategien sein.

Das typische und zuverlässigste Instrument ist dabei die **Portfolioanalyse**. Logistikstrategien können sich auf die Optimierung der Hersteller/Handels-Wertkette beziehen. Dies kann sich auf das Sortiment und auf den Prozessschwerpunkt auswirken. Die Marketingstrategien im Handel zielen auf eine stärkere Erlebnisorientierung, kleinere und überschaubare Einheiten und auch auf die Problematik des Outsourcings ab.

Um die eigenen Finanzierungsstrategien zu optimieren, können diese in Kooperation mit dem Hersteller entwickelt werden. Die Entsorgungsstrategien beschäftigen sich mit der Frage der eigenständigen Entsorgung bzw. Fremdentsorgung durch das Duale System. Ökostrategien beziehen sich auf ein ökologisches Sortiment oder auch auf Recycling- und Entsorgungshilfen bei der Verpackung.

5.1.2 Operatives Controlling

Das operative Handelscontrolling hat, siehe Grafik, folgende Schwerpunkte zum Inhalt.

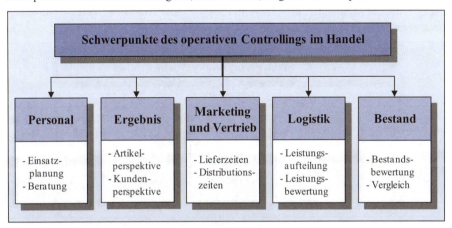

Abb. 141: Schwerpunkte des operativen Controllings im Handel

Das Wesen des operativen Controllings im Handel wird bestimmt durch Ergebnisse des Marketings, dem Vertrieb, dem Bestand, der Logistik und des Personalwesens. Das Ergebniscontrolling wird im Handel durch einen DPR-Ansatz[155] ergänzt und beschäftigt sich nicht ausschließlich mit meist- bzw. wenig verkauften Produkten. Außerdem wird neben einer Artikel- auch eine Kundenperspektive betrachtet.

Das Marketing- und Vertriebscontrolling beschäftigt sich mit der Einhaltung von Liefer- und Distributionszeiten auch innerhalb von Sonderaktionen, wie z. B. Winterschlussverkauf. Das Bestandscontrolling bildet u.a. Bestandslayers bei einer Handelswarenbewertung oder ermittelt Kosten von Bestandsreserven im Verhältnis zur möglichen Kundenreaktion bei bestimmten Szenarios.

Das Logistikcontrolling teilt Logistikleistungen auf und bewertet diese in ihrem DPR-Einfluss. Personalcontrolling dagegen beschäftigt sich mit der Offenlegung von Tätigkeitsanteilen wie Kassierung, Beratung, Regalpflege und Personaleinsatzplanung.

5.2 Bankbetriebe

Ein typisches Dienstleistungsunternehmen ist eine Bank. Sie bietet Dienstleistungen zur Deponierung (Ein- und Anlagegeschäft), zur Bereitstellung (Kredit- und Finanzierungsgeschäft), zum Tausch (Devisen- und Wechselgeschäft) und zur Transformation (Zahlungsverkehr-Geschäft) von Geld an.

---

[155] DPR = Direkte Produktrentabilität.

5.2.1 Strategisches Controlling

Der Strategiemix von Banken ist spezifisch ausgerichtet. Die Standort-, die Wachstums-, Logistik-, Marketing- und die Personalstrategie sind Schwerpunkte im Bankbetrieb. Die Standortstrategie befasst sich mit der Kundenpräsenz. Die Wachstumsstrategie ist meist nur regional orientiert, z.B. der Ausbau des Filialnetzes. Die Logistikstrategie betrachtet bankinterne Abläufe sowie die Kundenerreichbarkeit, aber auch das Outsourcing und seine Risiken. Die Marketingstrategie befasst sich mit dem Image und den eventuellen Imageveränderungen der Bank und ihrer Leistungen. Die Personalstrategie betrachtet die Qualität der Mitarbeiter. Dies kann im Rahmen eines Human-Resource-Controllings geschehen.[156]

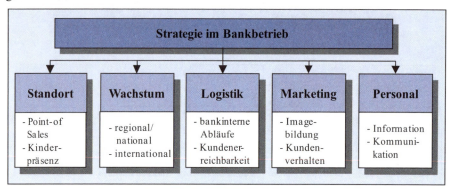

Abb. 142: Strategien im Bankbetrieb

5.2.2 Operatives Controlling

Im operativen Controlling von Banken dagegen dominieren verschiedene kundenbezogene Kenngrößen, wie:

– Marktergebnis

– Produktivitätsergebnis

– Risikoergebnis

Das Marktergebnis ist ein Resultat aus den Zins- und Provisionsüberschüssen. Das Produktivitätsergebnis wird durch den optimalen Einsatz der Ressourcen bzw. Höhe der Betriebskosten bestimmt. Das Risikoergebnis ist der Saldo aus Risikoprämien und Risikokosten. Außerdem wird im Bankenunternehmen noch in:

– Transformationsergebnis

– und Handelsergebnis

unterschieden.

Das Transformationsergebnis ist das Ergebnis aus dem Nichtkundengeschäft durch Nutzung von Zinssätzen im In- und Ausland. Das Handelsergebnis ist auch ein Ergebnis des Nichtkundengeschäftes, welches sich aus den eigenständigen Marktaktivitäten der Handelsabteilungen ableitet, z.B. der Ertrag aus Edelmetallpositionen.

---

[156] Vgl. Witt, F.-J.: Controlling 2. Spezielles Controlling, München 1997, S. 157 ff.

5.3 Versicherungen

Die Versicherung ist, wie die Bank, ein Dienstleistungsunternehmen. Das einzige Gut bzw. Dienstleistung, die sie anbietet, ist die Sicherheit mit den Komponenten Risikoabsicherung, Spargeschäft und Services.

5.3.1 Strategisches Controlling

Die Strategien im Controlling von Versicherungsunternehmen sind kombiniert aus Leistungs-, Personal-, Marketing- und Finanzierungsstrategien. Die Leistungsstrategien beschäftigen sich mit dem Sortiment der Geschäftsarten. Ein Portfolio, das sich auf die Risiken bzw. Erfolge stützt, ist bei der richtigen Entscheidung eine große Hilfe.

Die Personalstrategien sind ähnlich derer in Banken. Die Inhalte sind z.B. die Schaffung von Kompetenz oder die Entwicklung betrieblicher Anreizsysteme auf Basis des Erfolges. Marketingstrategien befassen sich mit der Imagebildung bzw. -ausbau, der Vertrauensbildung und der Kundenbindung.

Außerdem werden auch Vertriebsstrategien mit den Partnern entwickelt. Finanzierungsstrategien zielen u.a. darauf ab, den Rückversicherern durch verkürzte Bearbeitungszeit oder Vorfinanzierung noch enger an den Schadenseintritt zu binden. Des Weiteren wird auch der Anlagenwert, z. B. bei einer Lebensversicherung, diskutiert und marketingwirksam eingesetzt.[157]

Abb. 143: Strategien in Versicherungen

5.3.2 Operatives Controlling

Das operative Controlling in Versicherungen setzt die Schwerpunkte auf Kosten, Investitionen, Kapitalanlagen, Marketing, Personal, Projekte und Beteiligungen. Das Kostencontrolling möchte die Prozess- und Risikokosten optimieren. Das Investitionscontrolling bezieht sich vor allem auf die Ausstattung mit neuen **IuK-Techniken**.

Das Kapitalanlagencontrolling beschäftigt sich mit den Vermögenspositionen des Versicherungsunternehmens. Beim Kapitalanlagecontrolling stehen vor allem Erhaltungs-, Rentabilitäts- und auch Liquiditätsziele im Vordergrund. Dabei soll eine zu große Liquidität zugunsten einer anlagenbindenden Rentabilitätsverbesserung vermieden werden. Das Marketingcontrolling beschäftigt sich überwiegend mit der Koordination des Außendienstes mittels Kennzahlen, wie Vertragsabschlüsse oder Planumsatz.

---

[157] Vgl. Witt, F.-J.: Controlling 2. Spezielles Controlling, a.a.O., S. 173 f. und Horváth, P. & Partner (Hrsg.): Das Controllingkonzept, a.a.O., S. 21.

Im Personalcontrolling stehen die Personalkosten im Vordergrund. Das Projektcontrolling wird aufgrund neuer Vertragstypen, z.B. großvolumiger (Sonder)verträge angewandt, um deren Effektivität, etwa durch eine Kostenanalyse, zu überprüfen. Das Beteiligungscontrolling ist ähnlich dem der Banken. Dabei stehen die Integration mit Rückversicherern, die markt(gebiets)erschließende Beteiligung sowie die Beteiligung in Bezug auf Banken zwecks Integration im Vordergrund.[158]

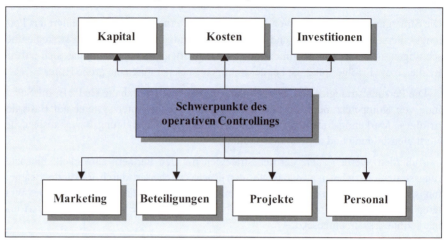

Abb. 144: Schwerpunkte des operativen Controllings in Versicherungen

5.4 Non-Profit-Organisationen (NPO)

Non-Profit-Organisationen (NPO) sind im Gegensatz zu erwerbswirtschaftlich orientierten Unternehmen nicht in erster Linie am Gewinn interessiert. Vielmehr geht es darum, für die Umsetzung der Organisationsziele Einnahmen zu erzielen. NPO vertreten vorrangig die Interessen ihrer Mitglieder. Diese können sozial-karitativ, ökologisch oder kulturell ausgeprägt sein. Im Vordergrund steht daher das Gemeinwohl, wenngleich die Führung einer NPO nach wirtschaftlichen Grundsätzen zu erfolgen hat.

Folgende **NPO** sind zu unterscheiden:

- Organisationen der Sozialen Arbeit,
- Nichtstaatliche Schutz- und Rettungsorganisationen,
- Organisationen der Entwicklungsarbeit,
- Nichtstaatliche Politische Organisationen,
- Bürgerbewegungen,
- Organisationen des Katastrophenschutzes,
- Kulturelle Organisationen und
- Umweltorganisationen.

Im Rahmen des Fundraising, das heißt der Mittelplanung und der Mittelbeschaffung der NPO, nimmt Controlling als Steuerungs- und Führungsunterstützungsinstrument sowohl strategisch als auch operativ eine entscheidende Rolle ein.

---

[158] Vgl. Witt, F.-J.: Controlling 2. Spezielles Controlling, a.a.O., S. 174 f.

Da gemeinnützige Organisationen in der Regel über keine regelmäßigen Einnahmen verfügen, ist es von zentraler Bedeutung, beispielsweise Spenden oder öffentliche Mittel neben den Mitgliedsbeiträgen zu aktivieren. Die Controllinginstrumente sind daher darauf ausgerichtet liquiditätssichernd zu arbeiten.

5.4.1 Strategisches Controlling

Die strategischen Instrumente einer NPO unterscheiden sich im Vergleich zu den Unternehmen nicht wesentlich. Im Vordergrund der Betrachtung stehen jedoch die Ziele und das Leitbild der Organisation. Der Einsatz der Controllinginstrumente ist hierauf unterstützend ausgerichtet.

Der Einsatz des strategischen Controllings muss daher darauf ausgerichtet sein, die Zukunftsfähigkeit der NPO zu sichern. Eine systematische Planung, Durchführung und Kontrolle der Aktivitäten einer Organisation ist daher erforderlich. Folgenden Instrumenten kommt ein besonderes Gewicht zu:

- Szenariotechnik und Umweltanalyse,
- Strategische Früherkennungssysteme,
- Budgetierung und Budgetrevision und
- Strategische Kontrolle.

NPO unterliegen dem besonderen Zwang, für die eigene Klientel und Adressaten auch langfristig arbeitsfähig zu sein. Die Besonderheit liegt darin, dass die Empfänger der Leistungen nicht immer Mitglieder der Organisation sind. Soziale und karitative Einrichtungen müssen sich laufend neu auf sich wandelnde Umfelder einstellen. Die Szenariotechnik und die Umweltanalyse sollen daher Modelle für die zukünftige Entwicklung und Ausprägung der Organisation ermöglichen.

Strategische Früherkennungssysteme helfen den Organisationen, wandelnde Umwelteinflüsse zu erkennen und richtig zu deuten. Zugleich wird die Organisation rechtzeitig vor finanziellen Gefahren gewarnt. Insbesondere bei der Aufstellung der Budgets und der mittelfristigen Finanzplanung kommt der Budgetierung besondere Bedeutung zu. Einerseits müssen Finanzierungsquellen erschlossen werden, um die Liquidität zu sichern. Andererseits müssen auch Kontrollmechanismen eingebaut werden, welche einem zu verschwenderischen oder gar korrupten Umgang mit dem Kapital entgegenwirken.

Die strategische Kontrolle ist im Gegensatz zur operativen Revision keine Ex Ante Betrachtung. Vielmehr steht im Vordergrund, ob die Organisationsziele tatsächlich umsetzbar sind und auch legal umgesetzt werden können. Die dargestellten Instrumente kennzeichnen sich dadurch, dass sie ineinander greifen sollen.

5.4.2 Operatives Controlling

Das operative Controlling in den NPO unterscheidet sich kaum von öffentlichen Unternehmen. Im Vordergrund steht jedoch die Sozialbilanz der Organisation, welche sich nach Benefits und Missfits bemisst. Ziel ist es, anhand eines Indikatorensystems die Zielerreichung nach Effizienz- und Effektivitätskriterien darzustellen. Ergebnis ist dann eine soziale Bilanz, die nicht zuletzt als Vorlage bei den Mittelzuwendern vorgelegt werden soll.

5. 5 Öffentliche Unternehmen

Die Staatsquote beträgt in Deutschland ca. 46 %. Daher haben die öffentlichen Unternehmen einen erheblichen Anteil am Wirtschaftsleben. Unter einem öffentlichen Unternehmen versteht man öffentliche Produktionseinheiten der öffentlichen Hand, die mindestens zu 50 % in der Hand eines öffentlichen Trägers sind (vgl. § 8 II Gesetz zur Finanzstatistik).

Den öffentlichen Unternehmen sind staatliche Aufgaben übertragen, mit dem Ziel einer möglichst produktiven und wirtschaftlichen Erfüllung bei gleichzeitiger Zurückhaltung gegenüber den privatwirtschaftlichen Anbietern. Die übertragenen Aufgaben sind davon gekennzeichnet, dass sich zu wenige private Anbieter finden lassen, die die Aufgabe zu den vom Staat definierten Bedingungen und Vorschriften übernehmen wollen.

Man unterscheidet im Wesentlichen folgende **Unternehmensformen**:

- **Beteiligungen an Privatunternehmen,**
- **Eigenbetriebe**
- **Regiebetriebe** und
- **Staatliche (öffentlich-rechtliche) Non-Profit-Organisationen.**[159]

Beteiligungen sind teilweise oder vollständig im Besitz des Staates. Der Staat nimmt dadurch, wie im Falle von Airbus, VW, Deutsche Telekom oder Die Bahn AG, erheblichen wirtschaftspolitischen Einfluss. Beteiligungen sind dadurch gekennzeichnet, dass sie wie jedes andere Wirtschaftsunternehmen auch geführt werden. Sie sollen daher im Weiteren nicht gesondert betrachtet werden, da die öffentlichen Verwaltungen ihren Einfluss über das Instrument des Beteiligungscontrolling ausüben.

Eigen- und Regiebetriebe sind im vollständigen Besitz der öffentlichen Hand und unterscheiden sich nach dem Grad der Selbstständigkeit. Die Regiebetriebe sind keine selbstständigen Organisationseinheiten und werden sehr stark nach beamtenrechtlichen Grundsätzen geführt. Verluste oder Gewinne werden den Haushalten des jeweiligen öffentlichen Eigentümers des Betriebes zugeschlagen. Regiebetriebe sind beispielsweise städtische Bauhöfe, städtische Winterdienste oder kommunale Bäder.

Eigenbetriebe dagegen sind selbstständig und verfügen über ein eigenes, betriebswirtschaftliches Rechnungswesen.[160] Sie sind für eigene Gewinne und Verluste verantwortlich und haben eine ordentliche Bilanz. Eine Abschöpfung von Überschüssen erfolgt nach den Bestimmungen des Handelsgesetzbuches. Eigenbetriebe sind z. B. kommunale Gas- bzw. Wasserversorger oder Verkehrsbetriebe. Eigenbetriebe können sich im Gegensatz zu den Regiebetrieben mit privaten Investoren oder Unternehmen zusammenschließen.

Die staatlichen NPO unterscheiden sich von den zivilen nur durch die Trägerschaft. Sind zivile NPO in der Regel als Vereine und Stiftungen des privaten Rechts organisiert, so sind öffentliche NPO als Stiftungen des öffentlichen Rechts oder als öffentliche

---

[159] Vgl. Müller, U.: Öffentliche Betriebswirtschaftslehre, Aufsatz in: Voigt, R./Walkenhaus, R. (Hrsg.): Handwörterbuch zur Verwaltungsreform, Wiesbaden 2006, S. 33 ff.
[160] Vgl. Müller, U.: Controlling aus verwaltungswissenschaftlicher Perspektive, Wiesbaden 2004, S. 57 ff.

Körperschaften (Zwangsvereine) gewidmet. In der Regel werden sie geführt wie Eigen- oder Regiebetriebe. Die Ausprägung orientiert sich dabei an der Selbstständigkeit der öffentlichen NPO. Das Controlling in diesen Organisationen ist genauso wie das Rechnungswesen von der öffentlichen Hand bestimmt.

5.5.1 Strategisches Controlling

Die strategische Ausrichtung des Controllings im öffentlichen Sektor orientiert sich an einer wesentlichen Sachfrage, nämlich: Wie können die öffentlichen Unternehmen zukunftsfähig gemacht werden? Strategisches Controlling leistet einen zentralen Beitrag im Rahmen der öffentlichen Aufgabenkritik. Unter Aufgabenkritik soll die Frage verstanden werden, ob die Leistungen der Unternehmung noch zeitgemäß sind, ob die Aufgaben wirtschaftlich erfüllt werden und ob ein privatwirtschaftlicher Anbieter die Aufgabe nicht ökonomischer und somit für den Bürger und die Wirtschaft als Kunde optimaler anbieten kann. Strategisch sollen dadurch „Make or Buy" Entscheidungen, Privatisierungen und Outsourcing unter dem Gesichtspunkt einer nachhaltigen Reduzierung der Staatsquote betrachtet werden.

Die Anwendung vom Controlling im öffentlichen Sektor wird zunächst von verschiedenen Annahmen und Rahmenbedingen bestimmt. Folgendes gilt zu beachten:

- Im öffentlichen Sektor herrscht das Gemeinwohlprinzip als Maxime;
- Rechtliche Rahmenbedingungen des Verwaltungsrechts sind zu beachten;
- Die Beschäftigten sind entweder verbeamtet oder unterliegen einem speziellen Tarifvertragsrecht;
- Das Rechnungswesen der öffentlichen Unternehmen ist noch stark geprägt von der Kameralistik. Erst in manchen Bereichen wird die Doppik angewendet.

Die folgende Abbildung fasst die strategischen Controllinginstrumente zusammen.

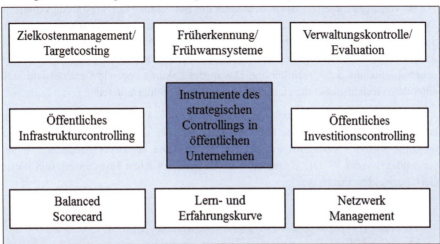

Abb. 145: Strategisches Controlling in öffentlichen Unternehmen

Das Zielkostenmanagement dient dazu, möglichst kostendeckende Produktpreise zu erzielen. Im Vordergrund steht der langfristige Kostendeckungsgrad der Erlöse. Wie bei den NPO unterliegen die öffentlichen Unternehmen stark beeinflussenden exogenen und nicht autonomen Umwelteinflüssen. Diese zu erkennen und Warnsysteme aufzubauen, ist für ein öffentliches Unternehmen entscheidend.[161]

Im Gegensatz zu einer erwerbswirtschaftlichen Unternehmung nimmt die Kontrolle durch die öffentliche Hand einen besonderen Stellenwert ein. Nicht zuletzt haben Prüforganisationen wie die Rechnungshöfe das Recht und die Pflicht, sogar Unternehmensbeteiligungen der öffentlichen Hand zu überwachen. Die öffentlichen Unternehmen investieren mehrere Milliarden Euro jährlich. Gerade Investitionen in die Infrastruktur sind besonders langfristig und kostenintensiv, so dass dem Investitionscontrolling und dem Infrastrukturcontrolling eine besondere Bedeutung zukommt.

Die Balanced Scorecard von Kaplan und Norton wird als Konzept im Rahmen des Managements by Objectives auch in öffentlichen Unternehmen angewendet. Die Lern- und Erfahrungskurve dient der Abschätzung bei Produktions- bzw. Kapazitätserweiterungen und deren Folgen auf die Kostenstrukturen der Organisation.

Als modernes Controllinginstrument hält das Netzwerkmanagement Einzug. Netzwerkmanagement dient dem Austausch von Informationen und soll somit den strategischen Informationsfluss zwischen den verschiedenen Organisationen ermöglichen, und dem Prinzip der lernenden Verwaltung Rechnung tragen.

5.5.2 Operatives Controlling

Das operative Controlling orientiert sich am Tagesgeschäft eines öffentlichen Unternehmens. Im Gegensatz zu den Wirtschaftsunternehmen, welche sich operativ am Geschäftsjahr orientieren, hat das öffentliche Unternehmen eine dreijährige operative Perspektive: das vergangene, das gegenwärtige und das künftige Geschäftsjahr.[162]

Das vergangene Geschäftsjahr steht unter der Betrachtung der Verwaltungskontrolle. Die öffentlichen Inhaber der Unternehmung unterwerfen dieser Betrachtung eine sehr tiefgreifende Revision des Handelns. Das laufende Geschäftsjahr orientiert sich je nach Ausprägung des Rechnungswesens an den Grundsätzen der Kameralistik oder der doppelten kaufmännischen Buchführung. Das in der Zukunft liegende Geschäftsjahr steht unter dem Gesichtspunkt der Haushaltsplanung- bzw. Budgetaufstellung.

Im Vordergrund des operativen Controlling stehen Kostendeckungsziele, Auslastungsziele, Liquiditätsziele, Outcomeziele und die Gemeinwohlsicherung. Unter Outcome soll das Verhältnis zwischen effizienter und effektiver Aufgabenerfüllung verstanden werden.[163] Die einzelnen betriebswirtschaftlichen Instrumente sind diesen Gesichtspunkten anzupassen.

---

[161] Vgl. Müller, U.: Controlling aus verwaltungswissenschaftlicher Perspektive, a.a.O., S. 202 ff.
[162] Vgl. ebd., S. 86 ff.
[163] Vgl. Müller, U.: Effektivität, Effizienz, Outcome, in: Voigt, R./Walkenhaus, R.: Handbuch zur Verwaltungsreform, Wiesbaden 2006, S. 81 ff.

Folgende **operative Controllinginstrumente** haben sich durchgesetzt:

- Die öffentliche Kosten- und Leistungsrechnung,
- die Budgetierung,
- die Wertanalyse,
- Deckungsbeitragsrechnung,

Die öffentliche Kosten- und Leistungsrechnung zielt darauf ab, verschiedenen Verwaltungsprodukten, das heißt einzelnen Produkten oder Leistungen der Daseinsfürsorge, der inneren Sicherheit oder der Bildung messbare Kosten gegenüber zu stellen. Mit der Kosten- und Leistungsrechnung hat erstmals eine Erfolgsrechnung Einzug in die öffentlichen Organisationen gehalten. Zum Einsatz gelangt die Kostenartenrechnung, die Kostenträgerrechnung und die Kostenstellenrechnung.

Ein weiteres sehr erfolgreiches Instrument ist die Budgetierung. Im Gegensatz zum kameralen Haushaltswesen soll die Budgetierung eine dezentrale Budgetverantwortung ermöglichen. Die Budgetierung ist genauso wie die Kosten- und Leistungsrechnung ein wesentlicher Baustein weg von der Kameralistik hin zur öffentlichen Doppik.

Die Wertanalyse unterstützt Entscheidungen über das Vermögen der öffentlichen Unternehmen. Gerade bei Verkaufsentscheidungen, Privatisierungen oder Outsourcing von öffentlichen Aufgaben ist eine konkrete Wertermittlungen des Betriebs- oder Immobilienvermögens der Unternehmen notwendig.

Die Deckungsbeitragsrechnung wird als mehrstufige Fixkostenrechnung durchgeführt. Sie ist integraler Bestandteil der öffentlichen Kosten- und Leistungsrechnung, die sich vorwiegend als Kostenstellenrechnung darstellt. Ziel ist es bei der Erfüllung der staatlich übertragenen Aufgaben mindestens die Fixkosten zu berechnen und in einem weiteren Schritt mit geeigneten Strategien zu reduzieren. Ein zu hoher Fixkostenanteil gibt weiterhin Aufschluss über eine unwirtschaftliche Aufgabenerfüllung.

Die folgende Abbildung fasst die einzelnen Instrumente zusammen.

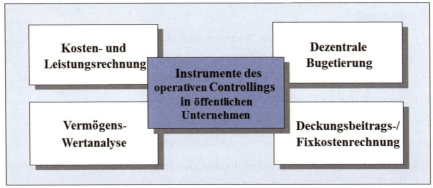

Abb. 146: Instrumente des operativen Controllings in öffentlichen Unternehmen

Fragen zur Kontrolle und Vertiefung

(1) Was ist eine Strategie, welche Funktion hat sie und nach welchen Leitsätzen wird sie erstellt?

(2) Was ist eine Vision und wie kann sie umgesetzt werden?

(3) Nennen Sie einige Leitsätze zur Findung einer Vision!

(4) Kann ein Unternehmen auch ohne Visionäre auskommen? Nehmen Sie kritisch Stellung!

(5) Erläutern Sie den Prozess der Strategieentwicklung! Beginnen Sie bei der Vision!

(6) Was ist die Hauptaufgabe des strategischen Controlling und wodurch wird sie beeinflusst?

(7) Welche Gefahr besteht bei einer Nichteinbindung der Bausteine des strategischen Controlling in die strategische Planung?

(8) Über welche notwendigen Fähigkeiten sollte ein Controller bei der Mitgestaltung einer Strategie verfügen?

(9) Nennen Sie die wichtigsten Elemente einer Unternehmenskultur und deren Komponenten!

(10) Welche Ursachen hat eine negative Beeinflussung der Unternehmenskultur und wie kann ihr entgegengewirkt werden?

(11) Setzen Sie sich kritisch mit der Methode des Vernetzten Denkens auseinander und diskutieren Sie die einzelnen Phasen bis zur Verwirklichung der Problemlösung!

(12) Welche Möglichkeiten gibt es, das Komplexitätsgefälle zwischen Umwelt und Unternehmen abzubauen?

(13) Nennen Sie Vorteile der Komplexitäts-Bewältigung durch erhöhte Dynamik im Unternehmen!

(14) Wann bezeichnet man ein Unternehmen als ultrastabil?

(15) Worin besteht der Unterschied zwischen einer direkten und einer indirekten Strategie?

(16) Mit welcher mathematischen Gleichung lässt sich die Wirksamkeit einer Strategie ausdrücken?

(17) Worin besteht der Unterschied zwischen der Strategie und der Taktik?

(18) Wie geht man im Controlling mit Störeinflüssen um?

(19) Welche Gefahr besteht bei einer Neustrukturierung in einem Unternehmen?

(20) Welche strategischen Grundsätze muss der Controller generell verfolgen?

(21) Überlegen Sie sich, an welchen Indikatoren man erkennen kann, ob in einem Unternehmen strategisch gedacht und gehandelt wird!

(22) Was wird bei einer Ist-Zustandsaufnahme bei einer strategisch planenden Unternehmung unterschieden?

(23) Was versteht man unter einem Gewissensmenschen und einem Pflichtmenschen? Wie sollten sich Mitarbeiter und Vorgesetzte im Normalfall sehen? Nennen Sie Vor- und Nachteile dieses Verhaltens!

(24) Welche Ethikaspekte gibt es im Unternehmen und auf dem Absatzmarkt zu beachten?

(25) Durch welche Faktoren können die Strategien eines Unternehmens beeinflusst werden?

(26) Welche Merkmale weisen erfolgreiche Unternehmen auf, die erfolglose nicht aufweisen? Nehmen Sie kritisch Stellung!

(27) Inwieweit beeinflusst die Informationspolitik des Unternehmens die Mitarbeitermotivation?

(28) Zur Entwicklung und Realisation einer Strategie oder eines Projektes benötigt man die „Keimzelle in der Garage". Welche Vorgehensweise ist damit gemeint?

(29) Nach welchen Kriterien wird bei der Ist-Zustandsaufnahme bezüglich der verschiedenen Unternehmensbereiche unterschieden?

(30) Erläutern Sie die Vulnerability-Analyse!

(31) Was versteht man unter kritischen Erfolgsfaktoren einer Unternehmung?

(32) Welcher Zusammenhang wird durch die Lernkurve beschrieben?

(33) Nennen Sie die Haupteinflussfaktoren, die die Erfahrungskurve bestimmen! Worin besteht der Unterschied zur Lernkurve?

(34) Wie verhalten sich entsprechend dem Konzept der Erfahrungskurve die Kosten zu den kumulierten Mengen und zu den Marktanteilen?

(35) Wie kann man laut Erfahrungskurve die günstigste Kostenposition für ein Unternehmen erreichen?

(36) Wie verhalten sich die absoluten Ertragspotenziale verschiedener Anbieter zueinander?

(37) Welche Wirkungskette ergibt sich aus einer Erhöhung des Marktanteils?

(38) Was steht hinter dem Motto: „Die Wettbewerber jagen sich entlang der Kostenkurve, indem sie Erfahrungen kumulieren"?

(39) Erläutern Sie kurz die Strategien für Marktführer, nachrangige Anbieter und Grenzanbieter!

(40) Skizzieren Sie das Konzept der Wertschöpfungskette! Welche Ziele werden beim Management unternehmensübergreifender Wertschöpfungsketten verfolgt?

(41) Überlegen Sie, weshalb Verbundeffekte wichtige Erfolgsfaktoren für eine Unternehmung sind!

(42) Was versteht man unter einer Strategischen Allianz? Worin sehen Sie die Gründe für deren zunehmende Bedeutung?

(43) Welche Ziele verfolgt die Chancen-Risiken-Analyse? Wie werden Chancen und Risiken bewertet?

(44) Erläutern Sie die Strategien zur Risikobewältigung anhand von Beispielen!

(45) Welche Faktoren und Einflüsse spielen bei der Umweltanalyse eine Rolle?

(46) Was verstehen man unter dem Triade-Konzept?

(47) Was ist eine Konkurrenz-Analyse? Nennen Sie verschiedene Kriterien für eine Konkurrenz-Analyse!

(48) Wie erstellt man eine Kostenkurve im Branchenvergleich?

(49) Beschreiben Sie die Voraussetzung für eine sinnvolle Anwendung einer Marktsegmentierung!

(50) Was versteht man unter einer quantitativen und qualitativen Zielformulierung?

(51) Nennen Sie eine Möglichkeit, die Dringlichkeit und die Auswirkungen von Zielen zu gewichten und einzuteilen!

(52) Formulieren Sie die Funktionen von Zielen! Welchen Anforderungen muss ein gestelltes Ziel gerecht werden?

(53) Unterscheiden Sie quantitative und qualitative Ziele! Welche Probleme treten bei qualitativen Zielen auf?

(54) Erstellen Sie ein Portfolio zur Ermittlung der Zielprioritäten!

(55) Die sinnvolle Bildung von Geschäftsfeldern ist ein wesentlicher Erfolgsfaktor im Rahmen der strategischen Planung. Überlegen Sie sich, wie Kriterien für Geschäftsfelder sinnvoll gebildet werden!

(56) Warum ist die Bildung von Geschäftsfeldern für die strategische Planung besonders wichtig? Begründen Sie ihre Meinung!

(57) Beschreiben Sie die verschiedenen Phasen des Produktlebenszyklus! Wozu ist die Kenntnis von Produktlebenszyklen nützlich?

(58) Skizzieren Sie die GAP-Analyse in einem Diagramm! Welche Aussagen sind mit ihr zu gewinnen?

(59) Wann wird eine Diversifikationsstrategie eingesetzt? Welche Vor- und Nachteile sind damit verbunden?

(60) Was versteht man unter dem Begriff „Benchmarking"? Wodurch unterscheidet es sich von einer Konkurrenzanalyse?

(61) Aus welchen Teilen besteht der Benchmarking-Prozess? Welche Aufgaben haben diese Teilschritte?

(62) Worin bestehen die Unterschiede zwischen dem 4-Felder-Portfolio der Boston Consulting und dem McKinsey Portfolio?

(63) Was versteht man unter einer Normstrategie?

(64) Nennen Sie zwei Gruppen von Prognosemethoden! Skizzieren Sie jeweils drei Verfahren zu jeder Gruppe und erläutern Sie zwei von Ihnen gewählte Verfahren näher!

(65) Überlegen Sie sich einige wichtige Entscheidungsregeln bei einer Entscheidung unter Risiko!

(66) Skizzieren Sie die wesentlichen Aufgaben und den Ablauf einer strategischen Kontrolle!

(67) Warum sollte besser von einem Früherkennungssystem als von einem Frühwarnsystem gesprochen werden?

(68) Nennen Sie zwei grundsätzliche Ziele der Früherkennung im Unternehmen!

(69) Beschreiben Sie die drei Entwicklungsstufen der Früherkennung und ordnen Sie diese der strategischen und nicht-strategischen zu!

(70) Weshalb ist bei der Festlegung der Toleranzgrößen und Sollwerte von Indikatoren eine hohe Sensibilität erforderlich?

(71) In welcher Form können schwache Signale auftreten und wie kann man diese ermitteln?

(72) Nennen Sie mögliche Informationsquellen für das Scanning-Monitoring!

(73) Welche Scanning-Aktivität wird den Anforderungen des strategischen Controllings am ehesten gerecht?

(74) Was ist beim Ansatz strategischer Früherkennung nach Kirsch und Trux zu beachten?

(75) Grenzen Sie die strategische Planung von der operativen Planung ab und erläutern Sie stichpunktartig 5 geeignete Merkmale, in denen sich die strategische und operative Planung unterscheiden!

(76) Nennen Sie kurz den Unterschied zwischen dem strategischen und operativen Controlling!

(77) Welche Führungsstile finden bei der Planrealisierung und -anpassung Anwendung?

(78) Nennen Sie einige Aufgabenbereiche des Controllers, sofern er der Finanzebene funktional zugeordnet ist!

(79) Welche Kontrollmöglichkeiten hat der operative Controller im Hinblick auf die optimale Zielerreichung?

(80) In welche drei grundsätzlichen Phasen lässt sich das operative Controlling unterteilen?

(81) Welchen Kriterien müssen die aus dem Gesamtplan (Unternehmensplan) entwickelten Einzelpläne erfüllen?

(82) Welchen Stellenwert messen Sie dem Informationsfluss aus der Sicht des operativen Controllings bei?

(83) In welche Bereiche gliedert sich die operative Kontrolle?

(84) Worin besteht der Unterschied zwischen der GuV und einer Management-Erfolgsrechnung?

(85) Worin bestehen die Schnittstellen zwischen dem strategischen und dem operativen Controlling?

(86) Was ist eine Budgetierung? Welcher Zusammenhang besteht zur Planung?

(87) Nach welchen Gesichtspunkten kann man ein Budget unterscheiden?

(88) Wie kann man die Budgetierung hinsichtlich ihrer Flexibilität unterscheiden? Erläutern Sie diese kurz!

(89) Mit welchen Verfahren kann eine Budgetierung durchgeführt werden? Erläutern Sie diese!

(90) Beschreiben Sie den Ablauf eines Soll-Ist-Vergleichs!

(91) Was sind die häufigsten Abweichungsarten? Sollte jede Budgetabweichung analysiert werden?

(92) Weshalb kann Forecast als eine zukunftsgerichtete Abweichungsanalyse bezeichnet werden?

(93) Was ist das Ziel der Gemeinkostenwertanalyse nach McKinsey?

(94) Welche Bedingungen gelten für die Realisierung der Gemeinkosten-Wertanalyse?

(95) Skizzieren Sie den Ablauf der Gemeinkosten-Wertanalyse!

(96) Was ist der Gedanke der Zero-Base-Budgetierung und welche Ziele hat sie? Nennen Sie die Verfahrensschritte der Zero-Base-Budgetierung!

(97) Nennen Sie die Vor- und Nachteile der Activity Based Budgeting (ABB)!

(98) Erläutern Sie die Phasen einer Kostensenkung!

(99) Beschreiben Sie den Gedanken der Grundlagenanalyse! Woran orientiert sie sich?

(100) Welche Bedeutung messen Sie der Einführung des Controllings in einem Non-Profit Unternehmen (NPO) bei? Diskutieren Sie die Einsatzmöglichkeiten der verschiedenen Controllinginstrumente!

Teil D

Funktionsbezogenes Controlling

1 Marketing-Controlling

Die zentrale Funktion eines Marketing-Controlling besteht in der Koordination der Führungsteilsysteme im Marketing. Marketing-Controlling wird als Verbesserungsmöglichkeit für die Marketingprozesse angesehen und zielt darauf ab, den Marketingbereich mittels Formalisierung und Standardisierung stärker an das Unternehmen zu binden.

1.1 Aufgaben und Ziele

Das Marketing-Controlling dient der Unterstützung der Führungsverantwortlichen im Unternehmen und insbesondere im Marketing, bei Entscheidungen, die die aktuellen und zukünftigen Beziehungen zwischen den Unternehmen und der Umwelt betreffen.[1]

Hierbei sind folgende Überlegungen anzustellen:[2]

Leitgedanken des Marketings
die Ausrichtung der Informationsgewinnung und -bereitstellung auf den Bedarf von Marketingplanung und -kontrolle
– die Koordination der Marketingplanung,
– die Abstimmung zwischen Marketingplanung und -kontrolle sowie
– die Koordination zwischen Planung, Kontrolle und Personalführung innerhalb des Marketing.

Die **Informationsversorgung** muss so gestaltet werden, dass qualitative, quantitative und verschiedene Arten von Daten miteinander verknüpft werden können. Das Marketing-Controlling muss daher eine Schnittstellenfunktion zwischen der Unternehmensrechnung und dem Marketing-Informationssystem wahrnehmen.

Im Hinblick auf die Koordination der Marketing-Planung sind vier Aufgabenschwerpunkte des Marketing-Controlling herauszustellen:

Schwerpunkte der Marketing-Planung
– die Koordination von Marketingzielen
– die Abstimmung innerhalb des Marketing-Mix
– die Verknüpfung der strategischen mit der taktisch-operativen Marketing-Planung und
– die Koordination der Marketing- mit der Unternehmensplanung

Das Marketing-Controlling muss zwischen den qualitativen Größen des strategischen Bereichs und den quantitativen Daten des taktisch-operativen Bereichs eine Verbindung herstellen.

---

[1] Vgl. Reichmann, T.: Controlling mit Kennzahlen und Management-Tools, 7. Aufl., München 2006, S. 441.
[2] Vgl. Küpper, H.-U.: Controlling, Stuttgart 2005, S. 435.

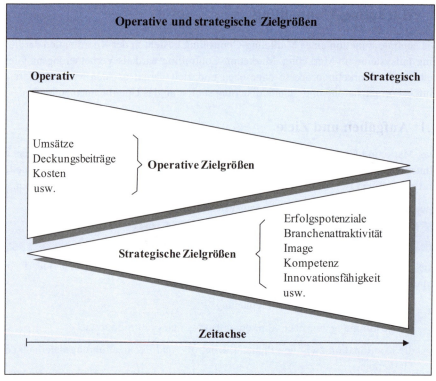

Abb. 1: Operative und strategische Zielgrößen in der Marketing-Planung[3]

Die dargestellten Zielgrößen sind vom Marketing-Controller durch geeignete operative und strategische Planungsansätze in konkrete Handlungsalternativen zu übertragen und zu visualisieren.

1.2 Strategisches Marketing-Controlling

Das strategische Marketing-Controlling setzt primär bei den Strukturen und Prozessen an. Strategische Größen, wie Erfolgspotenziale oder Wachstumsraten, werden nicht als konstant vorausgesetzt, sondern in messbare Größen umgeformt. Stärken-Schwächen-Analysen, Lebenszyklusanalysen und Portfolioanalysen helfen dem Marketing-Controller, die Steuerung von strategischen Zielgrößen vorzubereiten.

1.2.1 Stärken-Schwächen-Analyse

Durch eine systematische Untersuchung der für das Marketing relevanten externen und internen Einflussbereiche, gelangt man zu einer Stärken-Schwächen-Analyse. Die eigene Position wird in jeder Dimension in Bezug auf unterschiedliche Merkmale an der Konkurrenz gemessen.

---

[3] Vgl. Küpper, H.-U.: Controlling, a.a.O., S. 438.

Durch einen Vergleich mit dem besten Wettbewerber lässt sich beurteilen, ob die betreffende Eigenschaft eine Stärke oder eine Schwäche darstellt. Deren Bedeutung kann der Marketing-Controller durch die Abschätzung der künftigen Entwicklung und ihre Wirkung auf die Marketingziele einordnen. Das Ergebnis der Analyse lässt sich in Stärken-Schwächen-Profilen entsprechend folgender Abbildung veranschaulichen.[4]

Analysebereich	Schwächen-Wert					Stärken-Wert				
	-10	-8	-6	-4	-2	+2	+4	+6	+8	+10
Marktanteil										
Produktprogramm										
Produktqualität										
Marktdurchdringung										
Diversifikation										
Marktposition und Marktstrategien										
Kunden- und Marktnähe										
Innovationsfähigkeit										
Qualifikation der Vertriebsmitarbeiter										
Exportanteil										
Differenzierungsvorteile										
Nischenstrategie										

Abb. 2: Beispiel für ein Stärken- und Schwächen-Profil

Die Aufgabe der Stärken-Schwächen-Analyse ist es, die strategische Wettbewerbsposition eines Unternehmens, eines Produktes oder auch eines Absatzkanals zu beurteilen, wobei sich die Beurteilung der Wettbewerber auf einen Katalog potenzieller Einflussfaktoren stützt. Sie zeigen im Sinne der Anpassungsfunktion des Controllings, an welchen Stellen die Marketingplanung vorrangig anzusetzen hat.

1.2.2 Strategisches Controlling des Marketing-Mix

Ausgehend von einer Analyse der Stärken und Schwächen einer Unternehmung erfordern die **Ziele** des **Marketing** die Planung, Koordination und Kontrolle der Instrumente des Marketing-Mix.

Die Instrumente der Preis-, Produkt-, Distributions- und Kommunikationspolitik stellen ein Sub-Mix dar, bei dem es darum geht, einen möglichst erfolgreichen Gesamt-Mix zu erreichen.

---

[4] Vgl. Küpper, H.-U.: Controlling, a.a.O., S. 442 f.

1.2.2.1 Unterstützung der strategischen Preispolitik

Die verfolgte Preisstrategie ist von besonderer Bedeutung in Bezug auf den am Markt verlangten Preis. Grundsätzlich kann man drei Strategien unterscheiden, deren Anwendung bzw. deren konkrete Ausgestaltung von der jeweiligen Marktsituation abhängt.

- Hochpreispolitik
- Niedrigpreispolitik
- Marktpreispolitik

(1) Hochpreispolitik

Die Hochpreispolitik findet man insbesondere in den Formen der **Skimming-Preisstrategie** und der **Prämienpreisstrategie**. Bei der Prämienpreisstrategie versucht man z.B. aufgrund der Produktqualität, des Images, des Distributionssystems usw. einen relativ hohen Preis zu erzielen. Das anbietende Unternehmen hat dabei das Ziel, den möglichst hohen Preis auch langfristig durchzusetzen. Die Voraussetzung dafür ist jedoch, dass das Produkt „quasi" eine Alleinstellung hat und die Preiselastizität der Nachfrage nicht vorhanden bzw. sehr gering ist.

Die **Skimming-Preisstrategie** ist eine Strategie mit einem hohen Einführungspreis, großem Werbeaufwand und ist dann empfehlenswert, wenn das Produkt eine Neuheit darstellt und keine großen Kapazitäten zur Herstellung zur Verfügung stehen. Sie ist ebenso geeignet, wenn das Unternehmen als Alleinanbieter auftritt und die Konkurrenten keine Möglichkeit haben, das Produkt nachzubauen. Durch diese Strategie ist es möglich, relativ schnell die Forschungs- und Entwicklungskosten abzudecken.

Die Verbreitung erfolgt nach dem Diffusionsmodell relativ langsam. Dadurch kann das Unternehmen die frühen Adaptoren mit einem hohen Preis als Käufer gewinnen. Als nachteilig erweist sich diese Strategie, wenn die Konkurrenten in der Lage sind, das Produkt schnell nachzuahmen.[5]

(2) Niedrigpreispolitik

Bei der Niedrigpreispolitik liegt der geforderte Preis jeweils unter dem Preis für vergleichbare Produkte bzw. er erscheint zu mindestens in der Wahrnehmung der Käufer als niedriger. Ziele der Niedrigpreispolitik können sein:

- Verdrängung der Konkurrenten
- Senkung der Stückkosten des Anbieters
- Auslastung der Kapazitäten
- Schaffung eines Preisimages
- Verhinderung des Markteintritts neuer Anbieter

Eine Niedrigpreispolitik kann in den Formen der **Penetrationspreispolitik** und der **Promotionspreispolitik** stattfinden. Mit Hilfe der **Penetrationspolitik** versucht man, große Absatzmengen für neue Produkte mit niedrigen Preisen zu erzielen. Im Laufe der Markteinführung wird dann der Preis angehoben.

---

[5] Vgl. Weis, H.-C.: Marketing, 11. Aufl., Ludwigshafen 1999, S. 295.

Die Penetrationspreispolitik findet vornehmlich in der Phase der Markteinführung Anwendung. Die **Promotionspolitik** hat den Hintergrund, mit niedrigen Preisen einen Vorteil gegenüber der Konkurrenz zu erzielen. Dabei wird der niedrige Preis längerfristig beibehalten.

Im Prinzip lässt sich die Promotionspolitik in allen Phasen des Lebenszyklus anwenden. Eine Gefahr der Niedrigpreispolitik liegt in der möglichen Zuordnung einer geringeren Produktqualität aufgrund des niedrigeren Preises.

In der nachfolgenden Abbildung werden verschiedene Argumente für die Skimming-Preisstrategie und die Penetrationspreispolitik dargestellt.[6]

Skimming-Preisstrategie	Penetrationspreispolitik
– Realisierung hoher kurzfristiger Gewinne, die von Diskontierung wenig getroffen werden	– Hohe Gesamtdeckungsbeiträge durch schnelles Absatzwachstum
– Gewinnrealisierung im Zeitraum mit monopolistischer Marktposition, Reduktion des langfristigen Konkurrenzrisikos, schnelle Amortisation des FuE-Aufwandes	– Aufbau einer langfristig starken Marktposition (höhere Preise und/oder höhere Absatzmengen in der Zukunft)
– Gewinnrealisierung in frühen Phasen des Lebenszyklus, Reduktion des Obsoleszenzrisikos	– Ausnutzung von statistischen economies of scale, kurzfristige Kostensenkung
– Schaffung eines Preisspielraumes nach unten, Möglichkeit der Ausnutzung positiver Preisänderungswirkungen	– Schnelle Erhöhung der kumulativen Menge als Konsequenz für schnelles „Herunterfahren" auf der Erfahrungskurve
– Abschöpfen der Preisbereitschaft	– Erreichen eines möglichst großen und von Konkurrenten nur schwer einholbaren Kostenvorsprunges
– Geringe oder keine Notwendigkeit von Preiserhöhungen	– Reduzierung des Fehlschlagsrisikos, da ein niedriger Einführungspreis mit geringerer „Flopwahrscheinlichkeit" verbunden ist
– Positive Prestige- und Qualitätsindikation des hohen Preises	
– Geringe Ansprüche an finanzielle Ressourcen und Kapazitäten	– Konkurrenten können vom Markteintritt abgehalten werden bzw. verzögert eintreten.

Abb. 3: Argumente für die Skimming- und die Penetrationsstrategie

1.2.2.2 Unterstützung der Produktpolitik

Bezogen auf die langfristige Existenzsicherung des Unternehmens hat das Produktprogramm eine besondere Bedeutung. Um strategische Produktentscheidungen treffen zu können, müssen verschiedene Analysen vorgeschaltet sein.

---

[6] Vgl. Weis, H.-C.: Marketing, a.a.O., S. 296.

(1) Lebenszyklusanalyse

Innerhalb einer bestimmten Lebensspanne bewegen sich die Produktverläufe durch verschiedene Phasen oder Lebenszyklen. Zwischen der Markteinführung und dem Ausscheiden aus dem Markt werden die Produkte anhand von Umsätzen, Umsatzveränderungen, Gewinnen und Verlusten etc. beurteilt.

Die folgende Abbildung verdeutlicht den jeweiligen Einfluss bestimmter Kriterien auf die Produkte innerhalb der einzelnen Phasen. Aus der Lebenszyklusanalyse ergeben sich Hinweise, wie sich die einzelnen Produkte ohne besondere Marketinganstrengung entwickeln werden.

Phasen eines Produktlebenszyklus				
Kriterium \ Phase	Einführung	Wachstum	Reife	Sättigung/ Rückgang
Kurvenverlauf				
Wachstumsrate	Unbestimmt	hoch	gering	Null/negativ
Marktpotenzial	unklar	klarer	überschaubar	unbekannt
Anzahl der Wettbewerber	klein	erreicht den Höchstwert	Konsolidierung, Grenzanbieter scheiden aus	weite Verringerung
Stabilität der Marktanteile/ Anzahl der Produktvarianten	gering	höher	hoch	⟶
Kundentreue	gering	höher	abnehmend	höher
Eintrittsmöglichkeit	gut (weil noch kein starker Wettbewerber vorhanden)	noch gut - vor allem bei hohem Wachstum	geringer	meist uninteressant
Rolle der Technologie	hoher Einfluss	⟶	Schwerpunkt verschiebt sich vom Produkt zu den Herstellungsverfahren	Technologie ist bekannt, verbreitet und stagnierend

Abb. 4: Phasen eines Produktlebenszyklus[7]

---

[7] Vgl. Kotler, P./Bliemel, F.: Marketing - Management, 10. Aufl., Stuttgart 2006, S. 598.

Der Marketing-Controller hat die Aufgabe, eine Phasenbestimmung der Produkte und die Analyse hinsichtlich bestimmter Kriterien (Wachstumsrate, Marktpotenzial etc.) durchzuführen. Daran anschließend sind für bestehende und neue Produkte bzw. Märkte produktpolitische Strategien und Aktionen in Zusammenarbeit mit den Funktionsbereichen zu entwickeln.

Das **Programm** einer **Unternehmung** kann als ideal betrachtet werden, wenn:

- der Umsatz etwa zu 10 % aus Produkten erzielt wird, die sich in der Einführungsphase befinden,
- zu 60 % aus Produkten, die wachsen und reifen,
- zu 20 % aus Produkten, die sich in der Sättigungsphase befinden und
- zu 10 % aus Produkten, die sich in der Rückgangsphase befinden.

(2) Lücken- bzw. GAP-Analyse

Die Gegenüberstellung von geplanter und erwarteter Entwicklung lässt sich mit Hilfe der Lücken- oder GAP-Analyse veranschaulichen, deren Grundlage bereits in Teil C beschrieben wurde.[8] Eine hierbei auftretende Differenz zwischen Ziel- und Entwicklungslinie ergibt die so genannte Ziellücke. Sie zeigt, inwieweit die Einleitung neuer Planmaßnahmen zweckmäßig erscheint, um mit Hilfe zusätzlicher Projekte das gesetzte Ziel dennoch zu erreichen. Diese Planmaßnahmen zeigen eine **differenzierte GAP-Analyse** auf. Damit wird verdeutlicht, welche Basisstrategien notwendig sind, um die Ziellücke zu schließen.

(3) Marktanteil-Marktwachstum-Portfolio

Zur Unterstützung der Entscheidung über Planungsstrategien ist neben der Lebenszyklus- und der GAP-Analyse die Portfolioanalyse heranzuziehen. Die Analyse wurde bereits in Teil C ausführlich beschrieben und wird an dieser Stelle zur Verdeutlichung des Zusammenhanges innerhalb der Marketingplanung nochmals angeführt.

Die **Portfolio-Methoden** sollen zur Lösung folgender Probleme beitragen:
1. Welche Erfolgsobjekte verlangen eine erhöhte Mittelverwendung?
2. Welche können Mittel freisetzen?
3. Besteht insgesamt über alle Produkt-Markt-Kombinationen aggregiert eine finanzielle Ausgewogenheit?
4. Sollen neue Erfolgsobjekte erworben bzw. initiiert werden?
5. Müssen bisherige Erfolgsobjekte abgestoßen werden?

Somit dient das **Portfolio**:

- der Identifikation, Diagnose und Prognose unternehmensbezogener Marktschwächen und -stärken sowie umweltbezogener Risiken,
- dem Entwurf und der Entwicklung alternativer Strategien zur zielorientierten Handhabung von Chancen und Risiken sowie zur Ausnutzung der Marktmacht,
- der Bewertung und Auswahl von Beschaffungseinzelstrategien und Strategiebündeln.

---

[8] Vgl. Teil C: 3.3.2 Strategien, S. 311.

1.2.2.3 Unterstützung der Kommunikationspolitik

Die Unterstützung der Kommunikationspolitik besteht im Wesentlichen aus der Entwicklung eines wirksamen Absatzförderungsprogramms. Um geeignete Kommunikationswege und Medien auswählen zu können, muss ein strategischer Schritt vorgeschaltet werden: Die Ermittlung des Zielpublikums und deren Bezug zum Kommunikationsobjekt.

Ein Abbild des mentalen Bezuges des Zielpublikums zum Kommunikationsobjekt erhält man durch die **Imageanalyse**. Bei der Imageanalyse wird zunächst beim Zielpublikum der Wissensstand über das Objekt auf einer Bekanntheitsskala gemessen. Anschließend wird auf einer Beliebtheitsskala der Beliebtheitsgrad ermittelt. Die Kombination aus beiden Ergebnissen lässt damit Rückschlüsse auf die zu lösende Kommunikationsaufgabe zu.

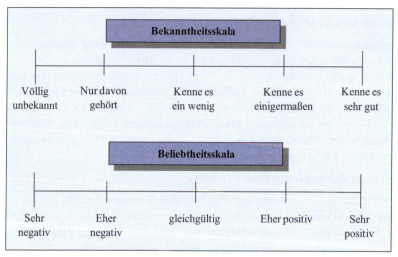

Abb. 5: Beispiel für eine Bekanntheits- und Beliebtheitsskala

Erweitern kann man die Imageanalyse durch die in Teil C beschriebenen Instrumente des strategischen Controlling, wie z.B. durch die Konkurrenzanalyse, die Potenzialanalyse und die Portfolioanalyse.[9]

1.2.2.4 Unterstützung der Distributionspolitik

Durch die ständige Veränderung der Absatzkanäle und dem fortschreitenden Wandel der Einkaufsgewohnheiten ist eine unternehmerische Distributionspolitik erforderlich. Aufgabe des Controllings ist es daher, die Absatzbeziehungen ständig in Einklang mit den unterschiedlichsten Einflussgrößen zu bringen. Dazu sind folgende Schritte erforderlich:

- Der Controller stellt durch Untersuchungen die Ist-Situation der Absatzkanäle fest, um herauszufinden, welche Kundengruppen angesprochen und welche Anforderungen an die Produkte gestellt werden.
- Auf der Grundlage der Ist-Analyse können nun Ziele für das Distributionssystem und dessen Weiterentwicklung erstellt werden.

---

[9] Vgl. Teil C: S. 290 ff.

- Unter Beachtung der gegebenen Bedingungen können alternative Gestaltungsformen der Distribution entwickelt werden.
- Abschließend sind die vorhandenen Möglichkeiten zu prüfen und zu bewerten, um Voraussetzungen für eine abschließende Entscheidung zu schaffen.

Parallel dazu müssen die Beziehungen zu den Vertriebspartnern gepflegt und die Zusammenarbeit selbst weiterentwickelt werden. Wesentlich ist dabei:

- Permanenter Informationsaustausch zwischen Hersteller und Absatzmittler, damit der Absatzmittler über die Marketingpolitik des Herstellers, wie auch der Produzent über das Kunden-Konkurrenzverhalten, informiert ist.
- Die Kontrolle der Absatzmittler mittels aufbereiteter Kennzahlen
- Die Koordination bezüglich der verschiedenen Verantwortungsbereiche, vor allem der Preispolitik

Aufgrund der vielfältigen Veränderungen ist es die Aufgabe des Controllings, die Distributionssysteme zu überprüfen. Nun kann auf Veränderungen und unvorhersehbare Ereignisse unmittelbar reagiert werden.

Die Unterstützung der **Distributionspolitik** als vierter Punkt des Marketing-Mix, wird in einem gesonderten Abschnitt (siehe Logistik-Controlling) des Kapitels behandelt.

1.3 Operatives Marketing-Controlling

Die Umsetzung strategischer Marketingziele erfolgt durch die operative Planung, Steuerung und Kontrolle. Den strategischen Werten werden Geldeinheiten zugeordnet. Wichtige Beurteilungsverfahren sind für den Marketing-Controller die Deckungsbeitragsrechnung und Erlösabweichungsrechnung.

1.3.1 Die Umsatzplanung

Das **Plansystem** der Unternehmung setzt sich aus **Detailplanungen** zusammen, wobei durchaus Interdependenzen zwischen den einzelnen Teilplänen auftreten können. Anhand zeitabhängiger kumulierter Umsatz-, Kosten- und Erfolgspläne werden die gegenseitig abhängigen Detailpläne verdichtet dargestellt. Aufgrund der Marktorientierung der Unternehmen und der daraus abgeleiteten allgemeinen Dominanz des Umsatzplanes für das System der betrieblichen Planung, wird in der Regel der Umsatzplan als Planungsgrundlage aller betrieblichen Teilpläne ausgewählt.

Gegenstand der **Umsatzplanung** sind Aussagen über die zukünftigen Absatzmengen und deren Werte. Dabei werden Ergebnisse der Vergangenheit ebenso berücksichtigt wie Entwicklungschancen des Marktes und der Produkte. Da normalerweise jedes Produkt einen Produktlebenszyklus hat, muss dieser je Produkt bzw. je Produktgruppe geplant werden. Die Aufgabe des strategischen Controllings ist es, die Produktlebenszyklen der einzelnen Erzeugnisse optimal hinsichtlich Umsatz und langfristiger Existenzsicherung des Unternehmens auszurichten. Dies erfolgt mit Hilfe von Portfolio- und GAP-Analysen.[10]

---

[10] Vgl. Baus, J.: Controlling, In: Birker, K. (Hrsg.): Controlling, Berlin 1996, S. 34 ff.

Für die **Umsatzprognose** ist entscheidend, dass die Prognosemethodik für alle umsatzrelevanten Indikatoren durchgeführt wird, da eine auf einem einzelnen Frühindikator beruhende Umsatzprognose zu schwerwiegenden Fehlentscheidungen führen kann. Die kontinuierliche Aktualisierung und Anpassung der Prognosen an den neuesten Informationsstand ist deshalb zwingend erforderlich.

Bei der Erarbeitung des Umsatzplanes sollte nicht nur die Marktseite betrachtet werden, sondern auch die produktionsmäßige Realisierung durch die betrieblich möglichen Kapazitäten.

Durch die Übernahme der artikel-(gruppen-)bezogenen Umsatzwerte pro Zeiteinheit, die per Umsatzprognose ermittelt wurden, in die zeitabhängige Umsatzplanung, findet hier ein fließender Übergang vom strategischen zum operativen Teil statt. Innerhalb der operativen Absatzplanung wird der kurzfristige Einsatz absatzpolitischer Instrumente festgelegt.

Der operative Marketing-Mix baut auf den Grundstrukturen der strategischen Planung auf und umfasst die Teilplanungsbereiche der operativen

- **Absatz-/ Verkaufsprogrammplanung** (Festlegung der Absatzmengen je Produkt und je Periode),
- **Verkaufspreisplanung** (Festlegung der Bruttopreise, Zahlungs- und Lieferkonditionen, Preisnachlässe und -untergrenzen),
- **Distributionsplanung** (Wahl der Absatzwege und Vertriebslogistik) und
- **Kommunikationsplanung** (Planen von Werbezielen, Kommunikationsobjekten, Zielgruppen und -gebieten, Werbebudgets, Werbemitteln und -instrumenten, zeitliche Ablaufplanung etc.).

Der **Absatzplan**, der meist jährliche Angaben enthält, dient als Ausgangsbasis für den Produktionsplan, der monatlich den vorhandenen Fertigungskapazitäten die mengenmäßigen Produktionswerte zuordnet.

Der Produktionsplan wiederum ist Ausgangsbasis für die Materialwirtschaft, die sich u. a. der operativen Controllinginstrumente wie der ABC-Analyse oder der XYZ-Analyse bedient.

1.3.1.1 Umsatzstrukturanalyse

Die Anteile der einzelnen Produkte am Gesamtumsatz einer Unternehmung werden durch die **Umsatzstrukturanalyse** angezeigt. Am Beispiel der Lorenzkurve soll die Umsatzkonzentration eines Betriebes graphisch dargestellt werden, dessen Programm zehn Produkte umfasst (Abb. 6).

In diesem Beispiel erreichen die Artikel I und II (20% der Artikelzahl) einen Umsatzanteil von 80%. Einen weiteren Umsatzanteil von 15% bringen die Produkte III, IV und V (anzahlmäßig 30%). Die restlichen fünf Produkte (anzahlmäßig 50%) weisen hingegen nur noch einen Umsatzanteil von 5 % auf.

Mittels der ABC-Analyse können die Artikel I und II als A Produkte, die Artikel III-V als B-Produkte und die restlichen Artikel als C-Produkte eingestuft werden.

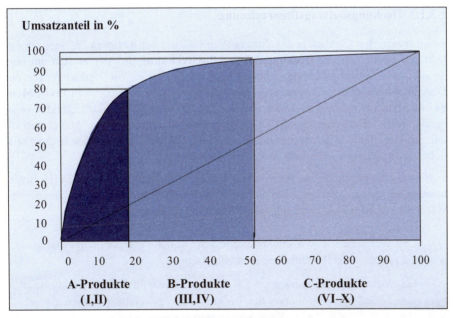

Abb. 6: Die Umsatzstrukturanalyse auf der Basis der Lorenzkurve

Durch die im Beispiel dargestellte Umsatzstrukturanalyse wird eine für das Unternehmen ungesunde Umsatzkonzentration erkennbar. Als Gegenmaßnahme könnte das Unternehmen durch die Aufnahme weiterer Produkte und Produktlinien einer steigenden Abhängigkeit von der Produktpalette A entgegenwirken.

Weiterhin stellt sich hier die Frage, ob das Unternehmen im oben genannten Beispiel die C-Produkte in vollem Umfang beibehalten sollte.

1.3.1.2 Deckungsbeitragsstrukturanalyse

Mit der **Deckungsbeitragsrechnung** steht dem Marketing-Controller ein Instrument von großer Anwendungsflexibilität zur Verfügung, mit dessen Hilfe sich fundierte Entscheidungen hinsichtlich produkt- und preispolitischer Maßnahmen treffen lassen.

Für diese Zwecke muss die Deckungsbeitragsrechnung an analysespezifischen Bezugsobjekten wie Produkten, Kunden, Absatzgebieten etc. ausgerichtet werden.

Ziel der Ermittlung von objektbezogenen Deckungsbeiträgen ist es, diejenigen Produkte (Kunden, Märkte) zu isolieren, deren Absatz mit Hilfe des Marketing-Instrumentariums forciert werden kann und diese von denjenigen Produkten zu trennen, die ihre vorgegebenen Mindestdeckungsbeiträge nicht mehr erreichen können.[11]

Die **Zielsetzung** der mehrstufigen Deckungsbeitragsrechnung ist es, bei der Erfolgsanalyse zu erkennen, bis zu welcher Stufe die Deckungsbeiträge der Erzeugnisse zur Fixkostendeckung ausreichen.

---

[11] Vgl. Reichmann, T.: Controlling mit Kennzahlen und Management-Tools, a.a.O., S. 447.

1.3.1.3 Deckungsbeitragsflussrechnung

Einen erweiterten Einblick in das Zustandekommen des betrieblichen Erfolges ermöglicht das Instrument der **Deckungsbeitragsflussrechnung**, bei der es sich um eine dynamisierte Deckungsbeitragsrechnung handelt. Ziel ist es, die Veränderungen der Deckungsbeiträge im Zeitablauf in Abhängigkeit von den Einflussgrößen **Preis**, **Menge** und **Struktur** anzugeben. Dazu wird die sich aus unterschiedlichen Effekten ergebende Größe „Deckungsbeitrag" in die Komponenten Preiseffekte, Mengeneffekte und Struktureffekte differenziert und die so ermittelten Deckungsbeiträge in ihrer zeitlichen Entwicklung von Periode zu Periode dargestellt.

Eine solche tiefergehende Analyse der Erfolgsbestandteile ist vor allem in Unternehmen mit einem umfangreichen Sortiment und vielfältigen Kundenstrukturen sinnvoll. Sie kann jedoch nur unter folgenden Prämissen erfolgen:

- Datenverfügbarkeit, d.h. die Mengen und Werte der Vergleichsperioden müssen bis zur untersten Produktebene ermittelbar sein.
- Geschlossenheit des Zahlenwerks, d.h. es sind alle vorhandenen Artikel zu erfassen, und allen Positionen der Deckungsbeitragsrechnung müssen entsprechende Positionen der Deckungsbeitragsflussrechnung gegenüberstehen.

Die Vorteile der Deckungsbeitragsflussrechnung liegen in der erhöhten Transparenz und dem gezielten Hinweis auf mögliche Ansatzpunkte für Marketing-Entscheidungen.

1.3.1.4 Erlösabweichungsanalyse

Die transparenzschaffende Wirkung der Deckungsbeitragsflussrechnung lässt sich erhöhen, wenn über die Untersuchung der symptomatischen Preis- und Mengeneffekte hinaus im Rahmen einer gezielten Ursachenanalyse, mit Hilfe spezifischer Teilabweichungen, die Ursachen für Erlösabweichungen analysiert und in ihrer quantitativen Bedeutung aufgezeigt werden.

Eine solche differenzierte Erlösanalyse kann z. B. auf der Grundlage der von Albers entwickelten **Erlösabweichungsanalyse** vorgenommen werden. Die Informationsversorgung des Marketing-Managements wird damit über die aus der Deckungsbeitragsflussrechnung ableitbaren Konsequenzen, d. h. den Output der Marketingaktivitäten hinaus, u. a. auf Informationen über die Marketingeffizienz selbst, d. h. auf den Zusammenhang zwischen Marketing-Intensität und Erlösziel geleitet.

Für die Durchführung der Erlösabweichungsanalyse ist die Unterscheidung in **exogene**, d.h. durch unternehmensinterne Marketing-Aktivitäten nicht beeinflussbare, und **endogene**, vom Marketing steuerbare Einflussfaktoren auf die Abweichung der geplanten von den tatsächlich erzielten Erlösen wesentlich.

Als exogene Faktoren werden Veränderungen des Preisniveaus der Branche (In- oder Deflation) und Veränderungen des Marktvolumens der Branche (Wachstum oder Schrumpfung) herangezogen. Den beiden exogenen Faktoren stehen vier endogene Einflussgrößen gegenüber: die Planabweichung, d.h. die Abweichung infolge falscher Einschätzung der Marktreaktion aufgrund unvorhergesehener Ereignisse, die Realisationsabweichung, d. h. die Abweichung infolge Nichtrealisation des Soll-Preises, die Preis-Effektivitätsabweichung als Abweichung infolge einer ineffektiven Preispolitik, sowie die Marketing-Effektivitätsabweichung als Abweichung infolge einer ineffektiven Gestaltung des übrigen Marketing-Mix. Den Analyseschwerpunkt der endogenen Marketing-Effizienz bildet also die Trennung zwischen der Preispolitik und dem übrigen Marketing-Mix (Produkt-, Distributions- und Kommunikationspolitik).

1.3.2 Die Kundenplanung

1.3.2.1 Kundenstrukturanalyse

Mittels der **Kundenstrukturanalyse** kann ein Unternehmen erkennen, wie viel Prozent Umsatz auf wie viel Prozent der Kunden entfällt. Sie kann auch auf der Basis von Deckungsbeiträgen erstellt werden.

Darstellen lässt sich die Kundenstrukturanalyse in einem Umsatz-Kundendiagramm, wobei die vertikale Achse den Umsatz und die horizontale Achse die Anzahl der Kunden in Prozent darstellt.

Die Kundenstrukturanalyse zeigt die Abhängigkeit des einzelnen Unternehmens von bestimmten Kunden oder Kundengruppen und lässt eine Prognose der Auswirkungen auf den betrieblichen Umsatz und Gewinn zu, wenn Kunden verloren gehen.

Beispiel:

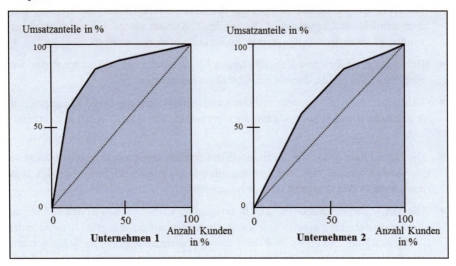

Abb. 7: Beispiel zur Kundenstrukturanalyse

Die **Kundenstrukturanalyse** zeigt, dass das Unternehmen 1 mit relativ wenigen Kunden den größeren Teil seines Umsatzes erzielt. Diese Kunden müssen besonders gut betreut und gepflegt werden, da es sich um Schlüsselkunden handelt.

Wechselt beispielsweise einer dieser Kunden zu einem Konkurrenzunternehmen, dann hat das besonders hohe Auswirkungen auf die Umsatz- und Ertragssituation des Unternehmens. Das Unternehmen 2 wird alle Kunden etwa gleich intensiv zu betreuen haben, da diese gleichmäßig zum Umsatz beitragen.

1.3.2.2 Die ABC-Analyse auf der Basis von Umsatz und Nettoerfolg

Eine in der deutschen Industrie am weitesten verbreitete Methode Kunden zu bewerten ist die ABC-Analyse auf der **Basis des Umsatzerfolges**. Sie folgt der PARETO-Regel, welche besagt, dass 20 % der Kunden 80 % des Umsatzes ausmachen. Die Darstellung der ABC-Analyse erfolgt anhand der Lorenzkurve, wobei die Steigung der Kurve das Ausmaß der Umsatzkonzentration darstellt.

Die Lorenzkurve hinsichtlich der Kunden wird wie folgt interpretiert:

- **A-Kunden** sind die wichtigsten Kunden, da sie den höchsten Anteil des Umsatzes haben, was auch eine intensivere Betreuung rechtfertigt.
- **C-Kunden** werden als Mitnahmegeschäft betrachtet, deren Betreuungsaufwand möglichst klein gehalten wird.
- **B-Kunden** bilden eine Differenzgröße ab, die oftmals zu Diskussionen führen. Sie stellen in der Regel einen gleich großen bis höheren Anteil am Gesamtumsatz dar als C-Kunden.

Die Einordnung über die Wichtigkeit ist jedoch umstritten. Entgegen den Umsatzanteilen der einzelnen Kundengruppen verhalten sich häufig die Zahlen der Kunden, die diesen Gruppen zugeordnet werden können.

Die **ABC-Analyse** ist zwar einfach und schnell zu erstellen, führt aber aus nachfolgenden Gründen oftmals zu falschen Schlussfolgerungen:

- Die ABC-Analyse berücksichtigt zwar den momentanen Umsatz des Kunden, nicht aber sein Entwicklungspotenzial. So werden C-Kunden nie zu A-Kunden aufsteigen können, da sie in der Regel ja „nur so am Rande" mit betreut werden.
- Bei vielen Produkten und Dienstleistungen hat sich zudem ein zyklischer Bedarf herausgebildet, für den der Momentanumsatz kein Indikator ist.
- Neben dem Entwicklungspotenzial des Kunden muss auch das Entwicklungspotenzial der Branche berücksichtigt werden, das von einer statischen ABC-Analyse nicht erfasst wird.
- Die Betrachtung der Lieferantenposition des eigenen Unternehmens muss ebenso berücksichtigt werden, denn wer sich mit einer Position als C-Lieferant begnügt, muss auch einen großen Bestand an C-Kunden erwarten.
- Die ABC-Analyse berücksichtigt nicht die kundenspezifischen Kosten und zielt nur auf den Umsatz ab. Eine genaue Zuordnung der Kosten auf die einzelnen Kunden ändert häufig das Bild. B-Kunden sind dann die profitabelsten Kunden, da A-Kunden aufgrund ihrer hohen Verhandlungsmacht Niedrigpreise und Sonderkonditionen durchsetzen können. C-Kunden zahlen zwar den vollen Listenpreis, verursachen dafür aber aufgrund ihrer Auftragsstruktur Komplexitätskosten.

Die ABC-Analyse ist daher nur sehr begrenzt geeignet, den tatsächlichen Wert verschiedener Kunden angemessen zu berechnen.

Bei der Bewertung der Kunden auf der **Basis des Nettoerfolges** werden den Erlösen häufig sämtliche im Unternehmen anfallenden Kosten zugerechnet, unabhängig davon, welche Kosten von welchem Kunden tatsächlich verursacht werden. Dies ist auf eine unzureichende Kenntnis der Kundeneinzelkostenrechnung zurückzuführen.

Daher werden **Fixkosten** in erheblichem Umfang proportionalisiert und anhand eines Umsatzschlüssels auf die Kunden verteilt. Eine Kunden-Nettoerfolgsrechnung spiegelt somit sehr unrealistische Verhältnisse wider. Der Grad dieser „Verzerrung" erhöht sich mit dem Grad der Kundenorientierung.

1.3.2.3 Kundendeckungsbeitragsrechnung

Die **Kundendeckungsbeitragsrechnung** erlaubt eine genauere Berechnung des Wertes einer Kundenbeziehung. Dies liegt darin begründet, dass den Umsatzerlösen die Kosten gegenübergestellt werden, die auch von dem entsprechenden Kunden verursacht werden.

Dabei sind stets die Fragen zu klären:

- Welche Kosten entstehen durch eine Kundenbeziehung?
- Welche Kosten würden im Falle der Abwanderung des Kunden entfallen?

Die Kundendeckungsbeitragsrechnung liefert ein genaueres Bild als eine ABC-Analyse auf der Basis des Umsatzes. Dennoch sind auch hier **Schwächen** festzustellen.

- Nicht alle Kosten können tatsächlich verursachungsgerecht den Kunden zugerechnet werden, ein gewisser Anteil muss nach wie vor geschlüsselt zugeordnet werden.
- Die Kundendeckungsbeitragsrechnung ist ein statisches Verfahren, welches das Entwicklungspotenzial eines Kunden nicht berücksichtigt.
- Es fließen nur monetäre Größen in die Betrachtung ein. Qualitative Faktoren wie z. B. Referenz- oder Lernpotenzial bleiben unberücksichtigt.

	Bruttoerlöse zu Listenpreisen
-	kundenbezogene Erlösschmälerungen wie z.B. Rabatte, Skonti, Boni
=	**Nettoerlöse**
-	Herstellkosten als Standard oder auftragsweise nachkalkuliert
=	**Kunden-Deckungsbeitrag I**
-	dem Kunden zurechenbare Marketingkosten wie z.B. Mailings, Kataloge
=	**Kunden-Deckungsbeitrag II**
-	dem Kunden zurechenbare Verkaufskosten wie z.B. Besuche, Abwicklung
=	**Kunden-Deckungsbeitrag III**
-	dem Kunden zurechenbare Service- und Transportkosten
=	**Kunden-Deckungsbeitrag IV**

Abb. 8: Struktur der Kundendeckungsbeitragsrechnung

1.3.2.4 Kundenorientierte Prozesskostenrechnung

Die **kundenorientierte Prozesskostenrechnung** ist am ehesten in der Lage, fixe und variable Gemeinkosten dem Kunden verursachungsgerecht zuzuordnen. Hierbei wird der Kunde zum Kostenträger und zur Bezugsgröße der Gemeinkostenverteilung.

Dazu werden die einzelnen Prozesse in kostenverursachende Tätigkeiten aufgegliedert, für die ein Kostentreiber bestimmt wird (Beispiel siehe Abb. 9). Die Behandlung von Kosten solcher Tätigkeitsbereiche, die vom Kunden nicht unmittelbar in Anspruch genommen werden, bereiten hierbei allerdings Probleme. In diesen Fällen wird der Umsatz als Kostentreiber gewählt. Im Vergleich zur Kundendeckungsbeitragsrechnung weist die kundenorientierte Prozesskostenrechnung zwei wesentliche Vorteile auf:

- Kundennahe Vertriebsgemeinkosten werden über die in Anspruch genommenen Prozessstufen und nicht durch Zuschlagsbasen bestimmt.
- Die Komplexität von Kundenprozessen wird transparent. Eine Prozessbetrachtung fördert damit Ineffizienzen und Rationalisierungspotenziale zu Tage.

Abb. 9: Teilprozesse des Hauptprozesses "Kundenbetreuung"[12]

Aktivität	Kostentreiber
Eingabe von Aufträgen	Anzahl Bestellungen
Vertriebsprovisionen	Umsatz
Spedition/ Versand	Anzahl Sendungen
Rechnungsstellung	Anzahl Rechnungen
Bonitätsprüfung	Anzahl offener Rechnungen > 60 Tage
Gebühren für Eilzustellung	Anzahl Eilzustellungen
Vertriebsmanagement	Umsatz
Segmentspezifisches Marketing	Umsatz
Marketing	Schätzungen des Managements
Office Management	Umsatz

Abb. 10: Prozesse und Kostentreiber am Beispiel eines PC-Herstellers

---

[12] Vgl. Hinterhuber, H. H./Matzler, K.: Kundenorientierte Unternehmensführung, 6. Aufl., Wiesbaden 2008, S.256

Sowohl die ABC-Analyse auf der Basis des Umsatzes als auch die Kundendeckungsbeitragsrechnung und die kundenbezogene Prozesskostenrechnung haben einige **Gemeinsamkeiten**.

1. Alle drei Verfahren gehen nur von quantitativen Größen aus und lassen dabei Faktoren wie z.B. das Referenzpotenzial eines Kunden unberücksichtigt.
2. Sie stellen ausschließlich eine statische Betrachtungsweise dar und berücksichtigen nicht das Entwicklungspotenzial des Kunden.
3. Sie vernachlässigen ebenfalls die Möglichkeit einer Veränderung des Kundenwertes über die Zeit, obwohl feststeht, dass mit steigender Bindungsdauer der Wert des Kunden steigt. Das liegt in folgenden **Ursachen** begründet: Zunächst ist bei jedem Kunden unabhängig von seiner Bindungsdauer mit einem „**Basis-Deckungsbeitrag**" zu rechnen. Umsätze mit bestehenden Kunden steigen meist mit zunehmender Beziehungsdauer. Des Weiteren sinken die Transaktionskosten bei höherer Bindungsdauer. Zudem tragen loyale Kunden durch Weiterempfehlungen zur Gewinnsteigerung bei (Mundpropaganda). Schließlich nimmt auch mit steigender Bindungsdauer die Preisempfindlichkeit ab.

Um eine zuverlässige Ermittlung des Kundenwertes zu gewährleisten, sollte man sich also nicht ausschließlich auf die Deckungsbeiträge aufgrund der derzeitigen Kosten- und Erlössituation stützen, sondern auch verstärkt zukünftige Entwicklungen und qualitative Faktoren wie Referenz- und Lernpotenzial in die Bewertung einbeziehen.

1.3.2.5 Berechnung des Kundenkapitalwertes

Eine weitere Methode zur Bestimmung des Kundenwertes ist die Berechnung des Kundenkapitalwertes. Hierbei werden Kundenbeziehungen als Investitionsobjekte betrachtet. Das versetzt das Unternehmen in die Lage, die Verfahren und Methoden der dynamischen Investitionsrechnung anzuwenden, um den Wert von Kunden oder Kundenbeziehungen zu bestimmen. Erstmals wird hier der Wert des Kunden über die Gesamtdauer der Geschäftsbeziehungen betrachtet.

Der **Kundenkapitalwert** ergibt sich aus der Abzinsung aller künftigen aus einer Geschäftsbeziehung zu erwartenden Zahlungsströme auf den Zeitpunkt t = 0. Mit Hilfe der Kapitalwertmethode wird so der Gegenwartswert des Kunden berechnet:

$$\text{Kapitalwert} = \sum_{t=0}^{t=n} \frac{e_t - a_t}{(1+i)^t} = e_0 - a_0 + \frac{e_t - a_t}{1+i} + \frac{e_t - a_t}{(1+i)^2} + \cdots + \frac{e_n - a_n}{(1+i)^n}$$

e_t = (Erwartete) Einnahmen aus der Geschäftsbeziehung in der Periode
a_1 = (Erwartete) Ausgaben aus der Geschäftsbeziehung in der Periode
i = Kalkulationszinsfuß zur Abzinsung auf einen einheitlichen Referenzzeitpunkt
t = Periode (t = 0,1,2,...n)
n = Dauer der Geschäftsbeziehung

Die Berechnung des Kundenkapitalwerts ist in der Praxis mit Problemen behaftet. Zum einen werden unsichere Schätzwerte eingebracht wie z.B. die Beziehungsstabilität, denen man aber durch die Verwendung einer **Retention Rate** begegnen kann, welche die Wahrscheinlichkeit des Kunden in den nächsten Jahren wiedergibt.

Zum anderen fällt der Kundenkapitalwert immer dann zu niedrig aus, wenn nur monetäre Größen herangezogen werden. Da auch Faktoren wie das Referenz- und Lernpotenzial zur Steigerung des Kundenwertes beitragen können, sollten sie in der Rechnung mit berücksichtigt werden. Der Kundenkapitalwert in dieser umfassenderen Form setzt sich dann aus mehreren Teilwerten zusammen:

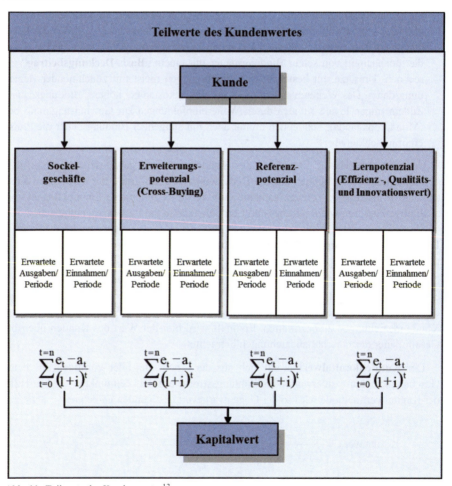

Abb. 11: Teilwerte des Kundenwertes[13]

- Das **Sockelgeschäft** stellt die gegenwärtigen und zukünftig erwarteten Umsätze an Produkten und Dienstleistungen dar, die den primären Gegenstand der Geschäftsbeziehung bilden. Zu berücksichtigen sind auch Veränderungen des Umsatzes im Lebenszyklus des Kunden und die sich verändernden Transaktionskosten, welche die Höhe der Zahlungsüberschüsse pro Periode beeinflussen.

---

[13] Vgl. Hinterhuber, H. H./Matzler, K.: Kundenorientierte Unternehmensführung, a.a.O., S.261 und Stahl, H.K.: Modernes Kundenmanagement: Wenn der Kunde im Mittelpunkt steht, 2. Aufl., Rennigen-Malmsheim 2000.

- Das **Erweiterungspotenzial** durch **Cross Selling** besteht aus den Deckungsbeiträgen, die durch den Verkauf **zusätzlicher**, allerdings auf **denselben** Kernkompetenzen des Lieferanten beruhenden Produkte und Leistungen generiert werden können. Die Bereitschaft der Kunden zu einem **Cross-Buying** sinkt allerdings mit der Anzahl der vom selben Lieferanten gekauften Produkte.

  Cross-Selling-Potenziale lassen sich in der Regel schwer schätzen. Einen Näherungswert liefert die Multiplikation der Zahlungsüberschüsse aus Cross-Selling pro Periode mit der Wahrscheinlichkeit der Realisierung. Dies entspricht dem Gedanken der **Retention Rates** zur Berücksichtigung der Beziehungssicherheit.

- Der Wert von Kunden oder Kundengruppen wird auch vom **Referenzpotenzial** beeinflusst. Ausdrückliche Weiterempfehlungen können ebenso zum Gewinn von Neukunden führen, wie Kunden mit hoher positiver Reputation, die z.B. aufgrund ihrer Kompetenz oder Meinungsführerschaft andere Kunden in ihren Beziehungsentscheidungen beeinflussen können.

- Schließlich trägt auch das **Lernpotenzial** zum Kundenwert bei. Es stellt die Gesamtheit aller verwertbaren Informationen dar, die dem Lieferanten innerhalb eines bestimmten Zeitraumes aus einer Kundenbeziehung zufließen. Von besonderem Interesse sind hier Kunden, die als **Lead-User** fungieren, da diese erfahrungsgemäß besonders hohe Anforderungen an eine Problemlösung stellen und damit reichhaltige Informationen für Produkt- und Prozessinnovationen liefern können. Für die Berechnung des Lernpotenzials ist es am zweckmäßigsten, die Situation **mit** und **ohne** Berücksichtigung der verwertbaren Informationen gegenüberzustellen und monetär zu bewerten.

Durch die Berücksichtigung dieser Teilwerte bei der Berechnung des Kundenkapitalwertes, wird ein weitaus umfassenderes und realistisches Ergebnis erreicht, als dies bei der Verwendung der vorangegangenen Methoden der Fall war. Allerdings muss dieses Verfahren noch weiterentwickelt werden, um seine Tauglichkeit in der Praxis zu verbessern. Besondere Probleme bei den bisherigen Verfahren zur Berechnung des Kundenkapitalwertes sind vor allem **Zeit-**, **Qualitäts-** und **Kostenprobleme**. Außerdem sind Ansätze zur adäquaten Bewertung von nicht-monetären Größen zu entwickeln.

1.4 Marketing-Kennzahlen

Neben den auf die gesamte Unternehmung ausgerichteten Kennzahlen und Kennzahlensysteme gewinnen funktionsbereichorientierte Kennzahlen als Instrument dezentraler Unternehmensführung zunehmend an Bedeutung.[14]

Die Notwendigkeit zur Bildung spezieller Kennzahlen innerhalb der betrieblichen Funktionsbereiche ergibt sich aus dem Umstand, dass sich mit ganzheitlichen Kennzahlen, wie zum Beispiel den ROI, keine Bereichsziele abbilden lassen. In jedem **Funktionsbereich** einer Unternehmung gibt es daher **spezielle Kennzahlen**, die sich hinsichtlich ihrer Dimension und ihres Zeitbezugs deutlich voneinander unterscheiden können.

---

[14] Vgl. Horváth & Partner: Das Controllingkonzept, 7. Aufl., München 2009, S. 310 f.

Beispiele für wichtige **Marketingkennzahlen** sind:

	Kennzahl	Inhalt
01	Auftragseingangsquote	$\dfrac{\text{Auftragseingang}}{\text{Geplanter Auftragseingang}}$
02	Auftragsreichweite	$\dfrac{\text{Auftragsbestand}}{\text{Jahresumsatz}}$
03	Angebotserfolgsquote	$\dfrac{\text{Wert der Angebote}}{\text{Wert der abgegebenen Angebote}}$
04	Vertriebskostenquote	$\dfrac{\text{Vertriebskosten}}{\text{Umsatz}}$
05	Umsatzmarktanteil (Länder, Abnehmer)	$\dfrac{\text{Umsatz der Firma}}{\text{Umsatz der Branche}}$
06	Aufwand Außendienst	$\dfrac{\text{Aufwand Außendienst}}{\text{Umsatz (Region)}}$
07	Preiselastizität	$\dfrac{\text{Absatzänderung (\%)}}{\text{Preisänderung (\%)}}$
08	Lagerumschlag	$\dfrac{\text{Lagerabgang}}{\text{Lagerbestand}}$
09	Kundenkredit	$\dfrac{\text{Kundenforderungen}}{\text{Umsatz + MwSt}}$
10	Deckungsbeitrag I	Umsatz (netto) − variable Kosten
11	Deckungsbeitrag II	Umsatz (netto) − variable Kosten − abbaufähige fixe Kosten
12	Deckungsbeitrag III	Umsatz (netto) − ausgabenwirksame Kosten
13	Deckungsbeitrag IV	Umsatz (netto) − Kosten
14	Marktanteil	$\dfrac{\text{Absatzvolumen} \cdot 100\%}{\text{Marktanteil}}$
15	Preisindex	$\dfrac{\text{Preis im Ermittlungszeitpunkt} \cdot 100\%}{\text{Preis im Basiszeitraum}}$
16	Umsatzentwicklung	$\dfrac{\text{Umsatzerlöse im Ermittlungszeitraum} \cdot 100\%}{\text{Umsatzerlöse im Basiszeitraum}}$
17	Beanstandungsquote	$\dfrac{\text{Wert der beanstandeten Lieferungen} \cdot 100\%}{\text{Wert der gesamten Lieferungen}}$
18	Kundenentwicklung	$\dfrac{\text{Kundenzahl im Ermittlungszeitraum} \cdot 100\%}{\text{Kundenzahl im Basiszeitraum}}$

Abb. 12: Marketing-Kennzahlen

2 Controlling in Forschung und Entwicklung

Forschung und Entwicklung (FuE) bilden die Grundlage für eine langfristige Existenzsicherung eines Unternehmens. Sich ständig verkürzende Marktzyklen und ein schneller Technologiewandel bedeuten für das Unternehmen, dass der eigene Erfolg abhängig ist von den Möglichkeiten und der Effizienz der eigenen Forschung und Entwicklung.

Der Etat für Entwicklungsprojekte, der notwendig ist, um sich bei härter werdendem Wettbewerb, zunehmenden Qualitätsansprüchen und steigender Anzahl an Innovationen auf dem Markt behaupten zu können, wird immer höher.

Der **FuE-Controller** bewegt sich auf einer Grat-Wanderung, um die zwei konkurrierenden Interessen im Unternehmen zu koordinieren und Lösungen zu entwickeln Auf der einen Seite steht die betriebswirtschaftliche Forderung nach kostengünstigen Entwicklungen und Verfahren, auf der anderen Seite die Technik, die komplexe Probleme der Produktgestaltung und Produktionsprozesse lösen muss.

2.1 Aufgaben und Ziele

Daher bestehen die Aufgaben des **FuE-Controlling** neben der Anregung von Entwicklungstätigkeiten vor allem in der Planungsunterstützung, um Geschehnisse transparent zu machen und zu halten, und sie über Zahlen und deren Veränderungen zu steuern. Außerdem muss das Controlling prüfen, ob Schwachstellen im eigenen Unternehmen vorkommen. **Beispiele** sind:[15]

- **Entwicklungsvorhaben** werden zu spät gestartet, dauern zu lange und kosten damit viel Geld (einschließlich entgangener Gewinne durch verspäteten Markteintritt).

- **Gewohnheitsentscheidungen**, Perfektionsdrang und zu geringe Kenntnisse der Fertigung bzw. des Marktes begünstigen bekannte Lösungen und lassen damit viele neue Produktideen nutzlos versickern, insbesondere verhindern sie aber den „großen Wurf" (Jahrhundertidee)

- **Sicherheitsüberlegungen** (Risikoscheu) führen dazu, dass nur qualitativ beste Produkte mit der Gefahr des „over-engineering" entwickelt werden.

- **Entwicklungsprozesse** sind meist nicht flexibel genug, um durch Kundenwünsche ausgelöste Änderungen noch bis kurz vor der Markteinführung vornehmen zu können.

Zwei wesentliche **Merkmale** der **Forschungs-** und **Entwicklungsaktivitäten** sind:[16]

- Die Forschungs- und Entwicklungstätigkeiten sind keinen Kostenträgern direkt zurechenbar.

- Forschungs- und Entwicklungstätigkeiten sind sehr risikobehaftet.

---

[15] Vgl. Ziegenbein, K.: Controlling, 9. Aufl., Ludwigshafen (Rhein) 2007, S. 49 ff.
[16] Vgl. Beschoner, T./Peemöller, V. H.: Betriebswirtschaftslehre, 2. Aufl., München 2006, S. 395 f.

Das Ziel des Forschungs- und Entwicklungs-Controlling ist die größtmögliche **Transparenz** der Forschungs- und Entwicklungsaktivitäten hinsichtlich Kosten, Zielerreichung und Abweichungen, so dass geeignete Maßnahmen zur Planung und Steuerung der Forschungs- und Entwicklungsvorhaben möglich sind.[17]

Ansatzpunkt und Hebel einer generellen **Verkürzung** der **Entstehungszeit** ist die problemgerechte Gestaltung von Informationen und Kommunikation, deren funktionale Anforderungen stark vom Typ der Entwicklungsaufgabe abhängen. Während bei Neuentwicklungen ein hoher Informationsbedarf und kreative Lösungswege gefordert sind, können Weiterentwicklungen und Anpass-/Nachentwicklungen mit schematischen und bekannten Methoden bearbeitet werden.

Die folgende Übersicht verdeutlicht die funktionalen Aufgabenmerkmale bei den unterschiedlichen Entwicklungsaufgaben:

Funktionale Anforderungen in Abhängigkeit vom Typ der Entwicklungsaufgabe			
Funktionale Aufgabenmerkmale \ **Aufgabentyp**	Neu-entwicklung	Weiter-entwicklung	Anpass-/Nachentwicklung
- Planbarkeit der Aufgabenerfüllung	niedrig		hoch
- Informationsbedarf - Zugangsmöglichkeit - Informationsart - Informationsinhalt	hoch schwierig qualitativ umstrukturiert/ unbekannt		niedrig einfach quantitativ strukturiert/ bekannt
- Informationsverarbeitung - Neuartigkeit der Lösung - Art des Lösungsweges - Tätigkeitscharakter	komplex Umsetzung unbestimmt kreativ		einfach Umsetzung bestimmt schematisch
- Kommunikationsbedarf - Kommunikationspartner - Kommunikationskanal - Kommunikationskomplexität	hoch wechselnd/viele wechselnd hoch		niedrig konstant/wenige gleichbleibend niedrig
- Flexibilitätsbedarf	hoch		niedrig

Abb. 13: Funktionale Anforderungen in Abhängigkeit vom Typ der Entwicklungsaufgabe

---

[17] Vgl. Peemöller, V. H.: Controlling, 5. Aufl., Herne/Berlin 2005, S. 371 f.

2.2 Strategisches FuE-Controlling

Das strategische **FuE**-Controlling bildet die Grundlage für eine zielorientierte Planung, die sowohl die Wettbewerbsfähigkeit als auch einen hohen Anteil der Lebenslaufkosten von Produkten bestimmt.

Bei der Verkürzung von Entwicklungszeiten stehen dem FuE-Controller hilfreiche Instrumente wie der Einsatz von Simultaneous Engineering, Benchmarking und Portfolio-Analysen zur Verfügung.

2.2.1 Simultaneous Engineering

Mit dem Instrument des Simultaneous Engineering kann der FuE-Controller zukünftige Kostensenkungen im Entwicklungsbereich wirkungsvoll umsetzen.

Hierbei wird in einer Gruppe aus allen relevanten Fachabteilungen, direkt zu Beginn der Planung eines neuen Produktes, die optimale Gestalt des Produktes bestimmt. In dieser Planungsphase werden 80 Prozent der späteren Produktkosten festgelegt, und somit versucht man in der Simultaneous Engineering-Gruppe die Kosten-, Produktions-, Vertriebs-, Handhabungs- und Marketingmerkmale gleichzeitig zu optimieren.

Die Planungsphase ist zwar etwas kostenintensiver als bei sequentiellen Verfahren, jedoch ist beim **Simultaneous Engineering-Produkt** die gesamte Entwicklung schneller abgeschlossen, da keine groben Fehlplanungen auftreten.

Weitere **Vorteile** sind:

- die Produktion ist kostengünstiger
- die Qualität der Produkte ist höher
- das Produkt ist vor dem Konkurrenzprodukt auf dem Markt, und ein höherer Absatz wird erreicht.

Die gemeinsame Produktentwicklung ist nicht ganz einfach, da die verschiedenen Fachbereiche nicht immer die "gleiche Sprache sprechen". Von dem Gruppenleiter werden hohe Moderationsfähigkeiten erwartet. Der Controller, mit seiner ohnehin schon bereichsübergreifenden Funktion, hat die besten Grundvoraussetzungen, alle Parteien zu koordinieren.

Grundsätzlich sollte der Controller versuchen, das Modell des **Simultaneous Engineering** im Unternehmen bei allen projektähnlichen Vorgängen einzusetzen. Durch eine gemeinsame Abstimmung der Gruppenteilnehmer wird jeder einzelne hinter der Entscheidung stehen und diese mittragen. Das Projektziel wird erreicht und die Lösung ist auch meist ein Optimum.

Der Erfolg des Konzeptes der **integrierten Produktentwicklung** lässt sich am Änderungsaufwand ablesen. Bei Unternehmen, die bereits begonnen haben, **Simultaneous Engineering** in die Realität umzusetzen, liegt der vermeidbare Änderungsaufwand bis zu 30 % niedriger als bei Firmen, die sich noch im alten, starren Abteilungsdenken bewegen.

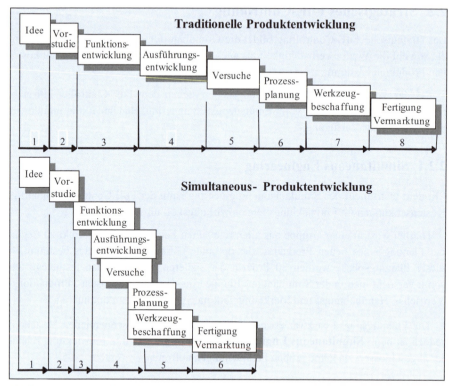

Abb. 14: Zeitvorsprung durch Simultaneous Engineering

2.2.2 Technologieorientiertes Portfolio

Während die Wertanalyse an dem Produkt selbst ansetzt, geht es bei dem **Technologie-Portfolio** um die Produkt- und Produktionstechnik. Die eingegliederten Technologien werden analysiert und in verdichteter Form dargestellt. Das Technologie-Portfolio greift außerdem gemäß folgender Abbildung über den Marktzyklus hinaus und ihr Zeithorizont ist wesentlich langfristiger angelegt:

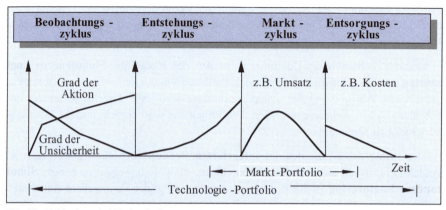

Abb. 15: Zeithorizont bei Technologie - orientierten Techniken

Das Technologie-Portfolio besteht aus den Dimensionen **Technologieattraktivität** und **Ressourcenstärke**. Unter Technologieattraktivität versteht man die Summe aller technisch-wirtschaftlichen Vorteile, die durch das Ausschöpfen der in einem Technologiegebiet steckenden strategischen Weiterentwicklungsmöglichkeiten noch gewonnen werden können.

Sie setzt sich aus den Indikatoren Weiterentwicklungspotenzial, Anwendungsbreite und Kompatibilität zusammen.

Die Ressourcenstärke ist das Maß für die technische und wirtschaftliche Stärke oder Schwäche des eigenen Unternehmens bezüglich einer Technologie, insbesondere im Verhältnis zur wichtigsten Konkurrenz. Sie wird durch die Indikatoren technisch-qualitativer Beherrschungsgrad, Potenziale und (Re)Aktionsgeschwindigkeit bestimmt.

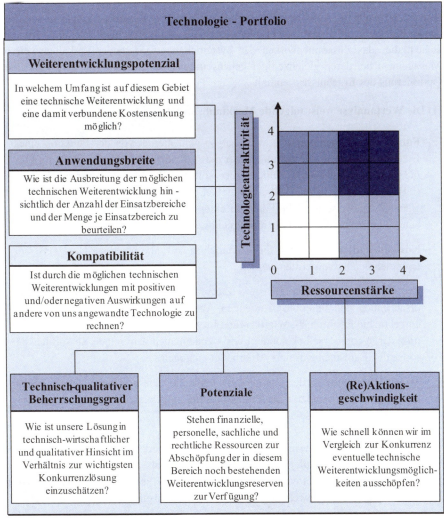

Abb. 16: Technologie-Portfolio

2.3 Operatives FuE-Controlling

Systematische Lösungskonzepte und der Einsatz von Ideenfindungsinstrumenten helfen dem FuE-Controller, den Planungs- und Koordinationsaufwand von Forschungs- und Entwicklungsprojekten zu unterstützen. Funktionsübergreifende Aspekte müssen in diesem Zusammenhang besonders berücksichtigt werden, um eine erfolgreiche Produktgestaltung zu erreichen.

2.3.1 Wertanalyse

Der **Wertanalyse** kommt im Rahmen der Bestrebungen zur Kostensenkung und Leistungsverbesserung eine entscheidende Bedeutung zu. Die Wertanalyse wurde 1947 von dem Amerikaner L.D. Miles in den USA unter der Bezeichnung **Value Engineering** entwickelt und eingeführt.

Nach **DIN 69910** (Ausgabe von 1987) ist unter diesem Begriff „ein System zum Lösen komplexer Probleme, die nicht oder nicht vollständig algorithmierbar sind" zu verstehen, die „das Zusammenwirken der Systemelemente Methode, Verhaltensweisen, Management bei deren gleichzeitiger gegenseitiger Beeinflussung mit dem Ziel einer Optimierung des Ergebnisses" enthält.

(1) Die Wertanalyse weist folgende Merkmale auf:[18]

- **Funktionsorientierung:** Die Wertanalyse geht hierbei von der Funktion eines Erzeugnisses aus, wobei man hierunter die Aufgaben versteht, die durch ein Produkt und/oder Verfahren erfüllt werden sollen, z.B. „Metalle zusammenhalten" (z.B. durch Schweißen, Löten, Schrauben, Nieten). Durch diese differenzierte Betrachtungsweise über die Funktion eines Produktes kann man zu Problemlösungen kommen, die sonst nie in Betracht gekommen wären.

- **Kostenorientierung:** Durch die Wertanalyse soll eine bewusste Denkweise im Unternehmen hervorgerufen werden.

- **Teamorientierung:** Die organisierte Zusammenarbeit zwischen allen kostenverursachenden und funktionserstellenden Abteilungen trägt nicht nur durch das eingebrachte Erfahrungs-, Wissens- und Ideenpotenzial wesentlich zur Verbesserung der Wertanalyse bei, sondern wirkt zudem auch dem reinen Ressortdenken sowie den Egoismen einzelner Mitarbeiter entgegen.

- **Systematisierung:** In der Wertanalyse versucht man in verschiedenen, genau festgelegten Schritten, zu einer Problemlösung zu gelangen. Sie folgt einem systematischen Vorgehensplan nach DIN 69910

Die Wertanalyse ist eine anwendungsneutrale Methode, d. h. die gleiche Vorgehensweise kann sowohl auf gegenständliche Objekte als auch auf Dienstleistungen oder Verfahren angewendet werden. Dabei unterscheidet man die **Wertverbesserung** (Value Analysis), d. h. Anwendung auf feststehende Lösungen, und die **Wertgestal-**

---

[18] Vgl. Jung, H.: Allgemeine Betriebswirtschaftslehre, 13. Aufl., München 2014, S. 330 f.

tung (Value Engineering), d. h. Wertanalyse während der Planung und Entwicklung. Bei Produkten sollte die Wertanalyse so früh wie möglich angewandt werden, da mit fortschreitender Produktlebenszeit die Änderungskosten im Allgemeinen immer größer werden, und das Kostensenkungspotenzial immer stärker abnimmt. Dieser Zusammenhang ist in der Abbildung 17 dargestellt:[19]

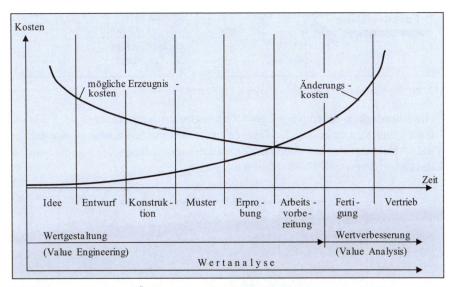

Abb. 17: Erzeugniskosten und Änderungskosten bei fortschreitender Lebenszeit der Produkte

(2) Funktionstypen der Wertanalyse

Die **Funktion** ist der zentrale Begriff der Wertanalyse. Um eine treffende und knappe Definition sicherzustellen, sollen Funktionen nur mit zwei Worten umschrieben werden. Die folgende Darstellung zeigt einige Beispiele für die Beschreibung von Produktfunktionen.

Objekt	Funktion
Lampe	Raum ausleuchten
Uhr	Zeit anzeigen
Stift	Teil ausrichten
Tastenfeld	Daten eingeben
Generator	Strom erzeugen
Kondensator	Ladungen speichern

Abb. 18: Objekt- und Funktionsbeschreibung

Bei der Wertanalyse werden folgende Unterscheidungen nach Funktionstypen und -klassen vorgenommen:

---

[19] Vgl. VDI/Gemeinschaftsausschuss Wertanalyse: Wertanalyse, Idee – Methode – System, 3. Aufl., Düsseldorf 1995, S. 8.

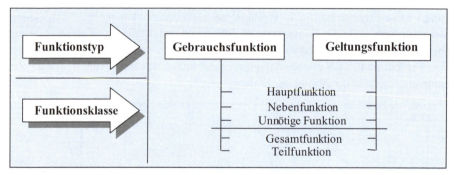

Abb. 19: Funktionen von Produktbestandteilen in der Wertanalyse

Investitionsgüter haben vorwiegend Gebrauchsfunktionen (technische Funktion), Schmuck und Kunstgegenstände hingegen meist Geltungsfunktionen. In der nachfolgenden Abbildung wird der Anteil der Gebrauchs- und Geltungsfunktion bei verschiedenen Gütern dargestellt.[20]

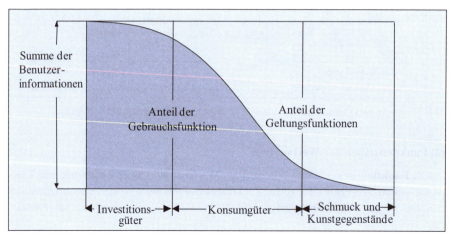

Abb. 20: Anteil der Gebrauchs- und Geltungsfunktionen bei verschiedenen Gütern

Für die Durchführung der Wertanalyse ist die Klassifizierung in Haupt-, Neben-, Gesamt-, Teil- und unnötige Funktionen von besonderer Bedeutung:

– **Hauptfunktionen** sind die eigentliche Aufgabe des zu untersuchenden Produktes (z.B. Glühlampe-Licht spenden).

– **Nebenfunktionen** unterstützen die Hauptfunktionen (z.B. Glühlampe-Strom bereitzustellen).

– **Gesamtfunktionen** sind die Gesamtwirkung der in einer Funktionsstruktur miteinander in Beziehung stehenden Funktionen.

– **Teilfunktionen** sind diejenigen Funktionen, deren Zusammenwirken die Gesamtfunktion ergibt.

---

[20] Vgl. VDI/Gemeinschaftsausschuss Wertanalyse: Wertanalyse, a.a.O., S. 31.

– **Unnötige Funktionen** leisten keinen Beitrag zur Geltungs- oder Gebrauchsfunktion; sie resultieren aus unklaren Angaben, Missdeutung der Aufgabenstellung, oder stellen eine Eigenart der eigentlichen Lösung dar (z. B. Glühlampe – erzeugt nebenbei auch Wärme).

Für die Vorgehensweise bei der Wertanalyse wurde nach DIN 69910 folgender Arbeitsplan festgelegt.

Grundschritt	Teilschritt	Arbeitstechniken
1. Projekt vorbereiten	- Moderator benennen - Auftrag übernehmen, Grobziel mit Bedingungen festlegen - Einzelziele setzen - Untersuchungsrahmen abgrenzen - Projektorganisation festlegen - Projektablauf festlegen	- Moderationstechniken - Markt-, Programm-, Produktanalyse - Zielkatalog, Ideal - ABC-Analyse - Projektmanagement - Terminliste, Balkendiagramm, Netzplantechnik
2. Objektsituationen analysieren	- Objekt- und Umfeldinformationen beschaffen - Kosteninformationen beschaffen - Funktionen ermitteln - Lösungsbedingte Vorgaben ermitteln - Kosten den Funktionen zuordnen	- Nutzwertanalyse, Tests, Wettbewerbsanalyse - Kostenanalyse, ABC-Analyse - Funktionsgliederung - Produktinfos, Anforderungsliste - Funktionskostenmatrix
3. Soll-Zustand beschreiben	- Informationen auswerten - Soll-Funktionen festlegen - lösungsbedingte Vorgaben festlegen - Kostenziele den Soll-Funktionen zuordnen	- Analyse, Strukturierung - Verneinungstechnik - Argumentenliste, Anforderungsliste (neu) - Ideal, Optimum, Bionik, Normteilvergleich
4. Lösungsideen entwickeln	- Vorhandene Ideen sammeln - Neue Ideen entwickeln - Bewertungskriterien festlegen - Lösungsideen bewerten	- Lösungskartei, Gruppe - Brainstorming, Methode 635 - Kosten, Rendite, Nutzwerte - Versuche, Verfahrensvergleiche
5. Lösungen festlegen	- Ideen zu Lösungsansätzen verdichten und darstellen - Lösungsansätze bewerten - Lösungen ausarbeiten - Lösungen bewerten - Entscheidungsvorlage erstellen - Entscheidungen herbeiführen	- Prioritäten, Morphologie, Kärtchentechnik - Nutzwertschema, Kosten, Investitionen - Berechnung, Bemessungslehre - Kosten- Nutzen, Wirtschaftlichkeit - Skizze, Modelle, Muster - Präsentation, Vorlagen
6. Lösungen verwirklichen	- Realisierung im Detail planen - Realisierung einleiten - Realisierung überwachen - Projekt abschließen	- Terminliste, Balkendiagramm - Freigabestufen, Budget - mitlaufende Kalkulation, Netzplantechnik - Abschlussbericht, Jahresbericht

Abb. 21: Wertanalyse-Arbeitsplan nach DIN 69 910

Der Wertanalyse-Arbeitsplan nach DIN 69910 umfasst 6 Grundschritte, unterteilt in mehrere Teilschritte, deren Durchführung für eine systematische Lösungsfindung in der entsprechenden Reihenfolge stattfinden sollte.

Die **Wertanalyse** sollte insbesondere bei **A-Materialien** wirtschaftlich eingesetzt werden, die nicht schnellen Wandlungen unterliegen. Der praktische Einsatz der Wertanalyse hat in den einzelnen Industriezweigen unterschiedliche Stellenwerte, vorrangig wird sie aber in der metallverarbeitenden Industrie eingesetzt.

2.3.2 Wertanalyseprojekte mit den Lieferanten

Aufgrund des raschen technischen Wandels und der Tendenz zur Spezialisierung ist das einzelne Unternehmen heute kaum noch in der Lage, die vielfältigen Möglichkeiten zur Kostensenkung und Produktverbesserung zu erkennen und zu nutzen.[21] Daher wird von den Unternehmen zunehmend die Notwendigkeit zu einer wertanalytischen Zusammenarbeit mit den Lieferanten gesehen, die über entsprechendes Know-how verfügen, welches im eigenen Unternehmen oft nicht vorhanden ist.

Im Rahmen eines **Wertanalyseprojektes** sind über Spezialwissen verfügende Lieferanten vorwiegend unter den Modul- und Systemlieferanten sowie Produktionstechnologieanbietern zu suchen.

Wertanalytische Betrachtungen müssen sich keinesfalls nur auf Produkte beschränken, sondern können sich auch auf ablauforganisatorische Aufgabenstellungen, beispielsweise Just-in-time-Forderungen oder Qualitätszertifizierungen erstrecken.

Vor Beginn der Wertanalyseaktivitäten sollte man zunächst in schriftlicher Form die Aufgabenstellung im Beisein des Lieferanten eindeutig definieren und eingrenzen. Um bei der Wertanalyse eine Kontrolle des Zielerreichungsgrades zu ermöglichen, sollten die Zielsetzungspunkte möglichst durch quantifizierte Kriterien vorgegeben werden.

Ein zentrales Element der Wertanalyse stellt die **interdisziplinäre Teamarbeit** dar. Die jeweiligen Projektteams werden mit kompetenten Mitarbeitern aus betroffenen Fachbereichen des Abnehmers und des Lieferanten besetzt. Gemeinsam wird systematisch (nach Wertanalyse-Arbeitsplan DIN 69910) unter Zuhilfenahme geeigneter Arbeitsmethoden wie Kreativitätstechniken, Analyseverfahren und Bewertungsansätzen, die bestmögliche Lösung für das anstehende Problem gesucht.

Grundvoraussetzung für den erfolgreichen Einsatz der Wertanalyse stellt gegenseitiges Vertrauen dar, ohne das ein offener Austausch von Informationen und Ideen nicht möglich ist. Der Informationsaustausch bei der Wertanalyse erstreckt sich oft auch auf vertrauliche Daten oder berührt Betriebsgeheimnisse, die nicht an Dritte, beispielsweise Konkurrenten, weitergegeben werden dürfen.

Weitere **Hemmnisse** für eine erfolgreiche **Projektabwicklung** sind:

- Befürchtungen von Know-how-Abfluss
- Informationsdefizite der Teilnehmer
- Befürchtungen des Lieferanten, dass seine Gewinnmarge Gegenstand des Projektes wird.

---

[21] Vgl. Arnolds, H./Heege, F./Röh, C,/Tussing, W.: Materialwirtschaft und Einkauf, 11. Aufl., Wiesbaden 2010, S. 144 ff.

Daher sind, um die Basis für eine vertrauensvolle Zusammenarbeit zu schaffen und spätere Streitigkeiten zu vermeiden, die Rahmenbedingungen vor Projektbeginn genau festzulegen. Nachfolgend sind die wesentlichen Punkte, über die eine gemeinsame Projektvereinbarung geschlossen werden sollte, zusammengefasst:

Rahmenbedingungen einer gemeinsamen Projektvereinbarung

- **Art und Dauer der Zusammenarbeit**
    - Welche Form soll die Zusammenarbeit haben?
    - Handelt es sich um eine zeitlich befristete Projektarbeit oder ist die Zusammenarbeit von längerer Dauer?
    - Sind mit der Kooperation irgendwelche Verpflichtungen verbunden?
    - Wie weit soll die Zusammenarbeit gehen?
    - Was für Wissen und Daten sollen ausgetauscht werden?

- **Dauer und Art der Vertraulichkeit von Daten**
    - Welche Daten dürfen Dritten nicht zugänglich gemacht werden?
    - Welche Daten dürfen nicht zweckentfremdet verwendet werden?
    - Auf welchen Zeitraum begrenzt sich die Geheimhaltungspflicht, z.B. Projektdauer oder Zeitraum?

- **Teilung des Projekterfolges**
    - Definition: Was soll unter Projekterfolg verstanden werden?
    - Auf welchen Wertschöpfungsbereich wird der Projekterfolg bezogen?
    - Wie soll der Projekterfolg aufgeteilt werden?

- **Teilung der Projektkosten**
    - Teilung der Reisekosten und Spesen gemäß Projekterfolg oder Amortisation durch Projekterfolg?
    - Amortisation des Konstruktions-, Versuchs-, Erprobungsaufwandes durch Projekterfolg oder gesonderte Vergütung?
    - Erfolgt bei besonderen, nicht geplanten Kosten eine separate Vereinbarung?

- **Tragen des Projektrisikos**
    - Trägt beim Scheitern des Projektes der Partner alle Kosten, der für das Scheitern verantwortlich ist?
    - Trägt beim Scheitern des Projektes jeder Partner die Kosten, soweit sie bei ihm angefallen sind?

- **Nutznießung von Patenten, die im Projektverlauf entwickelt wurden**
    - Gemeinsame Anmeldung und Nutzung solcher Patente?
    - Bevor sich abzeichnet, dass es aufgrund der Projektarbeit zur Entwicklung von Patenten kommen wird, sollte der Stand des relevanten Technologie-Wissens beider Partner festgeschrieben werden.

2.3.3 Ideenfindungsinstrumente

Bei der **Alternativensuche** ist die Kreativität der beteiligten Personen von enormer Wichtigkeit. Grundsätzlich lassen sich zwei Gruppen von Kreativitätstechniken differenzieren.

Einerseits die intuitiv-kreativen Methoden, deren Schwerpunkt bei der Informationssuche liegt, und andererseits die logisch-systematischen, die weitgehend einer Informationssystematisierung dienen sollen.

Einen Überblick über **Ideenfindungsinstrumente** zeigt die folgende Abbildung:[22]

Methodengruppe	Verfahrensmerkmale	Repräsentanten
Brainstorming und seine Abwandlungen	Ungehemmte Diskussion, in der keine Kritik geübt werden darf; phantastische Einfälle u. spontane Assoziationen sind gefragt	– Brainstorming – Diskussion 66
Brainwriting-Methoden	Spontanes Niederschreiben von Ideen auf Formularen oder Zetteln; Umlauf von Formularen	– Methode 635 – Brainwriting-Pool – Ideen-Delphi
Methoden der schöpferischen Orientierung	Befolgen bestimmter Prinzipien bei der Lösungssuche	– Heuristische Prinzipien – Bionik
Methoden der schöpferischen Konfrontation	Stimulation der Lösungsfindung durch Auseinandersetzung (Konfrontation) mit Bedeutungsinhalten, die scheinbar nicht mit dem Problem zusammenhängen	– Synektik – BB-Methode – TILMAG-Methode – Semantische Intuition
Methoden der systematischen Strukturierung	Aufteilung des Problems in Teilkomplexe; Lösung der Teilprobleme und zusammenfügen zu einer Gesamtlösung; Systematisierung von Lösungsmöglichkeiten	– Morphologischer Kasten – Morphologische Matrix – Problemlösungsbaum
Methoden der systematischen Spezifizierung	Aufdecken der Kernfragen eines Problems oder Problembereiches durch systematisches und hierarchisch-strukturiertes Vorgehen	– Progressive Abstraktion – Hypothesen-Matrix – Relevanzbaum

Abb. 22: Ideenfindungsinstrumente

---

[22] Vgl. Hauschildt, J./Salomo, S.: Innovationsmanagement, 4. Aufl., München 2007, S. 435.

Das Ziel ist die Erfassung möglichst vieler Lösungsideen unter Betonung des spontanen Denkens. Hierbei werden die Ideen anderer Gruppenmitglieder aufgenommen und ggf. weiterentwickelt.

Die Bewertung und Selektion der Ideen erfolgt durch geeignete Kriterien. Einen Überblick über die wichtigsten internen und externen Bewertungskriterien gibt die folgende Abbildung:

Interne Bewertungskriterien	
Entwicklungseignung	**Produktionseignung**

- Entwicklungserfahrung
- Entwicklungskapazität
- Verträglichkeit mit anderen Vorhaben
- Patentsituation
- Entwicklungskosten
- Entwicklungszeit
	- Produktionserfahrung
	  - Werkstoffe
	  - Genauigkeit (Qualität)
	- Produktionskapazität
	- Umweltbelastung

Beschaffungseignung	**Vertriebseignung**

- Beschaffungsmöglichkeiten
  - Rohmaterial und Teile
  - Betriebsmittel
  - Personal
  - Dienstleistungen
- Preissituation
	- Vertriebserfahrung
	- Vertriebs- und Kundendienstorganisation
	- Abnehmerbeziehungen (Akzeptanz)
	- Vertriebskapazität

Externe Bewertungskriterien	
Markteignung	**Wirtschaftliche Eignung**
- Marktvolumen und -wachstum - Preisgestaltung - Marktform und -struktur - Exportmöglichkeiten - Konjunkturanfälligkeit - Neuheitsgrad auf dem Markt - Substitutionskonkurrenz - Gesetze: Marktdauer (Produktlebenszyklus)	- Kapitalbedarf - Umsatzanteil - Sortimentseinfluss - Deckungsbeiträge - Amortisationszeit

Abb. 23: Überblick über die wichtigsten internen und externen Bewertungskriterien

Durch iterative Selektionsprozesse werden anhand der Bewertungskriterien geeignete Produktideen herausgefiltert. Kompetente Mitarbeiter aus den betroffenen Fachabteilungen benoten die einzelnen Ideen auf einer vorgegebenen Bewertungsskala.

Die Auswertung zeigt, welche Produktidee in das Entwicklungsprogramm aufgenommen werden kann.

2.4 FuE-Kennzahlen

Die Aufwendungen für FuE eines Unternehmens spiegeln die Bedeutung, sich den Herausforderungen des technischen Fortschrittes durch die Entwicklung neuer Produkte zu stellen, wider. Es handelt sich um Zukunftsinvestitionen, die die Marktstellung des Unternehmens erhalten bzw. verbessern sollen.

Mit den folgenden Kennzahlen ist es dem FuE-Controller möglich, die Kostenentwicklung transparent zu gestalten. Abweichungen werden frühzeitig erkannt und die Steuerung der Forschungs- und Entwicklungstätigkeiten kann gezielt durchgeführt werden.

	Kennzahl	Inhalt
01	Konstruktionsaufwand für Serienprodukte	$\dfrac{\text{Kosten Serienprodukte}}{\text{Umsatz pro Produkt}}$
02	Neuentwicklungsquote	$\dfrac{\text{Kosten Neuentwicklung}}{\text{Kosten Serienprodukte}}$
03	Konstruktionsstundensatz	$\dfrac{\text{Kosten Konstruktion}}{\text{Konstruktionsstunden}}$
04	Einsparungsquote Wertanalyse pro Produkt	$\dfrac{\text{Einsparung Produkt}}{\text{Gesamtkosten}}$
05	Wiederholteile (%)	$\dfrac{\text{Anzahl Wiederholteile}}{\text{Gesamtzahl Teile}}$
06	Deckungsbeitrag neuer Produkte	$\dfrac{\text{Deckungsbeitrag Produkt A}}{\text{Deckungsbeitrag gesamt}}$
07	Entwicklungskostenanteil	$\dfrac{\text{Kosten für FuE} \cdot 100\%^{*}}{\text{Preis im Basiszeitraum}}$
08	Struktur der Entwicklungskosten	$\dfrac{\text{Kosten für ...}^{**} \cdot 100\%}{\text{Gesamtkosten für FuE}}$

* Zähler und Nenner können variiert und in Segmente aufgeteilt werden, z.B. Produkt-, Produktgruppenbezogen
** Eingesetzt werden können z.B. die einzelnen Kostenarten, Produkte oder Bereiche

Abb. 24: FuE-Kennzahlen

Neben diesen Kennzahlen können auch Kennzahlen aus dem Produktionsbereich, der Materialwirtschaft, dem Marketing und der Personalwirtschaft für das FuE-Controlling sehr interessant sein.

3 Beschaffungs-Controlling

Aufgabe der Beschaffung ist die wirtschaftliche Bereitstellung der Beschaffungsobjekte in der erforderlichen **Qualität**, zum günstigsten **Preis**, in der ausreichenden **Menge**, zum richtigen **Zeitpunkt** und am nachgefragten **Ort**. Zur Beschaffung im engeren Sinne zählt die wirtschaftliche Versorgung eines Unternehmens mit Roh-, Hilfs- und Betriebsstoffen sowie fertigbezogenen Teilen.

3.1 Aufgaben und Ziele

Zu den Aufgabenbereichen des **Beschaffungs-Controlling** gehören:

- Analyse der Beschaffungsmarktumwelt
- Analyse des spezifischen Beschaffungsmarktes
- Analyse der unternehmensinternen Beschaffungspotenziale

Das Beschaffungs-Controlling muss sicherstellen, dass die Einkäufer einen hohen Informationsstand haben und über alle Daten des Beschaffungsmarktes, die für die Einkaufsentscheidungen relevant sind, verfügen können. In erster Linie sind folgende **Informationskategorien** zu beschaffen, zu analysieren und auf ihren Wertgehalt bzw. ihre Veränderlichkeit zu kontrollieren:

- Informationen über das politische und wirtschaftliche Umfeld
- Informationen über die Angebotsentwicklung
- Informationen über die Nachfrageentwicklung der Produktionsfaktoren
- Informationen über die Wirkungen beschaffungspolitischer Instrumente.

Die Analyse und Kontrolle des unternehmensspezifischen Beschaffungsmarktes soll Veränderungen und Bewegungen aufzeigen (z. B. Konkurrenzbeziehungen, Distributionsgrad, Kommunikationsstruktur usw.).

Neben der **Konkurrenzanalyse** müssen Rahmenbedingungen berücksichtigt werden, wie z. B. die Internationalisierung der Märkte, Standortvor- bzw. -nachteile oder Transportmöglichkeiten. Die auf dem Beschaffungsmarkt angebotenen Materialien müssen hinsichtlich Qualität, Menge und Wert des Angebotes untersucht werden.

Neben der Analyse und Kontrolle der externen Entwicklungen muss der Controller die internen **Stärken** und **Schwächen** mit den Konkurrenten vergleichen:

- Ermittlung und Feststellung der kritischen Ressourcen, die beschafft werden müssen
- Auswählen von Schlüsselfaktoren und deren Beurteilung im Vergleich zur Beschaffungskonkurrenz
- Profildarstellung der Stärken und Schwächen der unternehmenseigenen Beschaffung und Eintragung der entsprechenden Profile der Beschaffungskonkurrenz zu Vergleichszwecken.

Sowohl die quantitative als auch die qualitative Funktionskontrolle der Beschaffung soll auf die Überprüfung und das Ausnützen des Handlungsspielraumes der unternehmenseigenen Beschaffung gerichtet sein und muss nach folgenden Richtungen durchgeführt werden:[23]

– Kontrolle des kostengünstigen Funktionierens der Beschaffung, um den defensiven Handlungsspielraum zu vergrößern,

– Suche und Überprüfung neuer Beschaffungsmöglichkeiten, um den offensiven Handlungsspielraum zu vergrößern,

– Kontrolle der Ausschöpfung des Kostensenkungspotenzials in der Beschaffung

– Kontrolle der Ausschöpfung des Versorgungspotenzials

Die Ziele des Beschaffungs-Controllings lassen sich aus den Zielen des Beschaffungsressorts ableiten. Nach ihrer Fristigkeit können sie in strategische und taktisch-operative Ziele aufgeteilt werden:

Beschaffungsziele	
Strategische Beschaffungsziele	**Taktisch-operative Beschaffungsziele**

• Sicherstellung der Materialversorgung
  - Wahrung der Flexibilität
  - Risikostreuung
  - Steigerung der vertikalen Integration
  - Wahrung der Unabhängigkeit
  - Sicherung der langfristigen Wachstumsrate
  - Beschaffungsseitige Diversifikation
• Sicherstellung der Qualität
  - Sicherung des Qualitätsstandards des Materials
  - Sicherung des Technologiestandards des Materials
• Sicherung der Beschaffungsmarktposition
  - Sicherung der Nachfragemacht
  - Wahrung des Ansehens der Unternehmung
• Sicherung der Preisstabilität
• Sicherung der Personalqualität
	• Optimierung der Beschaffungskosten
	  - Optimierung der Einkaufspreise
	  - Optimierung der Bezugs-, Bereitstellungs- und Beschaffungsverwaltungskosten
	• Sicherung der Materialqualität
	• Sicherung der Liquidität
	• Sicherung der Lieferbereitschaft

Abb. 25: Überblick über strategische und taktisch-operative Beschaffungsziele

---

[23] Vgl. Piontek, J.: Beschaffungscontrolling, 3. Aufl., München 2004, S. 68 f.

3.2 Strategisches Beschaffungs-Controlling

Strategisches Beschaffungs-Controlling bedeutet, dass systematisch zukünftige Chancen und Risiken auf dem Beschaffungsmarkt und seinem Umfeld erkannt und beobachtet werden. Als Instrument zur Früherkennung stehen dem Beschaffungs-Controller die Schließung der strategischen Lücke bei der Material- und Portfolio-Analyse zur Verfügung.

3.2.1 Versorgungslücke

Eine strategische Beschaffungslücke entsteht, wenn mehr oder anderes Material benötigt wird, als verfügbar ist.

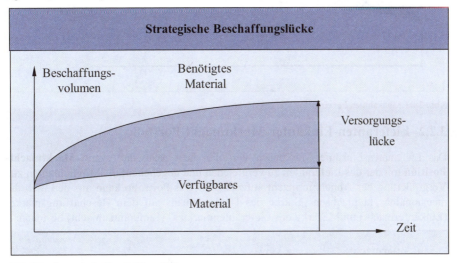

Abb. 26: Strategische Beschaffungslücke

Die zur Schließung der strategischen Versorgungslücke geeigneten Stoßrichtungen sind damit folgende:

Produkt- und Verfahrenstechniken / Lieferanten	Vorhandene Techniken	Neue Techniken
Vorhandene Lieferanten	Effizientere Gestaltung von Materialbeschaffung und -einsatz (Wertanalyse)	Suche nach neuen (z. B. synthetischen oder umweltverträglichen) Werkstoffen (Substitutionsgüter)
Neue Lieferanten	Suche nach neuen Lieferanten im In- und Ausland	Produktverfahrensinnovationen erfordern nicht nur neue Werkstoffe, sondern auch neue Lieferanten

Abb. 27: Geeignete Stoßrichtungen

Die Reihenfolge, in der die genannten Maßnahmen gewählt werden, ist aus der folgenden Abbildung zu entnehmen.

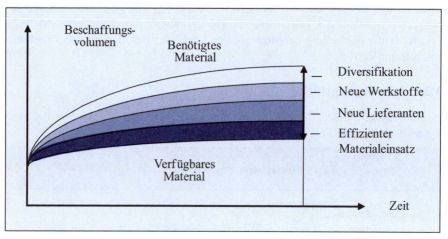

Abb. 28: Maßnahmen bei einer Versorgungslücke

3.2.2 Lieferanten-Einkäufer-Marktmacht-Portfolio

Das Lieferanten-Einkäufer-Marktmacht-Portfolio dient dazu, die eigene **Marktmacht-Position** mit der des Lieferanten zu vergleichen und gegebenenfalls Möglichkeiten zur Vergrößerung der Abnehmermacht aufzuzeigen. Das Portfolio kann aus den mehrdimensionalen Hauptachsen „Stärke des Unternehmens auf dem Beschaffungsmarkt" (Einkäufermacht) und „Stärke des Lieferantenmarktes" (Lieferantenmacht) bestehen:

Einkäufermacht:

- Kenntnis der Angebotsseite bezüglich Preis, Qualität und weltweiter Liefermöglichkeiten
- Das Einkaufsvolumen hat einen hohen Anteil am Lieferantenvolumen
- Kaufteile haben Vielfachverwendung
- Geringe Kosten bei Lieferantenwechsel
- Freie Kapazitäten und Kostensenkungspotenziale erlauben die Übernahme von Kaufteilen in die Eigenfertigung

Lieferantenmacht:

- Keine Substitutionsmöglichkeit, da Alleinanbieter
- Wegen des geringen Einkaufsvolumen gilt das Unternehmen als C-Kunde
- Kaufteile sind wichtige Bestandteile des gefertigten Endproduktes
- Hohe Kosten (z.B. neue Werkzeuge oder Maschinen) bei Lieferantenwechsel
- Kapazitätsauslastung beim Lieferanten und/oder Kunden

Die als Marktmacht-Portfolio bezeichnete 9-Felder-Matrix verdeutlicht folgende strategische Stoßrichtungen:

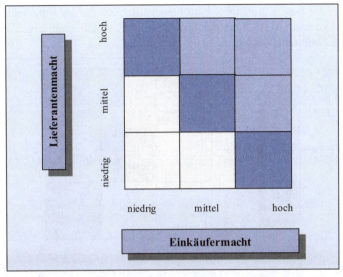

Abb. 29: Lieferanten-Marktmacht-Portfolio

Jeder strategischen Stoßrichtung im Marktmacht-Portfolio entsprechen bestimmte Versorgungsmaßnahmen für die verschiedenen Elemente einer Beschaffungsentscheidung.

	Vorsorgemaßnahmen		
Menge	Gezielt streuen	Halten	Bewusst konzentrieren
Preise	Ausreizen	Selektiv senken	Halten
Vertragsabdeckung	Vormerkung/Option/ Einzelabschlüsse	Rahmenvertrag	Kauf auf Abruf
Neue Lieferanten	Kontakte anknüpfen/ pflegen	Teilweise aufnehmen	Aktiv suchen
Lagerhaltung	Niedrig halten	Lager als Puffer benutzen	Vorräte aufbauen
Eigenproduktion	Einschränken/ nicht aufnehmen	Fallweise entscheiden	Ausbauen
Substitution	Nur verfolgen	Empfehlen	Aktiv suchen
Wertanalyse/Verfahrensänderungen	Vom Lieferanten durchführen lassen	Selektiv durchführen	Im eigenen Unternehmen verstärken

Abb. 30: Versorgungsmaßnahmen für die verschiedenen Elemente einer Beschaffungsentscheidung

3.2.3 Versorgungsrisiko-Portfolio

Die Grundüberlegungen dieser Portfolio-Variante gehen von der Annahme aus, dass sich die von der Beschaffungsseite herrührenden Risiken für das Unternehmen anhand der beiden Komponenten „Versorgungsrisiko" und „Anfälligkeit gegenüber Versorgungsrisiken" beurteilen lassen.

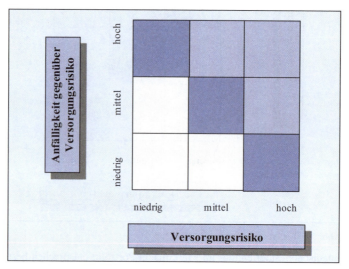

Abb. 31: Versorgungsrisiko - Portfolio

Kriterien zur Beurteilung der extern fundierten Versorgungsrisiken:

- Wettbewerbsverhältnisse, Lieferkapazitäten und erwartete Nachfrageentwicklungen der Beschaffungsmärkte
- Kapazitätsauslastungen der Hauptlieferanten
- Gefahren zufälliger und/oder bewusst gesteuerter (künstlicher) Angebotsverknappungen (z.B. Streiks, politische Unruhen, Absprachen, protektionistische Maßnahmen)
- Störanfälligkeit der Transportwege und -mittel
- Vorhandensein von Substitutionsgütern
- Recyclinganteil am Gesamtverbrauch

Kriterien zur Beurteilung der intern fundierten Anfälligkeit gegenüber Versorgungsrisiken:

- Stellung des Unternehmens als Nachfrager auf den Beschaffungsmärkten
- Konsequenzen für Produktion und Absatz aus einer schwankenden oder unzureichenden Materialversorgung
- Auswirkungen von Preisveränderungen auf die Kostensituation des Unternehmens
- Möglichkeiten zur Materialreduzierung durch neue Verfahren bzw. zur Substitution neuer Materialien
- Möglichkeiten und Realisierungszeitbedarf der eigenen Produktion von bislang fremdbezogenen Materialien

Die Handlungsempfehlungen entsprechen weitgehend denen des Marktmacht-Portfolio.

3.2.4 Beschaffungsmarktattraktivitäts-/Wettbewerbsvorteils-Portfolio

Bei diesem Portfolio handelt es sich um ein **Multifaktoren-Konzept**. Die folgende Abbildung zeigt die Vielzahl der Kriterien zur Beurteilung der Beschaffungsmarktattraktivität und der Wettbewerbsvorteile auf.

Beschaffungsmarkt-Attraktivität	Relativer beschaffungsbezogener Wettbewerbsvorteil

• **Allgemeine Umweltfaktoren**
  - Demographische Faktoren
  - Politisch - gesetzliche Faktoren
  - Ökologisch / technologische Faktoren
  - Beschaffungsmarktwachstum und -größe
• **Beschaffungsmarktqualität**
  - Wettbewerbsverhalten etablierter Lieferanten
  - Eintrittsbarrieren für neue Lieferanten
  - Investitionsintensität
  - Möglichkeit des Auftretens von Substitutionsmaterialien
  - Verhalten konkurrierender Abnehmer
  - Möglichkeit des Auftretens neuer Abnehmergruppen
  - Verhalten von Arbeitnehmern und deren Organisatoren
  - Variabilität der Wettbewerbsbedingungen
  - Marktbezogene Eingriffe des Staates
• **Versorgungsrisiko des Beschaffungsmarktes**
  - Verhalten von Vorlieferanten
  - Störanfälligkeit von Distributionskanälen
  - Recyclinganteil bei Lieferanten/ Vorlieferanten
  - Relative Knappheit von Rohstoffvorkommen
  - Gefahr politisch bedingter Angebotsverknappungen
	• **Relative Beschaffungsmarktposition**
	  - Beschaffungsmarktanteil
	  - Beschaffungsmarketingpotenzial
	  - Austrittsbarrieren usw.
	• **Relatives technologisches Leistungspotenzial**
	  - Anpassungsmöglichkeit des Produktionspotenzials
	  - Faktorsubstitutionsmöglichkeiten
	  - Technischer Rationalisierungsgrad
	  - Flexibilität des potenziellen Fertigungsprogramms
	  - Forschungs- und Entwicklungskapazität
	  - Erfahrungen mit neuen Technologien usw.
	• **Relatives finanzielles Leistungspotenzial**
	  - Anteil Beschaffungskosten an Gesamtkosten
	  - Eigenkapitalbasis / Verschuldungsspielräume
	  - Abhängigkeit von Kapitalgebern
	  - Rechtsformabhängige Finanzierungsrestriktionen usw.
	• **Relatives organisationales/personelles Leistungspotenzial**
	  - Flexibilität der Aufbau-/ Ablauforganisation
	  - Qualität der Führungssysteme
	  - Abhängigkeit von Mutterunternehmung
	  - Motivation / Wertvorstellungen
	  - Aus- und Weiterbildung, Innovationsklima usw.
	• **Relatives informationelles Leistungspotenzial**
	  - Systematisierung von Systemaufbau u. -ablauf
	  - Umfang der Informationsaufnahme
	  - Automatisierungsgrad usw.

Abb. 32: Kriterien zur Beurteilung der Beschaffungsmarkt-Attraktivität und des relativen beschaffungsbezogenen Wettbewerbsvorteils der beschaffenden Unternehmung

Aus dem Portfolio lassen sich folgende **Normstrategien** ableiten:

- Risikoabwehrstrategien werden in einer Situation empfohlen, die durch eine hohe Beschaffungsmarktattraktivität mit einer niedrigen Wettbewerbsstärke gekennzeichnet sind. Als konkretisierende Detailstrategien können hier folgende Risikoabwehrstrategien genannt werden:

  - Erhöhung von Sicherheitsbeständen
  - Schaffung neuer Lagerkapazitäten
  - Abschluss von längerfristigen Lieferverträgen
  - Suche nach Materialeinsparungsmöglichkeiten

- Detailstrategien sind für eine Situation konzipiert, in der eine geringe Beschaffungsmarktattraktivität mit einer hohen Wettbewerbsstärke verbunden ist. Eine Erfolg versprechende Strategie muss daher vornehmlich darauf ausgerichtet sein, ein größeres Potenzial zur Beeinflussung der Transaktionspartner, der konkurrierenden Lieferanten oder der sonstigen relevanten Gruppen aufzubauen.

  Beispielhaft können folgende Detailstrategien genannt werden:
  - Kooperation mit anderen Beschaffungsunternehmen
  - Suche nach Recyclingmaterial
  - Erschließung neuer Beschaffungsquellen, z. B. über die Beteiligung an der Rohstoffsuche
  - Verstärkung des Beschaffungsmarketing

- Der Bereich der Übergangsstrategien im Beschaffungs-Portfolio erstreckt sich auf diejenigen Positionierungen, die sich durch eine annähernd gleiche Bewertung der beiden Dimensionen auszeichnen. Es ist daher nicht ohne weiteres möglich, eindeutig intern oder extern ansetzende Detailstrategien zu entwickeln.

3.3 Operatives Beschaffungs-Controlling

Die Analyse der Material- und Lieferantenstruktur steht im Vordergrund, um Mengen- und Wertplanungen kostenmäßig zu steuern und zu kontrollieren. Eine effiziente Informationsbereitstellung erlaubt die Überwachung von Zielerreichung und Zielverfehlung.

3.3.1 Materialbedarfsanalyse

Änderungen in der Produktstruktur bzw. des Produkt-Mix, die durch strategische Beschaffungsstrategien entstehen, wirken sich folgendermaßen auf den Materialbedarf aus:

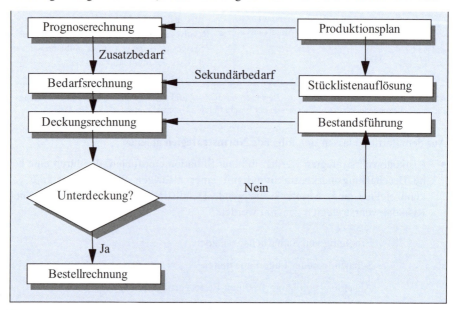

Abb. 33: Schema einer Nettobedarfsrechnung

Die laufende Analyse und Kontrolle der Bedarfsrechnung muss der Beschaffungs-Controller auch durch den Einsatz der operativen Instrumente Materialstrukturanalyse, Make-or-Buy-Analyse und Lieferantenanalyse durchführen, um die Kostenauswirkungen zu überblicken.

3.3.2 Materialstrukturanalyse

Die Analyse der Materialien stellt einen wichtigen Beitrag zur Vorbereitung der Beschaffung dar. Sie umfasst unter anderem die:

> 1. **ABC-Analyse**
> 2. **XYZ-Analyse**
> 3. **Kombination aus ABC- und XYZ-Analyse**

(1) Die ABC-Analyse

Da in der Praxis oft mehrere tausend verschiedene Materialien von vielen unterschiedlichen Lieferanten zu beschaffen sind, ist die ABC-Analyse im Rahmen der Rationalisierung ein wertvolles Hilfsmittel der Beschaffungsplanung.

Die Ergebnisse geben erste Anhaltspunkte für die Durchführung der Bedarfsprognose, Bestellmengen- und Bestellsystementscheidung, bei der Lieferantenanalyse und bei anderen beschaffungspolitischen Entscheidungen.

Es handelt sich bei der **ABC-Analyse** um eine **analytische Methode**, die es ermöglicht:

- das Wesentliche vom Unwesentlichen zu unterscheiden,
- die Aktivitäten schwerpunktmäßig auf den Bereich hoher wirtschaftlicher Bedeutung zu lenken und gleichzeitig den Aufwand für die übrigen Gebiete durch Vereinfachungsmaßnahmen zu senken,
- die Effizienz von Managementmaßnahmen durch die Möglichkeit eines gezielten Einsatzes zu erhöhen.

Die **Vorgehensweise** bei der **ABC-Analyse** erfolgt in 5 Schritten:

1. Errechnung des Jahresverbrauchswertes für jeden Artikel durch Multiplikation des Einzelpreises mit der jährlichen Verbrauchsmenge der Lagerdisposition in geeigneten Mengeneinheiten.
2. Wertmäßiges Sortieren und Kumulieren der Artikel in absteigender Reihenfolge.
3. Für die so vorliegende geordnete Reihenfolge bildet man anschließend eine kumulierte Aufrechnung der Jahresverbrauchswerte in Prozent.
4. Anschließend wird für jede Position der Anteil (in Prozent) an der Gesamtzahl der Positionen errechnet und kumuliert.
5. Zum Abschluss erfolgt eine Einteilung der Artikel nach ihrem kumulierten Gesamtjahresverbrauchswert in 3 Wertgruppen, wobei bei bestimmten Prozentsätzen Grenzen gezogen werden, beispielsweise:

Wertgruppe A: die ersten   **80 %** des Gesamtjahresverbrauchs,

Wertgruppe B: die folgenden **15 %** des Gesamtjahresverbrauchs,

Wertgruppe C: die letzten   **5 %** des Gesamtjahresverbrauchs.

Das Ergebnis einer solchen ABC-Analyse lässt sich sehr anschaulich tabellarisch dokumentieren.

Wertgruppe	Anzahl der Positionen	Anteil an der Gesamtzahl der Positionen (%)	Jahresverbrauchswert in Mio. €	Anteil am Gesamtwert (%)
A	6.450	21,5	96	80
B	2.850	9,5	18	15
C	20.700	69,0	6	5
Gesamt	30.000	100,0	120	100

Abb. 34: Beispiel für die Einteilung von 30.000 Materialpositionen mit einem Gesamtjahresverbrauchswert in Höhe von 120 Millionen €.

Die Tabelle sagt aus, dass

21,5 % der Positionen einen Anteil am Gesamtwert von **80 %** haben	**(A Material)**
9,5 % der Positionen einen Anteil am Gesamtwert von **15 %** aufweisen	**(B Material)**
69,0 % der Positionen einen Anteil am Gesamtwert von **5 %** haben	**(C Material)**

Die Werte der Tabelle mögen zunächst überraschen. Man wird aber derartige Situationen in sehr vielen Fällen antreffen mit teilweise sogar noch extremeren Werten. Der Tatbestand, dass es eine kleine Anzahl umsatzstarker Materialien und eine große Zahl umsatzschwacher Materialien gibt, ist überall anzutreffen und tritt in Industrieunternehmungen besonders deutlich hervor.

Die Ergebnisse der ABC-Analyse werden recht verständlich in der **Konzentrationskurve** (Lorenzkurve) dargestellt.

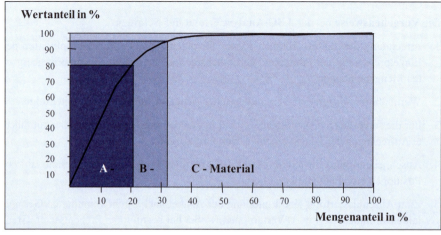

Abb. 35: Konzentrationskurve

Da eine zu große Anzahl von Materialpositionen, denen die volle Aufmerksamkeit gewidmet wird, die Effizienz der Materialwirtschaft einschränken könnten, sind die entsprechenden Konsequenzen in Bezug auf die unterschiedlichen Materialien zu ziehen.

Die hochwertigen und/oder umsatzstarken **A-Materialien** sind daher besonders sorgfältig und intensiv zu behandeln, und zwar durch[24]

- effiziente lieferantenpolitische Maßnahmen,
- eingehende Markt-, Preis- und Kostenstrukturanalysen,
- aufwendige, exakte Dispositionsverfahren,
- exakte Überwachung der Verweildauer,
- genaue Bestellterminrechnung,
- gründliche Bestandsführung und -überwachung,
- sorgfältige Festlegung der Sicherheits- und Meldebestände,
- bevorzugte Anwendung der Wertanalyse.

Die geringwertigen und/oder umsatzschwachen **C-Materialien** sind nach dem Prinzip der Arbeitsvereinfachung und Aufwandsreduzierung zu behandeln. Wegen der großen Anzahl, aber dem geringen Wert der C-Materialien, liegt hier der Schwerpunkt der allgemeinen Rationalisierung bei der Senkung der Bestellkosten vor allem durch:

- vereinfachte Bestellabwicklung,
- vereinfachte Lagerbuchführung,
- vereinfachte Bestandsüberwachung,
- höhere Sicherheits- und Meldebestände,
- telefonische Bestellungen,
- Sammelbestellungen (größere Bestellmengen).

Die Behandlung der **B-Materialien** hinsichtlich ihrer Mittelstellung sollte je nach der individuellen Bedeutung zu den A- oder C-Materialien gezählt werden. Eine mögliche Zuordnung ist dabei vom Anteil der B-Materialien am Gesamtwert abhängig.

Abschließend sollte noch erwähnt werden, dass eine ABC-Analyse nur dann Kosten senken und einsparen kann, wenn die aktuellen Daten zur Verfügung stehen und wenn die entsprechenden Maßnahmen in Bezug auf A- bzw. C-Materialien wirklich konsequent durchgeführt werden. In diesem Zusammenhang ist ersichtlich, dass es für die betriebswirtschaftlichen Ziele unabdingbar ist, die Daten für die ABC-Verteilung fortlaufend zu aktualisieren.

(2) XYZ-Analyse

Eine sinnvolle Ergänzung zur ABC-Analyse stellt die **XYZ-Analyse** dar. Sie gibt Aufschluss über die Verbrauchsschwankungen und damit die Vorhersagegenauigkeit des Materialbedarfs.

---

[24] Vgl. Hartmann, H.: Materialwirtschaft, Organisation-Planung-Durchführung-Kontrolle, Gernsbach 1993, S. 150 f.

Material-gruppe	Verbrauchs-schwankung	Vorhersage-genauigkeit	Reichweite der Bestände
X		- Hoch, d.h. der Verbrauch ist konstant bei nur gelegentlichen Schwankungen	- Gering bei fertigungssynchroner Beschaffung
Y		- Mittel, d.h. der Verbrauch unterliegt stärkeren Schwankungen (Saison, Trend)	- Hoch, bei Vorratsbeschaffung
Z		- Niedrig, d.h. der Verbrauch verläuft unregelmäßig	- Gering bei einer Beschaffung im Bedarfsfall

Abb. 36: XYZ-Analyse

Zur Festlegung der Klassen werden Werte oder Wertbereiche für die Voraussagegenauigkeit und Verbrauchskontinuität festgelegt, wie in der nachfolgenden Abbildung dargestellt. Als Kennzahl kann z.B. die mengenmäßige Verbrauchsschwankung pro Monat oder ein anderer geeigneter Koeffizient Verwendung finden. Die XYZ-Verteilung hängt dabei von den festgelegten Grenzwerten der Klassen ab.

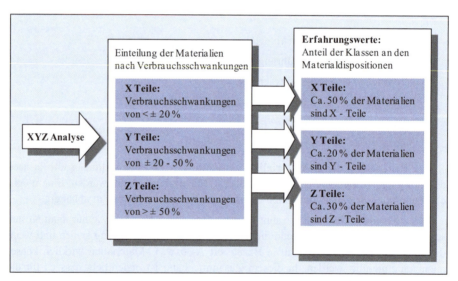

Abb. 37: Erfahrungswerte bei der Einteilung der Klassen nach Verbrauchsschwankung pro Monat

Diese Klassifizierung der Materialpositionen stellt vor allem eine Entscheidungshilfe für das Materialbereitstellungsproblem dar, d.h. bei der Beantwortung der Frage, ob für die einzelnen Teile und Materialien eine fertigungssynchrone Anlieferung, Vorratshaltung oder Beschaffung bei Bedarf vorzusehen ist. Zusätzlich kann die XYZ-Analyse bei der Entscheidungsfindung, für welche Materialien Sicherheitsbestände, Höchstbestände, Reichweiten etc. festgelegt werden sollen, helfen.

Um eine bessere Dispositionsbasis zu erhalten (Verknüpfung des Anteils am Beschaffungsvolumen mit der Vorhersagegenauigkeit), werden häufig die ABC-Analyse und die

XYZ-Analyse in einer Matrix miteinander in Beziehung gesetzt. Dieses anschließend dargestellte Schema kann zusätzlich auch Hinweise darauf geben, wo Rationalisierungspotenziale liegen.

Vorhersage-genauigkeit	Wertigkeit		
	A	B	C
X-Gruppe (hoch)	Hoher Verbrauchswert Hoher Vorhersagewert	Mittlerer Verbrauchswert Hoher Vorhersagewert	Niedriger Verbrauchswert Hoher Vorhersagewert
Y-Gruppe (mittel)	Hoher Verbrauchswert Mittlerer Vorhersagewert	Mittlerer Verbrauchswert Mittlerer Vorhersagewert	Niedriger Verbrauchswert Mittlerer Vorhersagewert
Z-Gruppe (niedrig)	Hoher Verbrauchswert Niedriger Vorhersagewert	Mittlerer Verbrauchswert Niedriger Vorhersagewert	Niedriger Verbrauchswert Niedriger Vorhersagewert

Abb. 38: Kombination der ABC-Analyse mit der XYZ-Analyse

Abschließend lässt sich für jedes Feld eine entsprechende Vorgehensweise bei der Disposition festlegen, die von unternehmensindividuellen Gegebenheiten abhängt.

3.3.3 Make-or-Buy Entscheidungsanalyse

Die **Make-or-Buy Entscheidung** ist die Entscheidung über die vertikale Produktions- und Leistungstiefe eines Unternehmens. Für den Beschaffungs-Controller stellt sich die Frage, ob es sinnvoll ist, bestimmte Güter und Leistungen vom Beschaffungsmarkt zu beziehen oder selbst zu erstellen.

Wichtige Entscheidungsgründe müssen vom Controller berücksichtigt werden, wenn zwischen Eigenfertigung oder Fremdbezug auszuwählen ist. Dabei ist eine permanente Untersuchung im Unternehmen notwendig, die mit allen betreffenden Fachressorts durchzuführen ist. Die Entscheidung für Leistungserstellung oder Fremdbezug ist immer situationsbedingt zu prüfen, wobei beachtet werden muss, dass eine Entscheidung für Fremdbezug nur schwer rückgängig zu machen ist.

In der heutigen betriebswirtschaftlichen Praxis ist ein verstärkter Trend weg von der Eigenfertigung, hin zum Fremdbezug zu verzeichnen. **Gründe** für diese **Entwicklung** sind vor allen Dingen:

– Spezialisierung in der Wirtschaft
– die Notwendigkeit der Produktkostenoptimierung auf allen Stufen der Fertigung aufgrund des steigenden Wettbewerbsdruckes
– die Verkürzung des Produktlebenszyklus
– zunehmende Kapitalintensität in der Fertigung
– immer komplexere Endprodukte
– schneller technischer Fortschritt
– Know-how und Spezialisierung des Lieferanten
– Trend zu kleinen Stückzahlen und zur Variantenvielfalt, da eine hohe Flexibilität bei Kundenwünschen erforderlich ist.

Aus den zuvor genannten Gründen wird die Frage nach Eigenfertigung oder Fremdbezug in vielen Unternehmen nicht mehr nur bei besonderen Anlässen, beispielsweise bei erforderlichen Neuinvestitionen, sondern permanent gestellt, um die Wettbewerbsfähigkeit des Unternehmens zu sichern. Dabei sollte beachtet werden, dass eine Entscheidung für Fremdbezug nur schwer rückgängig zu machen ist.

(1) Einflussfaktoren bei der Make-or-Buy Entscheidung

Die wesentlichen Einflussfaktoren bei einer Make-or-Buy Entscheidung sind nicht allein Kosten- und Finanzierungsfragen, sondern noch erheblich weitergehende unternehmensbezogene Faktoren spielen hier eine Rolle. Welche der beiden Alternativen die günstigere ist, kann daher nicht allgemeingültig entschieden werden, sondern muss in der jeweiligen Situation gründlich geprüft werden.

Die Abbildung 39 zeigt eine Gegenüberstellung von Gründen, die für Eigenfertigung und für Fremdbezug sprechen können und damit als Entscheidungshilfe dienen.

Eine wesentliche Frage, die sich ein Unternehmen beantworten sollte, ehe es über einen Fremdbezug nachdenkt ist, wo liegen die eigenen Stärken und Schwächen, d.h. wo liegen seine Kernbereiche und Kernkompetenzen. Eine Fremdvergabe von Produkten und Leistungen kann sonst zu einer starken Abhängigkeit von den Lieferanten und zu einem Know-how-Verlust führen, der nicht mehr wettzumachen ist.

Als **Kernbereiche** eines Unternehmens werden meist Bereiche, auf die eine oder mehrere der nachfolgend aufgezählten Umstände zutreffen, angesehen: Zukunftsträchtig, d.h. große Wachstumschancen; Bedeutung für die zukünftige Wettbewerbsfähigkeit; wichtige Komponenten für die Produktdifferenzierung; Imagebereiche; Bereiche mit Know-how-Vorsprung.

Dagegen sollte man über einen **Fremdbezug (Outsourcing)** bei folgenden Sachverhalten nachdenken: Vorhandensein von Kompetenzlücken; Produkte, die Massenguttteile sind; Lieferant kann kostengünstiger produzieren; Imageprodukte des Lieferanten.

Ob und über welche **Kernkompetenzen** das Unternehmen verfügt, lässt sich anhand von wenigstens drei Kriterien prüfen:

- Kernkompetenzen eröffnen potentiell den Zugang zu einem breiten Spektrum von Märkten (Schlüsseltechnologien, die in verschiedene Produkte einfließen können)
- Kernkompetenzen müssen erheblich zu den von den Kunden wahrgenommenen Produktvorzügen gehören
- Kernkompetenzen dürfen von den Konkurrenten nur schwer zu imitieren sein (z.B. durch Verbindung und Abstimmung verschiedenartiger Technologien)

Die Kenntnis seiner Kernbereiche und Kernkompetenzen ermöglicht dem Unternehmen die Festlegung, was strategische Komponenten und Produkte sind, die auf keinen Fall ausgelagert werden dürfen. Weitere Einflussfaktoren sind daraus resultierende Fragestellungen, die bei der Make-or-Buy Entscheidung berücksichtigt werden sollten und nachfolgend zusammengefasst werden.

	Gründe für Eigenfertigung	Gründe für Fremdbezug

Kosten	- Einsparung von
	  - Lieferantengewinnen und Handelsgewinnspannen
	  - außerbetrieblichen Transport- und Verpackungskosten
	- Unabhängigkeit von Preiserhöhungen bei Monopolstellung der Lieferanten
		- Geringe Stückkosten durch Spezialisierung und hohe Auslastung der Produktionsmittel
		- Verlagerung von Teilen mit geringem Beitrag zum finanziellen Unternehmenserfolg
		- Geringe Entwicklungskosten
		- Geringer Fixkostenanteil
		- Geringe Lagerhaltungskosten, insbes. bei fertigungssynchroner Anlieferung

Termine	- Schnelle Reaktion bei
	  - Modelländerungen
	  - Innovationen
	  - Produktionsschwankungen durch kürzere Informations- und Organisationswege sowie direkte Weisungsbefugnis
	- Wegfall von Transportzeiten
	- Verbesserte Kontrolle der Termine
		- Abruf von Lieferungen nach Bedarf Beseitigung von Terminengpässen in der eigenen Produktion

Qualität	- Enge Zusammenarbeit zwischen Konstruktion und Fertigung bei Neuentwicklungen und Verbesserungen - Laufende Kontrolle der Qualität - Ausnutzung eigener Schutzrechte und Fertigungs-Know-how - Aneignung spezifischen Produktions-Know-hows	- Gezielte Problemlösungen durch Spezialisierung im Entwicklungsbereich - Hohe Qualität durch Spezialisierung der Produktionsmittel - Nutzung von fremden Know-how und Erfahrungswissen

Kapazitäten	- Auslasten vorhandener Kapazitäten
	  - Personal
	  - Sachmittel
		- Abbauen von Kapazitätsengpässen
		- Vermeiden der Unterauslastung von spezialisierten Produktionsmitteln

Investitionen	- Verminderung steuerpflichtiger Gewinne durch Investitionen - Modernisierung und Spezialisierung des Sachmittelpotenzials	- Keine Kapitalbindung durch zusätzliche Investitionen - Konzentration der Finanzmittel auf wichtiges Fertigungs-Know-how
Risiko	- Geheimhaltung des vorhandenen Know-hows vor der Konkurrenz - Verhindern der Vorwärtsintegration von Lieferanten - Geheimhaltung von Neuentwicklungen	- Risikostreuung durch Verteilung auf mehrere Lieferanten - geringeres Risiko bei Produktionsrückgang oder bei Entwicklungsfehlschlägen
Absatz	- Kuppelprodukte können evtl. in das Verkaufsprogramm übernommen werden	- Hohes Qualitätsimage des Lieferanten kann zu Kundenpräferenzen führen
Sonstige	- Keine geeigneten Zulieferer auf dem Markt vorhanden - Verstärken der Unternehmensautonomie durch Erweitern der Fertigungstiefe - Transportprobleme	- Abwicklung von Gegengeschäften - Reklamationsmöglichkeiten - Bezug kleiner Stückzahlen - Spezialisierung des eigenen Unternehmens auf Produkte mit wesentlichem Know-how-Anteil

Abb. 39: Gründe für Eigenfertigung und Fremdbezug

Einflussfaktoren	Fragestellungen
Beschaffbarkeit	Ist die fragliche Leistung oder Technologie am Beschaffungsmarkt verfügbar bzw. kann sie verfügbar gemacht werden?
Versorgungssicherheit	Ist die Versorgungssicherheit des Unternehmens auch bei einer Buy-Entscheidung in gleicher Weise gewährleistet wie bei einer Eigenfertigung?
Qualität	Welchen Einfluss hat die Buy-Entscheidung auf die Produktqualität?
Investitionen	Sind bei einer Make-Entscheidung Ersatzinvestitionen zur Aufrechterhaltung der erforderlichen Kapazitäten erforderlich?
Risiken	Sind die Risiken -gleich welcher Art- bei Buy größer als bei Make?
Know-how	Können bei Fremdbezug die Vorteile eines Know-how-Vorsprungs verloren gehen?
Image	Welche Erwartungen stellen die Kunden an uns? Bewirkt ein Fremdbezug eine Imagebeeinträchtigung?
Umwelt	Löst eine Buy-Entscheidung Umweltprobleme für das Unternehmen oder werden neue geschaffen?
Gesamtkosten	Wie wirkt sich eine Buy-Entscheidung auf die Kostensituation des Unternehmens aus?

Abb. 40: Einflussfaktoren der Make-or-buy Entscheidung

(2) Vorgehensweise bei der Make-or-Buy Entscheidung

Als wesentliche **Voraussetzung** für die Make-or-Buy Entscheidung hat sich in der Praxis die bereichsübergreifende Zusammenarbeit aller relevanten Abteilungen und Teilbereiche herausgestellt. Dabei ist jedoch zu beachten, dass das MOB-Team nicht durch eine zu große Mitgliederzahl handlungsunfähig gemacht werden darf. Die Mitglieder des **MOB-Teams** kommen meist aus den Bereichen:

- Vertrieb
- Fertigung
- Marketing
- Controlling
- Forschung & Entwicklung
- Qualitätssicherung
- Materialwirtschaft
- Finanzierung
- Fertigungssteuerung
- Fertigungsplanung

Die Koordination und Leitung des Teams erfolgt durch den Projektleiter, meist einem Mitarbeiter der Materialwirtschaft. Die endgültige Entscheidung behält sich jedoch in den meisten Fällen die Unternehmensleitung vor.

Bei den klassischen Verfahren zur Entscheidungsfindung wie u. a. Kostenvergleichsrechnung und Nutzwertanalyse, fehlt zum Zeitpunkt der Entscheidungsfindung häufig die Kenntnis darüber, welche relevanten Kosten sich in welchem Umfang ändern und welche nicht quantifizierbaren Kriterien bei der Entscheidung berücksichtigt werden müssen. Da die klassischen Methoden nicht zu einer sicheren Entscheidungsfindung führen, soll hier das Analyseverfahren der CIM-Center GmbH, das eine systematische Vorgehensweise bei der „Make-or-Buy" Entscheidung ermöglicht, nachfolgend vorgestellt werden:

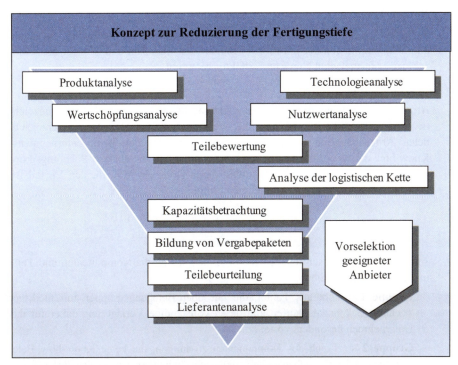

Abb. 41: Rahmenkonzept zur Reduzierung der Fertigungstiefe

- **Produktanalyse**

Die Produkte werden anhand ihrer Stücklisten in Komponenten zerlegt, die anschließend einer ABC-Analyse unterzogen werden. Dabei werden den Umsatzanteilen die Herstellungskosten zugrunde gelegt. Das Ergebnis der ABC-Analyse beeinflusst die weitere Untersuchungsreihenfolge der Teile, d.h. Teile mit einem höheren Gesamtanteil an den Herstellkosten werden bei den folgenden Untersuchungen vorgezogen.

- **Wertschöpfungsanalyse**

Bei der Wertschöpfungsanalyse werden für jede Komponente die Beaufschlagungszeiten der einzelnen Belegungsgruppen festgestellt und als Grundlage für die anschließende Teilebewertung dokumentiert. Belegungsgruppen bestehen aus Maschinen oder Abteilungen bzw. Arbeitsgängen, deren Belegungszeiten helfen, Aussagen über die Technologienutzung zu erhalten.

- **Technologieanalyse**

Bei diesem Schritt stellt die Analyse des Gruppenbelegungsplanes den Ausgangspunkt dar. Belegungsgruppen, die für das Unternehmen strategisches Know-how verknüpfen, dürfen nicht verlagert werden und erhalten daher eine besondere Kennzeichnung. Als Grundlage für die nachfolgende Nutzwertanalyse werden für die übrigen Beleggruppen Kennzahlen wie beispielsweise Automatisierungsgrad, Ersatzinvestitionsbedarf, Flächenbedarf usw. ermittelt.

- **Nutzwertanalyse**

  Für jede Belegungsgruppe wird bei der Nutzwertanalyse die Technologiekennzahl durch Aufsummieren der jeweiligen Produkte aus Kennzahl und dem für die Kennzahl zuvor festgelegten Gewichtungsfaktor bestimmt.

- **Teilebewertung**

  Arbeitsgänge mit niedriger Technologiekennzahl werden besonders gekennzeichnet, da sie eine hohe Priorität für eine Verlagerung haben. Die zuvor gekennzeichneten Arbeitsgänge bzw. Belegungsgruppen mit strategischem Unternehmens-Know-how dagegen dürfen nicht verlagert werden. Für die übrigen Belegungsgruppen wird eine Bewertungszahl ermittelt, deren Höhe ein Maß für den Vorteil ist, den eine Verlagerung dem Unternehmen bringt.

  $$\text{Bewertungszahl (BZ)} = \frac{\text{Bearbeitungszahl (TB)}}{\text{Technologiekennzahl (TK)}}$$

  Anhand der zuvor beschriebenen Kriterien lassen sich die Komponenten und Teile in vier Gruppen einteilen.

  - **Gruppe 1** besteht aus Teilen, die nur über Belegungsgruppen mit niedriger Technologiekennzahl laufen und deren vollständige Verlagerung daher für das Unternehmen besonders vorteilhaft ist.
  - **Gruppe 2** setzt sich aus Komponenten zusammen, die keine Know-how Belegungsgruppe beanspruchen und ebenfalls vollständig verlagert werden dürfen.
  - Die Teile der **3. Gruppe** nehmen zeitweise strategisches Know-how in Anspruch und sind daher für eine vollständige Fremdfertigung ungeeignet.
  - Die **letzte Gruppe** wird von Komponenten gebildet, die ausschließlich über Belegungsgruppen mit strategischem Know-how laufen und daher nur für eine Eigenfertigung in Frage kommen.

- **Analyse der logistischen Kette**

  Eine Analyse der logistischen Kette ist nur für Teile der dritten Gruppe erforderlich, da diese Teile teilweise über Belegungsgruppen mit wichtigem Know-how laufen. Diese Teile können daher nur mit Einschränkung fremdbezogen bzw. fremdgefertigt werden. Hier ist zu untersuchen, ob zusammenhängende logistische Teilketten verlagerbar sind.

- **Kapazitätsbetrachtung**

  Die Kapazitätsbetrachtung hat den Zweck, das kurz-, mittel- und langfristige Umsetzungspotenzial, unter Betrachtung des derzeitigen Kapazitätsangebots und der Kapazitätsbedarfsentwicklung, zu ermitteln.

- **Zusammenstellung von Vergabepaketen**

  In diesem Schritt werden aus den ermittelten Verlagerungspotenzialen Vergabepakete zusammengestellt. Dabei ist zu berücksichtigen, dass möglichst nur die Kapazitäten kompletter Maschineneinheiten vergeben werden dürfen. Dabei sind auch permanent unausgelastete Maschineneinheiten zu verlagern. Parallel zur Bildung von Teilpaketen wird eine Vorauswahl geeigneter Anbieter mittels detaillierter Fragebögen durchgeführt.

- **Teilebeurteilung**

  Die Teilepakete werden vor einer endgültigen Make-or-Buy Entscheidung unter den Gesichtspunkten technischer Besonderheiten sowie Produkt- und Fertigungs-Knowhow betrachtet. Dabei ist eine Betrachtung der Teile in Bezug auf die Produkthaftung besonders wichtig.

- **Analyse der potenziellen Anbieter**

  Bei der Analyse der potenziellen Anbieter werden die in Frage kommenden Lieferanten unter dem Gesichtspunkt Erfüllung von DIN ISO 9000 ff. (bzw. EN ISO 9000 ff.) sowie Wirtschaftlichkeits- und Risikogesichtspunkten betrachtet.

3.3.4 Lieferantenanalyse

Die Entscheidung für oder gegen einen Fremdbezug hängt besonders von der Leistungsfähigkeit des Lieferanten ab. Dabei bietet die Lieferantenanalyse der Unternehmensleitung differenzierte Informationen über die wirtschaftliche und technische Leistungsfähigkeit aktueller und potenzieller Lieferanten. Ihre primäre Aufgabe kann darin bestehen, dass sie vor Fehlentscheidungen und den damit verbundenen Folgen schützen soll.

Bei einer **Lieferantenanalyse** sind für die Beurteilung eines Lieferanten vor allen Dingen die folgenden Kriterien von Bedeutung:[25]

- Allgemeine **Unternehmensdaten**, dazu gehören: Gesellschaftsform, Inhaberverhältnisse, Unternehmensgröße, finanzielle Lage, Absatz- und Beschaffungsprogramm, Betriebsklima, Qualifikation des Personals, Fluktuationsrate, Image usw.

- Spezielle **produktbezogene Daten**, dazu zählt man: Fertigungskapazität, Umfang des Fertigungsprogramms, Qualität und Alter der Maschinen, Aktualität der Qualitätssicherung, Auslastung der Produktionskapazitäten, Fertigungsmethoden usw.

- **Konditionen** und **Service**, dazu gehören: Höhe des Preises, Zuverlässigkeit, Lieferfristen, Zahlungs- und Lieferbedingungen, Kundenservice, Beratungsdienst und Termintreue.

- **Beziehungen** der eigenen Unternehmung zum **Lieferanten**, dazu gehört: Prüfung der Nachfragemacht der eigenen Unternehmung, ob sie in eine Abhängigkeit zum Lieferanten gerät oder nicht; Konkurrenzbelieferung, zeitliche Dauer von Geschäftsbeziehungen, Möglichkeit von Gegengeschäften und der Abnahme von Abfallstoffen, Werbewert des Lieferanten für die eigene Unternehmung sowie räumliche Entfernung zwischen Lieferant und Abnehmer.

In der Vergangenheit stellten die **technologische Kompetenz** oder der **Preis** die wesentlichsten Kriterien bei der Auswahl und Bewertung der Lieferanten dar. Dies führte häufig zur Auswahl von Zulieferern, die zwar eine hohe technologische Kompetenz hatten oder besonders preisgünstig fertigen konnten, die aber nicht in der Lage waren, die erforderliche Qualität zu liefern. Der billigste Lieferant erwies sich dabei oft aufgrund von Produktionsausfällen durch Fehlteile, Nachbesserungen, Ausschuss, Imageverlust bei Kunden, Rechtskosten usw., die die Gesamtkosten erheblich in die Höhe treiben können, als der auf langfristige Sicht teuerste Lieferant.

---

[25] Vgl. Arnolds, H./Heege, F./Röh, C./Tussing, W.: Materialwirtschaft und Einkauf, a.a.O., S. 64 ff.

Dies führte zu der Erkenntnis, dass die Qualitätsfähigkeit eines Lieferanten zumindest von gleich großer Bedeutung wie die Bezugskosten ist, wozu auch die Produzentenhaftung, in deren Rahmen es zu den Sorgfaltspflichten des Abnehmers gehört, Lieferanten neben anderen Kriterien insbesondere nach der Qualitätsfähigkeit auszuwählen, beitrug.

Aufgrund von Entwicklungen wie u. a. der Verringerung der Fertigungstiefe, der Just-in-time-Beschaffung, der Verkürzung der Entwicklungszeiten und dem Trend zur gemeinsamen Forschung und Entwicklung nehmen die **Anforderungen** an die Lieferanten stetig zu, um die Möglichkeiten, die sich durch diese Trends ergeben, ausschöpfen zu können.

In der entsprechenden **Ausgestaltung** der **Lieferantenbeziehungen** liegt ein erhebliches Potenzial zur Nutzung von Marktvorteilen. Zur Inanspruchnahme der Vorteile, die sich aus einer Zusammenarbeit mit den Lieferanten ergeben, ist es erforderlich, sich ein klares Bild von der Leistungsfähigkeit des Lieferanten zu verschaffen. Dazu unterscheidet man drei **Kategorien von Lieferanten**:

- **Gute** Lieferanten erfüllen getroffene Abmachungen hinsichtlich Qualität, Quantität, Termin, Preis und Service.
- **Bessere** Lieferanten ergreifen selbst die Initiative, um Wege und Methoden vorzuschlagen, mit denen der Kunde seine Produkte verbessern kann.
- **Hervorragende** Lieferanten setzen die Erfordernisse des Kunden an die erste Stelle und stimmen sich auf dessen langfristige Ziele und Strategien ein, wobei sie das Wohlergehen des Kunden als ihre dringlichste Aufgabe ansehen.

Einer systematischen Vorgehensweise bei der **Bewertung von Lieferanten**, die die Basis für die objektive Auswahl des geeigneten Lieferanten darstellt, kommt daher eine stetig wachsende Bedeutung zu. Zur Gewinnung der benötigten Informationen wurden dazu im Laufe der Zeit eine Vielzahl von Methoden entwickelt; die bekanntesten sind:

- Angebotsanalyse
- Lieferantenfragebogen
- Lieferantenbesuche
- Sekundärerhebung

Strategische Wettbewerbsvorteile lassen sich auf Dauer nur erzielen, wenn der Lieferant in der Lage ist, sein Unternehmen ganz auf die Kundenanforderungen und Kundenwünsche auszurichten. Daher sind, um zu einer objektiven Beurteilung über die Eignung des Lieferanten zu kommen, eine Vielzahl von Kriterien zu betrachten, wobei sich als Hauptproblem die Festlegung von **Gewichtungsfaktoren** für eine Bewertung herausstellt. In der Abbildung 42 ist als Beispiel eine Checkliste zur Lieferantenbewertung dargestellt.[26]

---

[26] In Anlehnung an: Hartmann, H.: Lieferantenwahl und Lieferantencontrolling - Die Messlatte liegt hoch. Beschaffung aktuell. H. 5, 1993, S. 56.

Bewertungskriterien	Relative Gewichtung (1)	Skala (2)					Index (1) x (2)
		1	2	3	4	5	
Allgemeine Angaben							
– Finanzielle Situation	0,08				X		0,32
– Marktmacht	0,02		X				0,04
– Image	0,02					X	0,10
– Gesamteindruck des Unternehmens	0,02			X			0,06
Produktion							
– Alter und Funktionstüchtigkeit der Maschinen	0,06	X					0,06
– Qualifikation der Mitarbeiter in der Produktion	0,06				X		0,24
– Eignung der Maschinen für den Auftrag (z.B. Genauigkeit u. Präzision)	0,08			X			0,24
– Gesamteindruck der Produktion	0,02			X			0,06
Allgem. Angaben zur Qualitätssicherung							
– Anzahl und Qualifikation der mit der Sicherung der Qualität Beschäftigten	0,06		X				0,12
– Vorhandensein und Einhaltung von Organisationsplänen	0,02			X			0,06
– Vorhandensein von ausführlichen Prüfplänen, Prüfvorschriften oder sonstigen Anweisungen	0,04			X			0,12
– Erfassung und statistische Auswertung von Prüfergebnissen	0,04	X					0,04
– Einsatz von Methoden zur präventiven Qualitätssicherung (z.B. QFD, FMEA)	0,02			X			0,06
– Wirksamkeit von Maßnahmen zur Sicherung der Prozessqualität	0,06		X				0,12
– Wirksamkeit der Endkontrolle	0,08				X		0,32
Prüfmittel und -methoden							
– Durchführung von Erstmusterprüfungen	0,04				X		0,16
– Erfüllungsgrad der Abnehmerforderungen hinsichtlich Prüfmittel und -methoden	0,06		X				0,12
Werkstoffprüfung							
– Anzahl und Qualifikation der mit der Werkstoffprüfung befassten Mitarbeiter	0,06				X		0,24
– Eignung der vorhandenen Laboreinrichtungen in Bezug auf den Auftrag	0,06			X			0,18
Qualifikation der übrigen Mitarbeiter							
– Allgemeiner Eindruck von den Mitarbeitern	0,02		X				0,04
– Qualifikation der Mitarbeiter im Vertrieb	0,02			X			0,06
– Qualifikation der Mitarbeiter im Einkauf	0,02	X					0,02
– Qualifikation der Mitarbeiter in Forschung und Entwicklung	0,04			X			0,12
Ergebnis	1,00						2,90

Abb. 42: Checkliste zur Bewertung der Leistungsfähigkeit eines Lieferanten

Das Ergebnis der **Lieferantenbewertung** sollte dem Lieferanten zugänglich gemacht werden, da Lieferanten, die leistungswillig sind, zur Verbesserung ihrer Leistungen bereit sind, wenn man ihnen ihre Schwachstellen aufzeigt, und sich hierdurch für Abnehmer und Lieferant bei längerfristigen Geschäftsbeziehungen eine Vielzahl von Vorteilen ergeben können:

Vorteile der Lieferantenbewertung	
für den Abnehmer	**für den Lieferanten**
- Genaue Kenntnis der Leistungsfähigkeit des Lieferanten - Sicherstellung, dass die Leistungsfähigkeit (u. a. Qualitätsfähigkeit) des Lieferanten auch zukünftig gewährleistet bleibt - Risikominderung - Ausschöpfen von Kostensenkungspotenzialen im Vertrauen auf die Leistungsfähigkeit der Lieferanten - Verringerung von Sicherheitsbeständen - Reduzierung der Wareneingangsprüfung - Fertigungssynchrone Anlieferung - Verringerung der Zahl der Lieferanten auf die leistungsfähigsten, wodurch sich der logistische Aufwand reduzieren lässt - Ermöglichung der gezielten Entwicklung von Lieferanten	- Kenntnis, wie der Geschäftspartner den Lieferanten einschätzt und wo Verbesserungspotenziale sind, ermöglicht einen gezielten Einsatz von Maßnahmen - Gezielte Ausrichtung des Unternehmens auf die Bedürfnisse und Anforderungen des Abnehmers - Aufbau, Pflege und Erhaltung einer längerfristigen Geschäftsbeziehung - Sicherung oder sogar Ausweitung des Absatzvolumens beim Kunden - Kostensenkung durch längerfristige Personal- und Produktionsplanung - Längerfristige Beschaffungsplanung

Abb. 43: Vor- und Nachteile der Lieferantenbewertung

3.4 Beschaffungs-Kennzahlen

Da es kein allgemein anerkanntes Kennzahlensystem für die Beschaffung gibt, muss jedes Unternehmen die für seine Zwecke notwendigen Kennzahlen ermitteln. Die folgenden Kennzahlen sollen jedoch einige Hinweise für mögliche Kennzahlen geben.

	Kennzahl	Inhalt
01	Fehllieferungsquote	$\dfrac{\text{Zahl der Fehllieferungen}}{\text{Gesamtzahl der Lieferungen}} \cdot 100\ [\%]$
02	Lieferservice	$\dfrac{\text{Zahl der termingerecht angelieferten Ware}}{\text{Gesamtzahl der Lieferungen}} \cdot 100\ [\%]$
03	Lieferantenanteil pro Artikelgruppe	$\dfrac{\text{Lieferant(en) einer Artikelgruppe}}{\text{Gesamtzahl der möglichen Lieferanten einer Artikelgruppe}} \cdot 100\ [\%]$

Kennzahl		Inhalt
04	Relativer Anteil der Beschaffungskosten am Einkaufsvolumen	$\dfrac{\text{Beschaffungskosten}}{\text{Einkaufsvolumen}} \cdot 100\ [\%[$
05	Lieferantenmahnquote	$\dfrac{\text{Zahl der Liefermahnungen}}{\text{Zahl der Bestellungen}} \cdot 100\ [\%]$
06	Einkaufsvorteil	$\dfrac{\text{Veränderungen Einkaufspreis (\%)}}{\text{Veränderungen Verkaufspreis (\%)}}$
07	Materialreichweite	$\dfrac{\text{Durchschnittlicher Lagerbestand}}{\text{Materialeinsatz}}$
08	Kurzfristige Preisobergrenzen für A-Artikel	$\dfrac{\text{Umsatz} - \text{variable Kosten}}{\text{benötigte Einsatzmengen}}$
09	Mittelfristige Preisobergrenzen für A-Artikel	$\dfrac{\text{Umsatz} - \text{variable Kosten} - \text{abh. fixe Kosten}}{\text{benötigte Einsatzmengen}}$
10	Bewertungszahl (BZ)	$\dfrac{\text{Bearbeitungszahl (TB)}}{\text{Technologiezahl (TK)}}$
11	Optimale Bestellmenge	$\sqrt{\dfrac{200 \cdot \text{Jahresbedarfsmenge} \cdot \text{fixe Bestellkosten pro Bestellung}}{\dfrac{\text{Einstandspreis}}{\text{pro Einheit}} \cdot (\text{Zinssatz} + \text{Lagerkostensatz})}}$
12	Optimale Zahl der Bestellungen pro Periode	$\dfrac{\text{Bestellmenge pro Periode}}{\text{Optimale Bestellmenge}}$
13	Beschaffungshäufigkeit in Tagen	$\dfrac{\text{Optimale Bestellmenge} \cdot 360}{\text{Bedarfsmenge pro Jahr}}$
14	Preisindex	$\dfrac{\text{Preis im Berichtszeitpunkt} \cdot 100}{\text{Preis im Basiszeitpunkt}}\ [\%]$
15	Durchschnittlicher Bestellwert	$\dfrac{\text{Gesamtwert der Bestellungen}}{\text{Gesamtzahl der Bestellungen}}$
16	Durchschnittlicher Einkaufswert je Lieferant	$\dfrac{\text{Gesamtwert des Einkaufs}}{\text{Zahl der Lieferanten}}$
17	Bezugskostenquote	$\dfrac{\text{Bezugskosten pro Periode} \cdot 100}{\text{Gesamtwert des Einkaufs}}\ [\%]$

Abb. 44: Beschaffungs-Kennzahlen

4 Logistik-Controlling

Die **betriebliche Logistik** umfasst alle Aktivitäten zur Planung, Steuerung und Kontrolle der Lagerhaltung, des Handlings und des Transportes logistischer Objekte und damit den gesamten Materialfluss innerhalb des Betriebes sowie zwischen Betrieb und der Umwelt.

Das Logistik-Controlling übernimmt die notwendige planerische und informatorische Unterstützung und erfüllt planungsbezogene Kontrollaufgaben.

4.1 Aufgaben und Ziele

Die Ziele der Logistik müssen auf die logistischen Entscheidungen direkt anwendbar sein und zugleich zur Erreichung der Oberziele dienen. Nach den in der folgenden Abbildung wiedergegebenen Umfrageergebnissen werden in der Praxis verschiedene Ziele des Logistik-Controllings verfolgt:[27]

Ziele eines speziell auf die Logistik ausgerichteten Controllings (Stichprobenumfang 143 Unternehmen)		
• Bestandsoptimierung	60	42,0 %
• Transparenz logistischer Kosten und Leistungen	59	41,3 %
• Minimierung logistischer Kosten	59	41,3 %
• entscheidungsorientierte Informationsgewinnung	43	30,1 %
• Erhaltung der Lieferbereitschaft	32	22,4 %
• Verkürzung der Durchlaufzeiten	27	18,9 %
• Transportoptimierung	8	5,6 %
• optimale Auslastung der Produktionskapazitäten	4	2,8 %
• Minimierung der Beschaffungsrisiken	3	2,1 %

Abb. 45: Ziele des Logistik-Controllings

Der **Logistik-Controller** muss festlegen, welche langfristigen Zielsetzungen die Logistik verfolgt (z. B. Übergang von personenintensiven zu weitgehend automatisierten Prozessen, Realisierung bestandsloser Fertigung für alle A-Teile usw.). Er muss sich fragen, welche Stellung den strategischen Logistikzielen innerhalb der anderen strategischen Ziele des Unternehmens zukommt (so kann z. B. ein hoher Servicegrad als Logistik-Ziel die Rolle einer notwendigen Voraussetzung für andere strategische Ziele einnehmen).[28]

Zudem ist zu prüfen, ob operative und strategische Ziele vereinbar sind (z. B. eine Senkung der Logistik-Kosten durch Leistungsreduzierung mit dem Ziel höherer Kundennähe).

Ausgehend von den Zielsetzungen, lassen sich die Controllingaufgaben in drei Bereiche einteilen:

---

[27] Vgl. Küpper, H.-U.: Logistik-Controlling, in: Controlling, Heft 4, 1992, S. 124 ff.
[28] Vgl. Weber, J.: Logistik-Controlling, 4. Aufl., Stuttgart 1995, S. 27.

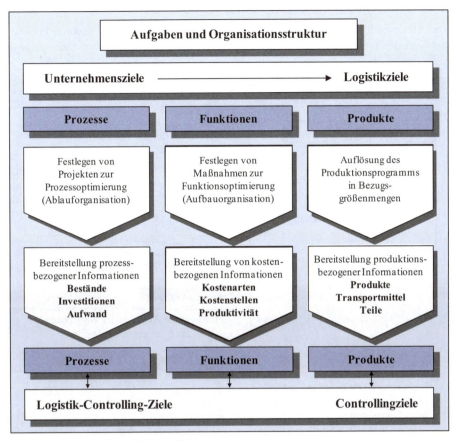

Abb. 46: Aufgaben des Logistik-Controllings

Voraussetzungen zur **Implementierung** eines Logistik-Controllings sind:

– grundsätzliche Bereitschaft im Unternehmen, der zunehmenden Bedeutung der Gemeinkostenbereiche betriebswirtschaftlich gerecht zu werden
– Vorhandensein einer logistischen Denkweise in der Unternehmensleitung, die den logistischen Funktionen einen entsprechenden Stellenwert im Unternehmen zuweist
– ein ausreichend großer logistischer Leistungsumfang, der ein rationalisierungsfähiges Potenzial birgt und damit Controlling erforderlich macht und rechtfertigt
– Abgrenzbarkeit der logistischen Leistungen von den übrigen Unternehmensfunktionen

4.2 Strategisches Logistik-Controlling

Bei der Gestaltung der strategischen Planung muss der Logistik-Controller analysieren, welche Bedeutung der Logistik im Unternehmen zukommt.

Durch den Einsatz strategischer Instrumente, wie z. B. strategische Budgetvorgaben und Portfolio-Analysen, kann der Logistik-Controller Informationen bereitstellen, die wichtige Rationalisierungspotenziale aufzeigen.

4.2.1 Aufstellung von Logistikbudgets

Die Abstimmung bereichsinterner Strategievorschläge muss mit den anderen Funktional- und den Geschäftsfeldstrategien abgestimmt werden. Diesen Prozess der strategischen Budgetierung zeigt die folgende Abbildung:[29]

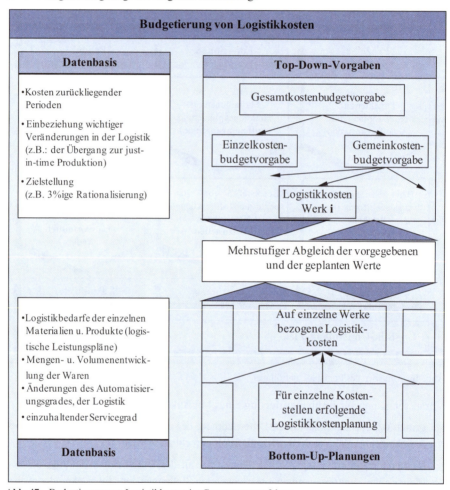

Abb. 47: Budgetierung von Logistikkosten im Gegenstromverfahren

Der Logistik-Controller erhält durch den Abgleich der top-down und bottom-up ermittelten Werte ein werksbezogenes Logistikkostenbudget, das die Grundlage der einzelnen Logistikkostenstellen ist.

Die dargestellte **Budgetierung** im **Gegenstromverfahren** verlangt auf der logistikprozessbezogenen Planungsseite (z.B. in einer Transport-Kostenstelle) detaillierte, analytisch ermittelte Informationen über den Zusammenhang zwischen Material- bzw. Warenmengen, Logistik-Leistungsmengen und Mengen von Einsatzfaktoren (Transportarbeiter, Gabelstapler, Diesel usw.)

---

[29] Vgl. Weber, J.: Logistik-Controlling, a.a.O., S. 31.

4.2.2 Logistik-Portfolio

Die Portfolio-Analyse zeigt dem Logistik-Controller, wie sich die Logistik-Konzepte auf die Logistik-Attraktivität und die Fähigkeiten des eigenen Unternehmens zur Umsetzung auswirken.[30]

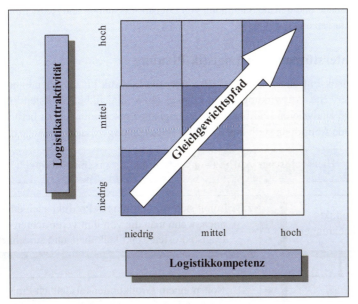

Abb. 48: Logistik-Portfolio

Logistik-Attraktivität, d.h. die Einschätzung des Erfolgspotenzials für ein Unternehmen, wird durch Kostensenkungsmöglichkeiten und Leistungssteigerungsmöglichkeiten bestimmt. Die Logistik-Kompetenz stellt die Fähigkeit des Unternehmens dar, das Konzept der Logistik in Planung und Durchführung optimal umzusetzen.

Im Anschluss an die Platzierung der Logistik erfolgt die Aufstellung der **Normstrategien**. Handlungsbedarf besteht bei hoher Logistik-Attraktivität und geringer Logistik-Kompetenz. Dann stellt sich die Frage, ob eine schnelle Veränderung bzw. Einführung von Logistik-Leistungen am besten durch das Einschalten von Logistik-Dienstleistern zu erreichen ist (Tendenz zum Kauf von Logistik-Leistungen und -Know-how).

Im umgekehrten Fall (niedrige Logistik-Attraktivität und hohe Logistik-Kompetenz) erscheint die Entwicklung eines neuen Geschäftsbereichs Logistik (Anbieter von Logistik-Dienstleistungen) als eine mögliche, sinnvolle Strategie. Ebenfalls ausgewiesen ist die Zone von Ausgewogenheit zwischen Kompetenz und Attraktivität, die man als **Gleichgewichtslinie** bezeichnen kann. Bei sowohl hoher Attraktivität als auch Kompetenz müssen Maßnahmen überlegt werden, um diesen Vorsprung zu halten.

Auch wenn eine Einordnung in die genannten Kategorien kompliziert und meistens nicht eindeutig ist, führen diese Analysen dennoch zu nutzbringenden Diskussionen und erhöhen die Kenntnisse des eigenen logistischen Leistungsvermögens.

---

[30] Vgl. Weber, J.: Logistik-Controlling, a.a.O., S. 25.

4.3 Operatives Logistik-Controlling

Das operative Logistik-Controlling muss Entscheidungsmethoden und Informationen bereitstellen, um innerhalb einzelner Planungsfelder anstehende Entscheidungen vorzubereiten und diese mit Zahlen zu untermauern. Die Unterstützung der Logistik-Planung durch eine umfassende und genaue Sammlung von Logistik-Leistungs- und -Kosteninformationen ist die Voraussetzung.

4.3.1 Unterstützung der Logistik-Planung

Viele Logistik-Entscheidungen betreffen über die Logistik hinausgehend andere Unternehmensbereiche. Auswirkungen von Logistik- bzw. logistikbeeinflussten Entscheidungen sind zu analysieren und bei weiteren Logistik-Entscheidungen zu berücksichtigen. Die folgende Abbildung stellt hierarchische Entscheidungszusammenhänge dar.[31]

Abb. 49: Hierarchie von Logistik- bzw. logistikbeeinflussten Entscheidungen

---

[31] Vgl. Weber, J.: Logistik-Controlling, a.a.O., S. 29.

4.3.2 Logistische Kosten- und Leistungsrechnung

Die logistische Kosten- und Leistungsrechnung muss **3 grundsätzliche Funktionen** erfüllen:

1. Selektion und Übernahme der Leistungs- und Kostendaten auf Ist-Basis aus den operativen Systemen der Logistik und der zentralen Kostenrechnung, sowie der Parameter für geplante Leistungen und Kosten aus dem Produktionsprogramm und den logistischen Projekten.
2. Verrechnung und Aggregation der Ist- und Planleistungen und -kosten im Hinblick auf Prozesse, Funktionen und Produkte.
3. Ausgabe und Dokumentation der Informationen, abgestimmt auf die Erfordernisse der logistischen Entscheidungsebenen.

Voraussetzung dafür ist, dass zunächst eine systematische Erfassung der in der betrieblichen Logistik entstehenden Leistungen und Kosten erfolgt. Eine logistische Leistung besteht darin, ein bestimmtes Gut in der definierten Menge, zu einem vorgegebenen Zeitpunkt, an einem bestimmten Ort ohne Qualitätsverlust zur Verfügung zu stellen.

Die Vielgestaltigkeit der Logistik-Leistungen und ihr Charakter als Dienstleistung erschweren den Aufbau und Betrieb der logistischen Leistungsrechnung. Die folgende Abbildung stellt die unterschiedlichen Leistungsebenen dar:[32]

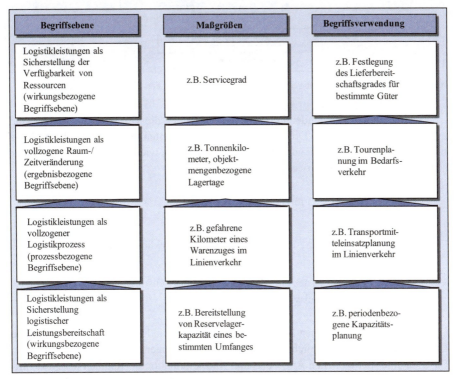

Abb. 50: Unterschiedliche „Schichten" von Logistik-Leistungen

---

[32] Vgl. Weber, J.: Logistik-Controlling, a.a.O., S. 50.

Eine differenzierte Erfassung der erbrachten logistischen Leistungen erfordert eine systematische Suche nach möglichen Datenquellen. Die Erfassungsgenauigkeit sollte sich dabei an den vorhandenen Leistungserfassungseinrichtungen orientieren.

Um die Wirtschaftlichkeit logistischer Prozesse beurteilen zu können, ist es erforderlich, den logistischen Leistungen, neben den entsprechenden Maßgrößen der logistischen Aktivitäten, auch die entsprechenden Kosten zuzuordnen:

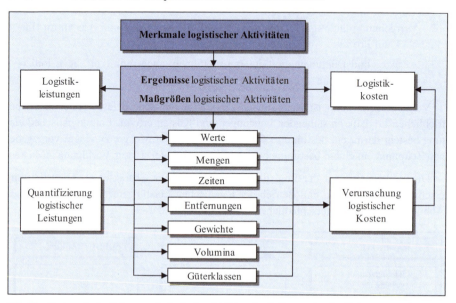

Abb. 51: Systematische Erfassung der in der betrieblichen Logistik entstehenden Leistungen und Kosten[33]

Nachdem die zu erfassenden Leistungen definiert und die Verfahren ausgewählt sind, muss eine zweckgerichtete Differenzierung der Kostenarten und die Einrichtung logistikbezogener Kostenstellen vorgenommen werden. Als wichtigste Kostenarten unterscheidet man zweckmäßigerweise:

- Fremdleistungskosten für Transport und Lagerung,
- Personalkosten,
- Kosten für Transport-, Handling-, Lager-, Verpackungs-, Büro- und sonstige Logistik-Anlagen sowie
- sonstige Logistik-Kosten für Material, Energie, Dienstleistungen, Steuern, Versicherungen, Zinsen usw.

Zu den logistikbezogenen Kostenstellen gehören mindestens die Warenannahme, Eingangslager, innerbetrieblicher Transport, Fertigteilelager, Versand und Distribution. Das Ziel einer betrieblichen Angebots- und Nachkalkulation im Rahmen der Kostenträgerrechnung kann der Logistik-Controller durch die Einführung differenzierter Zu-

---

[33] Vgl. Reichmann, T.: Controlling mit Kennzahlen und Management-Tools, a.a.O., S. 420.

schläge für die Logistik erreichen. Die folgende Abbildung stellt schematisch die Einbindung der Logistik in die traditionelle Kostenrechnung zusammenfassend dar:

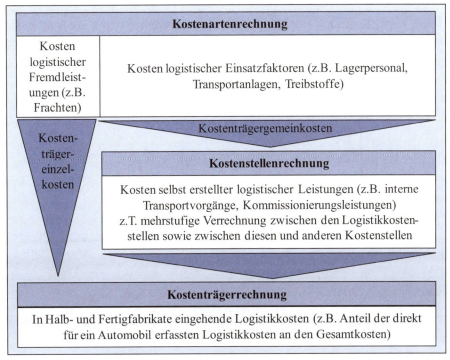

Abb. 52: Schematische Darstellung der Einbindung der Logistik in die traditionelle Kostenrechnung[34]

4.3.3 Lieferbereitschaftsgrad

Der Logistik-Controller muss im Unternehmen sicherstellen, dass jeweils nach der „optimalen" Leistungs-Kosten-Kombination gesucht wird. Aus wirtschaftlicher Sicht sind die Bereitstellungsprozesse im Logistik-Bereich in einer günstigen Kosten-Leistungs-Relation durchzuführen. Ein Sicherheitsbestand, der die Bedarfsanforderungen zu 100% erfüllt, ist unwirtschaftlich, weil der durchschnittliche Lagerbestand und die Kosten der Lagerhaltung stark ansteigen würden. Aus diesem Grunde wird eine Kennzahl, der so genannte **Lieferbereitschaftsgrad (LBG)**, festgelegt.

Der Lieferbereitschaftsgrad gibt an, mit welcher Wahrscheinlichkeit ein Lager Bedarfsanforderungen ausführen kann, und lässt sich rechnerisch wie folgt ermitteln:

$$LBG = \frac{\text{Anzahl der voll gedeckten Bedarfsanforderungen}}{\text{Anzahl der gesamten Bedarfsanforderungen}} \cdot 100$$

In der Regel begnügt man sich mit einem Lieferbereitschaftsgrad von 90 bis 95%, d.h. das Lager kann wahrscheinlich 90 bis 95 von 100 Bedarfsanforderungen decken.

---

[34] Vgl. Weber, J.: Logistik-Controlling, a.a.O., S. 97.

In der Abb. 53 wird dargestellt, in welchem Maße die Lagerhaltungskosten bei einer Erhöhung des Lieferbereitschaftsgrades ansteigen:

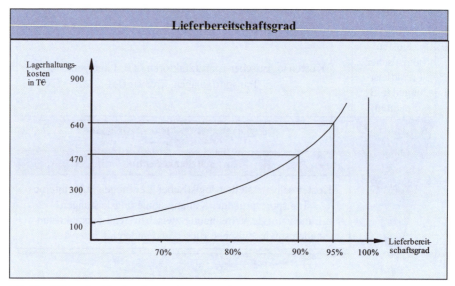

Abb. 53: Abhängigkeit der Lagerhaltungskosten vom Lieferbereitschaftsgrad

Es ist jedoch zu beachten, dass neben den Lagerhaltungskosten auch die Fehlmengenkosten bei der Festlegung des Lieferbereitschaftsgrades zu berücksichtigen sind.

Fehlmengenkosten entstehen dann, wenn ein Auftrag, den das Unternehmen angenommen hat, wegen in unzureichender Menge und Qualität zur Verfügung stehender Materialien nicht ausgeführt werden kann.

Sie sind im Wesentlichen von der Höhe des Lieferbereitschaftsgrades abhängig. Bei einem Lieferbereitschaftsgrad von beispielsweise 90 % entstehen nur geringe Fehlmengenkosten, bei einer Senkung auf 60 % besteht die Gefahr wesentlich höherer Fehlmengenkosten. Diesen Sachverhalt verdeutlicht die folgende Abbildung:

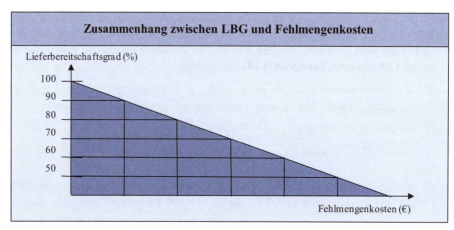

Abb. 54: Zusammenhang zwischen Lieferbereitschaftsgrad und Fehlmengenkosten

4.4 Logistik-Kennzahlen

Auch für den Logistikbereich lassen sich verschiedene Kennzahlen ermitteln:

	Kennzahl	Inhalt
01	Gesamtumschlagshäufigkeit	$\dfrac{\text{Umsatz}}{\text{Lagerbestand}}$
02	Logistik-Gesamtkosten pro Umsatzeinheit	$\dfrac{\text{Logistik-Gesamtkosten}}{\text{Umsatzeinheiten}}$
03	Lieferbereitschaftsgrad (insgesamt)	$\dfrac{\text{Anzahl termingerecht ausgelieferter Bedarfsanforderungen}}{\text{Gesamtzahl der Bedarfsanforderungen}}$
04	Durchschnittliche Warenannahmezeit	$\dfrac{\text{Warenannahmezeit gesamt}}{\text{Anz. eingehender Sendungen pro Monat}}$
05	Kosten pro Lagerbewegung	$\dfrac{\text{Lagerpersonalkosten u. -nebenkosten}}{\text{Lagerzugänge u. Lagerabgänge}}$
06	Kosten pro eingehender Sendung	$\dfrac{\text{Warenannahmekosten insgesamt}}{\text{Anz. eingehender Sendungen pro Monat}}$
07	Lagerkapazitätsauslastungsgrad	$\dfrac{\text{effekt. Lagerkapazitätsauslastung}}{\text{max. mögliche Kapazitätsauslastung}}$
08	Verweildauer in Wareneingangskontrolle	Verweildauer pro Prüfposition $\cdot$ zu prüfende Position pro Lieferschein
09	Durchschnittliche Transportkosten pro Transportauftrag	$\dfrac{\text{Transportkosten insgesamt}}{\text{Anz. durchzuführend. Transportaufträge}}$
10	Durchschnittliche Transportkosten pro Werkstattauftrag	$\dfrac{\text{Transportkosten}}{\text{Anz. transportierter Werkstattaufträge}}$
11	Kapitalbindung ruhender Bestände	Wert ruhender Bestände in der Fertigung $\cdot$ Lagerzeit $\cdot$ i
12	Umschlagshäufigkeit für Fertigprodukte	$\dfrac{\text{Wert d. Lagerabgangs an Fertigprodukten}}{\text{Lagerbestand}}$
13	Lagerreichweite in Tagen	$\dfrac{\text{durchschnittlicher Lagerbestand}}{\text{durchschnittlicher Bedarf pro Tag}}$
14	Optimaler Lagerbestand	Obergrenze = Eiserner Bestand + opt. Bestellmenge Untergrenze = Eiserner Bestand

Abb. 55: Logistik-Kennzahlen

5 Produktions-Controlling

Die Produktionswirtschaft ist der Unternehmensbereich der betrieblichen Leistungserstellung mittels Kombination von Produktionsfaktoren. Von besonderer Bedeutung ist das Produktions-Controlling in zukunftsorientierten Unternehmen. Schneller Technologiewandel und die damit angestrebte Produktivitätsverbesserung erfordern das Controlling im Produktionsbereich.

5.1 Aufgaben und Ziele

Das auf die Erhaltung und Verbesserung des Erfolgs ausgerichtete Produktions-Controlling hat in erster Linie die Wirtschaftlichkeit des Produktionsprozesses sicherzustellen.

Zielgrößen des **Produktions-Controllings** im Hinblick auf die Unternehmensziele sind:[35]

- Kosten
- Produktivität
- Produktionsmenge
- Qualität

Zieht man als Beispiel die Kostenreduzierung heran, so kann hier eine weitere **Aufspaltung** von **Unterzielen** vorgenommen werden:

- Standardisierung von Erzeugnissen
- Verringerung der Fertigungstiefe
- Ausschussminimierung
- Art des Fertigungsverfahrens
- Rationalisierung

Das Hauptaufgabengebiet liegt in der Überwachung der Produktionskosten. Produktionskosten definiert man als bewertete Produktionsfaktoreinsatzmengen, die der Leistungserstellung und der Aufrechterhaltung der Betriebsbereitschaft dienen. Der Produktions-Controller soll die wesentlichen Auswirkungen auf das Erfolgsziel der Unternehmung funktionsnah, d.h. direkt im Produktionsbereich, erfassen und bei negativer Ausprägung möglichst direkt bereichsbezogene Gegensteuerungsmaßnahmen initiieren.

Die **Aufgabenschwerpunkte** des Produktions-Controllings sind:

- Entwicklung von Zielvorgaben für die Produktivitätsplanung mit Hilfe von Produktivitätsrechnungen
- Aufstellung eines Maßnahmenkatalogs zur Produktivitätssteigerung. Dieser Katalog beinhaltet zum Beispiel Maßnahmen zur Verkürzung der Durchlaufzeiten, Minimierung des Materialeinsatzes oder die Erhöhung der Materialumlaufgeschwindigkeit
- Planung der Produktionsmenge einzelner Produkte und Produktgruppen
- Planung der Kapazitätsentwicklung und Kapazitätsauslastung
- Entwicklung von Anpassungsmaßnahmen im Produktionsbereich zur Vermeidung einer Kostenremanenz

---

[35] Vgl. Peemöller, V.: Controlling, a.a.O., S. 394 f.

- Ermittlung von Betriebsunterbrechungskosten
- Verhinderung der Ausschussproduktion, z.B. durch Installation von effizienten Qualitätskontrollen im Produktionsprozess.

5.2 Strategisches Produktions-Controlling

Das strategische Produktions-Controlling unterstützt die strategische Planung mit der Bereitstellung von Informationen, die sich auf die kostenmäßigen Auswirkungen neuer Technologien und Investitionen im Produktionsbereich beziehen.

5.2.1 Fertigungstechnologien

Werden Fertigprodukte in ihre Einzelprodukte bzw. in Baugruppen zerlegt, können auf jeder Fertigungsstufe unterschiedliche Technologien zur Anwendung kommen.

Zuerst sind die in Frage kommenden **Technologien** zu identifizieren und zu beurteilen, bevor im Unternehmen in neue Fertigungsverfahren investiert wird. Anschließend werden strategische Stoßrichtungen mit Hilfe eines Technologie-Portfolio festgelegt.[36]

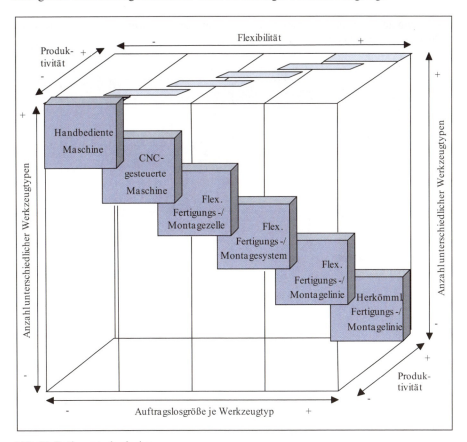

Abb. 56: Fertigungstechnologien

---

[36] Vgl. Ziegenbein, K.: Controlling, a.a.O., S.240 ff.

Es stellt sich die Frage, ob die Fertigprodukte in hoher Stückzahl produziert werden sollen (Serienfertigung) oder ob bei jeder Fertigungsstufe auf möglichst hohe Flexibilität geachtet werden soll (flexible Fertigung).

Eine **hohe Flexibilität** erlaubt einen schnellen Produktwechsel, eine sofortige Anpassung an sich ändernde Kundenwünsche und zeugt von einer hohen Innovationsfähigkeit des Unternehmens. Für eine wirtschaftliche Fertigung muss es aber auch möglich sein, die teuren technischen Einrichtungen mit alternativen Einsatzarten zu belegen.[37]

Die Ableitung strategischer Stoßrichtungen kann wie beim FuE-Controlling mit Hilfe eines Technologie-Portfolio erfolgen. Eine Hauptaufgabe ist die von Unternehmen weitgehend unbeeinflussbare Umweltsituation im Technologiebereich (z. B. Anwendungsbreite, Weiterentwicklungspotenzial, ökologische Verträglichkeit, d. h. Risiken und Chancen einer Verbesserung der technischen Leistung), also die **Technologieattraktivität**.

Die andere Hauptaufgabe ist die **Ressourcenstärke** des Unternehmens. Hierunter wird die Fähigkeit zur Entwicklung und Anwendung von Technologien (Stärken und Schwächen der relativen Technologieposition) sowie die Möglichkeit der Realisierung des Technologiepotenzials (etwa Vorhandensein von Finanzmittel und Fachpersonal, Zeitbedarf) verstanden.[38]

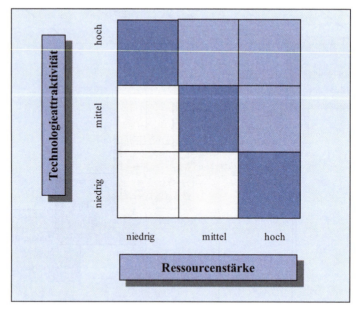

Abb. 57: Technologie-Portfolio

Ähnlich wie der FuE-Controller kann der Produktions-Controller dem Fachbereich Handlungsempfehlungen geben, indem er die Situation analysiert, die Informationen aufbereitet und diese transparent darstellt:

---

[37] Vgl. Hering, E./Zeiner, H.: Controlling für alle Unternehmensbereiche, 3. Aufl., Stuttgart 1995, S. 55.
[38] Vgl. Ziegenbein, K.: Controlling, a.a.O., S. 246.

Handlungsempfehlungen	
Einstieg und Ausbau	Es gilt in Nachwuchs- und Spitzentechnologie zu investieren, Erfahrungen damit zu sammeln und das Know-how in Wettbewerbsvorteile umzusetzen.
Rückzug	Die Entwicklung ausgereizter Technologien ist einzuschränken bzw. abzubauen. Gegebenenfalls kann ein Zukauf oder die Imitation vorgesehen werden.
Selektion	Technologischen Vorsprung halten, ausbauen oder aussteigen.

Abb. 58: Handlungsempfehlungen

5.2.2 Produktionskapazität

Die **Produktionskapazität**, d. h. das mengenmäßige Leistungsvermögen (Sachpotenzial) einer Betrachtungseinheit (Maschine, Maschinengruppe, Werkstatt, Betrieb) wird durch folgende Größen bestimmt:[39]

Größen der Produktkapazität
• Der **Produktionsquerschnitt** bezeichnet das zu einem bestimmten Zeitpunkt existierende Durchlassvermögen, das sowohl durch die sachlichen und personellen Kräfte und die Art ihres Zusammenwirkens bestimmt wird, als auch durch die Art der zu erstellenden Leistung.
• Die **Produktionsdauer** legt die maximal mögliche Nutzungszeit des Produktionsquerschnitts fest.
• Die **Produktionsgeschwindigkeit** gibt an, wie stark der Produktionsquerschnitt während seiner Nutzungszeit maximal beansprucht werden kann.

Die Produktionskapazität lässt sich durch Investitionen bzw. Desinvestitionen erhalten, vergrößern oder reduzieren, sofern Produktionsdauer und -geschwindigkeit konstant bleiben.

Ebenso lässt sich die Produktionskapazität erhöhen, wenn ceteris paribus die Lern- und Spezialisierungseffekte der Erfahrungskurve zu einer Erhöhung der Produktionsgeschwindigkeit (z. B. infolge geringerer Anlauf- und Stillstandszeiten von Maschinen) und/oder einer Erhöhung der Ausbeute (etwa durch Reduzierung von Abfall, Ausschuss bzw. Nacharbeit) führen.

---

[39] Vgl. Ziegenbein, K.: Controlling, a.a.O., S. 324 f.

5.2.3 Investitionsintensität

Das Investitionsverhalten und die Notwendigkeit neuer Investitionen werden durch eine Analyse des Altersaufbaus der Einrichtungen in einer Unternehmung deutlich.

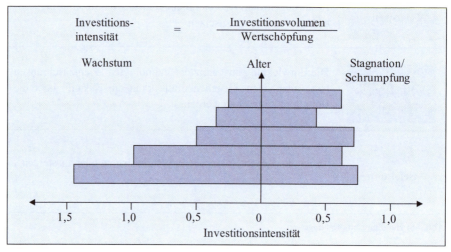

Abb. 59: Investitionsintensität

5.3 Operatives Produktions-Controlling

Das operative Produktions-Controlling beschäftigt sich mit der laufenden Überwachung der Wirtschaftlichkeit des Produktionsbereichs. Ungewollte Kostenentwicklungen können mit Abweichungsanalysen rechtzeitig aufgedeckt werden. Nutz-, Leer- und qualitätsbezogene Kosten müssen vom Produktions-Controller überwacht werden.

5.3.1 Soll-Ist-Abweichungsanalyse

Die zentrale Bedeutung der **Soll-Ist-Abweichungsanalyse** für das Controlling ergibt sich aus der Tatsache, dass zielgerichtetes Handeln von Wirtschaftssubjekten zwangsläufig die Frage nach dem erreichten Zielniveau beinhaltet, um gegebenenfalls bei Zielabweichungen rechtzeitig Gegensteuerungsmaßnahmen vornehmen zu können.[40] Das Produktions-Controlling hat deshalb Soll-Ist-Abweichungen zu ermitteln und daran anschließend eine Ursachenanalyse der Abweichungen durchzuführen, um so Ansatzpunkte für zukunftsorientierte Gegensteuerungsmaßnahmen zu finden. Somit stehen Abweichungen im Mittelpunkt eines auf die Zukunft ausgerichteten Controllings.

Die Ermittlung der Abweichungen zwischen geplanten Kosten und Ist-Kosten wird in der Regel einmal monatlich für alle Kostenarten je Kostenstelle durchgeführt. Die auftretenden Abweichungen zwischen Ist-Kosten und der Plankostenvorgabe (Budget) können durch Preisabweichungen, Beschäftigungsabweichungen und Verbrauchsabweichungen entstehen.

---

[40] Vgl. Reichmann, T.: Controlling mit Kennzahlen und Management-Tools, a.a.O., S. 363.

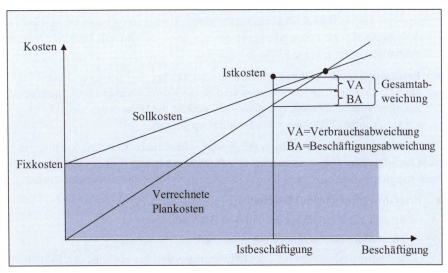

Abb. 60: Abweichungsanalyse

Unabhängig davon, ob eine Unter- oder Überbeschäftigung vorliegt, lassen sich Abweichungen nach folgendem Schema berechnen:

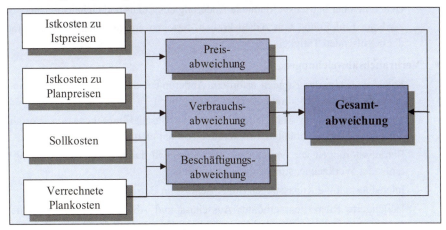

Abb. 61: Berechnungsschema für Abweichungen

Darin sind:

- **Preisabweichung**, die sich nur für solche Kostenarten feststellen lässt, die ein geplantes Mengen- und Preisgerüst haben, wie die Löhne bzw. Gehälter. Verantwortlich sind Kostenstellen nur dann, wenn sie Einfluss auf die Preise (etwa Tarife) haben, was in den meisten Fällen eher unwahrscheinlich ist.

- **Verbrauchsabweichung** als Mengenabweichung, die grundsätzlich von den Kostenstellen zu vertreten sind. Durch eine kumulative Abweichungsanalyse lassen sich vielfach spezielle Abweichungen (wie z.B. Seriengrößen-, Maschinenbelegungs-, Intensitäts-, Bedienungsverhältnisabweichungen) abspalten, so dass die übrige Abweichung auf (Un-)Wirtschaftlichkeit hindeutet. Wo keine direkte Beeinflussungsmöglichkeit mehr besteht, ist die Ermittlung von Verbrauchsabweichungen schwierig, weil nur noch zwei Systemzustände möglich sind: Das System arbeitet entweder programmgemäß ohne Mengenabweichung oder es steht still, weil eine Störung aufgetreten ist bzw. keine Aufträge vorliegen.

- **Beschäftigungsabweichung** gibt an, ob und welcher Teil der fixen Kosten ungenutzt (leer) bleibt. Die Kostenstellen sind für die Kostenremanenz bei Unterbeschäftigung grundsätzlich nicht verantwortlich, weil sie die Höhe der zu viel oder zu wenig verrechneten Fixkosten kaum beeinflussen können.

Abweichungen haben entweder zufällige oder systematische Ursachen. Zufällige, d. h. nicht beeinflussbare Ursachen, können sich durch Veränderungen in den erwarteten Umweltbedingungen oder unvorhersehbaren Störungen in Unternehmensprozessen ergeben:

- **Preisabweichung beim Material**:
  - Strukturelle Verschiebungen auf dem Beschaffungsmarkt
  - Materialpreisschwankungen (konjunkturell oder saisonal)
  - Verhaltensänderungen bei der Lieferantenauswahl, Markterkundung, Bestellhäufigkeit, Preisverhandlungen des Einkaufs usw.

- **Preisabweichung bei Arbeitsleistungen**:
  - Strukturelle Veränderungen des Arbeitsmarktes
  - Generelle oder betriebsindividuelle Änderung des Lohn- und Gehaltsniveaus
  - Zu hohe Entlohnung von Arbeitskräften, bezogen auf den Schwierigkeitsgrad der betreffenden Tätigkeit

- **Verbrauchsabweichungen**:
  - Sonderwünsche der Kunden erfordern Änderungen der Auftragszusammensetzung, der Produktgestaltung oder der Seriengrößen
  - Verwendung anderer Materialien infolge von Beschaffungsengpässen, Verfahrensumstellungen, veränderter Materialeigenschaften und -qualitäten
  - Betriebsstörungen wie Maschinenstillstände (etwa durch mangelnde Wartung), fehlender Werkzeuge, stockender Materialfluss
  - Intensitätsmäßige Anpassungen (im Anschluss an Betriebsstörungen)
  - Verlängerte Rüstzeiten, erhöhter Ausschuss und Abfall durch Fehler in der Arbeitsorganisation, mangelnde Sorgfalt beim Umgang mit dem Material

- **Beschäftigungsabweichung**:
  - Änderungen des meist absatzwirtschaftlichen Beschäftigungsgrades (keine Kostenüber- oder -unterschreitungen, sondern um zu wenig oder zu viel verrechnete Fixkosten, weil in der Vollkostenrechnung die fixen Kosten proportionalisiert werden)

Die Abweichungsursachen gelten demgegenüber als systematisch, d. h. sie sind vom Handlungsträger beeinflussbar, wenn der Budgetansatz falsch war, Unstimmigkeiten bei den Durchführungsanweisungen (Verfahrensfehler, fehlende Abstimmung) bestanden und/oder ganz allgemein bei Ausführungsfehlern.[41]

---

[41] Vgl. Ziegenbein, K.: Controlling, a.a.O., S. 459 f.

5.3.2 Nutz- und Leerkostenanalyse

Bei der laufenden Kapazitätsauslastungskontrolle muss der Produktions-Controller auf eine möglichst hohe Kapazitätsauslastung achten. Zweck einer laufenden Auslastungskontrolle ist der tendenzielle Abbau von Leerkosten bzw. die Erreichung eines möglichst hohen Nutzkostenanteils.

Unter **Leerkosten** versteht man denjenigen Fixkostenanteil, der durch die Ist-Beschäftigung im Verhältnis zur maximal möglichen (bzw. normal genutzten) Kapazität nicht ausgenutzt wird. Analog dazu bezeichnen die Nutzkosten denjenigen Fixkostenanteil, der durch die Ist-Beschäftigung bezogen auf die maximal bzw. normal mögliche Kapazität ausgenutzt wird. [42]

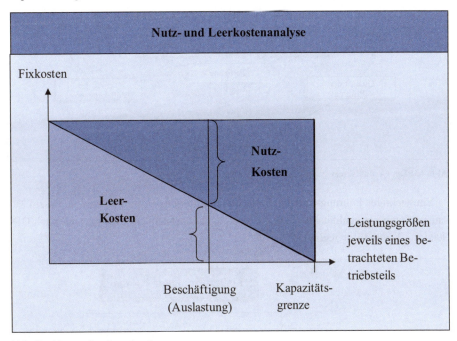

Abb. 62: Nutz- u. Leerkostenanalyse

Die Fertigungskapazitäten führen zu erheblichen Fixkosten, die oft erst mit wachsender Kapazitätsauslastung zu Nutzkosten werden.

5.3.3 Qualitätssicherung (QS)

Die **Qualitätssicherung** ist eine bereichsübergreifende Führungsaufgabe. An der Entstehung sind alle Unternehmensfunktionen direkt oder indirekt beteiligt. Daher hat gerade der Controller mit seiner bereichsübergreifenden Funktion Anteil am Qualitätsgeschehen im Unternehmen und trägt aufgrund dieser Tatsache auch die Verantwortung für die Sicherung seines Qualitätsanteils.

---

[42] Vgl. Jung, H.: Allgemeine Betriebswirtschaftslehre, a.a.O., S. 488.

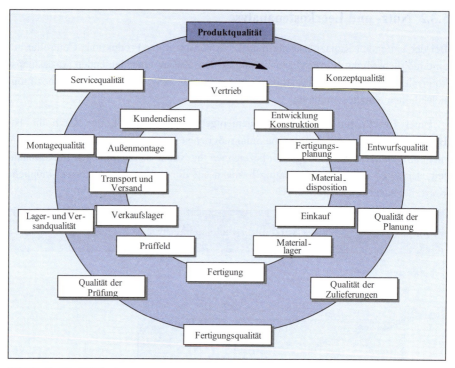

Abb. 63: Der Qualitätskreis

Ein wichtiges Führungsinstrument für den Produktions-Controller sind in diesem Zusammenhang die qualitätsbezogenen Kosten. Qualitätsbezogene Kosten sind (nach DIN 9004/6.3.1) wie folgt gegliedert:

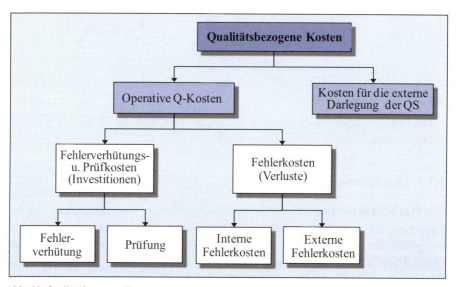

Abb. 64: Qualitätsbezogene Kosten

Es handelt sich hierbei um Aufwendungen für QS-Maßnahmen einschließlich der Qualitätsnachweise (Qualitätsprüfung und Dokumentation) und Aufwendungen für die Fehlererkennung und Fehlerverhütung.

Kostenkategorien sind:

- **Fehlerverhütungskosten:** Alle Kosten, die für fehlerverhütende und/oder vorbeugende Tätigkeiten im Rahmen der Qualitätssicherung verursacht sind. Fehlerverhütungskosten entstehen nicht nur im Qualitätswesen, sondern werden meist in anderen Bereichen des Unternehmens aufgewendet, wie zum Beispiel in Entwicklung, Arbeitsvorbereitung, Fertigung und Vertrieb.

- **Prüfkosten:** Kosten, die vorwiegend durch Qualitätsprüfungen (zur Nachweisführung) verursacht werden. Prüfkosten entstehen durch das für Qualitätsprüfungen eingesetzte Personal und die Hilfsmittel. Bei Arbeitskräften, die zeitlich ineinander greifend Prüf- und andere Arbeiten ausführen, sind die Kosten für den Anteil der Prüfarbeiten anzusetzen.

- **Fehlerkosten:** Kosten, die dadurch verursacht sind, dass Produkte und/oder Verfahren nicht die Qualitätsforderungen erfüllen. Als zweckmäßig hat sich erwiesen, zwischen innerbetrieblichen und außerbetrieblich festgestellten Fehlern zu unterscheiden. Die Kosten für außerbetrieblich festgestellte (externe Fehlerkosten) treten zumeist mit zeitlicher Verzögerung zu den anderen qualitätsbezogenen Kosten auf, was zu Fehlinterpretationen führen kann. Außerdem haben die Kostenelemente „Gewährleistung" und „Produzentenhaftung" einen besonderen Stellenwert, weil sie die Kunden(un)zufriedenheit und das Marktgeschehen widerspiegeln.

Qualitätskosten-Gruppen und -Elemente gliedern sich entsprechend der Abb. 64. Dabei kann der Controller diese Elemente aus der Kostenartenrechnung und der Kostenstellenrechnung ermitteln.

Der **Produktions-Controller** kann mit der Ermittlung der qualitätsbezogenen Kosten die Wirtschaftlichkeit von QS-Maßnahmen beurteilen. Zuwenig oder unwirksame Maßnahmen erhöhen die Fehlerkosten. Zu viele QS-Maßnahmen können die gesamten Qualitätssicherungskosten steigern, ohne die Fehlerkosten in gleichem Maße zu senken.

> **Qualitätsbezogene Kosten** unterstützen den Controller, indem sie
>
> - aufzeigen, welcher Aufwand für vorbeugende und lenkende QS-Maßnahmen und welcher für Fehlerbeseitigungen entsteht, um diesen zu optimieren,
> - verdeutlichen, welche Produkte/Produktgruppen bzw. innerbetrieblichen Leistungsbereiche (unnötige) qualitätsbezogene Verluste verursachen,
> - klarstellen, welche Korrektur- und Verbesserungsmaßnahmen wirtschaftlich am effizientesten sind, um auch die Produktkosten und die Produktivität zu verbessern und ökonomische Aussagen und Beiträge zum Unternehmenserfolg untermauern zu können.

Qualitätskostenelemente	Quellen		Kostenstellen-Funktionsbereiche						
	Kostenart	Kostenstellen-kosten	Marketing, Vertrieb	Entwicklung, Konstruktion	Beschaffung	Fertigungsplanung, und Steuerung	Fertigung	Außenmontage und Kundendienst	Qualitätswesen
1. Fehlerverhütungskosten									
1.1 Qualitätsplanung		■		X		X	X	X	X
1.2 Qualitätsfähigkeitsuntersuchungen		■		X		X	X	(X)	(X)
1.3 Lieferantenbeurteilung und -beratung		■		X	X				X
1.4 Prüfplanung		■		X		(X)		(X)	(X)
1.5 Qualitätsaudit		■							X
1.6 Lenkung des Qualitätswesens		■				(X)	X	(X)	X
1.7 Qualitätslenkung		■	X	X	X	X	X	X	X
1.8 Qualitätsschulung	■		X	X	X	X	X	X	X
1.9 Qualitätsförderungsprogramme		■	X	X					
1.10 Qualitätsvergleich mit Konkurrenten		■							
2. Prüfkosten									
2.1 Eingangsprüfung		■			X				X
2.2 Fertigungs- / Zwischenprüfung		■						X	
2.3 Endprüfung		■						X	
2.4 Prüfung bei eigenen Außenmontagen		■	(X)					X	
2.5 Abnahmeprüfung		■	X					X	
2.6 Prüfmittel		■		X	X			X	X
2.7 Instandhaltung von Prüfmitteln		■		(X)	X			X	X
2.8 Qualitätsgutachten		■		X	X				
2.9 Laboruntersuchung		■		X	X	X			
2.10 Prüfdokumentation		■		X	X			X	X
3. Fehlerkosten									
3.1 Ausschuss (innerbetrieblich)		■		(X)	X		X		
3.2 Nacharbeit (innerbetrieblich)		■						X	
3.3 Mengenabweichung		■			X			X	
3.4 Wertminderung		■	X	(X)	X			X	X
3.5 Sortierprüfung		■					X	X	(X)
3.6 Wiederholungsprüfung		■			(X)			X	X
3.7 Problemuntersuchung		■	X	X	X	X	X	X	X
3.8 Qualitätsbedingte Ausfallzeit		■			(X)			X	X
3.9 Ausschuss (außerbetrieblich)		■	(X)					X	
3.10 Nacharbeit (außerbetrieblich)		■	(X)					X	
3.11 Produzentenhaftung		■	X						
3.12 Gewährleistung		■	X	(X)	(X)			(X)	(X)

Abb. 65: Quellen für die Qualitätskosten-Ermittlung[43]

---

[43] Vgl. Deutsche Gesellschaft für Qualität e.V., Frankfurt am Main, 4. Ausgabe 1994.

5.4 Produktions-Kennzahlen

	Kennzahl	Inhalt
01	Fertigungskostenstundensatz	$\dfrac{\text{Fertigungskosten}}{\text{Anzahl Fertigungsstunden}}$
02	Gemeinkostenlohnquote	$\dfrac{\text{Gemeinkostenlöhne}}{\text{Fertigungslöhne}}$
03	Nacharbeitsquote	$\dfrac{\text{Nacharbeitsstunden}}{\text{Gemeinfertigungsstunden}}$
04	Durchlaufzeit	$\dfrac{\text{Gesamte Durchlaufzeit}}{\text{Bearbeitungszeit}}$
05	Stillstandsquote	$\dfrac{\text{Stillstandszeit}}{\text{Geplante Einsatzzeit}}$
06	Zeitgrad	$\dfrac{\text{AV-Vorgabezeit}}{\text{IST-Zeit}}$
07	Beschäftigungsgrad	$\dfrac{\text{Effektive Produktionsstunden}}{\text{Geplante Betriebsbereitschaft in Stunden}}$
08	Kapazitätsauslastungsgrad	$\dfrac{\text{Effekt. Produktionsstunden (Beschäftigung)}}{\text{Max. arbeitsrechtl. mögl. Kapazitätsstunden}}$
09	Fehlmengenkosten	$\dfrac{\text{Stillstandskosten} + \text{Stillsetzungskosten} + \text{Wiederanlaufkosten}}{\text{Fehlmengeneinheiten}}$
10	Fertigungstiefe	$\dfrac{\text{Anteil Eigenfertigung}}{\text{Anteil Eigenfertigung} + \text{Anteil Fremdbezug}}$
11	Leistungsgrad	$\dfrac{\text{Ist-Zeit} \cdot 100}{\text{Soll-Zeit}}\,[\%]$ oder $\dfrac{\text{Beobachtete Leistung} \cdot 100}{\text{Normalleistung}}\,[\%]$ oder $\dfrac{\text{Kapazitätsausnutzungsgrad} \cdot 100}{\text{Beschäftigungsgrad}}\,[\%]$
12	Produktivität	$\dfrac{\text{Ertrags (Ausbringungs) menge}}{\text{Einsatzmenge}}$
13	Produktivität der Arbeit (Teilproduktivität)	$\dfrac{\text{Ertragsmenge}}{\text{Arbeitseinsatz in Stunden}}$

Abb. 66: Produktions-Kennzahlen

6 Finanz-Controlling

Finanz-Controlling umfasst alle Maßnahmen im Bereich der Planung und Kontrolle, der Koordination und der Informationsversorgung, die der Realisierung der angestrebten Finanzierungsziele dienen. In der Praxis wird unter Finanz-Controlling die **Verknüpfung** von **Finanzwirtschaft** und **Erfolgswirtschaft** verstanden.[44]

6.1 Aufgaben und Ziele

Die Hauptaufgabe der finanziellen Unternehmensführung und damit auch des Finanz-Controllings als einem Teil des gesamtunternehmensbezogenen Controllings liegt in der Sicherstellung der Liquidität, verstanden als die Fähigkeit des Unternehmens, zu jedem Zeitpunkt die zwingend fälligen Auszahlungsverpflichtungen uneingeschränkt erfüllen zu können. Die Erhaltung dieser dauernden Zahlungsbereitschaft und des finanziellen Gleichgewichts muss bei gleichzeitiger Beachtung des Rentabilitätszieles erfolgen.

In den einzelnen Phasen des Führungs- und Entscheidungsprozesses im Finanzbereich, d. h. der Finanz-Planungsphase, der Realisationsphase sowie der Finanz-Kontrollphase, lassen sich folgende Einzelaufgaben ableiten:

- die strukturelle Liquiditätssicherung
- die laufende Liquiditätssicherung
- die Haltung der Liquiditätsreserve
- die Finanzierung

Das Ziel der **strukturellen Liquiditätssicherung** besteht darin, dass das Unternehmen durch die Einhaltung einer „ausgeglichenen" Finanzierungs- bzw. Kapitalstruktur im Urteil insbesondere seiner Fremdkapitalgeber, aber auch seiner Eigenkapitalgeber kreditwürdig bzw. emissionsfähig bleibt. Das Finanz-Controlling muss sicherstellen, dass sowohl die Fristenstruktur von Investition und Finanzierung, als auch die Struktur der Außenfinanzierung ausgewogen ist.

Während die strukturelle Liquiditätssicherung bilanzorientiert ist, orientiert sich die **laufende Liquiditätssicherung** am Finanzplan. Die Ausrichtung zielt auf die Abbildung aller Zahlungsströme, sowohl der laufenden betrieblichen und betriebsfremden Ein- und Auszahlungen im Finanzierungs-, Investitions- und Eigenkapitalbereich. Alle geplanten Einzahlungen werden den Auszahlungen gegenübergestellt.

Bei Einzahlungsdefiziten muss der Finanz-Controller Finanzierungsmittel zur Auszahlungsdeckung einbeziehen. Entsteht ein unzulässiger Auszahlungsüberschuss, so muss eine **Planrevision** angeregt werden, die dann zu einem finanziell zulässigen Handlungsprogramm führt. Diese Planrevision kann etwa auch das Verschieben von disponierbaren zu dem Betrachtungszeitraum nicht zwingend notwendigen laufenden Auszahlungen, z. B. von Werbe- und Forschungsaufwendungen durch späteren Beginn der Projekte, durch Verschieben von geplanten Materialbeschaffungen und damit verbundenen Auszahlungen, durch Überziehen der Zahlungsfristen von Lieferantenrechnungen oder die Beschleunigung der Zahlungseingänge, durch schnellere Fakturierung oder Mahnung beinhalten. Einzahlungsüberschüsse bedeuten freie Zahlungsmittel, die entweder zinsbringend oder schuldentilgend angelegt werden müssen.

---

[44] Vgl. Horváth, P.: Controlling, 11. Aufl., München 2009, S. 382 f.

Die **Haltung** von **Liquiditätsreserven** erhöht die finanzielle Sicherheit, vermindert aber durch entgehende oder zumindest geringe Zinserträge bzw. durch zusätzliche Bereitstellungsprovisionen die Rentabilität. Das Finanz-Controlling muss versuchen, das Unternehmen durch den Einsatz geeigneter kurzfristiger Planungsinstrumente einem Liquiditätsoptimum, definiert als das Liquiditätsvolumen, das die Zahlungsfähigkeit bei minimalen Kosten sichert, anzunähern.

6.2 Strategisches Finanz-Controlling

Im Rahmen des strategischen Finanz-Controllings erfolgt eine Prognose der finanziellen Gesamtentwicklung des Unternehmens. Über einen mehrjährigen Zeitraum sollen strukturelle Konsequenzen der Unternehmenspolitik durch die Aufstellung von langfristigen Finanzplänen und Bilanzplänen dargelegt werden.

6.2.1 Langfristige Finanzplanung

Die Finanzplanung ist eine systematische Erfassung und Gegenüberstellung von zu erwartenden Einnahmen und Ausgaben innerhalb eines bestimmten Zeitraumes sowie die finanziellen Maßnahmen zu ihrem Ausgleich.[45] Hauptziel der Finanzplanung ist es, ein Gleichgewicht optimaler Liquidität zu bestimmen und zu erhalten.

Im Rahmen der **Finanzplanung** sind folgende Aufgaben zu lösen:

- Strukturelle Liquiditätssicherung
- Abstimmung von Kapitalbedarf und -deckung über einen mehrjährigen Planungshorizont
- Gestaltung der langfristigen Vermögens- und Kapitalstruktur
- Gewährleistung permanenter Kreditwürdigkeit
- Rahmenplanung für die kurzfristige Finanzplanung

Die langfristige Finanzplanung ist als Bilanzstruktur- bzw. Kapitalbindungsplanung am bilanziellen Denken ausgerichtet. Sie beruht dabei als zusammenfassende, integrierende Planung auf den einzelnen strategischen und operativen Teilplänen, wie insbesondere der Umsatz-, Globalerfolgs- und Investitionsplanung.[46]

6.2.2 Bilanzstrukturplanung

Die Bilanzstrukturplanung dient der mehrjährigen Finanzvorschau. Sie gibt Auskunft, ob sich das Unternehmen langfristig strukturell in einem (bilanziellen) Gleichgewicht befinden wird, so dass bei drohenden Ungleichgewichten entsprechende Anpassungsmaßnahmen rechtzeitig eingeleitet werden können.

6.2.2.1 Kennzahlennormen

Bei der Bilanzstrukturplanung haben einzelne Kennzahlen als „Finanzierungsregeln" einen normativen Stellenwert. Die Einhaltung dieser Regeln ermöglicht es den Kreditgebern und Kreditnehmern, die eigenen Erwartungen und Ziele einzuhalten und negative Konsequenzen aufgrund falscher Planungen zu vermeiden.

---

[45] Vgl. Jung, H.: Allgemeine Betriebswirtschaftslehre, a.a.O., S. 724.
[46] Vgl. Reichmann, T.: Controlling mit Kennzahlen und Management-Tools, a.a.O., S. 258 f.

6.2.2.2 Vereinfachte Verfahren der Bilanzanalyse

In der Fachliteratur sind vielfältige Versuche und Vorschläge enthalten, um mit Hilfe eines überschaubaren, meist empirisch weitgehend fundierten **Kennzahlensystems** zu **eindeutigen Aussagen über die Unternehmensverhältnisse** zu kommen.

Bei den meisten Systemen stellt die Prognose von **Insolvenz**, die im Vordergrund der Mehrzahl der externen Interessenten steht, die wichtigste Aufgabe dar.

(1) Das Risikoprofil zur Insolvenzprognose nach Weinrich

Weinrich hat einen Katalog von **acht repräsentativen Kennzahlen** aufgestellt, die er nach einem **Kennzahlenbewertungsschema** bewertet:[47]

	Ermittlung des Risikoprofils	Wert	Punkte
01.	$\dfrac{\text{Eigenkapital}}{\text{Fremdkapital}} \cdot 100$		
02.	$\dfrac{\text{Liquide Mittel}}{\text{Gesamtkapital}} \cdot 100$		
03.	$\dfrac{\text{Bald verfügbare Geldmittel} - \text{kurzf. Fremdkapital}}{\text{Betriebsaufwand vor Abschreibung}} \cdot 100$		
04.	$\dfrac{\text{Gewinn} + \text{Zinsen}}{\text{Gesamtkapital}} \cdot 100$		
05.	$\dfrac{\text{Umsatzerlöse}}{\text{Gesamtkapital}} \cdot 100$		
06.	$\dfrac{\text{Fremdkapital}}{\text{Cash Flow}} \cdot 100$		
07.	$\dfrac{\text{Fremdkapital} - \text{bald verfügbare Geldmittel}}{\text{betriebliche Nettoeinnahmen}} \cdot 100$		
08.	$\dfrac{\text{Warenverbindlichkeiten} + \text{Wechselverbindlichkeiten}}{\text{Wareneinkauf}} \cdot 100$		

Abb. 67: Kennzahlenbewertungsschema

Die liquiden Mittel bestehen aus Schecks, Kasse, Bundesbank, Postscheck und Guthaben bei Kreditinstituten, sind also den Zahlungsmitteln gleich. Die bald verfügbaren Geldmittel entsprechen dem monetären Umlaufvermögen. Unter Warenverbindlichkeiten sind die Verbindlichkeiten aus Lieferungen und Leistungen zu verstehen.[48]

---

[47] Vgl. Kralicek, P./Böhmdorfer, F.: Kennzahlen für Geschäftsführer, 5. Aufl., Wien 2008, S. 255.
[48] Vgl. Kerth, A./Wolf, J.: Bilanzanalyse und Bilanzpolitik, 2. Aufl., München 1993, S. 274.

Punktwert	1	2	3	4	5
EK/FK	> 43,3	43,3 bis 12,1	12,0 bis 8,5	8,4 bis −4,7	< −4,7
LM/GK	> 7,5	7,5 bis 2,0	1,9 bis 0,9	0,8 bis 0,2	< 0,2
BvG-kFK/BAvA	> −8,8	−8,8 bis −29,3	−29,4 bis −46,2	−46,3 bis −89,9	< −89,9
G+FKZi/GK	> 21,3	21,3 bis 7,2	7,1 bis 4,3	4,2 bis 0,9	< 0,9
UE/GK	> 257,4	257,4 bis 200,7	200,6 bis 90,7	90,6 bis 62,1	< 62,1
FK/CF	< 284,9	284,9 bis 1210,3	1210,4 bis 1451,7	1451,8 bis 9999,9	> 9999,9
FK-BvG/bNE	< 165,3	165,3 bis 1168,3	1168,4 bis 1231,2	1231,3 bis 9999,9	> 9999,9
Verb+SW/WarE	< 9,7	9,7 bis 27,8	27,9 bis 47,9	48,0 bis 79,9	> 79,9

Abb. 68: Kennzahlenbewertungsschema nach Weinrich

Durch **Addition der Punkte** kann das Analyseergebnis zwischen 8 und 40 Punkten liegen, im **günstigsten** Fall bei acht. Den **kritischen Punkt**, der den Bereich solventer Unternehmen von den kritisch zu beurteilenden bis insolventen Unternehmen trennt, legt Weinrich bei 24 Punkten fest.

Überträgt man die aus mehreren Perioden gewonnenen Ergebnisse in eine Graphik, bei der die Ordinate den Zeitstrahl und die Abszisse die Punkteskala darstellt, so erhält man das **Risikoprofil der Unternehmung**:

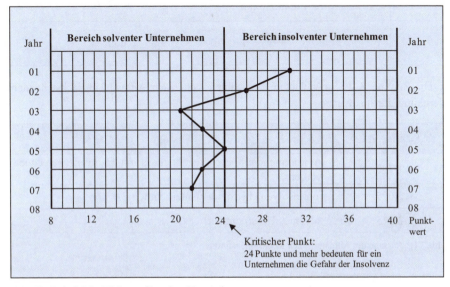

Abb. 69: Beispiel des Risikoprofiles einer Unternehmung

Kralicek[49] hat für die Punktesumme aus den nach Weinrich bewerteten Kennzahlen einen detaillierteren Beurteilungsmaßstab aufgestellt:

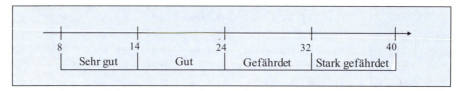

Abb. 70: Beurteilungsmaßstab

(2) Die Diskriminanzanalyse nach Altmann

Die **Diskriminanzanalyse nach Altmann** stellt ebenfalls ein Instrument zur **Insolvenzprognose** dar. Sie bietet den **Vorteil**, dass sie einfach erstellt, und dass sie aus relativ wenigen und leicht zu erhaltenden Daten hergeleitet werden kann.

Altmann berechnet folgende **Kennzahlen:**[50]

	Kennzahl	Gewichtung	Wert
x_1	$\dfrac{\text{Umlaufvermögen} - \text{kurzfr. Fremdkapital}}{\text{Gesamtkapital}}$	1,2	
x_2	$\dfrac{\text{Eigenkapital} + \text{Gewinn} - \text{Verlustvortrag}}{\text{Gesamtkapital}}$	1,4	
x_3	$\dfrac{\text{Reingewinn vor Steuern} + \text{Zinsen}}{\text{Gesamtkapital}}$	3,3	
x_4	$\dfrac{\text{Marktwert der Aktien}}{\text{Fremdkapital}}$	0,6	
x_5	$\dfrac{\text{Umsatz}}{\text{Gesamtkapital}}$	0,999	

Die Summe Z der gewichteten Kennzahlen steht nach Altmann in nachstehendem Verhältnis zur Insolvenz:

Summe Z	Aussage
< 1,700	Im kommenden Geschäftsjahr muss mit Insolvenz gerechnet werden
< 2,675	von Insolvenz bedrohtes Unternehmen
≥ 2,675	solventes Unternehmen

Abb. 71: Aussage der Altmann'schen Kennzahlensumme

---

[49] Vgl. Kralicek, P/Böhmdorfer, F.: Kennzahlen für Geschäftsführer, a.a.O., S. 256.
[50] Vgl. Kerth, A./Wolf, J.: Bilanzanalyse und Bilanzpolitik, a.a.O., S. 273.

Die **Sicherheit** der Insolvenzvorhersage dieser Methode, die auf Basis empirischer Tests entwickelt wurde, liegt ein Jahr vor der Konkurseröffnung bei 95 %, zwei Jahre zuvor bei 72 %.

6.2.2.3 Planbilanzen und Plan-Bewegungsbilanzen

Die langfristige bilanzielle Finanzplanung beruht auf der langfristigen (bilanziellen) Investitionsplanung und der langfristigen Finanzierungsplanung. Die Mittelverwendung (Investitionen) wird den Finanzierungsmöglichkeiten gegenübergestellt. Der Vergleich zeigt dem Finanz-Controller, ob Über- oder Unterdeckungen in den einzelnen Planperioden auftreten, die ggf. kurzfristig zu finanzieren bzw. anzulegen sind.

Das folgende Beispiel zeigt die bilanzielle Investitions- und Finanzierungsplanung des Phantasieunternehmens „**Weitblick-AG**":

	„Weitblick-AG"	Bilanzielle Investitionsplanung (langfristige Mittelverwendung) in Mio. €					
		..15	..16	..17	..18	..19	15-19
1	Zugänge Sachanlagen	75	55	35	25	5	195
2	+ Zugänge Beteiligungen, Ausleihungen	9	3	0	0	0	12
3	= Summe bewilligte Investitionen	84	58	35	25	5	207
4	+ noch nicht bewilligte Investitionen	10	35	55	60	55	215
5	= Gesamt-Investitionsvolumen	94	93	90	85	60	422
6	Gesamt-Finanzierungsvolumen	86	109	92	77	60	422
7	Über-/Unterdeckung (aus 6 & 5)	−8	+16	+2	−8	0	0

Abb. 72: Beispielhafte Investitionsplanung der „Weitblick-AG"

	„Weitblick-AG"	Bilanzielle Finanzierungsplanung (langfristige Mittelherkunft) in Mio. €					
		..15	..16	..17	..18	..19	15-19
1	Abschreibungen auf Sachanlagen	47	48	53	57	55	260
2	+ Abschreibungen auf Finanzanlagen	9	3	3	3	3	21
3	+ Abgänge Sachanlagen	2	2	2	2	2	10
4	= Summe Minderung Anlagevermögen	58	53	58	62	60	291
5	Erhöhung des Eigenkapitals (inkl. 50 % Sonderposten)	7	32	6	13	14	72
6	+ Nettoerhöhung langfristiger Rückstellungen (inkl. 50 % Sonderposten)	9	9	9	12	12	51
7	+ Nettoveränderung langfristiger Kredite	18	18	16	−4	−24	24
8	= Summe Zu-/Abnahme langfristiges Kapital	28	56	34	15	0	133
9	= Langfristiges Gesamt-Finanzierungsvolumen (aus 4 & 8)	86	109	92	77	60	424

Abb. 73: Beispielhafte Finanzierungsplanung der „Weitblick-AG"

Die Differenz aus dem Gesamt-Finanzierungsvolumen und Gesamt-Investitionsvolumen zeigt bei der „XY-AG" im laufenden Jahr (2010) eine Plan-Unterdeckung von 8 Mio. €.

Für die Jahre 2011 und 2012 werden Überdeckungen geplant, während für das Jahr 2014 ein Gleichgewicht angestrebt wird.

Unerwünschte Defizite oder Überschüsse im langfristigen Bereich, wenn etwa eine zusätzliche Fremdfinanzierung zu vertretbaren Kosten nicht möglich erscheint, erfordern eine Planrevision. Wenn die Investitions- und Finanzierungsstruktur langfristig ausgeglichen sein soll, bestimmt das geplante langfristige Innen- und Außenfinanzierungsvolumen das langfristige Investitionsvolumen.

Die Werte der langfristigen Investitions- und Finanzierungsplanung und der damit verbundenen Veränderungen in der Vermögens- und Kapitalstruktur werden ausgehend von der letzten Ist-Bilanz zu einer Plan-Bilanz zusammengefasst. Anhand dieser Plan-Bilanz sowie der entsprechenden Plan-Gewinn- und Verlustrechnung können die festgelegten Bilanzstrukturrelationen geplant und kontrolliert werden.

Die folgenden Abbildungen stellen Ist-Bilanz, Ist-Gewinn- und Verlustrechnung sowie Plan-Bilanz und Plan-Gewinn- und Verlustrechnung dar.

Ist-Bilanz 31.12.14 „Weitblick-AG" (in Mio. EUR)	
Aktiva	**Passiva**
Anlagevermögen	**Eigenkapital**
- Immaterielle Vermögensgegenstände 40	- Gezeichnetes Kapital 220
	- Kapitalrücklage 50
- Sachanlagen 300	- Gewinnrücklage 40
- Finanzanlagen 60	
	Rückstellungen
	- für Pensionen und ähnliche Verpflichtungen 40
Umlaufvermögen	
- Vorräte 160	- Übrige Rückstellungen 100
- Forderungen 100	**Verbindlichkeiten**
- Sonstige Vermögensgegenstände 100	
- Liquide Mittel 70	- Aus Lieferungen und Leistungen 220
	- Übrige Verbindlichkeiten 160
Bilanzsumme 830	**Bilanzsumme** 830

Abb. 74: Beispielhafte Ist-Bilanz

Ist-Gewinn- und Verlustrechnung 31.12.14 der „Weitblick-AG" (in Mio. EUR)	
1. Umsatzerlöse	1100
2. Bestandsänderungen Fertigerzeugnisse	30
3. Erträge aus Zuschreibungen im Anlagevermögen	10
	1140
4. Aufwendungen für Roh-, Hilfs- und Betriebsstoffe	710
5. Personalaufwendungen	250
6. Abschreibungen auf Sachanlagen	40
7. Sonstige betriebliche Aufwendungen	20
	120
8. Erträge aus Beteiligungen, Finanzanlagen und Sonstigem	60
9. Abschreibungen auf Finanzanlagen	70
10. Zinsen u. ä. Aufwendungen	40
11. Sonstige Verluste aus Beteiligungen	10
12. Jahresergebnis vor Steuern	60
13. Steuern	25
Jahresüberschuss	35
− Zuführung in Rücklagen	10
= **Bilanzgewinn**	**25**

Abb. 75: Beispielhafte Ist-Gewinn- und Verlustrechnung der „Weitblick-AG"

Die Ist-Bilanz und die Ist-Gewinn- und Verlustrechnung werden durch Analysen bzw. Hochrechnungen zur Plan-Bilanz bzw. Plan-Gewinn- und Verlustrechnung weiterentwickelt.

Plan-Bilanz 31.12.15 „Weitblick-AG" (in Mio. EUR)			
Aktiva		**Passiva**	
Anlagevermögen		**Eigenkapital**	
- Immaterielle Vermögensgegenstände	80	- Gezeichnetes Kapital	300
- Sachanlagen	410	- Kapitalrücklage	60
- Finanzanlagen	80	- Gewinnrücklage	70
		Rückstellungen	
Umlaufvermögen		- Für Pensionen u. ä. Verpflichtungen	70
- Vorräte	190	- Übrige Rückstellungen	110
- Forderungen	150	**Verbindlichkeiten**	
- Sonstige Vermögensgegenstände	110	- Aus Lieferungen und Leistungen	240
- Liquide Mittel	80	- Übrige Verbindlichkeiten	250
Bilanzsumme	**1100**	**Bilanzsumme**	**1100**

Abb. 76: Beispielhafte Plan-Bilanz

Plan-Gewinn- und Verlustrechnung 31.12.2015 der „Weitblick-AG" (in Mio. EUR)	
1. Umsatzerlöse	1300
2. Bestandsänderungen Fertigerzeugnisse	50
3. Erträge aus Zuschreibungen im Anlagevermögen	30
	1380
4. Aufwendungen für Roh-, Hilfs- und Betriebsstoffe	730
5. Personalaufwendungen	260
6. Abschreibungen auf Sachanlagen	50
7. Sonstige betriebliche Aufwendungen	30
	310
8. Erträge aus Beteiligungen, Finanzanlagen und Sonstigem	90
9. Abschreibungen auf Finanzanlagen	90
10. Zinsen u. ä. Aufwendungen	60
11. Sonstige Verluste aus Beteiligungen	30
12. Jahresergebnis vor Steuern	220
13. Steuern	100
Jahresüberschuss	120
− Zuführung in Rücklagen	40
= **Bilanzgewinn**	**80**

Abb. 77: Beispielhafte Plan-Bilanz und Plan-Gewinn- und Verlustrechnung der „Weitblick-AG"

Die Ergebnisse der Analyse der Bilanzen und Gewinn- und Verlustrechnungen werden durch folgende Kennzahlenwerte verdeutlicht:

	..14 - Ist	..15 - Soll
1. Verschuldungsgrad		
$\dfrac{\text{Fremdkapital}}{\text{Bilanzsumme}}$	$\dfrac{520}{830} = 62{,}7\%$	$\dfrac{670}{1100} = 61\%$
$\dfrac{\text{Eigenkapital}}{\text{Anlagevermögen}}$	$\dfrac{310}{400} = 77{,}5\%$	$\dfrac{430}{730} = 58{,}9\%$
2. Anlagendeckung		
$\dfrac{\text{Langfristiges Kapital}}{\text{Langfristig gebundenes Vermögen}}$	$\dfrac{560}{400} = 140\%$	$\dfrac{610}{570} = 107\%$
3. Liquidität I		
$\dfrac{\text{Kurzfristig realisiertes Umlaufvermögen}}{\text{Kurzfristiges Fremdkapital}}$	$\dfrac{220}{310} = 71\%$	$\dfrac{250}{420} = 59{,}5\%$
4. Liquidität II		
$\dfrac{\text{Umlaufvermögen}}{\text{Kurzfristiges Fremdkapital}}$	$\dfrac{430}{310} = 138{,}7\%$	$\dfrac{520}{420} = 123{,}8\%$

Abb. 78: Kennzahlenanalyse

Die Auswertung der Kennzahlenanalyse zeigt, dass sich für die Anlagendeckung und die Liquiditätskoeffizienten relativ gute Werte ergeben. Dagegen muss der relativ schlechte Anteil des Eigenkapitals durch die Unternehmensführung bewertet werden.

Nicht mehr akzeptable Werte müssten zu einer Planrevision führen, die wiederum vom Finanz-Controller angeregt werden kann.

Der Nachteil der aus der Bilanz abgeleiteten Finanzierungsregeln und Bilanzkennzahlen besteht darin, dass die Informationen aus der Bilanz vergangenheitsorientiert sind und nur begrenzte Aussagekraft für die Zukunft aufweisen. Die finanzwirtschaftliche Bedeutung liegt im Bereich der Kreditvergabe, da die Bilanz als zuverlässige Basis bei der Beurteilung eines Unternehmens angesehen wird.

6.2.3 Shareholder-Value-Konzept als Instrument des Controllings

Das **Shareholder-Value-Konzept (Wertsteigerungskonzept)** ist ein Kernelement der strategischen Unternehmensführung und des strategischen Controllings, das in erster Linie auf die Erhöhung des Unternehmenswertes einer Unternehmung abzielt.

Eine konsequente Ausrichtung eines Unternehmens nach diesem Prinzip wird durch die unterschiedlichen Interessen ihrer Anspruchsgruppen (z.B. Kunden, Eigentümer, Umwelt) jedoch beeinträchtigt. Das Shareholder-Value-Konzept umgeht diese Konflikte, indem es nur den Eigentümer in den Mittelpunkt der Betrachtung stellt. Die Belange anderer sind hier nur noch Nebenbedingungen und stehen in einem Verhältnis zum alleinigen Hauptziel: **Verbesserung des Unternehmenswertes**.[51]

Dabei gilt, dass zukünftige Erfolge durch strategische Entscheidungen von Führungskräften in der Gegenwart und durch effiziente Durchsetzung dieser Entscheidungen geschaffen werden. Aufgabe der Unternehmensführung und der Führungskräfte im Unternehmen ist, im Rahmen der wertorientierten Unternehmensführung, die Erhaltung und Schaffung von Wettbewerbsvorteilen und ihre Umsetzung in einen gesteigerten Wert des Unternehmens, denn die Schaffung von weiteren Wettbewerbsvorteilen erhöht den Eigentümerwert.

Eine der Hauptaufgaben des Controllings bei der Umsetzung des Shareholder-Value-Konzeptes ist die Branchenanalyse sowie die Beurteilung der strategischen Position des Unternehmens innerhalb der Branche. Dabei ist zu ermitteln, inwiefern sich die strategische Situation eines Unternehmens durch eine anstehende Entscheidung ändert.

Die Maximierung des Unternehmenswertes erfordert eine wert- bzw. kapitalmarktorientierte Steuerung, damit die Unternehmensressourcen optimal eingesetzt werden können. Der sinnvolle Einsatz der Ressourcen darf aber nur erfolgen, insofern die Renditen über deren Kapitalkosten liegen.

Wichtige Elemente in der Berechnung des Unternehmenswertes sind die nach dem **Entity-Ansatz**[52] ermittelten künftigen Free-Cash Flows. Damit dieser Cash Flow einen realen Wert besitzt, wird er nach dem Zweiphasenmodell der **Discounted Cash Flow-Methode** berechnet. Dabei wird der Cash Flow für einen bestimmten Zeitraum mit $(1+i)^t$ auf die Gegenwart ab diskontiert und nach dem Zeitraum im Sinne einer ewigen Rente mit $i(1+i)^T$ berechnet. Der Wert des Unternehmens setzt sich aus dem Gegenwartswert

---

[51] Vgl. Perridon, L./Steiner, M.: Finanzwirtschaft der Unternehmung, 13. Aufl., München 2004, S. 15 f.
[52] Der Entity-Ansatz ist ein Grundsatz, nach dem der Konzernabschluss die Vermögens- u. Ertragslage eines Konzerns darstellt.

und den Rentenbeträgen zusammen. Der Planungszeitraum umfasst meist 5 bis 10 Jahre. Der gewählte Zeitraum hängt von der Lebensdauer der einzelnen Strategien ab.[53]

Die folgende Abbildung veranschaulicht diese Vorgehensweise.[54]

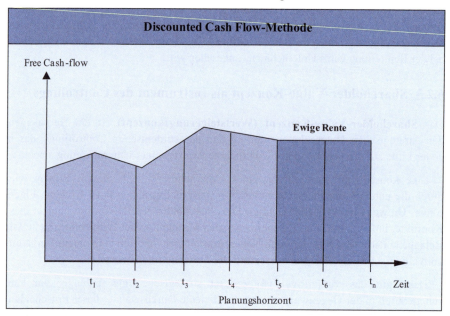

Abb. 79: Die Discounted Cash Flow-Methode

Neben der Discounted Cash Flow-Methode gibt es den CFROI, die **Cash Flow Return-on-Investment-Methode**. Diese Methode sieht das Unternehmen bzw. einzelne Bereiche als Investitionsobjekt an, dessen Wert sich aus einer Auszahlung und Zahlungsüberschüssen bis zu einem bestimmten Termin zusammensetzt.

Die Rentabilität des Unternehmens wird aus dem Vergleich des CFROI mit den Kapitalkosten ermittelt.

Damit beide Methoden in einem Unternehmen durchgeführt werden können, benötigt der Controller den Abzinsungsfaktor, also den gewichteten durchschnittlichen Kapitalkostensatz, die Kapitalstruktur, d.h. die Gewichtung der Kapitalkosten, und die Kosten für Fremd- und Eigenkapital. Je genauer diese Werte ermittelt werden, umso genauer lässt sich daraus der **Cash Flow** und somit der **Wert** des **Unternehmens** ermitteln.

Der große Vorteil des Shareholder-Value-Konzeptes wird hierdurch schnell erkennbar. Durch die exakte Erfassung des Kapitals eines Unternehmens sind klare Aussagen über **Investitionen** und **Desinvestitionen** zu treffen. Eine typische positive Folge des Shareholder-Value ist, dass ganze Unternehmen gekauft werden, um das interne Wachstum rentabler Bereiche zu fördern, bzw. dass unrentable Bereiche entweder saniert oder verkauft werden, damit Ressourcen gewinnbringend eingesetzt werden können.

---

[53] Es handelt sich somit um ein dynamisches Investitionsrechenverfahren. Vgl. hierzu auch Teil B: Abschnitt 4.5.2, S.123 ff.
[54] Vgl. Ziegenbein, K.: Controlling, a.a.O., S. 308.

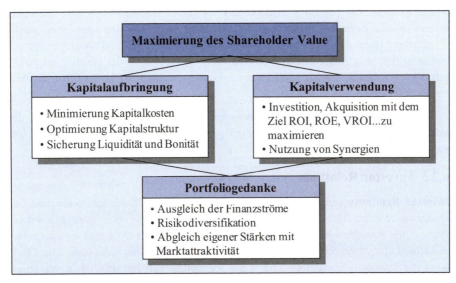

Abb. 80: Maximierung des Shareholder Value

6.2.4 Stakeholder Value-Ansatz

Ein wesentlicher Kritikpunkt am Shareholder Value-Ansatz ist, dass nur eine einzige Interessengruppe berücksichtigt wird, nämlich die Anteilseigner. Im Unternehmen und dessen Umfeld treffen jedoch verschiedene Gruppen mit unterschiedlichen Interessen und Ansprüchen aufeinander.

Entsprechend dem **Stakeholder Value-Ansatz** (Bezugsgruppenansatz) besteht nun die Aufgabe der Unternehmensführung darin, diese Interessengegensätze auszugleichen und die Einflüsse der Stakeholder zu berücksichtigen. In der nachfolgenden Abbildung sind mögliche Stakeholder einer Unternehmung in einer Stakeholder-Map dargestellt.

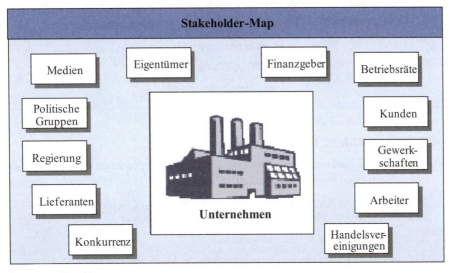

Abb. 81: Stakeholder-Map

Die Relevanz der einzelnen **Stakeholder** für eine Unternehmung kann sehr unterschiedlich sein. Einerseits unterliegen die Ziele und Ansprüche den komplexen gesellschaftlichen, technologischen und ökologischen Veränderungen und andererseits ergeben sich Ziele und Ansprüche aus gesetzlichen, vertraglichen oder gesellschaftspolitischen Konventionen. Daraus resultieren dann unterschiedlich starke Einflüsse der einzelnen Stakeholder.

Damit wird deutlich, dass ein umfassender Datenkranz zu berücksichtigen ist, der sich aus internen finanziellen und personellen Kapazitäten und aus außerbetrieblichen Faktoren zusammensetzt.

6.2.5 Investor Relations

Investor Relations verbinden als Marketing-Aktivität die Kommunikation und das Finanzwesen einer Aktiengesellschaft. Sowohl bestehende als auch potentielle Investoren sollen zuverlässige Informationen über den aktuellen Erfolg und die Zukunftsaussichten eines Unternehmens erhalten. Ziel muss es letztlich sein, durch die Erhöhung der Informationseffizienz und somit Reduktion von Informationsasymmetrien eine möglichst akkurate Bestimmung des Shareholder Value zu ermöglichen.

Investor Relations sollten zu einer bevorzugten Berücksichtigung der Titel des Unternehmens im Anlageentscheidungsprozess der **Investoren** führen. Die Investor Relations bilden im Unternehmen Schnittstellen zwischen dem Public Relations, der Börse, dem Finanzmanagement und dem Consulting.

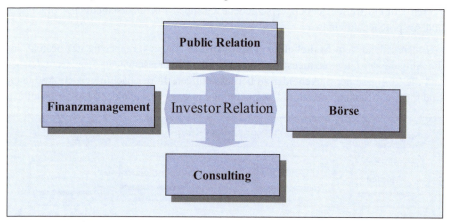

Abb. 82: Investor Relations als Schnittstelle im Unternehmen

Die wichtigsten **Ziele** für **Investor Relations** sind:

- Eine optimale Unternehmensbewertung, welche das gegenwärtige Geschäft und die zukünftigen Wachstumsmöglichkeiten reflektiert.
- Ein positives Umfeld für Neuemissionen, Kapitalerhöhungen und Akquisitionen zu schaffen und damit die Kapitalbeschaffungskosten zu senken
- Schaffen eines positiven Unternehmensimages
- Aufbau von Abwehrmaßnahmen gegen feindliche Übernahmeversuche

Die Investor Relations Maßnahmen zielen auf verschiedene Gruppen. Die Hauptzielgruppen sind einmal die **Aktionäre**, deren Großteil aus institutionellen Anlegern besteht, und zum anderen die Finanzanalysten.

Die **Finanzanalysten** sind das Bindeglied zwischen Markt und Anleger und haben eine Dreifachfunktion:
- Sie sind Mittler zwischen Kapitalgeber (Anleger) und Kapitalnehmer (Unternehmen),
- Informationstechnische Multiplikatoren und
- sie haben eine Beraterfunktion für den Investor, indem Ertrags- und Risikopotenziale durch qualitative und fundierte Interpretationen aufgezeigt werden.

Weitere Zielgruppen sind Bankberater, die Belegschaft, die Medien und die Öffentlichkeit. Die letztgenannten Zielgruppen sind im Zusammenhang mit dem Ziel eines positiven Unternehmensimages von großer Bedeutung.

Jede der Zielgruppen der Investor Relations-Arbeit benötigt eine auf sie speziell zugeschnittene **Maßnahme,** denn was zum Beispiel dem Kleinaktionär an Information ausreicht, würde wahrscheinlich jedem Analysten bei weitem nicht genügen. Auch ist zum Beispiel das direkte Gespräch, wie mit Fondsmanagern üblich, bei der Vielzahl an Kleinaktionären kaum vorstellbar.

In der nachfolgenden Abbildung sind wichtige **Investor Relations Maßnahmen** einschließlich deren Einordnung dargestellt.

Investor Relations	Unpersönliche Maßnahmen	Persönliche Maßnahmen	Unterstützende Maßnahmen
Einseitige Maßnahmen	- Geschäftsbericht - Kurz- bzw. Zwischenbericht - Aktionärsbrief - Fact-Book - Presseinformation - Finanz- und Imageanzeige/ Prospekte - Informationen auf der Website	- Investorenpräsentation - Einladung zur Hauptversammlung - Ansprache auf der Hauptversammlung - „Naturaldividende" - Hotline	- Videofilm - Gewinnspiel - Warenproben
Wechselseitige Maßnahmen	- Beantwortung von Fragen per E-Mail oder Brief	- Analystentreffen - Pressekonferenz - Gruppen-/Einzelgespräch - Messe - Betriebsbesichtigung - Hauptversammlung	

Abb. 83: Einordnen von Investor Relations-Maßnahmen

Um ein Investor Relations-Programm im Unternehmen aufnehmen und durchführen zu können, ist ein **Investor Relations-Prozess** notwendig. Phasen des Prozesses sind:

1. Bestandsaufnahme

Die Bestandsaufnahme bildet den Grundstein des Prozesses. Die wichtigsten Fragestellungen sind:

- Wo steht das Unternehmen im Markt und in der Branche?
- Wie wird es vom Markt beurteilt?
- Wie ist sein Image?
- Wie werden wichtige Kennzahlen im Vergleich zur Konkurrenz beurteilt?
- Welche Faktoren sind für den Verlauf des Aktienkurses verantwortlich?
- usw.

Am Ende ergibt sich aus den Fragestellungen ein Gesamtbild aus interner und externer Sichtweise.

2. Positionierung und Bestimmung der Ziele

„Wo will das Unternehmen hin und warum?"

Im Gegensatz zur Bestandsaufnahme findet in diesem Prozessschritt die Feinabstimmung statt. Als Maßnahme dient die Ermittlung des Ist-Zustandes, wobei die Vergangenheit aus der Sicht des Kapitalmarktes betrachtet wird.

- Vergangene Ziele (Welche? Waren diese realistisch gesetzt?)
- Vergangene Maßnahmen (Welche? Waren diese zielgerichtet und sinnvoll?)
- Vergangenes Ergebnis (Was genau wurde bewegt?)

3. Erstellung eines Maßnahmenkatalogs

Das Unternehmen muss geeignete Maßnahmen auswählen, um die formulierten Ziele zu erreichen. Im Unternehmen wird damit ein Investor Relation-Programm implementiert, wobei zwischen externer und interner Implementierung unterschieden werden kann.

4. Ergebniskontrolle und Messung

Der wichtigste Maßstab für Investor Relations ist der Aktienkurs des Unternehmens. Da der Aktienkurs durch mögliche externe Faktoren auch negativ beeinflusst werden kann, spiegelt der Aktienkurs nicht hundertprozentig den Wert des Unternehmens wider.

Die Erfolgsmessung ist über einen Investor **Relations-Index** möglich, der von Infratest Burke entwickelt wurde. Der Index verdichtet vier Kriterien, nach denen der „typische Aktionär" eine Gesellschaft beurteilt:

- nach dem Auftreten der Gesellschaft in der Öffentlichkeit,
- nach dem Gesamteindruck des Unternehmens,
- nach seiner Kurserwartung sowie
- nach der Art der Intensität, wie er von der AG betreut wird.[55]

---

[55] Vgl. Dürr, M.: Investor Relations, 2. Auflage, München 1995, S. 147 ff.

6.3 Operatives Finanz-Controlling

Das operative Finanz-Controlling dient dazu, eine detaillierte Gliederung und einen genauen zeitlichen Ablauf der einzelnen Planungsgrößen zu erstellen. Kennzahlenanalysen ermöglichen zudem die Finanzkontrolle realisierter Entscheidungen.

6.3.1 Kurz- und mittelfristige Finanzplanung

Der Finanzplan ist die tabellarische Darstellung und Auswertung der Ergebnisse der Finanzplanung. Als zusammenfassendes Informationsblatt zeigt er Art und Umfang der Beanspruchung des Finanzierungspotenzials des Unternehmens in der Planperiode. Er hat folgende Grundstruktur:

Anfangsbestand an Zahlungskraft zu Beginn der Planperiode

+ Planeinzahlungen der Planperiode
− Planauszahlungen der Planperiode

Endbestand an Zahlungskraft am Ende der Planperiode

In der folgenden Abbildung ist ein Finanzplan dargestellt, der eine Trennung der Zahlungen nach der Herkunft aus dem laufenden Geschäft, aus Investitions- und Desinvestitionsvorgängen sowie im Rahmen des Finanzverkehrs vornimmt. Die Über- und Unterdeckung der Planperiode an liquiden Mitteln wird zunächst anhand bereits festgelegter Zahlungsvorgänge ermittelt.[56]

Anschließend können die erforderlichen Ausgleichs- und Anpassungsmaßnahmen, wie Geldbeschaffung im Fall der Unterdeckung, berücksichtigt und in den Finanzplan auf den gewünschten Zahlungsmittelbestand hin ausgeglichen werden.

Für die Ermittlung der optimalen Finanzierungsform und vor allem für die laufende Liquiditätskontrolle sind das Aufstellen eines Finanzplanes und seine regelmäßige Führung unerlässlich. (Abb. 84)

6.3.2 Cash Flow-Finanzierung

Der **Cash Flow** drückt den in einem Betrachtungszeitraum erwirtschafteten finanzwirtschaftlichen Überschuss der Betriebstätigkeit aus.

Da bei zukunftsbezogener Betrachtung nur die nachhaltig erzielbaren, d.h. von Zufällen bereinigten Finanzüberschüsse von Interesse sind, müssen die Auswirkungen der durch schnelleren Vermögensumschlag (kürzere Lagerdauer der Vorräte, kürzere Zahlungsziele für die Kundenanforderungen usw.) freigesetzten Finanzmittel enthalten sein.

Nicht dazu gehören dabei neutrale Aufwendungen und Erträge, da diese im Gewinn enthalten sind.

---

[56] Vgl. Perridon, L./Steiner, M.: Finanzwirtschaft der Unternehmung, a.a.O., S. 561 ff.

Finanzplanung	Januar	Februar	März
Zahlungsmittelbestand der Vorperiode			
Auszahlungen			
Auszahlungen aus laufenden Geschäften			
– Gehälter, Löhne			
– Rohstoffe			
– Hilfsstoffe			
– Betriebsstoffe			
– Frachten, u.s w.			
Auszahlungen für Investitionszwecke			
– Sachinvestitionen			
– Finanzinvestitionen			
Auszahlungen im Rahmen des Finanzverkehrs			
– Kreditlegung			
– Akzepteinlösung			
Eigenkapitalherabsetzung			
Einzahlungen			
Einzahlungen aus ordentlichen Umsätzen			
– Barverkäufe			
– Begleichung von Forderungen aus Lief. und Leistungen			
Einzahlungen aus Desinvestitionen			
– Anlagenverkäufe			
– Auflösung von Finanzinvestitionen			
Einzahlung aus Finanzerträgen			
– Zinserträge			
– Beteiligungserträge			
Ermittlung der Über- bzw. Unterdeckung			
Ausgleichs- und Anpassungsmaßnahmen			
Bei Unterdeckung			
– Kreditaufnahme			
– Eigenkapitalerhöhung			
– Rückfluss gewährter Darlehen			
– Zusätzliche Desinvestitionen			
Bei Überdeckung			
– Kreditrückführung			
– Anlage in liquide Mittel			
Zahlungsmittelbestand am Periodenende (nach Berücksichtigung der Ausgleichs- und Anpassungsmaßnahmen)			

Abb. 84: Der Finanzplan

Ferner gehen in den strategisch relevanten Cash Flow nur solche Größen ein, die in zukünftigen Perioden erwartet werden, wie z.B. die kalkulatorischen Abschreibungen und die Veränderungen der langfristigen Rückstellungen (insbesondere Pensionsrückstellungen).

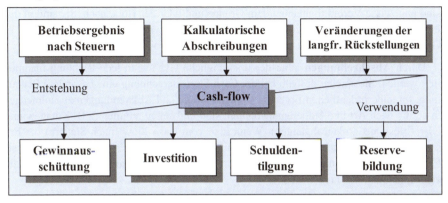

Abb. 85: Entstehung und Verwendung des Cash Flow

Der **Cash Flow** verkörpert Finanzmittel, die für Investitionen, Schuldentilgungen, Dividendenzahlungen und Aufstockungen der Liquiditätsbestände benutzt werden können. Er ist ein Indiz für die Schuldentilgungskraft der Unternehmung und insoweit für den Finanz-Controller eine zentrale Größe zur Planung und Beurteilung der Liquidität.[57]

Der Cash Flow lässt sich nach folgender Berechnung ermitteln:

Bilanzgewinn
– Gewinnvortrag
+ Verlustvortrag
+ Erhöhung der Rücklagen
– Auflösung der Rücklagen
+ Erhöhung der Sonderposten mit Rücklagenanteil
– Verminderung der Sonderposten mit Rücklagenanteil
+ Erhöhung der langfristigen Rückstellungen
– Beträge aus der Auflösung langfristiger Rückstellungen
+ Abschreibungen und Wertberichtigungen

= **Zwischensumme**
+ Außerordentlicher Aufwand
– Außerordentliche Erträge

= **Cash Flow**

Abb. 86: Berechnungsschema für den Cash Flow

Der **Gewinnvortrag** stammt aus der vorhergehenden Periode und erhöht den Gewinn des Betrachtungsjahres, muss also bei der Bewertung des Betrachtungsjahres abgezogen werden. Bei einem Verlustvortrag ist es umgekehrt, er muss deshalb zum Jahresgewinn zugerechnet werden. Rücklagen sind gesondert verbuchtes Eigenkapital.

---

[57] Zu den Cash Flow Kennzahlen vgl. hierzu ausführlich Wiehle, U./Diegelmann, M./Deter, H./u.a.: Unternehmensbewertung: Methoden, Rechenbeispiele, Vor- und Nachteile, 2. Aufl., Wiesbaden 2005, S. 82 ff.

Sie sind unterteilt in Kapitalrücklagen und Gewinnrücklagen. Der Sonderposten mit Rücklagenanteil setzt sich aus steuerfreien Rücklagen und der Differenz zwischen handelsrechtlichen und steuerrechtlichen Abschreibungen zusammen. Solche Differenzen entstehen u. a. bei Sonderabschreibungen und erhöhten Absetzungen. Rückstellungen sind ungewisse Verbindlichkeiten dem Grunde und/oder der Höhe nach. Sie sind in der Periode zu bilanzieren, in der die Schuld wirtschaftlich entstanden ist. Es werden u. a. Garantie-, Pensions-, Steuer- und sonstige Rückstellungen unterschieden.

Durch **Abschreibungen** kann der ursprüngliche Gewinn in jede Richtung manipuliert werden. Sie spielen deshalb bei der Cash Flow Berechnung eine besondere Bedeutung. Im außerordentlichen Ergebnis werden Erträge und Aufwendungen zusammengefasst, die nach Art und Höhe ungewöhnlich sind und selten anfallen (z.B. Kursgewinne oder Erlöse aus Anlageabgängen). Wenn man vom Cash Flow (nach Steuern) die Ersatzinvestitionen abzieht und die Zinsen hinzuaddiert, erhält man den Operating Cash Flow. Subtrahiert man davon die so genannten „value driver" sowie die Fremdkapitalzinsen, hat man den Free-Cash Flow.

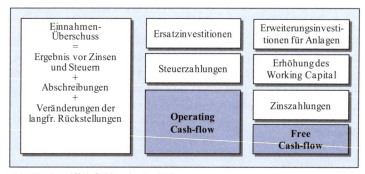

Abb. 87: Begriffsdefinition des Cash Flow

Entsprechend dem Verlauf des Produktlebenszyklus ergibt sich der idealtypische Verlauf des kumulierten Cash Flow eines Produktes nach folgender Abbildung:

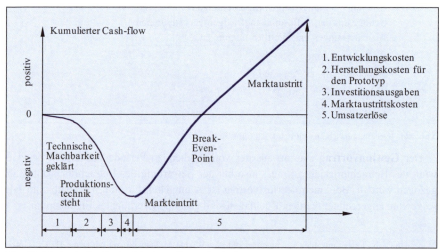

Abb. 88: Idealtypischer Verlauf des kumulierten Cash Flow

6.4 Finanz-Kennzahlen

Beispiele für Finanzkennzahlen sind:

	Kennzahl	Inhalt
01	Eigenkapitalrentabilität	$\dfrac{\text{Jahresergebnis vor Steuern}}{\text{Eigenkapital}}$
02	Gesamtkapitalrentabilität	$\dfrac{\text{Jahresergebnis vor Steuern + Zinsaufwand}}{\text{Gesamtkapital}}$
03	Return on Investment	$\dfrac{\text{Jahresüberschuss}}{\text{Umsatz}} \cdot \dfrac{\text{Umsatz}}{\text{Gesamtkapital}}$
04	Verschuldungsgrad	$\dfrac{\text{Fremdkapital}}{\text{Bilanzsumme}}$
05	Anlagendeckung	$\dfrac{\text{Langfristiges Kapital}}{\text{langfristig gebundenes Vermögen}}$
06	Liquidität I	$\dfrac{\text{liquide Mittel} \cdot 100}{\text{kurzfristige Verbindlichkeiten}}$
07	Liquidität II	$\dfrac{(\text{liquide Mittel + kurzfr. Forderungen}) \cdot 100}{\text{kurzfristige Verbindlichkeiten}}$
08	Liquidität III	$\dfrac{(\text{liquide Mittel + kurzfr. Forderungen + Fertigerzeugnisse, Waren}) \cdot 100}{\text{kurzfristige Verbindlichkeiten}}$
09	Dynamischer Verschuldungsfaktor	$\dfrac{\text{Effektivverschuldung}}{\text{Cash-Flow}}$
10	Investitionsintensität	$\dfrac{\text{Investitionsvolumen}}{\text{Wertschöpfung}}$
11	Kapitalumschlagshäufigkeit des Sachanlagevermögens	$\dfrac{\text{Fremdkapital}}{\varnothing \text{ AFA-Dauer der Sachanlagegüter}}$
12	Abschreibungsquote	$\dfrac{\text{Gesamte Abschreibung} \cdot 100\%}{\text{Bilanzsumme}}$
13	Investitionsstruktur	$\dfrac{\text{Investition für } \ldots \cdot 100\%}{\text{Gesamte Investitionen}}$
14	Investitionsdeckung	$\dfrac{\text{Abschreibungen auf Anlagevermögen} \cdot 100\%}{\text{Investitionen im Anlagevermögen}}$
15	Investitionen je Arbeitnehmer	$\dfrac{\text{Investitionen}}{\text{Zahl der Arbeitnehmer}}$

Abb. 89: Finanz-Kennzahlen

7 Personal-Controlling

Unter Personal-Controlling soll die systematische Gegenüberstellung von Plan- und Ist-Größen personalwirtschaftlicher Sachverhalte und gegebenenfalls die Ableitung von Maßnahmen, um Soll und Ist zum Ausgleich zu bringen, verstanden werden. Dabei stehen messbare oder zumindest objektiv erfassbare Daten im Vordergrund.

Aufgabe des Controllers ist es, den Produktionsfaktor Arbeit so zu evaluieren, um zunehmenden Kostensenkungserfordernissen geeignet entgegentreten zu können. Entwicklungen im Umfeld einer Unternehmung und Wertfragen im Bereich der Personalarbeit veranlassen das Personal-Controlling, den Schwerpunkt vom vergangenheitsbezogenen Berichtswesen auf antizipative und qualitative Steuerungsfunktionen zu verlagern.[58]

Eine Umfrage ergab, dass bereits über 27 % aller Unternehmen über ein institutionalisiertes Controlling verfügen. Für die kommenden Jahre wird eine Zunahme des Personal-Controlling von mehr als die Hälfte prognostiziert.[59]

7.1 Aufgaben und Ziele

Wichtige **Ziele** des **Personal-Controllings** sind:[60]

- **Die umfassende Unterstützung der Personalwirtschaft bzw. Personalplanung**

  Personal-Controlling kann die Planung unterstützen, indem sie Voraussetzungen schafft und die Durchführung gewährleistet. Insbesondere hat das Personal-Controlling das Ziel, die Effektivität und Effizienz im Personalwesen zu erhöhen.

- **Sicherstellung und Verbesserung der Informationsversorgung im Personalwesen**

  Die immer größer werdende Datenmenge sowie die Zunahme von Bedeutung und Aufgabenumfang des betrieblichen Personalwesens und die häufige Divergenz von Informationsangebot und -nachfrage machen eine zweckmäßige Auswahl von Informationen sowie ihre Verknüpfung und Verdichtung notwendig. Die so aufbereiteten Informationen stellen eine adäquate Informationsversorgung der personalwirtschaftlichen Handlungsträger in der Unternehmung dar.

- **Die Sicherung und Verbesserung der Koordination**

  Sie bildet eine weitere wichtige Zielsetzung des Personal-Controllings ab, wobei es hier als Instrument Unterstützungscharakter aufweist. Für den Personalbereich gilt keinesfalls, dass die Koordinationsfähigkeit ausschließlich von entsprechenden Controlling-Aktivitäten abhängt. Die Notwendigkeit zu verstärkter Koordination ergibt sich aus der zunehmenden Aufgabenfülle sowie der Spezialisierung und Dezentralisierung der Personalarbeit.

---

[58] Vgl. Wunderer, R./Dick, P.: Personalmanagement - Quo Vadis?, 5. Aufl., Neuwied/Kriftel 2007, S. 183.
[59] Vgl. ebd., S. 184 ff.
[60] Vgl. Jung, H., Personalwirtschaft, 9.Aufl., München 2011, S 947f.

- **Erhöhung der Flexibilität**

  Personal-Controlling kann durch laufende und systematische Beobachtung die notwendige Reaktions- und Anpassungsfähigkeit erhöhen und Chancen und Gefahren frühzeitig aufzeigen. Eine Erhöhung der Flexibilität im Personalbereich kann auch dadurch erfolgen, dass personalwirtschaftliche Informationen früher (als bisher) umgesetzt werden, und diese somit schneller zielwirksamer sind.

Die **Aufgaben** des **Personal-Controllings**:

> (1) Informationsaufgabe
>
> (2) Dienstleistungs- und Serviceaufgabe
>
> (3) Aufgaben innerhalb der strategischen und operativen Personalarbeit

(1) Die Informationsaufgabe

Unbestritten nehmen vielfältige Informationsaufgaben eine zentrale Stellung im Personal-Controlling ein. Die Erreichung von Personal-Controlling-Zielen ist immer mit Informationsvorgängen verbunden. Die Personal-Controlling-Aktivitäten, die es zu ermitteln und zu beschreiben gilt, können als von Informationen ausgelöste Aktivitäten umschrieben werden.

(2) Dienstleistungs- und Serviceaufgaben

Einen weiteren wichtigen Aufgabenkomplex des Personal-Controllings stellen Dienstleistungs- bzw. Serviceaufgaben dar. Hierdurch soll insbesondere die Personalplanung, aber auch die personalwirtschaftliche Kontrolle gewährleistet und unterstützt sowie ein Beitrag zur Sicherstellung der Koordination innerhalb der Personalwirtschaft und mit anderen Unternehmungsbereichen geleistet werden. Die Dienstleistungsaufgaben umfassen Managementaufgaben, die sich in Bezug auf das Personal-Planungs- und Kontrollsystem ergeben. Im Wesentlichen handelt es sich um Aufgaben der Systemgestaltung (Aufbau, Implementation und Anpassung des Planungs- und Kontrollsystems), Systemlenkung (Sicherstellung der zweckmäßigen Wahrnehmung der Planungs- und Kontrollaufgaben) und Systemanalyse (kritische Überprüfung der Systeme und Aktivitäten).

(3) Aufgaben innerhalb strategischer und operativer Personalarbeit

Die Rolle des Personal-Controllings innerhalb der strategischen Personalarbeit liegt in der Unterstützung unternehmensstrategischer Überlegungen. Folge der strategischen Ziel-Mittel-Entscheidung ist die Fortentwicklung der gewählten Personalstrategien und die Ableitung der darauf aufbauenden Handlungsempfehlungen. Durch das Personal-Controlling kann eine Identifikation und Evaluation der gewählten Personalstrategien gewährleistet werden. Wichtig ist hierbei vor allem, zur Sicherstellung einer zielorientierten und berechenbaren strategischen Personalpolitik beizutragen.

Innerhalb des operativen Personalmanagements werden zentrale personalwirtschaftliche Funktionen wie Personalplanung, Personalmarketing, Personalentwicklung, Personalfreisetzung, Personalverwaltung und Personalführung unter Controlling-Aspekten analysiert. Dem Personal-Controlling wird im Rahmen der operativen Personalarbeit eine quantitative und/oder qualitative Evaluationsaufgabe zugewiesen.

7.2 Strategisches Personal-Controlling

Strategisches Controlling im Personalbereich konzentriert sich auf die Ziel- und Programmevaluation. Die Aufgabeninhalte sind im Wesentlichen:

- Integration der personellen Dimension in die Strategie des Unternehmens
- langfristige Personalplanung
- Evaluation der Umsetzung von Strategien in konkrete Plandaten bzw. Maßnahmen
- unternehmerische Orientierung des Personalmanagements

7.2.1 Ziel- und Personalplanung

Nur bei entsprechend durchgeführter Zielsetzung kann Personal-Controlling seinen gestellten Anforderungen und Aufgaben gerecht werden. Ohne das Ziel erkannt und geplant zu haben, ist eine Steuerung nicht möglich, zumal sich aus den Zielen erst die erforderlichen Maßnahmen ergeben. Somit entspricht die Zielplanung auch der Forderung des Agierens statt des Reagierens.

Unter Personalplanung versteht man die vorausschauende, systematische Konzeption künftiger personeller Maßnahmen. Die Personalplanung in ihrer Funktion als Teil der Unternehmensplanung stellt eine abgeleitete Planung dar, von deren Realisierung wiederum die Einhaltung übergeordneter Unternehmensziele abhängt.

7.2.2 Früherkennungssysteme

Für ein strategisch orientiertes Personal-Controlling sind Informationen über zukünftige Personal-Ressourcen, die entsprechende Auswirkungen auf die Strategierealisierung aufzeigen, substanziell. Diese Notwendigkeit ergibt sich, wenn es gilt, mögliche Instabilitäten der Unternehmensumwelt auszugleichen.

Nicht nur Technologien, Produkte und Märkte unterliegen einem schnellen Wandel, sondern auch die Werte und Einstellungen der Mitarbeiter. Daher müssen die Beobachtungsfelder eines Früherkennungssystems alle Bereiche umfassen, die Einfluss auf die Personalarbeit ausüben können.

Diese können sein:

- **Technologie:**
  Ein technologischer Wandel verändert die Qualifikationsstruktur der Mitarbeiter. Erkennt man dies frühzeitig, können geeignete Entwicklungsmaßnahmen ergriffen werden.

- **Gesellschaft/Politik-Unternehmensklima:**

  Die Wertvorstellungen in der Gesellschaft und zukünftige politische Entscheidungen können einen Einfluss auf die Personalarbeit nehmen. Stimmen diese nicht mit den Wertvorstellungen der Mitarbeiter überein, muss man nach Lösungsmöglichkeiten suchen.

- **Demographie:**

  Mit einer demographischen Entwicklung in Verbindung der internen Mitarbeiterstruktur sowie der Angebots- und Nachfragesituation am Arbeitsmarkt lassen sich relativ leicht Informationen gewinnen, die Einfluss auf die Beschaffungs- und Entwicklungsplanung des Personals haben.

- **Volkswirtschaft-Wirtschaftliche Lage des Unternehmens:**

  Die wirtschaftliche Lage des Unternehmens hat vor allem Auswirkungen auf den Bereich der Personalbeschaffung. Für sämtliche Beobachtungsfelder empfiehlt es sich, Indikatoren zu entwickeln, die es erlauben, z. B. in Kennzahlenform Veränderungen innerhalb der einzelnen Beobachtungsfelder zu erkennen.

7.2.3 Human Resource Accounting

Die durch die Personalstatistik und die Personalstruktur gewonnenen Daten bilden die Grundlage zum so genannten Human-Resource-Accounting (Humanvermögensrechnung). Die Humanvermögensrechnung versucht eine gesellschaftsbezogene Rechnungslegung der menschlichen Ressourcen einer Unternehmung durchzuführen. Dabei ist es Aufgabe des Personal-Controlling, den monetären Wert der Ressource Mensch zu ermitteln.[61]

Die hiermit verknüpfte Beschränkung auf die Informationsbedürfnisse externer Gruppen muss durch das Hinzunehmen der internen Humanvermögensrechnung aufgehoben werden.

Die verschiedenen Modelle gehen dabei über den Rahmen der gesetzlichen Vorschriften hinaus, indem eine Konzentration auf das Humanvermögen als potenzieller, strategischer Erfolgsfaktor erfolgt. Sie können unterschieden werden in input- und outputorientierte Ansätze.

(1) Inputorientierte Ansätze

Die inputorientierten Ansätze orientieren sich an den tatsächlich vorkommenden oder den geschätzten Aufwendungen für das Personal.

Wichtige inputorientierte Ansätze sind:[62]

- **Effizienzgewichtete Personalkostenmethode**

  Bei der effizienzgewichteten Personalkostenmethode erfolgt eine Schätzung der Personallohnkosten für eine zukünftige Periode, typischerweise 5 Jahre, und einer anschließenden Diskontierung auf den Zeitpunkt der Planung. Der sich daraus ergebende Barwert wird dann mittels der so genannten Effizienzrate gewichtet, die sich

---

[61] Vgl. Papmehl, A.: Personalcontrolling, Heidelberg 1999, S. 77 f.
[62] Vgl. Jung, H.: Personalwirtschaft, a.a.O., S. 674.

aus dem Verhältnis der betriebseigenen Rentabilität zur durchschnittlichen Rentabilität der Branche ergibt.

- **Bewertung zu Wiederbeschaffungskosten**

  Die Methode der Bewertung zu Wiederbeschaffungskosten betrachtet die Kosten, die bei einer Wiederbeschaffung eines Mitarbeiters anfallen würden. Dabei müssen einerseits die reinen Beschaffungskosten, andererseits auch die Kosten, die durch die Einarbeitungszeit entstehen, berücksichtigt werden.

- **Bewertung auf der Basis zukünftiger Einkünfte**

  Bei der Methode der Bewertung auf der Basis zukünftiger Einkünfte werden die auf statistischem Wege ermittelten Einkommensprofile verschiedener Mitarbeitergruppen zur Bewertung herangezogen. Die Werte für den Mitarbeiter werden durch die Gewichtung mit der geschätzten Wahrscheinlichkeit, dass der jeweilige Mitarbeiter im Unternehmen verbleibt, gewonnen.

  Inputorientierte Modelle basieren also bei der Ermittlung des Humanvermögens auf (vergangenen, gegenwärtigen oder zukünftigen) Aufwendungen des Betriebes.

(2) Outputorientierte Ansätze

Die outputorientierten Ansätze ziehen als Bewertungsgrundlage die Leistungsbeiträge von Mitarbeitern zu den betrieblichen Zielen heran.

Wichtige **Vorgehensweisen** sind:[63]

- **Methode der Verhaltensvariablen**

  Bei der Methode der Verhaltensvariablen werden kostenorientierte Werte durch nichtmonetäre Größen entsprechend korrigiert. Nichtmonetäre Größen repräsentieren eventuell auftretende Fehlentscheidungen seitens des Managements.

- **Firmenwertmethode**

  Bei der Methode des Firmenwerts wird der komplette Wert einer Firma dem Humanvermögen zugerechnet. Das Humanvermögen ergibt sich dabei aus der Differenz zwischen bilanziellem und tatsächlichem Vermögen.

- **Bewertung mit Hilfe zukünftiger Leistungsbeiträge**

  Bei dieser Methode wird die zukünftige Leistung des Mitarbeiters geschätzt. Grundlage hierbei ist das Einbeziehen von Mitarbeiterdaten und Mitarbeiterinformationen bezüglich seiner Stellung innerhalb der Betriebshierarchie, dem individuellen Leistungs- und Fähigkeitsprofil sowie der Verweildauer in einer bestimmten Position. Aus der Gesamtheit dieser Daten und Informationen wird die zukünftige Leistung abgeleitet.

  Bei der Bewertung des Humanvermögens orientieren sich outputorientierte Modelle an Leistungsbeiträgen der Mitarbeiter eines Unternehmens oder an Erträgen bzw. Saldierungen zwischen Aufwand und Ertrag des Unternehmens als „Ersatzverfahren".

---

[63] Vgl. Jung, H.: Personalwirtschaft, a.a.O., S. 674.

Beispiel für eine **Humanvermögensrechnung:**

Die nachfolgende Tabelle zeigt ein **Beispiel** für eine **Humanvermögensrechnung**. Das Personalinvestitionskonto stellt den Beschaffungs-, Einarbeitungs- und Fortbildungskosten die entsprechenden Abschreibungsbeträge gegenüber. Es wird der Zeitraum des ersten Jahres betrachtet:[64]

Personal-Investitionskonto für den Abteilungsleiter EDV			
Beschaffungskosten	60.000,- €	Abschreibung der Humanakquisition (10%, da geschätzte Betriebszugehörigkeit = 10 Jahre)	9.500,- €
Einarbeitungskosten	35.000,- €		
Kosten der Fortbildung	15.000,- €	Abschreibung der Fortbildung (25%, da 4 Jahre Nutzung)	3.750,- €
		Schlussbestand des Humanvermögenssammelkontos	96.750,- €
Summe	110.000,- €		110.000,- €

Abb. 90: Personal-Investitionskonto bei der Humanvermögensrechnung

Basis für eine effiziente Humanvermögensrechnung sind somit Angaben über Kosten und Wert von Mitarbeitern einer Unternehmung. Da diese Werte meist nur geschätzt werden können, liegt darin die Unsicherheit der beschriebenen Methode. Zur Praxisdurchführung einer Humanvermögensrechnung gehören neben einer Datenbank, die permanent gewartet, aktualisiert und erweitert werden muss, auch die Entwicklung von zuverlässigen Prognose- und Planungsmodellen.

7.2.4 Human-Resource-Portfolio

Ein weiterer Bestandteil des strategischen Personal-Controlling sind Human-Resource-Portfolios (Personal-Portfolio). Aufgrund der tatsächlichen Leistung, die im Rahmen einer Leistungsbeurteilung ermittelt wurde, und der Befähigung des Mitarbeiters (verbunden mit seiner künftigen Entwicklung zu verbesserter Leistung) können einzelne Mitarbeiter bzw. Mitarbeitergruppen in einem Personal-Portfolio abgebildet werden.

Der bekannteste Versuch, das in der Betriebswirtschafts- bzw. Managementlehre traditionell im Marketing-Bereich angewandte Portfolio-Konzept auf den Personalbereich zu übertragen, stammt von Odiorne. Dabei wird in einer 4-Felder-Portfolio-Matrix auf der Abszisse das Potenzial und auf der Ordinate die Leistung jeweils mit den Ausprägungen „niedrig – hoch" aufgetragen. Das Portfolio soll Auskunft über die Verteilung der Qualität und der Ausgewogenheit des Mitarbeiterstammes geben. Außerdem wird eine Basis für Beschaffungs-, Anreiz- und Entwicklungsstrategien geschaffen.

---

[64] Vgl. Jung, H.: Personalwirtschaft, a.a.O., S. 675.

Die Personal-Portfolio-Analyse unterstützt vor allem die Planungs- und Vorsteuerungsfunktion des Personal-Controllings.[65]

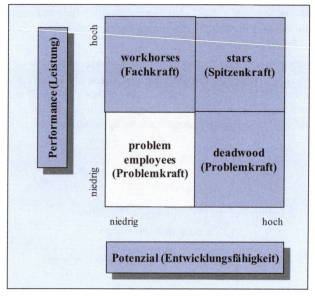

Abb. 91: The Human Resources Portfolio

Im Nachfolgenden werden die einzelnen Felder näher charakterisiert und eine damit verbundene mögliche Personalstrategie aufgezeigt:

- **Workhorses**

  Sie weisen eine hohe Bindung an das Unternehmen auf, verfügen jedoch über eine geringe Entwicklungsfähigkeit. Hierunter fallen unter Umständen Stabsspezialisten und ältere Mitarbeiter. Eine mögliche Strategie besteht darin, auf mögliche Karrierepfade im internen Bereich des Unternehmens hinzuweisen.

- **Deadwood**

  Sie weisen eine niedrige Entwicklungsmotivation auf, die durch einen niedrigen Bindungswillen bedingt sein kann. Eine mögliche Strategie könnte lauten, diesen Mitarbeitern Entwicklungsmöglichkeiten aufzuzeigen, um so deren Bindung an das Unternehmen zu erhöhen.

- **Problem employees**

  Hier finden sich möglicherweise Nachwuchsführungskräfte, bei denen man nicht genau weiß, ob sie längerfristig im Unternehmen tätig sein wollen oder es nur als Karrieresprungbrett ansehen. Durch Aufzeigen von Karrieremöglichkeiten und die Durchführung von Bildungsmaßnahmen soll versucht werden, diese Mitarbeiter in Richtung „Stars" zu bewegen.

---

[65] Vgl. Wunderer, R./Schlagenhaufer, P.: Personalcontrolling: Funktionen-Instrumente-Praxisbeispiele, Stuttgart 1994, S. 70.

- **Stars**

    Hier finden sich hochmotivierte Mitarbeiter, die ihr Fähigkeitspotenzial dem Unternehmen langfristig zur Verfügung stellen. Durch entsprechend gestaltete Anreizsysteme müssen jedoch auch hier stets neue Motivationsimpulse gegeben werden.

Die Frage nach einem Soll-Portfolio stellt sich, nachdem der einzelne Mitarbeiter im Portfolio abgebildet worden ist. Hierzu können entsprechende Normstrategien abgeleitet werden:

Grundsätzlich kann man in **vier strategische Richtungen** unterscheiden:

– **Wachstumsstrategie** (z.B. Erhöhung der Personalqualität/ -quantität in angestammten Tätigkeitsfeldern)

– **Diversifikationsstrategie** (z.B. Aufbau eines Personalstammes in neuen Tätigkeitsfeldern)

– **Konsolidierungsstrategie** (z.B. Halten der Personalqualität bei gleichzeitiger Suche nach Rationalisierungspotenzialen)

– **Eliminierungsstrategie** (z.B. Abbau großer Teile des Personals oder im Extremfall des gesamten Personals)

Mitarbeiter der Kategorie „Workhorse" sollten eine systematische Einführung in die Unternehmenspraxis, verbunden mit einer gezielten Fachschulung, erhalten. Wurde hingegen die Einordnung im Feld „Deadwood" vorgenommen, so ist z. B. ein Sonderprogramm oder ein Outplacement-Programm vorzubereiten.

7.3 Operatives Personal-Controlling

Operatives Personal-Controlling beschäftigt sich im quantitativen Bereich vor allem mit Kosten- und Wirtschaftlichkeitsgrößen und im qualitativen Bereich mit der Güte und Wirksamkeit von Prozessen, Strukturen, sowie von Denk- und Verhaltensmustern von Führungs- und Personalmanagement. Das operative Personal-Controlling ist charakterisiert durch seinen Gegenwartsbezug und einer unmittelbaren Orientierung am Tagesgeschäft. Im quantitativen Bereich des Personal-Controllings werden häufig Soll-/Ist-Vergleiche auf der Grundlage einer strukturierten Kostenerfassung durchgeführt. Im Rahmen qualitativer Untersuchungen kann z.B. auf Mitarbeiterbefragungen zurückgegriffen werden.

7.3.1 Personalbeurteilung bzw. Leistungsbeurteilung

Ein wichtiges Instrument ist die Personalbeurteilung. Sie ist durch folgende Merkmale charakterisiert:[66]

- **Eine Personalbeurteilung kann zwei Hauptziele verfolgen**

    Zum einen geht es um die Evaluation der Leistung des Mitarbeiters (hier gibt es die Möglichkeit, Personen untereinander zu vergleichen bzw. an Standards zu messen).

---

[66] Vgl. Jung, H.: Personalwirtschaft, a.a.O., S. 959.

Andererseits sollen Ansätze für künftige Personalentwicklungsmaßnahmen aufgezeigt werden. Die Evaluation findet dabei auch im Sinne einer Kontrolle statt, die ein negatives bzw. positives Feedback umfasst.

Durch die Verknüpfung der Personalbeurteilung mit einem MbO-Prozess ändert sich die Philosophie des Controllings von einer tätigkeitsorientierten hin zu einer ziel- bzw. ergebnisorientierten Bewertung. Dies führt dann zwar zu einer Konkretisierung, da Ziele für jeden Mitarbeiter verbindlich festgelegt wurden; andererseits können aber Probleme der Zuordnung des Erfolgs auftreten. Die Leistungsbeurteilung stellt jedoch innerhalb des Personal-Controllings nur dann ein brauchbares Instrument dar, wenn sie von kompetenten Beurteilern ausgeführt wird.

Personal-Controlling kann nun einerseits mit Hilfe von Personalbeurteilungsverfahren Daten gewinnen, welche die Leistungsergebnisse der Mitarbeiter betreffen. Auf der anderen Seite hat es aber auch die eingesetzten Verfahren regelmäßig hinsichtlich Ökonomie, Akzeptanz und Reliabilität, Objektivität und Validität zu prüfen.

- **Controlling-Funktionen der Personalbeurteilung, Controlling-Funktionen auf Mitarbeiterebene**

Personalbeurteilung ermöglicht den Beurteilten die Orientierung durch ein Feedback. Die Beurteilten bzw. Mitarbeiter erhalten Informationen zu ihrer gegenwärtigen Leistung und können daraus gemeinsam mit dem Vorgesetzten Zukunftsperspektiven ableiten. Auftretende Defizite des Mitarbeiters können darüber hinaus im Rahmen einer Schwachstellenanalyse aufgearbeitet und korrigiert werden.

Idealerweise wird die Lern- und Bildungsbereitschaft der Beurteilten durch den Hinweis auf Defizite erhöht und eigenmotivierte Entwicklungsmaßnahmen eingeleitet.

- **Controlling-Funktionen für spezifische personalwirtschaftliche Funktionen**

Die durch Personalbeurteilung gewonnenen Informationen können in die Personaleinsatz- bzw. -entwicklungsplanung einfließen. Aufgrund von festgestelltem Nachqualifizierungsbedarf bzw. von ermittelten Entwicklungspotenzialen können dann Aus-, Fort- und Weiterbildungsmaßnahmen geplant und budgetiert werden. Zudem besteht die Möglichkeit, Beurteilungssysteme in ein betriebliches Entlohnungssystem zu integrieren.[67]

- **Controlling-Funktionen für die integrative Personalpolitik**

Aus den Ergebnissen der Personalbeurteilung lassen sich personalpolitische Maßnahmen entwickeln. Durch eine regelmäßige Beurteilung können Ergebnis- und Verhaltenswirkungen der Personalbeschaffung bzw. -auswahl sowie von Änderungen der Arbeitsorganisation festgestellt und analysiert werden.

Kontinuierlich negative Ergebnisse der Personalbeurteilung können Hinweise auf eine fehlerhafte Personalstrategie geben und eine Strategieüberprüfung auslösen.

---

[67] Vgl. Jung, H.: Personalwirtschaft, a.a.O., S. 959.

7.3.2 Assessment-Center

Das Assessment-Center kann in bestehende Karriere- und Trainingsprogramme eingebunden und somit in den Personal-Planungs- bzw. -entwicklungsprozess integriert werden. Ferner können Erkenntnisse aus den Förder- und Beratungs-Assessment-Centern als Input für ein Potenzial-Controlling (Potenzialsuche und -beratung) und zur Entwicklung personalwirtschaftlicher Maßnahmen verwendet werden.

Ergebnisse, die das Assessment-Center liefert, können vom Personal-Controlling aufgearbeitet und für personalwirtschaftliche Funktionen nutzbar gemacht werden (z.B. Qualifikationsdefizite lösen konkrete Personalbeschaffungs- und/oder -entwicklungsaktivitäten aus). Ferner können bei Auswahl-Assessment-Centern anhand der Anzahl und Qualifikation der Bewerber Rückschlüsse auf den Erfolg von Personalmarketing-Maßnahmen gezogen werden. Darüber hinaus lassen sich Assessment-Center auch zur Evaluation einer gewählten Personalstrategie einsetzen. Stellt man z. B. fest, dass sich aus Selektions-Assessment-Centern mit internen Bewerbern für höhere Führungslaufbahnen immer weniger geeignete Kandidaten finden, sollte die Personal-Entwicklungs-Strategie überprüft werden.

7.3.3 Mitarbeiterbefragung

Mitarbeiterbefragungen können eingesetzt werden als Dialoginstrumente und als Grundlage von gestalterischen Maßnahmen zur Organisationsentwicklung. Sie sind in der Regel eine Kombination von organisationsweiten, umfassenden, strukturierten, systematischen, meist unregelmäßig durchgeführten Analysen. Effektive Mitarbeiterbefragungen setzen jedoch einen vertrauensvollen Umgang zwischen Vorgesetzten, Personalabteilung und Mitarbeitern voraus.

Bei sensiblen Themen können auch anonyme Befragungen durchgeführt werden, um die Vertraulichkeit zu wahren. Schwächen und Erfolge der Personalarbeit können durch Zeitreihenvergleich der Ergebnisse bzw. Gegenüberstellung von normativen und faktischen Daten offen gelegt werden.

Mitarbeiterbefragungen können auch als Früherkennungssystem bzw. interne Marktforschung interpretiert werden und sollten in regelmäßigen Intervallen durchgeführt werden, um Führungskräften und Personalleitern ein Feedback der Basis zu übermitteln.

7.3.4 Weitere operative Instrumente des Personal-Controllings

Weitere Instrumente, die im Rahmen des Personal-Controllings Bedeutung haben, sind:

(1) Personalinformationssystem

Personalinformationssysteme erlauben eine systematische Sammlung und Auswertung personalwirtschaftlicher Informationen, insoweit es die Gesamtheit aller Mitarbeiter betrifft.

(2) Personalkostenrechnung

Mit der Erfassung und Analyse der Personalkosten beschäftigt sich die Personalkostenrechnung, die direkt bzw. indirekt für das beschäftigte Personal anfallen.

(3) Kennzahlensysteme und Personalstatistik

Kennzahlen und statistische Daten informieren. In konzentrierter Form informieren Kennzahlensysteme und Personalstatistiken über wesentliche betriebswirtschaftliche Zusammenhänge.

7.4 Kennzahlen des Personal-Controllings

Personalbedarf und -struktur		
Kennzahlen		**Inhalt**
01	Netto - Personalbedarf	Brutto -Personalbedarf − Personalbestand im Zeitpunkt t^0 + Abgänge − Feststehende Zugänge = Netto-Personalbedarf [Mitarbeiter]
02	Arbeitsvolumen/ Arbeitszeit	$\dfrac{\text{benötigte Arbeitsstunden (Arbeitsvolumen)}}{\text{verfügbare Std. pro Mitarbeiter (Arbeitszeit)}}$ [Mitarbeiter]
03	Qualifikationsstruktur	$\dfrac{\text{Anzahl der Mitarbeiter bestimmter Qualifikationen}}{\text{Gesamtzahl der Mitarbeiter}} \cdot 100$
04	Behindertenanteil	$\dfrac{\text{Anzahl behinderte Mitarbeiter}}{\text{Gesamtzahl der Mitarbeiter}} \cdot 100\ [\%]$
05	Frauenanteil	$\dfrac{\text{Beschäftigte Frauen}}{\text{Gesamtzahl der Beschäftigten}} \cdot 100\ [\%]$
06	Durchschnittsalter der Belegschaft	$\dfrac{\text{Summe der Lebensalter der Beschäftigten}}{\text{Zahl der Beschäftigten}}$ [Jahre]
07	Durchschnittsdauer der Betriebszugehörigkeit	$\dfrac{\text{Summe derZeitdauer der Betriebszugehörigkeit}}{\text{Gesamtzahl der Mitarbeiter}}$ [Jahre]

Personalbeschaffung		
Kennzahlen		**Inhalt**
08	Bewerber pro Ausbildungsplatz	$\dfrac{\text{Anzahl Bewerber}}{\text{Anzahl Ausbildungsplätze}}$
09	Vorstellungsquote	$\dfrac{\text{Vorstellungen}}{\text{Bewerbungen}} \cdot 100\ [\%]$
10	Effizenz der Beschaffungswege	$\dfrac{\text{Bewerbungen}}{\text{Beschaffungsweg i}}$ je x 100 [%] $\dfrac{\text{Vorstellungen}}{\text{Beschaffungsweg i}}$ $\dfrac{\text{Einstellungen}}{\text{Beschaffungsweg i}}$
11	Personalbeschaffungskosten pro Eintritt	$\dfrac{\text{Gesamtkosten der Personalbeschaffung}}{\text{Anzahl der Eintritte}}$ [€]

12	Produktivität der Personalbeschaffung	$\dfrac{\text{Beschaffungsvorgänge}}{\text{Beschaffungsmitarbeiter}}$ $\dfrac{\text{Vorstellungen}}{\text{Beschaffungsmitarbeiter}}$ $\dfrac{\text{Einstellungen}}{\text{Beschaffungsmitarbeiter}}$	je [Menge / Mitarbeiter]
13	Grad der Personaldeckung	$\dfrac{\text{Tatsächliche Einstellungen}}{\text{Benötigte Anzahl der Mitarbeiter}} \cdot 100$ [%]	
14	Frühfluktuationsrate	$\dfrac{\text{Aufgelöste Arbeitsverhältnisse in der Probezeit}}{\text{Anzahl der Einstellungen}} \cdot 100$ [%]	
15	Versetzungswünsche nach kurzer Dienstdauer	Anzahl Versetzungswünsche nach kurzer Dienstdauer	

Personaleinsatz			
	Kennzahlen	**Inhalt**	
16	Vorgabezeit	Grundzeit + Verteilzeit + Erholungszeit = Vorgabezeit [Minuten]	
17	Leistungsgrad	$\dfrac{\text{Beobachtete Ist-Leistung}}{\text{Normalleistung}} \cdot 100$ [%]	
18	Arbeitsproduktivität	a) reine Mengenverhältnisse b) reine Wertverhältnisse c) gemischte Kennzahlen	$\dfrac{\text{Stück Erzeugnisse}}{\text{Anzahl Mitarbeiter}}$ $\dfrac{\text{betriebl. Wertschöpfung}}{\text{Lohnzahlungen}}$ $\dfrac{\text{Stück Erzeugnisse}}{\text{Lohnzahlungen}}$
19	Arbeitsplatzstruktur	$\dfrac{\text{Anzahl Teilzeitarbeitsplätze}}{\text{Gesamtzahl Arbeitsplätze}} \cdot 100$ [%]	
20	Verteilung des Jahresurlaubs	$\dfrac{\text{Anzahl der genommenen Urlaubstage im Monat i}}{\text{Gesamtzahl der den Mitarbeitern zustehenden Urlaubstage eines Jahres}} \cdot 100$ [%]	
21	Überstundenquote	$\dfrac{\text{Überstunden}}{\text{Normal-Arbeitsstunden}} \cdot 100$ [%]	
22	Durchschnittskosten je Überstunde	$\dfrac{\text{Überstundenkosten}}{\text{Anzahl Überstunden}}$ [€/h]	
23	Leitungsspanne (Kontrollspanne)	$\dfrac{1}{\text{Anzahl der unterstellten Mitarbeiter}}$	
24	Entsendungsquote	$\dfrac{\text{Anzahl der ins Ausland entsandten Mitarbeiter}}{\text{Gesamtzahl der Mitarbeiter}} \cdot 100$ [%]	
25	Rückkehrquote	$\dfrac{\text{Anzahl der vorzeitig aus dem Ausland zurückgekehrten Mitarbeiter}}{\text{Gesamtzahl der ins Ausland entsandten Mitarbeiter}} \cdot 100$ [%]	

Personalentwicklung		
	Kennzahlen	Inhalt
26	Ausbildungsquote	$\dfrac{\text{Anzahl der Auszubildenden}}{\text{Gesamtzahl der Mitarbeiter}} \cdot 100\ [\%]$
27	Übernahmequote	$\dfrac{\text{Anzahl der übernommenen Ausgebildenden}}{\text{Anzahl der Jugendlichen mit beendeter Ausbildung}} \cdot 100\ [\%]$
28	Struktur der Prüfungsergebnisse	$\dfrac{\text{Anzahl der Absloventen mit Note i}}{\text{Gesamtzahl der Absolventen}} \cdot 100\ [\%]$
29	Struktur der Bildungsmaßnahmen	$\dfrac{\text{Anzahl der Bildungsmaßnahmen mit dem Merkmal i}}{\text{Gesamtzahl der Bildungsmaßnahmen}} \cdot 100\ [\%]$
30	Jährliche Weiterbildungszeit pro Mitarbeiter	$\dfrac{\text{Gesamtzahl Weiterbildungstage}}{\text{Gesamtzahl der Mitarbeiter}}\ [\text{Tage/Mitarbeiter}]$
31	Weiterbildungskosten pro Tag und Teilnehmer	$\dfrac{\text{Summe der Weiterbildungskosten}}{\text{Anzahl Teilnehmer} \cdot \text{Anzahl Tage}}\ [\text{€/Teilnehmertag}]$
32	Bildungsrentabilität	$\dfrac{\text{Durch Bildung erzielte Deckungsbeiträge}}{\text{Eingesetztes Kapital in Form von Kosten d. Bild. inv.}} \cdot 100\ [\%]$

Personalfreisetzung		
	Kennzahlen	Inhalte
33	Fluktuationsrate	**BDA-Formel:** $\dfrac{\text{Freiwillig ausgeschiedene Beschäftigte}}{\text{Durchschnittlicher Personalbestand}} \cdot 100\ [\%]$ **Schlüter-Formel:** $\dfrac{\text{Anzahl der Austritte}}{\text{Personalanfangsbestand} + \text{Zugänge}} \cdot 100\ [\%]$

34	Fluktuationskosten	Ausstellkosten + Einstellkosten, wobei
		
		 Ausstellkosten = Kosten der Minderleistung
		     + Abwicklungskosten
		 Einstellkosten = Anwerbungskosten
		     + Auswahlkosten
		     + Einarbeitungskosten

35	Sozialplankosten pro Mitarbeiter	$\dfrac{\text{Personalkosten}}{\text{Umsatz}} \cdot 100\ [\%]$
36	Abfindungsaufwand je Mitarbeiter	$\dfrac{\text{Personalkosten}}{\text{Wertschöpfung}} \cdot 100\ [\%]$

Personalentlohnung		
	Kennzahlen	**Inhalte**
37	Krankheitsquote	$\dfrac{\text{Durch Krankheitsmeldung ausgefallene Tage}}{\text{Soll-Arbeitszeit in Tage}} \cdot 100\ [\%]$
38	Lohnformenstruktur	$\dfrac{\text{Anzahl der Mitarbeiter mit Lohnform i}}{\text{Gesamtzahl der Mitarbeiter}} \cdot 100\ [\%]$
39	Lohngruppenstruktur (Tarifgruppenstruktur)	$\dfrac{\text{Mitarbeiter in Lohngruppe i}}{\text{Gesamtzahl der Mitarbeiter}} \cdot 100\ [\%]$ $\dfrac{\text{Anzahl der Mitarbeiter in Tarifgruppe i}}{\text{Gesamtzahl der Mitarbeiter}} \cdot 100\ [\%]$
40	Vermögensbildende Leistung je Mitarbeiter	$\dfrac{\text{Gesamtaufwand für vermögensbildende Leistungen}}{\text{Anzahl der Mitarbeiter}}\ [\text{€/Mitarbeiter}]$
41	Erfolgsbeteiligung je Mitarbeiter	$\dfrac{\text{Aufwendungen für Erfolgsbeteiligungen}}{\text{Anzahl der Mitarbeiter}}\ [\text{€/Mitarbeiter}]$
42	Altersversorgungsanspruch je Mitarbeiter	$\dfrac{\text{Gesamtwert der Zusagen für betriebl. Altersruhegeld}}{\text{Anzahl der Mitarbeiter}}\ [\text{€/Mitarbeiter}]$
43	Nutzungsgrad betriebl. Sozialeinrichtungen	$\dfrac{\text{Anzahl Benutzer der Sozialeinrichtung i}}{\text{Gesamtzahl der Mitarbeiter bzw. der angesprochenen Belegschaft}}\ [\text{€/Mitarbeiter}]$
44	Aufwand für freiwillige betriebl. Sozialeinrichtungen je Mitarbeiter	$\dfrac{\text{Aufwendungen für freiwillige betriebliche Sozialeinrichtungen}}{\text{Anzahl der Mitarbeiter}}\ [\text{€/Mitarbeiter}]$

Personalkostenplanung und -kontrolle		
	Kennzahlen	**Inhalte**
45	Personalintensität	$\dfrac{\text{Personalkosten}}{\text{Umsatz}} \cdot 100\ [\%]$
46	Personalkosten in % der Wertschöpfung	$\dfrac{\text{Personalkosten}}{\text{Wertschöpfung}} \cdot 100\ [\%]$
47	Personalzusatzkostenquote	$\dfrac{\text{Personalzusatzkosten}}{\text{Personalkosten für geleistete Arbeit}} \cdot 100\ [\%]$
48	Personalkosten je Mitarbeiter	$\dfrac{\text{Gesamte Personalkosten}}{\text{Anzahl der Mitarbeiter}}\ [\text{€/Mitarbeiter}]$
49	Personalkosten je Stunde	$\dfrac{\text{Gesamte Personalkosten}}{\text{Anzahl der geleisteten Arbeitsstunden}}\ [\text{€/Mitarbeiter}]$

8 Controlling in der Informationsverarbeitung (IV)

Die Unternehmen haben erkannt, dass der Rohstoff Information heute erheblich, wenn nicht sogar entscheidend zur Steigerung der Wettbewerbsfähigkeit einer betrieblichen Organisation beiträgt. Ein betriebliches Informationsmanagement kann heute als Antwort der Unternehmen auf die vielfach beschriebenen Umwälzungen in der Unternehmenswelt bezeichnet werden.

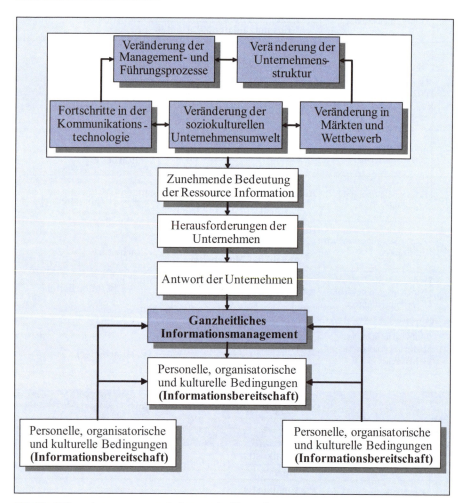

Abb. 92: Informationsmanagement als Antwort der Unternehmen

Unter dem Schlagwort **Informationsmanagement** wird heute mehr als nur die technologische Dimension der Informationsverarbeitung verstanden. Verschiedene Studien haben belegt, dass der Einsatz von Informationstechnologie „per se" noch keine positiven Beiträge zum Unternehmenserfolg liefert. Vielmehr sind eine Abstimmung dieser Technologie mit den strategischen Unternehmenszielen und eine exakte Einsatzplanung erforderlich.

Ein so verstandenes Informationsmanagement erfordert eine informationsorientierte Betrachtung des Unternehmens. Diese Aufgabe ist keine Angelegenheit, die auf Experten delegiert werden kann, sondern bedingt die Einbeziehung des Topmanagements. Auf der konzeptionellen Ebene lassen sich drei Dimensionen des Informationsmanagements unterscheiden:

- Das **Informationspotenzial** umfasst die Menge aller aktuellen und potentiell verfügbaren internen und externen Informationen und Informationsquellen des Unternehmens. Eine Verbesserung des Informationspotenzials geschieht durch die effektive Nutzung vorhandener oder durch die Erschließung neuer Informationsquellen.

- Die **Informationsfähigkeit** beinhaltet die betriebliche Hard- und Softwarestruktur des Unternehmens sowie die eingesetzten Methoden, Instrumente und Systeme der Informationsverarbeitung. Ein Entwicklungspotenzial besteht hierbei durch eine Verbesserung der Informationsinfrastruktur sowie durch die Entwicklung und Implementierung von Methoden, Instrumenten und Systemen der Informationsverarbeitung.

- Die **Informationsbereitschaft** betrifft zum einen die Fähigkeiten und die Motivation der Mitarbeiter zur aktiven Informationsaufnahme, Informationsverarbeitung und Informationsweitergabe sowie zum anderen die unternehmensspezifischen Gegebenheiten der Informationskultur. Im Rahmen dieser Dimension können Leistungssteigerungen durch koordinierende und motivierende Maßnahmen sowie durch Abbau von Informations- und Kommunikationsbarrieren bzw. durch Gestaltung kommunikationsfördernder Organisationsformen geschaffen werden.

Die Controlling-Arbeit ist heute ohne Einbeziehung des Instruments computergestützte Informationsverarbeitung nicht mehr denkbar. Die gegenseitige Beeinflussung und enge Beziehung von Controlling und Informationsverarbeitung kann anhand von zwei wesentlichen Aspekten gezeigt werden:

- IV-Anwendungen betreffen in starkem Maße das Arbeitsgebiet des Controllers (z. B. Rechnungswesen). Die Informationsverarbeitung unterstützt zudem das Controlling durch den möglichen Einsatz neuer Instrumente, Analysen und Auswertungen.

- Durch die Informationsverarbeitung entstehen spezielle Führungsprobleme (z. B. IV-Investitionsentscheidungen).

- Durch die Informationsverarbeitung im Sinne einer automatisierten Verarbeitung von Bildern, Texten und Daten wird das Controlling vor zwei komplexe Koordinierungsprobleme gestellt:

Einerseits stellt die Informationsverarbeitung als Instrument der Controllertätigkeit ein enormes Koordinierungsproblem dar. Zur Schaffung und Nutzung eines Planungs-, Kontroll- und Informationssystems muss das Controlling dieses Potenzial effektiv einsetzen, um

- durch den Einsatz der IV die Ergebnisse der systembildenden Koordination, d. h. der Bildung aufeinander abgestimmter, formaler Systeme qualitativ zu verbessern, und

- durch Nutzung der Integrationsmöglichkeiten der Informationsverarbeitung der systemkoppelnden Koordination, d.h. der Abstimmungsprozesse in dem gegebenen Systemgefüge zu vereinfachen.

Der Objektbereich des Controllings - die gesamte Unternehmung - und der Bereich, auf den sich die Unterstützungsfunktion der IV bezieht, decken sich. Daher liegt es nahe, sich die Informationsverarbeitung für die Koordinierungsaufgabe des Controllings zunutze zu machen.

Andererseits ist die Informationsverarbeitung aber auch Objekt der Controllertätigkeit, da das System der Informationsverarbeitung so komplex ist, dass es einen immer noch stark wachsenden Koordinierungsbedarf darstellt.

Controlling und das System der Informationsverarbeitung weisen viele Parallelen auf:

- **Querschnittsfunktionscharakter:**

  Sowohl die Informationsverarbeitung als auch das Controlling sind funktions- und bereichsübergreifende Bereiche.

- **Information als Gegenstand:**

  Das Controlling hat die Funktion, Informationen –vor allem aus den Bereichen Bilanzrechnung, Kosten- und Leistungsrechnung sowie Investitionsrechnung– zu beschaffen, aufzubereiten und der Führung bzw. den Fachabteilungen zu Verfügung zu stellen. Die Informationsverarbeitung dient dem Zweck, diese Informationen zu gewinnen, zu verarbeiten und weiterzuleiten.

- **Beiderseitige Interdependenzen:**

  Wie oben aufgezeigt, bestehen zwischen den beiden Bereichen starke Interdependenzen. Einerseits bildet das Informationssystem das Fundament aller Controlling-Tätigkeiten, ist aber andererseits auch Objekt der Controllerarbeit.

Die Besonderheit des IV-Controlling ergibt sich aus dem Controllingobjekt:

Die Informationsverarbeitung durchdringt alle Funktionsbereiche. Deshalb ist auch das IV-Controlling funktionsübergreifend zu gestalten.

Damit handelt es sich also um eine typische Querschnittsfunktion (im Gegensatz zu funktionsbezogenen Controllingfunktionen, wie z. B. dem Produktionscontrolling).[68]

8.1 Aufgaben und Ziele des IV-Controllings

Die Schaffung und Verbesserung bzw. Erhaltung der Koordinations-, Reaktions- und Anpassungsfähigkeit der Unternehmensführung kann als ein generelles Ziel des Controllings angesehen werden. Unternehmensführer sehen sich den daraus ergebenden Problemen gegenübergestellt. Dies macht eine umfassende Informationsversorgung erforderlich.

Daneben wird die starke Erweiterung des Tätigkeitsfeldes für Controller in den letzten Jahren nicht zuletzt auf die steigenden Einsatzmöglichkeiten der computergestützten Informationsverarbeitung zurückgeführt. Die Informationsverarbeitung (IV) ist in den letzten Jahren zu einem bedeutenden Produktionsfaktor geworden.

---

[68] Vgl. Roitmayer, F.: Controlling von Info- und Kommunikationssystemen, S. 193.

Mit Hilfe der Informationsverarbeitung kann nicht nur die Informationsversorgung verbessert werden (z. B. durch schnellere und umfangreichere Auswertungen), sondern auch die Planung und Kontrolle eine wesentliche Unterstützung erfahren (z. B. durch Unternehmensmodelle).

Neue **IV-Anwendungen** betreffen heute in der Regel unternehmensweite Fragen von Planung und Kontrolle sowie Informationsversorgung, also Controllingaufgaben. Gegenstand des IV-Controllings sind damit alle Vorgänge und Tätigkeiten im Unternehmen, die im Zusammenhang mit der Beschaffung und Verarbeitung von Informationen auftreten.

Der Entwurf und die Einführung solcher Systeme verändern häufig die Organisation der Unternehmung grundlegend. Die hierbei auftretenden Probleme können nur überwunden werden, wenn die Unternehmensführung ihre koordinierende Funktion auch diesbezüglich wahrnimmt. Dies kann sie nur, wenn das Informationsverarbeitungs-Management funktioniert.

Zu verfolgen ist in diesem Zusammenhang die Sicherstellung der ergebnisorientierten Entscheidungs- und Handlungsprozesse für alle Aktivitäten hinsichtlich der Bereitstellung und Nutzung der Informationsverarbeitung.

Ziel des IV-Controllings muss es sein, das die Entscheidungen der Unternehmensführung unterstützende Informationssystem so zu gestalten, dass jeder Entscheidungsträger innerhalb der Unternehmensführung die zur Erfüllung der jeweiligen Aufgaben erforderlichen Informationen in wirtschaftlicher Form erhält.

Insofern ist die Grundaufgabe des Controllings die Gestaltung der Informationsverarbeitung; Zielsetzung des Controllings ist die wirtschaftliche Ausgestaltung des Informationssystems. Das übergeordnete Ziel des IV-Controllings ist die Ausrichtung des IV-Bereichs auf das Zielsystem des Unternehmens.

Allgemein lassen sich Ziele in Formal- und Sachziele unterscheiden. Während Sachziele ein konkretes Handlungsprogramm festlegen und Zeitpunkt, Art sowie Menge der zu erbringenden Leistung bestimmen, ergeben sich aus Formalzielen sachunabhängige generelle Verhaltensvorschriften.

Sie stellen übergeordnete Ziele dar, an denen sich die Sachziele auszurichten haben und unterziehen jede Aufgabenstellung einer Beurteilung im Hinblick auf Wirtschaftlichkeit.[69]

Strategische Sachziele betreffen die Informationsverarbeitung als Ganzes und legen Handlungsspielräume fest, in denen sich das Handeln des IV-Controlling auf operativer Ebene vollziehen soll. Grundsätzlich angestrebt wird auf dieser Ebene die Schaffung einer unternehmenszielgerechten Informationssystem-Architektur, das heißt einer Grundlagenentscheidung bezüglich der Gestaltung des Informationssystems.

Die operativen Ziele werden aus den strategischen Zielen abgeleitet. Operative Ziele betreffen die Gestaltung und Implementierung der IV als unternehmenszielgerechte Prozesse.

---

[69] Vgl. Jung, H.: Allgemeine Betriebswirtschaftslehre, a.a.O., S. 177.

Auf der Ebene der **Formal-Ziele** leitet sich aus dem Oberziel „Unterstützung der Unternehmensziele" das Ziel der Wirtschaftlichkeit ab. Nur wirtschaftliche Informationssysteme, die mit der erforderlichen Effizienz entwickelt und eingesetzt werden, können die langfristige Existenz des Unternehmens sichern.

Eine Verbesserung der Wirtschaftlichkeit kann sowohl durch Senkung der Kosten als auch durch eine Steigerung des Nutzens erreicht werden. Wesentliche Merkmale bei der Festlegung der Nutzenhöhe sind Funktionalität und Qualität der IV sowie Termintreue bei der Befriedigung von neuen Anforderungen.[70]

Die **Ziele**, die ein **IV-Controlling** verfolgen sollte, können zusammenfassend dargestellt werden:

- Unterstützung langfristiger Unternehmensziele

- Sicherstellung der Wirtschaftlichkeit der Informationsverarbeitung

- Steigerung des Nutzens der Informationsverarbeitung

- Kostenkontrolle im IV-Bereich

- Qualitätssicherung bei den IV-Dienstleistungen

- Termineinhaltung aller IV-Maßnahmen

- Gewährleistung der Funktionalität der eingesetzten Software

Aufgrund des häufig vernachlässigten Aspekts der Innovationskraft neuer Informationstechnologien sollte die Kostenfrage nicht im Vordergrund stehen. Grundsätzlich ist vor allem die wirtschaftliche Gestaltung des Informationssystems anzustreben.

8.1.1 Aufgaben des IV-Controllings

Aufgrund der Komplexität der Aufgaben des Informationsmanagements ist die Wahrnehmung spezifischer Controllingaufgaben (IV-Controlling) erforderlich.

Wie bereits beschrieben, ist die Informationsverarbeitung eine typische Querschnittsfunktion mit Gemeinkostencharakter. Daraus folgen spezielle komplexe Aufgaben für das Controlling. Um die genannten Ziele erreichen zu können, nimmt das IV-Controlling operative, administrative und strategische Aufgaben wahr. Allerdings bestehen die Aufgaben nicht allein in der Planung und Realisierung der Informationssystem-Architektur, sondern in der Überwachung und Steuerung ihrer Wirtschaftlichkeit.

---

[70] Vgl. Dobschuetz, L.: IV-Controlling. In: Controlling, 1995, Heft 5, S. 306 ff.

Das **IV-Controlling** beschäftigt sich mit den nachstehenden **Aufgabenbereichen**:

- Erhaltung und Sicherung der Unternehmung im Hinblick auf ihre Reaktions- und Adaptionsfähigkeit durch den Einsatz der Informationstechnologie

- Überprüfung und ggf. Regulierung der Effizienz der geplanten Maßnahmen

- Koordination der Planungs-, Steuerungs- und Informationsaufgaben im administrativen Bereich

- Beobachtung der Unternehmung und seiner Umwelt und Einleitung von Gegenmaßnahmen bei eventuellen Veränderungen

- Koordination der Planungsaktivität und die Kontrolle des Zielerreichungsgrades und der Wirtschaftlichkeit des Vorgehens

- Informationsbeschaffung und Weiterverarbeitung bzw. Aufbereitung der Information

- Identifikation und Behebung von Ineffizienzen in der bestehenden Systemlandschaft

8.1.2 Präzisierung der Ziele des IV-Bereichs

Im Rahmen der Koordination des Führungssystems ist das Controlling auch für die Koordinierung der Unternehmensziele, nicht jedoch für die Unternehmenszielbildung verantwortlich. In allen Bereichen des Unternehmens muss vor der Gestaltung der Planung und Kontrolle eine Zielableitung und -bildung vorangehen.

Für den **IV-Bereich** existiert in der Praxis oft kein Zielsystem. Meist sind die einzelnen Ziele weder verbindlich formuliert noch schriftlich fixiert. Häufig mangelt es auch an der Übermittlung der Zielsetzung von der Unternehmensführung zu den ausführenden Ebenen, so dass sich dort kaum operationale Ziele ergeben.

Hinzu kommt, dass das Denken in Zielsetzungen für viele Führungskräfte noch immer ungewohnt ist. Das Controlling muss in diesem Fall der Wegbereiter für einen systematischen Prozess zur Zielsetzung und Zielordnung sein.

Der Prozess der Zielbildung kann nach dem Top-down-, Bottom-up- oder Gegenstromverfahren erfolgen. Diese Verfahren wurden bereits im Teil C behandelt (siehe Abschnitt 4.5) und werden an dieser Stelle nicht näher erläutert.

In der Zusammenarbeit mit den entsprechenden Führungskräften innerhalb (z.B. dem Leiter des Rechenzentrums) und außerhalb des IV-Bereichs (z.B. dem Vorstand) ist es die Aufgabe des IV-Controllers,

Aufgaben des IV-Controllers

- Ziele für den IV-Bereich zu sammeln,
- diese hierarchisch zu ordnen und mit Gewichtungen zu versehen,
- Inkonsistenzen im Zielsystem aufzudecken und zu beseitigen und
- unter allen Beteiligten einen Konsens über das erarbeitete Zielsystem herauszustellen.

Dabei dürfen nicht nur operative Ziele eine Rolle spielen, auch die strategische Bedeutung von Informationssystemen muss Berücksichtigung finden. Hierbei handelt es sich konkret um

- die Stellung der strategischen IV-Ziele im strategischen Gesamtziel-System des Unternehmens,
- langfristige Ziele des IV-Bereichs und
- die Einbindung der operativen IV-Ziele in die Strategieziele (zwecks Vermeidung von Zielkonflikten).

Letztlich hat der IV-Controller dafür zu sorgen, dass die Ziele des IV-Bereichs auf das Gesamtziel-System der Unternehmung ausgerichtet werden.

8.1.3 Festlegen operationaler Größen zur Messung der Ziele

Das Formulieren und Präzisieren der Ziele allein ist jedoch nicht ausreichend, um bei den Verantwortlichen ein effizientes und zielgerichtetes Handeln zu erreichen. Damit die Überprüfung der Zielerfüllung möglich ist, sind operationale, d.h. leicht und objektiv erfassbare Messgrößen für die Ziele festzulegen. Außerdem sind alle Ziele bezüglich ihres Zielinhalts und Erreichungszeitraums zu definieren. Aussagen wie z.B. „Reduktion der Durchlaufzeiten" oder „Entlastung von Routineaufgaben" erlauben keine Bestimmung der Zielerreichung. Vorgaben wie „tägliche Bestandsnachführung" oder „Reduzierung der Lagerbestände um 30 % innerhalb von drei Monaten" hingegen sind mess- und überprüfbar.

In der Festlegung der Messgrößen jedoch liegt für den IV-Controller das entscheidende Problem: Der **IV-Bereich** ist ein **Dienstleistungsbereich**, dessen erbrachte Leistungen generell viel unterschiedlicher als Sachleistungen und daher auch schwerer messbar sind.

Maschinenleistungen können nicht mit einem bestimmten Kriterium gemessen werden, sondern stellen sich in vielen Dimensionen dar. Ein erledigter Auftrag kann z. B. mit den erforderlichen Druckzeilen, der Anzahl aufgerufener Bildschirme oder auch durch die benötigte CPU-Zeit beschrieben werden. Hier ist es wichtig,

- Teilkapazitäten messbar abzugrenzen,
- eindeutige Messgrößen für unterschiedliche Nutzungsintensitäten zu definieren,
- Zuordnungen zu den Auftraggebern vorzunehmen und
- die Schnittstelle zum Kosten- und Leistungsrechnungssystem zu pflegen.

Zur Bildung einer operationalen Messgröße ist zunächst das Ziel in ein operationales Messziel zu überführen. Für dieses Messziel sind anschließend die Messobjekte zu bestimmen. **Messobjekte** sind einzelne Elemente des Untersuchungsgegenstandes, in diesem Falle des Informationssystems.

Die schließlich für jedes Messobjekt zu bildenden Messgrößen müssen einen Maßstab sowie die geforderte Messgenauigkeit festlegen.

Die vorgelagerten Aufgaben des IV-Controllers liegen in der **Auswahl** und **Standardisierung** der **Controlling-Methoden** im Rahmen des IV-Controllings sowie ihrer Anpassung an das Controlling-Gesamtsystem.

So wird z.B. klar festgelegt sein müssen, welches Verfahren der Wirtschaftlichkeitsrechnung mit welchen einheitlichen Merkmalen (z. B. einheitlicher Zinssatz) in welchen Investitionssituationen der Informationsverarbeitung angewandt werden soll.[71]

8.2 Strategisches IV-Controlling

In früheren Jahren war das „klassische" Controlling häufig operativ orientiert. Mittlerweile erstreckt sich das Controlling auch auf die strategische Planung bzw. das strategische Management, da die strategische Führung ebenso eine methodische und informationsbezogene Unterstützung hinsichtlich ihrer Aufgabenwahrnehmung benötigt wie die operative Planung und Steuerung.

Häufig bestand keine direkte Beziehung zwischen **Unternehmensstrategie** und einer **originären IV-Strategie**. Vielmehr erfolgte die IV-Planung oft nur als Reaktion auf Anforderungen der verschiedenen Funktionsbereiche. Die daraus resultierenden Nachteile können beseitigt werden, wenn die Unternehmensleitung die Bedeutung einer umfassenden IV-Strategie erkennt und deren Entwicklung fördert.

Dann nämlich kann sich die IV-Strategie optimal an die Unternehmensstrategie anpassen, aktiv und innovativ wirken. Parallel erweitert sich der Spielraum der Unternehmensstrategie und es eröffnen sich neue Möglichkeiten in der Gestaltung der Wettbewerbsstrategie.

8.2.1 Erweiterung des operativen Controllings zum strategischen Controlling

Der erste Schritt zur Erweiterung des Controllings-Ansatzes ist die Zusammenfassung solcher operativer Aktivitäten, die sich im weitesten Sinne aus der fachlichen Nähe zu der primären Controlling-Aufgabe der Zielsetzung und Überwachung der Zielerreichung ableiten lassen.
An dieser Stelle sind zum Beispiel die Leistungs- und Kostenverrechnung einschließlich Accounting, operatives IV-Kostenmanagement (Budget/Etat), aber auch die Koordinierungsaufgaben auf dem Gebiet der operativen IV-Planung, des gesamten Berichtswesens, der Mitarbeiterplanung, der Raum- und Arbeitsplatzfragen und vieles mehr zu nennen.

---

[71] Vgl. Horváth, P.: Controlling, 11. Aufl., München 2009, S. 720.

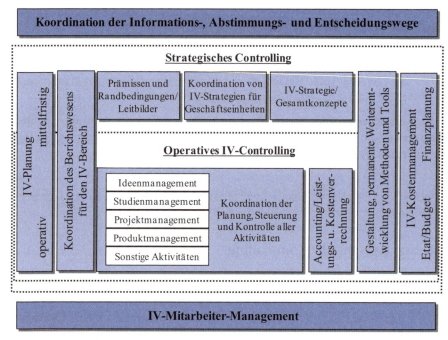

Abb. 93: IV-Controlling als Bestandteil des Informationsmanagements

Die Funktion des strategischen Controllings besteht in der langfristigen Sicherung der Unternehmensergebnisse durch eine systematische Erschließung neuer Erfolgspotenziale, die sich in der Gegenwart nur als – nicht quantifizierbare – Chancen und Risiken beschreiben lassen.

8.2.2 Das strategische IV-Controlling

Das strategische IV-Controlling dient einer zukunftsorientierten Planung und Steuerung des betrieblichen IV-Einsatzes sowie der Erschließung von Erfolgspotenzialen für das Unternehmen. Nach dem Erfassen der vorhandenen Potenziale und dem Abwägen der Chancen und Risiken, lassen sich die strategischen Ziele festlegen und die Strategien zur Erreichung dieser Ziele formulieren.

Die Strategien beschreiben die Vorgehensweise bei der Planung und dem Entwurf von Informationssystemen. Kriterien für die strategische Orientierung der Informationsverarbeitung sind vornehmlich maximaler Ertrag, hohe Marktabdeckung und schnelle Marktanpassung.

Hauptaufgabe des strategischen Controllings ist dabei die Gewinnung und Aufbereitung entscheidungsrelevanter Informationen für das Management. Für eine nachhaltige Ausrichtung der IV an den Unternehmenszielen bedarf es wirksamer Verfahren wie der strategischen IV-Planung, der Projektauswahl und der Projektpriorisierung sowie der Make-or-buy-Analyse.

Merkmale	Strategisches IV-Controlling	Operatives IV-Controlling
Umfang	Umwelt und Unternehmung	Unternehmung
Zeitbezug	Zukunftsorientiertheit	Periodenorientiertheit
Zielgrößen	Erfolgspotenzial	Ergebnis
Dimensionen	Chancen/Risiken, Stärken/Schwächen	Aufwand/Ertrag, Kosten/Leistungen

Abb. 94: Abgrenzung von strategischem und operativen IV-Controlling

Der **Planungshorizont** der strategischen IV-Planung liegt gewöhnlich zwischen fünf und zehn Jahren. In diesem Zeitraum können einerseits die zu erwartenden Umweltzustände noch relativ realistisch abgeschätzt werden, andererseits kann die Dauer der meist mehrere Jahre in Anspruch nehmenden Umsetzung der Planung noch entsprechend berücksichtigt werden.

Während im Rahmen des strategischen IV-Controllings festgelegt wird, welche IV-Unterstützung die Geschäftsprozesse des Unternehmens erhalten sollen, wird beim taktischen IV-Controlling über die Art der anzuwendenden Wertschöpfungs- oder Leistungserstellungsprozesse befunden. Kriterien hierfür sind im Wesentlichen niedrige Prozesskosten, kurze Durchlaufzeiten, hohe Flexibilität und angepasste Schnittstellen.

Anwendungssysteme wie Eigen- oder Fremdentwicklung, Einsatz von Standard- oder Individualsoftware, zentrale oder persönliche Anwendungsentwicklung (enduser programming) bzw. des Anwendungsbetriebs auf zentralen, Abteilungs- oder Arbeitsplatz- Rechnern (rightsizing), sowie der zentralen oder dezentralen Zuständigkeit für die Speicherung und Verwendung von Daten und Anwendungssystemen.

8.3 Operatives IV-Controlling

Operative Controlling-Ansätze haben zum Ziel, bestehende Erfolgsfaktoren periodenorientiert weiterzuentwickeln. Im Mittelpunkt stehen Fragen der Entwicklung und des Betriebs von Informationssystemen. Die grundlegenden **Leistungserstellungsprozesse** sind damit schon erwähnt:

– Entwicklung und Implementierung von Informationssystemen, die in der Regel in Form von zeitlich begrenzten Projekten durchgeführt wird, und
– der laufende Betrieb des Informationssystems, mit den produktiven Teilprozessen Informationserfassung, Verarbeitung und Nachbereitung sowie zugehörigen organisatorischen und administrativen Aufgaben.

Aus der für das Informationssystem entwickelten Strategie müssen konkrete Projekte abgeleitet werden, mit denen die IV-Strategie operationalisiert und umgesetzt werden soll. An der Schnittstelle zwischen dem strategischen und dem operativen Controlling steht also das Projektmanagement.

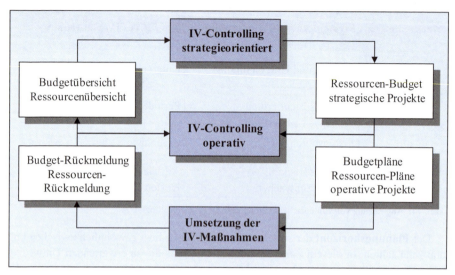

Abb. 95: Zusammenhang zwischen strategischem und operativem Controlling

Wird im Rahmen eines taktischen IV-Controlling über die Wahl der Leistungserstellungsprozesse in der Informationsverarbeitung entschieden, so befasst sich das operative IV-Controlling vornehmlich mit der Optimierung der Einzelleistungen im Lebenszyklus von Anwendungssystemen.

Wesentliche Kriterien sind Effizienz (minimaler Aufwand, kurze Lieferzeiten), Qualität und Funktionalität. Die Instrumente des operativen Controlling sind die Auftragsdatenerfassung, die Kosten- und Leistungsabrechnung sowie das Projekt- und Produkt-/Anwendungscontrolling.

Weitere Aufgaben sind die Steuerung und Kontrolle des Methoden- und Werkzeugeinsatzes, die Verwendung von Standards für eine effiziente Leistungserstellung, sowie die Prüfung von Rationalisierungspotenzialen im Rechnerbetrieb.

Die Abbildung 96 fasst verschiedene **Methoden** des operativen Controllings zusammen. Ein Problem aller genannten Methoden des operativen IV-Controllings ist, dass sie isoliert eingesetzt nicht allen Anforderungen, die an eine Planungsmethode zu stellen sind, gerecht werden. Um die unterschiedlichen Schritte im Prozess der IV-Planung zu unterstützen, ist daher der kombinierte Einsatz verschiedener Ansätze erforderlich.[72]

Das **Informationsmanagement** lässt sich ohne Controlling-Prozesse nicht praktizieren.

Die Einführung des Controllings braucht Zeit, damit alle Beteiligten die Methodik auch entsprechend verinnerlichen können. Eine triviale Voraussetzung ist dennoch wichtig: Das IV-Management und das Top-Management müssen von der Wichtigkeit des Weges überzeugt sein und mit Nachdruck hinter der Einführung von solchen Maßnahmen stehen.

---

[72] Vgl. Reichmann, T.: Strategisches und operatives Kosten- und Erfolgsmanagement und -controlling, in: Controlling, Heft 1, 1996, S. 4 ff.

Methoden zur Bewertung und Entscheidung
– ABC-Analyse
– Nutzwert-Analyse
– Investitionsrechenverfahren
– Kosten-/Nutzenanalyse
Spezielle Methoden der IV-Projektplanung und -kontrolle
– Methoden der Zeit- und Aufwandsschätzung
– Methoden der Terminplanung
– Software-Qualitätsplanungs- und Kontrollmethoden
– Projektmanagementsysteme
– Review- und Walkthrough-Methoden
Methoden der Qualifikation
– Budgetierungstechniken
– Verfahren der Leistungsver- und -abrechnung
– Verrechnungspreise
– Kennzahlen und Kennzahlensysteme
Methoden zur Leistungsmessung und Optimierung der IV-Infrastruktur
– Simulationsverfahren
– Benchmark-Verfahren
– Verfahren der analytischen Modellierung
– Betriebssystemroutinen zur Erfassung der Betriebsmittel-Inanspruchnahme
Methoden zur Informationsübermittlung
– Dokumentationen und Dokumentationssysteme
– Berichtswesen

Abb. 96: Instrumente des operativen IV-Controlling

Gleichzeitig müssen klare Visionen vorhanden und formuliert sein, um den Motivationsrahmen für die konzeptionellen Voraussetzungen zu erhalten. Weiterhin ist eine langfristige Grobvorstellung zum Controlling unerlässlich.

Die methodische Unterstützung soll auf praktikable Methoden, die glaubhafte Ergebnisse liefern, aufbauen. Perfektionismus ist nicht der richtige Ansatz. Ohne Tool-Unterstützung ist die Einführung einer solchen Methodik undenkbar.

Die Controlling-Prozesse sind schrittweise einzuführen. Bei der sukzessiven Einführung kann sich die Methodik aus eigenem Erfolg „refinanzieren", das heißt, durch die Erfolge eines Schritts lässt sich die Einführung des nächsten Abschnitts legitimieren. Die Systematik wird akzeptiert und auch erfolgreich sein.

Ein entsprechender Erfolg lässt sich nur erreichen, wenn die festgelegten Controlling-Prozesse nachhaltig und einheitlich praktiziert werden. Dabei ist es erforderlich, „im Sinne des Konzepts" zu handeln und nicht „nach den Buchstaben" der niedergeschriebenen Handbücher und Anweisungen.

8.4 IV-Kennzahlen

Kennzahlen werden in der betrieblichen Praxis zu Planungs-, Steuerungs- und Kontrollzwecken eingesetzt. Sie informieren in konzentrierter Form über Zielgrößen. Einzelkennzahlen können zu **Kennzahlensystemen** verknüpft werden und bilden auf diese Weise das Zielsystem für die Gesamtunternehmung oder für einen betrieblichen Teilbereich ab.

Eine wichtige Aufgabe des Controllers besteht vor allem darin, ein Kennzahlensystem so aufzubauen, dass Entwicklungstendenzen und Zusammenhänge sichtbar werden. Für den Controller stellt sich bei der Suche nach Kennziffern das Problem, aus der Vielzahl möglicher Kennzahlen die für sein Unternehmen geeigneten Kennzahlen auszuwählen und aufzubereiten. Bei der Auswahl von Kennzahlen sollte Folgendes berücksichtigt werden:

– Kennzahlen müssen dem Kriterium der Wirtschaftlichkeit genügen.
– Die Zielsetzung der Kennzahl muss erkennbar sein.
– Kennzahlen müssen aktuell und in der Zahl beschränkt sein.

Auch in der Informationsverarbeitung gibt es bereits einige Versuche, Kennzahlen zur Steuerung und Analyse einzusetzen. Der IV-Controller beschäftigt sich dabei konzeptionell mit der Auswahl geeigneter Kennzahlen. Kennzahlen sollen zunächst zweckgerichtet sein, d.h. sie haben einen bestimmten Informationsbedarf zu decken. Dies sollen sie wirtschaftlich sowie hinreichend genau und aktuell tun.

In diesem Zusammenhang muss der IV-Controller unterschiedliche **Kennzahlentypen** errechnen:

- **Leistungskennzahlen,** z.B. DV-Auslastung, Antwortzeiten, Verfügbarkeit
- **Strukturkennzahlen,** z.B. Terminal-Dichte, PC pro Mitarbeiter
- **Kostenkennzahlen,** z.B. DV-Kosten / Umsatz, Prozentanteile einzelner Kostenarten (Wartungskosten / DV-Kosten insgesamt)
- **Nutzenkennzahlen,** z.B. Nutzen-Kosten-Verhältnis für einzelne Applikationen

Ist die Auswahl der einzusetzenden Kennzahlen geklärt, so ist es auch die Aufgabe des IV-Controllers, den einheitlichen Einsatz durch eindeutige Beschreibungen und „Gebrauchsanweisung" sicherzustellen.

Im folgenden Schaubild wird abschließend beispielhaft ein Kennzahlensystem für Investitionsentscheidungen im IV-Bereich als eine Zusammenfassung von voneinander abhängigen und einander ergänzenden Kennzahlen dargestellt: [73]

---

[73] Vgl. Reichmann, T.: Controlling mit Kennzahlen und Management-Tools, a.a.O., S. 715.

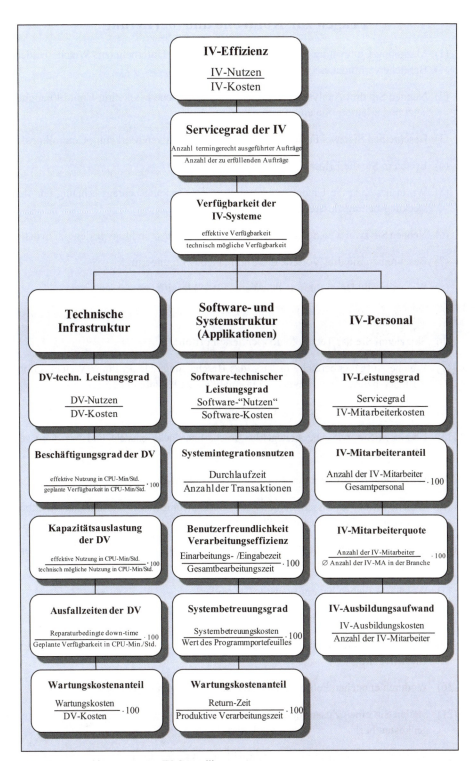

Abb. 97: Kennzahlensystem zum IV-Controlling

Fragen zur Kontrolle und Vertiefung

(1) Marketing-Controlling bildet eine Schnittstelle im Unternehmen. Welche beiden Bereiche verbindet es?

(2) Nennen Sie drei Analyse-Formen, die das strategische Marketing-Controlling einsetzt und erläutern Sie eine Form näher!

(3) Beschreiben Sie zwei Formen/Instrumente des operativen Marketing-Controllings!

(4) Erläutern Sie die Erlösabweichungsanalyse!

(5) Worin bestehen die Unterschiede zwischen der Deckungsbeitragsrechnung und der Deckungsbeitragsflussrechnung?

(6) Nennen Sie zwei wesentliche Merkmale der Forschungs- und Entwicklungsaktivität!

(7) Beschreiben Sie drei Vorteile des Simultaneous Engineering!

(8) Wie sollte die Durchführung der Wertanalyse klassifiziert werden?

(9) Was ist das Ziel des FuE-Controlling?

(10) Skizzieren Sie das Technologieorientierte Portfolio!

(11) Welche Aufgabenbereiche umfasst das Beschaffungs-Controlling? Welche Informationen benötigt man? Welche Informationsquellen gibt es?

(12) Was sind strategische und operative Beschaffungsziele?

(13) Überlegen Sie, wie eine strategische Beschaffungslücke entsteht und wie diese geschlossen werden kann?

(14) Wozu dient das Lieferanten-Einkäufer-Marktmacht-Portfolio?

(15) Welche Strategien lassen sich aus dem Beschaffungsmarkt-Attraktivitäts-Wettbewerbsvorteile-Portfolio ableiten?

(16) Welche Analysen stehen beim operativen Beschaffungs-Controlling im Vordergrund?

(17) Welche Aufgaben hat ein Logistik-Controller?

(18) Skizzieren Sie ein Logistik-Portfolio!

(19) Wie ist der Lieferbereitschaftsgrad definiert und warum sollte er möglichst unter 100% liegen?

(20) Wodurch entstehen Fehlmengenkosten und wie setzen sich diese zusammen?

(21) Stellen Sie einen Zusammenhang zwischen Lieferbereitschaftsgrad und Fehlmengenkosten her!

(22) Nennen und erläutern Sie vier wichtige Logistikkennzahlen!

(23) Strukturieren Sie die Zielgrößen des Produktions-Controllings!

(24) Unter welchen Vorgaben wird ein Technologie-Portfolio erstellt?

(25) Welche Größen beeinflussen die Produktionskapazität?

(26) Welche Kosten sind im Rahmen des operativen Produktions-Controllings besonders zu beachten?

(27) Mit welchem Verfahren sind die Kosten zu analysieren? Wie ist eine Soll-Ist-Abweichung zu berechnen?

(28) Erläutern Sie den Qualitätskreis!

(29) Welche qualitätsbezogenen Kosten können im operativen Produktions-Controlling unterschieden werden?

(30) Nennen Sie Quellen und Funktionsbereiche für die Ermittlung der Produktionskosten!

(31) Erläutern Sie vier aussagefähige Produktionskennzahlen!

(32) Wozu dient die Bilanzstrukturplanung?

(33) Als Kennziffer zur Beurteilung der Wirtschaftlichkeit eines Unternehmens wird auf Hauptversammlungen immer öfter der Begriff Shareholder Value genannt.

   a) Was versteht man unter diesem Begriff?

   b) Welche inhaltliche Aussage hat ein Wert von z. B. 12 %, der häufig als ein Ziel genannt wird? Welche Konsequenzen leiten sich daraus für das Unternehmen ab?

(34) Worin bestehen die Unterschiede zwischen dem Shareholder Value Ansatz und dem Stakeholder Value Ansatz?

(35) Was versteht man unter Investor Relations und wie könnte ein Investor Relation Prozess konzipiert sein?

(36) Wozu dient das operative Finanz-Controlling?

(37) Welche Aufgaben hat die Finanzplanung zu lösen?

(38) Was drückt der Cash Flow aus und welche Bedeutung hat er im Hinblick auf den Verschuldungsgrad?

(39) Was ist die Grundüberlegung der ROI-Analyse innerhalb der Finanzplanung? Nennen Sie die zentralen Kenngrößen des Steuerungssystems!

(40) Nennen Sie die Ziele des Personal-Controllings! Welche Aufgaben resultieren daraus?

(41) Nennen Sie wesentliche Aufgabeninhalte des strategischen Personal-Controllings!

(42) Was versteht man unter Personalplanung?

(43) Erklären Sie das Portfolio-Konzept bezüglich des Personal-Controllings!

(44) Womit beschäftigt sich das operative Personal-Controlling?

(45) Nennen Sie die wichtigsten Personalkennzahlen!

(46) Womit befasst sich das operative IV-Controlling im Gegensatz zum taktischen IV-Controlling?

(47) Wonach werden die Einzelleistungen des IV-Controlling im Lebenszyklus beurteilt?

(48) Grenzen Sie die Begriffe „Informationspotenzial", „Informationsfähigkeit" und „Informationsbereitschaft" voneinander ab!

(49) Geben Sie einen Überblick über die Methoden des operativen IV-Controllings!

(50) Nennen und erläutern Sie fünf wichtige IV-Kennzahlen!

Teil E

Projektcontrolling

1 Begriff und Wesen von Projekten

Mit der ansteigenden Dynamik und Diskontinuität, der zunehmenden Größe und Differenziertheit der Unternehmen sowie der veränderten Bedürfnis- und Erwartungsstruktur der Mitarbeiter werden auch an die Organisationsstruktur einer Unternehmung immer neue Anforderungen gestellt. Weiterhin sinken die Produktlebenszeiten, während die Komplexität der Produkte wächst. Dies erfordert eine schnelle Umsetzung von einer Produktidee oder eines Kundenauftrages bis zum fertigen Produkt.

Die Antwort auf diese Anforderungen ist eine projektorientierte Unternehmensführung. Das Projektcontrolling soll in dieses System integriert werden und einen Beitrag zur Planung und Steuerung von aperiodischen Vorhaben liefern.[1]

Dabei soll es jedoch nicht mosaikartig für die verschiedenen Bereiche wie Projektplanung und -steuerung verstanden, sondern soll ganzheitlich im Zuge des gesamten unternehmerischen Planungs- und Kontrollsystems betrachtet werden.

1.1 Projektmerkmale

Die Anforderungen an die Projektorganisation und an das Projektcontrolling ergeben sich aus den Eigenarten eines Projektes.

In der Literatur wird der Begriff **Projekt** auf sehr unterschiedliche Weise definiert. Nach **DIN** 69901 lautet die Definition des Begriffes **Projekt**:

> **Ein Projekt ist ein**
>
> **Vorhaben, welches im Wesentlichen durch Einmaligkeit der Bedingungen in ihrer Gesamtheit gekennzeichnet ist, wie z.B. die**
>
> – **Zielvorgabe,**
> – **Zeitliche, finanzielle, personelle oder andere Begrenzungen,**
> – **Abgrenzung gegenüber anderen Vorhaben,**
> – **Projektspezifische Organisationen.**

Andere Begriffsdefinitionen lehnen sich an die DIN-Definition an und charakterisieren ein Projekt als eine „besondere, umfangreiche und zeitlich begrenzte Aufgabe von relativer Neuartigkeit, mit hohem Schwierigkeitsgrad und Risiko, die in der Regel eine enge fachübergreifende Zusammenarbeit aller Beteiligten fordert."[2]

Ein Projekt kann somit jede Aufgabe sein, die einen definierbaren Anfang und ein definierbares Ende besitzt und alle Teilvorgänge so koordiniert und ausführt, dass die Aufgabe das vorgegebene Ziel erreicht. Dabei ist der Begriff Projekt nicht zu eng auszulegen, denn man findet Projekte in den unterschiedlichsten Bereichen.

---

[1] Vgl. Steinle, C./Lawa, D./Kraege, R.: Projektcontrolling: Konzept, Instrumente und Formen, in: Projektmanagement, hrsg. von Steinle, C./Bruch, H./Lawa, D., Frankfurt a. M. 1995, S. 131.
[2] Zielasek, G.: Projektmanagement; erfolgreich durch Aktivierung aller Unternehmensebenen, 2. Aufl., Berlin/ Heidelberg 1999, S. 6.

Beispiele für Projekte ergeben sich bei
- der Entwicklung neuer Produkte,
- der Planung, dem Bau und der Inbetriebnahme von Anlagen,
- der Entwicklung und Einführung neuer Informationssysteme,
- Hoch- und Tiefbauvorhaben,
- bereichsübergreifenden komplexen Problemlösungen.

All diese Beispiele weisen Gemeinsamkeiten auf, die zu folgenden Projektmerkmalen führen:

– **Zeitliche Befristung**

Bei einem Projekt gibt es vorgegebene Anfangs- und Endtermine. Das Projekt endet mit der Feststellung der Erreichung bzw. Nichterreichung eines vorgegebenen Ziels.

– **Zielvorgabe**

Die Zielvorgabe ist eine wichtige Determinante, denn es geht um ein abgrenzbares Einzelvorhaben mit definiertem Anfang und definiertem Ende. Ein Projekt endet also immer mit dem Erreichen des vorgegebenen Ziels und führt somit zum Erfolg oder Misserfolg.

– **Relative Neuartigkeit**

Die relative Neuartigkeit kann sich auf technische, organisatorische oder verfahrensmäßige Aspekte beziehen. Grundsätzlich geht man von einer relativen Neuartigkeit aus, wenn Unternehmen Projekte erstmals durchführen. Dabei sollte es gelingen, einen Vorstoß an die Grenzen des technologisch Machbaren zu erreichen. Ein Problem liegt in der Unsicherheit der Voraussehbarkeit.

– **Komplexität**

An Projekten sind immer viele Beteiligte verschiedenster Bereiche und Hierarchieebenen sowie mehrerer Organisationseinheiten aktiv. Die Wechselbeziehungen unter ihnen sind nicht standardisierbar, das heißt, es gibt keine vorgegebene Ablauforganisation. Die Komplexität äußert sich weiterhin in der Verschiedenartigkeit der zu erfüllenden Aufgabenstellungen und vielen Querverbindungen zwischen den einzelnen Tätigkeiten.

– **Risikobereich**

Die Höhe des Risikos wird durch die Gefahr des Eintritts eines Schadens bzw. durch die Gefahr des Misserfolgs eines Projektziels bestimmt.

Man unterscheidet dabei drei Risikoarten:

- **Terminrisiko**: diese können in Unsicherheiten liegen, z.B. der Wetterabhängigkeit, Streikgefahr und Unklarheit bei den benötigten Genehmigungen (Behördenrisiko),
- **Kostenrisiko:** können begründet sein, z.B. aus Währungsrisiken, Problemen der Bonität des Kunden (Zahlungsfähigkeit), Folgeschäden und Kalkulationsrisiken,
- **Technisches Risiko:** können sich ergeben z.B. durch neue Produkte, Anwendungen und Verfahren oder durch zugesicherte Eigenschaften.

Neben diesen Merkmalen kann als weiteres Unterscheidungsmerkmal dienen:

– **Nationalität/Internationalität**

Hierunter wird die grenzübergreifende Zusammenarbeit von Projekten verstanden. Da die Internationalität immer mehr an Bedeutung gewinnt sowie gesonderte Maßnahmen erfordert, kann sie als eigenes Projektmerkmal angeführt werden. Bei der internationalen Zusammenarbeit am gleichen Projekt ergeben sich Besonderheiten durch die unterschiedlichen Sprachkenntnisse, aber auch die multikulturellen Gegebenheiten. Es sind weiterhin auch besondere rechtliche, steuerliche und finanzwirtschaftliche Aspekte zu berücksichtigen.

Aus den Definitionen und den einzelnen Merkmalen ergibt sich eine Fülle von Anforderungen, denen sich die Unternehmensführung, das Management und die Projektleitung stellen müssen. Besonderes Augenmerk ist dabei auf die Risikobeurteilung zu richten, da jedes Projekt häufig mit einem mehr oder weniger großen Maß an Unsicherheit verbunden ist.

1.2 Begründung für Projektmanagement

Die steigende Bedeutung des Projektmanagements ergibt sich aus zwei Grundrichtungen:

– Wandel vom Verkäufer- zum Käufermarkt

– zunehmender internationaler Wettbewerb/Globalisierung

welche wiederum mehrere Anforderungen an die Unternehmen stellen. Diesen Zusammenhang zeigt die Abbildung 1.

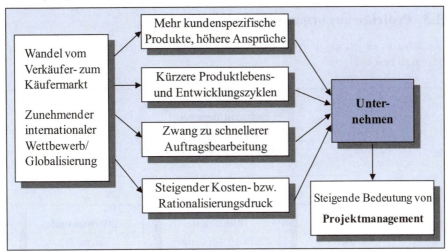

Abb. 1: Steigende Bedeutung von Projektmanagement

Wird im Unternehmen nicht für ein konsequentes Projektmanagement gesorgt, so treten Probleme im Hinblick auf die Ziele, die Organisation und der Methoden auf. Die nachstehende Abbildung verdeutlicht die Gründe für die auftretenden Probleme in den genannten Gebieten.

Probleme bei fehlendem Projektmanagement	
Ziele	– Ziele sind unklar und unvollständig – Ziele ändern sich ständig – Prioritäten werden nicht gesetzt und sind unklar – Ziele werden als unrealistisch angesehen
Organisation/ Personelles	– der Projektleiter und Projektcontroller verfügt nicht über genügend Kompetenzen, das Projekt nicht über ausreichende Ressourcen – der Projektleiter und die Mitarbeiter sind überfordert – das Projektteam harmoniert nicht – es fehlt die Unterstützung durch die Unternehmensleitung – es existieren Widerstände gegen das Projekt von Betroffenen
Vorgehen/ Methoden	– unstrukturiertes Vorgehen – die Qualität der Ergebnisse ist unzureichend – Termine werden nicht eingehalten – das Projekt wird „endlos" und „verläuft sich im Sand" – Risiken werden nicht erkannt – Kommunikation und Information sind schlecht – ungenügende Dokumentation – das Budget wird überschritten, zu hohe Kosten

Abb. 2: Probleme bei fehlendem Projektmanagement

1.3 Projekte aus organisatorischer Sicht

Zunächst ist es jedoch sinnvoll, sich mit den möglichen Betrachtungsweisen von Projekten zu beschäftigen

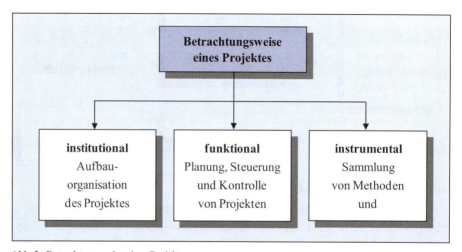

Abb. 3: Betrachtungsweise eines Projektes

Projekte können nach **organisatorischen Gesichtspunkten** strukturiert werden. Danach sind zu unterscheiden:

(1) Sachzielorientierte oder prozessorientierte Projekte

Zwischen sachziel- und prozessorientierten Projekten wird unterschieden, weil diese Projekttypen zu unterschiedlichen Konsequenzen in der Unternehmensstruktur führen.

- **Sachzielorientierte Projekte** sind solche, die auf die Veränderung des Produktions- oder Absatzprogramms abzielen, wie z. B. die Entwicklung eines neuen Produkts.
- Ein **prozessorientiertes Projekt** ist beispielsweise die Automatisierung der Informationsverarbeitung in einem bestimmten Unternehmensbereich.

Sachzielorientierte Projekte sind in der Regel nach ihrer Realisation abgeschlossen und haben keine zwangsläufige Auswirkung auf die Unternehmensstruktur. Es wird jedoch nicht ausgeschlossen, dass mit der Einführung eines neuen Produkts neue Aufgaben und Strukturanforderungen entstehen können.

Prozessorientierte Projekte haben dagegen nach ihrer Realisation Auswirkungen auf die Unternehmensstruktur. So verändert sich mit der Automatisierung der Informationsverarbeitung für die Zukunft die Struktur bestimmter Verwaltungsprozesse. Von besonderer Bedeutung ist in diesem Zusammenhang, dass die erforderlichen Veränderungen in der Unternehmensstruktur auch von den Mitarbeitern mitgetragen werden.

(2) Extern beeinflusste oder extern unbeeinflusste Projekte

Alle Projekte, die in einer Unternehmung durchgeführt werden, sind in einem gewissen Umfang von außen (von den Marktgegebenheiten) beeinflusst. Es besteht jedoch ein Unterschied darin, ob ein Projekt im Anlagenbau nach Kundenvorgaben realisiert oder ob intern ein Fertigungsverfahren umgestellt wird. Extern beeinflusste Projekte stellen besondere Anforderungen an die organisatorische Struktur des Projektbereichs. Neben der Problematik der Projektauslösung ist zu gewährleisten, dass die Kommunikation zwischen dem Projektbereich und externen Projektinteressenten gesichert ist.

(3) Projekte mit hohem bzw. geringem Neuartigkeitsgrad

Für ein Projekt ist es von Bedeutung, wie viele Teilprobleme bereits früher einmal gelöst worden sind. Die Anzahl der bereits früher gelösten Teilprobleme bestimmt die Neuartigkeit eines Projektes. Mit zunehmendem Grad an Neuartigkeit steigen die Anforderungen an die Projektplanung und an die Projektkoordination. Darüber hinaus nimmt der Umfang der einzusetzenden Ressourcen zu.

(4) Projekte von Dauer

Um die Gefahr einer **Überorganisation** zu vermeiden, sind organisatorische Regelungen nur sinnvoll, wenn sie für eine gewisse Zeitspanne Bestand haben. Der Aufwand der organisatorischen Regelung übersteigt sonst den Aufwand, der beim Fehlen dieser Regelung entstehen würde.

(5) Projekte von bestimmter Größe bzw. Komplexität

Die Anforderungen an eine Projektorganisation steigen mit der Komplexität. Organisatorische Regelungen zahlen sich daher eher aus, je mehr Mitarbeiter und je mehr Teilaktivitäten zu koordinieren sind.

1.4 Projekte und ihre Funktionen

Projekte lassen sich nach ihrer Funktion für ein Unternehmen unterscheiden.[3] Dieses Unterscheidungskriterium dient dazu, den Grad des Risikos für eine erfolgreiche Realisierung zu bestimmen.

- **Forschungsprojekte**

Ein nicht genau definiertes Ziel ist charakteristisch für ein Forschungsprojekt. Die Neuheit und die geringe Präzisierung der Zielvorgaben beinhaltet stets eine starke Veränderung der Projektparameter. Ein solches Projekt ist für eine systematische Planung und Überwachung nur schwer zugänglich.

- **Entwicklungsprojekte**

Diese Art der Projekte besitzt ein eindeutiges Entwicklungsziel. Da sich durch kurze Durchlaufzeiten und einen frühzeitigen Markteintritt entscheidende Vorteile für ein Unternehmen erzielen lassen, erhält das Projektmanagement hierbei eine große Bedeutung.

- **Rationalisierungsprojekte**

Durch die Verbesserung der Ablauforganisation und den Einsatz EDV-gestützter Verfahren können Abläufe und Prozessketten optimiert werden. Das Ziel eines Rationalisierungsprojektes liegt in der kostengünstigeren Abwicklung von unternehmensinternen Vorgängen.

- **Projektierungsprojekte**

Im System- und Anlagengeschäft treten Projektierungsprojekte auf. Es müssen nicht alle Komponenten neu entwickelt, sondern lediglich kundenspezifisch kombiniert werden. Dabei wird teilweise auf Dienstleister für Baugruppen, Geräte, usw. zurückgegriffen. Der Schwerpunkt liegt auf der Optimierung von internen und externen Schnittstellen und den entsprechenden kundenspezifischen Auftragsanpassungen.

- **Vertriebsprojekte**

Bei diesen Projekten handelt es sich um Spezialfälle von Projektierungsprojekten. Der eigene Entwicklungsaufwand ist gegenüber den Fremdleistungen sehr gering. Ziel dieser Projekte ist die Belieferung des Kunden mit einem vollständigen System oder einer Anlage.

- **Betreuungsprojekte**

Ihr Ziel ist die Pflege und Wartung von Projektgegenständen. Die Dauer und der Endtermin sind vertraglich festgelegt, das Projektende ist nicht absolut geregelt.

- **Investitionsprojekte**

Die Vorbereitung und Durchführung von Investitionen ist insbesondere dann als Projekt zu verstehen, wenn größere Anlagen beschafft werden sollen.

- **Bauprojekte**

Als Projekt ist auch die Planung und Durchführung von Bauvorhaben anzusehen. Aus der Sicht des Auftraggebers handelt es sich hierbei um einen Sonderfall von Investitionsprojekten. Die Betrachtung erfolgt dabei jedoch aus der Sicht des Auftragnehmers, der die Bauleistungen erbringen soll.

---

[3] Vgl. Bierschenk, S./Möbus, M.: Projektmanagement in kleinen und mittleren Unternehmen, Braunschweig 1996, Abschnitt 2/8.2.1.

– **EDV-Projekte**

Aus der Sicht des Auftraggebers, in der Regel eines Unternehmens, sind EDV-Projekte ein Spezialfall von Investitionsprojekten. Zu einem EDV-Projekt zählt die Beschaffung einer EDV-Anlage.

– **Organisationsprojekte**

Bei Organisationsprojekten geht es um Veränderungen in der Aufbau- und/oder der Ablauforganisation eines Unternehmens. Die Schaffung einer völlig neuen Aufbau- oder Ablauforganisation zählt ebenfalls zu dieser Kategorie von Projekten. Im Hinblick auf ein „Reengineering" spielen Organisationsprojekte, die auf Geschäftsprozesse wie z.B. die Auftragsabwicklung zielen und eine Umgestaltung und Optimierung solcher Prozesse zum Ziel haben, eine große Rolle.

– **Sonderprojekte**

Unter Sonderprojekten versteht man Vorhaben, die den vorangegangenen Projekten nicht zugeordnet werden können.

1.5 Unterscheidung nach der Projektgröße und Komplexität

Eine weitere Differenzierung von Projekten lässt sich anhand ihrer Größe darstellen. Zur Unterteilung bieten sich verschiedene Merkmale an, wie z. B. die Anzahl der beteiligten Mitarbeiter oder das Auftragsvolumen.

Projektgröße	Anzahl der Mitarbeiter
Kleinprojekte	< 6
Mittlere Projekte	6-20
Großprojekte	> 20

Abb. 4: Projektgröße in Abhängigkeit von der Anzahl der Mitarbeiter

Da Projekte mit einem großen Auftragsvolumen meist auch eine lange Projektdauer aufweisen, werden sie üblicherweise in Teilprojekte zerlegt und getrennt budgetiert.

Ein Projekt kann aufgrund verschiedener Merkmale als komplex bezeichnet werden. Zu diesen Merkmalen zählen der Neuheitsgrad eines Projektes, erhöhte Risikofaktoren in der Erreichung von Projektzielen oder auch die Dauer, die für ein Projekt benötigt wird. Je größer die Komplexität ist, desto aufwendigere Controllingmethoden müssen angewandt werden. Komplexität und Dauer sind aber nicht als strenge Korrelation anzusehen, da durch die Variation der Mitarbeiterzahl ein Projekt gestrafft oder auch verkürzt werden kann. Weitere Kriterien, welche die Komplexität beschreiben, zeigt die folgende Tabelle.

Kriterium	Gering	Mittel	Groß
Mechanische/elektrische Bauteile	Einfach	Kompliziert	Sehr kompliziert
Unternehmensbeteiligungen	Ein Unternehmen	Mehrere Unternehmen	Internationale Unternehmen
Systemanforderungen (Funktion, Zuverlässigkeit, Umwelt)	Normal	Hoch	Sehr hoch

Abb. 5: Beispiel zur Festlegung der Projektkomplexität [4]

2 Organisation des Projektbereichs

Da es verschiedene Möglichkeiten gibt, die unterschiedlichen Projekte voneinander abzugrenzen, ist es erforderlich, die Gemeinsamkeiten der unterschiedlichen Projekte zu finden, um eine geeignete innerbetriebliche Organisationsstruktur mit den entsprechenden Kommunikationsbeziehungen zu schaffen.

Allen Projekten ist gemeinsam, dass viele verschiedene Einzelleistungen wechselnder Mitarbeiter zu koordinieren sind. Parallel zu den Sachaufgaben sind die Führungsaufgaben Planung, Steuerung und Überwachung zu erledigen und das oft gleichzeitig für die verschiedenen Projekte. Die Einmaligkeit jedes Projektes erfordert daher eine Anpassung der innerbetrieblichen Organisation und die Anpassung des Controller-Instrumentariums.

2.1 Organisatorische Einordnung des Projektbereichs

Die klassischen Organisationsformen sind auf die Routineaufgaben, die in einer Unternehmung abzuarbeiten sind, ausgerichtet. Diese Organisationsformen sind jedoch meist nicht in der Lage Aufgaben zu übernehmen, die zeitlich begrenzt sind, verschiedene Ressorts betreffen oder hierarchische Ebenen überschreiten.

Die Projektorganisation ist eine Organisationsform auf Zeit. Im Mittelpunkt steht keine Daueraufgabe, sondern die Erfüllung von zeitlich begrenzten Aufgaben, die sich mit einem bestimmten Projekt verbinden. Projekte sind einmalige Vorhaben, die einen innovativen Charakter tragen.

Die Interdisziplinarität von Projekten führt zu neuen Organisations- und Führungskonzepten, welche die klassischen auf Arbeitsteilung und Spezialisierung ausgelegten Organisationsformen überspannen. Die Organisationseinheit muss sich aus der Projektaufgabe heraus gestalten.

---

[4] Vgl. Bierschenk, S./Möbus, M.: Projektmanagement in kleinen und mittleren Unternehmen, a.a.O., Abschnitt 2/8.2.2.

Bei der Projektorganisation sind zwei Betrachtungsweisen zu unterscheiden. Die erste Betrachtungsweise stellt die Frage nach der organisatorischen Gestaltung von Projektaufgaben. Es lassen sich dabei handlungs-, ziel- und feldorientierte Grundformen unterscheiden.

– Bei **handlungsorientierten Strukturen** ist der Projektbereich nach den zu erfüllenden Aufgaben gegliedert.
– **Zielorientierte Strukturen** liegen dann vor, wenn alle Entscheidungen auf die Realisierung bestimmter Projektziele oder Projektteilziele ausgerichtet sind.
– **Feldorientierte Strukturen** richten sich nach Märkten oder Ressourcen aus.

Die zweite Betrachtungsweise betrifft die organisatorische Verankerung von Projektaufgaben in die bestehende Organisationsstruktur.

Die Abbildung 6 gibt einen Überblick über die unterschiedlichen Kompetenzen bzw. deren Zuweisung in den genannten Grundformen der Projektorganisation.

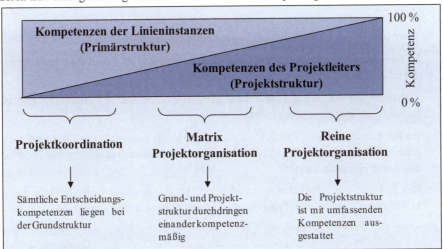

Abb. 6: Kompetenzzuweisungen bei den Organisationstypen

Neben diesen Organisationsformen ist noch das Projektmanagement in der Linie zu nennen. Diese Organisationsform wird bei kleineren Vorhaben gewählt, bei denen die erforderlichen Ressourcen zur Bewältigung der Projektaufgabe in der entsprechenden Stelle der Linienorganisation verfügbar sind.

Der Projektleiter ist meist der zuständige Gruppenführer, Dienststellenleiter oder Abteilungsleiter. Alle für das Projekt notwendigen Mitarbeiter sind bereits in der bestehenden Organisationseinheit vorhanden.

2.1.1 Projektkoordination

Bei dieser Organisationsform werden die Projektaufgaben von Stäben wahrgenommen. Die einzelne Projekteinheit hat entsprechend ihrer Stabseigenschaft keine Weisungsbefugnis gegenüber den an ihrem Projekt beteiligten Stellen. Die Projektstäbe sind vielmehr allein mit der Informationssammlung und Entscheidungsvorbereitung für das von ihnen zu betreuende Projekt beauftragt. Sie verfolgen den Projektablauf in sachlicher, terminlicher und kostenmäßiger Hinsicht und schlagen im Bedarfsfall mögliche durchzuführende Maßnahmen vor.

Die **Vorteile der Projektkoordination** sind:

- Ein hohes Maß an Flexibilität hinsichtlich des Personaleinsatzes, da die Projektmitarbeiter in verschiedenen Projekten gleichzeitig ohne organisatorische Schwierigkeiten eingesetzt werden können.
- Im Vorfeld sind keine organisatorischen Umstellungen erforderlich.
- Da die Projektstäbe nur entscheidungsvorbereitend eingreifen, bleibt die Einheit der Auftragserteilung erhalten.
- Es besteht ein geringeres Risiko der Verselbständigung des Projektbereichs, da die Ergebnisse einer Stelle vorgelegt werden, die Entscheidungsmacht besitzt.

Damit ist zu erklären, dass die Stab-Projektorganisation in der Praxis sehr häufig angewandt wird.[5]

Die **Nachteile** dieser Organisationsform sind darin zu sehen:

- Es fühlt sich niemand für das Projekt verantwortlich und die Motivation ist aufgrund der fehlenden Entscheidungskompetenz geringer.
- Es besteht nur ein geringes Bedürfnis, Schwierigkeiten über die Abteilungsgrenzen hinweg gemeinsam zu überwinden.
- Da für Entscheidungen letztlich die Linieninstanzen zuständig sind, die sich nicht ausschließlich mit dem Projekt beschäftigen, ist die Reaktionsgeschwindigkeit bei Störungen ebenfalls kleiner.
- Das Problem der Überlagerung ist ebenfalls charakteristisch, d. h. die Mitarbeiter beschäftigen sich mit dem Projekt neben ihren üblichen Tätigkeiten.

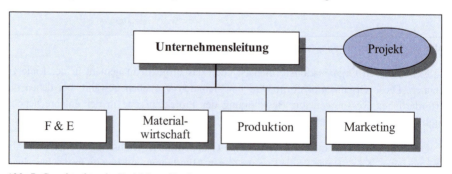

Abb. 7: Grundstruktur der Projektkoordination

Die nachfolgende Abbildung veranschaulicht, dass mehrere Stäbe gleichzeitig im Unternehmen eingeführt werden können und dass sie nicht nur auf der Unternehmensleitungsebene, sondern auch auf Abteilungs- oder Bereichsebene angesiedelt sein können.

---

[5] Vgl. Litke, H.-D.: Projektmanagement, Methoden, Techniken, Verhaltensweisen, 5. Aufl., München/Wien 2007, S. 51.

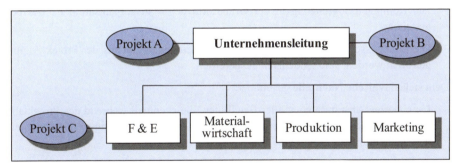

Abb. 8: Projektkoordination

2.1.2 Matrix-Projektorganisation

Die Matrix-Projektorganisation beruht auf einer **Kompetenzaufteilung** zwischen dem auf die Erfüllung permanenter Aufgaben ausgerichteten und dem projektbezogenen Leitungssystem. Bei der Matrix-Organisation sind die einzelnen Projektmitarbeiter nicht aus ihren angestammten Abteilungen ausgegliedert. Es liegt damit eine Überschneidung von Entscheidungskompetenzen vor, da der Organisationseinheit zwei Instanzen übergeordnet werden, zum einen wie bisher die Fachabteilung und zum anderen der Projektleiter.

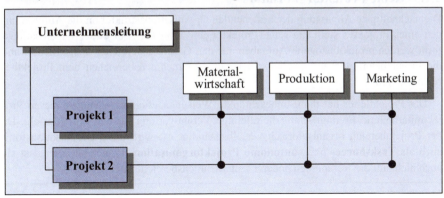

Abb. 9: Matrix-Projektorganisation

Aus diesem Grund gibt es bei der Einführung der **Matrix-Projektorganisation** häufig größere Schwierigkeiten. Die Projektleitungen, die man als verlängerten Arm der Geschäftsleitung betrachten kann und die die Gesamtverantwortung für den Projekterfolg tragen, stoßen in ihrem Bestreben nach systemoptimalen Lösungen häufig auf den Spezialistenwiderstand der Fachbereiche. Dieser Konflikt resultiert im Wesentlichen aus der gegensätzlichen Interessenlage der verschiedenen Fachbereiche. Daher müssen zwangsläufig zusätzliche Schiedsgremien installiert werden.

Die **Matrix-Projektorganisation** bietet folgende **Vorteile**:

- Sie ermöglicht eine zielgerichtete Koordination verschiedener Interessen und eine schnelle Zusammenfassung von interdisziplinären Gruppen.
- Die ganzheitliche Betrachtung der Problemstellung und Synergieeffekte werden gefördert.

- Die Kompetenzabgrenzung in der Grundform der Matrixorganisation ist flexibel gestaltbar.
- Die Ergebnisse und die entsprechenden Entscheidungen, die aus der Projektgruppe getroffen werden, sind tendenziell ausgereifter.

Dem stehen typische **Nachteile** gegenüber:

- Langwierige Abstimmungen aller Beteiligten, die eventuell während des Projektablaufes notwendig sind, können sich negativ auf die Entscheidungsgeschwindigkeit und die Flexibilität auswirken.
- Gefahr von Kompetenzkonflikten zwischen der Linien- und Projektautorität
- Hohe Anforderungen an die Informations- und Kommunikationsbereitschaft, um mögliche Konflikte zwischen den Fachinteressen der Organisationseinheiten und dem Projektinteresse zu vermeiden.
- Mögliche Verunsicherung der Mitarbeiter, da sie zwei Vorgesetzten unterstehen

Obwohl die Matrix-Projektorganisation in der Praxis sehr verbreitet ist, ist sie vor allem wegen des hohen Konfliktpotentials nicht zu favorisieren.[6]

2.1.3 Reine Projektorganisation

Die nachhaltigste Anpassung der bestehenden Organisationsstruktur an die Anforderungen eines Projektes stellt die reine Projektorganisation dar. Bei dieser Organisationsform werden projektbezogene Aufgaben aus den Geschäftsbereichen ausgegliedert und die Projektbeteiligten aus den verschiedenen Unternehmensbereichen dem Projektbereich zugeordnet.

Der Projektleiter hat dann unbeschränkte Weisungsbefugnis gegenüber diesen Projektmitarbeitern. Er trägt somit die alleinige Verantwortung für den Projekterfolg. Da der Projektbereich organisatorisch verselbstständigt ist, wird diese Organisationsform auch als **Task-Force**- bzw. **autonome Projektorganisation** bezeichnet. Daher ist sie auch nicht auf die Ressourcen anderer Unternehmensbereiche angewiesen.

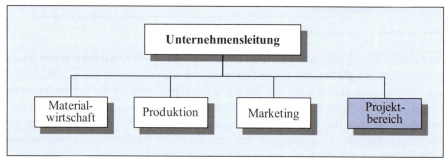

Abb. 10: Reine Projektorganisation

Üblicherweise werden die erforderlichen Projektmitarbeiter aus den Unternehmensabteilungen durch Freistellung rekrutiert. Es ist aber auch denkbar, dass für ein bestimmtes Projekt unternehmensexterne Mitarbeiter angeworben werden.

---

[6] Vgl. Dörfel, H.-J.: Projektmanagement, 4. Aufl., Renningen-Malmsheim 2000, S. 3 f.

Die **Vorteile** der reinen **Projektorganisation** liegen in folgenden Aspekten:
- Die Konzentration der Projektbeteiligten zielt völlig auf die Projektziele.
- Die eindeutige Weisungsbefugnis, kurze Kommunikationswege und die dadurch gegebene Möglichkeit zur straffen Führung lässt eine schnelle Reaktion auf Störungen zu.
- Der Zusammenhalt im Projektteam ist oft stärker.

Hauptprobleme dieser Organisationsform sind:
- Die problematische Bereitstellung der erforderlichen Ressourcen, in die Rückintegration der beteiligten Projektmitarbeiter nach Abschluss des Projektes und die Erhaltung und Bereitstellung des Know-hows nach der Auflösung für andere Aufgaben.
- Es besteht die Gefahr, dass sich das Projekt verselbständigt.
- Risiko von Parallelentwicklungen in Projekt und Linie.
- Die Mitarbeiter müssen von ihren bisherigen Stellen abgezogen und nach Projektende wieder reintegriert werden, was bei größeren Projekten zu Problemen führen kann.

Die reine Projektorganisation eignet sich demzufolge besonders für außerordentliche Vorhaben mit großem Umfang. Für kleinere und mittlere Projekte ist die Organisationsform deshalb ungeeignet, weil bei mehreren parallel laufenden Projekten erforderliche Ressourcen nicht verfügbar sind.

In Ausnahmefällen ist es denkbar, dass eine Unternehmung ganz oder zumindest weitgehend aus Projekten besteht. Dieser Fall ist z.B. bei Bauunternehmen, Spezialanlagenbauern oder Forschungsinstituten verbreitet.

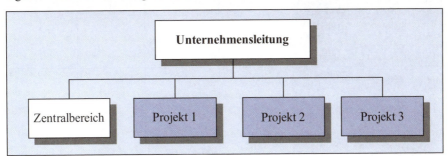

Abb. 11: Spezialfall der reinen Projektorganisation

2.1.4 Auswahl der geeigneten Organisationsform

Die einzelnen Organisationsformen weisen sowohl Vorteile als auch Nachteile auf. Die Projektorganisation und das Projektmanagement können nur erfolgreich sein, wenn das etablierte Managementsystem und die Projektorganisation zusammenpassen. In der Regel legt die Unternehmensleitung die geeignete Organisationsform fest.

Die **Auswahl** der **Organisationsform** wird entscheidend beeinflusst durch:
- die Struktur der bereits vorhandenen Organisationsform,
- die Art, Größe und Dauer des Projektes,
- den Grad der Neuartigkeit,
- seine geschäftspolitische Bedeutung sowie das Ausmaß der externen Einflüsse,
- die Notwendigkeit zur interdisziplinären Zusammenarbeit zwischen verschiedenen Bereichen,

- das Risiko, bezogen auf die Erreichung des Projektergebnisses, sowie auf die Einhaltung von Terminen und Kostenvorgaben,
- die Verfügbarkeit der Ressourcen,
- die Erfahrungen mit Projektorganisationen und
- die Zahl der Projekte, die in einem Bereich gleichzeitig abgewickelt werden.

Jeweils die Vorteile als auch die Nachteile der Grundtypen der Projektorganisation müssen im Einzelfall den spezifischen Ausprägungen der Einflussfaktoren gegenübergestellt werden, bevor die Entscheidung für eine Organisationsform gefällt wird. Mischformen der Grundstrukturen sind ebenfalls realisierbar.

In der folgenden Abbildung ist ein Überblick über die Kriterien zur Auswahl der Projektorganisation gegeben.[7]

Auswahl der Projektorganisation				
Kriterien für die Eingliederung des Projektes	Projekt in der Linie	Projekt-koordination	Reine Projektorganisation	Matrix-Projektorganisation
– Produktentwicklung			X	
– Vertriebsorientiertes Großprojekt			X	
– Bereichsinterne Verfahrensentwicklung	X			
– Bereichsübergreifendes Projekt einer unternehmensinternen Entwicklung				X
– Entwicklung mit Fremdfirmen		X		
– Kurze Entwicklungszeit (n ≤ 1 Jahr)	X			
– Lange Entwicklungszeit (n ≥ 1 Jahr)			X	
– Fester Terminrahmen liegt vor	X			
– Projekt mit geringem Umfang	X			
– Projekt mittlerer Größe		X		
– Großes Entwicklungsvolumen			X	
– Hohes wirtschaftliches Risiko				X
– Anteiliger Zugriff auf begrenzte Ressourcen				X
– Ähnlichkeit mit anderen Entwicklungsaktivitäten				X
– Eindeutige Aufgabenteilung		X		
– Klar abgegrenzte Themenstellung	X			
– Hoher Grad an Interdisziplinarität				X

Abb. 12: Kriterien zur Auswahl der Projektorganisation

---

[7] Vgl. Litke, H.-D.: Projektmanagement, Methoden, Techniken, Verhaltensweisen, a.a.O, S. 55 f.

Die einmal gewählte Organisationsform sowie die Benennung des Projektleiters und der Projektmitarbeiter bleiben nicht zwangsläufig über alle **Projektphasen** hinweg bestehen. Es können sich z.B. die Projektmitarbeiter oder die Schwerpunkte der Bearbeitung ändern, so dass eine Anpassung der Organisation in der nächsten Phase notwendig wird.[8]

Projektphase	Form der Projektorganisation	Auswahlgrund
Definition	Einfluss-Projektorganisation	Kreativität und Ideenfindung stehen im Vordergrund. Die Durchführung des Projektes ist noch unsicher.
Entwurf	Matrix-Projektorganisation	Eine hohe interdisziplinäre Zusammenarbeit unterschiedlichster Fachbereiche ist erforderlich.
Realisierung	Reine Projektorganisation	Das Projekt hat eine große geschäftspolitische Bedeutung für das Unternehmen.
Erprobung	Linienorganisation	Das zu konzipierende System ist weitestgehend erstellt, die Mitarbeit anderer Fachbereiche ist nicht mehr erforderlich.

Abb. 13: Beispiel für einen Wechsel der Projektorganisation während des Projektablaufs

2.2 Integration und Unterstützung von Projekten

Bei der Integration und der Unterstützung von Projekten geht es weniger um formal-organisatorische Aspekte, sondern vielmehr um die Förderung des Projektfortschritts sowie die Akzeptanz der Ergebnisse durch die Mitarbeiter und Stellen außerhalb des Projektes. In der folgenden Abbildung werden die Aspekte, die bezüglich der Unterstützung und Integration des Projektes zu beachten sind, veranschaulicht.

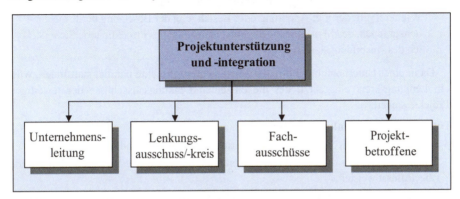

Abb. 14: Aspekte der Unterstützung und Integration

---

[8] Vgl. Burghardt M.: Projektmanagement. Leitfaden für die Planung, Überwachung und Steuerung von Entwicklungsprojekten, 8. Aufl., Erlangen/München 2008, S. 89.

2.2.1 Die Unternehmensleitung

Die Unterstützung der Unternehmensleitung ist für den Projekterfolg von herausragender Bedeutung. Jedoch ist es in der Praxis keineswegs selbstverständlich, dass die Unternehmensleitung alle Projekte vorbehaltlos unterstützt. Zahlreiche Erfahrungsberichte zeigen, dass Projekte initiiert wurden, um die Nichtdurchführbarkeit eines Vorhabens durch ihr Scheitern nachzuweisen. Wenn dem Projekt die Unterstützung durch die Unternehmensleitung fehlt, sind Probleme bereits vorprogrammiert.

2.2.2 Der Lenkungsausschuss

Die Projektgruppe oder das Projekt muss so in eine Unternehmung eingebunden sein, dass die Projektergebnisse nicht nur erdacht, sondern auch umgesetzt werden können. **REFA** empfiehlt daher für jedes Projekt einen Lenkungsausschuss zu installieren.

Der Lenkungsausschuss wird vor allem bei Unternehmen, die viele Projekte abwickeln, als Gremium von Entscheidungs- und Verantwortungsträgern eingerichtet. Dazu ist häufig das **Multiprojektmanagement**–die Koordination mehrerer unterschiedlicher, parallel ablaufender Projekte, erforderlich.

Die Aufgaben des **Lenkungsausschusses** sind:

- Formulierung des Projektauftrages mit dem Grobziel und den nötigen Randbedingungen sowie Abgleich der Projektziele mit den übergeordneten Zielen,
- Bereitstellung der Ressourcen aus den Fachbereichen, Ernennung des Projektleiters, Festlegen der grundsätzlichen Projektorganisation und der Entscheidungskompetenzen des Projektleiters gegenüber der Unternehmenshierarchie,
- Betreuung des ganzen Phasenprozesses von der Idee bis zur „Entsorgung"; Zustimmung beim Übergang von einer Phase zur nächsten Phase,
- Entscheidung über wesentliche Abweichungen von der ursprünglichen Planung,
- Entscheidung in sachlichen und personellen Konflikten und Ausnahmesituationen,
- Vertretung und Entscheidung der Interessen aller Bereiche, z.B. zur Notwendigkeit von Anforderungen oder der Wirtschaftlichkeit,
- Koordination der Führungsverantwortung für die Projektteammitglieder bis zur Wiedereingliederung; Änderung oder Bestätigung der Besetzung der Projektarbeitsgruppen, des Management-Support-Teams und des Projektleiters; Sicherstellen des Ausbildungsbedarfs.

Da in einer Unternehmung normalerweise mehrere Projekte parallel stattfinden, wird ein Lenkungskreis eingesetzt, der die einzelnen Lenkungsausschüsse der jeweiligen Projekte steuert.[9]

Die Aufgaben des **Lenkungskreises** sind u. a.:
- Sicherstellen der Koordination von Führung, Organisation und Information,
- Sicherstellen, dass die kritischen Erfolgsfaktoren durch die festgelegten Maßnahmen beeinflusst werden,
- Kriterien für Entscheidungen hinterfragen,
- Kriterien für die Teambesetzung bestimmen,

---

[9] Vgl. Heeg, F.-J.: Projektmanagement, München 1993, S. 155 f.

- Qualifizierung für Projektmonitoring (Aufgabenerfüllung von Lenkungskreis und Lenkungsausschuss; in Abgrenzung zu Projektmanagement-Aufgaben und Projektteam) und Projektmanagement kontrollieren,
- Festlegen von Prioritäten für Projekte und Vorhaben (Bewertung von Projekten),
- Kommunikation Unternehmensleitung/-gremien,
- Förderung von Konfliktbewältigung und Zusammenarbeit,
- In regelmäßigen Abständen ist der Wissensstand des Gremiums zu aktualisieren (z.B. bei Fluktuation).

2.2.3 Die Fachausschüsse

Die Arbeit einer Projektgruppe wird erheblich erleichtert, wenn sie von einem über die Projektgruppe hinausgehenden Kreis von Mitarbeitern, z.B. von Führungskräften oder Spezialisten, Unterstützung erlangt. Eine solche Unterstützung kann von sogenannten Fachausschüssen gesichert werden, die zeitlich begrenzt eingerichtet werden.

Zu den **Aufgaben** der **Fachausschüsse** zählen:

- Ergänzung des Fachwissens der Projektgruppe,
- Informieren der Projektgruppe über die Auswirkungen und Begleiterscheinungen des Projektes,
- Informationen bezüglich der Risiken des Projektes,
- Vermittlung von Projektinformationen in die Fachabteilungen zur Erleichterung von Einführungs- und Schulungsprozessen.

2.2.4 Die Betroffenen

Erfahrungsgemäß ist die Einbeziehung der Betroffenen eines Projektes für den Projekterfolg sehr wichtig. Die Beteiligung kann im Projektablauf durch Befragungen, Informationsveranstaltungen, Workshops oder Schulungen erreicht werden.

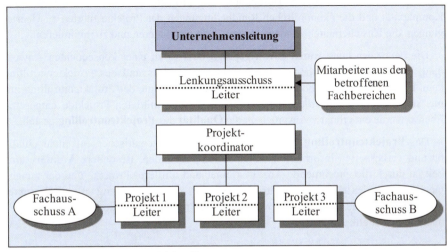

Abb. 15: Zusammensetzung der Projektbeteiligten

2.3 Projektmanagement und Projektcontrolling

In den letzten Jahren wird das Projektcontrolling als bedeutendes Teilgebiet des Projektmanagements zunehmend hervorgehoben und auf methodisch instrumentaler Ebene verbreitet. In der Funktion des Projektcontrollings sind die Planungs-, Überwachungs- und Steuerungsprozesse für die technischen und terminlichen Vorgänge im Projekt sowie die für die Projektdurchführung erforderlichen Arbeitsmittel und Kosten als integraler Bestandteil vereinigt.[10]

2.3.1 Entwicklung des Projektcontrollings

Zu Beginn der sechziger Jahre hat sich die Betrachtungsweise von technischer Leistung, Terminen und Kosten kontinuierlich entwickelt. So bestand das **Projektcontrolling** hauptsächlich in der **Terminplanung** in Form von **Balkendiagrammen**, die in unkoordinierter Form zum Einsatz kamen. Mitte der sechziger Jahre erfolgte eine Systematisierung der Terminplanung und -kontrolle durch den Einsatz der Netzplantechnik.

Aber auch in den siebziger Jahren führte diese Technik nicht zum gewünschten Erfolg. Es kam eher zu einer Ausweitung des Projektcontrolling um Aspekte des Kostencontrolling und des Vertragscontrolling.

Der **Strukturplan** wurde zum zentralen Element des Projektsteuerungsgedankens. Zentraler Gegenstand von Diskussionen wurden die Ansätze zur Codierung, Identifikation und Klassifikation von Leistungen und Komponenten und es begann die Entwicklung von Dokumentationssystemen.

Die achtziger Jahre sind hingegen geprägt durch den Einsatz flexibler Personalcomputer zur Planung und Kontrolle von Projekten. Die Schnittstellen zur Qualitätssicherung und der Konfigurationskontrolle wurden verstärkt und der Aspekt der Dokumentation weiterentwickelt.

Der Änderungsdienst und die Administration der Revisionen wurden im Sinne des **Konfigurationsmanagements** Bestandteil des Projektcontrolling. Die zunehmende Komplexität und die ökonomischen Randbedingungen der Projekte führten zu Überlegungen, die Unsicherheiten zu identifizieren, zu quantifizieren und zu minimieren.

Die neunziger Jahre waren davon geprägt, dass es zu einer konsequenten Anwendung der etablierten Methoden des Projektmanagements und des Projektcontrolling kam. Es setzten sich Methoden, Techniken und Instrumente des Projektcontrolling immer mehr durch und wurden auch bei kleineren und mittleren Projekten eingesetzt. Ebenso wurde ein erhöhter Anspruch an die **Qualität** des **Projektcontrolling** gestellt.

Das **Projektcontrolling** ist also zielorientierter, systematischer, mit mehr Qualität und verbesserten Informationstechnologien verbunden. Besondere Aufmerksamkeit ist durch die zunehmende Anzahl kleiner und mittlerer Projekte und der zunehmenden Komplexität und Dezentralisierung bei der Abwicklung großer Projekte, dem Datenverbund im Projekt sowie zwischen Projektorganisation und Stammorganisation zu schenken.

---

[10] Vgl. Franke, A.: Risikobewusstes Projektcontrolling, Köln 1993, S. 41.

2.3.2 Aufgaben des Projektcontrollings

In Bezug auf das Projektcontrolling werden die beiden Funktionen des Projektes (Überwachung und Steuerung) auf der Basis der Projektplanung eingesetzt. Das Projektcontrolling dient also der zielgerichteten Projektabwicklung, wie sie von der Planung des Projektes vorgesehen ist. Dazu bedarf es zunächst einer laufenden Überprüfung des Projektgeschehens (Überwachung). Dabei wird festgestellt, was tatsächlich bei der Projektbearbeitung geschehen ist, d.h. es wird der Ist-Zustand dokumentiert.

Werden die Ist- und Solldaten laut Plan gegenübergestellt, sind Abweichungen von besonderem Interesse. Diese Abweichungen sollten genau analysiert werden. Aufgabe des Projektcontrolling ist es, aufgrund der Abweichungsanalysen und -ursachen zu entscheiden bzw. vorzuschlagen, welche Maßnahmen zu ergreifen sind, um eingetretene nicht erwünschte Entwicklungen wieder auszugleichen oder sich anbahnende Abweichungen zu vermeiden. Je früher Fehlentwicklungen oder unerwartete Probleme erkannt werden, umso leichter und wirkungsvoller ist deren Behebung oder Umgehung.

Die wesentlichen **Aufgaben** des **Projektcontrollings** sind die Unterstützung der Projektüberwachung und -steuerung des Projektablaufes:[11]

- Leistungsüberwachung/Projektfortschritt (bezüglich Quantität und Qualität),
- Terminüberwachung (hinsichtlich kritischer Termine und Abhängigkeiten, kritischer Vorgänge bzw. Tätigkeiten),
- Kostenüberwachung (Vergleich zwischen verbrauchten und geplanten Kosten),
- Kapazitätsüberwachung (Überprüfung der verbrauchten im Vergleich zu den geplanten Kapazitäten),
- Koordinierung der Projektarbeiten,
- Förderung der Kooperation aller am Projekt Beteiligten,
- Anleitung und Führung der Projektmitarbeiter,
- Fällen von Entscheidungen durch die Projektleitung und den Steuerungsausschuss.

Zusammenfassend kann man also sagen, dass das Projektcontrolling die Aufgabe hat, ökonomische Eckwerte zu verfolgen, Zusammenhänge aufzuzeigen und rechtzeitig Maßnahmen zur Gegensteuerung zu veranlassen, wenn Abweichungen zwischen der Planung und dem Ist auftreten. Das Projektplanungsmaß muss also durch die laufende Projektverfolgung, -überwachung, -steuerung bzw. -lenkung sowie die erforderlichen Plananpassungen zum erfolgreichen, zielgerechten Abschluss geführt werden.

Der **Projektcontroller** muss demnach dem Projektmanager zu Projektplanung und Steuerung verhelfen und seine Methoden und Werkzeuge dazu anbieten. Controlling entsteht dann aus der gemeinsamen Arbeit. Der Projektverlauf soll von neutralen Instanzen und fachlichen Vorgesetzten verfolgt und beurteilt werden.

---

[11] Vgl. Zielasek, G.: Projektmanagement–Erfolgreich durch Aktivierung aller Unternehmensebenen, a.a.O., S. 164 f.

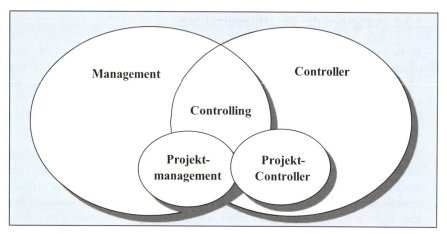

Abb. 16: Umfeld des Projektcontrollings

2.3.3 Voraussetzungen für das Projektcontrolling

Die wichtigste Voraussetzung für das Projektcontrolling ist die **Projektplanung**. Hier dienen die erarbeiteten Übersichts- und Teilnetzpläne mit den Aktivitäten, Terminen, Kapazitäten und Kosten als Dispositionsunterlagen für die Überwachung und Steuerung des Projektablaufes.

Sie können diese Aufgabe jedoch nur dann erfüllen, wenn sie in regelmäßigen Abständen dem tatsächlichen Projektfortschritt angepasst werden, was eine weitere Voraussetzung für das Projektcontrolling darstellt. Durch das Projektcontrolling wird laufend überprüft, ob die Soll-Vorgaben eingehalten werden oder ob sich Abweichungen zeigen. Dies setzt ein gut funktionierendes **Berichtswesen** für die **Projektorganisation** voraus.

Ebenso gehört aber auch zum **Projektcontrolling** ein **Informationssystem**, das eine Meldung über sich anbahnende Störungen an die Projektleitung und an die dafür Verantwortlichen gewährleistet. Ein den Gegebenheiten angemessenes Planungs- und Controllingkonzept ist für jedes Projekt erforderlich, denn es ist wichtig zu wissen, welche Stellen die notwendigen Daten für das Controlling zusammenstellen und für die Projektsteuerung aufbereiten. Dafür eignet sich am besten ein computergestütztes System. Wichtig ist, dass alle Teammitglieder Zugriff zu diesem System haben, damit die erreichten Zwischenergebnisse und Planabweichungen rechtzeitig erfasst und Konsequenzen abgeleitet werden können.

Für die **Durchführung** der **Projektplanung** gibt es verschiedene Möglichkeiten. Es kann von „zentraler Stelle" aus ein vollständiger Projektplan aufgestellt werden. Das Ergebnis einer detaillierten Planung ist die Festlegung aller Projektaktivitäten bis ins Detail, z. B. in Form eines Netzplanes. Damit ist das Entscheidungsproblem gelöst, es geht nur noch um die Realisierung des Projektplanes.

Eine andere Möglichkeit der Planung besteht darin, zunächst nur einen Rahmenplan zu erstellen. Die Ausführung des Rahmens, d. h. die Detaillierung des Planes, wird später bestimmten Einheiten der Projektplanung übertragen. Wie groß der Entscheidungsspielraum der einzelnen Stellen ist, hängt von der jeweiligen Situation ab.

Relativ unproblematisch ist die Einräumung von Entscheidungskompetenzen dann, wenn projektbezogene Entscheidungen isoliert und ohne Abstimmung getroffen werden können. Diese Voraussetzungen liegen vor, wenn z.B. keine Ressourcenengpässe bestehen oder aber einem Projekt höchste Priorität eingeräumt wird.

Probleme kann es jedoch geben, wenn beispielsweise gleichzeitig an verschiedenen Projekten mit gleicher Priorität gearbeitet wird. In der Literatur wird für diese Situation zwischen der Kooperationsthese und der Konfliktthese unterschieden.

- In der **Kooperationsthese** geht man davon aus, dass Entscheidungen im Zuge eines gegenseitigen Abstimmungsprozesses ausgeübt werden und damit nicht mit zusätzlichen Kosten verbunden sind. Der Prozess der Feinplanung und die Verteilung und Nutzung der Unternehmensressourcen findet in gegenseitiger Abstimmung zwischen den Entscheidungsträgern statt.

- Bei der **Konfliktthese** wird unterstellt, dass es bei der Einräumung von Entscheidungskompetenz zu Abstimmungsproblemen kommen wird. Die Probleme resultieren aus der Komplexität der Planungsaufgabe und der mangelnden Kooperationsbereitschaft der Entscheidungsträger.

Der Vorteil, Entscheidungskompetenzen der Projektleitung einzuräumen, liegt darin, dass mit zunehmender Nähe zum Realisationszeitpunkt, Entscheidungen unter Berücksichtigung des neuesten Informationsstandes getroffen werden können. Es können z.B. neueste technologische Entwicklungen berücksichtigt werden.

Die Konsequenz dieses Prinzips besteht darin, dass ein erhöhter Kommunikationsaufwand in Form von Ausschusssitzungen nötig wird. Mit zunehmender Komplexität eines Projektes steigt der Anspruch an die Qualität der Planung und damit an die Entscheidungsträger.

Abgesehen von diesen planungstechnischen Einflussgrößen lässt sich die Kooperationsthese nur halten, wenn eine ausreichende Kooperationsbereitschaft und -fähigkeit vorhanden ist. Die Praxis zeigt allerdings, dass eine reibungslose Zusammenarbeit keineswegs generell unterstellt werden kann.

Es existiert wohl kaum ein anderes Organisationskonzept, das im vergleichbaren Maße aus den verschiedensten Perspektiven als **konfliktauslösendes** und **konfliktregulierendes System** betrachtet wurde.

Es gibt die These von der positiven Wirkung von Konflikten. Durch kontroverse Ansichten oder Unterschiede im Informationsstand soll die Lösungssuche ausgedehnt und intensiviert werden, um damit zu einer kreativeren und besseren Lösung zu kommen. Bei der Projektkoordination geht es aber weniger um den Mangel an Kreativität, sondern es sind sachbezogene Konflikte zu bewältigen.

Sachbezogene Konflikte entstehen, wenn die Projektprioritäten und die Verfügung über die knappen Ressourcen nicht eindeutig geregelt sind. Die Lösung eines solchen Konflikts ist nur möglich, wenn im Rahmen einer gegenseitigen Abstimmung eine für alle Beteiligten befriedigende Ressourcenzuteilung gefunden und wenn von einer übergeordneten Entscheidungseinheit eine verbindliche Prioritätenregelung getroffen wird.

2.4 Die Projektleitung

Die Projektleitung liegt in der Regel in den Händen einer einzigen Person. Die Aufteilung der Projektleitung auf mehrere Personen ist eher ungewöhnlich und kommt in der Praxis nur sehr selten vor. Folgende **Führungsgrundsätze** bezüglich der Projektleitung sollten beachtet werden:

- Die Aufgaben des Projektleiters müssen klar definiert werden.
- Der Projektleiter muss mit Kompetenzen der Entscheidung und der Verfügung über die Ressourcen ausgestattet werden, die es ihm ermöglichen, seine Aufgaben erfüllen zu können. Eine Ausnahme stellt hingegen die Stab-Projektorganisation dar, bei der die direkte Verfügung über die Ressourcen sehr eng begrenzt ist und der tatsächliche Einfluss abhängig ist von den Beziehungen zu den Stellen mit Entscheidungskompetenz.
- Da der Projektleiter für die Ergebnisse verantwortlich ist, sollte ihm auch die Entscheidung in Planungs- und Steuerungsfragen zustehen.
- Der Projektleiter sollte als Führungspersönlichkeit erkennbar sein, selbst dann, wenn er als Moderator oder als „Erster unter Gleichen" agiert.

2.4.1 Der Projektleiter als Projektcontroller

Je nach Projektart, -größe und -zielsetzung können die Controllingaufgaben, die ein Projektleiter zu erfüllen hat, variieren. In der Praxis hängen sie auch davon ab, wo das Projekt in der Unternehmenshierarchie angesiedelt und in die Gesamtorganisation eingeordnet ist. Die folgende Abbildung stellt die Hauptaufgaben der Projektleitung dar, die durch das Projektcontrolling zu unterstützen sind.

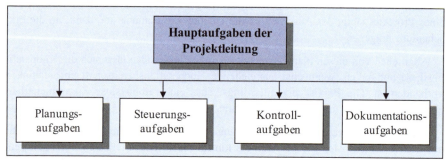

Abb. 17: Hauptaufgaben der Projektleitung

(1) Planungsaufgaben

Der Projektleiter betreut die Projektplanung. Er fixiert in Abstimmung mit den übergeordneten Stellen, wie z.B. der Unternehmensleitung und dem Lenkungsausschuss, die grundlegende Aufgabenstellung. Die für die Planung notwendigen Treffen, Besprechungen und Sitzungen werden ebenfalls von dem Projektleiter geleitet bzw. moderiert. Entscheidungen, die seine Kompetenz übersteigen, legt er übergeordneten Stellen vor.

(2) Steuerungsaufgaben

Neben den Planungsaufgaben leitet der Projektleiter auch die Umsetzung des Projektes und ist für die Realisierung der Planungsziele verantwortlich. Dabei setzt er Zwischenziele und führt die Mitarbeiter zur Erreichung dieser Zwischenziele bis hin zum Projektziel. Dazu ist es ebenfalls notwendig, Teilaufgaben zu delegieren und die Bearbeitung zu koordinieren.

(3) Kontrollaufgaben

Dem Projektleiter obliegt die Kontrolle, ob die Zwischenziele erreicht wurden. Gegebenenfalls ist er für die Einleitung von Korrekturmaßnahmen und für die Anpassung der Planung verantwortlich.

(4) Dokumentationsaufgaben

Von großer Bedeutung sind die Dokumentationsaufgaben. Der Projektleiter ist für die Erstellung sowie für die Übermittlung der Zwischen- und Abschlussberichte des Projektes an die übergeordneten Stellen und Auftraggeber verantwortlich. Neben diesen Hauptaufgaben erhalten Projektleiter ebenfalls **besondere Aufgaben**, für die sie persönlich zuständig sind. Dazu zählen:

- zentrale Verwaltung der Dokumente,
- zentrale Verwaltung der Fremdleistungen,
- Berichterstattung,
- Gestaltung des Informationsflusses.

Der Erfolg oder Misserfolg eines Projektes ist im Wesentlichen sehr stark von der Person des Projektleiters abhängig. Daher ist die Auswahl und die Besetzung dieser Funktion eine der wichtigsten Entscheidungen im Rahmen eines Projektes. Folglich stellt die Stelle des Projektleiters besonders hohe Anforderungen an diese Person. Er muss zum einen fachliches Know-how besitzen und zum anderen über ausgeprägte Fähigkeiten hinsichtlich Menschenführung und Kooperation verfügen. Außerdem sollte er Führungspersönlichkeit und Managementqualitäten aufweisen. Der Leiter eines Projekts ist Führer, Motivator, Trainer, Psychologe und Konfliktmanager in einer Person.[12]

2.4.2 Anforderungen an einen Projektleiter

Die Anforderungen an einen **idealen Projektleiter** zeigen deutlich, dass er Kompetenzen besitzen muss, die über jene hinausgehen, die sich aus den Aufgaben der Planung, Steuerung, Kontrolle und Dokumentation ergeben.

Abb. 18: Qualifikation der Projektleitung

---

[12] Vgl. Litke, H.-D.: Projektmanagement, Methoden, Techniken, Verhaltensweisen, a.a.O., S. 115.

Ausgehend von der Darstellung der Kernkompetenzen in der obigen Abbildung können folgende Anforderungen im Einzelnen zusammengestellt werden:[13]

Kriterium	Erklärung
Teamfähigkeit	– größere Präferenz für Gruppenarbeit als für stille Einzelarbeit – tendenziell extrovertiert – rollenflexibel und anpassungsfähig – lobt andere; stellt bei Erfolg anderer nicht soziale Vergleiche an, sondern begeistert sich für die Sachleistung
Durchsetzungsvermögen	– kann andere überzeugen – verliert seine eigenen Ziele nicht aus den Augen – verfügt über Belohnungs- und Bestrafungsmacht und kann diese einsetzen
Frustrationstoleranz	– reagiert nicht mit negativen, destruktiven Gefühlen auf Misserfolge – Ausdauer und Beständigkeit – Fähigkeit zum Belohnungsaufschub
Vernetztes Denken	– ist in der Lage, nicht nur direkte, sondern auch indirekte weitläufige Konsequenzen zu erkennen – komplexe Zusammenhänge erkennen und Widersprüchlichkeiten zulassen können – bei Konfrontationen mit komplexen Sachverhalten die Übersicht behalten
Handlungsorientiertheit	– Risikobereitschaft und Entscheidungswille – Motivation, Energie, Tatendrang – in Problemsituationen sich auf die Suche von Lösungen konzentrieren (nicht auf Schuldzuweisung und Selbstbedauern) – in Stresssituationen nicht aufgeben
Zukunftsorientiert	– Prävention statt Therapie, agieren statt reagieren – Lösungen entwickeln, Entscheidungen finden, bevor sie abgefragt werden – Ständig zukünftige Geschehnisse in Gedanken vorwegnehmen
Generalist mit Tiefgang	– breites Interessenspektrum, Neugier – „Breitband"-Wissen hat Vorrang vor „Schmalband"-Wissen, Systematik, Prinzipien, Zusammenhänge sind wichtiger als Details – Projektdenken und -handeln statt Interessenvertretung seines Fachs/seiner Fachabteilung
Ökonom	– Gespür für wirtschaftliche Chancen und Risiken – Mut zum Abbruch unwirtschaftlicher Projektarbeit
Positives Selbstvertrauen/ -bewusstsein	– keine soziale Ängstlichkeit und Scheu – ist nicht autoritätsgläubig – Erfolgszuversicht, wenn neue Aufgaben in Angriff zu nehmen sind
Fähigkeit zur Selbstdarstellung	– seine Ideen und sein Projekt „verkaufen" können – dialogfähig, greift Impulse auf und setzt sie um – Gespür für die (Informations-)Interessen anderer
Urteilsfähigkeit	– seine eigenen Taktiken und Verhaltensweisen selbstkritisch reflektieren und daraus lernen können – Stärken und Schwächen anderer erkennen und bei der Projektarbeit berücksichtigen

---

[13] Vgl. Litke, H.-D.: Projektmanagement, Methoden, Techniken, Verhaltensweisen, a.a.O., S. 115 f.

Sind die Anforderungen im Einzelnen bezeichnet, so wird daraus eine entsprechende Stellenbeschreibung erstellt.

2.5 Projektteams

Um Probleme und Aufgaben zu lösen, ist Teamarbeit eine der besten Formen der Zusammenarbeit, da durch Teamarbeit die Leistung und damit auch der Gewinn des Unternehmens gesteigert werden kann.

Die **Aufgaben** des **Projektteams** sind:
- Einarbeiten in die Zielsetzung und Thematik des Projektes,
- Aufwandsschätzung der zugeteilten Aktivitäten zusammen mit dem Projektleiter und dem Projektcontroller,
- Durchführung der zugeteilten Aufgaben laut des vom Projektleiter und dem Team aufgestellten Aktivitätenplanes,
- Teilnahme an Projektbesprechungen, um Informationen über Arbeitsergebnisse, Besonderheiten oder Störungen des Aufgabenbereichs auszutauschen,
- Teilnahme an Sitzungen des Projektabstimmteams, Workshops, Arbeitsgruppen und an Reviews,
- Teilnahme an Qualitätskontrollen,
- Aufwandserfassung je durchgeführter Aktivität beziehungsweise die Durchführung von Bestzeitschätzung in Zusammenarbeit mit dem Projektcontroller,
- Soll-Ist-Vergleich der einzelnen Aufgaben gemeinsam mit dem Projektcontroller.

Hinsichtlich der Aufgabenstellung sind bestimmte Teams für die Durchführung der notwendigen Arbeiten erforderlich. Man unterscheidet natürliche Teams, multifunktionale Teams und Ad hoc-/Projekt-Teams.[14]

- **Natürliche Teams** werden oft auch als Funktionsteams bezeichnet. Natürliche Teams sind Arbeitsgruppen, deren Mitglieder eine gemeinsame Funktion haben und daher organisatorisch bereits häufig zusammengefasst sind.
- **Multifunktionale Teams** bestehen aus Mitgliedern verschiedener Funktionen und Organisationseinheiten. Sie haben die Aufgabe die Produkt- bzw. Leistungsqualität im Unternehmen zu verbessern. Multifunktionale Teams sind demzufolge funktionsübergreifend zusammengesetzt, um bei komplexen Aufgabenstellungen alle nötigen Fähigkeiten vereinen zu können.
- **Ad hoc-/Projekt-Teams** bestehen aus Mitgliedern, die aufgrund ihrer speziellen Fähigkeiten und Erfahrungen für die Durchführung eines bestimmten Projektes ausgewählt werden. Diese Teams setzen sich somit aus unterschiedlichen Bereichen und Abteilungen zusammen. Bei dieser Teamarbeit kommt es auch häufig vor, dass externe Spezialisten mit in das Team eingebunden werden, um dadurch eine Steigerung der Teamleistung zu erreichen.

---

[14] Vgl. Litke, H.-D.: Projektmanagement, Methoden, Techniken, Verhaltensweisen, a.a.O., S. 184 ff.

- **Permanente Projektgruppen** werden häufig in Unternehmen gebildet, die ständig parallel mehrere Projekte bearbeiten, wie z. B. in der Beraterdienstleistungsbranche, bei Systemhäusern, im Anlagenbau oder bei Unternehmen des Sondermaschinenbaues. Diese Projektgruppen existieren parallel zur Unternehmenshierarchie auf verschiedenen Ebenen und sind permanent eingerichtet.

Das Ziel der permanenten Projektgruppen ist die Nutzung der Kenntnisse und Erfahrungen der Mitarbeiter vor Ort. Die Neugestaltung der betrieblichen Prozesse soll unter Berücksichtigung der Vorstellungen der Mitarbeiter über die zukünftige Aufgabenerfüllung realisiert werden. Ein weiteres Ziel ist, aufgrund dieser Maßnahmen, die Mitarbeiter in Veränderungsprozesse mit einzubeziehen und dadurch die Akzeptanz und Bereitschaft zu Veränderungen zu erhöhen. Die Mitarbeiter identifizieren sich stärker mit den Arbeitsinhalten und die Arbeitszufriedenheit wird größer.

- **Arbeitsgruppen** können auf der Ebene der leitenden Angestellten (Entwicklung eines technisch-organisatorischen Gesamtkonzepts), auf Bereichsebene (Lösung bereichsbezogener Probleme) und bereichsübergreifend (Lösung spezieller Fragestellungen) eingesetzt werden.

Den Ausgangspunkt der Arbeit bildet die Ermittlung der Stärken und Schwächen einer Situation, das heißt die Ermittlung des Ist-Zustandes. In der Gruppe werden dann realisierbare Änderungsvorschläge erarbeitet und umgesetzt.

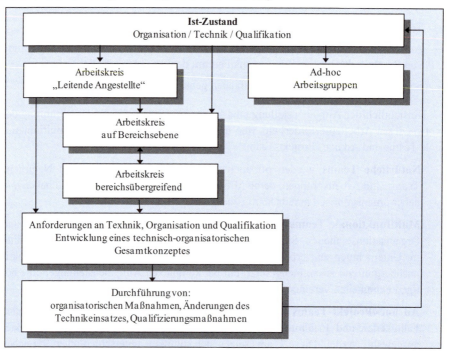

Abb. 19: Arbeitskreise für die Projektarbeit

Die in der Abbildung aufgeführten **Ad-hoc-Gruppen** haben sich im Vorfeld neuer Entwicklungen bewährt, weil es oft Kommunikationsprobleme zwischen Verkauf/ Vertrieb, Konstruktion/Entwicklung, Fertigung/Montage und Inbetriebnahme gibt. Sie werden im Gegensatz zu den anderen Gruppen nur vorübergehend ins Leben gerufen.

Gedanklicher Hintergrund für die Installierung der beschriebenen Gruppen ist die Bearbeitung ganzheitlicher Aufgaben. Als Dauereinrichtung bietet dieses Konzept die Möglichkeit der permanenten Weiterentwicklung des jeweiligen Unternehmens. Das Spannungsverhältnis der Bedürfnisse von Arbeitnehmern und Arbeitgebern wird verkleinert. Für solche Konzepte gibt es keine Rahmenvorgehensweise, sondern muss entsprechend den Bedürfnissen jedes einzelnen Unternehmens gestaltet werden.

Eine wichtige Frage ist auch die **Teamzusammensetzung**, die ebenso sorgfältig geplant werden muss, um es effektiv zu machen. Das heißt, dass in einem Team ebenfalls hochqualifizierte Mitarbeiter einzusetzen sind. Ebenso ist die richtige Zusammensetzung für den Ausgang des Projektes entscheidend.

Der Sinn der Teambildung liegt darin, den Gruppeneffekt, also die kumulierten Kompetenzen der einzelnen Mitglieder, zu nutzen.

Da die Mitarbeiter eines Projektes grundsätzlich aus allen Abteilungen einer Unternehmung kommen können und voll oder nur teilweise am Projekt mitarbeiten, ist bei der Teamzusammenstellung nicht nur auf die Fähigkeiten, sondern auch auf die persönlichen Eigenheiten der Mitarbeiter zu achten, um persönliche Konflikte zwischen potenziellen Teammitgliedern zu vermeiden.

Es besteht die Möglichkeit der Teamzusammensetzung, auch nach **Persönlichkeitstypologiemerkmalen**, um so ein möglichst gemischtes bzw. sich ergänzendes Team zu gründen. So sind Teammitglieder mit unterschiedlichen Charakteren auszuwählen. Dadurch ist zwar die Moderation und Führung des Teams schwieriger, jedoch ist die qualitative Leistung dieses Teams höher als bei einseitig besetzten Teams.[15] Diese gegensätzlichen Fähigkeiten ergänzen sich und setzen sich aus den Komponenten Wissenspotenzial, Erfahrung, Kompetenz und Engagement der Projektmitarbeiter zusammen.

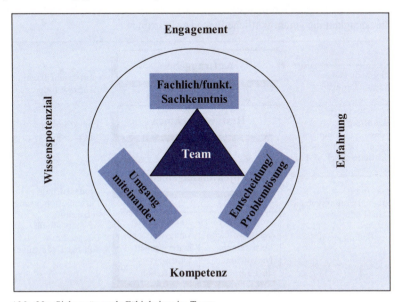

Abb. 20: Sich ergänzende Fähigkeiten im Team

---

[15] Vgl. Jung, H.: Persönlichkeitstypologie, 4. Aufl., München/Wien 2014, S. 62 ff.

Unter dem Namen „Apollo Syndrom" ist ein Versuch bekannt geworden, in dem man in einem Unternehmen Teams aus unterschiedlichen Intelligenz- und Bildungsgraden zusammengestellt hat. Dabei wurde als Apollo-Team jenes Team bezeichnet, das aus den fähigsten Mitarbeitern bestand. Dieses Team erbrachte nicht die besten, sondern die schlechtesten Ergebnisse. Grund dafür war, dass jeder in diesem Team versuchte, den Anderen zu überzeugen und somit zu viel debattiert wurde. Die Fähigkeiten dieses Teams waren also zu einseitig, so dass es ineffektiv wurde. Folglich braucht ein starkes Team verschiedene Typen:

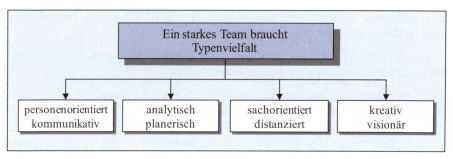

Abb. 21: Verschiedene Denk- und Verhaltensmuster im Team ergänzen sich wirkungsvoll[16]

2.5.1 Kommunikationsbeziehungen

Neben den Aufgaben, die einzelne Projektmitarbeiter auszuführen haben, sind auch die Kommunikationsbeziehungen zwischen den Projektmitarbeitern und dem Unternehmen von Bedeutung.

Die Auftrags-, Informations- und Kommunikationsbeziehungen aller Projektbeteiligten werden im Projektorganigramm festgeschrieben. Neben der Stellenbezeichnung ist bei jeder Zuständigkeit die verantwortliche Person zu benennen.

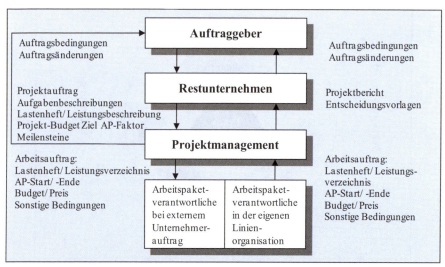

Abb. 22: Auftrags-, Informations- u. Kommunikationsbeziehungen beim Projektmanagement

---

[16] Vgl. Jung, H.: Persönlichkeitstypologie, a.a.O., S. 90 ff.

2. Organisation des Projektbereichs

Die Hierarchie der Projektbeteiligten läuft parallel zu der normalen Unternehmenshierarchie. Das Projektmanagement unterhält in diesem Beispiel Kommunikationsbeziehungen zum Auftraggeber, zum übrigen Unternehmen und zu den Projektbeteiligten. Für die Kommunikationsbeziehungen zum übrigen Unternehmen ist auch die Strukturierung der Projektaufgabe von Bedeutung.

Die Projektleitung kann sich das Projekt ressourcenorientiert einteilen oder aber, wie üblich, in Teilprojekte gliedern. Wenn eine reine Projektorganisation vorliegt, kann der Projektbereich nicht ressourcenorientiert gegliedert werden, weil diese Organisationsform, wie oben beschrieben, ressourcenunabhängig ist.

Die Projektleitung arbeitet aufgrund der einfacheren Kommunikationsbeziehungen besonders effizient, wenn das Projekt ressourcenorientiert aufgeteilt wird.

In der Regel werden die Projekte in relativ selbständige Teilprojekte aufgeteilt. Die Gliederung richtet sich dabei nach den Baugruppen des betreffenden Projektes.

Für ein Anlageprojekt ist z. B. folgende Aufteilung denkbar:

- mechanische Baugruppen,
- elektrische Baugruppen,
- Test und
- als Stabsstelle die Projektplanung.

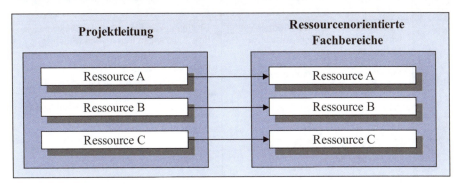

Abb. 23: Projektbereich in Teilprojekte gegliedert

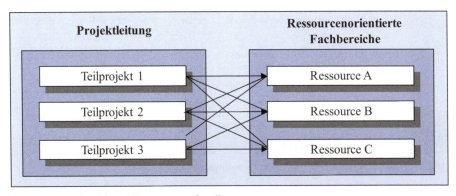

Abb. 24: Projektbereich nach Ressourcen aufgeteilt

2.5.2 Probleme bei der Gruppenarbeit

Projektteams werden im Allgemeinen für ein spezielles Arbeitspaket zusammengestellt. Der Einsatz von Gruppen hat für die organisatorische Struktur des Projektbereichs vor allem zwei Konsequenzen. Einmal führt die Verwirklichung des Gruppenkonzepts zu einer Abflachung der Organisationsstruktur im Projektbereich und damit zu einer Reduzierung der hierarchischen Distanz. Unter diesen Umständen verliert die Differenzierung zwischen Projektleitung und Projektausführung in bestimmten Projektphasen an Aussagefähigkeit. Zum anderen wird durch die Bildung von Gruppen die Kommunikation zwischen den Projektmitarbeitern vereinfacht.

(1) Spezifische Probleme bei der Gruppenarbeit

Die Teambildung kann durch mehrere Phasen charakterisiert werden. Für den Projektleiter ergeben sich in allen vier Phasen spezifische Probleme und Hemmnisse in der Projektarbeit.[17]

	Hemmnisse	Empfehlungen
Phase 1 Kennenlernen	– Unsicherheit, Zurückhaltung der Teammitglieder, – Individuelles Denken, hohe Eintrittsbarrieren in der Gruppe, – Die Gruppe kann sich nicht finden,	– Sorge dafür, dass jeder ernst genommen und akzeptiert wird, – Fördere den Kontakt und die Kommunikation untereinander, – Nimm dir Zeit. Sieh dich als Teammitglied und Moderator,
Phase 2 Konfrontation	– Verstärktes Auftreten von Unstimmigkeiten durch unterschiedliche Ansichten, Überzeugungen und Wertvorstellungen, – Einzellösungen und Einzelinteressen stehen im Vordergrund, – Zähflüssiges Arbeiten, Erfolge sind nicht erkennbar. Die Gruppe scheint demotiviert,	– Unstimmigkeiten sind Teil der Teamentwicklung: zulassen, in Einzelfällen schlichten, – Stelle das Gruppenergebnis in den Vordergrund. Einzellösungen sind nur ein Teil der Gesamtleistung, – Benutze die bekannten Hilfsmittel. Ermögliche Erfolgserlebnisse. Lobe den Einzelnen und die Gruppe.
Phase 3 Abstimmen	– Das Wir-Gefühl der Gruppe entwickelt sich erst allmählich, – Die Teammitglieder denken noch zu stark in Zuständigkeiten, – Ungeplante Ereignisse gefährden den Zeit- und/oder Kostenplan für das Projekt,	– Stimme die Gruppe auf das gemeinsame Ziel erneut ein, – Verdeutliche allen Teammitgliedern die Notwendigkeit des ganzheitlichen Denkens, – Sorge für die erforderliche Disziplin innerhalb der Gruppe. Versuche k.o.-Kriterien frühzeitig zu erkennen,
Phase 4 Zusammenarbeit	– Bewährte Methoden und Verfahren harmonisieren nicht mit den neuen Lösungen, – Die Teammitglieder handeln zu wenig als Gesamtheit und unternehmerisch, – Der erreichte Erfolg wird nicht der Gruppe, sondern Einzelnen zugeordnet.	– Stelle bestehendes bewusst in Frage. Ermutige deine Mitarbeiter, neue Wege zu gehen, – Lebe unternehmerisches Denken vor. Mache deutlich, dass Freiräume nicht verordnet werden müssen, – Sorge dafür, dass die Erfolge allen Teammitgliedern nutzen. Verdeutliche dem Unternehmen, was das Team tatsächlich geleistet hat.

Abb. 25: Hemmnisse und Empfehlungen bei der positiven Teamentwicklung

---

[17] Vgl. Bierschenk, S./Möbus, M.: ISO 9004-6, a.a.O., Abschnitt 2/8.7.

Bei der Arbeit in und mit einem Team sind zwei Aspekte von besonderer Bedeutung:

- der **sachorientierte Teil** und
- die **zwischenmenschlichen Beziehungen**.

Bei der Betrachtung der Arbeit und des Verhaltens von Arbeitsgruppen oder Teams werden beide Aspekte in verschiedenen Zusammenhängen genauer betrachtet. Für einen Projektcontroller ist die Teamarbeit von besonderer Bedeutung, da er seine Arbeitsergebnisse innerhalb eines Teams präsentieren wird. Die Akzeptanz und die Stellung des Projektcontrollers innerhalb der Gruppe sind zu einem großen Teil für die Umsetzung seiner Arbeitsergebnisse verantwortlich.

(2) Die Anfangssituation in einer Gruppe

Die Anfangssituation einer konstituierenden Gruppe ist durch eine starke Unsicherheit gekennzeichnet.

Diese Unsicherheit resultiert aus den ungeklärten Fragen des einzelnen Gruppenmitglieds.[18] Beispiele sind:

- **Beziehungen untereinander:** Werden mich andere akzeptieren? Werde ich mich verständlich machen können? Oder wird der andere mich unterstützen?
- **Beziehungen der anderen untereinander:** Wer wird von wem akzeptiert? Gibt es Gruppenmitglieder, die sich bereits kennen? Oder soll ich mich stärker anschließen?
- **Motivation:** Was will ich? Was wollen die anderen? Oder welches gemeinsame Ziel haben wir?
- **Leiter der Gruppe:** Wer ist der Leiter? Gibt es in der Gruppe noch andere Führer? Oder wie werde ich darauf reagieren, wenn die anderen mich zurückdrängen?
- **Wissensvorsprung der anderen durch Information:** Wird mir etwas vorenthalten? Oder werde ich mich blamieren, wenn ich etwas sage?
- **Zuneigung zu anderen:** Sind mir die anderen sympathisch? Oder bin ich eifersüchtig auf das gute Verhältnis der anderen miteinander?

Außerdem hat jedes Gruppenmitglied am Anfang der Zusammenarbeit **Ängste**:

- **Selbstzweifel:** Wird mir die Gruppe beweisen, dass ich nichts kann? Oder die anderen warten ja nur darauf, dass ich Fehler mache!
- **Profilierung/Zurückhaltung:** Was kann oder muss ich tun, damit die anderen mich wahrnehmen ohne dabei zu anspruchsvoll zu wirken?
- **Selbstbehauptung/Unterordnung:** Wie offen darf ich widersprechen, um mich zu behaupten? Was muss ich widerspruchslos hinnehmen, um nicht aggressiv zu wirken?
- **Leidensdruck/Belästigung:** Wie viel darf ich von meinem Leiden zeigen, um Hilfe zu bekommen? Wie viel muss ich von meinem Leiden verschweigen, um die anderen nicht zu stark zu belasten?

---

[18] Vgl. Hansel, J./Lomnitz, G.: Projektleiter-Praxis, 4. Aufl., Heidelberg/Berlin 2002, S. 63 f.

- **Dummheit/Klugheit:** Wie dumm darf ich sein, um dringend erwünschte Informationen zu bekommen? Wie klug muss ich sein, um nicht den Anschluss an das Niveau der Gruppe zu verlieren?
- **Sprechen/Schweigen:** Darf ich einfach los reden? Oder muss ich solange warten bis die anderen etwas von mir hören wollen?

Ebenso wie die einzelnen Gruppenmitglieder steht auch die Gruppe als Gesamtheit verschiedenen Fragen gegenüber. Fragen sind, wer und warum an der Gruppe teilnehmen soll oder wie groß die Mitgliederzahl sein soll. Deshalb müssen beispielsweise Verhaltensregeln aufgestellt und Kontrollmechanismen eingeführt werden. Die Unsicherheit der Gruppe am Anfang besteht somit infolge vieler ungeklärter Fragen und Ängste. Diese Situation blockiert die Teilnehmer und baut Lernhemmungen auf.

Der Projektleiter muss schnellstmöglich die Unsicherheit auflösen, indem er klare Strukturierungshilfen schafft, um damit die bestehenden Fragen zu lösen und die Ängste zu entkräften.

Der Projektleiter sollte sich dabei nicht zu sehr in den Mittelpunkt stellen, da sonst Passivität oder Widerstand unter den Gruppenmitgliedern erzeugt wird. Es sollte also nicht sofort mit der Arbeit begonnen werden, sondern zuerst strukturierende und klärende Gespräche geführt werden. Ansonsten besteht die Gefahr, dass Unsicherheiten und Ängste lange Zeit bestehen bleiben.

Durch die konstituierenden Gespräche sollen sich die Gruppenmitglieder kennenlernen. Jedes Gruppenmitglied sollte sich über die eigene Stellung in der Gruppe klar und in der Lage sein, mit der Gruppe gemeinsam handeln zu können.

Die **Warming-up-Situation** sollte 10 % des Gesamtziels nicht überschreiten und die Nähe zum eigentlichen Sachthema, dem zu bearbeitenden Projekt, sollte gewahrt bleiben.

(3) Dimensionen der Arbeit in Gruppen

Der eigentliche Arbeitsinhalt der Gruppe soll das Finden von kreativen Lösungen, das Erarbeiten von Entscheidungen und das Realisieren sein. Das geschieht dadurch, dass die Informationen und Erfahrungen verschiedener Mitarbeiter auf die Gruppe verteilt werden.

Damit das Arbeitsziel der Gruppe erreicht werden kann, bedient sich die Gruppe hauptsächlich folgender **Arbeitsformen**:

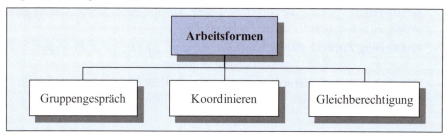

Abb. 26: Arbeitsformen

Innerhalb des Gruppengespräches werden die unterschiedlichen Interessen und Arbeitsinhalte erfasst und koordiniert. Alle Teilnehmer sollen innerhalb der Gruppe gleichberechtigt sein.

Bei der **Gruppenarbeit** müssen folgende Faktoren berücksichtigt werden:
- Die inhaltliche Dimension.
- Die methodische Dimension.
- Die interaktionelle Dimension.

Die drei Ebenen beeinflussen sich gegenseitig. Nur die optimale Ausgestaltung der Faktoren gewährleistet eine effektive Gruppenarbeit.

- Die **inhaltliche Dimension** ist von Bedeutung, wenn es darum geht, die richtigen Mitarbeiter mit den richtigen Aufgaben zu betreuen und die Aufgaben klar zu formulieren.

- Die **methodische Dimension** legt das Gesprächsthema und die Gesprächsführung fest. Bei einem Problemlösungsgespräch sind dabei vier Phasen zu unterscheiden: die Planung, die Bildgestaltung, die Urteilsphase und die Entscheidungsphase.

Planungs-phase	Bildgestaltungs-phase	Urteils-phase	Entschluss-phase
Was ist ein Problem? Wollen und können wir das Problem behandeln?	Sammeln aller nötigen Daten, Informationen und Fakten	Bewertung des Datenmaterials, Alternativenbildung	Entscheidung, Akzeptanz der Entscheidung
Problem-formulierung	Erfahrung ohne Bewertung	Entscheidungs-kriterien	Aktionsplan (wer, was bis wann?)
Gemeinsames Problem Gruppe findet zusammen	Gemeinsames Bild über den Sachverhalt	Akzeptierte Kriterien und Alternativen	Durchsetzungsprobleme, Erfolgskontrolle

Abb. 27: Das dreidimensionale Gespräch

- Die **interaktionelle Dimension** beinhaltet das Verhalten der Gruppenmitglieder im Gespräch. Von Bedeutung sind z.B. neben der sprachlichen Botschaft auch die versteckte Botschaft in Form von Gestik, Stimmlage o.ä., was wiederum Reaktionen bei den nicht am Gespräch Beteiligten auslöst.

(4) Moderation

An den Moderator (z.B. Controller) einer Arbeitsgruppe werden hohe Anforderungen gestellt. Er soll als Katalysator den Lern- und Entscheidungsprozess einer Gruppe effizient gestalten ohne dabei zu sehr in den Vordergrund zu treten.[19]

Eigenschaften eines **Moderators**:
- gutes Einfühlungsvermögen bei gruppendynamischen Vorgängen,
- Erkennen der Gruppensituation, um entsprechend darauf reagieren zu können,
- Kenntnis des Methodeninstrumentariums,
- Motivator der Gruppe und möglichst neutral.

---

[19] Vgl. Kraus, G./Westermann, R.: Projektmanagement mit System, Wiesbaden 1995, S. 158.

Aufgaben des **Gruppenmoderators** sind:[20]

- Durch Einsatz des methodischen Instrumentariums für Transparenz und Gruppenmeinung sorgen.
- Situationsbedingt Spielregeln anbieten und zum Entwickeln neuer Spielregeln anregen.
- Provozieren, um latenten Konfliktstoff aufzudecken.
- Den Sündenbockmechanismus überflüssig machen.
- Die Stimmung beobachten und die Gruppe zur Reflexion des Gruppenprozesses anregen.
- Versuchen Außenseiter zu integrieren.
- Vermeiden mit den Teilnehmern um Sachkompetenz zu konkurrieren.
- Rechtfertigungen vermeiden, um keine Kampfstimmung aufkommen zu lassen.
- Häufig loben, damit auch die Teilnehmer bereit sind, sich gegenseitig ein positives Feedback zu geben.
- Für eine lockere Atmosphäre sorgen, um die Kommunikation in der Gruppe zu erleichtern.
- Kreativität der Gruppe und Kommunikation zwischen den Teilnehmern fördern.
- Aktivität aller Teilnehmer anregen ohne selbst Mittelpunkt der Gruppe zu werden.
- Entscheidungssituationen und Entscheidungszwänge fördern.
- Ergebnisse und Konsequenzen festhalten sowie Engagement für Folgeaktivitäten erzeugen.
- Unparteiisch und neutral steuern.
- Versuchen sich inhaltlicher Führung zu enthalten.

Die **Moderationsaufgaben** kann der Moderator unterschiedlich oder je nach Situation wahrnehmen. Situationsbedingte Führung[21] heißt, dass der Führer mit seiner eigenen Persönlichkeit und seinen Kenntnissen verschiedene nicht beeinflussbare Voraussetzungen vorfindet, wie z.B. die gestellte Aufgabe, die Persönlichkeitsstrukturen der Teilnehmer oder deren Ausbildungs- bzw. Kenntnisstand.

Der Führungsstil sollte nun entsprechend dieser Situation so ausgeprägt sein, dass die Gruppenarbeit möglichst effektiv wird. Das Führungsverhalten kann dann zweidimensional zwischen minimaler Lenkung und maximaler Lenkung oder Geringschätzung und Wertschätzung ausgerichtet sein.

Die Konsequenzen des gewählten **Führungsverhaltens** können dann aus der Sicht der Gruppe zweidimensional als Ausmaß der Freiheit bzw. Unfreiheit oder negative bzw. positive Gefühlsvorgänge erlebt werden.

Spielregeln sind Vereinbarungen einer Gruppe, die möglichst gleichberechtigt zusammenarbeiten will. Mit Hilfe der Spielregeln kann eine Gruppe ihren Lern- und Arbeitsprozess selbst organisieren und steuern.

---

[20] Vgl. Jung, H.: Personalwirtschaft, 9. Aufl., München/Wien 2011, S. 494.
[21] Vgl. Madauss, B.-J.: Projektmanagement, 6. Aufl., Stuttgart 2000, S. 399 f.

Spielregeln können z.B. sein:
- Fasse dich kurz!
- Visualisiere deine Beiträge!
- Bilde Klein- oder Kleinstgruppen zur Bearbeitung spezieller Aspekte!
- Diskussionsbeiträge vor der eigentlichen Gruppendiskussion sammeln.

(5) Das Verhalten der Gruppe

Eine **Gruppe** ist eine soziale Einheit, bestehend aus einer Zahl von Personen, die in mehr oder weniger klar bestimmten Rollen- und Statusbeziehungen zueinander stehen. Sie entwickelt eine Reihe von Normen, die das Verhalten der Mitglieder und die Angelegenheiten regeln, die für die Gruppe von Bedeutung sind.

Man unterscheidet zwischen **Rollen**, die einen positiven Beitrag leisten (funktionale Rollen) oder die Verwirklichung der Gruppenziele eher verhindern (dysfunktionale Rollen).

Funktionale Rollen können darin unterschieden werden, ob sie in erster Linie einen Beitrag zur Gruppenarbeit leisten (aufgabenorientierte Rollen) oder ob sie vor allem dem Gruppenzusammenhalt dienen (gruppenorientierte Rollen bzw. Erhaltungsrollen).

Bei **Projektgruppen** kann man oft feststellen, dass die Aufgabenrollen überbesetzt sind. Das zeigt sich darin, dass sich Konflikte und Spannungen in der Gruppe ergeben, die die Gruppenarbeit stören oder sogar blockieren können. Nur wenn die Aufgaben- und Erhaltungsrollen hinreichend besetzt sind, kann es zu einer harmonischen Gruppenarbeit kommen.

Neben dem Rollenproblem stellt sich in jeder Gruppe die Frage der **Macht** oder dem **Status**. Status heißt, dass in jeder Gruppe der Trend zur Hierarchisierung vorhanden ist. Der Hierarchisierung in der Gruppe muss entgegengewirkt werden, da es zu den Prinzipien der Gruppenarbeit gehört, dass alle Mitglieder gleichberechtigt sind.

Ist die Hierarchisierung in einer Gruppe nicht zu weit fortgeschritten und identifizieren sich alle Gruppenmitglieder mit den Zielen, den Normen und der Rollenverteilung, ergibt sich ein Gemeinschaftsgefühl. Das ist daran zu erkennen, dass alle Gruppenmitglieder sich und die anderen Gruppenmitglieder als **Wir** bezeichnen.

Normen sind die unausgesprochenen **Verhaltensregeln**, die vom überwiegenden Teil der Gruppe oder von statushohen Schlüsselpersonen ausgeübt werden.[22] Normatives Verhalten von Menschen, Gruppen und Organisationen wird reguliert durch:

- negative Sanktionen bei der Verletzung von Gruppennormen,
- positive Sanktionen bzw. Anreize als Anerkennung für die Einhaltung von Gruppennormen, insbesondere für Beiträge zur Erreichung des Gruppenziels,
- Einsicht bei sachlichen Notwendigkeiten,
- Beschneidung von Handlungsalternativen.

---

[22] Vgl. Jung, H.: Personalwirtschaft, a.a.O., S. 488.

(6) Konflikte

Ein Konflikt ist eine Spannungssituation, in der zwei oder mehr Parteien, die voneinander unabhängig sind, scheinbar oder tatsächlich unvereinbare Handlungspläne zu verwirklichen suchen und sich dabei ihrer Gegnerschaft bewusst sind. Konflikte sind bei der Projektarbeit normal, allgegenwärtig und notwendig, denn sie sind positiv nutzbar.

Auf den **Konfliktverlauf** der aneinandergeratenen Parteien wirken verschiedene Variablen ein:[23]

- Eigenschaften der Konfliktparteien:

  Der Machtunterschied zwischen den Kontrahenten ist die Hauptdeterminante des Konfliktverlaufs, aber auch Wertauffassungen, Motivation, Ziele, physische-, intellektuelle- und soziale Möglichkeiten innerhalb der Gruppen sind von Bedeutung.

- Die frühere Beziehung der Parteien zueinander:

  Die gegenseitige Einstellung, Überzeugung und Erwartung der Konfliktpartner übereinander beeinflussen den Konfliktverlauf.

- Das Kernproblem, das den Konflikt ausgelöst hat:

  Umfang, Häufigkeit, , Bedeutung der Motivation bzw. der Bewusstheit.

- Das soziale Milieu, in dem sich der Konflikt abspielt:

  In jedem sozialen Milieu gibt es teils geschriebene und ungeschriebene Verhaltensregeln, die das Konfliktgeschehen beeinflussen.

- Die am Konflikt interessierten Zuschauer:

  Ihre Beziehung zu den Konfliktparteien zueinander; ihre Interessen an dem Konflikt und seinen Ergebnissen; ihre Eigenschaften.

- Strategien und Taktiken, die von den Konfliktparteien benutzt werden:

  Versprechungen, Belohnungen, Drohungen oder Strafen sind hier die entscheidenden Parameter.

- Die Folgen des Konflikts für jeden Teilnehmer:

  Gewinne oder Verluste, das Schaffen von Präzedenzfällen, das Ansehen usw. sind für die Kontrahenten von Bedeutung.

Es ist wichtig Konflikte als Prozesse zu sehen, die über einige Vorstufen bis hin zu offen manifestierten Konflikten reichen. Zu unterscheiden ist dabei in die latenten, aktuellen und manifestierten Konflikte. Die latenten Konflikte sind objektiv vorhanden, werden von den Beteiligten aber noch nicht wahrgenommen. Bei den aktuellen Konflikten sind sich die Beteiligten ihrer Konflikte bewusst, unterdrücken sie aber. Die manifestierten Konflikte werden ausgetragen.

Konflikte wirken positiv, indem sie Probleme aufdecken, die zwischen zwei oder mehreren Personen oder Parteien bestehen. Sie können darüber hinaus neugierig auf Dinge machen, die man bislang vielleicht abgelehnt hat oder denen gegenüber man sich zumindest reserviert verhalten hat. Eine dritte Position von Konflikten liegt darin, dass sie Stagnation und Erstarrung in einer Organisation verhindern. Gäbe es keinen Wettstreit der Ideen, würde ein Unternehmen im gewohnten Trott erstarren.

---

[23] Vgl. Jung, H.: Personalwirtschaft, a.a.O., S. 490 f.

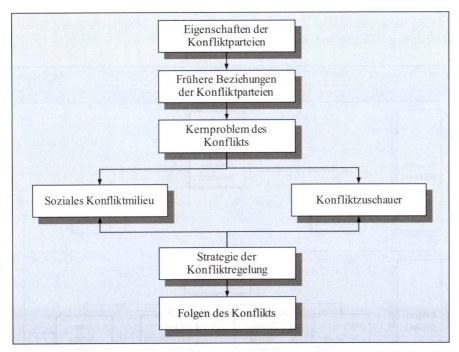

Abb. 28: Konfliktvariable

2.6 Outsourcing von Projekten

Bisher wurde davon ausgegangen, dass es sich bei Projekten um interne Projekte handelt. Projekte können aber durchaus auch vom externen Dienstleistern übernommen werden. In diesem Fall ist es zweckmäßig, jedes Projekt wie ein eigenes Profitcenter zu behandeln.

Jedes Projekt verursacht individuelle Kosten und Erlöse sowie eine eigene Finanzsituation, aus der der Erfolg des Projektes ermittelt werden kann. Bei internen Projekten kann es sehr schwierig sein die Kosten und Erlöse für die entsprechenden Projekte zu ermitteln. Aus diesem Grund werden in der Regel nur fremdvergebene Projekte als Profitcenter aufgefasst.

2.7 Projektablauf

Der Ablauf eines Projektes ist durch eine systematische Vorgehensweise gekennzeichnet. In der folgenden Grafik sind die einzelnen Projektphasen erkennbar. Alle Phasen eines Projektes sollten von einem Projektcontroller mitgestaltet werden. Hauptbetätigungsfelder des Projektcontrollers sind die Unterstützung des Projektmanagers bei der Projektplanung, -durchführung und dem Projektabschluss.

Ziel des Bemühens des Projektcontrollers ist das frühe Erkennen von Planungsabweichungen und die daraus resultierenden Korrekturmaßnahmen.

Zu Beginn eines Projektes steht die **Projektdefinition**. Die aus ihr gewonnenen Daten fließen in die Projektplanung. Von dort werden die Sollvorgaben einerseits an die Projektdurchführung und andererseits zum Vergleich an das Projektcontrolling weitergegeben. Während der Projektdurchführung werden Ist-Daten erfasst und mit den Soll-Daten verglichen. Durch festgestellte Abweichungen werden Korrekturmaßnahmen von der Projektsteuerung eingeleitet. Die entsprechenden Änderungen werden an die

Planung weitergegeben und gelangen auf diese Weise als neue Sollwerte in den Prozess, und der Regelkreis beginnt mit einem neuen Durchlauf.[24]

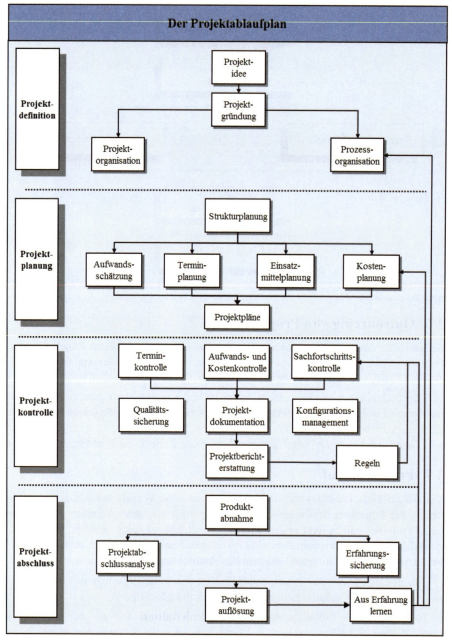

Abb. 29: Projektablauf

---

[24] Vgl. Bierschenk, S./Möbus, M.: Projektmanagement in kleinen und mittleren Unternehmen, a.a.O., Abschnitt 2/8.3.

3 Die Projektplanung

Sind die organisatorischen Voraussetzungen für eine projektorientierte Unternehmensstruktur vorhanden, gibt es verschiedene Möglichkeiten, von der Idee bis zum Abschluss des Projektes zu gelangen.

Planung ist in die Zukunft gerichtet, denn sie soll Entscheidungen und Handlungen vorbereiten. Bei der Planung wird vorausgedacht und versucht, Informationen über die Zukunft zu gewinnen. Planen von Projekten wird definiert als systematisches Suchen und Festlegen zukünftiger Schritte, deren Durchführung zum Erreichen der Ziele erforderlich ist.

Im Planungsprozess muss versucht werden, die Konsequenzen der Investitionshandlung zu ermitteln und dann die Handlungsmöglichkeiten aufgrund dieser Konsequenzen zu bewerten.

Die folgenden Abschnitte zeigen, wie ein strukturiertes und jederzeit nachvollziehbares Vorgehen aussehen könnte und wie der Controller, mittels seiner ihm zur Verfügung stehenden Werkzeuge, Einfluss nehmen kann.

3.1 Ziele und Aufgaben der Projektplanung

Der Planungsprozess spielt eine wesentliche Rolle bei der Zielsetzung, Planung, Entscheidung und beim Controlling (Überwachung und Steuerung) sowie in Bezug auf Kommunikation und Information. Aus der Definition der Projektplanung ergeben sich folgende Ziele:[25]

- Bestmögliche Prognose des Projektgeschehens aufgrund systematischer Analyse aller vorhersehbaren Einflussfaktoren.
- Visualisierung ökonomischer Folgen und alternativer Handlungsmöglichkeiten bereits im Stadium der Entscheidungsvorbereitung.
- Rationelle Gestaltung des Projektablaufes zur Sicherung der Wirtschaftlichkeit.
- Erzieherische Wirkung durch Vorgabe bestimmter Planziele bis hinunter zu den ausführenden Mitarbeitern.
- Möglichkeit der Überwachung vorgegebener Planansätze durch Feststellung und Analyse der Soll-Ist-Abweichungen.

Andererseits ist die Projektplanung unabdingbare Voraussetzung für den Projekterfolg. Durch die bereits erwähnte Komplexität von Projekten sollten alle Teammitglieder die Planung gemeinsam durchführen. Dies führt zur Stärkung des Teamgeistes, aber auch zu Meinungsverschiedenheiten und Konflikten.

Ausgangspunkt für die Projektplanung ist die Entscheidung, dass das Projekt beginnen kann. Voraussetzung dafür ist eine klare Zielsetzung, damit die Projektplanung zielgerecht durchgeführt werden kann. Für das Projekt sollte außerdem von Anfang an eine Grobkonzeption vorliegen, die vom Projektleiter zu erarbeiten ist.

---

[25] Vgl. Koreimann, D. S.: Projekt-Controlling, Weinheim 2005, S. 37 ff.

Projektplanung und Projektdurchführung bilden somit eine geschlossene Einheit, denn schließlich müssen die Bedingungen zur Projektdurchführung bekannt sein. Bei der Projektplanung sind außerdem die zukünftigen Aktivitäten zur Erreichung des Ziels zu erarbeiten. Dabei muss die Vorgehensweise und auch die Aufteilung des Projektes in Teilprojekte, in Arbeitspakete und in Projektphasen festgelegt werden. Durch diese Maßnahmen und Aufgaben sowie die Verfolgung der Ziele verhindert man einen Projektmisserfolg.

Eine sinnvoll durchgeführte **Projektplanung** ermöglicht:

- eine höhere Erfolgswahrscheinlichkeit der Zielerreichung,
- die Vermeidung des Projektrisikos,
- die Ermittlung der kritischen Arbeitspakete im Projekt,
- den zielgerichteten Einsatz aller Projektressourcen,
- sichere Aussagen zum Projektablauf,
- die reibungslose Koordination aller am Projekt Beteiligten,
- die rechtzeitige Beschaffung notwendiger Ressourcen,
- die laufende Standortbestimmung des Projektes,
- die effiziente Steuerung des Projektes.

Nicht nur die Qualität der Planungsergebnisse fördert den positiven Projektablauf, sondern auch die Analyse und Diagnose, die im Planungsprozess eine wichtige Rolle spielen. Zuletzt beeinflussen selbst die Systematik und Methodik den Projektplanungsprozess beträchtlich.

3.2 Gestaltung des Planungsprozesses

Gestalten wird definiert als die schöpferische Formgebung und Ordnung der Elemente von Arbeitssystemen und ihrer Beziehungen. Dieser kreative Prozess ist immer ein konkretes, materielles Ergebnis, das nicht genau voraussehbar ist. Die Tätigkeiten Planen und Gestalten lassen sich schlecht voneinander trennen.

Das Gestalten bezieht sich dabei sowohl auf das Projekt als auch auf die Problemlösung an sich. Die Problemlösung bezieht sich auf die Tätigkeiten Planung, Steuerung und Kontrolle des Projektes.

Bei der Gestaltung des Projektes ist die Gestaltung der Problemlösung die wichtigste Aufgabe. Beim **Problemlösungsprozess** finden Vorgehensmodelle, Methoden und Managementwerkzeuge Anwendung. Der Aufbau des Prozesses muss organisiert und der Ablauf gestaltet werden. Von Bedeutung ist dabei, welche Arbeitsmittel bei der Lösungsfindung zur Verfügung stehen sollen.

Der humane Aspekt des Problemlösungsprozesses muss durch den geeigneten Einsatz und die Motivation der Mitarbeiter gewährleistet werden. Die Kommunikationsbeziehungen sind zu gestalten und das Berichtswesen muss organisiert werden.

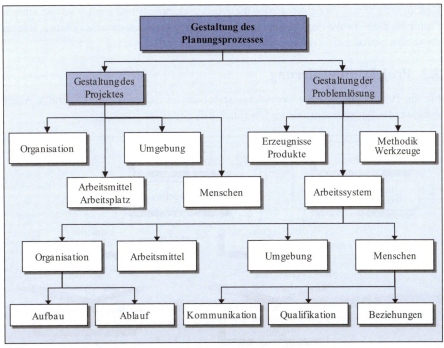

Abb. 30: Gestaltungsrahmen des Projektes und der Problemlösung[26]

Als Projektcontroller sind die Unternehmensziele von Bedeutung, wenn er eine Investition beurteilt oder sich für eine Investitionsalternative innerhalb eines Projektes entscheiden soll. Das Zielsystem der Unternehmung macht es überhaupt erst möglich eine Investition hinsichtlich ihrer Vorteilhaftigkeit zu überprüfen, denn z.B. sind die Ziele eines Krankenhauses in der Regel andere als die eines Industrieunternehmens.

Die Zielplanung legt meist in Form von Soll-Daten fest, was erreicht werden soll.

Grundsätze der **Zielformulierung** sind:[27]

- Lösungsneutrale Zielformulierung (keine Einschränkung des Lösungsspielraums).
- Berücksichtigung nicht wertneutraler Wirkungen (Festlegung der Wirkung, die der Zielsetzende beeinflussen kann).
- Festlegen positiver und negativer Ziele.
- Verständliche operationale Zielformulierung (eine Zielerreichung muss eindeutig feststellbar sein; die Ziele müssen eine eindeutige Kommunikation ermöglichen).
- Differenzierung von Wunsch- und Musszielen.
- Lösung von Zielkonflikten.
- Berücksichtigung von Zieländerungen (notwendige Änderungen bereits beschlossener Ziele sollten formal für alle Mitglieder ersichtlich durchgeführt werden).

Erst aufgrund der Zielformulierung kann eine eindeutige Projektdefinition durchgeführt werden. Aufgrund dieser Erkenntnis sollte, trotz des Aufwands und der damit verbundenen

---

[26] Vgl. Heeg, F.-J.: Projektmanagement, a.a.O., S. 185.
[27] Vgl. ebd., S. 198.

Kosten, nicht darauf verzichtet werden die Projektziele präzise und explizit zu formulieren. Damit die Ziele für die Projektplanung und -steuerung verwendet werden können, müssen die verabschiedeten Ziele differenziert und in Teilziele zerlegt werden.

3.3 Projektinitialisierung

Für ein Projekt gibt es Anstöße, Anregungen oder Initiativen. In der folgenden Abbildung werden typische Anstöße im Überblick dargestellt.[28]

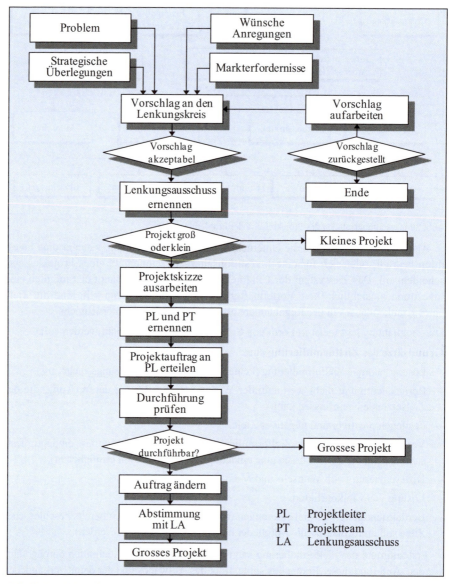

Abb. 31: Projektinitialisierung

---

[28] Vgl. Heeg, F.-J.: Projektmanagement, a.a.O., S. 173.

Der Ausgangspunkt für die Arbeit zu einem Projekt, sofern es kein Kundenauftrag ist, ist immer die Vorstellung (Idee) von „etwas", das realisiert werden soll.[29] Erst durch die Bearbeitung dieser Idee wird sie zu einem konkreten Vorschlag. Hierbei sollten bereits die von der möglichen Umsetzung betroffenen Mitarbeiter und Entscheidungsträger einbezogen werden.[30]

Häufig gibt die Geschäftsleitung den Anstoß zu Projekten, aber durch Ansätze der verschiedenen **Management by Techniken** kann der Vorschlag zu einem Projekt auch von einzelnen Mitarbeitern, Vorgesetzten oder im Zuge von Verbesserungsvorschlägen kommen. Beide Vorgehensweisen haben sich in der Vergangenheit bewährt und sollten deshalb auch ideologiefrei in einer Unternehmung zum Einsatz kommen. Kommt der Vorschlag von der Geschäftsleitung, wird der entsprechende Lenkungskreis dazu aufgefordert, erste Vorarbeiten anzuregen.

Es besteht aber auch die Möglichkeit, dass ein Bereichsleiter aufgrund eines vorhandenen Problems dem Lenkungskreis einen „Antrag zur Bearbeitungsfreigabe" vorlegt. Ist der Ideengeber ein hierarchisch weiter unten angesiedelter Mitarbeiter (und damit entsprechend sachkompetenter), gelangt der Vorschlag über die Abteilungsleiter oder das Vorschlagswesen in Form des oben beschriebenen Antrags zum Lenkungskreis.

Die wenigen zu dieser frühen Zeit vorliegenden Informationen sollten möglichst vollständig dokumentiert werden. Wichtige Informationen sind zu diesem Zeitpunkt vor allem die Ziele, die mit dem Projekt erreicht werden sollen.

Mit dieser Vorprüfung kann verhindert werden, dass nicht in aussichtslose Projekte unnötige Arbeit investiert wird. Gründe für die Ablehnung können z.B. die fehlende Übereinstimmung mit der Unternehmensphilosophie oder die mangelnde Finanzierbarkeit sein.

Ist diese Hürde bewältigt, müssen möglichst viele entscheidungsrelevante Daten für die Dokumentation „Antrag zur Aufnahme ins Investitionsprogramm" ermittelt werden. Ziel dieses Antrags ist es, aus den Investitionsvorschlägen ein Investitionsprogramm zu erarbeiten.

Der **Projektcontroller** ist in dieser frühen Planungsphase stark eingebunden. Zu seinen Aufgaben gehört die Durchführung der Kostenplanung, die Ermittlung von Wirtschaftlichkeitskennzahlen, Vorschläge für eine rationelle Planung und Durchführung zu machen und diese Aktivitäten nachvollziehbar zu dokumentieren und präsentieren.

Der **Lenkungskreis** muss überprüfen, ob der ihm vorgestellte Vorschlag in seiner derzeitigen Form akzeptabel ist oder nicht, das heißt ob er den strategischen Zielen des Unternehmens entspricht, ob er dazu dient Technik, Organisation, Qualifikation im Unternehmen oder die wirtschaftlichen Ziele der Unternehmensführung weiterzuentwickeln. Der Lenkungsausschuss besteht aus Vertretern der späteren Benutzer, Spezialisten und Managementvertretern. In festgelegten Abständen trifft sich der Ausschuss mit dem Projektleiter, um Fragen der Projektbearbeitung zu behandeln.

---

[29] Vgl. Kraus, G./Westermann, R.: Projektmanagement mit System, a.a.O., S. 44.
[30] Vgl. Heeg, F.-J.: Projektmanagement, a.a.O., S. 198.

Man kann zwischen großen und kleinen Projekten unterscheiden.

- Bei **großen Projekten** erarbeitet der Lenkungskreis zuerst alle wesentlichen Ziele, den erforderlichen Aufwand und die Termine. Der Projektleiter wird in diesem Stadium angewiesen eine Voruntersuchung zu erarbeiten, bei der er nur von wenigen besonders qualifizierten Mitarbeitern, u. a. dem **Projektcontroller**, unterstützt wird. In der Voruntersuchung wird z. B. festgestellt, ob die Idee im Rahmen eines Projektes, mehrerer Projekte oder in verschiedenen Teilprojekten verwirklicht werden soll. Das Ergebnis der Voruntersuchung ist der ausgearbeitete Projektantrag, der mit dem Lenkungsausschuss abgestimmt wird.
    - Das Ergebnis der Voruntersuchung kann darin bestehen, dass das Projekt nicht mehr so definiert wird wie zu Beginn, so dass die Besetzung des Lenkungsausschusses entsprechend neu festzulegen ist.
    - Nun wird die endgültige Besetzung des Projektteams festgelegt. Es können z.B. Arbeitsgruppen mit bestimmten Aufgaben vorgesehen werden.
    - Bevor der Projektauftrag jedoch an den Projektleiter übergeben wird, muss er vom Auftraggeber oder der Unternehmensleitung genehmigt werden.
- Bei **kleinen Projekten** kann der Projektauftrag direkt vom Lenkungsausschuss ausgearbeitet werden. Bei dieser Grobplanung werden die Aufgaben, die Ressourcen, die Termine und der Ablauf zusammengestellt. Ist der Projektauftrag ausgearbeitet und genehmigt, wird dem Projektleiter mit seinem kompletten Projektteam der Auftrag phasenweise erteilt.

3.4 Der Investitionsantrag

Der Investitionsantrag ist das wohl wichtigste Instrument des Projektcontrollers und stellt gleichzeitig das Ende der Grobplanung des Projektes dar. Mit dem Investitionsantrag soll die Zustimmung der Geschäftsleitung für das Projekt eingeholt werden und die Genehmigung für die erforderlichen Mittel erwirkt werden. Die Entscheidung für ein Investitionsprojekt sollte auf der Grundlage standardisierter Mindestinformationen erfolgen, die Inhalt des Investitionsantrags sind. In einem Antrag zum Investitionsprojekt an die Unternehmensleitung oder den Investitionsausschuss sollten folgende Punkte enthalten sein:[31]

(1) Antrag	Hier beantragt der Vorstand, entsprechend der Geschäftsordnung, die Investition zu genehmigen.
(2) Umfang des Investitionsprogramms	Enthalten sind die einzelnen Beträge z. B. aufgesplittet in Grundprogramm, Reserveprogramm, Pauschale für geringwertige Wirtschaftsgüter und die Vorstandspauschale.
(3) Reserveprogramm	Projekte, deren Realisierung nur mit einer bestimmten Wahrscheinlichkeit erwartet wird. Sinnvoll ist es, den kalkulierten Investitionsbetrag mit der erwarteten Wahrscheinlichkeitsquote zu multiplizieren.
(4) Vorstandspauschale	Die Vorstandspauschale enthält kleinere, noch nicht vorhersehbare Beträge.

---

[31] Vgl. Michel, R.-M.: Projektcontrolling und Reporting, 2. Aufl., Heidelberg 1996, S. 124.

(5) Struktur nach Arten	Die Investition wird aufgesplittet in die prozentualen Anteile an Kapazitätserweiterungen, Rationalisierungen, Ersatzinvestitionen und behördliche Auflagen.
(6) Struktur nach Sparten	Die Investition kann auch in die prozentualen Anteile der verschiedenen Geschäftsbereiche aufgesplittet werden.
(7) Gliederung nach Prioritäten	Projekte erster Priorität könnten Kapazitätserweiterungen oder Rationalisierungsprojekte sein, während F&E-Projekte Projekte zweiter Priorität sein können.
(8) Zeitliche Auswirkungen	Aufwandsmäßige und ertragsmäßige Auswirkungen sind, aufgeteilt in Jahre, festzuhalten.
(9) Wirtschaftlichkeitskennziffern	Die in der Investitionsrechnung ermittelten Größen wie die Amortisationsdauer, ROI, Kapitalwert o.ä.
(10) Sensitivitätsanalyse	Die Sensitivitätsanalyse soll Auskunft darüber geben, welche Auswirkungen die Variation bestimmter Plandaten auf die Wirtschaftlichkeitskennziffern hat.
(11) Kritische Werte	Aus der Sensitivitätsanalyse ergeben sich die kritischen Werte, bei denen die Investition in die Verlustzone gerät.
(12) Finanzierung	Im Unterpunkt Finanzierung wird dargestellt, wie die Investition finanziert werden soll, wie z.B. durch laufende Abschreibungen, durch kurz-, mittel- oder langfristiges Fremdkapital, durch Subventionen oder Eigenkapital.

3.5 Die Durchführung der Planung

Die eigentliche Projektarbeit beginnt mit dem sogenannten **Kick-Off-Meeting**.[32] Das Meeting dient der Information der Mitarbeiter. Hier werden alle Fragen besprochen, die für das Projekt von Bedeutung sind. Die Projektmitarbeiter müssen über die Eckdaten des Projektes, die Qualitätsanforderungen, die notwendigen Trainingsmaßnahmen, das generelle Vorgehen und die Form der Zusammenarbeit informiert werden. Weiterhin soll das Kick-Off-Meeting den Beteiligten die Möglichkeit geben sich untereinander kennenzulernen.

Der **erste Schritt** der Feinplanung besteht darin eine Tätigkeitsliste mit allen Teilaufgaben zu erstellen. Für jede Teilaufgabe wird festgelegt, welche Methoden einzusetzen sind, welche Hilfsmittel herangezogen werden können und welcher Zeitrahmen zur Verfügung steht.

Die einzelnen Tätigkeiten werden in zweckmäßige Arbeitspakete (Phasen) zusammengefasst und gehen dann in die Zeitplanung (Zeitcontrolling, Simultaneous-Engineering), die Kostenplanung und Kapazitätsplanung ein. Dokumentationen wie Planungs- und Steuerungsberichte unterstützen diese Arbeit.

Arbeitspakete sind nach DIN 69901 Teilaufgaben, die im Rahmen des Projektstrukturplanes nicht weiter unterteilt werden. Sie werden im System **Gesamtprojekt** nach DIN 1988 als Element bezeichnet.

---

[32] Vgl. Heeg, F.-J.: Projektmanagement, a.a.O., S. 179 f.

Bereits in dieser Planungsphase ist es zweckmäßig „realitätsnah" zu planen, denn vorhandene Mitarbeiter oder Betriebsmittel wollen optimal eingesetzt werden. Bei der späteren Überprüfung der Wirtschaftlichkeit der geplanten Phasen sollten Alternativpläne (z.B. Fertigung im Ausland, Neuanschaffung von Betriebsmitteln oder Fertigungsstraßen) berücksichtigt werden.

- Im **zweiten Schritt** wird ermittelt, welche Aufgaben von welchen anderen Aufgaben abhängig sind.
- Im **dritten Schritt** wird die Kostenplanung durchgeführt, indem für jede Tätigkeit aus der Tätigkeitsliste die zutreffenden Kosten ermittelt werden.
- Im **vierten Schritt** wird die Kapazitätsplanung durchgeführt, um eine gleichmäßige Belastung der Ressourcen (Projektmittel) zu erreichen, die mittels Netzplantechnik durchgeführt werden kann.
- Die abschließende Optimierung der Feinplanung im **fünften Schritt** geschieht unter dem Gesichtspunkt, die Gesamtkosten und die Gesamtzeitdauer zu minimieren.

Die „Einmaligkeit eines Projektes" bedeutet nicht, dass Erfahrungen aus früheren Projekten in die Planungen und Phaseneinteilung nicht mit einbezogen werden können. Standards und Erfahrungen darüber, welche Arbeitspakete anfallen werden, sind zu berücksichtigen.

Genauso wichtig wie das Erstellen des Projektplanes, ist die Ermittlung der Störfaktoren. Der Projektleiter muss die Aufgaben, die auf dem kritischen Weg des Netzplanes liegen, genau verfolgen und ermitteln, welche Faktoren den Projektfortgang stören könnten.

3.5.1 Der Projektstrukturplan

Der Zweck der Ablaufplanung besteht darin, unter Berücksichtigung der Abhängigkeitsbeziehungen, die Struktur der bestmöglichen Aufeinanderfolge der verschiedenen Vorgänge festzulegen. Weitere Anforderungen können sein: die Berücksichtigung von Kapazitätsgrenzen oder der gewünschte Kostenanfall in bestimmten Projektabschnitten usw. Die Basis der Ablaufplanung besteht neben der Planung der Lebensphasen und der Zerlegung der Projektgesamtaufgabe im Projektstrukturplan.[33]

Auf der Basis des Projektstrukturplanes lassen sich die verschiedenen Teilaufgaben definieren. Diese werden weiter in Arbeitspakete untergliedert.

Ein **Arbeitspaket** ist nach DIN ein „Teil des Projektes, der im Projektstrukturplan nicht weiter aufgegliedert ist und auf einer beliebigen Gliederungsebene liegt." Arbeitspakete sollen für sich kontrolliert, aufgabengemäß klar abgegrenzt und bestimmten Stellen oder Personen zugeordnet werden können. Arbeitspakete müssen zu Beginn des Projektes so sorgfältig wie möglich beschrieben werden, um die Kostenschätzung und spätere Projektkontrolle zu erleichtern.

Im Rahmen der Ablaufplanung werden die Arbeitspakete weiter in **Vorgänge** zerlegt. Dabei bezeichnet ein Vorgang eine bestimmte abgegrenzte Tätigkeit, die Zeit und

---

[33] Vgl. Heeg, F.-J.: Projektmanagement, a.a.O., S. 204 f.

Aufwand benötigt. Eine Untergliederung von Arbeitspaketen in Vorgänge kann in sehr hohem Detaillierungsgrad vorgenommen werden, sollte aber nur so weit wie unbedingt erforderlich erfolgen.[34]

In **vertikaler Hinsicht** geht es dabei um die hierarchische Aufgabengliederung in Ebenen. Die Zahl der **Gliederungsebenen** sollte so gewählt werden, dass ein „...Optimum an Übersichtlichkeit erreicht wird und die Kosten für die Planung in einem angemessenen Verhältnis zu deren Nutzen stehen."[35]

Des Weiteren lässt sich ein Projektstrukturplan **horizontal** nach unterschiedlichen Kriterien gliedern. Die gängigsten Hauptformen gliedern jeweils eine Ebene nach

- **Teilobjekten**, z. B. die Baugruppen bei der Konstruktion eines komplexen Gegenstandes (objektorientierter Gliederung) und
- **Teilaufgaben**, z. B. die Bestandteile komplexer Abläufe, etwa bei der Entwicklung eines neuen Produktes (funktionsorientierter Gliederung).

Abb. 32: Horizontale Gliederung von Projektstrukturplänen

Erfahrungsgemäß dominieren in der Praxis allerdings Mischformen, bei denen auf verschiedenen Ebenen nach verschiedenen Kriterien gegliedert wird.

Die **Zerlegung** der **Gesamtaufgabe** in **Teilaufgaben** erfolgt stufenweise. Die einzelnen Stufen oder Ebenen sind hierarchisch einander zugeordnet. Diese Art der Strukturierung soll sicherstellen, dass keine Teilaufgabe des Projektes vergessen wird und jede Teilaufgabe auch nur einmal an der logisch richtigen Stelle des Projektes erscheint.

Meistens werden die Teilaufgaben nach Objekten, nach Funktionen, nach Ressourcen oder nach Kombinationen der genannten Kriterien gegliedert.

Die Basis der **objektorientierten Strukturierung** ist die Struktur des zu erstellenden Gesamtsystems (z.B. eine Sondermaschine). Der Projektgegenstand wird in seine Komponenten, Baugruppen und Einzelteile zerlegt. Man bildet die einzelnen Teilaufgaben durch Festlegung der Verrichtungen, die zur Erstellung der einzelnen Teilaufgaben erforderlich sind.

Mit dieser Vorgehensweise lassen sich aber nicht alle zu erledigenden Teilaufgaben des Projektes finden, insbesondere nicht solche, die sich auf den Projektgegenstand als Ganzes beziehen. Ein objektorientierter Projektstrukturplan ist in der Abbildung 33 dargestellt.[36]

---

[34] Vgl. Dörfel, H.-J.: Projektmanagement, 3. Aufl., Renningen-Malmsheim 2003, S. 36 f.
[35] Birker, K.: Projektmanagement, 2. Aufl., Berlin 1999, S. 41.
[36] Zu den einzelnen Beispielen vgl. auch Heeg, F.-J.: Projektmanagement, a.a.O., S. 205 ff.

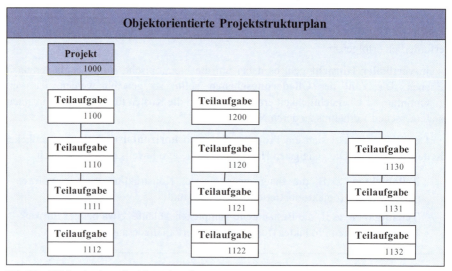

Abb. 33: Objektorientierter Projektstrukturplan

Die **funktionsorientierte Projektstrukturierung** gliedert das Projekt in Bereiche wie z.B. Planung, Realisation und Betriebsaufnahme einer Fabrikanlage. Bei der funktionsorientierten Strukturierung besteht die Möglichkeit organisatorische Gegebenheiten zu berücksichtigen. Problematisch ist allerdings, dass bei der Funktionszerlegung immer wieder auf Funktionen gestoßen wird, die sich auf unterschiedliche Umfänge oder Teilsysteme des Projektgegenstandes beziehen.

Abb. 34: Funktionsorientierter Projektstrukturplan

Deshalb werden in der Praxis meist Projektstrukturpläne verwendet, in denen beide Gliederungsprinzipien verwendet werden. Mit welchem Prinzip begonnen wird und wie die Prinzipien gewechselt werden, ist eine Frage der Zweckmäßigkeit, bei der neben organisatorischen Gesichtspunkten auch die Zieldifferenzierung, die Frage der Auftragserteilung an Unterauftragnehmer, ferner die Kostenplanung und Kostensteuerung, das Berichtswesen, die Dokumentation usw. bedacht werden müssen.

3.5.1.1 Bedeutung des Projektstrukturplanes

Bei der Ausarbeitung der Projektstruktur ist unbedingt auf Vollständigkeit zu achten. Fehler und Versäumnisse im Projektstrukturplan haben Auswirkungen auf den gesamten Projektablauf.

Die Arbeitspakete und Teilaufgaben des Projektstrukturplanes stellen Teilziele dar. Termine, Budget, Arbeitsaufwand, Material, Reisekosten usw. sollten auf Arbeitspaketebenen geplant werden.

Die Unterteilung in Teilaufgaben und Arbeitspakete ist ein wichtiges Projektmanagement-Element und grundlegende Voraussetzung für die spätere Schätzung der Projektkosten und die projektbegleitende Kostenkontrolle.

Der **Projektstrukturplan** ist die operative Basis für die weiteren Planschritte im Projekt, z.B. für die Ablauf-, Kosten-, Termin- und Kapazitätsplanung, die Kalkulation oder das Projektcontrolling. Das Projekt wird überschaubar und erleichtert aus der Sicht der Organisation die Projektkoordination und -durchführung. Gleichzeitig gibt er einen Überblick über den Arbeitsaufwand, den ein Projekt beinhaltet. Nachteil des Projektstrukturplanes ist das Fehlen von Verknüpfungen. Dafür ist ein Netzplan nötig.

Die Aufstellung eines Planes ist gleichzeitig eine Vollständigkeitsprüfung für die Projektdurchführung. Er fördert gesamtheitliches Denken, ist ein sehr gutes Kommunikationsmittel, unterstützt den Teamentwicklungsprozess und reduziert die Komplexität des Projektes. Während der Planung sind Verdichtungen bezüglich Kosten, Aufwendungen und Termine möglich. Der Projektstrukturplan ist die Grundlage für die Gestaltung des Berichts- und Dokumentationssystems.[37]

Zur Erleichterung der Strukturplanung bei gleichartigen Projekten können **Standard-Strukturpläne** eingesetzt werden. Darunter versteht man ausführliche Projektstrukturpläne, die an die individuelle Projektstruktur angepasst werden können. Dies eröffnet Rationalisierungseffekte während der Planung, gewährleistet eine gewisse Einheitlichkeit und gibt gleichzeitig eine Checkliste vor.

3.5.1.2 Phasen und Meilensteine

Projektphasen und Meilensteine sind Instrumente zur Planung, Überwachung und Steuerung des Projektes.

− Meilensteine als Kontrollpunkte

Die Definition der Meilensteine ist für den Projektablauf von großer Bedeutung. Sie bestimmen, zu welchem Zeitpunkt (Meilenstein-Termin), welches Ziel oder Teilziel (Meilenstein-Inhalt) des Projektes erreicht sein soll. Ein Meilenstein ist nach DIN 69900 ein „Ereignis besonderer Bedeutung".

Ein Meilenstein ist immer ein Ereignis, dessen Eintreten genau festgestellt werden kann. Er kann daher für eine objektive Ermittlung und Darstellung des Projektstatus herangezogen werden. Aufgrund von Meilensteinplänen kann eine ereignisorientierte Terminübersicht über die Projektmeilensteine gegeben werden. Meilensteine sollten deshalb Grundlage für ein fundiertes Berichtswesen sein.

---

[37] Vgl. Röger, S./Morelli, F./Del Mondo, A.: Controlling von Projekten mit SAP R/3, Braunschweig 2000, S. 12 f.

Die Meilensteine eines Projektes können in einem Meilensteinplan zusammengefasst werden, der auch als **Ergebnispyramide** bezeichnet wird.[38]

Bei einer Phaseneinteilung des Projektes müssen sich Meilensteine mindestens am Anfang oder Ende einer Projektphase befinden. Zusätzliche Meilensteine können das Ende wichtiger Arbeitsabschnitte innerhalb der Phasen anzeigen. Meilensteine dienen zur Standortbestimmung des Projektes und zur Entscheidungsfindung über den weiteren Projektverlauf innerhalb der Projektdurchführung. Meilensteine werden auch als **Review-Zeitpunkte** bezeichnet, an denen Stop-or-Go-Entscheidungen getroffen werden müssen.

– **Phasenorientierte Strukturierung**

Im Rahmen der phasenorientierten Strukturierung wird das Projekt in einzelne Arbeitsabschnitte (Projektphasen) unterteilt. Am Ende jeder Phase liegt in der Regel ein Entscheidungs- und Kontrollpunkt (Meilenstein), der die verschiedenen Projektphasen miteinander verknüpft.[39] Es gibt grundsätzlich drei Möglichkeiten für die zeitliche Anordnung der Phasen:

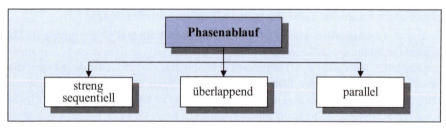

Abb. 35: Phasenverlauf

In der **streng sequenziellen Phasenorganisation** werden die Ergebnisse der Phase klar definiert. Die folgende Phase kann erst begonnen werden, wenn die vorhergehende Phase erfolgreich abgeschlossen wurde. Diese Vorgehensweise kann technische, terminliche und kostenmäßige Risiken begrenzen, aber auch zu erheblichen Verzögerungen führen. So muss zum Beginn zeitintensiver Vorgänge einer Nachfolgephase (z. B. Beschaffung von Teilen mit sehr langer Lieferzeit) immer der Abschluss der vorhergehenden Phase abgewartet werden.

Zur Verkürzung der Gesamtdauer können daher im **überlappenden Phasenablauf** derartige zeitintensive Vorgänge bereits vorab freigegeben werden. Diese Freigabe kann aber nur für Tätigkeiten erfolgen, deren Risiko überschaubar ist. Der überlappende Phasenverlauf berücksichtigt Rückkopplungen zwischen zwei aufeinanderfolgenden Phasen. Die Ergebnisse einer Phase können meist erst aufgrund der Informationen einer Folgephase ausreichend abgesichert werden. Aus diesem Grund laufen die Arbeiten an einer Folgephase bereits an, während in der Vorphase noch gearbeitet wird. Für Entwicklungsprojekte wird meist die überlappende Phasenorganisation gewählt.

Sind Phasen grundlegend unterschiedlich und können unabhängig voneinander bearbeitet werden, kann eine **parallele Phasenbearbeitung** erfolgen.

---

[38] Vgl. Dräger, E.: Projektmanagement mit SAP R3, 2. Aufl,. Bonn 2001, S. 21.
[39] Vgl. Seibert, S.: Technisches Management: Innovationsmanagement, Projektmanagement, Qualitätsmanagement, Stuttgart/Leipzig 1998, S. 295.

Dies erfordert eine vollständige und eindeutige Spezifizierung der Schnittstellen zwischen den Phasen und eine unabhängige Entwicklung der Teilphasen.

Der Vorteil der Phaseneinteilung liegt u. a. in der gleichmäßigen Verteilung der Planungsarbeiten über den gesamten Projektablauf. In jeder Phase werden Pläne für die nächste Phase erstellt. Das bedeutet, dass nur die nächstliegende Phase detailliert geplant wird. Die später terminierten werden zu diesem Zeitpunkt nur grob geplant. Die Schätzung der Planwerte für einen überschaubaren Zeitraum auf Basis der neuesten Projektdaten macht die Planung realistischer. Um Phasenmodelle erfolgreich einsetzen zu können, müssen die Phasen so gelegt werden, dass sie wirkliche Teilabschlüsse im Projekt bilden. Die Umsetzung der Theorie des phasenweisen Projektablaufs in die Praxis muss dabei konsequent verfolgt werden. Bei Erfüllung der Voraussetzungen kann ein phasenweiser Projektablauf wesentlich zu einer wirtschaftlicheren Durchführung des Projektes beitragen.[40]

Werden ständig ähnlich strukturierte Projekte durchgeführt, sind die Aufgaben, die in den einzelnen Phasen vorzunehmen sind, mit Hilfe von Standard-Organisationsplänen zu strukturieren.[41]

Lässt sich der phasenorientierte Ansatz nicht oder nur schlecht umsetzen, kann stattdessen eine meilensteinorientierte Prozessorganisation des Projektes erfolgen. Der Entscheidungspunkt für die Fortführung des Projektes liegt dann nicht mehr auf dem gemeinsamen Ende aller Arbeitspakete einer Phase, sondern an Fertigstellungspunkten einzelner Arbeitsabschnitte, den Meilensteinen.

Nach der Festlegung der Projektstruktur und wichtiger Meilensteine beginnt die detaillierte Planung des Projektablaufes. Termine, Kapazitäten und Kosten werden dabei am sinnvollsten auf Arbeitspaketebenen verteilt.

3.5.2 Terminplanung

Bei der **Terminplanung** geht es darum, den Projektablauf zu terminieren, das heißt, dass für jedes Element des Planungsablaufes dessen Zeitdauer geschätzt werden muss. Für die Ermittlung der Dauer eines jeden Vorgangs ist daher eine exakte Beschreibung der jeweiligen Arbeitsumfänge und der zur Erledigung vorgesehenen Hilfsmittel notwendig. Des Weiteren ist zu überlegen, wie viele Personen eingesetzt werden können und mit welcher Kapazität diese Mitarbeiter dem Projekt zur Verfügung stehen. Um die notwendige Dauer einer Tätigkeit realistisch einschätzen zu können, muss man sich mit den Bedingungen ihrer Ausführung auseinandersetzen.

Nachdem die Zeitdauer aller Vorgänge ermittelt wurde, kann die Berechnung der Terminsituation erfolgen. Ausgehend vom geplanten Starttermin des Projektes führt man zunächst eine Vorwärtsrechnung durch. Danach wird vom geplanten Endtermin eine Rückwärtsrechnung nach genau festgelegten mathematischen Beziehungen durchgeführt. Man erhält daraus für jeden Vorgang den frühestmöglichen Anfangs- und Endtermin sowie den späteste erlaubten Anfangs- und Endtermin.

---

[40] Vgl. Rinza, P.: Projektmanagement: Planung und Überwachung und Steuerung von technischen und nichttechnischen Vorhaben, 4. Aufl., Berlin 1998, S. 48.
[41] Vgl. Seibert, S.: Technisches Management, a.a.O., S. 300.

Um die **Zeitdauer** eines jeden Vorgangs zu schätzen, gibt es zwei Möglichkeiten:

- die deterministische und
- die stochastische Zeitschätzung.

Eine **deterministische** Zeitschätzung sollte die Projektleitung mit den Fachleuten, welche die Arbeitspakete später auch bearbeiten, vornehmen. Die Zeitschätzung darf keine Sicherheitszuschläge enthalten, sondern sie soll möglichst realistisch vorgenommen werden.

Mit der **stochastischen** Zeitschätzung können Aussagen über die Wahrscheinlichkeit des Einhaltens von Terminen gemacht werden. Erfahrungen zeigen jedoch, dass hierdurch keine bessere Terminvorhersage erreicht wird. Zudem ist die stochastische Zeitschätzung sehr umständlich und schwierig zu handhaben. Sie hat eine hohe Fehlerhäufigkeit und ist demnach kostenungünstig.

Wichtige Terminplanungstechniken sind der Terminplan, das Balkendiagramm und der Netzplan.

3.5.2.1 Terminlisten

Der Terminplan bzw. die Terminliste stellt eine einfache Auflistung aller Aktivitäten mit der geschätzten Dauer und den Start- und Endterminen für jede Aktivität dar.

Nr.	Vorgangsbeschreibung	Geplanter Anfangstermin	Geplanter Endtermin	Tatsächlicher Anfangstermin	Tatsächlicher Endtermin
1	Motor und Anbauteile ausbauen	20.01.15	21.01.15	20.01.15	21.01.15
2	Rahmenlehre anbringen	21.01.15	21.01.15	21.01.15	21.01.15
3	Rahmen richten	22.01.15	22.01.15	22.01.15	22.01.15
4	Rahmenlehre abbauen	22.01.15	22.01.15	23.01.15	23.01.15
5	Teile ersetzen	23.01.15	23.01.15	24.01.15	24.01.15
6	Motorraum lackieren (Fremdleistung)	24.01.15	24.01.15	25.01.15	25.01.15
7	Motor und Aggregate einbauen	25.01.15	25.01.15	26.01.15	26.01.15
8	Außenseite lackieren	27.01.15	27.01.15	30.01.15	01.02.15
9	Wagen komplettieren	02.02.15	02.02.15	03.02.15	04.02.150
				Ermittelter Terminverzug:	2 Tage

Abb. 36: Beispiel für eine Terminliste

Zusätzlich kann der Terminplan mit den tatsächlich erreichten Start- und Endterminen versehen werden. Eine solche Terminliste kann ohne größeren Arbeitsaufwand und ohne große Kosten erstellt werden, da keine weiteren Hilfsmittel benötigt werden.

3.5.2.2 Balkendiagramm

Um den Zusammenhang zwischen den einzelnen Arbeitspaketen von Projekten zu verdeutlichen, setzt man verschiedene grafische Hilfsmittel ein, mit denen man Aufgaben in einen Zeitablauf einplanen kann. Der Einsatz des Balkenplanes (Ganttsches Balkendiagramm) muss projektspezifisch erfolgen, da er sich nicht für jedes Projekt eignet.

Es existieren zwei grundsätzlich verschiedene Arten von Balkenplänen:

– Beim **personenbezogenen Balkenplan** werden den einzelnen Mitarbeitern ihre entsprechenden Arbeitspakete innerhalb einer Zeitspanne vorgegeben. Diese Darstellungsform ermöglicht eine besonders gute Personalplanung, da freie Ressourcen leicht erkannt und nutzbar gemacht werden können.
– Der **aufgabenbezogene Balkenplan** hat den Vorteil, dass man alle am Arbeitspaket beteiligten Personen erkennt und diese Kapazität je nach Bedarf leichter variieren kann. Ebenso sind die Dauer, Anfangs- und Endtermine bei dieser Darstellungsform einfacher erkennbar als bei einem personenbezogenen Plan.

Beide beschriebenen Prinzipien lassen sich weiter detaillieren. Dabei sollte darauf geachtet werden, dass nicht zu viele Informationen in die Darstellung mit aufgenommen werden, weil sonst die Übersichtlichkeit des Planes leidet.

In der folgenden Abbildung ist eine vereinfachte Vorgangsliste dargestellt, die dem Balkenplan vorgeschaltet ist. Sie dient als Grundlage für die Darstellung des aufgabenbezogenen Balkenplanes.

Nr.	Vorgang	Dauer (in h)
1	Motor und Anbauteile ausbauen	4
2	Rahmenlehre anbringen	3
3	Rahmen richten	1,5
4	Rahmenlehre abbauen	0,5
5	Teile ersetzen	5
6	Motorraum lackieren (Fremdleistung)	1
7	Motor und Aggregate einbauen	5
8	Außenseite lackieren	4,5
9	Wagen komplettieren	2

Abb. 37: Vorgangsliste für einen Balkenplan

Die einzelnen Aktivitäten werden durch waagerechte Balken dargestellt. Aus der Länge jedes Balkens ist die Dauer der einzelnen Vorgänge ersichtlich. Es ergibt sich aus der Vorgangsliste dann folgender Balkenplan:

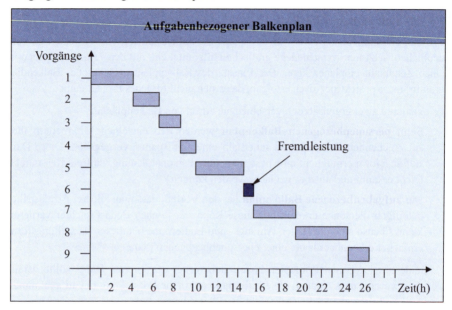

Abb. 38: Beispiel für einen aufgabenbezogenen Balkenplan

Das **Balkendiagramm** wird auch nach seinem Erfinder **Gantt Chart** genannt. Ein Balkendiagramm ist, vereinfacht ausgedrückt, den Vorläufer eines Netzplanes, jedoch wesentlich einfacher zu lesen. Die verschiedenen Vorgänge und Tätigkeiten werden in einem Diagramm als Balken symbolisiert, die für den Projektablauf wichtig sind. Neben dem Übersichtsplan lassen sich damit ebenso spezielle Teilpläne für die Abläufe der verschiedenen Funktionen oder Aufgabenbereiche darstellen. Weiterhin werden die Balken mit einer Zeitachse verknüpft, so dass eine Übersicht über die Art und den Zeitraum der Tätigkeit gegeben ist.

In der Darstellung gibt es eine Vielzahl von Varianten, so kann z. B. der Bearbeitungsstand am Balken vermerkt werden und es ist möglich, wichtige Meilensteine einzutragen. In einem geringen Maß können auch Verknüpfungen, d.h. Abhängigkeiten der einzelnen Vorgänge untereinander, kenntlich gemacht werden.

Zur grafischen Darstellung mittels Gantt-Diagramm muss eine Definition von Vorgängen (Tätigkeiten, Aktivitäten) erfolgen und eine Zeitschätzung des jeweiligen Vorgangs unter Berücksichtigung der zur Verfügung stehenden Ressourcen vorgenommen werden.

Dann kann die grafische Umsetzung unter Beachtung der zeitlichen Reihenfolge beginnen. Es gibt aber keine allgemeingültige Normierung für die Darstellung eines Balkenplanes, deshalb kann er auf allen Ebenen der Planung eingesetzt werden.

Die folgende Tabelle stellt die Vor- und Nachteile der Erstellung und Anwendung von Balkenplänen gegenüber.

Balkenplan	
Vorteile	Nachteile
– universelle Anwendbarkeit – einfache technische Voraussetzungen (Bleistift und Papier) – leichte Erlernbarkeit, flexible Planungszeitabschnitte – große Übersicht – flexible Einsatzanpassung	– bei kleinen und mittleren Projekten detailliert verwendbar, bei Großprojekten sind nur Grobplanungen möglich – Aktualisierung des Plans umständlich – Pufferzeiten sind bei handschriftlicher Erstellung schlecht zu erkennen – bei zu vielen Informationen geht die Übersicht verloren

Abb. 39: Vor- und Nachteile von Balkenplänen

Balkenpläne sind aufgrund ihrer Vorteile und Nachteile eher für die Planung und Steuerung weniger komplexer Projekte geeignet. Aufgrund ihrer Übersichtlichkeit sind sie aber für Präsentationen sehr gut geeignet. Die Projektmitarbeiter haben immer die wichtigsten Daten der Projektablaufplanung visualisiert vor sich, und eine laufende Überwachung und Kontrolle wird ermöglicht.

3.5.2.3 Netzplantechnik

Ein modernes Planungsverfahren ist die **Netzplantechnik**, welche heute überwiegend für die Terminplanung und -überwachung von Vorhaben eingesetzt wird. Sie wurde erstmals in den USA 1957 bei der Firma Du Pont erfolgreich angewendet. Die Netzplantechnik ermöglicht darüber hinaus die integrierte Planung von Terminen, Kapazitäten und Kosten, denn nicht zuletzt hängt der Erfolg von der Präzision der Terminplanung und der konsequenten Kontrolle ab.

Nach **DIN 69900** umfasst die Netzplantechnik alle Verfahren zur Analyse, Beschreibung, Planung, Steuerung und Überwachung von Abläufen auf Grundlage der Grafentheorie, wobei Zeit, Kosten, Einsatzmittel und weitere Einflussgrößen berücksichtigt werden können.

Besonders bei großen oder komplexen Projekten ist die Netzplantechnik die beste und teilweise auch einzige Methode, mit der Termine, Aufwendungen, Einsatzmittel und Kosten noch zu planen und zu kontrollieren sind.[42]

Die Netzplantechnik kann man in die stochastische und deterministische Methode einteilen. Bei diesen Methoden werden verschiedene Elemente benutzt. Zu diesen Elementen zählen

– der Vorgang (ein mit definiertem Anfangs- und Endzeitpunkt festgelegtes Geschehen),

– das Ereignis (ein definierter Zustand im Projektablauf) und

– die Anordnungsbeziehung zu den anderen Vorgängen.

Bei den **stochastischen Methoden** sind in der Projektplanung verschiedene Teilaufgaben durch mehrere Alternativen lösbar. Diese Methoden, wie z.B. **GERT** (Grafical Evaluation and Review Technique) und **GAN** (Generalized Activity Networks), besitzen gegenüber deterministischen Methoden verschiedene Vorteile.

---

[42] Vgl. Kraus, G./Westermann, R.: Projektmanagement mit System, a.a.O., S. 111 f.

So können z. B. Wiederholschleifen und sich gegenseitig ausschließende Vorgänge grafisch dargestellt werden. Ebenso lassen sich für die Vorgangsdauer und -kosten Zufallsvariablen einführen, mit denen sich für jede Alternative entsprechende Daten erfassen lassen.

Die **deterministischen Methoden** lassen sich in den Ereignisknotenplan, den Vorgangsknotenplan und den Vorgangspfeilnetzplan einteilen.

Deterministische Netzpläne			
Bezeich-nung	**Vorgangsknoten-netzplan**	**Vorgangspfeil-netzplan**	**Ereignisknoten-netzplan**
Vorgang	Knoten	Pfeile	entfällt
Ereignis	entfällt	Knoten	Knoten
AOB	Pfeile	entfällt	Pfeile
Beispiel	Metra-Potenzial-Methode (MPM)	Critical Path (CPM)	Program Evaluation and Review Technique (PERT)

Abb. 40: Deterministische Netzplanmethoden

Die wichtigsten und bekanntesten Basismethoden unterscheiden sich hauptsächlich durch die formelle Darstellung.

(1) Vorgangsknotennetzplan (MPM)

Mit der **Metra-Potenzial-Methode (MPM)** werden Netzpläne erstellt, bei denen die Vorgänge als Rechtecke dargestellt werden. Jedes Projekt beginnt mit dem Startvorgang und endet mit dem Zielvorgang. Die zwischen den beiden Fixpunkten befindlichen Vorgänge werden je nach ihrer Beziehung zu anderen Vorgängen als Vorgänger oder als Nachfolger bezeichnet. Einzelne Vorgänge, die nicht in den logischen Ablauf des Projekts eingebunden sind und somit weder Vor- bzw. Nachfolger sind, werden als Alleinvorgänge bezeichnet.

Charakteristisch für MPM sind die vielfältigen Definitionsformen von **AOB**,[43] die als Pfeile dargestellt werden. Es bestehen vier verschiedene Beziehungen, welche sich in der Art und der Zeitdauer voneinander unterscheiden. Diese vier Formen erhalten ihren Namen aufgrund der Verknüpfung von Vorgängen und ihren einzelnen Anfangs- und Endpunkten.

Je nach Verbindungsart werden sie als **Normal-, Anfangs-, End-** oder **Sprungfolge** bezeichnet und bieten dem Planer die Möglichkeit, Abhängigkeiten zwischen den einzelnen Vorgängen sehr genau festzulegen. So kann bestimmt werden, ob ein Nachfolger vom Ende oder vom Anfang seines Vorgängers abhängt. Den einzelnen Beziehungen lassen sich entsprechend dem Verlauf von Vorgängen Zeitabstände zuordnen. So ergeben sich vier unterschiedliche Zeitdaten, mit denen ein Vergleich durchgeführt werden kann. Mit diesem Vergleich erfolgt die Optimierung des Netzplans. Da aber bei der Optimierung alle verschiedenen AOB auftreten, kann die Übersicht, besonders bei sehr komplexen Projekten, schnell verloren gehen.

---

[43] AOB = die Abhängigkeit zwischen den einzelnen Vorgängen; Anordnungsbeziehung

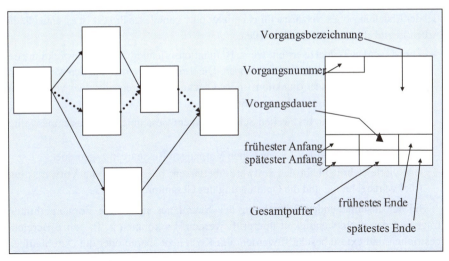

Abb. 41: Netzpanbeispiel MPM

In der folgenden Abbildung ist ein vereinfachtes Beispiel für einen MPM-Netzplan dargestellt.

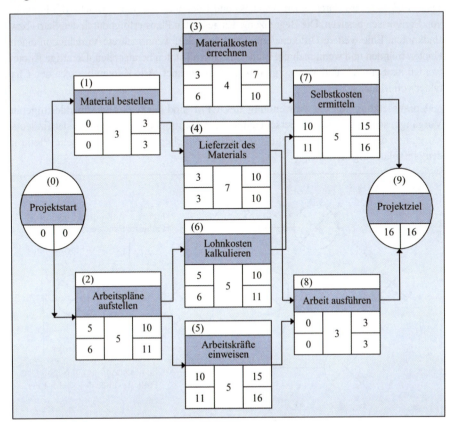

Abb. 42: Netzplanbeispiel MPM

Bei der Erstellung eines Netzplans für ein großes oder komplexes Projekt ist es sinnvoll, die Arbeit in einzelne Schritte zu unterteilen.

- Zuerst werden Teilnetze erstellt wie z. B. funktionsorientiert für die Konstruktion oder objektorientiert für einzelne Baugruppen. Die Teilnetze werden von den Mitarbeitern aus den entsprechenden Funktions- oder Objektbereichen erstellt, oder von den mit der Planung beauftragten Mitarbeitern.
- Die Teilnetze müssen im zweiten Schritt zu einem Gesamtnetzplan zusammengefügt werden.
- Im dritten Schritt werden den einzelnen Vorgängen Ressourcen zugeordnet.
- Der vierte Schritt bleibt der Software überlassen, bezogen auf die Vorwärts- und Rückwärtsrechnung und die Optimierung des Gesamtprojekts.

Bei der abschließenden Betrachtung des Netzplanes sollten die Vorgänge hinterfragt und deren Notwendigkeit überprüft werden. Es könnten z. B. ganze Bereiche gestrichen und extern beschafft werden, um Kosten zu sparen oder die Durchlaufzeit zu erhöhen.

(2) Vorgangspfeilnetzplan (CPM)

Bei der **Critical Path Methode (CPM)** werden die Vorgänge durch die **Pfeile** symbolisiert. Jeder Vorgang wird durch einen Anfangs- und Endknoten begrenzt, welche die Funktion von Ereignissen besitzen. Die Begrenzung des gesamten Plans erfolgt durch den Start- bzw. Endknoten. Eine weitere Differenzierung tritt dann auf, wenn mehrere Vorgänge in einem Knoten münden und wenn mehrere Pfeile aus einem Knoten heraustreten. Derartige Knoten werden als Sammel- und Verzweigungsknoten bezeichnet. Alle Knoten besitzen den Charakter von Meilensteinen.

Voraussetzung für die Anwendung des CPM sind lückenlos aufeinanderfolgende Vorgänge, so dass zeitliche Überschneidungen nicht möglich sind. Parallel stattfindende Vorgänge, deren Dauer gleich Null ist, werden üblicherweise als gestrichelte Pfeile in den Netzplan aufgenommen.

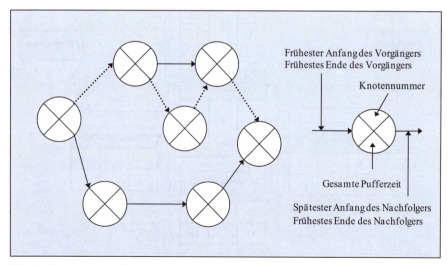

Abb. 43: Netzplanbeispiel CPM

Für das Basisbeispiel ergibt sich folgender Netzplan:

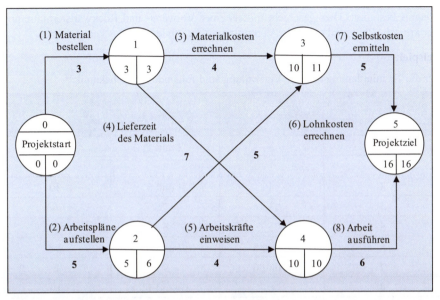

Abb. 44: Netzplanbeispiel CPM

(3) Ereignisknotennetzplan (Program Evaluation and Review Technique–PERT)

Diese Methode stellt einen Netzplan dar, bei dem die Vorgänge durch ein Vor- und Nachereignis bestimmt werden. Diese Vor- und Nachereignisse sind den Meilensteinen gleichzusetzen, wobei der eigentliche Vorgang sehr stark in den Hintergrund tritt.

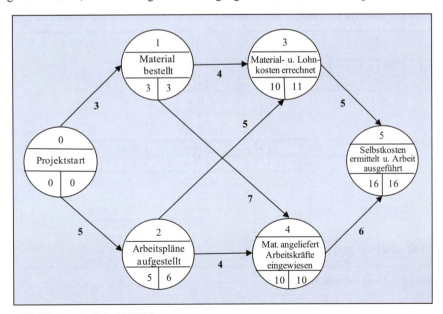

Abb. 45: Netzplanbeispiel PERT

Das Hauptmerkmal dieser Methode liegt in der Zeitschätzung der Tätigkeitsdauer. Aufgrund der geschätzten Dauer werden der früheste und der späteste Termin für jedes Ereignis bestimmt. Dies geschieht mittels einer Vorwärts- und Rückwärtsterminierung. Der kritische Pfad wird durch die Verbreiterung der Pfeile (AOB) gekennzeichnet.

Beispiel:

Für die Terminplanung in einer Verwaltung sind folgende Daten bekannt:[44]

Vorgangsnummer	Vorgelagerter Vorgang	Nachgelagerter Vorgang	Dauer in Minuten
1	–	2 und 5	5
2	1	3	3
3	2	4 und 6	30
4	3	7	6
5	1	6	14
6	3 und 5	7 und 8	30
7	4 und 6	9	6
8	6	10 und 11	10
9	7	12	15
10	8	12	4
11	8	12	1
12	9, 10 und 11	–	1

Es soll ein Netzplan nach dem MPM-Verfahren (Vorgangsknotennetzplan) erstellt und der kritische Weg eingezeichnet werden!

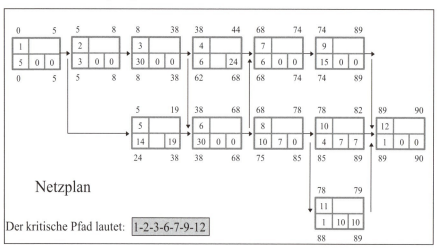

Abb. 46: Ermittlung des kritischen Weges

---

[44] Vgl. Jung, H: Arbeits- und Übungsbuch, Allgemeine Betriebswirtschaftslehre, 4. Aufl., München/Wien 2012, S. 229.

Unabhängig von der Art der gewählten Methode und der Form des Netzplanes ist zunächst die Projektplanung durchzuführen. Der Netzplan repräsentiert letztlich nur eine spezielle Darstellungsform der Planungsergebnisse. Die prinzipielle Vorgehensweise ist in der Abb. 47 dargestellt. [45]

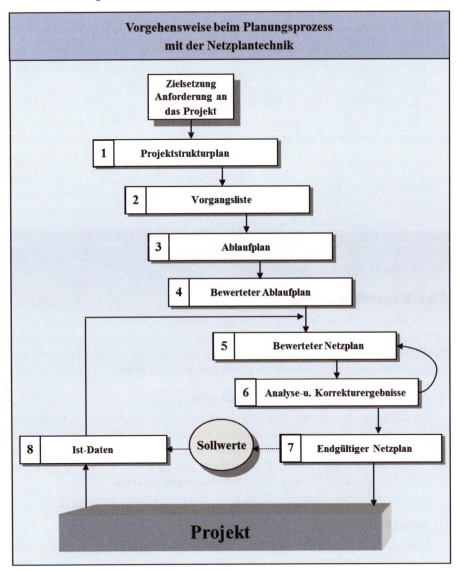

Abb. 47: Prinzipielle Vorgehensweise beim Planungsprozess

Der Netzplan bietet eine gute Basis für die Überwachung und Steuerung des Projektes. Durch den EDV-Einsatz kann ohne großen Aufwand die Variation verschiedener Netzpläne für ein bestimmtes Projekt bewertet werden. Vor- und Nachteile der Netzplantechnik sind in der folgenden Abbildung dargestellt.

---

[45] Vgl. Zielasek, G.: Projektmanagement als Führungskonzept, 2. Aufl., Berlin 1999, S. 151.

Netzplantechnik	
Vorteile	**Nachteile**
– alle beteiligten Personen werden in die Planung einbezogen und erhalten einen Gesamtüberblick,	– an den Planer werden hohe Anforderungen in Bezug auf sein Know-how gestellt,
– gute Übersicht in der grafischen Darstellung,	– die Darstellung ist nur für den Planer übersichtlich,
– gute Kontrollmöglichkeit zur Vervollständigung des Plans,	– zu detaillierter und hoher Aufwand bei der Kontrolle
– genaue Terminplanung und -überwachung,	
– universell einsetzbar,	
– unabhängig von Projektgröße, -dauer, -inhalt und Anzahl der beteiligten Personen,	
– berechnung des kritischen Pfades,	
– vollständige Beschreibung des Projektes	

Abb. 48: Vor- und Nachteile der Netzplantechnik

3.5.3 Kapazitätsplanung

Bei der Durchführung von Projekten kann es zu personellen, maschinellen oder materiellen Engpässen kommen. Die Gründe dafür sind verschieden. So kann es sein, dass mehrere Projekte gleichzeitig bearbeitet, andere dringliche Aufgaben der Projektarbeit vorgezogen werden oder im Vorfeld nicht sorgfältig genug geplant wurde.

3.5.3.1 Vorgehen bei der Kapazitätsplanung

Die Kapazitätsplanung soll solche Engpässe im Voraus feststellen, um Gegenmaßnahmen bereits in der Planungsphase einleiten zu können. Sind keine Engpässe vorhersehbar, dient die Kapazitätsplanung einer optimalen Auslastung der Einsatzmittel, so dass Spitzenbelastungen und Unterbelastungen ausgeglichen werden können. Als Hilfsmittel der Kapazitätsplanung dient das **Belastungsdiagramm**.

Das Vorgehen bei der **Kapazitätsplanung** besteht aus folgenden **Schritten**:

(1) Bedarfsermittlung

Zur Umsetzung der geplanten Vorgänge sind Personen nötig, denen die entsprechenden Mittel (Material, Betriebsmittel) zur Verfügung gestellt werden müssen. Zunächst wird der Kapazitätsbedarf für jeden Vorgang geplant. Vereinfachend wird dabei von einem gleichmäßigen Mitteleinsatz während der Vorgangsdauer ausgegangen. Ist dies nicht der Fall, muss der Vorgang in weitere Vorgänge mit gleichmäßigem Ressourceneinsatz aufgeteilt werden. Ist der Kapazitätsbedarf der einzelnen Vorgänge ermittelt, kann der Bedarf an Kapazitäten während des gesamten Projektes dargestellt werden. Gleichartige Mittel (z. B. Mitarbeiter, die sich gegenseitig vertreten können) sollten dabei zu Kapazitätsgruppen zusammengefasst werden.

(2) Ermittlung der verfügbaren Kapazität

Die verfügbare Kapazität zeigt an, in welchem Maße die Einsatzmittel im Zeitablauf zur Verfügung stehen. Zur Ermittlung der verfügbaren Kapazität ist von gleichen Kapazitätsgruppen wie bei der Bedarfsermittlung auszugehen. Meist liegt die verfügbare Kapazität unter der maximalen Kapazität des Unternehmens (Urlaub, Krankheit etc.).

(3) Kapazitätsabgleich

Im Kapazitätsabgleich wird der Kapazitätsbedarf der verfügbaren Kapazität gegenübergestellt. Dabei wird eine Über- bzw. Unterdeckung der Kapazitäten ersichtlich, d.h. teilweise liegt der Kapazitätsbedarf über der verfügbaren Kapazität (Engpass) und teilweise wird die verfügbare Kapazität nicht ausgelastet (Kapazitätsreserve).

(4) Kapazitätsausgleich

Im Rahmen des Kapazitätsausgleichs wird die benötigte mit der verfügbaren Kapazität abgestimmt. Dazu gibt es verschiedene Möglichkeiten.

- Die im Rahmen der Terminplanung mittels Netzplanung ermittelten Pufferzeiten werden ausgenutzt. Das bedeutet, dass die Arbeitspakete innerhalb der Pufferzeiten so verschoben, gestreckt, gestaucht oder geteilt werden, dass der Kapazitätsbedarf an die Kapazitätsverfügbarkeit angepasst wird.

- Eine weitere Möglichkeit besteht im Einsatz von Ersatzmitteln. So könnte z.B. anstelle der ursprünglich vorgesehenen Ressource eine freie Kapazität mit gleicher Qualifikation eingesetzt werden. Dies kann durch Fremdbezug (z. B. Zeitarbeit) oder durch Aufstockung der eigenen Kapazität erfolgen.

- Als letzte Möglichkeit bleibt nur eine Verschiebung des Projekts, falls die Engpässe nicht durch die aufgeführten Maßnahmen beseitigt werden können.

Im Rahmen des Kapazitäteneinsatzes ist das Ergreifen vorbeugender Maßnahmen möglich. So sollten die Pufferzeiten vor Engpassphasen genutzt werden, um die Qualifikation des Personals durch Schulungen oder Training zu erhöhen. Dadurch kann die Vorgangsdauer im Engpassbereich durch erhöhte Leistungsfähigkeit verkürzt werden.[46]

3.5.3.2 Kapazitätsplanung beim Einsatz von Netzplänen

Werden **Netzpläne** eingesetzt, kann der Bedarf an Einsatzmitteln auf die Arbeitspakete des Netzplans zugeordnet werden. Durch die Errechnung der Termine der Arbeitspakete wird eine Darstellung der zeitlichen Verteilung des Bedarfs der Ressourcen möglich. Vorteilhaft ist dabei die Nutzung des Zeitpuffers. Bei Überdeckung kann somit im Rahmen des gesamten Puffers nach Möglichkeiten gesucht werden, Vorgänge zu verschieben ohne das Projektende zu gefährden.[47]

Die **kurzfristige Einsatzmittelplanung** unterliegt jedoch laufenden Änderungen. Dies führt zur schnelleren Veralterung der erstellten Netzpläne. Die Qualität der Einsatzmittelplanung aufgrund von Netzplänen hängt in besonderem Maße von der Erfahrung und dem Geschick des jeweiligen Planers ab. Netzplangestützte Einsatzmittelplanung kann daher eher für große Projekte empfohlen werden, bei denen alle Beteiligten nur einem einzigen Projekt zugeordnet sind. Es ist zu empfehlen, kleinere Projekte nicht projektbezogen, sondern organisationsbezogen zu planen und zu disponieren.

---

[46] Vgl. Birker, K.: Projektmanagement, 2. Aufl., Berlin 1999, S. 94.
[47] Vgl. Schelle, H.: Projekte zum Erfolg führen, 5. Aufl., München 2007, S. 104.

Müssen sich mehrere Projekte eine Ressource teilen, ist eine Kapazitätsplanung im Rahmen der **Multiprojekt-Planung** nötig. Nur so können einigermaßen realistische Projekttermine ermittelt, frühzeitig Kapazitätsengpässe erkannt und teure Maßnahmen des Krisenmanagements verringert werden. Die Multiprojekt-Planung ist Grundlage für Prioritätenentscheidungen.

Mit der Kapazitätsplanung, insbesondere der Personalplanung, ist bereits ein wichtiger Grundstein der Kostenplanung gelegt. Bei Entwicklungsprojekten sind die Personalkosten der Hauptbestandteil der Projektkosten.

3.5.4 Projektkostenplanung

Bei der Kostenplanung werden alle Kosten, die im Zusammenhang mit der Erstellung des Projektes anfallen, ermittelt. Diese Kosten lassen sich in Personalkosten, Sachmittel- und Dienstleistungskosten aufteilen. Die Projektkostenplanung ist als Basis für die Finanzierungspläne im Projekt zu betrachten und dient der Überwachung der auflaufenden Projektkosten. Darüber hinaus lässt sich in einer Wirtschaftlichkeitsanalyse der betriebswirtschaftliche Nutzen eines Projektes bestimmen. In der Praxis sind drei Verfahren für die Wirtschaftlichkeitsanalyse am gebräuchlichsten:

- **Kostenvergleichsrechnung**
- **Kosten-Nutzenanalyse**
- **Nutzwertanalyse**

Insbesondere die Nutzwertanalyse ist ein Hilfsmittel zur Unterstützung von Entscheidungen, wie sie im Rahmen von Projekten häufig auftreten. Bei dieser Analyse soll aus einer Reihe von Alternativen diejenige ausgewählt werden, die zur höchsten Zielerreichung führt. In der Praxis ist es äußerst selten, dass eine Alternative hinsichtlich aller Ziele die beste ist. In der Regel ergeben sich Situationen, in denen die verschiedenen Alternativen bezüglich unterschiedlicher Zielsetzungen auch unterschiedlich gut abschneiden.

Des Weiteren können nicht alle Ziele bzw. Entscheidungen unmittelbar bewertet werden. Der Nutzen einer Alternative lässt sich oft nicht quantifizieren oder in Geldeinheiten ausdrücken. Nutzeneffekte, wie z. B. Flexibilitätserhöhung, Imagegewinn, Mitarbeiterzufriedenheit oder Qualifikationsniveauerhöhung, lassen sich nur qualitativ beschreiben und sind nicht monetär messbar. Aus diesen Gründen sind Investitionsrechenverfahren nur begrenzt anwendbar. Als formalisierte Bewertungsmethode weist die Nutzwertanalyse zwei Hauptvorteile auf:

- Es können **mehrere Zielkriterien** berücksichtigt werden.
- Es können **qualitative Kriterien** verwendet werden.

3.5.4.1 Kostenplanung durch Schätzung

In der Regel erfolgt die Kostenplanung durch Schätzung. Dabei ist die Aufwandsplanung das Mengengerüst für die Ermittlung der Projektkosten. Erfolgt die Aufwandsplanung auf Arbeitspaketebene, können auch die Kosten auf dieser Ebene geplant werden. Voraussetzung dafür ist ein guter Strukturplan, der das Projekt bis auf die Ebene der Arbeitspakete sorgfältig strukturiert und einzelne möglichst genau beschreibt. Die Planung der Kosten erfolgt sowohl auf der Basis von Vergangenheitswerten (Erfahrungswerte) als auch unter Beachtung von Zukunftsprognosen (z. B. Lohnerhöhungen).

Kosten können als leistungsbezogener und zweckgerichtet bewerteter Verbrauch von Gütern und Dienstleistungen im Rahmen des Betriebsablaufes oder zur Sicherung der Betriebsbereitschaft definiert werden. In Anlehnung daran lassen sich Projektkosten als „...bewerteten, projektbezogenen Güterverzehr, der während der Akquisitions- und Durchführungsphase eines Projektes angefallen ist..."[48] definieren.

Die Ermittlung vollzieht sich in zwei Phasen: zuerst wird ein Mengengerüst bestimmt (verschiedene Maßeinheiten, z. B. Mitarbeiterstunden), das im Anschluss zweckgerichtet bewertet wird (mit entsprechendem Preis, z. B. interner Stundensatz).

$$\text{Kosten}_i = \text{Mengenkomponente}_i \cdot \text{Wertkomponente}_i$$

Erfolgt die Ermittlung der Kosten auf diese Weise für alle Arbeitspakete gleich, können durch Aufsummieren die Gesamtkosten des Projektes ermittelt werden. Kosten, die sich in einer Weise nicht spezifizieren lassen, werden gesondert ermittelt und hinzugerechnet. Dabei kann es sich z. B. um Reisekosten handeln.

3.5.4.2 Kostenschätzung im Netzplan und/oder auf Meilensteine

Die Kostenplanung kann ebenso auf der Grundlage eines Netzplanes vorgenommen werden. Dabei werden die Kosten für jeden Arbeitsvorgang einzeln ermittelt und aufgrund der zeitlichen Lage der Vorgänge über die Projektlaufzeit verteilt. Dies ermöglicht eine genaue Analyse und Überwachung der angefallenen Kosten. Die zeitliche Verschiebung von Vorgängen führt gleichzeitig zur zeitlichen Verschiebung des Kostenanfalls. Nachteil der netzplanbasierten Kostenplanung ist der erhöhte Planungsaufwand.

Eine weitere Möglichkeit der Kostenplanung ist die Kostenschätzung auf Meilensteine. Dazu muss eine ausreichende Anzahl von Meilensteinen mit exakt festgelegtem Sachinhalt definiert werden. Die Kostenschätzung auf der Basis von Meilensteinen hat einen entscheidenden Vorteil: im Verlauf der Projektüberwachung wird so eine integrierte Betrachtung von Kosten, Terminen und Sachfortschritt ermöglicht.

3.5.4.3 Budgetierung der Projektkosten

Die genehmigten und verabschiedeten Plankosten werden zum Budget. Das Budget ist der von der Geschäftsleitung verabschiedete Rahmen für die Entwicklung der Projektkosten in einem bestimmten Zeitraum. Es unterscheidet sich von der Projektkostenplanung durch seine Verbindlichkeit. Das ursprünglich vergebene Budget ist das **Originalbudget**. Dieses kann ab einem festgelegten Zeitpunkt nur noch über eine Budgetaktualisierung korrigiert werden. **Budgetaktualisierungen** müssen vorgenommen werden, wenn unvorhergesehene Ereignisse z. B. zusätzlich notwendige Maßnahmen oder die Verteuerungen von Fremdleistungen auftreten. Budgetaktualisierungen können in Form von Nachträgern, Umbuchungen oder Rückgaben erfolgen.

Das **aktuelle Budget** ist das Originalbudget vermehrt oder vermindert um die Budgetaktualisierung. Es besteht die Möglichkeit, das Budget sukzessiv und somit schrittweise freizugeben. Dabei bildet das aktuelle Budget die Grundlage für die Freigabe.

---

[48] Schultz, V.: Projektkostenschätzung, Wiesbaden 1995, S. 16.

3.5.5 Personalplanung

Die Personalplanung für ein Projekt beinhaltet sämtliche Überlegungen, die im Zusammenhang mit dem Einsatz der Mitarbeiter im Projektteam stehen. Eine Personalplanung setzt sich aus folgenden Punkten zusammen:

(1) Ermittlung der für das Projekt verfügbaren Kapazität pro Mitarbeiter und seiner Qualifikation

Der Projektleiter sollte die notwendigen Informationen in einem persönlichen Gespräch mit jedem einzelnen Mitarbeiter in Erfahrung bringen.

(2) Beauftragung des Mitarbeiters

Die Beauftragung des Mitarbeiters mit bestimmten Aufgaben sollte in schriftlicher Form (Aktivitätenliste) erfolgen. Die Beauftragung sollte folgende Punkte umfassen:

- die zu **lösende Aufgabe**,
- die zur **Verfügung stehende Kapazität**,
- die **geplanten Kosten** und
- den zu **erreichenden Endtermin**.

Es ist sinnvoll, die Aufgaben und Kapazitäten mit den einzelnen Mitarbeitern zu besprechen.

(3) Aus- und Weiterbildungsplanung bezogen auf die Projektaufgabe

Der Mitarbeiter muss an Aus- und Weiterbildungsseminaren teilnehmen, um die im gemeinsamen Gespräch festgestellten Wissenslücken schließen zu können. Dafür sollte ein individueller Personalentwicklungsplan aufgestellt werden. Es ist wichtig, dass das erforderliche Know-how zum benötigten Zeitpunkt zur Verfügung steht. Die geplante Aus- und Weiterbildung muss von der freien Kapazität abgetragen werden.

(4) Laufbahnplanung

Dieser Aspekt ist besonders zu beachten, wenn ein Mitarbeiter über einen langen Zeitraum hinweg ausschließlich für das Projekt eingesetzt wird. Der Projektleiter hat hierbei die Aufgaben:

- Mitarbeiter zu beurteilen,
- während des Projektverlaufs über Personalförderungsmaßnahmen insbesondere für die Weiterentwicklung der Teammitglieder Sorge zu tragen und
- zum Ende des Projektes hin Vorschläge über den späteren Einsatz seiner Teammitglieder zu geben.

3.6 Zeit-Controlling

Neben der Beherrschung des Instrumentariums der Kostenrechnung für Projekte ist das Zeit-Management eines der wichtigsten Bereiche des Projekt-Managements. Die Verkürzung der **Zyklusdauer** der Produkte zwingt zunehmend zu einer **Verkürzung** der Projektdauer. Die Effektivität und Effizienz von Projekten muss also gesteigert werden. Die Beeinflussung der Entwicklungsdauer ist durch ein bewusstes **Zeit-Controlling** möglich.

Der Projektcontroller muss mit betriebswirtschaftlichen Methoden Zeitanteile ermitteln und bewerten, Schwachstellen aufzeigen und Potenziale für die Verkürzung der Zeit durch Parallelisierung von Arbeitsschritten aufdecken.

Die **Parallelisierung** von **Arbeitsschritten** (**Simultaneous-Engineering**) beeinflusst den Zeitablauf entscheidend. Der Projektcontroller muss diesen Prozess sowie die interne Parallelisierung der Arbeit koordinieren. Dazu wird der Entwicklungsprozess in überprüfbare Schritte (Meilensteine) zerlegt. Es werden Planzahlen vorgegeben und Maßzahlen erarbeitet, um die Ist-Situation transparent zu machen und um Soll-Ist-Abweichungen aufzuzeigen. Verdichtete Kennzahlen sollen die Wirkung von Maßnahmen zur Entwicklungszeit-Verkürzung ausweisen. Außerdem werden Erfahrungsdaten kumuliert, um realistische Planvorgaben zu ermitteln.

Neben diesen Informationen benötigt das Zeit-Management Kenntnisse über die Einflussfaktoren auf die Entwicklungsdauer und Möglichkeiten zu deren Beeinflussung.

Das Zeit-Management hat das Ziel, durch eine realistische Planung sowie Überwachung und Steuerung, die Entwicklungszeit zu verkürzen. In diesem Bemühen beeinflusst das Zeit-Management auch die interne Organisation des Projektbereichs sowie deren Kommunikationsbeziehung zum übrigen Unternehmen.

Aus unternehmerischer Sicht ist nicht nur die optimale Steuerung eines einzelnen Projekts erforderlich, sondern alle Projekte müssen optimal gesteuert werden. Der bereits beschriebene Lenkungskreis hat im Sinne der Zeitoptimierung von Projekten dafür zu sorgen, dass sich das Unternehmen mit einem ausgewogenen Sortiment von Projekten befasst. Dieser Projekt-Mix muss im Idealfall Projekte unterschiedlicher Reifegrade und Risiken beinhalten.

3.7 Planungsoptimierung

Letzter Schritt der Planung ist die **Planungsoptimierung**. Sie beinhaltet die Optimierung der Ressourcenauslastung und die Verkürzung der Durchlaufzeiten.

Die Planungsoptimierung ist zu unterscheiden von der Feinplanung. Während bei der Feinplanung die Planungsgenauigkeit und der Planungsaufwand zu der vorgelagerten Grobplanung steigt, sollen bei der Planungsoptimierung die einzelnen Planungsbereiche unter ganzheitlicher Betrachtung optimiert werden. Weiterhin ist die Planungsoptimierung ein kontinuierlicher Prozess, der permanent betrieben werden muss.

Die beiden Merkmale Verkürzung der Durchlaufzeit und Optimierung der Auslastung verursachen in einem gut ausgelasteten Unternehmen gegenläufige Wirkungen. Aus diesem Grund ist eine Optimierung erforderlich. Bei einer termintreuen Planung wird ein spezieller Endtermin festgelegt, auf dessen Basis die Arbeitspakete verteilt werden. Entsprechend kann zu bestimmten Zeitpunkten eine Überschreitung der Kapazitäten entstehen. Analog kommt es bei der kapazitätstreuen Planung zu einer Überschreitung des Endtermins.

3.8 Die Bewertung der Planungsunsicherheit

Jedem Planer ist bewusst, dass auch bei noch so großem Planungsaufwand die Planungen niemals exakt eintreffen werden.

Bei größeren **Projekten** sind folgende **Risiken** zu unterscheiden:
- technische Risiken (z. B. fehlerhafte Montage),
- wirtschaftliche Risiken (z. B. Risiken aus der Zusammenarbeit mit dem Kunden),
- politische Risiken (z. B. Änderungen gesetzlicher Regelungen),
- soziokulturelle Risiken (z. B. Änderungen gesellschaftlicher Wertvorstellungen).

Zu unterscheiden sind die wertmäßige Bedeutung eines Risikos und andererseits die Eintrittswahrscheinlichkeit des Risikos. Von Relevanz sind aber hauptsächlich das Bewusstwerden des Planungsrisikos und die Möglichkeiten der Gegensteuerung. Risiken muss man nicht nur erkennen, man muss auch entgegenwirken und bereit sein unter Umständen Mengen- oder Umsatzverluste hinzunehmen.

Neben der Sensibilisierung für die Risikofaktoren des Projekts ist vor allem die Früherkennung der Abweichungen von Wichtigkeit. Nur wenn frühzeitig erkannt wird, dass das Projekt einen Fortgang nimmt, der nicht den Planungen entspricht, kann rechtzeitig gegengesteuert werden.

Für die Einrichtung eines entsprechenden Früherkennungssystems in Form von geeigneten Regelkreisläufen und dem dazugehörigem Berichtswesen ist der Projektcontroller verantwortlich.

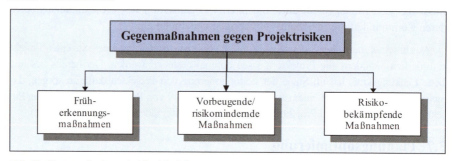

Abb. 49: Gegenmaßnahmen bei Projektrisiken

3.8.1 Analytische Methode

Bei der **analytischen Methode** nimmt man an, dass bestimmte geplante Zahlungsströme unsicher und die anderen geplanten Parameter sicher sind. Für die Prognosewerte der Zahlungsströme wird eine Normalverteilung mit geschätztem Erwartungswert und geschätzter Varianz unterstellt.

Unter diesen Prämissen lassen sich der Erwartungswert und die Varianz des Entscheidungskriteriums nach den für eine Summe von Zufallsvariablen geltenden Regeln bewerten: Der Erwartungswert des Kapitalwerts ist gleich der Summe der Erwartungswerte der geschätzten Zahlungsströme. Bei der Berechnung der Varianz des Kapitalwertes sind die Kovarianzen zwischen den Parametern zu berücksichtigen.

3.8.2 Monte-Carlo-Methode

Bei der **Monte-Carlo-Methode** werden Stichproben beliebigen Umfangs aus bekannten statistischen Verteilungen zur Simulation von Zufallsprozessen gezogen. Dabei werden Annahmen über die Verteilung der Schätzwerte der Parameter benötigt.

Die Ergebnisse der Simulation, die mit Hilfe von EDV-Programmen ermittelt werden, sind meist als **Risiko-Chancen-Profil** der Kapitalwerte tabellarisch oder grafisch dargestellt. Ein solches Profil zeigt, mit welcher Wahrscheinlichkeit welcher Kapitalwert mindestens erreicht wird. [49]

---

[49] Vgl. Michel, R.-M.: Projektcontrolling und Reporting, a.a.O., S. 207.

3. Die Projektplanung

Projekt:	Checkliste Risikobewertung
Beschreibung:	
Kunde:	Datum:

Risikoaspekte	Risiko		Empfohlene Maßnahmen
	Max. Ergebnisauswirkung in €	Wahrscheinlichkeit des Eintreffens in %	
Kostenunsicherheit aus Mengen und Effizienz			
Projektumfang/Leistungsmix			
1.1 Materialmengen			
1.2 Konstruktion			
1.3 Bearbeitungsumfang			
1.4 Montageumfang			
1.5 Prüfungsumfang			
1.6 Leistungsgradschätzung Montage			
Kostenunsicherheit aus Abhängigkeiten			
Verlässlichkeit des Auftragsgebers			
2.1 Lieferung von Unterlage			
2.2 Lieferung von Material			
2.3 Sicherung Montageaufwand (Raumfreigabe und andere)			
2.4 Änderung des technischen Konzepts			
2.5 Änderung der Spezifikation			
2.6 Unberechtigte Inanspruchnahme von Garantien			
Risiken aus Abhängigkeiten von Lieferanten, Subunternehmen und Behörden			
2.7 Termintreue			
2.8 Qualität			
2.9 Zuverlässigkeit (z.B. fremde Monteure)			
2.10 Ausfall			
2.11 Mithaftung für die Leistung der Partner			
2.12 Nahtstellenrisiko aus ungenauer Definition			
Externe Einflüsse			
2.13 Verzögerung von Genehmigungsverfahren			
2.14 Absicherung von höherer Gewalt			
2.15 Baustopp			
2.16 Streik			
Erlösungssicherheiten			
3.1 Absicherung von Kostensteigerung im Preis			
3.2 Risiken aus Kursverlusten			
3.3 Transferrisiko			
Zahlungsunsicherheiten			
4.1 Zinsverlust durch verspätete Zahlung			
4.2 von Kundenseite verursacht			
4.3 Leistung früher als geplant			
4.4 Verzögerung d. Zahlungsereignisses Abnahme			
4.5 Abgrenzbarkeit v. Nachbest. u. Forderung			
4.6 Akzeptanz von Nachforderung			
Haftungsunsicherheiten			
5.1 Verzugsrisiko			
5.2 Ausschluss weitgehender Ansprüche, Schadensersatz, Rücktritt			
5.3 Inhalt, Frist			
5.4 weitergehende Ansprüche			
5.5 Begrenzung der allgem. Schadensersatzhaftung			
5.6 Evtl. Rücktrittsrecht der Kunden			
5.7 Zusätzl. außergewöhnliche Haftungsrisiken			

Abb. 50: Checkliste zur Risikobewertung von Projekten

4 Überwachung und Steuerung

In der Projektüberwachung werden die Soll-Vorgaben der System- und Projektplanung mit den im Projektablauf erreichten Ist-Werten fortlaufend verglichen, überprüft und eventuelle Planabweichungen festgestellt. Die Überwachung bezieht sich einerseits auf den Projektgegenstand und andererseits auf den Projektablauf.[50]

Inwieweit die Funktions- und Qualitätsanforderungen erfüllt sind, wird in Verbindung mit dem Projektgegenstand überprüft. Die Überwachungsparameter des Projektablaufes sind primär Termine und Kosten.

Voraussetzung für eine effektive Projektüberwachung sind realitätsbezogene, vollständige und prüfbare Planvorgaben und aktuelle Ist-Daten, die hinsichtlich des formalen Inhalts miteinander korrespondieren. Der Überwachungsprozess besteht dabei aus drei Phasen:

- Bereitstellung von Daten, welche die aktuelle Situation in einem Projekt widerspiegeln,
- Soll-/Ist-Vergleich: Feststellung der Abweichungen zwischen Plan- und Ist-Werten,
- Bewertung: Feststellung der Abweichungsgründe zwischen Soll und Ist sowie
- Aufzeigen alternativer Korrekturmaßnahmen zur Differenzbehebung.[51]

Hier muss sich der **Projektcontroller** aktiv in den Überwachungsprozess einschalten, denn nur bei ausreichender Kenntnis der Abweichungsgründe und Lösungsalternativen ist er in der Lage Entscheidungen vorzubereiten und Korrekturmaßnahmen einzuleiten. Bei der Überwachung der Sachergebnisse ist eine ausreichende Dokumentation notwendig. Die Rahmenbedingungen für die Ausgestaltung müssen sachgebietsspezifisch aufgebaut werden.

Als Ergebnis der Projektüberwachung werden Informationen über den Fortschritt des Projektes gegeben. Dabei ist Folgendes zu beachten:

- Während die Planvorgaben von oben nach unten erfolgen, läuft die Berichterstattung über den Fortschritt von unten nach oben, und zwar in der Regel über mehrere Informationsebenen.
- Der Überwachungsvorgang selbst besteht zum einem aus der schriftlichen Abfrage von Projektfortschrittsdaten und zum anderen aus einer Kontrolle des Projektfortschritts „vor Ort".
- Die Überwachung muss in bestimmten zeitlichen Abständen erfolgen. Der Überwachungszeitraum besteht aus einem vergangenheitsorientierten und einem vorausschauenden Zeitintervall. Für Projekte mit langen Laufzeiten erfolgt die Überwachung in Intervallen von vier Wochen und bei kürzer laufenden Projekten und in bestimmten kritischen Durchführungsphasen sind zwei bis drei Überwachungen im Monat möglich. Teilweise wird auch eine kontinuierliche Terminüberwachung praktiziert.[52]

---

[50] Vgl. Litke, H.-D.: Projektmanagement, Methoden, Techniken, Verhaltensweisen, a.a.O., S. 105.
[51] Vgl. ebd., S. 105.

- Die Projektsteuerung und -überwachung dient dem Zweck während des Projektablaufes zu gewährleisten, dass die festgelegten Projektziele erreicht werden können.

Eine wirkungsvolle Projektsteuerung und -überwachung kann nur auf der Basis detaillierter und vollständiger Planungsunterlagen erfolgen. Zum einen sind die Planungsunterlagen für den Soll-Ist-Vergleich erforderlich, zum anderen erfolgen die Arbeitsfreigaben der einzelnen Arbeitspakete, -lose und/oder Tätigkeiten entsprechend der Planvorgaben.

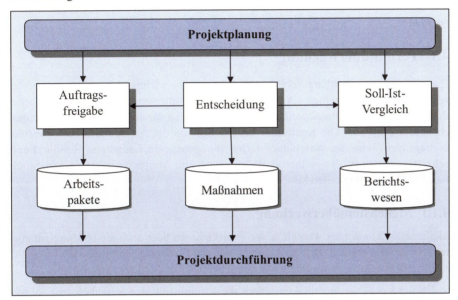

Abb. 51: Modell des Projekt-Controllings[53]

Die wichtigsten Beurteilungskriterien sind, wie schon aus der Planung ersichtlich, Zeit, Kosten, Leistungen und Qualität. Das Prinzip des Vergleichs von Plan-Daten mit den ermittelten Ist-Daten und der sich daraus ergebenden Steuerung nennt man Regelung.

Nach **DIN 19226** wird das **Regeln** folgendermaßen definiert:

„Das Regeln –die Regelung– ist ein Vorgang, bei dem eine Größe, die zu regelnde Größe (Regelgröße), fortlaufend erfasst, mit einer anderen Größe (Führungsgröße) verglichen und abhängig vom Ergebnis dieses Vergleichs im Sinne einer Angleichung an die Führungsgröße beeinflusst wird. Der sich dabei ergebende Wirkungsablauf findet in einem geschlossenen Wirkungskreis, dem Regelkreis, statt."

Für die Projektdurchführung heißt das übersetzt, dass durch das Berichtswesen die aktuellen Projektdaten bereitgestellt werden, welche kombiniert mit den Planungsdaten, die Grundlage für die Projektsteuerung darstellen. Die Steuerung umfasst das Treffen der notwendigen Entscheidungen und regulierenden Maßnahmen oder die Einleitung weiterer Auftragsfreigaben.

---

[52] Vgl. Rinza, P.: Projektmanagement, a.a.O., S. 31.
[53] Vgl. Heeg, F.-J.: Projektmanagement, a.a.O., S. 257.

In vielen Fällen scheitert die wirkungsvolle Projektregelung daran, dass die für den Steuerungsprozess benötigten Informationen nicht in der nötigen Transparenz vorliegen. Das Problem können unzureichend gegliederte, unpräzise formulierte oder lückenhafte Planungsdaten sein.

Ein weiteres Problem resultiert aus der mangelhaften Leistungsmessung und unklar gefassten Abweichungsanalysen. Für die Effizienz des Projektregelkreises ist die Reaktionszeit verantwortlich. Die Schnelligkeit des Überwachungsprozesses, d.h. die Zeit vom Bekannt werden einer Änderung bis zur Änderungsimplementierung, ist ein entscheidender Faktor.

4.1 Terminüberwachung

Die regelmäßige Ermittlung des Projektstandes ist eine wichtige Maßnahme zur erfolgreichen Projektüberwachung. Auf der Grundlage vorher erstellter und freigegebener Pläne ist deshalb der Projektfortschritt zu messen, und zwar auf der untersten Planungsebene des Projektes. Die Kontrollmethode hängt von der Art und Beschaffenheit der vorliegenden Pläne ab. Netzpläne stellen die genaueste Grundlage für die **Fortschrittsermittlung** dar, während Balkenpläne und Meilensteinlisten einen Spielraum für Ungenauigkeiten lassen.

4.1.1 Meilensteinüberwachung

Meilensteine können als Abschluss von Projektphasen oder auch als Leistungsparameter[54] verstanden werden. Bei der Verwendung von Meilensteinen muss darauf geachtet werden, dass es sich um messbare und somit überprüfbare Größen handelt.

Da die Vorgänge in Projekten durch die Komplexität der Aufgaben sehr schwer zu überschauen sind, so dass der Projektleiter oder Projektcontroller nicht in der Lage ist, diese Fülle von Aufgaben zu kontrollieren, ist es sinnvoller, Zwischenergebnisse zu kontrollieren. Sie zeigen, ob das Projekt noch im Termin- oder Kostenrahmen liegt.

4.1.2 Netzplanüberwachung

Bei der Ermittlung des **Projektstatus** anhand von Netzplänen ist regelmäßig festzustellen, welche Tätigkeiten angefangen, abgeschlossen oder noch in Arbeit sind und ob sie im geplanten Zeitrahmen zu Ende geführt werden können. Nach der Projektstatusermittlung muss der Einfluss der ermittelten Veränderungen auf das Gesamtprojekt festgestellt werden. Gegebenenfalls sind Korrekturmaßnahmen im Projektplan und/oder bei der Projektdurchführung einzuleiten.

4.1.3 Leistungsüberwachung

Bei der Leistungsfortschrittskontrolle werden ständig die Leistungen der einzelnen Aufgaben kontrolliert, um rechtzeitig Abweichungen zu erkennen. Nachteilig hierbei ist die erforderliche subjektive Einschätzung des Kontrollierenden.

---

[54] Vgl. Bierschenk, S./Möbus, M.: Projektmanagement in kleinen und mittleren Unternehmen, a.a.O., Abschnitt 2/8.5.

Die **Leistungsfortschrittskontrolle** lässt sich auch in Form einer **Stichtagskontrolle** durchführen. Dazu wird an einem Stichtag der Stand der einzelnen Aufgaben ermittelt und mit den Soll-Werten verglichen.

Bei dieser Form der Leistungsfortschrittskontrolle lässt sich nur schwer ermitteln, wie weit das Projekt tatsächlich fortgeschritten ist, denn einige Aufgaben werden über das Soll hinaus fortgeschritten sein, andere dagegen nicht.

Da die verschiedenen Aufgaben unterschiedlich schnell und mit unterschiedlich viel Aufwand abgearbeitet werden können, lässt sich auf diese Art nur ein scheinbar objektiver Überblick gewinnen.

4.2 Kostenüberwachung

Voraussetzung für die Kostenüberwachung ist die bereits in der Projektplanung erfolgte Projektstrukturierung durch die Zuweisung von Konten. Mit der **Kontenstruktur** sollte man Transparenz über entstehende und verursachte Kosten erhalten. Durch die Vergabe eines Nummernsystems und die daraus resultierende Kennzeichnung der Konten lassen sich die Kostenschwerpunkte leichter feststellen, kontrollieren und steuern.

Bei großen Projekten verbessert die Einführung von zusätzlichen Unterkonten die Übersicht.

Die Kostenentwicklung muss während des gesamten Projektverlaufs beobachtet werden. Bei drohenden Kostenüberschreitungen ist ein rechtzeitiger Eingriff nötig. Zur Überwachung des Kostenverlaufs stehen mehrere Möglichkeiten zur Verfügung:

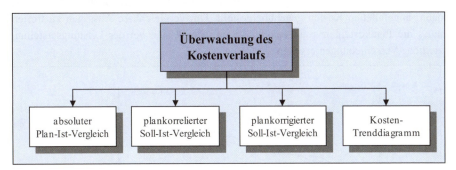

Abb. 52: Kostenüberwachung

Je nach Prioritäten und der zur Verfügung stehenden Informationen muss die geeignete Methode ausgewählt werden.

4.2.1 Absoluter Plan-Ist-Vergleich

Im Rahmen des absoluten Plan-Ist-Vergleichs werden die geplanten Werte den bis zum Stichtag ermittelten Werten gegenübergestellt. Erwartete Kosten werden in diese Betrachtung nicht mit einbezogen.

Der **absolute Plan-Ist-Vergleich** kann sowohl tabellarisch als auch grafisch erfolgen. Auf Grundlage des absoluten Vergleichs ist es nicht möglich, Kostenüberschreitungen frühzeitig zu erkennen. Deshalb wird er nur noch gelegentlich in der Praxis eingesetzt.

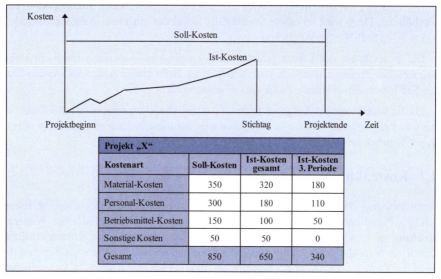

Abb. 53: Tabelle und Grafik zum absoluten Plan-Ist-Vergleich

4.2.2 Aufwandskorrelierter Soll-Ist-Vergleich

Wurden bei der Planung Netzpläne eingesetzt, kann der **aufwandskorrelierte Soll-Ist-Vergleich** zur Kostenverfolgung herangezogen werden. Dabei werden die zu einem Stichtag (z. B. Meilenstein-Termin) bis zu diesem Zeitpunkt geplanten Kosten den bis dahin angefallenen Kosten gegenübergestellt. Um vergleichbare Aussagen zu treffen, muss die Plankostenkurve angepasst werden, sobald sich bei der Leistungserstellung zeitliche Verschiebungen ergeben.

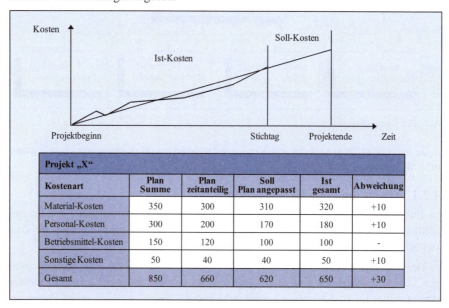

Abb. 54: Aufwandskorrelierter Soll-Ist-Vergleich

Um die Ursachen für eine Kostenabweichung erkennen zu können, sollte die **Kostenkontrolle** auf **Arbeitspaketebene** erfolgen. Dabei wird aufgezeigt bei welchen Arbeiten die Kostenabweichungen aufgetreten sind.

Die isolierte Betrachtung des Kostenverlaufs, wie sie bisher betrachtet wurde, gibt keine konkreten Informationen über den gesamten Projektstand. Die Beurteilung der verbrauchten Kosten ist sinnvoller bei Gegenüberstellung zum Stand der tatsächlich erbrachten Leistung. So können z. B. Kostenüberschreitungen aufgrund erhöhter Arbeitsleistung gerechtfertigt werden. Um dies zu erkennen, werden die Kosten in Verbindung mit dem Fertigstellungsgrad des Projektes betrachtet.

4.2.3 Plankorrigierter Soll-Ist-Vergleich

Der plankorrigierte Soll-Ist-Vergleich stellt eine weitere Möglichkeit für eine frühzeitige Abschätzung der erwarteten Gesamtkosten des Projektes dar. Er ist eine Erweiterung des absoluten Plan-Ist-Vergleichs. Er wird auch als mitlaufende Kalkulation bezeichnet. Hier werden neben den angefallenen Kosten auch die bereits disponierten (Obligo) und die noch erwarteten Kosten berücksichtigt.

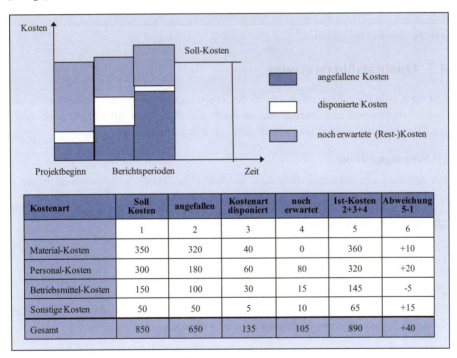

Kostenart	Soll Kosten	angefallen	Kostenart disponiert	noch erwartet	Ist-Kosten 2+3+4	Abweichung 5-1
	1	2	3	4	5	6
Material-Kosten	350	320	40	0	360	+10
Personal-Kosten	300	180	60	80	320	+20
Betriebsmittel-Kosten	150	100	30	15	145	-5
Sonstige Kosten	50	50	5	10	65	+15
Gesamt	850	650	135	105	890	+40

Abb. 55: Plankorrigierter Soll-Ist-Vergleich

Der **plankorrigierte Soll-Ist-Vergleich** ist durch die Berücksichtigung von Obligo und noch erwarteten Kosten sehr aussagefähig. Bei regelmäßiger Ermittlung der erwarteten Gesamtkosten und Gegenüberstellung mit den geplanten Gesamtkosten lässt sich erkennen, in welche Richtung sich die Kosten entwickeln werden. Die Ermittlung der erwarteten Gesamtkosten kann demnach als Früherkennungssystem eingesetzt werden.

4.2.4 Kosten-Trenddiagramm

Die erwarteten Gesamtkosten lassen sich in einem Kosten-Trenddiagramm abbilden. Dabei werden zu den jeweiligen Berichtszeitpunkten die erwarteten Gesamtkosten für das Projekt bzw. für wichtige Meilensteine eingetragen. Durch die Verbindung der Linien lässt sich der Kostentrend erkennen.[55]

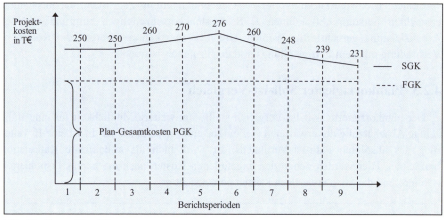

Abb. 56: Kosten-Trenddiagramm

4.3 Qualitätsüberwachung

Mit der Qualitätsprüfung soll während des Projektverlaufs ermittelt werden, inwieweit Teile, Teilegruppen und Erzeugnisse die an sie gestellten Qualitätsanforderungen erfüllen. Die Qualitätsüberwachung sollte in drei Phasen verlaufen:

(1) Eingangsprüfung

Bei der Eingangsprüfung werden u. a. die Rohstoffe, Teile und Informationen, die in das Projekt eingehen, geprüft.

(2) Die Ausgangsprüfung

Bei der Ausgangsprüfung werden z. B. die Ergebnisse bzw. die Zwischenergebnisse des Projekts geprüft.

(3) Die Durchlaufprüfung

Bei der Durchlaufprüfung wird versucht, das Entstehen von unzulänglicher Qualität schon im Anfangsstadium zu erkennen und zu verhindern.

Innerhalb des Projektmanagements wird die Qualität durch ein projektbegleitendes Qualitätsmanagement gesichert. Das Qualitätsmanagement umfasst die Bereiche Qualitätsplanung, Qualitätslenkung und Qualitätsprüfung. Die Teilfunktionen sind in das Projektmanagement integriert. So erfolgt z. B. die Qualitätslenkung teilweise innerhalb der Projektplanung (Ausführungsplanung) und durch das Projektcontrolling (Ausführungsüberwachung, Ausführungskorrektur).

---

[55] Vgl. Seibert, S.: Technisches Management, a.a.O., S. 405 f.

Innerhalb der Qualitätsüberwachung werden die in der Planungsphase festgelegten Qualitätsmerkmale in ihrer Ausprägung überprüft. Werden Abweichungen festgestellt, müssen entsprechend dem Modell des Projektcontrollings Planänderungen oder Steuerungsmaßnahmen veranlasst werden.

Die Qualitätsüberwachung stellt einen kontinuierlichen Prozess dar, der während des gesamten Projektablaufes durchzuführen ist. Die Qualitätsüberwachung beginnt mit der Projektplanung und begleitet das Projekt bis zu seiner Auflösung. Qualitätsmängel der Planungsdokumente haben meist Realisierungsfehler zur Folge, welche Fehlerbehebungskosten nach sich ziehen.

Für die Qualitätsüberwachung kann eine Arbeitsgruppe gebildet werden, die sich in regelmäßigen Abständen trifft, um **Maßnahmen** der **Qualitätssicherung** zu besprechen. Neben Qualitätsfachleuten sollten der Projektmanager und der Projektcontroller beteiligt sein, damit ein optimaler Kompromiss zwischen hohen Kosten für aufwendiges Qualitätsmanagement und schlechter Qualitätsüberwachung gefunden werden kann.

Die Anforderungen an das Qualitätsmanagement hängen in starkem Maße von der Art des Produkts ab (Entwicklung eines Spielzeugautos oder eines Satelliten) und müssen situationsbedingt angepasst werden.

Wie der Projektablauf, so sollten auch die Qualitätssicherungsmaßnahmen bereits in der Projektplanungsphase bestimmt werden. In der Arbeitsgruppe, die für die Qualitätssicherung zuständig ist, sollten während der Projektdurchführung nur noch operative Gesichtspunkte besprochen und die geplanten Qualitätssicherungsmaßnahmen dem Projektverlauf angepasst werden. [56]

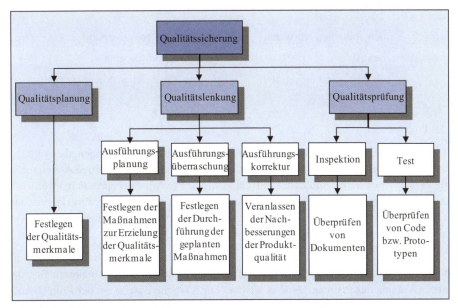

Abb. 57: Bestandteile der Qualitätssicherung

---

[56] Vgl. Heeg, F.-J.: Projektmanagement, a.a.O., S. 261.

4.4 Projektsteuerung

Wegen des Grundproblems der Ungewissheit kann die Planung den Projektablauf nicht vollständig vorwegnehmen und bestimmen. Daher kommt es zu mehr oder weniger großen Abweichungen zwischen Realisierung und Planvorgabe, die Steuerungsprobleme darstellen. Die nachstehende Abbildung zeigt eine grobe Übersicht über mögliche Ursachen für Steuerungsprobleme.

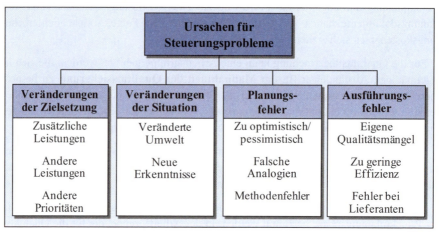

Abb. 58: Ursachen für Steuerungsprobleme

Änderungswünsche sind während der Laufzeit eines Projektes als normal anzusehen, denn sie treten immer wieder auf. Sie sind gering (s.a. Simultaneous-Engineering) zu halten, denn sie haben Einfluss auf:

- den zeitlichen Aufwand,
- den Mitarbeitereinsatzplan,
- den Ablauf,
- den Produktionsbeginn,
- die geplanten Geldmittel,
- den wirtschaftlichen Nutzen und
- die Kapazitäten

des Projektes.

Um einen Änderungswunsch korrekt zu erfassen, seine Auswirkungen abzuschätzen und dann eine Entscheidung über Ablehnung, Verschiebung oder sofortige Aufnahme in die Projektarbeit herbeizuführen, sollte ein gewisser Formalismus eingehalten werden.[57] Aufgrund der schriftlichen Beantragung kann zwischen Auftraggeber, Projektleiter und Controller intensiver verhandelt werden. Dieses bewusste Spannungsverhältnis führt allein schon zur Verringerung der Änderungswünsche.

Wird eine Änderung genehmigt, ist eine Aktualisierung der bisherigen Planung erforderlich, so dass die Änderungen zunächst gesammelt und dann gemeinsam zu einer neuen Version der Planung gestaltet werden. Die Vorgehensweise bei der Projektsteuerung besteht darin, dass durch Kontrollen Abweichungen vom Plan erkannt werden, die dann Steuerungsmaßnahmen nach sich ziehen.

---

[57] Vgl. Autorenkreis Unternehmensführung und Controlling des BDU: Controlling, a.a.O., S.119.

Der Nachteil dieser Vorgehensweise liegt darin, dass erst dann etwas unternommen werden kann, wenn schon eine Abweichung eingetreten ist.

Folgende Faktoren führen dabei zwangsläufig zu Verzögerungen:[58]

- Zeitraum zwischen dem Eintreten der Abweichung bis zu ihrem Erkennen,
- Zeitraum für die Ursachenanalyse und Maßnahmenbearbeitung,
- Zeitraum für die Entscheidung beziehungsweise Entschlussfassung über Korrekturmaßnahmen,
- Zeitraum zwischen der Entscheidung und der Einleitung der Korrekturmaßnahmen,
- Zeitraum zwischen der Durchführung der Korrekturmaßnahmen und dem Greifen dieser Maßnahmen.

Die Alternative zum traditionellen Vorgehen sind Trendanalysen. Mit der **Trendanalyse** sollen Abweichungen erkannt werden noch bevor sie entstanden sind, um rechtzeitig Korrekturmaßnahmen einleiten zu können.

Hierbei sind

- **die Meilensteintrendanalyse (MTA) und**
- **die Kostentrendanalyse (KTA)**

hervorzuheben.

4.4.1 Meilensteintrendanalyse

Da zur Beurteilung des Fortschritts von Projekten Expertenwissen erforderlich ist, ist es schwierig für einen Controller geeignete Kontrollmechanismen zu installieren. In Projekten wird es daher immer wichtiger, sich auf die Aussagen von Experten zu verlassen.

In der **Meilensteintrendanalyse** werden versucht die Aussagen der Experten bildlich darzustellen. Für die Durchführung einer Meilensteintrendanalyse ist es erforderlich, Meilensteine vorher auf einem Formblatt[59] festzuhalten. In diesem Formblatt werden neben dem Realisierungstermin zusätzlich der Verantwortungsumfang und die zu erbringenden Leistungsmerkmale vermerkt.

Der Plan wird zu bestimmten Besprechungszeitpunkten mit dem Fortschritt des Projektes verglichen und aktualisiert. Je nach Überwachungszeitraum müssen die überprüfbaren Meilensteine eine geringere Dauer besitzen, um als abgeschlossener Vorgang überhaupt überprüfbar zu sein.

Es geht nicht darum, den aktuellen Stand zu ermitteln, sondern eine Aussage zu treffen, ob die Ziele der nächsten Meilensteine wie vereinbart eingehalten werden können. Vertreten die Experten die Ansicht, dass sich ein Termin verschieben lässt, bedeutet das nicht, dass diese Vereinbarung angenommen wird. Es handelt sich lediglich um eine Expertenaussage. Der Projektleiter hat in Zusammenarbeit mit dem Projektcontroller nun rechtzeitig die Gelegenheit, Gegenmaßnahmen einzuleiten.

---

[58] Vgl. Kraus, G./ Westermann, R.: Projektmanagement mit System, a.a.O., S. 127.
[59] Vgl. Bierschenk, S./Möbus, M.: Projektmanagement in kleinen und mittleren Unternehmen, a.a.O., Abschnitt 2/8.5.1.

Die grafische Darstellung erfolgt im Meilensteinplan. Die horizontale Achse dient für die Berichtszeitpunkte und die vertikale Achse für die geplanten Meilensteintermine.

Die Meilensteine werden üblicherweise durch Symbole zu den entsprechenden geschätzten oder aufgrund der Netzplantechnik berechneten Zeitpunkten eingetragen. Es gilt: Der zuletzt eingetragene Termin ist der voraussichtliche Endtermin des Meilensteins.

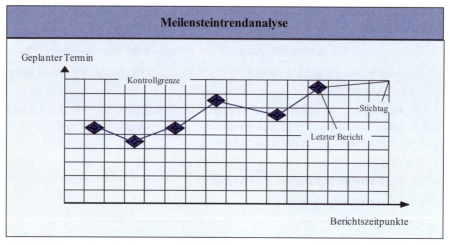

Abb. 59: Meilensteintrendanalyse

Ein horizontaler Verlauf besagt, dass die bisherige Terminschätzung beibehalten wurde, bei einem fallenden Verlauf wird der Meilenstein voraussichtlich vorzeitig und bei einem steigenden Verlauf voraussichtlich später erreicht.

4.4.2 Kostentrendanalyse

Mit der **Kostentrendanalyse (KTA)** sollen die voraussichtlichen Gesamtkosten des Projektes ermittelt werden. Wie auch die MTA setzt auch die KTA eine detaillierte Projektplanung voraus. Jedem einzelnen Arbeitspaket wird ein Arbeitswert zugeordnet, mit dem der Arbeitsfortschritt[60] berechnet werden kann. Aus dem Arbeitsfortschritt ergeben sich dann die bis dahin entstandenen Kosten. Die Summe aller Arbeitspaketkosten ergibt die geplanten Gesamtkosten.

Die Methode geht von der Fortschrittserfassung der einzelnen Arbeitspakete aus. Der **Fortschritt** des Projektes kann auf **drei** verschiedene **Arten** ermittelt werden:

(1) Methode 50-50

Bei dieser Methode wird dem Arbeitspaket 50 % des Arbeitswertes zu Beginn und 50 % beim Abschluss zugeteilt. Aus dieser Zuteilung ergibt sich die Verwendung des jeweiligen Arbeitswertes zu bestimmten Perioden.

---

[60] Vgl. Bierschenk, S./Möbus, M.: Projektmanagement in kleinen und mittleren Unternehmen, a.a.O., Abschnitt 2/8.5.2.

(2) Zeitanteils-Methode

Hier wird der Arbeitsfortschritt anteilig zur verbrauchten Zeit berechnet. Wenn ein Vorgang vier Monate dauert, wird der Fortschritt nach einem Monat mit 25% angegeben.

(3) Vereinfachte Kostentrendanalyse

Anwendungsgebiet dieser Methode sind Projekte, wo aufgrund der Planungsungenauigkeiten keine exakte Kostentrendanalyse möglich ist. Bei dieser Methode werden deshalb globalere Arbeitspakete definiert. Es empfiehlt sich dabei die Anlehnung an die MTA, da sich durch die vorherige Definition von Meilensteinen entsprechende Meilensteinpakete bilden lassen. Die geschätzten Meilensteinkosten können dann in die MTA-Grafik übernommen werden.

4.5 Integrierte Betrachtung

Um einen Eindruck vom wirklichen Projektstand zu erhalten, müssen alle Projektparameter integriert betrachtet werden. Eine losgelöste Betrachtung der Kosten, Termine und Kapazitäten liefert keine sinnvolle Grundlage für das Einleiten von Steuerungsmaßnahmen. Bei erhöhter Terminpriorität können ein erhöhter Arbeitsaufwand und damit erhöhte Kosten durchaus erwünscht sein, wenn damit der Endtermin vorgezogen werden kann.

Geeignete Instrumente zur integrierten Projektverfolgung sind die meilensteinorientierte Projektverfolgung, das integrierte Arbeitsfortschrittdiagramm, der Einsatz von Bewertungszahlen und die integrierte Betrachtung im Rechenblatt.

4.5.1 Meilensteinorientierte Projektverfolgung

Voraussetzung für die meilensteinorientierte Projektverfolgung ist die Kostenplanung auf der Basis von Meilensteinen. Diese gestaltet sich jedoch meist recht schwierig. Gelöst werden könnte das Problem durch eine Kostenstrukturierung und Meilenstein-Planung auf der Ebene der Projektstruktur.[61] Dazu müsste eine objektorientierte Projektstrukturierung gewählt werden. Im Folgenden werden das Meilenstein-Kosten-Diagramm und die kombinierte Kosten-Meilenstein-Trendanalyse als Instrumente der meilensteinorientierten Projektverfolgung kurz vorgestellt.

4.5.1.1 Meilenstein-Kosten-Diagramm

Dieses Verfahren kann sowohl vergangenheitsbezogen als auch zukunftsbezogen erfolgen. In der **vergangenheitsbezogenen Betrachtung** werden die geplanten Kosten und Termine eines Meilensteins den tatsächlichen Kosten und Terminen gegenübergestellt. Da der Sachinhalt eines Meilensteins exakt definiert ist, kann somit eine genaue Analyse der Abweichungsursachen erfolgen. Eine weitere Möglichkeit ist die **zukunftsbezogene Betrachtung.** Dabei werden die tatsächlichen Kosten und Termine den aktuell erwarteten Kosten und Terminen gegenübergestellt. Dies kann einen Kosten- und Termintrend aufzeigen.[62]

---

[61] Vgl. Burghardt, M.: Projektmanagement, a.a.O., S. 360.
[62] Vgl. Seibert, S.: Technisches Management, a.a.O., S. 404.

In der Regel muss das Meilenstein-Kosten-Diagramm manuell erstellt werden. Erfolgt die Termin- und Kostenverfolgung gemeinsam in einem integrierten Projektsystem, sollte allerdings eine automatische Erstellung möglich sein.[63]

Aus dem Meilenstein-Kosten-Diagramm (Abbildung 60) kann man Folgendes erkennen: Die Meilensteine 1 und 2 wurden mit weniger Kosten als geplant aber mit Terminverzug erreicht. Dies lässt die Schlussfolgerung zu, dass mit weniger Arbeitseinsatz als geplant am Projekt gearbeitet wurde. Eventuell wurden daraufhin Steuerungsmaßnahmen zur Termineinhaltung eingeleitet, denn Meilenstein 3 konnte pünktlich, aber mit erhöhten Kosten erreicht werden. Dieser Trend setzt sich fort, so dass Meilenstein 4 nur mit Terminverzug und Kostenüberschreitung abgeschlossen werden kann.

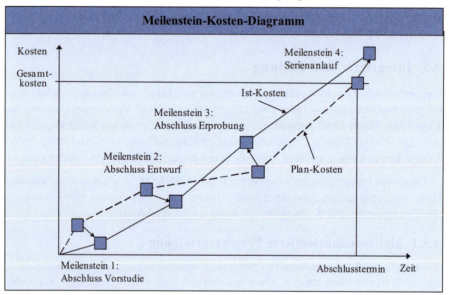

Abb. 60: Meilenstein-Kosten-Diagramm

4.5.1.2 Kombinierte Kosten-Meilenstein-Trendanalyse

Der Trend von Kosten und Terminen kann in der kombinierten Kosten-Meilenstein-Trendanalyse dargestellt werden. Hierbei werden sowohl der Plan-Termin als auch die Plan-Kosten der Meilensteine gleichzeitig verfolgt. Dies geschieht grafisch, indem über das MTA-Chart ein Kosten-Trendchart angeordnet wird. Der Berichtszeitraum ist bei beiden Charts identisch. Dabei hat das Kosten-Trenddiagramm nicht die aus der MTA bekannte Dreiecksform, sondern wird mittels eines einfachen Diagramms dargestellt.

Aus der kombinierten Kosten-Meilenstein-Trendanalyse lassen sich verschiedene Erkenntnisse gewinnen. So ist z. B. ersichtlich, ob die Kosten und Termine der Meilensteine eingehalten werden können oder eventuell unter- oder überschritten werden. Weiterhin lässt sich erkennen, ob eine Termineinhaltung mit einer Kostenüberschreitung verbunden ist. Außerdem kann man ablesen, ob ein Meilenstein, der innerhalb seines Kostenbudgets abgewickelt wurde, auch zeitlich eingehalten werden konnte.

---

[63] Vgl. Burghardt, M.: Projektmanagement, a.a.O., S. 355 ff.

4.5.2 Integriertes Arbeitsfortschrittsdiagramm

Arbeitsfortschrittsdiagramme sind die umfassendste und fundierteste Methode zur Projektverfolgung. Die Methode des Arbeitsfortschrittsdiagramms findet sich in der Literatur auch unter der Bezeichnung Arbeitswert-Konzept,[64] Arbeitswertbetrachtung oder Arbeitswertanalyse (Earned Value Analysis) wieder.

Grundlage dieser Methode ist die Ermittlung von Arbeitswerten für Arbeitspakete oder Vorgänge. In der Abbildung 61 ist ein integriertes Arbeitsfortschrittsdiagramm dargestellt.

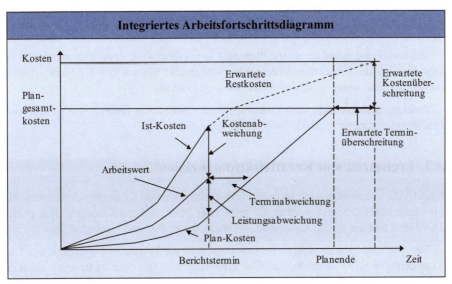

Abb. 61: Integriertes Arbeitsfortschrittsdiagramm

4.6 Projektsicherung

Aufgrund der geschilderten Problematik sollte zuerst einmal versucht werden, das Projekt gemäß der Projektplanung durchzuführen, das heißt das Projekt zu sichern. Voraussetzung dafür ist eine genaue und möglichst fehlerfreie Planung.

Sichern besteht aus Maßnahmen zum Vermeiden und Vermindern der Abweichungen der Ist- von den Soll-Daten. Diese Abweichungen können die Folge von Planungsfehlern oder von Störungen bei der Aufgabendurchführung sein.

Die Projektleitung kann bei Abweichungen in die Aufgabendurchführung eingreifen, um den Ist-Zustand dem Plan-Zustand wieder anzunähern. Reicht diese Maßnahme nicht aus oder ist sie nicht sinnvoll aufgrund veränderter Randbedingungen, muss der Plan dem Ist-Zustand angepasst werden. Hierbei wird festgestellt, ob die Voraussetzungen, die gewählten Planungs- und Steuerungssysteme oder gar die Zielsetzung oder Aufgabenstellung verändert werden sollen. Grundlage für beide Möglichkeiten ist, dass die Ist-Daten zuverlässig erfasst werden können.

---

[64] Vgl. George, G.: Kennzahlen für das Projektmanagement, Frankfurt/Main, 1999, S. 96 ff.

Um allzu häufiges Eingreifen zu vermeiden, sollte die Planung flexibel gestaltet werden. Da **Störungen** nie ganz zu vermeiden sind, können sie berücksichtigt werden durch:

- Zusatzzeiten bei Durchlaufzeiten,
- Verteilzeiten bei Vorgabezeiten,
- Toleranzen bei Konstruktionen,
- Die Nutzungszeiten der Betriebsmittel werden mit >100% angenommen.

Je genauer und detaillierter eine Planung durchgeführt wird, desto eher weicht das Ist vom Soll bei der Projektdurchführung ab. Umgekehrt können die Ziele nur schlecht erreicht werden, wenn die Planungsflexibilität zu groß ist.

Problematisch ist auch, dass Kostenursachen relativ leicht festzustellen sind, jedoch Beseitigungskosten nur schwer zu quantifizieren sind.

4.7 Freisetzen von Kreativitätspotenzialen

Bisher sind Änderungen im geplanten Projektablauf unter Kostengesichtspunkten als problematisch betrachtet worden. Es sollte aber nicht vergessen werden, dass in der Flexibilität und der Reorganisation ein großes kreatives Potenzial enthalten ist.

Bei aller Organisation sollte man bedenken, dass die Wettbewerbsfähigkeit von Unternehmungen heute verstärkt von dem kreativen Potenzial ihrer Mitarbeiter abhängt. Mitarbeiter sollten deshalb in der Weise organisiert werden, dass sie die Möglichkeit zur Entfaltung ihrer Leistung haben, statt sie durch Einengung, Stagnation, Bürokratie und ressourcenverschwendende Konflikte zu belasten.

Diesen Herausforderungen muss sich das Top- und Middle-Management mit veränderten **Denk- und Handlungsmustern** stellen. Erfahrungen aus der Praxis zeigen, dass bislang vornehmlich versucht wird, der steigenden Komplexität der Aufgabenstellungen durch ein hohes Maß an Arbeitsteilung und Spezialisierung zu begegnen.

Hierbei werden allerdings inzwischen zunehmend die Grenzen der Integrations- und Koordinationsfähigkeit erreicht, so dass dieses Vorgehen mittelfristig keine Lösungen für aktuelle, besonders nicht für zukünftige Probleme verspricht. Es zeichnet sich ab, dass die neuen Rahmenbedingungen eine synergetische Abstimmung zweier zentraler Sachverhalte erfordern:

- Erstens eine Struktur, die einen adäquaten Verhaltensspielraum zur flexiblen Aufgabenvariation ermöglicht.
- Zweitens gilt es, da Personal als eine entscheidende Erfolgsgröße der Flexibilität einzuschätzen ist, parallele Wege aufzuzeigen, wie Mitarbeiterpotenziale aktiviert, genutzt und ausgebaut werden können.

Mit der Entformalisierung der verstärkten Ziel- und Ergebnisorientierung und den Konzeptionen mehrerer Entscheidungszentren soll dieses Ziel erreicht werden.

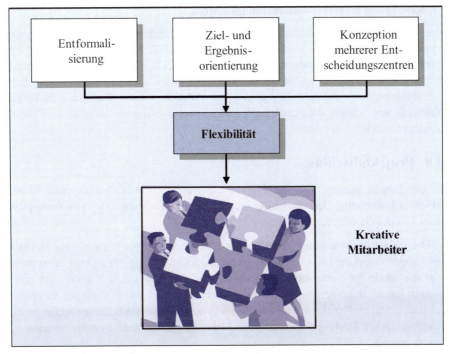

Abb. 62: Auswirkung von Flexibilität in Projekten

(1) Entformalisierung

Das Problem bei der Projektarbeit ist in dieser Hinsicht unter der strikten Aufgabenorientierung zu sehen. Aus diesem Grund werden die Mitarbeiter aufgrund eines bestimmten Anforderungsprofils ausgesucht, ohne auf die Wünsche und Bedürfnisse der Mitarbeiter einzugehen. Vor allem aufgrund des hieraus resultierenden Flexibilitätsverlustes entsteht die Notwendigkeit zur Entformalisierung organisatorischer Regelungen.[65]

Zur Vermeidung des Flexibilitätsverlustes ist es erforderlich, beim Personaleinsatz den Fähigkeiten und Interessen der Mitarbeiter zu entsprechen. Es ist darüber hinaus sehr wichtig, dass auch die konkrete Festlegung der Aufgabenbereiche unter Beteiligung der Mitarbeiter, beispielsweise in Vereinbarungsprozessen, vorgenommen wird.

(2) Ziel- und Ergebnisorientierung

Eine Beeinträchtigung der Flexibilität und die damit verbundenen Kreativitätseinbußen liegen in der starken Arbeitszergliederung. Bereits zu Projektbeginn zeigen sich daher oft deutliche Frustrationserscheinungen der Projektmitarbeiter.

Abhilfe kann hier die erhöhte Ziel- und Ergebnisorientierung liefern, um zunehmende Freiheitsgrade in der Aufgabenerfüllung zu schaffen. Unterstützt werden kann dieser Prozess durch die Beteiligung der Projektmitarbeiter und dem Projektleiter am Zielfindungsprozess.

---

[65] Vgl. Bruch, H.: Unternehmensweite Aktivierung von Flexibilisierungs- und Innovationspotentialen durch Projektmanagement, Frankfurt am Main 1995, S. 234.

(3) Konzeption mehrerer Entscheidungszentren

Die Zentralisation der Entscheidungen an der Unternehmensspitze beeinträchtigt die Mitarbeitermotivation, die Marktnähe und die Flexibilität.[66] Diesem Tatbestand kann man durch die Verselbständigung der einzelnen Projekte einer Unternehmung entgegenwirken. Die Projekte sollten als eigenständige, wenn auch zeitlich befristete Entscheidungszentren mit Ergebnisverantwortung realisiert werden. Dadurch entsteht ein Netzwerk von Entscheidungszentren,[67] deren einzelne Elemente lediglich lose miteinander verbunden sein sollten.

4.8 Projektabschluss

Ist ein Projekt beendet, d.h. die Projektziele wurden erreicht, kommt man zu der Abschlussbetrachtung. Der Aufwand der Abschlussbetrachtung liegt gewöhnlich bei unter 1 % des Gesamtaufwands.

Der geringe Aufwand ergibt sich aus der Problematik der Nachbetrachtung. Bei längerfristigen Projekten ist in einer Unternehmung kaum noch jemand daran interessiert, was vor Jahren für Voraussagen gemacht worden sind und will sich daran auch nicht messen lassen. Besonders uninteressant erscheint diese Vorgehensweise bei als erfolgreich eingestuften Projekten. War das Projekt weniger erfolgreich, haben vielleicht die verantwortlichen Leute das Unternehmen verlassen und niemand ist mehr verantwortlich zu machen.

Nach einem erfolgreichen oder missglückten Projekt sollte immer eine **Projektrückschau** erfolgen. Meistens jedoch scheuen viele Beteiligte davor zurück noch einmal Probleme, kritische Vorgänge oder Verhaltensweisen, die während der Projektdurchführung aufgetreten sind, aufzurollen und zu diskutieren. Dieser Schritt ist sinnvoll, weil eine Projektrückschau Gelegenheit dazu gibt aus Erfahrungen zu lernen, was sowohl den Beteiligten als auch den Unternehmen zu Gute kommt.

Eine Möglichkeit bietet das vertraute **Projektteam**. Hier können Themen diskutiert werden, die selbst von den Teammitgliedern zusammengestellt wurden. Ein Rückblick des Teams ist durch eine Aussprache mit den betroffenen Führungskräften und dem Auftraggeber zu ergänzen. Hier erhält jede Seite die Möglichkeit, Sachverhalte richtig zu stellen, positive und negative Aspekte zu begründen und den Standpunkt zum Projektablauf darzulegen. Weiterhin bietet sich hier die Möglichkeit, Anerkennung für erbrachte Leistungen zu zeigen.

Folgende **Fragen** sollten bei der **Projektrückschau** unbedingt geklärt werden:
- Sind alle Zielkomponenten erreicht?
  Wenn nein: Warum nicht?
- Wie war die Zusammenarbeit mit anderen Abteilungen oder Externen?
- Wo lagen unsere Stärken und Schwächen?

---

[66] Vgl. Bruch, H.: Unternehmensweite Aktivierung von Flexibilisierungs- und Innovationspotentialen durch Projektmanagement, a.a.O., S. 236.
[67] Vgl. Obring, K.: Strategische Unternehmensführung und polyzentrische Strukturen, München 1992, S. 110.

- Welche besonderen Probleme hat das Projekt bereitet und wo lagen die Gründe bzw. Ursachen?
- Ist die Projektbetreuung nach Projektende sichergestellt?
- Sind alle betroffenen Stellen darüber informiert, dass das Projekt beendet ist?[68]

Dies sollte helfen, aus den Erfahrungen mit dem abgeschlossenen Projekt, Erkenntnisse für das Verhalten bei zukünftigen Projekten zu gewinnen, Fehlverhalten nicht zu wiederholen und bei weiteren Projekten bessere Ergebnisse zu erzielen.

Stellt man z.B. bei einem allgemein als erfolgreich eingestuften Projekt fest, dass die ursprünglich angenommenen Daten der Planung nicht eingetroffen sind, so ergibt sich folgende Aussage: Die Projektplanung ist weniger erfolgreich gewesen, während die Projektdurchführung erfolgreich war, da das Projektmanagement die Planungsfehler bemerkte und entsprechend gegengesteuert hat. Ansatzpunkt für diese Unternehmung wäre die Analyse, warum die Planung so schlecht gewesen ist.

Da man aus der nachträglichen Betrachtung des gesamten Projektverlaufs Erkenntnisse für zukünftige Projekte gewinnen kann, sollte die Projektnachbetrachtung nicht unterschätzt werden. Ein weiterer Grund für die Nachbetrachtung ist, dass das Projektergebnis dem Auftraggeber präsentiert werden muss. Innerhalb der Abschlussbetrachtung kann man folgende Aktivitäten unterscheiden:

Abschlussbetrachtung

- Präsentation der Projektergebnisse,
- Projektabschlussanalyse,
- Auflösung der Projektorganisation und
- Projektdokumentation.

Abb. 63: Aktivitäten der Abschlussbetrachtung

Die Präsentation kann Abnahmetests, Forschungsberichte, Prototypen o.ä. enthalten. Gleichzeitig werden Nachfolgeverpflichtungen z.B. Wartungsverträge oder Einführungsunterstützungen festgelegt.

Innerhalb der **Abschlussanalyse** soll eine Gegenüberstellung der ursprünglich geplanten Vorgaben und der eingetretenen Ist-Daten durchgeführt werden. Eine Wirtschaftlichkeitsanalyse ermöglicht die Beurteilung des betriebswirtschaftlichen Erfolgs und liefert Daten für die Vorkalkulation zukünftiger Projekte. Nicht fehlen darf die Abweichungsanalyse, um daraus Lösungsansätze für zukünftige Projekte entwickeln zu können.

Zur Dokumentation von den im Projekt gesammelten Erfahrungen und Erkenntnissen des Projektmanagements müssen die relevanten Daten gesichert werden. Dies ist insbesondere zur Nutzung des erworbenen Know-hows für nachfolgende Projekte von Bedeutung. Abschließend wird die Projektorganisation aufgelöst. Je nach gewählter Projektorganisationsform erfolgt eine Reintegration der Mitarbeiter in die Linie sowie eine Auflösung der Projektressourcen.

---

[68] Vgl. Michel, R.-M.: Projektcontrolling und Reporting, a.a.O., S. 190.

5 Projektcontrolling und Berichtswesen

Die Durchführung von Projekten ist mit der Erstellung einer mehr oder weniger umfangreichen Dokumentation verbunden. Unter **Dokumentation** ist die systematische Sammlung, Speicherung und Nutzbarmachung von Projektinformationen gemeint. Diese liegen oft als Dokumente vor.

Zu der Dokumentation gehören Spezifikationen, Pläne, Prozeduren, Zeichnungen, Berichte, Anträge, usw. Besonders in der Anfangsphase eines Projektes, die im Wesentlichen aus der Projektinitialisierung und Projektplanung besteht, lässt sich der Fortschritt der Projektarbeit nur aufgrund der entstandenen Dokumentation belegen. [69]

5.1 Projektdokumentation

Die Bedeutung der Projektdokumentation und dessen Organisation lässt sich an einem Beispiel klarmachen. Für die Errichtung einer großen Industrieanlage sind oft mehrere tausend Einzeldokumente zu erstellen, freizugeben und zu verteilen. Viele dieser **Dokumente** müssen während des Projektablaufes mehrfach geändert werden.

Das bedeutet, dass die sich im Umlauf befindlichen Dokumente durch neue ersetzt werden müssen. Es darf nicht passieren, dass an unterschiedlichen Stellen mit unterschiedlichen Ausgaben von Dokumenten gearbeitet wird. Geschieht das, entstehen unter Umständen große Kosten aufgrund falscher oder unnötiger Arbeit.

Das **Berichtswesen** und die **Projektdokumentation** sollten daher eng verknüpft werden. Die folgende Abbildung zeigt die Hauptarten der Projektdokumentation auf.

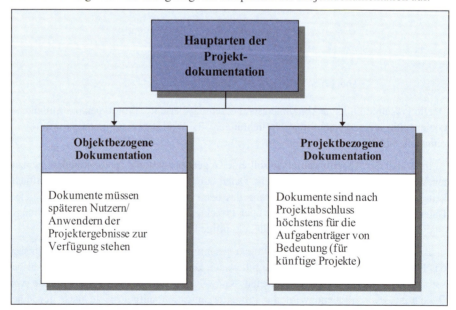

Abb. 64: Hauptarten der Projektdokumentation

---

[69] Vgl. Kuster, J./Huber, E./Lippmann, Z., u.a.: Handbuch Projektmanagement, Berlin/Heidelberg 2006, S. 171 f.

5.1.1 Organisation der Dokumentation

Es empfiehlt sich bei größeren Projekten für die Dokumentation ein **Dokumentationsmanagement** einzurichten.

Zu den **Aufgaben** des **Dokumentationsmanagements** gehören:

- Identifikation der Dokumentationsart,
- Festlegung der Dokumentationsanforderungen,
- Dokumentations-Nummernsystem,
- Dokumentationsfreigabe und -verteilung,
- Überwachung des Dokumentationsstatus (Änderungsdienst) und
- Archivieren.

Durch die Wahrnehmung dieser Tätigkeit wird sichergestellt, dass die richtigen Dokumente zum richtigen Zeitpunkt an die richtigen Empfänger geleitet werden und dass jeder Empfänger stets über die aktuellen Dokumentationsausgaben verfügt.

5.1.2 Identifikation der Dokumentenart

Bereits in der Frühphase eines Projektes muss geklärt werden, welche Dokumente für die Projektabwicklung von Bedeutung sind. Ferner ist festzulegen, wer für die Erstellung der jeweiligen Dokumente zuständig ist und wie das Freigabeverfahren funktionieren soll. Typische Dokumente, die in der Projektdokumentation vorkommen können, müssen eindeutig definiert werden. [70]

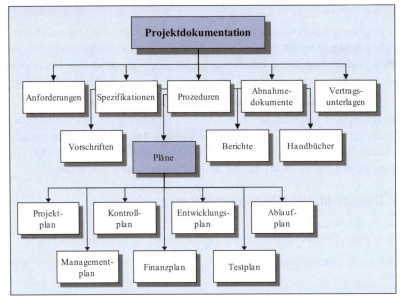

Abb. 65: Beispiel eines Dokumentationsbaumes

Jedes dieser Dokumente lässt sich weiter nach speziellen Verwendungszwecken unterteilen wie in der Abbildung 65 am Beispiel der Pläne gezeigt wird.

---

[70] Vgl. Madauss, B.-J.: Projektmanagement, 6. Auflage, Stuttgart 2000, S. 323.

5.1.3 Dokumentationsanforderungen

Mit der Durchführung der Identifikation der Dokumentationsarten ist der erste Schritt zu einer erfolgreichen Projektdokumentation durchgeführt worden. Sie stellt eine Grobgliederung dar und dient als Orientierungshilfe. Für die Festlegung der Anforderungen an die Dokumentation ist für jedes im Projektstrukturplan definierte Projektelement (Arbeitspaket) die erforderliche Projektdokumentation zu bestimmen.

Die erforderliche Dokumentation der Arbeitspakete enthält dann z. B. spezielle Spezifikationen, Pläne und Zeichnungen. Als Hilfsmittel zur Ermittlung der erforderlichen Projektdokumentation kann die Erstellung einer Liste über die Dokumentationsanforderungen sinnvoll sein. Diese Übersicht sollte folgende Informationen enthalten:

- Dokumentationsbezeichnung (Titel) und –nummer,
- Ersteller des Dokuments (Firma/Abteilung),
- geplantes Ausgabedatum (ggf. Meilenstein),
- geplanter Verteiler.

Wird eine Liste über die Dokumentationsanforderungen erstellt, ist diese mit der gleichen Intensität und Aufmerksamkeit zu bearbeiten wie die eigentlichen Arbeitspakete. Das Arbeitsergebnis verschiedener Arbeitspakete eines Projektes oder gar des ganzen Projektes kann u. U. nur in einer Dokumentation bestehen. Ist die Dokumentation dann unvollständig oder unübersichtlich, ist es kaum möglich, einen Überblick über die geleistete Arbeit zu erhalten.

Als Ergänzung zur Dokumentationsanforderungsliste sollte eine Dokumentationsanforderungsbeschreibung erstellt werden. Aus der Dokumentationsanforderungsliste ist dann ersichtlich, welche Dokumente erstellt werden müssen, während aus der Dokumentationsanforderungsbeschreibung hervorgeht, was die einzelnen Dokumente enthalten sollen.

Die Dokumentationsanforderungsbeschreibung für einen Projekt-Control-Plan ist in der Abbildung 66 beispielhaft dargestellt. Mit der Einführung des beschriebenen Systems wird auch das Änderungswesen erheblich erleichtert. Der im ersten Moment sehr hoch erscheinende Aufwand relativiert sich schnell wieder, denn die einmal erstellten Anforderungsbeschreibungen lassen sich für zukünftige Projekte erneut verwenden.

5.1.4 Dokumentations-Nummernsystem

Da die Projektdokumentation für Großprojekte leicht mehrere tausend Dokumente umfassen kann, ist ein Dokumentations-Nummernsystem besonders wichtig.

Das Dokumentationsnummernsystem sollte grundsätzlich drei Anforderungen genügen:

- Schaffung eines Ordnungssystems.
- Einmalige Identifikation eines Dokuments.
- Identifikation des Dokumentenstatus.

Zweck des Dokuments	Bereitstellung von Prozeduren, Techniken, Richtlinien und Beispielen für die Planung, Überwachung und Beurteilung des Projektes
Verantwortliche Organisation	Projekt-Control-Team
Bezugnahme zu anderen Plänen	Projektplan, Managementplan, Projektstrukturplan, Haupttermin- und Ablaufplan und Finanzplan
Referenzen	Planungshandbuch des Unternehmens, Organisationsanweisung des Unternehmens
Erstellungsinstruktionen	**Einleitung**: Zusammenfassung der Arbeitsweise des Planes und Beschreibung der Projektanforderungen zur Projektplanung und zur Überwachung **Planungsanforderungen:** Interpretation der gestellten Anforderungen **Vorgeschlagene Planungsstrategie**: Hier ist die Planungsstrategie detailliert u. umfassend zu erläutern, z.B. einzelne Funktionen zur Früherkennung von Problemen, Trendanalyse und Möglichkeiten für Korrekturmaßnahmen. **Planungsaufgaben:** Beschreibung der einzelnen Aufgaben und ihre Zusammenfassung zu einer integrierten Aussage **Berichterstattung:** Berichtsinhalte, wöchentlicher und monatlicher Statusbericht, Vierteljahresberichte, Sonderberichte

Abb. 66: Anforderungsbeschreibung für einen Projekt-Control-Plan[71]

Die Schaffung eines Ordnungssystems ist für die Festlegung von Suchkriterien der Projektdokumentation von besonderer Bedeutung. Mittels eines Datenbankprogramms kann man dann leicht z.B. eine Übersicht aller Projektspezifikationen erhalten. Der Code des Nummernsystems sollte folgende Angaben enthalten:[72]

- Dokumentart,
- Firmenzeichen,
- Arbeitspaketnummer,
- Ausgabenummer,
- Änderungsstand (z. B. A, B, C, ...).

Wird das Dokumentations-Nummernsystem mit einem Datenbankprogramm erstellt, vergibt das Programm jedem Dokument eine laufende Nummer, damit Verwechslungen und Schreibfehler vermieden werden können.

Gibt es im Unternehmen bereits Nummernsysteme, wie z. B. das Zeichnungsnummernsystem, dann sollte dieses auch berücksichtigt werden. Eine Anpassung der verschiedenen Nummernsysteme sollte versucht werden. Trotzdem sind gelegentlich parallele Nummernsysteme, die zum Teil die gleichen Dokumente bezeichnen (unter unterschiedlichen Gesichtspunkten), nicht zu vermeiden.

---

[71] Vgl. Madauss, B.-J.: Projektmanagement, a.a.O., S. 324 f.
[72] Vgl. Burghardt, M.: Projektmanagement, a.a.O., S. 390.

5.1.5 Dokumentationsfreigabe und -verteilung

Jedes offizielle und in der Dokumentenliste geführte Dokument muss durch die Projektleitung vor seiner Verteilung freigegeben werden. Bedarf ein Dokument dem Einverständnis verschiedener Stellen, so sind diese vor der Zustimmung der Projektleitung einzuholen. Die Dokumentfreigabefunktion kann auch an nachgeschaltete Organisationseinheiten im genau festgelegten Umfang delegiert werden.

Jedes Dokument kann aufgrund seiner Anforderungsbeschreibung den entsprechenden Stellen zugestellt werden. Dadurch wird vermieden, dass die einzelnen Stellen in einer Papierflut ertrinken und sichergestellt, dass jeder Projektbeteiligte vollständige Arbeitsunterlagen hat. Die Dokumentationsabteilung des Projektes ist für die Festlegung des Verteilerschlüssels, der in Abstimmung mit der Projektleitung erfolgen muss, zuständig. Die Verteilung sollte überwacht werden, so dass jederzeit feststellbar ist, wer welches Dokument erhalten hat.

5.1.6 Überwachung des Dokumentationsstatus

Durch die Überwachung des Dokumentationsstatus soll sichergestellt werden, dass alle Projektbeteiligten stets über die aktuellen Dokumente verfügen. Das kann nur dadurch geschehen, indem man den Änderungsdienst sorgfältig durchführt.

Die Änderung eines bereits freigegebenen Dokuments kann nur über einen Änderungsantrag vollzogen werden. Die beantragte Änderung ist von der Dokumentationsabteilung in Zusammenarbeit mit den betroffenen Projektbereichen hinsichtlich der daraus resultierenden Konsequenzen abzustimmen, bevor sie offiziell vollzogen werden kann.[73] Zu unterscheiden sind **einfache** und **aufwendigere Änderungen**. Ist die Änderung in einem Dokument nicht sehr aufwendig (z. B. Änderung einer einzelnen Zahl), kann den entsprechenden Dokumentinhabern eine Änderungsmitteilung zugestellt werden, in der sie aufgefordert werden, das Dokument selbst zu ändern. Ist die Änderung aufwendiger, ist ein neues Dokument mit geänderter Versionsnummer in Umlauf zu bringen.

Empfehlenswert ist es außerdem, in regelmäßigen Abständen eine Dokumentations-Statusliste zu veröffentlichen. Aus dieser Liste soll folgendes hervorgehen:

Dokument:

- Vorhanden und in Gebrauch.
- In Vorbereitung.
- Wird gerade geprüft.
- Wird gerade geändert.

5.1.7 Das Projekt-Handbuch

Das Projekt-Handbuch ist eine übersichtliche und begleitende Dokumentation eines bestimmten Projektes. Bei diesem Handbuch sind der Aufbau und die Gliederung festgelegt. Der Inhalt aktualisiert sich permanent im Laufe des Projektes. Es ist kein Organisationshandbuch, bei dem der Inhalt und Ablauf des Projektmanagements eines Unternehmens erklärt wird. Es werden allerdings die Regelungen für Projekte in diesem bestimmten Unternehmen berücksichtigt.

---

[73] Vgl. Madauss, B.-J.: Projektmanagement, a.a.O., S. 328.

Der Sinn und Zweck eines Projekt-Handbuches liegt darin, die einzelnen Prozesse des Projektmanagements und die inhaltlichen Ergebnisse des Projektes vollständig darzustellen. Es wird somit zu einem laufend aktualisierten Nachschlagewerk für das Projektteam und alle Beteiligten. Ein neues Projektteam kann sich mittels des Handbuches schnell mit dem Thema, dem Verlauf und dem aktuellen Stand des Projektes vertraut machen. So entsteht auch eine Sicherheit bezüglich der Nachvollziehbarkeit des Projektablaufes. Durch die Nutzung eines Handbuches kann das Projekt zur Sammlung von Erfahrungen und Nutzung von Erkenntnissen für eventuelle Nachfolgeprojekte ausgewertet werden.

Die **Inhalte** des **Projekt-Handbuches** können die Projektdefinition, das Umfeldmanagement, die Projektorganisation, die Planung, das Qualitätsmanagement, das Risikomanagement, das Projektinformationswesen und -kommunikations-System, die Projektadministration und -dokumentations-System und das Projekt-Controllingsystem sein. Folgende Auflistung der einzelnen Inhalte soll dies eingehend verdeutlichen.

Inhalte des Projekt-Handbuches:

1. **Projektdefinition**
   a. Abgrenzung, Ziele
   b. Objektgliederung
   c. Aufgabengliederung und -spezifikation
   d. Schnittstellen- und Änderungsmanagement
2. **Umfeldmanagement**
3. **Projektorganisation**
   a. Rollen- und Teambeschreibung
   b. Visuelle Darstellung der Organisation
   c. Aufgaben- und Verantwortlichkeitsverteilung
4. **Projektplanung**
   a. Terminplanung
   b. Ressourcenplanung
   c. Projektkostenplan
5. **Qualitätsmanagement**
6. **Risikomanagement**
7. **Projektinformation und -kommunikation**
8. **Projektadministration und -dokumentation**
9. **Projektcontrolling**

Abb. 67: Projekt-Handbuch

Damit der Abschluss eines Projektes dokumentiert werden kann, wird ein Projektabschlussbericht erstellt. Inhalte dieses Abschlussberichtes sind:

1. Ziele und Inhalte des Abschluss-Berichtes
2. Projektabgrenzung, -ziele, -strukturplan
3. Projektergebnisse
4. Projektabrechnung (Nachkalkulation)
5. Noch zu erledigende Aufgaben
6. Erkenntnisse/Erfahrungen aus dem Projekt

5.2 Berichtswesen

Wie alle anderen oben genannten Dokumente, sind auch Berichte in diesem Sinne Dokumente, die genau katalogisiert werden müssen. Da die Projektberichte für den Projektcontroller von besonderer Bedeutung sind, sollen sie etwas genauer betrachtet werden.

Ebenso wie die gesamte Dokumentation wird auch das Berichtswesen hierarchisch gestaffelt. Die Berichte niederer Hierarchie, wie z. B. Arbeitspaketberichte, sind die Arbeitsunterlagen des Projektmanagements und des Projektcontrollers. Ohne ein geeignetes Berichtswesen ist der Projektcontroller kaum in der Lage, seiner Steuerungs- und Überwachungsfunktion nachzukommen.

Die folgende Übersicht enthält einen Überblick über **typische Berichte** in Projekten und ihre Charakteristika.

Kriterium / Informationsart	Verantwortliche Berichterstatter	Adressaten/ Teilnehmer	Termin/Häufigkeit
Arbeitsbericht	Projektleiter/ -mitarbeiter	Projektleiter/ -mitarbeiter	nach Bedarf/ wöchentlich
Projektstatusbericht	Projektleiter	Lenkungsausschuss	monatlich
Zwischenbericht	Projektleiter	Lenkungsausschuss/ Fachabteilung/ Auftraggeber	an Phasenenden/ Meilensteinen
Abschlussreview	Projektleiter/ -mitarbeiter	Lenkungsausschuss/ Fachabteilung/ Auftraggeber	am Projektende

Abb. 68: Berichte in Projekten

Beim Berichtswesen wird der Status der Arbeitspakete und des Projektes resultierend aus den Ereignissen der Vergangenheit zum Berichtszeitpunkt dargestellt. Bei der Fortschrittsanalyse wird von den projektbeteiligten Stellen eine Einschätzung der zukünftigen Entwicklung vom Berichtszeitpunkt bis zur Erledigung der ihnen übertragenen Aufgaben abgegeben.[74]

Die **Mindestaussagen**, die im Rahmen des Berichtswesens und der Fortschrittsanalyse von den beteiligten Stellen gemacht werden müssen, sind:
- Sachergebnis (Fortschrittsgrad/Fertigstellungsgrad),
- Terminsituation (Ist-Start und Ist-Ende),
- Ist-Aufwand, Ist-Kosten, Obligo (nicht bei Festpreisaufträgen),
- Einschätzung der zukünftigen Entwicklung,
- besondere Probleme und Risiken.

---

[74] Vgl. Burghardt, M.: Projektmanagement, a.a.O., S. 403 f.

5.2.1 Arbeitspaketbericht

Mit der Erteilung eines Arbeitspaketauftrages übernehmen die beauftragten Stellen die Verpflichtung, in festgelegten regelmäßigen Abständen einen Arbeitspaketbericht zu erstellen. In dem Bericht, der im Zuge eines Statusberichtes präsentiert wird, sind die oben genannten Punkte enthalten. Außerdem muss auf ggf. notwendige Änderungen aufmerksam gemacht werden, die mit der Projektleitung abzustimmen und u.U. sogar offiziell zu beantragen sind.

Unabhängig von den festgelegten Berichtszeitpunkten haben die Arbeitspaketverantwortlichen die Pflicht, in Krisensituationen und beim Erkennen von Abweichungen der Projektleitung einen Bericht zu erstellen.

Der Arbeitspaketbericht der Abbildung 69 stellt einen Vorschlag für das Formblatt eines Arbeitspaketberichtes dar. Ein Arbeitspaketbericht kann weitere Anlagen enthalten.

Arbeitspaketbericht					
Projekt: _____		Auftr.-Nr.: _____			
Auftraggeber: _____					
Arbeitspaket: _____		Verantwortlich: _____			
Plan-Start: _____		Plan-Ende: _____			
Auftragswert/Budget: _____		Ist-Kosten: _____			
		Bestellobligo: _____			
Status der Arbeitspaket-Aufgaben: (Vorgänge sind nur einzutragen, wenn zum Arbeitspaket mehrere Vorschläge gehören)					
Vorgang	**Ist - Start**	**Ist - Ende**	**% fertig**	**voraus. Ende**	
Bemerkungen: _____					
Datum:		Unterschrift:			

Abb. 69: Arbeitspaketbericht

5.2.2 Projektbericht

Der Projektleiter sowie der Projektcontroller haben in regelmäßigen Abständen dem Lenkungskreis einen Projektbericht zu präsentieren.

Der Projektleiter erhält für seinen Bericht die Informationen aus technischen Inspektionen und Reviews (direkte Überwachung), aus Arbeitspaketberichten (indirekte Überwachung), aus geführten Gesprächen und aus der Fortschrittsanalyse.

Der Projektcontroller erhält für seinen Bericht die Informationen aus den Arbeitspaketberichten (indirekte Überwachung), aus geführten Gesprächen, aus der Fortschrittsanalyse und der mitlaufenden Kalkulation. Die Abbildung 70 enthält ein Muster für einen Projektbericht. Natürlich kann der Projektbericht noch weitere Anlagen enthalten, wie z. B. einen Balkenplan, Netzplan, Fortschrittsanalyse, mitlaufende Kalkulation usw.

Projektbericht

Projekt:	Auftragsnummer:
Auftraggeber:	Projektleiter:
Auftragnehmer:	Berichtsdatum:
Berichtszeitraum von: _____	bis: _____

Soll – Start: ____ (Erstplan) Soll – Ende: ____ (Erstplan)	Ist – Start: ____
Soll – Start: ____ (akt. Plan) Soll – Ende: ____ (akt. Plan)	Ist – Ende: ____

Auftragswert (€):	(aufgelaufene Werte) Ist – Kosten (€):
Projektbudget (€): (Erstplan)	Bestellobligo (€): noch zusätzlich
Projektbudget (€): (akt. Plan)	Erw. – Kosten (€):
	Gesamtkosten (€):

Technischer Fortschrittsgrad (%):

Erkennbare Problemrisiken:
  1. _____
  2. _____
Eingeleitete Maßnahmen: (Sachverhalt/Termin)
  1. _____
  2. _____
Zu treffende Entscheidungen: (Sachverhalt/Termin)
  1. _____
  2. _____
Anlagen:
  1. _____
  2. _____

Unterschriften:

Abb. 70: Projektbericht

5.2.3 Projekt-Status-Gespräch

Das Projekt-Status-Gespräch ist ein wesentlicher Teil des Projektcontrollings, das in die Verantwortung der projektführenden Stellen fällt. Es ist die notwendige Ergänzung zum Berichtswesen und der Fortschrittsanalyse.

Das Projekt-Status-Gespräch dient der gegenseitigen Information über den Stand des Projektes, der Diskussion über ggf. zu ergreifende Maßnahmen und dem Treffen von Entscheidungen. Vertreter der projektführenden Stelle und der Projektleiter müssen bei Gesprächen anwesend sein. Teilnehmer sind u. U. auch Arbeitspaketverantwortliche und betroffene Stellen der Linienorganisation.

Das Durchsprechen des Projekts erfolgt im Hinblick auf Sachstand, Terminsituation, Fertigstellungsgrade und zukünftigen Erwartungen. Als Gesprächsgrundlage dient die entsprechende Dokumentation, z.B. die Status-/Fortschrittsanalyse-Grafik, der Projektbericht und der Fortschrittsüberwachungsbalkenplan. Die Projektbesprechungen dienen dem direkten Informationsaustausch und bilden die Grundlage für eine gezielte Projektsteuerung bei auftretenden Schwierigkeiten während des Projektablaufes und den daraus resultierenden Planabweichungen.[75]

Die Vorbereitung einer Besprechung sollte, entsprechend ihrer Wichtigkeit, sorgfältig durchgeführt werden. Zur Vorbereitung gehören die Festlegung der Gesprächsteilnehmer und die Vereinbarung, wann und wo das Gespräch stattfinden soll. Nach dieser Abstimmung erhalten dann alle Teilnehmer eine schriftliche Einladung.

Bei der Durchführung des Gesprächs werden zu Beginn der **Protokollführer** und der **Besprechungsleiter** oder **Moderator** benannt. Der Besprechungsleiter hat zunächst die zu diesem Besprechungstermin fälligen Punkte vorhergehender Protokolle abzuarbeiten und dann die Punkte der vorher festgelegten Tagesordnung. Er ist darüber hinaus verantwortlich für die geordnete Durchführung der Besprechung im vorgegebenen Zeitrahmen und die Dokumentation der Besprechungsergebnisse.

Zum Abschluss einer Besprechung haben die Teilnehmer zu bestätigen, dass sie mit dem Inhalt des Protokolls einverstanden sind. Der Projektleiter hat dafür zu sorgen, dass nach Beendigung der Besprechung das Protokoll in die Projektdokumentation eingeht und jedem Teilnehmer eine Protokollkopie zugeht.

5.2.4 Kundenbericht

Der Kundenbericht ist hinsichtlich der Form und Inhalts meist nicht standardisierbar. Abhängig von den vertraglichen Vereinbarungen und den sonstigen Forderungen des Kunden wird in gemeinsamer Absprache zu Beginn der Projektabwicklung festgelegt, wie der Kundenbericht, also der Projektbericht an den Kunden, formal und inhaltlich gestaltet und zu welchen Zeitpunkten er geliefert werden soll.

5.3 Gestaltung der Berichte und Dokumente

Die Effizienz der Berichte kann durch die geeignete Visualisierung des Standes der Gruppendiskussion verbessert werden.

Genauso wichtig wie die Visualisierung der Arbeitsergebnisse ist die Präsentation. Folgende Checkliste sollte bei der Vorbereitung einer Präsentation abgearbeitet werden.

---

[75] Vgl. hierzu ausführlich Burghardt, M.: Projektmanagement, a.a.O., S. 412 ff.

Präsentation der Projektberichterstattung (Checkliste)
– Ist die Aufgabenstellung eindeutig?
– Welches Material steht uns zur Verfügung?
– Welche Daten und Informationen fehlen?
– Gab es schon Gespräche?
– Werden noch weitere Gespräche folgen?
– Wer ist dabei? Wer entscheidet wirklich?
– Was sind die Erwartungen, Kompetenzen und Bedürfnisse?
– Was soll erreicht werden?

Abb. 71: Checkliste für die Vorbereitung der Präsentation

Bei der Präsentation werden der Auftrag, die gefundenen Schwachstellen, die alternativen Lösungen, der Entscheidungsprozess und die Empfehlung schrittweise erläutert. Jeder Schritt beginnt mit der Vorstellung des Visualisierungsmediums. Es folgen ein Vortrag und eine freie Moderation anhand des Visualisierungsmediums.[76]

6 Projektcontrolling und EDV

Den Möglichkeiten der EDV sind in der heutigen Zeit kaum Grenzen gesetzt. So kann eine vielfältige Software für die verschiedensten Aufgabenstellungen des Projektcontrollings eingesetzt werden. Dabei muss diese Software nicht unbedingt speziell oder teuer sein. Es ist vielmehr eine Frage der Notwendigkeit und der erforderlichen Leistung bzw. Ansprüche an die Software.

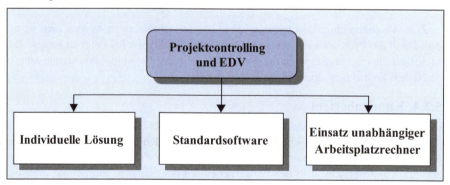

Abb. 72: Möglichkeiten bei der Anschaffung von EDV

Bei der Anschaffung oder Umstellung der EDV steht heute oftmals die Frage im Raum, ob auf Standardsoftware, spezielle Lösungen oder unabhängige Arbeitsplatzrechner zurückgegriffen werden soll. Durch die Wichtigkeit von Projekten und Projektarbeiten in der Industrie und ihrer wirtschaftlichen Bedeutung haben sich in letzter Zeit immer mehr sogenannte Projektmanagementsysteme profiliert, die im Anschluss betrachtet werden.

---

[76] Vgl. hierzu auch die Ausführungen auf S. 178 ff.

6.1 Individuelle EDV Lösung

Individuelle Lösung bedeutet, dass die hauseigene EDV-Abteilung oder ein Softwareunternehmen beauftragt wird, die entsprechende Software zu entwickeln.

Im Bereich Rechnungswesen und Controlling werden u.a. kombinierte Daten- und Methodendatenbanken eingesetzt. Um die vielfältigen Informationen, die heute in einem Unternehmen anfallen, redundanzfrei speichern zu können, setzt man Datenbanken ein, auf welche die verschiedenen Softwarekomponenten zugreifen können.

Zu einer Methodendatenbank gehört eine Abfragesprache, die es auch dem Nicht-DV-Fachmann erlaubt, die vorgehaltenen Informationen zur eigenen Nutzung vor dem Aufruf zu filtern. Der Benutzer gibt eine Reihe von Merkmalen an, die auf unterschiedliche Weise verknüpft werden können (z.B. UND / ODER Verknüpfungen) und das Datenbanksystem greift dann die entsprechenden Daten aus den vorgehaltenen Informationen ab.

Zukünftig werden in den Unternehmen auch sogenannte **wissensbasierte Systeme** zum Einsatz kommen. Sie bieten über die reine Datenbereitstellung und Analyse hinaus Interpretationshilfen an, die Diagnoseaufgaben wahrnehmen können und Handlungsempfehlungen geben.

Neben den Datenbanksystemen kommen auch **Executive Information Systeme (EIS)** zum Einsatz. Mit ihnen ist es möglich, die ermittelten **Daten online** auch anderen Benutzern zur Verfügung zu stellen.

Selbstgestrickte Softwarelösungen haben den Nachteil, dass sie durch den sich ständig ausweitenden Einsatz schnell zu komplexen und unbeherrschbaren Systemen anwachsen können. Dies wird durch unterschiedliche Hardwarewelten und deren rasante Weiterentwicklung noch verstärkt. Außerdem wird die selbst erstellte Software oft auf der Basis traditioneller Unternehmensstrukturen und -abläufen erstellt. Aus Anwendersicht wäre es geradezu ein historischer Fehler, die traditionellen Unternehmensstrukturen als Anleitung zu nehmen und individuell zu programmieren. Die momentanen Anforderungen können zwar erfüllt werden, ändert sich aber das Geschäft, dann würde so ein Unternehmen durch seine eigenen Abläufe blockiert werden und unfähig, neue Abläufe zu integrieren.

Ein weiterer Schwachpunkt ist, dass Controllingprozesse zu wenig hinterfragt werden und der Mut zum **Change-Management** nicht sehr ausgeprägt ist.

6.2 Nutzung von Standardsoftware

Für viele Unternehmen besteht die Notwendigkeit, Anwendungssysteme zu entkoppeln, um sie dezentral und technisch unabhängig betreiben zu können. Besonders wichtig ist in diesem Zusammenhang die Datenkonsistenz über Systemgrenzen hinweg zu gewährleisten. Dieses Problem haben die Anbieter von Standardsoftware erkannt und bieten entsprechend das **Client-Server-Konzept** in Verbindung mit Anwendungsmodulen an, die sowohl einzeln als auch beliebig kombinierbar eingesetzt werden können.

Im Zuge der Einführung von Standardsoftware müssen die Unternehmen versuchen, ihre enorm komplexen betriebswirtschaftlichen Abläufe zu vereinfachen, um sie mit der Standardsoftware abbilden zu können.

Die **SAP AG** bietet mit dem **Referenzmodell R/3** ein Modell an, welches beispielhafte Geschäftsprozesse zeigt, die als Basis für die Bestimmung unternehmensrelevanter Kernprozesse dienen können. Das Referenzmodell kann bereits im Rahmen erster Untersuchungen eingesetzt werden und im Rahmen dieser frühen Projektphase einen Großteil der erforderlichen Software ermitteln.

Die folgende Abbildung zeigt die Module des **Referenzmodells R/3**. Das Modul PS (Project System-Projektsteuerung) ist die für das Projektcontrolling und Projektmanagement entscheidende Komponente. Um dem jeweiligen Projekttyp gerecht zu werden, stellt das Modell R/3 dem Anwender eine umfangreiche Funktionsauswahl zur Verfügung.[77]

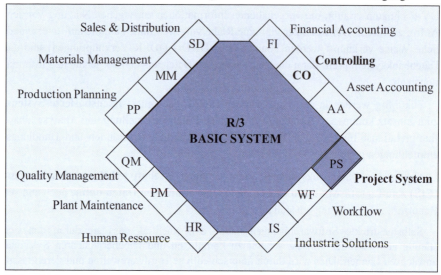

Abb. 73: Die funktionellen Komponenten des Integrationsmodells SAP R/3

Darüber hinaus werden Geschäftsprozesse in dem Modell als ereignisgesteuerte Prozesskette aufgefasst. In ihrem Grundprinzip besteht sie aus aktiven Elementen, die etwas durchführen (Funktionen) bzw. bestimmten und passiven Komponenten, die aufgrund einer betrieblichen Situation eingetreten sind (Ereignisse). Die Praxis hat gezeigt, dass auch komplexe Geschäftsprozesse durch diese Systematik schnell abbildbar sind.

Interessant ist dabei, dass nicht die organisatorischen Fragestellungen im Mittelpunkt stehen, sondern ausschließlich die im Unternehmen ablaufenden Prozesse. Die traditionelle organisatorische Fragestellung war die Frage nach dem, was gemacht wird (Funktion), wer etwas machen soll (organisatorische Einheit) und dem Informationsobjekt (welche Informationen sind zur Funktionsausführung erforderlich).[78]

Entscheidet sich ein Unternehmen für eine bestimmte Standardsoftware, muss es sich bewusst sein, in welche Abhängigkeit es sich begibt. Die hohe Komplexität des Softwaresystems erfordert externe Spezialisten mit entsprechend hohen Kosten. Aus diesem Grund übersteigen die zusätzlichen Beratungskosten die Ausgaben für die eigentliche Software um ein Vielfaches. Zudem sind teure und langwierige Schulungen der Mitarbeiter erforderlich.

---

[77] Vgl. Dräger, E.: Projektmanagement mit SAP R/3, a.a.O., S. 36.
[78] Vgl. Wangenheim, S./Stoi, R.: Das System SAP R/3, in: Controlling, Heft 4, Jul./Aug. 1995, S. 208 f.

Durch die hohe Komplexität erstreckt sich die Einführungsphase über einen längeren Zeitraum. Die kompetente Beratung ist für eine erfolgreiche Einführung erfolgskritisch. Als Beispiel sollen die zurzeit sehr intensiv diskutierten Produkte der SAP AG vorgestellt werden.

Die Konzeption des R/3-Systems von SAP basiert auf einer dreistufigen Client/Server-Architektur. Das Kennzeichen einer Client/Server-Architektur ist die Zentralisierung der Daten und Funktionen beim Surfer, die von mehreren Klienten genutzt werden können. Die Dezentralisierung der klienten-spezifischen Daten und Funktionen liegen nur dem einzelnen Klienten vor.

Die **Drei-Stufen Architektur** von **SAP** besteht grundsätzlich aus der:

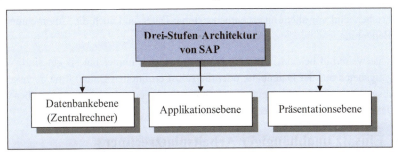

Abb. 74: Drei-Stufen Architektur von SAP

- Der Zentralrechner trägt die Funktion des Datenbankservers und hält alle Anwendungsprogramme vor.

- Die Applikationsebene wird von Abteilungsrechnern realisiert. Der Abteilungsrechner kommuniziert online über Puffer mit dem Zentralrechner und der dritten Ebene. Auf dem Abteilungsrechner laufen Anwendungen, die häufig Zugriff auf den zentralen Datenbestand erfordern.

- Auf der Präsentations- oder dritten Ebene sind die Arbeitsplatzsysteme (Terminals oder PC's) für die einzelnen Benutzer installiert. Hier können Daten online im Dialog abgerufen sowie Eingaben getätigt werden. Die grafische Benutzeroberfläche SAP-GUI ähnelt stark den Windows-Anwendungen und erleichtert damit dem Neuling den Einstieg.

Die erhältlichen Softwaremodule werden in das Anwendungskonzept Rechnungswesen, das Logistik-Konzept, das Modul Personalwirtschaft und spezielle Branchenlösungen unterteilt.

Das Rechnungswesenmodul besteht aus den Modulen Finanzwesen, Controlling und Anlagenwirtschaft. Den Projektcontroller dürfte hauptsächlich das Modul Controlling interessieren. Es sind Anwendungen für Kostenstellenrechnung, Leistungsrechnung, Auftrags- und Projektrechnung, Produktionskostenrechnung, Ergebnis- und Marktsegmentrechnung und Profit-Center-Rechnung enthalten. Der Projekt-Controller kann mit der Leistungsrechnung die Kostenverfolgung und die Abweichungsanalyse durchführen, um Projekte steuern zu können. Unterstützend wirkt auch die Auftrags- und Projektrechnung. Sie ermittelt aus der betrieblichen Kostenrechnung die Kosten, die in Verbindung mit einem Auftrag bzw. einem Projekt entstanden sind.

In der Komponente Unternehmenscontrolling ist das **Executive Information System (EIS)** integriert. Die Aufbereitung und Verdichtung von Unternehmensdaten sowie die Verwaltung der Information von externen Quellen sind möglich.

Für die Projektplanung ist auch das Logistik-Konzept mit den Modulen Vertriebsplanung, Produktionsplanung, Materialwirtschaft, Qualitätsmanagement und Instandhaltung interessant.

Für den Projektcontroller können die verschiedenen Module wertvolle Informationen liefern, wenn sie richtig eingesetzt werden. Insbesondere die Möglichkeit, auf einen großen unternehmensinternen Datenbestand zugreifen zu können, ist verlockend, beinhaltet aber die Gefahr, unternehmensexterne Quellen zu vernachlässigen. Aber wie schon beschrieben sind vor allem unternehmensexterne Daten und auch die Unternehmensziele von Bedeutung.

Es ist weiterhin bekannt, dass die ermittelten Daten immer nur so gut sind, wie die Ausgangsdaten aus der Datenbank oder die selbst ermittelten Daten. Eine gewisse Skepsis, ausgedrückt durch die gelegentliche Kontrolle der erforderlichen Daten, über welche die Datenbank verfügt, ist daher angebracht.

6.3 Einsatz unabhängiger Arbeitsplatzrechner

Mit Hilfe von **Arbeitsplatzrechnern (PC)** werden unterschiedliche arbeitsplatzspezifische Aufgabenstellungen einzelner Anwender in den Fachabteilungen des Unternehmens unterstützt. Die einzelnen Computeranwendungen, besonders aber die verarbeiteten Daten, sind aus technischen und sachlichen Gründen auf den jeweiligen Arbeitsplatz begrenzt, sie sind sozusagen **privat** oder **persönlich**.

Die **individuelle Datenverarbeitung** ist ein wichtiges Einsatzgebiet für den Projektcontroller. Er kann dort Arbeiten ausführen, die wegen der geringen Standardisierbarkeit im Funktionsumfang der Standardsoftware nicht abgedeckt sind. Häufig rechtfertigen bereits die eingesparten Schreib- und Rechenarbeiten sowie die geringe Fehleranfälligkeit bei wiederkehrenden Aufgaben (z. B. im Zuge des Reporting das Ausfüllen von Formularen oder die Durchführung arbeitsplatzspezifischer Berechnungen) den Einsatz eines Personalcomputers.

Oft lässt sich der Nutzen noch steigern, indem man den PC an den Großrechner anschließt und dort bereits vorhandene Daten zur Weiterverarbeitung auf den Arbeitsplatzrechner herunterlädt.

Eine wichtige Ursache für die Verbreitung von Arbeitsplatzrechnern ist natürlich das immer besser werdende Preis-Leistungsverhältnis der angebotenen Soft- und Hardware. Ein weiterer Vorteil ist die schnelle Einarbeitungszeit des DV-Laien.

Auf Arbeitsplatzrechnern wird vor allem die handelsübliche Software (z. B. MS Office) genutzt. Oft ist aber auch der Einsatz von speziellen Softwaretools interessant. Technisch vorgebildete Sachbearbeiter können sich heute leicht selbst kleinere Anwendungsprogramme schreiben, z.B. in Visual Basic.

Investitions- und Wirtschaftlichkeitsberechnungen aller Art sind das Einsatzgebiet für Tabellenkalkulationsprogramme. Die Tabellenkalkulationssysteme unterstützen mittels Tastendruck Funktionen wie dynamische Investitionsrechenverfahren, wie z.B. Kapitalwert oder Interner Zinsfuß. Die Schwankungsbreite unsicherer Ausgangsdaten kann im Zuge einer Sensitivitätsanalyse schnell ermittelt werden. Wenn allerdings die Bilanz- und Finanzplanung im Rahmen eines umfassenden Unternehmensplanungsmodells mit anderen Teilplänen verknüpft werden soll, reichen Modellgröße und Funktionsumfang nicht mehr aus. Für solche Zwecke sind Planungssprachen, die es inzwischen auch in interessanten PC-Versionen gibt, besser geeignet.

Wegen der umfangreichen Möglichkeiten zur optischen Gestaltung sind Tabellenkalkulationsprogramme auch für das Berichtswesen und das Ausfüllen von Formularen geeignet.

Die **Planungssprachen** bestehen in der Regel aus folgenden **Komponenten**:

— Die **Rechenlogik** beinhaltet die Bezeichnung der Variablen und die Formeln für ihre Verknüpfung. Formeln beziehen sich im Normalfall auf ganze Zeilen (=Variablen) oder Spalten eines Moduls.

— Der **Datenspeicher** nimmt die Werte der Ausgangsgrößen und später auch die berechneten Größen auf. Die Aufbereitung der Ergebnisse (das Layout der Berichte) wird vorher festgelegt. Die verschiedenen Beziehungen zwischen den einzelnen Elementen, für die geplant werden soll, können explizit angelegt und verändert werden.

Die Planungssprache errechnet automatisch Sammelblätter für alle vom Benutzer definierten Knoten. Mehrdimensionalität, d.h. gleichzeitige Aufteilung des Unternehmensgeschehens nach Geschäftsstellen und Produktgruppen, ist möglich.

Der **User** kann auf Knopfdruck zwischen den Dimensionen hin und herschalten, um sich z. B. den Umsatz nach Geschäftsstellen oder alle Planungsgrößen für eine bestimmte Produktgruppe anzeigen lassen.

Mit **Executive-Informations-System** lassen sich die ermittelten Daten problemlos über Netzwerke anderen Benutzern zugänglich machen und ermöglichen damit erst den wirklich sinnvollen Einsatz von Planungssprachen. Die Berichte werden nicht mehr auf Papier ausgedruckt, sondern anderen **Anwendern online** zur Verfügung gestellt. An dieser Stelle verlässt man aber bereits die individuelle Datenverarbeitung und nähert sich einem des in vorherigen Abschnitten beschriebenen Systems.

6.4 Projektmanagementsysteme (PMS)

Projektmanagementsysteme sind nach **DIN 69901** im weiteren Sinne alle EDV-Systeme und die dazu benötigten Rechenanlagen zur Aufgabenerfüllung im Projektmanagement. Im engeren Sinne handelt es sich um Software, die die Planung und Steuerung von Projekten unterstützen. Der Support besteht darin, dass projektbezogene Daten gespeichert, strukturiert, berechnet und visualisiert werden.

6.4.1 Einsatzgebiete

Die Schwerpunkte von Projektmanagementsystemen liegen in der Planung der Projektstruktur, dem Zeit- und Terminmanagement, der Ressourcen- und Kostenplanung und der Kommunikation und Dokumentation.

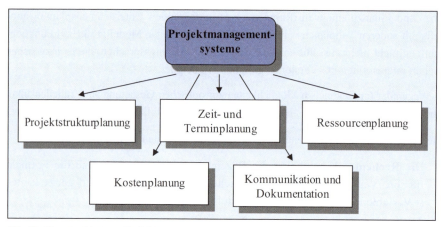

Abb. 75: Einsatzgebiete von Projektmanagementsystemen

Die Voraussetzung eines reibungslosen Projektablaufes und einer funktionierenden Steuerung ist eine effektive **Projektstrukturplanung**, die ein PMS typischerweise unterstützt. Anspruchsvolle und oft auch teure Systeme beinhalten die Option, Projektstrukturpläne in grafischer Form zu erarbeiten und auszugeben. Außerdem können auch Teile von Projekten jederzeit gespeichert und später bei Bedarf wiederverwendet werden.

6.4.2 Basissysteme von PMS

Die Grundlage aller PMS ist traditionell die Netzplantechnik. Auch heute noch werden in modernen Projektmanagementsystemen **Netzpläne** zur **Zeit-** und **Terminplanung** erstellt und optimiert. Aus diesen Netzplänen können automatisch auf Wunsch Balkenpläne, sogenannte GANTT-Charts und Meilensteinlisten erzeugt werden. Solche Pläne können aber auch interaktiv am Bildschirm in grafischer und leicht verständlicher Form erzeugt werden.

Über die Technik des Netzplanes bieten PMS häufig umfangreiche Möglichkeiten der **Ressourcenplanung** und des Kapazitätsausgleichs. Dieses ist auch sehr gut für das Multiprojektmanagement geeignet. Doch normalerweise beinhalten moderne PMS weit mehr dieser Möglichkeiten, als es in der Praxis verlangt wird.

PMS sind nicht nur für die Planung der Zeit und die Ressourcen nützlich, sondern auch für die Planung der Kosten. Um dieses sehr wichtige Element der Wirtschaft optimal zu planen, bedienen sich Projektmanagementsysteme der unterschiedlichsten und detailliertesten Varianten der **Kostenplanung** und **-darstellung**.

Dabei sollte aber, wie bei jeder Branchensoftware, untersucht werden, wie die jeweilige PMS die Kosten betriebswirtschaftlich bzw. kostenrechnerisch behandelt.

Damit die Ergebnisse der Projektplanung auch dargestellt werden können, bieten PMS vielfältige Möglichkeiten zur **Kommunikation** und **Dokumentation** durch das Erstellen von Berichten in Listen oder in grafischer Form. Manchmal sind PMS so entwickelt, dass sie über ein Netzwerk die Ergebnisse der Projektplanung für eine Mehrzahl von Teilnehmern anbieten können.

6.4.3 Bewertungskriterien für den Einsatz von PMS

Grundsätzlich gibt es kein PMS, das alle denkbaren Aufgaben optimal erfüllt. Der spätere Nutzer dieser PMS muss vorher wissen, was er damit anfangen will. Je besser er das Anwendungsfeld der zu beschaffenden PMS kennt, desto effizienter kann er dann damit arbeiten. Dabei ist es weniger eine Frage der Kosten, was für ein PMS sinnvoll ist, sondern mehr eine Frage der Kriterien und ihrer Wichtigkeit für den Anwender.

Allgemeine **Kriterien** zur Beurteilung von **PMS** sind:

- Benutzerfreundlichkeit
- Oberflächengestaltung
- Erklärungs- und Hilfefunktionen
- Lern- und Übungsteile
- Modularer Aufbau
- Fähigkeiten zum Datenaustausch

Diese Kriterien tragen nur zur Ergonomie und zum Verständnis der PMS bei. Besonders bei Benutzern mit wenig oder keinem EDV-Wissen sollte hier ein großes Augenmerk gelegt werden.

Damit PMS hinsichtlich ihrer Leistungsfähigkeit verglichen werden können, sollten folgende **zentrale Kriterien** beachtet werden:

- Kodierung,
- Strukturierungsmöglichkeiten,
- Grafische Unterstützung,
- Kostenfunktionen und Auswertungsmöglichkeiten,
- Ressourcenzuteilung und –auswertung,
- Fähigkeit zum Multiprojektmanagement,
- Berücksichtigung von Unsicherheit (Alternativen, Varianten, Analysen),
- Kommunikation im Projektteam,
- Dokumentationsmöglichkeiten (Berichte, Grafiken, Statistiken).

Durch diese Kriterien wird schnell deutlich, welches PMS für die eigenen Zwecke am besten geeignet ist. Oft kann auch ein eigens erstellter Anforderungskatalog Aufschluss über das für sich optimale System geben. Wichtig ist nur, was genau mit der PMS erreicht bzw. bearbeitet werden soll.

Der Einsatz von PMS hängt von mehreren Faktoren ab: zum einen ist es die Art der Organisation und die Qualifikation der Mitarbeiter und zum anderen ist es die Komplexität der Aufträge und die Kundenwünsche. Grundsätzlich hat ein PMS, wenn es richtig angewandt wird, mehr Vorteile als Nachteile.

Die wichtigsten **Vorteile** sind:

- Zeit- und Kosteneinsparungen,
- höhere Qualität der Planung und Steuerung,
- höhere Termintreue,
- Flexibilität der Planung und Steuerung,
- PMS ist ein strukturgebendes Element,
- Projektmanagement-Know-how wird zur Verfügung gestellt,
- Standardisierung von Plänen und Berichten,
- Transparenz und einfache Dokumentation und Kommunikation,
- Pläne bzw. Teilpläne mehrmals verwendbar.

Ein PMS hat so wie jedes System seine Grenzen. So kann systembedingt der Output nicht besser sein als der Input. Dadurch ist ein erheblicher Aufwand bei der Erfassung erforderlich. Ein weiterer Nachteil besteht darin, dass die Auswahlkriterien deutlich von den praxisrelevanten Kriterien abweichen. So werden die zahlreichen Strukturierungsebenen bei der Gestaltung von Projektstrukturplänen nach den Funktionen der Ressourcen- und Kostenplanung voll genutzt. Ein weiterer Nachteil besteht in dem eventuell aufkommenden Widerstand der Mitarbeiter gegen das PMS.

6.5 Entwicklungstrends von Softwareeinsatz

Schon in den 60er Jahren wurden **PMS** bzw. ähnliche Systeme auf Großrechnern eingesetzt. Nur noch bei komplexen Projekten wird dieses noch durchgeführt. Seit den 80er Jahren sind PMS auf den unterschiedlichen Hardwareplattformen und Betriebssystemen im PC-Bereich verfügbar. Einige der bekanntesten sind:[79]

- Guideline
- Harvard Project Manager
- Mac Project
- Microsoft Project
- Project Manager Workbench
- Time Line
- CA- Super Project
- GRANEDA

Die traditionellen Anwendungsbereiche von PMS sind komplexe Forschungs- und Entwicklungsprojekte. Besonders im Anlagen- und Maschinenbau werden diese bevorzugt eingesetzt. Als neue Anwendungsgebiete werden Softwareentwicklungs- und Organisationsprojekte gesehen.

Bei Projekten im Organisationsmanagement werden PMS eher als Instrument der Kommunikation verstanden, so dass die Möglichkeit der elektronischen Kommunikation, der Präsentation und Dokumentation, die ein modernes PMS bietet, voll und ganz ausgeschöpft wird und somit als wichtigstes Bewertungskriterium gilt (siehe Abb. 76).

Weitere Bedeutung werden computergestützte Konzepte für die Gruppenarbeit bekommen, die auch unter dem Begriff **Groupware** oder auch des **Workgroup Computing** zusammengefasst werden. Es geht hierbei darum, dass eine Arbeitsgruppe mit projektbezogenen Informationen gemeinsam umgeht. Voraussetzung ist ein PC-Netzwerk.

---

[79] Zur Programmbeschreibung vgl. Wolf, M.L./Mlekusch, R./Hab, G.: Projektmanagement live. Prozesse in Projekten durch Teams gestalten, 6. Aufl., Renningen 2006, S. 244 ff.

Die Informationen werden mit Hilfe von Groupware erstellt, aus verschiedenen Datenquellen zusammengezogen, in ein einziges Dokument integriert und allen anderen Gruppenmitgliedern als Ganzes zur Verfügung gestellt. Wichtige Bestandteile von Groupwaresystemen sind folgende Elemente:[80]

- Dokumente: können aus Texten, Tabellen, Grafiken, Formularen und Sound bestehen. Ihre Erstellung und Verwaltung ist eine wichtige Funktion von Groupware.
- Die Dokumente werden in Datenbanken gesammelt und den Gruppenmitgliedern gleichzeitig zur Verfügung gestellt.
- Zwischen den einzelnen Gruppenmitgliedern erfolgt der Austausch von Informationen über Electronic Mail. Hierzu gehören Namens- und Adressverzeichnisse sowie unterschiedliche Kommunikationskanäle, wie LAN- oder externe WAN-Verbindungen. Die Kommunikation über WAN, wie z.B. über das Internet, kann vor allem dann vorteilhaft sein, wenn die Projektmitarbeiter an räumlich weit voneinander entfernten Arbeitsplätzen arbeiten.

Durch die Systeme der Groupware können die unstrukturierten, aber dennoch grundsätzlich geregelten Aufgaben der Projektabwicklung wirkungsvoll unterstützt werden.[81]

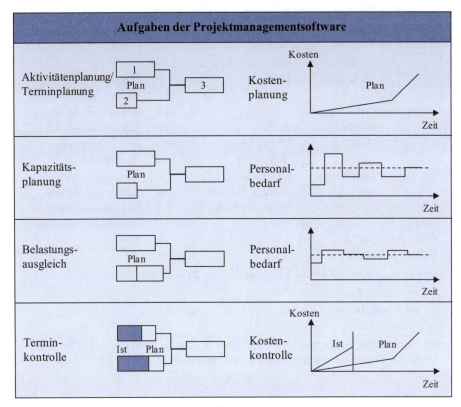

Abb. 76: Funktionen einer Projektmanagementsoftware

---

[80] Vgl. Schulte-Zurhausen, M.: Organisation, 2. Aufl., München 1999, S. 443 f.
[81] Vgl. ebd., S. 444.

Anhang: Formeln zur Berechnung von Netzplänen

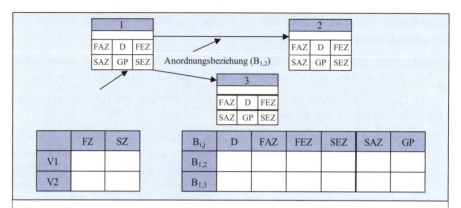

Deterministische Zeitplanung

- **Vorwärtsrechnung** für die Berechnung des frühest möglichen Zeitpunktes FZ

   $FZ(S) = 0$

   $FZ(V_j) = \max [FZ(V_i) + D(B_{i,j})]$

   FZ(Z) ist die berechnete Gesamtdauer des Projektes

- **Rückwärtsrechnung** für die Berechnung des spätest zulässigen Zeitpunktes SZ

   $SZ(Z) = FZ(Z)$

   $SZ(V_j) = \min [SZ(V_i) - D(B_{i,j})]$

   $SZ(S) = FZ(S)$

- **Terminberechnungen:**

   $*FAZ(B_{i,j}) = FZ(V_i)$

   $SAZ(B_{i,j}) = SZ(V_i) - D(B_{i,j})$

   $FEZ(B_{i,j}) = FZ(V_i) + D(B_{i,j})$

   $*SEZ(B_{i,j}) = SZ(V_j)$

   $GP = SAZ(B_{i,j}) - FAZ(B_{i,j})$

   bzw. $GP = SEZ(B_{i,j}) - FEZ(B_{i,j})$

oder:

$*SEZ = \min(SAZ(V_j))$

$*FEZ = \max(FEZ(V_i))$

D	Dauer
FAZ	frühester Anfangszeitpunkt
SAZ	spätester Anfangszeitpunkt
FEZ	frühester Endzeitpunkt
SEZ	spätester Endzeitpunkt
GP	Gesamtpuffer
V	Vorgang
B	Anordnungsbeziehung
i	unmittelbarer Vorgänger
j	unmittelbarer Nachfolger
S	Start
Z	Ziel

Das herausragende Merkmal von **PERT** ist die **Drei-Zeiten-Schätzung**:

Optimistische Zeit T_o
Wahrscheinliche Zeit T_w
Pessimistische Zeit T_p

Aus diesen drei Zeitwerten wird nach einer Wahrscheinlichkeitsverteilung (Beta-Verteilung) eine mittlere erwartete Zeit T_m berechnet.

$$T_m = \frac{T_o + 4T_w + T_p}{6}$$

Es werden also keine festen Zeitdauern für die einzelnen Tätigkeiten angenommen, sondern sie variieren innerhalb eines bestimmten Bereichs.

Fragen zur Kontrolle und Vertiefung

(1) Was ist ein Projekt? Durch welche Merkmale ist es gekennzeichnet?

(2) Was versteht man unter dem Begriff „Projektcontrolling"? Grenzen Sie die Begriffe „Projektmanagement" und „Projektcontrolling" voneinander ab!

(3) Welche Projektarten kennen Sie? Erläutern Sie warum zwischen unterschiedlichen Projektarten unterschieden wird!

(4) Worin bestehen die Unterschiede zwischen sachziel- und prozessorientierten, zwischen extern beeinflussten und unbeeinflussten Projekten?

(5) Projekte lassen sich auch aufgrund ihrer Funktion für ein Unternehmen unterscheiden. Nennen Sie Projekte und erklären Sie diese genauer!

(6) Unterscheiden Sie die zwei Betrachtungsweisen bei der Gestaltung der Projektorganisation!

(7) Welche Möglichkeiten gibt es, die Projektaufgaben in die bestehende betriebliche Organisationsstruktur zu verankern?

(8) Erläutern Sie die Stabs-Projektorganisation!

(9) Vergleichen Sie die Matrix- und die reine Projektorganisation! Gehen Sie dabei jeweils auf die Vor- und Nachteile ein!

(10) Welche größeren Schwierigkeiten können in der Matrix-Projektorganisation eintreten und warum? Nennen Sie Gründe dafür!

(11) Welche Argumente sprechen sowohl dafür als auch dagegen, benötigte Projektmitarbeiter aus dem Unternehmen zu rekrutieren oder unternehmensexterne Mitarbeiter anzuwerben?

(12) Wie wird der Projektbereich intern organisiert?

(13) Was ist ein Lenkungsausschuss und welche Aufgaben hat er?

(14) Welcher Unterschied besteht zum Lenkungskreis? Welche Aufgaben hat dieser?

(15) Stellen Sie die Aufgaben des Projektleiters, des Management-Support-Teams und des Projektteams gegenüber!

(16) Wie arbeiten Projekt-Controller und Projektleiter zusammen?

(17) Nach Heeg gibt es vier Phasen der Teambildung. Welche Probleme ergeben sich in den verschiedenen Phasen für den Projektleiter und den Projektcontroller?

(18) Stellen Sie mögliche Hemmnisse und Empfehlungen für die einzelnen Phasen gegenüber!

(19) Was ist eine Gruppe? Skizzieren Sie einige Überlegungen bei der Teamzusammenstellung!

(20) Was versteht man unter „Permanenten Projektgruppen"? Gehen Sie dabei auch auf ihre Ziele ein!

(21) Entwickeln Sie einen Katalog von Spielregeln zur Gestaltung einer optimalen Gruppenarbeit!

(22) Welche Aufgaben hat ein Moderator bei einem Projektgruppenmeeting? Welche Anforderungen werden an ihn gestellt?

(23) Der Ablauf eines Projektes ist durch eine systematische Vorgehensweise gekennzeichnet. Welche Projektphasen gibt es im Einzelnen?

(24) Was ist ein „Kick-Off-Meeting" und wozu dient es? Entwerfen Sie ein Muster für die erste Projektsitzung!

(25) Jeder Vorgang eines Projektes bedarf verschiedener Einsatzmittel, deren Verwendung so genau wie möglich geplant werden muss. Welche Aufgaben hat eine solche Einsatzmittelplanung und welche Einsatzmittel gehören dazu?

(26) Welche Planungshilfsmittel können der Projektleiter und der Projektcontroller nutzen? Stellen Sie diese übersichtlich gegenüber!

(27) Erläutern Sie eine Strukturplanung! Wozu ist sie notwendig?

(28) Wie ist die Vorgehensweise bei der Terminplanung? Schildern Sie dies am Beispiel eines Netzplanes und eines Balkendiagramms!

(29) Worin liegt der wesentliche Unterschied zwischen einem CPM- und einem MPM-Netzplan?

(30) Erläutern Sie die Vorgehensweise bei der Kapazitätsplanung!

(31) Wie sieht ein Belastungsdiagramm aus? Was soll damit erklärt werden?

(32) Worauf ist bei der Kostenplanung eines Projektes zu achten?

(33) Worin liegen die Unterschiede zwischen „Planungsoptimierung" und „Feinplanung"?

(34) Jedem Planer ist bewusst, dass auch bei noch so großem Planungsaufwand die Planungen nie exakt eintreffen werden. Welche Methoden gibt es, die Planungssicherheit zu bewerten?

(35) Welchem Zweck dient die Projektsteuerung und -überwachung?

(36) Welche Möglichkeiten der Fortschrittskontrolle gibt es?

(37) Wie können die Kosten und die Qualität eines Projektes überwacht werden?

(38) Stellen Sie die Meilensteintrendanalyse und die Kostentrendanalyse als Instrument der Projektsteuerung gegenüber!

(39) Welche Bedeutung messen Sie dem Einsatz von Personalmanagementsystemen (PMS) bei der Projektarbeit bei?

(40) Skizzieren Sie die Möglichkeiten von Groupwaresystemen für die Projektarbeit!

Abkürzungsverzeichnis

a.a.O.	am angegebenen Ort	EDV	Elektronische Datenverarbeitung
a.o.	außerordentlich	EU	Europäische Union
Abb.	Abbildung	EK	Eigenkapital
AfA	Absetzung für Abnutzung	ESt	Einkommensteuer
AG	Aktiengesellschaft	EStG	Einkommenssteuergesetz
AktG	Aktiengesetz	etc.	siehe usw.
AO	Abgabenordnung	EVA	Economic Value Added
Aufl.	Auflage	FuE	Forschung und Entwicklung
AV	Anlagevermögen	f.	(die) folgende
BAB	Betriebsabrechnungsbogen	FEI	Financial Executives Institute
Bd.	Band	FEK	Fertigungseinzelkosten
BDSG	Bundesdatenschutzgesetz	ff.	(die) folgenden
BGB	Bürgerliches Gesetzbuch	FGK	Fertigungsgemeinkosten
BiRiLiG	Bilanzrichtliniengesetz	Fifo	First in, first out
BSC	Balanced Scorecard	FK	Fremdkapital
BSP	Bruttosozialprodukt	FK	Fertigungskosten
BVP	Barverkaufspreis	Forts	Fortsetzung
BZ	Bestellzeitpunkt	G+V	Gewinn und Verlust
bzw.	Beziehungsweise	Gew	Gewinnaufschlag
CM	Controller Magazin	GewSt	Gewerbesteuer
CPM	Vorgangspfeilnetzplan	GK	Gemeinkosten
CPU	Central Prozessing Unit	GmbH	Gesellschaft mit beschränkter Haftung
CRM	Consumer Relationship Management	GoB	Grundsätze ordnungsgemäßer Buchführung
DCF	Discounted Cash-flow	HGB	Handelsgesetzbuch
DCGK	Deutscher Corporate Governance Kodex	Hifo	Highest in, first out
DIN	Deutsches Institut für Normung/ Deutsche Industrienorm	HK	Herstellungskosten
e.V.	eingetragener Verein	Hrsg.	Herausgeber
EVA	Economic Value Added	IAS	International Accounting Standards
Ebd.	Ebenda	IFRS	International Financial Accounting Standards
ECU	Europäische Währungseinheit		

inkl.	Inklusive	**S.**	Seite
ISO	Internationale Normierungsorganisation	**s.**	siehe
		SB	Sicherheitsbestand
Jg.	Jahrgang	**SCM**	Supply Chain Management
JIT	Just in Time	**SEK**	Sondereinzelkosten
Kap.	Kapitel	**SEVt**	Sondereinzelkosten Vertrieb
KTA	Kostentrendanalyse	**SGE**	Strategische Geschäftseinheit
Ksk	Kundenskonto	**SK**	Selbstkosten
KSt	Körperschaftsteuer	**Sp.**	Spalte
LAN	Local Area Network	**UmSt**	Umsatzsteuer
LBG	Lieferbereitschaftsgrad	**US-GAAP**	United States Generally Accepted Accounting Principles
LBO	Leveraged Buy Out		
Lifo	Last in, first out		
LVP	Listenverkaufspreis	**usw.**	und so weiter
MAD	mittlere absolute Abweichung	**UV**	Umlaufvermögen
		VAR	Value at Risk
MB	Meldebestand	**VDE**	Verein Deutscher Elektrotechniker
MBO	Management Buy Out		
MEK	Materialeinzelkosten	**VDI**	Verein Deutscher Ingenieure
MGK	Materialgemeinkosten		
Mio.	Millionen	**vgl.**	vergleiche
MK	Materialkosten	**VSt**	Vermögensteuer
MPM	Vorgangsknotennetzplan	**VtGK**	Vertriebsgemeinkosten
MTA	Meilensteintrendanalyse	**VwGK**	Verwaltungsgemeinkosten
mtl.	monatlich	**WAN**	World Area Network
MwSt	Mehrwertsteuer	**WfM**	Workflow-Management
NPO	Non-Profit-Organisation	**WWW**	World Wide Web
Nr.	Nummer	**z.B.**	zum Beispiel
PERT	Ereignisknotennetzplan	**ZfbF**	Zeitschrift für betriebswirtschaftliche Forschung
PMS	Projekt-Management-Systeme		
PIMS	Profit Impact of Market Solutions	**ZfB**	Zeitschrift für Betriebswirtschaft
REFA	Verband für Arbeitsstudien	**ZfO**	Zeitschrift für Organisation
RoI	Return on Investment	**ZVP**	Zielverkaufspreis

Literaturverzeichnis

Adam, D.: Investitionscontrolling, 3. Aufl., München/Wien 2000.

Amshoff, B.: Controlling in deutschen Unternehmen, 3. Aufl., Wiesbaden 1999.

Arnolds, H./Heege, F./Röh, C./Tussing, W. : Materialwirtschaft und Einkauf, 11. Aufl., Wiesbaden 2010.

Baier, P.: Führen mit Controlling, 2. Aufl., Berlin 2002.

Bamberger, I./Wrona, T.: Strategische Unternehmensführung, Strategien, Systeme und Prozesse; 2. Aufl., München 2013.

Baus, J.: Controlling. In: Birker, K. (Hrsg.): Controlling, Berlin 1996.

Bea, F. X./Haas, J.: Strategisches Management, 4. Aufl., Stuttgart 2005.

Beck, G.: Controlling, Alling 1998.

Becker, J.: Was ist Controlling, was darf es nicht sein?, Neuwied 1993.

Beike, T.: Marketing Controlling im Führungssystem der Unternehmung, Hamburg 1992.

Berndt, R.: Marketingstrategie und Marketingpolitik, 4. Aufl., Berlin 2005.

Beschoner, D./Peemöller, V. H.: Betriebswirtschaftslehre, 2. Aufl., München 2006.

Bichler, S./Dörr, D.: Personalwirtschaft. Einführung mit Beispielen aus SAP R/3 und HR, München/Wien 1999.

Biel, A.: Aufbau und Gestaltung eines Lean Controlling. in: Controlling, Heft 1, 1996.

Bierschenk, S./Möbus, M.: Projektmanagement in kleinen und mittleren Unternehmen, Braunschweig 1996.

Binder, M.: Mit Target Costing und Prozesskostenrechnung zu kundengerechten Produkten und wettbewerbsfähigen Kosten, Eschborn 1995.

Birker, K.: Projektmanagement, 3. Aufl., Berlin 2003.

Bleicher, K.: Das Konzept Integriertes Management, 8. Aufl., Frankfurt am Main/New York 2011.

Bleis, C.: Kostenrechnung und Kostenrelevanz, München/Wien 2007.

Bleis, C./Helpup, A.: Management. Die Kernkompetenzen, München 2009.

Blohm, H./Lüder, K./Schaefer, C.: Investition, 1o. Aufl., München 2012.

Bloss, M./Ernst, D./Häcker, J./Eil, N.: Von der Wall Street zur Main Street, München 2009.

Botta, V.: Vom Cost-Center zum Profit-Center. in: Roth, A./Behme, W. (Hrsg.): Organisation und Steuerung dezentraler Unternehmenseinheiten, Wiesbaden 1997.

Böttcher, J./Blattner, P.: Projektfinanzierung; 3. Auflage, München/Wien 2013.

Bramsemann, R.: Handbuch Controlling: Methoden und Techniken, 3. Aufl., München 1993.

Breitenbach, K.: Jahresabschluss kompakt, 2. Aufl., München 2009.

Brockhoff, K.: Forschung und Entwicklung. Planung und Kontrolle, 5. Aufl., München/Wien 1999.

Brösel, G.: IFRS-Rechnungslegung, 2. Aufl., München 2009.

Böttcher, J./Blattner, P.: Projektfinanzierung, 2. Aufl., München 2010.

Bruch, H.: Unternehmensweite Aktivierung von Flexibilisierungs- und Innovationspotentialen durch Projektmanagement. in: Steinle, C./Bruch, H./Lawa, D. (Hrsg.): Projektmanagement, Frankfurt am Main 1995.

Brühl, R.: Controlling als Aufgabe der Unternehmensführung, Dissertation, Berlin 1998.

Buchholz, R.: Grundzüge des Jahresabschlusses nach HGB und IFRS, 8. Auflage, München 2013.

Buchner, H.: Planung im turbulenten Umfeld, München 2002.

Buchner, H./Mayer, F.: Der Controller der Zukunft. in: Controller Magazin, 2/2002.

Bühner, R.: Strategie und Organisation, 2. Aufl., Wiesbaden 1993.

Burger, A./Ulbrich, P.-R./Ahlemeyer, N.: Beteiligungscontrolling, München/Wien 2010.

Bundschuh, M./Fabry, A.: Aufwandschätzung von IT-Projekten, 2.Aufl., Bonn 2004..

Burger, A./Ulbrich, P./Ahlmeyer, N.: Beteiligungscontrolling, 2. Aufl., München 2010.

Burghardt, M.: Projektmanagement. Leitfaden für die Planung, Überwachung und Steuerung von Entwicklungsprojekten, 8. Aufl., Erlangen/München 2008.

Busse von Colbe, W.: Lexikon des Rechnungswesens, Handbuch der Bilanzierung und Prüfung der Erlös-, Finanz-, Investitions- und Kostenrechnung, 3. Aufl., München 1994.

Camphausen, B.: Strategisches Management; 3. Auflage; München 2013.

Coenenberg, A.G./Baum, H.-C.: Strategisches Controlling. Grundfragen der strategischen Planung und Kontrolle, 4. Aufl., Stuttgart 2007.

Corsten, H.: Produktionswirtschaft, 11. Aufl., München/Wien 2007.

Corsten, H./Friedl, B.: Einführung in das Produktionscontrolling, München 1999.

Corsten, H./Gössinger, R.: Dienstleistungsmanagement, 5. Aufl., München/Wien 2007.

Corsten, H./Gössinger, R.: Übungsbuch zur Produktionswirtschaft, 4. Aufl., München 2010.

Däumler, K.-D./Grabe, J.: Kostenrechnungs- und Controllinglexikon, 3. Aufl., Herne/Berlin 2009.

Däumler, K.-D./Grabe, J.: Kostenrechnung Bd.2: Deckungsbeitragsrechnung, 8. Aufl., Here/Berlin 2006.

Däumler, K.-D./Grabe, J.: Kostenrechnung Bd.3: Plankostenrechnung, 6. Aufl., Herne/Berlin 1998.

Dambrowski, J./Hieber, L.: Activity Based Budgeting (ABB). Effizienzsteigerung in der Budgetierung. in: Gleich, R./Seidenschwarz, W. (Hrsg.): Die Kunst des Controlling, München 1997, S. 304-310.

Del Mondo, A./Morelli, F./Röger, S.: Controlling von Projekten mit SAP R/3; Heidelberg 2013.

Deeg, J./Küpers, W./Weibler, J.: Integrale Steuerung von Organisationen, München 2009.

Deser, F.: Chaos und Ordnung im Unternehmen. Chaosforschung als ein Beitrag zum besseren Verständnis von Unternehmen als Nichtlinearen Dynamischen Systemen, Heidelberg 1997.

Deutsche Bundesbank: Verhältniszahlen aus Jahresabschlüssen deutscher Unternehmen. Diverse Jahrgänge.

Deutsche Gesellschaft für Qualität e.V.: Frankfurt am Main, 4. Ausgabe 1994.

Deyhle, A.: Controller und Controlling, Bern 1995.

Deyhle, A./Hauser, A.: Controller-Praxis Band 1: Führung durch Ziele – Planung – Controlling, 17. Aufl., Bern 2010.

Deyhle, A./Hauser, A.: Controller-Praxis Band 2: Führung durch Ziele – Planung – Controlling, 17. Aufl., Bern 2010.

Diederichs, M.: Risikomanagement und Risiko-Controlling, München 2004.

Dieser, R./Weigel, D.: Die Entwicklung neuer strategischer Geschäftsfelder aufgrund von Veränderungen im Branchensystem. in: Hinterhuber, H. (Hrsg.): Fallstudien zum strategischen Management, Wiesbaden 1993.

Diller, H.: Vahlens Großes Marketing Lexikon, 2. Aufl., München 2003.

Dobler, T.: Kennzahlen für erfolgreiche Unternehmenssteuerung, Stuttgart 1998.

Dobschuetz, L.: IV-Controlling. in: Controlling 1995, Heft 5.

Dörfel, H.-J.: Projektmanagement, 4. Aufl., Renningen-Malmsheim 2000.

Döring, K./Buchholz, R.: Buchhaltung und Jahresabschluss, 13. Auflage, Berlin 2013.

Dolata, B.: Betriebliche Früherkennungssysteme und deren strategische Bedeutung, München 1994.

Doppler, K./Lauterburg, C.: Change Management: Den Unternehmenswandel gestalten, 11. Aufl., Frankfurt am Main 2005.

Dräger, E.: Projektmanagement mit SAP R/3, 2. Aufl., Bonn, 2001.

Dürr, M.: Investor Relations, 2. Aufl., München 1995.

Ebert, C.: Outsourcing kompakt, Elsevier/Spektrum 2005.

Ebert, G.: Unternehmenssteuerung, München 2009.

Ebert, G./Koinecke, J./Peemöller, K. H.: Controlling, 6. Aufl., Landsberg am Lech 2000.

Eggers, B.: Ganzheitlich-vernetztes Management: Konzepte, Workshop-Instrumente und Puzzle-Methodik, Wiesbaden 1998.

Eggers, B./Eickhoff, M.: Instrumente des Strategischen Controlling, Wiesbaden 1996.

Ehrbar, A.: Economic Value Added, Wiesbaden 1999.

Ehrmann, H.: Unternehmensplanung, 5. Aufl., Ludwigshafen 2007.

Ehrmann, H.: Marketing Controlling, 4. Aufl., Ludwigshafen 2005.

Eisele, W.: Technik des betrieblichen Rechnungswesens, 7. Aufl., München 2002.

Elsik, W./Mayrhofer, W. (Hrsg.): Strategische Personalpolitik, München/Mering 1999.

Erlbeck, K.: Beschwerdemanagement. Wie aus unzufriedenen Kunden Stammkunden werden, Göttingen 2004.

Eschenbach, R.: Controlling, 2. Aufl., Stuttgart 1996.

Feess, E./Seelinger, A.: Umweltökonomie und Umweltpolitik; 4. Auflage; München 2013.

Feldern, B./Pfannenschwarz, A.: Unternehmensnachfolge, München 2008.

Fink, D./Deimel, K.: Krisenvorsorge. in: Blöse, J./Kihm, A. (Hrsg.): Unternehmenskrisen: Ursachen-Sanierungskonzepte, Berlin 2006, S. 393–424.

Franke, A.: Risikobewusstes Projektcontrolling, Köln 1993.

Franz, S.: Wissenschaftliches Arbeiten mit Word 2013, Bonn 2013.

Friedad, H./Schmidt, W.: Balanced Scorecard. Mehr als ein Kennzahlensystem, 1999.

Friedl, B.: Kostenrechnung: Grundlagen, Teilrechnungen und Systeme der Kostenrechnung, 2. Aufl., München 2010.

Friedl, G./Hilz, C./Pedell, B.: Controlling mit SAP; 6. Aufl.; Berlin 2012.

Friedl, G./Hoffmann, C./Pedell, B.: Kostenrechnung; 2. Aufl., München 2013.

Fröhling, O.: Dynamisches Kostenmanagement, München 1994.

Fröhling, O.: Strategische Produktkostenermittlung am Beispiel der Automobilindustrie. in: KRP, 1994.

Gälweiler, A.: Unternehmensplanung, Neuausgabe, 3. Aufl., Frankfurt/Main 2009.

Gälweiler, A.: Strategische Unternehmensführung, 3. Aufl., Frankfurt am Main 2005.

Gälweiler, A.: Was ist Strategie? Was heißt strategisches Denken, Handeln und Entscheiden? In: Pümpin, C./Gälweiler, A./Neubauer, F./Bane, W. (Hrsg.): Produkt-Markt-Strategie, Bern 1981.

Gapp-Bauß, S.: Stressmanagement. Zu sich kommen statt außer sich geraten, 3. Aufl., Bremen 2008.

Garten, M.: Power Point, Bonn 2013.

Gehrke, I.: Desinvestitionen erfolgreich planen und steuern, München 1999.

Georg, S.: Balanced Scorecard als Controlling Instrument, Aachen 1999.

George, G.: Kennzahlen für das Projektmanagement. Projektbezogene Kennzahlen und Kennzahlensysteme, Frankfurt am Main 1999.

Gieschen, G.: Wie Mittelständler versteckte Ressourcen mobilisieren, Berlin 2005.

Gleich, R./Seidenschwarz, W.: Die Kunst des Controlling, München 1997.

Gohout, W.: Operations Research, 4. Aufl., München 2009.

Göpfert, I.: Logistik-Controlling, Wiesbaden 2000.

Gramm, C.: Argumentieren – das Trainingsbuch. So behalten Sie in Diskussionen die Oberhand, Freiburg 2005.

Graßhoff, J. (Hrsg.): Handelscontrolling, Hamburg 2000.

Gronau, N.: Enterprise Resource Planning, 2. Aufl., München 2010.

Grundei, J./Zaumseil, P.: Der Aufsichtsrat im System der Corporate Governance; Heidelberg 2012.

Guldin, A.: Everbody's Darling or Nobody's Friend. In: Horváth, P. (Hrsg.): Innovativ Controlling-Tools, 1998, S. 69–82.

Hahn, D.: Unternehmensziele im Wandel. in: Controlling – Zeitschrift für erfolgsorientierte Unternehmenssteuerung, Heft 6, 1995.

Hahn, D./Hungenberg, H.: PuK - Wertorientierte Controllingkonzepte, 6. Aufl., Wiesbaden 2001.

Hahn, D./Taylor, B., (Hrsg.): Strategische Unternehmensplanung – Strategische Unternehmensführung, 9. Aufl., Würzburg 2006.

Hammer, R. M.: Strategische Planung und Frühaufklärung, 3. Aufl., München/Wien 1999.

Hammer, W.: Strategische Allianzen als Instrument der strategischen Unternehmensführung, Wiesbaden 1994.

Hammer, R./Hinterhuber, H./Kapferer R./Turnheim, G.: Strategisches Management in den 90er Jahren, Wien 1990.

Hansel, J./Lomnitz, G.: Projektleiter-Praxis, 4. Aufl., Heidelberg/Berlin 2002.

Hartmann, H.: Lieferantenwahl und Lieferantencontrolling. Die Messlatte liegt hoch. In: Beschaffung aktuell, Heft 5, 1993.

Hartmann, M./Funk, R./Nietmann, H.: Präsentieren: zielgerichtet und adressenorientiert, 8. Aufl., Weinheim/Basel 2008.

Hauschildt, J./Salomo, S.: Innovationsmanagement, 4. Aufl., München 2007.

Hax, A.-C./Majluf, N. S.: Strategisches Management: ein integratives Konzept aus dem MIT, Frankfurt/ Main 1991.

Heeg, F.-J.: Projektmanagement, München 1993.

Helmig, B./ Boenigk, S.: Nonprofit Management; München 2012.

Henderson, B. D./Gärweiler, A.: Die Erfahrungskurve in der Unternehmensstrategie, 2. Aufl., Frankfurt am Main/New York 1984.

Hentze, J./Kammel, A.: Personal-Controlling: Eine Einführung in Grundlagen, Aufgabenstellung, Instrumente und Organisation des Controlling in der Personalwirtschaft, Bern/Stuttgart/Wien 1993.

Hering, E./Zeiner, H.: Controlling für alle Unternehmensbereiche, 3. Aufl., Stuttgart 1995.

Hermes, H.-J./Schwarz, G.: Outsourcing: Chancen und Risiken, Erfolgsfaktoren, rechtssichere Umsetzung, München 2005.

Hieber, W.-L.: Lern- und Erfahrungskurveneffekte und ihre Bestimmung in der flexibel automatisierten Produktion, München 1996.

Hinterhuber, H.: Strategische Unternehmensführung, Bd.1: Strategisches Denken, 5. Aufl., Berlin 1992.

Hinterhuber, H.: Strategische Unternehmensführung, Bd.2: Strategisches Handeln, 7. Aufl., Berlin 2004.

Hinterhuber, H.: Wettbewerbsstrategie, 2. Aufl., Berlin 1990.

Hinterhuber, H.: Strategie und Strategische Führungskompetenz. in: Hammer, R./Hinterhuber, H./Kapferer, R./Turnheim, G. (Hrsg.): Strategisches Management in den 90er Jahren, Wien 1990, S.17–40.

Hinterhuber, H./Matzler K.: Kundenorientierte Unternehmensführung, 2. Aufl., Wiesbaden 2000.

Hinterhuber, H./Pieper, R.: Fallstudien zum strategischen Management, Wiesbaden 1993.

Hoberg, G.: Vor Gruppen bestehen: Besprechungen, Workshops, Präsentationen, 4. Aufl., Stuttgart/ Dresden 2004.

Hochreiter, G.: Choreografien von Veränderungsprozessen: Die Gestaltung von komplexen Organi-sationsentwicklungen, 2. Aufl., Heidelberg 2006.

Hodel, M./Berger, A./Risi, P.: Outsourcing realisieren, 2. Aufl., Wiesbaden 2006.

Höpfner, B.: Umstellung von HGB auf IAS/IFRS: Was ändert sich im Controlling?, Saarbrücken, 2006.

Hörter, S.: Shareholder-value-orientiertes Bank-Controlling, Sternenfels 1998.

Hofmeister, R.: Management by Controlling, Wien 1993.

Hoitsch, H.-J./Lingnau, V.: Kosten- und Erlösrechnung, 6. Aufl., Berlin/Heidelberg 2007.

Holzwarth, J.: Strategische Kostenrechnung, Stuttgart 1993.

Hommel, M./Dehmel, I.: Unternehmensbewertung case by case, 4. Aufl., Stuttgart 2009.

Homp, C.: Entwicklung und Aufbau von Kernkompetenzen, Wiesbaden 2002.

Horváth, P.: Controlling, 11. Aufl., München 2009.

Horváth, P.: Controlling & Finanzen, Stuttgart 1999.

Horváth, P.: Target Costing, Stuttgart 1993.

Horváth, P. & Partner(Hrsg.): Das Controllingkonzept, 7. Aufl., München 2009.

Horváth, P. & Partner (Hrsg.): Balanced Scorecard umsetzen, 4. Aufl., Stuttgart 2007.

Horváth, P. & Partner (Hrsg.): Früherkennung in der Unternehmenssteuerung, Stuttgart, 2000.

Horváth, P./Gleich, R./Voggenreiter, D.: Controlling umsetzen, 4. Aufl., Stuttgart 2007.

Horváth, P./Reichmann, T. (Hrsg.): Vahlens Großes Controllinglexikon, 2. Aufl., München 2003.

Horváth, P./Seidenschwarz, W.: Zielkostenmanagement. in: ZfC, 4.Jg., 1992.

Horváth, P. (Hrsg.): Controllingprozesse optimieren, Stuttgart 1995.

Huch, B./Behme, W./Ohlendorf, T.: Rechnungswesenorientiertes Controlling, 2. Aufl., Heidelberg 1992.

Huch, B./Behme, W./Schimmelpfeng, K.: Controlling und EDV-Konzepte und Methoden für die Unternehmenspraxis, 4. Aufl., Frankfurt am Main 2004.

Hungenberg, H.: Problemlösung und Kommunikation im Management, 3. Aufl., München 2010.

Joppe, J./Ganowski, C./Ganowski, F. J.: Finanzierung Controlling Outsourcing, Frankfurt Main 2006.

Jossé, G.: Balanced Scorecard – Ziele und Strategien messbar umsetzen, München 2005.

Jost, P. J.: Der Transaktionskostenansatz in der Betriebswirtschaftslehre, Stuttgart 2001.

Jost, P.-J.: Die Spieltheorie in der Betriebswirtschaftslehre, Stuttgart 2001.

Jung, H.: Allgemeine Betriebswirtschaftslehre, 13. Aufl., München/Wien 2014.

Jung, H.: Allgemeine Betriebswirtschaftslehre. Arbeits- und Übungsbuch, 4. Aufl., München/Wien 2012.

Jung, H.: Personalwirtschaft, 9. Aufl., München/Wien 2010.

Jung, H.: Personalwirtschaft. Arbeits- und Übungsbuch, 3. Aufl., München/Wien 2012.

Jung, H.: Controlling. Arbeitsbuch, 2. Aufl., München/Wien 2014.

Jung, H.: Persönlichkeitstypologie als Führungsinstrument. Mit Persönlichkeitstest, 4. Aufl., München/Wien 2014.

Jung, H.: Hopp oder Top. Die Break-Even-Analyse. In: Online-Wissenschaftsmagazin economag.de, Heft 5/2010.

Jung, H.: Vertrauen ist Gold. Unter der Lupe: Erfolgsfaktor Betriebsklima. In: Online-Wissenschaftsmagazin economag.de, Heft 7-8/2009.

Jung, H.: Pöbeleien am Arbeitsplatz. Kurz erklärt: Mobbing. In: Online-Wissenschaftsmagazin economag.de, Heft 7-8/2009.

Jung, H.: Jeder spielt eine Rolle. Die menschliche Persönlichkeit unter der Lupe. In: Online-Wissenschaftsmagazin economag.de, Heft 2/2009.

Jung, H.: Ein wahrer Tausendsassa. Entwicklung und Rückblick des Controllerberufes. In: Online-Wissenschaftsmagazin economag.de, Heft 2/2008, Editorial.

Jung, H.: Potenzialbeurteilung als Grundlage der Personalbeurteilung. In: GdWZ Grundlagen der Weiterbildung, 11. Jg., Nr. 4/2000, S. 198–200.

Jung, H./Kamps, K.: Zukunftsorientiertes Entgeltmanagement. In: Computergestützte Personalarbeit, Heft 6/1996, S. 310–315.

Jung, H./Kamps, K.: Personalentwicklung (PE). In: Computergestützte Personalarbeit, Heft 4/1995, S. 155–167.

Kairies, P.: So analysieren Sie ihre Konkurrenz. Konkurrenzanalyse und Benchmarketing in der Praxis, 8. Aufl., Renningen 2008.

Kammel, A.: Konzeptionelle Bausteine einer zielgerichteten Unterstützung der betrieblichen Personalwirtschaft durch Personalcontrolling, Dissertation, Hannover 1991.

Kaplan, S./Norton, D.: Balanced Scorecard Strategien, Stuttgart 1997.

Kargel, H.: DV-Controlling, 4. Aufl., München 1999.

Karl, H./Kütz, M.: IV-Controlling; Berlin 2007.

Karlöf, B./Östblom, S.: Das Benchmarking Konzept, München 1994.

Keitsch, D.: Risikomanagement, 2. Aufl., Stuttgart 2007.

Kerth, A./Wolf, J.: Bilanzanalyse und Bilanzpolitik, 2. Aufl., München 1993.

Kihm, A.: Ursachen von Unternehmenskrisen. in: Blöse, J./Kihm, A. (Hrsg.): Unternehmenskrisen: Ursachen-Sanierungskonzepte, Berlin 2006, S. 21–63.

Kilger, W./Pamper, J. R./Vikas, K.: Flexible Plankostenrechnung und Deckungsbeitragsrechnung, 12.Aufl., Wiesbaden 2007.

Kirsch, W./Trux, W./Müller, G. (Hrsg): Das Management strategischer Programme, 2. Aufl., München 1985

Klein, A./Schnell, H.: Controlling in der Produktion: Instrumente, Strategien und Best Practices, Freiburg 2012.

Klenger, F.: Operatives Controlling, 5. Aufl., München/Wien 2000.

Klett, C./Pivernetz, M./Hauke, D.: Controlling in kleinen und mittleren Unternehmen, 3. Aufl., Herne/Berlin 2004.

Koch, R.: Betriebliches Berichtswesen als Informations- und Steuerungsinstrument, Frankfurt am Main 1994.

Kompa, A.: Assessment-Center. Bestandsaufnahme und Kritik, 7. Aufl., München 2004.

Koreimann, D. S.: Projekt-Controlling, Weinheim 2005.

Kornmeier, M./Schneider, W.: Balanced Management: Toolbox für erfolgreiche Unternehmensführung, Berlin 2006.

Koschnik, W. J.: Enzyklopädie des Marketing I, Stuttgart 1997.

Koslowski, F.: Personalbezogene Frühaufklärung in Management und Controlling, Bergisch Gladbach/Köln 1994.

Kosmider, A.: Controlling im Mittelstand, 2. Aufl., Stuttgart 1999.

Kostka, C.: Change Management – 7 Methoden für die Gestaltung von Veränderungsprozessen, 3. Aufl., München 2005.

Kotler, P./Keller, K. L./Bliemel, F.: Marketing-Management, 10. Aufl., Stuttgart 2006.

Kovalenko, A.: Controllinginformationssysteme; Saarbrücken 2009.

Krag, J./Kasperzak, R./Mölls, S.: Grundzüge der Unternehmensbewertung; 2. Auflage, München 2013

Kralicek, P./Böhmdorfer, F./Kralicek, G.: Kennzahlen für Geschäftsführer, 4. Aufl., Wien 2008.

Krallmann, H./Bobrik, A./Levina, O.: Systemanalyse im Unternehmen; 6. Aufl.;München 2013.

Kraus, G./Westermann, R.: Projektmanagement mit System, Wiesbaden 1995.

Krause, H.-U./Arora, D.: Controlling-Kennzahlen – Key Performance Indicators, 2. Aufl., München 2010.

Kreikebaum, H.: Strategisches Management, 7. Aufl. Stuttgart u.a. 2009.

Krones, D.: Der Projektleiter – mehr als ein Fachmann, in: Industrial Engineering, Heft 1. 2011, S. 36–37.

Kruschwitz, L.: Investitionsrechnung, 12. Aufl., München/Wien 2008.

Kruschwitz, L./Hussmann, S.: Finanzierung und Investition, 6. Aufl., München 2010.

Krystek, U.: Beitrag der Kostenrechnung zur Krisenfrüherkennung. in: Männel, W. (Hrsg.): Handbuch Kostenrechnung, Wiesbaden 1992.

Krystek, U./Müller-Stevens, G.: Grundzüge einer strategischen Frühaufklärung. in: Hahn, D./ Taylor, B. (Hrsg.): Strategische Unternehmensplanung, 8. Aufl., Heidelberg 1999.

Külpmann, B.: Grundlagen Controlling: Unternehmen erfolgreich steuern, 2. Aufl., Berlin 2008.

Külpmann, B.: Kennzahlen im Betrieb: Wichtige Werte im Wettbewerb, 2. Aufl., Berlin 2008.

Küpper, H.-U.: Logistik-Controlling. in: Controlling, Heft 4, 1992.

Küpper, H.-U.: Controlling: Konzeption, Aufgaben, Instrumente, 4. Aufl., Stuttgart 2005.

Küpper, H.-U.: Controller-Anforderungsprofil. in: Handbuch Controlling, Stuttgart 1999.

Küpper, H.-U./Mellwig, W./Moxter, A. /Ordelheide, D.: Unternehmensführung und Controlling, Wiesbaden 1990.

Küpper, H. U./Weber, J.: Grundbegriffe des Controlling, Stuttgart 1995.

Kütz, M.: Kennzahlen in der IT, 3. Aufl., Kelkheim (Taunus) 2008.

Kuster, J./Huber E./Lippmann R./u.a.: Handbuch Projektmanagement, Berlin/Heidelberg 2006.

Langguth, H.: Strategisches Controlling, Ludwigsburg/Berlin 1994.

Latour, B.: Gekonnt argumentieren – Gesprächsfallen erkennen und begegnen, Stuttgart 2005.

Lattemann, C.: Corporate Gouvernance im globalisierten Informationszeitalter, München 2009.

Laudon, K. C./Laudon, J. P./Schoder, D.: Wirtschaftsinformatik: Eine Einführung, München 2006.

Laufer, H.: Entscheidungsfindung: Sicher entscheiden – erfolgreich handeln, Berlin 2007.

Liebig, M.: Entscheiden, Wiesbaden 1993.

Liessmann, K.: Strategisches Controlling. in: Mayer, E. (Hrsg.): Controlling Konzepte, 3. Aufl., Wiesbaden 1993.

Liessmann, K. (Hrsg.): Controlling-Konzepte für den Mittelstand. Existenzsicherung durch Innovation und Flexibilität, Freiburg i. Breisgau 1993.

Link, J./Weiser C.: Marketing-Controlling, 2. Aufl., München 2006.

Litke, H.-D.: Projektmanagement: Methoden, Techniken, Verhaltensweisen, 5. Aufl., München/Wien 2007.

Lucko, S./Trauner, B.: Wissensmanagement. 7 Bausteine für die Umsetzung in der Praxis, 2. Aufl., München 2005.

Madauss, B.: Handbuch Projektmanagement, 7. Aufl., Stuttgart 2009.

Madauss, B.-J.: Projektmanagement, 6. Aufl., Stuttgart 2000.

Malik, F.: Strategische Führung. in: Hammer, R./Hinterhuber, H./Kapferer, R./Turnheim, G. (Hrsg.): Strategisches Management in den 90er Jahren, Wien 1990, S. 41–56.

Mantzavinos, C.: Wettbewerbstheorie: eine kritische Auseinandersetzung, Dissertation, Berlin 1994.

Marx, M.: Finanzmanagement und Finanzcontrolling im Mittelstand, Ludwigsburg/Berlin 1993.

Mattmüller, R./Michael, B./Tunder, R.: Aufbruch, München 2009.

Mayer, E. (Hrsg.): Controlling-Konzepte: Neue Strategien und Werkzeuge für die Unternehmenspraxis, 6. Aufl., Wiesbaden 2003.

Mayer, E./Liessmann, K./Freidank, C. (Hrsg.): Controlling Konzepte, Wiesbaden 1999.

Mayer, V.: Operatives Krisenmanagement – Grundlagen, Methoden und Werkzeuge des ganzheitlichen Risk Management, Wiesbaden 2003.

McDonald, M./Leppard, J.: Marketing by Matrix, Wien 1993.

Mehrmann, E./Wirtz, T.: Controlling in der Praxis, Düsseldorf/Wien 2004.

Mensch, G.: Kosten-Controlling, Kostenplanung und -kontrolle als Instrument der Unternehmensführung, München/Wien 1998.

Mertins, K./Siebert, G./Kempf S.: Benchmarking, 3. Aufl., München 2008.

Metze, G./Pfeiffer, W./Schneider, W.: Technologie-Portfolio zum Management strategischer Zukunftsgeschäftsfelder, 6. Aufl., Göttingen 1991.

Meyer, C.: Betriebswirtschaftliche Kennzahlen und Kennzahlensysteme, 5. Aufl., Stuttgart 2008.

Meyer, J./Greif, H.: PIMS. Das Instrument zur strategischen Kursbestimmung im Zeitalter der Diskontinuitäten. in: Hammer, R./Hinterhuber, H./Kapferer, R./Turnheim, G. (Hrsg.): Strategisches Management in den 90er Jahren, Wien 1998, S.193–220.

Michel, R. M.: Taschenbuch Investitionscontrolling, (broschiert), Heidelberg 2000.

Michel, R. M.: Projektcontrolling und Reporting, 2. Aufl., Heidelberg/Zürich 1996.

Michel, R. M.: Know-how der Unternehmensplanung, 2. Aufl., Heidelberg 1991.

Mühlenkamp, H.: Kosten-Nutzen-Analyse, 2. Aufl., München 2009.

Müller, A.: Umweltorientiertes betriebliches Rechnungswesen, 3. Aufl., München 2010.

Müller, A.: Grundzüge eines ganzheitlichen Controlling, München/Wien 1996.

Müller, A.: Strategisches Management mit der Balanced Scorecard, 2. Aufl., Stuttgart 2005.

Müller, D.: Controlling für kleine und mittlere Unternehmen, München 2009.

Müller, U.: Selbstmanagement: Soft-Skills für die aktive Gestaltung von Alltag und Beruf, Hildesheim/Berlin 2010.

Müller, U.: Controlling aus verwaltungswissenschaftlicher Perspektive, Wiesbaden 2004.

Müller, U.: Verwaltungscontrolling. in: Voigt, R./ Walkenhaus, R. (Hrsg.): Handwörterbuch zur Verwaltungsreform, Wiesbaden 2006, S. 62–68 .

Müller, U.: Effektivität, Effizienz, Outcome, in: Voigt, R./ Walkenhaus, R. (Hrsg.): Handwörterbuch zur Verwaltungsreform, Wiesbaden 2006.

Müller, U.: Öffentliche Betriebswirtschaftslehre, Aufsatz in: Voigt, R./ Walkenhaus, R. (Hrsg.): Handwörterbuch zur Verwaltungsreform, Wiesbaden 2006.

Müller-Hedrich, B.-W./Schünemann, G./Zdrowomyslaw, N.: Investitionsmanagement, 10. Aufl., Renningen 2006.

Nausner, P.: Projektmanagement, Stuttgart 2006.

Nelles, S.: Excel 2013 im Controlling, Bonn 2014.

Niedereichholz, C.: Lean Consulting: Lean Strategy; München 2013.

Niedermayr, R.: Entwicklungsstand des Controlling, Dissertation, Wiesbaden 1998.

Nöllke, M.: Kreativitätstechniken, 5. Aufl., Planegg 2006.

Obring, K.: Strategische Unternehmensführung und polyzentrische Strukturen, München 1992.

Oecking, G.: Strategisches und operatives Fixkostenmanagement, München 1994.

Oehler, A./Unser, M.: Finanzwirtschaftliches Risikomanagement, 2. Aufl., Berlin 2002.

Oeldorf, G./Olfert, K.: Materialwirtschaft, 12. Aufl., Ludwigshafen 2008.

Oetinger, B. v. (Hrsg.): Das Boston Consulting Group Strategie Buch, 3. Aufl., Düsseldorf 1994.

Olfert, K.: Investition, 12. Aufl., Ludwigshafen (Rhein) 2012.

Olfert, K.: Kostenrechnung, 15. Aufl., Ludwigshafen (Rhein) 2008.

Olfert, K.: Organisation, 14. Aufl., Ludwigshafen (Rhein) 2006.

Olfert, K./Körner, W./Langenbeck, J.: Bilanzen, 9. Aufl., Ludwigshafen (Rhein) 2002.

Page, P./Ehring, T.: Electronic Business and New Economy. Den Wandel zu vernetzten Geschäftsprozessen meistern, Berlin u.a. 2001.

Palleduhn, D.U./Neuendorf, H.: Geschäftsprozessmanagement in Integrierte Informationsverarbeitung; München 2013.

Papmehl, A.: Personal-Controlling, Heidelberg 1999.

Peemöller, V. H.: Controlling: Grundlagen und Einsatzgebiete, 5. Aufl., Herne/Berlin 2005.

Perridon, L./Steiner, M.: Finanzwirtschaft der Unternehmung, 13. Aufl., München 2004.

Peters, J.: Innovationscontrolling – Der Einsatz von Kennzahlen und Kennzahlsystemen; Hamburg 2011.

Peters, T./Watermann, R.: Auf der Suche nach Spitzenleistungen: Was man von den bestgeführten US- Unternehmen lernen kann, 3. Aufl., München 2003.

Pforr, S.: Unternehmerische Innovationen durch das Managen von Werten, Marburg 2011.

Picot, A./Böhme, M.: Controlling in dezentralen Unternehmensstrukturen, München 1999.

Picot, A./Reichwald, R./Wigand, R. T.: Die grenzenlose Unternehmung, 5. Aufl., Wiesbaden 2003.

Piontek, J.: Beschaffungscontrolling, 3. Aufl., München 2004.

Piontek, J.: Controlling, 4. Aufl., München/Wien 2004.

Porter, M.-E.: Wettbewerbsstrategie. Methoden zur Analyse von Branchen und Konkurrenten, 11.Aufl., Frankfurt am Main 2008.

Porter, M.-E.: Wettbewerbsvorteile. Spitzenleistungen erreichen und behaupten, 6. Aufl., Frankfurt am Main 2002.

Posluschny, P./Treuner, F.: Prozesskostenmanagement, München 2009.

Preißler, P. R.: Betriebswirtschaftliche Kennzahlen, München/Wien 2009.

Preißler, P. R./Ebert, G./Koinecke, J./Peemöller, V. H. (Hrsg.): Controlling, 13. Aufl., Landsberg/Lech 2007.

Preißler, P. R.: Controlling: Lehrbuch und Intensivkurs, 13. Aufl., München/Wien 2007.

Preißler, P. R.: Controlling-Lexikon, München/Wien 1995.

Probst, G. J. B./Gomez, P. (Hrsg.): Unternehmen ganzheitlich führen, Wiesbaden 1989.

Prümer, M.: Cashflow Management, Wiesbaden 2005.

Rahn, H. J.: Unternehmensführung, 7. Aufl., Ludwigshafen (Rhein), 2008.

Rahn, H. J.: Führung von Gruppen: Gruppenführung mit System, 5. Aufl., Frankfurt am Main 2006.

Rappaport, A.: Shareholder Value: Wertsteigerung als Maßstab für die Unternehmensführung, 2. Aufl., Stuttgart 1999.

REFA: REFA-Lexikon – Industrial Engineering und Arbeitsorganisation; 4.Auflage, München 2012

Reibnitz, U. v.: Szenario-Technik, 2. Aufl., Wiesbaden 1998.

Reichmann, T.: Strategisches und operatives Kosten- und Erfolgsmanagement und -controlling. in: Controlling, Heft 1, 1996.

Reichmann, T.: Controlling mit Kennzahlen und Management-Tools, 7. Aufl., München 2006.

Renner, A.: Prozessoptimierung in: Rechnungswesen und Controlling. Projekterfahrung und Gestaltungsvorschläge in: Horváth, P. (Hrsg.): Controllingprozesse optimieren, Stuttgart 1999.

Rickards, R.: Leistungssteuerung kompakt, München 2009.

Riebel, P.: Einzelkosten- und Deckungsbeitragsrechnung. Grundfragen einer markt- und entscheidungsorientierten Unternehmensrechnung, 7. Aufl., Wiesbaden 1994.

Rigoll, G.: Neuronale Netze, Renningen-Malmsheim 1994.

Rehkugler, H.: Grundzüge der Finanzwirtschaft, München/Wien 2007.

Rinza, P.: Nutzwert-Kosten-Analyse, 2. Aufl., Düsseldorf 1992.

Rinza, P.: Projektmanagement: Planung und Überwachung und Steuerung von technischen und nichttechnischen Vorhaben, 4. Aufl., Berlin, 1998.

Risak, J./Deyhle, A. (Hrsg.): Controlling. State of the Art und Entwicklungstendenzen, 2. Aufl., Wiesbaden 1992.

Röger, S./Morelli, F./Del Mondo, A.: Controlling von Projekten mit SAP R/3, Braunschweig/Wiesbaden, 2000.

Roitmayer, F.: Controlling von Info- und Kommunikationssystemen.

Roth, A./Behme, W. (Hrsg.): Organisation und Steuerung dezentraler Unternehmenseinheiten: Konzepte-Instrumente-Erfahrungsberichte, Wiesbaden 1997.

Rothlauf, J.: Interkulturelles Management, 3. Aufl., München 2009.

Rühle, A.: Die Beurteilung strategischer Personalinvestitionen, Berlin 1999.

Schedler, K./Proeller, I.: New Public Management, 3. Aufl., Stuttgart 2006.

Schelle, H.: Projekte zum Erfolg führen, 5. Aufl., München 2007.

Schmidt, S.: Strategien der Internationalisierung; 3. Auflage; München 2013.

Schierenbeck, H.: Grundzüge der Betriebswirtschaftslehre, 17. Aufl., München 2008.

Schierenbeck, H. (Hrsg.): Risk Controlling in der Praxis, 2. Aufl., Stuttgart 2006.

Schilling, G.: Angewandte Rhetorik und Präsentationstechnik: Der Praxisleitfaden für Vortrag und Präsentation, Kassel 2003.

Schmeisser, W./Clausen, L.: Controlling und Berliner Balanced Scorecard Ansatz, München 2009.

Schmeisser, W./Clermont, A./Protz, A.: Personalinformationssysteme & Personalcontrolling, 1999.

Schmelzer, S.: Mind Mapping. Strukturiert und effektiv durch den Businessalltag, Göttingen 2005.

Schmidlin, N.: Unternehmensbewertung & Kennzahlenanalyse; 2. Auflage, München 2013.

Schmidt, S.: Strategien der Internationalisierung; 3. Auflage; München 2013

Schnaitmann, H.: Prozessorientierte Unternehmensführung, Frankfurt am Main 2000.

Schneider, U./Hirt, C.: Multikulturelles Management, München/Wien 2007.

Schreckeneder, B. C.: Projektcontrolling, 2. Aufl., Planegg/München 2005.

Schröder, E.: Modernes Unternehmens-Controlling/Handbuch für die Unternehmenspraxis, 8. Aufl., Ludwigshafen (Rhein) 2003.

Schulte, C.: Personal-Controlling mit Kennzahlen, 2. Aufl., München 2002.

Schulte, G.: Investition, 2. Aufl., München/Wien 2007.

Schulte-Zurhausen, M.: Organisation, 2. Aufl., München 1999.

Schultz, V.: Projektkostenschätzung, Wiesbaden 1995.

Schulz, A.: Aktienorientierte Vergütungssysteme für Führungskräfte, Hamburg 2009.

Schulz von Thun, F.: Miteinander reden, Bd.1: Störungen und Klärungen, Reinbek bei Hamburg 1994.

Schweitzer, M./Küpper, H.: Systeme der Kosten- und Erlösrechnung, 9. Aufl., München 2008.

Siebert, G./Kempf, S. (Hrsg.): Benchmarking – Praxis in deutschen Unternehmen, 3. Aufl., München 2008.

Seeber, S./Krekel, E. M./van Buer, J. (Hrsg.): Bildungscontrolling. Ansätze und kritische Diskussionen zur Effizienzsteigerung von Bildungsarbeit, Frankfurt am Main u.a. 2000.

Seibert, S.: Technisches Management: Innovationsmanagement, Projektmanagement, Qualitätsmanagement, Stuttgart/Leipzig, 1998.

Sieg, G: Spieltheorie, 2. Aufl., München/Wien 2005.

Simon, H.: Preismanagement-Analyse-Strategie-Umsetzung, 2. Aufl., Wiesbaden 1992.

Sobanski, H./Gutmann, J./Gerhard und Lore Kienbaum Stiftung (Hrsg.): Erfolgreiche Unternehmensnachfolge – Konzepte – Erfahrungen – Perspektiven, Wiesbaden 2002.

Spieß, E.: Konsumentenpsychologie; München 2013.

Spremann, K.: Finance, 4. Aufl., München 2010.

Spremann, K./Ernst, D.: Unternehmensbewertung, 2. Aufl., München 2009.

Sprenger, R. K.: Das Prinzip Selbstverantwortung: Wege zur Motivation, 12. Aufl., Frankfurt/Main 2007.

Sprenger, R. K.: Mythos Motivation: Wege aus der Sackgasse, 18. Aufl., Frankfurt/Main 2007.

Stahl, H. K.: Modernes Kundenmanagement: Wenn der Kunde im Mittelpunkt steht, 2. Aufl., Renningen-Malmsheim 2000.

Statistisches Bundesamt: Insolvenzhäufigkeit in Deutschland, Wiesbaden 2o1o.

Steger, J.: Kosten- und Leistungsrechnung, 4. Aufl., München/Wien 2006.

Steinle, C./Bruch, H. (Hrsg.): Controlling, Stuttgart 1998.

Steinle, C./Bruch, H./Michels, T.: Zukunftsgerichtetes Controlling, 2. Aufl., Wiesbaden 1996.

Steinle, C./Eggers, B./Lawa, D. (Hrsg.): Zukunftsgerichtetes Controlling, 3. Aufl., Wiesbaden 1998.

Steinle, C./Lawa, D./Kraege, R.: Projektcontrolling: Konzept, Instrumente und Formen, in: Steinle, C./Bruch, H./Lawa, D. (Hrsg.): Projektmanagement, Frankfurt am Main 1995.

Steinmüller, P. H. (Hrsg.)/Erbslöh, D. /Heyd, R.: Die neue Schule des Controllers, Bd.3, Stuttgart 2000.

Stelling, J.: Kostenmanagement und Controlling, 3. Aufl., München 2009.

Stoffel, K.: Controllership im internationalen Vergleich, Dissertation, Vallendar 1995.

Stepan, A./Fischer, E.: Betriebswirtschaftliche Optimierung, 8. Aufl., München 2009.

Straeter, H.: Kommunikationscontrolling, Konstanz 2010.

Struwe, J.: Finanzierung und Investition in KMU, München/Wien 2008.

Theisen, M.R.: Wissenschaftliches Arbeiten; 16. Aufl., München 2013.

Thiele, A.: Die Kunst zu überzeugen. Faire und unfaire Dialektik, 8. Aufl., Düsseldorf 2006.

Troßmann E./Baumeister, A./Werkmeister, C.: Fallstudien im Controlling; 3. Aufl., München 2013.

Turnheim, G.: Entwicklungstendenzen des Strategischen Management - Ein Gedankenspiel. In: Hammer, R./Hinterhuber, H./Kampferer, R. (Hrsg.): Strategisches Management in den 90er Jahren, Wien 1998, S. 174-180.

Vahs, D.: Organisation: Einführung in die Organisationstheorie und -praxis, 6. Aufl., Stuttgart 2007.

Vater, H.: IFRS für Controller und Manager, Weinheim 2012.

VDI/Gemeinschaftsausschuss Wertanalyse: Wertanalyse, Idee-Methode-System, 3. Aufl., Düsseldorf, 1995.

Völker, R.: Wertmanagement in Forschung und Entwicklung, München 2000.

Volkmann, C. K./Tokarski, K. O.: Entrepreneurship: Gründung und Wachstum von jungen Unternehmen, Stuttgart 2006.

Vollmuth, H. J.: Controlling-Instrumente von A–Z, 6. Aufl., Planegg/München 2008.

Vollmuth, H. J.: Kennzahlen, 4. Aufl., Planegg/München 2006.

Wagenhofer, A.: Controlling und IFRS-Rechnungslegung: Konzepte, Schnittstellen, Umsetzung, Berlin 2006.

Wahren, H. K.: Erfolgsfaktor Innovation: Ideen systematisch generieren, bewerten und umsetzen, 2. Aufl., Berlin 2004.

Wall, F./Schröder, R.: Controlling zwischen Shareholder Value, München 2009.

Wangenheim, S./Stoi, R.: Das System SAP R/3. In: Controlling, Heft 4, Juli/August 1995.

Waniczek, M.: Berichtswesen optimieren, Frankfurt am Main/Wien 2002.

Weber, J.: Logistik-Controlling, 4. Aufl., Stuttgart 1995.

Weber, J./Schäffler, U.: Einführung in das Controlling, 12. Aufl. Stuttgart 2008.

Weber, J./Wallenburg, C.-M.: Logistik- und Supply Chain Controlling, Stuttgart 2010.

Weber, M.: Kennzahlen, Planegg 1999.

Weis, H. C.: Marketing, 11. Aufl., Ludwigshafen 1999.

Weißenberger, B.E.: IFRS für Controller. Alles, was Controller über IFRS wissen müssen, 2. Auflage, Freiburg 2011.

Wiehle, U./Diegelmann, M./Deter, H./u.a.: Unternehmensbewertung: Methoden, Rechenbeispiele, Vor- und Nachteile, 2. Aufl., Wiesbaden 2005.

Wildemann, H.: Einkaufscontrolling. Leitfaden zur Messung von Einkaufserfolgen, München 2010.

Wildemann, H.: Outsourcing – Offshoring – Verlagerung: Leitlinien und Programme, München 2005.

Wilhelm, R.: Prozessorganisation, 2. Aufl., München/Wien 2007.

Witt, F.-J.: Controlling. 2. Spezielles Controlling, München 1997.

Wöhe, G.: Einführung in die Allgemeine Betriebswirtschaftslehre, 23. Aufl., München 2008.

Wöhe, G./Bilstein, J./Ernst, D./Häcker, J.: Grundzüge der Unternehmensfinanzierung, 10. Aufl., München 2009.

Wolf, M./Mlekusch, R./Hab, G.: Projektmanagement live, 6. Aufl., Renningen 2006.

Wolke, T.: Risikomanagement, 2. Aufl., München 2008.

Wullenkord, A.: Praxishandbuch Outsourcing – Strategisches Potenzial, aktuelle Entwicklung, effiziente Umsetzung, München 2005.

Wunderer, R./Dick, P.: Personalmanagement. Quo Vadis?, 5. Aufl., Neuwied/Kriftel 2007.

Wunderer, R./Schlagenhaufer, P.: Personalcontrolling: Funktionen-Instrumente, Praxisbeispiele, Stuttgart 1994.

Zelazny, G.: Wie aus Zahlen Bilder werden – Der Weg zur visuellen Kommunikation, 5. Aufl. Nachdruck, Wiesbaden 2006.

Ziegenbein, K.: Controlling, 9. Aufl., Ludwigshafen (Rhein) 2007.

Zielasek, G.: Projektmanagement als Führungskonzept, 2. Aufl., Berlin 1999.

Zielasek, G.: Projektmanagement; erfolgreich durch Aktivierung aller Unternehmensebenen, Berlin/Heidelberg, 1995.

Zollondz, H.-D.: Grundlagen Lean Management, München 2013.

Sachwortregister

A

ABC-Analyse 442, 475
Ablaufplanung 610
Absatz 282
Absatzplan 374
Abschöpfungsstrategie 318
Abweichungsanalyse 368, 386
Abweichungsbericht 144
Abzinsungsfaktor 124
Activity-Based Budgeting 402
Ad-hoc-Gruppen 590
Aggressivpreisstrategie 310
Alternativensuche .... 339 ff.
Alternativpläne 280
Amortisationsrechnung 121
Analyse 272
Analysephase 392
Annuitätenmethode 131
Äquivalenzziffernkalkulation 64
Arbeitsgruppen 590
Arbeitspaketbericht 659
Arbeitspakete 658
Argumentationstechnik 200
Assessment - Center 541

B

Balanced Scorecard 174
Balkenplan .... 617, ff.
Basistechnologien 285
Bauprojekte 570
Bayes-Regel 335
Bedarfsbericht 145
Belastungsdiagramm 626
Benchmarking .... 311, ff.
Berichtsarten 142
Berichtsgestaltung 148
Berichtshierarchie 149
Berichtssysteme 150
Berichtswesen 141, 378, 652, 658
Beschaffung 282, 467
Beschaffungs-Controlling 467
Beschaffungsmarkt-Portfolio 473
Beschaffungsmarktrisiko 271
Beschaffungsplan 375
Beschäftigungsabweichung 378, 506
Betreuungsprojekte 570
Betriebskosten 112
Betriebsvergleich 158
Bewegungsbilanz 517
Bilanzanalyse 514

Bilanzstrukturplanung 513
Bottum up-Prinzip 383
Brainstorming 325, 340
Branchenvergleich 159
Break-even-Analyse 70
Break-even-Point 71, 378
Budget 383
Budget-Handbuch .... 407 ff.
Budgetierung 382
Budgetschnittlinie 398

C

Cash Flow-Finanzierung 527
Center-Konzepte 40
Controller .... 1 ff.
    Anforderungsprofil 20
    Aufgabenbereiche 19
    Stellenbeschreibung 23
Controlling .... 1 ff.
    Aufgaben 10
    Bank- .... 417 f.
    dezentrales 31
    Entwicklung 1
    Funktionen 8
    Handels- .... 416 f.
    Kernelemente 6
    KMU .... 368 ff.
    Organisation .... 271 ff.
    Trends 48
    Versicherungs- .... 419 f.
    zentrales 31
Controlling in F&E .... 453 ff.
Controlling-Konzeptionen 5, 32
    Realisierung 32
Controllingsystem 7
Corporate Governance 49
Cost-Center 41

D

Data-Warehouse-Konzept 152
Deckungsbeitragsflussrechnung 444
Deckungsbeitragsrechnung 71, 443
Delphi-Technik 326
Desinvestition 522
Desinvestitionsphase 317
Desinvestitionsstrategie 318
Diagrammtyp 183
Differenzinvestition 125
Direct Costing 72
Discounted Cash-flow-Methode 521
Diskontierung 124

Diskriminanzanalyse 516
Distributionspolitik 440
Diversifikation 305, 310
Diversifikationsstrategie 539
Divisionskalkulation 63
Dokumentation 652
Dokumentationsmanagement 653
Dokumentations-Nummernsystem 654
Dokumentfreigabefunktion 656
DuPont-System 164
Durchlaufprüfung 640

E

EDV 662
   Arbeitsplatzrechner 666
   individuelle Lösung 663
   Projekte 571
   Standardsoftware 663
Einzelpläne 373
Eliminierungsstrategie 539
Entscheidungsbaumanalyse 137
Entscheidungsfindung .... 6 ff.
   Risiko 333
   Sicherheit 333
   Unsicherheit 333
Entscheidungspaket 398
Entscheidungsprinzipien 334
Entscheidungsprozess 331
Entwicklungsprojekte 570
Environmental Analysis 357
Erfahrungskurve 250
Erfolgsanalyse 380
Erfolgsrechnung 380
Ergebnisplan 374
Erlösabweichungsanalyse 444
Ersatzinvestition 106
Ertragswertverfahren 139
Erweiterungsinvestition 106
Erzeugnisfixkosten 75
Executive Information Systeme 663
Experimentelle Verfahren 325
Exponentielle Glättung 329

F

Fachausschuss 581
Farbeffekte 191
Fehlerverhütungskosten 509
Fehlmengenkosten 498
Fertigungstechnologien 501
Finanz-Controlling .... 512 ff.
Finanzholding 46
Finanzplan 375, 528
Finanzplanung .... 513 ff.
Fixkostendeckungsrechnung 74

Forecast 387
Forschungsprojekt 570
Fortschrittsanalyse 658
Fortschrittskontrolle 636
Free-Cash-flows 521
Früherkennung 344
   Entwicklungsstufen 347
   Indikatoren 359
   Planhochrechnung 348
   strategische 353
Früherkennungssysteme .... 344 ff.
Frühwarnsysteme 534
Führungsinformationssystem (FIS) 153
Führungsstile 368
Fusion 269

G

Gantt Chart 618
Gap-Analyse 345, 439
Gegenstromverfahren 492
Gemeinkosten 389
Gemeinkostenplanung 101, 388
Gesamtkostenverfahren 68
Gesamtunternehmensbewertung 138
Gewinnschwellenanalyse 70
Gewinnvergleichsrechnung 118
Globalisierung 278
Grenzanbieter 260
Grenzplankostenrechnung 83
Groupware 670
Grundlagenforschung 285
Gruppenarbeit .... 594 ff.
   Konflikte 600
   Moderation 597
Gruppeneffekte 591

H

Halbwertzeit 260
Historische Analogie 326
Hochpreispolitik 436
Human Ressources Portfolio 538
Humanvermögensrechnung 535
Hurwitz Regel 336

I, J

IFRS 49
Imageanalyse 440
Implementierungsfehler 345
Informationsmanagement 546, 556
Informationssysteme 555
Informationsverarbeitung 548
Informationszeitalter 271
Insolvenzprognose .... 514 ff.
Intangibles 49

Sachwortregister

Internationalisierung 271
Interne Zinsfuß-Methode 129
Interner Zinsfuß 130
Intuition 225
Investitionsantrag 608
Investitionsarten 105
Investitionsentscheidungsprozess 107
Investitionsintensität 504
Investitionskontrolle 110
Investitionsplan 374
Investitionsplanung 108
Investitionsprojekte 570
Investitionsrechnung 111
    dynamische Verfahren 123
    statische Verfahren 112
Investitionsstrategie 318
Investmentcenter 43
Investor Relations 524
Istkostenrechnung 80
IV-Controlling .... 546 ff.
Jahresplanung 373
Just-in-time 486

K

Kalkulationszinssatz 126
Kalkulatorische Abschreibung 112
Kalkulatorische Zinsen 113
Kapazitätsplan 374
Kapazitätsplanung 626
Kapitalkosten 112
Kapitalwertmethode 124
Kapitalwiedergewinnungsfaktor 131
Kaufentscheidung 290
    Einflussfaktoren 290
Kennzahlen 155
    Arten 156
    Indexzahlen 157
Kennzahlenanalyse 520
Kennzahlenbewertungsschema 515
Kennzahlenfunktionen 160
Kennzahlennormen 513
Kennzahlensystem 162
    Anforderungen 163
Kommunikationspolitik 440
Komplexitätsbewältigung 235
Konkurrenz 276
Konkurrenzanalyse 286
Konsolidierung 284
Kontrolle 272, 345
Konzentration 305
Konzern-Controlling .... 45 ff.
Kosten- und Erfolgscontrolling 55
Kostenartenrechnung 58
Kostenkurve 287
Kosten-Nutzen-Analyse 133

Kostenrechnung 56
    Aufgaben 57
    Rechnungsprinzipen 57
Kostenrechnungssysteme 78
Kostensenkung 409
    Phasen 411
Kostenstelle 60
Kostenstellenrechnung 59
Kostenträgerrechnung 62
Kostenträgerstückrechnung 63
Kostenträgerzeitrechnung 68
Kostentrendanalyse .... 644 ff.
Kostenüberwachung 637
Kostenvergleichsrechnung 112
Kostenzurechnung 58, 215, 392, 402
    Prinzipien 58
Kreativität 225
Kreativitätstechniken 464
Kritischer Weg 624
Kundenbedürfnisse 276
Kundenbericht 661
Kundenstrukturanalyse 445
Kuppelproduktkalkulation 67

L

Lagerhaltungskosten 498
LAPLACE-Regel 337
Lean Controlling 48
Lebenszyklusanalyse 438
Leistungsbeurteilung 539
Leistungsniveau 397
Leistungsüberwachung 636
Lenkungsausschuss 580, 607
Lenkungskreis 580, 607
Lern- und Erfahrungskurve 247
Leverage-Effekt 271
Lieferantenanalyse 485, 488
Lieferbereitschaftsgrad .... 497 f.
Liquidität 369
Liquiditätsengpass 376
Liquiditätssicherung 512
Liquiditätsverlauf 376
Logistik - Portfolio 493
Logistikbudget 492
Logistik-Controlling .... 490 ff.
Logistische Kette 484
Lorenzkurve 476

M

Make-or-Buy 74, 479
Managementerfolgsrechnung 381
Managementholding 46
Market into Company 90
Marketing-Controlling .... 433 ff.
Marketingplan 374

Marketingstrategien...289
Marktanteil-Marktwachstum-Portfolio...439
Marktdurchdringung...309
Marktentwicklung...309
Marktführer...259
Marktlebenszyklus...306
Marktmacht-Portfolio...471
Markt-Portfolio...314
Marktsegmentierung...289
Marktwachstums-Portfolio...314 ff.
Maschinenstundensatzkalkulation...66
Materialbedarfsanalyse...474
Materialstrukturanalyse...475
Maximalprinzip...409
Medieneinsatz...193
Meilensteintrendanalyse...643
Meilensteinüberwachung...636
Mengenabweichungen...386
Methode 50-50...644
Mitarbeiterbefragung...541
Moderation...206
Monitoring...355
Monte-Carlo-Methode...632
Multiple Regression...330

N

Nettobedarfsrechnung...474
Netzplan...620
    Ereignisnetzplan PERT...623
    Vorgangsknotennetzplan MPM...620
    Vorgangspfeilnetzplan CPM...622
Netzplantechnik...619
Netzplanüberwachung...636
Netzwerkorganisation...267
Neun-Felder-Matrix...314 ff.
Niedrigpreispolitik...436
Niedrigpreisstrategie...310
Non-Profit-Organisation...50, 420
Normalkostenrechnung...80
Normstrategien...322
Null-Basis-Budgetierung...395
Nutz- und Leerkostenanalyse...507
Nutzwertanalyse...134, 484, 628

O

Öffentliche Unternehmen...422
Organisation...236
    Einflussfaktoren...26
Organisationsplan...375
Organisationsprojekte...571
Organisationsstruktur...38
Outsourcing...480

P

Pay-off-Methode...121
Performance Measurement...170
Personalbeurteilung...539
Personal-Controlling...532 ff.
Personalinformationssystem...541
Personalkostenrechnung...541
Personalplan...375
Personalplanung...534, 630
Personal-Portfolio...537
Personalstatistik...535, 541
PIMS- Studie...313
Planbilanz...375, 517
Plankostenrechnung...80
    flexible...81, 378
    starre...81
Planprozesskosten...99
Planung...223, 373
    rollierende...413
Planungsoptimierung...631
Planungsprozess...625
Planungsstrategie...323
Portfolioanalyse...313 ff.
Positionierungsraum...275
Potenzialanalyse...291
Potenzialbewertung...295
Potenzialsicherung...276
Präsentation...178, 199, 651
Preisabweichung...378, 386, 505
Preispolitik...261
Preisstrategie...436
    Penetrationspolitik...436
    Prämienpreisstrategie...436
    Promotionspolitik...437
    Skimming-Preisstrategie...436
Preisuntergrenze...73
Produktanalyse...483
Produktentwicklung...309
Produktion...282
Produktions-Controlling...500 ff.
    operatives...504
    strategisches...501
Produktionsdauer...503
Produktionsgeschwindigkeit...503
Produktionskapazität...503
Produktionsplan...374
Produktionsprozess...500
Produktionsquerschnitt...503
Produktlebenszyklus...306, 438
Produkt-Markt-Strategien...305
Produktpolitik...437
Produktpositionierung...323
Profit-Center...41 ff.

Prognosefehler 345
Prognosemethoden 325
  qualitativ 325
  quantitativ 327
Projektablauf 601
Projektabschluss 650
Projektabschlussanalyse 651
Projektbericht 660
Projektbeurteilung 331
Projektcontroller 607
Projektcontrolling .... 565 ff.
Projekt-Control-Plan .... 654 ff.
Projektdokumentation .... 652 ff.
Projektdurchführung 650
Projekte .... 565 ff.
  Anstöße 606
  Integration von 579
  Outsourcing von 601
Projektende 651
Projekt-Handbuch .... 656 ff.
Projektierungsprojekte 570
Projektinitialisierung 606
Projektkostenplanung 628
Projektleiter 586, 607
  Anforderungen 587
Projektleitung 586
Projektmanagement 567
Projektmanagementsystem (PMS) .... 667 ff.
  Bewertungskriterien 669
  Entwicklungstrends 670
Projektmerkmale .... 565 ff.
Projektnachbetrachtung 651
Projektorganisation 39, 572
  Grundformen 573
  Matrix-Projektorganisation 575
  Projektkoordination 573
  Reine Projektorganisation 576
Projektphasen 579
Projektplanung 603
Projektrückschau 650
Projektsicherung 647
Projekt-Status-Gespräch 661
Projektsteuerung .... 635, 642 ff.
Projektstrukturplan .... 610 ff.
Projektteam 589
  Fähigkeiten im Team 591
  Kommunikationsbeziehungen im 592
Projektüberwachung 634
Prozesskostenrechnung .... 93, 379, 448 ff.
Prozessorientierte Projekte 569
Prüfkosten 509
Public Management 50
Qualitätskreis 508
Qualitätssicherung 507, 641
Qualitätsüberwachung 640

R

Rationalisierungsinvestition 106
Rationalisierungsprojekte 570
Rationalprinzip 409
Rechnungswesen 370
Regelung 235, 635
Regressionsprognose 330
Regressionsrechnung 330
Relative Einzelkostenrechnung 76
Relevanzbaum-Methode 326
Rentabilität 369
Rentabilitätsrechnung 120
Repositionierung 276
Ressourcenvergleich 288
Return on Investment 120
Revision 12
Rhetorik 201
Risikoabwehrstrategie 473
Risikoanalyse 136
Risikobewältigung 280
Risikobewertung 633
Risikolinie 321
RL-Kennzahlensystem 167
ROI (return on investment) 246, 382
ROI-Kennzahlensystem 164

S

SAP System R/3 .... 152, 664
Scanning 355
Schlüsseltechnologien 285
Schriftarten 190
Schrittmachertechnologien 285
Schwachstellenanalyse 409
Sensitivitätsanalyse 136
Shareholder Value 170, 521
Simultaneous Engineering 455, 631, 642
Soll-Ist-Abweichungsanalyse 504
Soll-Ist-Vergleich 385
Sparprinzip 409
Spielsituation 338
Spieltheorie 338
Staatliche Verwaltungen 50
Stakeholder Value-Ansatz 523
Stakeholder-Map 523
Stammhausholding 45
Standardbericht 143
Stärken-Schwächen-Analyse 296, 434
Stellenfixkosten 75
Steuerung 235, 272
Steuerungsprobleme 642
Strategic Issue Analysis 354
Strategie 223

Strategische-
  Allianz .... 266 ff.
  Analyse 228, 275
  Bilanz 302
  Geschäftseinheit (SGE) 414
  Geschäftsfelder 314
  Kontrolle 341
  Produktentscheidung 307
  Situationsanalyse 223
  Versorgungslücke 469
  Denken 228
  Management 222
Polardiagramm 304
Substanzwertverfahren 140
Synektik 340
Szenariosimulation 240
Szenariotechnik 326

T

Tableau de Bord 169
Taktik 238
Target Cost Management 93
Target Costing .... 85 ff.
Tätigkeitsanalyse 98
Technologieanalyse 483
Technologieattraktivität 457
Technologie-Portfolio ..... 456, 502 f.
Teilebewertung 484
Terminplan 375, 616
Terminplanung 615
Top down-Prinzip 383
Trendanalysen 643
Trendextrapolation 327
Triade-Konzept 283

U

Überwachung 634
Ultrastabilität 235
Umsatzkostenverfahren 69
Umsatzplan 374
Umsatzplanung 441
Umsatzstrukturanalyse 442
Umwelteinflüsse 281
Unternehmensakquisition 269
Unternehmensfixkosten 75
Unternehmenskultur 227
Unternehmensstrategien 259
US-GAAP 49

V

Verbrauchsabweichung 378, 386, 505
Verbunddiagramm 189
Verbundeffekte 265
Verfahrenskontrolle 380
Verhaltenskontrolle 380
Vernetzung 271
Verschmelzung 269
Versorgungsrisiko-Portfolio 472
Vertriebsprojekte 570
Virtuelle Unternehmen 268
Vision .... 223 ff.
Visionsfindung 225
Visualisierung 661
Visualisierungstechnik 180
Vorfeldforschungen 285
Vorgangsliste 617

W

Wachstumsphase 317
Wachstumspotential 293
Wachstumsstrategie 318, 539
Wertanalyse .... 458 ff.
Wert-Analyse-Team 391
Wertkette 264
Wertschöpfung .... 262 ff.
Wertschöpfungskennzahlen 263
Wertschöpfungskette 264
Wettbewerbsanalyse 286
Wettbewerbspositionierung 321
Wirtschaftlichkeitsprinzip 409
Wirtschaftlichkeitsrechnung 111
Workgroup Computing 670
Workhorses 538

X, Y, Z

XYZ-Analyse 442, 477
Zeitanteils-Methode 645
Zeit-Controlling 630
Zeitvergleich 158
Zero-Base-Budgeting: 395
Ziele .... 5 ff.
  Anforderungen 300
  Arten 299
  Formulierung 296
Zielkostenmanagement .... 85 ff.
Zuschlagskalkulation 65
ZVEI-Kennzahlensystem 165